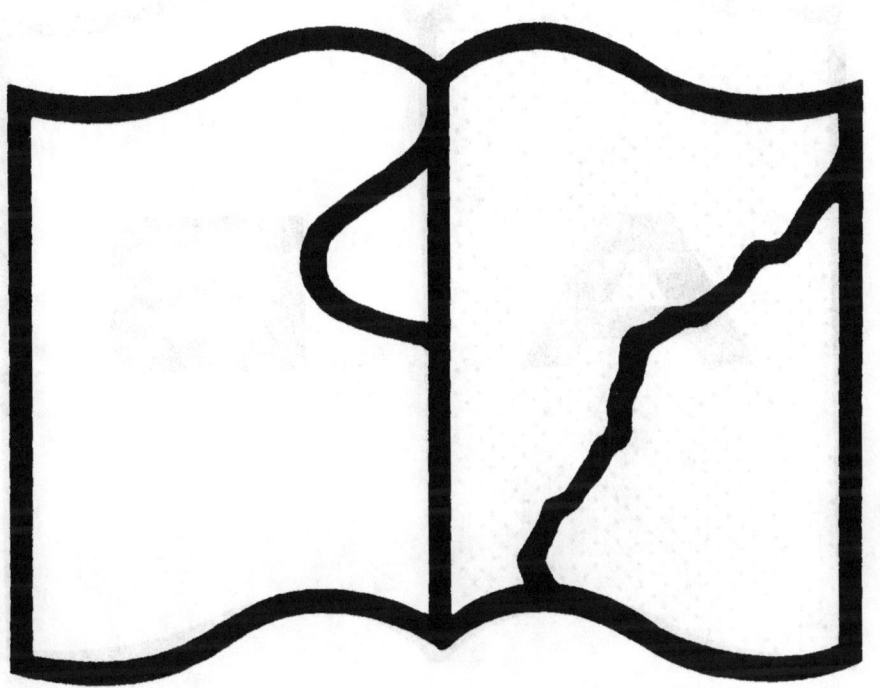

Texte détérioré — reliure défectueuse

NF Z 43-120-11

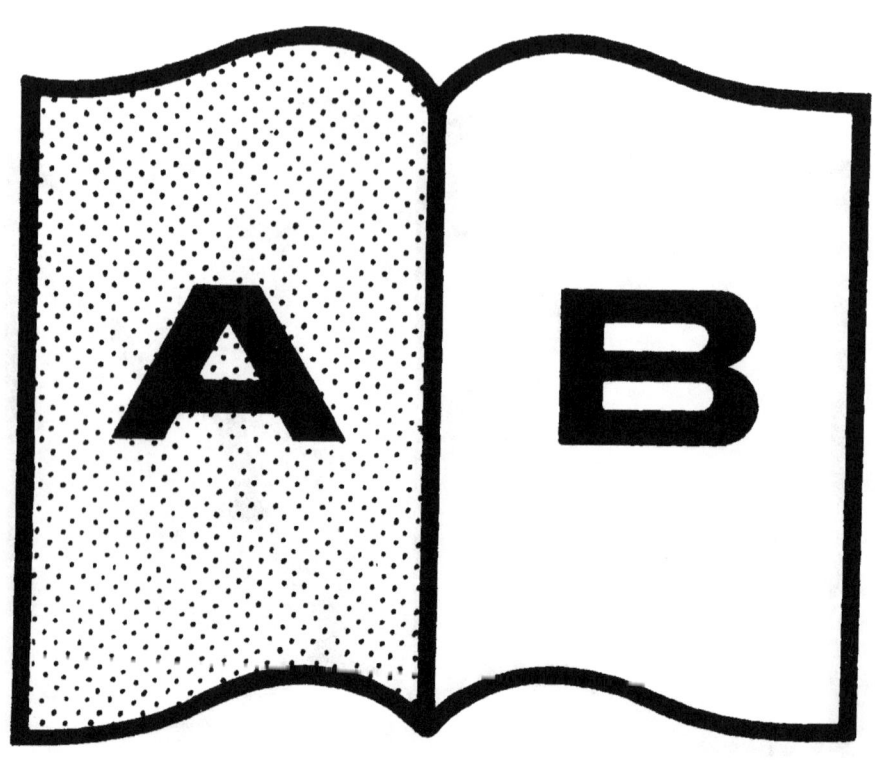

Contraste insuffisant
NF Z 43-120-14

Reliure serrée

OEUVRES ILLUSTRÉES

DE BALZAC

CE VOLUME CONTIENT :

La Peau de Chagrin. — El Verdugo — Louis Lambert — L'Elixir de longue vie
Massimilla Doni. — Gambara — L'Enfant maudit. — Les Proscrits — La Femme de trente ans.
La Grande Bretèche. — Béatrix — La Grenadière — La Vendetta
Une double Famille

OEUVRES ILLUSTRÉES
DE BALZAC

2me DESSINS

PAR MM. TONY JOHANNOT, STAAL, BERTALL, E. LAMPSONIUS,
H. MONNIER, DAUMIER, MEISSONNIER, ETC.

PARIS

CHEZ MARESCQ ET COMPAGNIE
Éditeurs des œuvres de Balzac
5, RUE DU PONT-DE-LODI, 5

ET CHEZ GUSTAVE HAVARD
Libraire
15, RUE GUÉNÉGAUD, 15

1852

ŒUVRES ILLUSTRÉES DE BALZAC.

LA PEAU DE CHAGRIN

— EL VERDUGO

Dessins par Janet Lange. Gravures par les meilleurs Artistes.

À MONSIEUR SAVARY,

MEMBRE DE L'ACADÉMIE DES SCIENCES.

LE TALISMAN.

Vers la fin du mois d'octobre dernier, un jeune homme entra dans le Palais-Royal au moment où les maisons de jeu s'ouvraient, conformément à la loi qui protége une passion essentiellement imposable. Sans trop hésiter, il monta l'escalier du tripot désigné sous le nom de numéro 36.

— Monsieur, votre chapeau, s'il vous plaît? lui cria d'une voix sèche et grondeuse un petit vieillard blême accroupi dans l'ombre, protégé par une barricade, et qui se leva soudain en montrant une figure moulée sur un type ignoble.

Quand vous entrez dans une maison de jeu, la loi commence par vous dépouiller de votre chapeau. Est-ce une parabole évangélique et providentielle? N'est-ce pas plutôt une manière de conclure un contrat infernal avec vous en exigeant je ne sais quel gage? Serait-ce pour

Euphrasie et Aquilina.

vous obliger à garder un maintien respectueux devant ceux qui vont gagner votre argent? Est-ce la police tapie dans tous les égouts sociaux qui tient à savoir le nom de votre chapelier ou le vôtre, si vous l'avez inscrit sur la coiffe? Est-ce enfin pour prendre la mesure de votre crâne et dresser une statistique instructive sur la capacité cérébrale des joueurs? Sur ce point l'administration garde un silence complet. Mais, sachez-le bien, à peine avez-vous fait un pas vers le tapis vert, déjà votre chapeau ne vous appartient pas plus que vous ne vous appartenez à vous-même : vous êtes au jeu, vous, votre fortune, votre coiffe, votre canne et votre manteau. A votre sortie, le Jeu vous démontrera, par une atroce épigramme en action, qu'il vous laisse encore quelque chose en vous rendant votre bagage. Si toutefois vous avez une coiffure neuve, vous apprendrez à vos dépens qu'il faut se faire un costume de joueur. L'étonnement manifesté par l'étranger quand il reçut une fiche numérotée en échange de son chapeau, dont heureusement les bords étaient légèrement pelés, indiquait assez une âme encore innocente. Le petit vieillard, qui sans doute avait croupi dès son jeune âge dans les bouillants plaisirs de la vie des joueurs, lui jeta un coup d'œil terne et sans chaleur, dans lequel un philosophe aurait vu les misères de l'hôpital, les vagabondages des gens ruinés, les procès-verbaux d'une foule d'asphyxies, les travaux forcés à perpétuité, les expatriations au Guazacoalco. Cet homme, dont la longue face blanche n'était plus nourrie que par les soupes gélatineuses de d'Arcet, présentait la pâle image de la passion réduite à son terme le plus simple. Dans ses rides il y avait trace de vieilles tortures, il devait jouer ses maigres appointements le jour même où il les recevait ; semblable aux rosses sur qui les coups de fouet n'ont plus de prise, rien ne le faisait tressaillir ; les sourds gémissements des joueurs qui sortaient ruinés, leurs muettes imprécations, leurs regards hébétés, le trouvaient toujours insensible. C'était le Jeu incarné. Si le jeune homme avait contemplé ce triste Cerbère, peut-être se serait-il dit : Il n'y a plus qu'un jeu de carte dans ce cœur-là ! L'inconnu n'écouta pas ce conseil vivant, placé là sans doute par la Providence, comme il a mis le dégoût à la porte de tous les mauvais lieux ; il entra résolument dans la salle, où le son de l'or exerçait une éblouissante fascination sur les sens en pleine convoitise. Le jeune homme était probablement poussé là par la plus logique de toutes les éloquentes phrases de J.-J. Rousseau, et dont voici, je crois, la triste pensée : *Oui, je conçois qu'un homme aille au Jeu ; mais c'est lorsqu'entre lui et la mort il ne voit plus que son dernier écu.*

Le soir, les maisons de jeu n'ont qu'une poésie vulgaire, mais dont l'effet est assuré comme celui d'un drame sanguinolent. Les salles sont garnies de spectateurs et de joueurs, de vieillards indigents qui s'y traînent pour s'y réchauffer, de faces agitées, d'orgies commencées dans le vin et prêtes à finir dans la Seine, la passion y abonde, mais le trop grand nombre d'acteurs vous empêche de contempler face à face le démon du jeu. La soirée est un véritable morceau d'ensemble où la troupe entière crie, où chaque instrument de l'orchestre module sa phrase. Vous verriez là beaucoup de gens honorables qui viennent y chercher des distractions et les payent comme ils payeraient le plaisir du spectacle, de la gourmandise, ou comme ils iraient dans une mansarde acheter à bas prix de cuisants regrets pour trois mois. Mais comprenez-vous tout ce que doit avoir de délire et de vigueur dans l'âme un homme qui attend avec impatience l'ouverture d'un tripot ? Entre le joueur du matin et le joueur du soir il existe la différence qui distingue le mari nonchalant de l'amant pâmé sous les fenêtres de sa belle. Le matin seulement arrivent la passion palpitante et le besoin dans sa franche horreur. En ce moment, vous pourrez admirer un véritable joueur, un joueur qui n'a pas mangé, dormi, vécu, pensé, tant il était rudement flagellé par le fouet de sa martingale ; tant il souffrait travaillé par le prurit d'un coup de *trente et quarante*. A cette heure maudite, vous rencontrerez des yeux dont le calme effraye, des visages qui vous fascinent, des regards qui soulèvent les cartes et les dévorent. Aussi les maisons de jeu ne sont-elles sublimes qu'à l'ouverture de leurs séances. Si l'Espagne a ses combats de taureaux, si Rome a eu ses gladiateurs, Paris s'enorgueillit de son Palais-Royal, dont les agaçantes roulettes donnent le plaisir de voir couler le sang à flots, sans que les pieds du parterre risquent d'y glisser. Essayez de jeter un regard furtif sur cette arène, entrez... Quelle nudité ! Les murs, couverts d'un papier gras à hauteur d'homme, n'offrent pas une seule image qui puisse rafraîchir l'âme ; il ne s'y trouve même pas un clou pour faciliter le suicide. Le parquet est usé, malpropre. Une table oblongue occupe le centre de la salle. La simplicité des chaises de paille pressées autour de ce tapis usé par l'or, annonce une curieuse indifférence du luxe chez ces hommes qui viennent périr là pour la fortune et pour le luxe. Cette antithèse humaine se découvre partout où l'âme réagit puissamment sur elle-même. L'amoureux veut mettre sa maîtresse dans la soie, la revêtir d'un moelleux tissu d'Orient, et la plupart du temps il la possède sur un grabat. L'ambitieux se rêve au faîte du pouvoir, tout en s'aplatissant dans la boue du servilisme. Le marchand végète au fond d'une boutique humide et malsaine, en élevant un vaste hôtel, d'où son fils, héritier précoce, sera chassé par une licitation fraternelle. Enfin, existe-t-il chose plus déplaisante qu'une maison de plaisir ? Singulier problème ! Toujours en opposition avec lui-même, trompant ses espérances par ses maux présents, et ses maux par un avenir qui ne lui appartient pas, l'homme imprime à tous ses actes le caractère de l'inconséquence et de la faiblesse. Ici-bas rien n'est complet que le malheur. Au moment où le jeune homme entra dans le salon, quelques joueurs s'y trouvaient déjà. Trois vieillards à têtes chauves étaient nonchalamment assis autour du tapis vert ; leurs visages de plâtre, impassibles comme ceux des diplomates, révélaient des âmes blasées, des cœurs qui depuis longtemps avaient désappris de palpiter, même en risquant les biens paraphernaux d'une femme. Un jeune Italien, aux cheveux noirs, au teint olivâtre, était accoudé tranquillement au bout de la table, et paraissait écouter ces pressentiments secrets qui crient fatalement à un joueur : — Oui. — Non ! Cette tête méridionale respirait l'or et le feu. Sept ou huit spectateurs, debout, rangés de manière à former une galerie, attendaient les scènes que leur préparaient les coups du sort, les figures des acteurs, le mouvement de l'argent et celui des râteaux. Ces désœuvrés étaient là, silencieux, immobiles, attentifs comme l'est le peuple à la Grève, quand le bourreau tranche une tête. Un grand homme sec, en habit râpé, tenait un registre d'une main, et de l'autre une épingle, pour marquer les passes de la rouge ou de la noire. C'était un de ces Tantales modernes qui vivent en marge de toutes les jouissances de leur siècle, un de ces avares sans trésor qui jouent une mise imaginaire ; espèce de fou raisonnable qui se consolait de ses misères en caressant une chimère, qui agissait enfin avec le vice et le danger comme les jeunes prêtres avec l'Eucharistie, quand ils disent des messes blanches. En face de la banque, un ou deux de ces fins spéculateurs, experts des chances du jeu, et semblables à d'anciens forçats qui ne s'effrayent plus des galères, étaient venus là pour hasarder trois coups et remporter immédiatement le gain probable duquel ils vivaient. Deux vieux garçons de salle se promenaient nonchalamment les bras croisés, et de temps en temps regardaient le jardin par les fenêtres, comme pour montrer aux passants leurs plates figures, en guise d'enseigne. Le *tailleur* et le *banquier* venaient de jeter sur les ponteurs ce regard blême qui les tue, et disaient d'une voix grêle : — Faites-le jeu ! quand le jeune homme ouvrit la porte. Le silence devint en quelque sorte plus profond, et les têtes se tournèrent vers le nouveau venu par curiosité. Chose inouïe ! les vieillards émoussés, les employés pétrifiés, les spectateurs et jusqu'au fanatique Italien, tous en voyant l'inconnu éprouvèrent je ne sais quel sentiment épouvantable. Ne faut-il pas bien être malheureux pour obtenir de la pitié, bien faible pour exciter une sympathie, ou d'un bien sinistre aspect pour faire frissonner les âmes dans cette salle où les douleurs doivent être muettes, la misère gaie, le désespoir décent ! Eh bien ! il y avait de tout cela dans la sensation neuve qui remua ces cœurs glacés quand le jeune homme entra. Mais les bourreaux n'ont-ils pas quelquefois pleuré sur les vierges dont les blondes têtes devaient être coupées à un signal de la Révolution ? Au premier coup d'œil les joueurs lurent sur le visage du novice quelque horrible mystère ; ses jeunes traits étaient empreints d'une grâce nébuleuse, son regard attestait des efforts trahis, mille espérances trompées ! La morne impassibilité du suicide donnait à son front une pâleur mate et maladive, un sourire amer dessinait de légers plis dans les coins de sa bouche, et sa physionomie exprimait une résignation qui faisait mal à voir. Quelque secret génie scintillait au fond de ses yeux, voilés peut-être par les fatigues du plaisir. Était-ce la débauche qui marquait de son sale cachet cette noble figure jadis pure et brûlante, maintenant dégradée ? Les médecins auraient sans doute attribué à des lésions au cœur ou à la poitrine le cercle jaune qui encadrait les paupières, et la rougeur qui marquait les joues, tandis que les poètes eussent voulu reconnaître à ces signes les ravages de la science, les traces de nuits passées à la lueur d'une lampe studieuse. Mais une passion plus mortelle que la maladie, une maladie plus impitoyable que l'étude et le génie, altéraient cette jeune tête, contractaient ces muscles vivaces, tordaient le cœur qu'avaient seulement effleuré les orgies, l'étude et la maladie. Comme, lorsqu'un célèbre criminel arrive au bagne, les condamnés l'accueillent avec respect, ainsi tous ces démons humains, experts en tortures, saluèrent une douleur inouïe, une blessure profonde qui sondait leur regard, et reconnurent un de leurs princes à la majesté de sa muette ironie, à l'élégante misère de ses vêtements. Le jeune homme avait bien un frac de bon goût, mais la jonction de son gilet et de sa cravate était trop savamment maintenue pour qu'on lui supposât du linge. Ses mains, jolies comme des mains de femme, étaient d'une douteuse propreté ; enfin, depuis deux jours, il ne portait plus de gants ! si le tailleur et les garçons de salle eux-mêmes frissonnèrent, c'est que les enchantements de l'innocence florissaient par vestiges dans ses formes grêles et fines, dans ses cheveux blonds et rares, naturellement bouclés. Cette figure avait encore vingt-cinq ans, et le vice paraissait n'y être qu'un accident. La verte vie de la jeunesse y luttait encore avec les ravages d'une impuissante lubricité. Les ténèbres et la lumière, le néant et l'existence, s'y combattaient en produisant tout à la fois de la grâce et de l'horreur. Le jeune homme se présentait là comme un ange sans rayons, égaré dans sa route. Aussi tous ces professeurs émérites de vice et d'infamie, semblables à une vieille femme édentée, prise de pitié à l'aspect d'une belle fille qui s'offre à la corruption, furent-ils prêts à crier au novice : — Sortez ! Celui-ci marcha droit à la table, s'y tint debout, jeta sans calcul sur le tapis une pièce d'or qu'il avait à la main, et qui roula sur noir, puis, comme les âmes fortes, abhorrant de chicanières incertitudes, il lança sur le tailleur un regard tout à la fois turbulent et calme. L'intérêt de ce coup était si grand, que les vieillards ne firent pas de mise ; mais l'Italien saisit avec le fanatisme de la passion une idée qui vint lui sourire, et ponta sa masse d'or en opposition au jeu de l'inconnu. Le banquier oublia de dire ces phrases qui se sont à la longue converties en un cri rauque et inintelligible : Faites le jeu ! — Le jeu est fait ! — Rien ne va plus. Le tailleur étala les cartes, et sembla souhaiter bonne chance au dernier venu, indifférent qu'il était à la perte ou au gain fait par les entrepreneurs de ces sombres plaisirs. Chacun des spectateurs voulut voir un drame et la dernière scène d'une noble vie dans le sort de cette pièce d'or; leurs yeux arrêtés sur les cartons fatidiques étincelèrent, mais, malgré l'attention avec laquelle ils regardèrent alternativement et le jeune homme et les cartes, ils ne purent apercevoir aucun symptôme d'émotion sur sa figure froide et résignée.

— Rouge, pair, passe, dit officiellement le tailleur.

Une espèce de râle sourd sortit de la poitrine de l'Italien lorsqu'il vit tomber un à un les billets pliés que lui lança le banquier. Quant au jeune homme, il ne comprit sa ruine qu'au moment où le râteau s'allongea pour ramasser son dernier napoléon. L'ivoire fit rendre un bruit sec à la pièce, qui, rapide comme une flèche, alla se réunir au tas d'or étalé devant la caisse. L'inconnu ferma les yeux doucement, ses lèvres blanchirent, mais il releva bientôt ses paupières, sa bouche reprit une rougeur de corail, il affecta l'air d'un Anglais pour qui la vie n'a plus de mystères, et disparut sans mendier une consolation par un de ces regards déchirants que les joueurs au désespoir lancent assez souvent sur la galerie. Combien d'événements se pressent dans l'espace d'une seconde, et que de choses dans un coup de dé !

— Voilà sans doute sa dernière cartouche, dit en souriant le croupier après un moment de silence, pendant lequel il tint cette pièce d'or entre le pouce et l'index pour la montrer aux assistants.

— C'est un cerveau brûlé qui va se jeter à l'eau, répondit un habitué en regardant autour de lui les joueurs, qui se connaissaient tous.

— Bah ! s'écria le garçon de chambre, en prenant une prise de tabac.

— Si nous avions imité monsieur ? dit un des vieillards à ses collègues en désignant l'Italien.

Tout le monde regarda l'heureux joueur, dont les mains tremblaient en comptant ses billets de banque.

— J'ai entendu, dit-il, une voix qui me criait dans l'oreille : Le jeu aura raison contre le désespoir de ce jeune homme.

— Ce n'est pas un joueur, reprit le banquier, autrement il aurait groupé son argent en trois masses pour se donner plus de chances.

Le jeune homme passait sans réclamer son chapeau ; mais le vieux molosse, ayant remarqué le mauvais état de cette guenille, la lui rendit sans proférer une parole ; le joueur restitua la fiche par un mouvement machinal, et descendit les escaliers en sifflant *di tanti palpiti* d'un souffle si faible, qu'il en entendit à peine lui-même les notes délicieuses. Il se trouva bientôt sous les galeries du Palais-Royal, alla jusqu'à la rue Saint-Honoré, prit le chemin des Tuileries et traversa le jardin d'un pas irrésolu. Il marchait comme au milieu d'un désert, coudoyé par des hommes qu'il ne voyait pas, n'écoutant à travers les clameurs populaires qu'une seule voix, celle de la mort ; enfin, perdu dans une engourdissante méditation, semblable à celle dont jadis étaient saisis les criminels qu'une charrette conduisait, du Palais à la Grève, vers cet échafaud, rouge de tout le sang versé depuis 1793. Il existe je ne sais quoi de grand et d'épouvantable dans le suicide. Les chutes d'une multitude de gens sont sans danger, comme celles des enfants qui tombent de trop bas pour se blesser ; mais, quand un grand homme se brise, il doit venir de bien haut, s'être élevé jusqu'aux cieux, avoir entrevu quelque paradis inaccessible. Implacables doivent être les ouragans qui le forcent à demander la paix de l'âme à la bouche d'un pistolet. Combien de jeunes talents confinés dans une mansarde s'étiolent et périssent faute d'un ami, faute d'une femme consolatrice, au sein d'un million d'êtres, en présence d'une foule lassée d'or, et qui s'ennuie. A cette pensée, le suicide prend des proportions gigantesques. Entre une mort volontaire et la féconde espérance dont la voix appelait un jeune homme à Paris, Dieu seul sait combien se heurtent de conceptions, de poésies abandonnées, de désespoirs et de cris étouffés, de tentatives inutiles et de chefs-d'œuvre avortés. Chaque suicide est un poème sublime de mélancolie. Où trouverez-vous, dans l'océan des littératures, un livre surnageant qui puisse lutter de génie avec ces lignes : *Hier, à quatre heures, une jeune femme s'est jetée dans la Seine du haut du pont des Arts.* Devant ce laconisme parisien, les drames, les romans, tout pâlit, même cette vieille rubrique : *Les lamentations du glorieux roi de Kaernavan, mis en prison par ses enfants ;* dernier fragment d'un livre perdu, dont la seule lecture faisait pleurer Sterne, qui lui-même délaissait sa femme et ses enfants. L'inconnu fut assailli par mille pensées semblables, qui passaient en lambeaux dans son âme, comme des drapeaux déchirés voltigeant au milieu d'une bataille. S'il déposait pendant un moment le fardeau de son intelligence et de ses souvenirs pour s'arrêter devant quelques fleurs dont les têtes étaient mollement balancées par la brise parmi les massifs de verdure, bientôt saisi par une convulsion de la vie qui regimbait encore sous la pesante idée du suicide, il levait les yeux au ciel : là, des nuages gris, des rafales de vent chargées de tristesse, une atmosphère lourde, lui conseillaient encore de mourir. Il s'achemina vers le pont Royal en songeant aux dernières fantaisies de ses prédécesseurs. Il souriait en se rappelant que lord Castlereagh avait satisfait le plus humble de nos besoins avant de se couper la gorge, et que l'académicien Auger avait été chercher sa tabatière pour priser tout en marchant à la mort. Il analysait ces bizarreries et s'interrogeait lui-même, quand, en se serrant contre le parapet du pont, pour laisser passer un fort de la halle, celui-ci ayant légèrement blanchi la manche de son habit, il se surprit à en secouer soigneusement la poussière. Arrivé au point culminant de la voûte, il regarda l'eau d'un air sinistre. — Mauvais temps pour se noyer, lui dit en riant une vieille femme vêtue de haillons. Est-elle sale et froide, la Seine ! Il répondit par un sourire plein de naïveté qui attestait le délire de son courage, mais il frissonna tout à coup en voyant de loin, sur le port des Tuileries, la baraque surmontée d'un écriteau où ces paroles sont tracées en lettres hautes d'un pied : SECOURS AUX ASPHYXIÉS. M. Dacheux lui apparut armé de sa philanthropie, réveillant et faisant mouvoir ces vertueux avirons qui cassent la tête aux noyés, quand malheureusement ils remontent sur l'eau ; il l'aperçut ameutant les curieux, quêtant un médecin, apprêtant des fumigations, il lut les doléances des journalistes, écrites entre les joies d'un festin et le sourire d'une danseuse ; il entendait sonner les écus comptés à des bateliers pour sa tête par le préfet de la Seine. Mort, il valait cinquante francs, mais vivant il n'était qu'un homme de talent sans protecteurs, sans amis, sans paillasse, sans tambour, un véritable zéro social, inutile à l'État, qui n'en avait aucun souci. Une mort en plein jour lui parut ignoble, il résolut de mourir pendant la nuit, afin de livrer un cadavre indéchiffrable à cette société qui méconnaissait la grandeur de sa vie. Il continua donc son chemin, et se dirigea vers le quai Voltaire, en prenant la démarche indolente d'un désœuvré qui veut tuer le temps. Quand il descendit les marches qui terminent le trottoir du pont, à l'angle du quai, son attention fut excitée par les bouquins étalés sur le parapet ; peu s'en fallut qu'il n'en marchandât quelques-uns. Il se prit à sourire, remit philosophiquement les mains dans ses goussets, et allait reprendre son allure d'insouciance où perçait un froid dédain, quand il entendit avec surprise quelques pièces retentir d'une manière véritablement fantastique au fond de sa poche. Un sourire d'espérance illumina son visage, glissa de ses lèvres sur ses traits, sur son front, fit briller de joie ses yeux et ses joues sombres. Cette étincelle de bonheur ressemblait à ces feux qui courent dans les vestiges d'un papier déjà consumé par la flamme ; mais le visage eut le sort des cendres noires ; il redevint triste quand l'inconnu, ayant vivement retiré la main de son gousset, aperçut trois gros sous.

— Ah ! mon bon monsieur, *la carita ! la carita ! catarina !* Un petit sou pour avoir du pain ! Un jeune ramoneur, dont la figure bouffie était noire, le corps brun de suie, les vêtements déguenillés, tendit la main à cet homme pour lui arracher ses derniers sous. A deux pas du petit Savoyard, un vieux pauvre honteux, maladif, souffreteux, ignoblement vêtu d'une tapisserie trouée, lui dit d'une grosse voix sourde : — Monsieur, donnez-moi *ce que vous voudrez,* je prierai Dieu pour vous... Mais quand l'homme jeune eut regardé le vieillard, celui-ci se tut et ne demanda plus rien, reconnaissant peut-être sur ce visage funèbre la livrée d'une misère plus âpre que n'était la sienne.

— *La carita ! la carita !* L'inconnu jeta sa monnaie à l'enfant et au vieux pauvre en quittant le trottoir pour aller vers les maisons, il ne pouvait plus supporter le poignant aspect de la Seine. — Nous prierons Dieu pour la conservation de vos jours, lui dirent les deux mendiants.

En arrivant à l'étalage d'un marchand d'estampes, cet homme presque mort rencontra une jeune femme qui descendait d'un brillant équipage. Il contempla délicieusement cette charmante personne, dont la blanche figure était harmonieusement encadrée dans le satin d'un élégant chapeau ; il fut séduit par une taille svelte, par de jolis mouvements, la robe, légèrement relevée par le marchepied, lui laissa voir une jambe dont les fins contours étaient dessinés par un bas bleu et bien tiré. La jeune femme entra dans le magasin, y marchanda des albums, des collections de lithographies ; elle en acheta pour plusieurs pièces d'or, qui étincelèrent et sonnèrent sur le comptoir. Le jeune homme, en apparence occupé sur le seuil de la porte à regarder des gravures exposées dans la montre, échangea vivement avec la belle inconnue l'œillade la plus perçante que puisse lancer un homme, contre un de ces coups d'œil insouciants jetés au hasard sur les passants. C'était, de sa part, un adieu à l'amour, à la femme ! mais cette dernière et puissante interrogation ne fut pas comprise, ne remua pas ce cœur de femme frivole, ne la fit pas rougir, ne lui fit pas baisser les yeux. Qu'était-ce pour elle ? une admiration de plus, un désir inspiré qui le soir lui suggérait cette douce parole : J'étais *bien aujourd'hui.* Le jeune homme passa promptement à un autre cadre, et ne se retourna point quand l'inconnue remonta dans sa voiture. Les chevaux partirent, cette dernière image du luxe et de l'élégance s'éclipsa comme allait s'éclipser sa vie. Il se mit à marcher d'un pas mélancolique le long des magasins, en examinant sans beaucoup d'intérêt les échantillons de marchandises. Quand les boutiques lui manquèrent, il étudia le Louvre, l'Institut, les tours de Notre-Dame, celles du Palais, le pont des Arts. Ces monuments paraissaient prendre une physionomie triste en reflétant les teintes grises du ciel, dont les rares clartés prêtaient un air menaçant à Paris, qui, pareil à une jolie femme, est soumis à d'inexplicables caprices de laideur et de beauté. Ainsi, la nature elle-même conspirait à le plonger dans une extase douloureuse. En proie à cette puissance malfaisante dont l'action dissolvante trouve un véhicule dans le fluide qui circule en nos nerfs, il sentait son organisme arriver insensiblement aux phénomènes de la fluidité. Les tourments de cette agonie lui imprimaient un mouvement semblable à celui des vagues, et lui faisaient voir les bâtiments, les hommes, à travers un brouillard où tout ondoyait. Il voulut se soustraire aux titillations que produisaient sur son âme les réactions de sa nature physique, et se dirigea vers un magasin d'antiquités dans l'intention de donner une pâture à ses sens, ou d'y attendre la nuit en marchandant des objets d'art. C'était, pour ainsi dire, quêter du courage et demander un cordial, comme les criminels qui se défient de leurs forces en allant à l'échafaud, mais la conscience de sa prochaine mort rendit pour un moment au jeune homme l'assurance d'une duchesse qui a deux amants, et il entra chez le marchand de curiosités d'un air dégagé, laissant voir sur ses lèvres un sourire fixe comme celui d'un ivrogne. N'était-il pas ivre de la vie, ou peut-être de la mort. Il retomba bientôt dans ses vertiges, et continua d'apercevoir les choses sous d'étranges couleurs, ou animées d'un léger mouvement dont le principe était sans doute dans une irrégulière circulation de son sang, tantôt bouillonnant comme une cascade, tantôt tranquille et fade comme l'eau tiède. Il demanda simplement à visiter les magasins pour chercher s'ils ne renfermaient pas quelques singularités à sa convenance. Un jeune garçon à figure fraîche et joufflue, à chevelure rousse, et coiffé d'une casquette de loutre, commit la garde de la boutique à une vieille paysanne, espèce de Caliban femelle occupée à nettoyer un poêle dont les merveilles étaient dues au génie de Bernard de Palissy, puis il dit à l'étranger d'un air insouciant : Voyez, monsieur, voyez! Nous n'avons en bas que des choses assez ordinaires; mais, si vous voulez prendre la peine de monter au premier étage, je pourrai vous montrer de fort belles momies du Caire, plusieurs poteries incrustées, quelques ébènes sculptés, vraie renaissance, récemment arrivés, et qui sont de toute beauté.

Dans l'horrible situation où se trouvait l'inconnu, ce babil de cicérone, ces phrases sottement mercantiles, furent pour lui comme les taquineries mesquines par lesquelles des esprits étroits assassinent un homme de génie. Portant sa croix jusqu'au bout, il parut écouter son conducteur et lui répondit par gestes ou par monosyllabes, mais insensiblement il sut conquérir le droit d'être silencieux, et put se livrer sans crainte à ses dernières méditations, qui furent terribles. Il était poëte, et son âme rencontra fortuitement une immense pâture : il devait voir par avance les ossements de vingt mondes. Au premier coup d'œil, les magasins lui offrirent un tableau confus, dans lequel toutes les œuvres humaines et divines se heurtaient. Des crocodiles, des singes, des boas empaillés, souriaient à des vitraux d'église, semblaient vouloir mordre des bustes, courir après des laques ou grimper sur des lustres. Un vase de Sèvres, où madame Jacotot avait peint Napoléon, se trouvait auprès d'un sphinx dédié à Sésostris. Le commencement du monde et les événements d'hier se mariaient avec une grotesque bonhomie. Un tournebroche était posé sur un ostensoir, un sabre républicain sur une haquebute du moyen âge. Madame Dubarry, peinte au pastel par Latour, une étoile sur la tête, nue et dans un nuage, paraissait contempler avec concupiscence une chibouque indienne, en cherchant à deviner l'utilité des spirales qui serpentaient vers elle. Les instruments de mort, poignards, pistolets curieux, armes à secret, étaient jetés pêle-mêle avec des instruments de vie : soupières en porcelaine, assiettes de Saxe, tasses orientales venues de Chine, salières antiques, drageoirs féodaux. Un vaisseau d'ivoire voguait à pleines voiles sur le dos d'une immobile tortue. Une machine pneumatique éborgnait l'empereur Auguste, majestueusement impassible. Plusieurs portraits d'échevins français, de bourgmestres hollandais, insensibles alors comme pendant leur vie, s'élevaient au-dessus de ce chaos d'antiquités, en y lançant un regard pâle et froid. Tous les pays de la terre semblaient avoir apporté là un débris de leurs sciences, un échantillon de leurs arts. C'était une espèce de fumier philosophique auquel rien ne manquait, ni le calumet du sauvage, ni la pantoufle vert et or du sérail, ni le yatagan du Maure, ni l'idole des Tartares; il y avait jusqu'à la blague à tabac du soldat, jusqu'au ciboire du prêtre, jusqu'aux plumes d'un trône. Ces monstrueux tableaux étaient encore assujettis à mille accidents de lumière, par la bizarrerie d'une multitude de reflets dus à la confusion des nuances, à la brusque opposition des jours et des noirs. L'oreille croyait entendre des cris interrompus, l'esprit saisir des drames inachevés, l'œil apercevoir des lueurs mal étouffées. Enfin une poussière obstinée avait jeté son léger voile sur tous ces objets, dont les angles multipliés et les sinuosités nombreuses produisaient les effets les plus pittoresques. L'inconnu compara d'abord ces trois salles gorgées de civilisation, de cultes, de divinités, de chefs-d'œuvre, de royautés, de débauches, de raison et de folie, à un miroir plein de facettes dont chacune représentait un monde. Après cette impression brumeuse, il voulut choisir ses jouissances; mais, à force de regarder, de penser, de rêver, il tomba sous la puissance d'une fièvre due peut-être à la faim qui rugissait dans ses entrailles. La vue de tant d'existences nationales ou individuelles, attestées par des gages humains qui leur survivaient, acheva d'engourdir les sens du jeune homme : le désir qui l'avait poussé dans le magasin fut exaucé : il sortit de la vie réelle, monta par degrés vers un monde idéal, arriva dans les palais enchantés de l'extase, où l'univers lui apparut par bribes et en traits de feu, comme l'avenir passa jadis flamboyant aux yeux de saint Jean dans l'athmos.

Une multitude de figures endolories, gracieuses et terribles, obscures et lucides, lointaines et rapprochées, se leva par masses, par myriades, par générations. L'Egypte, roide, mystérieuse, se dressa de ses sables, représentée par une momie qu'enveloppaient des bandelettes noires : les Pharaons ensevelissant des peuples pour se construire une tombe, Moïse, les Hébreux, le désert : il entrevit tout un monde antique et solennel. Fraîche et suave, une statue de marbre, assise sur une colonne torse et rayonnant de blancheur, lui parla des mythes voluptueux de la Grèce et de l'Ionie. Ah! qui n'aurait souri comme lui, de voir sur un fond rouge la jeune fille brune dansant dans la fine argile d'un vase étrusque devant le dieu Priape, qu'elle saluait d'un air joyeux? en regard, une reine latine caressait sa chimère avec amour! Les caprices de la Rome impériale respiraient là tout entiers et révélaient le bain. La couche, la toilette d'une Julie indolente, songeuse, attendant son Tibulle. Armée du pouvoir des talismans arabes, la tête de Cicéron évoquait les souvenirs de la Rome libre et lui déroulait les pages de Tite-Live : le jeune homme contempla Senatus Populusque romanus : le consul, les licteurs, les toges bordées de pourpre, les luttes du Forum, le peuple courroucé, défilaient lentement devant lui comme les vaporeuses figures d'un rêve. Enfin la Rome chrétienne dominait ces images. Une peinture ouvrait les cieux : il y voyait la vierge Marie plongée dans un nuage d'or, au sein des anges, éclipsant la gloire du soleil, écoutant les plaintes des malheureux auxquels cette Eve régénérée souriait d'un air doux. En touchant une mosaïque faite avec les différentes laves du Vésuve et de l'Etna, son âme s'élançait dans la chaude et fauve Italie : il assistait aux orgies des Borgia, courait dans les Abruzzes, aspirait aux amours italiennes, se passionnait pour les blancs visages aux longs yeux noirs. Il frémissait des dénoûments nocturnes interrompus par la froide épée d'un mari, en apercevant une dague du moyen âge dont la poignée était travaillée comme l'est une dentelle, et dont la rouille ressemblait à des taches de sang. L'Inde et ses religions revivaient dans un magot chinois coiffé de son chapeau pointu, à losanges relevées, paré de clochettes, vêtu d'or et de soie. Près du magot, une natte, jolie comme la bayadère qui s'y était roulée, exhalait encore les odeurs du sandal. Un monstre du Japon, dont les yeux restaient tordus, la bouche contournée, les membres tornurés, réveillait l'âme des inventions d'un peuple qui, fatigué du beau toujours unitaire, trouve d'ineffables plaisirs dans la fécondité des laideurs. Une caisse sortie des ateliers de Benvenuto Cellini le reportait au sein de la Renaissance, au temps où les arts et la licence fleurissaient, ou les souverains se divertissaient à des supplices, où les conciles couchés dans les bras des courtisanes décrétaient la chasteté pour les simples prêtres. Il vit les conquêtes d'Alexandre sur un camée, les massacres de Pizarre dans une arquebuse à mèche, les guerres de religion échevelées, bouillantes, cruelles, au fond d'un casque. Puis, les riantes images de la chevalerie sourdirent d'une armure de Milan supérieurement damasquinée, bien fourbie, et sous la visière de laquelle brillaient encore les yeux d'un paladin.

Cet océan de meubles, d'inventions, de modes, d'œuvres, de ruines, lui composait un poème sans fin. Formes, couleurs, pensées, tout revivait là, mais rien de complet ne s'offrait à l'âme. Le poëte devait achever les croquis du grand peintre qui avait fait cette immense palette où les innombrables accidents de la vie humaine étaient jetés à profusion, avec dédain. Après s'être emparé du monde, après avoir contemplé des pays, des âges, des règnes, le jeune homme revint à des existences individuelles. Il se repersonnifia, s'empara des détails en repoussant la vie des nations comme trop accablante pour un seul homme.

Là dormait un enfant en cire, sauvé du cabinet de Ruysch, et cette ravissante créature lui rappelait les joies de son jeune âge. Au prestigieux aspect du pagne virginal de quelque jeune fille d'Otaiti, sa brûlante imagination lui peignait la vie simple de la nature, la chaste nudité de la vraie pudeur, les délices de la paresse si naturelle à l'homme, toute une destinée calme au bord d'un ruisseau frais et rêveur, sous un bananier, qui dispensait une manne savoureuse, sans culture. Mais tout à coup il devenait corsaire, et revêtait la terrible poésie empreinte dans le rôle de Lara, vivement inspiré par les couleurs nacrées de mille coquillages, exalté par la vue de quelques madrépores se montaient le varech, les algues et les ouragans atlantiques. Admirant plus loin les délicates miniatures, les arabesques d'azur et d'or qui enrichissaient quelque précieux missel manuscrit, il oubliait les tumultes de la mer. Mollement balancé dans une pensée de paix, il épousait de nouveau l'étude et la science, souhaitait la grasse vie des moines exempte de chagrins, exempte de plaisirs, et se couchait au fond d'une cellule, en contemplant par sa fenêtre en ogive les prairies, les bois, les vignobles de son monastère. Devant quelques Teniers, il endossait la casaque d'un soldat ou la misère d'un ouvrier; il désirait porter le bonnet sale et enfumé des Flamands, s'enivrait de bière, jouait aux cartes avec eux, et souriait à une grosse paysanne fort attrayante embonpoint. Il grelottait en voyant une tombée de neige de Mieris, ou se battait en regardant un combat de Salvator Rosa. Il caressait un tomhawk d'Illinois, et sentait le scalpel d'un Chérokée qui lui enlevait la peau du crâne. Émerveillé à l'aspect d'un rebec, il le confiait à la main d'une châtelaine dont il écoutait la romance mélodieuse en lui déclarant son amour, le soir, auprès d'une cheminée gothique, dans la pénombre où se perdait un regard de consentement. Il s'accrochait à toutes les joies, saisissait toutes les douleurs, s'emparait de toutes les formules d'existence en éparpillant si généreusement sa vie et ses sentiments sur les simulacres de cette nature plastique et vide, que le bruit de ses pas retentissait dans son âme comme le son lointain d'un autre monde, comme la rumeur de Paris arrive sur les tours de Notre-Dame.

En montant l'escalier intérieur qui conduisait aux salles situées au premier étage, il vit des boucliers votifs, des panoplies, des tabernacles sculptés, des figures en bois pendues aux murs, posées sur chaque marche. Poursuivi par les formes les plus étranges, par des créations merveilleuses assises sur les confins de la mort et de la vie, il marchait dans les enchantements d'un songe; enfin, doutant de son existence, il était comme ces objets curieux, ni tout à fait mort, ni tout à fait vivant. Quand il entra dans les nouveaux magasins, le jour commençait à pâlir; mais la lumière semblait inutile aux richesses resplendissantes d'or et d'argent qui s'y trouvaient entassées. Les plus coûteux caprices de dissipateurs morts sous des mansardes après avoir possédé plusieurs millions, étaient dans ce vaste bazar des folies humaines. Une écritoire payée cent mille francs et rachetée cent sous, gisait auprès d'une serrure à secret dont le prix aurait suffi jadis à la rançon d'un roi. Là, le génie humain apparaissait dans toutes les pompes de sa misère, dans toute la gloire de ses petitesses gigantesques. Une table de Boulle, véritable idole d'artiste, sculptée d'après les dessins de Jean Goujon et qui coûta jadis plusieurs années de travail, avait été peut-être acquise au prix du bois à brûler. Des coffrets précieux, des meubles faits par la main des fées, y étaient dédaigneusement amoncelés.

Le tapis vert. — PAGE 2.

— Vous avez des millions ici, s'écria le jeune homme en arrivant à la pièce qui terminait une immense enfilade d'appartements dorés et sculptés par des artistes du siècle dernier.

— Dites des milliards, répondit le gros garçon jouflu. Mais ce n'est rien encore; montez au troisième étage, et vous verrez!

L'inconnu suivit son conducteur et parvint à une quatrième galerie, où successivement passèrent devant ses yeux fatigués plusieurs tableaux du Poussin, une sublime statue de Michel-Ange, quelques ravissants paysages de Claude Lorrain, un Gérard Dow qui ressemblait à une page de Sterne, des Rembrandt, des Murillo, des Velasquez sombres et colorés comme un poème de lord Byron; puis des bas-reliefs antiques, des coupes d'agate, des onyx merveilleux; enfin c'était des travaux à dégoûter du travail, des chefs-d'œuvre accumulés à faire prendre en haine les arts et à tuer l'enthousiasme. Il arriva devant une Vierge de Raphaël, mais il était las de Raphaël, une figure de Corrège qui voulait un regard ne l'obtint même pas; un vase inestimable en porphyre antique et dont les sculptures circulaires représentaient, de toutes les priapées romaines, la plus grotesquement licencieuse, délices de quelque Corinne, eut à peine un sourire. Il étouffait sous les débris de cinquante siècles évanouis, il était malade de toutes ces pensées humaines, assassiné par le luxe et les arts, oppressé sous ces formes renaissantes qui, pareilles à des monstres enfantés sous ses pieds par quelque malin génie, lui livraient un combat sans fin. Semblable en ses caprices à la chimie moderne qui résume la création par un gaz, l'âme ne compose-t-elle pas de terribles poisons par la rapide concentration de ses jouissances, de ses forces ou de ses idées? Beaucoup d'hommes ne périssent-ils pas sous le foudroiement de quelque acide moral soudainement épandu dans leur être intérieur?

— Que contient cette boîte? demanda-t-il en arrivant à un grand cabinet, dernier monceau de gloire, d'efforts humains, d'originalités, de richesses, parmi lesquelles il montra du doigt une grande caisse carrée, construite en acajou, suspendue à un clou par une chaîne d'argent.

— Ah! monsieur en a la clef, dit le gros garçon avec un air de mystère. Si vous désirez voir ce portrait, je me hasarderai volontiers à le prévenir.

— Vous hasarder! reprit le jeune homme. Votre maître est-il un prince?

— Mais, je ne sais pas, répondit le garçon.

Ils se regardèrent pendant un moment aussi étonnés l'un que l'autre. L'apprenti interpréta le silence de l'inconnu comme un souhait, et le laissa seul dans le cabinet.

Vous êtes-vous jamais lancé dans l'immensité de l'espace et du temps, en lisant les œuvres géologiques de Cuvier? Emporté par son génie, avez-vous plané sur l'abîme sans bornes du passé, comme soutenu par la main d'un enchanteur? En découvrant de tranche en tranche, de couche en couche, sous les carrières de Montmartre ou dans les schistes de l'Oural, ces animaux dont les dépouilles fossilisées appartiennent à des civilisations antédiluviennes, l'âme est effrayée d'entrevoir des milliards d'années, des millions de peuples que la faible mémoire humaine, que l'indestructible tradition divine ont oubliés et dont la cendre, poussée à la surface de notre globe, y forme les deux pieds de terre qui nous donnent du pain et des fleurs. Cuvier n'est-il pas le plus grand poète de notre siècle? Lord Byron a bien reproduit par des mots quelques agitations morales; mais notre immortel naturaliste a reconstruit des mondes avec des os blanchis, a rebâti comme Cadmus des cités avec des dents, a repeuplé mille forêts de tous les mystères de la zoologie avec quelques fragments de houille, a retrouvé des populations de géants dans le pied d'un mammouth. Ces figures se dressent, grandissent et meublent des régions en harmonie avec leurs statures colossales. Il est poète avec des chiffres, il est sublime en posant un zéro près d'un sept. Il réveille le néant sans prononcer des paroles grandement magiques; il fouille une parcelle de gypse, y aperçoit une empreinte, et vous crie : Voyez! Soudain les marbres s'animalisent, la mort se vivifie, le monde se déroule! Après d'innombrables dynasties de créatures gigantesques, après des races de poissons et des clans de mollusques, arrive enfin le genre humain, produit dégénéré d'un type grandiose, brisé peut-être par le Créateur. Échauffés par son regard rétrospectif, ces hommes chétifs, nés d'hier, peuvent franchir le chaos, entonner un hymne sans fin et se configurer le passé de l'univers dans une sorte d'Apocalypse rétrograde. En présence de cette épouvantable résurrection due à la voix d'un seul homme, la miette dont l'usufruit nous est concédé dans cet infini sans nom, commun à toutes les sphères et que nous avons nommé LE TEMPS, cette minute de vie nous fait pitié. Nous nous demandons, écrasés que nous sommes sous tant d'univers en ruines, à quoi bon nos gloires, nos haines, nos amours, et si, pour devenir un point intangible dans l'avenir, la peine de vivre doit s'accepter? Déracinés du présent, nous sommes morts jusqu'à ce que notre valet de chambre entre et vienne nous dire : Madame la comtesse a répondu qu'elle attendait monsieur.

Les merveilles dont l'aspect venait de présenter au jeune homme toute la création connue mirent dans son âme l'abattement que produit chez le philosophe la vue scientifique des créations inconnues : il souhaita plus vivement que jamais de mourir, et tomba sur une chaise curule en laissant errer ses regards à travers les fantasmagories de ce panorama du passé. Les tableaux s'illuminèrent, les têtes de Vierge lui sourirent, et les statues se colorèrent d'une vie trompeuse. À la faveur de l'ombre, et mises en danse par la fiévreuse tourmente qui fermentait dans son cerveau brisé, ces œuvres s'agitèrent et tourbillonnèrent devant lui : chaque magot lui jeta sa grimace, les yeux des personnages représentés dans les tableaux remuèrent en pétillant; chacune de ces formes frémit, sautilla, se détacha de sa place, gravement, légèrement, avec grâce ou brusquerie, selon ses mœurs, son caractère et sa contexture. Ce fut un mystérieux sabbat digne des fantaisies entrevues par le docteur Faust sur le *Brocken*. Mais ces phénomènes d'optique, enfantés par la fatigue, par la tension des forces oculaires ou par les caprices du crépuscule, ne pouvaient effrayer l'inconnu. Les terreurs de la vie étaient impuissantes sur une âme familiarisée avec les terreurs de la mort. Il favorisa même par une sorte de complicité railleuse les bizarreries de ce galvanisme moral dont les prodiges s'accouplaient aux dernières pensées qui lui donnaient encore le sentiment de l'existence. Le silence régnait si profondément autour de lui, que bientôt il s'aventura dans une douce rêverie dont les impressions graduellement noires suivirent de nuance en nuance et comme par magie, les lentes dégradations de la lumière. Une lueur prête à quitter le ciel ayant fait reluire un dernier reflet rouge en luttant contre la nuit, il leva la tête, vit un squelette à peine éclairé qui le montra du doigt, et pencha dubitativement le crâne de droite à gauche, comme pour lui dire : Les morts ne veulent pas encore de toi ! En passant la main sur son front pour en chasser le sommeil, le jeune homme sentit distinctement un vent frais produit par je ne sais quoi de velu qui lui effleura les joues, et frissonna. Les vitres ayant retenti d'un claquement sourd, il pensa que cette froide caresse digne des mystères de la tombe lui avait été faite par quelque chauve-souris. Pendant un moment encore, les vagues reflets du couchant lui permirent d'apercevoir indistinctement les fantômes par lesquels il était entouré; puis toute cette nature morte s'abolit dans une même teinte noire. La nuit, l'heure de mourir, était subitement venue. Il s'écoula, dès ce moment, un certain laps de temps pendant lequel il n'eut aucune perception claire des choses terrestres, soit qu'il se fût enseveli dans une rêverie profonde, soit qu'il eût cédé à la somnolence provoquée par ses fatigues et par la multitude des pensées qui lui déchiraient le cœur. Tout à coup il crut avoir été appelé par une voix terrible, et tressaillit comme lorsqu'au milieu d'un brûlant cauchemar nous sommes précipités d'un seul bond dans les profondeurs d'un abîme. Il ferma les yeux; les rayons d'une vive lumière l'éblouissaient; il voyait briller au sein des ténèbres une sphère rougeâtre dont le centre était occupé par un petit vieillard qui se tenait debout et dirigeait sur lui la clarté d'une lampe. Il ne l'avait entendu ni venir, ni parler, ni se mouvoir. Cette apparition eut quelque chose de magique. L'homme le plus intrépide, surpris ainsi dans son sommeil, aurait sans doute tremblé devant ce personnage extraordinaire, qui semblait être sorti d'un sarcophage voisin. La singulière jeunesse qui animait les yeux immobiles de cette espèce de fantôme empêchait l'inconnu de croire à des effets surnaturels. néanmoins, pendant le rapide intervalle qui sépara sa vie somnambulique de sa vie réelle, il demeura dans le doute philosophique recommandé par Descartes, et fut alors, malgré lui, sous la puissance de ces inexplicables hallucinations dont les mystères sont condamnés par notre fierté ou que notre science impuissante tâche en vain d'analyser.

Figurez-vous un petit vieillard sec et maigre, vêtu d'une robe en velours noir, serrée autour de ses reins par un gros cordon de soie. Sur sa tête, une calotte en velours également noir laissait passer, de chaque côté de la figure, les longues mèches de ses cheveux blancs et s'appliquait sur le crâne de manière à rigidement encadrer le front. La robe ensevelissait le corps comme dans un vaste linceul, et ne permettait de voir d'autre forme humaine qu'un visage étroit et pâle. Sans le bras décharné, qui ressemblait à un bâton sur lequel on aurait posé une étoffe, et que le vieillard tenait en l'air pour faire porter sur le jeune homme toute la clarté de la lampe, ce visage aurait paru suspendu dans les airs. Une barbe grise et taillée en pointe cachait le menton de cet être bizarre, et lui donnait l'apparence de ces têtes judaïques qui servent de types aux artistes quand ils veulent représenter Moïse. Les lèvres de cet homme étaient si décolorées, si minces, qu'il fallait une attention particulière pour deviner la ligne tracée par la bouche dans son blanc visage. Son large front ridé, ses joues blêmes et creuses, la rigueur implacable de ses petits yeux verts, dénués de cils et de sourcils, pouvaient faire croire à l'inconnu que le *Peseur d'or* de Gérard Dow était sorti de son cadre. Une finesse d'inquisiteur, trahie par les sinuosités de ses rides et par les plis circulaires dessinés sur ses tempes, accusait une science profonde des choses de la vie. Il était impossible de tromper cet homme, qui semblait avoir le don de surprendre les pensées au fond des cœurs les plus discrets. Les mœurs de toutes les nations du globe et leurs sagesses se résumaient sur sa face froide, comme les productions du monde entier se trouvaient accumulées dans ses magasins poudreux; vous y auriez lu la tranquillité lucide d'un Dieu qui voit tout, ou la force orgueilleuse d'un homme qui a tout vu. Un peintre aurait, avec deux expressions différentes et en deux coups de pinceau, fait de cette figure une belle image du Père éternel ou le masque ricaneur du Méphistophélès, car il se trouvait tout ensemble une suprême puissance dans le front et de sinistres railleries sur la bouche. En broyant toutes les peines humaines sous un pouvoir immense, cet homme devait avoir tué les joies terrestres. Le moribond frémit en pressentant que ce vieux génie habitait une sphère étrangère au monde, où il vivait seul, sans jouissances, parce qu'il n'avait plus d'illusion, sans douleur, parce qu'il ne connaissait plus de plaisirs. Le vieillard se tenait debout, immobile, inébranlable comme une étoile au milieu d'un nuage de lumière; ses yeux verts, pleins de je ne sais quelle malice calme, semblaient éclairer le monde moral comme sa lampe illuminait ce cabinet mystérieux. Tel fut le spectacle étrange qui surprit le jeune homme au moment où il ouvrit les yeux, après avoir été bercé par des pensées de mort et de fantasques images. S'il demeura comme étourdi, s'il se laissa momentanément dominer par une croyance digne d'enfants qui écoutent les contes de leurs nourrices, il faut attribuer cette erreur au voile étendu sur sa vie et sur son entendement par ses méditations, à l'agacement de ses nerfs irrités, au drame violent dont les scènes venaient de lui prodiguer les atroces délices contenues dans un morceau d'opium. Cette vision avait lieu dans Paris, sur le quai Voltaire, au dix-neuvième siècle, temps et lieux où la magie devait être impossible. Voisin de la maison où le dieu de l'incrédulité française avait expiré, disciple de Gay-Lussac et d'Arago, contempteur des tours de gobelets que font les hommes du pouvoir, l'inconnu n'obéissait sans doute qu'aux fascinations poétiques dont il avait accepté les prestiges et auxquelles nous nous prêtons souvent comme pour fuir de désespérantes vérités, comme pour tenter la puissance de Dieu. Il trembla donc devant cette lumière et ce vieillard, agité par l'inexplicable pressentiment de quelque pouvoir étrange; mais cette émotion était semblable à celle que nous avons tous éprouvée devant Napoléon, ou en présence de quelque grand homme brillant de génie et revêtu de gloire.

— Monsieur désire voir le portrait de Jésus-Christ peint par Raphaël ? lui dit courtoisement le vieillard d'une voix dont la sonorité claire et brève avait quelque chose de métallique. Et il posa la lampe sur le fût d'une colonne brisée, de manière à ce que la boîte brune reçût toute la clarté.

Aux noms religieux de Jésus-Christ et de Raphaël, il échappa au jeune homme un geste de curiosité, sans doute attendu par le marchand, qui fit jouer un ressort. Soudain le panneau d'acajou glissa dans une rainure, tomba sans bruit, et livra la toile à l'admiration de l'inconnu. À l'aspect de cette immortelle création, il oublia les fantaisies du magasin, les caprices de son sommeil, redevint homme, reconnut dans le vieillard une créature de chair, bien vivante, nullement fantasmagorique, et revécut dans le monde réel. La tendre sollicitude, la douce sérénité du divin visage, influèrent aussitôt sur lui. Quelque parfum épanché des cieux dissipa les tortures infernales qui lui brûlaient la moelle des os. La tête du Sauveur des hommes paraissait sortir des ténèbres figurées par un fond noir; une auréole de rayons étincelait vivement autour de sa chevelure d'où cette lumière voulait sortir, sous le front, sous les chairs, il y avait une éloquente conviction, qui s'échappait de chaque trait par de pénétrantes effluves, les lèvres vermeilles venaient de faire entendre la parole de vie, et le spectateur en cherchait le retentissement sacré dans les airs, il en demandait les ravissantes paraboles au silence, il l'écoutait dans l'avenir, la retrouvait dans les enseignements du passé. L'Évangile était traduit par la simplicité calme de ces adorables yeux où se réfugiaient les âmes troublées, enfin sa religion se lisait tout entière en un suave et magnifique sourire qui semblait exprimer ce précepte où elle se résume : *Aimez-vous les uns les autres !* Cette peinture inspirait une prière, recommandait le pardon, étouffait l'égoïsme, réveillait toutes les vertus endormies. Partageant le privilège des enchantements de la musique, l'œuvre de Raphaël vous jetait sous le charme impérieux des souvenirs, et son triomphe était complet, on oubliait le peintre. Le prestige de la lumière agissait encore sur cette merveille, par moments, il semblait que la tête s'élevât dans le lointain, au sein de quelque nuage.

— J'ai couvert cette toile de pièces d'or, dit froidement le marchand.

— Eh bien ! il va falloir mourir ! s'écria le jeune homme, qui sortait d'une rêverie dont la dernière pensée l'avait ramené vers sa fatale destinée, en le faisant descendre, par d'insensibles déductions, d'une dernière espérance à laquelle il s'était attaché.

— Ah ! ah ! j'avais donc raison de me méfier de toi, répondit le vieillard en saisissant les deux mains du jeune homme, qu'il serra par les poignets dans l'une des siennes, comme dans un étau.

L'inconnu sourit tristement de cette méprise et dit d'une voix douce : — Eh ! monsieur, ne craignez rien, il s'agit de ma vie et non de la vôtre. Pourquoi n'avouerais-je pas une innocente supercherie, reprit-il après avoir regardé le vieillard inquiet. En attendant la nuit, afin de pouvoir me noyer sans esclandre, je suis venu voir vos richesses. Qui ne pardonnerait ce dernier plaisir à un homme de science et de poésie ?

Le soupçonneux marchand examina d'un œil sagace le maigre visage de son faux chaland tout en l'écoutant parler. Rassuré bientôt par l'accent de cette voix douloureuse, ou lisant peut-être dans ces traits décolorés les sinistres destinées qui naguère avaient fait frémir les joueurs, il lâcha les mains; mais, par un reste de suspicion qui révéla une expérience au moins centenaire, il étendit nonchalamment le bras vers un buffet comme pour s'appuyer, et dit en y prenant un stylet : — Êtes-vous depuis trois ans surnuméraire au Trésor, sans y avoir touché de gratification?

L'inconnu ne put s'empêcher de sourire en faisant un geste négatif.

— Votre père vous a-t-il trop vivement reproché d'être venu au monde, ou bien êtes-vous déshonoré?

— Si je voulais me déshonorer, je vivrais.

— Avez-vous été sifflé aux Funambules, ou vous trouvez-vous obligé de composer des flons flons pour payer le convoi de votre maîtresse? N'auriez-vous pas plutôt la maladie de l'or? voulez-vous détrôner l'ennui? Enfin, quelle erreur vous engage à mourir?

— Ne cherchez pas le principe de ma mort dans les raisons vulgaires qui commandent la plupart des suicides. Pour me dispenser de vous dévoiler des souffrances inouïes et qu'il est difficile d'exprimer en langage humain, je vous dirai que je suis dans la plus profonde, la plus ignoble, la plus perçante de toutes les misères. Et, ajouta-t-il d'un ton de voix dont la fierté sauvage démentait ses paroles précédentes, je ne veux mendier ni secours ni consolations.

— Eh! eh! Ces deux syllabes, que d'abord le vieillard fit entendre pour toute réponse, ressemblèrent au cri d'une crécelle. Puis il reprit ainsi : — Sans vous forcer à m'implorer, sans vous faire rougir, et sans vous donner un centime de France, un para du Levant, un tarin de Sicile, un heller d'Allemagne, une obole des sesterces ou des oboles de l'ancien monde, ni une piastre du nouveau, sans vous offrir quoi que ce soit en or, argent, billon, papier, billet, je vais vous faire plus riche, plus puissant et plus considéré que ne peut l'être un roi constitutionnel.

Le jeune homme crut le vieillard en enfance, et resta comme engourdi sans oser répondre.

— Retournez-vous, dit le marchand en saisissant tout à coup la lampe pour en diriger la lumière sur le mur qui faisait face au portrait, et regardez cette PEAU DE CHAGRIN, ajouta-t-il.

Le jeune homme se leva brusquement et témoigna quelque surprise en apercevant au-dessus du siège où il s'était assis un morceau de chagrin accroché sur le mur, et dont la dimension n'excédait pas celle d'une peau de renard; mais, par un phénomène inexplicable au premier abord, cette peau projetait au sein de la profonde obscurité qui régnait dans le magasin des rayons si lumineux, que vous eussiez dit d'une petite comète. Le jeune incrédule s'approcha de ce prétendu talisman qui devait le préserver du malheur, et s'en moqua par une phrase mentale. Cependant, animé d'une curiosité bien légitime, il se pencha pour la regarder alternativement sous toutes ses faces, et découvrit bientôt une cause naturelle à cette singulière lucidité : les grains noirs du chagrin étaient si soigneusement polis et si bien brunis, les rayures capricieuses en étaient si propres et si nettes, que, pareilles à des facettes de grenat, les aspérités de ce cuir oriental formaient autant de petits foyers qui réfléchissaient vivement la lumière. Il démontra mathématiquement la raison de ce phénomène au vieillard, qui, pour toute réponse, sourit avec malice. Ce sourire de supériorité fit croire au jeune savant qu'il était dupe en ce moment de quelque charlatanisme. Il ne voulut pas emporter une énigme de plus dans la tombe, et retourna promptement la peau comme un enfant pressé de connaître les secrets de son jouet nouveau.

— Ah! ah! s'écria-t-il, voici l'empreinte du sceau que les Orientaux nomment le cachet de Salomon.

— Vous le connaissez donc? demanda le marchand, dont les narines laissèrent passer deux ou trois bouffées d'air qui peignirent plus d'idées que n'en pouvaient exprimer les plus énergiques paroles.

— Existe-t-il au monde un homme assez simple pour croire à cette chimère? s'écria le jeune homme, piqué d'entendre ce rire muet et plein d'amères dérisions. Ne savez-vous pas, ajouta-t-il, que les superstitions de l'Orient ont consacré la forme mystique et les caractères mensongers de cet emblème qui représente une puissance fabuleuse? Je ne crois pas devoir être plus taxé de niaiserie dans cette circonstance que si je parlais des sphinx ou des griffons, dont l'existence est en quelque sorte scientifiquement admise.

— Puisque vous êtes un orientaliste, reprit le vieillard, peut-être lirez-vous cette sentence.

Il apporta la lampe près du talisman que le jeune homme tenait à l'envers, et lui fit apercevoir des caractères incrustés dans le tissu cellulaire de cette peau merveilleuse, comme s'ils eussent été produits par l'animal auquel elle avait jadis appartenu.

— J'avoue, s'écria l'inconnu, que je ne devine guère le procédé dont on se sera servi pour graver si profondément ces lettres sur la peau d'un onagre.

Et, se retournant avec vivacité vers les tables chargées de curiosités, ses yeux parurent y chercher quelque chose.

— Que voulez-vous? demanda le vieillard.

— Un instrument pour trancher le chagrin, afin de voir si les lettres y sont empreintes ou incrustées.

Le vieillard présenta son stylet à l'inconnu, qui le prit et tenta d'entamer la peau à l'endroit où les paroles se trouvaient écrites; mais, quand il eut enlevé une légère couche de cuir, les lettres y reparurent si nettes et tellement conformes à celles qui étaient imprimées sur la surface, que, pendant un moment, il crut n'en avoir rien ôté.

— L'industrie du Levant a des secrets qui lui sont réellement particuliers, dit-il en regardant la sentence orientale avec une sorte d'inquiétude.

— Oui, répondit le vieillard, il vaut mieux s'en prendre aux hommes qu'à Dieu!

Les paroles mystérieuses étaient disposées de la manière suivante

لو ملكتني ملكت الكل
و لكن عمرك ملكي
واراد الله هكدا
اطلب و ستنال مطالبك
و لكن قس مطالبك على عمرى
وهى هاهنا
فدكل مرامك ستنزل ايامك
اتريد فى
الله مجيبك
آمين

Ce qui voulait dire en français :

SI TU ME POSSÈDES, TU POSSÉDERAS TOUT.
MAIS TA VIE M'APPARTIENDRA. DIEU L'A
VOULU AINSI. DÉSIRE, ET TES DÉSIRS
SERONT ACCOMPLIS. MAIS RÈGLE
TES SOUHAITS SUR TA VIE.
ELLE EST LÀ. A CHAQUE
VOULOIR JE DÉCROÎTRAI
COMME TES JOURS.
ME VEUX-TU?
PRENDS. DIEU
T'EXAUCERA.
SOIT!

— Ah! vous lisez couramment le sanscrit, dit le vieillard. Peut-être avez-vous voyagé en Perse ou dans le Bengale?

— Non, monsieur, répondit le jeune homme en tâtant avec curiosité cette peau symbolique, assez semblable à une feuille de métal par son peu de flexibilité.

Le vieux marchand remit la lampe sur la colonne où il l'avait prise, en lançant au jeune homme un regard empreint d'une froide ironie qui semblait dire : Il ne pense déjà plus à mourir.

— Est-ce une plaisanterie, est-ce un mystère? demanda le jeune inconnu.

Le vieillard hocha de la tête et dit gravement : — Je ne saurais vous répondre. J'ai offert le terrible pouvoir que donne ce talisman à des hommes doués de plus d'énergie que vous ne paraissez en avoir, mais, tout en se moquant de la problématique influence qu'il devait exercer sur leurs destinées futures, aucun n'a voulu se ris-

quer à conclure ce contrat si fatalement proposé par je ne sais quelle puissance. Je pense comme eux, j'ai douté, je me suis abstenu, et...
— Et vous n'avez pas même essayé? dit le jeune homme en l'interrompant.

Son regard attestait des efforts trahis, mille espérances trompées! — PAGE 2.

— Essayer! dit le vieillard. Si vous étiez sur la colonne de la place Vendôme, essayeriez-vous de vous jeter dans les airs? Peut-on arrêter le cours de la vie? L'homme a-t-il jamais pu scinder la mort?

La carita! la carita! Un petit sou pour avoir du pain. — PAGE 3.

Avant d'entrer dans ce cabinet, vous aviez résolu de vous suicider; mais tout à coup un secret vous occupe et vous distrait de mourir.

Enfant! Chacun de vos jours ne vous offrira-t-il pas une énigme plus intéressante que ne l'est celle-ci? Écoutez-moi. J'ai vu la cour licencieuse du régent. Comme vous, j'étais alors dans la misère, j'ai mendié mon pain; néanmoins j'ai atteint l'âge de cent deux ans, et suis devenu millionnaire : le malheur m'a donné la fortune, l'ignorance m'a instruit. Je vais vous révéler en peu de mots un grand mystère de la vie humaine. L'homme s'épuise par deux actes instinctivement accomplis qui tarissent les sources de son existence. Deux verbes expriment toutes les formes que prennent ces deux causes de mort : VOULOIR et POUVOIR. Entre ces deux termes de l'action humaine il est une autre formule dont s'emparent les sages, et je lui dois le bonheur et ma longévité. *Vouloir* nous brûle et *Pouvoir* nous détruit; mais SAVOIR laisse notre faible organisation dans un perpétuel état de calme.

Une barbe grise et taillée en pointe cachait le menton de cet être bizarre. — PAGE 6.

Ainsi le désir ou le vouloir est mort en moi, tué par la pensée; le mouvement ou le pouvoir s'est résolu par le jeu naturel de mes organes. En deux mots, j'ai placé ma vie, non dans le cœur qui se brise, non dans les sens qui s'émoussent; mais dans le cerveau qui ne s'use pas et qui survit à tout. Rien d'excessif n'a froissé ni mon âme ni mon corps. Cependant j'ai vu le monde entier : mes pieds ont foulé les plus hautes montagnes de l'Asie et de l'Amérique, j'ai appris tous les langages humains, et j'ai vécu sous tous les régimes : j'ai prêté mon argent à un Chinois en prenant pour gage le corps de son père, j'ai dormi sous la tente de l'Arabe sur la foi de sa parole, j'ai signé des contrats dans toutes les capitales européennes, et j'ai laissé sans crainte mon or dans le wigham des sauvages, enfin j'ai tout obtenu parce que j'ai tout su dédaigner. Ma seule ambition a été de voir. Voir, n'est-ce pas savoir? Oh! savoir, jeune homme, n'est-ce pas jouir intuitivement? n'est-ce pas découvrir la substance même du fait et s'en emparer essentiellement? Que reste-t-il d'une possession matérielle? une idée. Jugez alors combien doit être belle la vie d'un homme qui, pouvant empreindre toutes les réalités dans sa pensée, transporte en son âme les sources du bonheur, en extrait mille voluptés idéales dépouillées des souillures terrestres. La pensée est la clef de tous les trésors, elle procure les joies de l'avare sans donner ses soucis. Aussi ai-je plané sur le monde, où mes plaisirs ont toujours été des jouissances intellectuelles. Mes débauches étaient la contemplation des mers, des peuples, des forêts, des montagnes! J'ai tout vu, mais tranquillement, sans fatigue; je n'ai jamais rien désiré, j'ai tout attendu; je me suis promené dans l'univers comme dans le jardin d'une habitation qui m'appartenait. Ce que les hommes appellent chagrins, amours, ambitions, revers, tristesse, sont pour moi des idées que je change en rêveries; au lieu de les sentir, je les exprime, je les traduis; au lieu de leur laisser dévorer ma vie, je les dramatise, je les développe, je m'en amuse comme de romans que je lirais par une vision intérieure. N'ayant jamais lassé mes organes, je jouis encore d'une santé robuste; mon âme ayant hérité de toute la force dont je n'abusais pas, cette tête est encore mieux meublée que ne le sont mes magasins. Là, dit-il en se frappant le front, là sont les vrais millions. Je passe des journées délicieuses en jetant un regard intelligent dans le passé, j'évoque des pays entiers, des sites, des vues de l'Océan, des figures historiquement belles! J'ai un sérail imaginaire où je possède toutes les femmes que je n'ai pas eues. Je revois souvent vos guerres, vos révolutions, et je les juge. Oh! comment préférer de fébriles, de légères admirations pour quelques chairs plus ou moins colorées, pour des formes plus ou moins rondes! comment préférer tous les désastres de vos volontés trompées à la faculté sublime de faire comparaître en soi l'univers, au plaisir immense de se mouvoir sans être garrotté par les liens du temps ni par les entraves de l'espace, au plaisir de tout embrasser, de tout voir, de se pencher sur le bord du monde pour interroger les autres sphères, pour écouter Dieu! Ceci, dit-il d'une voix éclatante en montrant la Peau de chagrin, est le pouvoir et le vouloir réunis. Là sont vos idées sociales, vos désirs excessifs, vos intempérances, vos joies qui tuent, vos douleurs qui font trop vivre; car le mal n'est peut-être qu'un violent plaisir. Qui pourrait déterminer le point où la volupté devient un mal et celui où le mal est encore la volupté? Les plus vives lumières du monde idéal ne caressent-elles pas la vue, tandis que les plus douces ténèbres du monde physique la blessent toujours; le mot de sagesse ne vient-il pas de savoir? et qu'est-ce que la folie, sinon l'excès d'un vouloir ou d'un pouvoir?

— Eh bien! oui, je veux vivre avec excès, dit l'inconnu en saisissant la Peau de chagrin.

Il se trouva bientôt sous les galeries du Palais-Royal. — PAGE 3.

Il put se livrer sans crainte à ses dernières méditations... — PAGE 4.

— Jeune homme, prenez garde! s'écria le vieillard avec une incroyable vivacité. — J'avais résolu ma vie par l'étude et par la pensée; mais elles ne m'ont même pas nourri, répliqua l'inconnu. Je ne veux être la dupe ni d'une prédication digne de Swedenborg, ni de votre amulette oriental, ni des charitables efforts que vous faites, monsieur, pour me retenir dans un monde où mon existence est désormais impossible. Voyons! ajouta-t-il en serrant le talisman d'une main convulsive et regardant le vieillard. Je veux un dîner royalement splendide, quelque bacchanale digne du siècle où tout s'est, dit-on, perfectionné! Que mes convives soient jeunes, spirituels et sans préjugés, joyeux jusqu'à la folie! Que les vins se succèdent toujours plus incisifs, plus pétillants, et soient de force à nous enivrer pour trois jours! Que la nuit soit parée de femmes ardentes! Je veux que la débauche en délire et rugissante nous emporte dans son char à quatre chevaux, par delà les bornes du monde, pour nous verser sur des plages inconnues: que les âmes montent dans les cieux ou se plongent dans la boue, je ne sais si alors elles s'élèvent ou s'abaissent; peu m'importe! Donc je commande à ce pouvoir sinistre de me fondre toutes les joies dans une joie. Oui, j'ai besoin d'embrasser les plaisirs du ciel et de la terre dans une dernière étreinte pour en mourir. Aussi souhaité-je et des priapées antiques après boire, et des chants à réveiller les morts, et de triples baisers, des baisers sans fin dont le bruit passe sur Paris comme un craquement d'incendie, y réveille les époux et leur inspire une ardeur cuisante qui rajeunisse même les septuagénaires!

Un éclat de rire, parti de la bouche du petit vieillard, retentit dans les oreilles du jeune fou comme un bruissement de l'enfer, et l'interdit si despotiquement, qu'il se tut.

— Croyez-vous, dit le marchand, que mes planchers vont s'ouvrir tout à coup pour donner passage à des tables somptueusement servies et à des convives de l'autre monde? Non, non, jeune étourdi. Vous avez signé le pacte: tout est dit. Maintenant vos volontés seront scrupuleusement satisfaites, mais aux dépens de votre vie. Le cercle de vos jours, figuré par cette peau, se resserrera suivant la force et le nombre de vos souhaits, depuis le plus léger jusqu'au plus exorbitant. Le brachmane auquel je dois ce talisman m'a jadis expliqué qu'il s'opérerait un mystérieux accord entre les destinées et les souhaits du possesseur.

Votre premier désir est vulgaire, je pourrais le réaliser, mais j'en laisse le soin aux événements de votre nouvelle existence. Après tout, vous vouliez mourir ! eh bien ! votre suicide n'est que retardé.

L'inconnu, surpris et presque irrité de se voir toujours plaisanté par ce singulier vieillard dont l'intention demi-philanthropique lui parut clairement démontrée dans cette dernière raillerie, s'écria :
— Je verrai bien, monsieur, si ma fortune changera pendant le temps que je vais mettre à franchir la largeur du quai. Mais, si vous ne vous moquez pas d'un malheureux, je désire, pour me venger d'un si fatal service, que vous tombiez amoureux d'une danseuse! Vous comprendrez alors le bonheur d'une débauche, et peut-être deviendrez-vous prodigue de tous les biens que vous avez si philosophiquement ménagés.

Il sortit sans entendre un grand soupir que poussa le vieillard, traversa les salles et descendit les escaliers de cette maison, suivi par le gros garçon joufflu qui voulut vainement l'éclairer ; il courait avec la prestesse d'un voleur pris en flagrant délit. Aveuglé par une sorte de délire, il ne s'aperçut même pas de l'incroyable ductilité de la Peau de chagrin, qui, devenue souple comme un gant, se roula sous ses doigts frénétiques et put entrer dans la poche de son habit, où il la mit presque machinalement. En s'élançant de la porte du magasin sur la chaussée, il heurta trois jeunes gens qui se tenaient bras dessus bras dessous.

— Animal !
— Imbécile !

Telles furent les gracieuses interpellations qu'ils échangèrent.
— Eh ! c'est Raphaël.
— Ah bien ! nous te cherchions.
— Quoi ! c'est vous ?

Ces trois phrases amicales succédèrent à l'injure aussitôt que la clarté d'un réverbère balancé par le vent frappa les visages de ce groupe étonné.
— Mon cher ami, dit à Raphaël le jeune homme qu'il avait failli renverser, tu vas venir avec nous.
— De quoi s'agit-il donc ?
— Avance toujours, je te conterai l'affaire en marchant.

De force ou de bonne volonté, Raphaël fut entouré de ses amis, qui, l'ayant enchaîné des bras dans leur joyeuse bande, l'entraînèrent vers le pont des Arts.

— Mon cher, dit l'orateur en continuant, nous sommes à ta poursuite depuis une semaine environ. A ton respectable hôtel Saint-Quentin, dont par parenthèse l'enseigne inamovible offre des lettres toujours alternativement noires et rouges comme au temps de J.-J. Rousseau, ta Léonarde nous a dit que tu étais parti pour la campagne au mois de juin. Cependant nous n'avions certes pas l'air de gens d'argent, huissiers, créanciers, gardes du commerce, etc. N'importe ! Rastignac t'avait aperçu la veille aux Bouffons, nous avons repris courage, et mis de l'amour-propre à découvrir si tu te perchais sur les arbres des Champs-Élysées, si tu allais coucher pour deux sous dans ces maisons philanthropiques où les mendiants dorment appuyés sur des cordes tendues, ou si, plus heureux, ton bivac n'était pas établi dans quelque boudoir. Nous ne t'avons rencontré nulle part, ni sur les écrous de Sainte-Pélagie, ni sur ceux de la Force ! Les ministères, l'Opéra, les maisons conventuelles, cafés, bibliothèques, listes de préfets, bureaux de journalistes, restaurants, foyers de théâtres, bref, tout ce qu'il y a dans Paris de bons et de mauvais lieux ayant été savamment explorés, nous gémissions sur la perte d'un homme doué d'assez de génie pour se faire également chercher à la cour et dans les prisons. Nous parlions de te canoniser comme un héros de juillet ! et, ma parole d'honneur, nous te regrettions.

En ce moment, Raphaël passait avec ses amis sur le pont des Arts, d'où, sans les écouter, il regardait la Seine, dont les eaux mugissantes répétaient les lumières de Paris. Au-dessus de ce fleuve, dans lequel il voulait se précipiter naguère, les prédictions du vieillard étaient accomplies, l'heure de sa mort se trouvait déjà fatalement retardée.

— Et nous te regrettions vraiment ! dit son ami, poursuivant toujours sa thèse. Il s'agit d'une combinaison dans laquelle nous te comprenons en ta qualité d'homme supérieur, c'est-à-dire d'homme qui sait se mettre au-dessus de tout. L'escamotage de la muscade constitutionnelle sous le gobelet royal se fait aujourd'hui, mon cher, plus gravement que jamais. L'infâme monarchie, renversée par l'héroïsme populaire, était une femme de mauvaise vie avec laquelle on pouvait rire et banqueter ; mais la patrie est une épouse acariâtre et vertueuse dont il nous faut accepter, bon gré, mal gré, les caresses compassées. Or donc, le pouvoir s'est transporté, comme tu sais, des Tuileries chez les journalistes, de même que le budget a changé de quartier, en passant du faubourg Saint-Germain à la Chaussée-d'Antin. Mais voici ce que tu ne sais peut-être pas ! Le gouvernement, c'est-à-dire l'aristocratie de banquiers et d'avocats, qui font aujourd'hui de la patrie comme les prêtres faisaient jadis de la monarchie, a senti la nécessité de mystifier le bon peuple de France avec des mots nouveaux et de vieilles idées, à l'instar des philosophes de toutes les écoles et des hommes forts de tous les temps. Il s'agit donc de nous inculquer une opinion royalement nationale, en nous prouvant qu'il est bien plus heureux de payer douze cents millions trente-trois centimes à la patrie représentée par messieurs tels et tels, que onze cents millions neuf centimes à un roi qui disait moi au lieu de dire nous. En un mot, un journal armé de deux ou trois cent bons mille francs vient d'être fondé dans le but de faire une opposition qui contente les mécontents, sans nuire au gouvernement national du roi-citoyen. Or, comme nous nous moquons de la liberté autant que du despotisme, de la religion aussi bien que de l'incrédulité; que pour nous la patrie est une capitale où toutes les idées s'échangent, où tous les jours amènent de succulents dîners, de nombreux spectacles; où fourmillent de licencieuses prostituées, des soupers qui ne finissent que le lendemain, des amours qui vont à l'heure comme les citadines ; que Paris sera toujours la plus adorable de toutes les patries! la patrie de la joie, de la liberté, de l'esprit, des jolies femmes, des mauvais sujets, du bon vin, et où le bâton du pouvoir ne se fera jamais trop sentir, puisque l'on est près de ceux qui le tiennent,

Nous, véritables sectateurs du dieu Méphistophélès, avons entrepris de badigeonner l'esprit public, de rhabiller les acteurs, de clouer de nouvelles planches à la baraque gouvernementale, de médicamenter les doctrinaires, de recuire les vieux républicains, de réchampir les bonapartistes et de ravitailler les centres, pourvu qu'il nous soit permis de rire in petto des rois et des peuples, de ne pas être le soir de notre opinion du matin, et de passer une joyeuse vie à la Panurge, ou, more orientali, couché sur de moelleux coussins. Nous te destinions les rênes de cet empire macaronique et burlesque; aussi nous t'emmenons de ce pas au dîner donné par le fondateur dudit journal, un banquier retiré qui, ne sachant que faire de son or, veut le changer en esprit. Tu y seras accueilli par nous en frère, nous t'y saluerons roi de ces esprits frondeurs que rien n'épouvante, et dont la perspicacité découvre les intentions de l'Autriche, de l'Angleterre ou de la Russie, avant que la Russie, l'Angleterre ou l'Autriche n'aient des intentions ! Oui, nous t'instituerons le souverain de ces puissances intelligentes qui fournissent au monde les Mirabeau, les Talleyrand, les Pitt, les Metternich, enfin tous ces hardis crispins qui jouent entre eux les destinées du genre humain comme les hommes vulgaires jouent leur kirchen-wasser aux dominos. Nous t'avons donné pour le plus intrépide compagnon qui jamais ait étreint corps à corps la Débauche, ce monstre admirable avec lequel veulent lutter tous les esprits forts ! Nous avons même affirmé qu'il ne t'a pas encore vaincu. J'espère que tu ne feras pas mentir nos éloges. Taillefer, notre amphitryon, nous a promis de surpasser les étroites saturnales de nos petits Lucullus modernes. Il est assez riche pour mettre de la grandeur dans les petitesses, de l'élégance et de la grâce dans le vice. Entends-tu, Raphaël ? lui demanda l'orateur en s'interrompant.

— Oui, répondit le jeune homme, moins étonné de l'accomplissement de ses souhaits que surpris de la manière naturelle par laquelle les événements s'enchaînaient, et, quoiqu'il lui fût impossible de croire à une influence magique, il admirait les hasards de la destinée humaine.

— Mais tu nous dis oui comme si tu pensais à la mort de ton grand-père, lui répliqua l'un de ses voisins.

— Ah ! reprit Raphaël avec un accent de naïveté qui fit rire ces écrivains, l'espoir de la jeune France, je pensais, mes amis, que nous v'là près de devenir de bien grands coquins ! Jusqu'à présent nous avons fait de l'impiété entre deux vins, nous avons pesé la vie étant ivres, nous avons prisé les hommes et les choses en digérant; vierges du fait, nous étions hardis en paroles ; mais marqués maintenant par le fer chaud de la politique, nous allons entrer dans ce grand bagne et y perdre nos illusions. Quand on ne croit plus qu'au diable, il est permis de regretter le paradis de la jeunesse, le temps d'innocence où nous tendions dévotement la langue à un bon prêtre pour recevoir le sacré corps de Notre Seigneur Jésus-Christ. Ah ! mes bons amis, si nous avons eu tant de plaisir à commettre nos premiers péchés, c'est que nous avions des remords pour les embellir et leur donner du piquant, de la saveur, tandis que maintenant...

— Oh ! maintenant, reprit le premier interlocuteur, il nous reste...
— Quoi ? dit un autre.
— Le crime...
— Voilà un mot qui a toute la hauteur d'une potence et toute la profondeur de la Seine, répliqua Raphaël.

— Oh ! tu ne m'entends pas. Je parle des crimes politiques. Depuis ce matin, je n'envie que l'existence des conspirateurs. Demain je ne sais si ma fantaisie durera toujours, mais ce soir la vie pâle de notre civilisation, unie comme la rainure d'un chemin de fer, fait bondir mon cœur de dégoût ! Je suis épris de passion pour les malheurs de la déroute de Moscou, pour les émotions du Corsaire rouge et pour l'existence des contrebandiers. Puisqu'il n'y a plus de Chartreux en France, je voudrais au moins un Botany-Bay, une espèce d'infirmerie destinée aux petits lords Byrons, qui, après avoir chiffonné la vie comme une serviette après dîner, n'ont plus rien à faire qu'à incendier leur pays, se brûler la cervelle, conspirer pour la république, ou demander la guerre...

— Emile, dit avec feu le voisin de Raphaël à l'interlocuteur, foi d'homme, sans la révolution de juillet, je me faisais prêtre pour aller mener une vie animale au fond de quelque campagne, et...

— Et tu aurais lu le bréviaire tous les jours?
— Oui.
— Tu es un fat.
— Nous lisons bien les journaux.
— Pas mal! pour un journaliste. Mais, tais-toi, nous marchons au milieu d'une masse d'abonnés. Le journalisme, vois-tu, c'est la religion des sociétés modernes, et il y a progrès.
— Comment?
— Les pontifes ne sont pas tenus de croire, ni le peuple non plus...

En devisant ainsi, comme de braves gens qui savaient le *De Viris illustribus* depuis longues années, ils arrivèrent à un hôtel de la rue Joubert.

Emile était un journaliste qui avait conquis plus de gloire à ne rien faire que les autres n'en recueillent de leurs succès. Critique hardi, plein de verve et de mordant, il possédait toutes les qualités que comportaient ses défauts. Franc et rieur, il disait en face mille épigrammes à un ami, qu'absent, il défendrait avec courage et loyauté. Il se moquait de tout, même de son avenir. Toujours dépourvu d'argent, il restait, comme tous les hommes de quelque portée, plongé dans une inexprimable paresse, jetant un livre dans un mot au nez de gens qui ne savaient pas mettre un mot dans leurs livres. Prodigue de promesses qu'il ne réalisait jamais, il s'était fait de sa fortune et de sa gloire un coussin pour dormir, courant ainsi la chance de se réveiller vieux à l'hôpital. D'ailleurs, ami jusqu'à l'échafaud, faufaron de cynisme et simple comme un enfant, il ne travaillait que par boutade ou par nécessité.

— Nous allons faire, suivant l'expression de maître Alcofribas, un fameux *tronçon de chière lie*, dit-il à Raphaël en lui montrant les caisses de fleurs qui embaumaient et verdissaient les escaliers.

— J'aime les porches bien chauffés et garnis de riches tapis, répondit Raphaël. Le luxe des le péristyle est rare en France. Ici je me sens renaître.

— Et là-haut nous allons boire et rire encore une fois, mon pauvre Raphaël. Ah ça! reprit-il, j'espère que nous serons les vainqueurs et que nous marcherons sur toutes ces têtes-là. Puis, d'un geste moqueur, il lui montra les convives en entrant dans un salon qui resplendissait de dorures, de lumières, et où ils furent aussitôt accueillis par les jeunes gens les plus remarquables de Paris. L'un venait de révéler un talent neuf, et de rivaliser, par son premier tableau, avec les gloires de la peinture impériale. L'autre avait hasardé la veille un livre plein de verdeur, empreint d'une sorte de dédain littéraire, et qui découvrait à l'école moderne de nouvelles routes. Plus loin, un statuaire, dont la figure pleine de rudesse accusait quelque vigoureux génie, causait avec un de ces froids railleurs qui, selon l'occurrence, tantôt ne veulent voir de supériorité nulle part, et tantôt en reconnaissent partout. Ici, le plus spirituel de nos caricaturistes, à l'œil malin, à la bouche mordante, guettait les épigrammes pour les traduire à coups de crayon. Là, ce jeune et audacieux écrivain, qui mieux que personne distillait la quintessence des pensés politiques, ou condensait en se jouant l'esprit d'un écrivain fécond, s'entretenait avec ce poète dont les écrits écraseraient toutes les œuvres du temps présent, si son talent avait la puissance de sa haine. Tous deux essayaient de ne pas dire la vérité et de ne pas mentir, ils s'adressaient de douces flatteries. Un musicien célèbre consolait en *si bémol*, et d'une voix moqueuse, un jeune homme politique récemment tombé de la tribune sans se faire aucun mal. De jeunes auteurs sans style étaient auprès de jeunes auteurs sans idées, des prosateurs pleins de poésie près de poètes prosaïques. Voyant ces êtres incomplets, un pauvre saint-simonien, assez naïf pour croire à sa doctrine, les accouplait avec charité, voulant sans doute les transformer en religieux de son ordre. Enfin, il s'y trouvait deux ou trois de ces savants destinés à mettre de l'azote dans la conversation, et plusieurs vaudevillistes prêts à y jeter de ces lueurs éphémères, qui, semblables aux étincelles du diamant, ne donnent ni chaleur ni lumière. Quelques hommes à paradoxes, riant sous cape de gens qui épousent leurs admirations ou leurs mépris pour les hommes et les choses, faisaient déjà de cette politique à double tranchant, avec laquelle ils conspirent contre tous les systèmes, sans prendre parti pour aucun. Le juger, qui ne s'étonne de rien, qui se mouche au milieu d'une cavatine aux Bouffons, y crie *brava* avant tout le monde et contredit ceux qui préviennent son avis, était là, cherchant à s'attribuer les mots des gens d'esprit. Parmi ces convives, cinq avaient de l'avenir, une

dizaine devait obtenir quelque gloire viagère; quant aux autres, ils pouvaient, comme toutes les médiocrités, se dire le fameux mensonge de Louis XVIII : *Union et oubli*. L'amphitryon avait la gaieté soucieuse d'un homme qui dépense deux mille écus; de temps en temps ses yeux se dirigeaient avec impatience vers la porte du salon, en appelant celui des convives qui se faisait attendre. Bientôt apparut un gros petit homme qui fut accueilli par une flatteuse rumeur, c'était le notaire qui, le matin même, avait achevé de créer le journal. Un valet de chambre vêtu de noir vint ouvrir les portes d'une vaste salle à manger, où chacun alla sans cérémonie reconnaître sa place autour d'une table immense. Avant de quitter les salons, Raphaël y jeta un dernier coup d'œil. Son souhait était certes bien complètement réalisé : la soie et l'or tapissaient les appartements, de riches candélabres supportant d'innombrables bougies faisaient briller les plus légers détails des frises dorées, les délicates ciselures du bronze et les somptueuses couleurs de l'ameublement; les fleurs rares de quelques jardinières artistement construites avec des bambous, répandaient de doux parfums; les draperies respiraient une élégance sans prétention. Il y avait en tout je ne sais quelle grâce poétique, dont le prestige devait agir sur l'imagination d'un homme sans argent.

— Cent mille livres de rentes sont un bien joli commentaire du catéchisme, et nous aident merveilleusement à mettre la *morale en actions*! dit-il en soupirant. Ah! oui, ma vertu ne va guère à pied. Pour moi, le vice c'est une mansarde, un habit râpé, un chapeau gris en hiver, et des dettes chez le portier. Ah! je veux vivre au sein de ce luxe un an, six mois, n'importe! Et puis après mourir. J'aurai du moins épuisé, connu, dévoré, mille existences.

— Oh! lui dit Emile, qui l'écoutait, tu prends le coupé d'un agent de change pour le bonheur. Va, tu serais bientôt ennuyé de la fortune en t'apercevant qu'elle te ravirait la chance d'être un homme supérieur. Entre les pauvretés de la richesse et les richesses de la pauvreté, l'artiste a-t-il jamais balancé? Ne nous faut-il pas toujours des luttes, à nous autres? Aussi, prépare ton estomac, vois, dit-il en lui montrant, par un geste héroïque, le majestueux, le trois fois saint, l'évangélique et rassurant aspect que présentait la salle à manger du benoit capitaliste. Cet homme-là, reprit-il, ne s'est vraiment donné la peine d'amasser son argent que pour nous. N'est-ce pas une espèce d'éponge oubliée par les naturalistes dans l'ordre des polypiers, et qu'il s'agit de presser avec délicatesse, avant de la laisser sucer par des héritiers? Ne trouves-tu pas du style aux bas-reliefs qui décorent les murs! Et les lustres, et les tableaux, quel luxe bien entendu! S'il faut croire les envieux et ceux qui tiennent à voir les ressorts de la vie, cet homme aurait tué, pendant la révolution, un Allemand et quelques autres personnes qui seraient, dit-on, son meilleur ami et la mère de cet ami. Peux-tu donner place à des crimes sous les cheveux grisonnants de vénérable Taillefer? Il a l'air d'un bien bon homme. Vois donc comme l'argenterie étincelle, et chacun de ces rayons brillants serait pour lui un coup de poignard! Allons donc! autant vaudrait croire en Mahomet. Si le public avait raison, voici trente hommes de cœur et de talent qui s'apprêteraient à manger les entrailles, à boire le sang d'une famille. Et nous deux, jeunes gens pleins de candeur, d'enthousiasme, nous serions complices du forfait! J'ai envie de demander à notre capitaliste s'il est honnête homme.

— Non pas maintenant! s'écria Raphaël, mais quand il sera ivre mort : nous aurons dîné.

Les deux amis s'assirent en riant. D'abord et par un regard plus rapide que la parole, chaque convive paya son tribut d'admiration au somptueux coup d'œil qu'offrait une longue table, blanche comme une couche de neige fraîchement tombée, et sur laquelle s'élevaient symétriquement les couverts couronnés de petits pains blonds. Les cristaux répétaient les couleurs de l'iris dans leurs reflets étoilés, les bougies traçaient des feux croisés à l'infini, les mets placés sous les dômes d'argent aiguisaient l'appétit et la curiosité. Les paroles furent assez rares. Les voisins se regardèrent. Le vin de Madère circula. Puis le premier service apparut dans toute sa gloire; il aurait fait honneur à feu Cambacérès, et Brillat-Savarin l'eût célébré. Les vins de Bordeaux et de Bourgogne, blancs et rouges, furent servis avec une profusion royale. Cette première partie du festin était comparable, en tout point, à l'exposition d'une tragédie classique. Le second acte devint quelque peu bavard. Chaque convive avait bu raisonnablement en changeant de crus suivant ses caprices, en sorte qu'au moment où l'on emporta les restes de ce magnifique service, de tempétueuses discussions s'étaient établies ; quelques fronts pâles rougissaient, plusieurs nez commençaient à s'empourprer, les visages s'allumaient, les yeux pétillaient. Pendant cette aurore de l'ivresse, le discours ne sortait pas encore des bornes de la civilité, mais les railleries, les bons mots s'échappaient peu à peu de toutes les bouches, puis la calomnie élevait tout doucement sa petite tête de serpent et parlait d'une voix flûtée; çà et là, quelques sournois écoutaient attentivement, espérant garder leur raison. Le second service trouva donc les esprits tout à fait échauffés. Chacun mangea en parlant, parla en mangeant, but sans prendre garde à l'affluence des liquides, tant ils étaient lampants et parfumés, tant l'exemple était contagieux. Taillefer se piqua d'animer ses convives, et fit avancer les terribles vins du Rhône, le chaud Tokay, le vieux Roussillon capiteux. Déchaînés comme les chevaux d'une malle-poste qui part d'un relais, ces hommes, fouettés par les piquantes flèches du vin de Champagne impatiemment attendu, mais abondamment versé, laissèrent alors galoper leur esprit dans le vide de ces raisonnements que personne n'écoute, se mirent à raconter ces histoires qui n'ont pas d'auditeur, recommencèrent cent fois ces interpellations qui restent sans réponse. L'orgie seule déploya sa grande voix, sa voix composée de cent clameurs confuses qui grossissent comme les crescendo de Rossini. Puis arrivèrent les toasts insidieux, les forfanteries, les défis. Tous renonçaient à se glorifier de leur capacité intellectuelle pour revendiquer celle des tonneaux, des foudres, des cuves. Il semblait que chacun eût deux voix. Il vint un moment où les maîtres parlèrent tous à la fois, et où les valets souriaient. Mais cette mêlée de paroles, où les paradoxes douteusement lumineux, les vérités grotesquement habillées, se heurtèrent à travers les cris, les jugements interlocutoires, les arrêts souverains et les niaiseries, comme au milieu d'un combat se croisent les boulets, les balles et la mitraille, eût sans doute intéressé quelque philosophe par la singularité des pensées, ou surpris un politique par la bizarrerie des systèmes. C'était tout à la fois un livre et un tableau. Les philosophies, les religions, les morales, si différentes d'une latitude à l'autre, les gouvernements, enfin tous les grands actes de l'intelligence humaine tombèrent sous une faux aussi longue que celle du Temps; peut-être eussiez-vous pu difficilement décider si elle était maniée par la Sagesse ivre, ou par l'Ivresse devenue sage et clairvoyante. Emportés par une espèce de tempête, ces esprits semblaient, comme la mer irritée contre ses falaises, vouloir ébranler toutes les lois entre lesquelles flottent les civilisations, satisfaisant ainsi sans le savoir à la volonté de Dieu, qui laisse dans la nature le bien et le mal, en gardant pour lui seul le secret de leur lutte perpétuelle. Furieuse et burlesque, la discussion fut en quelque sorte un sabbat des intelligences. Entre les tristes plaisanteries dites par ces enfants de la Révolution à la naissance d'un journal, et les propos tenus par de joyeux buveurs à la naissance de Gargantua, se trouvait tout l'abîme qui sépare le dix-neuvième siècle du seizième. Celui-ci apprêtait une destruction en riant, le nôtre riait au milieu des ruines.

— Comment appelez-vous le jeune homme que je vois là-bas? dit le notaire en montrant Raphaël. J'ai cru l'entendre nommer Valentin.

— Que chantez-vous avec votre Valentin tout court? s'écria Émile en riant. Raphaël de Valentin, s'il vous plaît ! Nous portons un aigle d'or en champ de sable couronné d'argent becqué et onglé de gueules, avec une belle devise : NON CECIDIT ANIMUS ! Nous ne sommes pas un enfant trouvé, mais le descendant de l'empereur Valens, souche des Valentinois, fondateur des villes de Valence en Espagne et en France, héritier légitime de l'empire d'Orient. Si nous laissons trôner Mahmoud à Constantinople, c'est par pure bonne volonté, et faute d'argent et de soldats.

Émile décrivit en l'air, avec sa fourchette, une couronne au-dessus de la tête de Raphaël. Le notaire se recueillit pendant un moment et se remit bientôt à boire en laissant échapper un geste authentique, par lequel il semblait avouer qu'il lui était impossible de rattacher à sa clientèle les villes de Valence, de Constantinople, Mahmoud, l'empereur Valens et la famille des Valentinois.

— La destruction de ces fourmilières nommées Babylone, Tyr, Carthage, ou Venise, toujours écrasées sous les pieds d'un géant qui passe, ne serait-elle point un avertissement donné à l'homme par une puissance moqueuse? dit un journaliste, Claude Vignon, espèce d'esclave acheté pour ressembler à Bossuet à dix sous la figue.

— Moïse, Sylla, Louis XI, Richelieu, Robespierre et Napoléon sont peut-être un même homme qui reparait à travers les civilisations comme une comète dans le ciel ! répondit un ballanchiste.

— Pourquoi sonder la Providence ? dit Canalis, un fabricant de ballades.

— Allons, voilà la Providence, s'écria le jugeur en l'interrompant. Je ne connais rien au monde de plus élastique.

— Mais, monsieur, Louis XIV a fait périr plus d'hommes pour creuser les aqueducs de Maintenon que la Convention pour asseoir justement l'impôt, pour mettre de l'unité dans la loi, nationaliser la France et faire également partager les héritages, disait Massol, un jeune homme devenu républicain faute d'une syllabe devant son nom.

— Monsieur, lui répondit Moreau, de l'Oise, bon propriétaire, vous qui prenez le sang pour du vin, cette fois-ci laisserez-vous à chacun sa tête sur ses épaules?

— A quoi bon, monsieur ? les principes de l'ordre social ne valent-ils donc pas quelques sacrifices ?

— Bixiou ! Hé ! Chose-le-républicain prétend que la tête de ce propriétaire serait un sacrifice, dit un jeune homme à son voisin.

— Les hommes et les événements ne sont rien, disait le républicain en continuant sa théorie à travers les hoquets, il n'y a en politique et en philosophie que des principes et des idées.

— Quelle horreur ! Vous n'auriez nul chagrin de tuer vos amis pour un si...

— Eh ! monsieur, l'homme qui a des remords est le vrai scélérat, car il a quelque idée de la vertu ; tandis que Pierre le Grand, le duc d'Albe, étaient des systèmes, et le corsaire Monbard, une organisation.

— Mais la société ne peut-elle pas se priver de vos systèmes et de vos organisations ?

— Oh ! d'accord, s'écria le républicain.

— Eh ! votre stupide république me donne des nausées ! nous ne saurions découper tranquillement un chapon sans y trouver la loi agraire.

— Tes principes sont excellents, mon petit Brutus farci de truffes ! Mais tu ressembles à mon valet de chambre, le drôle est si cruellement possédé par la manie de la propreté, que si je lui laissais brosser mes habits à sa fantaisie, j'irais tout nu.

— Vous êtes des brutes ! vous voulez nettoyer une nation avec des cure-dents, répliqua l'homme à la république. Selon vous la justice serait plus dangereuse que les voleurs.

— Hé ! hé ! fit l'avoué Desroches.

— Sont-ils ennuyeux avec leur politique ! dit Cardot le notaire. Fermez la porte. Il n'y a pas de science ou de vertu qui vaille une goutte de sang. Si nous voulions faire la liquidation de la vérité, nous la trouverions peut-être en faillite.

— Ah ! il en aurait sans doute moins coûté de nous amuser dans le mal que de nous disputer dans le bien. Aussi, donnerais-je tous les discours prononcés à la tribune depuis quarante ans pour une truite, pour un conte de Perrault, ou une croquade de Charlet.

— Vous avez bien raison ! Passez-moi des asperges. Car, après tout, la liberté enfante l'anarchie, l'anarchie conduit au despotisme, et le despotisme ramène à la liberté. Des millions d'êtres ont péri sans avoir pu faire triompher aucun de ces systèmes. N'est-ce pas le cercle vicieux dans lequel tournera toujours le monde moral ? Quand l'homme croit avoir perfectionné, il n'a fait que déplacer les choses.

— Oh ! oh ! s'écria Cursy le vaudevilliste, alors, messieurs, je porte un toast à Charles X, père de la liberté !

— Pourquoi pas ? dit Émile. Quand le despotisme est dans les lois, la liberté se trouve dans les mœurs, et vice versa.

— Buvons donc à l'imbécillité du pouvoir qui nous donne tant de pouvoir sur les imbéciles ! dit le banquier.

— Eh ! mon cher, au moins Napoléon nous a-t-il laissé de la gloire ! criait un officier de marine qui n'était jamais sorti de Brest.

— Ah ! la gloire, triste denrée. Elle se paye cher et ne se garde pas. Ne serait-elle point l'égoïsme des grands hommes, comme le bonheur est celui des sots.

— Monsieur, vous êtes bien heureux.

— Le premier qui inventa les fossés était sans doute un homme faible, car la société ne profite qu'aux gens chétifs. Placés aux deux extrémités du monde moral, le sauvage et le penseur ont également horreur de la propriété.

— Joli ! s'écria Cardot. S'il n'y avait pas de propriété, comment pourrions-nous faire des actes ?

— Voilà des petits pois délicieusement fantastiques !

— Et le curé fut trouvé mort dans son lit, le lendemain...

— Qui parle de mort ? Ne badinez pas ! J'ai un oncle.

— Vous vous résigneriez sans doute à le perdre.

— Ce n'est pas une question.

— Ecoutez-moi, messieurs ! MANIÈRE DE TUER SON ONCLE. Chut ! (Ecoutez ! Ecoutez !) Ayez d'abord un oncle gros et gras, septuagénaire au moins, ce sont les meilleurs oncles. (Sensation.) Faites-lui manger, sous un prétexte quelconque, un pâté de foie gras...

— Eh ! mon oncle est un grand homme sec, avare et sobre.

— Ah ! ces oncles-là sont des monstres qui abusent de la vie.

— Et, dit l'homme aux oncles en continuant, annoncez-lui, pendant sa digestion, la faillite de son banquier.

— S'il résiste ?

— Lâchez-lui une jolie fille !

— S'il est.. dit-il en faisant un geste négatif.

— Alors, ce n'est pas un oncle, l'oncle est essentiellement égrillard.

— La voix de la Malibran a perdu deux notes.

— Non, monsieur.

— Si, monsieur.

— Oh! oh! Oui et non, n'est-ce pas l'histoire de toutes les dissertations religieuses, politiques et littéraires ? L'homme est un bouffon qui danse sur des précipices!

— A vous entendre, je suis un sot.

— Au contraire, c'est parce que vous ne m'entendez pas.

— L'instruction, belle niaiserie ! M. Heineffettermach porte le nombre des volumes imprimés à plus d'un milliard, et la vie d'un homme ne permet pas d'en lire cent cinquante mille. Alors expliquez-moi ce que signifie le mot *instruction*. Pour les uns, elle consiste à savoir les noms du cheval d'Alexandre, du dogue Bérécillo, du seigneur des Accords, et d'ignorer celui de l'homme auquel nous devons le flottage des bois ou la porcelaine. Pour les autres, être instruit, c'est savoir brûler un testament et vivre en honnêtes gens, aimés, considérés, au lieu de voler une montre en récidive, avec les cinq circonstances aggravantes, et d'aller mourir en place de Grève, haïs et déshonorés.

— Lamartine restera-t-il ?

— Ah ! Scribe, monsieur, a bien de l'esprit.

— Et Victor Hugo ?

— C'est un grand homme, n'en parlons plus.

— Vous êtes ivres !

— La conséquence immédiate d'une constitution est l'aplatissement des intelligences. Arts, sciences, monuments, tout est dévoré par un effroyable sentiment d'égoïsme, notre lèpre actuelle. Vos trois cents bourgeois, assis sur des banquettes, ne penseront qu'à planter des peupliers. Le despotisme fait illégalement de grandes choses, la liberté ne se donne même pas la peine d'en faire légalement de très petites.

— Votre enseignement mutuel fabrique des pièces de cent sous en chair humaine, dit un absolutiste en interrompant. Les individualités disparaissent chez un peuple nivelé par l'instruction.

— Cependant le but de la société n'est-il pas de procurer à chacun le bien-être ? demanda le saint-simonien.

— Si vous aviez cinquante mille livres de rente, vous ne penseriez guère au peuple. Êtes-vous épris de belle passion pour l'humanité ? allez à Madagascar : vous y trouverez un joli petit peuple tout neuf à saint-simoniser, à classer, à mettre en bocal ; mais ici, chacun entre tout naturellement dans son alvéole, comme une cheville dans son trou. Les portiers sont portiers, et les niais sont des bêtes sans avoir besoin d'être promus par un collège des Pères. Ah ! ah !

— Vous êtes un carliste !

— Pourquoi pas ? J'aime le despotisme, il annonce un certain mépris pour la race humaine. Je ne hais pas les rois. Ils sont si amusants ! Trôner dans une chambre, à trente millions de lieues du soleil, n'est-ce donc rien ?

— Mais résumons cette large vue de la civilisation, disait le savant, qui, pour l'instruction du sculpteur inattentif, avait entrepris une discussion sur le commencement des sociétés et sur les peuples autochthones. A l'origine des nations la force fut en quelque sorte matérielle, une, grossière ; puis, avec l'accroissement des agrégations, les gouvernements ont procédé par des décompositions plus ou moins habiles du pouvoir primitif. Ainsi, dans la haute antiquité, la force était dans la théocratie ; le prêtre tenait le glaive et l'encensoir. Plus tard, il y eut deux sacerdoces ; le pontife et le roi. Aujourd'hui, notre société, dernier terme de la civilisation, a distribué la puissance suivant le nombre des combinaisons, et nous sommes arrivés aux forces nommées industrie, pensée, argent, parole. Le pouvoir n'ayant plus alors d'unité, marche sans cesse vers une dissolution sociale qui n'a plus d'autre barrière que l'intérêt. Aussi ne nous appuyons-nous ni sur la religion, ni sur la force matérielle, mais sur l'intelligence. Le livre vaut-il le glaive, la discussion vaut-elle l'action ? Voilà le problème.

— L'intelligence a tout tué, s'écria le carliste. Allez, la liberté absolue mène les nations au suicide, elles s'ennuient dans le triomphe, comme un Anglais millionnaire.

— Que nous direz-vous de neuf ? Aujourd'hui vous avez ridiculisé tous les pouvoirs, et c'est même chose vulgaire que de nier Dieu ! Vous n'avez plus de croyance. Aussi le siècle est-il comme un vieux sultan perdu de débauche ! Enfin, votre lord Byron, en dernier désespoir de poésie, a chanté les passions du crime.

— Savez-vous, lui répondit Bianchon, complètement ivre, qu'une dose de phosphore de plus ou de moins fait l'homme de génie ou le scélérat, l'homme d'esprit ou l'idiot, l'homme vertueux ou le criminel ?

— Peut-on traiter ainsi la vertu ! s'écria de Cursy. La vertu, sujet de toutes les pièces de théâtre, dénoûment de tous les drames, base de tous les tribunaux.

— Eh ! tais-toi donc, animal. Ta vertu, c'est Achille sans talon ! dit Bixiou.

— A boire !

— Veux-tu parier que je bois une bouteille de vin de Champagne d'un seul trait ?

— Quel trait d'esprit ! s'écria Bixiou.

— Ils sont gris comme des charretiers, dit un jeune homme qui donnait sérieusement à boire à son gilet.

— Oui, monsieur, le gouvernement actuel est l'art de faire régner l'opinion publique.

— L'opinion ? mais c'est la plus vicieuse de toutes les prostituées ! A vous entendre, hommes de morale et de politique, il faudrait sans cesse préférer vos lois à la nature, l'opinion à la conscience. Allez, tout est vrai, tout est faux ! Si la société nous a donné le duvet des oreillers, elle a certes compensé le bienfait par la goutte, comme elle a mis la procédure pour tempérer la justice, et les rhumes à la suite des châles de Cachemire.

— Monstre ! dit Émile en interrompant le misanthrope, comment peux-tu médire de la civilisation en présence de vins, de mets aussi délicieux, et à table jusqu'au menton ! Mords ce chevreuil aux pieds et aux cornes dorés, mais ne mords pas ta mère.

— Est-ce ma faute, à moi, si le catholicisme arrive à mettre un million de dieux dans un sac de farine, si la république aboutit toujours à quelque Robespierre, si la royauté se trouve entre l'assassinat de Henri IV et le jugement de Louis XVI, si le libéralisme devient Lafayette ?

— L'avez-vous embrassé en juillet ?

— Non.

— Alors taisez-vous, sceptique.

— Les sceptiques sont les hommes les plus consciencieux.

— Ils n'ont pas de conscience.

— Que dites-vous ? ils en ont au moins deux.

— Escompter le ciel ! monsieur, voilà une idée vraiment commerciale. Les religions antiques n'étaient qu'un heureux développement du plaisir physique, mais nous autres nous avons développé l'âme et l'espérance ; il y a eu progrès.

— Eh ! mes bons amis, que pouvez-vous attendre d'un siècle repu de politique ? dit Nathan. Quel a été le sort de *Smarra*, la plus ravissante conception...

— Smarra ! cria le joueur d'un bout de la table à l'autre. Ce sont des phrases tirées au hasard dans un chapeau. Véritable ouvrage écrit pour Charenton.

— Vous êtes un sot !

— Vous êtes un drôle !

— Oh ! oh !

— Ah ! ah !

— Ils se battront.

— Non.

— A demain, monsieur.

— A l'instant, répondit Nathan.

— Allons ! allons ! vous êtes deux braves.

— Vous en êtes un autre ! dit le provocateur.

— Ils ne peuvent seulement pas se mettre debout.

— Ah ! je ne me tiens pas droit, peut-être ! reprit le belliqueux Nathan en se dressant comme un cerf-volant indécis. Il jeta sur la table un regard hébété, puis comme exténué par cet effort, il retomba sur sa chaise, pencha la tête et resta muet.

— Ne serait-il pas plaisant, dit le joueur à son voisin, de me battre pour un ouvrage que je n'ai jamais vu ni lu ?

— Émile, prends garde à ton habit, ton voisin pâlit, dit Bixiou.

— Kant, monsieur. Encore un ballon lancé pour amuser les niais ! Le matérialisme et le spiritualisme sont deux jolies raquettes avec lesquelles des charlatans en robe font aller le même volant. Que Dieu soit en tout selon Spinosa, ou que tout vienne de Dieu selon saint Paul... Imbéciles ! ouvrir ou fermer une porte, n'est-ce pas le même mouvement ? L'œuf vient-il de la poule, ou la poule de l'œuf ? (Passez-moi du canard !) Voilà toute la science.

— Nigaud, lui cria le savant, la question que tu poses est tranchée par un fait.

— Et lequel ?

— Les chaires de professeurs n'ont pas été faites pour la philosophie, mais bien la philosophie pour les chaires ? Mets des lunettes et lis le budget.

— Voleurs !

— Imbéciles !

— Fripons !

— Dupes !

— Où trouverez-vous ailleurs qu'à Paris un échange aussi vif, aussi rapide entre les pensées? s'écria Bixiou, le plus spirituel des artistes, en prenant une voix de basse-taille.

— Allons, Bixiou, fais-nous quelque farce classique! Voyons, une charge!

— Voulez-vous que je vous fasse le dix-neuvième siècle?

— Écoutez!

— Silence!

— Mettez des sourdines à vos mufles!

— Te tairas-tu, chinois!

— Donnez-lui du vin, et qu'il se taise, cet enfant!

— A toi, Bixiou!

L'artiste boutonna son habit noir jusqu'au cou, mit ses gants jaunes, et se grima de manière à singer LE GLOBE; mais le bruit couvrit sa voix, et il fut impossible de saisir un seul mot de sa moquerie. S'il ne représenta pas le siècle, au moins représenta-t-il le journal, car il ne s'entendit pas lui-même.

Le dessert se trouva servi comme par enchantement. La table fut couverte d'un vaste surtout en bronze doré, sorti des ateliers de Thomire. De hautes figures données par un célèbre artiste des formes convenues en Europe pour la beauté idéale, soutenaient et portaient des buissons de fraises, des ananas, des dattes fraîches, des raisins jaunes, de blondes pêches, des oranges arrivées de Sétubal par un paquebot, des grenades, des fruits de la Chine, enfin toutes les surprises du luxe, les miracles du petit-four, les délicatesses les plus friandes, les friandises les plus séductrices. Les couleurs de ces tableaux gastronomiques étaient rehaussées par l'éclat de la porcelaine, par des lignes étincelantes d'or, par les découpures des vases. Gracieuse comme les liquides franges de l'Océan, verte et légère, la mousse couronnait les paysages du Poussin, copiés à Sèvres. Le budget d'un prince allemand n'aurait pas payé cette richesse insolente. L'argent, la nacre, l'or, les cristaux, furent de nouveau prodigués sous de nouvelles formes; mais les yeux engourdis et la verbeuse fièvre de l'ivresse permirent à peine aux convives d'avoir une intuition vague de cette féerie digne d'un conte oriental. Les vins de dessert apportèrent leurs parfums et leurs flammes, philtres puissants, vapeurs enchanteresses, qui engendrent une espèce de mirage intellectuel et dont les liens puissants enchaînent les pieds, alourdissent les mains. Les pyramides de fruits furent pillées, les voix grossirent, le tumulte grandit; il n'y eut plus alors de paroles distinctes, les verres volèrent en éclats, et des rires atroces partirent comme des fusées. Cursy saisit un cor et se mit à sonner une fanfare. Ce fut comme un signal donné par le diable. Cette assemblée en délire hurla, siffla, chanta, cria, rugit, gronda. Vous eussiez souri de voir des gens naturellement gais, devenus sombres comme les dénoûments de Crébillon, ou rêveurs comme des marins en voiture. Les hommes fins disaient leurs secrets à des curieux qui n'écoutaient pas. Les mélancoliques souriaient comme des danseuses qui achèvent leurs pirouettes. Claude Vignon se dandinait à la manière des ours en cage. Des amis intimes se battaient. Les ressemblances animales inscrites sur les figures humaines, et si curieusement démontrées par les physiologistes, reparaissaient vaguement dans les gestes, dans les habitudes du corps. Il y avait un livre tout fait pour quelque Bichat qui se serait trouvé là froid et à jeun. Le maître du logis, se sentant ivre, n'osait se lever, mais il approuvait les extravagances de ses convives par une grimace fixe, en tâchant de conserver un air décent et hospitalier. Sa large face, devenue rouge et bleue, presque violacée, terrible à voir, s'associait au mouvement général par des efforts semblables au roulis et au tangage d'un brick.

— Les avez-vous assassinés? lui demanda Emile.

— La confiscation et la peine de mort sont abolies depuis la révolution de Juillet, répondit Taillefer en haussant les sourcils d'un air tout à la fois plein de finesse et de bêtise.

— Mais ne les voyez-vous pas quelquefois en songe? reprit Raphaël.

— Il y a prescription! dit le meurtrier plein d'or.

— Et sur sa tombe, s'écria Emile d'un ton sardonique, l'entrepreneur du cimetière gravera : *Passants, accordez une larme à sa mémoire!* Oh! reprit-il, je donnerais bien cent sous au mathématicien qui me démontrerait par une équation algébrique l'existence de l'enfer. Il jeta une pièce en l'air, en criant : — Face pour Dieu!

— Ne regarde pas, dit Raphaël en saisissant la pièce, que sait-on? le hasard est si plaisant.

— Hélas! reprit Emile d'un air tristement bouffon, je ne vois pas où poser les pieds entre la géométrie de l'incrédule et le *Pater noster* du pape. Bah! buvons! *Trinc* est, je crois, l'oracle de la divine bouteille et sert de conclusion au Pantagruel.

— Nous devons au *Pater noster*, répondit Raphaël, nos arts, nos monuments, nos sciences peut-être; et, bientôt plus grand encore, nos gouvernements modernes, dans lesquels une société vaste et féconde est merveilleusement représentée par cinq cents intelligences, où les forces opposées les unes aux autres se neutralisent en laissant tout pouvoir à la civilisation, reine gigantesque qui remplace le roi, cette ancienne et terrible figure, espèce de faux destin créé par l'homme entre le ciel et lui. En présence de tant d'œuvres accomplies, l'athéisme apparaît comme un squelette qui n'engendre pas. Qu'en dis-tu?

— Je songe aux flots de sang répandus par le catholicisme, dit froidement Emile. Il a pris nos veines et nos cœurs pour faire une contrefaçon du déluge. Mais n'importe! Tout homme qui pense doit marcher sous la bannière du Christ. Lui seul a consacré le triomphe de l'esprit sur la matière, lui seul nous a poétiquement révélé le monde intermédiaire qui nous sépare de Dieu.

— Tu crois? reprit Raphaël en lui jetant un indéfinissable sourire d'ivresse. Eh bien! pour ne pas nous compromettre, portons le fameux toast : *Diis ignotis!*

Et ils vidèrent leurs calices de science, de gaz carbonique, de parfums, de poésie et d'incrédulité.

— Si ces messieurs veulent passer dans le salon, le café les y attend, dit le maître d'hôtel.

En ce moment, presque tous les convives se roulaient au sein de ces limbes délicieuses où les lumières de l'esprit s'éteignent, où le corps, délivré de son tyran, s'abandonne aux joies délirantes de la liberté. Les uns, arrivés à l'apogée de l'ivresse, restaient mornes et péniblement occupés à saisir une pensée qui leur attestât leur propre existence; les autres, plongés dans le marasme produit par une digestion alourdissante, niaient le mouvement. D'intrépides orateurs disaient encore de vagues paroles, dont le sens leur échappait à eux-mêmes. Quelques refrains retentissaient comme le bruit d'une mécanique obligée d'accomplir sa vie factice et sans âme. Le silence et le tumulte s'étaient bizarrement accouplés. Néanmoins, en entendant la voix sonore du valet qui, à défaut d'un maître, leur annonçait des joies nouvelles, ils se levèrent, entraînés, soutenus ou portés les uns par les autres. La troupe entière resta pendant un moment, immobile et charmée, sur le seuil de la porte. Les jouissances excessives du festin pâlirent devant le chatouillant spectacle que l'amphitryon offrait au plus voluptueux de leurs sens. Sous les étincelantes bougies d'un lustre d'or, autour d'une table chargée de vermeil, un groupe de femmes se présenta soudain aux convives hébétés dont les yeux s'allumèrent comme autant de diamants. Riches étaient les parures, mais plus riches encore étaient ces beautés éblouissantes devant lesquelles disparaissaient toutes les merveilles de ce palais. Les yeux passionnés de ces filles, prestigieuses comme des fées, avaient encore plus de vivacité que les torrents de lumière qui faisaient resplendir les reflets satinés des tentures, la blancheur des marbres, les saillies délicates des bronzes et la grâce des draperies. Le cœur brûlait à voir ces contrastes de coiffures agitées et de jolies attitudes, toutes diverses d'attraits et de caractère. C'était une haie de fleurs mêlées de rubis, de saphir et de corail, une ceinture de colliers noirs sur des cous de neige, des écharpes légères flottant comme les flammes d'un phare, des turbans orgueilleux, des tuniques modestement provocantes. Ce sérail offrait des séductions pour tous les yeux, des voluptés pour tous les caprices. Posée à ravir, une danseuse semblait nue sous les plis onduleux de son cachemire. Là une gaze diaphane, ici la soie chatoyante, cachaient ou révélaient des perfections mystérieuses. De petits pieds étroits parlaient d'amour, des bouches fraîches et rouges se taisaient. De frêles et décentes jeunes filles, vierges factices dont les jolies chevelures respiraient une religieuse innocence, se présentaient aux regards comme des apparitions qu'un souffle pouvait dissiper. Puis des beautés aristocratiques, au regard fier, mais indolentes, mais fluettes, maigres, gracieuses, penchaient la tête comme si elles avaient encore de royales protections à faire acheter. Une Anglaise, blanche et chaste figure aérienne, descendue des nuages d'Ossian, ressemblait à un ange de mélancolie, à un remords fuyant le crime. La Parisienne, dont toute la beauté gît dans une grâce indescriptible, vaine de sa toilette et de son esprit, armée de sa toute-puissante faiblesse, souple et dure, sirène sans cœur et sans passion, mais qui sait artificieusement créer les trésors de la passion et contrefaire les accents du cœur, ne manquait pas à cette périlleuse assemblée, où brillaient encore des Italiennes tranquilles en apparence et consciencieuses dans leur félicité; de riches Normandes aux formes magnifiques, des femmes méridionales aux cheveux noirs, aux yeux bien fendus. Vous eussiez dit les beautés de Versailles convoquées par Lebel ayant dès le matin dressé tous leurs pièges, arrivant comme une troupe d'esclaves orientales réveillées par la voix du marchand pour partir à l'aurore. Elles restaient interdites, honteuses, s'empressaient autour de la table comme des abeilles qui bourdonnent dans l'intérieur d'une ruche. Cet embarras craintif, reproche et coquetterie tout ensemble, accusait et séduisait. Était-ce pudeur involontaire? peut-être un sentiment que la femme ne dépouille jamais complètement leur ordonnait-il de s'envelopper dans le manteau de la vertu pour donner plus de charme et de piquant aux prodigalités du vice. Aussi la conspiration ourdie par le vieux Taillefer semblat-t-elle devoir échouer. Ces hommes sans frein furent subjugués tout d'abord par la puissance majestueuse dont la femme est investie. Un murmure d'admiration résonna comme la plus douce musique. L'amour n'avait pas voyagé de compagnie avec l'ivresse: au lieu d'un ouragan de passions, les convives, surpris dans un moment de faiblesse, s'abandonnèrent aux délices d'une voluptueuse extase. A la voix de la poésie qui les domine toujours, les artistes étudièrent avec bonheur les nuances délicates qui distinguaient ces beautés choisies. Réveillé par une pensée, due peut-être à quelque émanation d'acide carbonique dégagé du vin de Champagne, un philosophe frissonna en songeant aux malheurs qui amenaient là ces femmes, dignes peut-être jadis des plus purs hommages. Chacune d'elles avait sans doute un drame sanglant à raconter. Presque toutes apportaient d'infernales tortures, et traînaient après elles des hommes sans foi, des promesses trahies, des joies rançonnées par la misère. Les convives s'approchèrent d'elles avec politesse, et des conversations aussi diverses que les caractères s'établirent. Les groupes se formèrent. Vous eussiez dit d'un salon de bonne compagnie où les jeunes filles et les femmes vont offrant aux convives, après le dîner, les secours que le café, les liqueurs et le sucre prêtent aux gourmands embarrassés dans les travaux d'une digestion récalcitrante. Mais bientôt quelques rires éclatèrent, le murmure augmenta, les voix se levèrent. L'orgie, domptée pendant un moment, menaça par intervalles de se réveiller. Ces alternatives de silence et de bruit eurent une vague ressemblance avec une symphonie de Beethoven. Assis sur un moelleux divan, les deux amis virent d'abord arriver près d'eux une grande fille bien proportionnée, superbe en son maintien, de physionomie assez irrégulière, mais perçante, mais impétueuse, et qui saisissait l'âme par de vigoureux contrastes. Sa chevelure noire, lascivement bouclée, semblait avoir déjà subi les combats de l'amour, et retombait en flocons légers sur ses larges épaules, qui offraient des perspectives attrayantes à voir; de longs rouleaux bruns enveloppaient à demi un cou majestueux sur lequel la lumière glissait par intervalles en révélant la finesse des plus jolis contours; sa peau, d'un blanc mat, faisait ressortir les tons chauds et animés de ses vives couleurs, l'œil, armé de longs cils, lançait des flammes hardies, étincelles d'amour, la bouche, rouge, humide, entr'ouverte, appelait le baiser; elle avait une taille forte, mais amoureusement élastique ; son sein, ses bras étaient largement développés, comme ceux des belles figures du Carrache: néanmoins, elle paraissait leste, souple, et sa vigueur supposait l'agilité d'une panthère, comme la mâle élégance de ses formes en promettait les voluptés dévorantes. Quoique cette fille dût savoir rire et folâtrer, ses yeux et son sourire effrayaient la pensée. Semblable à ces prophétesses agitées par un démon, elle étonnait plutôt qu'elle ne plaisait. Toutes les expressions passaient par masses et comme des éclairs sur sa figure mobile. Peut-être eût-elle ravi des gens blasés, mais un jeune homme l'eût redoutée. C'était une statue colossale tombée du haut de quelque temple grec, sublime à distance, mais grossière à voir de près. Néanmoins, sa foudroyante beauté devait réveiller les impuissants, sa voix charmer les sourds, ses regards ranimer de vieux ossements. Emile la comparait vaguement à une tragédie de Shakspeare, espèce d'arabesque admirable où la joie hurle, où l'amour a je ne sais quoi de sauvage, où la magie de la grâce et le feu du bonheur succèdent aux sanglants tumultes de la colère; monstre qui sait mordre et caresser, rire comme un démon, pleurer comme les anges, improviser dans une seule étreinte toutes les séductions de la femme, excepté les soupirs de la mélancolie et les enchanteresses modesties d'une vierge; puis en un moment rugir, se déchirer les flancs, briser sa passion, son amant, enfin se détruire elle-même comme fait un peuple insurgé. Vêtue d'une robe en velours rouge, elle foulait d'un pied insouciant quelques fleurs déjà tombées de la tête de ses compagnes, et d'une main dédaigneuse tendait aux deux amis un plateau d'argent. Fière de sa beauté, fière de ses vices peut-être, elle montrait un bras blanc, qui se détachait vivement sur le velours. Elle était là comme la reine du plaisir, comme une image de la joie humaine, de cette joie qui dissipe les trésors amassés par trois générations, qui rit sur les cadavres, se moque des aïeux, dissout des pertes et des trônes, transforme les jeunes gens en vieillards, et souvent les vieillards en jeunes gens, de cette joie permise seulement aux géants fatigués du pouvoir, éprouvés par la pensée, ou pour lesquels la guerre est devenue comme un jouet.

— Comment te nommes-tu? lui dit Raphaël.

— Aquilina.

— Oh! oh! tu viens de *Venise sauvée*, s'écria Emile.

— Oui, répondit-elle. De même que les papes se donnent de nouveaux noms en montant au-dessus des hommes, j'en ai pris un autre en m'élevant au-dessus de toutes les femmes.

— As-tu donc, comme ta patronne, un noble et terrible conspirateur qui t'aime et sache mourir pour toi? dit vivement Emile, réveillé par cette apparence de poésie.

— Je l'ai eu, répondit-elle. Mais la guillotine a été ma rivale. Aussi metté-je toujours quelques chiffons rouges dans ma parure pour que ma joie n'aille jamais trop loin.

— Oh! si vous lui laissez raconter l'histoire des quatre jeunes gens de la Rochelle, elle n'en finira pas. Tais-toi donc, Aquilina! Les femmes n'ont-elles pas toutes un amant à pleurer; mais toutes n'ont pas, comme toi, le bonheur de l'avoir perdu sur un échafaud. Ah! j'aimerais bien mieux savoir le mien couché dans une fosse, à Clamart, que dans le lit d'une rivale.

Ces phrases furent prononcées d'une voix douce et mélodieuse par la plus innocente, la plus jolie et la plus gentille petite créature qui fût jamais sortie d'un œuf enchanté. Elle était arrivée à pas muets, et montrait une figure délicate, une taille grêle, des yeux bleus ravissants de modestie, des tempes fraîches et pures. Une naïade ingénue, qui s'échappe de sa source, n'est pas plus timide, plus blanche ni plus naïve. Elle paraissait avoir seize ans, ignorer le mal, ignorer l'amour, ne pas connaître les orages de la vie, et venir d'une église où elle aurait prié les anges d'obtenir avant le temps son rappel dans les cieux. A Paris seulement se rencontrent ces créatures au visage candide, qui cachent la dépravation la plus profonde, les vices les plus raffinés, sous un front aussi doux, aussi tendre que la fleur d'une marguerite. Trompés d'abord par les célestes promesses écrites dans les suaves attraits de cette jeune fille, Emile et Raphael acceptèrent le café qu'elle leur versa dans les tasses présentées par Aquilina, et se mirent à la questionner. Elle acheva de transfigurer aux yeux des deux poètes, par une sinistre allégorie, je ne sais quelle face de la vie humaine, en opposant à l'expression rude et passionnée de son imposante compagne le portrait de cette corruption froide, voluptueusement cruelle, assez étourdie pour commettre un crime, assez forte pour en rire: espèce de démon sans cœur, qui punit les âmes riches et tendres de ressentir les émotions dont il est privé, qui trouve toujours une grimace d'amour à vendre, les larmes pour le convoi de sa victime, et de la joie le soir pour en lire le testament. Un poète eût admiré la belle Aquilina: le monde entier devait fuir la touchante Euphrasie: l'une était l'âme du vice, l'autre le vice sans âme.

— Je voudrais bien savoir, dit Emile à cette jolie créature, si parfois tu songes à l'avenir.

— L'avenir! répondit-elle en riant. Qu'appelez-vous l'avenir? Pourquoi penserais-je à ce qui n'existe pas encore? Je ne regarde jamais ni en arrière ni en avant de moi. N'est-ce pas déjà trop que de m'occuper d'une journée à la fois? D'ailleurs, l'avenir, nous le connaissons, c'est l'hôpital.

— Comment peux-tu voir d'ici l'hôpital et ne pas éviter d'y aller? s'écria Raphael.

— Qu'a donc l'hôpital de si effrayant? demanda la terrible Aquilina. Quand nous ne sommes ni mères ni épouses, quand la vieillesse nous met des bas noirs aux jambes et des rides au front, flétrit tout ce qu'il y a de femme en nous et sèche la joie dans les regards de nos amis, de quoi pourrions-nous avoir besoin? Vous ne voyez plus alors en nous, de notre parure, que ce fange primitive, qui marche sur deux pattes, froide, sèche, décomposée, et va produisant un bruissement de feuilles mortes. Les plus jolis chiffons deviennent des haillons, l'ambre qui réjouissait le boudoir prend une odeur de mort et sent le squelette; puis, s'il se trouve un cœur dans cette boue, vous y insultez tous, vous ne nous permettez même pas un souvenir. Ainsi, que nous soyons, à cette époque de la vie, dans un riche hôtel à soigner des chiens, ou dans un hôpital à trier des guenilles, notre existence n'est-elle pas exactement la même? Cacher nos cheveux blancs sous un mouchoir à carreaux rouges et bleus ou sous des dentelles, balayer les rues avec du bouleau ou les marches des Tuileries avec du satin, être assises à des foyers dorés ou nous chauffer à des cendres dans un pot de terre rouge, assister au spectacle de la Grève, ou aller à l'Opéra, y a-t-il là tant de différence?

— *Aquilina mia*, jamais tu n'as eu tant de raison au milieu de tes désespoirs, reprit Euphrasie. Oui, les cachemires, les vélins, les parfums, l'or, la soie, le luxe, tout ce qui brille, tout ce qui plaît, ne va bien qu'à la jeunesse. Le temps seul pourrait avoir raison contre nos folies, mais le bonheur nous absout. Vous riez de ce que je dis, s'écria-t-elle en lançant un sourire venimeux aux deux amis; n'ai-je pas raison? J'aime mieux mourir de plaisir que de maladie. Je n'ai ni la manie de la perpétuité ni grand respect pour l'espèce humaine à voir ce que Dieu en fait! Donnez-moi des millions, je les mangerai; je ne voudrais pas garder un centime pour l'année prochaine. Vivre pour plaire et régner, tel est l'arrêt que prononce chaque battement de mon cœur. La société m'approuve, ne fournit-elle pas sans cesse à mes dissipations? Pourquoi le bon Dieu me fait-il tous les matins la rente de ce que je dépense tous les soirs? Pourquoi nous bâtissez-vous des hôpitaux? Comme il ne nous a pas mis entre le bien et le mal pour choisir ce qui nous blesse ou nous ennuie, je serais bien sotte de ne pas m'amuser.

— Et les autres? dit Emile.

— Les autres? Eh bien! qu'ils s'arrangent! J'aime mieux rire de

leurs souffrances que d'avoir à pleurer sur les miennes. Je défie un homme de me causer la moindre peine.
— Qu'as-tu donc souffert pour penser ainsi? demanda Raphaël.
— J'ai été quittée pour un héritage, moi! dit-elle en prenant une pose qui fit ressortir toutes ses séductions. Et cependant j'avais passé les nuits et les jours à travailler pour nourrir mon amant. Je ne veux plus être la dupe d'aucun sourire, d'aucune promesse, et je prétends faire de mon existence une longue partie de plaisir.
— Mais, s'écria Raphaël, le bonheur ne vient-il donc pas de l'âme?
— Eh bien! reprit Aquilina, n'est-ce rien que de se voir admirée, flattée, de triompher de toutes les femmes, même des plus vertueuses, en les écrasant par notre beauté, par notre richesse? D'ailleurs nous vivons plus en un jour qu'une bonne bourgeoise en dix ans, et alors tout est jugé.
— Une femme sans vertu n'est-elle pas odieuse? dit Emile à Raphaël.
Euphrasie leur lança un regard de vipère, et répondit avec un inimitable accent d'ironie : — La vertu! nous la laissons aux laides et aux bossues. Que seraient-elles sans cela, les pauvres femmes?
— Allons, tais-toi, s'écria Emile, ne parle point de ce que tu ne connais pas.
— Ah! je ne la connais pas! reprit Euphrasie. Se donner pendant toute la vie à un être détesté, savoir élever des enfants qui vous abandonnent, et leur dire : Merci! quand ils vous frappent au cœur; voilà les vertus que vous ordonnez à la femme. Encore, pour la récompenser de son abnégation, venez-vous lui imposer des souffrances en cherchant à la séduire; si elle résiste, vous la compromettez. Jolie vie! Autant rester libres, aimer ceux qui nous plaisent et mourir jeunes.
— Ne crains-tu pas de payer tout cela un jour?
— Eh bien! répondit-elle, au lieu d'entremêler mes plaisirs de chagrins, ma vie sera coupée en deux parts : une jeunesse certainement joyeuse, et je ne sais quelle vieillesse incertaine pendant laquelle je souffrirai tout à mon aise.
— Elle n'a pas aimé, dit Aquilina d'un son de voix profond. Elle n'a jamais fait cent lieues pour aller dévorer avec mille délices un regard et un refus; elle n'a point attaché sa vie à un cheveu, ni essayé de poignarder plusieurs hommes pour sauver son souverain, son seigneur, son dieu. Pour elle, l'amour était un joli colonel.
— Eh! eh! la Rochelle, répondit Euphrasie, l'amour est comme le vent, nous ne savons d'où il vient. D'ailleurs, si tu avais été bien aimée par une bête, tu prendrais les gens d'esprit en horreur.

Retournez-vous, dit le marchand, et regardez cette peau de chagrin. — PAGE 7.

— Le Code nous défend d'aimer les bêtes, répliqua la grande Aquilina d'un accent ironique.
— Je te croyais plus indulgente pour les militaires! s'écria Euphrasie en riant.
— Sont-elles heureuses de pouvoir abdiquer ainsi leur raison! s'écria Raphaël.
— Heureuses! dit Aquilina souriant de pitié, de terreur, en jetant aux deux amis un horrible regard. Ah! vous ignorez ce que c'est que d'être condamnée au plaisir avec un mort dans le cœur.

Contempler en ce moment les salons, c'était avoir vue anticipée du pandémonium de Milton. Les flammes bleues du punch coloraient d'une teinte infernale les visages de ceux qui pouvaient boire encore. Des danses folles, animées par une sauvage énergie, excitaient des rires et des cris qui éclataient comme les détonations d'un feu d'artifice. Jonchés de morts et de mourants, le boudoir et un petit salon offraient l'image d'un champ de bataille. L'atmosphère était chaude de vin, de plaisirs et de paroles. L'ivresse, l'amour, le délire, l'oubli du monde, étaient dans les cœurs, sur les visages, écrits sur les tapis, exprimés par le désordre, et jetaient sur tous les regards de légers voiles, qui faisaient voir dans l'air des vapeurs enivrantes. Il s'était ému, comme dans les bandes lumineuses tracées par un rayon de soleil, une poussière brillante à travers laquelle se jouaient les formes les plus capricieuses, les luttes les plus grotesques. Çà et là, des groupes de figures enlacées se confondaient avec les marbres blancs, nobles chefs-d'œuvre de la sculpture, qui ornaient les appartements. Quoique les deux amis conservassent encore une sorte de lucidité trompeuse dans les idées et dans leurs organes, un dernier frémissement, simulacre imparfait de la vie, il leur était impossible de reconnaître ce qu'il y avait de réel dans les fantaisies bizarres, de possible dans les tableaux surnaturels qui passaient incessamment devant leurs yeux lassés. Le ciel étouffant de nos rêves, l'ardente suavité que contractent les figures dans nos visions, surtout je ne sais quelle agilité chargée de chaînes, enfin les phénomènes les plus inaccoutumés du sommeil, les assaillirent si vivement, qu'ils prirent les jeux de cette débauche pour les caprices d'un cauchemar où le mouvement est sans bruit, où les cris sont perdus pour l'oreille. En ce moment, le valet de chambre de confiance réussit, non sans peine, à attirer son maître dans l'antichambre, et lui dit à l'oreille :
— Monsieur, tous les voisins sont aux fenêtres et se plaignent du tapage.

Raphaël fut entouré de ses amis. — PAGE 10.

— S'ils ont peur du bruit, ne peuvent-ils pas faire mettre de la paille devant leurs portes? s'écria Taillefer.

Raphaël laissa tout à coup échapper un éclat de rire si brusquement intempestif, que son ami lui demanda compte d'une joie aussi brutale.

— Tu me comprendrais difficilement, répondit-il. D'abord, il faudrait t'avouer que vous m'avez arrêté sur le quai Voltaire, au moment où j'allais me jeter dans la Seine, et tu voudrais sans doute connaître les motifs de ma mort. Mais, quand j'ajouterais que, par un hasard presque fabuleux, les ruines les plus poétiques du monde matériel venaient alors se résumer à mes yeux par une traduction symbolique de la sagesse humaine; tandis qu'en ce moment les débris de tous les trésors intellectuels dont nous avons fait à table un si cruel pillage aboutissent à ces deux femmes, images vives et originales de la folie, et que notre profonde insouciance des hommes et des choses a servi de transition aux tableaux fortement colorés de deux systèmes d'existence si diamétralement opposés, en seras-tu plus instruit? Si tu n'étais pas ivre, tu y verrais peut-être un traité de philosophie.

— Si tu n'avais pas les deux pieds sur cette ravissante Aquilina, dont les ronflements ont je ne sais quelle analogie avec le rugissement d'un orage près d'éclater, reprit Emile, tu lui-même t'amusait à rouler et à dérouler les cheveux d'Euphrasie, sans trop avoir la conscience de cette innocente occupation, tu rougirais de ton ivresse et de ton bavardage. Tes deux systèmes peuvent entrer dans une seule phrase et se réduisent à une pensée. La vie simple et mécanique conduit à quelque sagesse insensée en étouffant notre intelligence par le travail; tandis que la vie passée dans le vide des abstractions ou dans les abîmes du monde moral mène à quelque folle sagesse. En un mot, tuer les sentiments pour vivre vieux, ou mourir jeune en acceptant le martyre des passions, voilà notre arrêt. Encore, cette sentence lutte-t-elle avec les tempéraments que nous a donnés le rude goguenard à qui nous devons le patron de toutes les créatures.

— Imbécile! s'écria Raphaël en l'interrompant. Continue à t'abréger ainsi, tu feras des volumes! Si j'avais eu la prétention de formuler proprement ces deux idées, je t'aurais dit que l'homme se corrompt par l'exercice de la raison et se purifie par l'ignorance. C'est faire le procès aux sociétés! Mais, que nous vivions avec les sages ou que nous périssions avec les fous, le résultat n'est-il pas tôt ou tard le même? Aussi, le grand abstracteur de quintessence a-t-il jadis exprimé ces deux systèmes en deux mots : CARYMARY, CARYMARA.

Il tenta d'entamer la peau avec le stylet... — PAGE 7.

— Tu me fais douter de la puissance de Dieu, car tu es plus bête qu'il n'est puissant, répliqua Emile. Notre cher Rabelais a résolu cette philosophie par un mot plus bref que *Carymary, Carymara* : c'est *peut-être*, d'où Montaigne a pris son *Que sais-je?* Encore ces derniers mots de la science morale ne sont-ils guère que l'exclamation de Pyrrhon restant entre le bien et le mal, comme l'âne de Buridan entre deux mesures d'avoine. Mais laissons là cette éternelle discussion qui aboutit aujourd'hui à *oui et non*. Quelle expérience voulais-tu donc faire en te jetant dans la Seine? étais-tu jaloux de la machine hydraulique du pont Notre-Dame?

— Ah! si tu connaissais ma vie.

— Ah! s'écria Emile, je ne te croyais pas si vulgaire; la phrase est usée. Ne sais-tu pas que nous avons tous la prétention de souffrir beaucoup plus que les autres?

— Ah! s'écria Raphaël.

— Mais tu es bouffon avec ton *ah!* Voyons; une maladie d'âme ou de corps t'oblige-t-elle de ramener tous les matins, par une contraction de tes muscles, les chevaux qui te sont donnés t'écarteler, comme jadis le fit Damiens? As-tu mangé ton chien tout cru, sans sel, dans ta mansarde? Tes enfants t'ont-ils jamais dit : J'ai faim? As-tu vendu les cheveux de ta maîtresse pour aller au jeu? As-tu été payer à un faux domicile une fausse lettre de change, tirée sur un faux oncle, avec la crainte d'arriver trop tard? Voyons, j'écoute. Si tu te jetais à l'eau pour une femme, pour un protêt, ou pour ennui, je te renie. Confesse-toi, ne mens pas; je ne te demande point de mémoires historiques. Surtout, sois aussi bref que ton ivresse te le permettra : je suis exigeant comme un lecteur, et prêt à dormir comme une femme qui lit ses vêpres.

— Pauvre sot! dit Raphaël. Depuis quand les douleurs ne sont-elles plus en raison de la sensibilité? Lorsque nous arriverons au degré de science qui nous permettra de faire une histoire naturelle des cœurs, de les nommer, de les classer en genres, en sous-genres, en familles, en crustacés, en fossiles, en sauriens, en microscopiques, en... que sais-je? alors, mon bon ami, ce sera chose prouvée qu'il en existe de tendres, de délicats, comme des fleurs, et qui doivent se briser comme elles par de légers froissements auxquels certains cœurs minéraux ne sont même pas sensibles.

Si tu n'avais pas les deux pieds sur cette ravissante Aquilina.

— Oh! de grâce, épargne-moi ta préface, dit Emile d'un air moitié riant moitié piteux, en prenant la main de Raphaël.

LA FEMME SANS COEUR.

Après être resté silencieux pendant un moment, Raphaël dit en laissant échapper un geste d'insouciance : — Je ne sais en vérité s'il ne faut pas attribuer aux fumées du vin et du punch l'espèce de lucidité qui me permet d'embrasser en cet instant toute ma vie comme un même tableau, où les figures, les couleurs, les ombres, les lumières, les demi-teintes, sont fidèlement rendues. Ce jeu poétique de mon imagination ne m'étonnerait pas, s'il n'était accompagné d'une sorte de dédain pour mes souffrances et pour mes joies passées. Vue à distance, ma vie est comme rétrécie par un phénomène moral. Cette longue et lente douleur qui a duré dix ans peut aujourd'hui se reproduire par quelques phrases dans lesquelles la douleur ne sera plus qu'une pensée, et le plaisir une réflexion philosophique. Je juge, au lieu de sentir.
— Tu es ennuyeux comme un amendement ! s'écria Emile.
— C'est possible, reprit Raphaël sans murmurer. Aussi, pour ne pas abuser de tes oreilles, te ferai-je grâce des dix-sept premières années de ma vie. Jusque-là, j'ai vécu comme toi, comme mille autres, de cette vie de collège ou de lycée, dont maintenant nous nous rappelons tous avec tant de délices les malheurs fictifs et les joies réelles, à laquelle notre gastronomie blasée redemande les légumes du vendredi, tant que nous ne les avons pas goûtés de nouveau : belle vie dont nous méprisons les travaux, qui cependant nous ont appris le travail...
— Arrive au drame, dit Emile d'un air moitié comique et moitié plaintif.
— Quand je sortis du collège, reprit Raphaël en réclamant par un geste le droit de continuer, mon père m'astreignit à une discipline sévère, il me logea dans une chambre contiguë à son cabinet ; je me couchais dès neuf heures du soir et me levais à cinq heures du matin , il voulait que je fisse mon droit en conscience, j'allais en même temps à l'École et chez un avoué ; mais les lois du temps et de l'espace étaient si sévèrement appliquées à mes courses, à mes travaux, et mon père me demandait en dînant un compte si rigoureux de...
— Qu'est-ce que cela me fait ? dit Emile.
— Eh ! que le diable l'emporte ! répondit Raphaël. Comment pourras-tu concevoir mes sentiments si je ne te raconte les faits imperceptibles qui influèrent sur mon âme, la façonnèrent à la crainte, et me laissèrent longtemps dans la naïveté primitive du jeune homme ? Ainsi, jusqu'à vingt et un ans, j'ai été courbé sous un despotisme aussi froid que celui d'une règle monacale. Pour te révéler les tristesses de ma vie, il suffira peut-être de te dépeindre mon père : un grand homme sec et mince, le visage en lame de couteau, le teint pâle, à parole brève, taquin comme une vieille fille, méticuleux comme un chef de bureau. Sa paternité planait au-dessus de mes lutines et joyeuses pensées, et les enfermait comme sous un dôme de plomb. Si je voulais lui manifester un sentiment doux et tendre, il me recevait en enfant qui va dire une sottise. Je redoutais bien plus que nous ne craignions naguère nos maîtres d'étude. J'avais toujours huit ans pour lui. Je crois encore le voir devant moi : dans sa redingote marron, où il se tenait droit comme un cierge pascal, il avait l'air d'un hareng saur enveloppé dans la couverture rougeâtre d'un pamphlet. Cependant j'aimais mon père, au fond il était juste. Peut-être ne haïssons-nous pas la sévérité quand elle est justifiée par un grand caractère, par des mœurs pures, et qu'elle est adroitement entremêlée de bonté. Si mon père ne me quitta jamais, si jusqu'à l'âge de vingt ans il ne me laissa pas dix francs à ma disposition, dix coquins, dix libertins de francs, trésor immense dont la possession vainement enviée me faisait rêver d'ineffables délices, il cherchait au moins à me procurer quelques distractions. Après m'avoir promis un plaisir pendant des mois entiers, il me conduisait aux Bouffons, à un concert, à un bal, où j'espérais rencontrer une maîtresse. Une maîtresse ! c'était pour moi l'indépendance. Mais, honteux et timide, ne sachant point l'idiome des salons et n'y connaissant personne, j'en revenais le cœur toujours aussi neuf et tout aussi gonflé de désirs. Puis le lendemain, bridé comme un cheval d'escadron par mon père, de matin je retournais chez mon avoué, au droit, au Palais. Vouloir m'écarter de la route uniforme qu'il m'avait tracée, c'eût été m'exposer à sa colère ; il m'avait menacé de m'embarquer à ma première faute, en qualité de mousse, pour les Antilles. Aussi me prenait-il un horrible frisson quand par hasard j'osais m'aventurer, pendant une heure ou deux, dans quelque partie de plaisir. Figure-toi l'imagination la plus vagabonde, le cœur le plus amoureux, l'âme la plus tendre, l'esprit le plus poétique, sans cesse en présence de l'homme le plus caillouteux, le plus atrabilaire, le plus froid du monde, enfin marie ma jeune fille à un squelette, et tu comprendras l'existence dont tu m'interdis de te développer les scènes curieuses : projets de fuite évanouis à l'aspect de mon père, désespoirs calmés par le sommeil, désirs comprimés, sombres mélancolies dissipées par la musique. J'exhalais mon malheur en mélodies. Beethoven ou Mozart furent souvent mes discrets confidents. Aujourd'hui je souris en me souvenant de tous les préjugés qui troublaient ma conscience à cette époque d'innocence et de vertu : si j'avais mis le pied chez un restaurateur, je me serais cru ruiné ; mon imagination me faisait considérer un café comme un lieu de débauche, où les hommes se perdaient d'honneur et engageaient leur fortune ; quant à risquer de l'argent au jeu, il aurait fallu en avoir. Oh ! quand je devrais t'endormir, je veux te raconter l'une des plus terribles joies de ma vie, une de ces joies armées de griffes et qui s'enfoncent dans notre cœur comme un fer chaud sur l'épaule d'un forçat. J'étais au bal chez le duc de Navarreins, cousin de mon père. Mais, pour que tu puisses parfaitement comprendre ma position, apprends que j'avais un habit râpé, des souliers mal faits, une cravate de cocher et des gants déjà portés. Je me mis dans un coin afin de pouvoir tout à mon aise prendre des glaces et contempler les jolies femmes. Mon père m'aperçut. Par une raison que je n'ai jamais devinée, tant cet acte de confiance m'abasourdit, il me donna sa bourse et ses clefs à garder. A dix pas de moi quelques hommes jouaient. J'entendais frétiller l'or. J'avais vingt ans, je souhaitais passer une journée entière plongé dans les crimes de mon âge. C'était un libertinage d'esprit dont nous ne trouverions l'analogue ni dans les caprices de courtisane ni dans les songes des jeunes filles. Depuis un an je me rêvais bien mis, en voiture, ayant une belle femme à mes côtés, tranchant du seigneur, dînant chez Véry, allant le soir au spectacle, décidé à ne revenir que le lendemain chez mon père, mais armé contre lui d'une aventure plus intriguée que ne l'est le Mariage de Figaro, dont il lui aurait été impossible de se dépêtrer. J'avais estimé toute cette joie cinquante écus. N'étais-je pas encore sous le charme naïf de l'école buissonnière ? J'allai donc dans un boudoir, où, seul, les yeux cuisants, les doigts tremblants, je comptai l'argent de mon père : cent écus ! Evoquées par cette somme, les joies de mon escapade apparurent devant moi, dansant comme les sorcières de Macbeth autour de leur chaudière, mais alléchantes, frémissantes, délicieuses ! Je devins un coquin déterminé. Sans écouter ni les tintements de mon oreille, ni les battements précipités de mon cœur, je pris deux pièces de vingt francs que je vois encore ! Leurs millésimes étaient effacés, et la figure de Bonaparte y grimaçait. Après avoir mis la bourse dans ma poche, je revins vers une table de jeu en tenant les deux pièces d'or dans la paume humide de ma main, et je rôdai autour des joueurs comme un émouchet au-dessus d'un poulailler. En proie à des angoisses inexprimables, je jetai soudain un regard translucide autour de moi. Certain de n'être aperçu par aucune personne de connaissance, je pariai pour un petit homme gras et réjoui, sur la tête duquel j'accumulai plus de prières et de vœux qu'il ne s'en fait en mer pendant trois tempêtes. Puis, avec un instinct de scélératesse ou de machiavélisme surprenant à mon âge, j'allai me planter près d'une porte, regardant à travers les salons sans y rien voir. Mon âme et mes yeux voltigeaient autour du fatal tapis vert. De cette soirée date la première observation physiologique à laquelle j'ai dû cette espèce de pénétration qui m'a permis de saisir quelques mystères de notre double nature. Je tournais le dos à la table où se disputait mon futur bonheur, bonheur d'autant plus profond peut-être qu'il était criminel, entre les deux joueurs et moi il se trouvait une haie d'hommes, épaisse de quatre ou cinq rangées de causeurs, le bourdonnement des voix empêchait de distinguer le son de l'or qui se mêlait au bruit de l'orchestre, malgré tous ces obstacles, par un privilège accordé aux passions et qui leur donne le pouvoir d'anéantir l'espace et le temps, j'entendais distinctement les paroles des deux joueurs, je connaissais leurs points, je savais celui des deux qui retournait le roi, comme si j'eusse vu les cartes ; enfin à dix pas du jeu je pâlissais de ses caprices. Mon père passa devant moi tout à coup, je compris alors cette parole de l'Écriture : L'esprit de Dieu passa devant sa face ! J'avais gagné. A travers le tourbillon d'hommes qui gravitait autour des joueurs, j'accourus à la table en m'y glissant avec la dextérité d'une anguille qui s'échappe par la maille rompue d'un filet. De douloureuses, mes fibres devinrent joyeuses. J'étais comme un condamné qui, marchant au supplice, a rencontré le roi. Par hasard, un homme décoré réclama quarante francs qui manquaient. Je fus soupçonné par des yeux inquiets, je pâlis, et les gouttes de sueur sillonnèrent mon front. Le crime d'avoir volé mon père me parut bien vengé. Le bon gros petit homme dit alors d'une voix certainement angélique : « Tous ces messieurs avaient mis, » et paya les quarante francs. Je relevai mon front et jetai des regards triomphants sur les joueurs. Après avoir réintégré dans la bourse de mon père l'or que j'y avais pris, je laissai mon gain à ce digne et honnête monsieur qui continua de gagner. Dès que je me vis possesseur de cent soixante francs, je les enveloppai dans mon mouchoir de manière à ce qu'ils ne pussent ni remuer ni sonner pendant notre retour au logis, et ne jouai plus. — Que faisiez-vous au jeu ? me dit mon père en entrant dans le fiacre. — Je regardais, répondis-je en tremblant. — Mais, reprit mon père, il n'y aurait eu rien d'extraordinaire à ce que vous eussiez été forcé par amour-propre à mettre quelque argent sur le tapis. Aux yeux des gens du monde, vous paraissez assez âgé pour avoir le droit de commettre des sottises. Aussi vous excuserais-je,

Raphaël, si vous vous étiez servi de ma bourse... Je ne répondis rien. Quand nous fûmes de retour, je rendis à mon père ses clefs et son argent. En rentrant dans sa chambre, il vida la bourse sur la cheminée, compta l'or, se tourna vers moi d'un air assez gracieux, et me dit en séparant chaque phrase par une pause plus ou moins longue et significative : — Mon fils, vous avez bientôt vingt ans. Je suis content de vous. Il vous faut une pension, ne fût-ce que pour vous apprendre à économiser, à connaître les choses de la vie. Dès ce soir, je vous donnerai cent francs par mois. Vous disposerez de votre argent comme il vous plaira. Voici le premier trimestre de cette année, ajouta-t-il en caressant une pile d'or, comme pour vérifier la somme. J'avoue que je fus prêt à me jeter à ses pieds, à lui déclarer que j'étais un brigand, un infâme, et... pis que cela, un menteur ! La honte me retint. J'allais l'embrasser, il me repoussa faiblement.

— Maintenant, tu es un homme, mon enfant, me dit-il. Ce que je fais est une chose simple et juste dont tu ne dois pas me remercier. Si j'ai droit à votre reconnaissance, Raphaël, reprit-il d'un ton doux mais plein de dignité, c'est pour avoir préservé votre jeunesse des malheurs qui dévorent tous les jeunes gens, à Paris. Désormais, nous serons deux amis. Vous deviendrez, dans un an, docteur en droit. Vous avez, non sans quelques déplaisirs et certaines privations, acquis les connaissances solides et l'amour du travail, si nécessaires aux hommes appelés à manier les affaires. Apprenez, Raphaël, à me connaître. Je ne veux faire de vous ni un avocat, ni un notaire, mais un homme d'État qui puisse devenir la gloire de notre pauvre maison. A demain, ajouta-t-il en me renvoyant par un geste mystérieux. Dès ce jour, mon père m'initia franchement à ses projets. J'étais fils unique, et j'avais perdu ma mère depuis dix ans. Autrefois, peu flatté d'avoir le droit de labourer la terre l'épée au côté, mon père, chef d'une maison historique à peu près oubliée en Auvergne, vint à Paris pour y tenter le diable. Doué de cette finesse qui rend les hommes du midi de la France si supérieurs quand elle se trouve accompagnée d'énergie, il était parvenu sans grand appui à prendre position au cœur même du pouvoir. La révolution renversa bientôt sa fortune ; mais il avait su pouser l'héritière d'une grande maison, et s'était vu sous l'Empire au moment de restituer à notre famille son ancienne splendeur. La Restauration, qui rendit à ma mère des biens considérables, ruina mon père. Ayant jadis acheté plusieurs terres données par l'empereur à ses généraux, et situées en pays étranger, il luttait depuis dix ans avec les liquidateurs et des diplomates, avec les tribunaux prussiens et bavarois pour se maintenir dans la possession contestée de ces malheureuses dotations. Mon père me jeta dans le labyrinthe inextricable de ce vaste procès, d'où dépendait notre avenir. Nous pouvions être condamnés à restituer les revenus par lui perçus, ainsi que le prix de certaines coupes de bois faites de 1814 à 1817 ; dans ce cas, le bien de ma mère suffisait à peine pour sauver l'honneur de notre nom. Ainsi, le jour où mon père parut en quelque sorte m'avoir émancipé, je tombai sous le joug le plus odieux. Je dus combattre comme sur un champ de bataille, travailler nuit et jour, aller voir des hommes d'État, tâcher de surprendre leur religion, tenter de les intéresser à notre affaire, les séduire, eux, leurs femmes, leurs valets, leurs chiens, et déguiser cet horrible métier sous les formes élégantes, sous d'agréables plaisanteries. Je compris tous les chagrins dont l'empreinte flétrissait la figure de mon père. Pendant une année environ, je menai donc, en apparence, la vie d'un homme du monde ; mais cette dissipation et mon empressement à me lier avec des parents en faveur ou avec des gens qui pouvaient nous être utiles, cachaient d'immenses travaux. Mes divertissements étaient encore des plaidoiries, et mes conversations des mémoires. Jusque-là, j'avais été vertueux par l'impossibilité de me livrer à mes passions de jeune homme ; mais, craignant alors de causer la ruine de mon père ou la mienne par une négligence, je devins mon propre despote, et n'osai me permettre ni un plaisir ni une dépense. Lorsque nous sommes jeunes, quand, à force de froissements, les hommes et les choses ne nous ont point encore enlevé cette délicate fleur de sentiment, cette verdeur de pensée, cette noble pureté de conscience qui ne nous laisse jamais transiger avec le mal, nous sentons vivement nos devoirs, notre honneur parle haut et se fait écouter ; nous sommes francs et sans détour : ainsi étais-je alors. Je voulus justifier la confiance de mon père. Naguère, je lui aurais dérobé délicieusement une chétive somme ; mais, portant avec lui le fardeau de ses affaires, de son nom, de sa maison, je lui eusse donné secrètement mes biens, mes espérances, comme je lui sacrifiais mes plaisirs ; heureux même de mon sacrifice ! Aussi, quand M. de Villèle exhuma, tout exprès pour nous, un décret impérial sur les déchéances, et nous eut ruinés, signai-je la vente de mes propriétés, n'en gardant qu'une île sans valeur, située au milieu de la Loire, et où se trouvait le tombeau de ma mère. Aujourd'hui, peut-être, les arguments, les détours, les discussions philosophiques, philanthropiques et politiques ne me manqueraient pas pour me dispenser de faire ce que mon avoué nommait une bêtise. Mais à vingt et un ans, nous sommes, je le répète, tout générosité, tout chaleur, tout amour. Les larmes que je vis dans les yeux de mon père furent alors pour moi la plus belle des fortunes, et le souvenir de ces larmes a souvent consolé ma misère. Dix mois après avoir payé ses créanciers, mon père mourut de chagrin. Il m'adorait et m'avait ruiné : cette idée le tua. En 1826, à l'âge de vingt-deux ans, vers la fin de l'automne, je suivis tout seul le convoi de mon premier ami, de mon père. Peu de jeunes gens se sont trouvés, seuls avec leurs pensées, derrière un corbillard, perdus dans Paris, sans avenir, sans fortune. Les orphelins recueillis par la charité publique ont au moins pour avenir le champ de bataille, pour père le gouvernement ou le procureur du roi, pour refuge un hospice. Moi, je n'avais rien ! Trois mois après, un commissaire-priseur me remit onze cent douze francs, produit net et liquide de la succession paternelle. Des créanciers m'avaient obligé à vendre notre mobilier. Accoutumé dès ma jeunesse à donner une grande valeur aux objets de luxe dont j'étais entouré, je ne pus m'empêcher de marquer une sorte d'étonnement à l'aspect de ce reliquat exigu. — « Oh ! me dit le commissaire-priseur, tout cela était bien rococo. » Mot épouvantable qui flétrissait toutes les religions de mon enfance et me dépouillait de mes premières illusions, les plus chères de toutes. Ma fortune se résumait par un bordereau de vente, mon avenir gisait dans un sac de toile qui contenait onze cent douze francs, la société m'apparaissait en la personne d'un huissier-priseur qui me parlait le chapeau sur la tête. Un valet de chambre qui me chérissait, et auquel ma mère avait jadis constitué quatre cents francs de rente viagère, Jonathas, me dit en quittant la maison d'où j'étais si souvent sorti joyeusement en voiture pendant mon enfance : — Soyez bien économe, monsieur Raphaël ! Il pleurait, le bon homme. Tels sont, mon cher Émile, les événements qui maîtrisèrent ma destinée, modifièrent mon âme et me placèrent, jeune encore, dans la plus fausse de toutes les situations sociales. Des liens de famille, mais faibles, m'attachaient à quelques maisons riches dont l'accès m'eût été interdit par ma fierté, si le mépris et l'indifférence ne m'en eussent déjà fermé les portes. Quoique parent de personnes très-influentes et prodigues de leur protection pour des étrangers, je n'avais ni parents ni protecteurs. Sans cesse arrêtée dans ses expansions, mon âme s'était repliée sur elle-même : plein de franchise et de naturel, je devais paraître froid, dissimulé ; le despotisme de mon père m'avait ôté toute confiance en moi, j'étais timide et gauche, je ne croyais pas que ma voix pût exercer le moindre empire, je me déplaisais, je me trouvais laid, j'avais honte de mon regard. Malgré la voix intérieure qui doit soutenir les hommes de talent dans leurs luttes, et qui me criait : Courage ! marche ! malgré les révélations soudaines de ma puissance dans la solitude, malgré l'espoir dont j'étais animé en comparant les ouvrages nouveaux admirés du public à ceux qui voltigeaient dans ma pensée, je doutais de moi comme un enfant. J'étais la proie d'une excessive ambition, je me croyais destiné à de grandes choses, et je me sentais dans le néant. J'avais besoin des hommes, et je me trouvais sans amis : je devais me frayer une route dans le monde, et j'y restais seul, moins craintif que honteux. Pendant l'année où je fus jeté par mon père dans le tourbillon de la haute société, j'y vins avec un cœur neuf, avec une âme fraîche. Comme tous les grands enfants, j'aspirai secrètement à de belles amours. Je rencontrai parmi les jeunes gens de mon âge une secte de fanfarons qui allaient tête levée, disant des riens, s'asseyant sans trembler près des femmes qui me semblaient les plus imposantes, débitant des impertinences, mâchant le bout de leurs cannes, minaudant, se prostituant à eux-mêmes les plus jolies personnes, mettant ou prétendant avoir mis leurs têtes sur tous les oreillers, ayant l'air d'être au refus du plaisir, considérant les plus vertueuses, les plus prudes, comme de prise facile, et pouvant être conquises par une simple parole, au moindre geste hardi, par le premier regard insolent ! Je te le déclare, en mon âme et conscience, la conquête du pouvoir ou d'une grande renommée littéraire me paraissait un triomphe moins difficile à obtenir qu'un succès auprès d'une femme de haut rang, jeune, spirituelle et gracieuse. Je trouvai donc les troubles de mon cœur, mes sentiments, mes cultes, en désaccord avec les maximes de la société. J'avais de la hardiesse, mais dans l'âme seulement, et non dans les manières. J'ai su plus tard que les femmes ne voulaient pas être mendiées. J'en ai beaucoup vu que j'adorais de loin, auxquelles je livrais un cœur à toute épreuve, une âme à déchirer, une énergie qui ne s'effrayait ni des sacrifices, ni des tortures : elles appartenaient à des sots qui n'aurais pas voulu pour portiers. Combien de fois, muet, immobile, n'ai-je pas admiré la femme de mes rêves, surgissant dans un bal ? Dévouant alors en pensée mon existence à des caresses éternelles, j'imprimais toutes mes espérances en un regard, et lui offrais dans mon extase un amour de jeune homme qui courait au-devant des tromperies. En certains moments, j'aurais donné ma vie pour une seule nuit. Eh bien ! n'ayant jamais trouvé d'oreilles à qui confier mes propos passionnés, de regards où reposer les miens, de cœur pour mon cœur, j'ai vécu dans tous les tourments d'une impuissante énergie qui se dévorait elle-même. Soit défaut de hardiesse ou d'occasions, soit inexpérience. Peut-être ai-je désespéré de me faire comprendre, ou tremblé d'être trop compris. Et cependant j'avais un orage tout prêt à chaque regard poli que l'on pouvait m'adresser. Malgré ma promptitude à prendre ce regard ou des mots en apparence affectueux comme de tendres engagements, je n'ai jamais osé ni parler ni me taire à propos. A force de sentiment, ma parole était insignifiante, et mon silence était stupide. J'avais sans doute trop de naïveté pour une société factice qui vit aux lumières, et rend toutes ses pensées par des phrases convenues, ou des mots que dicte la mode. Puis, je ne savais point parler en me taisant, ni me taire en parlant. Enfin, gardant en moi les feux qui me brûlaient, ayant une âme semblable à celles que les femmes souhaitaient de rencontrer, en proie à cette exaltation dont elles sont avides, possédant l'énergie dont se vantent les sots, toutes les femmes m'ont été traitreusement cruelles. Aussi, admirais-je naïvement les héros de coterie quand ils célébraient leurs triomphes, sans les soupçonner de mensonge. J'avais sans doute le tort de désirer un amour sur parole, de vouloir trouver grande et forte, dans un cœur de femme frivole et légère, affamée de luxe, ivre de vanité, cette passion large, cet océan qui battait tempétueusement dans mon cœur. Oh! se sentir né pour aimer, pour rendre une femme bien heureuse, et ne pas avoir trouvé même une courageuse et noble Marceline ou quelque vieille marquise! Porter des trésors dans une besace, et ne pouvoir rencontrer personne, pas même une enfant, quelque jeune fille curieuse, pour les lui faire admirer. J'ai souvent voulu me tuer de désespoir.

— Joliment tragique ce soir! s'écria Émile.

— Eh! laisse-moi condamner ma vie, répondit Raphaël. Si ton amitié n'a pas la force d'écouter mes élégies, si tu ne peux me faire crédit d'une demi-heure d'ennui, dors! Mais ne me demande plus compte de mon suicide, qui gronde, qui se dresse, qui m'appelle, et que je salue. Pour juger un homme, faut-il être chez lui être dans le secret de sa pensée, de ses malheurs, de ses émotions; ne vouloir connaître de sa vie que les événements matériels, c'est faire de la chronologie, l'histoire des sots!

Le ton amer avec lequel ces paroles furent prononcées frappa si vivement Émile, que, dès ce moment, il prêta toute son attention à Raphaël en le regardant d'un air hébété.

— Mais, reprit le narrateur, maintenant la lueur qui colore ces accidents leur prête un nouvel aspect. L'ordre des choses que je considérais jadis comme un malheur a peut-être engendré les belles facultés dont plus tard je me suis enorgueilli. La curiosité philosophique, les travaux excessifs, l'amour de la lecture, ont, depuis l'âge de sept ans jusqu'à mon entrée dans le monde, constamment occupé ma vie, ne m'auraient-ils pas doué de la facile puissance avec laquelle, s'il faut vous en croire, je sais rendre mes idées et marcher en avant dans le vaste champ des connaissances humaines? L'abandon auquel j'étais condamné, l'habitude de refouler mes sentiments et de vivre dans mon cœur ne m'ont-ils pas investi du pouvoir de comparer, de méditer? En ne se perdant pas au service des irritations mondaines qui rapetissent la plus belle âme et la réduisent à l'état de guenille, ma sensibilité ne s'est-elle pas concentrée pour devenir l'organe perfectionné d'une volonté plus haute que le vouloir de la passion? Méconnu par les femmes, je me souviens de les avoir observées avec la sagacité de l'amour dédaigné. Maintenant, je le vois, la sincérité de mon caractère a dû leur déplaire! Peut-être veulent-elles un peu d'hypocrisie? Moi qui suis tour à tour, dans la même heure, homme et enfant, futile et penseur, sans préjugés et plein de superstitions, souvent femme comme elles, n'ont-elles pas dû prendre ma naïveté pour du cynisme, et la pureté même de ma pensée pour du libertinage? La science leur était ennui, la langueur féminine faiblesse. Cette excessive mobilité d'imagination, le malheur des poètes, me faisait sans doute juger comme un être incapable d'amour, sans constance dans les idées, sans énergie. Idiot quand je me taisais, je les effarouchais peut-être quand j'essayais de leur plaire. Les femmes m'ont condamné. J'ai accepté, dans les larmes et le chagrin, l'arrêt porté par le monde. Cette peine a produit son fruit. Je voulus me venger de la société, je voulus posséder l'âme de toutes les femmes en me soumettant leurs intelligences, et voir tous les regards fixés sur moi quand mon nom serait prononcé par un valet à la porte d'un salon. Je m'instituai grand homme. Dès mon enfance, je m'étais frappé le front en me disant comme André de Chénier : « Il y a quelque chose là ! » Je croyais sentir en moi une pensée à exprimer, un système à établir, une science à expliquer. O mon cher Émile! aujourd'hui que j'ai vingt-six ans à peine, que je suis sûr de mourir inconnu, sans avoir jamais été l'amant de la femme que j'ai rêvé de posséder, laisse-moi te conter mes folies! N'avons-nous pas tous, plus ou moins, pris nos désirs pour des réalités? Ah! je ne voudrais point pour ami d'un jeune homme qui dans ses rêves ne se serait pas tressé des couronnes, construit quelque piédestal ou donné de complaisantes maîtresses. Moi! j'ai été souvent général, empereur; j'ai été Byron, puis rien. Après avoir joué sur le faîte des choses humaines, je m'apercevais que toutes les montagnes, toutes les difficultés restaient à gravir. Cet immense amour-propre qui bouillonnait en moi, cette croyance sublime à une destinée, et qui devient du génie peut-être, quand un homme ne se laisse pas déchiqueter l'âme par le contact des affaires aussi facilement qu'un mouton abandonne sa laine aux épines des halliers où il passe, tout cela me sauva. Je voulus me couvrir de gloire et travailler dans le silence pour la maîtresse que j'espérais avoir un jour. Toutes les femmes se résumaient par une seule, et cette femme, je croyais la rencontrer dans la première qui s'offrait à mes regards. Mais, voyant une reine dans chacune d'elles, toutes devaient, comme les reines qui sont obligées de faire des avances à leurs amants, venir un peu au-devant de moi, souffreteux, pauvre et timide. Ah! pour celle qui m'eût plaint, j'avais dans le cœur tant de reconnaissance outre l'amour, que je l'eusse adorée pendant toute sa vie. Plus tard, mes observations m'ont appris de cruelles vérités. Ainsi, mon cher Émile, je risquais de vivre éternellement seul. Les femmes sont habituées, par je ne sais quelle pente de leur esprit, à ne voir dans un homme de talent que ses défauts, et dans un sot que ses qualités, elles éprouvent de grandes sympathies pour les qualités du sot, qui sont une flatterie perpétuelle de leurs propres défauts, tandis que l'homme supérieur ne leur offre pas assez de jouissances pour compenser ses imperfections. Le talent est une fièvre intermittente, nulle femme n'est jalouse d'en partager seulement les malaises; toutes veulent trouver dans leurs amants des motifs de satisfaire leur vanité; c'est elles encore qu'elles aiment en nous! Un homme pauvre, fier, artiste, doué du pouvoir de créer, n'est-il pas armé d'un blessant égoïsme? Il existe autour de lui je ne sais quel tourbillon de pensées dans lequel il enveloppe tout, même sa maîtresse, qui doit en suivre le mouvement. Une femme adulée peut-elle croire à l'amour d'un tel homme? Ira-t-elle le chercher? Cet amant n'a pas le loisir de s'abandonner autour d'un divan à ces petites singeries de sensibilité auxquelles les femmes tiennent tant, et qui sont le triomphe des gens faux et insensibles. Le temps manque à ses travaux, comment en dépenserait-il à se rapetisser, à se chamarrer? Prêt à donner ma vie d'un coup, je ne l'aurais pas avilie en détail. Enfin il existe, dans le manège d'un agent de change qui fait les commissions d'une femme pâle et minaudière, je ne sais quoi de mesquin dont l'artiste a horreur. L'amour abstrait ne suffit pas à un homme pauvre et grand, il en veut tous les dévouements. Les petites créatures qui passent leur vie à essayer des cachemires ou se font les porte-manteaux de la mode, n'ont pas de dévouement, elles en exigent, et voient dans l'amour le plaisir de commander, non celui d'obéir. La véritable épouse en cœur, en chair et en os, se laisse traîner là où va celui en qui réside sa vie, sa force, sa gloire, son bonheur. Aux hommes supérieurs, il faut des femmes orientales dont l'unique pensée soit l'étude de leurs besoins; pour eux, le malheur est dans le désaccord de leurs désirs et des moyens. Moi, qui me croyais homme de génie, j'aimais précisément ces petites maîtresses! Nourrissant des idées si contraires aux idées reçues, ayant la prétention d'escalader le ciel sans échelle, possédant des trésors qui n'avaient pas cours, armé de connaissances étendues qui surchargeaient ma mémoire, et que je n'avais pas encore classées, que je ne m'étais point assimilées; ne trouvant sans parents, sans amis, seul au milieu du plus affreux désert, un désert pavé, un désert vivant, pensant, vivant, où tout vous est bien plus qu'ennemi, indifférent! la résolution que je pris était naturelle, quoique folle; elle comportait je ne sais quoi d'impossible qui me donna du courage. Ce fut comme un parti fait avec moi-même, et dont j'étais le joueur et l'enjeu. Voici mon plan. Les onze cents francs devaient suffire à ma vie pendant trois ans, et je m'accordais ce temps pour mettre au jour un ouvrage qui pût attirer l'attention publique sur moi, me faire une fortune ou un nom. Je me réjouissais en pensant que j'allais vivre de pain et de lait, comme un solitaire de la Thébaïde, plongé dans le monde des livres et des idées, dans une sphère inaccessible, au milieu de ce Paris si tumultueux, sphère de travail et de silence, où, comme les chrysalides, je me bâtissais une tombe pour renaître brillant et glorieux. J'allais risquer de mourir pour vivre. En réduisant l'existence à ses vrais besoins, au strict nécessaire, je trouvais que trois cent soixante-cinq francs par an devaient suffire à ma pauvreté. En effet, cette maigre somme a satisfait à ma vie, tant que j'ai voulu subir ma propre discipline claustrale.

— C'est impossible! s'écria Émile.

— J'ai vécu près de trois ans ainsi, répondit Raphaël avec une sorte de fierté. Comptons! reprit-il. Trois sous de pain, deux sous de lait, trois sous de charcuterie, m'empêchaient de mourir de faim et tenaient mon esprit dans un état de lucidité singulière. J'ai observé, tu le sais, de merveilleux effets produits par la diète sur l'imagination. Mon logement me coûtait trois sous par jour, je brûlais pour trois sous d'huile par nuit, je faisais moi-même ma chambre, je portais des chemises de flanelle pour ne dépenser que deux sous de blanchissage par jour. Je me chauffais avec du charbon de terre, dont le prix divisé par les jours n'a jamais donné plus de deux sous pour chacun; j'avais des habits, du linge, des chaussures, pour trois années, je ne voulais m'habiller que pour aller à certains cours publics et aux bibliothèques. Ces dépenses réunies ne faisaient que dix-huit sous, il me restait deux sous pour les choses imprévues. Je ne me souviens pas d'avoir, pendant cette longue période de travail, passé le pont des Arts, ni d'avoir jamais acheté d'eau; j'allais en chercher le matin, à la fontaine de la place Saint-Michel, au coin de la rue des Grès. Oh! je portais ma pauvreté fièrement. Un homme qui pressent un bel avenir marche dans sa vie de misère comme un innocent conduit au supplice, il n'a point honte. Je n'avais pas voulu prévoir la maladie : comme

Aquilina. J'envisageais l'hôpital sans terreur. Je n'ai pas douté un moment de ma bonne santé. D'ailleurs, le pauvre ne doit se coucher que pour mourir. Je me coupai les cheveux, jusqu'au moment où un ange d'amour ou de bonté... mais je ne veux pas anticiper sur la situation à laquelle j'arrive. Apprends seulement, mon cher ami, qu'à défaut de maîtresse je vécus avec une grande pensée, avec un rêve, un mensonge auquel nous commençons tous par croire plus ou moins. Aujourd'hui je ris de moi, de ce moi, peut-être saint et sublime, qui n'existe plus. La société, le monde, nos usages, nos mœurs, vus de près, m'ont révélé le danger de ma croyance innocente et la superfluité de mes fervents travaux. Ces approvisionnements sont inutiles à l'ambitieux : que léger soit le bagage de qui poursuit la fortune. La faute des hommes supérieurs est de dépenser leurs jeunes années à se rendre dignes de la faveur. Pendant qu'ils thésaurisent, leur force est la science pour porter sans effort le poids d'une puissance qui les fuit; les intrigants, riches et dépourvus d'idées, vont et viennent, surprennent les sots, et se logent dans la confiance des demi-niais : les uns étudient, les autres marchent, les uns sont modestes, les autres hardis; l'homme de génie tait son orgueil. L'intrigant arbore le sien et doit arriver nécessairement. Les hommes du pouvoir ont si fort besoin de croire au mérite tout fait, au talent effronté, qu'il y a chez le vrai savant de l'enfantillage à espérer des récompenses humaines. Je ne cherche certes pas à paraphraser les lieux communs de la vertu, le cantique des cantiques éternellement chanté par les génies méconnus; je veux déduire logiquement la raison des fréquents succès obtenus par les hommes médiocres. Hélas ! l'étude est si maternellement bonne, qu'il y a peut-être crime à lui demander des récompenses autres que les pures et douces joies dont elle nourrit ses enfants. Je me souviens d'avoir quelquefois trempé gaiement mon pain dans mon lait, assis auprès de ma fenêtre en y respirant l'air, en laissant planer mes yeux sur un paysage de toits bruns, grisâtres, rouges, en ardoises, en tuiles, couverts de mousses jaunes ou vertes. Si d'abord cette vue me parut monotone, j'y découvris bientôt de singulières beautés : tantôt le soir de raies lumineuses, parties des volets mal fermés, nuançaient et animaient les noires profondeurs de ce pays original, tantôt les lueurs pâles des réverbères projetaient d'en bas des reflets jaunâtres à travers le brouillard, et accusaient faiblement dans les rues les ondulations des toits pressés, océan de vagues immobiles, parfois de rares figures apparaissaient au milieu de ce morne désert. Parmi les fleurs de quelque jardin aérien, j'entrevoyais le profil anguleux et crochu d'une vieille femme arrosant des capucines, ou dans le cadre d'une lucarne pourrie quelque jeune fille faisant sa toilette, se croyant seule, et dont je ne pouvais apercevoir que le beau front et les longs cheveux élevés en l'air par un joli bras blanc. J'admirais dans les gouttières quelques végétations éphémères, pauvres herbes bientôt emportées par un orage ! J'étudiais les mousses, leurs couleurs ravivées par la pluie, et qui sous le soleil se changeaient en un velours sec et brun à reflets capricieux. Enfin les poétiques et fugitifs effets du jour, les tristesses du brouillard, les soudains pétillements du soleil, le silence et les magies de la nuit, les mystères de l'aurore, les fumées de chaque cheminée, tous les accidents de cette singulière nature m'étaient devenus familiers et me divertissaient. J'aimais ma prison, elle était volontaire. Ces savanes de Paris formées par des toits nivelés comme une plaine, mais qui couvraient des abîmes peuplés, allaient à mon âme et s'harmonisaient avec mes pensées. Il est fatigant de retrouver brusquement le monde quand nous descendons des hauteurs célestes où nous entraînent les méditations scientifiques. Aussi ai-je alors parfaitement conçu la nudité des monastères. Quand je fus bien résolu à suivre mon nouveau plan de vie, je cherchai mon logis dans les quartiers les plus déserts de Paris. Un soir, en revenant de l'Estrapade, je passais par la rue des Cordiers pour retourner chez moi. A l'angle de la rue de Cluny, je vis une petite fille d'environ quatorze ans, qui jouait au volant avec une de ses camarades, et dont les rires et les espiègleries amusaient les voisins. Il faisait beau, la soirée était chaude, le mois de septembre durait encore. Devant chaque porte, des femmes étaient assises et devisaient comme dans une ville de province par un jour de fête. J'observai d'abord la jeune fille, dont la physionomie était d'une admirable expression, et le corps tout posé pour un peintre. C'était une scène ravissante. Je cherchai la cause de cette bonhomie au milieu de Paris, je remarquai que la rue n'aboutissait à rien, et ne devait pas être très-passante. En me rappelant le séjour de J.-J. Rousseau dans ce lieu, je trouvai l'hôtel Saint-Quentin, et le délabrement dans lequel il était me fit espérer d'y rencontrer un gîte peu coûteux. Je voulus le visiter. En entrant dans une chambre basse, je vis les classiques flambeaux de cuivre garnis de leurs chandelles, méthodiquement rangés au-dessus de chaque chef, et fus frappé de la propreté qui régnait dans cette salle, ordinairement assez mal tenue dans les autres hôtels. Elle était peignée comme un tableau de genre : son lit bleu, ses ustensiles, les meubles, avaient la coquetterie d'une nature de convention. La maîtresse de l'hôtel, femme de quarante ans environ, dont les traits exprimaient des malheurs, dont le regard était comme verni par des pleurs, se leva, vint à moi ; je lui soumis humblement le tarif de mon loyer. Sans en paraître étonnée, elle chercha une clef parmi toutes les autres, et me conduisit dans les mansardes où elle me montra une chambre qui avait vue sur les toits, sur les cours des maisons voisines, par les fenêtres desquelles passaient de longues perches chargées de linge. Rien n'était plus horrible que cette mansarde aux murs jaunes et sales, qui sentait la misère et appelait son savant. La toiture s'y abaissait régulièrement et les tuiles disjointes laissaient voir le ciel. Il y avait place pour un lit, une table, quelques chaises, et sous l'angle aigu du toit je pouvais loger mon piano. N'étant pas assez riche pour meubler cette cage digne des plombs de Venise, la pauvre femme n'avait jamais pu la louer. Ayant précisément excepté de la vente mobilière que je venais de faire les objets qui m'étaient en quelque sorte personnels, je fus bientôt d'accord avec mon hôtesse, et m'installai le lendemain chez elle. Je vécus dans ce sépulcre aérien pendant près de trois ans, travaillant nuit et jour sans relâche. avec tant de plaisir, que l'étude me semblait être le plus beau thème, la plus heureuse solution de la vie humaine. Le calme et le silence nécessaires aux savants ont je ne sais quoi de doux, d'enivrant comme l'amour. L'exercice de la pensée, la recherche des idées, les contemplations tranquilles de la science, nous prodiguent d'ineffables délices, indescriptibles comme tout ce qui participe de l'intelligence, dont les phénomènes sont invisibles à nos sens extérieurs. Aussi sommes-nous toujours forcés d'expliquer les mystères de l'esprit par des comparaisons matérielles. Le plaisir de nager dans un lac d'eau pure, au milieu des rochers, des bois et des fleurs, seul et caressé par une brise tiède, donnerait aux ignorants une bien faible image du bonheur que j'éprouvais quand mon âme était baignée dans les lueurs de je ne sais quelle lumière, quand j'écoutais les voix terribles et confuses de l'inspiration, quand d'une source inconnue les images ruisselaient dans mon cerveau palpitant. Voir une idée qui pointe dans le champ des abstractions humaines comme le lever du soleil au matin et s'élève comme lui, qui, mieux encore, grandit comme un enfant, arrive à la puberté, se fait lentement virile, est une joie supérieure aux autres joies terrestres, ou plutôt c'est un divin plaisir. L'étude prête une sorte de magie à tout ce qui nous environne. Le bureau chétif sur lequel j'écrivais, et la basane brune qui le couvrait, mon piano, mon lit, mon fauteuil, les bizarreries de mon papier de tenture, mes meubles, toutes ces choses s'animèrent, et devinrent pour moi d'humbles amis, les complices silencieux de mon avenir. Combien de fois en leur ai-je pas communiqué mon âme, en les regardant ! Souvent, en laissant voyager mes yeux sur une moulure dejetée, je rencontrais des développements nouveaux, une preuve frappante de mon système ou des mots que je croyais heureux pour rendre des pensées presque intraduisibles. A force de contempler les objets qui m'entouraient, je trouvais à chacun sa physionomie, son caractère, souvent ils me parlaient ; si, par-dessus les toits, le soleil envoyait à travers mon étroite fenêtre quelque lueur furtive, ils se coloraient, pâlissaient, brillaient, s'attristaient ou s'égayaient, en me surprenant toujours par des effets nouveaux.

Ces menus accidents de la vie solitaire, qui échappent aux préoccupations du monde, sont la consolation des prisonniers. N'étais-je pas captivé par une idée, emprisonné dans un système, mais soutenu par la perspective d'une vie glorieuse ? A chaque difficulté vaincue, je baisais les mains douces de la femme aux beaux yeux, élégante et riche, qui devait un jour caresser mes cheveux en me disant avec attendrissement : Tu as bien souffert, pauvre ange ! J'avais entrepris deux grandes œuvres. Une comédie devait en peu de jours me donner une renommée, une fortune, et l'entrée de ce monde, où je voulais reparaître en y exerçant les droits régaliens de l'homme de génie. Vous avez tous vu dans ce chef-d'œuvre la première erreur d'un jeune homme qui sort du collége, une véritable niaiserie d'enfant. Vos plaisanteries ont détruit de fécondes illusions, qui depuis ne se sont plus réveillées. Toi seul, mon cher Emile, as calmé la plaie profonde que d'autres firent à mon cœur ! Toi seul admiras ma Théorie de la volonté, ce long ouvrage pour lequel j'avais appris les langues orientales, l'anatomie, la physiologie, auquel j'avais consacré la plus grande partie de mon temps, œuvre qui, si je ne me trompe, complétera les travaux de Mesmer, de Lavater, de Gall, de Bichat, en ouvrant une nouvelle route à la science humaine. Là s'arrête ma belle vie, ce sacrifice de tous les jours, ce travail de ver à soie inconnu au monde et dont la seule récompense est peut-être dans le travail même. Depuis l'âge de raison jusqu'au jour où j'eus terminé ma théorie, j'ai observé, appris, écrit, lu sans relâche, et ma vie fut comme un long pensum. Amant efféminé de la paresse orientale, amoureux de mes rêves, sensuel, j'ai toujours travaillé, me refusant à goûter les jouissances de la vie parisienne. Gourmand, j'ai été sobre; aimant et la marche et les voyages maritimes, désirant visiter plusieurs pays, trouvant encore du plaisir à faire, comme un enfant, ricocher des cailloux sur l'eau, je suis resté constamment assis, une plume à la main; bavard, j'allais écouter en silence les professeurs aux cours publics de la Bibliothèque et du Muséum; j'ai dormi sur mon grabat solitaire comme un religieux de l'ordre de Saint-Benoît, et la femme était cependant ma seule chimère, une chimère que je caressais et qui me fuyait toujours ! Enfin ma vie a été une cruelle antithèse, un perpétuel mensonge. Puis, jugez donc les hommes ! Parfois mes goûts naturels se réveillaient comme un incendie longtemps couvé. Par une sorte de mirage ou de calenture, moi, veuf de toutes les femmes que je désirais, dénué de tout et logé dans une mansarde d'artiste, je me voyais alors entouré de maîtresses ravissantes! Je courais à travers les rues de Paris, couché sur les moelleux coussins d'un brillant équipage! J'étais rongé de vices, plongé dans la débauche, voulant tout, ayant tout, enfin ivre à jeun, comme saint Antoine dans sa tentation. Heureusement le sommeil finissait par éteindre ces visions dévorantes ; le lendemain la science m'appelait en souriant, et je lui étais fidèle. J'imagine que les femmes dites vertueuses doivent être souvent la proie de ces tourbillons de folie, de désirs et de passions, qui s'élèvent en nous, malgré nous. De tels rêves ne sont pas sans charmes : ne ressemblent-ils pas à ces causeries du soir, en hiver, où l'on part de son foyer pour aller en Chine? Mais que devient la vertu, pendant ces délicieux voyages où la pensée a franchi tous les obstacles? Pendant les dix premiers mois de ma réclusion, je menai la vie pauvre et solitaire que je t'ai dépeinte : j'allais chercher moi-même, dès le matin et sans être vu, mes provisions pour la journée, je faisais ma chambre, j'étais tout ensemble le maître et le serviteur, je diogénisais avec une incroyable fierté. Mais après ce temps, pendant lequel l'hôtesse et sa fille espionnèrent mes mœurs et mes habitudes, examinèrent ma personne et comprirent ma misère, peut-être parce qu'elles étaient elles-mêmes fort malheureuses, il s'établit d'inévitables liens entre elles et moi. Pauline, cette charmante créature dont les grâces naïves et secrètes m'avaient en quelque sorte amené là, me rendit plusieurs services qu'il me fut impossible de refuser. Toutes les infortunes sont sœurs : elles ont le même langage, la même générosité, la générosité de ceux qui ne possédant rien sont prodigues de sentiment, payent de leur temps et de leur personne. Insensiblement Pauline s'impatronisa chez moi, voulut me servir, et sa mère ne s'y opposa point. Je vis la mère, elle-même, raccommodant mon linge et rougissant d'être surprise à cette charitable occupation. Devenu, malgré moi, leur protégé, j'acceptai leurs services. Pour comprendre cette singulière affection, il faut connaître l'emportement du travail, la tyrannie des idées, et cette répugnance instinctive qu'éprouve pour les détails de la vie matérielle l'homme qui vit par la pensée. Pouvais-je résister à la délicate attention avec laquelle Pauline m'apportait à pas doux mon repas frugal, quand elle s'apercevait que, depuis sept ou huit heures, je n'avais rien pris? Avec les grâces de la femme et l'ingénuité de l'enfance, elle me souriait en faisant un signe pour me dire que je ne devais pas la voir. C'était Ariel se glissant comme un sylphe sous mon toit, et prévoyant mes besoins. Un soir, Pauline me raconta son histoire avec une touchante ingénuité. Son père était chef d'escadron dans les grenadiers à cheval de la garde impériale. Au passage de la Bérésina, il avait été fait prisonnier par les Cosaques. Plus tard, quand Napoléon proposa de l'échanger, les autorités russes le firent vainement chercher en Sibérie. Au dire des autres prisonniers, il s'était échappé avec le projet d'aller aux Indes. Depuis ce temps, madame Gaudin, mon hôtesse, n'avait pu obtenir aucune nouvelle de son mari. Les désastres de 1814 et 1815 étaient arrivés. Seule, sans ressources et sans secours, elle avait pris le parti de tenir un hôtel garni pour faire vivre sa fille. Elle espérait toujours revoir son mari. Son plus cruel chagrin était de laisser Pauline sans éducation, sa Pauline, filleule de la princesse Borghèse, qui n'aurait pas dû mentir aux belles destinées promises par son impériale protectrice. Quand madame Gaudin me confia cette amère douleur qui la tuait, et me dit avec un accent déchirant : « Je donnerais bien et le chiffon de papier qui crée Gaudin baron de l'Empire, et le droit que nous avons à la dotation de Wistchnau, pour savoir Pauline élevée à Saint-Denis! » tout à coup je tressaillis, et, pour reconnaître les soins que me prodiguaient ces deux femmes, j'eus l'idée de m'offrir à finir l'éducation de Pauline. La candeur avec laquelle ces deux femmes acceptèrent ma proposition fut égale à la naïveté qui la dictait. J'eus ainsi des heures de récréation. La petite avait les plus heureuses dispositions : elle apprit avec tant de facilité, qu'elle devint bientôt plus forte que je ne l'étais sur le piano. En s'accoutumant à penser tout haut près de moi, elle déploya les mille gentillesses d'un cœur qui s'ouvre à la vie comme le calice d'une fleur lentement déplié par le soleil. Elle m'écoutait avec recueillement et plaisir, en arrêtant sur moi ses yeux noirs et veloutés qui semblaient sourire. Elle répétait ses leçons d'un accent doux et caressant, en témoignant une joie enfantine quand j'étais content d'elle. Sa mère, chaque jour plus inquiète d'avoir à préserver de tout danger une jeune fille qui développait en croissant toutes les promesses faites par les grâces de son enfance, la vit avec plaisir s'enfermer pendant toute la journée pour étudier. Mon piano étant le seul dont elle pût se servir, elle profitait de mes absences pour s'exercer. Quand je rentrais, je la trouvais chez moi, dans la toilette la plus modeste, mais, au moindre mouvement, sa taille souple et les attraits de sa personne se révélaient sous l'étoffe grossière. Elle avait un pied mignon dans d'ignobles souliers, comme l'héroïne du conte de Peau-d'Ane. Mais ses jolis trésors, sa richesse de jeune fille, tout ce luxe de beauté fut comme perdu pour moi. Je m'étais ordonné à moi-même de ne voir qu'une sœur en Pauline, j'aurais eu horreur de tromper la confiance de sa mère, j'admirais cette charmante fille comme un tableau, comme le portrait d'une maîtresse morte. Enfin, c'était mon enfant, ma statue. Pygmalion nouveau, je voulais faire d'une vierge vivante et colorée, sensible et parlante, un marbre. J'étais très-sévère avec elle, mais, plus je lui faisais éprouver les effets de mon despotisme magistral, plus elle devenait douce et soumise. Si je fus encouragé dans ma retenue et dans ma continence par des sentiments nobles, néanmoins les raisons de procureur ne me manquèrent pas. Je ne comprends point la probité des écus sans la probité de la pensée. Tromper une femme ou faire faillite a toujours été même chose pour moi. Aimer une jeune fille ou se laisser aimer par elle constitue un vrai contrat dont les conditions doivent être bien entendues. Nous sommes maîtres d'abandonner la femme qui se vend, mais non pas la jeune fille qui se donne, elle ignore l'étendue de son sacrifice. J'aurais donc épousé Pauline, et c'eût été une folie : n'était-ce pas livrer une âme douce et vierge à d'effroyables malheurs? Mon indigence parlait son langage égoïste, et venait toujours mettre sa main de fer entre cette bonne créature et moi. Puis, je l'avoue à ma honte, je ne conçois pas l'amour dans la misère. Peut-être est-ce en moi une dépravation due à cette maladie humaine que nous nommons la civilisation; mais une femme, fût-elle attrayante autant que la belle Hélène, la Galatée d'Homère, n'a aucun pouvoir sur mes sens, pour peu qu'elle soit crottée. Ah! vive l'amour dans la soie, sur le cachemire, entouré des merveilles du luxe qui le parent merveilleusement bien, parce que lui-même est un luxe peut-être. J'aime à froisser sous mes désirs de pimpantes toilettes, à briser des fleurs, à porter une main dévastatrice dans les élégants édifices d'une coiffure embaumée. Des yeux brûlants, cachés par un voile de dentelle que les regards percent comme la flamme déchire la fumée du canon, m'offrent de fantastiques attraits. Mon amour veut des échelles de soie escaladées en silence, par une nuit d'hiver. Quel plaisir d'arriver couvert de neige dans une chambre éclairée par des parfums, tapissée de soies peintes, et d'y trouver une femme qui, elle aussi, secoue de la neige : car quel autre nom donner à ces voiles de voluptueuses mousselines à travers lesquels elle se dessine vaguement comme un ange dans son nuage, et d'où elle va sortir? Puis il me faut encore un craintif bonheur, une audacieuse sécurité. Enfin je veux revoir cette mystérieuse femme, mais éclatante, mais au milieu du monde, mais vertueuse, environnée d'hommages, vêtue de dentelles, de diamants, donnant ses ordres à la ville, et si haut placée et si imposante, que nul n'ose lui adresser des vœux. Au milieu de sa cour, elle me jette un regard à la dérobée, un regard qui dément ces artifices, un regard qui me sacrifie le monde et les hommes! Certes, je me suis vingt fois trouvé ridicule d'aimer quelques aunes de blondes, du velours, de fines batistes, les tours de force d'un coiffeur, des bougies, un carrosse, un titre, d'héraldiques couronnes peintes par des vitriers ou fabriquées par un orfèvre, enfin tout ce qu'il y a de factice et de moins femme dans la femme, je me suis moqué de moi, je me suis raisonné, tout a été vain. Une femme aristocratique et son sourire fin, la distinction de ses manières et son respect d'elle-même, m'enchantent, quand elle met une barrière entre elle et le monde, elle flatte en moi toutes les vanités, qui sont la moitié de l'amour. Enviée par tous, ma félicité me parait avoir plus de saveur. En ne faisant rien de ce que font les autres femmes, en ne marchant pas, ne vivant pas comme elles, en s'enveloppant dans un manteau qu'elles ne peuvent avoir, en respirant des parfums à elle, ma maîtresse me semble être bien mieux à moi : plus elle s'éloigne de la terre, même dans ce que l'amour a de terrestre, plus s'embellit à mes yeux. En France, heureusement pour moi, nous sommes depuis vingt ans sans reine : j'eusse aimé la reine! Pour avoir les façons d'une princesse, une femme doit être riche. En présence de mes romanesques fantaisies, qu'était Pauline? Pouvait-elle me vendre des nuits qui coûtent la vie, un amour qui tue et met en jeu toutes les facultés humaines? Nous ne mourons guère pour de pauvres filles qui se donnent! Je n'ai jamais pu détruire ces sentiments ni ces rêveries de poète. J'étais né pour l'amour impossible, et le hasard a voulu que je fusse servi par delà mes souhaits. Combien de fois n'ai-je pas vêtu de satin les pieds mignons de Pauline, emprisonné sa taille svelte comme un jeune peuplier dans une robe de gaze, jeté sur son sein une légère écharpe en lui faisant fouler les tapis de son hôtel et la conduisant à une voiture élégante. Je l'eusse adorée ainsi. Je lui donnais une fierté qu'elle n'avait pas, je la dépouillais de toutes ses vertus, de ses grâces naïves, de son délicieux naturel, de son sourire ingénu, pour la plonger dans le Styx de nos vices et lui rendre le cœur invulnérable, pour la farder de nos crimes, pour en faire la poupée fantasque de nos salons, une femme fluette qui se couche au matin pour renaître le soir, à l'aurore des bougies. Elle était tout sentiment, tout fraîcheur, je la voulais sèche et froide. Dans les derniers jours de ma folie, le souvenir m'a montré Pauline, comme il nous peint les scènes de notre enfance. Plus d'une fois je suis resté attendri, songeant à de délicieux moments : soit que je la revisse assise près de ma table, occupée à coudre, paisible, silencieuse, recueillie et faiblement éclairée par le jour qui, descendant de ma lucarne, dessinait de légers reflets argentés sur sa belle chevelure noire, soit que j'entendisse son rire jeune, ou sa voix au timbre riche chanter les gracieuses cantilènes qu'elle composait sans efforts. Souvent elle s'exaltait en faisant de la musique : sa figure ressemblait alors d'une manière frappante à la noble tête par laquelle Carlo Dolci a voulu représenter l'Italie. Ma cruelle mémoire me jetait cette jeune fille à travers les excès de mon existence comme un remords, comme une image de la vertu ! Mais laissons la pauvre enfant à sa destinée ! Quelque malheureuse qu'elle puisse être, au moins l'aurai-je mise à l'abri d'un effroyable orage, en évitant de la traîner dans mon enfer.

Jusqu'à l'hiver dernier, ma vie fut la vie tranquille et studieuse dont j'ai tâché de te donner une faible image. Dans les premiers jours du mois de décembre 1829, je rencontrai Rastignac, qui, malgré le misérable état de mes vêtements, me donna le bras et s'enquit de ma fortune avec un intérêt vraiment fraternel. Pris à la glu de ses manières, je lui racontai brièvement et ma vie et mes espérances. Il se mit à rire, me traita tout à la fois d'homme de génie et de sot. Sa voix gasconne, son expérience du monde, l'opulence qu'il devait à son savoir-faire, agirent sur moi d'une manière irrésistible. Il me fit mourir à l'hôpital, méconnu comme un niais, conduisit mon propre convoi, me jeta dans le trou des pauvres. Il me parla de charlatanisme. Avec cette verve aimable qui le rend si séduisant, il me montra tous les hommes de génie comme des charlatans. Il me déclara que j'avais un sens de moins, une cause de mort, si je restais seul, rue des Cordiers. Selon lui, je devais aller dans le monde égoïser adroitement, habituer les gens à prononcer mon nom et me dépouiller moi-même de l'humble *monsieur* qui messeyait à un grand homme de son vivant. — Les imbéciles, s'écria-t-il, nomment ce métier-là *intriguer*, les gens à morale le proscrivent sous le nom de *vie dissipée*; ne nous arrêtons pas aux hommes, interrogeons les résultats. Toi, tu travailles, eh bien ! tu ne feras jamais rien. Moi, je suis propre à tout et bon à rien, paresseux comme un homard ; eh bien ! j'arriverai à tout. Je me répands, je me pousse, l'on me fait place ; je me vante, l'on me croit. La dissipation, mon cher, est un système politique. La vie d'un homme occupé à manger sa fortune devient souvent une spéculation : il place ses capitaux en amis, en plaisirs, en protecteurs, en connaissances. Un négociant risquerait-il un million ? pendant vingt ans il ne dort, ne boit ni ne s'amuse ; il couve son million, il le fait trotter par toute l'Europe, il s'ennuie, se donne à tous les démons que l'homme a inventés, puis une liquidation le laisse souvent sans un sou, sans un nom, sans un ami. Le dissipateur, lui, s'amuse à vivre, à faire courir ses chevaux. Si par hasard il perd ses capitaux, il a la chance d'être nommé receveur général, de se bien marier, d'être attaché à un ministre, à un ambassadeur. Il a encore des amis, une réputation, et toujours de l'argent. Connaissant les ressorts du monde, il les manœuvre à son profit. Ce système est-il logique, ou ne suis-je qu'un fou ? N'est-ce pas là la moralité de la comédie qui se joue tous les jours dans le monde ? Ton ouvrage est achevé, reprit-il après une pause, tu as un talent immense ! Eh bien ! tu arrives au point de départ. Il faut maintenant faire ton succès toi-même, c'est plus sûr. Tu iras conclure des alliances avec les coteries, conquérir des prôneurs. Moi, je veux me mettre de moitié dans ta gloire : je serai le bijoutier qui aura monté les diamants de ta couronne. Pour commencer, tu seras ici demain soir. Je te présenterai dans une maison où va tout Paris, notre Paris à nous, celui des beaux, des gens à millions, des célébrités, des hommes qui parlent d'or comme Chrysostôme. Quand ils ont adopté un livre, le livre devient à la mode ; s'il est réellement bon, ils ont donné quelque brevet de génie sans le savoir. Si tu as de l'esprit, mon cher enfant, tu feras toi-même la fortune de la théorie en comprenant mieux la théorie de la fortune. Demain soir tu verras la belle comtesse Fœdora, la femme à la mode. — Je n'en ai jamais entendu parler. — Tu es un Cafre, dit Rastignac en riant. Ne pas connaître Fœdora ! Une femme à marier qui possède près de quatre-vingt mille livres de rentes, qui ne veut de personne ou dont personne ne veut. Espèce de problème féminin, une Parisienne à moitié Russe, une Russe à moitié Parisienne ! Une femme chez laquelle s'éditent toutes les productions romantiques qui ne paraissent pas, la plus belle femme de Paris, la plus gracieuse ! Tu n'es même pas un Cafre, tu es la bête intermédiaire qui joint le Cafre à l'animal. Adieu, à demain. Il fit une pirouette et disparut sans attendre ma réponse, n'admettant pas qu'un homme raisonnable pût refuser d'être présenté à Fœdora. Comment expliquer la fascination d'un nom ? FŒDORA me poursuivit comme une mauvaise pensée avec laquelle on cherche à transiger. Une voix me disait : Tu iras chez Fœdora. J'avais beau débattre avec cette voix et lui crier qu'elle mentait, elle écrasait tous mes raisonnements avec ce nom : Fœdora. Mais ce nom, cette femme, n'étaient-ils pas le symbole de tous mes désirs et le thème de ma vie ? Le nom réveillait les poésies artificielles du monde, faisait briller les fêtes du haut Paris et les clinquants de la vanité. La femme m'apparaissait avec tous les problèmes de passion dont je m'étais affolé. Ce n'était peut-être ni la femme ni le nom mais tous mes vices, qui se dressaient debout dans mon âme pour me tenter de nouveau. La comtesse Fœdora, riche et sans amant, résistant à des séductions parisiennes, n'était-ce pas l'incarnation de mes espérances, de mes visions ? Je me créai une femme, je la dessinai dans ma pensée, je la rêvai. Pendant la nuit je ne dormis pas,

je devins son amant, je fis tenir en peu d'heures une vie entière, une vie d'amour ; j'en savourai les fécondes, les brûlantes délices. Le lendemain, incapable de soutenir le supplice d'attendre longuement la soirée, j'allai louer un roman, et passai la journée à le lire, me mettant ainsi dans l'impossibilité de penser ni de mesurer le temps. Pendant ma lecture, le nom de Fœdora retentissait en moi comme un son que l'on entend dans le lointain, qui ne vous trouble pas, mais qui se fait écouter. Je possédais heureusement encore un habit noir et un gilet blanc assez honorables, puis de toute ma fortune, il me restait environ trente francs, que j'avais semés dans mes hardes, dans mes tiroirs, afin de mettre entre une pièce de cent sous et mes fantaisies la barrière épineuse d'une recherche et les hasards d'une circumnavigation dans ma chambre. Au moment de m'habiller je poursuivis mon trésor à travers un océan de papiers. La rareté du numéraire peut te faire concevoir ce que mes gants et mon fiacre emportèrent de richesses : ils mangèrent le pain de tout un mois. Hélas ! nous ne manquons jamais d'argent pour nos caprices, nous ne discutons que le prix des choses utiles ou nécessaires. Nous jetons l'or avec insouciance à des danseuses, et nous marchandons un ouvrier dont la famille affamée attend le payement d'un mémoire. Combien de gens ont un habit de cent francs, un diamant à la pomme de leur canne, et dînent à vingt-cinq sous ! Il semble que nous n'achetions jamais assez chèrement les plaisirs de la vanité. Rastignac, fidèle au rendez-vous, sourit de ma métamorphose et m'en plaisanta ; mais, tout en allant chez la comtesse, il me donna de charitables conseils sur la manière de me conduire avec elle. Il me la peignit avare, vaine et défiante ; mais avare avec faste, vaine avec simplicité, défiante avec bonhomie. — Tu connais mes engagements, me dit-il, et tu sais combien je perdrais à changer d'amour. En observant Fœdora j'étais désintéressé, de sang-froid, mes remarques doivent être justes. En pensant à te présenter chez elle, je songeais à ta fortune ; aussi prends garde à tout ce que tu lui diras : elle a une mémoire cruelle, elle est d'une adresse à désespérer un diplomate, elle saurait deviner le moment où il dit vrai ; entre nous, je crois que son mariage n'est pas reconnu par l'empereur, car l'ambassadeur de Russie s'est mis à rire quand je lui ai parlé d'elle. Il ne la reçoit pas, et la salue fort légèrement quand il la rencontre au bois. Néanmoins elle est de la société de madame de Sérizy, va chez mesdames de Nucingen et de Restaud. En France sa réputation est intacte, la duchesse de Carigliano, la maréchale la plus collet-monté de toute la coterie bonapartiste, va souvent passer avec elle la belle saison à sa terre. Beaucoup de jeunes fats, le fils d'un pair de France, lui ont offert un nom en échange de sa fortune ; elle les a tous poliment éconduits. Peut-être sa sensibilité ne commence-t-elle qu'au titre de comte ! N'es-tu pas marquis ? marche en avant si elle te plaît ! Voilà ce que j'appelle donner des instructions. Cette plaisanterie me fit croire que Rastignac voulait rire et piquer ma curiosité, en sorte que ma passion improvisée était arrivée à son paroxysme quand nous nous arrêtâmes devant un péristyle orné de fleurs. En montant un vaste escalier tapissé, où je remarquai toutes les recherches du comfort anglais, le cœur me battit, j'en rougissais : je démentais mon origine, mes sentiments, ma fierté, j'étais sottement bourgeois. Hélas ! je sortais d'une mansarde, après trois années de pauvreté, sans savoir encore mettre au-dessus des bagatelles de la vie ces immenses capitaux intellectuels qui vous enrichissent en un moment quand le pouvoir tombe entre nos mains sans vous écraser, parce que l'étude vous a formé d'avance aux luttes politiques. J'aperçus une femme d'environ vingt-deux ans, de moyenne taille, vêtue de blanc, entourée d'un cercle d'hommes, mollement couchée sur une ottomane, et tenant à la main un écran de plumes. En voyant entrer Rastignac, elle se leva, vint à nous, sourit avec grâce, me fit d'une voix mélodieuse un compliment sans doute apprêté. Notre ami m'avait annoncé comme un homme de talent, et son emphase gasconne me procura un accueil flatteur. Je fus l'objet d'une attention particulière qui me rendit confus ; mais Rastignac avait heureusement parlé de ma modestie. Je rencontrai là des savants, des gens de lettres, d'anciens ministres, des pairs de France. La conversation reprit son cours quelque temps après mon arrivée, et, sentant que j'avais une réputation à soutenir, je me rassurai, puis, sans abuser de la parole quand elle m'était accordée, je tâchai de résumer les discussions par des mots plus ou moins incisifs, profonds ou spirituels. Je produisis quelque sensation ; pour la millième fois de sa vie Rastignac fut prophète. Quand il y eut assez de monde pour que chacun retrouvât sa liberté, mon introducteur me donna le bras, et nous nous promenâmes dans les appartements. — N'aie pas l'air d'être trop émerveillé de la princesse, me dit-il, elle devinerait le motif de ta visite. Les salons étaient meublés avec un goût exquis. J'y vis des tableaux de choix. Chaque pièce avait, comme chez les Anglais les plus opulents, son caractère particulier : la tenture de soie, les agréments, la forme des meubles, le moindre décor, s'harmoniaient avec une pensée première. Dans un boudoir gothique dont les portes étaient cachées par des rideaux en tapisserie, les encadrements de l'étoffe, la pendule, les dessins du tapis étaient gothiques ; le plafond, formé de solives brunes sculptées, présentait à l'œil des caissons pleins de grâce et d'originalité, les boiseries étaient artistement travaillées ; rien ne détruisait l'ensemble de cette jolie décoration, pas même les croisées, dont les vitraux étaient coloriés et précieux.

Ils sont gris... dit un jeune homme qui donnait à boire à son gilet.
— PAGE 15.

Je fus surpris à l'aspect d'un petit salon moderne, où je ne sais quel artiste avait épuisé la science de notre décor, si léger, si frais, si suave, sans éclat, sobre de dorures. C'était amoureux et vague comme une ballade allemande, un vrai réduit taillé pour une passion de 1827, embaumé par des jardinières pleines de fleurs rares. Après ce salon, j'aperçus en enfilade une pièce dorée où revivait le goût du siècle de Louis XIV, qui, opposé à nos peintures actuelles, produisait un bizarre mais agréable contraste. — Tu seras assez bien logé, me dit Rastignac avec un sourire où perçait une légère ironie. N'est-ce pas séduisant? ajouta-t-il en s'asseyant. Tout à coup il se leva, me prit par la main, me conduisit à la chambre à coucher, et me montra sous un dais de mousseline et de moire blanches un lit voluptueux doucement éclairé, le vrai lit d'une jeune fée fiancée à un génie. —

J'allai donc dans un boudoir... je comptai l'argent de mon père.
— PAGE 18.

N'y a-t-il pas, s'écria-t-il à voix basse, de l'impudeur, de l'insolence et de la coquetterie outre mesure, à nous laisser contempler ce trône de l'amour? Ne se donner à personne, et permettre à tout le monde de mettre là sa carte! Si j'étais libre, je voudrais voir cette femme soumise et pleurant à ma porte. — Es-tu donc si certain de sa vertu?
— Les plus audacieux de nos maîtres, et même les plus habiles, avouent avoir échoué près d'elle, l'aiment encore et sont ses amis dévoués. Cette femme n'est-elle pas une énigme? Ces paroles excitèrent en moi une sorte d'ivresse, ma jalousie craignait déjà le passé

Tressaillant d'aise, je revins précipitamment dans le salon où j'avais laissé la comtesse, que je rencontrai dans le boudoir gothique. Elle m'arrêta par un sourire, me fit asseoir près d'elle, me questionna sur mes travaux, et sembla s'y intéresser vivement, surtout quand je lui traduisis mon système en plaisanteries au lieu de prendre le langage d'un professeur pour le lui développer doctoralement. Elle parut s'amuser beaucoup en apprenant que la volonté humaine était une force matérielle semblable à la vapeur; que, dans le monde moral,

Voilà le premier trimestre de cette année. — PAGE 19.

rien ne résistait à cette puissance quand un homme s'habituait à la concentrer, à en manier la somme, à diriger constamment sur les âmes la projection de cette masse fluide; que cet homme pouvait à son gré tout modifier relativement à l'humanité, même les lois les plus absolues de la nature. Ses objections me révélèrent en elle une certaine finesse d'esprit. Je me complus à lui donner raison pendant quelques moments pour la flatter, et je détruisis ces raisonnements de

Je revis la comtesse avec sa robe blanche, ses grandes manches... — PAGE 26.

femme par un mot, en attirant son attention sur un fait journalier dans la vie, le sommeil, fait vulgaire en apparence, mais au fond plein de problèmes insolubles pour le savant. Je piquai sa curiosité. Elle resta même un instant silencieuse quand je lui dis que nos idées étaient des êtres organisés, complets, qui vivaient dans un monde invisible, et influaient sur nos destinées, en lui citant pour preuves les pensées de Descartes, de Diderot, de Napoléon, qui avaient conduit, qui conduisaient encore tout un siècle. J'eus l'honneur de l'amuser. Elle me quitta en m'invitant à la venir voir; en style de cour, elle me donna les grandes entrées. Soit que je prisse, selon ma louable habitude, des formules polies pour des paroles de cœur, soit qu'elle vît en moi quelque célébrité prochaine, et voulût augmenter sa ménagerie de savants, je crus lui plaire. J'évoquai toutes mes connaissances physiologiques et mes études antérieures sur la femme pour examiner minutieusement pendant cette soirée sa personne et ses manières. Caché dans l'embrasure d'une fenêtre, j'espionnai ses pensées en les cherchant dans son maintien, en étudiant ce manège d'une maîtresse de maison qui va et vient, s'assied et cause, appelle un homme, l'interroge, et s'appuie pour l'écouter sur un chambranle de porte. Je remarquai dans sa démarche un mouvement brisé si doux, une ondulation de robe si gracieuse, elle excitait si puissamment le désir, que je devins alors très-incrédule sur sa vertu. Si Fœdora méconnaissait aujourd'hui l'amour, elle avait dû jadis être fort passionnée. Une volupté savante se peignait jusque dans la manière dont elle se posait devant son interlocuteur: elle se soutenait sur la boiserie avec coquetterie, comme une femme près de tomber, mais aussi près de s'enfuir si quelque regard trop vif l'intimide. Les bras mollement croisés, paraissant respirer les paroles, les écoutant même du regard et avec bienveillance, elle exhalait le sentiment. Ses lèvres fraîches et rouges tranchaient sur le teint d'une vive blancheur; ses cheveux bruns faisaient assez bien valoir la couleur orangée de ses yeux mêlés de veines comme une pierre de Florence, et dont l'expression semblait ajouter de la finesse à ses paroles; son corsage était paré des grâces les plus attrayantes. Une rivale aurait peut-être accusé de dureté ses épais sourcils qui paraissaient se rejoindre, et blâmé l'imperceptible duvet qui ornait les contours de son visage. Je trouvai la passion empreinte en tout. L'amour était écrit sur ses paupières italiennes, sur ses belles épaules dignes de la Vénus de Milo, dans ses traits, sur sa lèvre supérieure un peu forte et légèrement ombragée. Cette femme était un roman: ces richesses féminines, l'ensemble harmonieux des lignes, les promesses que cette riche structure faisait à la passion, étaient tempérés par une réserve constante, par une modestie extraordinaire, qui contrastaient avec l'expression de toute la personne. Il fallait une observation aussi sagace que la mienne pour découvrir dans cette nature les signes d'une destinée de volupté. Pour

Au premier entr'acte j'allai lui rendre visite. — PAGE 26.

Pendant le dîner elle me prodigua ses attentions. — PAGE 29.

expliquer plus clairement ma pensée, il y avait en elle deux femmes séparées par le buste peut-être: l'une était froide, la tête seule semblait être amoureuse. Avant d'arrêter ses yeux sur un homme, elle préparait son regard, comme s'il se passait en elle je ne sais quoi de mystérieux en elle-même: vous eussiez dit une convulsion dans ses yeux si brillants. Enfin, ou ma science était imparfaite, et j'avais encore bien des secrets à découvrir dans le monde moral, ou la comtesse possédait une belle âme dont les sentiments et les émanations communiquaient à sa physionomie ce charme qui nous subjugue et nous fascine, ascendant tout moral et d'autant plus puissant qu'il s'accorde avec les sympathies du désir. Je sortis ravi, séduit par cette femme, enivré par son luxe, chatouillé dans tout ce que mon cœur avait de noble, de vicieux, de bon, de mauvais. En me sentant si ému, si vivant, si exalté, je crus comprendre l'attrait qui amenait là ces artistes, ces diplomates, ces hommes de pouvoir, ces agioteurs doublés de tôle comme leurs caisses. Sans doute ils venaient chercher près d'elle l'émotion délirante qui faisait vibrer en moi toutes les forces de mon être, fouettait mon sang dans la moindre veine, agaçait le plus petit nerf et tressaillait dans mon cerveau! Elle ne s'était donnée à aucun pour les garder tous. Une femme est coquette tant qu'elle n'aime pas. — Puis, dis-je à Rastignac, elle a peut-être été mariée ou vendue à quelque vieillard, et le souvenir de ses premières noces lui donne de l'horreur pour l'amour. Je revins à pied du faubourg Saint-Honoré, où Fœdora demeure. Entre son hôtel et la rue des Cordiers il y a presque tout Paris; le chemin me parut court, et cependant il faisait froid. Entreprendre la conquête de Fœdora dans l'hiver, un rude hiver, quand je n'avais pas trente francs en ma possession, quand la distance qui nous séparait était si grande! Un jeune homme pauvre peut seul savoir ce qu'une passion coûte en voitures, en gants, en habits, linge, etc. Si l'amour reste un peu trop de temps platonique, il devient ruineux. Vraiment, il y a des Lauzun de l'École de droit auxquels il est impossible d'approcher d'une passion logée à un premier étage. Et comment pouvais-je lutter, moi, faible, grêle, mis simplement, pâle et hâve comme un artiste en convalescence d'un ouvrage, avec des jeunes gens bien frisés, jolis, pimpants, cravatés à désespérer toute la Croatie, riches, armés de tilburys et vêtus d'impertinence? — Bah! Fœdora ou la mort! criai-je au détour d'un pont. Fœdora, c'est la fortune! Le beau boudoir gothique et le salon à la Louis XIV passèrent devant mes yeux : je revis la comtesse avec sa robe blanche, ses grandes manches gracieuses, et sa séduisante démarche, et son corsage tentateur. Quand j'arrivai dans ma mansarde nue, froide, aussi mal peignée que le sont les perruques d'un naturaliste, j'étais encore environné par les images du luxe de Fœdora. Ce contraste était un mauvais conseiller, les crimes doivent naître ainsi. Je maudis alors, en frissonnant de rage, ma décente et honnête misère, ma mansarde féconde où tant de pensées avaient surgi. Je demandai compte à Dieu, au diable, à l'état social, à mon père, à l'univers entier, de ma destinée, de mon malheur, je me couchai tout affamé, grommelant de risibles imprécations, mais bien résolu de séduire Fœdora. Ce cœur de femme était un dernier billet de loterie chargé de ma fortune. Je te ferai grâce de mes premières visites chez Fœdora, pour arriver promptement au drame. Tout en tâchant de m'adresser à son âme, j'essayai de gagner son esprit, d'avoir sa vanité pour moi. Afin d'être sûrement aimé, je lui donnai mille raisons de mieux s'aimer elle-même. Jamais je ne la laissai dans un état d'indifférence; les femmes veulent des émotions à tout prix, je les lui prodiguai; je l'eusse mise en colère plutôt que de la voir insoucieuse avec moi. Si d'abord, animé d'une volonté ferme et du désir de me faire aimer, je pris un peu d'ascendant sur elle, bientôt ma passion grandit, je ne fus plus maître de moi, je tombai dans le vrai, et je me perdis et devins éperdument amoureux.

Je ne sais pas bien ce que nous appelons, en poésie ou dans la conversation, *amour*; mais le sentiment qui se développa tout à coup dans ma double nature, je ne l'ai trouvé peint nulle part : ni dans les phrases rhétoriques et apprêtées de J.-J. Rousseau, de qui j'occupais peut-être le logis, ni dans les froides conceptions de nos deux siècles littéraires, ni dans les tableaux de l'Italie. La vue du lac de Brienne, quelques motifs de Rossini, la Madone de Murillo, que possède le maréchal Soult, les lettres de la Lescombat, certains mots épars dans les recueils d'anecdotes, mais surtout les prières des extatiques et quelques passages de nos fabliaux, ont pu seuls me transporter dans les divines régions de mon premier amour. Rien dans les langages humains, aucune traduction de la pensée faite à l'aide des couleurs, des marbres, des mots ou des sons, ne saurait rendre le nerf, la vérité, le fini, la soudaineté du sentiment dans l'âme! Oui! qui dit art, dit mensonge. L'amour passe par des transformations infinies avant de se mêler pour toujours à notre vie et de la teindre à jamais de sa couleur de flamme. Le secret de cette infusion imperceptible échappe à l'analyse de l'artiste. La vraie passion s'exprime par des cris, par des soupirs ennuyeux pour un homme froid. Il faut aimer sincèrement pour être de moitié dans les rugissements de Lovelace, en lisant Clarisse Harlowe. L'amour est une source naïve, partie de son lit de cresson, de fleurs, de gravier, qui rivière, qui fleuve, change de nature et d'aspect à chaque flot, et se jette dans un incommensurable océan où les esprits incomplets voient la monotonie, où les grandes âmes s'abîment en de perpétuelles contemplations. Comment oser décrire ces teintes transitoires du sentiment, ces riens qui ont tant de prix, ces mots dont l'accent épuise les trésors du langage, ces regards plus féconds que les plus riches poèmes? Dans chacune des scènes mystiques par lesquelles nous nous éprenons insensiblement d'une femme, s'ouvre un abîme à engloutir toutes les poésies humaines. Eh! comment pourrions-nous reproduire par des gloses les vives et mystérieuses agitations de l'âme, quand les paroles nous manquent pour peindre les mystères visibles de la beauté? Quelles fascinations! Combien d'heures ne suis-je pas resté plongé dans une extase ineffable occupée à la voir! Heureux, de quoi? je ne sais. Dans ces moments, si son visage était inondé de lumière, il s'y opérait je ne sais quel phénomène qui le faisait resplendir; l'imperceptible duvet qui dore sa peau délicate et fine en dessinait mollement les contours avec la grâce que nous admirons dans les lignes lointaines de l'horizon quand elles se perdent dans le soleil. Il semblait que le jour la caressait en s'unissant à elle, ou qu'il s'échappait de sa rayonnante figure une lumière plus vive que la lumière même; puis une ombre passant sur cette douce figure y produisait une sorte de couleur qui en variait les expressions en en changeant les teintes. Souvent une pensée semblait se peindre sur son front de marbre; son œil paraissait rougir, sa paupière vacillait, ses traits ondulaient, agités par un sourire; le corail intelligent de ses lèvres s'animait, se dépliait, se repliait, je ne sais quel reflet de ses cheveux jetait des tons bruns sur ses tempes fraîches. À chaque accident, elle avait parlé. Chaque nuance de beauté donnait des fêtes nouvelles à mes yeux, révélait des grâces inconnues à mon cœur. Je voulais lire un sentiment, un espoir, dans toutes ces phases du visage. Ces discours muets pénétraient d'âme à âme comme un son dans l'écho, et me prodiguaient des joies passagères qui me laissaient des impressions profondes. Sa voix me causait un délire que j'avais peine à comprimer. Imitant je ne sais quel prince de Lorraine, j'aurais pu ne pas sentir un charbon ardent au creux de ma main pendant qu'elle aurait passé dans ma chevelure ses doigts chatouilleurs. Ce n'était plus une admiration, un désir, mais un charme, une fatalité. Souvent, rentré sous mon toit, je voyais indistinctement Fœdora chez elle, et participais vaguement à sa vie. Si elle souffrait, je souffrais, et je lui disais le lendemain : — Vous avez souffert! Combien de fois n'est-elle pas venue au milieu des silences de la nuit, évoquée par la puissance de mon extase! Tantôt, soudaine comme une lumière qui jaillit, elle abattait ma plume, elle effarouchait la science et l'étude, qui s'enfuyaient désolées; elle me forçait à l'admirer en reprenant la pose attrayante où je l'avais vue naguère. Tantôt j'allais moi-même au-devant d'elle dans le monde des apparitions, et je saluais comme une espérance en lui demandant de me faire entendre sa voix argentine; puis je me réveillais en pleurant. Un jour, après m'avoir promis de venir au spectacle avec moi, tout à coup elle refusa capricieusement de sortir, et me pria de la laisser seule. Désespéré d'une contradiction qui me coûtait une journée de travail, et, le dirai-je? mon dernier écu, je me rendis là où elle aurait dû être, voulant voir la pièce qu'elle avait désiré voir. À peine placé, je reçus un coup électrique dans le cœur. Une voix me dit : — Elle est là! Je me retourne, j'aperçois la comtesse au fond de sa loge, cachée dans l'ombre, au rez-de-chaussée. Mon regard n'hésita pas, mes yeux la trouvèrent tout d'abord avec une lucidité fabuleuse, mon âme avait volé vers sa vie comme un insecte vole à sa fleur. Par quoi mes sens avaient-ils été avertis? Il est de ces tressaillements intimes qui peuvent surprendre les gens superficiels, mais ces effets de notre nature intérieure sont aussi simples que les phénomènes habituels de notre vision extérieure : aussi ne fus-je pas étonné, mais fâché. Mes études sur notre puissance morale, si peu connue, servaient au moins à me faire rencontrer dans ma passion quelques preuves vivantes de mon système. Cette alliance du savant et de l'amoureux, d'une cordiale idolâtrie et d'un amour scientifique, avait je ne sais quoi de bizarre. La science était souvent contente de ce qui désespérait l'amant, et quand il croyait triompher, l'amant chassait loin de lui la science avec bonheur. Fœdora me vit et devint sérieuse : je la gênais. Au premier entr'acte, j'allai lui faire une visite. Elle était seule, je restai. Quoique nous n'eussions jamais parlé d'amour, je pressentis une explication. Je ne lui avais point encore dit mon secret, et cependant il existait entre nous une sorte d'entente : elle me confiait ses projets d'amusement, et me demandait la veille avec une sorte d'inquiétude amicale si je viendrais le lendemain; elle me consultait par un regard quand elle disait un mot spirituel, comme si elle eût voulu me plaire exclusivement; si je boudais, elle devenait caressante; si elle faisait la fâchée, j'avais en quelque sorte le droit de l'interroger; si je me rendais coupable d'une faute, elle se laissait longtemps supplier avant de me pardonner. Ces querelles, auxquelles nous avions pris goût, étaient pleines d'amour. Elle y déployait tant de grâce et de coquetterie, et moi j'y trouvais tant de bonheur! En ce moment notre intimité fut tout à fait suspendue, et nous restâmes l'un devant l'autre comme deux étrangers. La comtesse était glaciale, moi, j'appréhendais un malheur. — Vous allez m'accompagner, me dit-elle quand la pièce fut finie. Le temps avait changé subitement. Lorsque nous sortîmes, il tombait une neige mêlée de pluie. La voiture de Fœdora ne put arriver jusqu'à la porte du théâtre. En voyant une femme bien mise obligée de traverser le boulevard, un commissionnaire étendit son parapluie au-dessus de nos têtes, et réclama le prix de son service quand nous fûmes montés. Je n'avais rien : j'eusse alors vendu dix ans de ma vie pour avoir deux sous. Tout ce qui fait l'homme et se mille vanités furent écrasés en moi par une douleur infernale. Ces mots : — Je n'ai pas de monnaie, mon cher! furent dits d'un ton dur qui parut venir de ma passion contrariée, dits par moi, frère de ce homme, moi qui connaissais si bien le malheur! moi qui jadis avais donné sept cent mille francs avec tant de facilité! Le valet repoussa le commissionnaire, et les chevaux fendirent l'air. En revenant à son hôtel, Fœdora, distraite, ou affectant d'être préoccupée, répondit par de dédaigneux monosyllabes à mes questions. Je gardai le silence. Ce fut un horrible moment. Arrivés chez elle, nous nous assîmes devant la cheminée. Quand le valet de chambre se fut retiré après avoir attisé le feu, la comtesse se tourna vers moi d'un air indéfinissable et me dit avec une sorte de solennité : — Depuis mon retour en France, ma fortune a tenté quelques jeunes gens : j'ai reçu des déclarations d'amour qui auraient pu satisfaire mon orgueil, j'ai rencontré des hommes dont l'attachement était si sincère et si profond, qu'ils m'eussent encore épousée, même quand ils n'auraient trouvé en moi qu'une fille pauvre comme je l'étais jadis. Enfin sachez, monsieur de Valentin, que de nouvelles richesses et des titres nouveaux m'ont été offerts, mais apprenez aussi que je n'ai jamais revu les personnes assez mal inspirées pour m'avoir parlé d'amour. Si mon affection pour vous était légère, je ne vous donnerais pas un avertissement dans lequel il entre plus d'amitié que d'orgueil. Une femme s'expose à recevoir une sorte d'affront lorsque, se supposant aimée, elle se refuse par avance à un sentiment toujours flatteur. Je connais les scènes d'Arsinoé, d'Araminte, ainsi je me suis familiarisée avec les réponses que je puis entendre en pareille circonstance, mais j'espère aujourd'hui ne pas être mal jugée par un homme supérieur pour lui avoir montré franchement mon âme. Elle s'exprimait avec le sang-froid d'un avoué, d'un notaire, expliquant à leurs clients les moyens d'un procès ou les articles d'un contrat. Le timbre clair et séducteur de sa voix n'accusait pas la moindre émotion; seulement sa figure et son maintien toujours nobles et décents me semblèrent avoir une froideur, une sécheresse diplomatiques. Elle avait sans doute médité ses paroles et fait le programme de cette scène. Oh ! mon cher ami, quand certaines femmes trouvent du plaisir à nous déchirer le cœur, quand elles se sont promis d'y enfoncer un poignard et de le retourner dans la plaie, ces femmes-là sont adorables, elles aiment ou veulent être aimées ! Un jour elles nous récompenseront de nos douleurs, comme Dieu doit, dit-on, rémunérer nos bonnes œuvres ; elles nous rendront en plaisirs le centuple d'un mal dont elles ont dû apprécier la violence : leur méchanceté n'est-elle pas pleine de passion ? Mais être torturé par une femme qui nous tue avec indifférence, n'est-ce pas un atroce supplice ? En ce moment Fœdora marchait, sans le savoir, sur toutes mes espérances, brisait ma vie et détruisait mon avenir avec la froide insouciance et l'innocente cruauté d'un enfant qui, par curiosité, déchire les ailes d'un papillon. — Plus tard, ajouta Fœdora, vous reconnaîtrez, je l'espère, la solidité de l'affection que j'offre à mes amis. Je saurais leur donner ma vie, mais vous me mépriseriez si je subissais leur amour sans le partager. Je m'arrête. Vous êtes le seul homme auquel j'aie encore dit ces derniers mots. D'abord les paroles me manquèrent, et j'eus peine à maîtriser l'ouragan qui s'élevait en moi, mais bientôt je refoulai mes sensations au fond de mon âme, et me mis à sourire : — Si je vous dis que je vous aime, répondis-je, vous me bannirez ; si je m'accuse d'indifférence, vous m'en punirez : les prêtres, les magistrats et les femmes ne dépouillent jamais leur robe entièrement. Le silence ne préjuge rien : trouvez bon, madame, que je me taise. Pour m'avoir adressé de si fraternels avertissements, il faut que vous ayez craint de me perdre, et cette pensée pourrait satisfaire mon orgueil. Mais laissons la personnalité loin de nous. Vous êtes peut-être la seule femme avec laquelle je puisse discuter en philosophe une résolution si contraire aux lois de la nature. Relativement aux autres sujets de votre espèce, vous êtes un phénomène. Eh bien ! cherchons ensemble, de bonne foi, la cause de cette anomalie psychologique. Existe-t-il en vous, comme chez beaucoup de femmes fières d'elles-mêmes, amoureuses de leurs perfections, un sentiment d'égoïsme raffiné qui vous fasse prendre en horreur l'idée d'appartenir à un homme, d'abdiquer votre vouloir et d'être soumise à une supériorité de convention qui vous offense ? vous me sembleriez mille fois plus belle. Auriez-vous été maltraitée une première fois par l'amour ? Peut-être le prix que vous devez attacher à l'élégance de votre taille, à votre délicieux corsage, vous fait-il craindre les dégâts de la maternité : ne serait-ce pas là une de vos meilleures raisons secrètes pour vous refuser à être trop bien aimée ? Avez-vous des imperfections qui vous rendent vertueuse malgré vous ? Ne vous fâchez pas, je discute, j'étudie, je suis à mille lieues de la passion. La nature, qui fait des aveugles de naissance, peut bien créer des femmes sourdes, muettes et aveugles en amour. Vraiment vous êtes un sujet précieux pour l'observation médicale ! Vous ne savez pas tout ce que vous valez. Vous pouvez avoir un dégoût fort légitime pour les hommes ; je vous approuve, ils me paraissent tous laids et odieux. Mais vous avez raison, ajoutai-je en sentant mon cœur se gonfler, vous devez nous mépriser : il n'existe pas d'homme qui soit digne de vous.

Je ne te dirai pas tous les sarcasmes que je lui débitai en riant. Eh bien ! la parole la plus acérée, l'ironie la plus piquante, ne lui arrachèrent ni un mouvement ni un geste de dépit. Elle m'écoutait en gardant sur ses lèvres, dans ses yeux, son sourire d'habitude, ce sourire qu'elle prenait comme un vêtement, et toujours le même pour ses amis, pour ses simples connaissances, pour les étrangers. — Ne suis-je pas bien bonne de me laisser mettre ainsi sur un amphithéâtre ? dit-elle en saisissant un moment pendant lequel je la regardais en silence. Vous le voyez, continua-t-elle en riant, je n'ai pas de sottes susceptibilités en amitié ! Beaucoup de femmes puniraient votre impertinence en vous faisant fermer leur porte. — Vous pouvez me bannir de chez vous sans être tenue de donner la raison de vos sévérités. En disant cela, je me sentais prêt à la tuer si elle m'avait congédié. — Vous êtes fou ! s'écria-t-elle en souriant. — Avez-vous jamais songé, repris-je, aux effets d'un violent amour ? Un homme au désespoir a souvent tué sa maîtresse. — J'aime mieux être morte que malheureuse, répondit-elle froidement. Un homme aussi passionné doit un jour abandonner sa femme et la laisser sur la paille après lui avoir mangé sa fortune. Cette arithmétique m'abasourdit. Je vis clairement un abîme entre cette femme et moi. Nous ne pourrions jamais nous comprendre. — Adieu, lui dis-je froidement. — Adieu, répondit-elle en inclinant la tête d'un air amical. À demain. Je la regardai pendant un moment en lui dardant tout l'amour auquel je renonçais. Elle était debout, et me jetait son sourire banal, le détestable sourire d'une statue de marbre, sec et poli, paraissant exprimer l'amour, mais froid. Conçevras-tu bien, mon cher, toutes les douleurs qui m'assaillirent en revenant chez moi par la pluie et la neige, en marchant sur le verglas des quais pendant une lieue, ayant tout perdu ! Ô savoir qu'elle ne pensait seulement pas à ma misère et me croyait, comme elle, riche et doucement voituré ! Combien de ruines et de déceptions ! Il ne s'agissait plus d'argent, mais de toutes les fortunes de mon âme. J'allais au hasard, en discutant avec moi-même les mots de cette étrange conversation, je m'é-

garais si bien dans mes commentaires, que je finissais par douter de la valeur nominale des paroles et des idées ! Et j'aimais toujours, j'aimais cette femme froide dont le cœur voulait être conquis à tout moment, et qui, en effaçant toujours les promesses de la veille, se produisait le lendemain comme une maîtresse nouvelle. En tournant sous les guichets de l'Institut, un mouvement fiévreux me saisit. Je me souvins alors que j'étais à jeun. Je ne possédais pas un denier. Pour comble de malheur, la pluie déformait mon chapeau. Comment pouvoir aborder désormais une femme élégante et me présenter dans un salon sans un chapeau mettable ! Grâce à des soins extrêmes, et tout en maudissant la mode niaise et sotte qui nous condamne à exhiber la coiffe de nos chapeaux en les gardant constamment à la main, j'avais maintenu le mien jusque-là dans un état douteux. Sans être curieusement neuf ou sèchement vieux, dénué de barbe ou très-soyeux, il pouvait passer pour le chapeau problématique d'un homme soigneux, mais son existence artificielle arrivait à son dernier période : il était blessé, déjeté, fini, véritable bâillon, digne représentant de son maître. Faute de trente sous, je perdais mon industrieuse élégance. Ah ! combien de sacrifices ignorés n'avais-je pas faits à Fœdora depuis trois mois ! Souvent je consacrais l'argent nécessaire au pain d'une semaine pour aller la voir un moment. Quitter mes travaux et jeûner, ce n'était rien ! Mais traverser les rues de Paris sans se laisser éclabousser, courir pour éviter la pluie, arriver chez elle aussi bien mis que les fats qui l'entouraient, ah ! pour un poëte amoureux et distrait, cette tâche avait d'innombrables difficultés. Mon bonheur, mon amour, dépendaient d'une mouchetture de fange sur mon seul gilet blanc ! Renoncer à la voir si je me crottais, si je me mouillais ! Ne pas posséder cinq sous pour faire effacer par un décrotteur la plus légère tache de boue sur ma botte ! Ma passion s'était augmentée de tous ces petits supplices inconnus, immenses chez un homme irritable. Les malheureux ont des dévouements dont il ne leur est point permis de parler aux femmes qui vivent dans une sphère de luxe et d'élégance, elles voient le monde à travers un prisme qui teint en or les hommes et les choses. Optimistes par égoïsme, cruelles par bon ton, ces femmes s'exemptent de réfléchir au nom de leurs jouissances, et s'absolvent de leur indifférence au malheur par l'entraînement du plaisir. Pour elles un denier n'est jamais un million, c'est le million qui leur semble être un denier. Si l'amour doit plaider sa cause par de grands sacrifices, il doit aussi les couvrir délicatement d'un voile, les ensevelir dans le silence ; mais, en prodiguant leur fortune et leur vie, en se dévouant, les hommes riches profitent des préjugés mondains qui donnent toujours un certain éclat à leurs amoureuses folies. Pour eux le silence parle et le voile est une grâce, tandis que mon affreuse détresse me condamnait à d'épouvantables souffrances sans qu'il me fût permis de dire : J'aime ! ou : Je meurs ! Était-ce du dévouement après tout ? N'étais-je pas richement récompensé par le plaisir que j'éprouvais à tout immoler pour elle ? La comtesse avait donné d'extrêmes valeurs, attaché d'excessives jouissances aux accidents les plus vulgaires de ma vie. Naguère insoucieux en fait de toilette, je respectais maintenant mon habit comme un autre moi-même. Entre une blessure à recevoir et la déchirure de mon frac, je n'aurais pas hésité. Tu dois alors épouser ma situation et comprendre les rages des pensées, la frénésie croissante qui m'agitaient en marchant, et que peut-être la marche animait encore ! J'éprouvais je ne sais quelle joie infernale à me trouver au faîte du malheur. Je voulais voir un présage de fortune dans cette dernière crise ; mais le mal a des trésors sans fond. La porte de mon hôtel était entr'ouverte. À travers les découpures en forme de cœur pratiquées dans le volet, j'aperçus une lumière projetée dans la rue. Pauline et sa mère causaient en m'attendant. J'entendis prononcer mon nom, j'écoutai. — Raphaël, disait Pauline, est bien mieux que l'étudiant du numéro sept ! Ses cheveux blonds sont d'une si jolie couleur ! Ne trouves-tu pas quelque chose dans sa voix, je ne sais, mais quelque chose qui vous remue le cœur ? Et puis, quoiqu'il ait l'air un peu fier, il est si bon, il a des manières si distinguées ! Oh ! il est vraiment très-bien ! Je suis sûre que toutes les femmes doivent être folles de lui — Tu en parles comme si tu l'aimais, reprit madame Gaudin. — Oh ! je l'aime comme un frère, répondit-elle en riant. Je serais joliment ingrate si je n'avais pas de l'amitié pour lui ! Ne m'a-t-il pas appris la musique, le dessin, la grammaire, enfin tout ce que je sais ? Tu ne fais pas grande attention à mes progrès, ma bonne mère, mais je deviens si instruite, que dans quelque temps je serai assez forte pour donner des leçons, et alors nous pourrons avoir une domestique. Je me retirai doucement ; et, après avoir fait quelque bruit, j'entrai dans la salle pour y prendre ma lampe, que Pauline voulut allumer. Cette pauvre enfant venait de jeter un baume délicieux sur mes plaies. Ce naïf éloge de ma personne me rendit un peu de courage. J'avais besoin de croire en moi-même et de recueillir un jugement impartial sur la véritable valeur de mes avantages. Mes espérances, ainsi ranimées, se reflétaient peut-être sur les choses que je voyais. Peut-être aussi n'avais-je point encore bien sérieusement examiné la scène assez souvent offerte à mes regards par ces deux femmes au milieu de cette salle, mais alors j'admirai dans sa réalité le plus délicieux tableau de cette nature modeste si naïvement reproduite par les peintres flamands. La mère, assise au coin d'un foyer à demi éteint, tricottait des bas, et laissait errer sur ses lèvres un bon sourire. Pauline coloriait des écrans; ses couleurs, ses pinceaux, étalés sur une petite table, parlaient aux yeux par de piquants effets ; mais, ayant quitté sa place et se tenant debout pour allumer ma lampe, sa blanche figure en recevait toute la lumière. Il fallait être subjugué par une bien terrible passion pour ne pas adorer ses mains transparentes et roses, l'idéal de sa tête et sa virginale attitude ! La nuit et le silence prêtaient leur charme à cette laborieuse veillée, à ce paisible intérieur. Ces travaux continus et gaiement supportés attestaient une résignation religieuse pleine de sentiments élevés. Une indéfinissable harmonie existait là entre les choses et les personnes. Chez Fœdora le luxe était sec, il réveillait en moi de mauvaises pensées ; tandis que cette humble misère et ce bon naturel me rafraîchissaient l'âme. Peut-être étais-je humilié en présence du luxe ; près de ces deux femmes, au milieu de cette salle brune où la vie simplifiée semblait se réfugier dans les émotions du cœur, peut-être me réconciliais-je avec moi-même en trouvant à exercer la protection que l'homme est si jaloux de faire sentir. Quand je fus près de Pauline, elle me jeta un regard presque maternel, et s'écria, les mains tremblantes, en posant vivement la lampe : — Dieu ! comme vous êtes pâle ! Ah ! il est tout mouillé ! Ma mère va vous essuyer. Monsieur Raphaël, reprit-elle après une légère pause, vous êtes friand de lait : nous avons eu ce soir de la crème, tenez, voulez-vous y goûter ! Elle sauta comme un petit chat sur un bol de porcelaine plein de lait, et me le présenta si vivement, me le mit sous le nez d'une si gentille façon, que j'hésitai. — Vous me refuseriez ? dit-elle d'une voix altérée.

Nos deux fiertés se comprenaient : Pauline paraissait souffrir de sa pauvreté, et me reprocher ma hauteur. Je fus attendri. Cette crème était peut-être mon déjeuner du lendemain, j'acceptai cependant. La pauvre fille essaya de cacher sa joie, mais elle pétillait dans ses yeux. — J'en avais besoin, lui dis-je en m'asseyant. (Une expression soucieuse passa sur son front.) Vous souvenez-vous, Pauline, de ce passage où Bossuet nous peint Dieu récompensant un verre d'eau plus richement qu'une victoire ? — Oui, dit-elle. Et son sein battait comme celui d'une jeune fauvette entre les mains d'un enfant. — Eh bien ! comme nous nous quitterons bientôt, ajoutai-je d'une voix mal assurée, laissez-moi vous témoigner ma reconnaissance pour tous les soins que vous et votre mère avez eus de moi. — Oh ! ne comptons pas, dit-elle en riant. Son rire cachait une émotion qui me fit mal. — Mon piano, repris-je, sans paraître avoir entendu ces paroles, est un des meilleurs instruments d'Érard : acceptez-le. Prenez-le sans scrupule, je ne saurais vraiment l'emporter dans le voyage que je compte entreprendre. Éclairées peut-être par l'accent de mélancolie avec lequel je prononçai ces mots, les deux femmes semblèrent m'avoir compris et me regardèrent avec une curiosité mêlée d'effroi. L'affection que je cherchais au milieu des froides régions du grand monde était donc là, vraie, sans faste, mais onctueuse et peut-être durable. — Il ne faut pas prendre tant de souci, me dit la mère. Restez ici. Mon mari est en route à cette heure, reprit-elle. Ce soir, j'ai lu l'Évangile de saint Jean pendant que Pauline tenait suspendue entre ses doigts notre clef attachée dans une Bible, la clef a tourné. Ce présage annonce que Gandin se porte bien et prospère. Pauline a recommencé pour vous et pour le jeune homme du numéro sept ; mais la clef n'a tourné que pour vous. Nous serons tous riches, Gandin reviendra millionnaire. Je l'ai vu en rêve sur un vaisseau plein de serpents, heureusement l'eau était trouble, ce qui signifie or et pierreries d'outre-mer. Ces paroles amicales et vides, semblables aux vagues chansons avec lesquelles une mère endort les douleurs de son enfant, me rendirent une sorte de calme. L'accent et le regard de la bonne femme exhalaient cette douce cordialité qui n'efface pas le chagrin, mais qui l'apaise, qui le berce et l'émousse. Plus perspicace que sa mère, Pauline m'examinait avec inquiétude, ses yeux intelligents semblaient deviner ma vie et mon avenir. Je remerciai par une inclination de tête la mère et la fille, puis je me sauvai, craignant de m'attendrir. Quand je me trouvai seul sous mon toit, je me couchai dans mon malheur. Ma fatale imagination me dessina mille projets sans base et me dicta des résolutions impossibles. Quand un homme se traîne dans les décombres de sa fortune, il y rencontre encore quelques ressources ; mais j'étais dans le néant. Ah ! mon cher, nous accusons trop facilement la misère. Soyons indulgents pour les effets du plus actif de tous les dissolvants sociaux : où règne la misère, il n'existe plus ni pudeur, ni crimes, ni vertus, ni esprit. J'étais alors sans idées, sans force, comme une jeune fille tombée à genoux devant un tigre. Un homme sans passion et sans argent reste maître de sa personne ; mais un malheureux qui aime ne s'appartient plus et ne peut pas se tuer. L'amour nous donne une sorte de religion pour nous-même, nous respectons en nous une autre vie ; il devient alors le plus horrible des malheurs, le malheur avec une espérance, une espérance qui vous fait accepter des tortures. Je m'endormis avec l'idée d'aller le lendemain confier à Rastignac la singulière détermination de Fœdora. — Ah ! ah ! me dit Rastignac en me voyant entrer chez lui dès neuf heures du matin, je sais ce qui t'amène, tu dois

être congédié par Fœdora. Quelques bonnes âmes jalouses de ton empire sur la comtesse ont annoncé votre mariage. Dieu sait les folies que tes rivaux t'ont prêtées et les calomnies dont tu as été l'objet ! — Tout s'explique, m'écriai-je. Je me souvins de toutes mes impertinences et trouvai la comtesse sublime. A mon gré, j'étais un infâme qui n'avais pas encore assez souffert, et je ne vis plus dans son indulgence que la patiente charité de l'amour. — N'allons pas si vite, me dit le prudent Gascon. Fœdora possède la pénétration naturelle aux femmes profondément égoïstes : elle t'aura jugé peut-être au moment où tu ne voyais encore en elle que sa fortune et son luxe, en dépit de ton adresse, elle aura lu dans ton âme. Elle est assez dissimulée pour qu'aucune dissimulation ne trouve grâce devant elle. Je crois, ajouta-t-il, t'avoir mis dans une mauvaise voie. Malgré la finesse de son esprit et de ses manières, cette créature me semble impérieuse comme toutes les femmes qui ne prennent de plaisir que par la tête. Pour elle le bonheur gît tout entier dans le bien-être de la vie, dans les jouissances sociales ; chez elle, le sentiment est un rôle : elle te rendrait malheureux, et ferait de toi son premier valet. Rastignac parlait à un sourd. Je l'interrompis, lui exposant avec une apparence de gaieté ma situation financière. — Hier au soir, me répondit-il, une veine contraire m'a emporté tout l'argent dont je pouvais disposer. Sans cette vulgaire infortune, j'eusse partagé volontiers ma bourse avec toi. Mais allons déjeuner au cabaret, les huîtres nous donneront peut-être un bon conseil. Il s'habilla, fit atteler son tilbury ; puis, semblables à deux millionnaires, nous arrivâmes au café de Paris avec l'impertinence de ces audacieux spéculateurs qui vivent sur des capitaux imaginaires. Ce diable de Gascon me confondait par l'aisance de ses manières et par son aplomb imperturbable. Au moment où nous prenions le café, après avoir fini un repas fort délicat et très-bien entendu, Rastignac, qui distribuait des coups de tête à une foule de jeunes gens également recommandables par les grâces de leur personne et par l'élégance de leur mise, me dit en voyant entrer un de ces dandys : — Voici ton affaire. Et il fit signe à un gentilhomme bien cravaté, qui semblait chercher une table à sa convenance, de venir lui parler. — Ce gaillard-là, me dit Rastignac à l'oreille, est décoré pour avoir publié des ouvrages qu'il ne comprend pas : il est chimiste, historien, romancier, publiciste ; il possède des quarts, des tiers, des moitiés, dans je ne sais combien de pièces de théâtre, et il est ignorant comme la mule de don Miguel. Ce n'est pas un homme, c'est un nom, une étiquette familière au public. Aussi se garderait-il bien d'entrer dans ces cabinets sur lesquels il y a cette inscription : Ici l'on peut écrire soi-même. Il est fin à jouer tout un congrès. En deux mots, c'est un métis en morale ; ni tout à fait probe, ni complètement fripon. Mais chut ! il s'est déjà battu, le monde n'en demande pas davantage et dit de lui : c'est un homme honorable. — Eh bien ! mon excellent ami, mon honorable ami, comment se porte Votre Intelligence ? lui dit Rastignac au moment où l'inconnu s'assit à la table voisine.

— Mais ni bien, ni mal. Je suis accablé de travail. J'ai entre les mains tous les matériaux nécessaires pour faire des mémoires historiques très-curieux, et je ne sais à qui les attribuer. Cela me tourmente, il faut se hâter, les mémoires vont passer de mode.

— Sont-ce des mémoires contemporains, anciens, sur la cour, sur quoi ?

— Sur l'affaire du Collier.

— N'est-ce pas un miracle ? me dit Rastignac en riant. Puis, se retournant vers le spéculateur : — M. de Valentin, reprit-il en me désignant, est un de mes amis, que je vous présente comme l'une de nos futures célébrités littéraires. Il avait jadis une tante fort bien en cour, marquise, et depuis deux ans il travaille à une histoire royaliste de la révolution. Puis, se penchant à l'oreille de ce singulier négociant, il lui dit : — C'est un homme de talent ; mais un niais qui peut vous faire vos mémoires sous le nom de sa tante, pour cent sous par volume. — Le marché me va, répondit l'autre en haussant sa cravate. Garçon, mes huîtres, donc ! — Oui, mais vous me donnerez vingt-cinq louis de commission et lui payerez un volume d'avance, reprit Rastignac. — Non, non. Je n'avancerai que cinquante écus pour être plus sûr d'avoir promptement mon manuscrit. Rastignac me répéta cette conversation mercantile à voix basse. Puis, sans me consulter : — Nous sommes d'accord, lui répondit-il. Quand pouvons-nous aller vous voir pour terminer cette affaire ? — Eh bien ! venez dîner ici, demain soir, à sept heures. Nous nous levâmes, Rastignac jeta la monnaie au garçon, mit la carte à payer dans sa poche, et nous sortîmes. J'étais stupéfait de la légèreté, de l'insouciance avec laquelle il avait vendu ma respectable tante, la marquise de Montbauron. — J'aime mieux m'embarquer pour le Brésil, et y enseigner aux Indiens l'algèbre, dont je ne sais pas un mot, que de salir le nom de ma famille !

Rastignac m'interrompit par un éclat de rire. — Es-tu bête ! Prends d'abord les cinquante écus et fais les mémoires. Quand ils seront achevés, tu refuseras de les mettre sous le nom de ta tante, imbécile ! Madame de Montbauron, morte sur l'échafaud, ses paniers, sa considération, sa beauté, son fard, ses mules, valent bien plus de six cents francs. Si le libraire ne veut pas alors payer ta tante ce qu'elle vaut, il trouvera quelque vieux chevalier d'industrie, ou je ne sais quelle tangeuse comtesse pour signer les mémoires. — Oh ! m'écriai-je, pourquoi suis-je sorti de ma vertueuse mansarde ? Le monde a des envers bien salement ignobles. — Bon, répondit Rastignac, voilà de la poésie, et il s'agit d'affaires. Tu es un enfant. Écoute : quant aux mémoires, le public les jugera ; quant à mon Proxénète littéraire, n'a-t-il pas dépensé huit ans de sa vie, et payé ses relations avec la librairie par de cruelles expériences ? En partageant inégalement avec lui le travail du livre, ta part d'argent n'est-elle pas aussi la plus belle ? Vingt-cinq louis sont une bien plus grande somme pour toi, que mille francs pour lui. Va, tu peux écrire des mémoires historiques, œuvre d'art si jamais il en fut, quand Diderot a fait six sermons pour cent écus. — Enfin, lui dis-je tout ému, c'est pour moi une nécessité : ainsi, mon pauvre ami, je te dois des remercîments. Vingt-cinq louis me rendront bien riche. — Et plus riche que tu ne penses, reprit-il en riant. Si Finot me donne une commission dans l'affaire, ne devines-tu pas qu'elle sera pour toi ? Allons au bois de Boulogne, dit-il ; nous verrons ta comtesse, et je te montrerai la jolie petite veuve que je dois épouser, une charmante personne, Alsacienne un peu grasse. Elle lit Kant, Schiller, Jean-Paul, et une foule de livres hydrauliques. Elle a la manie de toujours me demander mon opinion, je suis obligé d'avoir l'air de comprendre toute cette sensiblerie allemande, de connaître un tas de ballades, toutes drogues qui me sont défendues par le médecin. Je n'ai pas encore pu la déshabituer de son enthousiasme littéraire : elle pleure des larmes à la lecture de Goethe, et je suis obligé de pleurer un peu, par complaisance, car il y a cinquante mille livres de rentes, mon cher, et le plus joli petit pied, la plus jolie petite main de la terre ! Ah ! si elle ne disait pas *mon anche*, et *prouiller* pour mon *ange* et *brouiller*, ce serait une femme accomplie. Nous vîmes la comtesse, brillante dans un brillant équipage. La coquette nous salua fort affectueusement en me jetant un sourire qui me parut alors divin et plein d'amour. Ah ! j'étais bien heureux, je me croyais aimé, j'avais de l'argent et des trésors de passion, plus de misère. Léger, gai, content de tout, je trouvai la maîtresse de mon ami charmante. Les arbres, l'air, le ciel, toute la nature semblait me répéter le sourire de Fœdora. En revenant des Champs-Élysées, nous allâmes chez le chapelier et chez le tailleur de Rastignac. L'affaire du Collier me permit de quitter mon misérable pied de paix, pour passer à un formidable pied de guerre. Désormais je pouvais sans crainte lutter de grâce et d'élégance avec les jeunes gens qui tourbillonnaient autour de Fœdora. Je revins chez moi. Je m'y enfermai, restant tranquille en apparence, près de ma lucarne ; mais disant d'éternels adieux à mes toits, vivant dans l'avenir, dramatisant ma vie, escomptant l'amour et ses joies. Ah ! comme une existence peut devenir orageuse entre les quatre murs d'une mansarde ! L'âme humaine est une fée : elle métamorphose une paille en diamants ; sous sa baguette les palais enchantés éclosent comme les fleurs des champs sous les chaudes inspirations du soleil. Le lendemain, vers midi, Pauline frappa doucement à ma porte et m'apporta, devine quoi ? une lettre de Fœdora. La comtesse me priait de venir la prendre au Luxembourg pour aller, de là, voir ensemble le Muséum et le jardin des Plantes. — Un commissionnaire attend la réponse, dit-elle après un moment de silence. Je griffonnai promptement une lettre de remercîment, que Pauline emporta. Je m'habillai. Au moment où, assez content de moi-même, j'achevais ma toilette, un frisson glacial me saisit à cette pensée : Fœdora est-elle venue en voiture ou à pied ? pleuvra-t-il, fera-t-il beau ? Mais, me dis-je, qu'elle soit à pied ou en voiture, est-on jamais certain de l'esprit fantasque d'une femme ? elle sera sans argent et voudra donner cent sous à un petit Savoyard parce qu'il aura de jolies guenilles. J'étais sans un rouge liard et ne devais avoir de l'argent que le soir. Oh ! combien, dans ces crises de notre jeunesse, un poëte paye cher la puissance intellectuelle dont il est investi par le régime et par le travail ! En un instant, mille pensées vives et douloureuses me piquèrent comme autant de dards. Je regardai le ciel par ma lucarne, le temps était fort incertain. En cas de malheur, je pouvais bien prendre une voiture pour la journée, mais aussi ne tremblerais-je pas à tout moment, au milieu de mon bonheur, de ne pas rencontrer Finot le soir ? Je ne me sentis pas assez fort pour supporter tant de craintes au sein de ma joie. Malgré la certitude de ne rien trouver, j'entrepris une grande exploration à travers ma chambre, je cherchai des écus imaginaires jusque dans les profondeurs de ma paillasse, je fouillai tout, je secouai même de vieilles bottes. En proie à une fièvre nerveuse, je regardais mes meubles d'un œil hagard après les avoir renversés tous. Comprendras-tu le délire qui m'anima, lorsqu'en ouvrant, pour la septième fois, le tiroir de ma table à écrire que je visitais avec cette espèce d'indolence dans laquelle nous plonge le désespoir, j'aperçus collée contre une planche latérale, tapie sournoisement, mais propre, brillante, lucide comme une étoile à son lever, une belle et noble pièce de cent sous ? Ne lui demandant compte ni de son silence ni de la cruauté dont elle était coupable en se tenant ainsi cachée, je la baisai comme un ami fidèle au malheur et la saluai par un cri qui trouva de l'écho. Je me retournai brusquement et vis Pauline toute pâle. — J'ai cru, dit-elle d'une voix émue, que vous vous faisiez mal.

Le commissionnaire... Elle s'interrompit comme si elle étouffait, mais ma mère l'a payé, ajouta-t-elle. Puis elle s'enfuit, enfantine et follette comme un caprice. Pauvre petite ! je lui souhaitai mon bonheur. En ce moment, il me semblait avoir dans l'âme tout le plaisir de la terre, et j'aurais voulu restituer aux malheureux la part que je croyais leur voler. Nous avons presque toujours raison dans nos pressentiments d'adversité, la comtesse avait renvoyé sa voiture. Par un de ces caprices que les jolies femmes ne s'expliquent pas toujours à elles-mêmes, elle voulait aller au jardin des Plantes par les boulevards et à pied. — Mais il va pleuvoir, lui dis-je. Elle prit plaisir à me contredire. Par hasard, il fit beau pendant tout le temps que nous marchâmes dans le Luxembourg. Quand nous en sortîmes, un gros nuage dont j'avais maintes fois épié la marche avec une secrète inquiétude, ayant laissé tomber quelques gouttes d'eau, nous montâmes dans un fiacre. Lorsque nous eûmes atteint les boulevards, la pluie cessa, le ciel reprit sa sérénité. En arrivant au Muséum, je voulus renvoyer la voiture, Fœdora me pria de la garder. Que de tortures ! Mais causer avec elle en comprimant un secret délire, qui, sans doute, se formulait sur mon visage par quelque sourire niais et arrêté ; errer dans le jardin des Plantes, en parcourir les allées bocagères et sentir son bras appuyé sur le mien, il y avait dans tout cela je ne sais quoi de fantastique : c'était un rêve en plein jour. Cependant ses mouvements, soit en marchant, soit en nous arrêtant, n'avaient rien de doux ni d'amoureux, malgré leur apparente volupté. Quand je cherchais à m'associer, en quelque sorte, à l'action de sa vie, je rencontrais en elle une intime et secrète vivacité, je ne sais quoi de saccadé, d'excentrique. Les femmes sans âme n'ont rien de moelleux dans leurs gestes. Aussi n'étions-nous unis, ni par une même volonté, ni par un même pas. Il n'existe point de mots pour rendre ce désaccord matériel de deux êtres, car nous ne sommes pas encore habitués à reconnaître une pensée dans le mouvement. Ce phénomène de notre nature se sent instinctivement, il ne s'exprime pas.

Pendant ces violents paroxysmes de ma passion, reprit Raphaël après un moment de silence, et comme s'il répondait à une objection qu'il se fût adressée à lui-même, je n'ai pas disséqué mes sensations, analysé mes plaisirs, ni supputé les battements de mon cœur, comme un avare examine et soupèse ses pièces d'or. Oh ! non, l'expérience jette aujourd'hui sa triste lumière sur les événements passés, et le souvenir m'apporte ces images, comme par un beau temps les flots de la mer amènent brin à brin les débris d'un naufrage sur la grève. — Vous pouvez me rendre un service assez important, me dit la comtesse en me regardant d'un air confus. Après vous avoir confié mon antipathie pour l'amour, je me trouve plus libre en réclamant de vous un bon office au nom de l'amitié. N'aurez-vous pas, reprit-elle en riant, beaucoup plus de mérite à m'obliger aujourd'hui ? Je la regardais avec douleur. N'éprouvant rien près de moi, elle était pateline et non pas affectueuse ; elle me paraissait jouer un rôle en actrice consommée ; puis tout à coup son accent, un regard, un mot, réveillaient mes espérances ; mais, si mon amour ranimé se peignait alors dans mes yeux, elle en soutenait les rayons sans que la clarté des siens s'en altérât, car ils semblaient, comme ceux des tigres, être doublés par une feuille de métal. En ces moments-là, je la détestais. — La protection du duc de Navarreins, dit-elle en continuant avec des inflexions pleines de câlinerie, me serait utile auprès d'une personne toute-puissante en Russie, et dont l'intervention est nécessaire pour me faire rendre justice dans une affaire qui concerne à la fois ma fortune et mon état dans le monde, la reconnaissance de mon mariage par l'empereur. Le duc de Navarreins n'est-il pas votre cousin ? Une lettre de lui déciderait tout. — Je vous appartiens, lui répondis-je, ordonnez. — Vous êtes bien aimable, reprit-elle en me serrant la main. Venez dîner avec moi, je vous dirai tout comme à un confesseur. Cette femme si méfiante, si discrète, et à laquelle personne n'avait entendu dire un mot sur ses intérêts, allait donc me consulter. — Oh ! combien j'aime maintenant le silence que vous m'avez imposé ! m'écriai-je. Mais j'aurais voulu quelque épreuve plus rude encore. En ce moment, elle accueillit l'ivresse de mes regards et ne se refusa point à mon admiration, elle m'aimait donc ! Nous arrivâmes chez elle. Fort heureusement, le fond de ma bourse put satisfaire le cocher. Je passai délicieusement la journée, seul avec elle, chez elle. C'était la première fois que je pouvais la voir ainsi. Jusqu'à ce jour, le monde, sa gênante politesse et ses façons froides nous avaient toujours séparés, même pendant ses somptueux dîners ; mais alors j'étais chez elle comme si j'eusse vécu sous son toit, je la possédais pour ainsi dire. Ma vagabonde imagination brisait les entraves, arrangeait les événements de la vie à ma guise, et me plongeait dans les délices d'un amour heureux. Me croyant son époux, je l'admirais occupée de petits détails ; j'éprouvais même du bonheur à lui voir ôter son châle et son chapeau. Elle me laissa seul un moment, et revint les cheveux arrangés, charmante. Cette jolie toilette avait été faite pour moi ! Pendant le dîner, elle me prodigua ses attentions et déploya des grâces infinies dans mille choses qui semblent des riens et qui cependant sont la moitié de la vie. Quand nous fûmes tous deux devant un foyer pétillant, assis sur la soie, environnés des plus désirables créations d'un luxe oriental; quand je vis si près de moi cette femme dont la beauté célèbre faisait palpiter tant de cœurs, cette femme si difficile à conquérir, me parlant, me rendant l'objet de toutes ses coquetteries, ma voluptueuse félicité devint presque de la souffrance. Pour mon malheur, je me souvins de l'importante affaire que je devais conclure, et voulus aller au rendez-vous qui m'avait été donné la veille. — Quoi? déjà! dit-elle en me voyant prendre mon chapeau. — Elle m'aimait! je le crus du moins, en l'entendant prononcer ces deux mots d'une voix caressante. Pour prolonger mon extase, j'aurais alors volontiers troqué deux années de ma vie contre chacune des heures qu'elle voulait bien m'accorder. Mon bonheur s'augmenta de tout l'argent que je perdais! Il était minuit quand elle me renvoya. Néanmoins, le lendemain, mon héroïsme me coûta bien des remords, je craignis d'avoir manqué l'affaire des mémoires, devenue si capitale pour moi; je courus chez Rastignac, et nous allâmes surprendre à son lever le titulaire de mes travaux futurs. Finot me lut un petit acte où il n'était point question de ma tante, et après la signature duquel il me compta cinquante écus. Nous déjeunâmes tous les trois. Quand j'eus payé mon nouveau chapeau, soixante cachets à trente sous et mes dettes, il ne me resta plus que trente francs; mais toutes les difficultés de la vie s'étaient aplanies pour quelques jours. Si j'avais voulu écouter Rastignac, je pouvais avoir des trésors en adoptant avec franchise le *système anglais*. Il voulait absolument m'établir un crédit et me faire faire des emprunts, en prétendant que les emprunts soutiendraient le crédit. Selon lui, l'avenir était de tous les capitaux du monde le plus considérable et le plus solide. En hypothéquant ainsi mes dettes sur de futures contingents, il donna ma pratique à son tailleur, un artiste qui comprenait *le jeune homme* et devait me laisser tranquille jusqu'à mon mariage. Dès ce jour, je rompis avec la vie monastique et studieuse que j'avais menée pendant trois ans. J'allai fort assidûment chez Fœdora, où je tâchai de surpasser en apparence les impertinents ou les héros de coterie qui s'y trouvaient. En croyant avoir échappé pour toujours à la misère, je recouvrai ma liberté d'esprit, j'écrasais mes rivaux, et passai pour un homme plein de séductions, prestigieux, irrésistible. Cependant les gens habiles disaient en parlant de moi : « Un garçon aussi spirituel ne doit avoir de passions que dans la tête! » Ils vantaient charitablement mon esprit aux dépens de ma sensibilité. « Est-il heureux de ne pas aimer! s'écriaient-ils. S'il aimait, aurait-il autant de gaieté, de verve? » J'étais cependant bien amoureusement stupide en présence de Fœdora! Seul avec elle, je ne savais rien lui dire, ou, si je parlais, je médisais de l'amour; j'étais tristement gai comme un courtisan qui veut cacher un cruel dépit. Enfin, j'essayai de me rendre indispensable à sa vie, à son bonheur, à sa vanité : tous les jours près d'elle, j'étais un esclave, un jouet sans cesse à ses ordres. Après avoir ainsi dissipé ma journée, je revenais chez moi pour y travailler pendant les nuits, ne dormant guère que deux ou trois heures de la matinée. Mais n'ayant pas, comme Rastignac, l'habitude du système anglais, je me vis bientôt sans un sou. Dès lors, mon cher ami, fat sans bonnes fortunes, élégant sans argent, amoureux anonyme, je retombai dans cette vie précaire, dans ce froid et profond malheur soigneusement caché sous les trompeuses apparences du luxe. Je ressentis alors mes souffrances premières, mais moins aiguës; je m'étais familiarisé sans doute avec leurs terribles crises. Souvent les gâteaux et le thé, si parcimonieusement offerts dans les salons, étaient ma seule nourriture. Quelquefois, les somptueux dîners de la comtesse me substantaient pendant deux jours. J'employai tout mon temps, mes efforts et ma science d'observation à pénétrer dans l'impénétrable caractère de Fœdora. Jusqu'alors, l'espérance ou le désespoir avaient influencé mon opinion, je voyais en elle tour à tour la femme la plus aimante ou la plus insensible de son sexe, mais ces alternatives de joie et de tristesse devinrent intolérables : je voulus chercher un dénoûment à cette lutte affreuse, en tuant mon amour. De sinistres lueurs brillaient parfois dans mon âme et me faisaient entrevoir des abîmes entre nous. La comtesse justifiait toutes mes craintes : je n'avais pas encore surpris de larmes dans ses yeux. Au théâtre, une scène attendrissante la trouvait froide et rieuse; elle réservait toute sa finesse pour elle, et ne devinait ni le malheur ni le bonheur d'autrui. Enfin elle m'avait joué! Heureux de lui faire un sacrifice, je m'étais presque avili pour elle en allant voir mon parent le duc de Navarreins, homme égoïste, qui rougissait de ma misère et avait de trop grands torts envers moi pour ne pas me haïr; il me reçut donc avec cette froide politesse qui donne aux gestes et aux paroles l'apparence de l'insulte, son regard inquiet excita ma pitié. J'eus honte pour lui de sa petitesse au milieu de tant de grandeur, de sa pauvreté au milieu de tant de luxe. Il me parla des pertes considérables que lui occasionnait le trois pour cent, je lui dis alors quel était l'objet de ma visite. Le changement de ses manières, qui de glaciales devinrent insensiblement affectueuses, me dégoûta. Eh bien! mon ami, il vint chez la comtesse, il m'y écrasa. Fœdora trouva pour lui des enchantements, des prestiges inouïs; elle le séduisit, traita sans moi cette affaire mystérieuse, de laquelle je ne sus pas un mot : j'avais été pour elle un moyen. Elle paraissait ne plus m'apercevoir quand mon cousin était chez elle, elle m'acceptait alors avec moins de plaisir peut-être que le jour où je lui fus présenté. Un soir, elle m'humilia devant le duc par un de ces gestes et par un de ces regards qu'aucune parole ne saurait peindre. Je sortis pleurant, formant mille projets de vengeance, combinant d'épouvantables viols. Souvent je l'accompagnais aux Bouffons; là, près d'elle, tout entier à mon amour, je la contemplais en me livrant au charme d'écouter la musique, épuisant mon âme dans la double jouissance d'aimer et de retrouver les mouvements de mon cœur bien rendus par les phrases du musicien. Ma passion était dans l'air, sur la scène; elle triomphait partout, excepté chez ma maîtresse. Je prenais alors la main de Fœdora, j'étudiais ses traits et ses yeux en sollicitant une fusion de nos sentiments, une de ces soudaines harmonies qui, réveillées par les notes, font vibrer les âmes à l'unisson; mais sa main était muette et ses yeux ne disaient rien.

Quand le feu de mon cœur, émané de tous mes traits, la frappait trop fortement au visage, elle me jetait ce sourire cherché, phrase convenue qui se reproduit au salon sur les lèvres de tous les portraits. Elle n'écoutait pas la musique. Les divines pages de Rossini, de Cimarosa, de Zingarelli, ne lui rappelaient aucun sentiment, ne lui traduisaient aucune poésie de sa vie, son âme était aride. Fœdora se produisait là comme un spectacle dans le spectacle. Sa lorgnette voyageait incessamment de loge en loge, inquiète, quoique tranquille, elle était victime de la mode : sa loge, son bonnet, sa voiture, sa personne, étaient tout pour elle. Vous rencontrez souvent des gens de colossale apparence, de qui le cœur est tendre et délicat sous un corps de bronze; mais elle cachait un cœur de bronze sous sa frêle et gracieuse enveloppe. Ma fatale science me déchirait bien des voiles. Si le bon ton consiste à s'oublier pour autrui, à mettre dans sa voix et dans ses gestes une constante douceur, à plaire aux autres en les rendant contents d'eux-mêmes, malgré sa finesse Fœdora n'avait pas effacé tout vestige de sa plébéienne origine : son oubli d'elle-même était fausseté; ses manières, au lieu d'être innées, avaient été laborieusement conquises; enfin sa politesse sentait la servitude. Eh bien! ses paroles emmiellées étaient pour ses favoris l'expression de la bonté, sa prétentieuse exagération était un noble enthousiasme. Moi seul avais étudié ses grimaces, j'avais dépouillé son être intérieur de la mince écorce qui suffit au monde, et n'étais plus dupe de ses singeries, je connaissais à fond son âme de chatte. Quand un niais la complimentait, la vantait, j'avais honte pour elle. Et je l'aimais toujours! j'espérais fondre ses glaces sous les ailes d'un amour de poète. Si je pouvais une fois ouvrir son cœur aux tendresses de la femme, si je l'initiais à la sublimité des dévouements, je la voyais alors parfaite, elle devenait un ange. Je l'aimais en homme, en amant, en artiste, quand il aurait fallu ne pas l'aimer pour l'obtenir; un bat bien gourmé, un froid calculateur, en aurait triomphé peut-être. Vaine, artificieuse, elle eût sans doute entendu le langage de la vanité, se serait laissé entortiller dans les pièges d'une intrigue; elle eût été dominée par un homme sec et glacé. Des douleurs acérées entraient jusqu'au vif dans mon âme, quand elle me révélait naïvement son égoïsme. Je l'apercevais avec douleur seule un jour dans la vie, et ne sachant à qui tendre la main, ne rencontrant pas de regards amis ou reposer les siens. Un soir, j'eus le courage de lui peindre, sous des couleurs animées, sa vieillesse déserte, vide et triste. A l'aspect de cette épouvantable vengeance de la nature trompée, elle dit un mot atroce. — J'aurai toujours de la fortune, me répondit-elle. Eh bien! avec de l'or nous pouvons toujours créer autour de nous les sentiments qui sont nécessaires à notre bien-être. Je sortis foudroyé par la logique de ce luxe, de cette femme, de ce monde, dont j'étais si sottement idolâtre. Je n'aimais pas Pauline pauvre, Fœdora riche n'avait-elle pas le droit de repousser Raphael? Notre conscience est un juge infaillible, quand nous ne l'avons pas encore assassinée. « Fœdora, me criait une voix sophistique, n'aime ni ne repousse personne, elle est libre, mais elle s'est autrefois donnée pour l'or. Amant ou époux, le comte russe l'a possédée. Elle aura bien une tentation dans sa vie! Attends-la. » Ni vertueuse ni fautive, cette femme vivait loin de l'humanité, dans une sphère à elle, enfer ou paradis. Ce mystère femelle, vêtu de cachemire et de broderies, mettait en jeu dans mon cœur tous les sentiments humains, orgueil, ambition, amour, curiosité. Un caprice de la mode, ou cette envie de paraître original, qui nous poursuit tous, avait amené la manie de vanter un petit spectacle du boulevard. La comtesse témoigna le désir de voir la figure enfarinée d'un acteur qui faisait les délices de quelques gens d'esprit, et j'obtins l'honneur de la conduire à la première représentation de je ne sais quelle mauvaise farce. La loge coûtait à peine cent sous, je n'avais pas un traître liard. Ayant encore un demi-volume de Mémoires à écrire, je n'osais pas aller mendier un secours à Finot, et Rastignac, ma providence, était absent. Cette gêne constante maléficiait toute ma vie. Une fois, au sortir des Bouffons, par une horrible pluie, Fœdora m'avait fait avancer une voiture sans que je pusse me soustraire à son obligeance de parade : elle n'admit aucune de mes excuses, ni mon goût pour la pluie, ni mon envie d'aller au jeu. Elle ne devinait mon indigence ni dans l'embarras de mon maintien, ni dans mes paroles tristement plaisantes. Mes yeux rougissaient, mais comprenait-elle un regard? La vie des jeunes gens est soumise à de singuliers caprices ! Pendant le voyage, chaque tour de roue réveilla des pensées qui me brûlèrent le cœur : j'essayai de détacher une planche au fond de la voiture en espérant glisser sur le pavé; mais, rencontrant des obstacles invincibles, je me pris à rire convulsivement et demeurai dans un calme morne, hébété comme un homme au carcan. A mon arrivée au logis, aux premiers mots que je balbutiai, Pauline m'interrompit en disant : — Si vous n'avez pas de monnaie... Ah! la musique de Rossini n'était rien auprès de ces paroles. Mais revenons aux Funambules. Pour pouvoir y conduire la comtesse, je pensai à mettre en gage le cercle d'or dont le portrait de ma mère était entouré. Quoique le mont-de-piété se fût toujours dessiné dans ma pensée comme une des portes du bagne, il valait encore mieux y porter mon lit moi-même que de solliciter une aumône. Le regard d'un homme à qui vous demandez de l'argent fait tant de mal ! Certains emprunts nous coûtent notre bonheur, comme certains refus prononcés par une bouche amie nous enlèvent une dernière illusion. Pauline travaillait, sa mère était couchée. Jetant un regard furtif sur le lit, dont les rideaux étaient légèrement relevés, je crus madame Gaudin profondément endormie, en apercevant au milieu de l'ombre son profil calme et jaune imprimé sur l'oreiller. — Vous avez du chagrin, me dit Pauline, qui posa son pinceau sur son coloriage. — Ma pauvre enfant, vous pouvez me rendre un grand service, lui répondis-je. Elle me regarda d'un air si heureux, que je tressaillis. — M'aimerait-elle ? pensai-je. — Pauline ? repris-je. Et je m'assis près d'elle pour la bien étudier. Elle me devina, tant mon accent était interrogateur, elle baissa les yeux, et je l'examinai, croyant pouvoir lire dans son cœur comme dans le mien ; sa physionomie était naïve et pure. — Vous m'aimez ? lui dis-je. — Un peu, passionnément, pas du tout, s'écria-t-elle. Elle ne m'aimait pas. Son accent moqueur et la gentillesse du geste qui lui échappa peignaient seulement une folâtre reconnaissance de jeune fille. Je lui avouai donc ma détresse, l'embarras dans lequel je me trouvais, et la priai de m'aider. — Comment, monsieur Raphaël, dit-elle, vous ne voulez pas aller au mont-de-piété, et vous m'y envoyez ! Je rougis, confondu par la logique d'un enfant. Elle me prit alors la main, comme si elle eût compenser par une caresse la vérité de son exclamation. Oh ! j'irais bien, dit-elle, mais la course est inutile. Ce matin, j'ai trouvé derrière le piano deux pièces de cent sous qui s'étaient glissées à votre insu entre le mur et la barre, et je les ai mises sur votre table. — Vous devez bientôt recevoir de l'argent, monsieur Raphaël, me dit la bonne mère, qui montra sa tête entre les rideaux ; je puis bien vous prêter quelques écus en attendant. — Oh ! Pauline, m'écriai-je en lui serrant la main, je voudrais être riche. — Bah ! pourquoi ? dit-elle d'un air mutin. Sa main tremblait dans la mienne répondait à tous les battements de mon cœur, elle retira vivement ses doigts, examina les miens : — Vous épouserez une femme riche, dit-elle, mais elle vous donnera bien du chagrin. Ah ! Dieu ! elle vous tuera. J'en suis sûre. Il y avait dans son cri une sorte de croyance aux folles superstitions de sa mère. — Vous êtes bien crédule, Pauline ! — Oh ! bien certainement ! dit-elle en me regardant avec terreur, la femme que vous aimerez vous tuera. Elle reprit son pinceau, le trempa dans la couleur en laissant paraître une vive émotion, et ne me regarda plus. En ce moment, j'aurais bien voulu croire à des chimères. Un homme n'est pas tout à fait misérable quand il est superstitieux. Une superstition est une espérance. Retiré dans ma chambre, je vis en effet deux nobles écus, dont la présence me parut inexplicable. Au sein des pensées confuses du premier sommeil, je tâchai de vérifier mes dépenses pour me justifier cette trouvaille inespérée, mais je m'endormis perdu dans d'inutiles calculs. Le lendemain, Pauline vint me voir au moment où je sortais pour aller louer une loge. — Vous n'avez peut-être pas assez de dix francs, me dit en rougissant cette bonne et aimable fille, ma mère m'a chargée de vous offrir cet argent. Prenez ! prenez ! Elle jeta trois écus sur ma table, et voulut se sauver ; mais je la retins. L'admiration sécha les larmes qui roulaient dans mes yeux : — Pauline, lui dis-je, vous êtes un ange ! Ce prêt me touche bien moins que la pudeur de sentiment avec laquelle vous me l'offrez. Je désirais une femme riche, élégante, titrée, hélas ! maintenant je voudrais posséder des millions et rencontrer une jeune fille pauvre comme vous, et comme vous riche de cœur, je renoncerais à une passion fatale qui me tuera. Vous aurez peut-être raison. — Assez ! dit-elle. Elle s'enfuit, et sa voix de rossignol, ses roulades fraîches, retentirent dans l'escalier. — Elle est bien heureuse de ne pas aimer encore ! me dis-je en pensant aux tortures que je souffrais depuis plusieurs mois. Les quinze francs de Pauline me furent bien précieux. Fœdora, songeant aux émanations populacières de la salle où nous devions rester pendant quelques heures, regretta de ne pas avoir un bouquet ; j'allai lui chercher des fleurs ; je lui apportai ma vie et ma fortune.

J'eus à la fois des remords et des plaisirs en lui donnant un bouquet dont le prix me révéla tout ce que la galanterie superficielle en usage dans le monde avait de dispendieux. Bientôt elle se plaignit de l'odeur un peu trop forte d'un jasmin du Mexique, elle éprouva une intolérable dégoût en voyant la salle, en se trouvant assise sur de dures banquettes ; elle me reprocha de l'avoir amenée là. Quoiqu'elle fût près de moi, elle voulut s'en aller, elle s'en alla. M'imposer des nuits sans sommeil, avoir dissipé deux mois de mon existence, et ne pas lui plaire ! Jamais ce démon ne fut ni plus gracieux ni plus insensible. Pendant la route, assis près d'elle dans un étroit coupé, je respirais son souffle, je touchais son gant parfumé, je voyais distinctement les trésors de sa beauté, je sentais une vapeur douce comme l'iris : toute la femme et point de femme. En ce moment, un trait de lumière me permit de voir les profondeurs de cette vie mystérieuse. Je pensai tout à coup au livre récemment publié par un poète, une vraie conception d'artiste taillée dans la statue de Polyclès. Je croyais voir ce monstre qui, tantôt officier, dompte un cheval fougueux, tantôt jeune fille, se met à sa toilette et désespère ses amants, amant, désespère une vierge douce et modeste. Ne pouvant plus résoudre autrement Fœdora, je lui racontai cette histoire fantastique : rien ne décela sa ressemblance avec cette poésie de l'impossible ; elle s'en amusa de bonne foi, comme un enfant d'une fable prise aux *Mille et une Nuits*. Pour résister à l'amour d'un homme de mon âge, à la chaleur communicative de cette belle contagion de l'âme, Fœdora doit être gardée par quelque mystère, me dis-je en revenant chez moi. Peut-être, semblable à lady Delacour, est-elle dévorée par un cancer ? Sa vie est sans doute une vie artificielle. A cette pensée, j'eus froid. Puis je formai le projet le plus extravagant et le plus raisonnable en même temps auquel un amant puisse jamais songer. Pour examiner cette femme corporellement comme je l'avais étudiée intellectuellement, pour la connaître enfin tout entière, je résolus de passer une nuit chez elle, dans sa chambre, à son insu. Voici comment j'exécutai cette entreprise, qui me dévorait l'âme comme un désir de vengeance mord le cœur d'un moine corse. Aux jours de réception, Fœdora réunissait une assemblée trop nombreuse pour qu'il fût possible au portier d'établir une balance exacte entre les entrées et les sorties. Sûr de pouvoir rester dans la maison sans y causer de scandale, j'attendis impatiemment la prochaine soirée de la comtesse. En m'habillant, je mis dans la poche de mon gilet un petit canif anglais, à défaut de poignard. Trouvé sur moi, cet instrument littéraire n'avait rien de suspect, et, ne sachant jusqu'où me conduirait ma résolution romanesque, je voulais être armé. Lorsque les salons commencèrent à se remplir, j'allai dans la chambre à coucher examiner les choses, et trouvai les persiennes et les volets fermés, ce fut un premier bonheur ; comme la femme de chambre pourrait venir pour détacher les rideaux drapés aux fenêtres, je lâchai leurs embrasses, et je risquais beaucoup en me hasardant ainsi à faire le ménage par avance, mais je m'étais soumis aux périls de ma situation et les avais froidement calculés. Vers minuit, je vins me cacher dans l'embrasure d'une fenêtre. Afin de ne pas laisser voir mes pieds, j'essayai de grimper sur la plinthe de la boiserie, le dos appuyé contre le mur, en me cramponnant à l'espagnolette. Après avoir étudié mon équilibre, mes points d'appui, mesuré l'espace qui me séparait des rideaux, je parvins à me familiariser avec les difficultés de ma position, de manière à demeurer là sans être découvert, si les crampes, la toux et les éternuements me laissaient tranquille. Pour ne pas me fatiguer inutilement, je me tins debout en attendant le moment critique pendant lequel je devais rester suspendu comme une araignée dans sa toile. La moire blanche et la mousseline des rideaux formaient devant moi de gros plis semblables à des tuyaux d'orgue, où je pratiquai des trous avec mon canif afin de voir par ces espèces de meurtrières. J'entendais vaguement le murmure des salons, les rires des causeurs, leurs éclats de voix. Ce tumulte vaporeux, cette sourde agitation, diminua par degrés. Quelques hommes vinrent prendre leurs chapeaux placés près de moi, sur la commode de la comtesse. Quand ils froissaient les rideaux, je frissonnais en pensant aux distractions, aux hasards de ces recherches faites par des gens pressés de partir et qui furetaient alors partout. J'augurai bien de l'entreprise en n'éprouvant aucun de ces malheurs. Le dernier chapeau fut emporté par un vieil amoureux de Fœdora, qui, se croyant seul, regarda le lit, et poussa un gros soupir suivi de je ne sais quelle exclamation assez énergique. La comtesse, qui n'avait plus autour d'elle, dans le boudoir voisin de sa chambre, que cinq ou six personnes intimes, leur proposa d'y prendre le thé. Les calomnies, pour lesquelles la société actuelle a réservé le peu de croyance qui lui reste, se mêlèrent alors à des épigrammes, à des jugements spirituels, au bruit des tasses et des cuillers. Sans pitié pour mes rivaux, Rastignac excitait un rire fou par de mordantes saillies. — M. de Rastignac est un homme avec lequel il ne faut pas se brouiller, dit la comtesse en riant. — Je le crois, répondit-il naïvement. J'ai toujours eu raison dans mes haines. Et dans mes amitiés, ajouta-t-il. Mes ennemis me servent autant que mes amis peut-être. J'ai fait une étude assez spéciale de l'idiome moderne et des artifices naturels dont on se sert pour tout attaquer ou tout défendre. L'éloquence ministérielle est un perfectionnement social. — De vos amis est-il sans esprit ? vous parlez de sa probité, de sa franchise. L'ouvrage d'un autre est-il lourd ? vous le présentez comme un travail consciencieux. Si le livre est mal écrit, vous en vantez les idées. Tel homme est sans foi, sans constance, vous échappe à tout moment ? Bah ! il est séduisant, prestigieux, il charme. S'agit-il de vos ennemis ? vous leur jetez à la tête les morts et les vivants, vous renversez pour eux les termes de votre langage, et vous êtes aussi perspicace à découvrir leurs défauts que vous êtes habile à mettre en relief les vertus de vos amis. Cette application de la lorgnette à la vue morale est le secret de nos conversations et tout l'art du courtisan. N'en pas user, c'est vouloir combattre sans armes des gens bardés de fer comme des chevaliers bannerets. Et j'en use! j'en abuse même quelquefois. Aussi me respecte-t-on moi et mes amis, car, d'ailleurs, mon épée vaut ma langue.

Elle me prit alors la main. — PAGE 31.

Un des plus fervents admirateurs de Fœdora, jeune homme dont l'impertinence était célèbre, et qui s'en faisait même un moyen de parvenir, releva le gant si dédaigneusement jeté par Rastignac. Il se mit, en parlant de moi, à vanter outre mesure mes talents et ma personne. Rastignac avait oublié ce genre de médisance. Cet éloge sardonique trompa la comtesse, qui m'immola sans pitié: pour amuser ses amis, elle abusa de mes secrets, de mes prétentions et de mes espérances. — Il a de l'avenir, dit Rastignac. Peut-être sera-t-il un jour homme à prendre de cruelles revanches: ses talents égalent au moins son courage; aussi regardé-je comme bien hardis ceux qui s'attaquent à lui, car il a de la mémoire... — Et fait des mémoires, dit la comtesse, à qui parut déplaire le profond silence qui régna. — Des mémoires de fausse comtesse, madame, répliqua Rastignac. Pour les écrire, il faut avoir une autre sorte de courage. — Je lui crois beaucoup de courage, reprit-elle, il m'est fidèle. Il me prit une vive tentation de me montrer soudain aux rieurs comme l'ombre de Banquo dans Macbeth. Je perdais une maîtresse, mais j'avais un ami! Cependant l'amour me souffla tout à coup un de ces lâches et subtils paradoxes avec lesquels il sait endormir toutes nos douleurs. Si Fœdora m'aime, pensé-je, ne doit-elle pas dissimuler son affection sous une plaisanterie malicieuse? Combien de fois le cœur n'a-t-il pas démenti les mensonges de la bouche? Enfin bientôt mon impertinent rival, resté seul avec la comtesse, voulut partir. — Eh quoi! déjà? lui dit-elle avec un son de voix plein de câlineries et qui me fit palpiter. Ne me donnerez-vous pas encore un moment? N'avez-vous donc plus rien à me dire, et ne me sacrifierez-vous point quelques-uns de vos plaisirs? Il s'en alla. — Ah! s'écria-t-elle en bâillant, ils sont tous bien ennuyeux! Et, tirant avec force un cordon, le bruit d'une sonnette retentit dans les appartements. La comtesse rentra dans sa chambre en fredonnant une phrase du *Pria che spunti*. Jamais personne ne l'avait entendue chanter, et ce mutisme donnait lieu à de bizarres interprétations. Elle avait, dit-on, promis à son premier amant, charmé de ses talents et jaloux d'elle par delà le tombeau, de ne donner à personne un bonheur qu'il voulait avoir goûté seul. Je tendis les forces de mon âme pour aspirer les sons. De note en note la voix s'éleva. Fœdora sembla s'animer, les richesses de son gosier se déployèrent, et cette mélodie prit alors quelque chose de divin. La comtesse avait dans l'organe une clarté vive, une justesse de ton, je ne sais quoi d'harmonique et de vibrant qui pénétrait, remuait et chatouillait le cœur. Les musiciennes sont presque toujours amoureuses.

Celle qui chantait ainsi devait savoir bien aimer. La beauté de cette voix fut donc un mystère de plus dans une femme déjà si mystérieuse. Je la voyais alors comme je te vois: elle paraissait s'écouter elle-même et ressentir une volupté qui lui fût particulière; elle éprouvait comme une jouissance d'amour. Elle vint devant la cheminée en achevant le principal motif de ce rondo; mais, quand elle se tut, sa physionomie changea, ses traits se décomposèrent, et sa figure exprima la fatigue. Elle venait d'ôter un masque; actrice, son rôle était fini. Cependant l'espèce de flétrissure imprimée à sa beauté par son travail d'artiste, ou par la lassitude de la soirée, n'était pas sans charme. La voilà vraie, me dis-je. Elle mit, comme pour se chauffer, un pied sur la barre de bronze qui surmontait le garde-cendre, ôta ses gants, détacha ses bracelets, et enleva par-dessus sa tête une chaîne d'or au bout de laquelle était suspendue sa cassolette ornée de pierres précieuses.

Fœdora.

J'éprouvais un plaisir indicible à voir ses mouvements empreints de la gentillesse dont les chattes font preuve en se toilettant au soleil. Elle se regarda dans la glace, et dit tout haut d'un air de mauvaise humeur: Je n'étais pas jolie ce soir, mon teint se fane avec une effrayante rapidité. Je devrais peut-être me coucher plus tôt, renoncer à cette vie dissipée. Mais Justine se moque-t-elle de moi? Elle sonna de nouveau, la femme de chambre accourut. Où logeait-elle? je ne sais. Elle arriva par un escalier dérobé. J'étais curieux de l'examiner. Mon imagination de poëte avait souvent incriminé cette invisible servante, grande fille brune, bien faite. — Madame a sonné? — Deux fois, répondit Fœdora. Vas-tu donc maintenant devenir sourde? — J'étais à faire le lait d'amandes de madame. Justine s'agenouilla, défit les cothurnes des souliers, déchaussa sa maîtresse, qui nonchalamment étendue sur un fauteuil à ressorts, au coin du feu, bâillait en se grattant la tête. Il n'y avait rien que de très-naturel dans tous ses mouvements, et nul symptôme ne me révéla ni les souffrances secrètes, ni les passions que j'avais supposées. — Georges est amoureux, dit-elle, je le renverrai. N'a-t-il pas encore défait les rideaux ce soir? A quoi pense-t-il? A cette observation, tout mon sang reflua vers mon cœur, mais il ne fut plus question des rideaux. — L'existence est bien vide, reprit la comtesse. Ah çà! prends garde de m'égratigner comme hier. Tiens, vois-tu, dit-elle en lui montrant un petit genou satiné, je porte encore la marque de tes griffes. Elle mit ses pieds nus dans des pantoufles de velours fourrées de cygne, et détacha sa robe pendant que Justine prit un peigne pour lui arranger les cheveux. — Il faut vous marier, madame, avoir des enfants. — Des enfants! il ne me manquerait plus que cela pour m'achever! s'écria-t-elle. Un mari! Quel est l'homme auquel je pourrais me... Étais-je bien coiffée ce soir? — Mais, pas très-bien. — Tu es une

cotte. — Rien ne vous va plus mal que de trop crêper vos cheveux, reprit Justine. Les grosses boucles bien lisses vous sont plus avantageuses. — Vraiment? — Mais oui, madame, les cheveux crêpés clair ne vont bien qu'aux blondes.
— Me marier? non, non. Le mariage est un trafic pour lequel je ne suis pas née. Quelle épouvantable scène pour un amant! Cette femme solitaire, sans parents, sans amis, athée en amour, ne croyant à aucun sentiment; et, quelque faible que fût en elle ce besoin d'épanchement cordial, naturel à toute créature humaine, réduite pour le satisfaire à causer avec sa femme de chambre, à dire des phrases sèches ou des riens! j'en eus pitié. Justine la délaça. Je la contemplai curieusement au moment où le dernier voile s'enleva. Elle avait un corsage de vierge qui m'éblouit; à travers sa chemise et à la lueur des bougies, son corps blanc et rose étincela comme une statue d'argent qui brille sous son enveloppe de gaze. Non, nulle imperfection ne devait lui faire redouter les yeux furtifs de l'amour. Hélas! un beau corps triomphera toujours des résolutions les plus martiales. La maîtresse s'assit devant le feu, muette et pensive, pendant que la femme de chambre allumait la bougie de la lampe d'albâtre suspendue devant le lit. Justine alla chercher une bassinoire, prépara le lit, aida sa maîtresse à se coucher; puis, après un temps assez long employé par de minutieux services qui accusaient la profonde vénération de Fœdora pour elle-même, cette fille partit. La comtesse se retourna plusieurs fois, elle était agitée, elle soupirait; ses lèvres laissaient échapper un léger bruit perceptible

le cœur. Insensiblement elle resta sans mouvement. J'eus peur, mais bientôt j'entendis retentir la respiration égale et forte d'une personne endormie: j'écartai la soie criarde des rideaux, quittai ma position et vins me placer au pied de son lit, en la regardant avec un sentiment indéfinissable. Elle était ravissante ainsi. Elle avait la tête sous le bras comme un enfant; son tranquille et joli visage enveloppé de dentelles exprimait une suavité qui m'enflamma. Présumant trop de moi-même, je n'avais pas compris mon supplice: être si près et si loin d'elle. Je fus obligé de subir toutes les tortures que je m'étais préparées. Mon Dieu! ce lambeau d'une pensée inconnue, que je devais remporter pour toute lumière, avait tout à coup changé mes idées sur Fœdora. Ce mot insignifiant ou profond, sans substance ou plein de réalités, pouvait s'interpréter également par le bonheur ou par la souffrance, par une douleur de corps ou par des peines. Était-ce imprécation ou prière, souvenir ou avenir, regret ou crainte? Il y avait toute une vie dans cette parole, vie d'indigence ou de richesse; il y tenait même un crime! L'énigme cachée dans ce beau semblant de femme renaissait, Fœdora pouvait être expliquée de tant de manières, qu'elle devenait inexplicable. Les fantaisies du souffle qui passait entre ses dents, tantôt faible, tantôt accentué, grave ou léger, formaient une sorte de langage auquel j'attachais des pensées et des sentiments. Je rêvais avec elle, j'espérais m'initier à ses secrets en pénétrant dans son sommeil, je flottais entre mille partis contraires, entre mille jugements. A voir ce beau visage, calme et

Je lui jetai ma haine dans un regard, et je m'enfuis. — PAGE 35.

Le garçon de banque. — PAGE 36.

à l'ouïe et qui indiquait des mouvements d'impatience; elle avança la main vers la table, y prit une fiole, versa dans son lait avant de le boire quelques gouttes d'une liqueur dont je ne distinguai pas la nature; puis, après quelques soupirs pénibles, elle s'écria: Mon Dieu! Cette exclamation, et surtout l'accent qu'elle y mit, me brisa

pur, il me fut impossible de refuser un cœur à cette femme. Je résolus de faire encore une tentative. En lui racontant ma vie, mon amour, mes sacrifices, peut-être pourrais-je réveiller en elle la pitié, lui arracher une larme, à celle qui ne pleurait jamais. J'avais placé toutes mes espérances dans cette dernière épreuve, quand le tapage

de la rue m'annonça le jour. Il y eut un moment où je me représentai Fœdora se réveillant dans mes bras. Je pouvais me mettre tout doucement à ses côtés, m'y glisser... et l'étreindre. Cette idée me tyrannisa si cruellement, que, voulant y résister, je me sauvai dans le salon sans prendre aucune précaution pour éviter le bruit, mais j'arrivai heureusement à une porte dérobée qui donnait sur un petit escalier. Ainsi que je le présumai, la clef se trouvait à la serrure, je tirai la porte avec force, je descendis hardiment dans la cour, et sans regarder si j'étais vu, je sautai vers la rue en trois bonds. Deux jours après, un auteur devait lire une comédie chez la comtesse ; j'y allai dans l'intention de rester le dernier pour lui présenter une requête assez singulière. Je voulais la prier de m'accorder la soirée du lendemain, et de me la consacrer tout entière, en faisant fermer sa porte. Quand je me trouvai seul avec elle, le cœur me faillit. Chaque battement de la pendule m'épouvantait. Il était minuit moins un quart.
— Si je ne lui parle pas, me dis-je, il faut me briser le crâne sur l'angle de la cheminée. Je m'accordai trois minutes de délai, les trois minutes se passèrent, je ne me brisai pas le crâne sur le marbre, mon cœur s'était alourdi comme une éponge dans l'eau. — Vous êtes extrêmement aimable, me dit-elle. — Ah! madame, répondis-je, si vous pouviez me comprendre! — Qu'avez-vous? reprit-elle, vous palissez. — J'hésite à réclamer de vous une grâce. Elle m'encouragea par un geste, et je lui demandai le rendez-vous. — Volontiers, dit-elle. Mais pourquoi ne me parleriez-vous pas en ce moment? — Pour ne pas vous tromper, je dois vous montrer l'étendue de votre engagement, je désire passer cette soirée près de vous, comme si nous étions frère et sœur. Soyez sans crainte, je connais vos antipathies ; vous m'avez vu en apprécier assez pour être certaine que je ne veux rien de vous qui puisse vous déplaire ; d'ailleurs, les audacieux ne procèdent pas ainsi. Vous m'avez témoigné de l'amitié, vous êtes bonne, pleine d'indulgence. Eh bien! sachez que je dois vous dire adieu demain. Ne vous rétractez pas, m'écriai-je en la voyant prête à parler, et je disparus. En mai dernier, vers huit heures du soir, je me trouvai seul avec Fœdora, dans son boudoir gothique. Je ne tremblai pas alors, j'étais sûr d'être heureux. Ma maîtresse devait m'appartenir, ou je me réfugiais dans les bras de la mort. J'avais condamné mon lâche amour. Un homme est bien fort quand il s'avoue sa faiblesse. Vêtue d'une robe de cachemire bleu la comtesse était étendue sur un divan, les pieds sur un coussin. Un béret oriental, coiffure que les peintres attribuent aux premiers Hébreux, ajouté je ne sais quel piquant attrait d'étrangeté à ses séductions. Sa figure était empreinte d'un charme fugitif, qui semblait prouver que nous sommes à chaque instant des êtres nouveaux, uniques, sans aucune similitude avec le nous de l'avenir et le nous du passé. Je ne l'avais jamais vue aussi éclatante. — Savez-vous, dit-elle en riant, que vous avez piqué ma curiosité? — Je ne la tromperai pas, répondis-je froidement, en m'asseyant près d'elle et lui prenant une main qu'elle m'abandonna. Vous avez une bien belle voix! — Vous ne m'avez jamais entendue, reprit-elle en laissant échapper un mouvement de surprise. — Je vous prouverai le contraire quand cela sera nécessaire. Votre chant délicieux serait-il donc encore un mystère? Rassurez-vous je ne veux pas le pénétrer. Nous restâmes environ une heure à causer familièrement. Je pris le ton, les manières et les gestes d'un homme auquel Fœdora ne devait rien refuser, j'eus aussi tout le respect d'un amant. En jouant ainsi, j'obtins la faveur de lui baiser la main ; elle se déganta pour un mouvement mignon, et j'étais alors si voluptueusement enfoncé dans l'illusion à laquelle j'essayais de croire, que mon âme se fondit et s'épancha dans ce baiser. Fœdora se laissa flatter, caresser avec un incroyable abandon. Mais ne m'accuse pas de niaiserie, si j'avais voulu faire un pas de plus au delà de cette câlinerie fraternelle, j'eusse senti les griffes de la chatte. Nous restâmes dix minutes environ plongés dans un profond silence. Je l'admirais, lui prêtant des charmes auxquels elle mentait. En ce moment, elle était à moi, à moi seul. Je possédais cette ravissante créature comme il était permis de la posséder, intuitivement ; je l'enveloppai dans mon désir. Je tins, la serrai, mon imagination l'épousa. Je vainquis alors la comtesse par la puissance d'une fascination magnétique. Aussi ai-je toujours regretté de ne pas m'être entièrement soumis à cette femme, en ce moment, je n'en voulais pas à son corps, je souhaitais une âme, une vie, ce bonheur idéal et complet, beau rêve auquel nous ne croyons pas longtemps.

— Madame, lui dis-je enfin, vers la dernière heure de mon ivresse était arrivée, écoutez-moi. Je vous aime, vous le savez, je vous l'ai dit mille fois, vous auriez dû m'entendre. Ne voulant devoir votre amour ni à des grâces de fat, ni à des flatteries ou à des importunités de niais, je n'ai pas été compris. Combien de maux n'ai-je pas soufferts pour vous, et dont cependant vous êtes innocente! Mais dans quelques moments vous me jugerez. Il y a deux misères, madame : celle qui va par les rues effrontément, en haillons, qui, sans le savoir, recommence Diogène, se nourrissant de peu, réduisant la vie au simple heureux plus que la richesse peut-être, insouciante du monde, elle prend le monde là où les puissants n'en veulent plus. Puis la misère du luxe, une misère espagnole, qui cache la mendicité sous un titre ; fière, emplumée, cette misère en gilet blanc, en gants

jaunes, a des carrosses, et perd une fortune faute d'un centime. L'une est la misère du peuple ; l'autre celle des escrocs, des rois et des gens de talent. Je ne suis ni peuple, ni roi, ni escroc, peut-être n'ai-je pas de talent : je suis une exception. Mon nom m'ordonne de mourir plutôt que de mendier. Rassurez-vous madame, je suis riche aujourd'hui, je possède de la terre tout ce qu'il m'en faut, lui dis-je en voyant sa physionomie prendre la froide expression qui se peint dans nos traits quand nous sommes surpris par des quêteuses de bonne compagnie. Vous souvenez-vous du jour où vous avez voulu venir au Gymnase sans moi, croyant que je ne m'y trouverais point? Elle fit un signe de tête affirmatif. J'avais employé mon dernier écu pour aller vous y voir. Vous rappelez-vous la promenade où vous m'avez mené au Jardin des Plantes? Votre voiture me coûta toute ma fortune. Je lui racontai mes sacrifices, lui peignis ma vie, non pas comme je le raconte aujourd'hui, dans l'ivresse du vin, mais dans la noble ivresse du cœur. Ma passion déborda par des mots flamboyants, par des traits de sentiment oubliés depuis, et que ni l'art ni le souvenir ne sauraient reproduire. Ce ne fut pas la narration sans chaleur d'un amour détesté, mon amour dans sa force et dans la beauté de son espérance m'inspira ces paroles qui projettent toute une vie en répétant les cris d'une âme déchirée. Mon accent fut celui des dernières prières faites par un mourant sur le champ de bataille. Elle pleura. Je m'arrêtai. Grand Dieu! ses larmes étaient le fruit de cette émotion factice achetée cent sous à la porte d'un théâtre, j'avais eu le succès d'un bon acteur. — Si j'avais su, dit-elle. — N'achevez pas, m'écriai-je. Je vous aime encore assez en ce moment pour vous tuer... Elle voulut saisir le cordon de la sonnette. J'éclatai de rire. N'appelez pas, repris-je. Je vous laisserai paisiblement achever votre vie. Ce serait mal entendre la haine que de vous tuer! Ne craignez aucune violence ; j'ai passé toute une nuit au pied de votre lit sans... — Monsieur... dit-elle en rougissant. Mais, après ce premier mouvement donné à la pudeur que doit posséder toute femme, même la plus insensible, elle me jeta un regard méprisant et me dit : Vous avez dû avoir bien froid! — Croyez-vous, madame, que votre beauté me soit si précieuse? lui répondis-je en devinant les pensées qui l'agitaient. Votre figure est pour moi la promesse d'une âme plus belle encore que vous n'êtes belle. Eh! madame, les hommes qui ne voient que la femme dans une femme peuvent acheter tous les soirs des odalisques dignes du sérail et se rendre heureux à bas prix! Mais j'étais ambitieux, je voulais vivre cœur à cœur avec vous, avec vous qui n'avez pas de cœur. Je le sais maintenant. Si vous deviez être à un homme, je l'assassinerais. Mais non, vous l'aimeriez, et sa mort vous ferait peut-être de la peine. Combien je souffre! m'écriai-je. — Si cette promesse peut vous consoler, dit-elle en riant, je puis vous assurer que je n'appartiendrai à personne. — Eh bien! repris-je, en l'interrompant, vous insultez à Dieu même, et vous en serez punie. Un jour, couchée sur un divan, ne pouvant supporter ni le bruit ni la lumière, condamnée à vivre dans une sorte de tombe, vous souffrirez des maux inouïs. Quand vous chercherez la cause de ces lentes et vengeresses douleurs, souvenez-vous alors des malheurs que vous avez si largement jetés sur votre passage! Ayant semé partout des imprécations, vous trouverez la haine au retour. Nous sommes les propres juges, les bourreaux d'une justice qui règne ici-bas, et marche au-dessus de celle des hommes, au-dessous de celle de Dieu. — Ah! dit-elle en riant, je suis sans doute bien criminelle de ne pas vous aimer! Est-ce ma faute? Non, je ne vous aime pas, vous êtes un homme, cela suffit. Je me trouve heureuse d'être seule, pourquoi changerais-je ma vie, égoïste si vous voulez, contre les caprices d'un maître? Le mariage est un sacrement en vertu du quel nous ne nous communiquons que des chagrins. D'ailleurs, les enfants m'ennuient. Ne vous ai-je pas loyalement prévenu de mon caractère? Pourquoi ne vous êtes-vous pas contenté de mon amitié? Je voudrais pouvoir consoler les peines que je vous ai causées en ne devinant pas le compte de vos petits écus, j'apprécie l'étendue de vos sacrifices, mais l'amour peut seul payer votre dévouement, vos délicatesses, et je vous aime si peu, que cette scène m'affecte désagréablement. — Je sens combien je suis ridicule, pardonnez-moi, lui dis-je avec douceur sans pouvoir retenir mes larmes. Je vous aime assez, repris-je, pour écouter avec délices les cruelles paroles que vous prononcez. Oh! je voudrais pouvoir signer mon amour de tout mon sang. — Tous les hommes nous disent plus ou moins bien ces phrases classiques, reprit-elle en riant. Mais il paraît qu'il est très-difficile de mourir à nos pieds, car je rencontre de ces morts-là partout. Il est minuit, permettez-moi de me coucher. — Et dans deux heures vous écrierez : Mon Dieu! lui dis-je. — Avant-hier! Oui, dit-elle en riant, je pensais à mon agent de change, j'avais oublié de lui faire convertir mes rentes de cinq en trois, et dans la journée, le trois avait baissé. Je la contemplais d'un œil étincelant de rage. Ah! quelquefois un crime doit être tout un poème, je l'ai compris. Familiarisée sans doute avec les déclarations les plus passionnées, elle avait déjà oublié mes larmes et mes paroles. — Épouseriez-vous un pair de France? lui demandai-je froidement. — Peut-être, s'il était duc. Je pris mon chapeau, je la saluai. Permettez-moi de vous accompagner jusqu'à la porte de mon appartement, dit-elle en mettant une ironie perçante dans son geste, dans la pose de sa tête et dans son accent. — Madame... — Monsieur? — Je ne vous verrai plus. — Je l'espère, répondit-elle en inclinant la tête avec une impertinente expression. — Vous voulez être duchesse? repris-je, animé par une sorte de frénésie que son geste alluma dans mon cœur. Vous êtes folle de titres et d'honneurs? Eh bien! laissez-vous seulement aimer par moi, dites à ma plume de ne parler, à ma voix de ne retentir que pour vous, soyez le principe secret de ma vie, soyez mon étoile. Puis ne m'acceptez pour époux que ministre, pair de France, duc. Je me ferai tout ce que vous voudrez que je sois. — Vous avez, dit-elle en souriant, assez bien employé votre temps chez l'avoué, vos plaidoyers ont de la chaleur. — Tu as le présent, m'écriai-je, et moi l'avenir. Je ne perds qu'une femme, et tu perds un nom, une famille. Le temps est gros de ma vengeance, il t'apportera la laideur et une mort solitaire, à moi la gloire! — Merci de la péroraison, dit-elle en retenant un bâillement et témoignant par son attitude le désir de ne plus me voir. Ce mot m'imposa silence. Je lui jetai ma haine dans un regard et je m'enfuis.

Il fallait oublier Fœdora, me guérir de ma folie, reprendre ma studieuse solitude ou mourir. Je m'imposai donc des travaux exorbitants, je voulus achever mes ouvrages. Pendant quinze jours je ne sortis pas de ma mansarde, et consumai toutes mes nuits en de pâles études. Malgré mon courage et les inspirations de mon désespoir, je travaillais difficilement, par saccades. La muse avait fui. Je ne pouvais chasser le fantôme brillant et moqueur de Fœdora. Chacune de mes pensées couvait une autre pensée maladive, je ne sais quel désir, terrible comme un remords. J'imitai les anachorètes de la Thébaïde. Sans prier comme eux, comme eux je vivais dans un désert, creusant mon âme au lieu de creuser des rochers. Je me serais au besoin serré les reins avec une ceinture armée de pointes, pour dompter la douleur morale par la douleur physique. Un soir, Pauline pénétra dans ma chambre. — Vous vous tuez, me dit-elle d'une voix suppliante, vous devriez sortir, allez voir vos amis. — Ah! Pauline, votre prédiction était vraie. Fœdora me tue, je veux mourir. La vie m'est insupportable. — Il n'y a donc qu'une femme au monde? dit-elle en souriant. Pourquoi mettez-vous des peines infinies dans une vie si courte? Je regardai Pauline avec stupeur. Elle me laissa seul. Je ne m'étais pas aperçu de sa retraite, j'avais entendu sa voix, sans comprendre le sens de ses paroles. Bientôt je fus obligé de porter le manuscrit de mes mémoires à mon entrepreneur de littérature. Préoccupé par ma passion, j'ignorais comment j'avais pu vivre sans argent, je savais seulement que les quatre cent cinquante francs qui m'étaient dus suffiraient à payer mes dettes, j'allai donc chercher mon salaire, et je rencontrai Rastignac, qui me trouva changé, maigri. — De quel hôpital sors-tu? me dit-il. — Cette femme me tue, répondis-je. Je ne puis ni la mépriser, ni l'oublier. — Il vaut mieux la tuer, tu n'y songeras peut-être plus, s'écria-t-il en riant. — J'y ai bien pensé, répondis-je. Mais si parfois je rafraîchis mon âme par l'idée d'un crime, viol ou assassinat, et les deux ensemble, je me trouve incapable de le commettre en réalité. La comtesse est un admirable monstre qui demanderait grâce, et ce n'est pas Othello qui veut.

— Elle est comme toutes les femmes que nous ne pouvons avoir, dit Rastignac en m'interrompant. — Je suis fou, m'écriai-je. Je sens la folie rugir par moments dans mon cerveau. Mes idées sont comme des fantômes, elles dansent devant moi sans que je puisse les saisir. Je préfère la mort à cette vie. Aussi cherché-je avec conscience le meilleur moyen de terminer cette lutte. Il ne s'agit plus de la Fœdora vivante, de la Fœdora du faubourg Saint-Honoré mais de ma Fœdora, de celle qui est là, dis-je en me frappant le front. Que penses-tu de l'opium? — Bah! des souffrances atroces, répondit Rastignac. — L'asphyxie? — Canaille! — La Seine? — Les filets et la Morgue sont bien sales. — Un coup de pistolet? — Et si tu te manques, tu restes défiguré. Ecoute, reprit-il, j'ai comme tous les gens jeunes médité sur les suicides. Qui de nous, à trente ans, ne s'est pas tué deux ou trois fois? Je n'ai rien trouvé de mieux que d'user l'existence par le plaisir. Plonge-toi dans une dissolution profonde, ta passion ou toi, vous y périrez. L'intempérance, mon cher! est la reine de toutes les morts. Ne commande-t-elle pas à l'apoplexie foudroyante? L'apoplexie est un coup de pistolet qui ne nous manque point. Les orgies nous prodiguent tous les plaisirs physiques, n'est-ce pas l'opium en petite monnaie? En nous forçant de boire à outrance, la débauche porte de mortels défis au vin. Le tonneau de malvoisie du duc de Clarence n'a-t-il pas meilleur goût que les bourbes de la Seine? Quand nous tombons noblement sous la table, n'est-ce pas une petite asphyxie périodique? Si la patrouille nous ramasse, en restant étendus sur les froids du corps de garde, ne jouissons-nous pas des plaisirs de la Morgue, moins les ventres enflés, turgides, bleus, verts, plus l'intelligence de la crise? Ah! reprit-il, ce long suicide n'est pas une mort d'épicier en faillite. Les négociants ont déshonoré la rivière, ils se jettent à l'eau pour attendrir leurs créanciers. A ta place, je tâcherais de mourir avec élégance. Si tu veux créer un nouveau genre de mort en te débattant ainsi contre la vie, je suis ton second. Je m'ennuie, je suis désappointé. Ma veuve me fait du plaisir un vrai bagne. D'ailleurs, j'ai découvert qu'elle a six doigts au pied gauche, je ne puis pas vivre avec une femme qui a six doigts! cela se saurait, je deviendrais ridicule. Elle n'a que dix-huit mille francs de rente, sa fortune diminue et ses doigts augmentent. Au diable! En menant une vie enragée, peut-être trouverons-nous le bonheur par hasard. Rastignac m'entraîna. Ce projet faisait briller de trop fortes séductions, il rallumait trop d'espérances, enfin il avait une couleur trop poétique pour ne pas plaire à un poète. — Et de l'argent? lui dis-je. — N'as-tu pas quatre cent cinquante francs? — Oui, mais je dois à mon tailleur, à mon hôtesse.

— Tu paies ton tailleur! tu ne seras jamais rien, pas même ministre. — Mais que pouvons-nous avec vingt louis? — Aller au jeu. Je frissonnai. — Ah! reprit-il en s'apercevant de ma pruderie, tu veux te lancer dans ce que je nomme le *Système dissipationnel*, et tu as peur d'un tapis vert! — Ecoute, lui répondis-je, j'ai promis à mon père de ne jamais mettre le pied dans une maison de jeu. Non seulement cette promesse est sacrée, mais encore j'éprouve une horreur invincible en passant devant un tripot ; prends mes cent écus, et vas-y seul. Pendant que tu risqueras notre fortune, j'irai mettre mes affaires en ordre, et reviendrai t'attendre chez toi.

Voilà, mon cher, comment je me perdis. Il suffit à un jeune homme de rencontrer une femme qui ne l'aime pas, ou une femme qui l'aime trop, pour que toute sa vie soit dérangée. Le bonheur engloutit nos forces, comme le malheur éteint nos vertus. Revenu à mon hôtel Saint-Quentin, je contemplai longtemps la mansarde où j'avais mené la chaste vie d'un savant, une vie qui peut-être aurait été honorable, longue, et que je n'aurais pas dû quitter pour la vie passionnée qui m'entraînait dans un gouffre. Pauline me surprit dans une attitude mélancolique. — Eh bien! qu'avez-vous? dit-elle. Je me levai froidement et comptai l'argent que je devais à sa mère en y ajoutant le prix de mon loyer pour six mois. Elle m'examina avec une sorte de terreur. — Je vous quitte, ma chère Pauline. — Je l'ai deviné! s'écria-t-elle. — Ecoutez, mon enfant, je ne renonce pas à revenir ici. Gardez-moi ma cellule pendant une demi-année. Si je ne suis pas de retour vers le quinze novembre, vous hériterez de moi. Ce manuscrit caché, dis-je en lui montrant un paquet de papiers, est la copie de mon grand ouvrage sur *la Volonté*, vous le déposerez à la Bibliothèque du Roi. Quant à tout ce que je laisse ici, vous en ferez ce que vous voudrez. Elle me jetait des regards qui pesaient sur mon cœur. Pauline était là comme une conscience vivante. — Je n'aurai plus de leçons, dit-elle en me montrant le piano. Je ne répondis pas. — M'écrirez-vous? — Adieu, Pauline. Je l'attirai doucement à moi, puis sur son front d'amour, vierge comme la neige qui n'a pas touché terre, je mis un baiser de frère, un baiser de vieillard. Elle se sauva. Je ne voulus pas voir madame Gaudin. Je mis ma clef à sa place habituelle et partis. En quittant la rue de Cluny, j'entendis derrière moi le pas léger d'une femme. — Je vous avais brodé cette bourse, la refuserez-vous aussi? me dit Pauline. Je crus apercevoir à la lueur du réverbère une larme dans les yeux de Pauline, et je soupirai. Poussés tous deux par la même pensée peut-être, nous nous séparâmes avec l'empressement de gens qui auraient voulu fuir la peste. La vie de dissipation à laquelle je me vouais apparut devant moi bizarrement exprimée par la chambre où j'attendais avec une noble insouciance le retour de Rastignac. Au milieu de la cheminée s'élevait une pendule surmontée d'une Vénus accroupie sur sa tortue, et qui tenait entre ses bras un cigare à demi consumé. Des meubles élégants, présents de l'amour, étaient épars. De vieilles chaussettes traînaient sur un voluptueux divan. Le confortable fauteuil à ressorts dans lequel j'étais plongé portait des cicatrices comme un vieux soldat, il offrait aux regards ses bras déchirés, et montrait incrustées sur son dossier la pommade et l'huile antique apportées par toutes les têtes d'amis. L'opulence et la misère s'accouplaient naïvement dans le lit, sur les murs, partout. Vous eussiez dit les palais de Naples bordés de lazzaroni. C'était une chambre de joueur ou de mauvais sujet dont le luxe est tout personnel, qui vit de sensations, et des incohérences ne se soucie guère. Ce tableau ne manquait pas d'ailleurs de poésie. La vie s'y dressait avec ses paillettes et ses haillons, soudaine, incomplète comme elle est réellement, mais vive, mais fantasque comme dans une halte où le maraudeur a pillé tout ce qui fait sa joie. Un Byron auquel manquaient des pages avait allumé la flambée du jeune homme qui risque au jeu cent francs et n'a pas une bûche, qui court en tilbury sans posséder une chemise saine et valide. Le lendemain, une comtesse, une actrice ou l'écarté lui donnent un trousseau de roi. Ici la bougie était fichée dans le fourreau vert d'un briquet phosphorique ; là gisait un portrait de femme dépouillé de sa monture d'or ciselé. Comment un jeune homme naturellement avide d'émotions renoncerait-il aux attraits de la vie aussi riche d'oppositions et qui lui donne les plaisirs de la guerre en temps de paix? J'étais presque assoupi quand, d'un coup de pied, Rastignac enfonça la porte de ma chambre, et s'écria : — Victoire! nous pourrons mourir à notre aise. Il me montra son chapeau plein d'or, le mit sur la table, et nous dansâmes autour comme deux cannibales ayant une proie à manger, hurlant, trépignant, sautant, nous donnant des coups de poing à tuer un rhinocéros, et chantant à l'aspect de tous les plaisirs du monde contenus pour nous dans ce chapeau. — Vingt-sept mille francs, répétait

Rastignac en ajoutant quelques billets de banque au tas d'or. A d'autres cet argent suffirait pour vivre, mais nous suffira-t-il pour mourir? Oh! oui, nous expirerons dans un bain d'or. Houra! Et nous cabriolâmes derechef. Nous partageâmes en héritiers, pièce à pièce, commençant par les doubles napoléons, allant des grosses pièces aux petites, et distillant notre joie en disant longtemps : A toi. A moi. — Nous ne dormirons pas, s'écria Rastignac. Joseph, du punch! Il jeta de l'or à son fidèle domestique : — Voilà ta part, dit-il, enterre-toi si tu peux. Le lendemain, j'achetai des meubles chez Lesage, je louai l'appartement où tu m'as connu, rue Taitbout, et chargeai le meilleur tapissier de le décorer. J'eus des chevaux. Je me lançai dans un tourbillon de plaisirs creux et réels tout à la fois. Je jouais, gagnais et perdais tour à tour d'énormes sommes, mais au bal, chez nos amis; jamais dans les maisons de jeu, pour lesquelles je conservai ma sainte et primitive horreur. Insensiblement je me fis des amis. Je dus leur attachement à des querelles ou à cette facilité confiante avec laquelle nous nous livrons nos secrets en nous avilissant de compagnie; mais peut-être aussi ne nous accrochons-nous bien que par nos vices. Je hasardai quelques compositions littéraires qui me valurent des compliments. Les grands hommes de la littérature marchande, ne voyant point en moi de rival à craindre, me vantèrent, moins sans doute pour mon mérite personnel que pour chagriner celui de leurs camarades. Je devins un viveur, pour me servir de l'expression pittoresque consacrée par votre langage d'orgie. Je mettais de l'amour-propre à me tuer promptement, à écraser les plus gais compagnons par ma verve et par ma puissance. J'étais toujours frais, élégant. Je passais pour spirituel. Rien ne trahissait en moi cette épouvantable existence qui fait d'un homme un entonnoir, un appareil à chyle, un cheval de luxe. Bientôt la débauche m'apparut dans toute la majesté de son horreur, et je la compris! Certes les hommes sages et rangés qui étiquettent des bouteilles pour leurs héritiers ne peuvent guère concevoir ni la théorie de cette large vie, ni son état normal. En inculquerez-vous la poésie aux gens de province, pour qui l'opium et le thé, si prodigues de délices, ne sont encore que deux médicaments?

A Paris même, dans cette capitale de la pensée, ne se rencontre-t-il pas des sybarites incomplets. Inhabiles à supporter l'excès du plaisir, ne s'en vont-ils pas fatigués après une orgie, comme le sont ces bons bourgeois qui, après avoir entendu quelque nouvel opéra de Rossini, condamnent la musique? Ne renoncent-ils pas à cette vie, comme un homme sobre ne veut plus manger de pâtés de Ruffec, parce que le premier lui a donné une indigestion? La débauche est certainement un art comme la poésie, et veut des âmes fortes. Pour en saisir les mystères, pour en savourer les beautés, un homme doit en quelque sorte s'adonner à de consciencieuses études. Comme toutes les sciences, elle est d'abord repoussante, épineuse. D'immenses obstacles environnent les grands plaisirs de l'homme, non ses jouissances de détail, mais les systèmes qui érigent en habitude ses sensations les plus rares, les résument, lui fertilisent en lui créant une vie dramatique dans sa vie, en nécessitant une exorbitante, une prompte dissipation de ses forces. La guerre, le pouvoir, les arts, sont des corruptions mises aussi loin de la portée humaine, aussi profondes que l'est la débauche, et toutes deux de difficile accès. Mais quand une fois l'homme a monté à l'assaut de ces grands mystères, ne marche-t-il pas dans un monde nouveau? Les généraux, les ministres, les artistes, sont tous plus ou moins portés vers la dissolution par le besoin d'opposer de violentes distractions à leur existence si fort en dehors de la vie commune. Après tout, la guerre est la débauche du sang, comme la politique est celle des intérêts : tous les excès sont frères. Ces monstruosités sociales possèdent la puissance des abîmes, elles nous attirent comme Sainte-Hélène appelait Napoléon, elles donnent des vertiges, elles fascinent, et nous voulons en voir le fond sans savoir pourquoi. La pensée de l'infini existe peut-être dans ces précipices, peut-être renferment-ils quelque grande flatterie pour l'homme; n'intéresse-t-il pas alors tout à lui-même? Pour contraster avec le paradis de ses heures studieuses, avec les délices de la conception, l'artiste fatigué demande, soit comme Dieu le repos du dimanche, soit comme le diable les voluptés de l'enfer, afin d'opposer le travail des sens au travail de ses facultés. Le délassement de lord Byron ne pouvait pas être le boston babillard qui charme un rentier : poète, il voulait la Grèce à jouer contre Mahmoud. En guerre, l'homme ne devient-il pas un ange exterminateur, une espèce de bourreau, mais gigantesque. Ne faut-il pas des enchantements bien extraordinaires pour nous faire accepter ces atroces douleurs, ennemies de notre frêle enveloppe, qui entourent les passions comme d'une enceinte épineuse? S'il se roule convulsivement et souffre une sorte d'agonie après avoir abusé du tabac, le fumeur n'a-t-il pas assisté je ne sais en quelles régions à de délicieuses fêtes? Sans se donner le temps d'essuyer ses pieds qui trempent dans le sang jusqu'à la cheville, l'Europe n'a-t-elle pas sans cesse recommencé la guerre? L'homme en masse a-t-il donc aussi son ivresse, comme la nature a ses accès d'amour? Pour l'homme privé, pour le Mirabeau qui végète sous le règne paisible et rêve les tempêtes, la débauche comprend tout; elle est une perpétuelle étreinte de toute la vie, ou mieux, un duel avec une puissance inconnue, avec un monstre : d'abord le monstre épouvante, il faut l'attaquer par les cornes, c'est des fatigues inouïes; la nature vous a donné je ne sais quel estomac étroit ou paresseux? vous le domptez, vous l'élargissez, vous apprenez à porter le vin, vous apprivoisez l'ivresse, vous passez les nuits sans sommeil, vous vous faites enfin un tempérament de colonel de cuirassiers, en vous créant vous-même une seconde fois, comme pour fronder Dieu! Quand l'homme s'est ainsi métamorphosé, quand, vieux soldat, le néophyte a façonné son âme à l'artillerie, ses jambes à la marche, sans encore appartenir au monstre, mais sans savoir entre eux quel est le maître, ils se roulent l'un sur l'autre, tantôt vainqueurs, tantôt vaincus, dans une sphère où tout est merveilleux, où s'endorment les douleurs de l'âme, où revivent seulement des fantômes d'idées. Déjà cette lutte atroce est devenue nécessaire. Réalisant ces fabuleux personnages qui, selon les légendes, ont vendu leur âme au diable pour en obtenir la puissance de mal faire, le dissipateur a troqué sa mort contre toutes les jouissances de la vie, mais abondantes, mais fécondes! Au lieu de couler longtemps entre deux rives monotones, au fond d'un comptoir ou d'une étude, l'existence bouillonne et fuit comme un torrent. Enfin la débauche est sans doute au corps ce que sont à l'âme les plaisirs mystiques. L'ivresse vous plonge en des rêves dont les fantasmagories sont aussi curieuses que peuvent l'être celles de l'extase. Vous avez des heures ravissantes comme les caprices d'une jeune fille, des causeries délicieuses avec des amis, des mots qui peignent toute une vie, des joies franches et sans arrière-pensée, des voyages sans fatigue, des poèmes déroulés en quelques phrases. La brutale satisfaction de la bête au fond de laquelle la science a été chercher une âme, est suivie de torpeurs enchanteresses après lesquelles soupirent les hommes ennuyés de leur intelligence. Ne sentent-ils pas tous la nécessité d'un repos complet, et la débauche n'est-elle pas une sorte d'impôt que le génie paye au mal? Vois tous les grands hommes : s'ils ne sont pas voluptueux, la nature les crée chétifs. Moqueuse ou jalouse, une puissance leur vicie l'âme ou le corps pour neutraliser les efforts de leurs talents. Pendant ces heures avinées, les hommes et les choses comparaissent devant vous, vêtus de vos livrées. Roi de la création, vous la transformez à vos souhaits. A travers ce délire perpétuel, le jeu vous verse, à votre gré, son plomb fondu dans les veines. Un jour, vous appartenez au monstre, vous avez alors, comme je l'eus, un réveil enragé: l'impuissance est assise à votre chevet. Vieux guerrier, une phthisie vous dévore; diplomate, un anévrisme suspend dans votre cœur la mort à un fil; moi, peut-être une pulmonie va me dire : « Partons! » comme elle a dit jadis à Raphaël d'Urbin, tué par un excès d'amour. Voilà comment j'ai vécu! J'arrivais ou trop tôt ou trop tard dans la vie du monde; sans doute ma force y eût été dangereuse si je ne l'avais amortie ainsi; l'univers n'a-t-il pas été guéri d'Alexandre par la coupe d'Hercule, à la fin d'une orgie? Enfin, à certaines destinées trompées, il faut le ciel ou l'enfer, la débauche ou l'hospice du mont Saint-Bernard. Tout à l'heure je n'avais pas le courage de moraliser ces deux créatures, dit-il en montrant Euphrasie et Aquilina, n'étaient-elles pas mon histoire personnifiée, une image de ma vie? Je ne pouvais guère les accuser, elles m'apparaissaient comme des juges. Au milieu de ce poème vivant, au sein de cette étourdissante maladie, j'ai cependant deux crises bien fertiles en âcres douleurs. D'abord quelques jours après m'être jeté comme Sardanapale dans mon bûcher, je rencontrai Fœdora, sous le péristyle des Bouffons. Nous attendions nos voitures. — Ah! je vous retrouve encore en vie. Ce mot était la traduction de son sourire, des malicieuses et sourdes paroles qu'elle dit à son sigisbée en lui racontant sans doute mon histoire, et jugeant mon amour comme un amour vulgaire. Elle applaudissait à sa fausse perspicacité. Oh! mourir pour elle, l'adorer encore, la voir dans mes excès, dans mes ivresses, dans le lit des courtisanes, et me sentir victime de sa plaisanterie! Ne pouvoir déchirer ma poitrine et y fouiller mon amour pour le jeter à ses pieds! Enfin, j'épuisai facilement mon trésor; mais trois années de régime m'avaient constitué la plus robuste de toutes les santés, et, le jour où je me trouvai sans argent, je me portais à merveille. Pour continuer de mourir, je signai des lettres de change à courte échéance, et le jour du payement arriva. Cruelles émotions! comme elles font vivre de jeunes cœurs! Je n'étais pas fait pour vieillir encore; mon âme était toujours jeune, vivace et verte. Ma première dette ranima toutes mes vertus, qui vinrent à pas lents et m'apparurent désolées. Je sus transiger avec elles comme avec ces vieilles tantes qui commencent par nous gronder et finissent par nous donner des larmes et de l'argent. Plus sévère, mon imagination me montrait mon nom voyageant de ville en ville, dans les places de l'Europe. Notre nom, c'est nous-même, a dit Eusèbe Salverte. Après des courses vagabondes, j'allais, comme le double d'un Allemand, revenir à mon logis, d'où je n'étais pas sorti, pour me réveiller moi-même en sursaut. Ces hommes de la Banque, ces remords commerciaux, vêtus de gris, portant la livrée de leur maître, une plaque d'argent, jadis je les voyais avec indifférence quand ils allaient par les rues de Paris; mais, aujourd'hui, je les haïssais par avance. Un matin, l'un d'eux ne viendrait-il pas me demander raison des onze lettres de change que j'avais griffonnées? Ma signature valait trois mille francs, je ne les valais pas moi-même.

Les huissiers aux faces insouciantes à tous les désespoirs, même à la mort, se levaient devant moi, comme les bourreaux qui disent à un condamné : — Voici trois heures et demie qui sonnent. Leurs clercs avaient le droit de s'emparer de moi, de griffonner mon nom, de le salir, de s'en moquer. JE DEVAIS! Devoir, est-ce donc s'appartenir ! D'autres hommes ne pouvaient-ils pas me demander compte de ma vie? pourquoi j'avais mangé des puddings à la *chipolata*, pourquoi je buvais à la glace? pourquoi je dormais, marchais, pensais, m'amusais sans les payer? Au milieu d'une poésie, au sein d'une idée, ou à déjeuner, entouré d'amis, de joie, de douces railleries, je pouvais voir entrer un monsieur en habit marron, tenant à la main un chapeau râpé. Ce monsieur sera ma dette, ce sera ma lettre de change, un spectre qui flétrira ma joie, me forcera de quitter la table pour lui parler; il m'enlèvera ma gaieté, ma maîtresse, tout, jusqu'à mon lit. Le remords est plus tolérable, il ne nous met ni dans la rue ni à Sainte-Pélagie, il ne nous plonge pas dans cette exécrable sentine du vice. il ne nous jette qu'à l'échafaud où le bourreau anoblit : au moment de notre supplice, tout le monde croit à notre innocence; tandis que la société ne laisse pas une vertu au débauché sans argent. Puis ces dettes à deux pattes, habillées de drap vert, portant des lunettes bleues ou des parapluies multicolores; puis ces dettes incarnées, avec lesquelles nous nous trouvons face à face au coin d'une rue, au moment où nous sourions, ces gens allaient avoir l'horrible privilège de dire : — « M. de Valentin me doit et ne me paye pas. Je le tiens. Ah ! qu'il n'ait pas l'air de me faire mauvaise mine ! » Il faut saluer nos créanciers, les saluer avec grâce. « Quand me payerez-vous? » disent-ils. Et nous sommes dans l'obligation de mentir, d'implorer un autre homme pour de l'argent, de nous courber devant un sot assis sur sa caisse, de recevoir son froid regard, son regard de sangsue plus odieux qu'un soufflet, de subir sa morale de Barême et sa crasse ignorance. Une dette est une œuvre d'imagination qu'ils ne comprennent pas. Des élans de l'âme entraînent, subjuguent souvent un emprunteur, tandis que rien de grand ne subjugue, rien de généreux ne guide ceux qui vivent dans l'argent et ne connaissent que l'argent. J'avais horreur de l'argent. Enfin, la lettre de change peut se métamorphoser en vieillard chargé de famille, flanqué de vertus. Je devrais peut-être à un vivant tableau de Greuze, à un paralytique environné d'enfants, à la veuve d'un soldat, qui tous me tendront des mains suppliantes. Terribles créanciers avec lesquels il faut pleurer, et, quand nous les avons payés, nous leur devons encore des secours. La veille de l'échéance, je m'étais couché avec le calme faux des gens qui dorment avant leur exécution, avant un duel, ils se laissent toujours bercer par une menteuse espérance. Mais, en me réveillant, quand je fus de sang-froid, quand je sentis mon âme emprisonnée dans le portefeuille d'un banquier, couchée sur des états, écrite à l'encre rouge, mes dettes jaillirent partout comme des sauterelles; elles étaient dans ma pendule, sur mes fauteuils, ou incrustées dans les meubles desquels je me servais avec le plus de plaisir. Si ces doux esclaves matériels allaient donc être enlevés par des recors, et brutalement jetés sur la place. Ah ! ma dépouille était encore moi-même. La sonnette de mon appartement retentissait dans mon cœur, elle me frappait où l'on doit frapper les rois, à la tête. C'était un martyre, sans le ciel pour récompense. Oui, pour un homme généreux, une dette c'est l'enfer, mais l'enfer avec des huissiers et des agents d'affaires. Une dette impayée est la bassesse, un commencement de friponnerie, et pis que tout cela, un mensonge! elle ébauche des crimes, elle assemble les madriers de l'échafaud. Mes lettres de change furent protestées. Trois jours après je les payai : voici comment. Un spéculateur vint me proposer de lui vendre l'île que je possédais dans la Loire et où était le tombeau de ma mère. J'acceptai. En signant le contrat chez le notaire de mon acquéreur, je sentis au fond de l'étude obscure une fraîcheur semblable à celle d'une cave. Je frissonnai en reconnaissant le même froid humide qui m'avait saisi sur le bord de la fosse où gisait mon père. J'accueillis ce hasard comme un funeste présage. Il me semblait entendre la voix de ma mère et voir son ombre; je ne sais quelle puissance faisait retentir vaguement mon propre nom dans mon oreille, au milieu d'un bruit de cloches ! Le prix de mon île me laissa, toutes dettes payées, deux mille francs. Certes, j'eusse pu revenir à la paisible existence du savant, retourner à ma mansarde après avoir expérimenté la vie, y revenir la tête pleine d'observations immenses et jouissant déjà d'une espèce de réputation. Mais Fœdora n'avait pas lâché sa proie. Nous nous étions souvent trouvés en présence. Je lui faisais corner mon nom aux oreilles par ses amants étonnés de mon esprit, de mes chevaux, de mes succès, de mes équipages. Elle restait froide et insensible à tout, même à cette horrible phrase : Il se tue pour vous ! dite par Rastignac. Je chargeais le monde entier de ma vengeance, mais je n'étais pas heureux ! En creusant ainsi la vie jusqu'à la fange, j'avais toujours senti davantage les délices d'un amour partagé, j'en poursuivais le fantôme à travers les hasards de mes dissipations, au sein des orgies. Pour mon malheur, j'étais trompé dans mes belles croyances, j'étais puni de mes bienfaits par l'ingratitude, récompensé de mes fautes par mille plaisirs. Sinistre philosophie, mais vraie pour

le débauché ! Enfin Fœdora m'avait communiqué la lèpre de sa vanité. En sondant mon âme, je la trouvai gangrenée, pourrie. Le démon m'avait imprimé son ergot au front. Il m'était désormais impossible de me passer des tressaillements continuels d'une vie à tout moment risquée, et des exécrables raffinements de la richesse. Riche à millions, j'aurais toujours joué, mangé, couru. Je ne voulais plus rester seul avec moi-même. J'avais besoin de courtisanes, de faux amis, de vin, de bonne chère, pour m'étourdir. Les liens qui attachent un homme à la famille étaient brisés en moi pour toujours. Galérien du plaisir, je devais accomplir ma destinée de suicide. Pendant les derniers jours de ma fortune, je fis chaque soir des excès incroyables ; mais, chaque matin, la mort me rejetait dans la vie. Semblable à un rentier viager, j'aurais pu passer tranquillement dans un incendie. Enfin je me trouvai seul avec une pièce de vingt francs, je me souvins alors du bonheur de Rastignac...

— Eh ! eh ! s'écria-t-il en pensant tout à coup à son talisman, qu'il tira de sa poche.

Soit que, fatigué des luttes de cette longue journée, il n'eût plus la force de gouverner son intelligence dans les flots de vin et de punch : soit qu'exaspéré par l'image de sa vie, il se fût insensiblement enivré par le torrent de ses paroles, Raphaël s'anima, s'exalta comme un homme complètement privé de raison.

— Au diable la mort ! s'écria-t-il en brandissant la peau. Je veux vivre maintenant ! Je suis riche, j'ai toutes les vertus. Rien ne me résistera. Qui ne serait pas bon quand il peut tout ? Eh ! eh ! Ohé ! J'ai souhaité deux cent mille livres de rente. Je les aurai. Saluez-moi, pourceaux, qui vous vautrez sur ces tapis comme sur du fumier ! Vous m'appartenez, fameuse propriété ! Je suis riche, je peux vous acheter tous, même le député qui ronfle là. Allons, canaille de la haute société, bénissez-moi ! Je suis pape.

En ce moment, les exclamations de Raphaël, jusque-là couvertes par la basse continue des ronflements, furent entendues soudain. La plupart des dormeurs se réveillèrent en criant, virent l'interrupteur mal assuré sur ses jambes, et maudirent sa bruyante ivresse par un concert de jurements.

— Taisez-vous ! reprit Raphaël. Chiens, à vos niches ! Emile, j'ai des trésors, je te donnerai des cigares de la Havane.

— Je t'entends, répondit le poète, Fœdora ou la mort ! Va ton train ! Cette sucrée de Fœdora t'a trompé. Toutes les femmes sont filles d'Eve. Ton histoire n'est pas du tout dramatique.

— Ah ! tu dormais, sournois ?

— Non ! Fœdora ou la mort, j'y suis.

— Réveille-toi, s'écria Raphaël en frappant Emile avec la peau de chagrin comme s'il voulait en tirer du fluide électrique.

— Tonnerre ! dit Emile en se levant et en saisissant Raphaël à bras-le-corps, mon ami, songe donc que tu es avec des femmes de mauvaise vie.

— Je suis millionnaire.

— Si tu n'es pas millionnaire, tu es bien certainement ivre.

— Ivre du pouvoir. Je peux te tuer ! Silence, je suis Néron ! je suis Nabuchodonosor !

— Mais, Raphaël, nous sommes en méchante compagnie, tu devrais rester silencieux, par dignité.

— Ma vie a été un trop long silence. Maintenant je vais me venger du monde entier. Je ne m'amuserai pas à dissiper de vils écus, j'imiterai, je résumerai mon époque en consommant des vies humaines, des esprits, des intelligences, des âmes. Voilà un luxe qui n'est pas mesquin, n'est-ce pas l'opulence de la peste ! Je lutterai avec la fièvre jaune, bleue, verte, avec les armées, avec les échafauds. Je puis avoir Fœdora. Mais non, je ne veux pas de Fœdora, c'est ma maladie, je meurs de Fœdora ! Je veux oublier Fœdora.

— Si tu continues à crier, je t'emporte dans la salle à manger.

— Vois-tu cette peau ? c'est le testament de Salomon. Il est à moi, Salomon, ce petit cuistre de roi ! J'ai l'Arabie, Pétrée encore. L'univers à moi. Tu es à moi si je veux. Ah ! si je veux, prends garde ! Je peux acheter toute ta boutique de journaliste, tu seras mon valet. Tu me feras des couplets, tu régleras mon papier. Valet ! valet, cela veut dire : Il se porte bien, parce qu'il ne pense à rien.

A ce mot, Emile emporta Raphaël dans la salle à manger.

— Eh bien ! oui, mon ami, lui dit-il, je suis ton valet Mais tu vas être rédacteur en chef d'un journal, tais-toi ! sois décent, par considération pour moi ! M'aimes-tu ?

— Si je t'aime ! Tu auras des cigares de la Havane, avec cette peau. Toujours la peau, mon ami, la peau souveraine ! Excellent topique, je peux guérir les cors. As-tu des cors ? Je te les ôte.

— Jamais je ne l'ai vu si stupide.

— Stupide, mon ami ? Non. Cette peau se rétrécit quand j'ai un désir... c'est une antiphrase. Le brachmane, il se trouve un brachmane là-dessous ! le brachmane donc était un goguenard, parce que les désirs, vois tu, doivent étendre...

— Eh bien ! oui.

— Je te dis...

— Oui, cela est très vrai, je pense comme toi. Le désir étend...

— Je te dis la peau.

— Oui.
— Tu ne me crois pas. Je te connais, mon ami, tu es menteur comme un nouveau roi.
— Comment veux-tu que j'adopte les divagations de ton ivresse ?
— Je te parie, je peux te le prouver. Prenons la mesure
— Allons ! il ne s'endormira pas, s'écria Emile en voyant Raphaël occupé à fureter dans la salle à manger.

Valentin, animé d'une adresse de singe, grâce à cette singulière lucidité dont les phénomènes contrastent parfois chez les ivrognes avec les obtuses visions de l'ivresse, sut trouver une écritoire et une serviette, en répétant toujours : — Prenons la mesure ! Prenons la mesure !

— Eh bien ! oui, reprit Emile, prenons la mesure !

Les deux amis étendirent la serviette et y superposèrent la peau de chagrin. Emile, dont la main semblait être plus assurée que celle de Raphaël, décrivit à la plume, par une ligne d'encre, les contours du talisman, pendant que son ami lui disait : — J'ai souhaité deux cent mille livres de rente, n'est-il pas vrai ? Eh bien ! quand je les aurai, tu verras la diminution de tout mon chagrin.

— Oui, maintenant dors. Veux-tu que je t'arrange sur ce canapé ? Allons, es-tu bien ?

— Oui, mon nourrisson de la presse Tu m'amuseras, tu chasseras mes mouches. L'ami du malheur a droit d'être l'ami du pouvoir. Aussi, te donnerai-je des ci...ga...res... de la Hav...

— Allons ! cuve ton or, millionnaire.

— Toi, cuve tes articles. Bonsoir. Dis donc bonsoir à Nabuchodonosor ? Amour ! A boire ! France... gloire et riche... Riche...

Bientôt les deux amis unirent leurs ronflements à la musique qui retentissait dans les salons. Concert inutile ! Les bougies s'éteignirent une à une en faisant éclater leurs bobèches de cristal. La nuit enveloppa d'un crêpe cette longue orgie dans laquelle le récit de Raphaël avait été comme une orgie de paroles, de mots sans idées, et d'idées auxquelles les expressions avaient souvent manqué.

Le lendemain, vers midi, la belle Aquilina se leva, bâillant, fatiguée, et les joues marbrées par les empreintes du tabouret en velours peint sur lequel sa tête avait reposé. Euphrasie, réveillée par le mouvement de sa compagne, se leva tout à coup en jetant un cri rauque; sa jolie figure, si blanche, si fraîche la veille, était jaune et pâle comme celle d'une fille allant à l'hôpital. Insensiblement les couvives se remuèrent en poussant des gémissements sinistres, ils se sentirent les bras et les jambes roidis, mille fatigues diverses les accablèrent à leur réveil. Un valet vint ouvrir les persiennes et les fenêtres des salons. L'assemblée se trouva sur pied, rappelée à la vie par les chauds rayons du soleil, qui pétilla sur les têtes des dormeurs. Les mouvements du sommeil ayant brisé l'élégant édifice de leurs coiffures et fané leurs toilettes, les femmes, frappées par l'éclat du jour, présentèrent un hideux spectacle : leurs cheveux pendaient sans grâce, leurs physionomies avaient changé d'expression, leurs yeux si brillants étaient ternis par la lassitude. Les teints bilieux, qui jettent tant d'éclat aux lumières, faisaient horreur ; les figures lymphatiques, si blanches, si molles quand elles sont reposées, étaient devenues vertes. Les bouches naguère délicieuses et rouges, maintenant sèches et blanches, portaient les honteux stigmates de l'ivresse. Les hommes reniaient leurs maîtresses nocturnes à les voir ainsi décolorées, cadavéreuses comme des fleurs écrasées dans une rue après le passage des processions. Ces hommes dédaigneux étaient plus horribles encore. Vous eussiez frémi de voir ces faces humaines, aux yeux caves et cernés, qui semblaient ne rien voir, engourdies par le vin, hébétées par un sommeil gêné, plus fatigant que réparateur. Ces visages hâves, où paraissaient à nu les appétits physiques sans la poésie dont les décore notre âme, avaient je ne sais quoi de féroce et de froidement bestial. Ce réveil du vice, sans vêtements ni fard, ce squelette du mal, déguenillé, froid, vide et privé des sophismes de l'esprit ou des enchantements du luxe, épouvanta ces intrépides athlètes, quelque habitués qu'ils fussent à lutter avec la débauche. Artistes et courtisanes gardèrent le silence en examinant d'un œil hagard le désordre de l'appartement, où tout avait été dévasté, ravagé par le feu des passions. Un rire satanique s'éleva tout à coup lorsque Taillefer, entendant le râle sourd de ses hôtes, essaya de les saluer par une grimace ; son visage en sueur et sanguinolent fit planer sur cette scène infernale l'image du crime sans remords. Le tableau fut complet. C'était la vie fangeuse au sein du luxe, un horrible mélange des pompes et des misères humaines, le réveil de la débauche, quand de ses mains fortes elle a pressé tous les fruits de la vie, pour ne laisser autour d'elle que d'ignobles débris ou des mensonges auxquels elle ne croit plus. Vous eussiez dit la Mort souriant au milieu d'une famille pestiférée : plus de parfums ni de lumières étourdissantes, plus de gaieté ni de désirs, mais le dégoût avec ses odeurs nauséabondes et sa poignante philosophie, mais le soleil éclatant comme la vérité, mais un air pur comme la vertu, qui contrastaient avec une atmosphère chaude, chargée de miasmes, les miasmes d'une orgie ! Malgré leur habitude du vice, plusieurs de ces jeunes filles pensèrent à leur réveil d'autrefois, quand, innocentes et pures, elles entrevoyaient, par leurs croisées champêtres ornées de chèvrefeuilles et de

roses, un frais paysage enchanté par les joyeuses roulades de l'alouette, vaporeusement illuminé par les lueurs de l'aurore et paré des fantaisies de la rosée. D'autres se peignirent le déjeuner de la famille, la table autour de laquelle riaient innocemment les enfants et le père, où tout respirait un charme indéfinissable, où les mets étaient simples comme les cœurs Un artiste songeait à la paix de son atelier, à sa chaste statue, au gracieux modèle qui l'attendait. Un jeune homme, se souvenant du procès d'où dépendait le sort d'une famille, pensait à la transaction importante qui réclamait sa présence. Le savant regrettait son cabinet, où l'appelait un noble ouvrage. Presque tous se plaignaient d'eux-mêmes En ce moment, Emile, frais et rose comme le plus joli des commis-marchands d'une boutique en vogue, apparut en riant.

— Vous êtes plus laids que des recors ! s'écria-t-il. Vous ne pourrez rien faire aujourd'hui ; la journée est perdue, m'est avis de déjeuner.

A ces mots, Taillefer sortit pour donner des ordres. Les femmes allèrent languissamment rétablir le désordre de leur toilette devant les glaces. Chacun se secoua. Les plus vicieux prêchèrent les plus sages. Les courtisanes se moquèrent de ceux qui paraissaient ne pas se trouver de force à continuer ce rude festin. En un moment, ces spectres s'animèrent, formèrent des groupes, s'interrogèrent et sourirent. Quelques valets habiles et lestes remirent promptement les meubles et chaque chose en sa place. Un déjeuner splendide fut servi. Les convives se ruèrent alors dans la salle à manger. La, si tout porta l'empreinte ineffaçable des excès de la veille, au moins y eut-il trace d'existence et de pensée, comme dans les dernières convulsions d'un mourant. Semblable au convoi du mardi gras, la saturnale était enterrée par des masques fatigués de leurs danses, ivres de l'ivresse, et voulant convaincre le plaisir d'impuissance pour ne pas s'avouer la leur Au moment où cette intrépide assemblée borda la table du capitaliste, Cardot, qui, la veille, avait disparu prudemment après le dîner, pour finir son orgie dans le lit conjugal, montra sa figure officieuse, sur laquelle errait un doux sourire. Il semblait avoir deviné quelque succession à déguster, à partager, à inventorier, à grossoyer, une succession pleine d'actes à faire, grosse d'honoraires, aussi juteuse que le filet tremblant dans lequel l'amphitryon plongeait alors son couteau.

— Oh ! oh ! nous allons déjeuner par-devant notaire, s'écria de Cursy.

— Vous arrivez à propos pour coter et parapher toutes ces pièces, lui dit le banquier en lui montrant le festin.

— Il n'y a pas de testament à faire, mais pour des contrats de mariage, peut-être ! dit le savant, qui pour la première fois depuis un an s'était supérieurement marié.

— Oh ! oh !

— Ah ! ah !

— Un instant, répliqua Cardot assourdi par un chœur de mauvaises plaisanteries, je viens ici pour affaire sérieuse. J'apporte six millions à l'un de vous. (Silence profond.) Monsieur, dit-il en s'adressant à Raphaël, qui, dans ce moment, s'occupait sans cérémonie à s'essuyer les yeux avec un coin de sa serviette, madame votre mère n'était-elle pas demoiselle O'Flaharty ?

— Oui, répondit Raphaël assez machinalement, Barbe-Marie.

— Avez-vous ici, reprit Cardot, votre acte de naissance et celui de madame de Valentin ?

— Je le crois.

— Eh bien ! monsieur, vous êtes seul et unique héritier du major O'Flaharty, décédé en août 1828, à Calcutta.

— Bravo, le major ! s'écria le jugeur.

— Le major ayant disposé, par son testament, de plusieurs sommes en faveur de quelques établissements publics, sa succession a été réclamée à la Compagnie des Indes par le gouvernement français, reprit le notaire. Elle est en ce moment liquide et palpable. Depuis quinze jours je cherchais infructueusement les ayants cause de la demoiselle Barbe-Marie O'Flaharty, lorsque hier à table...

En ce moment, Raphaël se leva soudain en laissant échapper le mouvement brusque d'un homme qui reçoit une blessure. Il se fit comme une acclamation silencieuse, le premier sentiment des convives fut dicté par une sourde envie, tous les yeux se tournèrent vers lui comme autant de flammes. Puis, un murmure, semblable à celui d'un parterre qui se courrouce, une rumeur d'émeute commença, grossit, et chacun dit un mot pour saluer cette fortune immense apportée par le notaire. Rendu à toute sa raison par la brusque obéissance du sort, Raphaël étendit promptement sur la table la serviette avec laquelle il avait mesuré naguère la peau de chagrin. Sans rien écouter, il y superposa le talisman, et frissonna violemment en voyant une assez grande distance entre le contour tracé sur le linge et celui de la peau.

— Eh bien ! qu'a-t-il donc ? s'écria Taillefer, il a sa fortune à bon compte.

— Soutiens-le, Châtillon, dit Bixiou à Emile, la joie va le tuer.

Une horrible pâleur dessina tous les muscles de la figure flétrie de cet héritier : ses traits se contractèrent, les saillies de son visage blanchirent, les creux devinrent sombres, le masque fut livide, et les yeux se fixèrent. Il voyait la MORT. Ce banquier splendide entouré de courtisanes fanées, de visages rassasiés, cette agonie de la joie, était une vivante image de sa vie. Raphaël regarda trois fois le talisman qui se jouait à l'aise dans les impitoyables lignes imprimées sur la serviette : il essayait de douter, mais un clair pressentiment anéantissait son incrédulité. Le monde lui appartenait, il pouvait tout et ne voulait plus rien. Comme un voyageur au milieu du désert, il avait un peu d'eau pour sa soif, et devait mesurer sa vie au nombre de gorgées. Il voyait ce que chaque désir devait lui coûter de jours. Puis il croyait à la peau de chagrin, il s'écoutait respirer, il se sentait déjà malade, il se demandait : Ne suis-je pas pulmonique ? Ma mère n'est-elle pas morte de la poitrine ?

— Ah ! ah ! Raphaël, vous allez bien vous amuser ! Que me donnerez-vous ? disait Aquilina.

— Buvons à la mort de son oncle, le major Martin O'Flaharty ! Voilà un homme !

— Il sera pair de France.

— Bah ! qu'est-ce qu'un pair de France après Juillet, dit le joueur.

— Auras-tu loge aux Bouffons ?

— J'espère que vous nous régalerez tous ! dit Bixiou.

— Un homme comme lui sait faire grandement les choses, dit Émile.

Le hourra de cette assemblée rieuse résonnait aux oreilles de Valentin sans qu'il pût saisir le sens d'un seul mot ; il pensait vaguement à l'existence mécanique et sans désirs d'un paysan de Bretagne, chargé d'enfants, labourant son champ, mangeant du sarrasin, buvant du cidre à même une cruche, croyant à la Vierge et au roi, communiant à Pâques, dansant le dimanche sur une pelouse verte et ne comprenant pas le sermon de son *recteur*. Le spectacle offert en ce moment à ses regards, ces lambris dorés, ces courtisanes, ce repas, ce luxe, le prenaient à la gorge et le faisaient tousser.

— Désirez-vous des asperges ? lui cria le banquier.

— *Je ne désire rien* lui répondit Raphaël d'une voix tonnante.

— Bravo ! répliqua Taillefer. Vous comprenez la fortune, elle est un brevet d'impertinence. Vous êtes des nôtres ! Messieurs, buvons à la puissance de l'or. M. de Valentin, devenu six fois millionnaire, arrive au pouvoir. Il est roi, il peut tout, il est au-dessus de tout, comme sont tous les riches. Pour lui, désormais, LES FRANÇAIS SONT ÉGAUX DEVANT LA LOI est un mensonge inscrit en tête du Code. Il n'obéira pas aux lois, les lois lui obéiront. Il n'y a pas d'échafaud, pas de bourreaux pour les millionnaires !

— Oui, répliqua Raphaël, ils sont eux-mêmes leurs bourreaux !

— Oh ! cria le banquier, buvons.

— Buvons, répéta Raphaël en mettant le talisman dans sa poche.

— Que fais-tu là ? dit Émile en lui arrêtant la main. Messieurs, ajouta-t-il en s'adressant à l'assemblée, assez surprise des manières de Raphaël, apprenez que notre ami de Valentin, que dis-je ? MONSIEUR LE MARQUIS DE VALENTIN, possède un secret pour faire fortune. Ses souhaits sont accomplis au moment même où il les forme. A moins de passer pour un laquais, pour un homme sans cœur, il va nous enrichir tous.

— Ah ! mon petit Raphaël, je veux une parure de perles, s'écria Euphrasie.

— S'il a reconnaissant, il me donnera deux voitures attelées de beaux chevaux et qui aillent vite ! dit Aquilina.

— Souhaitez-moi cent mille livres de rente.

— Des cachemires !

— Payez mes dettes !

— Envoie une apoplexie à mon oncle, le grand sec !

— Raphaël, je te tiens quitte à dix mille livres de rente.

— Que de donations ! s'écria le notaire.

— Il devrait bien me guérir de la goutte.

— Faites baisser les rentes, s'écria le banquier.

Toutes ces phrases partirent comme les gerbes du bouquet qui termine un feu d'artifice, et ces furieux désirs étaient peut-être plus sérieux que plaisants.

— Mon cher ami, dit Émile d'un air grave, je me contenterai de deux cent mille livres de rente, exécute-toi de bonne grâce, allons !

— Émile, dit Raphaël, tu ne sais donc pas à quel prix !

— Belle excuse ! s'écria le poète. Ne devons-nous pas nous sacrifier pour nos amis ?

— J'ai presque envie de souhaiter votre mort à tous, répondit Valentin en jetant un regard sombre et profond sur les convives.

— Les mourants sont furieusement cruels, dit Émile en riant. Te voilà riche, ajouta-t-il sérieusement, eh bien ! je ne te donne pas deux mois pour devenir fangeusement égoïste. Tu es déjà stupide, tu ne comprends pas une plaisanterie. Il ne te manque plus que de croire à la Peau de chagrin.

Raphaël craignit les moqueries de cette assemblée, garda le silence, but outre mesure, et s'enivra pour oublier un moment sa funeste puissance.

L'AGONIE.

Dans les premiers jours du mois de décembre, un vieillard septuagénaire allait, malgré la pluie, par la rue de Varennes en levant le nez à la porte de chaque hôtel, et cherchant l'adresse de M. le marquis Raphaël de Valentin, avec la naïveté d'un enfant et l'air absorbé des philosophes. L'empreinte d'un violent chagrin aux prises avec un caractère despotique éclatait sur cette figure accompagnée de longs cheveux gris en désordre, desséchés comme un vieux parchemin qui se tord dans le feu. Si quelque peintre eût rencontré ce singulier personnage, vêtu de noir, maigre et ossu, sans doute il l'aurait, de retour à l'atelier, transfiguré sur son album, en inscrivant au-dessous du portrait : *Poète classique en quête d'une rime*. Après avoir vérifié le numéro qui lui avait été indiqué, cette vivante palingénésie de Rollin frappa doucement à la porte d'un magnifique hôtel.

— M. Raphaël y est-il ? demanda le bonhomme à un suisse en livrée.

— M. le marquis ne reçoit personne, répondit le valet en avalant une énorme mouillette qu'il retirait d'un large bol de café.

— Sa voiture est là, répondit le vieil inconnu en montrant un brillant équipage arrêté sous le dais de bois qui représentait une tente de coutil, et par lequel les marches du perron étaient abritées. Il va sortir. Je l'attendrai.

— Ah ! mon ancien, vous pourriez bien rester ici jusqu'à demain matin, reprit le suisse. Il y a toujours une voiture prête pour monsieur. Mais sortez, je vous prie, je perdrais six cents francs de rente viagère si je laissais une seule fois entrer sans ordre une personne étrangère à l'hôtel.

En ce moment, un grand vieillard, dont le costume ressemblait assez à celui d'un huissier ministériel, sortit du vestibule et descendit précipitamment quelques marches en examinant le vieux solliciteur ébahi.

— Au surplus, voici M. Jonathas, dit le suisse. Parlez-lui.

Les deux vieillards, attirés l'un vers l'autre par une sympathie ou par une curiosité mutuelle, se rencontrèrent au milieu de la vaste cour d'honneur, en un rond-point où croissaient quelques touffes d'herbes entre les pavés. Un silence effrayant régnait dans cet hôtel. En voyant Jonathas, l'étranger voulut pénétrer le mystère qui planait sur sa figure, et dont tout parlait dans cette maison morne. Le premier soin de Raphaël, en recueillant l'immense succession de son oncle, avait été de découvrir où vivait le vieux serviteur dévoué sur l'affection duquel il pouvait compter. Jonathas pleura de joie en revoyant son jeune maître, auquel il croyait avoir dit un éternel adieu ; mais rien n'égala son bonheur quand le marquis le promut aux éminentes fonctions d'intendant. Le vieux Jonathas devint une puissance intermédiaire placée entre Raphaël et le monde entier. Ordonnateur suprême de la fortune de son maître, exécuteur aveugle d'une pensée inconnue, il était comme un sixième sens à travers lequel les émotions de la vie arrivaient à Raphaël.

— Monsieur, je désirerais parler à M. Raphaël, dit le vieillard à Jonathas en montant quelques marches du perron pour se mettre à l'abri de la pluie.

— Parler à M. le marquis ! s'écria l'intendant. A peine m'adresse-t-il la parole, à moi, son père nourricier !

— Mais je suis aussi son père nourricier ! s'écria le vieil homme. Si votre femme l'a jadis allaité, je lui ai fait sucer moi-même le sein des Muses. Il est mon nourrisson, mon enfant, *carus alumnus* ! J'ai façonné sa cervelle, cultivé son entendement, développé son génie, et, j'ose le dire, à mon honneur et gloire. N'est-il pas un des hommes les plus remarquables de notre époque ? Je l'ai eu, sous moi, en sixième, en troisième et en rhétorique. Je suis son professeur.

— Ah ! monsieur est monsieur Porriquet.

— Précisément. Mais monsieur...

— Chut ! chut ! fit Jonathas à deux marmitons dont les voix rompaient le silence claustral dans lequel la maison était ensevelie.

— Mais, monsieur, reprit le professeur, M. le marquis serait-il malade ?

— Mon cher monsieur, répondit Jonathas, Dieu seul sait ce qui tient mon maître. Voyez-vous, il n'existe pas à Paris deux maisons semblables à la nôtre. Entendez-vous ? deux maisons. Ma foi, non. M. le marquis a fait acheter cet hôtel, qui appartenait précédemment à un duc et pair. Il a dépensé trois cent mille francs pour le meubler. Voyez-vous ! c'est une somme, trois cent mille francs. Mais chaque pièce de notre maison est un vrai miracle. Bon ! me suis-je dit en voyant cette magnificence, c'est comme chez défunt M. son grand-père ! Le jeune marquis va recevoir la ville et la cour ! Point. Monsieur n'a voulu voir personne. C'est une drôle de vie, monsieur Porriquet, entendez-vous ? une vie inconcevable. Monsieur se lève tous les jours à la même heure. Il n'y a que moi, voyez-vous ? qui puisse entrer dans sa chambre. J'ouvre à sept heures, été comme hiver. Cela est convenu singulièrement. Étant entré, je lui dis : — Monsieur le marquis, il faut vous réveiller et vous habiller. Il se réveille et s'habille. Je dois lui donner sa robe de chambre, toujours faite de la même façon et de la même étoffe. Je suis obligé de la remplacer quand elle ne pourra plus servir, rien que pour lui éviter la peine d'en demander une neuve. C'te imagination! Au fait, il a mille

a des fraises quand il y a des fraises, et le premier maquereau qui arrive à Paris, il le mange. Le programme est imprimé, il sait le matin

Plongé dans un fauteuil à ressorts Raphaël lisait le journal. — PAGE 41.

son dîner par cœur. Pour lors, il s'habille à la même heure avec les mêmes habits, le même linge, posés toujours par moi, entendez-vous?

Un vieillard allait par la rue de Varennes en levant le nez... — PAGE 39.

francs à manger par jour, il fait ce qu'il veut, ce cher enfant. D'ailleurs, je l'aime tant, qu'il me donnerait un soufflet sur la joue droite, je lui tendrais la gauche! Il me dirait de faire des choses plus difficiles, je les ferais encore, entendez-vous? Au reste, il m'a chargé de tant de vétilles, que j'ai de quoi m'occuper. Il lit les journaux, pas vrai? Ordre de les mettre au même endroit, sur la même table. Je

Les sourcils, les cheveux... étaient teints en noir. — PAGE 42.

sur le même fauteuil. Je dois encore veiller à ce qu'il ait toujours le même drap, en cas de besoin, si sa redingote s'abîme, une supposi-

Un vieillard dont le costume ressemblait à celui d'un huissier... — PAGE 39.

viens aussi, à la même heure, lui faire moi-même la barbe, et je ne tremble pas. Le cuisinier perdrait mille écus de rente viagère, qui l'attendent après la mort de monsieur, si le déjeuner ne se trouvait pas inconciliablement servi devant monsieur, à dix heures, tous les matins, et le dîner à cinq heures précises. Le menu est dressé pour l'année entière, jour par jour. M. le marquis n'a rien à souhaiter. Il

Il entendit les sons du piano. Pauline était là. — PAGE 44.

tion, la remplacer par une autre, sans lui en dire un mot. S'il fait beau, j'entre et je dis à mon maître : — Vous devriez sortir, monsieur? Il me répond oui, ou non. S'il a idée de se promener, il n'attend pas ses chevaux, ils sont toujours attelés; le cocher reste inconciliablement, fouet en main, comme vous le voyez là. Le soir, après le dîner, monsieur va un jour à l'Opéra et l'autre aux Ital... mais non, il n'a pas encore été aux Italiens, je n'ai pu me procurer une loge qu'hier. Puis, il rentre à onze heures précises pour se coucher. Pendant les intervalles de la journée où il ne fait rien, il lit, il lit toujours, voyez-vous? une idée qu'il a. J'ai ordre de lire avant lui le Journal de la librairie, afin d'acheter des livres nouveaux, afin qu'il les trouve le jour même de leur vente sur sa cheminée. J'ai la consigne d'entrer d'heure en heure chez lui, pour veiller au feu, à tout, pour voir à ce que rien ne lui manque; il m'a donné, monsieur, un petit livre à apprendre par cœur, et où sont écrits tous mes devoirs, un vrai catéchisme. Je dois, avec des tas de glace, maintenir la température au même degré de fraîcheur, et mettre en tout temps des fleurs nouvelles partout. Il est riche! il a mille francs à manger par jour, il peut faire ses fantaisies. Il a été privé assez longtemps du nécessaire, le pauvre enfant! Il ne tourmente personne, il est bon comme le bon pain, jamais il ne dit mot, mais, par exemple, silence complet à l'hôtel et dans le jardin! Enfin, mon maître n'a pas un seul désir à former, tout marche au doigt et à l'œil, et recta! Et il a raison, si l'on ne tient pas les domestiques, tout va à la débandade. Je lui dis tout ce qu'il doit faire, et il m'écoute. Vous ne sauriez croire à quel point il a poussé la chose. Ses appartements sont... en... en comment donc? ah! en enfilade Eh bien! il ouvre, ma supposition, la porte de sa chambre ou de son cabinet, clac! toutes les portes s'ouvrent d'elles-mêmes par un mécanisme. Pour lors, il peut aller d'un bout à l'autre de sa maison sans trouver une seule porte fermée. C'est gentil et commode et agréable pour nous autres! Ça nous a coûté gros, par exemple! Enfin, finalement, monsieur Porriquet, il m'a dit : « Jonathas, tu auras soin de moi comme d'un enfant au maillot. Au maillot, oui, monsieur, au maillot qu'il a dit. Tu penseras à mes besoins, pour moi. » Je suis le maître, entendez-vous? et il est quasiment le domestique. Le pourquoi? Ah! par exemple, voilà ce que personne au monde ne sait que lui et le bon Dieu. C'est inconciliable!

— Il fait un poème, s'écria le vieux professeur. — Vous croyez, monsieur, qu'il fait un poème? Ça donc bien assujettissant, ça! Mais, voyez-vous, je ne crois pas. Il me répète souvent qu'il veut vivre comme une végétation, en végétant. Pas plus tard qu'hier, monsieur Porriquet, il regardait une tulipe, et il disait en s'habillant: « Voilà ma vie. Je vergète, mon pauvre Jonathas. » A cette heure, d'autres prétendent qu'il est monomane. C'est inconciliable!

— Tout me prouve, Jonathas, reprit le professeur avec une gravité magistrale qui imprima un profond respect au vieux valet de chambre, que votre maître s'occupe d'un grand ouvrage. Il est plongé dans de vastes méditations, et ne veut pas être distrait par les préoccupations de la vie vulgaire. Au milieu de ses travaux intellectuels, un homme de génie oublie tout. Un jour le célèbre Newton...

— Ah! Newton, bien, dit Jonathas. Je ne le connais pas.

— Newton, un grand géomètre, reprit Porriquet, passa vingt-quatre heures, le coude appuyé sur une table; quand il sortit de sa rêverie, il croyait le lendemain être encore à la veille, comme s'il eût dormi. Je vais aller le voir, ce cher enfant, je peux lui être utile.

— Minute! s'écria Jonathas. Vous seriez le roi de France, l'ancien, s'entend! que vous n'entreriez pas, à moins de forcer les portes et de me marcher sur le corps. Mais, monsieur Porriquet, je cours lui dire que vous êtes là, et je lui demanderai comme ça : — Faut-il le faire monter? Il répondra oui ou non. Jamais je ne lui dis : Souhaitez-vous? voulez-vous? désirez-vous? Ces mots-là sont rayés de la conversation. Une fois il m'en est échappé un. — Veux-tu me faire mourir? m'a-t-il dit tout en colère.

Jonathas laissa le vieux professeur dans le vestibule, en lui faisant signe de ne pas avancer; mais il revint promptement avec une réponse favorable, et conduisit le vieil émérite à travers de somptueux appartements dont toutes les portes étaient ouvertes. Porriquet aperçut de loin son élève au coin d'une cheminée. Enveloppé d'une robe de chambre à grands dessins, et plongé dans un fauteuil à ressorts, Raphaël lisait le journal. L'extrême mélancolie à laquelle il paraissait être en proie était exprimée par l'attitude maladive de son corps affaissé; elle était peinte sur son front, sur son visage pâle comme une fleur étiolée. Une sorte de grâce efféminée et les bizarreries particulières aux malades riches distinguaient sa personne. Ses mains, semblables à celles d'une jolie femme, avaient une blancheur molle et délicate. Ses cheveux blonds, devenus rares, se bouclaient autour de ses tempes par une coquetterie recherchée. Une calotte grecque, entraînée par un gland trop lourd pour le léger cachemire dont elle était faite, pendait sur un côté de sa tête. Il avait laissé tomber à ses pieds le couteau de malachite enrichi d'or dont il s'était servi pour couper les feuillets d'un livre. Sur ses genoux était le bec d'ambre d'un magnifique houka de l'Inde dont les spirales émaillées gisaient comme un serpent dans sa chambre, et il oubliait d'en sucer les frais parfums. Cependant, la faiblesse générale de son jeune corps était démentie par des yeux bleus où toute la vie semblait s'être retirée, où brillait un sentiment extraordinaire qui saisissait tout d'abord. Ce regard faisait mal à voir. Les uns pouvaient y lire du désespoir; d'autres, y deviner un combat intérieur, aussi terrible qu'un remords. C'était le coup d'œil profond de l'impuissant qui refoule ses désirs au fond de son cœur, ou celui de l'avare jouissant par la pensée de tous les plaisirs que son argent pourrait lui procurer, et s'y refusant pour ne pas amoindrir son trésor; ou le regard du Prométhée enchaîné, de Napoléon déchu, qui apprend à l'Élysée, en 1815, la faute stratégique commise par ses ennemis, qui demande le commandement pour vingt-quatre heures et ne l'obtient pas. Véritable regard de conquérant et de damné! et, mieux encore, le regard que, plusieurs mois auparavant, Raphaël avait jeté sur la Seine ou sur sa dernière pièce d'or mise au jeu. Il soumettait sa volonté, son intelligence, au grossier bon sens d'un vieux paysan à peine civilisé par une domesticité de cinquante années. Presque joyeux de devenir une sorte d'automate, il abdiquait la vie pour vivre, et dépouillait son âme de toutes les poésies du désir. Pour mieux lutter avec la cruelle puissance dont il avait accepté le défi, il s'était fait chaste à la manière d'Origène, en châtrant son imagination. Le lendemain du jour où, soudainement enrichi par un testament, il avait vu décroître la Peau de chagrin, il s'était trouvé chez son notaire. Là, un médecin assez en vogue avait raconté sérieusement, au dessert, la manière dont un Suisse attaqué de pulmonie s'en était guéri. Cet homme n'avait pas dit un mot pendant dix ans, et s'était soumis à ne respirer que six fois par minute dans l'air épais d'une vacherie, en suivant un régime alimentaire extrêmement doux. — Je serai cet homme! se dit en lui-même Raphaël, qui voulait vivre à tout prix. Au sein du luxe, il mena la vie d'une machine à vapeur. Quand le vieux professeur envisagea ce jeune cadavre, il tressaillit; tout lui semblait artificiel dans ce corps fluet et

Un jeune chat, accroupi sur la table, se laissant barbouiller de café par Pauline
— PAGE 45.

débile. En apercevant le marquis à l'œil dévorant, au front chargé de pensées, il ne put reconnaître l'élève au teint frais et rose, aux membres juvéniles, dont il avait gardé le souvenir. Si le classique bonhomme, critique sagace et conservateur du bon goût, avait lu lord Byron, il aurait cru voir Manfred, là où il eût voulu voir Childe-Harold.

— Bonjour, père Porriquet, dit Raphaël à son professeur en pressant les doigts glacés du vieillard dans une main brûlante et moite. Comment vous portez-vous ?

— Mais moi je vais bien, répondit le vieillard effrayé par le contact de cette main fiévreuse. Et vous ?

— Oh ! j'espère me maintenir en bonne santé.

— Vous travaillez sans doute à quelque bel ouvrage ?

— Non, répondit Raphaël. *Exegi monumentum*, père Porriquet, j'ai achevé une grande page, et j'ai dit adieu pour toujours à la science. A peine sais-je où se trouve mon manuscrit.

— Le style en est pur, sans doute ! demanda le professeur. Vous n'aurez pas, j'espère, adopté le langage barbare de cette nouvelle école qui croit faire merveille en inventant Ronsard.

— Mon ouvrage est une œuvre purement physiologique.

— Oh ! tout est dit, reprit le professeur. Dans les sciences, la grammaire doit se prêter aux exigences des découvertes. Néanmoins, mon enfant, un style clair, harmonieux, la langue de Massillon, de M. de Buffon du grand Racine, un style classique, enfin, ne gâte jamais rien. Mais, mon ami, reprit le professeur en s'interrompant, j'oubliais l'objet de ma visite. C'est une visite intéressée.

Se rappelant trop tard la verbeuse élégance et les éloquentes périphrases auxquelles un long professorat avait habitué son maître, Raphaël se repentit presque de l'avoir reçu ; mais, au moment où il allait souhaiter de le voir dehors, il comprima promptement son secret désir, en jetant un furtif coup d'œil à la Peau de chagrin, suspendue devant lui et appliquée sur une étoffe blanche où ses contours fatidiques étaient soigneusement dessinés par une ligne rouge qui l'encadrait exactement. Depuis la fatale orgie, Raphaël étouffant le plus léger de ses caprices, il vivait de manière à ne pas causer le moindre tressaillement à ce terrible talisman. La Peau de chagrin était comme un tigre avec lequel il lui fallait vivre, sans en réveiller la férocité. Il écouta donc patiemment les amplifications du vieux professeur. Le père Porriquet mit une heure à lui raconter les persécutions dont il était devenu l'objet depuis la Révolution de juillet. Le bonhomme, voulant pour un gouvernement fort, avait émis le vœu patriotique de laisser les épiciers à leurs comptoirs, les hommes d'État au maniement des affaires publiques, les avocats au Palais, les pairs de France au Luxembourg, et l'un des ministres populaires du roi-citoyen l'avait banni de sa chaire en l'accusant de carlisme. Le vieillard se trouvait sans place, sans retraite et sans pain. Étant la providence d'un pauvre neveu dont il payait la pension au séminaire de Saint-Sulpice, il venait, moins pour lui-même que pour son enfant adoptif, prier son ancien élève de solliciter auprès du nouveau ministre, non sa réintégration, mais l'emploi de proviseur dans quelque collège de province. Raphaël était en proie à une somnolence invincible, lorsque la voix monotone du bonhomme cessa de retentir à ses oreilles. Obligé par politesse de regarder les yeux blancs et presque immobiles de ce vieillard au débit lent et lourd, il avait été stupéfié, magnétisé, par une inexplicable force d'inertie.

— Eh bien ! mon bon père Porriquet, répliqua-t-il sans savoir précisément à quelle interrogation il répondait, je n'y puis rien, rien du tout. *Je souhaite bien vivement que vous réussissiez...*

En ce moment, sans apercevoir l'effet que produisirent sur le front jauni et ridé du vieillard ses banales paroles, pleines d'égoïsme et d'insouciance, Raphaël se dressa comme un jeune chevreuil effrayé. Il vit une légère ligne blanche entre le bord de la peau noire et le dessin rouge, il poussa un cri si terrible, que le pauvre professeur en fut épouvanté.

— Allez, vieille bête, s'écria-t-il, vous serez nommé proviseur ! Ne pouviez-vous pas me demander une rente viagère de mille écus plutôt qu'un souhait homicide ? Votre visite ne m'aurait rien coûté. Il y a cent mille emplois en France, et je n'ai qu'une vie ! Une vie d'homme vaut plus que tous les emplois du monde. Jonathas ! Jonathas parut. Voilà de tes œuvres, triple sot, pourquoi m'as-tu proposé de recevoir monsieur ? dit-il en lui montrant le vieillard pétrifié. T'ai-je remis mon âme entre les mains pour la déchirer ? Tu m'arraches en ce moment dix années d'existence ! Encore une faute comme celle-ci, et tu me conduiras à la demeure où j'ai conduit mon père. N'aurais-je pas mieux aimé posséder la belle lady Dudley, que d'obliger cette vieille carcasse, espèce de haillon humain ! J'ai de l'or pour lui. D'ailleurs, quand tous les Porriquet du monde mourraient de faim, qu'est-ce que cela me ferait ?

La colère avait blanchi le visage de Raphaël, une légère écume sillonnait ses lèvres tremblantes, et l'expression de ses yeux était sanguinaire. A cet aspect, les deux vieillards furent saisis d'un tressaillement convulsif, comme deux enfants en présence d'un serpent. Le jeune homme tomba sur son fauteuil, il se fit une sorte de réaction dans son âme, des larmes coulèrent abondamment de ses yeux flamboyants.

— Oh ! ma vie ! ma belle vie ! dit-il. Plus de bienfaisantes pensées ! plus d'amour ! plus rien ! Il se tourna vers le professeur. Le mal est fait, mon vieil ami, reprit-il d'une voix douce. Je vous aurai largement récompensé de vos soins. Et mon malheur aura, du moins, produit le bien d'un bon et digne homme.

Il y avait tant d'âme dans l'accent qui nuança ces paroles presque inintelligibles, que les deux vieillards pleurèrent comme on pleure en entendant un air attendrissant chanté dans une langue étrangère.

— Il est épileptique, dit Porriquet à voix basse.

— Je reconnais votre bonté, mon ami, reprit doucement Raphaël, vous voulez m'excuser. La maladie est un accident, l'inhumanité serait un vice. Laissez-moi maintenant, ajouta-t-il. Vous recevrez demain ou après-demain, peut-être même ce soir, votre nomination, car la *résistance* a triomphé du *mouvement*. Adieu.

Le vieillard se retira, pénétré d'horreur, et en proie à de vives inquiétudes sur la santé morale de Valentin. Cette scène avait eu pour lui quelque chose de surnaturel. Il doutait de lui-même et s'interrogeait comme s'il se fût réveillé après un songe pénible.

— Écoute, Jonathas, reprit le jeune homme en s'adressant à son vieux serviteur. Tâche de comprendre la mission que je t'ai confiée !

— Oui, monsieur le marquis.

— Je suis comme un homme mis hors la loi commune.

— Oui, monsieur le marquis.

— Toutes les jouissances de la vie se jouent autour de mon lit de mort et dansent comme de belles femmes devant moi ; si je les appelle, je meurs. Toujours la mort ! Tu dois être une barrière entre le monde et moi.

— Oui, monsieur le marquis, dit le vieux valet en essuyant les gouttes de sueur qui chargeaient son front pâle. Mais, si vous ne voulez pas voir de belles femmes, comment ferez-vous ce soir aux Italiens ? Une famille anglaise qui repart pour Londres m'a cédé le reste de son abonnement, et vous avez une belle loge. Oh ! une loge superbe, aux premières.

Tombé dans une profonde rêverie, Raphaël n'écoutait plus.

Voyez-vous cette fastueuse voiture, un coupé simple en dehors, de couleur brune, mais sur les panneaux duquel brille l'écusson d'une antique et noble famille ? Quand ce coupé passe rapidement, les grisettes l'admirent, en convoitent le satin jaune, le tapis de la Savonnerie, la passementerie fraîche comme une paille de riz, les moelleux coussins, et les glaces muettes. Deux laquais en livrée se tiennent derrière cette voiture aristocratique ; mais au fond, sur la soie, gît une tête brûlante, aux yeux cernés, la tête de Raphaël, triste et pensif. Fatale image de la richesse ! Il court à travers Paris comme une fusée, arrive au péristyle du théâtre Favart, le marchepied se déploie, ses deux valets le soutiennent, une foule envieuse le regarde.

— Qu'a-t-il fait, celui-là, pour être si riche ? dit un pauvre étudiant en droit, qui, faute d'un écu, ne pouvait entendre les magiques accords de Rossini.

Raphaël marchait lentement dans les corridors de la salle, il ne se promettait aucune jouissance de ces plaisirs si fort enviés jadis. En attendant le second acte de la *Semiramide*, il se promenait au foyer, errait à travers les galeries, insoucieux de sa loge, dans laquelle il n'était pas encore entré. Le sentiment de la propriété n'existait déjà plus au fond de son cœur. Semblable à tous les malades, il ne songeait qu'à son mal. Appuyé sur le manteau de la cheminée, autour de laquelle abondaient, au milieu du foyer, les jeunes et vieux élégants, d'anciens et de nouveaux ministres, des pairs sans pairie, et des pairies sans pair, enfin tout un monde de faites la Révolution de juillet, enfin tout un monde de spéculateurs et de journalistes, Raphaël vit à quelques pas de lui, parmi toutes les têtes, une figure étrange et surnaturelle. Il s'avança, en clignant les yeux avec insolemment, vers cet être bizarre, afin de le contempler de plus près. Quelle admirable peinture ! se dit-il. Les sourcils, les cheveux, la virgule à la Mazarin, que montrait vaniteusement l'inconnu, étaient teints en noir, mais, appliquée sur une chevelure sans doute trop blanche, la cosmétique avait produit une couleur violâtre et fausse dont les teintes changeaient suivant les reflets plus ou moins vifs des lumières. Son visage étroit et plat dont les rides étaient comblées par d'épaisses couches de rouge et de blanc, exprimait à la fois la ruse et l'inquiétude. Cette enluminure manquait à quelques endroits de la face, et faisait singulièrement ressortir sa décrépitude et son teint plombé ; aussi était-il impossible de ne pas rire en voyant cette tête au menton pointu, au front proéminent, assez semblable à ces grotesques figures de bois sculptées en Allemagne par les bergers pendant leurs loisirs. En examinant tour à tour le vieil Adonis et Raphaël, un observateur aurait cru reconnaître dans le marquis les yeux d'un jeune homme sous le masque d'un vieillard et dans l'inconnu les yeux ternes d'un vieillard sous le masque d'un jeune homme. Valentin cherchait à se rappeler en quelle circonstance il avait vu ce petit vieux sec, bien cravaté, botté en adulte, qui faisait sonner ses éperons et se croisait les bras comme s'il avait toutes les forces d'une pétulante jeunesse à dépenser. Sa démarche n'accusait rien de gêné, ni d'artificiel. Son élégant habit, soigneusement boutonné, déguisait une antique et forte charpente, en lui donnant la tournure d'un vieux fat qui suit encore les modes. Cette espèce de poupée pleine de vie avait pour Raphaël tous les charmes d'une apparition, et il la contemplait comme un vieux Rembrandt enfumé, récemment restauré, verni, mis dans un cadre neuf. Cette comparaison lui fit retrouver la trace de la vérité dans ses confus souvenirs : il reconnut le marchand de curiosités, l'homme auquel il devait son malheur. En ce moment, un rire muet échappait à ce fantastique personnage, et se dessinait sur ses lèvres froides, tendues par un faux râtelier. A ce rire, la vive imagination de Raphaël lui montra dans cet homme de frappantes ressemblances avec la tête idéale que l'on donne au Méphistophélès de Goethe. Mille superstitions s'emparèrent de l'âme forte de Raphaël ; il crut alors à la puissance du démon, à tous les sortilèges rapportés dans les légendes du moyen âge et mis en œuvre par les poètes. Se refusant avec horreur au sort de Faust, il invoqua soudain le ciel, ayant, comme les mourants, une foi fervente en Dieu, en la vierge Marie. Une radieuse et fraîche lumière lui permit d'apercevoir le ciel de Michel-Ange et de Sanzio d'Urbin des nuages, un vieillard à barbe blanche, des têtes ailées, une belle femme assise dans une auréole. Maintenant il comprenait, il adoptait ces admirables créations dont les fantaisies presque humaines lui expliquaient son aventure et lui permettaient encore un espoir. Mais, quand ses yeux retombèrent sur le foyer des Italiens, au lieu de la Vierge, il vit une ravissante fille, la détestable Euphrasie, cette danseuse au corps souple et léger, qui, vêtue d'une robe éclatante, couverte de perles orientales, arrivait impatiente de son vieillard impatient, et venait se montrer, insolente, le front hardi, les yeux pétillants, à ce monde envieux et spéculateur, pour témoigner de la richesse sans bornes du marchand dont elle dissipait les trésors. Raphaël se souvint du souhait goguenard par lequel il avait accueilli le fatal présent du vieux homme, et savoura tous les plaisirs de la vengeance en contemplant l'humiliation profonde de cette sagesse sublime, dont naguère la chute semblait impossible. Le funèbre sourire du centenaire s'adressait à Euphrasie, qui répondit par un mot d'amour ; il lui offrit son bras desséché, fit deux ou trois fois le tour du foyer, recueillit avec délices les regards de passion et les compliments jetés par la foule à sa maîtresse, sans voir les rires dédaigneux, sans entendre les railleries mordantes dont il était l'objet.

— Dans quel cimetière cette jeune goule a-t-elle déterré ce cadavre ? s'écria le plus élégant de tous les romantiques.

Euphrasie se prit à sourire. Le railleur était un jeune homme aux cheveux blonds, aux yeux bleus et brillants, svelte, portant moustache, ayant un frac écourté, le chapeau sur l'oreille, la repartie vive, tout le langage du genre.

— Combien de vieillards, se dit Raphaël en lui-même, couronnent une vie de probité, de travail, de vertu, par une folie ! Celui-ci a les pieds froids et fait l'amour !

— Eh bien ! monsieur, s'écria Valentin en arrêtant le marchand et lançant une œillade à Euphrasie, ne vous souvenez-vous plus des sévères maximes de votre philosophie ?

— Ah ! répondit le marchand d'une voix déjà cassée, je suis maintenant heureux comme un jeune homme. J'avais pris l'existence au rebours. Il y a toute une vie dans une heure d'amour.

En ce moment, les spectateurs entendirent la sonnette de rappel, et quittèrent le foyer pour se rendre à leurs places. Le vieillard et Raphaël se séparèrent. En entrant dans sa loge, le marquis aperçut Fœdora, placée à l'autre côté de la salle, précisément en face de lui. Sans doute arrivée depuis peu, la comtesse rejetait son écharpe en arrière, se découvrait le cou, faisait les petits mouvements indescriptibles d'une coquette occupée à se poser ; tous les regards étaient concentrés sur elle. Un jeune pair de France l'accompagnait, elle lui demanda la lorgnette qu'elle lui avait donnée à porter. A son geste, à la manière dont elle regarda ce nouveau partenaire, Raphaël devina la tyrannie à laquelle son successeur était soumis. Fasciné sans doute comme il l'avait été jadis, dupé comme lui, comme lui luttant avec toute la puissance d'un amour vrai contre les froids calculs de cette femme, ce jeune homme devait souffrir les tourments auxquels Valentin avait heureusement renoncé. Une joie inexprimable éclata sur la figure de Fœdora, quand, après avoir braqué sa lorgnette sur toutes les loges, et rapidement examiné les toilettes, elle eut la conscience d'écraser par sa parure et sa beauté les plus jolies, les plus élégantes femmes de Paris. Elle se mit à rire pour montrer ses dents blanches, agita sa tête ornée de fleurs pour se faire admirer, son regard alla de loge en loge, se moquant d'un béret gauchement posé sur le front d'une princesse russe, ou d'un chapeau manqué qui coiffait horriblement la fille d'un banquier. Tout à coup, elle pâlit en rencontrant les yeux fixes de Raphaël ; son amant dédaigné la foudroya par un intolérable coup d'œil de mépris. Quand aucun de ses amants bannis ne méconnaissait sa puissance, Valentin, seul dans le monde, vivait à laquelle il ne s'était pas soumis. Un pouvoir impunément bravé touche à sa ruine. Cette maxime est gravée plus profondément au cœur d'une femme qu'à la tête des rois. Aussi Fœdora voyait-elle en Raphaël la mort de ses prestiges et de sa coquetterie. Un mot, dit par lui la veille à l'Opéra était déjà devenu célèbre dans les salons de Paris. Le tranchant de cette terrible épigramme avait fait à la comtesse une blessure incurable. En France, nous savons cautériser une plaie, mais nous n'y connaissons pas encore de remède au mal que produit une phrase. Au moment où toutes les femmes regardèrent alternativement le marquis et la comtesse, Fœdora aurait voulu l'abîmer dans les oubliettes de quelque bastille ; car, malgré son talent pour la dissimulation, ses rivales devinèrent sa souffrance. Enfin sa dernière consolation lui échappa. Ces mots délicieux : Je suis la plus belle ! cette phrase éternelle qui calmait tous les chagrins de sa vanité, devint un mensonge. A l'ouverture du second acte, une femme vint se placer près de Raphaël, dans une loge qui jusqu'alors était restée vide. Le parterre entier laissa échapper un murmure d'admiration. Cette mer de faces humaines agita ses lames intelligentes, et tous les yeux regardèrent l'inconnue. Jeunes et vieux firent un tumulte si prolongé, qu'au lever du rideau, les musiciens de l'orchestre se tournèrent d'abord pour réclamer le silence ; mais ils s'unirent aux applaudissements et en accrurent les confuses rumeurs. Des conversations animées s'établirent dans chaque loge. Les femmes s'étaient toutes armées de leurs jumelles ; les vieillards, rajeunis, nettoyaient avec la peau de leurs gants le verre de leurs lorgnettes. L'enthousiasme se calma par degrés, les chants retentirent sur la scène, tout rentra dans l'ordre. La bonne compagnie, honteuse d'avoir cédé à un mouvement naturel, reprit la froideur aristocratique de ses manières polies. Les riches veulent ne s'étonner de rien, ils doivent reconnaître au premier aspect d'une belle œuvre le défaut qui les dispensera de l'admiration, sentiment vulgaire. Cependant quelques hommes restèrent immobiles sans écouter la musique, perdus dans un ravissement naïf, occupés à contempler la voisine de Raphaël. Valentin aperçut dans une baignoire, et près d'Aquilina, l'ignoble et sanglante figure de Taillefer, qui lui adressait une grimace approbative. Puis il vit Emile, qui, debout à l'orchestre, semblait lui dire : — Mais regarde donc la belle créature qui est près de toi ! Enfin Rastignac, assis près d'une jeune femme, une veuve sans doute, tortillait ses gants comme un homme au désespoir d'être enchaîné là, sans pouvoir aller près de la divine inconnue. La vie de Raphaël dépendait d'un pacte encore inviolé qu'il avait fait avec lui-même, il s'était promis de ne jamais regarder attentivement aucune femme ; et, pour se mettre à l'abri de toute tentation, il portait un lorgnon dont le verre microscopique, artistement disposé, détruisait l'harmonie des plus beaux traits, en leur donnant un hideux aspect. Encore en proie à la terreur qui l'avait saisi le matin, quand, pour un simple vœu de politesse, le talisman s'était si promptement resserré, Raphaël résolut fermement de ne pas se retourner vers sa voisine. Assis comme une duchesse, il présentait le dos au coin de sa loge, et dérobait avec impertinence la moitié de sa voisine à l'inconnue, ayant l'air de la mépriser, d'ignorer même qu'une jolie femme se trouvât derrière lui. La voisine copiait avec exactitude la posture de Valentin. Elle avait appuyé son coude sur le bord de la loge, et se mettait la tête de trois quarts, en regardant les chanteurs, comme si elle se fût posée devant un peintre. Ces deux personnes ressemblaient à deux amants brouillés qui se boudent, se tournent le dos et vont s'embrasser au premier mot d'amour. Par moments, les légers marabouts ou les cheveux de l'inconnue effleuraient la tête de Raphaël et lui causaient une sensation voluptueuse contre laquelle il luttait courageusement. Bientôt il sentit les doux contact des ruches de blonde qui garnissaient le tour de la robe, la robe elle-même fit entendre le murmure efféminé de ses plis, frissonnement plein de molles sorcelleries. Enfin la respiration imperceptible imprimé par la respiration de la poitrine, au dos, aux vêtements de cette jolie femme, toute sa vie suave se communiqua soudain à Raphaël comme une étincelle électrique ; le tulle et la dentelle transmirent fidèlement à son épaule chatouillée la délicieuse chaleur de ce dos blanc et nu. Par un caprice de la nature, ces deux êtres désunis par le bon ton, séparés par les abîmes de la mort, respirèrent ensemble et pensèrent peut-être l'un à l'autre. Les pénétrants parfums de l'aloès achevèrent d'enivrer Raphaël. Son imagination, irritée par un obstacle, et que les entraves rendaient encore plus fantasque, lui dessina rapidement une femme en traits de feu. Il se retourna brusquement. Choquée sans doute de se trouver en contact avec un étranger, l'inconnue fit un mouvement semblable ; leurs visages, animés par la même pensée, restèrent en présence.

— Pauline !
— Monsieur Raphaël !

Pétrifiés l'un et l'autre, ils se regardèrent un instant en silence. Raphaël voyait Pauline dans une toilette simple et de bon goût. A travers la gaze qui couvrait chastement son corsage, des yeux habiles pouvaient apercevoir une blancheur de lis et deviner les formes qu'une femme eût admirées. Puis c'était toujours sa modestie virginale, sa céleste candeur, sa gracieuse attitude. L'étoffe de sa manche accusait le tremblement qui faisait palpiter le corps comme palpitait le cœur.

— Oh ! venez demain, dit-elle, venez à l'hôtel Saint-Quentin, y reprendre vos papiers. J'y serai à midi. Soyez exact.

Elle se leva précipitamment et disparut. Raphaël voulut suivre Pauline, il craignit de la compromettre, resta, regarda Fœdora, la trouva laide; mais, ne pouvant comprendre une seule phrase de musique, étouffant dans cette salle, le cœur plein, il sortit et revint chez lui.

— Jonathas, dit-il à son vieux domestique au moment où il fut dans son lit, donne-moi une demi-goutte de laudanum sur un morceau de sucre, et demain ne me réveille qu'à midi moins vingt minutes.

— Je veux être aimé de Pauline! s'écria-t-il le lendemain en regardant le talisman avec une indéfinissable angoisse. La Peau ne fit aucun mouvement, elle semblait avoir perdu sa force contractile, elle ne pouvait sans doute pas réaliser un désir accompli déjà.

— Ah! s'écria Raphaël en se sentant délivré comme d'un manteau de plomb qu'il aurait porté depuis le jour où le talisman lui avait été donné, tu mens, tu ne m'obéis pas, le pacte est rompu! Je suis libre, je vivrai. C'était donc une mauvaise plaisanterie. En disant ces paroles, il n'osait pas croire à sa propre pensée. Il se mit aussi simplement qu'il l'était jadis, et voulut aller à pied à son ancienne demeure, en essayant de se reporter en idée à ces jours heureux où il se livrait sans danger à la furie de ses désirs où il n'avait point encore jugé toutes les jouissances humaines. Il marchait, voyant, non plus la Pauline de l'hôtel Saint-Quentin, mais la Pauline de la veille, cette maîtresse accomplie, si souvent rêvée, jeune fille spirituelle, aimante, artiste, comprenant les poètes, comprenant la poésie et vivant au sein du luxe; en un mot Fœdora douée d'une belle âme, ou Pauline comtesse et deux fois millionnaire comme l'était Fœdora. Quand il se trouva sur le seuil usé, sur la dalle cassée de cette porte où, tant de fois, il avait eu des pensées de désespoir, une vieille femme sortit de la salle et lui dit : N'êtes-vous pas monsieur Raphaël de Valentin?

— Oui, ma bonne mère, répondit-il.

— Vous connaissez votre ancien logement, reprit-elle, vous y êtes attendu.

— Cet hôtel est-il toujours tenu par madame Gaudin? demanda-t-il.

— Oh! non, monsieur. Maintenant madame Gaudin est baronne. Elle est dans une belle maison à elle, de l'autre côté de l'eau. Son mari est revenu. Dame! il a rapporté des mille et des cents. L'on dit qu'elle pourrait acheter tout le quartier Saint-Jacques, si elle le voulait. Elle m'a donné gratis son fonds et son restant de bail. Ah! c'est une bonne femme tout de même! Elle n'est pas plus fière aujourd'hui qu'elle ne l'était hier.

Raphaël monta lestement à sa mansarde, et, quand il atteignit les dernières marches de l'escalier, il entendit les sons du piano. Pauline était là, modestement vêtue d'une robe de mérinos; mais la façon de la robe, les gants, le chapeau, le châle, négligemment jetés sur le lit, révélaient toute une fortune.

— Ah! vous voilà donc! s'écria Pauline en tournant la tête et se levant par un naïf mouvement de joie.

Raphaël vint s'asseoir près d'elle, rougissant, honteux, heureux, il la regarda sans rien dire.

— Pourquoi nous avez-vous donc quittées? reprit-elle en baissant les yeux au moment où son visage se pourpra. Qu'êtes-vous devenu?

— Ah! Pauline, j'ai été, je suis bien malheureux encore!

— Là! s'écria-t-elle tout attendrie. J'ai deviné votre sort hier en vous voyant bien mis, riche en apparence, mais en réalité, hein, monsieur Raphaël, est-ce toujours comme autrefois?

Valentin ne put retenir quelques larmes, elles roulèrent dans ses yeux, il s'écria : — Pauline!... je... il n'acheva pas, ses yeux étincelèrent d'amour, et son cœur déborda dans son regard.

— Oh! il m'aime, il m'aime! s'écria Pauline.

Raphaël fit un signe de tête, car il se sentit hors d'état de prononcer une seule parole. A ce geste la jeune fille lui prit la main, la serra, et lui dit tantôt riant, tantôt sanglotant : — Riches, riches, heureux, riches, tu m'aimes, tu es riche. Mais moi, je devrais être bien pauvre aujourd'hui. J'ai mille fois dit que je paverais ce mot : il m'aime, de tous les trésors de la terre. O mon Raphaël! j'ai des millions. Tu aimes le luxe, tu seras content; mais tu dois aimer mon cœur aussi, il y a tant d'amour pour toi dans ce cœur! Tu ne sais pas? mon père est revenu. Je suis une riche héritière. Ma mère et lui me laissent entièrement maîtresse de mon sort; je suis libre, comprends-tu?

En proie à une sorte de délire, Raphaël tenait les mains de Pauline, et les baisait si ardemment, si avidement, que son baiser semblait être une sorte de convulsion. Pauline se dégagea les mains, les jeta sur les épaules de Raphaël et le saisit; ils se comprirent, se serrèrent et s'embrassèrent avec cette sainte et délicieuse ferveur dégagée de toute arrière-pensée, dont se trouve empreint un seul baiser, le premier baiser par lequel deux âmes prennent possession d'elles-mêmes.

— Ah! s'écria Pauline en retombant sur la chaise, je ne veux plus te quitter. Je ne sais d'où me vient tant de hardiesse! reprit-elle en rougissant.

— De la hardiesse, ma Pauline? Oh! ne crains rien, c'est de l'amour, de l'amour vrai, profond, éternel comme le mien, n'est-ce pas?

— Oh! parle, parle, parle, dit-elle. Ta bouche a été si longtemps muette pour moi!

— Tu m'aimais donc?

— Oh! Dieu, si je t'aimais! combien de fois j'ai pleuré, là, tiens, en faisant ta chambre, déplorant ta misère et la mienne. Je me serais vendue au démon pour t'éviter un chagrin! Aujourd'hui, mon Raphaël, car tu es bien à moi : à moi cette belle tête, à moi ton cœur! Oh! oui, ton cœur, surtout, éternelle richesse! Eh bien! où en suis-je? reprit-elle après une pause. Ah! m'y voici : nous avons trois, quatre, cinq millions, je crois. Si j'étais pauvre, je tiendrais peut-être à porter ton nom, à être nommée ta femme; mais, en ce moment, je voudrais te sacrifier le monde entier, je voudrais être encore et toujours ta servante. Va, Raphaël, en t'offrant mon cœur, ma personne, ma fortune, je ne te donnerais rien de plus aujourd'hui que le jour où j'ai mis là, dit-elle en montrant le tiroir de la table, certaine pièce de cent sous. Oh! comme alors ta joie m'a fait mal.

— Pourquoi es-tu riche? s'écria Raphaël, pourquoi n'as-tu pas de vanité? je ne puis rien pour toi. Il se tordit les mains de bonheur, de désespoir, d'amour. Quand tu seras madame la marquise de Valentin, je te connais, âme céleste, ce titre et ma fortune ne vaudront pas...

— Un seul de tes cheveux, s'écria-t-elle.

— Moi aussi, j'ai des millions; mais que sont maintenant les richesses pour nous? Ah! j'ai ma vie, je puis te l'offrir, prends-la.

— Oh! ton amour, Raphaël, ton amour vaut le monde. Comment, ta pensée est à moi? mais je suis la plus heureuse des heureuses.

— L'on va nous entendre, dit Raphaël.

— Eh! il n'y a personne, répondit-elle en laissant échapper un geste mutin.

— Eh bien! viens, s'écria Valentin en lui tendant les bras.

Elle sauta sur ses genoux et joignit ses mains autour du cou de Raphaël : — Embrassez-moi, dit-elle, pour toutes les chagrins que vous m'avez donnés, pour effacer la peine que vos joies m'ont faite, pour toutes les nuits que j'ai passées à peindre mes écrans.

— Tes écrans!

— Puisque nous sommes riches, mon trésor, je puis te dire tout. Pauvre enfant! combien il est facile de tromper les hommes d'esprit! Est-ce que tu pouvais avoir des gilets blancs et des chemises propres deux fois par semaine, pour trois francs de blanchissage par mois? Mais tu buvais deux fois plus de lait qu'il ne t'en revenait pour ton argent. Je t'attrapais sur tout : le feu, l'huile, et l'argent donc? Oh! mon Raphaël, ne me prends pas pour femme, dit-elle en riant, je suis une personne trop astucieuse.

— Mais comment faisais-tu donc?

— Je travaillais jusqu'à deux heures du matin, répondit-elle, et je donnais à ma mère une moitié du prix de mes écrans, à toi l'autre.

Ils se regardèrent pendant un moment, tous deux hébétés de joie et d'amour.

— Oh! s'écria Raphaël, nous payerons sans doute, un jour, ce bonheur par une effroyable chagrin.

— Serais-tu marié? cria Pauline. Ah! je ne veux te céder à aucune femme.

— Je suis libre, ma chérie.

— Libre, répéta-t-elle. Libre, et à moi!

Elle se laissa glisser sur ses genoux, joignit les mains, et regarda Raphaël avec une dévotieuse ardeur.

— J'ai peur de devenir folle. Combien tu es gentil! reprit-elle en passant une main dans la blonde chevelure de son amant. Est-elle bête, ta comtesse Fœdora! Quel plaisir j'ai ressenti hier en me voyant saluée par tous les hommes. Elle n'a jamais été applaudie, elle! Dis, cher, quand mon dos a touché ton bras, j'ai entendu en moi je ne sais quelle voix qui m'a crié : Il est là. Je me suis retournée, et je t'ai vu. Oh! je me suis sauvée, je me sentais l'envie de te sauter au cou devant tout le monde.

— Tu es bien heureuse de pouvoir parler, s'écria Raphaël. Moi, j'ai le cœur serré. Je voudrais pleurer, je ne puis. Ne me retire pas ta main. Il me semble que je te resterais, pendant toute ma vie, à te regarder ainsi, heureux, content.

— Oh! répète-moi cela, mon amour!

— Et que sont des paroles, reprit Valentin en laissant tomber une larme chaude sur les mains de Pauline. Plus tard, j'essayerai de te dire mon amour, en ce moment je ne puis que le sentir...

— Oh! s'écria-t-elle, cette belle âme, ce beau génie, ce cœur que je connais si bien, tout est à moi, comme je suis à toi.

— Pour toujours, ma douce créature, dit Raphaël d'une voix émue. Tu seras ma femme, mon bon génie. Ta présence a toujours dissipé mes chagrins et rafraîchi mon âme : en ce moment, ton sourire angélique m'a pour ainsi dire purifié. Je crois commencer une nouvelle vie. Le passé cruel et mes tristes folies me semblent n'être plus que de mauvais songes. Je suis pur, près de toi. Je sens l'air du bonheur. Oh! sois là toujours, ajouta-t-il en la pressant saintement sur son cœur palpitant.

— Vienne la mort quand elle voudra, s'écria Pauline en extase, j'ai vécu.

Heureux qui devinera leurs joies, il les aura connues!

— Oh! mon Raphaël, dit Pauline après quelques heures de silence,

je voudrais qu'à l'avenir personne n'entrât dans cette chère mansarde.
— Il faut murer la porte, mettre une grille à la lucarne et acheter la maison, répondit le marquis.
— C'est cela, dit-elle. Puis, après un moment de silence : — Nous avons un peu oublié de chercher tes manuscrits?
Ils se prirent à rire avec une douce innocence.
— Bah! je me moque de toutes les sciences, s'écria Raphaël.
— Ah! monsieur, et la gloire?
— Tu es ma seule gloire.
— Tu étais bien malheureux en faisant ces petits pieds de mouche, dit-elle en feuilletant les papiers.
— Ma Pauline...
— Oh! oui, je suis ta Pauline. Eh bien?
— Où demeures-tu donc?
— Rue Saint-Lazare. Et toi?
— Rue de Varennes.
— Comme nous serons loin l'un de l'autre, jusqu'à ce que... Elle s'arrêta en regardant son ami d'un air coquet et malicieux.
— Mais, répondit Raphaël, nous avons tout au plus une quinzaine de jours à rester séparés.
— Vrai! dans quinze jours nous serons mariés! Elle sauta comme un enfant. Oh! je suis une fille dénaturée, reprit-elle, je ne pense plus ni à père, ni à mère, ni à rien dans le monde! Tu ne sais pas, pauvre chéri? mon père est bien malade. Il est revenu des Indes, bien souffrant. Il a manqué mourir au Havre, où nous l'avons été chercher. Ah! Dieu, s'écria-t-elle en regardant l'heure à sa montre, déjà trois heures. Je dois me trouver à son réveil, à quatre heures. Je suis la maîtresse au logis : ma mère fait toutes mes volontés, mon père m'adore, mais je ne veux pas abuser de leur bonté, ce serait mal! Le pauvre père, c'est lui qui m'a envoyée aux Italiens hier. Tu viendras le voir demain, n'est-ce pas?
— Madame la marquise de Valentin veut-elle me faire l'honneur d'accepter mon bras?
— Ah! je vais emporter la clef de cette chambre, reprit-elle. N'est-ce pas un palais, notre trésor?
— Pauline, encore un baiser?
— Mille! Mon Dieu, dit-elle en regardant Raphaël, ce sera toujours ainsi, je crois rêver.
Ils descendirent lentement l'escalier; puis, bien unis, marchant du même pas, tressaillant ensemble sous le poids du même bonheur, se serrant comme deux colombes, ils arrivèrent sur la place de la Sorbonne, où la voiture de Pauline attendait.
— Je veux aller chez toi, s'écria-t-elle. Je veux voir ta chambre, ton cabinet, et m'asseoir à la table sur laquelle tu travailles. Ce sera comme autrefois, ajouta-t-elle en rougissant. — Joseph, dit-elle à un valet, je vais rue de Varennes avant de retourner à la maison. Il est trois heures un quart, et je dois être revenue à quatre. Georges pressera les chevaux.
Et les deux amants furent en peu d'instants menés à l'hôtel de Valentin.
— Oh! que je suis contente d'avoir examiné tout cela! s'écria Pauline en chiffonnant la soie des rideaux qui drapaient le lit de Raphaël Quand je m'endormirai, je serai là, en pensée. Je me figurerai ta chère tête sur son oreiller. Dis-moi, Raphaël, tu n'as pris conseil de personne pour meubler ton hôtel?
— De personne.
— Bien vrai? Ce n'est pas une femme qui...
— Pauline!
— Oh! je me sens une affreuse jalousie. Tu as bon goût. Je veux avoir demain un lit pareil au tien.
Raphaël, ivre de bonheur, saisit Pauline.
— Oh! mon père, mon père! dit-elle.
— Je vais donc te reconduire, car je veux te quitter le moins possible, s'écria Valentin.
— Combien tu es aimant! je n'osais pas te le proposer...
— N'es-tu donc pas ma vie?
Il serait fastidieux de consigner fidèlement ces adorables bavardages de l'amour auxquels l'accent, le regard, un geste intraduisible, donnent seuls du prix. Valentin reconduisit Pauline jusque chez elle, et revint ayant au cœur autant de plaisir que l'homme peut en ressentir et en porter ici-bas. Quand il fut assis dans son fauteuil, près de son feu, pensant à la soudaine et complète réalisation de toutes ses espérances, une idée froide lui traversa l'âme comme l'acier d'un poignard perce une poitrine, il regarda la Peau de chagrin, elle s'était légèrement rétrécie. Il prononça le grand juron français, sans y mettre les jésuitiques réticences de l'abbesse des Andouillettes, pencha la tête sur son fauteuil et resta sans mouvement les yeux arrêtés sur une patere, sans la voir. Grand Dieu! s'écria-t-il. Quoi! tous mes désirs, tous! Pauvre Pauline! Il prit un compas, mesura ce que la matinée lui avait coûté d'existence. Je n'en ai pas pour deux mois, dit-il. Une sueur glacée sortit de ses pores; tout à coup il obéit à un inexprimable mouvement de rage, et saisit la Peau de chagrin en s'écriant : Je suis bien bête! il sortit, courut, traversa les jardins et

jeta le talisman au fond d'un puits : Vogue la galère, dit-il. Au diable toutes ces sottises!
Raphaël se laissa donc aller au bonheur d'aimer, et vécut cœur à cœur avec Pauline, qui ne conçut pas le refus en amour. Leur mariage, retardé par des difficultés peu intéressantes à raconter, devait se célébrer dans les premiers jours de mars. Ils s'étaient éprouvés, ne doutaient point d'eux-mêmes, et le bonheur leur ayant révélé toute la puissance de leur affection, jamais deux âmes, deux caractères ne s'étaient aussi parfaitement unis qu'ils le furent par la passion; en s'étudiant ils s'aimèrent davantage : de part et d'autre même délicatesse, même pudeur, même volupté, la plus douce de toutes les voluptés, celle des anges; point de nuages dans leur ciel; tour à tour les désirs de l'un faisaient la loi de l'autre. Riches tous deux, ils ne connaissaient point de caprices qu'ils ne pussent satisfaire, et partant n'avaient point de caprices. Un goût exquis, le sentiment du beau, une vraie poésie, animaient l'âme de l'épouse, dédaignant les colifichets de la finance, un sourire de son ami lui semblait plus beau que toutes les perles d'Ormus, la mousseline ou les fleurs formaient ses plus riches parures. Pauline et Raphaël fuyaient d'ailleurs le monde, la solitude leur était si belle, si féconde! Les oisifs voyaient exactement tous les soirs ce joli ménage de contrebande aux Italiens ou à l'Opéra. Si d'abord quelques médisances égayèrent les salons, bientôt le torrent d'événements qui passa sur Paris fit oublier deux amants inoffensifs; enfin, espèce d'excuse auprès des prudes, leur mariage était annoncé, et, par hasard, leurs gens se trouvaient discrets, donc, aucune méchanceté trop vive ne les punit de leur bonheur.
Vers la fin du mois de février, époque à laquelle d'assez beaux jours firent croire aux joies du printemps, un matin, Pauline et Raphaël déjeunaient ensemble dans une petite serre, espèce de salon rempli de fleurs, et de plain-pied avec le jardin. Le doux et pâle soleil de l'hiver, dont les rayons se brisaient à travers des arbustes rares, tiédissaient alors la température. Les yeux étaient égayés par les vigoureux contrastes des divers feuillages, des couleurs des touffes fleuries et par toutes les fantaisies de la lumière et de l'ombre. Quand tout Paris se chauffait encore devant les tristes foyers, les deux jeunes époux riaient sous un berceau de camélias, de lilas, de bruyères. Leurs têtes joyeuses s'élevaient au-dessus des narcisses, des muguets et des roses du Bengale. Dans cette serre voluptueuse et riche, les pieds foulaient une natte africaine colorée comme un tapis. Les parois tendues en coutil n'offraient pas la moindre trace d'humidité. L'ameublement était de bois en apparence grossier, mais dont l'écorce polie brillait de propreté. Un jeune chat, accroupi sur la table où l'avait attiré l'odeur du lait, se laissait barbouiller de café par Pauline, elle folâtrait avec lui, défendait la crème qu'elle lui permettait à peine de flairer, afin d'exercer sa patience et d'entretenir le combat, elle éclatait de rire à chacune de ses grimaces, et débitait mille plaisanteries pour empêcher Raphaël de lire son journal, qui, dix fois déjà, lui était tombé des mains. Il abondait dans cette scène matinale un bonheur inexprimable, comme tout ce qui est naturel et vrai. Raphaël feignait toujours de lire sa feuille, et contemplait à la dérobée Pauline aux prises avec le chat, sa Pauline enveloppée d'un long peignoir qui la lui voilait imparfaitement, sa Pauline les cheveux en désordre et montrant un petit pied blanc veiné de bleu dans une pantoufle de velours noir. Charmante à voir en déshabillé, délicieuse comme les fantastiques figures de Westhall, elle semblait être tout à la fois jeune fille et femme, peut-être plus jeune fille que femme, elle jouissait d'une félicité sans mélange, et ne connaissait de l'amour que ses premières joies. Au moment où, tout à fait absorbé par sa douce rêverie, Raphaël avait oublié son journal, Pauline le saisit, le chiffonna, en fit une boule, le lança dans le jardin, et le chat poursuivit la politique qui tournait, comme toujours, sur elle-même. Quand Raphaël, distrait par cette scène enfantine, voulut continuer à lire et fit le geste de tourner la feuille qu'il n'avait plus, éclatèrent les rires francs, joyeux, renaissant d'eux-mêmes comme les chants d'un oiseau.
— Je suis jalouse du journal, dit-elle en essuyant les larmes que son rire d'enfant avait fait couler. N'est-ce pas une félonie, reprit-elle, redevenant femme tout à coup, que de lire des proclamations russes en ma présence, et de préférer la prose de l'empereur Nicolas à des paroles, à des regards d'amour?
— Je ne lisais pas, mon cher aimé, je te regardais.
En ce moment, le pas lourd du jardinier, dont les souliers ferrés faisaient crier le sable des allées, retentit près de la serre.
— Excusez, monsieur le marquis, si je vous interromps, ainsi que madame, mais je vous apporte une curiosité comme je n'en ai jamais vu. En tirant tout à l'heure, sous votre respect, un seau d'eau, j'ai amené cette singulière plante marine! La voilà! Faut, tout de même, que ce soit bien accoutumé à l'eau, car n'était point mouillé ni humide. C'était sec comme du bois, et point gras du tout. Comme monsieur le marquis est plus savant que moi, certainement, j'ai pensé qu'il fallait la lui apporter, et que cela l'intéresserait.
Et le jardinier montrait à Raphaël l'inexorable Peau de chagrin qui n'avait pas six pouces carrés de superficie.
— Merci, Vanière, dit Raphaël. Cette chose est très-curieuse.

— Qu'as-tu, mon ange? tu pâlis! s'écria Pauline.
— Laissez-nous, Vanière.
— Ta voix m'effraye, reprit la jeune fille, elle est singulièrement altérée. Qu'as-tu? Que le sens-tu? Où as-tu mal? Tu as mal! Un médecin! cria-t-elle. Jonathas, au secours!
— Ma Pauline, tais-toi, répondit Raphaël, qui recouvra son sang-froid. Sortons. Il y a près de moi une fleur dont le parfum m'incommode. Peut-être est-ce cette verveine?

Pauline s'élança sur l'innocent arbuste, le saisit par la tige, et le jeta dans le jardin.

— Oh! ange, s'écria-t-elle en serrant Raphaël par une étreinte aussi forte que leur amour et en lui apportant avec une langoureuse coquetterie ses lèvres vermeilles à baiser, en te voyant pâlir, j'ai compris que je ne te survivrais pas : ta vie est ma vie. Mon Raphaël, passe-moi la main sur le dos. J'y sens encore *la petite mort*, j'y ai froid. Tes lèvres sont brûlantes. Et ta main?... elle est glacée, ajouta-t-elle.

— Folle! s'écria Raphaël.
— Pourquoi cette larme? dit-elle. Laisse-la-moi boire.
— Oh! Pauline, Pauline, tu m'aimes trop.
— Il se passe en toi quelque chose d'extraordinaire, Raphaël! Sois vrai, je saurai bientôt ton secret. Donne-moi cela, dit-elle en prenant la Peau de chagrin.
— Tu es mon bourreau! cria le jeune homme en jetant un regard d'horreur sur le talisman.
— Quel changement de voix! répondit Pauline, qui laissa tomber le fatal symbole du destin.
— M'aimes-tu? reprit-il.
— Si je t'aime, est-ce une question?
— Eh bien! laisse-moi, va-t'en!

La pauvre petite sortit.

— Quoi! s'écria Raphaël quand il fut seul, dans un siècle de lumières où nous avons appris que les diamants sont les cristaux du carbone, à une époque où tout s'explique, où la police traduirait un nouveau Messie devant les tribunaux et soumettrait ses miracles à l'Académie des sciences, dans les temps où nous ne croyons plus qu'aux paraphes des notaires, je croirais, moi, à une espèce de *Mané, Thekel, Pharès*? Non, de par Dieu! je ne penserai pas que l'Être suprême puisse trouver du plaisir à tourmenter une honnête créature. Allons voir les savants.

Il arriva bientôt, entre la Halle aux vins, immense recueil de tonneaux, et la Salpêtrière, immense séminaire d'ivrognerie, devant une petite mare où s'ébaudissaient des canards remarquables par la rareté des espèces et dont les ondoyantes couleurs, semblables aux vitraux d'une cathédrale, pétillaient sous les rayons du soleil. Tous les canards du monde étaient là, criant, barbotant, grouillant, et formant une espèce de chambre canarde rassemblée contre son gré, mais heureusement sans charte ni principes politiques, et vivant sans rencontrer de chasseurs, sous l'œil des naturalistes qui les regardaient par hasard.

— Voilà M. Lavrille, dit un porte-clefs à Raphaël, qui avait demandé ce grand pontife de la zoologie.

Le marquis vit un petit homme profondément enfoncé dans quelques sages méditations à l'aspect de deux canards. Ce savant, entre deux âges, avait une physionomie douce, encore adoucie par un air obligeant, mais il régnait dans toute sa personne une préoccupation scientifique : sa perruque incessamment grattée et fantasquement retroussée, laissait voir une ligne de cheveux blancs et accusait la fureur des découvertes qui, semblable à toutes les passions, nous arrache si puissamment aux choses de ce monde, que nous perdons la conscience du *moi*. Raphaël, homme de science et d'étude, admira ce naturaliste dont les veilles étaient consacrées à l'agrandissement des connaissances humaines, dont les erreurs servaient encore à la gloire de la France, mais une petite maîtresse aurait ri sans doute de la solution de continuité qui se trouvait entre la culotte et le gilet rayé du savant, interstice d'ailleurs chastement rempli par une chemise qu'il avait copieusement froncée en se baissant et se levant tour à tour au gré de ses observations zoogénésiques.

Après quelques premières phrases de politesse, Raphaël crut nécessaire d'adresser à M. Lavrille un compliment banal sur ses canards.

— Oh! nous sommes riches en canards, répondit le naturaliste. Ce genre est d'ailleurs, comme vous le savez sans doute, le plus fécond de l'ordre des palmipèdes. Il commence au *cygne*, et finit au *canard zinzin*, en comprenant cent trente-sept variétés d'individus bien distincts, ayant leurs noms, leurs mœurs, leur patrie, leur physionomie, et qui ne se ressemblent pas plus entre eux qu'un blanc ne ressemble à un nègre. En vérité, monsieur, quand nous mangeons un canard, la plupart du temps nous ne nous doutons guère de l'étendue... Il s'interrompit à l'aspect d'un joli petit canard qui remontait le talus de la mare. — Vous voyez là le cravate, pauvre enfant du Canada, venu de bien loin pour nous montrer son plumage brun et gris, sa petite cravate noire! Tenez, il se gratte. Voici la fameuse oie à duvet ou canard *Eider*, sous l'édredon de laquelle dorment nos petites maîtresses; est-elle jolie? qui n'admirerait ce petit ventre d'un blanc rougeâtre, ce bec vert? Je viens, monsieur, reprit-il, d'être témoin d'un accouplement dont j'avais jusqu'alors désespéré. Le mariage s'est fait assez heureusement, et j'en attendrai fort impatiemment le résultat. Je me flatte d'obtenir une cent trente-huitième espèce, à laquelle peut-être mon nom sera donné! Voici les nouveaux époux, dit-il en montrant deux canards. C'est l'une une oie rieuse (*anas albifrons*), de l'autre du grand canard siffleur (*anas rufina*) de Buffon. J'avais longtemps hésité entre le canard siffleur, le canard à sourcils blancs et le canard souchet (*anas clypeata*) : tenez, voici le souchet, ce gros scélérat brun-noir dont le col est verdâtre et si coquettement irisé. Mais, monsieur, le canard siffleur était huppé, vous comprenez alors que je n'ai plus balancé. Il ne nous manque ici que le canard varié à calotte noire. Ces messieurs prétendent unanimement que ce canard fait double emploi avec le canard sarcelle à bec recourbé, quant à moi... Il fit un geste admirable qui peignit à la fois la modestie et l'orgueil des savants, orgueil plein d'entêtement, modestie pleine de suffisance. Je ne le pense pas, ajouta-t-il. Vous voyez, mon cher monsieur, que nous ne nous amusons pas ici. Je m'occupe en ce moment de la monographie du genre canard. Mais je suis à vos ordres.

En se dirigeant vers une assez jolie maison de la rue de Buffon Raphaël soumit la Peau de chagrin aux investigations de M. Lavrille.

— Je connais ce produit, répondit le savant après avoir braqué sa loupe sur le talisman : il a servi à quelque dessus de boîte. Le chagrin est fort ancien! Aujourd'hui les gainiers préfèrent se servir de galuchat. Le galuchat est, comme vous le savez sans doute, la dépouille du *raja sephen*, un poisson de la mer Rouge...

— Mais ceci, monsieur, puisque vous avez l'extrême bonté...

— Ceci, reprit le savant en interrompant, est autre chose : entre le galuchat et le chagrin, il y a, monsieur, toute la différence de l'océan à la terre, du poisson à un quadrupède. Cependant la peau du poisson est plus dure que la peau de l'animal terrestre. Ceci, dit-il en montrant le talisman, est comme vous le savez sans doute, un des produits les plus curieux de la zoologie.

— Voyons, s'écria Raphaël.

— Monsieur, répondit le savant en s'enfonçant dans son fauteuil, ceci est une peau d'âne.

— Je le sais, dit le jeune homme.

— Il existe en Perse, reprit le naturaliste, un âne extrêmement rare, l'onagre des anciens, *equus asinus*, le *koulan* des Tatars. Pallas a été l'observer, et l'a rendu à la science. En effet, cet animal avait longtemps passé pour fantastique. Il est, comme vous le savez, célèbre dans l'Écriture sainte; Moïse avait défendu de l'accoupler avec ses congénères. Mais l'onagre est encore plus fameux par les prostitutions dont il a été l'objet, et dont parlent souvent les prophètes bibliques. Pallas, comme vous le savez sans doute, déclare, dans *Act. Petrop.* tome II, que ces excès bizarres sont encore religieusement accrédités chez les Persans et les Nogaïs comme un remède souverain contre les maux de reins et la goutte sciatique. Nous ne nous doutons guère de cela, nous autres pauvres Parisiens! Le Muséum ne possède pas d'onagre. Quel superbe animal! reprit le savant. Il est plein de mystères : son œil est muni d'une espèce de tapis réflecteur auquel les Orientaux attribuent le pouvoir de la fascination, sa robe est plus élégante et plus polie que ne l'est celle de nos beaux chevaux, elle est sillonnée de bandes plus ou moins fauves, et ressemble beaucoup à la peau du zèbre. Son lainage a quelque chose de moelleux, d'ondoyant, de gras au toucher; sa vue égale en justesse et en précision la vue de l'homme; un peu plus grand que nos plus beaux ânes domestiques, il est doué d'un courage extraordinaire. Si par hasard il est surpris, il se défend avec une supériorité remarquable contre les bêtes les plus féroces, quant à la rapidité de sa marche, elle ne peut se comparer qu'au vol des oiseaux, un onagre, monsieur, tuerait à la course les meilleurs chevaux arabes ou persans. D'après le père du consciencieux docteur Niebuhr, dont, comme vous le savez sans doute, nous déplorons la perte récente, le terme moyen du pas ordinaire de ces admirables créatures est de sept mille pas géométriques par heure. Nos ânes dégénérés ne sauraient donner une idée de cet âne indépendant et fier. Il a le port leste, animé, l'air spirituel, fin, une physionomie gracieuse, des mouvements pleins de coquetterie! C'est le roi zoologique de l'Orient. Les superstitions turques et persanes lui donnent même une mystérieuse origine, et le nom de Salomon se mêle aux récits que les conteurs du Thibet et de la Tartarie font sur les prouesses attribuées à ces nobles animaux.

Enfin un onagre apprivoisé vaut des sommes immenses; il est presque impossible de le saisir dans les montagnes, où il bondit comme un chevreuil, et semble voler comme un oiseau. La fable des chevaux ailés, notre Pégase, a sans doute pris naissance dans ces pays, où les bergers ont pu voir souvent un onagre sautant d'un rocher à un autre. Les ânes de selle, obtenus en Perse par l'accouplement d'une ânesse avec un onagre apprivoisé, sont peints en rouge, suivant une immémoriale tradition. Cet usage a donné lieu peut-être à notre proverbe : Méchant comme un âne rouge. A une époque où l'histoire naturelle était très-négligée en France, un voyageur aura, je pense, amené un de ces animaux curieux qui supportent fort impatiemment l'esclavage. De là le dicton! La peau que vous me présentez, reprit le savant, est la peau d'un onagre. Nous varions sur l'origine du nom. Les uns prétendent que *Chagri* est un mot turc, d'autres veulent que *Chagri* soit la ville où cette dépouille zoologique subit une préparation chimique assez bien décrite par Pallas, et qui lui donne le grain particulier que nous admirons ; M. Martellens m'a écrit que *Châagri* est un ruisseau.

— Monsieur, je vous remercie de m'avoir donné des renseignements qui fourniraient une admirable note à quelque dom Calmet, si les bénédictins existaient encore: mais j'ai eu l'honneur de vous faire observer que ce fragment était primitivement d'un volume égal... à cette carte géographique, dit Raphaël en montrant à Lavrille un atlas ouvert : or, depuis trois mois elle s'est sensiblement contractée...

— Bien, reprit le savant, je comprends. Monsieur, toutes, les dépouilles d'êtres primitivement organisés sont sujettes à un dépérissement naturel facile à concevoir, et dont les progrès sont soumis aux influences atmosphériques. Les métaux eux-mêmes se dilatent ou se resserrent d'une manière sensible, car les ingénieurs ont observé des espaces assez considérables entre de grandes pierres primitivement maintenues par des barres de fer. La science est vaste, la vie humaine est bien courte. Aussi n'avons-nous pas la prétention de connaître tous les phénomènes de la nature.

— Monsieur, reprit Raphaël presque confus, excusez la demande que je vais vous faire. Êtes-vous bien sûr que cette peau soit soumise aux lois ordinaires de la zoologie, qu'elle puisse s'étendre ?

— Oh! certes. Ah! peste, dit M. Lavrille en essayant de tirer le talisman. Mais, monsieur, reprit-il, si vous voulez aller voir Planchette le célèbre professeur de mécanique, il trouvera certainement un moyen d'agir sur cette peau, de l'amollir, de la distendre.

— Oh! monsieur, vous me sauvez la vie.

Raphaël salua le savant naturaliste, et courut chez Planchette, en laissant le bon Lavrille au milieu de son cabinet rempli de bocaux et de plantes séchées. Il rapportait de cette visite, sans le savoir, toute la science humaine : une nomenclature! Ce bonhomme ressemblait à Sancho Pança racontant à don Quichotte l'histoire des chèvres, il s'amusait à compter les animaux et à les numéroter. Arrivé sur le bord de la tombe, il connaissait à peine une petite fraction des incommensurables nombres du grand troupeau jeté par Dieu à travers l'océan des mondes, dans un but ignoré. Raphaël était content. — Je vais tenir mon âne en bride, s'écriait-il. Sterne avait dit avant lui : « Ménageons notre âne, si nous voulons vivre vieux. » Mais la bête est si fantasque!

Planchette était un grand homme sec, véritable poète perdu dans une perpétuelle contemplation occupé à regarder toujours un abîme sans fond, LE MOUVEMENT. Le vulgaire taxe de folie ces esprits sublimes, gens incompris qui vivent dans une admirable insouciance du luxe et du monde, restant des journées entières à fumer un cigare éteint, ou venant dans un salon sans avoir toujours bien exactement marié les boutons de leurs vêtements avec les boutonnières. Un jour, après avoir longtemps mesuré le vide, ou entassé des X sous des Aa—gG, ils ont analysé quelque loi naturelle et décomposé le plus simple des principes ; tout à coup la foule admire une nouvelle machine ou quelque baquet dont la facile structure nous étonne et nous confond ! Le savant modeste sourit en disant à ses admirateurs : — Qu'ai-je donc créé ? Rien. L'homme n'invente pas une force, il la dirige, et la science consiste à imiter la nature.

Raphaël surprit le mécanicien planté sur ses deux jambes, comme un pendu tombé droit sous sa potence. Planchette examinait une bille d'agate qui roulait sur un cadran solaire, en attendant qu'elle s'y arrêtât. Le pauvre homme n'était ni décoré, ni pensionné, car il ne savait pas calominer ses calculs : heureux de vivre à l'affût d'une découverte, il ne pensait ni à la gloire, ni au monde, ni à lui-même, il vivait dans la science pour la science.

— Cela est indéfinissable! s'écria-t-il. — Ah ! monsieur, reprit-il apercevant Raphaël, je suis votre serviteur. Comment va la maman? Allez voir ma femme.

— J'aurais cependant pu vivre ainsi! pensa Raphaël, qui tira le savant de sa rêverie en lui demandant le moyen d'agir sur le talisman, qu'il lui présenta. Dussiez-vous rire de ma crédulité, monsieur, ajouta-t-il en terminant, je ne vous cacherai rien. Cette peau me semble posséder une force de résistance contre laquelle rien ne peut prévaloir.

— Monsieur, dit-il, les gens du monde traitent toujours la science assez cavalièrement, tous nous disent à peu près ce qu'un merveilleux disait à Lalande en lui amenant des dames après l'éclipse : « Ayez la bonté de recommencer. » Quel effet voulez-vous produire ? La mécanique a pour but d'appliquer les lois du mouvement ou de les neutraliser. Quant au mouvement en lui-même, je vous le déclare avec humilité, nous sommes impuissants à le définir. Cela posé, nous avons remarqué quelques phénomènes constants qui régissent l'action des solides et des fluides. En reproduisant les causes génératrices de ces phénomènes, nous pouvons transporter les corps, leur transmettre une force locomotive dans des rapports de vitesse déterminée, les lancer, les diviser simplement ou à l'infini, soit que nous les cassions ou les pulvérisions, puis les tordre, leur imprimer une rotation, les modifier, les comprimer, les dilater, les étendre. Cette science, monsieur, repose sur un seul fait. Vous voyez cette bille, reprit-il. Elle est ici sur cette pierre. La voici maintenant là. De quel nom appellerons-nous cet acte si physiquement naturel et si moralement extraordinaire ? Mouvement, locomotion, changement de lieu? Quelle immense vanité cachée sous les mots! Un nom, est-ce donc une solution ? Voilà pourtant toute la science. Nos machines emploient ou décomposent cet acte, ce fait. Ce léger phénomène, adapté à des masses, va faire sauter Paris : nous pouvons augmenter la vitesse aux dépens de la force, et la force aux dépens de la vitesse. Qu'est-ce que la force et la vitesse ? Notre science est inhabile à le dire, comme elle l'est à créer un mouvement. Un mouvement, quel qu'il soit, est un immense pouvoir, et l'homme n'invente pas de pouvoirs. Le pouvoir est un, comme le mouvement, l'essence même du pouvoir. Tout est mouvement. La pensée est un mouvement. La nature est établie sur le mouvement. La mort est un mouvement dont les fins nous sont peu connues. Si Dieu est éternel, croyez qu'il est toujours en mouvement, Dieu est le mouvement, peut-être. Voilà pourquoi le mouvement est inexplicable comme lui ; comme lui profond, sans bornes, incompréhensible, intangible. Qui jamais a touché, compris, mesuré le mouvement? Nous en sentons les effets sans les voir. Nous pouvons même le nier comme nous nions Dieu. Où est-il ? où n'est-il pas ? D'où part-il ? Où en est le principe ? Où en est la fin ? Il nous enveloppe, nous presse et nous échappe. Il est évident comme un fait, obscur comme une abstraction, tout à la fois effet et cause. Il lui faut comme à nous l'espace, et qu'est-ce que l'espace? Le mouvement seul nous le révèle, sans le mouvement, il n'est plus qu'un mot vide de sens. Problème insoluble, semblable au vide, semblable à la création, à l'infini, le mouvement confond la pensée humaine, et tout ce qu'il est permis à l'homme de concevoir, c'est qu'il ne le concevra jamais. Entre chacun des points successivement occupés par cette bille dans l'espace, reprit le savant, il se rencontre un abîme pour la raison humaine, un abîme où est tombé Pascal. Pour agir sur la substance inconnue, que vous voulez soumettre à une force inconnue, nous devons d'abord étudier cette substance; d'après sa nature, ou elle se brisera sous un choc, ou elle y résistera : si elle se divise et que votre intention ne soit pas de la partager, nous n'atteindrons pas le but proposé. Voulez-vous la comprimer ? il faut transmettre un mouvement égal à toutes les parties de la substance de manière à diminuer uniformément l'intervalle qui les sépare. Désirez-vous l'étendre? nous devrons tâcher d'imprimer à chaque molécule une force excentrique égale ; sans l'observation exacte de cette loi, nous y produirions des solutions de continuité. Il existe, monsieur, des modes infinis, des combinaisons sans bornes dans le mouvement. À quel effet vous arrêtez-vous?

— Monsieur, dit Raphaël impatienté, je désire une pression quelconque assez forte pour étendre indéfiniment cette peau...

— La substance étant finie, répondit le mathématicien, ne saurait être indéfiniment distendue, mais la compression multipliera nécessairement l'étendue de sa surface aux dépens de l'épaisseur, elle s'amincira jusqu'à ce que la matière manque...

— Obtenez ce résultat, monsieur, s'écria Raphaël, et vous aurez gagné des millions.

— Je vous volerais votre argent, répondit le professeur avec le flegme d'un Hollandais. Je vais vous démontrer en deux mots l'existence d'une machine sous laquelle Dieu lui-même serait écrasé comme une mouche. Elle réduirait un homme à l'état de papier brouillard, un homme botté, éperonné, cravaté, chapeau, or, bijoux, tout...

— Quelle horrible machine!

— Au lieu de jeter leurs enfants à l'eau, les Chinois devraient les utiliser ainsi, reprit le savant sans penser au respect de l'homme pour sa progéniture.

Tout entier à son idée, Planchette prit un pot de fleurs vide, troué dans le fond et l'apporta sur la dalle du gnomon ; puis il alla chercher un peu de terre glaise dans un coin du jardin. Raphaël resta charmé comme un enfant auquel sa nourrice conte une histoire merveilleuse. Après avoir posé sa terre glaise sur la dalle, Planchette tira de sa poche une serpette, coupa deux branches de sureau, et se mit à les vider en sifflant comme si Raphaël n'eût pas été là.

— Voilà les éléments de la machine, dit-il.

Il attacha par un coude en terre glaise l'un de ses tuyaux de bois au fond du pot, de manière à ce que le trou du sureau correspondît à celui du vase. Vous eussiez dit une énorme pipe. Il étala sur la dalle un lit de glaise en lui donnant la forme d'une pelle, assit le pot de fleurs dans la partie la plus large, et fixa la branche de sureau sur la portion qui représentait le manche. Enfin il mit un tas de terre glaise à l'extrémité du tube en sureau, il y planta l'autre branche creuse, toute droite, en pratiquant un autre coude pour la joindre à la branche horizontale, en sorte que l'air, ou tel fluide ambiant donné, pût circuler dans cette machine improvisée, et courir depuis l'embouchure du tube vertical, à travers le canal intermédiaire, jusque dans le grand pot de fleurs vide.

— Monsieur, cet appareil, dit-il à Raphaël avec le sérieux d'un académicien prononçant son discours de réception, est un des plus beaux titres du grand Pascal à notre admiration.

En ce moment le pas lourd du jardinier retentit dans la serre. — PAGE 45.

— Je ne comprends pas.

Le savant sourit. Il alla détacher d'un arbre fruitier une petite bouteille dans laquelle son pharmacien lui avait envoyé une liqueur où se prennent les fourmis ; il en cassa le fond, se fit un entonnoir, l'adapta soigneusement au trou de la branche creuse qu'il avait fixée verticalement dans l'argile, en opposition au grand réservoir figuré

Le marquis vit un petit homme enfoncé dans quelques sages méditations à l'aspect de deux canards. — PAGE 46.

par le pot de fleurs ; puis, au moyen d'un arrosoir, il y versa la quantité d'eau nécessaire pour qu'elle se trouvât également bord à bord et dans le grand vase et dans la petite embouchure circulaire du sureau. Raphaël pensait à sa Peau de chagrin.

— Monsieur, dit le mécanicien, l'eau passe encore aujourd'hui pour un corps incompressible, n'oubliez pas ce principe fondamental, néan-

moins elle se comprime ; mais si légèrement, que nous devons compter sa faculté contractile comme zéro. Vous voyez la surface que présente l'eau arrivée à la superficie du pot de fleurs ?

— Oui, monsieur.

— Eh bien ! supposez cette surface mille fois plus étendue que ne l'est l'orifice du bâton de sureau par lequel j'ai versé le liquide. Tenez, j'ôte l'entonnoir.

— D'accord.

— Eh bien ! monsieur, si par un moyen quelconque j'augmente le volume de cette masse en introduisant encore de l'eau par l'orifice du petit tuyau, le fluide, contraint d'y descendre, montera dans le réservoir figuré par le pot de fleurs jusqu'à ce que le liquide arrive à un même niveau dans l'un et dans l'autre…

L'onagre des anciens. — PAGE 46.

— Cela est évident ! s'écria Raphaël.

— Mais il y a cette différence, reprit le savant, que si la mince colonne d'eau ajoutée dans le petit tube vertical y présente une force égale au poids d'une livre, par exemple, comme son action se transmettra fidèlement à la masse liquide et viendra réagir sur tous les points de la surface qu'elle présente dans le pot de fleurs, il s'y trouvera mille colonnes d'eau qui, tendant toutes à s'élever comme si elles étaient poussées par une force égale à celle qui fait descendre le liquide dans le bâton de sureau vertical, produiront nécessairement ici, dit Planchette en montrant à Raphaël l'ouverture du pot de fleurs, une puissance mille fois plus considérable que la puissance introduite là. Et le savant indiquait du doigt au marquis le tuyau de bois planté droit dans la glaise.

Planchette examinait une bille d'agate qui roulait sur un cadran solaire. — PAGE 47.

— Cela est tout simple, dit Raphaël.

Planchette sourit.

— En d'autres termes, reprit-il avec cette ténacité de logique naturelle aux mathématiciens, il faudrait, pour repousser l'irruption de l'eau, déployer, sur chaque partie de la grande surface, une force égale à la force agissant dans le conduit vertical ; mais, à cette différence près, que si la colonne liquide y est-haute d'un pied, les mille petites colonnes de résistance de la grande surface n'y auront qu'une très-faible élévation. Maintenant, dit Planchette en donnant une chiquenaude à ses bâtons, remplaçons ce petit appareil grotesque par des tubes métalliques d'une force et d'une dimension convenables : si vous couvrez d'une forte platine mobile la surface fluide du grand réservoir, et qu'à cette platine vous en opposiez une autre dont la résistance et la solidité soient à toute épreuve, si de plus vous m'accordez la puissance d'ajouter sans cesse de l'eau par le petit tube vertical à la masse liquide, l'objet, pris entre les deux plans solides, doit nécessairement céder à l'immense action qui le comprime indéfiniment. Le moyen d'introduire constamment de l'eau par le petit tube est une niaiserie en mécanique, ainsi que le mode de transmettre la puissance de la masse liquide à une platine. Deux pistons et quelques soupapes suffisent. Concevez-vous alors, mon cher monsieur, dit-il en prenant le bras de Valentin, qu'il n'existe guère de substance qui, mise entre ces deux résistances indéfinies, ne soit contrainte à s'étaler ?

— Quoi ! l'auteur des Lettres provinciales a inventé ? s'écria Raphaël. — Lui seul, monsieur. La mécanique ne connaît rien de plus simple ni de plus beau. Le principe contraire, l'expansibilité de l'eau, a créé la machine à vapeur. Mais l'eau n'est expansible qu'à un certain degré, tandis que son incompressibilité, étant une force en quelque sorte négative, se trouve nécessairement infinie.

— Si cette peau s'étend, dit Raphaël, je vous promets d'élever une statue colossale à Blaise Pascal, de fonder un prix de cent mille francs pour le plus beau problème de mécanique résolu dans chaque période

Le baron Japhet. — PAGE 50.

de dix ans, de doter vos cousines, arrière-cousines, enfin de bâtir un hôpital destiné aux mathématiciens devenus fous ou pauvres.

— Ce serait fort utile, dit Planchette. Monsieur, reprit-il avec le calme d'un homme vivant dans une sphère tout intellectuelle, nous irons demain chez Spieghalter. Ce mécanicien distingué vient de fabriquer, d'après mes plans, une machine perfectionnée avec laquelle un enfant pourrait faire tenir mille bottes de foin dans son chapeau.

— A demain, monsieur.
— A demain.

— Parlez-moi de la mécanique! s'écria Raphaël. N'est-ce pas la plus belle de toutes les sciences? L'autre avec ses onagres, ses classements, ses canards, ses genres et ses bocaux pleins de monstres, est tout au plus bon à marquer les points dans un billard public.

Le lendemain, Raphaël tout joyeux vint chercher Planchette, et ils allèrent ensemble dans la rue de la Santé, nom de favorable augure. Chez Spieghalter, le jeune homme se trouva dans un établissement immense, ses regards tombèrent sur une multitude de forges rouges et rugissantes. C'était une pluie de feu, un déluge de clous, un océan de pistons, de vis, de leviers, de traverses, de limes, d'écrous, une mer de fontes, de bois, de soupapes et d'aciers en barres. La limaille prenait à la gorge. Il y avait du fer dans la température, les hommes étaient couverts de fer, tout puait le fer, le fer avait une vie, il était organisé, il se fluidifiait, marchait, pensait en prenant toutes les formes, en obéissant à tous les caprices. A travers les hurlements des soufflets, les crescendo des marteaux, les sifflements des tours qui faisaient grogner le fer, Raphaël arriva dans une grande pièce, propre et bien aérée, où il put contempler à son aise la presse immense dont Planchette lui avait parlé. Il admira des espèces de madriers en fonte, et des jumelles en fer unies par un indestructible noyau.

— Si vous tourniez sept fois cette manivelle avec promptitude, lui dit Spieghalter en lui montrant un balancier de fer poli, vous feriez jaillir une planche d'acier en des milliers de jets, qui vous entreraient dans les jambes comme des aiguilles.

— Peste ! s'écria Raphaël.
Planchette glissa lui-même la Peau de chagrin entre les deux platines de la presse souveraine, et, plein de cette sécurité que donnent les conditions scientifiques, il manœuvra vivement le balancier.

Il s'assit dans un fauteuil. — PAGE 50.

— Couchez-vous tous, nous sommes morts ! cria Spieghalter d'une voix tonnante en se laissant tomber lui-même à terre.

Un sifflement horrible retentit dans les ateliers. L'eau contenue dans la machine brisa la fonte, produisit un jet d'une puissance incommensurable, et se dirigea heureusement sur une vieille forge qu'elle renversa, bouleversa, tordit comme une trombe entortille une maison et l'emporte avec elle.

— Oh ! dit tranquillement Planchette, le chagrin est sain comme mon œil ! Maître Spieghalter, il y avait une paille dans votre fonte, ou quelque interstice dans le grand tube. — Non, n n, je connais ma foule. Monsieur peut remporter son outil, le diable est logé dedans.

L'Allemand saisit un marteau de forgeron, jeta la peau sur une enclume, et, de toute la force que donne la colère, déchargea sur le talisman le plus terrible coup qui jamais eût mugi dans ses ateliers.

— Il n'y paraît seulement pas, s'écria Planchette en caressant le chagrin rebelle.

Les ouvriers accoururent. Le contre-maître prit la peau et la plongea dans le charbon de terre d'une forge. Tous rangés en demi-cercle autour du feu, attendirent avec impatience le jeu d'un énorme soufflet. Raphaël, Spieghalter, le professeur Planchette occupaient le centre de cette foule noire et attentive. En voyant tous ces yeux blancs, ces têtes poudrées de fer, ces vêtements noirs et luisants, ces poitrines poilues, Raphaël se crut transporté dans le monde nocturne et fantastique des ballades allemandes. Le contre-maître saisit la peau avec des pinces après l'avoir laissée dans le foyer pendant dix minutes.

— Rendez-la-moi, dit Raphaël.

Le contre-maître la présenta par plaisanterie à Raphaël. Le marquis mania facilement la peau froide et souple sous ses doigts. Un cri d'horreur s'éleva, les ouvriers s'enfuirent, Valentin resta seul avec Planchette dans l'atelier désert.

— Il y a décidément quelque chose de diabolique là-dedans, s'écria Raphaël au désespoir. Aucune puissance humaine ne saurait donc me donner un jour de plus !

— Monsieur, j'ai tort, répondit le mathématicien d'un air contrit, nous devions soumettre cette peau singulière à l'action d'un laminoir. Où avais-je les yeux en vous proposant une pression.

— C'est moi qui l'ai demandée, répliqua Raphaël.

Le savant respira comme un coupable acquitté par douze jurés. Cependant, intéressé par le problème étrange que lui offrait cette peau, il réfléchit un moment et dit : — Il faut traiter cette substance inconnue par des réactifs. Allons voir Japhet, la chimie sera peut-être plus heureuse que la mécanique.

Valentin mit son cheval au grand trot, dans l'espoir de rencontrer le fameux chimiste Japhet à son laboratoire.

— Eh bien ! mon vieil ami, dit Planchette en apercevant Japhet assis dans un fauteuil et contemplant un précipité, comment va la chimie ?

— Elle s'endort. Rien de neuf. L'Académie a cependant reconnu l'existence de la salicine. Mais la salicine, l'asparagine, la vauqueline, la digitaline, ne sont pas des découvertes.

— Faute de pouvoir inventer des choses, dit Raphaël, il paraît que vous en êtes réduits à inventer des noms.

— Cela est pardieu vrai, jeune homme !

— Tiens, dit le professeur Planchette au chimiste, essaye de nous décomposer cette substance ; si tu en extrais un principe quelconque, je le nomme d'avance la *diaboline*, car, en voulant la comprimer, nous venons de briser une presse hydraulique.

— Voyons, voyons cela, s'écria joyeusement le chimiste, ce sera peut-être un nouveau corps simple.

— Monsieur, dit Raphaël, c'est tout simplement un morceau de peau d'âne.

— Monsieur ! reprit gravement le célèbre chimiste.

— Je ne plaisante pas, répliqua le marquis en lui présentant la peau de chagrin.

Le baron Japhet appliqua sur la peau les houppes nerveuses de sa langue si habile à déguster les sels, les acides, les alcalis, les gaz, et dit après quelques essais : — Point de goût ! Voyons, nous allons lui faire boire un peu d'acide phthorique.

Soumise à l'action de ce principe, si prompt à désorganiser les tissus animaux, la peau ne subit aucune altération.

— Ce n'est pas du chagrin, s'écria le chimiste. Nous allons traiter ce mystérieux inconnu comme un minéral et lui donner sur le nez en le mettant dans un creuset infusible où j'ai précisément de la potasse rouge.

Japhet sortit et revint bientôt.

— Monsieur, dit-il à Raphaël, laissez-moi prendre un morceau de cette singulière substance, elle est si extraordinaire...

— Un morceau ! s'écria Raphaël, pas seulement la valeur d'un cheveu. D'ailleurs essayez, dit-il d'un air tout à la fois triste et goguenard.

Le savant cassa un rasoir en voulant entamer la peau, il tenta de la briser par une forte décharge d'électricité, puis il la soumit à l'action de la pile voltaïque, enfin les foudres de sa science échouèrent sur le terrible talisman. Il était sept heures du soir. Planchette, Japhet et Raphaël, ne s'apercevant pas de la fuite du temps, attendaient le résultat d'une dernière expérience. Le chagrin sortit victorieux d'un épouvantable choc auquel il avait été soumis, grâce à une quantité raisonnable de chlorure d'azote.

— Je suis perdu ! s'écria Raphaël. Dieu est là. Je vais mourir.

Il laissa les deux savants stupéfaits.

— Gardons-nous bien de raconter cette aventure à l'Académie, nos collègues s'y moqueraient de nous, dit Planchette au chimiste après une longue pause pendant laquelle ils se regardèrent sans oser se communiquer leurs pensées.

Ils étaient comme des chrétiens sortant de leurs tombes sans trouver un Dieu dans le ciel. La science ! impuissante ! Les acides ! eau claire ! La potasse rouge ! déshonorée ! La pile voltaïque et la foudre ! deux bilboquets !

— Une presse hydraulique fendue comme une mouillette ! ajouta Planchette.

— Je crois au diable, dit le baron Japhet après un moment de silence.

— Et moi à Dieu, répondit Planchette.

Tous deux étaient dans leur rôle. Pour un mécanicien, l'univers est une machine qui veut un ouvrier ; pour la chimie, cette œuvre d'un démon qui va décomposant tout, le monde est un gaz doué de mouvement.

— Nous ne pouvons pas nier le fait, reprit le chimiste.

— Bah ! pour nous consoler, MM. les doctrinaires ont créé ce nébuleux axiome : Bête comme un fait.

— Ton axiome, répliqua le chimiste, me semble, à moi, fait comme une bête.

Ils se prirent à rire, et dînèrent en gens qui ne voyaient plus qu'un phénomène dans un miracle.

En rentrant chez lui, Valentin était en proie à une rage froide : il ne croyait plus à rien, ses idées se brouillaient dans sa cervelle, tournoyaient et vacillaient comme celles de tout homme en présence d'un fait impossible. Il avait cru volontiers à quelque défaut secret dans la machine de Spieghalter, l'impuissance de la science et du feu ne l'étonnait pas, mais la souplesse de la peau quand il la maniait, mais sa dureté lorsque les moyens de destruction mis à la disposition de l'homme étaient dirigés sur elle, l'épouvantaient. Ce fait incontestable lui donnait le vertige.

— Je suis fou, se dit-il. Quoique depuis ce matin je sois à jeun je n'ai ni faim ni soif, et je sens dans ma poitrine un foyer qui me brûle. Il remit la peau de chagrin dans le cadre où elle était naguère enfermée, et, après avoir décrit par une ligne d'encre rouge le contour actuel du talisman, il s'assit dans son fauteuil. — Déjà huit heures, s'écria-t-il. Cette journée a passé comme un songe. Il s'accouda sur le bras du fauteuil, s'appuya la tête dans sa main gauche, et resta perdu dans une de ces méditations funèbres, dans ces pensées dévorantes dont sont consumés à mort emportent le secret. — Ah ! Pauline, s'écria-t-il, pauvre enfant ! il y a des abîmes que l'amour ne saurait franchir, malgré la force de ses ailes. En ce moment il entendit très-distinctement un soupir étouffé, et reconnut, par un des plus touchants privilèges de la passion, le souffle de sa Pauline. — Oh ! se dit-il, voilà mon arrêt. Si elle était là, je voudrais mourir dans ses bras. Un désir de rire bien franc, bien joyeux, lui fit tourner la tête vers son lit, il vit à travers les rideaux diaphanes la figure de Pauline souriant comme un enfant heureux d'une malice qui réussit ; ses beaux cheveux formaient des milliers de boucles sur ses épaules, elle était là, semblable à une rose du Bengale sur un monceau de roses blanches.

— J'ai séduit Jonathas, dit-elle. Ce lit n'appartient-il pas à moi qui suis ta femme ? Ne me gronde pas, cher, je ne voulais que dormir près de toi, te surprendre. Pardonne-moi cette folie. Elle sauta hors du lit par un mouvement de chatte, se montra radieuse dans ses mousselines, et s'assit sur les genoux de Raphaël : — De quel abîme parlais-tu donc, mon amour ! dit-elle en laissant voir sur son front une expression soucieuse.

— De la mort.

— Tu me fais mal, répondit-elle. Il y a certaines idées auxquelles, nous autres, pauvres femmes, nous ne pouvons nous arrêter, elles nous tuent. Est-ce force d'amour ou manque de courage ? je ne sais. La mort ne m'effraye pas, reprit-elle en riant. Mourir avec toi, demain matin, ensemble, dans un dernier baiser, ce serait un bonheur. Il me semble que j'aurais encore vécu plus de cent ans. Qu'importe le nombre des jours, si, dans une nuit, dans une heure, nous avons épuisé toute une vie de paix et d'amour ?

— Tu as raison, le ciel parle par ta jolie bouche. Donne que je la baise, et mourons, dit Raphaël.

— Mourons donc, répondit-elle en riant.

Vers les neuf heures du matin, le jour passait à travers les fentes des persiennes, amoindri par la mousseline des rideaux, il permettait encore de voir les riches couleurs du tapis et les meubles soyeux de la chambre où reposaient les deux amants. Quelques dorures étincelaient. Un rayon de soleil venait mourir sur le mol édredon que les jeux de l'amour avaient jeté par terre. Suspendue à une grande psyché, la robe de Pauline se dessinait comme une vaporeuse apparition. Les souliers mignons avaient été laissés loin du lit. Un rossignol vint se poser sur l'appui de la fenêtre, ses gazouillements répétés, le bruit de ses ailes soudainement déployées quand il s'envola, réveillèrent Raphaël.

— Pour mourir, dit-il en achevant une pensée commencée dans son rêve, il faut que mon organisation, ce mécanisme de chair et d'os, animé par ma volonté, et qui fait de moi un individu *homme*, présente une lésion sensible. Les médecins doivent connaître les symptômes de la vitalité attaquée, et pouvoir me dire si je suis en santé ou malade.

Il contempla sa femme endormie, qui lui tenait la tête, expirant ainsi pendant le sommeil les tendres sollicitudes de l'amour. Gracieusement étendue comme un jeune enfant, et le visage tourné vers lui, Pauline semblait le regarder encore en lui tendant une jolie bouche entr'ouverte par un souffle égal et pur. Ses petites dents de porcelaine relevaient la rougeur de ses lèvres fraîches sur lesquelles errait un sourire; l'incarnat de son teint était plus vif, et la blancheur en était pour ainsi dire plus blanche en ce moment qu'aux heures les plus amoureuses de la journée. Son gracieux abandon si plein de confiance mêlait au charme de l'amour les adorables attraits de l'enfance endormie. Les femmes, même les plus naturelles, obéissent encore pendant le jour à certaines conventions sociales, qui enchaînent les naïves expansions de leur âme; mais le sommeil semble les rendre à la soudaineté de vie qui décore le premier âge : Pauline ne rougissait de rien, comme une de ces chères et célestes créatures chez qui la raison n'a encore jeté ni pensées dans ses gestes, ni secrets dans le regard. Son profil se détachait vivement sur la fine batiste des oreillers, de grosses ruches de dentelle, mêlées à ses cheveux en désordre, lui donnaient un petit air mutin, mais elle s'était endormie dans le plaisir, ses longs cils étaient appliqués sur sa joue comme pour garantir sa vue d'une lueur trop forte, ou pour aider à ce recueillement de l'âme, quand elle essaie de retenir une volupté parfaite, mais fugitive; son oreille mignonne, blanche et rouge, encadrée par une touffe de cheveux, et dessinée dans une coque de malines, eût rendu fou un artiste, un peintre, un vieillard, eût peut-être restitué la raison à quelque insensé. Voir sa maîtresse endormie, rieuse dans un songe, paisible sous votre protection, vous aimant même en rêve au moment où la créature semble cesser d'être, et vous offrant encore une bouche muette, qui, dans le sommeil, vous parle du dernier baiser ! voir une femme confiante, demi-nue, mais enveloppée dans son amour comme dans un manteau, et chaste au sein du désordre, admirer ses vêtements épars, un bas de soie rapidement quitté la veille pour vous plaire, une ceinture dénouée qui vous accuse une foi infinie, n'est-ce pas une joie sans nom ? Cette ceinture est un poème entier ; la femme qu'elle protégeait n'existe plus, elle vous appartient, elle est devenue vous; désormais la trahir, c'est se blesser soi-même. Raphaël attendri contempla cette chambre chargée d'amour, pleine de souvenirs, où le jour prenait des teintes voluptueuses, et revint à cette femme aux formes pures, jeunes, aimante encore, dont surtout les sentiments étaient à lui sans partage. Il désira vivre toujours. Quand son regard tomba sur Pauline elle ouvrit aussitôt les yeux comme si un rayon de soleil l'eût frappée.

— Bonjour, ami ! dit-elle en souriant. Es-tu beau, méchant !

Ces deux têtes, empreintes d'une grâce due à l'amour, à la jeunesse, au demi-jour et au silence, formaient une de ces divines scènes, dont la magie passagère n'appartient qu'aux premiers jours de la passion, comme la naïveté, la candeur, sont les attributs de l'enfance. Hélas ! ces joies printanières de l'amour, de même que les rires de notre jeune âge, doivent s'enfuir et ne plus vivre que dans notre souvenir pour nous désespérer ou nous jeter quelque parfum consolateur, selon les caprices de nos méditations secrètes.

— Pourquoi t'es-tu réveillée ? dit Raphaël. J'avais tant de plaisir à te voir endormie, j'en pleurais.

— Et moi aussi, répondit-elle, j'ai pleuré cette nuit en te contemplant dans ton repos, mais non pas de joie. Écoute, mon Raphaël, écoute-moi ! Lorsque tu dors, ta respiration n'est pas franche, il y a dans ta poitrine quelque chose qui résonne, et qui m'a fait peur. Tu as pendant ton sommeil une petite toux sèche, absolument semblable à celle de mon père, qui meurt d'une phthisie. J'ai reconnu dans le bruit de tes poumons quelques-uns des effets bizarres de cette maladie. Puis tu avais la fièvre, j'en suis sûre, ta main était moite et brûlante. Chéri ! tu es jeune, dit-elle en frissonnant, tu pourrais guérir encore si, par malheur... Mais non, s'écria-t-elle joyeusement, il n'y a pas de malheur, la maladie se gagne, disent les médecins. De ses deux bras, elle enlaça Raphaël, saisit sa respiration par un de ces baisers dans lesquels l'âme arrive : — Je ne désire pas vivre vieille, dit-elle. Mourons jeunes tous deux, et allons dans le ciel les mains pleines de fleurs.

— Ces projets-là se font toujours quand nous sommes en bonne santé, répondit Raphaël en plongeant ses mains dans la chevelure de Pauline; mais il eut alors un horrible accès de toux, de ces toux graves et sonores, qui semblent sortir d'un cercueil, qui font pâlir le front des malades et les laissent tremblants, tout en sueur, après avoir remué leurs nerfs, ébranlé leurs côtes, fatigué leur moelle épinière, et imprimé je ne sais quelle lourdeur à leurs veines. Raphaël, abattu, pâle, se coucha lentement, affaissé comme un homme dont toute la force s'est dissipée dans un dernier effort. Pauline le regarda d'un œil fixe, agrandi par la peur, et resta immobile, blanche, silencieuse.

— Ne faisons plus de folies, mon ange, dit-elle en voulant cacher à Raphaël les horribles pressentiments qui l'agitaient. Elle se voila

la figure de ses mains, car elle apercevait le hideux squelette de la MORT.

La tête de Raphaël était devenue livide et creuse comme un crâne arraché aux profondeurs d'un cimetière, pour servir aux études de quelque savant. Pauline se souvenait de l'exclamation échappée la veille à Valentin, et se dit à elle-même : Oui, il y a des abîmes que l'amour ne peut pas traverser, mais il doit s'y ensevelir.

Quelques jours après cette scène de désolation, Raphaël se trouva, par une matinée du mois de mars, assis dans un fauteuil, entouré de quatre médecins, qui l'avaient fait placer au jour, devant la fenêtre de sa chambre, et tour à tour lui tâtaient le pouls, le palpaient. L'interrogeaient avec une apparence d'intérêt. Le malade épiait leurs pensées en interprétant leurs gestes et les moindres plis qui se formaient sur leurs fronts. Cette consultation était sa dernière espérance. Ces juges suprêmes allaient lui prononcer un arrêt de vie ou de mort. Aussi, pour arracher à la médecine humaine son dernier mot, Valentin avait-il convoqué les oracles de la science moderne. Grâce à sa fortune et à son nom, les trois systèmes entre lesquels flottent les connaissances humaines étaient là devant lui. Trois de ces docteurs portaient avec eux toute la philosophie médicale, en représentant le combat que se livrent la spiritualité, l'analyse, et je ne sais quel éclectisme railleur. Le quatrième médecin était Horace Bianchon, homme plein d'avenir et de science, le plus distingué peut-être des nouveaux médecins, sage et modeste député de la studieuse jeunesse, qui s'apprête à recueillir l'héritage des trésors amassés depuis cinquante ans par l'école de Paris, et qui bâtira peut-être le monument pour lequel les siècles précédents ont apporté tant de matériaux divers. Ami du marquis et de Rastignac, il lui avait donné ses soins depuis quelques jours, et l'aidait à répondre aux interrogations des trois professeurs, auxquels il expliquait parfois, avec une sorte d'insistance, les diagnostics qui lui semblaient révéler une phthisie pulmonaire.

— Vous avez sans doute fait beaucoup d'excès, mené une vie dissipée, vous vous êtes livré à de grands travaux d'intelligence ? dit à Raphaël celui des trois célèbres docteurs dont la face carrée, le figure large, l'énergique organisation, paraissaient annoncer un génie supérieur à celui de ses deux antagonistes.

— J'ai voulu me tuer par la débauche, après avoir travaillé pendant trois ans à un vaste ouvrage dont vous vous occuperez peut-être un jour, lui répondit Raphaël.

Le grand docteur hocha la tête en signe de contentement, et comme s'il se fût dit en lui-même : — J'en étais sûr ! Ce docteur était l'illustre Brisset, le chef des organistes, le successeur des Cabanis et des Bichat, le médecin des esprits positifs et matérialistes, qui voient en l'homme un être fini, uniquement soumis aux lois de sa propre organisation, et dont l'état normal ou les anomalies délétères s'expliquent par des causes évidentes.

À cette réponse, Brisset regarda silencieusement un homme de moyenne taille dont le visage empourpré, l'œil ardent, semblaient appartenir à quelque satyre antique, et qui, se tenant appuyé sur le coin de l'embrasure, contemplait attentivement Raphaël sans mot dire. Homme d'exaltation et de croyance, le docteur Caméristus, chef des vitalistes, le Ballanche de la médecine, poétique défenseur des doctrines abstraites de Van Helmont, voyait dans la vie humaine un principe élevé, secret, un phénomène inexplicable qui se joue des bistouris, trompe la chirurgie, échappe aux médicaments de la pharmaceutique, aux x de l'algèbre, aux démonstrations de l'anatomie, et se rit de nos efforts; une espèce de flamme intangible invisible, soumise à quelque loi divine, et qui reste souvent au milieu d'un corps condamné par nos arrêts, comme elle déserte aussi les organisations les plus viables.

Un sourire sardonique errait sur les lèvres du troisième, le docteur Maugredie, esprit distingué, mais pyrrhonien et moqueur, qui ne croyait qu'au scalpel, concédait à Brisset la mort d'un homme qui se portait à merveille, et reconnaissait avec Caméristus qu'un homme pouvait vivre encore après sa mort. Il trouvait du bon dans toutes les théories, n'en adoptant aucune, prétendait que le meilleur système médical était de n'en point avoir, et de s'en tenir aux faits. Panurge de l'école, roi de l'observation, ce grand explorateur, ce grand railleur, l'homme des tentatives désespérées, examinait la Peau de chagrin.

— Je voudrais bien être témoin de la coïncidence qui existe entre vos désirs et son rétrécissement, dit-il au marquis.

— À quoi bon ! s'écria Brisset.

— À quoi bon ! répéta Caméristus.

— Ah ! vous êtes d'accord, répondit Maugredie.

— Cette contraction est toute simple, ajouta Brisset.

— Elle est surnaturelle, dit Caméristus.

— En effet, répliqua Maugredie en affectant un air grave et rendant à Raphaël la peau de chagrin, le racornissement du cuir est un fait inexplicable et cependant naturel, qui, depuis l'origine du monde, fait le désespoir de la médecine et des jolies femmes.

À force d'examiner les trois docteurs, Valentin ne découvrit en eux aucune sympathie pour ses maux. Tous trois, silencieux à chaque réponse, le toisaient avec indifférence et le questionnaient sans le plaindre. La nonchalance perçait à travers leur politesse. Soit certitude, soit réflexion, leurs paroles étaient si rares, si indolentes, que par moments Raphaël les crut distraits. De temps à autre, Brisset seul répondait : « Bon ! bien ! » à tous les symptômes désespérants dont l'existence était démontrée par Bianchon. Camérístus demeurait plongé dans une profonde rêverie, Maugredie ressemblait à un auteur comique étudiant deux originaux pour les transporter fidèlement sur la scène. La figure d'Horace trahissait une peine profonde, un attendrissement plein de tristesse. Il était médecin depuis trop peu de temps pour être insensible devant la douleur et impassible près d'un lit funèbre ; il ne savait pas éteindre dans ses yeux les larmes amies qui empêchent un homme de voir clair et de saisir, comme un général d'armée, le moment propice à la victoire, sans écouter les cris des moribonds. Après être resté pendant une demi-heure environ à prendre en quelque sorte la mesure de la maladie du malade, comme un tailleur prend la mesure d'un habit à un jeune homme qui lui commande ses vêtements de noces, ils dirent quelques lieux communs, parlèrent même des affaires publiques ; puis ils voulurent passer dans le cabinet de Raphaël, pour se communiquer leurs idées et rédiger la sentence.

— Messieurs, leur dit Valentin, ne puis-je donc assister au débat ?

À ce mot, Brisset et Maugredie se récrièrent vivement, et, malgré les insistances de leur malade, ils se refusèrent à délibérer en sa présence. Raphaël se soumit à l'usage, en pensant qu'il pouvait se glisser dans un couloir d'où il entendrait facilement les discussions médicales auxquelles les trois professeurs allaient se livrer.

— Messieurs, dit Brisset en entrant, permettez-moi de vous donner promptement mon avis. Je ne veux ni vous l'imposer, ni le voir controversé : d'abord il est net, précis, et résulte d'une similitude complète entre un de mes malades et le sujet que nous avons été appelés à examiner ; puis, je suis attendu à mon hospice. L'importance du fait qui y réclame ma présence m'excusera de prendre le premier la parole. Le *sujet* qui nous occupe est également fatigué par des travaux intellectuels... Qu'a-t-il donc fait, Horace ? dit-il en s'adressant au jeune médecin.

— Une théorie de la volonté.

— Ah ! diable, mais c'est un vaste sujet. Il est fatigué, dis-je, par des excès de pensée, par des écarts de régime, par l'emploi répété de stimulants trop énergiques. L'action violente du corps et du cerveau a donc vicié le jeu de tout l'organisme. Il est facile, messieurs, de reconnaître, dans les symptômes de la face et du corps, une irritation prodigieuse à l'estomac, la névrose du grand sympathique, la vive sensibilité de l'épigastre, et le resserrement des hypocondres. Vous avez remarqué la grosseur et la saillie du foie. Enfin, M. Bianchon a constamment observé les digestions de son malade, et nous a dit qu'elles étaient difficiles, laborieuses. A proprement parler, il n'existe plus d'estomac ; l'homme a disparu. L'intellecte est atrophié parce que l'homme ne digère plus. L'altération progressive de l'épigastre, centre de la vie, a vicié tout le système. De là partent des irradiations constantes et flagrantes, le désordre a gagné le cerveau par le plexus nerveux, d'où l'irritation excessive de cet organe. Il y a monomanie. Le malade est sous le poids d'une idée fixe. Pour lui cette Peau de chagrin se rétrécit réellement, peut-être a-t-elle toujours été comme nous l'avons vue ; mais, qu'il se contracte ou non, ce *chagrin* est pour lui la mouche de certain grand vizir qui sait sur le nez. Mettez promptement des sangsues à l'épigastre, calmez l'irritation de cet organe où l'homme tout entier réside, tenez le malade au régime, la monomanie cessera. Je n'en dirai pas davantage au docteur Bianchon ; il doit saisir l'ensemble et les détails du traitement. Peut-être y a-t-il complication de maladie, peut-être les voies respiratoires sont-elles également irritées, mais je crois le traitement de l'appareil intestinal beaucoup plus important, plus nécessaire, plus urgent que ne l'est celui des poumons. L'étude tenace de matières abstraites et quelques passions violentes ont produit de graves perturbations dans ce mécanisme vital, cependant il en est temps encore d'en redresser les ressorts, il n'y a rien de trop fortement altéré. Vous pouvez donc facilement sauver votre ami, dit-il à Bianchon.

— Notre savant collègue prend l'effet pour la cause, répondit Camérístus. Oui, les altérations si bien observées par lui existent chez le malade, mais l'estomac n'a pas graduellement établi des irradiations dans l'organisme et vers le cerveau, comme une fêlure étend autour d'elle des rayons dans une vitre. Il a fallu un coup pour trouer le vitrail, ce coup, qui l'a porté ? le savons-nous ? avons-nous suffisamment observé le malade ? connaissons-nous tous les accidents de sa vie ? Messieurs, le principe vital, l'*archée* de Van Helmont est atteinte en lui, la vitalité même est attaquée dans son essence, l'étincelle divine, l'intelligence transitoire qui sert comme de lien à la machine et qui produit la volonté, la science de la vie, a cessé de régulariser les phénomènes journaliers du mécanisme et les fonctions de chaque organe ; de là proviennent les désordres si bien appréciés par mon docte confrère. Le mouvement n'est pas venu de l'épigastre au cerveau, mais du cerveau vers l'épigastre. Non, dit-il en se frappant avec force la poitrine, non, je ne suis pas un estomac fait homme ! Non,

tout n'est pas là. Je ne me sens pas le courage de dire que si j'ai un bon épigastre, le reste est de forme. Nous ne pouvons pas, reprit-il plus doucement, soumettre à une même cause physique et à un traitement uniforme les troubles graves qui surviennent chez les différents sujets plus ou moins sérieusement atteints. Aucun homme ne se ressemble. Nous avons tous des organes particuliers, diversement affectés, diversement nourris, propres à remplir des missions différentes, et à développer des thèmes nécessaires à l'accomplissement d'un ordre de choses qui nous est inconnu. La portion du grand tout qui par une haute volonté vient opérer, entretenir en nous le phénomène de l'animation, se formule d'une manière distincte dans chaque homme, et fait de lui un être en apparence fini, mais qui par un point coexiste à une cause infinie. Aussi, devons-nous étudier chaque sujet séparément, le pénétrer, reconnaître en quoi consiste sa vie quelle en est la puissance. Depuis la mollesse d'une éponge mouillée jusqu'à la dureté d'une pierre ponce, il y a des nuances infinies Voilà l'homme. Entre les organisations spongieuses des lymphatique et la vigueur métallique des muscles de quelques hommes destinés à une longue vie, que d'erreurs à ne commettra ce nous le système unique implacable de la guérison par l'abattement, par la prostration des forces humaines que vous supposez toujours irritées ! Ici donc, je voudrais un traitement tout moral, un examen approfondi de l'être intime. Allons chercher la cause du mal dans les entrailles de l'âme e non dans les entrailles du corps ! Un médecin est un être inspiré doué d'un génie particulier, à qui Dieu concède le pouvoir de lire dans la vitalité, comme il donne aux prophètes des yeux pour contempler l'avenir, au poète la faculté d'évoquer la nature, au musicien d'arranger les sons dans un ordre harmonieux dont le type est en haut, peut-être !...

— Toujours sa médecine absolutiste, monarchique et religieuse dit Brisset en murmurant.

— Messieurs, reprit promptement Maugredie en couvrant avec promptitude l'exclamation de Brisset, ne perdons pas de vue le malade...

— Voilà donc où en est la science ! s'écria tristement Raphaël. Ma guérison flotte entre un rosaire et un chapelet de sangsues, entre le bistouri de Dupuytren et la prière du prince de Hohenlohe ! Sur la ligne qui sépare le fait de la parole, la matière de l'esprit Maugredie est là, doutant. Le oui et non humain me poursuit partout ! Toujours le *Carymary, Carymara* de Rabelais : je suis spirituellement malade, carymary ! ou matériellement malade, carymara ! Dois-je vivre ils l'ignorent. Au moins Planchette était-il plus franc en me disant Je ne sais pas.

En ce moment, Valentin entendit la voix du docteur Maugredie.

— Le malade est monomane, eh bien ! d'accord, s'écria-t-il, mais il a deux cent mille livres de rente : ces monomanes-là sont fort rares, et nous leur devons au moins un avis. Quant à savoir si son épigastre a réagi sur le cerveau, ou le cerveau sur son épigastre nous pourrons peut-être vérifier le fait quand il sera mort. Résumons-nous donc. Il est malade, le fait est incontestable. Il lui faut un traitement quelconque. Laissons les doctrines. Mettons-lui des sangsues pour calmer l'irritation intestinale et la névrose de l'existence desquelles nous sommes d'accord, puis envoyons-le aux eaux : nous agirons à la fois d'après les deux systèmes. S'il est pulmonaire, nous ne pouvons guère le sauver, ainsi...

Raphaël quitta promptement le couloir et vint se remettre dans son fauteuil. Bientôt les quatre médecins sortirent du cabinet. Horace porta la parole et lui dit : — Ces messieurs ont unanimement reconnu la nécessité d'une application immédiate de sangsues à l'estomac, et l'urgence d'un traitement à la fois physique et moral. D'abord un régime diététique, afin de calmer l'irritation de votre organisme.

Ici Brisset fit un signe d'approbation.

— Puis un régime hygiénique pour régir votre moral. Ainsi nous vous conseillons unanimement d'aller aux eaux d'Aix en Savoie, ou celles du Mont-Dore en Auvergne, si vous les préférez ; l'air et les sites de la Savoie sont plus agréables que ceux du Cantal, mais vous suivrez votre goût.

Là, le docteur Camérístus laissa échapper un geste d'assentiment.

— Ces messieurs, reprit Bianchon, ayant reconnu de légères altérations dans l'appareil respiratoire, sont tombés d'accord sur l'utilité de mes prescriptions antérieures. Ils pensent que votre guérison est facile et dépendra de l'emploi sagement alternatif de ces divers moyens. Et...

— Et voilà pourquoi votre fille est muette, dit Raphaël en souriant et en attirant Horace dans son cabinet pour lui remettre le prix de cette inutile consultation.

— Ils sont logiques, lui répondit le jeune médecin. Camérístus sent, Brisset examine, Maugredie doute. L'homme n'a-t-il pas une âme, un corps et une raison ? L'une de ces trois causes premières agit en nous d'une manière plus ou moins forte, et il y aura toujours de l'homme dans la science humaine. Crois-moi, Raphaël, nous ne guérissons pas, nous aidons à guérir. Entre la médecine de Brisset et celle de Camérístus se trouve encore la médecine expectante ; mais, pour pratiquer celle-ci avec succès, il faudrait connaître son malade depuis dix ans. Il y a au fond de la médecine négation comme dans toutes les sciences. Tâche donc de vivre sagement, essaye d'un voyage en Savoie, le mieux est et sera toujours de se confier à la nature.

Raphaël partit pour les eaux d'Aix.

Au retour de la promenade et par une belle soirée d'été, quelques-unes des personnes venues aux eaux d'Aix se trouvèrent réunies dans les salons du Cercle. Assis près d'une fenêtre et tournant le dos à l'assemblée, Raphaël resta longtemps seul, plongé dans une de ces rêveries machinales durant lesquelles nos pensées naissent, s'enchaînent, s'évanouissent sans revêtir de formes, et passent en nous comme de légers nuages à peine colorés. La tristesse est alors douce, la joie est vaporeuse, et l'âme est presque endormie. Se laissant aller à cette vie sensuelle, Valentin se baignait dans la tiède atmosphère du soir en savourant l'air pur et parfumé des montagnes, heureux de ne sentir aucune douleur et d'avoir enfin réduit au silence sa menaçante peau de chagrin. Au moment où les teintes rouges du couchant s'éteignirent sur les cimes, la température fraîchit, il quitta sa place en poussant la fenêtre.

— Monsieur, lui dit une vieille dame, auriez-vous la complaisance de ne pas fermer la croisée ? Nous étouffons.

Cette phrase déchira le tympan de Raphaël par des dissonances d'une aigreur singulière ; elle fut comme le mot que lâche imprudemment un homme à l'amitié duquel nous voulions croire, et qui détruit quelque douce illusion de sentiment en trahissant un abîme d'égoïsme. Le marquis jeta sur la vieille femme le froid regard d'un diplomate impassible, il appela un valet, et lui dit sèchement quand il arriva :

— Ouvrez cette fenêtre !

A ces mots, une surprise insolite éclata sur tous les visages. L'assemblée se mit à chuchotter, en regardant le malade d'un air plus ou moins expressif, comme s'il eût commis quelque grave impertinence. Raphaël, qui n'avait pas entièrement dépouillé sa primitive timidité de jeune homme, eut un mouvement de honte, mais il secoua sa torpeur, reprit son énergie et se demanda compte à lui-même de cette scène étrange. Soudain un rapide mouvement anima son cerveau : le passé lui apparut dans une vision distincte où les causes du sentiment qu'il inspirait saillirent en relief comme les veines d'un cadavre dont, par quelque savante injection, les naturalistes colorent les moindres ramifications, il se reconnut lui-même dans ce tableau fugitif, y suivit son existence, jour par jour, pensée à pensée. il s'y vit, non sans surprise, sombre et distrait au sein de ce monde rieur, toujours songeant à sa destinée, préoccupé de son mal, paraissant dédaigner la causerie la plus insignifiante, fuyant ces intimités éphémères qui s'établissent promptement entre les voyageurs, parce qu'ils comptent sans doute ne plus se rencontrer, peu soucieux des autres, et semblable enfin à ces rochers insensibles aux caresses comme à la furie des vagues. Puis, par un rare privilège d'intuition, il lut dans toutes les âmes : en découvrant sous la lueur d'un flambeau le crâne jaune, le profil sardonique d'un vieillard, il se rappela de lui avoir gagné son argent sans lui avoir proposé de prendre sa revanche, plus loin il aperçut une jolie femme dont les agaceries l'avaient trouvé froid ; chaque visage lui reprochait un de ces torts inexplicables en apparence, mais tous dont l'offense git toujours dans une invisible blessure faite à l'amour-propre. Il avait involontairement froissé toutes les petites vanités qui gravitaient autour de lui. Les convives de ses fêtes ou ceux auxquels il avait offert ses chevaux s'étaient irrités de son luxe, surpris de leur ingratitude, il leur avait épargné les sortes d'humiliations : dès lors ils s'étaient crus méprisés et l'accusaient d'aristocratie. En sondant ainsi les cœurs, il put en déchiffrer les pensées les plus secrètes. il eut horreur de la société, de sa politesse, de son vernis. Riche et d'un esprit supérieur, il était envié, haï ; son silence trompait la curiosité, sa modestie semblait de la hauteur à ces gens mesquins et superficiels. Il devina le crime latent, irrémissible, dont il était coupable envers eux : il échappait à la juridiction de leur médiocrité. Rebelle à leur despotisme inquisiteur, il savait se passer d'eux, pour se venger de cette royauté clandestine, tous s'étaient instinctivement ligués pour lui faire sentir leur pouvoir, le soumettre à quelque ostracisme, et lui apprendre qu'eux aussi pouvaient se passer de lui. Pris de pitié d'abord à cette vue du monde, il frémit bientôt en pensant à la souple puissance qui lui soulevait ainsi le voile de chair sous lequel est ensevelie la nature morale, et ferma les yeux comme pour ne plus rien voir. Tout à coup un rideau noir fut tiré sur cette sinistre fantasmagorie de vérité, mais il se trouva dans l'horrible isolement qui attend les puissances et les dominations. En ce moment, il eut un violent accès de toux. Loin de recueillir une seule de ces paroles indifférentes en apparence, mais qui du moins simulent une espèce de compassion polie chez les personnes de bonne compagnie rassemblées par hasard, il entendit des syllabes hostiles et des plaintes murmurées à voix basse. La société ne daignait même plus se grimer pour lui, parce qu'elle le devinait peut-être.

— Sa maladie est contagieuse.

— Le président du Cercle devrait lui interdire l'entrée du salon.

— En bonne police, il est vraiment défendu de tousser ainsi.

— Quand un homme est aussi malade, il ne doit pas venir aux eaux.

— Il me chassera d'ici.

Raphaël se leva pour se dérober à la malédiction générale, et se promena dans l'appartement. Il voulut trouver une protection, et revint près d'une jeune femme inoccupée à laquelle il médita d'adresser quelques flatteries ; mais, à son approche, elle lui tourna le dos, et feignit de regarder les danseurs. Raphaël craignit d'avoir déjà pendant cette soirée usé de son talisman ; il ne se sentit ni la volonté, ni le courage d'entamer la conversation, quitta le salon et se réfugia dans la salle de billard. Là, personne ne lui parla, ne le salua, ne lui jeta le plus léger regard de bienveillance. Son esprit naturellement méditatif lui révéla, par une intus-susception, la cause générale et rationnelle de l'aversion qu'il avait excitée. Ce petit monde obéissait, sans le savoir peut-être, à la grande loi qui régit la haute société, dont Raphaël acheva de comprendre la morale implacable. Un regard rétrograde lui en montra le type complet en Fœdora. Il ne devait pas rencontrer plus de sympathie pour ses maux chez celle-ci, que, pour ses misères de cœur, chez celle-là. Le beau monde bannit de son sein les malheureux, comme un homme de santé vigoureuse expulse de son corps un principe morbifique. Le monde abhorre les douleurs et les infortunes, il les redoute à l'égal des contagions, il n'hésite jamais entre elles et les vices : le vice est un luxe. Quelque majestueux que soit un malheur, la société sait l'amoindrir, le ridiculiser par une épigramme ; elle dessine des caricatures pour jeter à la tête des rois déchus les affronts qu'elle croit avoir reçus d'eux ; semblable aux jeunes Romaines du Cirque, elle ne fait jamais grâce au gladiateur qui tombe ; elle vit d'or et de moquerie. Mort aux faibles ! est le vœu de cette espèce d'ordre équestre institué chez toutes les nations de la terre, car il s'élève partout des riches, et cette sentence est écrite au fond des cœurs pétris par l'opulence ou nourris par l'aristocratie. Rassemblez-vous des enfants dans un collège ! cette image en raccourci de la société, mais image d'autant plus vraie qu'elle est plus naïve et plus franche, vous offre toujours de pauvres ilotes, créatures de souffrance et de misère, incessamment placées entre le mépris et la pitié : l'Évangile leur promet le ciel. Descendez-vous plus bas sur l'échelle des êtres organisés ? Si quelque volatile est endolori parmi ceux d'une basse-cour, les autres le poursuivent à coups de bec, le plument et l'assassinent. Fidèle à cette charte de l'égoïsme, le monde prodigue ses rigueurs aux misères assez hardies pour venir affronter ses fêtes, pour chagriner ses plaisirs. Quiconque souffre du corps ou d'âme, manque d'argent ou de pouvoir, est un paria. Qu'il reste dans son désert, s'il en franchit les limites, il trouve partout l'hiver : froideur de regards, froideur de manières, de paroles, de cœur ; heureux, s'il ne récolte pas l'insulte là où pour lui devait éclore une consolation. Mourants, restez sur vos lits désertés. Vieillards, soyez seuls à vos froids foyers. Pauvres filles sans dot, gelez et brûlez dans vos greniers solitaires. Si le monde tolère un malheur, n'est-ce pas pour le façonner à son usage, en tirer profit, le bâter, lui mettre un mors, une housse, le monter, en faire une joie ? Quinteuses demoiselles de compagnie, composez-vous de gais visages ! endurez les vapeurs de votre prétendue bienfaitrice ; portez ses chiens ; rivales de ses griffons anglais, amusez-la, devinez-la, puis taisez-vous ! Et toi, roi des valets sans livrée, parasite effronté, laisse ton caractère à la maison ; digère comme digère ton amphitryon, pleure de ses pleurs, ris de son rire, tiens ses épigrammes pour agréables ; si tu veux en médire, attends sa chute. Ainsi le monde honore-t-il le malheur : il le tue ou le chasse, l'avilit ou le châtre.

Ces réflexions sourdirent au cœur de Raphaël avec la promptitude d'une inspiration poétique ; il regarda autour de lui, et sentit ce froid sinistre que la société distille pour éloigner les misères, et qui saisit l'âme encore plus vivement que la bise de décembre ne glace le corps. Il se croisa les bras sur la poitrine, s'appuya le dos à la muraille, et tomba dans une mélancolie profonde. Il songeait au peu de bonheur que cette épouvantable police procure au monde. Qu'était-ce ? des amusements sans plaisir, de la gaieté sans joie, des fêtes sans jouissance, du délire sans volupté, enfin le bois ou les cendres d'un foyer, mais sans une étincelle de flamme. Quand il releva la tête, il se vit seul, les joueurs avaient fui. — Pour leur faire adorer ma toux, il me suffirait de leur révéler mon pouvoir ! se dit-il. A cette pensée, il jeta le mépris comme un manteau entre le monde et lui.

Le lendemain, le médecin des eaux vint le voir d'un air affectueux et s'inquiéta de sa santé. Raphaël éprouva un mouvement de joie en entendant les paroles amies qui lui furent adressées. Il trouva la physionomie du docteur empreinte de douceur et de bonté, les boucles de sa perruque blonde respiraient la philanthropie, la coupe de son habit carré, les plis de son pantalon, ses souliers larges comme ceux d'un *quaker*, tout, jusqu'à la poudre circulairement semée par sa petite queue sur son dos légèrement voûté, trahissait un caractère apostolique, exprimant la charité chrétienne et le dévouement d'un homme qui, par zèle pour ses malades, s'était astreint à jouer le whist et le trictrac assez bien pour toujours gagner leur argent.

— Monsieur le marquis, dit-il après avoir causé longtemps avec

Raphaël, je vais sans doute dissiper votre tristesse. Maintenant, je connais assez votre constitution pour affirmer que les médecins de Paris, dont les grands talents me sont connus, se sont trompés sur la nature de votre maladie. A moins d'accident, monsieur le marquis, vous pouvez vivre la vie de Mathusalem. Vos poumons sont aussi forts que des soufflets de forge, et votre estomac ferait honte à celui d'une autruche; mais si vous restez dans une température élevée, vous risquez d'être très-proprement et promptement mis en terre sainte. Monsieur le marquis va me comprendre en deux mots. La chimie a démontré que la respiration constitue chez l'homme une véritable combustion dont l'intensité dépend de l'affluence ou de la rareté des principes phlogistiques amassés par l'organisme particulier à chaque individu. Chez vous, le phlogistique abonde; vous êtes, s'il m'est permis de m'exprimer ainsi, suroxygéné par la complexion ardente des hommes destinés aux grandes passions. En respirant l'air vif et pur qui accélère la vie chez les hommes à fibre molle, vous aidez encore à une combustion déjà trop rapide. Une des conditions de votre existence est donc l'atmosphère épaisse de étables, des vallées. Oui, l'air vital de l'homme dévoré par le génie se trouve dans les gras pâturages de l'Allemagne, à Baden-Baden, à Tœplitz. Si vous n'avez pas d'horreur de l'Angleterre, sa sphère brumeuse calmera votre incandescence; mais nos séjours, situés à mille pieds au-dessus du niveau de la Méditerranée, vous sont funestes. Tel est mon avis, dit-il en laissant échapper un geste de modestie, je le donne contre nos intérêts, puisque, si vous le suivez, nous aurons le malheur de vous perdre.

Sans ces derniers mots, Raphaël eût été séduit par la fausse bonhomie du mielleux médecin; mais il était trop profond observateur pour ne pas deviner l'accent, au geste et au regard qui accompagnèrent cette phrase doucement railleuse, la mission dont le petit homme était sans doute été chargé par l'assemblée de ses joyeux malades. Ces oisifs au teint fleuri, ces vieilles femmes ennuyées, ces Anglais nomades, ces petites maîtresses échappées à leurs maris et conduites aux eaux par leurs amants, entreprenaient donc d'en chasser un pauvre moribond débile, chétif, en apparence incapable de résister à une persécution journalière. Raphaël accepta le combat en voyant un amusement dans cette intrigue.

— Puisque vous seriez désolé de mon départ, répondit-il au docteur, je vais essayer de mettre à profit votre bon conseil tout en restant ici. Dès demain, j'y ferai construire une maison où nous modifierons l'air suivant votre ordonnance.

Interprétant le sourire amèrement goguenard qui vint errer sur les lèvres de Raphaël, le médecin se contenta de le saluer, sans trouver un mot à lui dire.

Le lac du Bourget est une vaste coupe de montagnes tout ébréchée ou brille, à sept ou huit cents pieds au-dessus de la Méditerranée, une goutte d'eau blanche comme ne l'est aucune eau dans le monde. Vu du haut de la Dent-du-Chat, ce lac est là comme une turquoise égarée. Cette jolie goutte d'eau a neuf lieues de contour, et dans certains endroits près de cinq cents pieds de profondeur. Se trouver dans une barque au milieu de cette nappe par un beau ciel, n'entendre que le bruit des rames, voir à l'horizon des montagnes nuageuses, admirer les neiges étincelantes de la Maurienne française, passer tour à tour des blocs de granit vêtus de velours par les fougères ou par des arbustes nains, à riantes collines, d'un côté le désert, de l'autre une riche nature; un pauvre assistant au dîner d'un riche, ces harmonies et ces discordances composent un spectacle où tout est grand, où tout est petit. L'aspect des montagnes change les conditions de l'optique et de la perspective : un sapin de cent pieds vous semble un roseau, de larges vallées vous apparaissent étroites autant que des sentiers. Ce lac est le seul où l'on puisse faire une confidence de cœur à cœur. On y pense et on y aime. En aucun endroit vous ne rencontreriez une plus belle entente entre l'eau, le ciel, les montagnes et la terre. Il s'y trouve des baumes pour toutes les crises de la vie. Ce lieu garde le secret des douleurs, les console, les amoindrit, et jette à un l'amour je ne sais quoi de grave, de recueilli, qui rend la passion plus profonde, plus pure. Un baiser s'y agrandit. Mais c'est surtout le lac des souvenirs, il les favorise en leur donnant la teinte de ses ondes, miroir où tout vient se réfléchir. Raphaël ne supportait son fardeau qu'au milieu de ce beau paysage, il y pouvait rester indolent, songeur et sans désirs. Après la visite du docteur, il alla se promener et se fit débarquer à la pointe déserte d'une jolie colline sur laquelle est situé le village de Saint-Innocent. De cette espèce de promontoire, la vue embrasse les monts de Bugey, au pied desquels coule le Rhône, et le fond du lac; mais de là Raphaël aimait à contempler, sur la rive opposée, l'abbaye mélancolique de Haute-Combe, sépulture des rois de Sardaigne, prosternés devant les montagnes comme des pèlerins arrivés au terme de leur voyage. Un frissonnement égal et cadencé de rames troubla le silence de ce paysage et lui prêta une voix monotone, semblable aux psalmodies des moines. Étonné de rencontrer des promeneurs dans cette partie du lac ordinairement solitaire, le marquis examina, sans sortir de sa rêverie, les personnes assises dans la barque, et reconnut à l'arrière la vieille dame qui l'avait si durement interpellé la veille. Quand le bateau passa devant Raphaël, il ne fut salué que par la demoiselle de compagnie de cette dame, pauvre fille noble qu'il lui semblait voir pour la première fois. Déjà, depuis quelques instants, il avait oublié les promeneurs, promptement disparus derrière le promontoire, lorsqu'il entendit près de lui le froissement d'une robe et le bruit de pas légers. En se retournant, il aperçut la demoiselle de compagnie; à son air contraint, il devina qu'elle voulait lui parler, et s'avança vers elle. Âgée d'environ trente-six ans, grande et mince, sèche et froide, elle était, comme toutes les vieilles filles, assez embarrassée de son regard, qui ne s'accordait plus avec une démarche indécise, gênée, sans élasticité. Tout à la fois vieille et jeune, elle exprimait par une certaine dignité de maintien le haut prix qu'elle attachait à ses trésors et à ses perfections. Elle avait d'ailleurs les gestes discrets et monastiques des femmes habituées à se chérir elles-mêmes, sans doute pour ne pas faillir à leur destinée d'amour.

— Monsieur, votre vie est en danger, ne venez plus au Cercle, dit-elle à Raphaël en faisant quelques pas en arrière, comme si déjà sa vertu se trouvait compromise.

— Mais, mademoiselle, répondit Valentin en souriant, de grâce expliquez-vous plus clairement, puisque vous avez daigné venir jusqu'ici...

— Ah! reprit-elle, sans le puissant motif qui m'amène, je n'aurais pas risqué d'encourir la disgrâce de madame la comtesse, car, si elle savait jamais que je vous ai prévenu...

— Et qui le lui dirait, mademoiselle? s'écria Raphaël.

— C'est vrai, répondit la vieille fille en lui jetant le regard tremblotant d'une chouette mise au soleil. Mais pensez à vous, reprit-elle, plusieurs jeunes gens qui veulent vous chasser des eaux se sont promis de vous provoquer et de vous forcer à vous battre en duel.

La voix de la vieille dame retentit dans le lointain.

— Mademoiselle, dit le marquis, ma reconnaissance...

Sa protectrice s'était déjà sauvée en entendant la voix de sa maîtresse, qui, derechef, glapissait dans les rochers.

— Pauvre fille! les misères s'entendent et se secourent toujours, pensa Raphaël en s'asseyant au pied de son arbre.

La clef de toutes les sciences est sans contredit le point d'interrogation, nous devons la plupart des grandes découvertes au : Comment? et la sagesse dans la vie consiste peut-être à se demander à tout propos : Pourquoi? Mais aussi cette factice prescience détruit-elle nos illusions. Ainsi, Valentin ayant pris, sans préméditation de philosophie, la bonne action de la vieille fille pour texte de ses pensées vagabondes, la trouva pleine de fiel.

— Que je sois aimé d'une demoiselle de compagnie, se dit-il, il n'y a rien de si extraordinaire : j'ai vingt-sept ans, un titre et deux cent mille livres de rente! Mais que sa maîtresse, qui dispute aux chiennes la palme de l'hydrophobie, l'ait menée en bateau, près de moi, n'est-ce pas chose étrange et merveilleuse? Ces deux femmes, venues en Savoie pour y dormir comme des marmottes, et qui demandent s'il fait jour, se seraient-elles levées avant huit heures aujourd'hui pour faire du hasard ce que je mettais à ma poursuite?

Bientôt cette vieille fille et son ingénuité quadragénaire fut à ses yeux une nouvelle transformation de ce monde artificieux et taquin, une ruse mesquine, un complot maladroit, une rouerie de prêtre ou de femme. Le duel était-il une fable, ou voulait-on seulement lui faire peur? Insolentes et tracassières comme des mouches, ces âmes étroites avaient réussi à piquer sa vanité, à réveiller son orgueil, à exciter sa curiosité. Ne voulant ni devenir leur dupe, ni passer pour un lâche, et amusé peut-être par ce petit drame, il vint au Cercle le soir même. Il se tint debout, accoudé sur le marbre de la cheminée, et resta tranquille au milieu du salon principal, en s'étudiant à ne se donner aucune prise sur lui, mais il examinait les visages, et défiait en quelque sorte l'assemblée par sa circonspection. Comme un chien sûr de sa force, il attendait le combat chez lui, sans aboyer inutilement. Vers la fin de la soirée, il se promena dans le salon de jeu, en allant de la porte d'entrée à celle du billard, où il jetait de temps à autre un coup d'œil aux jeunes gens qui y faisaient une partie. Après quelques tours, il s'entendit nommer par eux. Quoiqu'ils parlassent à voix basse, Raphaël devina facilement qu'il était devenu l'objet d'un débat, et finit par saisir quelques phrases dites à haute voix.

— Toi?
— Oui, moi!
— Je t'en défie!
— Parions!
— Oh! il ira.

Au moment où Valentin, curieux de connaître le sujet du pari, s'arrêta pour écouter attentivement la conversation, un jeune homme grand et fort, de bonne mine, mais ayant le regard fixe et impertinent des gens appuyés sur quelque pouvoir matériel, sortit du billard, et s'adressant à lui : — Monsieur, dit-il d'un ton calme, je me suis chargé de vous apprendre une chose que vous semblez pouvoir ignorer : votre figure et votre personne déplaisent ici à tout le monde, et à moi en particulier. Vous êtes trop poli pour ne pas vous sacrifier au bien général, et je vous prie de ne plus vous présenter au Cercle.

— Monsieur, cette plaisanterie, déjà faite sous l'Empire dans pluceux garnisons, est devenu aujourd'hui de fort mauvais ton, répondit froidement Raphaël.

— Je ne plaisante pas, reprit le jeune homme, je vous le répète : votre santé souffrirait beaucoup de votre séjour ici, la chaleur, les lumières, l'air du salon, la compagnie, nuisent à votre malade.

— Où avez-vous étudié la médecine ? demanda Raphaël.

— Monsieur, j'ai été reçu bachelier au tir de Lepage, à Paris, et docteur chez Lozès, le roi du fleuret.

— Il vous reste un dernier grade à prendre, répliqua Valentin, lisez le Code de la politesse, vous serez un parfait gentilhomme.

En ce moment les jeunes gens, souriant ou silencieux, sortirent du billard. Les autres joueurs, devenus attentifs, quittèrent leurs cartes pour écouter une querelle qui réjouissait leurs passions. Seul au milieu de ce monde ennemi, Raphaël tâcha de conserver son sang-froid et de ne pas se donner le moindre tort ; mais, son antagoniste s'étant permis un sarcasme où l'outrage s'enveloppait dans une forme éminemment incisive et spirituelle, il lui répondit gravement : — Monsieur, il n'est plus permis aujourd'hui de donner un soufflet à un homme, mais je ne sais de quel mot flétrir une conduite aussi lâche que l'est la vôtre.

— Assez ! assez ! vous vous expliquerez demain, dirent plusieurs jeunes gens qui se jetèrent entre les deux champions.

Raphaël sortit du salon, passant pour l'offenseur, ayant accepté un rendez-vous près du château de Bordeau, dans une petite prairie en pente, non loin d'une route nouvellement percée par où le vainqueur pouvait gagner Lyon. Raphaël devait nécessairement ou garder le lit ou quitter les eaux d'Aix. La société triomphait. Le lendemain, sur les huit heures du matin, l'adversaire de Raphaël, suivi de deux témoins et d'un chirurgien, arriva le premier sur le terrain.

— Nous serons très-bien ici, il fait un temps superbe pour se battre, s'écria-t-il gaiement en regardant la voûte bleue du ciel, les eaux du lac et les rochers sans la moindre arrière-pensée de doute ni de deuil. Si je le touche à l'épaule, dit-il en continuant, le mettrai-je bien au lit pour un mois, hein, docteur ?

— Au moins, répondit le chirurgien. Mais laissez ce petit saule tranquille, autrement vous vous fatiguerez la main, et ne seriez plus maître de votre coup. Vous pourriez tuer votre homme au lieu de le blesser.

Le bruit d'une voiture se fit entendre.

— Le voici, dirent les témoins, qui bientôt aperçurent dans la route une calèche de voyage attelée de quatre chevaux et menée par deux postillons.

— Quel singulier genre ! s'écria l'adversaire de Valentin, il vient se faire tuer en poste.

À un duel comme au jeu, les plus légers incidents influent sur l'imagination des acteurs fortement intéressés au succès d'un coup, aussi le jeune homme attendit-il avec une sorte d'inquiétude l'arrivée de cette voiture, qui resta sur la route. Le vieux Jonathas en descendit lourdement le premier pour aider Raphaël à sortir, il le soutint de ses bras débiles, en déployant pour lui les soins minutieux qu'un amant prodigue à sa maîtresse. Tous deux se perdirent dans les sentiers qui séparent la grande route de l'endroit désigné pour le combat, et ne reparurent que longtemps après : ils allaient lentement. Les quatre spectateurs de cette scène singulière éprouvèrent une émotion profonde à l'aspect de Valentin appuyé sur le bras de son serviteur : pâle et défait, il marchait en goutteux, baissait la tête et ne disait mot. Vous eussiez dit deux vieillards également détruits, l'un par le temps, l'autre par la pensée ; le premier avait son âge écrit sur ses cheveux blancs, le jeune n'avait plus d'âge.

— Monsieur, je n'ai pas dormi, dit Raphaël à son adversaire. Cette parole glaciale et le regard terrible qui l'accompagna firent tressaillir le véritable provocateur, il eut la conscience de son tort et une honte secrète de sa conduite. Il y avait dans l'attitude, dans le son de voix et le geste de Raphaël quelque chose d'étrange. Le marquis fit une pause, et chacun mit son silence. L'inquiétude et l'attention étaient au comble. — Il est encore temps, reprit-il, de me donner une légère satisfaction ; mais donnez-la-moi, monsieur, sinon vous allez mourir. Vous comptez encore en ce moment sur votre habileté, sans reculer à l'idée d'un combat où vous croyez avoir tout l'avantage. Eh bien ! monsieur, je suis généreux, je vous préviens de ma supériorité. Je possède une terrible puissance. Pour anéantir votre adresse, pour voiler vos regards, faire trembler vos mains et palpiter votre cœur, pour vous tuer même, il me suffit de le désirer. Je ne veux pas être obligé d'exercer mon pouvoir, il me coûte trop cher d'en user. Vous ne serez pas le seul à mourir. Si donc vous vous refusez à me présenter des excuses, votre balle ira dans l'eau de cette cascade, malgré votre habitude de l'assassinat, et la mienne ira droit à votre cœur sans que je le vise.

En ce moment des voix confuses interrompirent Raphaël. En prononçant ces paroles, le marquis avait constamment dirigé sur son adversaire l'insupportable clarté de son regard fixe, il s'était redressé en montrant un visage impassible, semblable à celui d'un fou méchant.

— Fais-le taire, avait dit le jeune homme à son témoin, sa voix me tord les entrailles !

— Monsieur, cessez. Vos discours sont inutiles, crièrent à Raphaël le chirurgien et les témoins.

— Messieurs, je remplis un devoir. Ce jeune homme a-t-il des dispositions à prendre ?

— Assez ! assez !

Le marquis resta debout, immobile, sans perdre un instant de vue son adversaire, qui, dominé par une puissance presque magique, était comme un oiseau devant un serpent : contraint de subir ce regard homicide, il le fuyait, il y revenait sans cesse.

— Donne-moi de l'eau, j'ai soif, dit-il à son témoin.

— As-tu peur ?

— Oui, répondit-il. L'œil de cet homme est brûlant et me fascine.

— Veux-tu lui faire des excuses ?

— Il n'est plus temps.

Les deux adversaires furent placés à quinze pas l'un de l'autre. Ils avaient chacun près d'eux une paire de pistolets, et, suivant le programme de cette cérémonie, ils devaient tirer deux coups à volonté, mais après le signal donné par les témoins.

— Que fais-tu, Charles ? cria le jeune homme qui servait de second à l'adversaire de Raphaël, tu prends la balle avant la poudre.

— Je suis mort, répondit-il en murmurant, vous m'avez mis en face du soleil.

— Il est derrière vous, lui dit Valentin d'une voix grave et solennelle, en chargeant son pistolet lentement, sans s'inquiéter ni du signal déjà donné, ni du soin avec lequel l'ajustait son adversaire.

Cette sécurité surnaturelle avait quelque chose de terrible qui saisit même les deux postillons amenés là par une curiosité cruelle. Jouant avec son pouvoir, ou voulant l'éprouver, Raphaël parlait à Jonathas et le regardait au moment où il essuya le feu de son ennemi. La balle de Charles alla briser une branche de saule, et ricocha sur l'eau. En tirant au hasard, Raphaël atteignit son adversaire au cœur, et, sans faire attention à la chute de ce jeune homme, il chercha promptement la Peau de chagrin pour voir ce que lui coûtait une vie humaine. Le talisman n'était plus grand que comme une petite feuille de chêne.

— Eh bien ! que regardez-vous donc là, postillons ? en route, dit le marquis.

Arrivé le soir même en France, il prit aussitôt la route d'Auvergne, et se rendit aux eaux du Mont-Dore. Pendant ce voyage, il lui surgit au cœur une de ces pensées soudaines qui tombent dans notre âme comme un rayon de soleil à travers d'épais nuages sur quelque obscure vallée. Tristes lueurs, sagesses implacables ! elles illuminent les événements accomplis, nous montrent nos fautes et nous laissent sans pardon devant nous-mêmes. Il pensa tout à coup que la possession du pouvoir, quelque immense qu'il pût être, ne donnait pas la science de s'en servir. Le sceptre est un jouet pour un enfant, une hache pour Richelieu, et pour Napoléon un levier à faire pencher le monde. Le pouvoir nous laisse tels que nous sommes et ne grandit que les grands. Raphaël avait pu tout faire, il n'avait rien fait.

Aux eaux du Mont-Dore, il retrouva ce monde qui toujours s'éloignait de lui avec l'empressement que les animaux mettent à fuir un des leurs, étendu mort, après l'avoir flairé de loin. Cette haine était réciproque. Sa dernière aventure lui avait donné une aversion profonde pour la société. Aussi, son premier soin fut-il de chercher un asile écarté aux environs de ces eaux. Il sentait instinctivement le besoin de se rapprocher de la nature, des émotions vraies et de cette vie végétative à laquelle nous nous laissons si complaisamment aller au milieu des champs. Le lendemain de son arrivée, il gravit, non sans peine, le pic de Sancy, et visita les vallées supérieures, les sites aériens, les lacs ignorés, les rustiques chaumières des Monts-Dore, dont les âpres et sauvages attraits commencent à tenter les pinceaux de nos artistes. Parfois, il se rencontre là d'admirables paysages pleins de grâce et de fraîcheur qui contrastent vigoureusement avec l'aspect sinistre de ces montagnes désolées. À peu près à une demi-lieue du village, Raphaël se trouva dans un endroit où, coquette et joyeuse comme un enfant, la nature semblait avoir pris plaisir à cacher des trésors ; en voyant cette retraite pittoresque et naïve, il résolut d'y vivre. La vie devait y être tranquille, spontanée, frugifère comme celle d'une plante.

Figurez-vous un cône renversé, mais un cône de granit largement évasé, espèce de cuvette dont les bords étaient morcelés par des anfractuosités bizarres : ici des tables droites sans végétation, unies, bleuâtres, et sur lesquelles les rayons solaires glissaient comme sur un miroir ; là des rochers entamés par les cassures, ridés par des ravins, d'où pendaient des quartiers de lave dont la chute était lentement préparée par les eaux pluviales, et souvent couronnés de quelques arbres rabougris que torturaient les vents ; puis, ça et là, des redans obscurs et frais d'où s'élevait un bouquet de ces arbustes hauts comme des cèdres, ou des grottes jaunâtres qui ouvraient une bouche noire et profonde, bordée de roses, de fleurs, et garnie d'une langue de verdure. Au fond de cette coupe, peut-être l'ancien cratère d'un volcan, se trouvait un étang dont l'eau pure avait l'éclat du diamant. Autour de ce bassin profond, bordé de granit, de saules, de glaïeuls, de frênes, et de mille plantes aromatiques alors en fleurs, régnait une prairie verte comme un boulingrin anglais; son herbe fine et jolie était arrosée par les infiltrations qui ruisselaient entre les fentes des rochers, et engraissée par les dépouilles végétales que les orages entraînaient sans cesse des hautes cimes vers le fond. Irrégulièrement taillé en dents de loup comme le bas d'une robe, l'étang pouvait avoir trois arpents d'étendue; selon les rapprochements des rochers et de l'eau, la prairie avait un arpent ou deux de largeur, en quelques endroits, à peine restait-il assez de place pour le passage

Le docteur Bisset. — page 54.

des vaches. A une certaine hauteur, la végétation cessait. Le granit affectait dans les airs les formes les plus bizarres, et contractait ces teintes vaporeuses qui donnent aux montagnes élevées de vagues ressemblances avec les nuages du ciel. Au doux aspect du vallon, ces rochers nus et pelés opposaient les sauvages et stériles images de la désolation, des éboulements à craindre, des formes si capricieuses, que l'une de ces roches est nommée le Capucin, tant elle ressemble à un moine. Parfois ces aiguilles pointues, ces piles audacieuses, ces cavernes aériennes, s'illuminaient tour à tour, suivant le cours du soleil ou les fantaisies de l'atmosphère, et prenaient les nuances de l'or,

Le docteur Maugredie. — page 54.

se teignaient de pourpre, devenaient d'un rose vif, ou ternes ou grises. Ces hauteurs offraient un spectacle continuel et changeant comme les reflets irisés de la gorge des pigeons. Souvent, entre deux lames de lave que vous eussiez dite séparée par un coup de hache, un beau rayon de lumière pénétrait, à l'aurore ou au coucher du soleil, jusqu'au fond de cette riante corbeille, où il se jouait dans les eaux du bassin, semblable à la raie d'or qui perce la fente d'un volet et traverse une chambre espagnole, soigneusement close pour la sieste. Quand le soleil planait au-dessus du vieux cratère, rempli d'eau par quelque révolution antédiluvienne, les flancs rocailleux s'échauffaient, l'ancien volcan s'allumait, et sa rapide chaleur réveillait les germes, fécondait la végétation, colorait les fleurs, et mûrissait les fruits de ce petit coin de terre ignoré.

Lorsque Raphaël y parvint, il aperçut quelques vaches paissant dans la prairie; après avoir fait quelques pas vers l'étang, il vit, à l'endroit où le terrain avait le plus de largeur, une modeste maison bâtie en granit et couverte en bois. Le toit de cette espèce de chaumière, en harmonie avec le site, était orné de mousses, de lierres et de fleurs qui trahissaient une haute antiquité. Une fumée grêle, dont les oiseaux ne s'effrayaient plus, s'échappait de la cheminée en ruine. A la porte, un grand banc était placé entre deux chèvrefeuilles énormes, rouges de fleurs et qui embaumaient. A peine voyait-on les murs sous les pampres de la vigne et sous les guirlandes de roses et de jasmin qui croissaient à l'aventure et sans gêne. Insoucieux de cette parure champêtre, les habitants n'en avaient nul soin, et laissaient à la nature sa grâce vierge et lutine. Des langes accrochés à un groseillier séchaient au soleil. Il y avait un chat accroupi sur une machine à teiller le chanvre, et dessous, un chaudron jaune, récemment récuré, gisait au milieu de quelques pelures de pommes de terre. De l'autre côté de la maison, Raphaël aperçut une clôture d'épines sèches, destinée sans doute à empêcher les poules de dévaster les fruits et le potager. Le monde paraissait finir là. Cette habitation ressemblait à ces nids d'oiseaux ingénieusement fixés au creux d'un rocher, pleins d'art et de négligence tout ensemble. C'était une nature naïve et bonne, une rusticité vraie, mais poétique, parce qu'elle florissait à mille lieues de nos poésies peignées, n'avait d'analogie avec aucune idée, ne procédait que d'elle-même, vrai triomphe du hasard. Au moment où Raphaël

Jonathas. — page 58.

arriva, le soleil jetait ses rayons de droite à gauche, et faisait resplendir les couleurs de la végétation, mettait en relief ou décorait des prestiges de la lumière, des oppositions de l'ombre, les fonds jaunes et grisâtres des rochers, les différents verts des feuillages, les masses bleues, rouges ou blanches des fleurs, les plantes grimpantes et leurs cloches, le velours chatoyant des mousses, les grappes purpurines de la bruyère, mais surtout la nappe d'eau claire où se réfléchissaient fidèlement les cimes granitiques, les arbres, la maison et le ciel. Dans ce tableau délicieux, tout avait son lustre, depuis le mica brillant jusqu'à la touffe d'herbes blondes cachée dans un doux clair-obscur, tout y était harmonieux à voir : et la vache tachetée au poil luisant, et les fragiles fleurs aquatiques étendues comme des franges qui pendaient au-dessus de l'eau dans un enfoncement où bourdonnaient des insectes vêtus d'azur ou d'émeraude, et les racines d'arbres, espèces de chevelures sablonneuses qui couronnaient une informe figure en cailloux. Les tièdes senteurs des eaux, des fleurs et des grottes qui parfumaient ce réduit solitaire, causèrent à Raphaël une sensation presque voluptueuse. Le silence majestueux qui régnait dans ce bocage, oublié peut-être sur les rôles du percepteur, fut interrompu tout à coup par les aboiements de deux chiens. Les vaches tournèrent la tête vers l'entrée du vallon, montrèrent à Raphaël leurs mufles humides, et se remirent à brouter après l'avoir stupidement contemplé. Suspendus dans les rochers comme par magie, une chèvre et son chevreau cabriolèrent et vinrent se poser sur une table de granit près de Raphaël, en paraissant l'interroger. Les jappements des chiens attirèrent au dehors un gros enfant qui resta béant, puis vint un vieillard en cheveux blancs et de moyenne taille. Ces deux êtres étaient en rapport avec le paysage, avec l'air, les fleurs et la maison. La santé débordait dans cette nature plantureuse, la vieillesse et l'enfance y étaient belles : enfin il y avait dans tous ces types d'existence un laisser-aller primordial, une routine de bonheur qui donnait un démenti à nos capucinades philosophiques, et guérissait le cœur de ses passions boursouflées. Le vieillard appartenait aux modèles affectionnés par les mâles pinceaux de Schnetz; c'était un visage brun dont les rides nombreuses paraissaient rudes au toucher, un nez droit, des pommettes saillantes et veinées de rouge comme une vieille feuille de vigne, des contours anguleux, tous les caractères de la force, même là où la force avait disparu; ses mains calleuses, quoiqu'elles ne travaillassent plus, conservaient un poil blanc et rare; son attitude d'homme vraiment libre faisait pressentir qu'en Italie il serait peut-être devenu brigand par amour pour sa précieuse liberté. L'enfant, véritable montagnard, avait des yeux noirs qui pouvaient envisager le soleil sans cligner, un teint de bistre, des cheveux bruns en désordre. Il était leste et décidé, naturel dans ses mouvements comme un oiseau; mal vêtu, il laissait voir une peau blanche et fraîche à travers les déchirures de ses habits. Tous deux restèrent debout et en silence, l'un près de l'autre, mus par le même sentiment, offrant sur leur physionomie la preuve d'une identité parfaite dans leur vie également oisive. Le vieillard avait épousé les jeux de l'enfant, et l'enfant l'humeur du vieillard par une espèce de pacte entre deux faiblesses, entre une force près de finir et une force près de se déployer. Bientôt une femme âgée d'environ trente ans apparut sur le seuil de la porte. Elle filait en marchant. C'était une Auvergnate, haute en couleur, l'air réjoui, franche, à dents blanches, figure de l'Auvergne, taille d'Auvergne, coiffure, robe de l'Auvergne, seins rebondis de l'Auvergne, et son parler; une idéalisation complète du pays, mœurs laborieuses, ignorance, économie, cordialité, tout y était.

Elle filait en marchant; c'était une Auvergnate.

Elle salua Raphaël, ils entrèrent en conversation; les chiens s'apaisèrent, le vieillard s'assit sur un banc au soleil, et l'enfant suivit sa mère partout où elle alla, silencieux, mais écoutant, examinant l'étranger.

— Vous n'avez pas peur ici, ma bonne femme?
— Et d'où que nous aurions peur, monsieur? Quand nous barrons l'entrée, qui donc pourrait venir ici? Oh! nous n'avons point peur! D'ailleurs, dit-elle en faisant entrer le marquis dans la grande chambre de la maison, qu'est-ce que les voleurs viendraient donc prendre chez nous?

Elle montrait des murs noircis par la fumée, sur lesquels étaient pour tout ornement ces images enluminées de bleu, de rouge et de vert, qui représentent la *Mort de Crédit*, la *Passion de Jésus-Christ* et les *Grenadiers de la Garde impériale*; puis, çà et là, dans la chambre, un vieux lit de noyer à colonnes, une table à rebords tordus, des escabeaux, la huche au pain, du lard pendu au plancher, du sel dans un pot, un poêle; et sur la cheminée des plâtres jaunis et colorés. En sortant de la maison, Raphaël aperçut, au milieu des rochers, un homme qui tenait une houe à la main, et qui, penché, curieux, regardait la maison.

— Monsieur, c'est l'homme, dit l'Auvergnate en laissant échapper ce sourire familier aux paysannes; il laboure là-haut.
— Et ce vieillard est votre père?
— Faites excuse, monsieur, c'est le grand-père de notre homme. Tel que vous le voyez, il a cent deux ans. Eh bien! dernièrement il a mené à pied notre petit gars à Clermont. Ç'a été un homme fort; maintenant il ne fait plus que dormir, boire et manger. Il s'amuse toujours avec le petit gars. Quelquefois le petit l'emmène dans les hauts, il y va tout de même.

Aussitôt Valentin se résolut à vivre entre ce vieillard et cet enfant, à respirer dans leur atmosphère, à manger de leur pain, à boire de leur eau, à dormir de leur sommeil, à se faire de leur sang dans les veines. Caprice de mourant! Devenir une des huîtres de ce rocher, sauver son écaille pour quelques jours de plus en engourdissant la mort, fut pour lui l'archétype de la morale individuelle, la véritable formule de l'existence humaine, le beau idéal de la vie, la seule vie, la vraie vie. Il lui vint au cœur une profonde pensée d'égoïsme où s'engloutit l'univers. A ses yeux, il n'y eut plus d'univers, l'univers passa tout en lui. Pour les malades, le monde commence au chevet et finit au pied de leur lit. Ce paysage fut le lit de Raphaël.

De cette espèce de promontoire la vue embrasse les monts de Bugey.
— PAGE 54.

Qui n'a pas, une fois dans sa vie, espionné les pas et démarches d'une fourmi, glissé des pailles dans l'unique orifice par lequel respire une limace blonde, étudié les fantaisies d'une demoiselle fluette, admiré les mille veines, coloriées comme une rose de cathédrale gothique, qui se détachent sur le fond rougeâtre des feuilles d'un jeune chêne? Qui n'a délicieusement regardé pendant longtemps l'effet de la pluie et du soleil sur un toit de tuiles brunes, ou contemplé les gouttes de la rosée, les pétales des fleurs, les découpures variées de leurs calices? Qui ne s'est plongé dans ces rêveries matérielles, indolentes et occupées, sans but, et conduisant néanmoins à quelque pensée? Qui n'a pas enfin mené la vie de l'enfance, la vie paresseuse, la vie du sauvage, moins ses travaux? Ainsi vécut Raphaël pendant plusieurs jours, sans soins, sans désirs, éprouvant un mieux sensible, un bien-être extraordinaire, qui calma ses inquiétudes, apaisa ses souffrances. Il gravissait les rochers, et allait s'asseoir sur un pic d'où ses yeux embrassaient quelque paysage d'immense étendue. Là, il restait des journées entières comme une plante au soleil, comme un lièvre au gîte. Ou bien, se familiarisant avec les phénomènes de la végétation, avec les vicissitudes du ciel, il épiait le progrès de toutes les œuvres, sur la terre, dans les eaux ou dans l'air.

Il tenta de s'associer au mouvement intime de cette nature, et de s'identifier assez complètement à sa passive obéissance, pour tomber sous la loi despotique et conservatrice qui régit les existences instinctives. Il ne voulait plus être chargé de lui-même. Semblable à ces criminels d'autrefois qui, poursuivis par la justice, étaient sauvés s'ils atteignaient l'ombre d'un autel, il essayait de se glisser dans le sanctuaire de la vie. Il réussit à devenir partie intégrante de cette large et puissante fructification: il avait épousé les intempéries de l'air, habité tous les creux des rochers, appris les mœurs et les habitudes de toutes les plantes, étudié le régime des eaux, leurs gisements, et fait connaissance avec les animaux; enfin, il s'était si parfaitement uni à cette terre animée, qu'il en avait en quelque sorte saisi l'âme et pénétré les secrets. Pour lui, les formes infinies de tous les règnes étaient les développements d'une même substance, les combinaisons d'un même mouvement, vaste respiration d'un être immense qui agissait, pensait, marchait, grandissait, et avec lequel il voulait grandir, marcher, penser, agir. Il avait fantastiquement mêlé sa vie à la vie de ce rocher, il s'y était implanté. Grâce à ce mystérieux illuminisme, convalescence factice semblable à ces bienfaisants délires accordés par la nature comme autant de haltes dans la douleur, Valentin goûta les plaisirs d'une seconde enfance durant les premiers moments de son séjour au milieu de ce riant paysage. Il y allait dénicher des riens, entreprenant mille choses sans en achever aucune, oubliant le lendemain les projets de la veille, insouciant, il fut heureux, il se crut sauvé. Un matin, il était resté par hasard au lit jusqu'à midi, plongé dans cette rêverie mêlée de veille et de sommeil, qui prête aux réalités les apparences de la fantaisie et donne aux chimères le relief de l'existence, quand tout à coup, sans savoir d'abord s'il ne continuait pas un rêve, il entendit, pour la première fois, le bulletin de sa santé donné par son hôtesse à Jonathas, venu, comme chaque jour, le lui demander. L'Auvergnate croyait sans doute Valentin encore endormi, et n'avait pas baissé le diapason de sa voix montagnarde.

— Ça ne va pas mieux, ça ne va pas pis, disait-elle. Il a encore toussé pendant toute cette nuit à rendre l'âme. Il tousse, il crache, ce cher monsieur, que c'est une pitié. Je me demandons, moi et mon homme, d'où qu'il prend la force de tousser comme ça. Ça fend le cœur. Quelle damnée maladie qu'il a! C'est qu'il n'est point bien du tout! J'avons toujours peur de le trouver crevé dans son lit un matin. Il est vraiment pâle comme un Jésus de cire! Dame, je le vois quand il se lève, eh bien, son pauvre corps est maigre comme un cent de clous. Et ça sent déjà mauvais! Ça lui est égal, il se consume à courir comme s'il avait de la santé à vendre. Il a bien du courage tout de même de ne pas se plaindre.

Mais, vraiment, il serait mieux en terre qu'en pré, car il souffre la passion de Dieu! Je ne le désirons pas, monsieur, ce n'est point notre intérêt. Mais il ne nous donnerait pas ce qu'il nous donne que je l'aimerions tout de même: ce n'est point l'intérêt qui nous pousse. Ah! mon Dieu, reprit-elle, il n'y a que les Parisiens pour avoir de ces chiennes de maladies-là! Où qui prennent ça, donc! Pauvre jeune homme, il est sûr qu'il ne peut guère bien finir. C'te fièvre, voyez-vous, ça le mine, ça le creuse, ça le ruine! Il ne s'en doute point! Il ne le sait point, monsieur. Il ne s'aperçoit de rien. Faut pas pleurer pour ça, monsieur Jonathas! Il faut se dire qu'il sera heureux de plus souffrir. Vous devriez faire une neuvaine pour lui. J'avons vu de belles guérisons par les neuvaines, et je payerions bien un cierge pour sauver une vie si douce créature, si bonne, un agneau pascal.

La voix de Raphaël était devenue trop faible pour qu'il pût se faire entendre, il fut donc obligé de subir cet épouvantable bavardage. Cependant l'impatience le chassa de son lit, il se montra sur le seuil de la porte:

— Vieux scélérat, cria-t-il à Jonathas, tu veux donc être mon bourreau?

La paysanne crut voir un spectre et s'enfuit.

— Je te défends, dit Raphaël en continuant, d'avoir la moindre inquiétude sur ma santé.

— Oui, monsieur le marquis, répondit le vieux serviteur en essuyant ses larmes.

— Et tu feras même fort bien, dorénavant, de ne pas venir ici sans mon ordre.

Jonathas voulut obéir; mais avant de se retirer il jeta sur le marquis un regard fidèle et compatissant où Raphaël lut son arrêt de mort. Découragé, rendu tout à coup au sentiment vrai de sa situation, Valentin s'assit sur le seuil de la porte, se croisa les bras sur la poitrine et baissa la tête. Jonathas, effrayé, s'approcha de son maître.

— Monsieur!

— Va-t'en! va-t'en! lui cria le malade.

Pendant la matinée du lendemain, Raphaël, ayant gravi les rochers, s'était assis dans une crevasse pleine de mousse, d'où il pouvait voir le chemin étroit par lequel on venait de ses eaux à son habitation. Au bas du pic, il aperçut Jonathas conversant derechef avec l'Auvergnate. Une malicieuse puissance lui interpréta les hochements de tête, les gestes désespérants, la sinistre naïveté de cette femme, et lui en jeta même les fatales paroles dans le vent et dans le silence. Pénétré d'horreur, il se réfugia sur les plus hautes cimes des montagnes, et y resta jusqu'au soir, sans avoir pu chasser les sinistres pensées, si malheureusement réveillées dans son cœur par le cruel intérêt dont il était devenu l'objet. Tout à coup l'Auvergnate elle-même se dressa soudain devant lui comme une ombre dans l'ombre du soir, par une bizarrerie de costume, il voulut trouver dans son jupon rayé de noir et de blanc, une vague ressemblance avec les côtes desséchées d'un spectre.

— Voilà le serein qui tombe, mon cher monsieur, lui dit-elle. Si vous restiez là, vous vous avanceriez en plus si moins qu'un fruit patrouillé. Faut rentrer. Ça n'est pas sain de humer la rosée, avec ça que vous n'avez rien pris depuis ce matin.

— Par le tonnerre de Dieu, s'écria-t-il, vieille sorcière, je vous ordonne de me laisser vivre à ma guise, ou je décampe d'ici. C'est bien assez de me creuser ma fosse tous les matins, au moins ne la fouillez pas le soir.

— Votre fosse! monsieur! Creuser votre fosse! Où qu'elle est donc, votre fosse! Je voudrions vous voir bastant comme notre père, et point dans la fosse! La fosse! nous y sommes toujours assez tôt, dans la fosse.

— Assez, dit Raphaël.

— Prenez mon bras, monsieur.

— Non.

Le sentiment que l'homme supporte le plus difficilement est la pitié, surtout quand il la mérite. La haine est un tonique, elle fait vivre, elle inspire la vengeance; mais la pitié tue, elle affaiblit encore notre faiblesse. C'est le mal devenu patelin, c'est le mépris dans la tendresse, ou la tendresse dans l'offense. Raphaël trouva chez le centenaire une pitié triomphante, chez l'enfant une pitié curieuse, chez la femme une pitié tracassière, chez le mari une pitié intéressée, mais, sous quelque forme que ce sentiment se montrât, il était toujours gros de mort. Un poète fait de tout un poème, terrible ou joyeux, suivant les images qui le frappent; son âme exaltée rejette les nuances douces, et choisit toujours les couleurs vives et tranchées. Cette pitié produisit au cœur de Raphaël un horrible poème de deuil et de mélancolie. Il n'avait pas songé, sans doute, à la franchise des sentiments naturels, quand il désira se rapprocher de la nature. Lorsqu'il se croyait seul sous un arbre, aux prises avec une quinte opiniâtre, dont il ne triomphait jamais sans sortir abattu par cette terrible lutte, il voyait les yeux brillants et fluides du petit garçon, placé en vedette sous une touffe d'herbes, comme un sauvage, et qui l'examinait avec cette enfantine curiosité dans laquelle il y a autant de raillerie que de plaisir, et je ne sais quel intérêt mêlé d'insensibilité. Le terrible: Frère, il faut mourir, des trappistes, semblait constamment écrit dans les yeux des paysans avec lesquels vivait Raphaël, il ne savait ce qu'il craignait le plus, de leurs paroles naïves ou de leur silence, tout en eux le gênait. Un matin il vit deux hommes vêtus de noir, qui rôdèrent autour de lui, le flairèrent, et l'étudièrent à la dérobée, puis, feignant d'être venus là pour se promener, ils lui adressèrent des questions banales auxquelles il répondit brièvement. Il reconnut en eux le médecin et le curé des eaux, sans doute envoyés par Jonathas, consultés par ses hôtes ou attirés par l'odeur d'une mort prochaine. Il entrevit alors son propre convoi, il entendit le chant des prêtres, il compta les cierges, et ne vit plus qu'à travers un crêpe les beautés de cette riche nature, au sein de laquelle il croyait avoir rencontré la vie. Tout ce qui naguère lui annonçait une longue existence lui prophétisait maintenant une fin prochaine. Le lendemain, il partit pour Paris, après avoir été abreuvé des souhaits mélancoliques et cordialement plaintifs que ses hôtes lui adressèrent.

Après avoir voyagé durant toute la nuit, il s'éveilla dans l'une des plus riantes vallées du Bourbonnais, dont les sites et les points de vue tourbillonnaient devant lui, rapidement emportés comme les images vaporeuses d'un songe. La nature s'étalait à ses yeux avec une cruelle coquetterie. Tantôt l'Allier déroulait sur une riche perspective un ruban liquide et brillant, puis des hameaux modestement cachés au fond d'une gorge de rochers jaunâtres montraient la pointe de leurs clochers; tantôt les moulins d'un petit vallon se découvraient soudain après des vignobles monotones, et toujours apparaissaient de riants châteaux, des villages suspendus, ou quelques routes bordées de peupliers majestueux; enfin la Loire et ses longues nappes diamantées reluisaient au milieu de ses sables dorés. Séductions sans fin! La nature agitée, vivace comme un enfant, contenant à peine l'amour et la sève du mois de juin, attirait fatalement les regards éteints du malade. Il leva les persiennes de sa voiture, et se remit à dormir. Vers le soir, après avoir passé Cosne, il fut réveillé par une joyeuse musique et se trouva devant une fête de village. La poste était située près de la place. Pendant le temps que les postillons mirent à relayer sa voiture, il vit les danses de cette population joyeuse, les filles parées de fleurs, jolies, agaçantes, les jeunes gens animés, puis les trognes des vieux paysans gaillardement rougies par le vin. Les petits enfants se rigolaient, les vieilles femmes parlaient en riant, tout avait une voix et le plaisir enjolivait même les habits et les tables dressées. La place et l'église offraient une physionomie de bonheur; les toits, les fenêtres, les portes mêmes du village semblaient s'être endimanchés aussi. Comme les moribonds impatients du moindre bruit, Raphaël ne put réprimer une sinistre imprécation, ni le désir d'imposer silence à ces violons, d'anéantir ce mouvement, d'assourdir ces clameurs, de dissiper cette fête insolente. Il monta tout chagrin dans sa voiture. Quand il regarda sur la place, il vit la joie effarouchée, les paysannes en fuite et les bancs déserts. Sur l'échafaud de l'orchestre, un ménétrier aveugle continuait à jouer sur sa clarinette une ronde criarde. Cette musique sans danseurs, ce vieillard solitaire au profil grimaud, en haillon, les cheveux épars, et caché dans l'ombre d'un tilleul, était comme une image fantastique du souhait de Raphaël. Il tombait à torrents une de ces fortes pluies que les nuages électriques du mois de juin versent brusquement et qui finissent de même. C'était chose si naturelle, que Raphaël, après avoir regardé dans le ciel quelques nuages blanchâtres emportés par un grand vent, ne songea pas à regarder sa Peau de chagrin. Il se remit dans le coin de sa voiture, qui bientôt roula sur la route.

Le lendemain, il se trouva chez lui, dans sa chambre, au coin de sa cheminée. Il s'était fait allumer un grand feu, il avait froid. Jonathas lui apporta des lettres, elles étaient toutes de Pauline. Il ouvrit la première sans empressement, et la déplia comme si c'eût été le papier grisâtre d'une sommation sans frais envoyée par le percepteur. Il lut la première phrase : « Parti, mais c'est une fuite, mon Raphaël ! Comment ! personne ne peut me dire où tu es ? Et si je ne le sais « pas, qui donc le saurait ? » Sans vouloir en apprendre davantage, il prit froidement les lettres et les jeta dans le foyer, en regardant d'un œil terne et sans chaleur les jeux de la flamme, qui tordait le papier parfumé, le racornissait, le retournait, le morcelait.

Des fragments roulèrent sur les cendres en lui laissant voir des commencements de phrase, des mots, des pensées à demi brûlées, et qu'il se plut à saisir dans la flamme par un divertissement machinal.

« ......Assise à ta porte... attendu... Caprice... j'obéis... Des riva-« les... moi, moi!... la Pauline... aime... plus que Pauline donc !... Si « tu avais voulu me quitter, tu ne m'aurais pas abandonnée... Amour « éternel... Mourir... » »

Ces mots lui donnèrent une sorte de remords : il saisit les pincettes et sauva des flammes un dernier lambeau de lettre.

« ...... J'ai murmuré, disait Pauline, mais je ne me suis pas plainte, « Raphaël ! En me laissant loin de toi, tu as sans doute voulu me dé-« rober le poids de quelques chagrins. Un jour, tu me tueras peut-« être, mais tu es trop bon pour me faire souffrir. Eh bien ! ne pars « plus ainsi. Va, je puis affronter les plus grands supplices, mais près « de toi. Le chagrin que tu m'imposerais ne serait plus un chagrin : « j'ai dans le cœur encore bien plus d'amour que je ne t'en ai mon-« tré. Je puis tout supporter, hors de pleurer loin de toi, et de ne pas « savoir ce que tu... »

Raphaël posa sur la cheminée ce débris de lettre noirci par le feu, il rejeta tout à coup dans le foyer. Ce papier était une image trop vive de son amour et de sa fatale vie.

— Va chercher M. Bianchon, dit-il à Jonathas.

Horace vint et trouva Raphaël au lit.

— Mon ami, peux-tu me composer une boisson légèrement opiacée qui m'entretienne dans une somnolence continuelle, sans que l'emploi constant de ce breuvage me fasse mal ?

— Rien n'est plus aisé, répondit le jeune docteur, mais il faudra cependant rester debout quelques heures de la journée, pour manger.

— Quelques heures, dit Raphaël en l'interrompant, non, non, je ne veux être levé que durant une heure au plus.

— Quel est donc ton dessein ? demanda Bianchon.

— Dormir, c'est encore vivre, répondit le malade.

— Ne laisse entrer personne, fût-ce même mademoiselle Pauline de Vischnau, dit Valentin à Jonathas pendant que le médecin écrivait son ordonnance.

— Eh bien ! monsieur Horace, y a-t-il de la ressource ? demanda le vieux domestique au jeune docteur, qu'il avait reconduit jusqu'au perron.

— Il peut aller encore longtemps, ou mourir ce soir. Chez lui, les chances de vie et de mort sont égales. Je n'y comprends rien, répondit le médecin en laissant échapper un geste de doute. Il faut le distraire.

— Le distraire, monsieur, vous ne le connaissez pas. Il a tué l'autre jour un homme sans dire ouf ! Rien ne le distrait.

Raphaël demeura pendant quelques jours plongé dans le néant de son sommeil factice. Grâce à la puissance matérielle exercée par l'opium sur notre âme immatérielle, cet homme d'imagination si puissamment active s'abaissa jusqu'à la hauteur de ces animaux paresseux qui croupissent au sein des forêts sous la forme d'une dépouille végétale, sans faire un pas pour saisir une proie facile. Il avait même éteint la lumière du ciel, le jour n'entrait plus chez lui. Vers les huit heures du soir, il sortait de son lit ; sans avoir une conscience lucide de son existence, il satisfaisait sa faim, puis se recouchait aussitôt. Ses heures froides et ridées ne lui apportaient que de confuses images, des apparences, des clairs-obscurs sur un fond noir. Il s'était enseveli dans un profond silence, dans une négation de mouvement et d'intelligence. Un soir, il se réveilla beaucoup plus tard que de coutume, et ne trouva pas son dîner servi. Il sonna Jonathas.

— Tu peux partir, lui dit-il. Je t'ai fait riche, tu seras heureux dans tes vieux jours, mais je ne veux plus te laisser jouer ma vie. Comment ! misérable, je sens la faim. Où est mon dîner ? répondit.

Jonathas laissa échapper un cri de contentement, prit une bougie dont la lumière tremblota dans l'obscurité profonde des immenses appartements de l'hôtel, il conduisit son maître redevenu machine à une vaste galerie et en ouvrit brusquement la porte. Aussitôt Raphaël, inondé de lumière, fut ébloui, surpris par un spectacle inouï. C'était ses lustres chargés de bougies, les fleurs les plus rares de la serre artistement disposées, une table étincelante d'argenterie, d'or, de nacre, de porcelaines, un repas royal, fumant, et dont les mets appétissants irritaient les houppes nerveuses du palais. Il vit ses amis convoqués, mêlés à des femmes parées et ravissantes, la gorge nue, les épaules découvertes, les chevelures pleines de fleurs, les yeux brillants, toutes de beautés diverses, agaçantes sous de voluptueux travestissements : l'une avait dessiné ses formes attrayantes par une jaquette irlandaise, celle-ci portait la basquina lascive des Andalouses, celle-ci demi-nue en Diane chasseresse, celle-là modeste et amoureuse sous le costume de mademoiselle de la Vallière, étaient également vouées à l'ivresse. Dans les regards de tous les convives brillaient la joie, l'amour, le plaisir. Au moment où la morte figure de Raphaël se montra dans l'ouverture de la porte, une acclamation soudaine éclata, rapide, rutilante comme les rayons de cette fête improvisée. Les voix, les parfums, la lumière, ces femmes d'une pénétrante beauté, frappèrent tous ses sens, réveillèrent son appétit. Une délicieuse musique, cachée dans un salon voisin, couvrit par un torrent d'harmonie ce tumulte enivrant, et compléta cette étrange vision. Raph el se sentit la main pressée par une main chatouilleuse, une main de femme dont les bras frais et blancs se levaient pour le serrer, la main d'Aquilina. Il comprit que ce tableau n'était pas vague et fantastique, comme les fugitives images de ses rêves décolorés, il poussa un cri sinistre, ferma brusquement la porte, et battit son vieux serviteur au visage.

— Monstre, tu as donc juré de me faire mourir ? s'écria-t-il. Puis, tout palpitant du danger qu'il venait de courir, il trouva des forces pour regagner sa chambre, but une forte dose de sommeil, et se coucha.

— Que diable ! dit Jonathas en se relevant, M. Bianchon m'avait cependant bien ordonné de le distraire.

Il était environ minuit. A cette heure, Raphaël, par un de ces caprices physiologiques, l'étonnement et le désespoir des sciences médicales, resplendissait de beauté pendant son sommeil. Un rouge vif colorait ses joues blanches. Son front gracieux comme celui d'une jeune fille exprimait le génie. La vie était en fleurs sur ce visage tranquille et reposé. Vous eussiez dit d'un jeune enfant endormi sous la protection de sa mère. Son sommeil était un bon sommeil, sa bouche vermeille laissait passer un souffle égal et pur ; il souriait sans doute transporté par un rêve dans une belle vie. Peut-être était-il centenaire, peut-être ses petits-enfants lui souhaitaient-ils de longs jours ; peut-être de son banc rustique, sous le soleil, assis sous le feuillage, apercevait-il, comme le prophète, en haut de la montagne, la terre promise, dans un bienfaisant lointain.

— Te voilà donc ! Ces mots, prononcés d'une voix argentine, dissipèrent les figures imageuses de son sommeil. A la lueur de la lampe, il vit assise sur son lit sa Pauline, mais Pauline embellie par l'absence et par la douleur. Raphaël resta stupéfait à l'aspect de cette figure blanche comme les pétales d'une fleur des eaux, et qui, accompagnée de longs cheveux noirs, semblait encore plus blanche dans l'ombre. Des larmes avaient tracé leur route brillante sur ses joues, et y restaient suspendues, prêtes à tomber au moindre effort. Vêtue de blanc, la tête penchée et foulant le lit, elle était là comme un ange descendu des cieux, comme une apparition qu'un souffle pouvait faire disparaître.

— Ah ! j'ai tout oublié, s'écria-t-elle au moment où Raphaël ouvrit les yeux. Je n'ai de voix que pour te dire : Je suis à toi ! Mon cœur est tout amour. Ah ! jamais, ange de ma vie, tu n'as été si beau. Tes yeux foudroient. Mais je devine tout, va ! Tu as été chercher la santé sans moi, tu me craignais... Eh bien !

— Fuis, fuis, laisse-moi, répondit enfin Raphaël d'une voix sourde. Mais va-t-en donc. Si tu restes là, je meurs. Veux-tu me voir mourir ?

— Mourir ! répéta-t-elle. Est-ce que tu peux mourir sans moi. Mourir, mais tu es jeune ! Mourir, mais je t'aime ! Mourir ! ajouta-t-elle d'une voix profonde et gutturale en lui prenant les mains par un mouvement de folie.

— Froides, dit-elle. Est-ce une illusion ?

Raphaël tira de dessous son chevet le lambeau de la Peau de chagrin, fragile et petit comme la feuille d'une pervenche, et le lui montrant : Pauline, belle image de ma belle vie, disons-nous adieu, dit-il.

— Adieu ? répéta-t-elle d'un air surpris.

— Oui. Ceci est un talisman qui accomplit mes désirs, et représente ma vie. Vois ce qu'il m'en reste. Si tu me regardes encore, je vais mourir.

La jeune fille crut Valentin devenu fou, elle prit le talisman, et alla chercher la lampe. Éclairée par la lueur vacillante qui se projetait également sur Raphaël et sur le talisman, elle examina très-attentivement et le visage de son amant et la dernière parcelle de la Peau magique. En la voyant belle de terreur et d'amour, il ne fut plus maître de sa pensée : les souvenirs des scènes caressantes et des joies délirantes de sa passion triomphèrent dans son âme depuis longtemps endormie, et s'y réveillèrent comme un foyer mal éteint.

— Pauline ! viens, Pauline !

Un cri terrible sortit du gosier de la jeune fille, ses yeux se dilatèrent, ses sourcils, violemment tirés par une douleur inouïe, s'écartèrent avec horreur, elle lisait dans les yeux de Raphael un de ces désirs furieux, jadis sa gloire à elle; et à mesure que grandissait ce désir, la Peau, en se contractant, lui chatouillait la main. Sans réfléchir, elle s'enfuit dans le salon voisin dont elle ferma la porte.

— Pauline ! Pauline ! cria le moribond en courant après elle, je t'aime, je t'adore, je te veux ! Je te maudis, si tu ne m'ouvres ! Je veux mourir à toi !

Par une force singulière, dernier éclat de vie, il jeta la porte à terre, et vit sa maîtresse à demi nue se roulant sur un canapé. Pauline avait tenté vainement de se déchirer le sein, et pour se donner une prompte mort, elle cherchait à s'étrangler avec son châle. — Si je meurs, il vivra, disait-elle en tâchant vainement de serrer le nœud. Ses cheveux étaient épars, ses épaules nues, ses vêtements en désordre, et dans cette lutte avec la mort, les yeux en pleurs, le visage enflammé, elle tordant sous un horrible désespoir, elle présentait à Raphael, ivre d'amour, mille beautés qui augmentèrent son délire; il se jeta sur elle avec la légèreté d'un oiseau de proie, brisa le châle, et voulut la prendre dans ses bras.

Le moribond chercha des paroles pour exprimer le désir qui dévorait toutes ses forces; mais il ne trouva que les sons étranglés du râle dans sa poitrine, dont chaque respiration creusée plus avant, semblait partir de ses entrailles. Enfin, ne pouvant bientôt plus former de sons, il mordit Pauline au sein. Jonathas se présenta tout épouvanté des cris qu'il entendait, et tenta d'arracher à la jeune fille le cadavre sur lequel elle s'était accroupie dans un coin.

— Que demandez-vous? dit-elle. Il est à moi, je l'ai tué, ne l'avais-je pas prédit ?

ÉPILOGUE.

— Et que devint Pauline ?

— Ah ! Pauline, bien ! Êtes-vous quelquefois resté par une douce soirée d'hiver devant votre foyer domestique, voluptueusement livré à des souvenirs d'amour ou de jeunesse en contemplant les rayures produites par le feu sur un morceau de chêne? Ici la combustion dessine les cases rouges d'un damier, là elle miroite des velours; de petites flammes bleues courent, bondissent et jouent sur le fond ardent du brasier. Vient un peintre inconnu qui se sert de cette flamme, par un artifice unique, il trace au sein de ces flamboyantes teintes violettes ou empourprées une figure supernaturelle et d'une délicatesse inouïe, phénomène fugitif que le hasard ne recommencera jamais : c'est une femme aux cheveux emportés par le vent, et dont le profil respire une passion délicieuse : du feu dans le feu ! elle sourit, elle expire, vous ne la reverrez plus. Adieu fleur de la flamme, adieu principe incomplet, inattendu, venu trop tôt ou trop tard pour être quelque beau diamant !

— Mais Pauline ?

— Vous n'y êtes pas ? je recommence. Place ! place ! Elle arrive, la voici la reine des illusions, la femme qui passe comme un baiser, la femme vive comme un éclair, comme lui jaillie brûlante du ciel, l'être incréé, tout esprit, tout amour. Elle a revêtu je ne sais quel corps de flamme, ou pour elle la flamme s'est un moment animée ! Les lignes de ses formes sont d'une pureté qui vous dit qu'elle vient du ciel. Ne resplendit-elle pas comme un ange ? n'entendez-vous pas le frémissement aérien de ses ailes ? Plus légère que l'oiseau, elle s'abat près de vous et ses terribles yeux fascinent; sa douce, mais puissante haleine attire vos lèvres par une force magique; elle fuit et vous entraîne, vous ne sentez plus la terre. Vous voulez passer une seule fois votre main chatouillée, votre main lunatisée sur ce corps de neige, froisser ses cheveux d'or, baiser ses yeux étincelants. Une vapeur vous enivre, une musique enchanteresse vous charme. Vous tressaillez de tous vos nerfs, vous êtes tout désir, tout souffrance. O bonheur sans nom ! vous avez touché les lèvres de cette femme; mais tout à coup une atroce douleur vous réveille. Ah ! ah ! votre tête a porté sur l'angle de votre lit, vous en avez embrassé l'acajou brun, les dorures froides, quelque bronze, un amour en cuivre.

— Mais, monsieur, Pauline ?

— Encore ! Écoutez ! Par une belle matinée, en partant de Tours, un jeune homme embarqué sur *la Ville d'Angers* tenait dans sa main la main d'une jolie femme. Unis ainsi, tous deux admirèrent longtemps, au-dessus des larges eaux de la Loire, une blanche figure, artificiellement éclose au sein du brouillard comme un fruit des eaux et du soleil, ou comme un caprice des nues et de l'air. Tour à tour ondine ou sylphide, cette fluide créature voltigeait dans les airs comme un mot vainement cherché qui court dans la mémoire sans se laisser saisir, elle se promenait entre les îles, elle agitait sa tête à travers les hauts peupliers; puis, devenue gigantesque, elle faisait ou resplendir les mille plis de sa robe, ou briller l'auréole décrite par le soleil autour de son visage; elle planait sur les hameaux, sur les collines, et semblait défendre au bateau à vapeur de passer devant le château d'Ussé. Vous eussiez dit le fantôme de la Dame des Belles Cousines qui voulait protéger son pays contre les invasions modernes.

— Bien, je comprends ainsi de Pauline. Mais Fœdora ?

— Oh ! Fœdora, vous la rencontrerez. Elle était hier aux Bouffons, elle ira ce soir à l'Opéra : elle est partout.

Paris, 1830-1831.

FIN DE LA PEAU DE CHAGRIN.

EL VERDUGO

A MARTINEZ DE LA ROSA.

Le clocher de la petite ville de Menda venait de sonner minuit. En ce moment, un jeune officier français, appuyé sur le parapet d'une longue terrasse qui bordait les jardins du château de Menda, paraissait abîmé dans une contemplation plus profonde que ne le comportait l'insouciance de la vie militaire ; mais il faut dire aussi que jamais heure, site et nuit, ne furent plus propices à la méditation.

Le beau ciel d'Espagne étendait un dôme d'azur au-dessus de sa tête. Le scintillement des étoiles et la douce lumière de la lune éclairaient une vallée délicieuse qui se déroulait coquettement à ses pieds.

Appuyé sur un oranger en fleur, le chef de bataillon pouvait voir, à cent pieds au-dessous de lui, la ville de Menda, qui semblait s'être mise à l'abri des vents du nord, au pied du rocher sur lequel était bâti le château. En tournant la tête, il apercevait la mer, dont les eaux brillantes encadraient le paysage d'une large lame d'argent.

Le château était illuminé.

Le joyeux tumulte d'un bal, les accents de l'orchestre, les rires de quelques officiers et de leurs danseuses arrivaient jusqu'à lui, mêlés au lointain murmure des flots.

La fraîcheur de la nuit imprimait une sorte d'énergie à son corps fatigué par la chaleur du jour.

Enfin les jardins étaient plantés d'arbres si odoriférants et de fleurs si suaves, que le jeune homme se trouvait comme plongé dans un bain de parfums.

Le château de Menda appartenait à un grand d'Espagne, qui l'habitait en ce moment avec sa famille. Pendant toute cette soirée, l'aînée des filles avait regardé l'officier avec un intérêt empreint d'une telle tristesse, que le sentiment de compassion exprimé par l'Espagnole pouvait bien causer la rêverie du Français.

Clara était belle, et, quoiqu'elle eût trois frères et une sœur, les biens du marquis de Léganès paraissaient assez considérables pour faire croire à Victor Marchand que la jeune personne aurait une riche dot. Mais comment oser croire que la fille du vieillard le plus entiché de sa grandeur qui fût en Espagne pourrait être donnée au fils d'un épicier de Paris ! D'ailleurs, les Français étaient haïs.

Le marquis ayant été soupçonné par le général G..t..r, qui gouvernait la province, de préparer un soulèvement en faveur de Ferdinand VII, le bataillon commandé par Victor Marchand avait été cantonné dans la petite ville de Menda pour contenir les campagnes voisines, qui obéissaient au marquis de Léganès. Une récente dépêche du maréchal Ney faisait craindre que les Anglais ne débarquassent prochainement sur la côte, et signalait le marquis comme un homme qui entretenait des intelligences avec le cabinet de Londres.

Aussi, malgré le bon accueil que cet Espagnol avait fait à Victor Marchand et à ses soldats, le jeune officier se tenait-il constamment sur ses gardes. En se dirigeant vers cette terrasse où il venait examiner l'état de la ville et des campagnes confiées à sa surveillance, il se demandait comment il devait interpréter l'amitié que le marquis n'avait cessé de lui témoigner, et comment la tranquillité du pays pouvait se concilier avec les inquiétudes de son général ; mais, depuis un moment, ces pensées avaient été chassées de l'esprit du jeune commandant par un sentiment de prudence et par une curiosité bien légitime. Il venait d'apercevoir dans la ville une assez grande quantité de lumières.

Malgré la fête de saint Jacques, il avait ordonné, le matin même, que les feux fussent éteints à l'heure prescrite par son règlement. Le château seul avait été excepté de cette mesure. Il vit bien briller çà et là les baïonnettes de ses soldats aux postes accoutumés ; mais le silence était solennel, et rien n'annonçait que les Espagnols fussent en proie à l'ivresse d'une fête.

Après avoir cherché à s'expliquer l'infraction dont se rendaient coupables les habitants, il trouva dans ce délit un mystère d'autant plus incompréhensible qu'il avait laissé des officiers chargés de la police nocturne et des rondes.

Avec l'impétuosité de la jeunesse, il allait s'élancer par une brèche pour descendre rapidement les rochers, et parvenir ainsi plus tôt que par le chemin ordinaire à un petit poste placé à l'entrée de la ville du côté du château, quand un faible bruit l'arrêta dans sa course. Il crut entendre le sable des allées criant sous le pas léger d'une femme. Il retourna la tête et ne vit rien ; mais ses yeux furent saisis par l'éclat extraordinaire de l'Océan. Il y aperçut tout à coup un spectacle si funeste, qu'il demeura immobile de surprise, en accusant ses sens d'erreur.

Les rayons blanchissants de la lune lui permirent de distinguer des voiles à une assez grande distance. Il tressaillit, et tâcha de se convaincre que cette vision était un piège d'optique offert par les fantaisies des ondes et de la lune. En ce moment, une voix enrouée prononça le nom de l'officier, qui regarda vers la brèche, et vit s'y élever lentement la tête du soldat par lequel il s'était fait accompagner au château.

— Est-ce vous, mon commandant?

— Oui. Eh bien? lui dit à voix basse le jeune homme, qu'une sorte de pressentiment avertit d'agir avec mystère.

— Ces gredins-là se remuent comme des vers, et je me hâte, si vous le permettez, de vous communiquer mes petites observations.

— Parle, répondit Victor Marchand.

— Je viens de suivre un homme du château qui s'est dirigé par ici une lanterne à la main. Une lanterne est furieusement suspecte! je ne crois pas que ce chrétien-là ait besoin d'allumer des cierges à cette heure-ci. Ils veulent nous manger! que je me suis dit, et je me suis mis à lui examiner les talons. Aussi, mon commandant, ai-je découvert à trois pas d'ici, sur un quartier de roche, un certain amas de fagots.

Un cri terrible qui tout à coup retentit dans la ville interrompit le soldat. Une lueur soudaine éclaira le commandant. Le pauvre grenadier reçut une balle dans la tête et tomba. Un feu de paille et de bois sec brûlait comme un incendie à dix pas du jeune homme. Les instruments et les rires cessaient de se faire entendre dans la salle de bal. Un silence de mort, interrompu par des gémissements, avait soudain remplacé les rumeurs et la musique de la fête.

Un coup de canon retentit sur la plaine blanche de l'Océan. Une sueur froide coula sur le front du jeune officier. Il était sans épée. Il comprenait que ses soldats avaient péri et que les Anglais allaient débarquer. Il se vit déshonoré s'il vivait, il se vit traduit devant un conseil de guerre; alors il mesura des yeux la profondeur de la vallée, et s'y élançait au moment où la main de Clara saisit la sienne.

— Fuyez! dit-elle, mes frères me suivent pour vous tuer. Au bas du rocher, par là, vous trouverez l'andalous de Juanito. Allez!

Elle le poussa, le jeune homme stupéfait la regarda pendant un moment, mais, obéissant bientôt à l'instinct de conservation qui n'abandonne jamais l'homme, même le plus fort, il s'élança dans le parc en prenant la direction indiquée, et courut à travers des rochers que les chèvres avaient seules pratiqués jusqu'alors. Il entendit Clara crier à ses frères de le poursuivre; il entendit les pas de ses assassins; il entendit siffler à ses oreilles les balles de plusieurs décharges; mais il atteignit la vallée, trouva le cheval, monta dessus et disparut avec la rapidité de l'éclair.

En peu d'heures le jeune officier parvint au quartier du général G...r, qu'il trouva dînant avec son état-major.

— Je vous apporte ma tête! s'écria le chef de bataillon en apparaissant pâle et défait.

Il s'assit et raconta l'horrible aventure. Un silence effrayant accueillit son récit.

— Je vous trouve plus malheureux que criminel, répondit enfin le terrible général. Vous n'êtes pas comptable du forfait des Espagnols, et, à moins que le maréchal n'en décide autrement, je vous absous.

Ces paroles ne donnèrent qu'une bien faible consolation au malheureux officier.

— Quand l'empereur saura cela! s'écria-t-il.

— Il voudra vous faire fusiller, dit le général, mais nous verrons. Enfin, ne parlons plus de ceci, ajouta-t-il d'un ton sévère, que pour en tirer une vengeance qui imprime une terreur salutaire à ce pays où l'on fait la guerre à la façon des sauvages.

Une heure après, un régiment entier, un détachement de cavalerie et un convoi d'artillerie étaient en route. Le général et Victor Marchand étaient à la tête de cette colonne. Les soldats, instruits du massacre de leurs camarades, étaient possédés d'une fureur sans exemple.

La distance qui séparait la ville de Menda du quartier général fut franchie avec une rapidité miraculeuse. Sur la route, le général trouva des villages entiers sous les armes. Chacune de ces misérables bourgades fut cernée et leurs habitants décimés.

Par une de ces fatalités inexplicables, les vaisseaux anglais étaient restés en panne sans avancer, mais on sut plus tard que ces vaisseaux ne portaient que de l'artillerie et qu'ils avaient mieux marché que le reste des transports. Ainsi la ville de Menda, privée des défenseurs qu'elle attendait, et que l'apparition des voiles anglaises semblait lui promettre, fut entourée par les troupes françaises presque sans coup férir. Les habitants, saisis de terreur, offrirent de se rendre à discrétion.

Par un de ces dévouements qui n'ont pas été rares dans la Péninsule, les assassins des Français, prévoyant, d'après la cruauté connue du général, que Menda serait peut-être livrée aux flammes et la population entière passée au fil de l'épée, proposèrent de se dénoncer eux-mêmes au général. Il accepta cette offre, en y mettant pour condition que les habitants du château, depuis le dernier valet jusqu'au marquis, seraient mis entre ses mains.

Cette capitulation consentie, le général promit de faire grâce au reste de la population et d'empêcher ses soldats de piller la ville ou d'y mettre le feu. Une contribution énorme fut frappée, et les plus riches habitants se constituèrent prisonniers pour garantir le payement, qui devait être effectué dans les vingt-quatre heures.

Le général prit toutes les précautions nécessaires à la sûreté de ses troupes, pourvut à la défense du pays, et refusa de loger ses soldats dans les maisons. Après les avoir fait camper, il monta au château et s'en empara militairement. Les membres de la famille de Léganès et les domestiques furent soigneusement gardés à vue, garrottés, et enfermés dans la salle où le bal avait eu lieu.

Des fenêtres de cette pièce on pouvait facilement embrasser la terrasse qui dominait la ville. L'état-major s'établit dans une galerie voisine, où le général tint d'abord conseil sur les mesures à prendre pour s'opposer au débarquement.

Après avoir expédié un aide de camp au maréchal Ney, ordonné d'établir des batteries sur la côte, le général et son état-major s'occupèrent des prisonniers. Deux cents Espagnols, que les habitants avaient livrés, furent immédiatement fusillés sur la terrasse.

Après cette exécution militaire, le général commanda de planter sur la terrasse autant de potences qu'il y avait de gens dans la salle du château et de faire venir le bourreau de la ville. Victor Marchand profita du temps qui allait s'écouler avant le dîner pour aller voir les prisonniers. Il revint bientôt vers le général.

— J'accours, lui dit-il d'une voix émue, vous demander des grâces.

— Vous! reprit le général avec un ton d'ironie amère.

— Hélas! répondit Victor, je demande de tristes grâces. Le marquis, en voyant planter les potences, a espéré que vous changeriez ce genre de supplice pour sa famille, et vous supplie de faire décapiter les nobles.

— Soit, dit le général.

— Ils demandent encore qu'on leur accorde les secours de la religion et qu'on les délivre de leurs liens. Ils promettent de ne pas chercher à fuir.

— J'y consens, dit le général, mais vous m'en répondez.

— Le vieillard vous offre encore toute sa fortune si vous voulez pardonner à son jeune fils.

— Vraiment! répondit le chef. Ses biens appartiennent déjà au roi Joseph.

Il s'arrêta. Une pensée de mépris rida son front, et il ajouta:

— Je vais surpasser leur désir. Je devine l'importance de sa dernière demande. Eh bien! qu'il achète l'éternité de son nom, mais que l'Espagne se souvienne à jamais de sa trahison et de son supplice! Je laisse sa fortune et la vie à celui de ses fils qui remplira l'office de bourreau. Allez, et ne m'en parlez plus.

Le dîner était servi. Les officiers attablés satisfaisaient un appétit que la fatigue avait aiguillonné. Un seul d'entre eux, Victor Marchand, manquait au festin.

Après avoir hésité longtemps, il entra dans le salon où gémissait l'orgueilleuse famille de Léganès, et jeta des regards tristes sur le spectacle que présentait alors cette salle, où, la surveille, il avait vu tournoyer, emportées par la valse, les têtes des deux jeunes filles et des trois jeunes gens. Il frémit en pensant que dans peu elles devaient rouler tranchées par le sabre du bourreau.

— Attachés sur leurs fauteuils dorés, le père et la mère, les trois enfants et les deux filles restaient dans un état d'immobilité complète. Huit serviteurs étaient debout, les mains liées derrière le dos.

Ces quinze personnes se regardaient gravement, et leurs yeux trahissaient à peine les sentiments qui les animaient. Une résignation

EL VERDUGO.

profond le et le regret d'avoir échoué dans leur entreprise se lisaient sur quelques fronts. Des soldats immobiles les gardaient en respectant la douleur de ces cruels ennemis.

Un mouvement de curiosité anima les visages quand Victor parut. Il donna l'ordre de délier les condamnés, et alla lui-même détacher les cordes qui retenaient Clara prisonnière sur sa chaise. Elle sourit tristement.

L'officier ne put s'empêcher d'effleurer les bras de la jeune fille, en admirant sa chevelure noire, sa taille souple. C'était une véritable Espagnole; elle avait le teint espagnol, les yeux espagnols, de longs cils recourbés, et une prunelle plus noire que ne l'est l'aile d'un corbeau.

— Avez-vous réussi? dit-elle en lui adressant un de ces sourires funèbres où il y a encore de la jeune fille.

Victor ne put s'empêcher de gémir. Il regarda tour à tour les trois frères et Clara.

L'un, et c'était l'aîné, avait trente ans. Petit, assez mal fait, l'air fier et dédaigneux, il ne manquait pas d'une certaine noblesse dans les manières, et ne paraissait pas étranger à cette délicatesse de sentiment qui rendit autrefois la galanterie espagnole si célèbre. Il se nommait Juanito.

Le second, Philippe, était âgé de vingt ans environ. Il ressemblait à Clara.

Le dernier avait huit ans. Un peintre aurait trouvé dans les traits de Manuel un peu de cette constance romaine que David a prêtée aux enfants dans ses pages républicaines.

Le vieux marquis avait une tête couverte de cheveux blancs qui semblait échappée d'un tableau de Murillo.

A cet aspect, le jeune officier hocha la tête, en désespérant de voir accepter par un de ces quatre personnages le marché du général; néanmoins il osa le confier à Clara. L'Espagnole frissonna d'abord, mais elle reprit tout à coup un air calme et alla s'agenouiller devant son père.

— Oh! lui dit-elle, faites jurer à Juanito qu'il obéira fidèlement aux ordres que vous lui donnerez, et nous serons contents.

La marquise tressaillit d'espérance; mais quand, se penchant vers son mari, elle eut entendu l'horrible confidence de Clara, cette mère s'évanouit.

Juanito comprit tout, il bondit comme un lion en cage. Victor prit sur lui de renvoyer les soldats, après avoir obtenu du marquis l'assurance d'une soumission parfaite. Les domestiques furent emmenés et livrés au bourreau, qui les pendit.

Quand la famille n'eut plus que Victor pour surveillant, le vieux père se leva.

— Juanito! dit-il.

Juanito ne répondit que par une inclinaison de tête qui équivalait à un refus, retomba sur sa chaise et regarda ses parents d'un œil sec et terrible. Clara vint s'asseoir sur ses genoux, et, d'un air gai :

— Vois cher Juanito, dit-elle en lui passant le bras autour du cou et l'embrassant sur les paupières, si tu savais combien, donnée par toi, la mort me sera douce! Je n'aurai pas à subir l'odieux contact des mains d'un bourreau. Tu me guériras des maux qui m'attendaient, et... mon bon Juanito, tu ne me voulais voir à personne, eh bien?

Ses yeux veloutés jetèrent un regard de feu sur Victor, comme pour réveiller dans le cœur de Juanito son horreur des Français.

— Aie du courage, lui dit son frère Philippe, autrement notre race presque royale est éteinte.

Tout à coup Clara se leva, le groupe qui s'était formé autour de Juanito se sépara; et cet enfant, rebelle à bon droit, vit devant lui, debout, son vieux père, qui d'un ton solennel s'écria: — Juanito, je te l'ordonne.

Le jeune comte restant immobile, son père tomba à ses genoux. Involontairement, Clara, Manuel et Philippe l'imitèrent. Tous tendirent les mains vers celui qui devait sauver la famille de l'oubli, et semblèrent répéter ces paroles paternelles:

— Mon fils, manquerais-tu d'énergie espagnole et de vraie sensibilité? Veux-tu me laisser longtemps à genoux, et dois-tu considérer la vie et tes souffrances? Est-ce mon fils, madame? ajouta le vieillard en se retournant vers la marquise.

— Il y consent! s'écria la mère avec désespoir en voyant Juanito faire un mouvement des sourcils dont la signification n'était connue que d'elle.

Mariquita, la seconde fille, se tenait à genoux en serrant sa mère dans ses faibles bras, et, comme elle pleurait à chaudes larmes, son petit frère Manuel vint la gronder.

En ce moment l'aumônier du château entra, il fut aussitôt entouré de toute la famille, on l'amena à Juanito. Victor, ne pouvant supporter plus longtemps cette scène, fit un signe à Clara, et se hâta d'aller tenter un dernier effort auprès du général; il le trouva en belle humeur, au milieu du festin, et buvant avec ses officiers, qui commençaient à tenir de joyeux propos.

Une heure après, cent des plus notables habitants de Menda vinrent sur la terrasse pour être, suivant les ordres du général, témoins de l'exécution de la famille Léganès.

Un détachement de soldats fut placé pour contenir les Espagnols, que l'on rangea sous les potences auxquelles les domestiques du marquis avaient été pendus. Les têtes de ces bourgeois touchaient presque les pieds de ces martyrs. A trente pas d'eux, s'élevait un billot et brillait un cimeterre. Le bourreau était là en cas de refus de la part de Juanito.

Bientôt les Espagnols entendirent, au milieu du plus profond silence, les pas de plusieurs personnes, le son mesuré de la marche d'un piquet de soldats et le léger retentissement de leurs fusils. Ces différents bruits étaient mêlés aux accents joyeux du festin des officiers comme naguère les danses d'un bal avaient déguisé les apprêts de la sanglante trahison.

Tous les regards se tournèrent vers le château, et l'on vit la noble famille qui s'avançait avec une incroyable assurance. Tous les fronts étaient calmes et sereins. Un seul homme, pâle et défait, s'appuyait sur le prêtre, qui prodiguait toutes les consolations de la religion à cet homme, le seul qui dût vivre.

Le bourreau comprit, comme tout le monde, que Juanito avait accepté sa place pour un jour. Le vieux marquis et sa femme, Clara, Mariquita et leurs deux frères vinrent s'agenouiller à quelques pas du lieu fatal. Juanito fut conduit par le prêtre.

Quand il arriva au billot, l'exécuteur, le tirant par la manche, le prit à part, et lui donna probablement quelques instructions. Le confesseur plaça les victimes de manière à ce qu'elles ne vissent pas le supplice. Mais c'étaient de vrais Espagnols, qui se tinrent debout et sans faiblesse.

Clara s'élança la première vers son frère.

— Juanito, lui dit-elle, aie pitié de mon peu de courage! commence par moi.

En ce moment, les pas précipités d'un homme retentirent. Victor arriva sur le lieu de cette scène. Clara était agenouillée déjà, déjà son cou blanc appelait le cimeterre.

L'officier pâlit, mais il trouva la force d'accourir.

Le général t'accorde la vie si tu veux m'épouser, lui dit-il à voix basse.

L'Espagnole lança sur l'officier un regard de mépris et de fierté.

— Allons, Juanito, dit-elle d'un son de voix profond.

Sa tête roula aux pieds de Victor. La marquise de Léganès laissa échapper un mouvement convulsif en entendant le bruit, ce fut la seule marque de sa douleur.

— Suis-je bien comme ça, mon bon Juanito? fut la demande que fit le petit Manuel à son frère.

— Ah! tu pleures, Mariquita! dit Juanito à sa sœur.

— Oh! oui, répliqua la jeune fille. Je pense à toi, mon pauvre Juanito, tu seras bien malheureux sans nous.

Bientôt la grande figure du marquis apparut. Il regarda le sang de ses enfants, se tourna vers les spectateurs muets et immobiles, étendit les mains vers Juanito, et dit d'une voix forte:

— Espagnols! je donne à mon fils ma bénédiction paternelle! Maintenant, marquis, frappe sans peur, tu es sans reproche.

Mais quand Juanito vit approcher sa mère, soutenue par le confesseur:

— Elle m'a nourri! s'écria-t-il.

Sa voix arracha un cri d'horreur à l'assemblée. Le bruit du festin et les rires joyeux des officiers s'apaisèrent à cette terrible clameur. La marquise comprit que le courage de Juanito était épuisé, elle s'élança d'un bond par-dessus la balustrade, et alla se fendre la tête sur les rochers. Un cri d'admiration s'éleva. Juanito était tombé évanoui.

— Mon général, dit un officier à moitié ivre, Marchand vient de me raconter quelque chose de cette exécution, je parie que vous ne l'avez pas ordonnée...

— Oubliez-vous, messieurs, s'écria le général G...t...r, que, dans un mois, cinq cents familles françaises seront en larmes, et que nous sommes en Espagne? Voulez-vous laisser nos os ici?

Après cette allocution, il ne se trouva personne, pas même un sous-lieutenant, qui osât vider son verre.

Malgré les respects dont il est entouré, malgré le titre d'*El verdugo* (le bourreau), que le roi d'Espagne a donné comme titre de noblesse au marquis de Léganès, il est dévoré par le chagrin, il vit solitaire et se montre rarement. Accablé sous le fardeau de son admirable forfait, il semble attendre avec impatience que la naissance d'un second fils lui donne le droit de rejoindre les ombres qui l'accompagnent incessamment.

Paris, octobre 1829.

FIN D'EL VERDUGO.

Tous les fronts étaient calmes et sereins. — PAGE 63.

OEUVRES ILLUSTRÉES DE BALZAC

LOUIS LAMBERT

L'ÉLIXIR DE LONGUE VIE

Dess. Tony Johannot, E. Lampsonius, Bertall, H. Monnier, etc.

Gravures par les meilleurs Artistes.

DÉDICACE.

Et nunc et semper dilectæ dicatum.

Louis Lambert naquit, en 1797, à Montoire, petite ville du Vendômois, où son père exploitait une tannerie de médiocre importance, et comptait faire de lui son successeur; mais les dispositions qu'il manifesta prématurément pour l'étude modifièrent l'arrêt paternel. D'ailleurs le tanneur et sa femme chérissaient Louis comme on chérit un fils unique, et ne le contrariaient en rien. L'ancien et le nouveau Testament étaient tombés entre les mains de Louis à l'âge de cinq ans; et ce livre, où sont contenus tant de livres, avait décidé de sa destinée. Cette enfantine imagination comprit-elle déjà la mystérieuse profondeur des Écritures? pouvait-elle déjà suivre l'esprit saint dans son vol à travers les mondes? ou, s'éprit-elle seulement des romanesques attraits qui abondent en ces poëmes tout orientaux? ou, dans sa première innocence, cette âme sympathisa-t-elle avec le sublime religieux que des mains divines ont épanché dans ce livre? Pour quelques lecteurs, notre récit

Un grand penchant l'entraînait vers les ouvrages mystiques. — PAGE 2.

résoudra ces questions. Un fait résulta de cette première lecture de la Bible : Louis allait par tout Montoire, et quêtant des livres, qu'il obtenait à la faveur de ces séductions dont le secret n'appartient qu'aux enfants, et auxquelles personne ne sait résister. En se livrant à ces études, dont le cours n'était dirigé par personne, il atteignit sa dixième année. A cette époque, les remplaçants étaient rares; déjà plusieurs familles riches les retenaient d'avance pour n'en pas manquer au moment du tirage. Le peu de fortune des pauvres tanneurs ne leur permettant pas d'acheter un homme à leur fils, ils trouvèrent dans l'état ecclésiastique le seul moyen que leur laissât la loi de le sauver de la conscription, et ils l'envoyèrent, en 1807, chez son oncle maternel, curé de Mer, autre petite ville située sur la Loire, près de Blois. Ce parti satisfaisait tout à la fois la passion de Louis pour la science et le désir qu'avaient ses parents de ne point l'exposer aux hasards de la guerre. Ses goûts studieux et sa précoce intelligence donnaient d'ailleurs l'espoir de lui voir faire une grande fortune dans l'Église. Après être resté pendant environ trois ans chez son oncle, vieil oratorien assez instruit, Louis en sortit au commencement de 1811 pour entrer au collège de Vendôme, où il fut mis et entretenu aux frais de madame de Staël.

Lambert dut à la protection de cette femme célèbre au hasard ou sans doute à la Providence, qui sait toujours aplanir les voies au génie délaissé. Mais pour nous, de qui les regards s'arrêtent à la superficie des choses humaines, ces vicissitudes, dont tant d'exemples nous sont offerts dans la vie des grands hommes, ne semblent être que le résultat d'un phénomène tout physique ; et, pour la plupart des biographes, la tête d'un homme de génie tranche sur une masse de figures enfantines, comme une belle plante qui par son éclat attire dans les champs les yeux du botaniste. Cette comparaison pourrait s'appliquer à l'aventure de Louis Lambert : il venait ordinairement passer dans la maison paternelle le temps que son oncle lui accordait pour ses vacances ; mais au lieu de s'y livrer, selon l'habitude des écoliers, aux douceurs de ce bon *far niente* qui nous affriole à tout âge, il emportait dès le matin du pain et des livres ; puis il allait lire et méditer au fond des bois pour se dérober aux remontrances de sa mère, à laquelle de si constantes études paraissaient dangereuses. Admirable instinct de mère ! Dès ce temps, la lecture était devenue chez Louis une espèce de faim que rien ne pouvait assouvir : il dévorait des livres de tout genre, et se repaissait indistinctement d'œuvres religieuses, d'histoire, de philosophie et de physique. Il m'a dit avoir éprouvé d'incroyables délices en lisant des dictionnaires, à défaut d'autres ouvrages, et je l'ai cru volontiers. Quel écolier n'a maintes fois trouvé du plaisir à chercher le sens probable d'un substantif inconnu ? L'analyse d'un mot, sa physionomie, son histoire, étaient pour Lambert l'occasion d'une longue rêverie. Mais ce n'était pas la rêverie instinctive par laquelle un enfant s'habitue aux phénomènes de la vie, s'enhardit aux perceptions ou morales ou physiques, culture involontaire, qui plus tard porte ses fruits et dans l'entendement et dans le caractère ; non, Louis embrassait les faits, il les expliquait après en avoir recherché tout à la fois le principe et la fin avec une perspicacité de sauvage. Aussi, par un de ces jeux effrayants auxquels se plaît parfois la nature, et qui prouvait l'anomalie de son existence, pouvait-il dès l'âge de quatorze ans émettre facilement des idées dont la profondeur ne m'a été révélée que longtemps après.

— Souvent, me dit-il, en parlant de ses lectures, j'ai accompli de délicieux voyages, embarqué sur un mot dans les abîmes du passé, comme l'insecte qui flotte au gré d'un fleuve sur quelque brin d'herbe. Parti de la Grèce, j'arrivais à Rome et traversais l'étendue des âges modernes. Quel beau livre ne composerait-on pas en racontant la vie et les aventures d'un mot ? sans doute il a reçu diverses impressions des événements auxquels il a servi ; selon les lieux il a réveillé des idées différentes ; mais n'est-il pas plus grand encore à considérer sous le triple aspect de l'âme, du corps et du mouvement ? A le regarder, abstraction faite de ses fonctions, de ses effets et de ses actes, n'y a-t-il pas de quoi tomber dans un océan de réflexions ? La plupart des mots ne sont-ils pas teints de l'idée qu'ils représentent extérieurement ? à quel génie sont-ils dus ? S'il faut une grande intelligence pour créer un mot, quel âge a donc la parole humaine ? L'assemblage des lettres, leurs formes, la figure qu'elles donnent à un mot, dessinent exactement, suivant le caractère de chaque peuple, des êtres inconnus dont le souvenir est en nous. Qui nous expliquera philosophiquement la transition de la sensation à la pensée, de la pensée au verbe, du verbe à son expression hiéroglyphique, des hiéroglyphes à l'alphabet, de l'alphabet à l'éloquence écrite, dont la beauté réside dans une suite d'images classées par les rhéteurs, et qui sont comme les hiéroglyphes de la pensée ? L'antique peinture des idées humaines configurées par les formes zoologiques n'aurait-elle pas déterminé les premiers signes dont s'est servi l'Orient pour écrire ses langages ? Puis n'aurait-elle pas traditionnellement laissé quelques vestiges dans nos langues modernes, qui toutes se sont partagé les débris du verbe primitif des nations, verbe majestueux et solennel, dont la majesté, la solennité décroissent à mesure que vieillissent les sociétés ; dont les retentissements si sonores dans la Bible hébraïque, si beaux encore dans la Grèce, s'affaiblissent à travers les progrès de nos civilisations successives ? Est-ce à cet ancien esprit que nous devons les mystères enfouis dans toute parole humaine ? N'existe-t-il pas dans le mot *vrai* une sorte de rectitude fantastique ? ne se trouve-t-il pas dans le son bref qu'il exige une vague image de la chaste nudité, de la simplicité du vrai en toute chose ? Cette syllabe respire je ne sais quelle fraîcheur. J'ai pris pour exemple la formule d'une idée abstraite, ne voulant pas expliquer le problème par un mot qui le rendît trop facile à comprendre, comme celui de *vol*, où tout parle aux sens. N'en est-il pas ainsi de chaque verbe ? tous sont empreints d'un vivant pouvoir qu'ils tiennent de l'âme, et qu'ils lui restituent par les mystères d'une action et d'une réaction merveilleuse entre la parole et la pensée. Ne dirait-on pas d'un amant qui puise sur les lèvres de sa maîtresse autant d'amour qu'il en communique ? Par leur seule physionomie, les mots raniment dans notre cerveau les créatures auxquelles ils servent de vêtement. Semblables à tous les êtres, ils n'ont qu'une place où leurs propriétés puissent pleinement agir et se développer. Mais ce sujet comporte peut-être une science tout entière ! Et il haussait les épaules comme pour me dire : Nous sommes et trop grands et trop petits !

La passion de Louis pour la lecture avait été d'ailleurs fort bien servie. Le curé de Mer possédait environ deux à trois mille volumes. Ce trésor provenait des pillages faits pendant la Révolution dans les abbayes et les châteaux voisins. En sa qualité de prêtre assermenté, le bonhomme avait pu choisir les meilleurs ouvrages parmi les collections précieuses qui furent alors vendues au poids. En trois ans, Louis Lambert s'était assimilé la substance des livres qui, dans la bibliothèque de son oncle, méritaient d'être lus. L'absorption des idées par la lecture était devenue chez lui un phénomène curieux ; son œil embrassait sept à huit lignes d'un coup, et son esprit en appréciait le sens avec une vélocité pareille à celle de son regard ; souvent même un mot dans la phrase suffisait pour lui en faire saisir le suc. Sa mémoire était prodigieuse. Il se souvenait avec une même fidélité des pensées acquises par la lecture et de celles que la réflexion ou la conversation lui avaient suggérées. Enfin il possédait toutes les mémoires : celles des lieux, des noms, des mots, des choses et des figures. Non-seulement il se rappelait les objets à volonté, mais encore il les revoyait en lui-même situés, éclairés, colorés, comme ils l'étaient au moment où il les avait aperçus. Cette puissance s'appliquait également aux actes les plus insaisissables de l'entendement. Il se souvenait, suivant son expression, non-seulement du gisement des pensées dans le livre où il les avait prises, mais encore des dispositions de son âme à des époques éloignées. Par un privilège inouï, sa mémoire pouvait donc lui retracer les progrès et la vie entière de son esprit, depuis l'idée la plus anciennement acquise jusqu'à la dernière éclose, depuis la plus confuse jusqu'à la plus lucide. Son cerveau, habitué jeune encore au difficile mécanisme de la concentration des forces humaines, tirait de ce riche dépôt une foule d'images admirables de réalité, de fraîcheur, desquelles il se nourrissait pendant la durée de ses limpides contemplations.

— Quand je le veux, me disait-il dans son langage, auquel les trésors du souvenir communiquaient une hâtive originalité, je tire un voile sur mes yeux. Soudain je rentre en moi-même, et j'y trouve une chambre noire où les accidents de la nature viennent se reproduire sous une forme plus pure que la forme sous laquelle ils sont d'abord apparus à mes sens extérieurs.

À l'âge de douze ans, son imagination, stimulée par le perpétuel exercice de ses facultés, s'était développée au point de lui permettre d'avoir des notions si exactes sur les choses qu'il percevait par la lecture seulement, que l'image imprimée dans son âme n'en eut pas été plus vive s'il les avait réellement vues ; soit qu'il procédât par analogie, soit qu'il fût doué d'une espèce de seconde vue par laquelle il embrassait la nature.

— En lisant le récit de la bataille d'Austerlitz, me dit-il un jour, j'en ai vu tous les incidents. Les volées de canon, les cris des combattants retentissaient à mes oreilles et m'agitaient les entrailles, je sentais la poudre, j'entendais le bruit des chevaux et la voix des hommes ; j'admirais la plaine où se heurtaient des nations armées, comme si j'eusse été sur la hauteur du Santon. Le spectacle me semblait effrayant comme une page de l'Apocalypse.

Quand il employait ainsi toutes ses forces dans une lecture, il perdait en quelque sorte la conscience de sa vie physique, et n'existait plus que par le jeu tout-puissant de ses organes intérieurs, dont la portée s'était démesurément étendue : il laissait, suivant son expression, *l'espace derrière lui*. Mais je ne veux pas anticiper sur les phases intellectuelles de sa vie. Malgré moi déjà, je viens d'intervertir l'ordre dans lequel je dois dérouler l'histoire de cet homme qui transporta toute son action dans sa pensée, comme d'autres placent toute leur vie dans l'action.

Un grand penchant l'entraînait vers les ouvrages mystiques. *Abyssus abyssum*, me disait-il. Notre esprit est un abîme qui se plaît dans les abîmes. Enfants, hommes, vieillards, nous sommes toujours friands de mystères, sous quelque forme qu'ils se présentent. Cette prédilection lui fut fatale, s'il est permis toutefois de juger sa vie selon les lois ordinaires, et de toiser le bonheur d'autrui avec la mesure du nôtre, ou d'après les préjugés sociaux. Ce goût pour les choses du ciel, autre locution qu'il employait, ou *mens divinior* était dû peut-être à l'influence exercée sur son esprit par les premiers livres qu'il lut chez son oncle. Sainte Thérèse et madame Guyon lui continuèrent la Bible, eurent les prémices de son adulte intelligence, et l'habituèrent à ces vives réactions de l'âme dont l'extase est à la fois et le moyen et le résultat. Cette étude, ce goût, élevèrent son cœur, le purifièrent, l'ennoblirent, lui donnèrent appétit de la nature divine, et l'instruisirent des délicatesses féminines qui sont instinctives chez les grands hommes : peut-être leur sublime n'est-il que le besoin de dévouement qui distingue la femme, mais transporté dans les grandes choses. Grâce à ces premières impressions, Louis resta pur au collège. Cette noble virginité de sens eut nécessairement pour effet d'enrichir la chaleur de son sang et d'agrandir les facultés de sa pensée.

La baronne de Staël, bannie à quarante lieues de Paris, vint passer

plusieurs mois de son exil dans une terre située près de Vendôme. Un jour, en se promenant, elle rencontra sur la lisière du parc l'enfant du Laurent presque en haillons, absorbé par un livre. Ce livre était une traduction du CIEL ET DE L'ENFER. A cette époque, MM. Saint-Martin, de Genève et quelques autres écrivains français, à moitié allemands, étaient presque les seules personnes qui, dans l'empire français, connussent le nom de Swedenborg. Étonnée, madame de Staël prit le livre avec cette brusquerie qu'elle affectait de mettre dans ses interrogations, ses regards et ses gestes ; puis, lançant un coup d'œil à Lambert : — Est-ce que tu comprends cela? lui dit-elle.
— Priez-vous Dieu? demanda l'enfant.
— Mais... oui.
— Et le comprenez-vous?

La baronne resta muette pendant un moment, puis elle s'assit auprès de Lambert, et se mit à causer avec lui. Malheureusement ma mémoire, quoique fort étendue, est loin d'être aussi fidèle que celle de mon camarade, et j'ai tout oublié de cette conversation, hormis les premiers mots. Cette rencontre était de nature à vivement frapper madame de Staël ; à son retour au château, elle en parla peu, malgré le degré d'expansion qui, chez elle, dégénérait en loquacité ; mais elle en parut fortement préoccupée. La seule personne encore vivante qui ait gardé le souvenir de cette aventure, et que j'ai questionnée afin de recueillir le peu de paroles alors échappées à madame de Staël, retrouva difficilement dans sa mémoire ce mot dit par la baronne, à propos de Lambert : C'est un vrai voyant. Louis ne justifia point aux yeux des gens du monde les belles espérances qu'il avait inspirées à sa protectrice. La prédilection passagère qui se porta sur lui fut donc considérée comme un caprice de femme, comme une de ces fantaisies particulières aux artistes. Madame de Staël voulut arracher Louis Lambert à l'empereur et à l'Église, pour le rendre à la noble destinée qui, disait-elle, l'attendait ; car elle en faisait déjà quelque nouveau Moïse sauvé des eaux. Avant son départ, elle chargea l'un de ses amis, M. de Corbigny, alors préfet à Blois, de mettre en temps utile son Moïse au collège de Vendôme, puis elle l'oublia probablement. Entré là vers l'âge de quatorze ans, au commencement de 1811, Lambert dut en sortir à la fin de 1815, après avoir achevé sa philosophie. Je doute que pendant ce temps, il ait jamais reçu le moindre souvenir de sa bienfaitrice, si toutefois ce fut un bienfait que de payer durant trois années la pension d'un enfant sans songer à son avenir après avoir détourné d'une carrière où peut-être eût-il trouvé le bonheur. Les circonstances de l'époque et le caractère de Louis Lambert peuvent largement absoudre madame de Staël et de son insouciance et de sa générosité. La personne choisie pour lui servir d'intermédiaire avait cessé toute relation avec l'enfant quitta Blois au moment où il sortait du collège. Les événements politiques qui survinrent alors, justifièrent assez l'indifférence de ce personnage pour le protégé de la baronne. L'auteur de Corinne n'entendit plus parler de son petit Moïse. Cent louis donnés par elle à M. de Corbigny, qui, je crois, mourut lui-même en 1812, n'étaient pas une somme assez importante pour réveiller les souvenirs de madame de Staël, dont l'âme exaltée rencontra sa pâture, et dont tous les intérêts furent vivement mis en jeu pendant les péripéties des années 1814 et 1815. Louis Lambert se trouvait à cette époque et trop pauvre et trop fier pour rechercher sa bienfaitrice, qui voyageait à travers l'Europe. Néanmoins il vint à pied de Blois à Paris dans l'intention de la voir, et arriva malheureusement le jour où la baronne mourut. Deux lettres écrites par Lambert étaient restées sans réponse. Le souvenir des bonnes intentions de madame de Staël pour Louis n'est donc demeuré que dans quelques jeunes mémoires, frappées comme le fut la mienne par le souvenir de cette histoire. Il faut avoir vécu dans notre collège pour comprendre l'effet que produisait ordinairement sur nos esprits l'annonce d'un *nouveau*, et l'impression particulière que l'aventure de Lambert devait nous causer.

Ici, quelques renseignements sur les primitives de notre institution, jadis moitié militaire et moitié religieuse, deviennent nécessaires pour expliquer la nouvelle vie que Lambert allait y mener. Avant la Révolution, l'ordre des Oratoriens, voué, comme celui de Jésus, à l'éducation publique, et qui lui succéda dans quelques maisons, possédait plusieurs établissements provinciaux, dont les plus célèbres étaient les collèges de Vendôme, de Tournon, de la Flèche, de Pont-le-Voy, de Sorrèze et de Juilly. Celui de Vendôme, aussi bien que les autres, élevait, je crois, un certain nombre de cadets destinés à servir dans l'armée. L'abolition des corps enseignants, décrétée par la Convention, influa très-peu sur l'institution de Vendôme. La première crise passée, le collège recouvra ses bâtiments ; quelques oratoriens disséminés aux environs y revinrent, et le rétablirent en lui conservant son ancienne règle, ses habitudes, ses usages et ses mœurs, plus lui prêtaient une physionomie à laquelle je n'ai rien pu comparer dans aucun des lycées où je suis allé après ma sortie de Vendôme. Situé au milieu de la ville, sur la petite rivière du Loir, qui en baigne les bâtiments, le collège forme une vaste enceinte soigneusement close, où sont enfermés les établissements nécessaires à une institution de ce genre : une chapelle, un théâtre, une infirmerie, une boulangerie, des jardins, des cours d'eau. Ce collège, le plus célèbre foyer d'instruction que possèdent les provinces du centre, est alimenté par elles et par nos colonies. L'éloignement ne permet donc pas aux parents d'y venir souvent voir leurs enfants. La règle interdisait d'ailleurs les vacances externes. Une fois entrés, les élèves ne sortaient du collège qu'à la fin de leurs études. A l'exception des promenades faites extérieurement sous la conduite des pères, tout avait été calculé pour donner à cette maison les avantages de la discipline conventuelle. De mon temps, le correcteur était encore un vivant souvenir, et la classique férule de cuir y jouait avec honneur son terrible rôle. Les punitions jadis inventées par la compagnie de Jésus, et qui avaient un caractère aussi effrayant pour le moral que pour le physique, étaient demeurées dans l'intégrité de l'ancien programme. Les lettres aux parents étaient obligatoires à certains jours, aussi bien que la confession. Aussi nos péchés et nos sentiments se trouvaient-ils en coupe réglée. Tout portait l'empreinte de l'uniforme monastique. Je me rappelle, entre autres vestiges de l'ancien institut, l'inspection que nous subissions tous les dimanches : nous étions en grande tenue, rangés comme des soldats, attendant les deux directeurs qui, suivis des fournisseurs et des maîtres, nous examinaient sous les triples rapports du costume, de l'hygiène et du moral. Les deux ou trois cents élèves que pouvait loger le collège étaient divisés, suivant l'ancienne coutume, en quatre sections, nommées les Minimes, les Petits, les Moyens et les Grands. La division des minimes embrassait les classes désignées sous le nom de huitième et septième ; celle des petits, la sixième, la cinquième et la quatrième ; celle des moyens, la troisième et la seconde ; enfin celle des grands, la rhétorique, la philosophie, les mathématiques spéciales, la physique et la chimie. Chacun de ces collèges particuliers possédait son bâtiment, ses classes et sa cour dans un grand terrain commun sur lequel les salles d'étude avaient leur sortie, et qui aboutissaient au réfectoire. Ce réfectoire, digne d'un ancien ordre religieux, contenait tous les écoliers. Contrairement à la règle des autres corps enseignants, nous pouvions y parler en mangeant, tolérance oratorienne qui nous permettait de faire des échanges de plats selon nos goûts. Ce commerce gastronomique est constamment resté l'un des plus vifs plaisirs de notre vie collégiale. Si quelque moyen, placé en tête de sa table, préférait une portion de pois rouges à son dessert, car nous avions du dessert, la proposition suivante passait de bouche en bouche : Un dessert pour des pois ! jusqu'à ce qu'un gourmand l'eût acceptée ; alors celui-ci d'envoyer sa portion de pois, qui allait, de main en main, jusqu'au demandeur, dont le dessert arrivait par la même voie. Jamais il n'y avait eu d'erreur. Si plusieurs demandes étaient semblables, chacune portait son numéro, et l'on disait : Premiers pois pour premier dessert. Les tables étaient longues, notre trafic perpétuel y mettait tout en mouvement ; et nous parlions, nous mangions, nous agissions, avec une vivacité sans exemple. Aussi le bavardage de trois cents jeunes gens, les allées et venues des domestiques occupés à changer les assiettes, à servir les plats, à donner le pain, l'inspection des directeurs, faisaient-ils du réfectoire de Vendôme un spectacle unique en son genre, et qui étonnait toujours les visiteurs. Pour adoucir notre vie, privée de toute communication avec le dehors et sevrée des caresses de la famille, les pères nous permettaient encore d'avoir des pigeons et des jardins. Nos deux ou trois cents cabanes, un millier de pigeons nichés autour de notre mur d'enceinte, et une trentaine de jardins, formaient un coup d'œil encore plus curieux que ne l'était celui de nos repas. Mais il serait trop fastidieux de raconter les particularités qui font du collège de Vendôme un établissement à part, et fertile en souvenirs pour ceux dont l'enfance s'y est écoulée. Qui de nous ne se rappelle encore avec délices, malgré les amertumes de la science, les bizarreries de cette vie claustrale ? C'était les friandises achetées en fraude durant nos promenades, la permission de jouer aux cartes et d'établir des représentations théâtrales pendant les vacances, maraude et libertés nécessitées par notre solitude ; puis encore notre musique militaire, dernier vestige des cadets ; notre académie, notre chapelain, nos pères professeurs ; enfin, les jeux particuliers défendus ou permis : la cavalerie de nos échasses, les longues glissoires faites en hiver, le tapage de nos galoches gauloises, et surtout le commerce introduit par la boutique établie dans l'intérieur de nos cours. Cette boutique était tenue par une espèce de maître Jacques auquel grands et petits pouvaient demander, suivant le prospectus : boîtes, échasses, outils, pigeons cravatés, pattus, livres de messe (article rarement vendu), canifs, papiers, plumes, crayons, encre de toutes les couleurs, balles, billes ; enfin le monde entier des fascinantes fantaisies de l'enfance, et qui comprenaient tout, depuis la sauce des pigeons que nous avions à tuer, jusqu'aux poteries de notre souper pour le déjeuner du lendemain. Qui de nous est assez malheureux pour avoir oublié les battements de son cœur à l'aspect du magasin périodiquement ouvert pendant les récréations du dimanche, et où nous allions à tour de rôle dépenser la somme qui nous était attribuée ; mais où la modicité de la pension accordée par nos parents à nos menus plaisirs nous obligeait de faire un choix entre tous les objets qui exerçaient de si vives séductions sur nos âmes ? La jeune épouse à laquelle, durant les premiers jours de miel, son mari remet douze fois dans l'année une bourse d'or, le joli budget de ses caprices, a-t-elle rêvé jamais autant d'acquisitions diverses dont chacune absorbe la somme, que nous n'en avions médité la veille des premiers dimanches du mois? Pour six francs, nous possédions, pendant une nuit, l'universalité des biens de l'inépuisable boutique! et, durant la messe, nous ne chantions pas un répons qui ne brouillât nos secrets calculs. Qui de nous peut se souvenir d'avoir eu quelques sous à dépenser le second dimanche? Enfin qui n'a pas obéi par avance aux lois sociales en plaignant, en secourant, en méprisant les parias que l'avarice ou le malheur paternel laissait sans argent? Quiconque voudra se représenter l'isolement de ce grand collége avec ses bâtiments monastiques, au milieu d'une petite ville, et les quatre parcs dans lesquels nous étions hiérarchiquement casés, aura certes une idée de l'intérêt que devait nous offrir l'arrivée d'un nouveau, véritable passager survenu dans un navire. Jamais jeune duchesse présentée à la cour n'y fut aussi malicieusement critiquée que l'était le nouveau débarqué par tous les écoliers de sa division. Ordinairement, pendant la récréation du soir, avant la prière, les flatteurs habitués à causer avec celui des deux pères chargés de nous garder une semaine chacun à leur tour, qui se trouvait alors en fonctions, entendaient les premiers ces paroles authentiques: « — Vous aurez demain un nouveau! » Tout à coup ce cri: « — Un nouveau! un nouveau! » retentissait dans les cours. Nous accourions tous pour nous grouper autour du régent, qui bientôt était rudement interrogé. — D'où venait-il? Comment se nommait-il? En quelle classe serait-il? etc.

L'arrivée de Louis Lambert fut le texte d'un conte digne des Mille et une Nuits. J'étais alors en quatrième chez les petits. Nous avions pour régents deux hommes auxquels nous donnions par tradition le nom de pères, quoiqu'ils fussent séculiers. De mon temps, il n'existait plus à Vendôme que trois véritables oratoriens auxquels ce titre appartînt légitimement; en 1814, ils quittèrent le collége, qui s'était insensiblement sécularisé, pour se réfugier auprès des autels dans quelques presbytères de campagne, à l'exemple du curé de Mer. Le père Haugoult, le régent de semaine, était assez bon homme; mais, dépourvu de hautes connaissances, il manquait de ce tact si nécessaire pour discerner les différents caractères des enfants et leur mesurer les punitions suivant leurs forces respectives. Le père Haugoult se mit donc à raconter fort complaisamment les singuliers événements qui allaient, le lendemain, nous valoir le plus extraordinaire des nouveaux. Aussitôt les jeux cessèrent. Tous les petits arrivèrent en silence pour écouter l'aventure de Louis Lambert, trouvé, comme un aérolithe, par madame de Staël, au coin d'un bois. M. Haugoult dut nous expliquer madame de Staël: pendant cette soirée, elle me parut exaltée à mes pieds; puis j'ai vu le tableau de Corinne, où Gérard l'a représentée et si grande et si belle, hélas! la femme idéale rêvée par mon imagination la surpassait tellement, que la véritable madame de Staël a constamment perdu dans mon esprit, même après la lecture du livre tout viril intitulé De l'Allemagne. Mais Lambert fut alors une bien autre merveille: après l'avoir examiné, M. Mareschal, le directeur des études, avait hésité, disait le père Haugoult, à le mettre chez les grands. La faiblesse de Louis en latin l'avait fait rejeter en quatrième, mais il sauterait sans doute une classe chaque année; par exception, il devait être de l'académie. Proh pudor! nous allions avoir l'honneur de compter parmi les petits un habit décoré du ruban rouge que portaient les académiciens de Vendôme. Aux académiciens étaient octroyés de brillants priviléges; ils dînaient souvent à la table du directeur, et tenaient par an deux séances littéraires auxquelles nous assistions pour entendre leurs œuvres. Un académicien était un petit grand homme. Si chaque Vendômien veut être franc, il avouera que, plus tard, un véritable académicien de la véritable Académie française lui a paru bien moins étonnant que ne l'était l'enfant gigantesque illustré par la croix et par le prestigieux ruban rouge, insigne de notre académie. Il était bien difficile d'appartenir à ce corps glorieux avant d'être parvenu en seconde, car les académiciens devaient tenir tous les jeudis, pendant les vacances, des séances publiques, et nous lire des contes en vers ou en prose, des épîtres, des traités, des tragédies, des comédies; compositions interdites à l'intelligence des classes secondaires. J'ai longtemps gardé le souvenir d'un conte, intitulé l'Ane vert, qui, je crois, est l'œuvre la plus saillante de cette académie inconnue. Un quatrième être de l'académie! Parmi nous serait oui enfant de quatorze ans, déjà poëte, aimé de madame de Staël, un futur génie, nous disait le père Haugoult; un sorcier, un gars capable de faire un thème ou une version pendant qu'on nous appellerait en classe, et d'apprendre ses leçons en les lisant une seule fois. Louis Lambert confondait toutes nos idées. Puis la curiosité du père Haugoult, l'impatience qu'il témoignait de voir le nouveau, attisaient encore nos imaginations enflammées. — N'aura pas de cabane. Il n'y a plus de place. Tant pis! disait de nous qui, depuis, a été grand agriculteur. — Auprès de qui sera-t-il? demandait un autre. — Oh! que je voudrais être son faisant! s'écriait un exalté. Dans notre langage collégial, ce mot être faisants constituait un idiotisme difficile à traduire. Il exprimait un partage fraternel des biens et des maux de notre vie enfantine, une promiscuité d'intérêts fer-

tiles en brouilles et en raccommodements, un pacte d'alliance offensive et défensive. Chose bizarre! jamais, de mon temps, je n'ai connu de frères qui fussent faisants. Si l'homme ne vit que par les sentiments, peut-être croit-il appauvrir son existence en confondant une affection trouvée dans une affection naturelle.

L'impression que les discours du père Haugoult firent sur moi pendant cette soirée est une des plus vives de mon enfance, et je ne puis la comparer qu'à la lecture de Robinson Crusoé. Je dus même plus tard ne devoir qu'à ces sensations prodigieuses une remarque peut-être neuve sur les différents effets que produisent les mots dans chaque entendement. Le verbe n'a rien d'absolu: nous agissons plus sur le mot qu'il n'agit sur nous; sa force est en raison des images que nous avons acquises et que nous groupons; mais l'étude de ce phénomène exige de larges développements, hors de propos ici. Ne pouvant dormir, j'eus une longue discussion avec mon voisin de dortoir sur l'être extraordinaire que nous devions avoir parmi nous le lendemain. Ce voisin, naguère officier, maintenant écrivain à hautes vues philosophiques, Barchou de Penhoën, n'a démenti ni sa prédestination, ni le hasard qui réunissait dans la même classe, sur le même banc et sous le même toit, les deux seuls écoliers de Vendôme de qui Vendôme entende parler aujourd'hui. Le récent traducteur de Fichte, l'interprète et l'ami de Ballanche, était occupé déjà, comme je l'étais moi-même, de questions métaphysiques; il déraisonnait souvent avec moi sur Dieu, sur nous et sur la nature. Il avait alors des prétentions au pyrrhonisme. Jaloux de soutenir son rôle, il niait les facultés de Lambert, tandis qu'ayant nouvellement lu les Enfants célèbres, je trouvablais de preuves en lui citant le petit Montcalm, Pic de la Mirandole, Pascal, enfin tous les cerveaux précoces, anomalies célèbres dans l'histoire de l'esprit humain, et les prédécesseurs de Lambert. J'étais alors moi-même passionné pour la lecture. Grâce à l'envie que mon père avait de me voir à l'École polytechnique, il payait pour moi des leçons particulières de mathématiques. Mon répétiteur, bibliothécaire du collége, me laissait prendre des livres sans trop regarder ceux que j'emportais de la bibliothèque, l'eu tranquille où, pendant les récréations, il me faisait venir pour me donner ses leçons. Je crois qu'il était ou peu habile ou fort occupé de quelque grave entreprise, car il me permettait très-volontiers de lire pendant le temps des répétitions, et travaillait je ne sais à quoi. Donc, en vertu d'un pacte tacitement convenu entre nous deux, je ne me plaignais point de ne rien apprendre, et lui se taisait sur mes emprunts de livres. Entraîné par cette intempestive passion, je négligeais mes études pour composer des poëmes qui devaient certes inspirer peu d'espérances, si j'en juge par ce trop long vers, devenu célèbre parmi mes camarades, et qui commençait une épopée sur les Incas:

O Inca! ô roi infortuné et malheureux!

Je fus surnommé le Poëte en dérision de mes essais; mais les moqueries ne me corrigèrent pas. Je rimaillai toujours, malgré le sage conseil de M. Mareschal, notre directeur, qui tâcha de me guérir d'une manie malheureusement invétérée, en me racontant dans un apologue les malheurs d'une fauvette tombée de son nid pour avoir voulu voler avant que ses ailes ne fussent poussées. Je continuai mes lectures, je devins l'écolier le moins agissant, le plus paresseux, le plus contemplatif, de la division des petits, et partant le plus souvent puni. Cette digression autobiographique doit faire comprendre la nature des réflexions par lesquelles je fus assailli à l'arrivée de Lambert. J'avais alors douze ans. J'éprouvai tout d'abord une vague sympathie pour un enfant avec qui j'avais quelques similitudes de tempérament. J'allais donc rencontrer un compagnon de rêverie et de méditation. Sans savoir encore ce qu'était la gloire, je trouvais glorieux d'être le camarade d'un enfant dont l'immortalité était préconisée par madame de Staël. Louis Lambert me semblait un géant.

Le lendemain si attendu vint enfin. Un moment avant le déjeuner, nous entendîmes dans la cour silencieuse le double pas de M. Mareschal et du nouveau. Toutes les têtes se tournèrent aussitôt vers la porte de la classe. Le père Haugoult, qui subissait les tortures de notre curiosité, ne nous fit pas entendre le sifflement par lequel il imposait silence à nos murmures et nous rappelait au travail. Nous vîmes alors ce fameux nouveau, que M. Mareschal tenait par la main. Le régent descendit de sa chaire, et le directeur lui dit solennellement, suivant l'étiquette: — Monsieur, je vous amène M. Louis Lambert, vous le mettrez avec les quatrièmes, il entrera demain en classe. Puis, après avoir causé à voix basse avec le régent, il dit tout haut: — Où allez-vous le placer? Il eût été injuste de déranger l'un de nous pour le nouveau; et, comme il n'y avait plus qu'un seul pupitre de libre, Louis Lambert vint l'occuper, près de moi, qui étais entré le dernier dans la classe. Malgré le temps que nous avions encore à rester en étude, nous nous levâmes tous pour examiner Lambert. M. Mareschal entendit nos colloques, nous vit en insurrection, et dit avec cette bonté qui nous rendait le marché particulièrement cher: — Au moins, soyez sages, ne dérangez pas les autres classes.

Ces paroles nous mirent en récréation quelque temps avant l'heure du déjeuner, et nous vînmes tous environner Lambert pendant que

M. Mareschal se promenait dans la cour avec le père Haugoult. Nous étions environ quatre-vingts diables, hardis comme des oiseaux de proie. Quoique nous eussions tous passé par ce cruel noviciat, nous ne laissions jamais grace à un nouveau des rires moqueurs, des interrogations, des impertinences, qui se succédaient en semblable occurrence, à la grande honte du néophyte de qui l'on essayait ainsi les mœurs, la force et le caractère. Lambert, ou calme ou abasourdi, ne repondit à aucune de nos questions. L'un de nous dit alors qu'il sortait sans doute de l'école de Pythagore. Un rire général éclata. Le nouveau fut surnommé *Pythagore* pour toute sa vie de collége. Cependant le regard perçant de Lambert, le dédain peint sur sa figure pour nos enfantillages en désaccord avec la nature de son esprit, l'attitude aisée dans laquelle il restait, sa force apparente en harmonie avec son âge, imprimèrent un certain respect aux plus mauvais sujets d'entre nous. Quant à moi, j'étais près de lui, occupé à l'examiner silencieusement. Louis était un enfant maigre et fluet, haut de quatre pieds et demi, sa figure hâlée, ses mains brunies par le soleil, paraissaient accuser une vigueur musculaire que néanmoins il n'avait pas à l'état normal. Aussi, deux mois après son entrée au collége, quand le séjour de la classe lui eut fait perdre sa coloration presque végétale, le vîmes-nous devenir pâle et blanc comme une femme. Sa tête était d'une grosseur remarquable. Ses cheveux, d'un beau noir et bouclés par masses, prêtaient une grâce indicible à son front, dont les dimensions avaient quelque chose d'extraordinaire, même pour nous, insouciants, comme on peut le croire, des pronostics de la phrénologie, science alors au berceau. La beauté de son front prophétique provenait surtout de la coupe extrêmement pure des deux arcades sous lesquelles brillait son œil noir, qui semblaient taillées dans l'albâtre, et dont les lignes, par un attrait assez rare, se trouvaient d'un parallélisme parfait en se rejoignant à la naissance du nez. Mais il était difficile de songer à sa figure, d'ailleurs fort irrégulière, en voyant ses yeux, dont le regard possédait une magnifique variété d'expression et qui paraissaient doublés d'une âme. Tantôt clair et pénétrant à étonner, tantôt d'une douceur céleste, ce regard devenait terne, sans couleur pour ainsi dire, dans les moments où il se livrait à ses contemplations. Son œil ressemblait alors à une vitre d'où le soleil se serait retiré soudain après l'avoir illuminé. Il en était de sa force et de son organe comme de son regard : même mobilité, mêmes caprices. Sa voix se faisait douce comme une voix de femme qui laisse tomber un aveu ; puis elle était, parfois, pénible, incorrecte, raboteuse, s'il est permis d'employer ces mots pour peindre des effets nouveaux. Quant à sa force, habituellement il était incapable de supporter la fatigue des moindres jeux, et semblait être débile, presque infirme. Mais, pendant les premiers jours de son noviciat, un de nos matadors s'étant moqué de cette maladive délicatesse qui le rendait impropre aux violents exercices en vogue dans le collége, Lambert prit de ses deux mains et par le bout une de nos tables qui contenait douze grands pupitres encastrés sur deux rangs et en dos d'âne, il s'appuya contre la chaire du régent, qui retint la table à ses pieds en la plaçant sur la traverse d'en bas, et dit :
— Mettez-vous dix et essayez de la faire bouger ! J'étais là, je puis attester ce singulier témoignage de force ; il fut impossible de lui arracher la table. Lambert possédait le don d'appeler à lui, dans certains moments, des pouvoirs extraordinaires, et de rassembler ses forces sur un point donné pour les projeter. Mais les enfants, habitués, aussi bien que les hommes, à juger de tout d'après leurs premières impressions, n'étudièrent Louis que pendant les premiers jours de son arrivée ; il démentit alors entièrement les prédictions de madame de Staël, en ne réalisant aucun des prodiges que nous attendions de lui. Après un trimestre d'épreuves, Louis passa pour un écolier très-ordinaire. Je fus donc seul admis à pénétrer dans cette âme sublime, et pourquoi ne dirais-je pas divine ? qu'y a-t-il de plus près de Dieu que le génie dans un cœur d'enfant ? La conformité de nos goûts et de nos pensées nous rendit amis et faisants. Notre fraternité devint si grande, que nos camarades accolèrent nos deux noms, ils ne prononçaient pas sans l'autre ; et, pour appeler l'un de nous, ils criaient : Le *Poète-et-Pythagore !* D'autres noms offraient l'exemple d'un semblable mariage. Ainsi je demeurai pendant deux années l'ami de collége du pauvre Louis Lambert, et ma vie se trouva, pendant cette époque, assez intimement unie à la sienne pour qu'il me soit possible aujourd'hui d'écrire son histoire intellectuelle. J'ai longtemps ignoré la poésie et les richesses cachées dans le cœur et sous le front de mon camarade : il a fallu que j'arrivasse à trente ans, que mes observations se soient mûries et condensées, que le jet d'une vive lumière me les eût éclairées de nouveau pour que je comprisse la portée des phénomènes desquels je fus alors l'inhabile témoin ; j'en ai joui sans m'en expliquer ni la grandeur ni le mécanisme, j'en ai même oublié quelques-uns et ne me souviens que des plus saillants ; mais aujourd'hui ma mémoire les a coordonnés, et je me suis initié aux secrets de cette tête féconde en me reportant aux jours délicieux de notre jeune amitié. Le temps seul me fit donc pénétrer le sens des événements et des faits qui abondent en cette vie inconnue, comme en celle de tant d'autres hommes perdus pour la science. Aussi cette histoire est-elle, dans l'expression et l'appréciation des choses, pleine d'anachronismes purement moraux qui ne nuisent peut-être point à son genre d'intérêt.

Pendant les premiers mois de son séjour à Vendôme, Louis devint la proie d'une maladie dont les symptômes furent imperceptibles à l'œil de nos surveillants, et qui gêna nécessairement l'exercice de ses hautes facultés. Accoutumé au grand air, à l'indépendance d'une éducation laissée au hasard, caressé par les tendres soins d'un vieillard qui le chérissait, habitué à penser sous le soleil, il lui fut bien difficile de se plier à la règle du collége, de marcher dans le rang, de vivre entre les quatre murs d'une salle où quatre-vingts jeunes gens étaient silencieux, assis sur un banc de bois, chacun devant son pupitre. Ses sens possédaient une perfection qui leur donnait une exquise délicatesse, et tout souffrait chez lui de cette vie en commun. Les exhalaisons par lesquelles l'air était corrompu, mêlées à la senteur d'une classe toujours sale et encombrée des débris de nos déjeuners ou de nos goûters, affectèrent son odorat ; ce sens qui, plus directement en rapport que les autres avec le système cérébral, doit causer par ses altérations d'invisibles ébranlements aux organes de la pensée. Outre ces causes de corruption atmosphérique, il se trouvait dans nos salles d'études des baraques où chacun mettait son butin, les pigeons tués pour les jours de fête, ou les mets dérobés au réfectoire. Enfin, nos salles contenaient encore une pierre immense où restaient en tout temps deux seaux pleins d'eau, espèce d'abreuvoir où nous allions chaque matin nous débarbouiller le visage et nous laver les mains à tour de rôle en présence du maître. De là, nous passions à une table où des femmes nous peignaient et nous poudraient. Nettoyé une seule fois par jour, avant notre réveil, notre local demeurait toujours malpropre. Puis, malgré le nombre des fenêtres et la hauteur de la porte, l'air y était incessamment vicié par les émanations du lavoir, par la peignerie, par la baraque, par les mille industries de chaque écolier, sans compter nos quatre-vingts corps entassés. Cette espèce d'*humus* collégial, mêlé sans cesse à la boue que nous rapportions des cours, formait un fumier d'une insupportable puanteur. La privation de l'air pur et parfumé des campagnes dans lequel il avait jusqu'alors vécu, le changement de ses habitudes, la discipline, tout contrista Lambert. La tête toujours appuyée sur sa main gauche et le bras accoudé sur son pupitre, il passait les heures d'étude à regarder dans la cour le feuillage des arbres ou les nuages du ciel ; il semblait étudier ses leçons ; mais voyant sa plume immobile ou sa page restée blanche, le régent lui criait : Vous ne faites rien, Lambert ! Ce : *Vous ne faites rien*, était un coup d'épingle qui blessait Louis au cœur. Puis il ne connut pas le loisir des récréations, il eut des *pensum* à écrire. Le pensum, punition dont le genre varie selon les coutumes de chaque colléges, consistait à Vendôme en un certain nombre de lignes copiées pendant les heures de récréation. Nous fûmes, Lambert et moi, accablés de pensum, que nous n'avons pas eu six jours de liberté durant nos deux années d'amitié. Sans les livres que nous tirions de la bibliothèque, et qui entretenaient la vie dans notre cerveau, ce système d'existence nous eût menés à un abrutissement complet. Le défaut d'exercice est fatal aux enfants. L'habitude de la représentation, prise à jeune âge, altère, dit-on, sensiblement la constitution des personnes royales quand elles ne corrigent pas les vices de leur destinée par les mœurs du champ de bataille ou par les travaux de la chasse. Si les lois de l'étiquette et des cours influent sur la moelle épinière au point de féminiser le bassin des rois, d'amollir leurs fibres cérébrales et d'abâtardir leur race, quelles lésions profondes, soit au physique, soit au moral, une privation continuelle d'air, de mouvement, de gaieté, ne doit-elle pas produire chez les écoliers ? Aussi le régime pénitentiaire observé dans les colléges exigera-t-il l'attention des autorités de l'enseignement public lorsqu'il s'y rencontrera des penseurs qui ne penseront pas exclusivement à eux. Nous nous attirions les pensum de mille manières. Notre mémoire était si belle, que nous n'apprenions jamais nos leçons. Il nous suffisait d'entendre réciter à nos camarades les morceaux de français, de latin ou de grammaire, pour les répéter à notre tour ; mais si, par malheur, le maître s'avisait d'intervertir les rangs et de nous interroger les premiers, souvent nous ignorions en quoi consistait la leçon : le pensum arrivait alors malgré nos plus habiles excuses. Enfin, nous attendions toujours au dernier moment pour faire nos devoirs. Avions-nous un livre à finir, étions-nous plongés dans une rêverie, le devoir était oublié : autre source de pensum ! Combien de fois nos versions ne furent-elles pas écrites pendant le temps que le *premier*, chargé de les recueillir en entrant en classe, mettait à demander à chacun la sienne ! Aux difficultés morales que Lambert éprouvait à s'acclimater dans le collége se joignit encore un apprentissage non moins rude et par lequel nous avions passé tous, celui des douleurs corporelles, qui pour nous variaient à l'infini. Chez les enfants, la délicatesse de l'épiderme exige des soins minutieux, surtout en hiver, où, constamment emportés par mille causes, ils quittent la glaciale atmosphère d'une cour boueuse pour la chaude température des classes. Aussi, faute des attentions maternelles qui manquaient aux petits et aux minimes, étaient-ils dévorés d'engelures et de crevasses si douloureuses, que, ces mains nécessitaient pendant le déjeuner un pansement particulier, mais très-imparfait à cause du grand nombre de mains, de pieds, de talons endoloris. Beaucoup d'enfants étaient d'ailleurs obligés de préférer le mal au remède : ne leur fallait-il pas souvent choisir entre leurs devoirs à terminer, les plaisirs de la glissoire, et le lever d'un appareil insouciamment mis, plus insouciamment gardé? Puis les mœurs du collége avaient amené la mode de se moquer des pauvres chétifs qui allaient au pansement, et c'était à qui ferait sauter les guenilles que l'infirmière leur avait mises aux mains. Donc, en hiver, plusieurs d'entre nous, les doigts et les pieds demi-morts, tout rongés de douleurs, étaient peu disposés à travailler parce qu'ils souffraient, et punis parce qu'ils ne travaillaient point. Trop souvent la dupe de nos maladies postiches, le père ne tenait aucun compte des maux réels. Moyennant le prix de la pension, les élèves étaient entretenus aux frais du collége. L'administration avait coutume de passer un marché pour la chaussure et l'habillement ; de là cette inspection hebdomadaire de laquelle j'ai déjà parlé. Excellent pour l'administrateur, ce mode a toujours de tristes résultats pour l'administré. Malheur au petit qui contractait la mauvaise habitude d'éculer, de déchirer ses souliers, ou d'user prématurément leurs semelles, soit par un vice de marche, soit en les déchiquetant pendant les heures d'étude pour obéir au besoin d'action qu'éprouvent les enfants. Durant tout l'hiver, celui-là n'allait pas en promenade sans qu'il n'éprouvât de vives souffrances : d'abord la douleur de ses engelures se réveillait atroce autant qu'un accès de goutte ; puis les agrafes et les ficelles destinées à retenir le soulier partaient, ou les talons éculés empêchaient la maudite chaussure d'adhérer aux pieds de l'enfant ; il était alors forcé de la traîner péniblement dans les chemins glacés où parfois il lui fallait la disputer aux terres argileuses du Vendômois ; enfin l'eau, la neige y entraient souvent par une décousure inaperçue, par un béquet mal mis, et le pied de se gonfler. Sur soixante enfants, il ne s'en rencontrait pas dix qui cheminassent sans quelque torture particulière ; néanmoins tous suivaient le gros de la troupe, entraînes par la marche, comme les hommes sont poussés dans la vie par la vie. Combien de fois un généreux enfant ne pleurat-il pas de rage, tout en trouvant un reste d'énergie pour aller en avant ou pour revenir au bercail malgré ses peines, tant à cet âge l'âme encore neuve redoute et le rire et la compassion, deux genres de moquerie. Au collége, ainsi que dans la société, le fort méprise déjà le faible, sans savoir en quoi consiste la véritable force. Ce n'était rien encore. Point de gants aux mains. Si par hasard les parents, l'infirmière ou le directeur en faisaient donner aux plus délicats d'entre nous, les loustics ou les grands de la classe mettaient les gants sur le poêle, s'amusaient à les dessécher, à les gripper, puis, si les gants échappaient aux fureteurs, ils se mouillaient, se recroquevillaient faute de soin. Il n'y avait pas de gants possibles. Les gants paraissaient être un privilége, et les enfants veulent se voir égaux.

Ces différents genres de douleur assaillirent Louis Lambert. Semblable aux hommes méditatifs qui, dans le calme de leurs rêveries, contractent l'habitude de quelque mouvement machinal, il avait la manie de jouer avec ses souliers et de les détruisait en peu de temps. Son teint de femme, la peau de ses oreilles, ses lèvres, se gerçaient au moindre froid. Ses mains si molles, si blanches, devenaient rouges et turgides. Il s'enrhumait continuellement. Louis fut donc enveloppé de souffrances jusqu'à ce qu'il se fût accoutumé sa vie aux mœurs vendomoises. Instruit à la longue par la cruelle expérience des maux, force lui fut de songer à ses affaires, pour se servir d'une expression collégiale. Il lui fallut prendre soin de sa braque, de son pupitre, de ses habits, de ses souliers ; ne se laisser voler ni son encre, ni ses livres, ni ses cahiers, ni ses plumes ; enfin, penser à ces mille détails de notre existence enfantine, dont s'occupaient avec tant de rectitude ces esprits égoïstes et médiocres auxquels appartiennent infailliblement les prix d'excellence ou de bonne conduite ; mais que négligeait un enfant plein d'avenir, qui, sous le joug d'une imagination presque divine, s'abandonnait avec amour au torrent de ses pensées. Ce n'est pas tout. Il existe une lutte continuelle entre les maîtres et les écoliers, lutte sans trêve, à laquelle rien n'est comparable dans la société, si ce n'est le combat de l'opposition contre le ministère dans un gouvernement représentatif. Mais les journalistes et les orateurs de l'opposition sont peut-être moins prompts à profiter d'un avantage, moins durs à reprocher un tort, moins âpres dans leurs moqueries, que ne le sont les enfants envers les gens chargés de les régenter. A ce métier, la patience échapperait à des anges. Il n'en faut donc pas trop vouloir à un pauvre préfet d'études, peu payé, partant peu sagace, d'être parfois injuste ou de s'emporter. Sans cesse épié par une multitude de regards moqueurs, environné de piéges, il se venge quelquefois des torts qu'il a eus, sur des enfants trop prompts à les apercevoir. Excepté les grandes malices pour lesquelles il existait d'autres châtiments, la férule était, à Pont-Levoy, l'*ultima ratio patrum*. Aux devoirs oubliés, aux leçons mal sues, aux incartades vulgaires, le *pensum* suffisait ; mais l'amour-propre offensé parlait chez le maître par sa férule. Parmi les souffrances physiques auxquelles nous étions soumis, la plus vive était certes celle que nous causait cette palette de cuir, épaisse d'environ deux doigts, appliquée sur nos faibles mains de la force, de toute la colère du régent. Pour recevoir cette correction classique, le coupable se mettait à genoux au milieu de la salle. Il fallait se lever de son banc, aller s'agenouiller près de la chaire, et subir les regards curieux, souvent moqueurs de nos camarades. Ames tendres, ces préparatifs étaient donc un double supplice, semblable au trajet du Palais à la Grève que faisait jadis un condamné vers son échafaud. Selon les caractères, les uns criaient en pleurant à chaudes larmes, avant ou après la férule; les autres acceptaient la douleur d'un air stoïque ; mais, en l'attendant, les plus forts pouvaient à peine réprimer la convulsion de leur visage. Louis Lambert fut accablé de férules, et les dut à l'exercice d'une faculté de sa nature dont l'existence lui fut pendant longtemps inconnue. Lorsqu'il était violemment tiré d'une méditation par le — *Vous ne faites rien!* du régent, il lui arriva souvent, à son insu d'abord, de lancer à cet homme un regard empreint de je ne sais quel mépris sauvage, chargé de pensée comme une bouteille de Leyde est chargée d'électricité. Cette œillade causait sans doute une commotion au maître, qui, blessé par cette silencieuse épigramme, voulut désapprendre à l'écolier ce regard fulgurant. La première fois que le père se formalisa de ce dédaigneux rayonnement qui l'atteignait comme un éclair, il dit cette phrase que je me suis rappelée : — Si vous me regardez encore ainsi, Lambert, vous allez recevoir une férule ! A ces mots, tous les nez furent en l'air, tous les yeux épièrent alternativement et le maître et Louis. L'apostrophe était si sotte, que l'enfant accabla le père d'un coup d'œil rutilant. De là vint entre le régent et Lambert une querelle qui se vida par une certaine quantité de férules. Ainsi lui fut révélé le pouvoir oppresseur de son œil. Ce pauvre poète si nerveusement constitué, souvent vaporeux autant qu'une femme, dominé par une mélancolie chronique, tout malade de son génie comme une jeune fille l'est de cet amour qu'elle appelle et qu'elle ignore ; cet enfant si fort et si faible, déplanté par Corinne de ses belles campagnes pour entrer dans le moule d'un collége auquel chaque intelligence, chaque corps doit, malgré sa portée, malgré son tempérament, s'adapter à la règle et à l'uniforme comme l'or s'arrondit en pièces sous le coup du balancier, Louis Lambert souffrit donc par tous les points où la douleur a prise sur l'âme et sur la chair. Attaché sur un banc à la glèbe de son pupitre, frappé par la férule, frappé par la maladie, affecté dans tous ses sens, pressé par une ceinture de maux, tout le contraignait d'abandonner son enveloppe aux mille tyrannies du collége. Semblable aux martyrs qui souriaient au milieu des supplices, il se réfugia dans les cieux que lui entr'ouvrait sa pensée. Peut-être cette vie tout intérieure aida-t-elle à lui faire entrevoir les mystères auxquels il eut tant de foi!

Notre indépendance, nos occupations illicites, notre fainéantise apparente, l'engourdissement dans lequel nous restions, nos punitions constantes, notre répugnance pour nos devoirs et nos pensums, nous valurent la réputation incontestée d'être des enfants lâches et incorrigibles. Nos maîtres nous méprisèrent, et nous tombâmes également dans ce plus affreux discrédit auprès de nos camarades, à qui nous cachions nos études de contrebande, par crainte de leurs moqueries. Cette double mésestime, injuste chez les pères, était un sentiment naturel chez nos condisciples. Nous ne savions ni jouer à la balle, ni courir, ni monter sur les échasses. Aux jours d'amnistie, ou quand par hasard nous obtenions un instant de liberté, nous ne partagions aucun des plaisirs à la mode dans le collége. Étrangers aux jouissances de nos camarades, nous restions seuls, mélancoliquement assis sous quelque arbre de la cour. Le Poëte-et-Pythagore furent donc une exception, une vie en dehors de la vie commune. L'instinct si pénétrant, l'amour-propre si délicat des écoliers, leur fit pressentir en nous des esprits situés plus haut ou plus bas que ne l'étaient les leurs. De là, chez les uns, haine de notre muette aristocratie ; chez les autres, mépris de notre inutilité. Ces sentiments étaient entre nous à notre insu, peut-être ne les ai-je deviné qu'aujourd'hui. Nous vivions donc exactement comme deux rats tapis dans le coin de la salle où étaient nos pupitres, également retenus là durant les heures d'études et pendant celles des récréations. Cette situation excentrique dut nous mettre et nous mit en état de guerre avec les enfants de notre division. Presque toujours oubliés, nous demeurions là tranquilles, heureux à demi, semblables à deux végétations, à deux ornements qui eussent manqué à l'harmonie de la salle. Mais parfois les plus taquins de nos camarades nous insultaient pour manifester abusivement leur force, et nous répondions par un mépris qui souvent fit rouer de coups le Poëte-et-Pythagore.

La nostalgie de Lambert dura plusieurs mois. Je ne sais rien qui puisse peindre la mélancolie à laquelle il fut en proie. Louis m'a gâté bien des chefs-d'œuvre. Ayant joué tous les deux le rôle de LUIGI DE LA VALLÉE D'AOSTE, nous avions éprouvé les sentiments exprimés dans le livre de M. de Maistre, avant de les lire traduits par cette éloquente plume. Or, un ouvrage peut retracer les souvenirs de l'enfance, mais il ne luttera jamais contre eux avec avantage. Les soupirs de Lambert m'ont appris des hymnes de tristesse bien plus pénétrants que ne le sont les plus belles pages de WERTHER. Mais aussi, peut-être n'est-il pas de comparaison entre les souffrances que cause une passion réprouvée à tort ou à raison par nos lois, et les douleurs d'un pauvre enfant aspirant après la splendeur du soleil, la rosée des vallons et la liberté. Werther est l'esclave d'un désir, Louis Lambert était toute une âme esclave. A talent égal, le sentiment le plus touchant ou fondé sur les désirs les plus vrais, parce qu'ils sont les plus purs, doit surpasser les lamentations du génie. Après être resté longtemps à contempler le feuillage d'un des tilleuls de la cour, Louis ne me disait qu'un mot, mais ce mot annonçait une immense rêverie.

— Heureusement pour moi, s'écria-t-il un jour, il se rencontre de bons moments pendant lesquels il me semble que les murs de la classe sont tombés, et que je suis ailleurs, dans les champs ! Quel plaisir de se laisser aller au cours de sa pensée, comme un oiseau à la portée de son vol ! — Pourquoi la couleur verte est-elle si prodiguée dans la nature ? me demandait-il. Pourquoi y existe-t-il si peu de lignes droites ? Pourquoi l'homme dans ses œuvres emploie-t-il si rarement les courbes ? Pourquoi lui seul a-t-il le sentiment de la ligne droite ?

Ces paroles trahissaient une longue course faite à travers les espaces. Certes, il avait revu des paysages entiers, ou respiré le parfum des forêts. Il était, vivante et sublime élégie, toujours silencieux, résigné, toujours souffrant sans pouvoir dire : Je souffre ! Cet aigle, qui voulait le monde pour pâture, se trouvait entre quatre murailles étroites et sales ; aussi, sa vie devint-elle, dans la plus large acception de ce terme, une vie idéale. Plein de mépris pour les études presque inutiles auxquelles nous étions condamnés, Louis marchait dans sa route aérienne, complètement détaché des choses qui nous entouraient. Obéissant au besoin d'imitation qui domine les enfants, je tâchai de conformer mon existence à la sienne. Louis m'inspira d'autant mieux sa passion pour l'espèce de sommeil dans lequel les contemplations profondes plongent le corps, que j'étais plus jeune et plus impressible. Nous nous habituâmes, comme deux amants, à penser ensemble, à nous communiquer nos rêveries. Déjà ses sensations intuitives avaient cette acuité qui doit appartenir aux perceptions intellectuelles des grands poètes, et les faire souvent approcher de la folie.

— Sens-tu, comme moi, me demanda-t-il un jour, s'accomplir en toi, malgré toi, de fantasques souffrances ? Si, par exemple, je pense vivement à l'effet que produirait la lame de mon canif en entrant dans ma chair, j'y ressens tout à coup une douleur aiguë comme si je m'étais réellement coupé : il n'y a de moins que le sang. Mais cette sensation arrive et me surprend comme un bruit soudain qui troublerait un profond silence. Une idée causer des souffrances physiques !... Heu ! qu'en dis-tu ?

Quand il exprimait des réflexions si ténues, nous tombions tous deux dans une rêverie naïve. Nous nous mettions à rechercher en nous-mêmes les indescriptibles phénomènes relatifs à la génération de la pensée, que Lambert espérait saisir dans ses moindres développements, afin de pouvoir en décrire un jour l'appareil inconnu. Puis, après des discussions, souvent mêlées d'enfantillages, un regard jaillissait des yeux flamboyants de Lambert, il me serrait la main, et il sortait de son âme un mot par lequel il tâchait de se résumer.

— Penser, c'est voir ! me dit-il un jour, emporté par une de nos objections sur le principe de notre organisation. Toute science humaine repose sur la déduction, qui est une vision lente par laquelle on descend de la cause à l'effet, par laquelle on remonte de l'effet à la cause, ou, dans une plus large expression, toute poésie comme toute œuvre d'art procède d'une rapide vision des choses.

Il était spiritualiste ; mais j'osais le contredire en m'armant de ses observations mêmes pour considérer l'intelligence comme un produit tout physique. Nous avions raison tous deux. Peut-être les mots matérialisme et spiritualisme expriment-ils deux côtés d'un seul et même fait. Ses études sur la substance de la pensée lui faisaient accepter avec une sorte d'orgueil la vie de privations à laquelle nous condamnaient notre pauvreté et notre dédain pour nos devoirs. Il avait une certaine conscience de sa valeur, qui le soutenait dans ses élucubrations. Avec quelle douceur je sentais son âme réagissant sur la mienne ! Combien de fois ne sommes-nous pas demeurés assis sur notre banc, occupés tous deux à lire un livre, nous oubliant réciproquement sans nous quitter, mais nous sachant tous deux là, plongés dans un océan d'idées comme deux poissons qui nagent dans les mêmes eaux ! Notre vie était donc toute végétative en apparence, mais nous existions par le cœur et par le cerveau. Les sentiments, les pensées, les seuls événements de notre vie scolaire, Lambert exerça sur mon imagination une influence de laquelle je me ressens encore aujourd'hui. J'écoutais avidement ses récits empreints de ce merveilleux qui fait dévorer avec tant de délices, aux enfants comme aux hommes, les contes où se vrai skieme les formes les plus absurdes. Sa passion pour les mystères et la crédulité naturelle au jeune âge nous entraînaient souvent à parler du ciel et de l'enfer. Louis tâchait alors, en m'expliquant Swedenborg, de me faire partager ses croyances relatives aux anges. Dans ses raisonnements les plus faux se rencontraient des observations étonnantes sur la puissance de l'homme, et qui imprimaient à sa parole ces teintes de vérité sans lesquelles rien n'est possible dans aucun art. La fin romanesque de laquelle il dotait la destinée humaine était de nature à caresser le penchant qui porte les imaginations vierges à s'abandonner aux croyances. N'est-ce pas durant leur jeunesse que les peuples enfantent leurs dogmes, leurs idoles ? Et les êtres surnaturels devant lesquels ils tremblent ne sont-ils pas la personnification de leurs sentiments, de leurs besoins agrandis ? Ce qui me reste aujourd'hui dans la mémoire des conversations pleines de poésie que nous eûmes, Lambert et moi, sur le prophète suédois, de qui j'ai lu depuis les œuvres par curiosité, peut se réduire à ce précis.

Il y aurait en nous deux créatures distinctes. Selon Swedenborg, l'ange serait l'individu chez lequel l'être intérieur réussit à triompher de l'être extérieur. Un homme veut-il obéir à sa vocation d'ange, dès que la pensée lui démontre sa double existence, il doit tendre à nourrir la frêle et exquise nature de l'ange qui est en lui. Si, faute d'avoir une vue translucide de sa destinée, il fait prédominer l'action corporelle au lieu de corroborer sa vie intellectuelle, toutes ses forces passent dans le jeu de ses sens extérieurs, et l'ange périt lentement par cette matérialisation des deux natures. Dans le cas contraire, s'il substante son intérieur des essences qui lui sont propres, l'âme l'emporte sur la matière et tâche de s'en séparer. Quand leur séparation arrive sous cette forme, que nous appelons la mort, l'ange, assez puissant pour se dégager de son enveloppe, demeure et commence sa vraie vie. Les individualités infinies qui différencient les hommes ne peuvent s'expliquer que par cette double existence, elles la font comprendre et la démontrent. En effet, la distance qui se trouve entre un homme dont l'intelligence inerte le condamne à une apparente stupidité, et celui par l'exercice de sa vue intérieure a doué d'une force quelconque, doit nous faire supposer qu'il peut exister entre les gens de génie et d'autres êtres à la même distance qui sépare les aveugles des voyants. Cette pensée, qui étend indéfiniment la création, donne en quelque sorte la clef des cieux. En apparence confondues ici-bas, les créatures y sont, suivant la perfection de leur être intérieur partagées en sphères distinctes dont les mœurs et le langage sont étrangers les uns aux autres. Dans le monde invisible comme dans le monde réel, si quelque habitant des régions inférieures arrive, sans en être digne, à un cercle supérieur, non-seulement il n'en comprend ni les habitudes ni les discours, mais encore sa présence y paralyse et les voix et les cœurs. Dans sa Divine Comédie, Dante a peut-être eu quelque légère intuition de ces sphères qui commencent dans le monde des douleurs, et s'élèvent par un mouvement giratoire jusque dans les cieux. La doctrine de Swedenborg serait donc l'ouvrage d'un esprit lucide qui aurait enregistré les innombrables phénomènes par lesquels les anges se révèlent au milieu des hommes.

Cette doctrine, que je m'efforce aujourd'hui de lui donnant un sens logique, m'était présentée par Lambert avec toutes les séductions du mystère, enveloppée dans les langes de la phraséologie particulière aux mystographes : diction obscure, pleine d'abstractions, et si active sur le cerveau, qu'il est certains livres de Jacob Boehm, de Swedenborg ou de madame Guyon, dont la lecture pénétrante fait surgir des fantaisies aussi multiformes que peuvent l'être des rêves produits par l'opium. Lambert me racontait des faits mystiques tellement étranges, il me frappait si vivement mon imagination, qu'il me causait des vertiges. J'aimais néanmoins à me plonger dans ce monde mystérieux, invisible aux sens où chacun se plaît à vivre, soit qu'il se représente sous la forme indéfinie de l'avenir, soit qu'il le revête des formes indécises de la fable. Ces réactions violentes de l'âme sur elle-même m'instruisaient à mon insu de sa force, et m'accoutumaient aux travaux de la pensée.

Quant à Lambert, il expliquait tout par son système sur les anges. Pour lui, l'amour pur, l'amour comme on le rêve au jeune âge, était la collision de deux natures angéliques. Aussi rien n'égalait-il l'ardeur avec laquelle il désirait rencontrer un ange-femme. Eh ! qui mieux que lui devait inspirer, ressentir l'amour ? Si quelque chose pouvait donner l'idée d'une exquise sensibilité, n'était-ce pas le naturel aimable et bon empreint dans ses sentiments, dans ses paroles, dans ses actions et ses moindres gestes, enfin dans la conjugalité qui nous liait l'un à l'autre, et que nous exprimions en nous disant faisants ? Il n'existait aucune distinction entre les choses qui venaient de lui et celles qui venaient de moi. Nous contrefaisions mutuellement nos deux écritures, afin que l'un pût faire, il seul, les devoirs de tous les deux. Quand l'un de nous avait à finir un livre que nous étions obligés de rendre au maître de mathématiques, il pouvait le lire sans interruption, l'un brochant la tâche et le pensum de l'autre. Nous nous acquittions de nos devoirs comme d'un impôt frappé sur notre tranquillité. Si ma mémoire n'est pas infidèle, souvent ils étaient d'une supériorité remarquable lorsque Lambert les composait. Mais, pris l'un et l'autre pour deux idiots, le professeur analysait toujours nos devoirs sous l'empire d'un préjugé fatal, et les réservait même pour en amuser nos camarades. Je me souviens qu'un soir, en terminant la classe qui avait lieu de deux à quatre heures, le maître s'empara d'une version de Lambert. Le texte commençait par Caius Gracchus, vir nobilis. Louis avait traduit ces mots par : Caius Gracchus était un noble cœur.

— Où voyez-vous le cœur dans nobilis ? dit brusquement le professeur.

Et tout le monde de rire pendant que Lambert regardait le professeur d'un air hébété.

— Que dirait madame la baronne de Staël en apprenant que vous traduisez par un contre-sens le mot qui signifie de race noble, d'origine patricienne?

— Elle dirait que vous êtes une bête! m'écriai-je à voix basse.

— Monsieur le poète, vous allez vous rendre en prison pour huit jours, répliqua le professeur, qui malheureusement m'entendit.

Lambert reprit doucement en me jetant un regard d'une inexprimable tendresse : *Vir nobilis!* Madame de Staël causait, en partie, le malheur de Lambert. A tout propos maîtres et disciples lui jetaient ce nom à la tête, soit comme une ironie, soit comme un reproche. Louis ne tarda pas à se faire mettre en prison pour me tenir compagnie. Là, plus libres que partout ailleurs, nous pouvions parler pendant des journées entières, dans le silence des dortoirs où chaque élève possédait une niche de six pieds carrés, dont les cloisons étaient garnies de barreaux par le haut, dont la porte à claire-voie se fermait tous les soirs, et s'ouvrait tous les matins sous les yeux du père chargé d'assister à notre lever et à notre coucher. Le cric-crac de ces portes, manœuvrées avec une singulière promptitude par les garçons de dortoir, était encore une des particularités de ce collége. Ces alcôves ainsi bâties nous servaient de prison, et nous y restions quelquefois enfermés pendant des mois entiers. Les écoliers mis en cage tombaient sous l'œil sévère du préfet, espèce de censeur qui venait, à ses heures ou à l'improviste, d'un pas léger, pour savoir si nous causions au lieu de faire nos pensum. Mais les coquilles de noix semées dans les escaliers, ou la délicatesse de notre ouïe nous permettaient presque toujours de prévoir son arrivée, et nous pouvions nous livrer sans trouble à nos études chéries. Cependant, la lecture nous étant interdite, les heures de prison appartenaient ordinairement à des discussions métaphysiques ou au récit de quelques accidents curieux relatifs aux phénomènes de la pensée.

Un des faits les plus extraordinaires est certes celui que je vais raconter, non-seulement parce qu'il concerne Lambert, mais encore parce qu'il décida peut-être sa destinée scientifique. Selon la jurisprudence des colléges, le dimanche et le jeudi étaient nos jours de congé; mais les offices, auxquels nous assistions très-exactement, employaient si bien le dimanche, que nous considérions le jeudi comme notre seul jour de fête. La messe une fois entendue, nous avions assez de loisir pour rester longtemps en promenade dans les campagnes situées aux environs de Vendôme. Le manoir de Rochambeau était l'objet de la plus célèbre de nos excursions, peut-être à cause de son éloignement. Rarement les petits faisaient une course si fatigante; néanmoins, une fois ou deux par an, les régents leur proposaient la partie de Rochambeau comme une récompense. En 1812, vers la fin du printemps, nous dûmes y aller pour la première fois. Le désir de voir le fameux château de Rochambeau, dont le propriétaire donnait quelquefois du laitage aux élèves, nous rendit tous sages. Rien n'empêcha donc la partie. Ni moi ni Lambert, nous ne connaissions la jolie vallée du Loir, où cette habitation a été construite. Aussi son imagination et la mienne furent-elles très-préoccupées la veille de cette promenade, qui causait dans le collége une joie traditionnelle. Nous en parlâmes pendant toute la soirée, en nous promettant d'employer en fruits ou en laitage l'argent que nous possédions contrairement aux lois vendômoises. Le lendemain, après le dîner, nous partîmes à midi et demi tous munis d'un cubique morceau de pain que l'on nous distribuait d'avance pour notre goûter. Puis, alertes comme des hirondelles, nous marchâmes en troupe vers le célèbre castel, avec une ardeur qui ne nous permettait pas de sentir tout d'abord la fatigue. Quand nous fûmes arrivés sur la colline d'où nous pouvions contempler et le château assis à mi-côte, et la vallée tortueuse où brille la rivière en serpentant dans une prairie gracieusement échancrée; admirable paysage, un de ceux auxquels les vives sensations du jeune âge, ou celles de l'amour, ont imprimé tant de charmes, que plus tard il ne faut jamais les aller revoir, Louis Lambert me dit : — Mais j'ai vu cela cette nuit en rêve! Il reconnut et le bouquet

Les moqueries ne me corrigèrent pas Je rimaillai toujours. — PAGE 5.

d'arbres sous lequel nous étions, et la disposition des feuillages, la couleur des eaux, les tourelles du château, les accidents, les lointains, enfin tous les détails du site qu'il apercevait pour la première fois. Nous étions bien enfants l'un et l'autre; moi du moins, qui n'avais que treize ans; car, à quinze ans, Louis pouvait avoir la profondeur d'un homme de génie; mais à cette époque nous étions tous deux incapables de mensonge dans les moindres actes de notre vie d'amitié. Si Lambert pressentait d'ailleurs par la toute-puissance de sa pensée l'importance des faits, il était loin de deviner d'abord leur entière portée, aussi commença-t-il par être étonné de celui-ci. Je lui demandai s'il n'était pas venu à Rochambeau pendant son enfance, ma question le frappa; mais, après avoir consulté ses souvenirs, il me répondit négativement. Cet événement, dont l'analogue peut se retrouver dans les phénomènes du sommeil de beaucoup d'hommes, fera comprendre les premiers talents de Lambert, en effet, il sut en déduire tout un système, en s'emparant, comme fit Cuvier dans un autre ordre de choses, d'un fragment de pensée pour reconstruire toute une création. En ce moment nous nous assîmes tous deux sous une vieille truisse de chêne; puis, après quelques moments de réflexion, Louis me dit : — Si le paysage n'est pas venu vers moi, ce qui serait absurde à penser, j'y suis donc venu. Si j'étais ici pendant que je dormais dans mon alcôve, le fait ne constitue-t-il pas une séparation complète entre mon corps et mon être intérieur? N'atteste-t-il pas je ne sais quelle faculté locomotive ou des effets équivalant à ceux de la locomotion? Or, si mon esprit et mon corps ont pu se quitter pendant le sommeil, pourquoi ne les ferais-je pas également divorcer ainsi pendant la veille? Je n'aperçois point de moyens termes entre ces deux propositions. Mais allons plus loin, pénétrons les détails. Ou ces faits se sont accomplis par la puissance d'une faculté qui met en œuvre un second être à qui mon corps sert d'enveloppe, puisque j'étais dans mon alcôve et voyais le paysage, et ceci renverse bien des systèmes; ou ces faits se sont passés, soit dans quelque centre nerveux dont le nom est à sa-

voir et où s'émeuvent les sentiments, soit dans le centre cérébral où s'émeuvent les idées. Cette dernière hypothèse soulève des questions étranges. J'ai marché, j'ai vu, j'ai entendu. Le mouvement ne se conçoit point sans l'espace, le son n'agit que dans les angles ou sur les surfaces, et la coloration ne s'accomplit que par la lumière. Si, pendant la nuit, les yeux fermés, j'ai vu en moi-même des objets colorés, si j'ai entendu des bruits dans le plus absolu silence, et sans les conditions exigées pour que le son se forme, si dans la plus parfaite immobilité j'ai franchi des espaces, nous aurions des facultés internes, indépendantes des lois physiques extérieures. La nature matérielle serait pénétrable par l'esprit. Comment les hommes ont-ils si peu réfléchi jusqu'alors aux accidents du sommeil qui accusent en l'homme une double vie? N'y aurait-il pas une nouvelle science dans ce phénomène? ajouta-t-il en se frappant fortement le front; s'il n'est pas le principe d'une science, il trahit certainement en l'homme d'énormes pouvoirs; il annonce au moins la désunion fréquente de nos deux natures, fait autour duquel je tourne depuis si longtemps. J'ai donc enfin trouvé un témoignage de la supériorité qui distingue nos sens latents de nos sens apparents! *homo duplex*!
— Mais, reprit-il après une pause et en laissant échapper un geste de doute, peut-être n'existe-t-il pas en nous deux natures? Peut-être sommes-nous tout simplement doués de qualités intimes et perfectibles dont l'exercice, dont les développements produisent en nous des phénomènes d'activité, de pénétration, de vision, encore inobservés. Dans notre amour du merveilleux, passion engendrée par notre orgueil, nous aurons transformé ces effets en créations poétiques, parce que nous ne les comprenions pas. Il est si commode de déifier l'incompréhensible! Ah! j'avoue que je pleurerai la perte de mes illusions. J'avais besoin de croire à une double nature et aux anges de Swedenborg! Cette nouvelle science les tuerait-elle donc? Oui, l'examen de nos propriétés inconnues implique une science en apparence matérialiste, car l'esprit emploie, divise, anime la substance; mais il ne la détruit pas.

Il demeura pensif, triste à demi. Peut-être voyait-il ses rêves de jeunesse comme des langes qu'il lui faudrait bientôt quitter.

— La vue et l'ouïe, dit-il en riant de son expression, sont sans doute les gaines de quelque outil merveilleux.

Pendant tous les instants où il m'entretenait du ciel et de l'enfer, il avait coutume de regarder la nature en maître; mais, en proférant ces dernières paroles grosses de science, il plana plus audacieusement que jamais sur le paysage, et son front me parut près de crever sous l'effort du génie: ses forces, qu'il faut nommer *morales* jusqu'à nouvel ordre, semblaient jaillir par les organes destinés à les projeter; ses yeux dardaient la pensée; sa main levée, ses lèvres muettes et tremblantes, parlaient; son regard brûlant rayonnait; enfin sa tête, comme trop lourde ou fatiguée par un élan trop violent, retomba sur sa poitrine. Cet enfant, ce géant, se voûta, me prit la main, la serra dans la sienne, qui était moite, tant il était enfiévré par la recherche

de la vérité; puis après une pause il me dit: — Je serai célèbre! — Mais toi aussi, ajouta-t-il vivement. Nous serons tous deux les chimistes de la volonté.

Cœur exquis! je reconnaissais sa supériorité, mais lui se gardait bien de jamais me la faire sentir. Il partageait avec moi les trésors de sa pensée, me comptait pour quelque chose dans ses découvertes, et me laissait en propre mes infimes réflexions. Toujours gracieux comme une femme qui aime, il avait toutes les pudeurs de sentiment, toutes les délicatesses d'âme qui rendent la vie si bonne et si douce à porter. Il commença, le lendemain même, un ouvrage qu'il intitula *Traité de la Volonté*; ses réflexions en modifièrent souvent le plan et la méthode; mais l'événement de cette journée solennelle en fut certes le germe, comme la sensation électrique toujours ressentie par Mesmer à l'approche d'un valet fut l'origine de ses découvertes en magnétisme, science jadis cachée au fond des mystères d'Isis, de Delphes, et dans l'antre de Trophonius, et retrouvée par cet homme prodigieux à deux pas de Lavater, le précurseur de Gall. Éclairées par cette soudaine clarté, les idées de Lambert prirent des proportions plus étendues; il démêla dans ses acquisitions des vérités éparses, et les rassembla; puis, comme un fondeur, il coula son groupe. Après six mois d'une application soutenue, les travaux de Lambert excitèrent la curiosité de nos camarades et furent l'objet de quelques plaisanteries cruelles qui devaient avoir une funeste issue. Un jour, l'un de nos persécuteurs, qui voulut absolument voir nos manuscrits, ameuta quelques-uns de nos tyrans, et vint s'emparer violemment d'une cassette où était déposé ce trésor, que Lambert et moi nous défendîmes avec un courage inouï. La boîte était fermée, il fut impossible à nos agresseurs de l'ouvrir; mais ils essayèrent de la briser dans le combat, noire méchanceté qui nous fit jeter les hauts cris. Quelques camarades, animés d'un esprit de justice ou frappés de notre résistance héroïque, conseillaient de nous laisser tranquilles en nous accablant d'une insolente pitié. Soudain, attiré par le bruit de la bataille, le père Haugoult intervint brusquement, et s'enquit de la dispute. Nos

Henri III s'évanouissant à la vue d'un chat. — PAGE 11.

adversaires nous avaient distraits de nos pensums. Pour s'excuser, les assaillants révélèrent l'existence des manuscrits. Le terrible Haugoult nous ordonna de lui remettre la cassette: si nous résistions, il pouvait la faire briser; Lambert lui en livra la clef, le régent prit les papiers, les feuilleta; puis il nous dit en les confisquant: — Voilà donc les bêtises pour lesquelles vous négligez vos devoirs! De grosses larmes tombèrent des yeux de Lambert, arrachées autant par la conscience de sa supériorité morale offensée que par l'insulte gratuite et la trahison qui nous accablaient. Nous lançâmes à nos accusateurs un regard de reproche: ne nous avaient-ils pas vendus à l'ennemi commun? S'ils pouvaient, suivant le droit écolier, nous battre, ne devaient-ils pas garder le silence sur nos fautes? Aussi eurent-ils pendant un moment quelque honte de leur lâcheté. Le père Haugoult vendit probablement à un épicier de Vendôme le *Traité de la Volonté*, sans connaître l'importance des trésors scientifiques dont les germes avortés se dissiperent en d'ignorantes mains. Six mois après, je quittai le collége. J'ignore donc si Lambert, que notre séparation plongea dans une noire mélancolie, a recommencé son ouvrage. Ce fut en mémoire de la catastrophe arrivée au livre de Louis que, dans l'ouvrage par lequel commencent ces Études, je me suis servi pour une œuvre fictive du titre réellement inventé par Lambert, et que j'ai donné le nom d'une femme qui lui fut chère à une jeune fille pleine de dévouement; mais cet emprunt n'est pas le seul que je lui ai fait : son caractère, ses occupations, m'ont été très-utiles dans cette composition, dont le sujet est dû à quelque souvenir de nos jeunes méditations. Maintenant cette histoire est destinée à élever un modeste cippe où soit attestée la vie de celui qui m'a légué tout son bien, sa pensée. Dans cet ouvrage d'enfant, Lambert déposa des idées d'homme. Dix ans plus tard, en rencontrant quelques savants sérieusement occupés des phénomènes qui nous avaient frappés, et que Lambert analysa si miraculeusement, je compris l'importance de ses travaux, oubliés déjà comme un enfantillage. Je passai donc plusieurs mois à me rappeler les principales découvertes de mon pauvre camarade. Après avoir rassemblé mes souvenirs, je puis affirmer que, dès 1812, il avait établi, deviné, discuté dans son Traité, plusieurs faits importants dont, me disait-il, les preuves arriveraient tôt ou tard. Ses spéculations philosophiques devraient certes le faire admettre au nombre de ces grands penseurs apparus à divers intervalles parmi les hommes pour leur révéler les principes tout nus de quelque science à venir, dont les racines poussent avec lenteur et portent un jour de beaux fruits dans les domaines de l'intelligence. Ainsi, un pauvre artisan, occupé à fouiller les terres pour trouver le secret des émaux, affirmait au seizième siècle, avec l'infaillible autorité du génie, les faits géologiques dont la démonstration fait aujourd'hui la gloire de Buffon et de Cuvier. Je crois pouvoir offrir une idée du Traité de Lambert par les propositions capitales qui en formaient la base; mais je les dépouillerai, malgré moi, des idées dans lesquelles il les avait enveloppées, et qui en étaient le cortège indispensable. Marchant dans un sentier autre que le sien, je prenais, de ses recherches, celles qui servaient le mieux mon système. J'ignore donc si, moi son disciple, je pourrai fidèlement traduire ses pensées, après me les être assimilées de manière à leur donner la couleur des miennes.

A des idées nouvelles, des mots nouveaux ou des acceptions de mots anciens élargies, étendues, mieux définies; Lambert avait donc choisi, pour exprimer les bases de son système, quelques mots vulgaires qui déjà répondaient vaguement à sa pensée. Le mot de VOLONTÉ servait à nommer le milieu où la pensée fait ses évolutions ou, dans une expression moins abstraite, la masse de force par laquelle l'homme peut reproduire, en dehors de lui-même, les actions qui composent sa vie extérieure. La VOLITION, mot dû aux réflexions de Locke, exprimait l'acte par lequel l'homme use de la volonté. Le mot de PENSÉE, pour lui le produit quintessentiel de la volonté, désignait aussi le milieu où naissaient les IDÉES auxquelles elle sert de substance. L'IDÉE, nom commun à toutes les créations du cerveau, constituait l'acte par lequel l'homme use de la pensée. Ainsi la volonté, la pensée, étaient les deux moyens générateurs; la volition, l'idée, étaient les deux produits. La volition lui semblait être l'idée arrivée de son état abstrait à un état concret, de sa génération fluide à une expression quasi solide, si toutefois ces mots peuvent formuler des aperçus si difficiles à distinguer. Selon lui, la Pensée et les idées sont le mouvement et les faits de notre organisme intérieur, comme les volitions et la volonté constituent ceux de la vie extérieure.

Il avait fait passer la volonté avant la pensée. — « Pour penser, il faut vouloir, disait-il. Beaucoup d'êtres vivent à l'état de volonté, sans néanmoins arriver à l'état de pensée. Au Nord, la longévité; au Midi, la brièveté de la vie, mais aussi, dans le Nord, la torpeur; au Midi, l'exaltation constante de la volonté, jusqu'à la ligne où, soit par trop de froid, soit par trop de chaleur, les organes sont presque annulés. » Son expression de milieu lui fut suggérée par une observation faite pendant son enfance, et de laquelle il ne soupçonna certes pas l'importance, mais dont la bizarrerie dut frapper son imagination si délicatement impressible. Sa mère, personne fluette et nerveuse, toute délicate donc et tout aimante, était une de ces créatures destinées à représenter la femme dans la perfection de ses attributs, mais que le sort abandonne par erreur au fond de l'état social. Tout amour, partant toute souffrance, elle mourut jeune, après avoir jeté ses facultés dans l'amour maternel. Lambert, enfant de six ans, couché dans un grand berceau, près du lit maternel, mais n'y dormant pas toujours, vit quelques étincelles électriques jaillissant de la chevelure de sa mère, au moment où elle se peignait. L'homme de quinze ans s'empara pour la science de ce fait avec lequel l'enfant avait joué, fait irrécusable dont maintes preuves se rencontrent chez presque toutes les femmes auxquelles une certaine fatalité de destinée laisse des sentiments méconnus à exhaler ou je ne sais quelle surabondance de force à perdre.

A l'appui de ses définitions, Lambert ajouta plusieurs problèmes à résoudre, beaux défis jetés à la science et desquels il se proposait de rechercher les solutions, se demandant à lui-même : si le principe constituant de l'électricité n'entrait pas comme base dans le fluide particulier d'où s'élançaient nos idées et nos volitions? Si la chevelure qui se décolore, s'éclaircit, tombe et disparait selon les divers degrés de déperdition ou de cristallisation des pensées, ne constituait pas un système de capillarité soit absorbante, soit exhalante, tout électrique? Si les phénomènes fluides de notre volonté, substance procréée en nous et si spontanément réactive au gré de conditions encore inobservées, étaient plus extraordinaires que ceux du fluide invisible, intangible, et produits par la pile voltaïque ou le système nerveux d'un homme mort? Si la formation de nos idées et leur exhalation constante étaient moins incompréhensibles que ne l'est l'évaporation des corpuscules imperceptibles et néanmoins si violents dans leur action, dont est susceptible un grain de musc, sans perdre de son poids? Si, laissant au système cutané de notre enveloppe une destination toute défensive, absorbante, exsudante et tactile, la circulation sanguine et son appareil ne répondaient pas à la transsubstantiation de notre volonté, comme la circulation du fluide nerveux répondait à celle de la pensée? Enfin, si l'affluence plus ou moins vive de ces deux substances réelles ne résultait pas d'une certaine perfection ou imperfection d'organes dont les conditions devaient être étudiées dans tous leurs modes?

Ces principes établis, il voulait classer les phénomènes de la vie humaine en deux séries d'effets distincts, et réclamait pour chacune d'elles une analyse spéciale, avec une instance ardente de conviction. En effet, après avoir observé, dans presque toutes les créations, deux mouvements séparés, il les pressentait, les admettait même pour notre nature, et nommait cet antagonisme vital : L'ACTION ET LA RÉACTION. — Un désir, disait-il, est un fait entièrement accompli dans notre volonté avant de l'être extérieurement. Ainsi, l'ensemble de nos volitions et de nos idées constituait l'action, et l'ensemble de nos actes extérieurs, la réaction. Lorsque, plus tard, je lus les observations faites sur le dualisme de nos sens extérieurs, je fus comme étourdi par mes souvenirs, en reconnaissant une coïncidence frappante entre les idées de ce célèbre physiologiste et celles de Lambert. Morts tous deux avant le temps, ils avaient marché d'un pas égal à je ne sais quelles vérités. La nature s'est complu en tout à donner de doubles destinations aux divers appareils constitutifs de ses créatures, et la double action de notre organisme, qui n'est plus un fait contestable, appuie par un ensemble de preuves d'une éventualité quotidienne les déductions de Lambert relativement à l'action et à la réaction. L'être actionnel, mot qui lui servait à nommer le species inconnu, le mystérieux ensemble de fibrilles auquel sont dues les différentes puissances incomplétement observées de la pensée, de la volonté, enfin cet être immuné, voyant, agissant, mettant tout à fin, accomplissant tout avant aucune démonstration corporelle, doit, pour se conformer à sa nature, n'être soumis à aucune des conditions physiques par lesquelles l'être réactionnel ou extérieur, l'homme visible, est arrêté dans ses manifestations. De là découlaient une multitude d'explications logiques sur les effets les plus bizarres en apparence de notre double nature, et la rectification de plusieurs systèmes à la fois justes et faux. Certains hommes, ayant entrevu quelques phénomènes du jeu naturel de l'être actionnel, furent, comme Swedenborg, emportés au delà du monde vrai par une âme ardente, amoureuse de poésie, ivre du principe divin. Tous se plurent donc, dans leur ignorance des causes, dans leur admiration du fait, à diviniser cet appareil intime, à bâtir une mystique univers. De là les anges! délicieuses illusions auxquelles ne voulait pas renoncer Lambert, qui les caressait encore au moment où le glaive de son analyse en tranchait les éblouissantes ailes.

— Le ciel, me disait-il, serait après tout une survie de nos facultés perfectionnées, et l'enfer le néant où retombent les facultés imparfaites.

Mais comment, en des siècles où l'entendement avait gardé les impressions religieuses et spiritualistes qui ont régné pendant les temps intermédiaires entre le Christ et Descartes, entre la foi et le doute, comment se défendre d'expliquer les mystères de notre nature intérieure autrement que par une intervention divine? A qui, si ce n'est à Dieu même, les savants pouvaient-ils demander raison d'une invisible créature si activement, si réactivement sensible, et douée de facultés si étendues, si perfectibles par l'usage, ou si puissantes sous l'empire de certaines conditions occultes, que tantôt ils lui voyaient, par un phénomène de vision ou de locomotion, abolir l'espace dans ses deux modes de temps et de distance dont l'un est l'espace intellectuel et l'autre l'espace physique; tantôt ils lui voyaient reconstruire le passé, soit par la puissance d'une vue rétrospective, soit par le mystère d'une palingénésie assez semblable au pouvoir que posséderait un homme de reconnaitre aux linéaments, téguments et rudiments d'une graine, les floraisons antérieures dans les innombrables modifications de leurs nuances, de leurs parfums et de leurs formes; ou tantôt enfin ils lui voyaient deviner imparfaitement l'avenir, soit par l'aperçu des causes premières, soit par un phénomène de pressentiment physique?

D'autres hommes, moins poétiquement religieux, froids et raisonneurs, charlatans peut-être enthousiastes du moins par le cerveau, sinon par le cœur, reconnaissant quelques-uns de ces phénomènes isolés, les tinrent pour vrais sans les considérer comme les irradiations d'un centre commun. Chacun d'eux voulut alors convertir un simple fait en science. De là vinrent la démonologie, l'astrologie judiciaire, la sorcellerie, enfin toutes les divinations fondées sur des accidents essentiellement transitoires, parce qu'ils variaient selon les tempéraments, au gré de circonstances encore complétement inconnues. Mais aussi de ces erreurs savantes et des procès ecclésiastiques où succombèrent tant de martyrs de leurs propres facultés, résultèrent des preuves éclatantes du pouvoir prodigieux dont dispose l'*être actionnel* qui, suivant Lambert, peut s'isoler complétement de l'*être réactionnel*, en briser l'enveloppe, faire tomber les murailles devant sa toute-puissante vue; phénomène nommé, chez les Hindous, la *Tokéiade* au dire des missionnaires; puis, par une autre faculté, saisir dans le cerveau, malgré ses plus épaisses circonvolutions, les idées qui s'y sont formées ou qui s'y forment, et tout le passé de la conscience.

— Si les apparitions ne sont pas impossibles, disait Lambert, elles doivent avoir lieu par une faculté d'apercevoir les idées qui représentent l'homme dans son essence pure, et dont la vie, impérissable peut-être, échappe à nos sens extérieurs, mais peut devenir perceptible à l'être intérieur quand il arrive à un haut degré d'extase ou à une grande perfection de vue.

Je sais, mais vaguement aujourd'hui, que, suivant pas à pas les effets de la pensée et de la volonté dans tous leurs modes; après en avoir établi les lois, Lambert avait rendu compte d'une foule de phénomènes qui jusqu'à lui passaient à juste titre pour incompréhensibles. Ainsi les sorciers, les possédés, les gens à seconde vue et les démoniaques de toute espèce, ces victimes du moyen âge, étaient l'objet d'explications si naturelles, que souvent leur simplicité me paraît être le cachet de la vérité. Les dons merveilleux que l'Église romaine, jalouse de mystères, punissait par le bûcher, étaient selon Louis le résultat de certaines affinités entre les principes constituants de la matière et ceux de la pensée, qui procèdent de la même source. L'homme armé de la baguette de coudrier obéissant, en trouvant les eaux vives, à quelque sympathie ou à quelque antipathie à lui-même inconnue. Il a fallu la bizarrerie de ces sortes d'effets pour donner à quelques-uns d'entre eux une certitude historique. Les sympathies ont été rarement constatées. Elles constituent des plaisirs que les gens assez heureux pour être doués publient rarement, à moins de quelque singularité violente, encore est-ce dans le secret de l'intimité où tout s'oublie. Mais les antipathies qui résultent d'affinités contrariées ont été fort heureusement notées quand elles se rencontraient en des hommes célèbres. Ainsi Bayle éprouvait des convulsions en entendant jaillir de l'eau. Scaliger palissait en voyant du cresson. Érasme avait la fièvre en sentant du poisson. Ces trois antipathies provenaient de substances aquatiques. Le duc d'Épernon s'évanouissait à la vue d'un levraut, Tychobrahé à celle d'un renard, Henri III à celle d'un chat, le maréchal d'Albret à celle d'un marcassin antipathies toutes produites par des émanations animales et ressenties souvent à des distances énormes. Le chevalier de Guise, Marie de Médicis, et plusieurs autres personnages, se trouvaient mal à l'aspect de toutes les roses, même peintes. Que le chancelier Bacon fut ou non prévenu d'une éclipse de lune, il tombait en faiblesse au moment où elle s'opérait; et sa vie, suspendue pendant tout le temps que durait ce phénomène, reprenait aussitôt après sans lui laisser la moindre incommodité. Ces effets d'antipathies authentiques pris parmi toutes celles que les hasards de l'histoire ont illustrées peuvent suffire à comprendre les effets des sympathies inconnues. Ce fragment d'investigation que je me suis rappelé entre tous les aperçus de Lambert fera concevoir la méthode avec laquelle il procédait dans ses œuvres. Je ne crois pas devoir insister sur la connexité qui liait à cette théorie les sciences équilatérales inventées par Gall et Lavater, elles en étaient les corollaires naturels, et tout esprit légèrement scientifique apercevra les ramifications par lesquelles s'y rattachaient nécessairement les observations phrénologiques de l'un et les documents physiognomoniques de l'autre. La découverte de Mesmer, si importante et si mal appréciée encore, se trouvait tout entière dans un seul développement de ce Traité, quoique Louis ne connût pas les œuvres, d'ailleurs assez laconiques, du célèbre docteur suisse. Une logique et simple déduction de ses principes lui avait fait reconnaître que la volonté pouvait, par un mouvement tout contractile de l'être intérieur, s'amasser, puis, par un autre mouvement, être projetée au dehors, et même être confiée à des objets matériels. Ainsi la force entière d'un homme devait avoir la propriété de réagir sur les autres, et de la pénétrer d'une essence étrangère à la leur, s'ils ne se défendaient contre cette agression. Les preuves de ce théorème de la science humaine sont nécessairement multipliées, mais rien ne les constate authentiquement. Il a fallu, soit l'éclatant désastre de Marius et son allocution au Cimbre chargé de le tuer, soit l'auguste commandement d'une mère au lion de Florence, pour faire connaître historiquement quelques-uns de ces foudroiements de la pensée. Pour lui donc la pensée, dites-vous, ces *forces vives*; aussi en particulier de manière à vous faire partager ses croyances. Pour lui, deux puissances étaient en quelque sorte et visibles et tangibles. Pour lui, la pensée était lente ou prompte, lourde ou agile, claire ou obscure, il lui attribuait toutes les qualités des êtres agissants, la faisait saillir, se reposer, se réveiller, grandir, vieillir, se rétrécir, s'atrophier, s'aviver, et on surprenait la vie en en spécifiant toutes les actes par les bizarreries de notre langage; il en constatait la spontanéité, la force, les qualités, avec une sorte d'intuition qui lui faisait reconnaître tous les phénomènes de cette substance.

— Souvent au milieu du calme et du silence, me disait-il, lorsque nos facultés intérieures sont endormies, quand nous nous abandonnons à la douceur du repos, qu'il s'étend des espèces de ténèbres en nous, et que nous tombons dans la contemplation des choses extérieures, tout à coup une idée s'élance, passe avec la rapidité de l'éclair à travers les espaces infinis dont la perception nous est donnée par notre vue intérieure. Cette idée brillante, surgie comme un feu follet, s'éteint sans retour : existence éphémère, pareille à celle de ces enfants qui font connaître aux parents une joie et un chagrin sans bornes; espèce de fleur mort-née dans les champs de la pensée. Parfois l'idée, au lieu de jaillir avec force et de mourir sans consistance, commence à poindre, se balance dans les limbes inconnus des organes où elle prend naissance, elle nous use par un long enfantement, se développe, grandit, devient féconde, et se produit au dehors dans la grâce de la jeunesse et parée de tous les attributs d'une longue vie, elle soutient les plus curieux regards, elle les attire, ne les lasse jamais : l'examen qu'elle provoque commande l'admiration que suscitent les œuvres longtemps élaborées. Tantôt les idées naissent par essaim, l'une entraîne l'autre, elles s'enchaînent, toutes sont agaçantes, elles abondent, elles sont folles. Tantôt elles se lèvent pâles, confuses, dépérissent faute de force ou d'aliments, la substance génératrice manque. Enfin, à certains jours, elles se précipitent dans les abîmes pour en éclairer les immenses profondeurs, elles nous épouvantent et laissent notre âme abattue. Les idées sont en nous un système complet, semblable à l'un des règnes de la nature, une sorte de floraison dont l'iconographie sera retracée par un homme de génie qui passera pour fou peut-être. Oui, tout, en nous et au dehors, atteste la vie de ces créations ravissantes que je compare à des fleurs, en obéissant à je ne sais quelle révélation de leur nature! Leur production comme fin de l'homme n'est d'ailleurs pas plus étonnante que celle des parfums et des couleurs dans la plante. Les parfums sont des idées peut-être! En pensant que la ligne où finit notre chair et où l'ongle commence contient l'inexplicable et invisible mystère de la transformation constante de nos fluides en corne, il faut reconnaître que rien n'est impossible dans les merveilleuses modifications de la substance humaine. Mais ne se rencontre-t-il donc pas dans la nature morale des phénomènes de mouvement et de pesanteur semblables à ceux de la nature physique? L'*attente*, pour choisir un exemple qui puisse être vivement senti de tout le monde, n'est-il pas douloureuse que par l'effet de la loi en vertu de laquelle le poids d'un corps est multiplié par sa vitesse. La pesanteur du sentiment que produit l'attente ne s'accroît-elle point par une addition constante des souffrances passées à la douleur du moment? Enfin, à quoi, si ce n'est à une substance électrique, peut-on attribuer la magie par laquelle la volonté s'introuise si majestueusement dans les regards pour foudroyer les obstacles aux commandements du génie, éclate dans la voix, ou filtre, malgré l'hypocrisie, au travers de l'enveloppe humaine? Le courant de ce roi des fluides qui, suivant la haute pression de la pensée ou du sentiment, s'épanche à flots ou s'amoindrit et s'effile, puis s'amasse pour jaillir en éclairs, ou l'occulte ministre auquel sont dus soit les efforts ou funestes ou bienfaisants des arts et des passions, soit les intonations de la voix, rude, suave, terrible, lascive, horripilante, séductrice tour à tour, et qui vibre dans le cœur, dans les entrailles ou dans la cervelle, au gré de nos vouloirs; soit tous les prestiges du toucher, d'où procèdent les transfusions mentales de tant d'artistes de qui les mains créatrices savent, après mille études passionnées, évoquer la nature; soit enfin les dégradations infinies de l'œil, depuis son atone inertie jusqu'à ses projections de lueurs les plus effrayantes. Or à ce système Dieu ne perd aucun de ses droits. La pensée matérielle m'en a raconté de nouvelles grandeurs!

Après l'avoir entendu parlant ainsi, après avoir reçu dans l'âme son regard comme une lumière, il était difficile de ne pas être ébloui par sa conviction, entraîné par ses raisonnements. Aussi la PENSÉE m'apparaissait-elle comme une puissance toute physique, accompagnée de ses incommensurables générations. Elle était une nouvelle humanité sous une autre forme. Le simple aperçu des lois, que Lambert prétendait être la formule de notre intelligence, doit suffire pour faire imaginer l'activité prodigieuse avec laquelle son âme se dévorait elle-même. Louis avait cherché des preuves à ses principes dans l'histoire des grands hommes dont l'existence, mise à jour par les biographes, fournit des particularités curieuses sur les actes de leur entendement. Sa mémoire lui ayant permis de se rappeler les faits qui pouvaient servir de développement à ses assertions, il les avait annexés à chacun des chapitres auxquels ils servaient de démonstration, en sorte que plusieurs de ses maximes en acquéraient une certitude presque mathématique. Les œuvres de Cardan, homme doué d'une singulière puissance de vision, lui donnèrent de précieux matériaux. Il n'avait oublié ni Apollonius de Tyanes annonçant en Asie la mort du tyran et dépeignant son supplice à l'heure même où il avait lieu dans Rome; ni Plotin qui, séparé par Porphyre, sentit l'intention où était celui-ci de se tuer, et accourut pour l'en dissuader; ni le fait constaté dans le siècle dernier à la face de la plus moqueuse incrédulité qui se soit jamais rencontrée, fait surprenant pour les hommes habitués à faire du doute une arme contre Dieu seul, mais tout simple pour quelques croyants : Alphonse-Marie de Liguori, évêque de Sainte-Agathe, donna des consolations au pape Ganganelli, qui le vit, l'entendit, lui répondit ; et dans ce même temps, à une tres-grande distance de Rome, l'évêque était observé en extase, chez lui, dans un fauteuil où il s'asseyait habituellement au retour de la messe. En reprenant sa vie ordinaire, il trouva ses serviteurs agenouillés devant lui, qui tous le croyaient mort. — « Mes amis, leur dit-il, le Saint-Père vient d'expirer. » Deux jours après, un courrier confirma cette nouvelle. L'heure de la mort du pape coïncidait avec celle où l'évêque était revenu à son état naturel. Lambert n'avait pas omis l'aventure plus récente encore, arrivée dans le siècle dernier à une jeune Anglaise qui, aimant passionnément un marin, partit de Londres pour aller le trouver, et le trouva, seule, sans guide, dans les déserts de l'Amérique septentrionale, où elle arriva pour lui sauver la vie. Louis avait mis à contribution les mystères de l'antiquité, les actes des martyrs où sont les plus beaux titres de gloire pour la volonté humaine, les démonologies du moyen âge, les procès criminels, les recherches médicales, en discernant partout le fait vrai, le phénomène probable, avec une admirable sagacité. Cette riche collection d'anecdotes scientifiques recueillies dans tant de livres, la plupart dignes de foi, servit sans doute à faire des cornets de papier, et ce travail au moins curieux, enfanté par les plus extraordinaires des mémoires humaines, a dû périr. Entre toutes les preuves qui enrichissaient l'œuvre de Lambert, se trouvait une histoire arrivée dans sa famille, et qu'il m'avait racontée avant d'entreprendre son Traité. Ce fait, relatif à la *post-existence* de l'être intérieur, si je puis me permettre de forger un mot nouveau pour rendre un effet inommé, me frappa si vivement, que j'en ai gardé le souvenir. Son père et sa mère eurent à soutenir un procès dont la perte devait entacher leur probité, seul bien qu'ils possédassent au monde. Donc l'anxiété fut grande quand s'agita la question de savoir si l'on céderait à l'injuste agression du demandeur, ou si l'on se défendrait contre lui. La délibération eut lieu par une nuit d'automne, devant un feu de tourbe, dans la chambre du tanneur et de sa femme. A ce conseil furent appelés deux ou trois parents et le bisaïeul maternel de Louis, vieux laboureur tout cassé, mais d'une figure vénérable et majestueuse, dont les yeux étaient clairs, dont le crâne jauni par le temps conservait encore quelques mèches de cheveux blancs épars. Semblable à l'*obi* des nègres, au *sagamore* des sauvages, il était une espèce d'esprit oraculaire dont on consultait dans les grandes occasions. Ses biens étaient cultivés par ses petits-enfants, qui le nourrissaient et le servaient, il leur pronostiquait la pluie, le beau temps, et leur indiquait le moment où ils devaient faucher les prés ou rentrer les moissons. La justesse barométrique de sa parole, devenue célèbre, augmentait toujours la confiance et le culte qui s'attachaient à lui. Il demeurait des journées entières immobile sur sa chaise, état d'extase qui lui était familier depuis la mort de sa femme, pour laquelle il avait eu la plus vive et la plus constante des affections. Le débat eut lieu devant lui, sans qu'il parût y prêter une grande attention. — Mes enfants, leur dit-il quand il fut requis de donner son avis, cette affaire est trop grave pour que je la décide seul. Il faut que j'aille consulter ma femme. Le bonhomme se leva, prit son bâton, et sortit, au grand étonnement des assistants, qui le crurent tombé en enfance. Il revint bientôt et leur dit : — Je n'ai pas eu besoin d'aller jusqu'au cimetière, votre mère est venue au-devant de moi, je l'ai trouvée auprès du ruisseau. Elle m'a dit que vous retrouveriez chez un notaire de Blois des quittances qui vous feraient gagner votre procès. Ces paroles furent prononcées d'une voix ferme. L'attitude et la physionomie de l'aïeul annonçaient un homme pour qui cette apparition était habituelle. En effet, les pièces contestées se retrouvèrent, et le procès n'eut pas lieu. Cette aventure arrivée sous le toit paternel, aux yeux de Louis, alors âgé de neuf ans, contribua beaucoup à lui faire croire aux visions miraculeuses de Swedenborg, qui donna pendant sa vie plusieurs preuves de la puissance de vision acquise à son *être intérieur*. En avançant en âge et à mesure que son intelligence se développait, Lambert devait être conduit à chercher dans les lois de la nature humaine les causes du miracle qui dès l'enfance avait attiré son attention. De quel nom appeler le hasard qui rassemblait autour de lui ses faits, les livres relatifs à ces phénomènes, et le rendit lui-même le théâtre et l'acteur des plus grandes merveilles de la pensée? Quand Louis n'aurait pour seul titre à la gloire que d'avoir, dès l'âge de quinze ans, émis cette maxime psychologique : « Les événements qui attestent l'action de l'humanité, et qui sont le produit de son intelligence, ont des causes dans lesquelles ils sont préconçus, comme nos actions sont accomplies dans notre pensée avant de se reproduire au dehors ; les pressentiments ou les prophéties sont l'*aperçu* de ces causes; » je crois qu'il faudrait déplorer en lui la perte d'un génie égal à celui des Pascal, des Lavoisier, des Laplace. Peut-être ses chimères sur les anges domineront-elles trop longtemps ses travaux; mais n'est-ce pas en cherchant à faire de l'or que les savants ont insensiblement créé la chimie? Cependant, si plus tard Lambert étudia l'anatomie comparée, la physique, la géométrie et les sciences qui se rattachaient à ses découvertes, il eut nécessairement l'intention de rassembler des faits et de procéder par l'analyse, seul flambeau qui puisse nous guider aujourd'hui à travers les obscurités de la moins saisissable des natures. Il avait certes trop de sens pour rester dans les nuages des théories, qui toutes peuvent se traduire en quelques mots. Aujourd'hui, la démonstration la plus simple appuyée sur les faits n'est-elle pas plus précieuse que ne le sont les plus beaux systèmes défendus par les inductions plus ou moins ingénieuses? Mais ne l'ayant pas connu pendant l'époque de sa vie où il dut réfléchir avec le plus de fruit, je ne puis que conjecturer la portée de ses œuvres d'après celle de ses premières méditations. Il est facile de saisir en quoi péchait son Traité de la Volonté. Quoique doué déjà des qualités qui distinguent les hommes supérieurs, il était encore enfant. Quoique riche et habile aux abstractions, son cerveau se ressentait encore des délicieuses croyances qui flottent autour de toutes les jeunesses. Sa conception touchait donc aux fruits mûrs de son génie par quelques points, et par une foule d'autres elle se rapprochait de la petitesse des germes. A quelques esprits amoureux de poésie, son plus grand défaut eût semblé une qualité savoureuse. Son œuvre emportait les marques de la lutte que se livraient dans cette belle âme ces deux grands principes, le spiritualisme, le matérialisme, autour desquels ont tourné tant de beaux génies, sans qu'aucun d'eux ait osé les fondre en un seul. D'abord spiritualiste pur, Louis avait été conduit invinciblement à reconnaître la matérialité de la pensée. Battu par les faits de l'analyse au moment où son cœur lui faisait encore regarder avec amour les nuages épars dans les cieux de Swedenborg, il ne se trouvait pas encore de force à produire un système unitaire, compacte, fondu d'un seul jet. De là venaient quelques contradictions empreintes jusque dans l'esquisse que je trace de ses premiers essais. Quelque incomplet que fût son ouvrage, n'était-il pas le brouillon d'une science dont, plus tard, il aurait approfondi les mystères, assuré les bases, recherché, déduit et enchaîné les développements?

Six mois après la confiscation du Traité sur la Volonté, je quittai le collège. Notre séparation fut brusque. Ma mère, alarmée d'une fièvre qui depuis quelque temps ne me quittait pas, et à laquelle mon inaction corporelle donnait les symptômes du *coma*, m'enleva du collège en quatre ou cinq heures. A l'annonce de mon départ, Lambert devint d'une tristesse effrayante. Nous nous cachâmes pour pleurer.

— Te reverrai-je jamais ? me dit-il de sa voix douce en me serrant dans ses bras. — Tu vivras, toi, reprit-il, mais moi, je mourrai. Si je le peux, je t'apparaîtrai.

Il faut être jeune pour prononcer de telles paroles avec un accent de conviction qui les fait accepter comme un présage, comme une promesse dont l'effroyable accomplissement sera redouté. Pendant longtemps, j'ai pensé vaguement à cette apparition promise. Il est encore certains jours de spleen, de doute, de terreur, de solitude, où je suis obligé de chasser les souvenirs de cet adieu mélancolique, qui cependant ne devait pas être le dernier. Lorsque je traversai la cour par laquelle nous sortions, Lambert était collé à l'une des fenêtres grillées du réfectoire pour me voir passer. Sur mon désir, ma mère obtint la permission de le faire dîner avec nous à l'auberge. A mon tour, le soir, je le ramenai au seuil fatal du collège. Jamais amant et maîtresse ne versèrent en se séparant plus de larmes que nous n'en répandîmes.

— Adieu donc ! je vais être seul dans ce désert, me dit-il en me montrant les cours où deux cents enfants jouaient et criaient. Quand je reviendrai fatigué, demi-mort, de mes longues courses à travers les champs de la pensée, dans quel cœur me reposerai-je ? Un regard me suffisait pour te dire tout. Qui donc maintenant me comprendra ? Adieu ! je voudrais ne t'avoir jamais rencontré, je ne saurais pas tout ce qui va me manquer.

— Et moi, lui dis-je, que deviendrai-je ? ma situation n'est-elle pas plus affreuse ? je n'ai rien ici pour me consoler, ajoutai-je en me frappant le front.

Il hocha la tête par un mouvement empreint d'une grâce pleine de tristesse, et nous nous quittâmes. En ce moment, Louis Lambert avait cinq pieds deux pouces, il n'a plus grandi. Sa physionomie, devenue largement expressive, attestait la bonté de son caractère. Une patience divine, développée par les mauvais traitements, une concentration continuelle exigée par sa vie contemplative, avaient dépouillé son regard de cette audacieuse fierté qui plaît dans certaines figures, et par laquelle il savait accabler nos régents. Sur son visage éclataient des sentiments paisibles, une sérénité ravissante que n'altérait jamais rien d'ironique ou de moqueur, car sa bienveillance native tempérait la conscience de sa force et de sa supériorité. Il avait de jolies mains, bien effilées, presque toujours humides. Son corps était une merveille digne de la sculpture ; mais nos uniformes gris de fer à boutons dorés, nos culottes courtes, nous donnaient une tour-

more si disgracieuse, que le fini des proportions de Lambert et sa morbidesse ne pouvaient s'apercevoir qu'au bain. Quand nous nagions dans notre bassin du Loir, Louis se distinguait par la blancheur de sa peau, qui tranchait sur les différents tons de chair de nos camarades, tous marbrés par le froid ou violacés par l'eau. Délicat de formes, gracieux de pose, doucement coloré, ne frissonnant pas hors de l'eau, peut-être parce qu'il évitait l'ombre et courait toujours au soleil, Louis ressemblait à ces fleurs prévoyantes, qui ferment leurs calices à la bise, et ne veulent s'épanouir que sous un ciel pur. Il mangeait très-peu, ne buvait que de l'eau; puis, soit par instinct, soit par goût, il se montrait sobre de tout mouvement qui voulait une dépense de force, ses gestes étaient rares et simples comme le sont ceux des Orientaux ou des sauvages, chez lesquels la gravité semble être un état naturel. Généralement, il n'aimait pas tout ce qui ressemblait à de la recherche pour sa personne. Il penchait assez habituellement sa tête à gauche, et restait si souvent accoudé, que les manches de ses habits neufs étaient promptement percées. A ce léger portrait de l'homme, je dois ajouter une esquisse de son moral, car je crois aujourd'hui pouvoir impartialement en juger. Quoique naturellement religieux, Louis n'admettait pas les minutieuses pratiques de l'Eglise romaine, ses idées sympathisaient plus particulièrement avec celles de sainte Thérèse et de Fénelon, avec celles de plusieurs pères et de quelques saints, qui, de nos jours, seraient traités d'hérésiarques et d'athées. Il était impassible pendant les offices. Sa prière procédait par des élancements, par des élévations d'âme qui n'avaient aucun mode régulier; il se laissait aller en tout à la nature, et ne voulait pas plus prier que penser à heure fixe. Souvent, à la chapelle, il pouvait aussi bien songer à Dieu que méditer sur quelque idée philosophique. Jésus-Christ était pour lui le plus beau type de son système. Le : *Et Verbum caro factum est!* lui semblait une sublime parole destinée à exprimer la formule traditionnelle de la volonté, du verbe, de l'action, se faisant visibles. Le Christ ne s'apercevant pas de sa mort, ayant assez perfectionné l'être intérieur par ses œuvres divines pour qu'un jour la forme invisible en apparût à ses disciples, enfin les mystères de l'Evangile, les guérisons magnétiques du Christ et le don des langues, lui confirmaient sa doctrine. Je me souviens de lui avoir entendu dire à ce sujet que le plus bel ouvrage à faire aujourd'hui était l'histoire de l'Eglise primitive. Jamais il ne s'élevait autant vers la poésie qu'au moment où il abordait, dans une conversation du soir, l'examen des miracles opérés par la puissance de la volonté pendant cette grande époque de foi. Il trouvait les plus fortes preuves de sa théorie dans presque tous les martyres subis pendant le premier siècle de l'Eglise, qu'il appelait *la grande ère de la pensée*. — « Les phénomènes arrivés dans la plupart des supplices si héroïquement soufferts par les chrétiens pour l'établissement de leurs croyances ne prouvent-ils pas, disait-il, que les forces matérielles ne prévaudront jamais contre la force des idées ou contre la volonté de l'homme? Chacun peut conclure de cet effet produit par la volonté de tous, en faveur de la sienne. » Je ne crois pas devoir parler de ses idées sur la poésie et sur l'histoire, ni de ses jugements sur les chefs-d'œuvre de notre langue. Il n'y aurait rien de bien curieux à consigner ici des opinions devenues presque vulgaires aujourd'hui, mais qui, dans la bouche d'un enfant, pouvaient alors paraître extraordinaires. Louis était à la hauteur de tout. Pour exprimer d'un seul mot son talent, il eût écrit Zadig aussi spirituellement que l'écrivit Voltaire; il aurait aussi fortement pensé que Montesquieu dans le dialogue de Sylla et d'Eucrate. La grande rectitude de ses idées lui faisait désirer avant tout, dans une œuvre, un caractère d'utilité; de même que son esprit fin y exigeait la nouveauté de la pensée autant que celle de la forme. Tout ce qui ne remplissait pas ces conditions lui causait un profond dégoût. L'une de ses appréciations littéraires les plus remarquables, et qui fera comprendre le sens de toutes les autres aussi bien que la lucidité de ses jugements, est celle-ci, qui m'est restée dans la mémoire : « L'Apocalypse est une extase écrite. » Il considérait la Bible comme une portion de l'histoire traditionnelle des peuples antédiluviens, qui s'était partagée l'humanité nouvelle. Pour lui, la mythologie des Grecs tenait à la fois de la Bible hébraïque et des livres sacrés de l'Inde, que cette nation, amoureuse de grâce, avait traduites à sa manière.
— « Il est impossible, disait-il, de révoquer en doute la priorité des Ecritures asiatiques sur nos Ecritures saintes. Pour qui sait reconnaître avec bonne foi ce point historique, le monde s'élargit étrangement. N'est-ce pas sur le plateau de l'Asie que se sont réfugiés les quelques hommes qui ont pu survivre à la catastrophe subie par notre globe, si toutefois des hommes existaient avant ce renversement ou ce choc? question grave dont la solution est écrite au fond des mers. L'anthropogonie de la Bible n'est donc que la généalogie d'un essaim sorti de la ruche humaine, qui se suspendit aux flancs montagneux du Thibet, entre les sommets de l'Himalaya et ceux du Caucase. Le caractère des idées premières de la horde dont son législateur nomma le chef Dieu, sans doute pour lui donner de l'unité, peut-être aussi pour lui faire conserver ses propres lois et son système de gouvernement, car les livres de Moïse sont un code religieux, politique et civil, ce caractère est marqué au coin de la terreur : la convulsion du globe est interprétée comme une vengeance d'en haut par des pensées gigantesques. Enfin, ne goûtant aucune des douceurs que trouve un peuple assis dans une terre patriarcale, les malheurs de cette peuplade en voyage ne lui ont dicté que des poésies sombres, majestueuses et sanglantes. Au contraire, le spectacle des promptes réparations de la terre, les effets prodigieux du soleil, dont les premiers témoins furent les Hindous, leur ont inspiré les riantes conceptions de l'amour heureux, le culte du feu, les personnifications infinies de la reproduction. Ces magnifiques images manquent à l'œuvre des Hébreux. Un constant besoin de conservation, à travers les dangers et les pays parcourus jusqu'au lieu du repos, engendra le sentiment exclusif de ce peuple, et sa haine contre les autres nations. Ces trois Ecritures sont les archives du monde englouti. Là est le secret des grandeurs inouïes de ces langages et de leurs mythes. Une grande histoire humaine gît sous ces noms d'hommes et de lieux, sous ces fictions qui nous attachent irrésistiblement, sans que nous sachions pourquoi. Peut-être y respirons-nous l'air natal de notre nouvelle humanité. »

Pour lui, cette triple littérature impliquait donc toutes les pensées de l'homme. Il ne se faisait pas un livre, selon lui, dont le sujet ne s'y pût trouver en germe. Cette opinion montre combien ses premières études sur la Bible furent savamment creusées, et jusqu'où elles le menèrent. Planant toujours au-dessus de la société, qu'il ne connaissait que par les livres, il la jugeait froidement. — « Les lois, disait-il, n'y arrêtent jamais les entreprises des grands ou des riches, et frappent les petits, qui ont, au contraire, besoin de protection. » Sa bonté ne lui permettait donc pas de sympathiser avec les idées politiques, mais son système conduisait à l'obéissance passive dont l'exemple fut donné par Jésus-Christ. Pendant les derniers moments de mon séjour à Vendôme, Louis ne sentait plus l'aiguillon de la gloire, il avait, en quelque sorte, abstractivement joui de la renommée, et, après l'avoir ouverte, comme les anciens sacrificateurs, qui cherchaient l'avenir au cœur des hommes, il n'avait rien trouvé dans les entrailles de cette chimère. Méprisant donc un sentiment tout personnel : — La gloire, me disait-il, est l'égoïsme divinisé.

Ici peut-être, avant de quitter cette enfance exceptionnelle, dois-je la juger par un rapide coup d'œil.

Quelque temps avant notre séparation, Lambert me disait : — « A part les lois générales, dont la formule sera peut-être ma gloire, et qui doivent être celles de notre organisme, la vie de l'homme est un mouvement qui se résout plus particulièrement, en chaque être, au gré de je ne sais quelle influence, par le cerveau, par le sang ou par le nerf. Des trois constitutions représentées par ces mots vulgaires, dérivent les modes infinis de l'humanité, qui tous résultent des proportions dans lesquelles ces trois principes générateurs se trouvent plus ou moins bien combinés avec les substances qu'ils s'assimilent dans les milieux où ils vivent. » Il s'arrêta, se frappa le front, et me dit : — « Singulier fait! chez tous les grands hommes dont les portraits ont frappé mon attention, le cou est court. Peut-être la nature veut-elle que chez eux le cœur soit plus près du cerveau? » Puis il reprit : — « De là procède un certain ensemble d'acte qui compose l'existence sociale. A l'homme de nerf, l'action ou la force; à l'homme de cerveau, le génie; à l'homme de cœur, la foi. Mais, ajouta-t-il tristement, à la foi, les nuées du sanctuaire; à l'ange seul, la clarté. » Donc, suivant ses propres définitions, Lambert fut tout cœur et tout cerveau.

Pour moi, la vie de son intelligence s'est scindée en trois phases. Soumis, dès l'enfance, à une précoce activité, due sans doute à quelque maladie ou à quelque perfection de ses organes, dès l'enfance, ses forces se résumaient par le jeu de ses sens intérieurs et par une surabondante production de fluide nerveux. Homme d'idées, il lui fallut étancher la soif de son cerveau qui voulait s'assimiler toutes les idées. De là, ses lectures, et de là, ses réflexions, qui lui donnèrent le pouvoir de réduire les choses à leur plus simple expression, de les absorber en lui-même pour les étudier dans leur essence. Les bénéfices de cette magnifique période, accomplie chez les autres hommes après de longues études seulement, échurent donc à Lambert pendant son enfance corporelle; enfance heureuse, enfance colorée par les studieuses félicités du poète. Le terme où arrivent la plupart des cerveaux fut le point d'où le sien devait partir un jour à la recherche de quelques nouveaux mondes d'intelligence. Là, sans le savoir encore, il s'était créé la vie la plus exigeante de toutes, la plus avidement insatiable. Pour exister, ne lui fallait-il pas sans cesse une pâture à l'abîme qu'il avait ouvert en lui? Semblable à certains êtres des régions mondaines, ne pouvait-il périr faute d'aliments pour d'excessifs appétits trompés? N'était-ce pas la débauche importée dans l'âme, et qui devait la faire arriver, comme les corps saturés d'alcool, à quelque combustion instantanée? Cette première phase cérébrale me fut inconnue; aujourd'hui seulement, je puis m'en expliquer ainsi les prodigieuses fructifications et les effets. Lambert avait alors treize ans.

Je fus assez heureux pour assister aux premiers jours du second âge. Lambert, et cela le sauva peut-être, y tomba dans toutes les misères de la vie collégiale, et y dépensa la surabondance de ses pensées. Après avoir passé des choses à leur expression pure, des mots à leur substance idéale, de cette substance à des principes; après avoir tout abstrait, il aspirait, pour vivre, à d'autres créations intellectuelles. Dompté par les malheurs du collège et par les crises de sa vie physique, il demeura méditatif, devina les sentiments, entrevit de nouvelles sciences, véritables masses d'idées ! Arrêté dans sa course, et trop faible encore pour contempler les sphères supérieures, il se contempla intérieurement. Il m'offrit alors le combat de la pensée réagissant sur elle-même et cherchant à surprendre les secrets de sa nature, comme un médecin qui étudierait les progrès de sa propre maladie. Dans cet état de force et de faiblesse, de grâce enfantine et de puissance surhumaine, Louis Lambert est l'être qui m'a donné l'idée la plus poétique et la plus vraie de la créature que nous appelons *un ange*, en exceptant toutefois une femme de qui je voudrais dérober au monde le nom, les traits, la personne et la vie, afin d'avoir été seul dans le secret de son existence et pouvoir l'ensevelir au fond de mon cœur.

La troisième phase dut m'échapper. Elle commençait lorsque je fus séparé de Louis, qui ne sortit du collège qu'à l'âge de dix-huit ans, vers le milieu de l'année 1815. Louis avait alors perdu son père et sa mère depuis environ six mois. Ne rencontrant personne dans sa famille avec qui son âme, toujours expansive mais toujours comprimée depuis notre séparation, pût sympathiser, il se réfugia chez son oncle, nommé son tuteur, qui, chassé de sa cure en sa qualité de prêtre assermenté, était venu demeurer à Blois. Louis y séjourna pendant quelque temps. Dévoré bientôt par le désir d'achever des études qu'il dut trouver incomplètes, il vint à Paris pour revoir madame de Staël, et pour puiser la science à ses plus hautes sources. Le vieux prêtre, ayant un grand faible pour son neveu, laissa Louis libre de manger son héritage pendant un séjour de trois années à Paris, quoiqu'il y vécût dans la plus profonde misère. Cet héritage consistait en quelques milliers de francs. Lambert revint à Blois vers le commencement de l'année 1820, chassé de Paris par les souffrances qu'y trouvent les gens sans fortune. Pendant son séjour, il dut y être souvent en proie à des orages secrets, à ces horribles tempêtes de pensées par lesquelles les artistes sont livrés, s'il faut en juger par le seul fait que son oncle se soit rappelé, par la seule lettre que le bonhomme ait conservée de toutes celles qu'il écrivit à cette époque Louis Lambert, lettre gardée peut-être parce qu'elle était la dernière et la plus longue de toutes.

Voici d'abord le fait. Louis se trouvait un jour au Théâtre-Français placé sur une banquette des secondes galeries, près d'un de ces piliers entre lesquels étaient alors les troisièmes loges. En se levant pendant le premier entr'acte, il vit une jeune femme qui venait d'arriver dans la loge voisine. La vue de cette femme, jeune et belle, bien mise, décolletée peut-être, et accompagnée d'un amant pour lequel sa figure s'animait de toutes les grâces de l'amour, produisit sur l'âme et sur les sens de Lambert un effet si cruel, qu'il dut sortir de la salle. S'il n'eût profité des dernières lueurs de sa raison, qui, dans le premier moment de cette brûlante passion, ne s'éteignit pas complètement, peut-être aurait-il succombé au désir presque invincible qu'il ressentit alors de tuer le jeune homme auquel s'adressaient les regards de cette femme. N'était-ce pas dans notre monde de Paris un éclair de l'amour du sauvage qui se jette sur la femme comme sur sa proie, un effet d'instinct bestial joint à la rapidité des jets presque lumineux d'une âme comprimée sous la masse de ses pensées? Enfin, n'était-ce pas le coup de canif imaginaire ressenti par l'enfant, devenu chez l'homme le coup de foudre de son besoin le plus impérieux, l'amour?

Maintenant voici la lettre dans laquelle se peint l'état de son âme frappée par le spectacle de la civilisation parisienne. Son cœur, sans doute constamment froissé dans ce gouffre d'égoïsme, dut toujours y souffrir. Il n'y rencontra peut-être ni amis pour le consoler, ni ennemis pour donner du ton à sa vie. Contraint de vivre sans cesse en lui-même et ne partageant avec personne ses exquises jouissances, peut-être voulait-il résoudre l'œuvre de sa destinée par l'extase, et rester sous une forme presque végétale, comme un anachorète des premiers temps de l'Église, en abdiquant ainsi l'empire du monde intellectuel. La lettre semble indiquer ce projet, auquel les âmes grandes se sont prises à toutes les époques de rénovation sociale. Mais cette résolution n'est-elle pas alors pour certaines d'entre elles l'effet d'une vocation? ne cherchent-elles pas à concentrer leurs forces dans un long silence, afin d'en sortir propres à gouverner le monde, par la parole ou par l'action? Certes, Louis avait dû recueillir bien de l'amertume parmi les hommes, ou presser la société pour quelque terrible ironie sans pouvoir en rien tirer, pour jeter une si vigoureuse clameur, pour arriver, lui pauvre! au désir que la lassitude de la puissance et de toute chose a fait accomplir à certains souverains. Peut-être aussi venait-il achever dans la solitude quelque grande œuvre qui flottait indécise dans son cerveau? Qui ne le croirait volontiers en lisant ce fragment de ses pensées où se trahissent les combats de son âme au moment où cessait pour lui la jeunesse, où commençait à éclore la terrible faculté de produire à laquelle auraient été dues les œuvres de l'homme? Cette lettre est en rapport avec l'aventure arrivée au théâtre. Le fait et l'écrit s'illuminent réciproquement, l'âme et le corps s'étaient mis au même ton. Cette tempête de doutes et d'affirmations, de nuages et d'éclairs, qui souvent laisse échapper la foudre, et qui finit par une aspiration affamée vers la lumière céleste, jette assez de clarté sur la troisième époque de son éducation morale pour la faire comprendre en entier. En lisant ces pages écrites au hasard, prises et reprises suivant les caprices de la vie parisienne, ne semble-t-il pas voir un chêne pendant le temps où son accroissement intérieur fait crever sa jolie peau verte, le couvre de rugosités, de fissures, et où se prépare sa forme majestueuse, si toutefois le tonnerre du ciel ou la hache de l'homme le respectent?

A cette lettre finira donc, pour le penseur comme pour le poète, cette enfance grandiose et cette jeunesse incomprise. Là se termine le contour de ce germe moral : les philosophes en regretteront les frondaisons atteintes par la gelée dans leurs bourgeons; mais sans doute ils en verront les fleurs écloses dans des régions plus élevées que ne le sont les plus hauts lieux de la terre.

Paris, septembre-novembre 1819.

« Cher oncle, je vais bientôt quitter ce pays, où je ne saurais vivre. Je n'y vois aucun homme aimer ce que j'aime, s'occuper de ce qui m'occupe, s'étonner de ce qui m'étonne. Forcé de me replier sur moi-même, je me creuse et souffre. La longue et patiente étude que je viens de faire de cette société donne des conclusions tristes où le doute domine. Ici le point de départ en tout est l'argent. Il faut de l'argent, même pour se passer d'argent. Mais, quoique ce métal soit nécessaire à qui veut penser tranquillement, je ne me sens pas le courage de le rendre l'unique mobile de mes pensées. Pour amasser une fortune, il faut choisir un état; en un mot, acheter par quelque privilège de position ou d'achalandage, ou par un privilège légal si habilement créé, le droit de prendre chaque jour, dans la bourse d'autrui, une somme assez mince qui, chaque année, produit un petit capital; lequel par vingt années, donne à peine quatre ou cinq mille francs de rente quand on se conduit honnêtement. En quinze ou seize ans et après son apprentissage, l'avoué, le notaire, le marchand, tous les travailleurs patentés ont gagné de quoi pain pour leurs vieux jours. Je ne me suis senti propre à rien en ce genre. Je préfère la pensée à l'action, une idée à une affaire, la contemplation au mouvement. Je manque essentiellement de la constante attention nécessaire à qui veut faire fortune. Toute entreprise mercantile, toute obligation de demander de l'argent à autrui, me conduirait à mal, et je serais bientôt ruiné. Si je n'ai rien, au moins ne dois-je rien en ce moment. Il faut matériellement peu à celui qui vit pour accomplir de grandes choses dans l'ordre moral; mais, quoique vingt sous par jour puissent me suffire, je ne possède pas la rente de cette oisiveté travailleuse. Si je veux méditer, le besoin me chasse hors du sanctuaire où se meut ma pensée. Que vais-je devenir? La misère ne m'effraye pas. Si l'on m'emprisonnait, si l'on me flétrissait, si l'on me suppliciait, point les mendiants, je mendierais pour pouvoir résoudre à mon aise les problèmes qui les occupent. Mais cette sublime résignation par laquelle je pourrais émanciper ma pensée en la libérant de mon corps ne servirait à rien : il faut encore de l'argent pour se livrer à certaines expériences. Sans cela, j'eusse accepté l'indigence apparente d'un penseur qui possède la terre et le ciel. Pour être grand dans la misère, il suffit de ne jamais s'avilir. L'homme qui combat et souffre en marchant vers un noble but présente certes un beau spectacle; mais ici qui se sent la force de lutter? On escalade des rochers, on ne peut pas toujours piétiner dans la boue. Ici tout décourage le vol en droite ligne d'un esprit qui tend à l'avenir. Je ne me craindrais pas dans une grotte au désert, et je me crains ici. Au désert, je serais avec moi-même sans distraction; ici, l'homme éprouve une foule de besoins qui le rapetissent. Quand vous êtes sorti rêveur, préoccupé, la voix du pauvre vous rappelle au milieu de ce monde de faim et de soif, en vous demandant l'aumône. Il faut de l'argent pour se promener. Les organes, incessamment fatigués par des riens, ne se reposent jamais. La nerveuse disposition du poète est ici sans cesse ébranlée, et ce qui doit faire sa gloire devient son tourment : son imagination y est sa plus cruelle ennemie. Ici l'ouvrier blessé, l'indigente en couches, la fille publique devenue malade, l'enfant abandonné, le vieillard infirme, les vices, le crime lui-même, trouvent un asile et des soins; tandis que le monde est impitoyable pour l'inventeur, pour tout homme qui médite. Ici, tout doit avoir un résultat immédiat, réel, l'on se moque des essais d'abord infructueux qui peuvent mener aux plus grandes découvertes; et l'on n'y estime pas cette étude constante et profonde qui veut une longue concentration des forces. L'État pourrait solder le talent comme il solde la baïonnette, mais il tremble d'être trompé par l'homme d'intelligence, comme si l'on pouvait longtemps contrefaire le génie. Ah! mon oncle, quand on a détruit les solitudes conventuelles, assises au pied des monts, sous des ombrages verts et silencieux, ne devait-on pas construire des hospices pour les âmes souffrantes qui, par une seule pensée, engendrent le mieux des nations, ou préparent les progrès d'une science? »

20 septembre.

« L'étude m'a conduit ici, vous le savez, j'y ai trouvé des hommes vraiment instruits, étonnants pour la plupart, mais l'absence d'unité dans les travaux scientifiques annule presque tous les efforts. Ni l'enseignement, ni la science n'ont de chef. Vous entendez au Muséum un professeur prouvant que celui de la rue Saint-Jacques vous a dit d'absurdes niaiseries. L'homme de l'Ecole de médecine soufflette celui du collège de France. A mon arrivée, je suis allé entendre un vieil académicien, qui disait à cinq cents jeunes gens que Corneille est un génie vigoureux et fier, Racine élégiaque et tendre, Moliere inimitable, Voltaire éminemment spirituel, Bossuet et Pascal désespérément forts. Un professeur de philosophie devient illustre en expliquant comment Platon est Platon. Un autre fait l'histoire des mots sans penser aux idées. Celui-ci vous explique Eschyle, celui-là prouve assez victorieusement que les communes étaient les communes et pas autre chose. Ces aperçus nouveaux et lumineux, paraphrasés pendant quelques heures, constituent le haut enseignement qui doit faire faire des pas de géant aux connaissances humaines. Si le gouvernement avait une pensée, je le soupçonnerais d'avoir peur des supériorités réelles qui, réveillées, mettraient la société sous le joug d'un pouvoir intelligent. Les nations iraient alors trop tôt, les professeurs sont alors chargés de faire des sots. Comment expliquer autrement un professorat sans méthode, sans une idée d'avenir? L'Institut pouvait être le grand gouvernement du monde moral et intellectuel; mais il a été récemment brisé par sa constitution en académies séparées. La science humaine marche donc sans guide, sans système, et flotte au hasard, sans s'être tracé de route. Ce laisseraller, cette incertitude existe en politique comme en science. Dans l'ordre naturel, les moyens sont simples, la fin est grande et merveilleuse; ici, dans la science comme dans le gouvernement, les moyens sont immenses, la fin est petite. Cette force qui, dans la nature, marche d'un pas égal, et dont la somme s'ajoute perpétuellement à ellemême, cet A + A qui produit tout, est destructif dans la société. La politique actuelle oppose les unes aux autres les forces humaines pour les neutraliser, au lieu de les combiner pour les faire agir dans un but quelconque. En s'en tenant à l'Europe, depuis César jusqu'à Constantin, du petit Constantin au grand Attila, des Huns à Charlemagne, de Charlemagne à Léon X, de Léon X à Philippe II, de Philippe II à Louis XIV, de Venise à l'Angleterre, de l'Angleterre à Napoléon, de Napoléon à l'Angleterre, qui n'a eu aucune fixité dans la politique, et son agitation constante n'a procuré nul progrès. Les nations témoignent de leur grandeur par des monuments, ou de leur bonheur par le bien-être individuel. Les monuments modernes valent-ils les anciens? j'en doute. Les arts qui participent plus immédiatement de l'homme individuel, les productions de son génie ou de sa main ont peu gagné. Les jouissances de Lucullus valaient bien celles de Samuel Bernard, de Beaujon ou du roi de Bavière. Enfin, la longévité humaine a perdu. Pour qui veut être de bonne foi, rien n'a donc changé, l'homme est le même : la force est toujours son unique loi; le succès sa seule sagesse. Jésus-Christ, Mahomet, Luther, n'ont fait que colorer différemment le cercle dans lequel les jeunes nations ont fait leurs évolutions. Nulle politique n'a empêché la civilisation, ses richesses, ses mœurs, son contrat avec les forts contre les faibles, ses idées et ses voluptés d'aller de Memphis à Tyr, de Tyr à Balbeck, de Telmor à Carthage, de Carthage à Rome, de Rome à Constantinople, de Constantinople à Venise, de Venise en Espagne, d'Espagne en Angleterre, sans que nul vestige n'existe de Memphis, de Tyr, de Carthage, de Rome, de Venise ni de Madrid. L'esprit de ces grands corps s'est envolé. Nul ne s'est préservé de la ruine, et n'a deviné cet axiome : Quand l'effet produit n'est plus en rapport avec sa cause, il y a désorganisation. Le génie le plus subtil ne peut découvrir aucune liaison entre ces grands faits sociaux. Aucune théorie politique n'a vécu. Les gouvernements passent comme les hommes, sans se léguer aucun enseignement, et nul système n'engendre un système plus parfait. Que conclure de la politique, quand le gouvernement, appuyé sur Dieu, a péri dans l'Inde et en Egypte; quand le gouvernement du sabre et de la tiare a passé, quand le gouvernement d'un seul est mort, quand le gouvernement de tous n'a jamais pu vivre, quand aucune conception de la force intelligentielle, appliquée aux intérêts matériels, n'a pu durer, et que tout est à refaire aujourd'hui comme à toutes les époques où l'homme s'est écrié : Je souffre! Le code que l'on regarde comme la plus belle œuvre de Napoléon, est l'œuvre la plus draconienne que je sache. La divisibilité territoriale poussée à l'infini, dont le principe y est consacré par le partage égal des biens, doit engendrer l'abâtardissement de la nation, la mort des arts et celle des sciences. Le sol trop divisé se cultive en céréales, en petits végétaux; les forêts, et partant les cours d'eau disparaissent; il ne s'élève plus ni bœufs, ni chevaux. Les moyens manquent pour l'attaque comme pour la résistance. Vienne une invasion, le peuple est écrasé, il a perdu ses grands ressorts, il a perdu ses chefs. Et voilà l'histoire des déserts! La politique est donc une science sans principes arrêtés, sans fixité possible; elle est le génie du moment, l'application constante de la force, suivant la nécessité du jour. L'homme qui verrait à deux siècles de distance mourrait sur la place publique chargé des imprécations du peuple, ou serait, ce qui me semble pis, flagellé par les mille fouets du ridicule. Les nations sont des individus qui ne sont ni plus sages ni plus forts que ne l'est l'homme, et leurs destinées sont les mêmes. Réfléchir sur celui-ci, n'est-ce pas s'occuper de celles-là? Au spectacle de cette société sans cesse tourmentée dans ses bases comme dans ses effets, dans ses causes comme dans son action, chez laquelle la philanthropie est une magnifique erreur, et le progrès un non-sens, j'ai gagné la confirmation de cette vérité, que la vie est en nous et non au dehors; que s'élever au-dessus des hommes pour les commander est le rôle agrandi d'un régent de classe, et que les hommes assez forts pour monter jusqu'à la ligne où ils peuvent jouir du coup d'œil des mondes, ne doivent pas regarder à leurs pieds. »

5 novembre.

« Je suis assurément occupé de pensées graves, je marche à certaines découvertes, une force invincible m'entraîne vers une lumière qui a brillé de bonne heure dans les ténèbres de ma vie morale; mais quel nom donner à la puissance qui me lie les mains, me ferme la bouche, et m'entraîne en sens contraire à ma vocation? Il faut quitter Paris, dire adieu aux livres des bibliothèques, à ces beaux foyers de lumière, à ces savants si complaisants, si accessibles, à ces jeunes génies avec lesquels je sympathisais. Qui me repousse? est-ce le hasard, est-ce la Providence? Les deux idées que représentent ces mots sont inconciliables. Si le hasard n'est pas, il faut admettre le fatalisme, ou la coordination forcée des choses soumises à un plan général. Pourquoi donc résisterions-nous? Si l'homme n'est plus libre, que devient l'échafaudage de sa morale? Et, s'il peut faire sa destinée, s'il peut par son libre arbitre arrêter l'accomplissement du plan général, que devient Dieu? Pourquoi suis-je venu? Si je m'examine, je le sais; je trouve en moi des textes à développer; mais alors pourquoi possédé-je d'énormes facultés sans pouvoir en user? Si mon supplice servait à quelque exemple, je le concevrais; mais non, je souffre obscurément. Le résultat est aussi providentiel que peut l'être le sort de la fleur inconnue qui meurt au fond d'une forêt vierge sans que personne en sente les parfums ou en admire l'éclat. De même qu'elle exhale vainement ses odeurs dans la solitude, j'enfante ici dans un grenier des idées sans qu'elles soient saisies. Hier, j'ai mangé du pain et des raisins le soir, devant ma fenêtre, avec un jeune médecin nommé Meyraux. Nous avons causé comme des gens que le malheur a rendus frères, et je lui ai dit : — Je pars, vous restez, prenez mes conceptions et développez-les! — Je ne le puis, m'a répondu-t-il avec une amère tristesse, ma santé trop faible ne résistera pas à mes travaux, et je dois mourir jeune en combattant la misère. Nous avons regardé le ciel, en nous pressant les mains. Nous nous sommes rencontrés au cours d'anatomie comparée et dans les galeries du Muséum, amenés tous deux par une même étude, l'unité de la composition zoologique. Chez lui, c'était le pressentiment du génie envoyé pour ouvrir une nouvelle route dans les friches de l'intelligence; chez moi, c'était déduction d'un système général. Ma pensée est de déterminer les rapports réels qui peuvent exister entre l'homme et Dieu. N'est-ce pas une nécessité de l'époque? Sans de hautes certitudes, il est impossible de mettre un mors à ces sociétés que l'esprit d'examen et de discussion a déchaînées et qui crient aujourd'hui : — Menez-nous dans une voie où nous marcherons sans rencontrer des abîmes! Vous me demanderez ce que l'anatomie comparée a de commun avec une question si grave pour l'avenir des sociétés. Ne faut-il pas se convaincre que l'homme est le but de tous les moyens terrestres pour se demander s'il ne sera le moyen d'aucune fin? Si l'homme est lié à tout, n'y a-t-il rien au-dessus de lui à quoi il se lie à son tour? S'il est le terme des transmutations inexpliquées qui montent jusqu'à lui, ne doit-il pas être le lien entre la nature visible et une nature invisible? L'action du monde n'est pas absurde, elle aboutit à une fin, et cette fin ne doit pas être une fin purement constituée comme l'est la nôtre. Il se rencontre une terrible lacune entre nous et le ciel. En l'état actuel, nous ne pouvons ni toujours jouir, ni toujours souffrir, ne faut-il pas un énorme changement pour arriver au paradis et à l'enfer, deux conceptions sans lesquelles Dieu n'existe pas aux yeux de la masse? Je sais qu'on s'est tiré d'affaire en inventant l'âme, mais j'ai quelque répugnance à rendre Dieu solidaire des lâchetés humaines, de nos désenchantements, de nos dégoûts, de notre décadence. Puis comment admettre en nous un principe divin contre lequel quelques verres de rhum puissent prévaloir? Comment imaginer des facultés immatérielles que la matière réduise, dont l'exercice soit enchaîné par un grain d'opium? Comment imaginer que nous sentirons encore quand nous serons dépouillés des conditions de notre sensibilité? Pourquoi Dieu périrait-il, parce que la substance serait pensante? L'animation de la substance et ses innombrables variétés, effets de ses instincts, sont-ils moins inexplicables que les effets de la pensée? Le mouvement imprimé aux mondes n'est-il pas suffisant pour prouver Dieu, sans aller se jeter dans les absurdités engendrées par notre orgueil? Que d'une façon d'être périssable, nous allions après nos épreuves à une existence meilleure, n'est-ce pas assez pour une créature qui ne se distingue des autres que par un instinct plus complet? S'il n'existe pas en morale un principe qui ne mène à l'absurde, ou ne soit contredit par l'évidence, n'est-il pas temps de se mettre en quête des dogmes écrits au fond de la nature des choses? Ne faudrait-il pas retrouver la science philosophique? Nous nous occupons très-peu du prétendu néant qui nous a précédé, et nous fouillons le prétendu néant qui nous attend. Nous faisons Dieu responsable de l'avenir, et nous ne lui demandons aucun compte du passé. Cependant il est aussi nécessaire de savoir si nous n'avons aucune racine dans l'antérieur, que de savoir si nous sommes soudés au futur. Nous n'avons été déistes ou athées que d'un côté. Le monde est-il éternel? le monde est-il créé? Nous ne concevons aucun moyen terme entre ces deux propositions : l'une est fausse, l'autre est vraie, choisissez! Quel que soit votre choix, Dieu, tel que notre raison se le figure, doit s'amoindrir, ce qui équivaut à sa négation. Faites le monde éternel : la question n'est pas douteuse, Dieu l'a subi. Supposez le monde créé, Dieu n'est plus possible. Comment serait-il resté toute une éternité sans savoir qu'il aurait la pensée de créer le monde? Comment n'en aurait-il point su par avance les résultats? D'où en a-t-il tiré l'essence? De lui nécessairement. Si le monde sort de Dieu, comment admettre le mal? Si le mal est sorti du bien, vous tombez dans l'absurde. S'il n'y a pas de mal, que deviennent les sociétés avec leurs lois? Partout des précipices! partout un abîme pour la raison! Il est donc une science sociale à refaire en entier. Ecoutez, mon oncle : tant qu'un beau génie n'aura pas rendu compte de l'inégalité patente des intelligences, le sens général de l'humanité, le mot Dieu, sera sans cesse mis en accusation, et la société reposera sur des sables mouvants. Le secret des différentes zones morales dans lesquelles transite l'homme se trouvera dans l'analyse de l'animalité tout entière. L'animalité n'a, jusqu'à présent, été considérée que par rapport à ses différences, et non dans ses similitudes, dans ses apparences organiques, et non dans ses facultés. Les facultés animales se perfectionnent de proche en proche, suivant des lois à rechercher. Ces facultés correspondent à des forces qui les expriment, et ces forces sont essentiellement matérielles, divisibles. Des facultés matérielles! songez à ces deux mots. N'est-ce pas une question aussi insoluble que l'est celle de la communication du mouvement à la matière, abîme encore inexploré, dont les difficultés ont été plutôt déplacées que résolues par le système de Newton. Enfin la combinaison constante de la lumière avec tout ce qui vit sur la terre, veut un nouvel examen du globe. Le même animal ne se ressemble plus sous la Torride, dans l'Inde ou dans le Nord. Entre la verticalité et l'obliquité des rayons solaires, il se développe une nature dissemblable et pareille qui, la même dans son principe, ne se ressemble ni en deçà ni au delà dans ses résultats. Le phénomène qui crève nos yeux dans le monde zoologique en comparant les papillons du Bengale aux papillons d'Europe est bien plus grand encore dans le monde moral. Il faut un angle facial déterminé, une certaine quantité de plis cérébraux pour obtenir Colomb, Raphaël, Napoléon, Laplace ou Beethoven; la vallée sans soleil donne le crétin, tirez vos conclusions. Pourquoi ces différences dues à la distillation plus ou moins heureuse de la lumière en l'homme? Ces grandes masses humaines souffrantes plus ou moins actives, plus ou moins nourries, plus ou moins éclairées, constituent des difficultés à résoudre, et crient contre Dieu. Pourquoi dans l'extrême joie voulons-nous toujours quitter la terre, pourquoi l'envie de s'élever, qui a saisi, qui saisira toute créature? Le mouvement est une grande âme dont l'alliance avec la matière est tout aussi difficile à expliquer que l'est la production de la pensée en l'homme. Aujourd'hui la science est une, il est impossible de toucher à la politique sans s'occuper de morale, et la morale tient à toutes les questions scientifiques. Il me semble que nous sommes à la veille d'une grande bataille humaine, les forces sont là; seulement je ne vois pas de général. »

. . . .

25 novembre.

« Croyez-moi, mon oncle, il est difficile de renoncer sans douleur à la vie qui nous est propre, je retourne à Blois avec un affreux saisissement de cœur. J'y mourrai en emportant des vérités utiles. Aucun intérêt personnel ne dégrade mes regrets. La gloire est-elle quelque chose à qui croit pouvoir aller dans une sphère supérieure? Je ne suis pris d'aucun amour pour les deux syllabes *Lam* et *bert* : prononcées avec vénération ou avec insouciance sur ma tombe, elles ne changeront rien à ma destinée ultérieure. Je me sens fort, énergique, et pourrais devenir une puissance; je sens en moi une vie si lumineuse, qu'elle pourrait animer un monde, et je suis enfermé dans une sorte de minéral, comme y sont peut-être effectivement les couleurs que vous admirez au cou des oiseaux de la presqu'île indienne. Il faudrait embrasser tout le monde, l'étreindre pour le refaire; mais ceux qui l'ont ainsi étreint et fondu n'ont-ils pas commencé par être un rouage de la machine? moi, je serais broyé. A Mahomet le sabre, à Jésus la croix, à moi la mort obscure; demain à Blois, et quelques jours après dans un cercueil. Savez-vous pourquoi? Je suis revenu à Swedenborg après avoir fait d'immenses études sur les religions et m'être démontré, par la lecture de tous les ouvrages que la patiente Allemagne, l'Angleterre et la France ont publiés depuis soixante ans, la profonde vérité des aperçus de ma jeunesse sur la Bible. Evidemment, Swedenborg résume toutes les religions, ou plutôt la seule religion de l'humanité. Si les cultes ont eu des formes infinies, ni leur sens ni leur construction métaphysique n'ont jamais varié. Enfin l'homme n'a jamais eu qu'une religion. Le sivaïsme, le vichnouisme et le brahmaïsme, les trois premiers cultes humains, nés au Thibet, dans la vallée de l'Indus et sur les vastes plaines du Gange, ont, quelques mille ans avant Jésus-Christ, leurs guerres, par l'adoption de la trimourti indoue. De ce dogme sortent, en Perse, le magisme en Egypte, les religions africaines et le mosaïsme; puis le cabirisme et le polythéisme gréco-romain. Pendant que ces irradiations de la

Le bisaïeul maternel de Louis, vieux laboureur tout cassé. — (page 12.)

mourti adaptent les mythes de l'Asie aux imaginations de chaque pays où elles arrivent conduites par les sages que les hommes transforment en demi-dieux, Mithra, Bacchus, Hermès, Hercule, etc., Bouddha, le célèbre réformateur des trois religions primitives, s'élève dans l'Inde et y fonde son Église, qui compte encore aujourd'hui deux cents millions de fidèles de plus que le christianisme, et où sont venues se tremper les vastes volontés de Christ et de Confucius. Le christianisme lève sa bannière. Plus tard, Mahomet fond le mosaïsme et le christianisme, la Bible et l'Évangile en un livre, le Coran, où il les approprie au génie des Arabes. Enfin Swedenborg reprend au magisme, au brahmaïsme, au bouddhisme et au mysticisme chrétien ce que ces quatre grandes religions ont de commun, de réel, de divin, et rend à leur doctrine une vaste raison pour ainsi dire mathématique. Pour qui se jette dans ces fleuves religieux dont tous les fondateurs ne sont pas connus, Zoroastre, Moïse, Bouddha, Confucius, Jésus-Christ, Swedenborg, ont les mêmes principes, et se proposent la même fin. Mais le dernier de tous, Swedenborg sera peut-être le Bouddha du Nord. Quelque obscurs et diffus que soient ses livres, il s'y trouve les éléments d'une conception sociale grandiose. Sa théocratie est sublime, et sa religion est la seule que puisse admettre un esprit supérieur. Lui seul fait toucher à Dieu, il en donne soif, il a dégagé la majesté de Dieu des langes dans lesquels l'ont entortillée les autres cultes humains; il l'a laissé là où il est, en faisant graviter autour de lui ses créations innombrables et ses créatures par des transformations successives qui sont un avenir plus immédiat, plus naturel, que ne l'est l'éternité catholique. Il a lavé Dieu du reproche que lui font les âmes tendres sur la pérennité des vengeances par lesquelles il punit les fautes d'un instant, système sans justice ni bonté. Chaque homme peut savoir s'il lui est réservé d'entrer dans un autre vie, et si ce monde a un sens. Cette expérience, je vais la tenter. Cette tentative peut sauver le monde, aussi bien que la croix de Jérusalem et le sabre de la Mecque. L'une et l'autre sont fils du désert. Des trente-trois années de Jésus, il n'en est que neuf de connues; sa vie silencieuse a préparé sa vie glorieuse. A moi aussi, il me faut le désert! »

Malgré les difficultés de l'entreprise, j'ai cru devoir essayer de peindre la jeunesse de Lambert, cette vie cachée à laquelle je suis redevable des seules bonnes heures et des seuls souvenirs agréables de mon enfance. Hormis ces deux années, je n'ai eu que troubles et ennuis. Si, plus tard, le bonheur est venu, mon bonheur fut toujours incomplet. J'ai été très-diffus, sans doute; mais, faute de pénétrer dans l'étendue du cœur et du cerveau de Lambert, deux mots qui représentent imparfaitement les modes infinis de sa vie intérieure, il serait presque impossible de comprendre la seconde partie de son histoire intellectuelle, également inconnue au monde et à moi, mais dont l'occulte dénouement s'est développé devant moi pendant

quelques heures. Ceux auxquels ce livre ne sera pas encore tombé des mains comprendront, je l'espère, les événements qui me restent à raconter, et qui forment en quelque sorte une seconde existence à cette créature, pourquoi ne dirais-je pas à cette création, en qui tout devait être extraordinaire, même sa fin?

Quand Louis fut de retour à Blois, son oncle s'empressa de lui procurer des distractions. Mais ce pauvre prêtre se trouvait dans cette ville dévote comme un véritable lépreux. Personne ne se souciait de recevoir un révolutionnaire, un assermenté. Sa société consistait donc en quelques personnes de l'opinion dite alors libérale, patriote ou constitutionnelle, chez lesquels il se rendait pour faire sa partie de whist ou de boston. Dans la première maison où le présenta son oncle, Louis vit une jeune personne que sa position forçait à rester dans cette société réprouvée par les gens du grand monde, quoique sa fortune fût assez considérable pour faire supposer que plus tard elle pourrait contracter une alliance dans la haute aristocratie du pays. Mademoiselle Pauline de Villenoix se trouvait seule héritière des richesses amassées par son grand-père, un juif nommé Salomon, qui, contrairement aux usages de sa nation, avait épousé dans sa vieillesse une femme de la religion catholique. Il eut un fils élevé dans la communion de sa mère. A la mort de son père, le jeune Salomon acheta, suivant l'expression du temps, une savonnette à vilain, et fit ériger en baronnie la terre de Villenoix, dont le nom devint le sien. Il était mort sans avoir été marié, mais en laissant une fille naturelle à laquelle il avait légué la plus grande partie de sa fortune, et notamment sa terre de Villenoix. Un de ses oncles, M. Joseph Salomon, fut nommé par M. de Villenoix tuteur de l'orpheline. Ce vieux juif avait pris une telle affection pour sa pupille, qu'il paraissait vouloir faire de grands sacrifices afin de la marier honorablement. Mais l'origine de mademoiselle de Villenoix et les préjugés que l'on conserve en province contre les juifs ne lui permettaient pas, malgré sa fortune et celle de son tuteur, d'être reçue dans cette société tout exclusive qui s'appelle, à tort ou à raison, la noblesse. Cependant

Mademoiselle de Villenoix.

M. Joseph Salomon prétendait qu'à défaut d'un hobereau de province, sa pupille irait choisir à Paris un époux parmi les pairs libéraux ou monarchiques; et quant à son bonheur, le bon tuteur croyait pouvoir le lui garantir par les stipulations du contrat de mariage. Mademoiselle de Villenoix avait alors vingt ans. Sa beauté remarquable, les grâces de son esprit, étaient pour la félicité des garanties moins équivoques que toutes celles données par la fortune. Ses traits offraient dans leur plus grande pureté le caractère de la beauté juive: ces lignes ovales, si larges et si virginales qui ont je ne sais quoi d'idéal, et respirent les délices de l'Orient, l'azur inaltérable de son ciel, les splendeurs de sa terre et les fabuleuses richesses de sa vie. Elle avait de beaux yeux voilés par de longues paupières frangées de cils épais et recourbés. Une innocence biblique éclatait sur son front. Son teint avait la blancheur mate des robes du lévite. Elle restait habituellement silencieuse et recueillie; mais ses gestes, ses mouvements témoignaient d'une grâce cachée, de même que ses paroles attestaient l'esprit doux et caressant de la femme. Cependant elle n'avait pas cette fraîcheur rosée, ces couleurs purpurines qui décorent les joues de la femme pendant son âge d'insouciance. Des nuances brunes, mélangées de quelques filets rougeâtres, remplaçaient sur visage la coloration, et trahissaient un caractère énergique, une irritabilité nerveuse que beaucoup d'hommes n'aiment pas à trouver dans une femme, mais qui, pour certains autres, sont l'indice d'une chasteté de sensitive et de passions fières. Aussitôt que Lambert aperçut mademoiselle de Villenoix, il devina l'ange sous cette forme. Les riches facultés de son âme, sa pente vers l'extase, tout en lui se résolut alors par un amour sans bornes, par le premier amour du jeune homme, passion déjà si vigoureuse chez les autres, mais que la vivace ardeur de ses sens, la nature de ses idées et son genre de vie durent porter à une puissance incalculable. Cette passion fut un abîme où le malheureux jeta tout, abîme où la pensée s'effraye de descendre, puisque la sienne, si flexible et si forte, s'y perdit. Là tout est mystère, car tout se passa dans ce monde moral, clos pour la plupart des hommes, et dont les lois lui furent peut-être révélées pour son malheur. Lorsque le hasard me mit en relation avec son oncle, le bonhomme m'introduisit dans la chambre habitée à cette époque par Lambert. Je voulais y chercher quelques traces de ses œuvres, s'il n'en avait laissé. Là, parmi des papiers dont le désordre était respecté par ce vieillard avec cet exquis sentiment des douleurs qui distingue les vieilles gens, je trouvai plusieurs lettres trop illisibles pour avoir été remises à mademoiselle de Villenoix. La connaissance que je possédais de l'écriture de Lambert me permit, à l'aide du temps, de déchiffrer les hiéroglyphes de cette sténographie créée par l'impatience et par la frénésie de la passion. Emporté par ses sentiments, il écrivait sans s'apercevoir de l'imperfection des lignes trop lentes à formuler sa pensée. Il avait dû être obligé de recopier ses essais informes où souvent les lignes se confondaient, mais peut-être aussi craignait-il de ne pas donner à ses idées des formes assez décevantes ; et, dans le commencement, s'y prenait-il à deux fois pour ses lettres d'amour. Quoi qu'il en soit, il a fallu toute l'ardeur de mon culte pour sa mémoire, et l'espèce de fanatisme que donne une entreprise de ce genre pour deviner et rétablir le sens de ces cinq lettres qui suivent. Ces papiers, que je conserve avec une sorte de piété, sont les seuls témoignages matériels de sa si ardente passion. Mademoiselle de Villenoix a sans doute détruit les véritables lettres qui lui furent adressées, si éloquentes du délire qu'elle causa. La première de ces lettres, qui était évidemment ce qu'on nomme un brouillon, attestait par sa forme et par son ampleur ces hésitations, ces troubles du cœur, ces craintes sans nombre réveillées par l'envie de plaire, ces changements d'expression et ces incertitudes entre toutes les pensées qui assaillent un jeune homme écrivant sa première lettre d'amour : lettre dont on se souvient toujours, dont chaque phrase est le fruit d'une rêverie, dont chaque mot excite de longues contemplations, où le sentiment le plus effréné de tous comprend la nécessité des tournures les plus modestes, et, comme un géant qui se courbe pour entrer dans une chaumière, se fait humble et petit pour ne pas effrayer une âme de jeune fille. Jamais antiquaire n'a manié ces palimpsestes avec plus de respect que je n'en ai mis à étudier, à reconstruire ces monuments inutiles d'une souffrance et d'une joie si sacrées pour ceux qui ont connu la même souffrance et la même joie.

I

« Mademoiselle, quand vous aurez lu cette lettre, si toutefois vous la lisez, ma vie sera entre vos mains, car je vous aime, et, pour moi, espérer d'être aimé, c'est la vie. Je ne sais si d'autres n'ont point, en vous parlant d'eux, abusé déjà des mots que j'emploie ici pour vous peindre l'état de mon âme ; croyez cependant à la vérité de mes expressions, elles sont faibles, mais sincères. Peut-être est-ce mal d'avouer ainsi son amour ? Oui, la voix de mon cœur me conseillait d'attendre en silence que ma passion vous eût touchée, afin de la dévorer, si ses muets témoignages vous déplaisaient ; ou pour l'exprimer plus chastement encore que par des paroles, si je trouvais grâce à vos yeux. Mais, après avoir longtemps écouté les délicatesses desquelles s'effraye un jeune cœur, j'ai obéi, en vous écrivant, à l'instinct qui arrache des cris inutiles aux mourants. J'ai eu besoin de tout mon courage pour imposer silence à la fierté du malheur et pour franchir les barrières que les préjugés mettent entre vous et moi. J'ai dû comprimer bien des pensées pour vous aimer malgré votre fortune ! Pour vous écrire, ne fallait-il pas affronter ce mépris que les femmes réservent souvent à des amours dont l'aveu ne s'accepte que comme une flatterie de plus ? Aussi faut-il s'élancer de toutes ses forces vers le bonheur, être attiré vers la vie de l'amour comme l'est une plante vers la lumière, avoir été bien malheureux pour vaincre les tortures, les angoisses de ces délibérations secrètes où la raison nous démontre de mille manières la stérilité des vœux cachés au fond du cœur, et où cependant l'espérance nous fait tout braver. J'étais si heureux de vous admirer en silence, j'étais si complètement abîmé dans la contemplation de votre belle âme, qu'en vous voyant je n'imaginais presque rien au delà. Non, je n'aurais pas encore osé vous parler, si je n'avais entendu annoncer votre départ. A quel supplice un seul mot m'a livré ! Enfin mon chagrin m'a fait apprécier l'étendue de mon attachement pour vous, il est sans bornes. Mademoiselle, vous ne connaîtrez jamais, du moins je désire que jamais vous n'éprouviez la douleur causée par la crainte de perdre le seul bonheur qui soit éclos pour nous sur cette terre, le seul qui nous ait jeté quelque lueur dans l'obscurité de la misère. Hier, j'ai senti que ma vie n'était plus en moi, mais en vous. Il n'est plus pour moi qu'une femme dans le monde, comme il n'est plus qu'une seule pensée dans mon âme. Je n'ose vous dire à quelle alternative me réduit l'amour que j'ai pour vous. Ne voulant vous devoir qu'à vous-même, je dois éviter de me présenter accompagné de tous les prestiges du malheur : ne sont-ils pas plus actifs que ceux de la fortune sur de nobles âmes ? Je vous tairai donc bien des choses. Oui, j'ai une idée trop belle de l'amour pour le corrompre par des pensées étrangères à sa nature. Si mon âme est digne de la vôtre, si ma vie est pure, votre cœur en aura quelque généreux pressentiment, et vous me comprendrez ! Il est dans la destinée de l'homme de s'offrir à celle qui le fait croire au bonheur ; mais votre droit est de refuser le sentiment le plus vrai, s'il ne s'accorde pas avec les voix confuses de votre cœur ; je le sais. Si le sort que vous me forcez doit être contraire à mes espérances, mademoiselle, j'invoque les délicatesses de votre âme vierge, aussi bien que l'ingénieuse pitié de la femme ! Oh ! je vous en supplie à genoux, brûlez ma lettre, oubliez tout. Ne plaisantez pas d'un sentiment respectueux et trop profondément empreint dans l'âme pour pouvoir s'en effacer. Brisez mon cœur, mais ne le déchirez pas ! Que l'expression de mon premier amour, d'un amour jeune et pur, n'ait pas retenti dans mon cœur jeune et pur ! meure comme une prière va se perdre dans le sein de Dieu ! Je vous dois de la reconnaissance : j'ai passé des heures bienfaisantes occupé à vous voir en m'abandonnant aux rêveries les plus douces de ma vie, ne couronnez donc pas cette longue et passagère félicité par quelque moquerie de jeune fille. Contentez-vous de ne pas me répondre. Je saurai bien interpréter votre silence, et vous ne me verrez plus. Si je dois être condamné à toujours comprendre le bonheur et à le perdre toujours, si je suis, comme l'ange exilé, conservant le sentiment des délices célestes, mais sans cesse attaché dans un monde de douleur, eh bien ! je garderai le secret de mon amour, comme celui de mes misères. Et, adieu. Oui, je vous confie à Dieu, vers qui j'implorerai pour vous, à qui je demanderai de vous faire une belle vie ; car, fussé-je chassé de votre cœur, où je suis entré furtivement à votre insu, je ne vous quitterai jamais. Autrement, quelle valeur auraient les paroles saintes de cette lettre, ma première et ma dernière prière peut-être ? Si je cessais un jour de penser à vous, de vous aimer, heureux ou malheureux, ne mériterais-je pas mes angoisses ? »

II

« Vous ne partez pas ! Je suis donc aimé ! moi, pauvre être obscur. Ma chère Pauline, vous ne connaissez pas la puissance du regard auquel je crois, et que vous m'avez jeté pour m'annoncer que j'avais été choisi par vous, par vous, jeune et belle, qui voyez le monde à vos pieds. Pour vous faire comprendre mon bonheur, il faudrait vous raconter ma vie. Si vous m'eussiez repoussé, pour moi tout était fini. J'avais trop souffert. Oui, mon amour, ce bienfaisant et magnifique amour, était un dernier effort vers la vie heureuse à laquelle mon âme tendait, une âme déjà brisée par des travaux inutiles, consumée par des craintes qui me font douter de moi, rongée par des désespoirs qui m'ont souvent conseillé de mourir. Non, personne ne sait la terreur que ma fatale imagination me cause à moi-même. Elle m'élève souvent dans les cieux, et tout à coup me laisse tomber à terre d'une hauteur prodigieuse. D'intimes élans de force, quelques rares et secrets témoignages d'une lucidité particulière, me disent parfois que je puis beaucoup. J'enveloppe alors le monde par ma pensée, je le pétris, je le façonne, je le pénètre, je le comprends ou crois le comprendre ; mais soudain je me réveille seul, et me trouve dans une nuit profonde, tout chétif ; j'oublie les lueurs que je viens d'entrevoir, je suis privé de secours, et surtout sans un cœur où je puisse me réfugier ! Ce malheur de ma vie morale agit également sur mon existence physique. La nature de mon esprit me livre sans défense aux joies du bonheur comme aux affreuses clartés de la réflexion qui les détruisent en les analysant. Doué de la triste faculté de voir avec une même lucidité les obstacles et les succès, suivant ma croyance du moment, je suis heureux ou malheureux.

Ainsi, lorsque je vous rencontrai, j'eus le pressentiment d'une nature angélique, je respirai l'air favorable à ma brûlante poitrine, j'entendis en moi cette voix qui ne trompe jamais, et qui m'avertissait d'une vie heureuse, mais, apercevant aussi toutes les barrières qui nous séparaient, je devinai pour la première fois les préjugés du monde, je les compris alors dans toute l'étendue de leur petitesse, et les obstacles m'effrayèrent encore plus que la vue du bonheur ne m'exaltait : aussitôt, je ressentis cette réaction terrible par laquelle mon âme expansive est refoulée sur elle-même, le sourire que vous aviez fait naître sur mes lèvres se changea tout à coup en contraction amère, et je tâchai de rester froid pendant que mon sang bouillonnait agité par mille sentiments contraires. Enfin, je reconnus cette sensation mordante à laquelle vingt-trois années pleines de soupirs réprimés et d'expansions trahies ne m'ont pas encore habitué. Eh bien ! Pauline, le regard par lequel vous m'avez annoncé le bonheur a tout à coup réchauffé ma vie et changé mes misères en félicités. Je voudrais maintenant avoir souffert davantage. Mon amour s'est trouvé grand tout à coup. Mon âme était un vaste pays auquel manquaient les bienfaits du soleil, et votre regard y a jeté soudain la lumière. Chère providence ! vous serez tout pour moi, pauvre orphelin qui n'ai d'autre parent que mon oncle. Vous serez toute ma famille, comme vous êtes déjà ma seule richesse, et le monde entier pour moi. Ne m'avez-vous pas jeté toutes les fortunes de l'homme par ce chaste, par ce prodigue, par ce timide regard ? Oui, vous m'avez donné une confiance, une audace incroyables. Je puis tout tenter maintenant. J'étais revenu à Blois, découragé. Cinq ans d'études au milieu de Paris m'avaient montré le monde comme une prison. Je concevais les sciences entières et n'osais en parler. La gloire me semblait un charlatanisme auquel une âme vraiment grande ne devait pas se prêter. Mes idées ne pouvaient donc passer que sous la protection d'un homme assez hardi pour monter sur les tréteaux de la presse, et parler d'une voix haute aux niais qu'il méprise. Cette intrépidité me manquait. J'allais, brisé par les arrêts de cette foule, désespérant de jamais être écouté par elle. J'étais et trop bas et trop haut ! Je dévorais mes pensées comme d'autres dévorent leurs humiliations. J'en étais arrivé à mépriser la science, en lui reprochant de ne rien ajouter au bonheur réel. Mais depuis hier en moi tout est changé. Pour vous je convoite les palmes de la gloire et tous les triomphes du talent. Je veux, en apportant ma tête sur vos genoux, y faire reposer les regards du monde, comme je veux mettre dans mon amour toutes les idées, tous les pouvoirs ! La plus immense des renommées est un bien que nulle puissance autre que celle du génie ne saurait créer. Eh bien ! je puis, si je veux, vous faire un lit de lauriers. Mais, si les paisibles ovations de la science ne vous satisfaisaient pas, je porte un noir de glaive et de parole, je saurai courir dans la carrière des honneurs et de l'ambition comme d'autres s'y traînent ! Parlez, Pauline, je serai tout ce que vous voudrez que je sois. Ma volonté de fer peut tout. Je suis aimé ! Armé de cette pensée, un homme ne doit-il pas faire tout plier devant lui ? Tout est possible à celui qui veut tout. Soyez le prix du succès, et demain j'entre en lice. Pour obtenir un regard comme celui que vous m'avez jeté, je franchirais le plus profond des précipices. Vous m'avez expliqué les fabuleuses entreprises de la chevalerie, et les plus capricieux récits des Mille et une Nuits. Maintenant je crois aux plus fantastiques exagérations de l'amour, et à la réussite de tout ce qu'entreprennent les prisonniers pour conquérir la liberté. Vous avez réveillé mille vertus endormies dans mon être : la patience, la résignation, toutes les forces du cœur, toutes les puissances de l'âme. Je vis par vous, et, pensée délicieuse, pour vous. Maintenant tout a un sens, pour moi, dans cette vie. Je comprends tout, même les vanités de la richesse. Je me surprends à verser toutes les perles de l'Inde à vos pieds, je me plais à vous voir couchée, ou parmi les plus belles fleurs, ou sur les plus moelleux des tissus, et toutes les splendeurs de la terre me semblent à peine dignes de vous, en faveur de qui je voudrais pouvoir disposer des accords et des lumières que prodiguent les harpes des séraphins et les étoiles dans les cieux. Pauvre studieux poëte ! ma parole vous offre des trésors que je n'ai pas, tandis que je ne puis vous donner que mon cœur, où vous régnerez toujours. Là sont tous les biens. Mais n'existe-t-il donc pas des trésors dans une éternelle reconnaissance, dans un sourire dont les expressions seront incessamment variées par un immuable bonheur, dans l'attention constante de mon amour à deviner les vœux de votre âme aimante ? Un regard céleste ne nous a-t-il pas dit que nous pourrions nous entendre ? J'ai donc maintenant une prière à faire tous les soirs à Dieu, prière pleine de vous : — « Faites que ma Pauline soit heureuse ! » Mais ne remplirez-vous donc pas mes jours, comme déjà vous remplissez mon cœur ? Adieu, je ne puis vous confier qu'à bien ! »

III

« Pauline ! dis-moi si j'ai pu te déplaire en quelque chose, hier ? Abjure cette fierté de cœur qui fait endurer secrètement les peines causées par un être aimé. Gronde-moi ! Depuis hier je ne sais quelle crainte vague de t'avoir offensée répand de la tristesse sur cette vie du cœur, que tu m'as faite si douce et si riche. Souvent le plus léger voile qui s'interpose entre deux âmes devient un mur d'airain. Il n'est pas de légers crimes en amour ! Si vous avez tout le génie de ce beau sentiment, vous devez en ressentir toutes les souffrances, et nous devons veiller sans cesse à ne pas vous froisser par quelque parole étourdie. Aussi, mon cher trésor, sans doute la faute vient-elle de moi, s'il y a faute. Je n'ai pas l'orgueil de comprendre un cœur de femme dans toute l'étendue de sa tendresse, dans toutes les grâces de ses dévouements ; seulement, je tâcherai de toujours deviner le prix de ce que tu voudras me révéler dans les secrets du tien. Parle-moi, réponds-moi promptement ! La mélancolie dans laquelle nous jette le sentiment d'un tort est bien affreuse, elle enveloppe la vie et fait douter de tout. Je suis resté pendant cette matinée assis sur le bord du chemin creux, contemplant les tourelles de Villenoix, et n'osant aller jusqu'à notre haie. Si tu savais tout ce que j'ai vu dans mon âme ! quels fantômes ont passé devant moi, sous ce ciel gris, dont le froid aspect augmentait encore mes sombres dispositions. J'ai eu de sinistres pressentiments. J'ai eu peur de ne pas te rendre heureuse. Il faut tout te dire, ma chère Pauline. Il se rencontre des moments où l'esprit qui m'anime semble se retirer de moi. Je suis comme abandonné par ma force. Tout me pèse alors, chaque fibre de mon corps devient inerte. chaque sens se détend, mon regard s'amollit, ma langue est glacée, l'imagination s'éteint, les désirs meurent, et ma force humaine subsiste seule. Tu serais alors là, dans toute la gloire de la beauté, tu me prodiguerais tes plus fins sourires et tes plus tendres paroles, qu'il s'élèverait une puissance mauvaise qui m'aveuglerait, et me traduirait en sons discords la plus ravissante des mélodies. En ces moments, du moins je le crois, se dresse devant moi je ne sais quel génie raisonneur qui me fait voir le néant au fond des plus certaines richesses. Ce démon impitoyable fauche toutes les fleurs, ricane des sentiments les plus doux, en me disant : « Eh bien ! après ? » Il flétrit la plus belle œuvre en m'en montrant le principe, et dévoile le mécanisme des choses en m'en cachant les résultats harmoniques. En ces moments terribles où le mauvais génie s'empare de mon être, où la lumière divine s'obscurcit en mon âme sans que j'en sache la cause, je reste triste et je souffre, je voudrais être sourd et muet, je souhaite la mort en y trouvant un repos. Ces heures de doute et d'inquiétude sont peut-être nécessaires, elles m'apprennent au moins à ne pas avoir d'orgueil, après les élans qui m'ont porté dans les cieux, où je moissonne les idées en pleines mains ; car c'est toujours après avoir longtemps parcouru les vastes campagnes de l'intelligence, après des méditations lumineuses, que, lassé, fatigué, je roule en ces limbes. En ce moment, mon ange, une femme devrait douter de ma tendresse, elle le pourrait du moins. Souvent capricieuse, maladive ou triste, elle réclamera les caressants trésors d'une ingénieuse tendresse, et je n'aurai pas un regard pour la consoler ! J'ai la honte, Pauline, de t'avouer qu'alors si je pourrais pleurer avec toi, mais que rien ne m'arracherait un sourire. Et cependant, une femme trouve dans son amour la force de taire ses douleurs ! Pour son enfant, comme pour celui qu'elle aime, elle sait rire en souffrant. Pour toi, Pauline, ne pourrai-je pas imiter la femme dans ses sublimes délicatesses ? Depuis hier je doute de moi-même. Si j'ai pu te déplaire une fois, si je ne t'ai pas comprise, je tremble d'être emporté souvent ainsi par mon fatal démon hors de notre bonne sphère. Si j'avais beaucoup de ces moments affreux, si mon amour sans bornes ne savait pas racheter les heures mauvaises de ma vie, si j'étais destiné à demeurer tel que je suis ?... Fatales questions ! la puissance est un bien fatal présent, si toutefois ce que je possède est la puissance. Pauline, éloigne-toi de moi, abandonne-moi ! je préfère souffrir tous les maux de la vie à la douleur de te savoir malheureuse par moi. Mais peut-être le démon n'a-t-il pris autant d'empire sur mon âme que parce qu'il ne s'est point encore trouvé près de moi de mains douces et blanches pour le chasser. Jamais une femme ne m'a versé le baume de ses consolations, et j'ignore si, lorsqu'en ces moments de lassitude l'amour agitera ses ailes au-dessus de ma tête, il ne répandra pas dans mon cœur de nouvelles forces. Peut-être ces cruelles mélancolies sont-elles un fruit de ma solitude, une des souffrances de l'âme abandonnée qui gémit et paye ses trésors par des fortunes inconnues. Aux légers plaisirs, les légères souffrances ; aux immenses bonheurs, les maux inouis. Quel arrêt ! S'il était vrai, ne devons-nous pas frissonner pour nous, qui sommes surhumainement heureux ? Si la nature nous vend les choses selon leur valeur, dans quel abîme allons-nous donc tomber ? Ah ! les amants les plus richement partagés sont ceux qui meurent ensemble au milieu de leur jeunesse et de leur amour! Quelle tristesse! Mon âme pressent-elle un méchant avenir? Je m'examine et me demande s'il se trouve quelque chose en moi qui doive t'apporter le plus léger souci? Je t'aime peut-être en égoïste? Je mettrai peut-être sur ta chère tête un fardeau plus pesant que ma tendresse ne sera douce à ton cœur. S'il existe en moi quelque puissance inexorable à laquelle j'obéis, si je dois maudire quand tu joindras les mains pour prier, si quelque triste pensée me domine lorsque je voudrai me mettre à tes pieds pour jouer avec toi comme un enfant, ne seras-tu pas jalouse de cet exigeant et fantasque génie? Comprends-tu bien, cœur à moi, que j'ai peur de n'être pas tout à toi, que j'abdiquerais volontiers tous les sceptres, toutes les palmes du monde, pour faire de toi mon éternelle pensée; pour voir, dans notre délicieux amour, une belle vie et un beau poème, pour y jeter mon âme, y engloutir mes forces, et demander à chaque heure les joies qu'elle nous doit? Mais voilà que reviennent en foule mes souvenirs d'amour, les nuages de ma tristesse vont se dissiper. Adieu. Je te quitte pour être mieux à toi. Mon âme chérie, j'attends un mot, une parole, qui me rende la paix du cœur. Que je sache si j'ai contristé ma Pauline, ou si quelque douteuse expression de ton visage m'a trompé. Je ne voudrais pas avoir à me reprocher, après toute une vie heureuse, d'être venu vers toi sans un sourire plein d'amour, sans une parole de miel. Affliger la femme que l'on aime! pour moi, Pauline, c'est un crime. Dis-moi la vérité, ne me fais pas quelque généreux mensonge, mais désarme ton pardon de toute cruauté. »

FRAGMENT.

« Un attachement si complet est-il un bonheur? Oui, car des années de souffrance ne payeraient pas une heure d'amour. Hier, une apparente tristesse a passé dans mon âme avec la rapidité d'une ombre qui se projette Étais-tu triste ou souffrais-tu? J'ai souffert. D'où venait ce chagrin? Écris-moi vite. Pourquoi ne l'ai-je pas deviné? Nous ne sommes donc pas encore complètement unis par la pensée. Je devrais, à deux lieues de toi comme à mille, ressentir tes peines et tes douleurs. Je ne croirai pas t'aimer tant que ma vie ne sera pas assez intimement liée à la tienne pour que nous ayons la même vie, le même cœur, la même idée. Je dois être où tu es, voir ce que tu vois, ressentir ce que tu ressens, et te suivre par la pensée. N'ai-je pas déjà su, le premier, que ta voiture avait versé, que tu étais meurtrie? Mais aussi ce jour-là, ne t'avais-je pas quittée, je te voyais Quand mon oncle m'a demandé pourquoi je pâlissais, je lui ai dit : « Mademoiselle de Villenoix vient de tomber! » Pourquoi donc n'ai-je pas lu dans ton âme, hier? Voulais-tu me cacher la cause de ce chagrin? Cependant j'ai cru deviner que tu avais fait en ma faveur quelques efforts malheureux auprès de ton redoutable Salomon qui me glace. Cet homme n'est pas de notre ciel. Pourquoi veux-tu que notre bonheur, qui ne ressemble en rien à celui des autres, se conforme aux lois du monde? Mais j'aime trop tes mille pudeurs, ta religion, tes superstitions, pour ne pas obéir à tes moindres caprices. Ce que tu fais doit être bien, rien n'est plus pur que ta pensée, comme rien n'est plus beau que ton visage, où se réfléchit ton âme divine. J'attendrai la lettre avant d'aller par les chemins chercher le bon moment que tu m'accordes. Ah! si tu savais combien l'aspect des tourelles me fait palpiter, quand enfin je les vois bordées de lueur par la lune, notre amie, notre seule confidente. »

IV

« Adieu la gloire, adieu l'avenir, adieu la vie que je rêvais! Maintenant, ma tant aimée, ma gloire est d'être à toi, digne de toi; mon avenir est tout entier dans l'espérance de te voir, et ma vie, n'est-ce pas de te voir à tes pieds, de me coucher sous tes regards, de respirer en plein dans les cieux que tu m'as créés? Toutes mes forces, toutes mes pensées, doivent t'appartenir, à toi qui m'as dit ces enivrantes paroles : « Je veux tes peines! » Ne serait-ce pas dérober des joies à l'amour, des moments au bonheur, des sentiments à ton âme divine, que de donner des heures à l'étude, des idées au monde, des poésies aux poëtes? Non, non, chère vie à moi, je veux tout te réserver, je veux t'apporter toutes les fleurs de mon âme. Existe-t-il rien d'assez beau, d'assez splendide dans les trésors de la terre et de l'intelligence, pour fêter un cœur aussi riche, un cœur aussi pur que le tien, et auquel j'ose allier le mien, parfois! Oui, parfois j'ai l'orgueil de croire que je sais aimer autant que tu aimes. Mais non, tu es un ange-femme : il se rencontrera toujours plus de charmes dans l'expression de tes sentiments, plus d'harmonie dans ta voix, plus de grâce dans tes sourires, plus de pureté dans tes pensées, plus de majesté dans tes miens. Oui, laisse-moi penser que tu es une création d'une sphère plus élevée que celle où je vis; tu auras l'orgueil d'en être descendue, j'aurai celui de l'avoir méritée, et tu ne seras peut-être pas déchue en venant à moi, pauvre

et malheureux. Oui, si le plus bel asile d'une femme est un cœur tout à elle, tu seras toujours souveraine dans le mien. Aucune pensée, aucune action, ne ternira jamais ce cœur, riche sanctuaire, tant que tu voudras y résider, mais n'y demeureras-tu pas sans cesse? Ne m'as-tu pas dit ce mot délicieux : *Maintenant et toujours!* Et semper! J'ai gravé sous ton portrait ces paroles du Rituel, dignes de toi, comme elles sont dignes de Dieu. Il est *et maintenant et toujours*, comme sera mon amour. Non, non, je n'épuiserai jamais ce qui est immense, infini, sans bornes; et tel est le sentiment que je sens en moi pour toi, j'en ai deviné l'incommensurable étendue, comme nous devinons l'espace, par la mesure d'une de ses parties. Ainsi, j'ai eu des jouissances ineffables, des heures entières pleines de méditations voluptueuses, en me rappelant un seul de tes gestes, ou l'accent d'une phrase. Il naîtra donc des souvenirs sous le poids desquels je succomberai, si déjà la souvenance d'une heure douce et familière me fait pleurer de joie, attendrit, pénètre mon âme, et devient une intarissable source de bonheur. Aimer, c'est la vie de l'ange! Il me semble que je n'épuiserai jamais le plaisir que j'éprouve à te voir. Ce plaisir, le plus modeste de tous, mais auquel le temps manque toujours, m'a fait connaître les éternelles contemplations dans lesquelles restent les séraphins et les esprits devant Dieu : rien n'est plus naturel, s'il émane de son essence une lumière aussi fertile en sentiments nouveaux que l'est celle de tes yeux, de ton front imposant, de ta belle physionomie, céleste image de ton âme; l'âme, cet autre nous-même dont la forme pure, ne périssant jamais, rend alors notre amour immortel. Je voudrais qu'il existât un langage autre que celui dont je me sers, pour t'exprimer les renaissantes délices de mon amour, mais, s'il en est un que nous avons créé, si nos regards sont si vivantes paroles, ne faut-il pas nous voir pour entendre par les yeux ces interrogations et ces réponses du cœur si vives, si pénétrantes, que tu m'as dit un soir : « — Taisez-vous! » quand je ne parlais pas. T'en souviens-tu, ma chère vie? De loin, quand je suis dans les ténèbres de l'absence, ne suis-je pas forcé d'employer des mots humains qui sont trop faibles pour rendre des sensations divines? Les mots accusent au moins les sillons qu'elles tracent dans mon âme, comme le mot Dieu résume imparfaitement les idées que nous avons de ce mystérieux principe. Encore, malgré la science et l'infini du langage, n'ai-je jamais rien trouvé dans ses expressions qui pût te peindre la délicieuse étreinte par laquelle ma vie se fond dans la tienne quand je pense à toi. Puis, par quel mot finir, lorsque je cesse de t'écrire sans pour cela te quitter? Que signifie adieu, à moins de mourir? Mais la mort serait-elle un adieu? Mon âme ne se remuerait-elle pas alors plus intimement à la tienne? Ô mon éternelle pensée! naguère je t'offris à genoux mon cœur et ma vie, maintenant, quelles nouvelles fleurs de sentiment trouverai-je donc en mon âme, que je ne t'aie données? Ne serait-ce pas t'envoyer une parcelle du bien que tu possèdes entièrement? N'est-ce pas mon avenir? Combien je regrette le passé! Ces années qui ne nous appartiennent plus, je voudrais te les rendre toutes, et t'y faire régner comme tu règnes sur ma vie actuelle. Mais qu'est-ce que le temps de mon existence où je ne te connaissais pas? Ce serait le néant, si je n'avais pas été si malheureux. »

FRAGMENT.

« Ange aimé, quelle douce soirée que celle d'hier! Combien de richesses dans ton cher cœur! ton amour est donc inépuisable, comme le mien. Chaque mot m'apportait de nouvelles joies, et chaque regard en étendait la profondeur. L'expression calme de ta physionomie donnait un horizon sans bornes à nos pensées. Oui, tout était alors infini comme le ciel, et doux comme son azur. La délicatesse de tes traits adorés se reproduisait, je ne sais par quelle magie, dans les gentils mouvements, dans tes gestes mêmes. Je savais bien que tu en étais tout grâce et tout amour, mais j'ignorais combien tu es diversement gracieuse. Tout s'accordait à me conseiller ces voluptueuses sollicitations, à me faire demander ces premières grâces qu'une femme refuse toujours, comme pour les mieux laisser ravir. Mais non, toi, chère âme de ma vie, tu ne sauras jamais d'avance ce que tu pourras accorder à mon amour, et tu te donneras sans le vouloir peut-être! Tu es vraie, et n'obéis qu'à ton cœur. Comme la douceur de ta voix s'alliait aux tendres harmonies de l'air pur et des cieux tranquilles! Pas un cri d'oiseau, pas une brise, la solitude et nous! Les feuilles immobiles ne tremblaient même pas dans les admirables couleurs du couchant qui sont tout à la fois ombre et lumière. Tu as senti ce poésies célestes, toi qui unissais tant de sentiments divers, et reportais si souvent tes yeux vers le ciel pour ne pas me répondre! Toi, fière et rieuse, humble et despotique, te donnant toute entière en âme, en pensée, et te dérobant à la plus timide des caresses! Chères coquetteries du cœur! elles vibrent toujours dans mon oreille, elles s'y roulent et s'y jouent encore, ces délicieuses paroles à demi bégayées comme des enfants, et qui n'étaient ni des promesses, ni des aveux, mais qui laissaient à l'amour ses belles espérances sans craintes et sans tourments! Quel chaste souvenir dans la vie! Quel épanouissement de toutes les fleurs qui naissent au fond de l'âme, et qui rien peut flétrir, mais qu'alors tout animait et fécondait! Ce sera toujours ainsi, n'est-ce pas, mon aimée? En me rappelant, au matin, les vives et fraîches douceurs qui sourdirent en ce moment, je me sens dans l'âme un bonheur qui me fait concevoir le véritable amour comme un océan de sensations éternelles et toujours neuves, où l'on se plonge avec de croissantes délices. Chaque jour, chaque parole, chaque caresse, chaque regard, doit y ajouter le tribut de sa joie écoulée. Oui, les cœurs assez grands pour ne rien oublier doivent vivre, à chaque battement, de toutes leurs félicités passées, comme de toutes celles que promet l'avenir. Voilà ce que je rêvais autrefois, et ce n'est plus un rêve aujourd'hui. N'ai-je pas rencontré sur cette terre un ange qui m'en a fait connaître toutes les joies pour me récompenser peut-être d'en avoir supporté toutes les douleurs? Ange du ciel, je te salue par un baiser.

« Je t'envoie cette hymne échappée à mon cœur, je te la devais; mais elle te peindra difficilement ma reconnaissance et ces prières matinales que mon cœur adresse chaque jour à celle qui m'a dit tout l'évangile du cœur dans ce mot divin : « Croyez! »

V

« Comment, cœur chéri, plus d'obstacles! Nous serons libres d'être l'un à l'autre, chaque jour, à chaque heure, chaque moment, toujours. Nous pourrons rester, pendant toutes les journées de notre vie, heureux comme nous le sommes furtivement en de rares instants! Quoi! nos sentiments si purs, si profonds, prendront-ils les formes délicieuses des mille caresses que j'ai rêvées. Ton petit pied se déchaussera pour moi, tu seras toute à moi! Ce bonheur me tue, il m'accable. Ma tête est trop faible, elle éclate sous la violence de mes pensées. Je pleure et je ris, j'extravague. Chaque plaisir est comme une flèche ardente, il me perce et me brûle! Mon imagination me fait passer devant mes yeux ravis, éblouis, sous les innombrables et capricieuses figures de la volupté. Enfin, toute notre vie est là, devant moi, avec ses torrents, ses repos, ses joies, elle bouillonne, elle s'étale, elle dort, puis elle se réveille jeune, fraîche. Je nous vois tous deux unis, marchant du même pas, vivant de la même pensée, toujours au cœur l'un de l'autre, nous comprenant et nous entendant comme l'écho reçoit et redit les sons à travers les espaces. Peut-on vivre longtemps en dévorant ainsi sa vie à toute heure? Ne mourrons-nous pas dans le premier embrassement? Et que sera-ce donc, si déjà nos âmes se confondaient dans ce doux baiser du soir, qui nous enlevait nos forces, ce baiser sans durée, dénombrant de tous mes désirs, interprète impuissant de tant de prières échappées à mon âme pendant nos heures de séparation, et cachées au fond de mon cœur comme des remords? Moi, qui revenais me coucher dans la haie pour entendre le bruit de tes pas quand tu retournais au château, je vais donc pouvoir t'admirer à mon aise, toujours, riant, jouant, causant, allant. Joies sans fin! Tu ne sais pas tout ce que je sens de puissances à te voir allant et venant : il faut être homme pour éprouver ces sensations profondes. Chacun de tes mouvements me donne plus de plaisir que n'en peut prendre une mère à voir son enfant joyeux ou endormi. Je t'aime de tous les amours ensemble. La grâce de ton moindre geste est toujours nouvelle pour moi. Il me semble que tu passerais les nuits à respirer ton souffle, je voudrais me glisser dans tous les actes de ta vie, être la substance même de tes pensée, je voudrais être toi-même. Enfin, je ne te quitterai donc plus! Aucun sentiment humain ne troublera plus notre amour, infini dans ses transformations et pur comme tout ce qui est un, notre amour, vaste comme la mer, vaste comme le ciel! Tu es à moi! toute à moi! Je pourrai désormais étudier au fond de tes yeux pour y deviner la chère âme qui s'y cache et s'y révèle tour à tour, pour y épier tes désirs! Ma bien-aimée, écoute certaine chose que je n'osais te dire encore, mais que je puis t'avouer aujourd'hui. Je sentais en moi je ne sais quelle pudeur d'âme qui s'opposait à l'entière expression de mes sentiments, et je tâchais de les revêtir des formes de la pensée. Mais, maintenant, je voudrais mettre mon cœur à nu, te dire toute l'ardeur de mes rêves, te dévoiler la bouillante ambition de mes sens irrités par la solitude où j'ai vécu, toujours enflammés par l'attente du bonheur, et réveillés par toi, par toi si douce de formes, si attrayante en tes manières! Mais est-il possible d'exprimer combien je suis altéré de ces félicités inconnues que donne la possession d'une femme aimée, et auxquelles deux âmes étroitement unies par l'amour doivent prêter une force de cohésion effrénée! Sache-le, ma Pauline, je suis resté pendant des heures entières dans une stupeur causée par la violence de mes souhaits passionnés, restant perdu dans le sentiment d'une caresse comme dans un gouffre sans fond. En ces moments, ma vie entière, mes pensées, mes forces, se fondent, s'unissent dans ce que l'homme a de désir, faute de mots pour exprimer un délire sans nom! Et maintenant, puis-je t'avouer que le jour où j'ai refusé la main que tu me tendais par un joli mouvement, triste sagesse qui t'a fait douter de mon amour, j'étais dans un de ces moments de folie où

l'on médite un meurtre pour posséder une femme. Oui, si j'avais senti la délicieuse pression que tu m'offrais, aussi vivement que ta voix retentissait dans mon cœur, je ne sais où m'aurait conduit la violence de mes désirs. Mais je puis me taire et souffrir beaucoup. Pourquoi parler de ces douleurs quand mes contemplations vont devenir des réalités? Il me sera donc maintenant permis de faire de toute notre vie une seule caresse! Chérie aimée, il se rencontre tel effet de lumière sur tes cheveux noirs qui me ferait rester, les larmes dans les yeux, pendant de longues heures occupé à voir la chère personne, si tu ne me disais pas en te retournant : « Finis, tu me « rends honteuse. » Demain, notre amour se saura donc! Ah! Pauline, ces regards des autres à supporter, cette curiosité publique me serre le cœur. Allons à Villenoix, restons-y loin de tout. Je voudrais qu'aucune créature ayant face humaine n'entrât dans le sanctuaire où tu seras à moi; je voudrais même qu'après nous il n'existât plus, qu'il fût détruit. Oui, je voudrais dérober à la nature entière un bonheur que nous sommes seuls à sentir, seuls à comprendre, j'appris que je me sens tellement immense, que je m'y jette pour y mourir : c'est un abîme. Ne t'effraye pas des larmes qui ont mouillé cette lettre, c'est des larmes de joie. Mon seul bonheur, nous ne nous quitterons donc plus! »

En 1823, j'allais de Paris en Touraine par la diligence. A Mer, le conducteur prit un voyageur pour Blois. En le faisant entrer dans la partie de la voiture où je me trouvais, il lui dit en plaisantant : — Vous ne serez pas gêné là, monsieur Lefebvre! En effet, j'étais seul. En entendant ce nom, en voyant un vieillard à cheveux blancs qui paraissait au moins octogénaire, je pensai tout naturellement à l'oncle de Lambert. Après quelques questions insidieuses, j'appris que je ne me trompais pas. Le bonhomme venait de faire ses vendanges à Mer, il retournait à Blois. Aussitôt je lui demandai des nouvelles de mon ancien faisant. Au premier mot, la physionomie du vieil oratorien, déjà grave et sévère comme celle d'un soldat qui aurait beaucoup souffert, devint triste et sévère, les rides de son front se contractèrent légèrement, il serra ses lèvres, me jeta un regard équivoque et me dit : — Vous ne l'avez donc pas vu depuis le collège?

— Non, ma foi, répondis-je. Mais nous sommes aussi coupables l'un que l'autre, s'il y a oubli. Vous le savez, les jeunes gens mènent une vie si aventureuse et si passionnée en quittant les bancs de l'école, qu'il faut se retrouver pour savoir combien l'on s'aime encore. Cependant, parfois, un souvenir de jeunesse survient dans la vie, et il est impossible de s'oublier tout à fait, surtout lorsqu'on a été aussi amis que nous l'étions Lambert et moi. On nous avait appelés le Poète-et-Pythagore!

Je lui dis mon nom, mais en l'entendant la figure du bonhomme se rembrunit encore.

— Vous ne connaissez donc pas son histoire? reprit-il. Mon pauvre neveu devait épouser la plus riche héritière de Blois, mais la veille de son mariage il est devenu fou.

— Lambert, fou! m'écriai-je frappé de stupeur. Et par quel événement? C'était la plus riche mémoire, la tête la plus fortement organisée, le jugement le plus sagace que j'aie rencontrés! Beau génie, un peu trop passionné peut-être pour la mysticité, mais le meilleur cœur du monde! Il lui est donc arrivé quelque chose de bien extraordinaire?

— Je vois que vous l'avez bien connu, me dit le bonhomme.

Depuis Mer jusqu'à Blois, nous parlâmes alors de mon pauvre camarade, en faisant de longues digressions par lesquelles je m'instruisis des particularités que j'ai déjà rapportées pour présenter les faits dans un ordre qui les rendît intéressants. J'appris à son oncle le secret de nos études, la nature des occupations de son neveu; puis le vieillard me raconta les événements survenus dans la vie de Lambert depuis que je l'avais quitté. A entendre M. Lefebvre, Lambert aurait donné quelques marques de folie avant son mariage, mais ces symptômes lui étant connus avec tous ceux qui aiment passionnément, ils me parurent moins caractéristiques lorsque je les connus et la violence de son amour et mademoiselle de Villenoix. En province, où les idées se raréfient, un homme plein de pensées neuves et dominé par un système, comme l'était Louis, pouvait passer au moins pour un original. Son langage devait surprendre d'autant plus qu'il parlait plus rarement. Il disait : Cet homme n'est pas de mon ciel, là où les autres disaient : Nous ne mangerons pas un minot de sel ensemble. Chaque homme de talent a ses idiotismes particuliers. Plus large est le génie, plus tranchées sont les bizarreries qui constituent les divers degrés d'originalité. En province, un original passe pour un homme à moitié fou. Les premières paroles de M. Lefebvre me firent donc douter de la folie de mon camarade. Tout en écoutant le vieillard, je critiquais intérieurement son récit. Le fait le plus grave était survenu quelques jours avant le mariage des deux amants. Louis avait eu quelques accès de catalepsie bien caractérisés. Il était resté pendant cinquante-neuf heures immobile, les yeux fixes, sans manger ni parler ; état purement nerveux dans lequel tombent quelques personnes en proie à de violentes passions ; phénomène rare, mais dont les effets sont bien parfaitement connus des médecins. S'il y avait quelque chose d'extraordinaire, c'est que Louis n'eût pas eu déjà plusieurs accès de cette maladie, à laquelle le prédisposaient son habitude de l'extase et la nature de ses idées. Mais sa constitution extérieure et intérieure était si parfaite, qu'elle avait sans doute résisté jusqu'alors à l'abus de ses forces. L'exaltation à laquelle dut le faire arriver l'attente du plus grand plaisir physique, encore agrandie chez lui par la chasteté du corps et par la puissance de l'âme, avait bien pu déterminer cette crise dont les résultats ne sont pas plus connus que la cause. Les lettres que le hasard a conservées accusent d'ailleurs assez bien sa transition de l'idéalisme pur, dans lequel il vivait, au sensualisme le plus aigu. Jadis, nous avions qualifié d'admirable ce phénomène humain dans lequel Lambert voyait la séparation fortuite de nos deux natures, et les symptômes d'une absence complète de l'être intérieur usant de ses facultés inconnues sous l'empire d'une cause inobservée. Cette maladie, abîme tout aussi profond que le sommeil, se rattachait au système de preuves que Lambert avait données dans son *Traité de la Volonté*. Au moment où M. Lefebvre me parla du premier accès de Louis, je me souvins tout à coup d'une conversation que nous eûmes à ce sujet, après la lecture d'un livre de médecine.

— Une méditation profonde, une belle extase, sont peut-être, dit-il en terminant, des catalepsies en herbe.

Le jour où il formula si brièvement cette pensée, il avait tâché de lier les phénomènes moraux entre eux par une chaîne d'effets, en suivant pas à pas tous les actes de l'intelligence, commençant par les simples mouvements de l'instinct purement animal qui suffit à tant d'êtres, surtout à certains hommes dont les forces passent toutes dans un travail purement mécanique ; puis, allant à l'agrégation des pensées, arrivant à la comparaison, à la réflexion, à la méditation, enfin à l'extase et à la catalepsie. Certes, Lambert crut, avec la naïve conscience du jeune âge, avoir fait le plan d'un beau livre en échelonnant ainsi ces divers degrés des puissances intérieures de l'homme. Je me rappelle que, par une de ces fatalités qui font croire à la prédestination, nous attrapâmes le grand Martyrologe où sont contenus les faits les plus curieux sur l'abolition complète de la vie corporelle à laquelle l'homme peut arriver dans les paroxysmes de ses facultés intérieures. En réfléchissant aux effets du fanatisme, Lambert fut alors conduit à penser que les collections d'idées auxquelles nous donnons le nom de sentiments pouvaient bien être le jet matériel de quelque fluide que produisent les hommes plus ou moins abondamment, suivant la manière dont leurs organes en absorbent les substances génératrices dans les milieux où ils vivent. Nous nous passionnâmes pour la catalepsie, et, avec l'ardeur que les enfants mettent dans leurs entreprises, nous essayâmes de supporter la douleur *en pensant à autre chose*. Nous fatiguâmes beaucoup à faire quelques expériences assez analogues à celles dues aux convulsionnaires dans le siècle dernier, fanatisme qui servira quelque jour à la science humaine. Je montais sur l'estomac de Lambert et m'y tenais plusieurs minutes sans lui causer la plus légère douleur ; mais, malgré ces folles tentatives, nous n'eûmes aucun accès de catalepsie. Cette digression m'a paru nécessaire pour expliquer mes premiers doutes, que M. Lefebvre dissipa complètement.

— Lorsque son accès fut passé, me dit-il, mon neveu tomba dans une terreur profonde, dans une mélancolie que rien ne put dissiper. Il se crut impuissant. Je me mis à le surveiller avec l'attention d'une mère pour son enfant, et le surpris heureusement au moment où il allait pratiquer sur lui-même l'opération à laquelle Origène crut devoir son talent. Je l'emmenai promptement à Paris pour le confier aux soins de M. Esquirol. Pendant le voyage, Louis resta plongé dans une somnolence presque continuelle, et ne me reconnut plus. À Paris, les médecins le regardèrent comme incurable, et conseillèrent unanimement de le laisser dans la plus profonde solitude, en évitant de troubler le silence nécessaire à sa guérison improbable, et de mettre dans sa salle fraîche où le jour serait constamment adouci.

— Mademoiselle de Villenoix, à qui j'avais caché l'état de Louis, reprit-il en clignant les yeux, mais dont le mariage passait pour être rompu, vint à Paris, et apprit la décision des médecins. Aussitôt elle désira voir mon neveu, qu'elle reconnut à peine, puis elle voulut, d'après la coutume des belles âmes, se consacrer à lui donner les soins nécessaires à sa guérison. « Elle y aurait été obligée, disait-elle, s'il eût été son mari ; devait-elle faire moins pour son amant ? » Aussi a-t-elle emmené Louis à Villenoix, où ils demeurent depuis deux ans.

Au lieu de continuer mon voyage, je demeurai donc à Blois, dans le dessein d'aller voir Louis. Le bonhomme Lefebvre ne me permit pas de descendre ailleurs que dans sa maison, où il me montra la chambre de son neveu, les livres et tous les objets qui lui avaient appartenu. À chaque chose, il échappait au vieillard une exclamation douloureuse par laquelle il accusait les espérances que le génie pré-

coce de Lambert lui avait fait concevoir, et le deuil affreux où le plongeait cette perte irréparable.

— Ce jeune homme savait tout, mon cher monsieur, dit-il en posant sur une table le volume où sont contenues les œuvres de Spinosa. Comment une tête si bien organisée a-t-elle pu se détraquer ?

— Mais, monsieur, lui répondis-je, ne serait-ce pas un effet de sa vigoureuse organisation ? S'il est réellement en proie à cette crise encore inobservée dans tous ses modes et que nous appelons *folie*, je suis tenté d'en attribuer la cause à sa passion. Ses études, son genre de vie, avaient porté ses forces et ses facultés à un degré de puissance au delà duquel la plus légère surexcitation devait faire céder la nature ; l'amour les aura donc brisées ou élevées à une nouvelle expression que peut-être calomnions-nous en la qualifiant sans la connaître. Enfin, peut-être n'a-t-il vu dans les plaisirs de son mariage un obstacle à la perfection de ses sens intérieurs et à son vol à travers les mondes spirituels.

— Mon cher monsieur, répliqua le vieillard après m'avoir attentivement écouté, votre raisonnement est sans doute fort logique ; mais quand je le comprendrais, ce triste savoir me consolerait-il de la perte de mon neveu ?

L'oncle de Lambert était un de ces hommes qui ne vivent que par le cœur.

Le lendemain, je partis pour Villenoix. Le bonhomme m'accompagna jusqu'à la porte de Blois. Quand nous fûmes dans le chemin qui mène à Villenoix, il s'arrêta pour me dire :

— Vous pensez bien que je n'y vais point. Mais, vous, n'oubliez pas ce que je vous ai dit. En présence de mademoiselle de Villenoix, n'ayez pas l'air de vous apercevoir que Louis est fou.

Il resta sans bouger à la place où je venais de le quitter, et d'où il me regarda jusqu'à ce qu'il m'eût perdu de vue. Je ne cheminai pas sans de profondes émotions vers le château de Villenoix. Mes réflexions croissaient à chaque pas dans cette route que Louis avait tant de fois faite, le cœur plein d'espérance, l'âme exaltée par tous les aiguillons de l'amour. Les buissons, les arbres, les caprices de cette route tortueuse dont les bords étaient déchirés par de petits ravins, acquéraient un intérêt prodigieux pour moi. J'y voulais retrouver les impressions et les pensées de mon pauvre camarade. Sans doute ces conversations du soir, au bord de cette brèche où sa maîtresse venait le retrouver, avaient initié mademoiselle de Villenoix aux secrets de cette âme si noble et si vaste, comme il le fus moi-même quelques années auparavant. Mais le fait qui me préoccupait le plus, et donnait à mon pèlerinage un immense intérêt de curiosité parmi les sentiments presque religieux qui me guidaient, était cette magnifique croyance de mademoiselle de Villenoix que le bonhomme m'avait expliquée : avait-elle, à la longue, contracté la folie de son amant, ou était-elle entrée si avant dans son âme, qu'elle en pût comprendre toutes les pensées, même les plus confuses ? Je me perdais dans cet admirable problème de sentiment qui dépassait les plus belles inspirations de l'amour et les dévouements les plus beaux. Mourir l'un pour l'autre est un sacrifice presque vulgaire. Vivre fidèle à un seul amour est un héroïsme qui a rendu mademoiselle Dupuis immortelle. Lorsque Napoléon le Grand et lord Byron ont eu des successeurs là où ils avaient aimé, il est permis d'admirer cette veuve de Bolingbroke ; mais mademoiselle Dupuis pouvait vivre par les souvenirs de plusieurs années de bonheur, tandis que mademoiselle de Villenoix, n'ayant connu de l'amour que les premières émotions, m'offrait le type du dévouement dans sa plus large expression. Devenue presque folle, elle était sublime ; mais, comprenant, expliquant la folie, elle ajoutait aux beautés d'un grand cœur un chef-d'œuvre de passion digne d'être étudié. Lorsque j'aperçus les hautes tourelles du château, dont l'aspect avait dû faire si souvent tressaillir le pauvre Lambert, mon cœur palpita vivement. Je m'étais associé, pour ainsi dire, à sa vie et à sa situation en me rappelant tous les événements de notre jeunesse. Enfin, j'arrivai dans une grande cour déserte, et pénétrai jusque dans le vestibule du château sans avoir rencontré personne. Le bruit de mes pas fit venir une femme âgée, à laquelle je remis la lettre que M. Lefebvre avait écrite à mademoiselle de Villenoix. Bientôt la même femme revint me chercher, et m'introduisit dans une salle basse, dallée en marbre blanc et noir, dont les persiennes étaient fermées, et au fond de laquelle je vis indistinctement Louis Lambert.

— Asseyez-vous, monsieur, me dit une voix douce qui alla au cœur.

Mademoiselle de Villenoix se trouvait à côté de moi sans que je l'eusse aperçue, et m'avait apporté sans bruit une chaise que je ne pris pas d'abord. L'obscurité était si forte, que, dans le premier moment, mademoiselle de Villenoix et Louis me firent l'effet de deux masses noires qui tranchaient sur le fond de cette atmosphère ténébreuse. Je m'assis, en proie à ce sentiment qui nous saisit presque malgré nous sous les sombres arcades d'une église. Mes yeux, encore frappés par l'éclat du soleil, ne s'accoutumèrent que graduellement à cette nuit factice.

— Monsieur, lui dit-elle, est ton ami de collège.

Lambert ne répondit pas. Je pus enfin le voir, et il m'offrit un de ces spectacles qui se gravent à jamais dans la mémoire. Il se tenait debout, les deux coudes appuyés sur la saillie formée par la boiserie, en sorte que son buste paraissait fléchir sous le poids de sa tête inclinée. Ses cheveux, aussi longs que ceux d'une femme, tombaient sur ses épaules, et entouraient sa figure de manière à lui donner de la ressemblance avec les bustes qui représentent les grands hommes du siècle de Louis XIV. Son visage était d'une blancheur parfaite. Il frottait habituellement une de ses jambes sur l'autre par un mouvement machinal que rien n'avait pu réprimer, et le frottement continuel des deux os produisait un bruit affreux. Auprès de lui se trouvait un sommier de mousse posé sur une planche.

— Il lui arrive très-rarement de se coucher, me dit mademoiselle de Villenoix, quoique chaque fois il dorme pendant plusieurs jours.

Louis se tenait debout comme je le voyais, jour et nuit, les yeux fixes, sans jamais baisser et relever les paupières comme nous en avons l'habitude. Après avoir demandé à mademoiselle Villenoix si un peu plus de jour ne causerait aucune douleur à Lambert, sur sa réponse, j'ouvris légèrement la persienne, et pus voir alors l'expression de la physionomie de mon ami. Hélas! déjà ridé, déjà blanchi, enfin déjà plus de lumière dans ses yeux, devenus vitreux comme ceux d'un aveugle. Tous ses traits semblaient tirés par une convulsion vers le haut de sa tête. J'essayai de lui parler à plusieurs reprises; mais il ne m'entendait pas. C'était un débris arraché à la tombe, une espèce de conquête faite par la vie sur la mort, ou par la mort sur la vie. J'étais là depuis une heure environ, plongé dans une indéfinissable rêverie, en proie à mille idées affligeantes. J'écoutais mademoiselle de Villenoix, qui me racontait dans tous ses détails cette vie d'enfant au berceau. Tout à coup Louis cessa de frotter ses jambes l'une contre l'autre, et dit d'une voix lente : — *Les anges sont blancs!*

Je ne puis expliquer l'effet produit sur moi par cette parole, par le son de cette voix tant aimée, dont les accents attendus péniblement me paraissaient à jamais perdus pour moi. Malgré moi mes yeux se remplirent de larmes. Un pressentiment involontaire passa rapidement dans mon âme et me fit douter que Louis eût perdu la raison. J'étais cependant bien certain qu'il ne me voyait ni ne m'entendait, mais les harmonies de sa voix, qui semblaient accuser un bonheur divin, communiquèrent à ces mots d'irrésistibles pouvoirs. Incomplète révélation d'un monde inconnu, sa phrase retentit dans nos âmes comme quelque magnifique sonnerie d'église au milieu d'une nuit profonde. Je ne m'étonnai plus que mademoiselle de Villenoix crût Louis parfaitement sain d'entendement. Peut-être la vie de l'âme avait-elle anéanti la vie du corps. Peut-être sa compagne avait-elle, comme je l'eus alors, de vagues intuitions de cette nature mélodieuse et fleurie, que nous nommons dans sa plus large expression : LE CIEL. Cette femme, cet ange, restait toujours là, assise devant un métier à tapisserie, et, chaque fois qu'elle tirait son aiguille, elle regardait Lambert en exprimant un sentiment triste et doux. Hors d'état de supporter cet affreux spectacle, car je ne savais pas, comme mademoiselle de Villenoix, en deviner tous les secrets, je sortis, et nous allâmes nous promener ensemble pendant quelques moments pour parler d'elle et de Lambert.

— Sans doute, me dit-elle, Louis doit paraître fou, mais il ne l'est pas, si le nom de fou doit appartenir seulement à ceux dont, par des causes inconnues, le cerveau se vicie, et qui n'offrent aucune raison de leurs actes. Tout est parfaitement coordonné chez mon ami. S'il ne vous a pas reconnu physiquement, ne croyez pas qu'il ne vous ait point vu. Il a réussi à se dégager de son corps, et nous aperçoit sous une autre forme, je ne sais laquelle. Quand il parle, il exprime des choses merveilleuses. Seulement, assez souvent, il achève par la parole une idée commencée dans son esprit, ou commence une proposition qu'il achève mentalement. Aux autres hommes, il paraîtrait aliéné; pour moi, qui vis dans sa pensée, toutes ses idées sont lucides. Je parcours le chemin fait par son esprit, et, quoique je n'en connaisse pas tous les détours, je sais me trouver néanmoins au but avec lui. A qui n'est-il pas, maintes fois, arrivé de penser à une chose futile et d'être entraîné vers une pensée grave par des idées ou par des souvenirs qui s'enroulent? Souvent, après avoir parlé d'un objet frivole, innocent point de départ de quelque rapide méditation, un penseur oublie ou tait les liaisons abstraites qui l'ont conduit à sa conclusion, et reprend la parole en ne montrant que le dernier anneau de cette chaîne de réflexions. Les gens vulgaires à qui cette vélocité de vision mentale est inconnue, ignorant le travail intérieur de l'âme, se mettent à rire du rêveur, et le traitent de fou s'il est coutumier de ces sortes d'oublis. Louis est toujours ainsi : sans cesse il voltige à travers les espaces de la pensée, et s'y promène avec une vivacité d'hirondelle, je sais le suivre dans tous ses détours. Voilà l'histoire de sa folie. Peut-être un jour Louis reviendra-t-il à cette vie dans laquelle

nous végétons; mais s'il respire l'air des cieux avant le temps où il nous sera permis d'y exister, pourquoi souhaiterions-nous de le revoir parmi nous? Contente d'entendre battre son cœur, tout mon bonheur est d'être auprès de lui. N'est-il pas tout à moi? Depuis trois ans, à deux reprises, je l'ai possédé pendant quelques jours : en Suisse, où je l'ai conduit, et au fond de la Bretagne, dans une île, où je l'ai mené prendre des bains de mer. J'ai été deux fois bien heureuse! Je puis vivre par mes souvenirs.

— Mais, lui dis-je, écrivez-vous les paroles qui lui échappent?

— Pourquoi? me répondit-elle.

Je gardai le silence, les sciences humaines étaient bien petites devant cette femme.

— Dans le temps où il se mit à parler, reprit-elle, je crois avoir recueilli ses premières phrases, mais j'ai cessé de le faire; je n'y entendais rien alors.

Je les lui demandai par un regard; elle me comprit, et voici ce que je pus sauver de l'oubli.

I

Ici-bas, tout est le produit d'une SUBSTANCE ÉTHÉRÉE, base commune de plusieurs phénomènes connus sous les noms impropres d'*électricité, chaleur, lumière, fluide galvanique, magnétique,* etc. L'universalité des transmutations de cette *substance* constitue ce que l'on appelle vulgairement la matière.

II

Le cerveau est le matras où l'ANIMAL transporte ce que, suivant la force de cet appareil, chacune de ses organisations peut absorber de cette SUBSTANCE, et d'où elle sort transformée en volonté.

La volonté est une fluide, attribut de tout être doué de mouvement. De là les innombrables formes qu'affecte l'ANIMAL, et qui sont les effets de sa combinaison avec la SUBSTANCE. Ses instincts sont le produit des nécessités que lui imposent les milieux où il se développe. De là ses variétés.

III

En l'homme, la volonté devient une force qui lui est propre, et qui surpasse en intensité celle de toutes les espèces.

IV

Par sa constante alimentation, la volonté tient à la SUBSTANCE qu'elle retrouve dans toutes les transmutations en les pénétrant par la pensée, qui est un produit particulier de la volonté humaine, combinée avec les modifications de la SUBSTANCE.

V

Du plus ou moins de perfection de l'appareil humain viennent les innombrables formes qu'affecte la pensée.

VI

La volonté s'exerce par des organes vulgairement nommés les cinq sens, qui n'en sont qu'un seul, la faculté de voir. Le tact comme le goût, l'ouïe comme l'odorat, est une seule adaptée aux transformations de la SUBSTANCE que l'homme peut saisir dans ses deux états, transformée et non transformée.

VII

Toutes les choses qui tombent par la forme dans le domaine du sens unique, la faculté de voir, se réduisent à quelques corps élémentaires dont les principes sont dans l'air, dans la lumière ou dans les principes de l'air et de la lumière. Le son est une modification de l'air; toutes les couleurs sont des modifications de la lumière; tout parfum est une combinaison d'air et de lumière, ainsi les quatre expressions de la matière par rapport à l'homme, le son, la couleur, le parfum et la forme, ont une même origine; car le jour n'est pas loin où l'on reconnaîtra la filiation des principes de la lumière dans ceux de l'air. La pensée, qui tient à la lumière, s'exprime par la parole, qui tient au son. Pour lui, tout provient donc de la SUBSTANCE, dont les transformations ne différent que par le NOMBRE, par un certain *dosage* dont les proportions produisent les individus ou les choses de ce que l'on nomme les RÈGNES.

VIII

Quand la SUBSTANCE est absorbée en un nombre suffisant, elle fait de l'homme un appareil d'une énorme puissance, qui communique avec le principe même de la SUBSTANCE, et agit sur la nature organisée à la manière des grands courants, qui absorbent les petits. La volition met en œuvre cette force indépendante de la pensée, et qui, par sa concentration, obtient quelques-unes des propriétés de la SUBSTANCE, comme la rapidité de la lumière, comme la pénétration de l'électricité, comme la faculté de saturer les corps, et auxquels il faut ajouter l'intelligence de ce qu'elle peut. Mais il est en l'homme un phénomène primitif et dominateur qui ne souffre aucune analyse. On décomposera l'homme en entier, l'on trouvera peut-être les éléments de la pensée et de la volonté; mais on rencontrera toujours, sans pouvoir le résoudre, cet X contre lequel je me suis autrefois heurté. Cet X est la PAROLE, dont la communication brûle et dévore ceux qui ne sont pas préparés à la recevoir. Elle engendre incessamment la SUBSTANCE.

IX

La colère, comme toutes nos expressions passionnées, est un courant de la force humaine qui agit électriquement; sa commotion, quand il se dégage, agit sur les personnes présentes, même sans qu'elles en soient le but ou la cause. Ne se rencontre-t-il pas des hommes qui, par une décharge de leur volition, cohobent les sentiments des masses?

X

Le fanatisme et tous les sentiments sont des forces vives. Ces forces, chez certains êtres, deviennent des fleuves de volonté qui réunissent et entraînent tout.

XI

Si l'espace existe, certaines facultés donnent le pouvoir de le franchir avec une telle vitesse, que leurs effets équivalent à son abolition. De ton lit aux frontières du monde, il n'y a que deux pas : LA VOLONTÉ — LA FOI !

XII

Les faits ne sont rien, ils n'existent pas, il ne subsiste de nous que des idées.

XIII

Le monde des idées se divise en trois sphères : celle de l'instinct, celle des abstractions, celle de la spécialité.

XIV

La plus grande partie de l'humanité visible, la partie la plus faible habite la sphère de l'instinctivité. Les instinctifs naissent, travaillent et meurent sans s'élever au second degré de l'intelligence humaine l'abstraction.

XV

A l'abstraction commence la société. Si l'abstraction comparée à l'instinct est une puissance presque divine, elle est une faiblesse inouïe, comparée au don de spécialité, qui peut seul expliquer Dieu. L'abstraction comprend toute une nature en germe plus virtuellement que la graine ne contient le système d'une plante et ses produits. De l'abstraction naissent les lois, les arts, les intérêts, les idées sociales. Elle est la gloire et le fléau du monde : la gloire, elle a créé les sociétés, le fléau, elle dispense l'homme d'entrer dans la spécialité, qui est un des chemins de l'infini. L'homme juge tout par ses abstractions, le bien, le mal, la vertu, le crime. Ses formules de droit sont ses balances, sa justice est aveugle : celle de Dieu voit, tout est là. Il se trouve nécessairement des êtres intermédiaires qui séparent le règne des instinctifs du règne des abstractifs, et chez lesquels l'instinctivité se mêle à l'abstractivité dans des proportions infinies. Les uns ont plus d'instinctivité que d'abstractivité, *et vice versa*, que les autres. Puis il est des êtres chez lesquels les deux actions se neutralisent en agissant par des forces égales.

XVI

La spécialité consiste à voir les choses du monde matériel aussi bien que celles du monde spirituel dans leurs ramifications originelles et conséquentielles. Les plus beaux génies humains sont ceux qui sont partis des ténèbres de l'abstraction pour arriver aux lumières de la spécialité. (Spécialité, *species*, vue, spéculer, voir tout, et d'un seul coup; *speculum*, miroir ou moyen d'apprécier une chose en la

Il se tenait debout, les deux coudes appuyés sur la saillie formée par la boiserie.. — PAGE 23.

voyant tout entière.) Jésus était spécialiste, il voyait le fait dans ses racines et dans ses productions, dans le passé, qui l'avait engendré, dans le présent, où il se manifestait, dans l'avenir, où il se développait : sa vue pénétrait l'entendement d'autrui. La perfection de la vue intérieure enfante le don de spécialité. La spécialité emporte l'intuition. L'intuition est une des facultés de L'HOMME INTÉRIEUR dont le spécialisme est un attribut. Elle agit par une imperceptible sensation ignorée de celui qui lui obéit : Napoléon s'en allant instinctivement de sa place avant qu'un boulet n'y arrive.

XVII

Entre la sphère du spécialisme et celle de l'abstractivité se trouvent, comme entre celle-ci et celle de l'instinctivité, des êtres chez lesquels les divers attributs des deux règnes se confondent et produisent des mixtes : les hommes de génie.

XVIII

Le spécialiste est nécessairement la plus parfaite expression de l'homme, l'anneau qui lie le monde visible aux mondes supérieurs : il agit, il voit et il sent par son INTÉRIEUR. L'abstraction pense. L'instinctif agit.

XIX

De là trois degrés pour l'homme : *instinctif*, il est au-dessous de la mesure ; *abstractif*, il est au niveau ; *spécialiste*, il est au-dessus. Le *spécialisme* ouvre à l'homme sa véritable carrière, l'infini commence à poindre en lui, là il entrevoit sa destinée.

XX

Il existe trois mondes : le NATUREL, le SPIRITUEL, le DIVIN. L'humanité transite dans le monde naturel, qui n'est fixe ni dans son essence ni dans ses facultés. Le monde spirituel est fixe dans son essence et mobile dans ses facultés. Le monde divin est fixe dans ses facultés et dans son essence. Il existe donc nécessairement un culte matériel, un culte spirituel, un culte divin ; trois formes qui s'expriment par l'action, par la parole, par la prière, autrement dit, le fait, l'entendement et l'amour. L'instinctif veut des faits, l'abstractif s'occupe des idées ; le spécialiste voit la fin, il aspire à Dieu, qu'il pressent ou contemple.

XXI

Aussi, peut-être un jour le sens inverse de l'ET VERBUM CARO FACTUM EST, sera-t-il le résumé d'un nouvel évangile qui dira : ET LA CHAIR SE FERA LE VERBE, ELLE DEVIENDRA LA PAROLE DE DIEU.

XXII

La résurrection se fait par le vent du ciel qui balaye les mondes. L'ange porté par le vent ne dit pas : — Morts, levez-vous ! Il dit : — Que les vivants se lèvent !

Telles sont les pensées auxquelles j'ai pu, non sans de grandes peines, donner des formes en rapport avec notre entendement. Il en est d'autres desquelles Pauline se souvenait plus particulièrement, je ne sais par quelle raison, et que j'ai transcrites ; mais elles font le désespoir de l'esprit, quand, sachant de quelle intelligence elles procèdent, on cherche à les comprendre. J'en citerai quelques-unes, pour achever le dessin de cette figure, peut-être aussi parce que dans ces dernières idées la formule de Lambert embrasse-t-elle mieux les mondes que la précédente, qui semble s'appliquer seulement au mouvement zoologique. Mais, entre ces deux fragments, il est une corrélation évidente aux yeux des personnes, assez rares d'ailleurs, qui se plaisent à plonger dans ces sortes de gouffres intellectuels.

Malgré moi mes yeux se remplirent de larmes. — PAGE 22.

I

Tout ici-bas n'existe que par le mouvement et par le nombre.

II

Le mouvement est en quelque sorte le nombre agissant.

III

Le mouvement est le produit d'une force engendrée par la parole et par une résistance qui est la matière. Sans la résistance, le mouvement aurait été sans résultat, son action eût été infinie. L'attraction de Newton n'est pas une loi, mais un effet de la loi générale du mouvement universel.

IV

Le mouvement, en raison de la résistance, produit une combinaison qui est la vie ; dès que l'un ou l'autre est plus fort, la vie cesse.

V

Nulle part le mouvement n'est stérile, partout il engendre le nombre ; mais il peut être neutralisé par une résistance supérieure, comme dans le minéral.

VI

Le nombre qui produit toutes les variétés engendre également l'harmonie, qui, dans sa plus haute acception, est le rapport entre les parties et l'unité.

VII

Sans le mouvement, tout serait une seule et même chose. Ses produits, identiques dans leur essence, ne diffèrent que par le nombre qui a produit les facultés.

VIII

L'homme tient aux facultés, l'ange tient à l'essence.

IX

En unissant son corps à l'action élémentaire, l'homme peut arriver à s'unir à la lumière par son intérieur.

X

Le nombre est un témoin intellectuel qui n'appartient qu'à l'homme, et par lequel il peut arriver à la connaissance de la parole.

XI

Il est un nombre que l'impur ne franchit pas, le **nombre où la création est finie**.

XII

L'unité a été le point de départ de tout ce qui fut produit; il en est résulté des composés, mais la fin doit être identique au commencement. De là cette formule *spirituelle* : unité composée, unité variable, unité fixe.

XIII

L'univers est donc la variété dans l'unité. Le mouvement est le moyen, le nombre est le résultat. La fin est le *retour de toutes choses à l'unité*, qui est Dieu.

XIV

Trois et sept sont les deux plus grands nombres *spirituels*.

XV

Trois est la formule des mondes créés. Il est le signe *spirituel* de la création comme il est le signe *matériel* de la circonférence. En effet, Dieu n'a procédé que par des lignes circulaires. La ligne droite est l'attribut de l'infini; aussi l'homme qui pressent l'infini la reproduit-il dans ses œuvres. Deux est le nombre de la génération. Trois est le nombre de l'existence, qui comprend la génération et le produit. Ajoutez le quaternaire, vous avez le sept, qui est la formule du ciel. Dieu est au-dessus, il est l'unité.

Après être allé revoir encore une fois Lambert, je quittai sa femme et revins en proie à des idées si contraires à la vie sociale, que je renonçai, malgré ma promesse, à retourner à Villenoix. La vue de Louis avait exercé sur moi je ne sais quelle influence sinistre. Je redoutai de me retrouver dans cette atmosphère enivrante où l'extase était contagieuse. Chacun aurait éprouvé comme moi l'envie de se précipiter dans l'infini, de même que les soldats se tuaient tous dans la guérite où s'était suicidé l'un deux au camp de Boulogne. On sait que Napoléon fut obligé de faire brûler ce bois, dépositaire d'idées arrivées à l'état de miasmes mortels. Peut-être en était-il de la chambre de Louis comme de cette guérite. Ces deux faits seraient des preuves de plus en faveur de son système sur la transmission de la volonté. J'y ressentis des troubles extraordinaires qui surpassèrent les effets les plus fantastiques causés par le thé, le café, l'opium, par le sommeil et la fièvre, agents mystérieux dont les terribles actions embrasent si souvent nos têtes. Peut-être aurais-je pu transformer en un livre complet ces débris de pensées, compréhensibles seulement pour certains esprits habitués à se pencher sur le bord des abîmes, dans l'espérance d'en apercevoir le fond. La vie de cet immense cerveau, qui sans doute a craqué de toutes parts comme un empire trop vaste, y eût été développée dans le récit des visions de cet être incomplet par trop de force ou par faiblesse; mais j'ai mieux aimé rendre compte de mes impressions que de faire une œuvre plus ou moins poétique.

Lambert mourut à l'âge de vingt-huit ans, le 25 septembre 1824, entre les bras de son amie. Elle le fit ensevelir dans une des îles du parc de Villenoix. Son tombeau consiste en une simple croix de pierre, sans nom, sans date. Fleur née sur le bord d'un gouffre, elle devait y tomber inconnue avec ses couleurs et ses parfums inconnus. Comme beaucoup de gens incompris, n'avait-il pas souvent voulu se plonger avec orgueil dans le néant pour y perdre les secrets de sa vie! Cependant mademoiselle de Villenoix aurait bien eu le droit d'inscrire sur cette croix les noms de Lambert, en y indiquant les siens. Depuis la perte de son mari, cette nouvelle union n'est-elle pas son espérance de toutes les heures? Mais les vanités de la douleur sont étrangères aux âmes fidèles. Villenoix tombe en ruines. La femme de Lambert ne l'habite plus, sans doute pour mieux s'y voir comme elle y fut jadis. Ne lui a-t-on pas entendu dire naguère : — J'ai eu son cœur, à Dieu son génie!

Au château de Saché, juin-juillet 1832.

FIN DE LOUIS LAMBERT.

L'ÉLIXIR DE LONGUE VIE

AU LECTEUR

Au début de la vie littéraire de l'auteur, un ami, mort depuis longtemps, lui donna le sujet de cette Étude, que plus tard il trouva dans un recueil publié vers le commencement de ce siècle ; et, selon ses conjectures, c'est une fantaisie due à Hoffmann de Berlin, publiée dans quelque almanach d'Allemagne, et oubliée dans ses œuvres par les éditeurs. La Comédie humaine est assez riche en inventions pour que l'auteur avoue un innocent emprunt ; comme le bon La Fontaine, il aura traité d'ailleurs à sa manière, et sans le savoir, un fait déjà conté. Ceci ne fut pas une de ces plaisanteries à la mode en 1830, époque à laquelle tout auteur *faisait de l'atroce* pour le plaisir des jeunes filles. Quand vous serez arrivé à l'élégant parricide de don Juan, essayez de deviner la conduite que tiendraient, en des conjonctures à peu près semblables, les honnêtes gens qui, au dix-neuvième siècle, prennent de l'argent à rentes viagères, sur la foi d'un catarrhe, ou ceux qui louent une maison à une vieille femme pour le reste de ses jours ? Ressusciteraient-ils leurs rentiers ? Je désirerais que des peseurs-jurés de conscience examinassent quel degré de similitude il peut exister entre don Juan et les pères qui marient leurs enfants à cause *des espérances*. La société humaine, qui marche, à entendre quelques philosophes, dans une voie de progrès, considère-t-elle comme un pas vers le bien l'art d'attendre les trépas ? Cette science a créé des métiers honorables, au moyen desquels on vit de la mort. Certaines personnes ont pour état d'espérer un décès, elles le couvent, elles s'accroupissent chaque matin sur un cadavre, et s'en font un oreiller le soir : c'est les coadjuteurs, les cardinaux, les surnuméraires, les tontiniers, etc. Ajoutez-y beaucoup de gens délicats, empressés d'acheter une propriété dont le prix dépasse leurs moyens, mais qui établissent logiquement et à froid les chances de vie qui restent à leurs pères ou à leurs belles-mères, octogénaires ou septuagénaires, en disant : — « Avant trois ans, j'hériterai nécessairement, et alors... » Un meurtrier nous dégoûte moins qu'un espion. Le meurtrier a cédé peut-être à un mouvement de folie, il peut se repentir, s'ennoblir. Mais l'espion est toujours espion, il est espion au lit, à table, en marchant, la nuit, le jour, il est vil à toute minute. Que serait-ce donc d'être meurtrier comme un espion est vil ? Eh bien ! ne venez-vous pas de reconnaître au sein de la société une foule d'êtres amenés par nos lois, par nos mœurs, par les usages, à penser sans cesse à la mort des leurs, à la convoiter ? Ils pèsent ce que vaut un cercueil en marchandant des cachemires pour leurs femmes, en gravissant l'escalier d'un théâtre, en désirant aller aux Bouffons, en souhaitant une voiture. Ils assassinent au moment où de chères créatures, ravissantes d'innocence, leur apportent, le soir, des fronts enfantins à baiser en disant : — « Bonsoir, père ! » Ils voient à toute heure des yeux qu'ils

voudraient fermer, et qui se rouvrent chaque matin à la lumière, comme celui de Belvidéro dans cette Étude. Dieu seul sait le nombre des parricides qui se commettent par la pensée ! Figurez-vous un homme ayant à servir mille écus de rentes viagères à une vieille femme, et qui, tous deux, vivent à la campagne, séparés par un ruisseau, mais assez étrangers l'un à l'autre pour pouvoir se haïr cordialement sans manquer à ces convenances humaines qui mettent un masque sur le visage de deux frères, dont l'un aura le majorat, et l'autre une légitime. Toute la civilisation européenne repose sur l'HÉRÉDITÉ comme sur un pivot, ce serait folie que de le supprimer, mais ne pourrait-on, comme dans les machines qui font l'orgueil de notre âge, perfectionner ce rouage essentiel ?

Si l'auteur a conservé cette vieille formule AU LECTEUR dans un ouvrage où il tâche de représenter toutes les formes littéraires, c'est pour placer une remarque relative à quelques Études, et surtout à celle-ci. Chacune de ses compositions est basée sur des idées plus ou moins neuves, dont l'expression lui semble utile, il peut tenir à la priorité de certaines formes, de certaines pensées, qui, depuis, ont passé dans le domaine littéraire, et s'y sont parfois vulgarisées. Les dates de la publication primitive de chaque Étude ne doivent donc pas être indifférentes à ceux des lecteurs qui voudront lui rendre justice.

La lecture nous donne des amis inconnus, et quel ami qu'un lecteur ! nous avons des amis connus qui ne lisent rien de nous ! L'auteur espère avoir payé sa dette en dédiant cette œuvre DIIS IGNOTIS.

Dans un somptueux palais de Ferrare, par une soirée d'hiver, don Juan Belvidéro régalait un prince de la maison d'Este. A cette époque, une fête était un merveilleux spectacle que de royales richesses ou la puissance d'un seigneur pouvaient seules ordonner. Assises autour d'une table éclairée par des bougies parfumées, sept joyeuses femmes échangeaient de doux propos, parmi d'admirables chefs-d'œuvre dont les marbres blancs se détachaient sur des parois en stuc rouge et contrastaient avec de riches tapis de Turquie. Vêtues de satin, étincelantes d'or et chargées de pierreries qui brillaient moins que leurs yeux, toutes racontaient des passions énergiques, mais diverses comme l'étaient leurs beautés. Elles ne différaient ni par les mots, ni par les idées ; l'air, un regard, quelques gestes ou l'accent, servaient à leurs paroles de commentaires libertins, lascifs, mélancoliques ou goguenards.

L'une semblait dire : — Ma beauté sait réchauffer le cœur glacé des vieillards.

L'autre : — J'aime à rester couchée sur des coussins, pour penser avec ivresse à ceux qui m'adorent.

Une troisième, novice de ces fêtes, voulait rougir : — Au fond du cœur je sens un remords ! disait-elle. Je suis catholique et j'ai peur de l'enfer. Mais je vous aime tant, oh ! tant et tant, que je puis vous sacrifier l'éternité.

La quatrième, vidant une coupe de vin de Chio, s'écriait : — Vive la gaieté ! Je prends une existence nouvelle à chaque aurore ! Oublieuse du passé, ivre encore des assauts de la veille, tous les soirs j'épuise une vie de bonheur, une vie pleine d'amour !

La femme assise auprès de Belvidéro le regardait d'un œil enflammé. Elle était silencieuse. — Moi, je ne m'en remettrais pas à des bravi pour tuer mon amant, s'il m'abandonnait ! Puis elle avait ri ; mais sa main convulsive brisait un drageoir d'or miraculeusement sculpté. — Quand seras-tu grand-duc ? demanda la sixième au prince avec une expression de joie meurtrière dans les dents, et du délire bachique dans les yeux. — Et toi, quand ton père mourra-t-il ? dit la septième en riant, en jetant son bouquet à don Juan par un geste enivrant de folâtrerie. C'était une innocente jeune fille accoutumée à jouer avec toutes les choses sacrées. — Ah ! ne m'en parlez pas, s'écria le jeune et beau don Juan Belvidéro, il n'y a qu'un père éternel dans le monde, et le malheur veut que je l'aie !

Les sept courtisanes de Ferrare, les amis de don Juan et le prince lui-même jetèrent un cri d'horreur. Deux cents ans après et sous Louis XV, les gens de bon goût eussent ri de cette saillie. Mais peut-être aussi, dans le commencement d'une orgie, les âmes avaient-elles encore trop de lucidité ? Malgré le feu des bougies, le cri des passions, l'aspect des vases d'or et d'argent, la fumée des vins, malgré la contemplation des femmes les plus ravissantes, peut-être y avait-il encore, au fond des cœurs, un peu de cette vergogne pour les choses humaines et divines qui lutte jusqu'à ce que l'orgie l'ait noyée dans les derniers flots d'un vin pétillant. Déjà néanmoins les fleurs avaient été froissées, les yeux s'hébétaient, et l'ivresse gagnait, selon l'expression de Rabelais, jusqu'aux sandales. En ce moment de silence, une porte s'ouvrit, et, comme au festin de Balthazar, Dieu se fit reconnaître. Il apparut sous les traits d'un vieux domestique en cheveux blancs, à la démarche tremblante, aux sourcils contractés ; il entra d'un air triste, flétrit d'un regard les couronnes, les coupes de vermeil, les pyramides de fruits, l'éclat de la fête, la pourpre des visages étonnés et les couleurs des coussins foulés par le bras blanc des femmes ; enfin, il mit un crêpe à cette folie en disant ces sombres paroles d'une voix creuse : — Monsieur, votre père se meurt.

Don Juan se leva en faisant à ses hôtes un geste qui peut se traduire par : « Excusez-moi, ceci n'arrive pas tous les jours. »

La mort d'un père ne surprend-elle pas souvent les jeunes gens au milieu des splendeurs de la vie, au sein des folles idées d'une orgie ? La mort est aussi soudaine dans ses caprices qu'une courtisane l'est dans ses dédains ; mais plus fidèle, elle n'a jamais trompé personne.

Quand don Juan eut fermé la porte de la salle et qu'il marcha dans une longue galerie froide autant qu'obscure, il s'efforça de prendre une contenance de théâtre ; car, en songeant à son rôle de fils, il avait jeté sa joie avec sa serviette. La nuit était noire. Le silencieux serviteur, qui conduisait le jeune homme vers une chambre mortuaire, éclairait assez mal son maître, en sorte que la MORT, aidée par le froid, le silence, l'obscurité, par une réaction d'ivresse, peut-être, put glisser quelques réflexions dans l'âme de ce dissipateur, il interrogea sa vie et devint pensif comme un homme en procès qui s'achemine au tribunal.

Bartholoméo Belvidéro, père de don Juan, était un vieillard nonagénaire qui avait passé la majeure partie de sa vie dans les combinaisons du commerce. Ayant traversé souvent les talismaniques contrées de l'Orient, il y avait acquis d'immenses richesses et des connaissances plus précieuses, disait-il, que l'or et les diamants, desquels alors il ne se souciait plus guère. — Je préfère une dent à un rubis, et le pouvoir au savoir, s'écriait-il parfois en souriant. Ce bon père aimait à entendre don Juan lui raconter une étourderie de jeunesse, et disait d'un air goguenard, en lui prodiguant l'or : — Mon cher enfant, ne fais que les sottises qui t'amuseront. C'était le seul vieillard qui éprouvât de plaisir à voir un jeune homme, l'amour paternel trompait sa caducité par la contemplation d'une si brillante vie. A l'âge de soixante ans, Belvidéro s'était épris d'un ange de paix et de beauté. Don Juan avait été le seul fruit de cette tardive et passagère amour. Depuis quinze années, le bonhomme déplorait la perte de sa chère Juana. Ses nombreux serviteurs et son fils attribuaient à cette douleur de vieillard les habitudes singulières qu'il avait contractées. Réfugié dans l'aile la plus incommode de son palais, Bartholoméo n'en sortait que très-rarement, et don Juan lui-même ne pouvait pénétrer dans l'appartement de son père sans en avoir obtenu la permission. Si ce volontaire anachorète allait et venait dans le palais ou par les rues de Ferrare, il semblait chercher une chose qui lui manquait ; il marchait tout rêveur, indécis, préoccupé comme un homme aux prises avec une idée ou avec un souvenir. Pendant que le jeune homme donnait des fêtes somptueuses et que le palais retentissait des éclats de sa joie, que les chevaux piaffaient dans les cours, que les pages se disputaient en jouant aux dés sur les degrés, Bartholoméo mangeait sept onces de pain par jour et buvait de l'eau. S'il lui fallait un peu de volaille, c'était pour en donner les os à un barbet noir, son compagnon fidèle. Il ne se plaignait jamais du bruit. Durant sa maladie, si le son du cor et les aboiements des chiens le surprenaient dans son sommeil, il se contentait de dire : — Ah ! c'est don Juan qui rentre ! Jamais sur cette terre on ne vit un père si commode et si indulgent ne s'était rencontré ; aussi le jeune Belvidéro, accoutumé à le traiter sans cérémonie, avait-il tous les défauts des enfants gâtés ; il vivait avec Bartholoméo comme vit une capricieuse courtisane avec un vieil amant, faisant excuser une impertinence par un sourire, vendant sa belle humeur, et se laissant aimer. En reconstruisant, par une pensée, le tableau de ses jeunes années, don Juan s'aperçut qu'il lui serait difficile de trouver la bonté de son père en faute. En sentant, au fond de son cœur, naître un remords, au moment où il traversait la galerie, il revenait à des sentiments de piété filiale, comme un voleur devient honnête homme par la jouissance possible d'un million, bien dérobé. Bientôt le jeune homme franchit les hautes et froides salles qui composaient l'appartement de son père. Après avoir éprouvé les effets d'une atmosphère humide, respiré l'air épais, l'odeur rance qui s'exhalaient de vieilles tapisseries et d'armoires couvertes de poussière, il se trouva dans la chambre antique du vieillard, devant un lit nauséabond, auprès d'un foyer presque éteint. Une lampe, posée sur une table de forme gothique, jetait, par intervalles inégaux, des nappes de lumière plus ou moins forte sur le lit, et montrait ainsi la figure du vieillard sous des aspects toujours différents. Le froid sifflait à travers les fenêtres mal fermées, et, la neige, en fouettant sur les vitraux, produisait un bruit sourd. Cette scène formait un contraste si heurté avec la scène que don Juan venait d'abandonner, qu'il ne put s'empêcher de tressaillir. Puis il eut froid quand, en approchant du lit, une assez violente rafale de lueur, poussée par une bouffée de vent, illumina la tête de son père : les traits en étaient décomposés, la peau collée fortement sur les os avait des teintes verdâtres que la blancheur de l'oreiller, sur lequel le vieillard reposait, rendait encore plus horribles, contractée par la douleur, la bouche entr'ouverte et dénuée de dents laissait passer quelques soupirs dont l'énergie lugubre était soutenue par les hurlements de la tempête. Malgré ces signes de destruction, il éclatait sur cette tête un caractère incroyable de puissance. Un esprit supérieur y combattait la mort. Les yeux, creusés par la maladie, gardaient une fixité singulière. Il semblait que Bartholoméo cherchât à tuer, par son regard de mourant, un ennemi assis au pied de son lit. Ce regard, fixe et froid, était d'autant plus effrayant, que la tête restait dans une immobilité semblable à celle des crânes posés sur une table chez les médecins. Le corps entièrement dessiné par les draps de lin annonçait que les membres du vieillard gardaient la même roideur. Tout était mort, moins les yeux. Les sons qui sortaient de la bouche avaient enfin quelque chose de mécanique. Don Juan éprouva une certaine honte d'arriver auprès de son père mourant en gardant un bouquet de courtisane dans son sein, en y apportant les parfums d'une fête et les senteurs du vin. — Tu t'amusais ! s'écria le vieillard en apercevant son fils.

Au même moment, la voix pure et légère d'une cantatrice qui enchantait les convives, fortifiée par les accords de la viole sur laquelle elle s'accompagnait, domina le bruit de l'ouragan, et retentit jusque dans cette chambre funèbre. Don Juan voulut ne rien entendre de cette sauvage affirmation donnée à son père.

Bartholoméo dit : — Je ne t'en veux pas, mon enfant.

Ce mot plein de douceur fit mal à don Juan, qui ne pardonna pas à son père cette poignante bonté. — Quel remords pour moi, mon père ! lui dit il hypocritement. — Pauvre Juanino, reprit le mourant d'une voix sourde, j'ai toujours été si doux pour toi, que tu ne saurais désirer ma mort ? — Oh ! s'écria don Juan, s'il était possible de vous rendre la vie en donnant une partie de la mienne ! (Ces choses-là peuvent toujours se dire, pensait le dissipateur, c'est comme si j'offrais le monde à ma maîtresse !) À peine sa pensée était-elle achevée, que le vieux barbet aboya. Cette voix intelligente fit frémir don Juan, il crut avoir été compris par le chien. — Je savais bien, mon fils, que je pouvais compter sur toi, s'écria le moribond. Je vivrai. Va, tu seras content. Je vivrai, mais sans t'enlever un seul de tes jours qui t'appartiennent, se dit don Juan. Puis il ajouta tout haut : Oui, mon père chéri, vous vivrez, certes, autant que moi, car votre image sera sans cesse dans mon cœur. — Il ne s'agit pas de cette vie, dit le vieux seigneur en rassemblant ses forces pour se dresser sur son séant, car il fut ému par un de ces soupçons qui ne naissent que sous le chevet des mourants. Écoute, mon fils, reprit-il d'une voix affaiblie par ce dernier effort, je n'ai pas plus envie de mourir que je ne veux te passer de maîtresses, de vin, de chevaux, de faucons, de chiens et d'or. — Je le crois bien, pensa encore le fils en s'agenouillant au chevet du lit et en baisant une des mains cadavéreuses de Bartholoméo. Mais, reprit-il à haute voix, mon père, mon cher père, il faut se soumettre à la volonté de Dieu. — Dieu, c'est moi, répliqua le vieillard en grommelant. — Ne blasphémez pas ! s'écria le jeune homme en voyant l'air menaçant que prirent les traits

de son père. Gardez-vous-en bien, vous avez reçu l'extrême-onction, et je ne me consolerais pas de vous voir mourir en état de péché.
— Veux-tu m'écouter! s'écria le mourant, dont la bouche grinça.
Don Juan se tut. Un horrible silence régna. A travers les sifflements lourds de la neige, les accords de la viole et la voix délicieuse arrivèrent encore, faibles comme un jour naissant. Le moribond sourit. — Je te remercie d'avoir invité des cantatrices, d'avoir amené de la musique! Une fête, des femmes jeunes et belles, blanches, à cheveux noirs! tous les plaisirs de la vie, fais-les rester, je vais renaître. — Le délire est à son comble, dit don Juan. — J'ai découvert un moyen de ressusciter. Tiens! cherche dans le tiroir de la table, tu l'ouvriras en pressant un ressort caché par le griffon. — J'y suis, mon père. — Là, bien, prends un petit flacon de cristal de roche. — Le voici. — J'ai employé vingt ans à... En ce moment, le vieillard sentit approcher sa fin, et rassembla toute son énergie pour dire : Aussitôt que j'aurai rendu le dernier soupir, tu me frotteras tout entier de cette eau, je renaîtrai. — Il y en a bien peu, répliqua le jeune homme.

Si Bartholoméo ne pouvait plus parler, il avait encore la faculté d'entendre et de voir, sur ce mot sa tête se tourna vers don Juan par un mouvement d'une effrayante brusquerie, son cou resta tordu comme celui d'une statue de marbre que la pensée du sculpteur a condamnée à regarder de côté, ses yeux agrandis contractèrent une hideuse immobilité. Il était mort, mort en perdant sa seule, sa dernière illusion. En cherchant un asile dans le cœur de son fils, il y trouvait une tombe plus creuse que les hommes ne la font d'habitude à leurs morts. Aussi, ses cheveux furent-ils éparpillés par l'horreur, et son regard convulsé parlait-il encore. C'était un père se levant avec rage de son sépulcre pour demander vengeance à Dieu! — Tiens! le bonhomme est fini, s'écria don Juan.

Empressé de présenter le mystérieux cristal à la lueur de la lampe, comme un buveur consulte sa bouteille à la fin d'un repas, il n'avait pas vu blanchir l'œil de son père. Le chien béant contemplait alternativement son maître mort et l'élixir, de même que don Juan regardait tour à tour son père et la fiole. La lampe jetait des flammes ondoyantes. Le silence était profond, la viole muette. Belvidéro tressaillit en croyant voir son père se remuer. Intimidé par l'expression roide de ses yeux accusateurs, il les ferma, comme il aurait poussé une persienne battue par le vent pendant une nuit d'automne. Il se tint debout, immobile, perdu dans un monde de pensées. Tout à coup un bruit aigre, semblable au cri d'un ressort rouillé, rompit ce silence. Don Juan, surpris, faillit laisser tomber le flacon. Une sueur, plus froide que ne l'est l'acier d'un poignard, sortit de ses pores. Un coq de bois peint surgit au-dessus d'une horloge et chanta trois fois. C'était une de ces ingénieuses machines à l'aide desquelles les savants de cette époque se faisaient éveiller à l'heure fixée pour leurs travaux. L'aube rougissait déjà les croisées. Don Juan avait passé dix heures à réfléchir. La vieille horloge était plus fidèle à son service qu'il ne l'était dans l'accomplissement de ses devoirs envers Bartholoméo. Ce mécanisme se composait de bois, de poulies, de cordes, de rouages, tandis que lui avait ce mécanisme particulier à l'homme, et nommé un cœur. Pour ne plus s'exposer à perdre le mystérieuse liqueur, le sceptique don Juan le replaça dans le tiroir de la petite table gothique. En ce moment solennel, il entendit dans les galeries un tumulte sourd : c'était des voix confuses, des rires étouffés, des pas légers, des froissements de la soie, enfin le bruit d'une troupe joyeuse qui tâche de se recueillir. La porte s'ouvrit, et le prince, les amis de don Juan, les sept courtisanes, les cantatrices, apparurent dans le désordre bizarre où se trouvent des danseuses surprises par les lueurs du matin, quand le soleil lutte avec les feux pâlissants des bougies. Ils arrivaient tous pour donner au jeune héritier les consolations d'usage. — Oh! oh! le pauvre don Juan aurait-il donc pris cette mort au sérieux? dit le prince à l'oreille de la Brambilla. — Mais son père était un bien bon homme, répondit-elle.

Cependant les méditations nocturnes de don Juan avaient imprimé à ses traits une expression si frappante, qu'elle imposa silence à ce groupe. Les hommes restèrent immobiles. Les femmes, dont les lèvres étaient séchées par le vin, dont les joues avaient été marbrées par des baisers, s'agenouillèrent et se mirent à prier. Don Juan ne put s'empêcher de tressaillir en voyant les splendeurs, les joies, les rires, les chants, la jeunesse, la beauté, le pouvoir, toute la vie personnifiée se prosterner ainsi devant la mort. Mais, dans cette adorable Italie, la débauche et la religion s'accouplaient alors si bien, que la religion était une débauche et la débauche une religion! Le prince serra affectueusement la main de don Juan; puis, toutes les figures ayant formulé simultanément une même grimace mi-partie de tristesse et d'indifférence, cette fantasmagorie disparut, laissant la salle vide. C'était bien une image de la vie! En descendant les escaliers, le prince dit à la Rivabarella : — Hein! qui aurait cru don Juan un fanfaron d'impiété! Il aime son père! — Avez-vous remarqué le chien noir? demanda la Brambilla. — Le voilà immensément riche, repartit en soupirant la Bianca Cavatolino. — Que m'importe! s'écria la fière Varonèse, celle qui avait brisé le drageoir. — Comment! que m'importe! s'écria le duc. Avec ses écus, il est aussi prince que moi.

D'abord don Juan, balancé par mille pensées, flotta entre plusieurs partis. Après avoir pris conseil du trésor amassé par son père, il revint, sur le soir, dans la chambre mortuaire, l'âme grosse d'un effroyable égoïsme. Il trouva dans l'appartement tous les gens de sa maison occupés à rassembler les ornements du lit de parade sur lequel *feu monseigneur* allait être exposé le lendemain, au milieu d'une superbe chambre ardente, curieux spectacle que tout Ferrare devait venir admirer. Don Juan fit un signe, et ses gens s'arrêtèrent tous, interdits, tremblants. — Laissez-moi seul ici, dit-il d'une voix altérée, vous n'y rentrerez qu'au moment où j'en sortirai.

Quand les pas du vieux serviteur qui s'en allait le dernier ne retentirent plus que faiblement sur les dalles, don Juan ferma précipitamment la porte, et, sûr d'être seul, il s'écria : — Essayons!

Le corps de Bartholoméo était couché sur une longue table. Pour dérober à tous les yeux le hideux spectacle d'un cadavre qu'une extrême décrépitude et la maigreur rendaient semblable à un squelette, les embaumeurs avaient posé sur le corps un drap qui l'enveloppait, moins la tête. Cette espèce de momie gisait au milieu de la chambre; et le drap, naturellement souple, en dessinait vaguement les formes, mais aiguës, roides et grêles. Le visage était déjà marqué de larges taches violettes qui indiquaient la nécessité d'achever l'embaumement. Malgré le scepticisme dont il était armé, don Juan trembla en débouchant la magique fiole de cristal. Quand il arriva près de la tête, il fut même contraint d'attendre un moment, tant il frissonnait. Mais ce jeune homme avait été, de bonne heure, savamment corrompu par les mœurs d'une cour dissolue, une réflexion digne du duc d'Urbin vint donc lui donner un courage qu'aiguillonnait un vif sentiment de curiosité, il semblait même que le démon lui eût soufflé ces mots qui résonnèrent dans son cœur : — *Imbibe un œil!* Il prit un linge, et, après avoir parcimonieusement mouillé dans la précieuse liqueur, il le passa légèrement sur la paupière droite du cadavre. L'œil s'ouvrit. — Ah! ah! dit don Juan en pressant le flacon dans sa main, comme nous serrons en rêvant la branche à laquelle nous sommes suspendus au-dessus d'un précipice.

Il voyait un œil plein de vie, un œil d'enfant dans une tête de mort, la lumière y tremblait au milieu d'un jeune fluide; et, protégée par de beaux cils noirs, elle scintillait pareille à ces lueurs uniques que le voyageur aperçoit dans une campagne déserte, par les soirs d'hiver. Cet œil flamboyant paraissait vouloir s'élancer sur don Juan, et il pensait, accusait, condamnait, menaçait, jugeait, parlait, il criait, il mordait. Toutes les passions humaines s'y agitaient. Les supplications les plus tendres : une colère de roi, puis l'amour d'une jeune fille demandant grâce à ses bourreaux, enfin le regard profond que jette un homme sur les hommes en gravissant la dernière marche de l'échafaud. Il éclatait tant de vie dans ce fragment de vie, que don Juan épouvanté recula, il se promena par la chambre, sans oser regarder cet œil, qu'il revoyait sur les planchers, sur les tapisseries. La chambre était parsemée de pointes pleines de feu, de vie, d'intelligence. Partout brillaient des yeux qui aboyaient après lui! — Il aurait bien reçu cent ans, s'écria-t-il involontairement au moment où, ramené devant son père par une influence diabolique, il contemplait cette étincelle lumineuse.

Tout à coup la paupière intelligente se ferma et se rouvrit brusquement, comme celle d'une femme qui consent. Une voix eût crié : « Oui! » don Juan n'aurait pas été plus effrayé. — Que faire? pensa-t-il. Il eut le courage d'essayer de clore cette paupière blanche. Ses efforts furent inutiles. — Le crever? Ce sera peut-être un parricide? se demanda-t-il. — Oui, dit l'œil par un clignotement d'une étonnante ironie. — Ah! ah! s'écria don Juan, il y a de la sorcellerie là dedans. Et il s'approcha de l'œil pour l'écraser. Une grosse larme roula sur les joues creuses du cadavre, et tomba sur la main de Belvidéro. — Elle est brûlante, s'écria-t-il en s'asseyant.

Cette lutte l'avait fatigué comme s'il avait combattu, à l'exemple de Jacob, avec un ange.

Enfin il se leva en se disant : — Pourvu qu'il n'y ait pas de sang! Puis, rassemblant tout ce qu'il faut de courage pour être lâche, il écrasa l'œil, en le foulant avec un linge, mais sans le regarder. Un gémissement inattendu, mais terrible, se fit entendre. Le pauvre barbet expirait en hurlant. — Serait-il dans le secret? se demanda don Juan en regardant le fidèle animal.

Don Juan Belvidéro passa pour un fils pieux. Il éleva un monument de marbre blanc sur la tombe de son père, et en confia l'exécution des figures aux plus célèbres artistes du temps. Il ne fut parfaitement tranquille que le jour où la statue paternelle, agenouillée devant la religion, imposa son poids énorme sur cette fosse, au fond de laquelle il enterra le seul remords qui ait effleuré son cœur dans les moments de lassitude physique. En inventoriant les immenses richesses amassées par le vieil orientaliste, don Juan devint avare, n'avait-il pas deux vies humaines à pourvoir d'argent? Son regard profondément scrutateur pénétra dans le principe de la vie sociale, et embrassa d'autant mieux le monde qu'il le voyait à travers un tombeau. Il analysa les hommes et les choses pour en finir d'une seule fois avec le passé, représenté par l'histoire; avec le présent, configuré par la loi; avec l'avenir, dévoilé par les religions. Il prit l'âme et la matière, les jeta dans un creuset, n'y trouva rien, et dès lors il devint DON JUAN!

Maître des illusions de la vie, il s'élança, jeune et beau, dans la vie, méprisant le monde, mais s'emparant du monde. Son bonheur ne pouvait pas être cette félicité bourgeoise qui se repaît d'un *bouilli* périodique, d'une douce bassinoire en hiver, d'une lampe pour la nuit et de pantoufles neuves à chaque trimestre. Non, il se saisit de l'existence comme un singe qui attrape une noix, et sans s'amuser longtemps il dépouilla savamment les vulgaires enveloppes du fruit pour en discuter la pulpe savoureuse. La poésie et les sublimes transports de la passion humaine ne lui allèrent plus au cou-de-pied. Il ne commit point la faute de ces hommes puissants qui, s'imaginant parfois que les petites âmes croient aux grandes, s'avisent d'échanger les hautes pensées de l'avenir contre la petite monnaie de nos idées viagères. Il pouvait bien, comme eux, marcher les pieds sur terre et la tête dans les cieux ; mais il aimait mieux s'asseoir, et sécher, sous ses baisers, plus d'une lèvre de femme tendre, fraîche et parfumée ; car, semblable à la mort, là où il passait, il dévorait tout sans pudeur, voulant un amour de possession, un amour oriental, aux plaisirs longs et faciles. N'aimant que *la femme* dans les femmes, il se fit de l'ironie une allure naturelle à son âme. Quand ses maîtresses se servaient d'un lit pour monter aux cieux, où elles allaient se perdre au sein d'une extase enivrante, don Juan les y suivait, grave, expansif, sincère autant que sait l'être un étudiant allemand. Mais il disait JE, quand sa maîtresse, folle, éperdue, disait NOUS! Il savait admirablement bien se laisser entraîner par une femme. Il était toujours assez fort pour lui faire croire qu'il tremblait comme un jeune lycéen qui dit à sa première danseuse, dans un bal : « Vous aimez la danse ? » Mais il savait aussi rugir à propos, tirer son épée puissante, et briser les commandeurs. Il y avait de la raillerie dans sa simplicité et du rire dans ses larmes, car il sut toujours pleurer autant qu'une femme, quand elle dit à son mari : « Donne-moi un équipage, ou je meurs de la poitrine. » Pour les négociants, le monde est un ballot ou une masse de billets en circulation ; pour la plupart des jeunes gens, c'est une femme ; pour quelques femmes, c'est un homme ; pour certains esprits, c'est un salon, une coterie, un quartier, une ville, pour don Juan, l'univers était lui ! Modèle de grâce et de noblesse, d'un esprit séduisant, il attacha sa barque à tous les rivages ; mais en se faisant conduire, il n'allait que jusqu'où il voulait être mené. Plus il vit, plus il douta. En examinant les hommes, il devina souvent que le courage était de la témérité ; la prudence, une poltronnerie, la générosité, finesse ; la justice, un crime ; la délicatesse, une niaiserie ; la probité, une organisation ; et, par une singulière fatalité, il s'aperçut que les gens vraiment probes, délicats, justes, généreux, prudents et courageux, n'obtenaient aucune considération parmi les hommes. — Quelle froide plaisanterie ! se dit-il. Elle ne vient pas d'un dieu. Et alors, renonçant à un monde meilleur, il ne se découvrit jamais en entendant prononcer un nom, et considéra les saints de pierre dans les églises comme des œuvres d'art. Aussi, comprenant le mécanisme des sociétés humaines, ne heurtait-il jamais trop les préjugés, parce qu'il n'était pas aussi puissant que les bourreaux, mais il tournait les lois sociales avec cette grâce et cet esprit si bien rendus dans sa scène avec M. Dimanche. Il fut, en effet, le type du *Don Juan* de Molière, du *Faust* de Gœthe, du *Manfred* de Byron, et du *Melmoth* de Maturin. Grandes images tracées par les plus grands génies de l'Europe, et auxquelles les accords de Mozart ne manqueront pas plus que la lyre de Rossini peut-être ! Images terribles que le principe du mal, existant chez l'homme, éternise, et dont quelques copies se retrouvent de siècle en siècle : soit que ce type entre en pourparler avec les hommes en s'incarnant dans Mirabeau, soit qu'il se contente d'agir en silence, comme Bonaparte, ou de presser l'univers dans une ironie, comme le divin Rabelais ; ou bien encore qu'il se rie des êtres, au lieu d'insulter aux choses, comme le maréchal de Richelieu ; et mieux peut-être, soit qu'il se moque à la fois des hommes et des choses, comme la plus célèbre de nos ambassadeurs. Mais le génie profond de don Juan Belvidéro résuma, par avance, tous ces génies. Il se joua de tout. Sa vie était une moquerie qui embrassait hommes, choses, institutions, idées. Quant à l'éternité, il avait causé familièrement une demi-heure avec le pape Jules II, et à la fin de la conversation, il lui dit en riant : — « S'il faut absolument choisir, j'aime mieux croire en Dieu qu'au diable ; la puissance unie à la bonté offre toujours plus de ressource que n'en a le génie du mal. — Oui, mais Dieu veut qu'on fasse pénitence dans ce monde.. — Vous pensez donc toujours à vos indulgences ? répondit Belvidéro. Eh bien ! j'ai, pour me repentir des fautes de ma première vie, toute une existence en réserve. —Ah ! tu comprends ainsi la vieillesse, s'écria le pape, tu risques d'être canonisé. — Après votre élévation à la papauté, l'on peut tout croire.

Et ils allèrent voir les ouvriers occupés à bâtir l'immense basilique consacrée à saint Pierre. — Saint Pierre est l'homme de génie qui nous a constitué notre double pouvoir, dit le pape à don Juan, il mérite ce monument. Mais parfois, la nuit, je pense qu'un déluge passera l'éponge sur cela, et ce sera à recommencer...

Don Juan et le pape se prirent à rire, ils s'étaient entendus. Un sot serait allé, le lendemain, s'amuser avec Jules II chez Raphaël ou dans la délicieuse villa Madama ; mais Belvidéro alla le voir officier pontificalement, afin de se convaincre de ses doutes. Dans une débauche, la Rovere aurait pu se démentir et commenter l'*Apocalypse*.

Toutefois cette légende n'est pas entreprise pour fournir des matériaux à ceux qui voudront écrire des mémoires sur la vie de don Juan, elle est destinée à prouver aux honnêtes gens que Belvidéro n'est pas mort dans son duel avec une pierre, comme veulent le faire croire quelques lithographes. Lorsque don Juan Belvidéro atteignit l'âge de soixante ans, il vint se fixer en Espagne. Là, sur ses vieux jours, il épousa une jeune et ravissante Andalouse. Mais, par calcul, il ne fut ni bon père ni bon époux. Il avait observé que nous ne sommes jamais si tendrement aimés que par les femmes auxquelles nous ne songeons guère. Dona Elvire, saintement élevée par une vieille tante au fond de l'Andalousie, dans un château, à quelques lieues de San-Lucar, était tout dévouement et tout grâce. Don Juan devina que cette jeune fille serait longtemps combattre une passion avant d'y céder, il espéra donc pouvoir la conserver vertueuse jusqu'à sa mort. Ce fut une plaisanterie sérieuse, une partie d'échecs qu'il voulut se réserver de jouer pendant ses vieux jours. Fort de toutes les fautes commises avec son père Bartholoméo, don Juan résolut de faire servir les moindres actions de sa vieillesse à la réussite du drame qui devait s'accomplir sur son lit de mort. Ainsi la plus grande partie de ses richesses resta enfouie dans les caves de son palais à Ferrare, où il allait rarement. Quant à l'autre moitié de sa fortune, elle fut placée en viager, afin d'intéresser à la durée de sa vie et sa femme et ses enfants, espèce de rouerie que son père aurait dû pratiquer. mais cette spéculation de machiavélisme ne lui fut pas très-nécessaire. Le jeune Philippe Belvidéro, son fils, devint un Espagnol aussi consciencieusement religieux que son père était impie, en vertu peut-être du proverbe : *à père avare, enfant prodigue*. L'abbé de San-Lucar fut choisi par don Juan pour diriger les consciences de la duchesse de Belvidéro et de Philippe. Cet ecclésiastique était un saint homme, de belle taille, admirablement bien proportionné, ayant de beaux yeux noirs, une tête à la Tibère, fatiguée par les jeûnes, blanche de macérations, et journellement tenté comme le sont tous les solitaires. Le vieux seigneur espérait peut-être pouvoir encore tuer un moine avant de finir son premier bail de vie. Mais, soit que l'abbé fût aussi fort que don Juan pouvait l'être lui-même, soit que dona Elvire eût plus de prudence ou de vertu que l'Espagne n'en accorde aux femmes, don Juan fut contraint de passer ses derniers jours comme un vieux curé de campagne, sans scandale chez lui. Parfois il prenait plaisir à trouver son fils ou sa femme en faute sur leurs devoirs de religion, et voulait impérieusement qu'ils remplissent toutes les obligations imposées aux fidèles par la cour de Rome. Enfin il n'était jamais si heureux qu'en entendant le galant abbé de San-Lucar, dona Elvire et Philippe occupés à discuter un cas de conscience. Cependant, malgré les soins prodigieux que le seigneur don Juan Belvidéro donnait à sa personne, les jours de la décrépitude arrivèrent, avec cet âge de douleur, vinrent les cris de l'impuissance, cris d'autant plus déchirants, que plus riches étaient les souvenirs de sa bouillante jeunesse et de sa voluptueuse maturité. Cet homme, en qui le dernier degré de la raillerie était d'engager les autres à croire aux lois et aux principes dont il se moquait, s'endormait le soir sur un *peut-être !* Ce modèle du bon ton, ce duc, vigoureux dans une orgie, superbe dans les cours, gracieux auprès des femmes dont les cœurs avaient été tordus par lui comme un paysan tord un lien d'osier, cet homme de génie avait une pituite opiniâtre, une sciatique importune, une goutte brutale. Il voyait ses dents le quittant comme à la fin d'une soirée, les dames les plus blanches, les mieux parées, s'en vont, une à une, laissant le salon désert et démeublé. Enfin ses mains hardies tremblèrent, ses jambes sveltes chancelèrent, et un soir l'apoplexie lui pressa le cou de ses mains crochues et glaciales. Depuis ce jour fatal, il devint morose et dur. Il accusait le dévouement de son fils et de sa femme, en prétendant parfois que leurs soins touchants et délicats ne lui étaient si tendrement prodigués que parce qu'il avait placé toute sa fortune en rentes viagères. Elvire et Philippe versaient alors des larmes amères et redoublaient de caresses auprès du malicieux vieillard, dont la voix cassée devenait affectueuse pour leur dire : — « Mes amis, ma chère femme, vous me pardonnez, n'est-ce pas ? Je vous tourmente un peu. Hélas ! grand Dieu ! comment te sers-tu de moi pour éprouver ces deux célestes créatures ? Moi, qui devrais être leur joie, je suis leur fléau. » Ce fut ainsi qu'il les enchaîna au chevet de son lit, leur faisant oublier des mois entiers d'impatience et de cruauté par une heure où, pour eux, il déployait les trésors toujours nouveaux de sa grâce et d'une fausse tendresse. Système paternel qui lui réussit infiniment mieux que celui dont avait usé jadis son père envers lui. Enfin, il parvint à un tel degré de maladie que, pour le mettre au lit, il fallait le manœuvrer comme une felouque entrant dans le chenal dangereux. Puis le jour de la mort arriva. Ce brillant et sceptique personnage, dont l'entendement survivrait seul à la plus affreuse de toutes les destructions, se vit entre un médecin et un confesseur, ses deux antipathies. Mais il fut jovial avec eux. N'y avait-il pas, pour lui, une lumière scintillante derrière le voile de l'avenir ? Sur cette toile, de plomb pour les autres et diaphane pour lui, les légères, les ravissantes délices de la jeunesse se jouaient comme des ombres.

Ce fut par une belle soirée d'été que don Juan sentit les approches de la mort. Le ciel de l'Espagne était d'une admirable pureté, les orangers parfumaient l'air, les étoiles distillaient de vives et fraîches lumières, la nature semblait lui donner des gages certains de sa résurrection, un fils pieux et obéissant le contemplait avec amour et respect. Vers onze heures, il voulut rester seul avec cet être candide. — Philippe, lui dit-il d'une voix si tendre et si affectueuse que le jeune homme tressaillit et pleura de bonheur. Jamais ce père si terrible n'avait prononcé ainsi : Philippe ! — Écoute-moi, mon fils, reprit le moribond. Je suis un grand pécheur. Aussi ai-je pensé, pendant toute ma vie, à ma mort. Jadis je fus l'ami du grand pape Jules II. Cet illustre pontife craignit que l'excessive irritation de mes sens ne me fit commettre quelque péché mortel entre le moment où j'expirerais et celui où j'aurais reçu les saintes huiles ; il me fit présent d'une fiole dans laquelle existe l'eau sainte jaillie autrefois des rochers, dans le désert. J'ai gardé le secret sur cette dilapidation du trésor de l'Église, mais je suis autorisé à révéler ce mystère à mon fils, *in articulo mortis*. Vous trouverez cette fiole dans le tiroir de cette table gothique qui n'a jamais quitté le chevet de mon lit... Le précieux cristal pourra vous servir encore, mon bien-aimé Philippe. Jurez-moi, par votre salut éternel, d'exécuter ponctuellement mes ordres.

Philippe regarda son père. Don Juan le connaissait trop à l'expression des sentiments humains pour ne pas mourir en paix sur la foi d'un tel regard, comme son père était mort au désespoir sur la foi du sien. — Tu méritais un autre père, reprit don Juan. J'ose t'avouer, mon enfant, qu'au moment où le respectable abbé de San-Lucar m'administrait le viatique, je pensais à l'incompatibilité de deux puissances aussi étendues que celles du diable et de Dieu... — Oh ! mon père ! — Et je me disais que, quand Satan fera sa paix, il devra, sous peine d'être un grand misérable, stipuler le pardon de ses adhérents. Cette pensée me poursuit. J'irais donc en enfer, mon fils, si tu n'accomplissais pas mes volontés. — Oh ! dites-les-moi promptement, mon père ! — Aussitôt que j'aurai fermé les yeux, reprit don Juan, dans quelques minutes peut-être, tu prendras mon corps, tout chaud encore, et tu l'étendras sur une table au milieu de cette chambre. Puis tu éteindras cette lampe ; la lueur des étoiles doit te suffire. Tu me dépouilleras de mes vêtements, et, pendant que tu réciteras des *Pater* et des *Ave* en élevant ton âme à Dieu, tu auras soin d'humecter, avec cette eau sainte, mes yeux, mes lèvres, toute la tête d'abord, puis successivement les membres et le corps ; mais, mon cher fils, la puissance de Dieu est si grande qu'il ne faudra t'étonner de rien !

Ici, don Juan, qui sentit la mort venir, ajouta d'une voix terrible : — Tiens bien le flacon. Puis il expira doucement dans les bras de son fils dont les larmes abondantes coulèrent sur sa face ironique et blême.

Il était environ minuit quand don Philippe Belvidéro plaça le cadavre de son père sur la table. Après en avoir baisé le front menaçant et les cheveux gris, il éteignit la lampe. La lueur douce, produite par la clarté de la lune, dont les reflets bizarres illuminaient la campagne, permit au pieux Philippe d'entrevoir indistinctement le corps de son père, comme quelque chose de blanc au milieu de l'ombre. Le jeune homme imbiba un linge dans la liqueur, et, plongé dans la prière, il oignit fidèlement cette tête sacrée au milieu d'un profond silence. Il entendait bien des frémissements indescriptibles, mais il les attribuait aux jeux de la brise dans les cimes des arbres. Quand il eut mouillé le bras droit, il se sentit fortement étreindre le cou par un bras jeune et vigoureux, le bras de son père ! Il jeta un cri déchirant, et laissa tomber la fiole, qui se cassa. La liqueur s'évapora. Les gens du château accoururent, armés de flambeaux. Ce cri les avait épouvantés et surpris, comme si la trompette du jugement dernier eût ébranlé l'univers. En un moment, la chambre fut pleine de monde. La foule tremblante aperçut don Philippe évanoui, mais retenu par le bras puissant de son père, qui lui serrait le cou. Puis, chose surnaturelle, l'assistance vit la tête de don Juan, aussi jeune, aussi belle que celle de l'Antinoüs, une tête aux cheveux noirs, aux yeux bleus, à la bouche vermeille et qui s'agitait effroyablement sans pouvoir remuer le squelette auquel elle appartenait. Un vieux serviteur cria : — Miracle ! Et tous les Espagnols répétèrent : — Miracle ! Trop pieuse pour admettre les mystères de la magie, doña Elvira envoya chercher l'abbé de San-Lucar. Lorsque le prieur contempla de ses yeux le miracle, il résolut d'en profiter en homme d'esprit et en abbé qui ne demandait pas mieux que d'augmenter ses revenus. Déclarant aussitôt que le seigneur don Juan serait infailliblement canonisé, il indiqua la cérémonie de l'apothéose dans son couvent, qui désormais s'appellerait, dit-il, *San-Juan-de-Lucar*. A ces mots, la tête fit une grimace assez facétieuse.

Le goût des Espagnols pour ces sortes de solennités est si connu, qu'il ne doit pas être difficile de croire aux féeries religieuses par lesquelles l'abbaye de San-Lucar célébra la translation du *bienheureux don Juan Belvidéro* dans son église. Quelques jours après la mort de cet illustre seigneur, le miracle de son imparfaite résurrection s'était si drument conté de village en village, dans un rayon de plus de cinquante lieues autour de San-Lucar, que ce fut déjà une comédie que de voir les curieux par les chemins, ils vinrent de tous côtés, affriandés par un *Te Deum* chanté aux flambeaux. L'antique mosquée du couvent de San-Lucar, merveilleux édifice bâti par les Maures, et dont les voûtes entendaient depuis trois siècles le nom de Jésus-Christ substitué à celui d'Allah, ne put contenir la foule accourue pour voir la cérémonie. Pressés comme des fourmis, des hidalgos en manteaux de velours, et armés de leurs bonnes épées, se tenaient debout autour des piliers, sans trouver de place pour plier leurs genoux qui ne se pliaient que là. De ravissantes paysannes, dont les basquines dessinaient les formes amoureuses, donnaient le bras à des vieillards en cheveux blancs. Des jeunes gens aux yeux de feu se trouvaient à côté de vieilles femmes parées. Puis c'était des couples frémissant d'aise, fiancées curieuses amenées par leurs bien-aimés ; des mariés de la veille ; des enfants se tenant craintifs par la main. Ce monde était là, riche de couleurs, brillant de contrastes, chargé de fleurs, émaillé, faisant un doux tumulte dans le silence de la nuit. Les larges portes de l'église s'ouvrirent. Ceux qui, venus trop tard, restèrent en dehors, voyaient de loin, par les trois portails ouverts, une scène dont les décorations vaporeuses de nos opéras modernes ne sauraient donner une faible idée. Des dévotes et des pécheurs, pressés de gagner les bonnes grâces d'un nouveau saint, allumèrent en son honneur des milliers de cierges dans cette vaste église, lueurs intéressées qui donnèrent de magiques aspects à la vaste église. Les noires arcades, les colonnes et leurs chapiteaux, les chapelles profondes et brillantes d'or et d'argent, les galeries, les découpures sarrasines, les traits les plus délicats de cette sculpture délicate, se dessinaient dans cette lumière surabondante, comme des figures capricieuses qui se forment dans un brasier rouge. C'était un océan de feu, dominé, au fond de l'église, par le chœur doré où s'élevait le maître-autel, dont la gloire eût rivalisé avec celle d'un soleil levant. En effet, la splendeur des lampes d'or, des candélabres d'argent, des bannières, des glands, des saints et des *ex-voto*, pâlissait devant la châsse où se trouvait don Juan. Le corps de l'impie étincelait de pierreries, de fleurs, de cristaux, de diamants, d'or, et de plumes aussi blanches que les ailes d'un séraphin, et remplaçait sur l'autel un tableau du Christ. Autour de lui brillaient des cierges nombreux qui élançaient dans les airs de flamboyantes ondes. Le digne abbé de San-Lucar, paré des habits pontificaux, ayant sa mitre enrichie de pierres précieuses, son rochet, sa crosse d'or, siégeait, roi du chœur, sur un fauteuil d'un luxe impérial, au milieu de tout son clergé, composé d'impassibles vieillards en cheveux argentés, revêtus d'aubes fines, et qui l'entouraient, semblables aux saints confesseurs que les peintres groupent autour de l'Éternel. Le grand chantre et les dignitaires du chapitre, décorés des brillants insignes de leurs vanités ecclésiastiques, allaient et venaient au sein des nuages formés par l'encens, pareils aux astres qui roulent sur le firmament. Quand l'heure du triomphe fut venue, les cloches reveillèrent les échos de la campagne, et cette immense assemblée jeta vers Dieu le premier cri de louanges par lequel commence le *Te Deum*, cri sublime ! C'était des voix pures et légères, des voix de femmes en extase, mêlées aux voix graves et fortes des hommes, des milliers de voix si puissantes, que l'orgue n'en domina pas l'ensemble, malgré le mugissement de ses tuyaux. Seulement les notes perçantes de la jeune voix des enfants de chœur et les larges accents de quelques basses tailles, suscitèrent des idées gracieuses, peignirent l'enfance et la force, dans ce ravissant concert de voix humaines confondues en sentiment d'amour. — *Te Deum laudamus !*

Du sein de cette cathédrale noire de femmes et d'hommes agenouillés, ce chant partit semblable à une lumière qui scintilla tout à coup dans la nuit, et le silence fut rompu comme par un coup de tonnerre. Les voix montaient avec les nuages d'encens qui jetaient alors des voiles diaphanes et bleuâtres sur les fantastiques merveilles de l'architecture. Tout était richesse, parfum, lumière et mélodie. Au moment où cette musique d'amour et de reconnaissance s'élança vers l'autel, don Juan, trop poli pour ne pas remercier, trop spirituel pour ne pas entendre raillerie, répondit par un rire effrayant, et se prélassa dans sa châsse. Mais le diable l'ayant fait penser à la chance qu'il courait d'être pris pour un homme ordinaire, pour un saint, un Boniface, un Pantaléon, il troubla cette mélodie d'amour par un hurlement auquel se joignirent les mille voix de l'enfer. La terre bénissait, le ciel maudissait. L'église en trembla sur ses fondements antiques. — *Te Deum laudamus !* disait l'assemblée. — Allez à tous les diables, bêtes brutes que vous êtes ! Dieu, Dieu ! *Carajos demonios*, animaux, êtes-vous stupides avec votre Dieu-vieillard !

Et un torrent d'imprécations se déroula comme un ruisseau de laves brûlantes par une irruption de Vésuve. — *Deus sabaoth ! sabaoth !* crièrent les chrétiens. — Vous insultez la majesté de l'enfer ! répondit don Juan, dont la bouche grinçait des dents.

Bientôt le bras vivant put passer par-dessus la châsse, et menaça l'assemblée par des gestes empreints de désespoir et d'ironie. — Le saint nous bénit, dirent les vieilles femmes, les enfants et les fiancés, gens crédules.

Voilà comment nous sommes souvent trompés dans nos adorations. L'homme supérieur se moque de ceux qui le complimentent, et complimente quelquefois ceux dont il se moque au fond du cœur.

Au moment où l'abbé, prosterné devant l'autel, chantait : — *Sancte Johannes, ora pro nobis!* Il entendit assez distinctement : — *O coglione.* — Que se passe-t-il donc là-haut? s'écria le sous-prieur en voyant la châsse remuer. — Le saint fait le diable, répondit l'abbé.

Alors cette tête vivante se détacha violemment du corps qui ne vivait plus et tomba sur le crâne jaune de l'officiant. — Souviens-toi de donna Elvire, cria la tête en dévorant celle de l'abbé.

Ce dernier jeta un cri affreux qui troubla la cérémonie. Tous les prêtres accoururent et entourèrent leur souverain. — Imbécile, dis donc qu'il y a un Dieu! cria la voix au moment où l'abbé, mordu dans sa cervelle, allait expirer.

Paris, octobre 1830.

FIN DE L'ÉLIXIR DE LONGUE VIE.

Don Juan Belvidéro.

OEUVRES ILLUSTRÉES DE BALZAC

MASSIMILLA DONI
GAMBARA

Dess. Tony Johannot, E. Lampsonius, Bertall, H. Monnier, etc.

Gravures par les meilleurs Artistes.

A JACQUES STRUNZ.

Mon cher Strunz, il y aurait de l'ingratitude à ne pas attacher votre nom à l'une des deux œuvres que je n'aurais pu faire sans votre patiente complaisance et vos bons soins. Trouvez donc ici un témoignage de ma reconnaissante amitié, pour le courage avec lequel vous avez essayé, peut-être sans succès, de m'initier aux profondeurs de la science musicale. Vous m'aurez toujours appris ce que le génie cache de difficultés et de travaux dans ces poèmes qui sont pour nous la source de plaisirs divins. Vous m'avez aussi procuré plus d'une fois le petit divertissement de rire aux dépens de plus d'un prétendu connaisseur. Aucuns me taxent d'ignorance, ne soupçonnant ni les conseils que je dois à l'un des meilleurs auteurs de feuilletons sur les œuvres musicales, ni votre consciencieuse assistance. Peut-être ai-je été le plus infidèle des secrétaires? S'il en était ainsi, je ferais certainement un traître traducteur sans le savoir, et je veux néanmoins pouvoir toujours me dire un de vos amis. De Balzac.

Les gondoliers

Comme le savent les connaisseurs, la noblesse vénitienne est la première de l'Europe. Son Livre d'or a précédé les croisades, temps où Venise, débris de la Rome impériale et chrétienne qui se plongea dans les eaux pour échapper aux barbares, déjà puissante, illustre déjà, dominait le monde politique et commercial. A quelques exceptions près, aujourd'hui cette noblesse est entièrement ruinée. Parmi les gondoliers qui conduisent les Anglais, à qui l'histoire montre là leur avenir, il se trouve des fils d'anciens doges, dont la race est plus ancienne que celle des souverains. Sur un pont par où passera votre gondole, si vous allez à Venise, vous admirerez une sublime jeune fille mal vêtue, pauvre enfant qui appartiendra peut-être à l'une des plus illustres races patriciennes. Quand un peuple de rois en est là, nécessairement il s'y rencontre des caractères bizarres. Il n'y a rien d'extraordinaire à ce qu'il jaillisse des étincelles parmi les cendres. Destinées à justifier l'étrangeté des personnages en action dans cette histoire, ces réflexions n'iront pas plus loin, car il n'est rien de plus insupportable que les redites de ceux qui parlent de Venise après tant de grands poètes et tant de petits voyageurs. L'intérêt du récit exigeait seulement de constater l'opposition la plus vive de l'existence humaine : cette grandeur et cette misère qui se voient là chez certains hommes comme dans la plupart des habitations. Les nobles de Venise et ceux de Gênes, comme autrefois ceux de Pologne, ne prenaient point de titres. S'appeler Quirini, Doria, Briguole, Morosini, Sauli, Mocenigo, Fieschi (Fiesque), Cornaro, Spinola, suffisait à l'orgueil le plus haut. Tout se corrompt, quelques familles sont titrées aujourd'hui. Néanmoins, dans le temps où les nobles des républiques aristocratiques étaient égaux, il existait à Gênes un titre de prince pour la famille Doria, qui possédait Amalfi en toute souveraineté, et un titre semblable à Venise, légitimé par une ancienne possession des Facino Cane, prince de Varèse. Les Grimaldi, qui devinrent souverains, s'emparèrent de Monaco beaucoup plus tard. Le dernier des Cane de la branche aînée disparut de Venise trente ans avant la chute de la république, condamné pour des crimes plus ou moins criminels. Ceux à qui revenait cette principauté nominale, les Cane Memmi, tombèrent dans l'indigence pendant la fatale période de 1796 à 1814. Dans la vingtième année de ce siècle, ils n'étaient plus représentés que par un jeune homme ayant nom Emilio, et par un palais qui passe pour un des plus beaux ornements du Canale Grande. Cet enfant de la belle Venise avait pour toute fortune cet inutile palais et quinze cents livres de rente provenant d'une maison de campagne située sur la Brenta, le dernier bien de ceux que sa famille possédât jadis en terre ferme, et vendue au gouvernement autrichien. Cette rente vingère sauvait au bel Emilio la honte de recevoir, comme beaucoup de nobles, l'indemnité de vingt sous par jour, due à tous les patriciens italiens indigents, stipulée dans le traité de cession à l'Autriche.

Au commencement de la saison d'hiver, ce jeune seigneur était encore dans une campagne située au pied des Alpes tyroliennes, et achetée au printemps dernier par la duchesse Cataneo. La maison bâtie par Palladio pour les Trepolo consiste en un pavillon carré du style le plus pur. C'est un escalier grandiose, des portiques en marbre sur chaque face, des péristyles à voûtes couvertes de fresques et rendues légères par l'outremer du ciel, où volent de délicieuses figures, des ornements gras d'exécution, mais si bien proportionnés que l'édifice pèse porte comme une femme porte sa coiffure, avec une facilité qui réjouit l'œil, enfin cette gracieuse noblesse qui distingue à Venise les procuraties de la Piazzetta. Des stucs admirablement dessinés entretiennent dans les appartements un froid qui rend l'atmosphère aimable. Les galeries extérieures peintes à fresque forment abat-jour. Partout règne ce fin pavé vénitien où les marbres découpés se changent en d'inaltérables fleurs. L'ameublement, comme celui des palais italiens, offrait les plus belles soieries richement employées, et de précieux tableaux bien placés : quelques-uns du prêtre génois dit *il Capucino*, plusieurs de Léonard de Vinci, de Carlo Dolci, de Tintoretto et de Titien. Les jardins étagés présentent des merveilles où l'or a été métamorphosé en grottes de rocailles, en cailloutages, qui sont comme la folie du travail, en terrasses bâties par les fées, en bosquets sévères de ton, où les cyprès hauts sur patte, les pins triangulaires, le triste olivier, sont déjà habilement mélangés aux orangers, aux lauriers, aux myrtes; en bassins clairs où nagent des poissons d'azur et de cinabre. Quoi que l'on puisse dire à l'avantage des jardins anglais, ces arbres en parasols, ces ifs taillés, ce luxe des productions de l'art marié si finement à celui d'une nature habillée, ces cascades à gradins de marbre où l'eau se glisse timidement et semble comme une écharpe enlevée par le vent, mais toujours renouvelée; ces personnages en plomb doré qui meublent discrètement de silencieux asiles : enfin ce palais hardi qui fait point de vue de toutes parts en élevant sa dentelle au pied des Alpes; ces vives pensées qui animent la pierre, le bronze et les végétaux, ou se dessinent en parterres, cette poétique prodigalité seyait à l'amour d'une duchesse et d'un joli jeune homme, lequel est une œuvre de poésie fort éloignée des fins de la brutale nature. Quiconque comprend la fantaisie aurait voulu voir à l'un de ces beaux escaliers, à côté d'un vase à bas-reliefs circulaires, quelque négrillon habillé à mi-corps d'un tonnelet en étoffe rouge, tenant d'une main un parasol au-dessus de la tête de la duchesse, et de l'autre la queue de sa longue robe pendant qu'elle écoutait les paroles d'Emilio Memmi. Et que n'avait pas gagné le Vénitien à être vêtu comme un des sénateurs peints par Titien! Hélas! dans ce palais de fée, aussi semblable à celui des *Peschiere* de Gênes, la Cataneo obéissait aux firmans de Victorine et des modistes françaises. Elle portait une robe de mousseline et un chapeau de paille de riz, de jolis souliers couleur gorge de pigeon, des bas de fil que le plus léger zéphyr eût emportés, elle avait sur les épaules un châle de dentelle noire! Mais ce qui ne se comprendra jamais à Paris, où les femmes sont serrées dans leurs robes comme des demoiselles dans leurs fourreaux annelés, c'est le délicieux laissez-aller avec lequel cette belle fille de la Toscane portait le vêtement français, elle l'avait italianisé. La Française met un incroyable sérieux à sa jupe, tandis qu'une Italienne s'en occupe peu, elle la défend par aucun regard gourmé, car elle se sait sous la protection d'un seul amour, passion sainte et sérieuse pour elle, comme pour autrui.

Étendue sur un sopha, vers onze heures du matin, au retour d'une promenade, et devant une table où se voyaient les restes d'un élégant déjeuner, la duchesse Cataneo laissait son amant maître de cette mousseline sans lui dire : *chut!* au moindre geste. Sur une bergère à ses côtés, Emilio tenait une des mains de la duchesse entre ses deux mains, et la regardait avec un entier abandon. Ne demandez pas s'ils s'aimaient; ils s'aimaient trop. Ils n'en étaient pas à lire dans le livre comme Paul et Françoise, loin de là, Emilio n'osait dire : *lisons !* A la lueur de ces yeux où brillaient deux prunelles vertes tigrées par des fils d'or qui partaient du centre comme les éclats d'une étoile, et communiquaient au regard un doux scintillement d'étoile, il sentait en lui-même une volupté nerveuse qui le faisait arriver au spasme. Par moments, il lui suffisait de voir les beaux cheveux noirs de cette tête adorée, serrés par un simple cercle d'or, s'échappant en tresses luisantes de chaque côté d'un front volumineux, pour écouter dans ses oreilles les battements précipités de son sang soulevé par vagues, et menaçant de faire éclater les vaisseaux du cœur. Par quel phénomène moral l'âme s'emparait-elle si bien de son corps qu'il ne se sentait plus en lui-même, mais tout en cette femme, à la moindre parole qu'elle disait d'une voix qui troublait en lui les sources de la vie? Si, dans la solitude, une femme de beauté médiocre sans cesse étudiée devient sublime et imposante, peut-être une femme aussi magnifiquement belle que l'était la duchesse arrivait-elle à stupéfier un jeune homme chez qui l'exaltation trouvait des ressorts neufs, car elle absorbait réellement cette jeune âme.

Héritière des Doni de Florence, Massimilla avait épousé le duc sicilien Cataneo. En mourant son mariage, sa vieille mère, morte depuis, avait voulu la rendre riche et heureuse selon les coutumes de la vie florentine. Elle avait pensé que, sortie du couvent pour entrer dans la vie, sa fille accomplirait selon les lois de l'amour ce second mariage de cœur qui est tout pour une Italienne. Mais Massimilla Doni avait pris au couvent un grand goût pour la vie religieuse, et, quand elle eut donné sa foi devant les autels au duc de Cataneo, elle se contenta chrétiennement d'en être la femme. Ce fut là chose impossible. Cataneo, qui ne voulait qu'une duchesse, trouva fort sot d'être un mari, des que Massimilla se plaignit de ses façons, il lui dit tranquillement de se mettre en quête d'un *primo cavaliere servente*, et lui offrit ses services pour lui en amener plusieurs à choisir. La duchesse pleura, le duc la quitta. Massimilla regarda le monde qui se pressait autour d'elle, fut conduite par sa mère à la Pergola, dans quelques maisons diplomatiques, aux Cascines, partout où l'on rencontrait de jeunes et jolis cavaliers. Elle ne trouva personne qui lui plût, et se mit à voyager. Elle perdit sa mère, hérita, porta le deuil, vint à Venise et y vit Emilio, qui passa devant sa loge en échangeant avec elle un regard de curiosité. Tout lui dit. Le Vénitien se sentit comme foudroyé, tandis qu'une voix cria : *le voilà!* dans les oreilles de la duchesse. Partout ailleurs, deux personnes prudentes et instruites se seraient examinées, flairées; mais ces deux ignorances se confondirent comme deux substances de la même nature qui n'en font qu'une seule en se rencontrant. Massimilla devint aussitôt Vénitienne et acheta le palais qu'elle avait loué sur le Canareggio. Puis, ne sachant à quoi employer ses revenus, elle avait aussi acheté Rivalta, la campagne où était alors Emilio, présenté par la Vulpato à la Cataneo, vint pendant l'hiver très-respectueusement dans la loge de son amie. Jamais amour ne fut plus violent dans deux âmes, ni plus timide dans ses expressions. Ces deux enfants tremblaient l'un devant l'autre. Massimilla ne coquetait point, n'avait ni *secundo*, ni *terzo*, ni *patito*. Occupée d'un sourire et d'une parole, elle admirait son jeune Vénitien au visage pointu, au nez long et mince, aux yeux noirs, au front noble, qui, malgré ses naïfs encouragements, ne vint chez elle qu'après trois mois employés à s'apprivoiser l'un l'autre. L'été montra son côté oriental, la duchesse se plaignit d'aller seule à Rivalta. Heureux et inquiet tout à la fois du tête-à-tête, Emilio avait accompagné Massimilla dans sa retraite. Ce joli couple y était depuis six mois.

A vingt ans, Massimilla n'avait pas, sans de grands remords, immolé ses scrupules religieux à l'amour; mais elle s'était lentement désarmée et souhaitait accomplir ce mariage de cœur, tant vanté par sa mère, au moment où Emilio tenait sa belle et noble main, longue, satinée, blanche, terminée par des ongles bien dessinés et colorées, comme si elle eût reçu d'Asie un peu de *henné* qui sert aux femmes des sultans à se les teindre en rose vif. Un malheur ignoré de Massimilla, mais qui faisait cruellement souffrir Emilio, s'était jeté bizarrement entre eux. Massimilla, quoique jeune, avait cette majesté que la tradition mythologique attribue à Junon, seule déesse à laquelle la mythologie n'ait pas donné d'amant, que Diane a été aimée, la chaste Diane a aimé! Jupiter seul a pu ne pas perdre contenance devant sa divine moitié, sur laquelle se sont modelées beaucoup de ladies en Angleterre. Emilio mettait sa maîtresse beaucoup trop haut pour y atteindre. Peut-être un an plus tard ne serait-il plus en proie à cette noble maladie qui n'attaque que les très-jeunes gens et les vieillards. Mais comme celui qui dépasse le but en est aussi loin que celui dont le trait n'y arrive pas, la duchesse se trouvait entre un mari qui ne savait si loin du but qu'il ne s'en souciait plus, et un amant qui le franchissait si rapidement avec les blanches ailes de l'ange, qu'il ne pouvait plus y revenir. Heureuse d'être aimée, Massimilla jouissait du désir sans en imaginer la fin, tandis que son amant, malheureux dans le bonheur, amenait de temps en temps par une promesse sa jeune amie au bord de ce que tant de femmes nomment l'*abîme*, et se voyait obligé de cueillir les fleurs qui le bordent, sans pouvoir faire autre chose que les effeuiller en contenant dans son cœur une rage qu'il n'osait exprimer. Tous deux s'étaient promenés en se redisant au matin un hymne d'amour comme en chantaient les oiseaux nichés dans les arbres. Au retour, le jeune homme, dont la situation ne peut se rendre qu'en le comparant à ces anges auxquels les peintres, ne donnent qu'une tête et des ailes, s'était senti si violemment amoureux, qu'il avait mis en doute l'entier dévouement de la duchesse, afin de l'amener à dire : « Quelle preuve en veux-tu ? » Ce mot avait été jeté d'un air royal, et Memmi baisait avec ardeur cette belle main priante. Tout à coup, il se leva furieux contre lui-même, et laissa Massimilla. La duchesse resta dans sa pose nonchalante sur le sopha, mais elle y pleura, se demandant en quoi, belle et jeune, elle déplaisait à Emilio. De son côté, le pauvre Memmi donnait de la tête contre les arbres comme une corneille coiffée. Un valet cherchait en ce moment le jeune Vénitien, et courait après lui pour lui donner une lettre arrivée par un exprès.

Marco Vendramini, nom qui dans le dialecte vénitien, où se suppriment certaines finales, se prononce également Vendramin, son seul ami, lui apprenait que Marco Facino Cane, prince de Varèse, était mort dans un hôpital de Paris. La preuve du décès était arrivée. Ainsi les Cane Memmi devenaient princes de Varèse. Aux yeux des deux amis, un titre sans argent ne signifiant rien, Vendramin annonçait à Emilio, comme une nouvelle beaucoup plus importante, l'engagement à la Fenice du fameux ténor Genovese, et de la célèbre signora Tinti. Sans achever la lettre, qu'il mit dans sa poche ou la froissant, Emilio courut annoncer à la duchesse Cataneo la grande nouvelle, en oubliant son héritage héraldique. La duchesse ignorait la singulière histoire qui recommandait la Tinti à la curiosité de l'Italie, le prince la lui dit en quelques mots. Cette illustre cantatrice était une simple servante d'auberge, dont la voix merveilleuse avait surpris un grand seigneur sicilien en voyage. La beauté de cette enfant, qui avait alors douze ans, s'étant trouvée digne de la voix, le grand seigneur avait eu la constance de faire élever cette petite personne comme Louis XV fit jadis élever mademoiselle de Romans. Il avait attendu patiemment que la voix de Clara fût exercée par un fameux professeur, et qu'elle eût seize ans pour jouir de tous les trésors si laborieusement cultivés. En débutant l'année dernière, la Tinti avait ravi les trois capitales de l'Italie les plus difficiles à satisfaire. — Je suis bien sûre que le grand seigneur n'est pas mon mari, dit la duchesse.

Aussitôt les chevaux furent commandés, et la Cataneo partit à l'instant pour Venise, afin d'assister à l'ouverture de la saison d'hiver. Par une belle soirée de mois de novembre, le nouveau prince de Varèse traversait donc la lagune de Mestre à Venise, entre la ligne de poteaux aux couleurs autrichiennes qui marque la route concédée par la douane aux gondoles. Tout en regardant la gondole de la Cataneo menée par deux laquais en livrée, et qui sillonnait la mer à une portée de fusil en avant de lui, le pauvre Emilio, conduit par un vieux gondolier qui avait conduit son père au temps où Venise vivait encore, ne pouvait repousser les amères réflexions que lui suggérait l'investiture de son titre.

« Quelle raillerie de la fortune ! Être prince et avoir quinze cents mille francs de rente. Posséder l'un des plus beaux palais du monde, et ne pouvoir disposer des marbres, des escaliers, des peintures, des sculptures, qu'un décret autrichien venait de rendre inaliénables ! Vivre sur un pilotis en bois de Campêche estimé près d'un million et ne pas avoir de mobilier ! Être le maître de galeries somptueuses, et habiter une chambre au-dessus de la frise arabesque bâtie avec des marbres rapportés de la Morée, que déjà, sous les Romains, un Memmius avait parcourue en conquérant ! Voir dans une des plus magnifiques églises de Venise ses ancêtres sculptés sur leurs tombeaux en marbres précieux, au milieu d'une chapelle ornée des peintures de Titien, de Tintoret, des deux Palma, de Bellini, de Paul Véronèse et ne pouvoir vendre à l'Angleterre un Memmi de marbre pour donner du pain au prince de Varèse ! Genovese, le fameux ténor, aura, dans une saison, pour ses roulades, le capital de la rente avec laquelle vivait heureux un des plus Memmius, des sénateurs romains, aussi anciens que les César et les Sylla. Genovese peut fumer un houka des Indes, et le prince de Varèse ne peut consumer des cigares à discrétion ! »

Et il jeta le bout de son cigare dans la mer. Le prince de Varèse trouve ses cigares chez la Cataneo, à laquelle il voudrait apporter les richesses du monde; la duchesse étudiait tous ses caprices, heureuse de les satisfaire ! Il fallait à faire un seul repas, le souper, car son argent passait à son habillement et à son entrée à la Fenice. Encore était-il obligé de prélever cent francs par an pour le vieux gondolier de son père, qui, pour le mener à ce prix, ne vivait que de riz. Enfin, il fallait aussi pouvoir payer les tasses de café noir que tous les matins il prenait au café Florian pour se soutenir pendant tout le jour, une excitation nerveuse, sur l'abus de laquelle il comptait pour mourir, comme Vendramin comptait, lui, sur l'opium. — Et je suis prince !

En se disant ce dernier mot, Emilio Memmi jeta, sans l'achever, la lettre de Marco Vendramini dans la lagune, où elle flotta comme un esquif de papier lancé par un enfant. — Mais Emilio, reprit-il, n'a que vingt-trois ans. Il vaut mieux ainsi que lord Wellington goutteux, que le régent paralytique, que la famille impériale d'Autriche attaquée du haut mal, que le roi de France... Mais en pensant au roi de France, le front d'Emilio se plissa, son teint d'ivoire jaunit, des larmes roulèrent dans ses yeux noirs, humectèrent ses longs cils; il souleva d'une main digne d'être peinte par Titien son épaisse chevelure brune, et reporta son regard vers la gondole de la Cataneo. — La raillerie que se permet le sort envers moi se rencontre encore dans mon amour, se dit-il. Mon cœur et mon imagination sont pleins de trésors, Massimilla les ignore, elle est Florentine, elle m'abandonnera. Être glacé près d'elle lorsque sa voix et son regard développent en moi des sensations célestes ! En voyant sa gondole à quelque cent palmes de la mienne, il me semble qu'on me place un fer chaud dans le cœur. Un fluide invisible court dans mes nerfs et les embrase, un nuage se répand sur mes yeux, l'air me semble avoir la couleur qu'il avait à Rivalta, quand le jour passait à travers un store de soie rouge, et que, sans qu'elle me vît, je l'admirais rêveuse et souriant avec finesse, comme la Monna Lisa de Leonardo. Ou mon altesse finira par un coup de pistolet, ou le fils des Cane suivra le conseil de son vieux Carmagnola : nous nous ferons matelots, pirates, et nous nous amuserons à voir combien de temps nous vivrons avant d'être pendus !

Le prince prit un nouveau cigare et contempla les arabesques de sa fumée livrée au vent, comme pour voir dans leurs caprices une répétition de sa dernière pensée. De loin, il distinguait déjà les pointes mauresques des ornements qui couronnaient son palais ; il redevint triste. La gondole de la duchesse avait disparu dans le Canareggio. Les fantaisies, fleurs de sa romanesque et périlleuse prise comme dénoûment de son amour, s'éteignirent avec son cigare, et la gondole de son amie ne lui marqua plus son chemin. Il vit alors le présent tel qu'il était : un palais sans âme, une âme sans action sur le corps, une principauté sans argent, un corps vide et un cœur plein, mille antithèses désespérantes. L'infortuné pleurait sa vieille Venise, comme le pleurait plus amèrement encore Vendramin, car une mutuelle et profonde douleur et un même sort avaient engendré une mutuelle et vive amitié entre ces deux jeunes gens, débris de deux illustres familles. Emilio ne put s'empêcher de penser aux jours où le palais Memmi vomissait la lumière par toutes ses croisées et retentissait de musiques portées au loin sur l'onde adriatique; où l'on voyait à ses poteaux des centaines de gondoles attachées, où l'on entendait sur son perron baisé par les flots les masques élégants et les dignitaires de la République se pressant en foule; où ses salons et sa galerie étaient enrichis par une assemblée intriguée et intrigant: où la grande salle des festins meublée de tables rieuses, et les galeries au pourtour aérien pleines de musique, semblaient contenir Venise entière allant et venant sur les escaliers retentissants de rires. Le ciseau des meilleurs artistes avait de siècle en siècle sculpté le bronze qui supportait alors les vases au long col ou ventrus achetés en Chine, et celui des candélabres aux mille bougies. Chaque pays avait fourni sa part du luxe qui parait les murailles et les plafonds. Aujourd'hui les murs dépouillés de leurs belles étoffes, les plafonds mornes, se taisaient et pleuraient. Plus de tapis de Turquie, plus de lustres festonnés de fleurs, plus de statues, plus de tableaux, plus de joie ni d'argent, ce grand véhicule de la joie ! Venise, cette Londres du moyen âge, tombait pierre à pierre, homme à homme. La sinistre verdure que la mer y entretient et caresse au bas des palais était alors aux yeux du prince comme une frange noire que la nature y attachait en signe de mort. Enfin, un grand poète anglais était venu s'abattre sur Venise comme un corbeau sur un cadavre, pour lui croasser en poésie lyrique, dans le premier et dernier langage des nations, les stances d'un *De Profundis* ! De la poésie anglaise jetée au front d'une ville qui avait enfanté la poésie italienne !... Pauvre Venise !

Jugez quel dut être l'étonnement d'un jeune homme absorbé par de telles pensées, au moment où Carmagnola s'écria : — Sérénissime Altesse, le palais brûle, ou les anciens doges y sont revenus. Voici des lumières aux croisées de la galerie haute !

Le prince Emilio crut son rêve réalisé par un coup de baguette. A la nuit tombante, le vieux gondolier put, en retenant sa gondole à la première marche, aborder son jeune maître sans qu'il fût vu par aucun des gens empressés dans le palais, et dont quelques-uns bourdonnaient au perron comme des abeilles à l'entrée d'une ruche. Emilio se glissa sous l'immense péristyle où se développait le plus bel escalier de Venise et le franchit lestement pour connaître la cause de cette singulière aventure. Tout un monde d'ouvriers se hâtait d'achever l'ameublement et la décoration du palais. Le premier étage, digne de l'ancienne splendeur de Venise, offrait à ses regards les belles choses qu'Emilio rêvait un moment auparavant, la fée les avait disposées, dans le meilleur goût. Une splendeur digne des palais d'un roi parvenu éclatait jusque dans les plus minces détails. Emilio se promenait sans que personne lui fît la moindre observation, marchait de surprise en surprise. Curieux de voir ce qui se passait au second étage, il monta, et trouva l'ameublement fini. Les inconnus chargés par l'enchanteur de renouveler les prodiges des Mille et une

Nuits en faveur d'un pauvre prince italien, remplaçaient quelques meubles mesquins apportés dans les premiers moments. Le prince Emilio arriva dans la chambre à coucher de l'appartement, qui lui sourit comme une conque d'où Vénus serait sortie. Cette chambre était si délicieusement belle, si bien pomponnée, si coquette, pleine de recherches si gracieuses, qu'il s'alla plonger dans une bergère de bois doré devant laquelle on avait servi le souper froid le plus friand, et, sans autre forme de procès, il se mit à manger.

— Je ne vois dans le monde entier que Massimilla qui puisse avoir eu l'idée de cette fête. Elle a su que j'étais prince, le duc de Cataneo est peut-être mort en lui laissant ses biens, la voilà deux fois plus riche, elle m'épousera, et... Et il mangeait à se faire haïr d'un millionnaire malade qui l'aurait vu dévorant ce souper, et il buvait à torrents un excellent vin de Porto. — Maintenant je m'explique le petit air entendu qu'elle a pris en me disant : *A ce soir !* Elle va venir peut-être me désensorceler. Quel beau lit, et dans ce lit, quelle jolie lanterne !... Bah ! une idée de Florentine.

Il se rencontre quelques riches organisations sur lesquelles le bonheur ou le malheur extrême produit un effet soporifique. Or, sur un jeune homme assez puissant pour idéaliser une maîtresse au point de ne plus y voir de femme, l'arrivée trop subite de la fortune devait faire l'effet d'une dose d'opium. Quand le prince eut bu la bouteille de vin de Porto, mangé la moitié d'un poisson et quelques fragments d'un pâté français, il éprouva le plus violent désir de se coucher. Peut-être était-il sous le coup d'une double ivresse. Il ôta lui-même la couverture, apprêta le lit, se déshabilla dans un très-joli cabinet de toilette, et se coucha pour réfléchir à sa destinée.

— J'ai oublié ce pauvre Carmagnola, mais mon cuisinier et mon sommelier y pourvoiront.

En ce moment, une femme de chambre entra folâtrement en chantonnant un air du Barbier de Séville. Elle jeta sur une chaise des vêtements de femme, toute une toilette de nuit, en se disant : — Les voici qui rentrent ! Quelques instants après, une femme habillée à la française, et qui pouvait être prise pour l'original de quelque fantastique gravure anglaise inventée pour un *Forget me not*, une *belle assemblée*, ou pour un *Book of Beauty*. Le prince frissonna de peur et de plaisir, car il aimait Massimilla, comme vous savez. Or, malgré cette foi d'amour qui l'embrasait, et qui jadis inspira des tableaux à l'Espagne, des madones à l'Italie, des statues à Michel-Ange, des portes du Baptistère à Ghiberti, la volupté l'enserrait de ses rets, et le désir agitait sans répandre en son cœur cette chaude essence éthérée que lui infusait un regard ou la moindre parole de la Cataneo. Son âme, son cœur, toutes ses volontés se refusaient à l'infidélité ; mais la brutale et capricieuse infidélité dominait son âme. Cette femme ne vint pas seule.

Le prince aperçut un de ces personnages à qui personne ne veut croire qu'on ne les fait passer de l'état réel où nous les admirons, à l'état fantastique d'une description plus ou moins littéraire. Comme celui des Napolitains, l'habillement de l'inconnu comportait cinq couleurs, si l'on veut admettre le noir du chapeau comme une couleur : le pantalon était olive, le gilet rouge étincelait de boutons dorés, l'habit tirait au noir et le linge arrivait au jaune. Ce monsieur semblait avoir pris à tâche de justifier le Napolitain que Gerolamo met toujours en scène sur son théâtre de marionnettes. Les yeux semblaient être de verre. Le nez en as de trèfle saillait horriblement. Le nez couvrait d'ailleurs avec pudeur un trou qu'il serait injurieux pour l'homme de nommer une bouche, et où se montraient trois ou quatre défenses blanches douées de mouvement, qui se plaçaient d'elles-mêmes les unes entre les autres. Les oreilles fléchissaient sous leur propre poids, et donnaient à cet homme un bizarre ressemblance avec un chien. Le teint, qui devait contenir plusieurs métaux infusés dans le sang par l'ordonnance de quelque Hippocrate, était poussé au noir. Le front pointu, mal caché par des cheveux plats, rares, et qui tombaient comme les filaments de verre soufflé, couronnait de rugosités rougeâtres une face grimaçante. Enfin, quoique maigre et de taille ordinaire, ce monsieur avait les bras longs et les épaules larges ; malgré ces horreurs, et quoique vous lui eussiez donné soixante-dix ans, il ne manquait ni d'une certaine majesté cyclopéenne ; il possédait des manières aristocratiques et dans le regard la sécurité du riche. Pour quiconque aurait eu le cœur assez ferme pour l'observer, son histoire était écrite par les passions dans ce noble argile devenu boueux. Vous eussiez deviné le grand seigneur, qui, riche de sa jeunesse, avait vendu son corps à la débauche pour en obtenir des plaisirs excessifs. La débauche avait détruit la créature humaine et ce n'était fait une autre à son usage. Des milliers de bouteilles avaient passé sous les arches empourprées de ce nez grotesque, en laissant leur lie sur les lèvres. De longues et fatigantes digestions avaient emporté les dents. Les yeux avaient pâli à la lumière des tables de jeu. Le sang s'était chargé de principes impurs qui avaient altéré le système nerveux. Le jeu des forces digestives avait absorbé l'intelligence. Enfin, l'amour avait dissipé la brillante chevelure du jeune homme. En héritier avide, chaque vice avait marqué sa part du cadavre encore vivant. Quand on observe la nature, on y découvre les plaisanteries d'une ironie supérieure : elle

a, par exemple, placé les crapauds près des fleurs, comme était ce duc près de cette rose d'amour.

— Jouerez-vous du violon ce soir, mon cher duc ? dit la femme en détachant l'embrasse et laissant retomber une magnifique portière sur la porte. — Jouer du violon, reprit le prince Emilio, que veut-elle dire ? Qu'a-t-on fait de mon palais ? Suis-je éveillé ? Me voilà dans le lit de cette femme qui se croit chez elle, elle ôte sa mantille ! A-je donc, comme Vendramin, fumé l'opium, et suis-je au milieu d'un de ces rêves où il voit Venise comme elle était il y a trois cents ans ?

Assise devant sa toilette illuminée par des bougies, l'inconnue défaisait ses atours de l'air le plus tranquille du monde.

— Sonnez Julia, je suis impatiente de me déshabiller.

En ce moment, le duc aperçut le souper entamé, regarda dans la glace, et vit le pantalon du prince étalé sur un fauteuil près du lit.

— Je ne sonnerai pas, Clarina, s'écria d'une voix grêle le duc furieux. Je ne jouerai du violon ni ce soir, ni demain, ni jamais... *Ta, ta, ta, ta !* chanta Clarina sur une seule note en passant chaque fois d'une octave à une autre avec l'agilité du rossignol. — Malgré cette voix qui rendrait sainte Claire, la patronne, jalouse, et le Christ amoureux, vous êtes par trop impudente, madame la drôlesse. — Vous ne m'avez pas élevée à entendre de semblables mots, dit-elle avec fierté. Vous ai-je appris à garder un homme dans votre lit ? Vous ne méritez ni mes bienfaits, ni ma haine. — Un homme dans mon lit ! s'écria Clarina en se retournant vivement. — Et qui a familièrement mangé notre souper, comme s'il était chez lui, reprit le duc. — Mais, s'écria Emilio, ne suis-je pas chez moi ? Je suis le prince de Varese, ce palais est le mien.

En disant ces paroles, Emilio se dressa sur son séant et montra sa belle et noble tête vénitienne au milieu des pompeuses draperies du lit. D'abord la Clarina se mit à rire d'un de ces rires fous qui prennent aux jeunes filles quand elles rencontrent une aventure comique en dehors de toute prévision. Ce rire eut une fin, quand elle remarqua ce jeune homme, qui, disons-le, était remarquablement beau, quoique peu vêtu, la même rage qui mordait Emilio la saisit, et, comme elle n'aimait personne, aucune raison ne brida sa fantaisie de Sicilienne éprise.

— Si ce palais est le palais Memmi, Votre Altesse Sérénissime voudra cependant bien le quitter, dit le duc en prenant l'air froid et ironique d'un homme poli. Je suis ici chez moi... — Apprenez, monsieur le duc, que vous êtes dans ma chambre et non chez vous, dit la Clarina, sortant de sa léthargie. Si vous avez des soupçons sur ma vertu, je vous prie de me laisser les bénéfices de mon crime... — Des soupçons ! Dites, ma mie, des certitudes,... je vous le jure, reprit la Clarina, je suis innocente. — Mais que vois-je là, dans ce lit ? dit le duc. — Ah ! vieux sorcier, si tu crois plus à ce que tu vois que ce que je te dis, s'écria la Clarina, tu ne m'aimes pas ? Va-t-en et ne me romps plus les oreilles ! M'entendez-vous ? sortez, monsieur le duc ! Ce jeune prince vous rendra le million que je vous coûte, si vous y tenez. — Je ne rendrai rien, dit Emilio tout bas. — Eh ! nous n'avons rien à rendre, c'est peu d'un million pour avoir Clarina Tinti quand on est si laid. Allons, sortez, dit-elle au duc, vous m'avez renvoyée, et moi je vous renvoie, partant quitte.

Sur un geste du vieux duc, qui paraissait vouloir résister à cet ordre intime dans une attitude digne du rôle de Sémiramis, qui avait acquis à la Tinti son immense réputation, la prima donna s'élança sur le vieux singe et le mit à la porte.

— Si vous ne me laissez pas tranquille ce soir, nous ne nous reverrons jamais. Mon jamais vaut mieux que le vôtre, lui dit-elle. — *Tranquilla*, reprit le duc en lui laissant échapper un vieux rire, il me semble, ma chère idole, que c'est *agitata* que je vous laisse.

Le duc sortit. Cette lâcheté ne surprit point Emilio. Tous ceux qui se sont accoutumés à quelque goût particulier, choisi dans tous les effets de l'amour, qui accorde à leur nature, savent qu'aucune considération n'arrête un homme qui s'est fait une habitude de sa passion. La Tinti bondit comme un faon de la porte au lit.

— Prince, pauvre, jeune et beau, mais c'est un conte de fée ! dit-elle.

La Sicilienne se posa sur le lit avec une grâce qui rappelait le laisser-aller de l'animal, l'abandon de la plante vers le soleil, ou le plaisant mouvement de valse par lequel ses rameaux se donnent au vent. En détachant les poignets de sa robe, elle se mit à chanter, non plus avec sa voix destinée aux applaudissements de la Fenice, mais d'une voix troublée par le désir. Son chant fut une brise qui apportait au cœur les caresses de l'amour. Elle regardait à la dérobée Emilio, aussi confus qu'elle ; car cette femme de théâtre n'avait plus l'audace qui lui avait animé les yeux, les gestes et la voix en renvoyant le duc, non, elle était humble comme la courtisane amoureuse. Pour imaginer la Tinti, il faudrait avoir vu l'une des meilleures cautatrices françaises à son début dans le *Fazzoletto*, opéra de Garcia que les Italiens jouaient alors au théâtre de la rue Louvois, elle était si belle, qu'un pauvre garde du corps, n'ayant pu se faire écouter, se tua de désespoir. La prima donna de la Fenice offrait la même finesse d'expression, la même élégance de formes, la même jeunesse, mais il y surabondait cette chaude couleur de Sicile qui dort, il

sa beauté; puis sa voix était plus nourrie, elle avait enfin cet air auguste qui distingue les contours de la femme italienne. La Tinti, de qui le nom a tant de ressemblance avec celui que se forgea la cantatrice française, avait dix-sept ans, et le pauvre prince en avait vingt-trois. Quelle main rieuse s'était plu à jeter ainsi le feu si près de la poudre? Une chambre embaumée, tenue de soie incarnadine, brillant de bougies, un lit de dentelles, un palais silencieux, Venise! deux jeunesses, deux beautés! tous les fastes réunis. Emilio prit son pantalon, sauta hors du lit, se sauva dans le cabinet de toilette, se rhabilla, revint, et se dirigea précipitamment vers la porte.

Voici ce qu'il s'était dit en reprenant ses vêtements : « Massimilla, chère fille des Doni chez lesquels la beauté de l'Italie s'est héréditairement conservée, toi qui ne démens pas le portrait de Margherita, l'une des rares toiles entièrement peintes par Raphaël pour sa gloire! ma belle et sainte maîtresse, ne sera-ce pas te mériter que de me sauver de ce gouffre de fleurs? serais-je digne de toi si je profanais un cœur tout à toi? Non, je ne tomberai pas dans le piège vulgaire que me tendent mes sens révoltés. A cette fille son duc, à moi ma duchesse! » Au moment où il soulevait la portière, il entendit un gémissement. Cet héroïque amant se retourna, vit la Tinti qui, prosternée la face sur le lit, y étouffait ses sanglots. Le croirez-vous? la cantatrice était plus belle à genoux, la figure cachée, que confuse et le visage étincelant. Ses cheveux dénoués sur ses épaules, sa pose de Magdeleine, le désordre de ses vêtements déchirés, tout avait été composé par le diable, qui, vous le savez, est un grand coloriste. Le prince prit par la taille cette pauvre Tinti, qui lui échappa comme une couleuvre, et qui se roula autour d'un de ses pieds que pressa mollement une chair adorable.

— M'expliqueras-tu, dit-il en secouant son pied pour le retirer de cette fille, comment tu te trouves dans mon palais? Comment le pauvre Emilio Memmi... — Emilio Memmi! s'écria la Tinti en se relevant, tu te disais prince. — Prince depuis hier. — Tu aimes la Cataneo! dit la Tinti en le toisant.

Le pauvre Emilio resta muet, en voyant la prima donna qui souriait au milieu de ses larmes.

— Votre Altesse ignore que celui qui m'a élevée pour le théâtre, que ce duc, que Cataneo lui-même, et votre ami Vendramin, croyant servir vos intérêts, lui a loué ce palais pour le temps de mon engagement à la Fenice, moyennant mille écus. Chère idole de mon désir, lui dit-elle en lui prenant la main et l'attirant plus près d'elle, pourquoi fuis-tu celle pour qui bien des gens se feraient casser les os? L'amour, vois-tu, sera toujours l'amour. Il est partout semblable à lui-même, il est comme le soleil de nos âmes, on se chauffe partout où il brille, et nous sommes ici en plein midi. Si, demain, tu n'es pas content, tue-moi! Mais je vivrai, va! car je suis furieusement belle.

Emilio résolut de rester. Quand il eut consenti par un signe de tête, le mouvement de joie qu'agita la Tinti lui parut éclairé par une lueur jaillie de l'enfer. Jamais l'amour n'avait pris à ses yeux une expression si grandiose. En ce moment, Carmagnola siffla vigoureusement. — Que peut-il me vouloir? se dit le prince.

Vaincu par l'amour, Emilio n'écouta point les sifflements répétés de Carmagnola. Si vous n'avez pas voyagé en Suisse, vous lirez peut-être avec plaisir cette description, et, si vous avez grimpé par ces Alpes-là, vous ne vous en rappellerez pas les accidents sans émotion. Dans ce sublime pays, au sein d'une roche fendue en deux par une vallée, chemin large comme l'avenue de Neuilly à Paris, dans ces creux de quelque cent toises et craquelé de ravins, il se rencontre un cours d'eau tombé soit du Saint-Gothard, soit du Simplon, d'une cime alpestre quelconque, qui trouve un vaste puits, profond de je ne sais combien de brasses, long et large de plusieurs toises, bordé de quartiers de granit ébréchés sur lesquels on voit des prés, entre lesquels s'élancent des sapins, des aulnes gigantesques, et où viennent aussi des fraises et des violettes; parfois on trouve un chalet aux fenêtres duquel se montre le frais visage d'une blonde Suissesse, selon les aspects du ciel, l'eau de ce puits est bleue ou verte, mais comme un saphir est bleu, comme une émeraude est verte, eh bien ! rien au monde ne représente au voyageur le plus insouciant, au chemineau le plus pressé, à l'épicier le plus bonhomme, les idées de profondeur, de calme, d'immensité, de céleste affection, de bonheur éternel, comme ce diamant liquide où la neige, accourue des plus hautes Alpes, coule en eau limpide par une rigole naturelle, cachée sous les arbres, creusée dans le roc, et d'où elle s'échappe par une fente, sans murmure; la nappe, qui se superpose au gouffre, glisse si doucement, que vous ne voyez aucun trouble à la surface où la voiture se mire en passant. Voici que les chevaux reçoivent deux coups de fouet! on tourne un rocher, on enfile un pont : tout à coup rugit un horrible concert de cascades se ruant les unes sur les autres; le torrent, échappé par une bonde furieuse, se brise en vingt chutes, se casse sur mille gros cailloux; il étincelle en cent gerbes contre un rocher tombé du haut de la chaîne qui domine la vallée, et tombé précisément au milieu de cette rue que s'est impérieusement frayée l'hydrogène nitré, la plus respectable de toutes les forces vives.

Si vous avez bien saisi ce passage, vous aurez dans cette eau endormie une image de l'amour d'Emilio pour la duchesse, et dans les cascades bondissant comme un troupeau de moutons, une image de sa nuit amoureuse avec la Tinti. Au milieu de ces torrents d'amour, il s'élevait un rocher contre lequel se brisait l'onde. Le prince était comme Sisyphe, toujours sous le rocher. — Que fait donc le duc Cataneo avec son violon? se disait-il, est-ce à lui que je dois cette symphonie?

Il s'en ouvrit à Clara Tinti. — Cher enfant... (elle avait reconnu que le prince était un enfant) cher enfant, lui dit-elle, cet homme qui a cent dix-huit ans à la paroisse du vice et quarante-sept ans sur les registres de l'église, n'a plus au monde qu'une seule et dernière jouissance par laquelle il sente la vie. Oui, toutes les cordes sont brisées, il ne reste que ou haillon chez lui. L'âme, l'intelligence, le cœur, les nerfs, tout ce qui produit chez l'homme un élan se le rattache au ciel par le désir ou par le feu du plaisir, tient non pas tant à la musique qu'à un effet pris dans les innombrables effets de la musique, à un accord parfait entre deux voix, ou entre une voix et la chanterelle de son violon. Le vieux singe s'assied sur moi, prend son violon, il joue assez bien, il en tire des sons, je tâche de les imiter, et quand arrive le moment longtemps cherché où il est impossible de distinguer dans la masse du chant quel est le son du violon, quelle est la note sortie de mon gosier, ce vieillard tombe alors en extase, ses yeux morts jettent leurs derniers feux, il est heureux, il se roule à terre comme un homme ivre. Voilà pourquoi il a payé Genovese si cher. Genovese est le seul ténor qui puisse parfois s'accorder avec le timbre de ma voix. Ou nous approchons réellement l'un de l'autre une ou deux fois par soirée, ou le duc se l'imagine; pour cet imaginaire plaisir, il a engagé Genovese, Genovese lui appartient. Nul directeur de théâtre ne peut faire chanter ce ténor sans moi, ni me faire chanter sans lui. Le duc m'a élevée pour satisfaire ce caprice, je lui dois mon talent, ma beauté, sans doute ma fortune. Il mourra dans quelque attaque d'accord parfait. Le sens de l'ouïe est le seul qui ait survécu dans le naufrage de ses facultés, là est le fil par lequel il tient à la vie. De cette souche pourrie, il s'élance une pousse vigoureuse. Il y a, m'a-t-on dit, beaucoup d'hommes dans cette situation; veuille la Madone les protéger! tu n'en es pas là, toi! Tu peux tout ce que tu veux et tout ce que je veux, je le sais.

Vers le matin, le prince Emilio sortit doucement de la chambre et trouva Carmagnola couché en travers de la porte. — Altesse, dit le gondolier, la duchesse m'a ordonné de vous remettre ce billet.

Il tendit à son maître un joli petit papier triangulairement plié. Le prince se sentit défaillir, et il rentra pour tomber sur une bergère, car sa vue était troublée, ses mains tremblaient en lisant ceci : « Cher « Emile, votre gondole s'est arrêtée à votre palais, vous ne savez « donc pas que Cataneo l'a loué pour la Tinti. Si vous m'aimez, allez « dés ce soir chez Vendramin, qui me dit vous avoir arrangé un ap- « partement chez lui. Que dois-je faire? Faut-il rester à Venise en « présence de mon mari et de sa cantatrice? devons-nous repartir « ensemble pour le Frioul? Répondez-moi par un mot, ne serait-ce « que pour me dire quelle était cette lettre que vous avez jetée dans « la lagune. « MASSIMILLA DONI. »

L'écriture et le senteur du papier réveillèrent mille souvenirs dans l'âme du jeune Vénitien. Le soleil de l'amour unique jeta sa vive lueur sur l'onde bleue venue de loin, amassée dans l'abîme sans fond, et qui scintilla comme une étoile. Le noble enfant ne put retenir les larmes qui jaillirent de ses yeux en abondance; car, dans la langueur où l'avait mis la fatigue des sens rassasiés, il fut assez fort contre le choc de cette divinité pure. Dans son sommeil, la Clarina entendit les larmes, elle se dressa sur son séant, vit son prince dans une attitude de douleur, elle se précipita à ses genoux, les embrassa. — On attend toujours la réponse, dit Carmagnola en soulevant la portière. — Infâme, tu m'as perdu! s'écria Emilio, qui se leva en secouant du pied la Tinti.

Elle se serrait avec tant d'amour, en implorant une explication par un regard, un regard de Samaritaine éplorée, qu'Emilio, furieux de se voir encore entortillé dans cette passion qui l'avait fait déchoir, repoussa la cantatrice par un coup de pied brutal.

— Tu m'as dit de te tuer, meurs, bête venimeuse! s'écria-t-il.

Puis il sortit du palais, sauta dans sa gondole. — Rame, cria-t-il à Carmagnola. — Où? dit le vieux. — Ou tu voudras.

Le gondolier devina son maître et le mena, par mille détours, dans le Canareggio, devant la porte d'un merveilleux palais que vous admirerez quand vous irez à Venise, car aucun étranger n'a manqué de faire arrêter sa gondole à l'aspect de ces fenêtres toutes diverses d'ornement, luttant toutes de fantaisies, à balcons travaillés comme les plus folles dentelles, en voyant les encoignures de ce palais terminées par de longues colonnettes sveltes et tordues, en remarquant ces assises fouillées par un ciseau si capricieux, qu'on ne trouve aucune figure semblable dans les arabesques de chaque pierre. Combien est jolie la porte, et combien mystérieuse la longue voûte en arcades qui mène à l'escalier! Et qui n'admirerait ces marches où l'art intelligent a cloué, pour le temps que vivra Venise, un tapis riche comme un tapis de Turquie, mais composé de pierres aux mille couleurs incrustées dans un marbre blanc! Vous aimerez les délicieuses fantaisies qui parent les berceaux, dorés comme ceux du palais ducal, et qui rampent au-dessus de vous, en sorte que les merveilles de l'art sont sous vos pieds et sur vos têtes. Quelles ombres douces, quel silence, quelle fraîcheur ! Mais quelle gravité dans ce vieux palais, où, pour plaire à Emilio comme à Vendramini, son ami, la duchesse avait rassemblé d'anciens meubles vénitiens, et où des mains habiles avaient restauré les plafonds ! Venise revivait là tout entière. Non-seulement le luxe était noble, mais il était instructif. L'archéologue eût retrouvé là les modèles du beau comme le produisit le moyen âge, qui prit ses exemples à Venise. On voyait et les premiers plafonds à planches couvertes de dessins fleuretés en or sur des fonds colorés, ou en couleurs sur un fond d'or, et les plafonds en stucs dorés qui, dans chaque coin, offraient une scène à plusieurs personnages, et dans leur milieu les plus belles fresques ; genre si ruineux, que le Louvre n'en possède pas deux, et que le faste de Louis XIV recula devant de telles profusions pour Versailles. Partout le marbre, le bois et les étoffes avaient servi de matière à des œuvres précieuses. Emilio poussa une porte en chêne sculpté, traversa cette longue galerie qui s'étend à chaque étage, d'un bout à l'autre, dans les palais de Venise, et arriva devant une autre porte bien connue qui lui fit battre le cœur. A son aspect, la dame de compagnie sortit d'un immense salon, et le laissa entrer dans un cabinet de travail où il trouva la duchesse à genoux devant une madone. Il venait s'accuser et demander pardon. Massimilla priant le transforma. Lui et Dieu, pas autre chose dans ce cœur ! La duchesse se releva simplement, tendit la main à son ami, qui ne la prit pas. — Giambattista ne vous a donc pas rencontré hier ? lui dit-elle. — Non, répondit-il. — Ce contretemps m'a fait passer une cruelle nuit, je craignais tant que vous ne rencontrassiez le duc, dont la perversité m'est si connue ! quelle idée a eue Vendramini de lui louer votre palais ? — Une bonne idée, Milla, car ton prince est peu fortuné.

Massimilla était si belle de confiance, si magnifique de beauté, si calmée par la présence d'Emilio, qu'en ce moment le prince éprouva, tout éveillé, les sensations de ce cruel rêve qui tourmente les imaginations vives, et dans lequel, après être venus dans un bal plein de femmes parées, le rêveur s'y voit tout à coup nu, sans chemise, la honte, la peur, le flagellent tour à tour, et le réveil seul le délivre de ses angoisses. L'âme d'Emilio se trouvait ainsi devant sa maîtresse. Jusqu'alors cette âme avait été revêtue des plus belles fleurs du sentiment, la débauche l'avait mise dans un état ignoble, et lui seul le savait ; car la belle Florentine accordait tant de vertus à son amour, que l'homme aimé par elle devait être incapable de contracter la moindre souillure. Comme Emilio n'avait pas accepté sa main, la duchesse se leva pour passer ses doigts dans les cheveux qu'avait baisés la Tinti. Elle sentit alors la main d'Emilio moite, et lui vit le front humide. — Qu'avez-vous ? lui dit-elle d'une voix à laquelle la tendresse donna la douceur d'une flûte. — Je n'ai jamais connu qu'en ce moment la profondeur de mon amour, répondit Emilio. — Eh bien ! chère idole, que veux-tu ? reprit-elle.

A ces paroles, toute la vie d'Emilio se retira dans son cœur. — Qu'ai-je fait pour t'amener à cette parole ? pensa t-il. — Emilio, quelle lettre as-tu donc jeté dans la lagune ? — Celle de Vendramini que je n'ai pas achevée, sans quoi je ne me serais pas rencontré dans mon palais avec le duc, de qui, sans doute, il me disait l'histoire.

Massimilla pâlit, mais un geste d'Emilio la rassura. — Reste avec moi toute la journée, nous irons au théâtre ensemble, ne partons pas pour le Frioul, ta présence m'aidera sans doute à supporter celle de Cataneo, reprit-elle.

Quoique ce dût être une continuelle torture d'âme pour l'amant, il consentit avec une joie apparente. Si quelque chose peut donner une idée de ce que ressentiront les damnés en se voyant si indignes de Dieu, n'est-ce pas l'état où un jeune homme encore pur devant une révérée maîtresse quand il se sent sur les lèvres le goût d'une infidélité, quand il apporte dans le sanctuaire de la divinité chérie l'atmosphère empestée d'une courtisane. Bader, qui expliquait dans ses leçons les choses célestes par des comparaisons érotiques, avait sans doute remarqué, comme les écrivains catholiques, la grande ressemblance qui existe entre l'amour humain et l'amour du ciel. Ces souffrances répandirent une teinte de mélancolie sur les plaisirs que goûta le Vénitien auprès de sa maîtresse. L'âme d'une femme a d'incroyables aptitudes pour s'harmoniser aux sentiments ; elle se colore de la couleur, elle vibre de la note qu'apporte un amant ; la duchesse devint donc songeuse. Les saveurs irritantes qu'allume le sel de la coquetterie sont loin d'activer l'amour autant que cette douce conformité d'émotions. Les efforts de la coquetterie indiquent trop une séparation, et, quoique momentanée, elle déplaît ; tandis que ce partage sympathique annonce la constante fusion des âmes. Aussi le pauvre Emilio fut-il attendri par la silencieuse divination qui faisait pleurer la duchesse sur sa faute inconnue. Se sentant plus forte en se voyant inattaquée du côté sensuel de l'amour, la duchesse pouvait être caressante ; elle déploya avec hardiesse et confiance son âme angélique, elle la mettait à nu, comme pendant cette nuit diabolique la véhémente Tinti avait montré son corps aux moelleux contours, à la chair souple et drue. Aux yeux d'Emilio, il y avait comme une joute entre l'amour saint de cette âme blanche, et l'amour de la nerveuse et colère Sicilienne.

Cette journée fut donc employée en longs regards échangés après de profondes réflexions. Chacun d'eux sondait sa propre tendresse et la trouvait infinie, sécurité qui leur suggérait de douces paroles. La pudeur, cette divinité qui, dans un moment d'oubli avec l'amour, enfanta la coquetterie, n'aurait pas eu besoin de mettre la main sur ses yeux en voyant ces deux amants. Pour toute volupté, pour extrême plaisir, Massimilla tenait la tête d'Emilio sur son sein et se hasardait par moments à imprimer ses lèvres sur les siennes, mais comme un oiseau trempe son bec dans l'eau pure d'une source, en regardant avec timidité s'il est vu. Leur pensée développait ce baiser comme un musicien développe un thème par les modes infinis de la musique, et il produisait en eux des retentissements tumultueux, ondoyants, qui les enfiévraient. Certes, l'idée sera toujours plus violente que le fait, autrement, le désir serait moins beau que le plaisir, et il est plus puissant, il l'engendre. Aussi étaient-ils pleinement heureux, car la jouissance du bonheur amoindrira toujours le bonheur. Mariés dans le ciel seulement, ces deux amants s'admiraient sous leur forme la plus pure, celle de deux âmes enflammées et conjointes dans la lumière céleste, spectacles radieux pour les yeux qu'a touchés la foi, fertiles surtout en délices infinies que le pinceau de Raphaël, des Titien, des Murillo, a su rendre, et que retrouvent à la vue de leurs compositions ceux qui les ont éprouvées. Les grossiers plaisirs prodigués par la Sicilienne, preuve matérielle de cette angélique union, ne doivent-ils pas être dédaignés par les esprits supérieurs ? Le prince se disait ces belles pensées en se trouvant abattu dans une langueur divine sur la fraîche, blanche et souple poitrine de Massimilla, sous les tièdes rayons de ses yeux à longs cils brillants, et il se perdait dans l'infini de ce libertinage idéal. En ces moments, Massimilla devenait une de ces vierges célestes entrevues dans les rêves, que le chant du coq fait disparaître, mais que vous reconnaîtrez au sein de leur sphère lumineuse dans quelques œuvres des glorieux peintres du ciel.

Le soir les deux amants se rendirent au théâtre. Ainsi va la vie italienne : le matin l'amour, le soir la musique, la nuit le sommeil. Combien cette existence est préférable à celle des pays où chacun emploie ses poumons et ses forces à politiquer, sans plus pouvoir changer à soi seul la marche des choses qu'un grain de sable ne peut faire la poussière. La liberté, dans ces singuliers pays, consiste à disputailler sur la chose publique, à se garder soi-même, à se dissiper en mille occupations patriotiques plus sottes les unes que les autres, en ce qu'elles dérogent au noble et saint égoïsme qui engendre toutes les grandes choses humaines. A Venise, au contraire, l'amour et ses mille biens, une douce occupation des jolies réelles, prend et enveloppe le temps. Dans ce pays, l'amour est chose si naturelle que la duchesse était regardée comme une femme extraordinaire, car chacun avait la conviction de sa pureté, malgré la violence de la passion d'Emilio. Aussi les femmes plaignaient-elles sincèrement ce pauvre jeune homme qui passait pour victime de la sainteté de celle qu'il aimait. Personne n'osait d'ailleurs blâmer la duchesse : la religion est une puissance vénérée pour l'amour. Tous les soirs, au théâtre, la loge de la Cataneo était lorgnée la première, et chaque femme disait à son ami, en montrant la duchesse et son amant : — Où en sont-ils ? L'ami observait Emilio, cherchait en lui quelques indices du bonheur et n'y trouvait que l'expression d'un amour pur et mélancolique. Dans toute la salle, en voyant chaque loge, les hommes disaient alors aux femmes : — La Cataneo n'est pas encore à Emilio. — Elle a tort, disaient les vieilles femmes, elle le lassera. — Forse, répondaient les jeunes femmes avec cette solennité que les Italiens mettent en disant ce grand mot, qui répond à beaucoup de choses ici bas.

Quelques femmes s'emportaient, trouvaient la chose de mauvais exemple, et disaient que c'était mal entendre la religion que de lui laisser étouffer l'amour. — Aimez-le donc, ma chère, disait tout bas la Vulpato à la duchesse en la rencontrant dans l'escalier à la sortie. — Mais je l'aime de toutes mes forces, répondait-elle. — Pourquoi donc n'a-t-il pas l'air heureux ?

La duchesse répondait par un petit mouvement d'épaule. Nous ne concevrions pas, dans la France comme nous l'a fait la manie des mœurs anglaises qui y gagne, le sérieux que la société vénitienne mettait à cette investigation. Vendramini connaissait seul le secret d'Emilio, secret bien gardé entre deux hommes qui avaient réuni chez eux leurs écussons en mettant au-dessus : *Non amici, fratres.*

L'ouverture d'une saison est un événement à Venise comme dans toutes les autres capitales de l'Italie, aussi la Fenice était-elle pleine ce soir-là. Les cinq heures de nuit que l'on passe au théâtre jouant un si grand rôle dans la vie italienne, qu'il n'est pas inutile d'expliquer les habitudes créées par cette manière d'employer le temps. En Italie, les loges diffèrent de celles des autres pays, en ce sens que partout ailleurs les femmes veulent être vues, et que les Italiennes se soucient fort peu de se donner en spectacle. Leurs loges forment un carré long également coupé en biais et sur le théâtre et sur le corridor. A droite et à gauche sont deux canapés, à l'extrémité desquels se trouvent deux fauteuils, l'un pour la maîtresse de la loge, l'autre pour sa compagne, quand elle en amène une. Ce cas est assez rare. Chaque femme est trop occupée chez elle pour faire des visites ou pour aimer à en recevoir ; aucune d'ailleurs ne se soucie de se procurer une rivale. Ainsi, une Italienne règne presque toujours sans partage dans sa loge : là, les mères ne sont point esclaves de leurs filles, les filles ne sont point embarrassées de leurs mères ; en sorte que les femmes n'ont avec elles ni enfants ni parents qui les censurent, les espionnent, les ennuient ou se jettent au travers de leurs conversations. Sur le devant, toutes les loges sont drapées en soie d'une couleur et d'une façon uniformes. De cette draperie pendent des rideaux de même couleur qui restent fermés quand la famille à laquelle la loge appartient est en deuil. A quelques exceptions près, et à Milan seulement, les loges ne sont point éclairées intérieurement, elles ne tirent leur jour que de la scène ou d'un lustre peu lumineux, que, malgré de vives protestations, quelques villes ont laissé suspendre dans la salle ; mais, à la faveur des rideaux, elles sont encore assez obscures, et, par la manière dont elles sont disposées, le fond est assez ténébreux pour qu'il soit très-difficile de savoir ce qui s'y passe. Ces loges, qui peuvent contenir environ huit à dix personnes, sont tendues en riches étoffes de soie, les plafonds sont agréablement peints et allégis par des couleurs claires, enfin les boiseries sont dorées. On y prend des glaces et des sorbets, on y croque des sucreries, car il n'y a plus que les gens de la classe moyenne qui y mangent. Chaque loge est une propriété immobilière d'un haut prix, à Milan la famille Litta en possède trois qui se suivent. Ces faits indiquent la haute position attachée à ce détail de la vie oisive. La causerie est souveraine absolue dans cet espace, qu'un des écrivains les plus ingénieux de ce temps, et l'un de ceux qui ont le mieux observé l'Italie, Stendhal, a nommé un petit salon dont la fenêtre donne sur un parterre. En effet, la musique et les enchantements de la scène sont purement accessoires, le grand intérêt est dans les conversations qui s'y tiennent, dans les grandes petites affaires de cœur qui s'y traitent, dans les rendez-vous qui s'y donnent, dans les récits et les observations qui s'y parlent. Le théâtre est la réunion économique de toute une société qui s'examine et s'amuse d'elle-même.

Les hommes admis dans la loge se mettent les uns après les autres, dans l'ordre de leur arrivée, sur l'un ou l'autre sofa. Le premier venu se trouve naturellement auprès de la maîtresse de la loge ; mais quand les deux sofas sont occupés, s'il arrive une nouvelle visite, le plus ancien brise la conversation, se lève et s'en va. Chacun avance alors d'une place, et passe à son tour auprès de la souveraine. Ces causeries futiles, ces entretiens sérieux, cet élégant badinage de la vie italienne, ne sauraient avoir lieu sans un laissez-aller général. Aussi les femmes sont-elles libres d'être ou de n'être pas parées, elles sont si bien chez elles qu'un étranger admis dans leur loge peut les aller voir le lendemain chez leur mari-ou. Le voyageur ne comprend pas de prime abord cette vie de spirituelle oisiveté, ce dolce far niente embelli par la musique. Un long séjour, une habile observation, peuvent seuls révéler à un étranger le sens de la vie italienne qui ressemble au ciel pur du pays, et où le riche ne veut pas un nuage. Le noble se soucie peu du maniement de sa fortune, il laisse l'administration de ses biens à des intendants (ragionati) qui le volent et le ruinent, il n'a pas l'élément politique qui l'ennuierait bientôt, il vit donc uniquement par la passion, il en remplit ses heures. De là le besoin qu'éprouvent l'ami et l'amie d'être toujours en présence pour se satisfaire ou pour se garder, car le grand secret de cette vie est l'amant tenu sous le regard pendant cinq heures par une femme qui l'a occupé durant la matinée. Les mœurs italiennes comportent donc une continuelle jouissance et entraînent une étude des moyens propres à l'entretenir, cachée d'ailleurs sous une apparente insouciance. C'est une belle vie, mais une vie coûteuse, car dans aucun pays il ne se rencontre autant d'hommes alités.

La loge de la duchesse était au rez-de-chaussée, qui s'appelle à Venise pepiano ; elle s'y plaçait toujours de manière à recevoir à la lueur de la rampe, en sorte que sa belle tête, doucement éclairée, se détachait bien sur le clair-obscur. La Florentine attirait le regard par son front volumineux d'un blanc de neige, et couronné de ses nattes de cheveux noirs qui lui donnaient un air vraiment royal, par la finesse calme de ses traits qui rappelaient la tendre noblesse des têtes d'Andrea del Sarto, par la coupe de son visage, et l'encadrement des yeux, par ses yeux de velours qui communiquaient le ravissement de la femme rêvant au bonheur, pure encore dans l'amour, à la fois majestueuse et jolie. Au lieu de Mosè, par où devait débuter la Tinti en compagnie de Genovese, on donnait il Barbiere, où le ténor chantait sans la célèbre prima donna. L'impresario s'était dit contraint à changer le spectacle par une indisposition de la Tinti, et en effet le duc Cataneo ne vint pas au théâtre. Était-ce un habile calcul de l'impresario pour obtenir deux pleines recettes, en faisant débuter Genovese et la Clarina l'un après l'autre, ou l'indisposition annoncée par la Tinti était-elle vraie ? Là où le parterre pouvait discuter, Emilio devait avoir une certitude ; mais, quoique la nouvelle de cette indisposition lui causât quelque remords en lui rappelant la beauté de la chanteuse, sa brutalité, cette double fête qui également à l'aise le prince et la duchesse. Genovese chanta d'ailleurs de manière à chasser les souvenirs nocturnes de l'amour impur et à prolonger les saintes délices de cette suave journée. Heureux d'être seul à recueillir les applaudissements, le ténor déploya les merveilles de ce talent devenu depuis européen. Genovese, alors âgé de vingt-trois ans, né à Bergame, élève de Veluti, passionné pour son art, bien fait, d'une agréable figure, habile à saisir l'esprit de ses rôles, annonçait déjà le grand artiste promis à la gloire et à la fortune. Il eut un succès fou, mot qui n'est juste qu'en Italie, où la reconnaissance d'un parterre a je ne sais quoi de frénétique quand il lui donne une jouissance. Quelques-uns des amis du prince vinrent le féliciter sur son héritage, et redire les nouvelles. La veille au soir, la Tinti, amenée par le duc Cataneo, avait chanté à la soirée de la Vulpato, où elle avait paru aussi bien portante que belle en voix, sa maladie improvisée excitait donc de grands commentaires. Selon les bruits du café Florian, Genovese était passionnément épris de la Tinti, la Tinti voulait se soustraire à ses déclarations d'amour, et l'entrepreneur n'avait pu les décider à paraître ensemble. A entendre le général autrichien, le duc seul était malade, la Tinti le gardait, et Genovese avait été chargé de consoler le parterre. La duchesse devait la visite du général à l'arrivée d'un médecin français qu'il avait voulu lui présenter. Le prince, apercevant Vendramin qui rôdait autour du parterre, sortit pour causer confidentiellement avec cet ami qu'il n'avait pas vu depuis trois mois, et, tout en se promenant dans l'espace qui existe entre les banquettes des parterres italiens et les loges du rez-de-chaussée, il put examiner comment la duchesse accueillait l'étranger.

— Quel est ce Français ? demanda le prince à Vendramin. — Un médecin mandé par Cataneo, qui veut savoir combien de temps il peut vivre encore. Ce Français attend Malfatti, avec lequel la consultation aura lieu.

Comme toutes les dames italiennes qui aiment, la duchesse ne cessait de regarder Emilio ; car en ce pays l'abandon d'une femme est si entier, qu'il est difficile de surprendre un regard expressif détourné de sa source. — Caro, dit le prince à Vendramin, songe que j'ai couché chez toi cette nuit. — As-tu vaincu ? répondit Vendramin en serrant le prince par la taille. — Non, repartit Emilio, mais je crois pouvoir être heureux quelque jour avec Massimilla. — Eh bien ! reprit Marco, tu seras l'homme le plus envié de la terre. La duchesse est la femme la plus accomplie de l'Italie. Pour moi, qui vois les choses d'ici-bas à travers les brillantes vapeurs des griseries de l'opium, elle m'apparaît comme la plus haute expression de l'art, car vraiment la nature a fait en elle, sans s'en douter, un portrait de Raphaël. Votre passion ne déplaît pas à Cataneo, qui m'a dit en bonne compte mille écus que j'ai à te remettre. — Ainsi, reprit Emilio, quoi que l'on en dise, je ne couche toutes les nuits chez toi. Vendramin, car une minute passée loin d'elle, quand je puis être près d'elle, est un supplice.

Emilio prit sa place au fond de sa loge et y resta muet dans son coin à écouter la duchesse, en jouissant de son esprit et de sa beauté. C'était pour lui et non par vanité que Massimilla déployait les grâces de cette conversation prodigieuse d'esprit italien, où le sarcasme tombait sur les choses et non sur les personnes, où la moquerie frappait sur les sentiments moquables, où le si léger accommodait les ruses. Partout ailleurs, la Cataneo eût peut-être été fatigante ; les Italiens, gens éminemment intelligents, aiment peu à rendre leur intelligence hors de propos ; chez eux, la causerie est toute unie et sans efforts, elle ne comporte jamais, comme en France, une espèce de maîtres d'armes où chacun veut briller son fleuret, et où celui qui n'a rien pu dire est humilié. Si chez eux la conversation brille, c'est par la satire molle et voluptueuse qui se joue avec grâce de faits bien connus, et au lieu d'une épigramme qui peut compromettre, les Italiens se jettent un regard ou un sourire d'une indicible expression. Avoir à comprendre les idées où ils viennent chercher les jouissances est, selon eux, un ennui. Aussi la Vulpato disait-elle à la Cataneo : — « Si tu l'aimais, je ne causerais pas si bien, » Emilio ne aurait jamais à la conversation, il écoutait et regardait. Cette réserve aurait fait croire à beaucoup d'étrangers que le prince était un homme nul, comme ils l'imaginent des Italiens épris, tandis que c'était tout simplement un amant enfoncé dans sa jouissance jusqu'au cou. Vendramin s'assit à côté du prince, en face du Français, qui, en sa qualité d'étranger, garda sa place au coin opposé à celui qu'occupait la duchesse. — Ce monsieur est ivre ! dit le médecin à voix basse à l'oreille de la Massimilla en examinant Vendramin. — Oui, répondit simplement la Cataneo.

Dans ce pays de la passion, toute passion porte son excuse avec elle, et il existe une adorable indulgence pour tous les écarts. La duchesse soupira profondément et laissa paraître sur son visage une expression de douleur contrainte. — Dans notre pays, il se voit d'étranges choses, monsieur ! Vendramin vit d'opium, celui-ci vit d'amour, celui-là s'enfonce dans la science, la plupart des jeunes gens riches s'amourachent d'une danseuse, les gens sages thésaurisent ; nous nous faisons tous un bonheur ou une ivresse. — Parce que vous voulez tous vous distraire d'une idée fixe qu'une révolution guérirait radicalement, reprit le médecin. Le Génois regrette sa république, le Milanais veut son indépendance, le Piémontais souhaite le gouvernement constitutionnel, le Romagnol désire la liberté... — Qu'il ne comprend pas, dit la duchesse. Hélas ! il est des pays assez insensés pour souhaiter votre stupide charte, qui tue l'influence des femmes. La plupart de mes compatriotes veulent lire vos productions françaises, inutiles billevesées. — Inutiles! s'écria le médecin. — Eh! monsieur, reprit la duchesse, que trouve-t-on dans un livre qui soit meilleur que ce que nous avons au cœur? L'Italie est folle! — Je ne vois pas qu'un peuple soit fou de vouloir être son maitre, dit le médecin. — Mon Dieu! répliqua vivement la duchesse, n'est-ce pas acheter au prix de bien du sang le droit de s'y disputer, comme vous le faites, pour de sottes idées? — Vous aimez le despotisme! s'écria le médecin. — Pourquoi n'aimerais-je pas un système de gouvernement qui, en nous ôtant les livres et la nauséabonde politique, nous laisse les hommes tout entiers. — Je croyais les Italiens plus patriotes, dit le Français.

La duchesse se mit à rire si finement, que son interlocuteur ne sut plus distinguer la raillerie de la vérité, ni l'opinion sérieuse de la critique ironique. — Ainsi, vous n'êtes pas libérale? dit il. — Dieu m'en préserve! dit-elle. Je ne sais rien de plus mauvais goût pour une femme que d'avoir une semblable opinion. Aimeriez-vous une femme qui porterait l'humanité dans son cœur? — Les personnes qui aiment sont naturellement aristocrates, dit en souriant le général autrichien. — En entrant au théâtre, reprit le Français, je vous vis la première, et je dis à Son Excellence que s'il était donné à une femme de représenter un pays, c'était vous; il m'a semblé apercevoir le génie de l'Italie, mais je vois à regret que si vous en offrez la sublime forme, vous n'en avez pas l'esprit... constitutionnel, ajouta-t-il. — Ne devez-vous pas, dit la duchesse en lui faisant signe de regarder le ballet, trouver nos danseurs détestables et nos chanteurs exécrables! Paris et Londres nous volent tous nos grands talents: Paris les juge, et Londres les paye. Genovese, la Tinti, ne nous resteront pas six mois...

En ce moment, le général sortit. Vendramin, le prince et deux autres Italiens échangèrent alors un regard et un sourire en se montrant le médecin français. Chose rare chez un Français, il douta de lui-même en croyant avoir dit ou fait une incongruité, mais il eut bientôt le mot de l'énigme. — Croyez-vous, lui dit Emilio, que nous serions prudents en parlant à cœur ouvert devant nos maîtres? — Vous êtes dans un pays esclave, dit la duchesse d'un son de voix et avec une attitude de tête qui lui rendirent tout à coup l'expression que lui déniait naguère le médecin. Vendramin, dit-elle en parlant de manière à n'être entendue que par l'étranger, s'est mis à fumer de l'opium, maudite inspiration due à un Anglais qui, par d'autres raisons que les siennes, cherchait une mort voluptueuse; non cette mort vulgaire à laquelle vous avez donné la forme d'un squelette, mais la mort parée des chiffons que vous nommez en France des drapeaux, et qui est une jeune fille couronnée de fleurs ou de lauriers, elle arrive au sein d'un nuage de poudre, portée sur un boulet, ou couchée sur un lit entre deux courtisanes, elle s'élève encore de la fumée d'un bol de punch ou des lutines vapeurs du diamant, qui n'est encore qu'à l'état de charbon. Quand Vendramin le veut, pour trois

livres autrichiennes il se fait général vénitien, il monte les galères de la république, et va conquérir les coupoles dorées de Constantinople; il se roule alors sur les divans du sérail, au milieu des femmes du sultan, devenu le serviteur de sa Venise triomphante. Puis il revient, rapportant, pour restaurer son palais, les dépouilles de l'empire turc. Il passe des femmes de l'Orient aux intrigues doublement masquées de ses chères Vénitiennes, en redoutant les effets d'une jalousie qui n'existe plus. Pour trois swansiks, il se transporte au conseil des Dix, il en exerce la terrible judicature, s'occupe des plus graves affaires, et sort du palais ducal pour aller dans une gondole se coucher sous deux yeux de flamme, ou pour aller escalader un balcon auquel une main blanche a suspendu l'échelle de soie; il aime une femme à qui l'opium donne une poésie que nous autres, femmes de chair et d'os, ne pouvons lui offrir. Tout à coup, en se retournant, il se trouve face à face avec le terrible visage du sénateur armé d'un poignard; il entend le poignard glissant dans le cœur de sa maîtresse, qui meurt en lui souriant, car elle le sauve! elle est bien heureuse, dit la duchesse en regardant le prince. Il s'échappe et court commander les Dalmates, conquérir la côte illyrienne à sa belle Venise, où la gloire lui obtient sa grâce, où il goûte la vie domestique: un foyer, une soirée d'hiver, une jeune femme, des enfants pleins de grâce qui prient saint Marc sous la conduite d'une vieille bonne. Oui, pour trois livres d'opium, il meuble notre arsenal vide, il voit partir et arriver des convois de marchandises envoyées ou demandées par les quatre parties du monde. La moderne puissance de l'industrie n'exerce pas ses prodiges à Londres, mais dans sa Venise, où se reconstruisent les jardins suspendus de Sémiramis, le temple de Jérusalem, les merveilles de Rome. Enfin il agrandit le moyen âge par le monde de la vapeur, par de nouveaux chefs-d'œuvre qu'enfantent les arts, protégés comme Venise les protégeait autrefois. Les monuments, les hommes, se pressent et tiennent dans son étroit cerveau, où les empires, les villes, les révolutions, se déroulent et s'écroulent en peu d'heures, où Venise seule s'accroît et grandit; car la Venise de ses rêves a l'empire de la

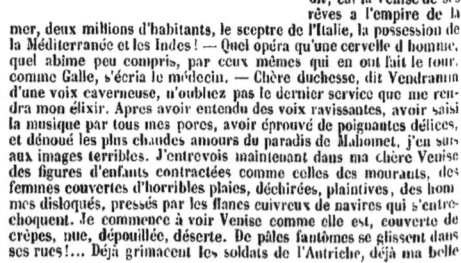

... c'est le délicieux laissez-aller avec lequel cette belle fille de la Toscane portait.. — PAGE 2

mer, deux millions d'habitants, le sceptre de l'Italie, la possession de la Méditerranée et les Indes! — Quel opéra qu'une cervelle d'homme, quel abîme peu compris, par ceux mêmes qui en ont fait le tour, comme Galle, s'écria le médecin. — Chère duchesse, dit Vendramin d'une voix caverneuse, n'oubliez pas le dernier service que me rendra mon élixir. Après avoir entendu des voix ravissantes, avoir saisi la musique par tous mes pores, avoir éprouvé de poignants délices, et dénoué les plus chaudes amours du paradis de Mahomet, j'en suis aux images terribles. J'entrevois maintenant dans ma chère Venise des figures d'enfants contractées comme celles des mourants, des femmes couvertes d'horribles plaies, déchirées, plaintives, des hommes disloqués, pressés par les flancs cuivreux de navires qui s'entrechoquent. Je commence à voir Venise comme elle est, couverte de crêpes, nue, dépouillée, déserte. De pâles fantômes se glissent dans ses rues!... Déjà grimacent les soldats de l'Autriche, déjà ma belle vie rêveuse se rapproche de la vie réelle; tandis qu'il y a six mois c'était la vie réelle qui était le mauvais sommeil, et la vie de l'opium était ma vie d'amour et de voluptés, d'affaires graves et de haute politique. Hélas! pour mon malheur, j'arrive à l'horreur de la tombe, où le faux et le vrai se réunissent en de douteuses clartés, qui ne sont ni le jour ni la nuit, et qui participent de l'un et de l'autre. — Vous voyez qu'il y a trop de patriotisme dans cette tête, dit le prince en posant sa main sur les touffes de cheveux noirs qui se pressaient au-dessus du front de Vendramin. — Oh! s'il nous aime, dit Massimilla, il renoncera bientôt à son triste opium. — Je guérirai votre ami, dit le Français. — Faites cette cure, et nous vous aimerons, dit Massimilla; mais si vous ne nous calomniez point à votre retour en France, nous vous aimerons encore davantage. Pour être jugés, les pauvres Italiens sont trop énervés par de pesantes dominations; car nous avons connu de votre, ajouta-t-elle en souriant. — Elle était plus généreuse que celle de l'Autriche, répliqua vivement le médecin. L'Autriche nous pressure sans rien nous rendre, et vous nous pressuriez pour agrandir et embellir nos villes, vous nous stimuliez en nous faisant des armées. Vous compliez garder l'Italie, et ceux-ci croient qu'ils la perdront, voilà toute la différence. Les Autrichiens nous donnent un bonheur stupéfiant et lourd comme eux, tandis que vous nous écrasiez de votre dévorante activité. Mais mourir par les toniques, ou mourir par les narcotiques, qu'importe! n'est-ce pas toujours la mort, monsieur le docteur? — Pauvre Italie! elle est à mes yeux comme une belle femme dont la France devrait servir de défenseur, en la prenant pour maîtresse, s'écria le médecin. — Vous ne sauriez pas nous aimer à notre fantaisie, dit la duchesse en souriant. Nous voulons être libres, mais la liberté que je veux n'est pas votre ignoble et bourgeois libéralisme, qui tuerait les arts. Je veux, dit-elle d'un son de voix qui fit tressaillir toute la loge, c'est-à-dire je voudrais que chaque république italienne renaquît avec ses nobles, avec son peuple et ses libertés spéciales pour chaque caste. Je voudrais les anciennes républiques aristocratiques avec leurs luttes intestines, avec leurs rivalités qui produisirent les plus belles œuvres de l'art, qui créèrent la politique, élevèrent les plus illustres maisons princières. Étendre l'action d'un gouvernement sur une grande surface de terre, c'est l'amoindrir. Les républiques italiennes ont été la gloire de l'Europe au moyen âge. Pourquoi l'Italie a-t-elle succombé là où les Suisses, ses portiers, ont vaincu? — Les républiques suisses, dit le médecin, étaient de bonnes femmes de ménage occupées de leurs petites affaires, et qui n'avaient rien à s'envier; tandis que vos républiques étaient des souveraines orgueilleuses, qui se sont vendues pour ne pas saluer leurs voisines; elles sont tombées trop bas pour jamais se relever. Les Guelfes triomphent! — Ne nous plaignez pas trop, dit la duchesse d'une voix orgueilleuse, qui fit palpiter les deux amis, vous vous dominons toujours! Du fond de sa misère, l'Italie règne par les hommes d'élite qui fourmillent dans ses cités. Malheureusement, la partie la plus considérable de nos génies arrive si rapidement à comprendre la vie, qu'ils s'ensevelissent dans une paisible jouissance; quant à ceux qui veulent jouer au triste jeu de l'immortalité, ils savent bien saisir votre or et mériter votre admiration. Oui, dans ce pays, dont l'abaissement est déploré par de niais voyageurs et par des poètes hypocrites, dont le caractère est calomnié par les politiques, dans ce pays qui paraît énervé, sans puissance, en ruines, vieilli plutôt que vieux, il se trouve en toute chose de puissants génies qui poussent de vigoureux rameaux, comme sur un ancien plant de vigne s'élancent des jets où viennent de délicieuses grappes. Ce peuple d'anciens souverains donne encore des rois qui s'appellent Lagrange, Volta, Rossini, Canova, Rosari, Bartolini, Galvani, Vigano, Beccaria, Cicognara, Corvetto. Ces Italiens dominent le point de la science humaine sur lequel ils se fixent, ou régentent l'art auquel ils s'adonnent. Sans parler des chanteurs, des cantatrices, et des exécutants, qui imposent l'Europe par une perfection inouïe,

La Tinti.

comme Taglioni, Paganini, etc., l'Italie règne encore sur le monde, qui viendra toujours l'adorer. Allez ce soir à Florian, vous trouverez dans Capraja l'un de nos hommes d'élite, mais amoureux de l'obscurité; nul, excepté le duc Cataneo, mon maître, ne comprend mieux que lui la musique; aussi l'a-t-on nommé ici *il fanatico!*

Après quelques instants, pendant lesquels la conversation s'anima entre le Français et la duchesse, qui se montra finement éloquente, les Italiens se retirèrent un à un pour aller dire dans toutes les loges que la Cataneo, qui passait pour être *una donna di gran spirito*, avait battu, sur la question de l'Italie, un habile médecin français. Ce fut la nouvelle de la soirée. Quand le Français se vit seul entre le prince et la duchesse, il comprit qu'il fallait les laisser seuls, et sortit. Massimilla salua le médecin par une inclination de tête qui le mettait si loin d'elle, que ce geste aurait pu lui attirer la haine de cet homme, s'il eût su méconnaître le charme de sa parole et de sa beauté. Vers la fin de l'opéra, Emilio fut donc seul avec la Cataneo; tous deux ils se prirent la main, et entendirent ainsi le duo qui termine *il Barbiere.*

— Il n'y a que la musique pour exprimer l'amour, dit la duchesse émue par le chant de deux rossignols heureux.

Une larme mouilla les yeux d'Emilio; Massimilla, sublime de la beauté qui reluit dans la sainte Cécile de Raphaël, lui pressait la main, leurs genoux se touchaient, elle avait comme un baiser en fleur sur les lèvres. Le prince voyait sur les joues éclatantes de sa maîtresse un flamboiement joyeux pareil à celui qui s'élève par un jour d'été au-dessus des moissons dorées, il avait le cœur oppressé par tout son sang qui y affluait; il croyait entendre un concert de voix angéliques, il aurait donné sa vie pour ressentir le désir que lui avait inspiré la veille, à pareille heure, la détestée Clarina; mais il ne se reconnaissait pas avoir un corps. Cette larme, la Massimilla malheureuse l'attribua, dans son innocence, à la parole que venait de lui arracher la cavatine de Genovese. — *Carino,* dit-elle à l'oreille d'Emilio, n'es-tu pas au-dessus des expressions amoureuses autant que la cause est supérieure à l'effet?

Après avoir mis la duchesse dans sa gondole, Emilio attendit Vendramin pour aller à Florian. Le café Florian est à Venise une indéfinissable institution. Les négociants y font leurs affaires, et les avocats y donnent des rendez-vous pour y traiter leurs consultations les plus épineuses. Florian est tout à la fois une Bourse, un foyer de théâtre, un cabinet de lecture, un club, un confessionnal, et convient si bien à la simplicité des affaires du pays, que certaines femmes vénitiennes ignorent complétement le genre d'occupations de leurs maris, car, s'ils ont une lettre à faire, ils vont l'écrire à ce café. Naturellement les espions abondent à Florian, mais leur présence aiguise le génie vénitien, qui peut dans ce lieu exercer cette prudence autrefois si célèbre. Beaucoup de personnes passent toute leur journée à Florian, enfin Florian est un tel besoin pour certaines gens, que, pendant les entr'actes, ils quittent la loge de leurs amies pour y faire un tour et savoir ce qui s'y dit. Tant que les deux amis marchèrent dans les petites rues de la Merceria, ils gardèrent le silence, car il y avait trop de compagnie; mais, en débouchant sur la place Saint-Marc, le prince dit : — N'entrons pas encore au café, promenons-nous. J'ai à te parler.

Il raconta son aventure avec la Tinti, et la situation dans laquelle il se trouvait. Le désespoir d'Emilio parut à Vendramin si voisin de la folie, qu'il lui promit une guérison complète, s'il voulait lui donner carte blanche auprès de Massimilla. Cette espérance vint à propos pour empêcher Emilio de se noyer pendant la nuit, car, au souvenir de la cantatrice, il éprouvait une effroyable envie de retourner chez elle. Les deux amis allèrent dans le salon le plus reculé du café Florian y écouter cette conversation vénitienne que y tiennent quelques hommes d'élite, en résumant les événements du jour. Les sujets dominants furent d'abord la personnalité de lord Byron, de qui les Vénitiens se moquèrent finement; puis l'attachement de Cataneo pour la Tinti, dont les causes parurent inexplicables, après avoir été expliquées de vingt façons différentes; enfin le début de Genovese, puis la lutte entre la duchesse et le médecin français, et le duc Cataneo se présenta dans le salon au moment où la conversation devenait passionnément musicale. Il fit, ce qui ne fut pas remarqué tant la chose parut naturelle, un salut plein de courtoisie à Emilio, qui le lui rendit gravement. Cataneo chercha s'il y avait quelque personne de connaissance, il avisa Vendramin et le salua, puis il salua son banquier, patricien très-riche, et enfin celui qui parlait en ce moment, un mélomane célèbre, ami de la comtesse Albrizzi, et dont l'existence, comme celle de quelques habitués de Florian, était totalement inconnue, tant elle était soigneusement cachée; on n'en connaissait que ce qu'il en livrait à Florian.

C'était Capraja, le noble de qui la duchesse avait dit quelques mots au médecin français. Ce Vénitien appartenait à cette classe de rêveurs qui devinent tout par la puissance de leur pensée. Théoricien fantasque, il se souciait autant de renommée que d'une pipe cassée. Sa vie était en harmonie avec ses opinions. Capraja se montrait sous les procuraties vers dix heures du matin, sans qu'on sût d'où il vint, il flânait dans Venise et s'y promenait en fumant des cigares. Il allait régulièrement à la Fenice, s'asseyait au parterre, et dans les entr'actes venait à Florian, où il prenait trois ou quatre tasses de café par jour, le reste de sa soirée s'achevait dans ce salon, qu'il quittait vers deux heures du matin. Douze cents francs satisfaisaient à tous ses besoins, il ne faisait qu'un seul repas chez un pâtissier de la Merceria qui tenait son dîner prêt à une certaine heure sur une petite table au fond de sa boutique; la fille du pâtissier lui accommodait elle-même des huîtres farcies, l'approvisionnait de cigares, et avait soin de son argent. D'après son conseil, cette pâtissière, quoique très-belle, n'écoutait aucun amoureux, vivait sagement, et conservait l'ancien costume des Vénitiennes. Cette Vénitienne pur sang avait douze ans quand Capraja s'y intéressa, et vingt-six, ans quand il mourut; elle l'aimait beaucoup, quoiqu'il ne lui eût jamais baisé la main, ni le front, et qu'elle ignorât complétement les intentions de ce pauvre vieux noble. Cette fille avait fini par prendre sur le patricien l'empire absolu d'une mère sur son enfant : elle l'avertissait de changer de linge; le lendemain, Capraja venait sans chemise, elle lui en donnait une blanche qu'il emportait et mettait le jour suivant. Il ne regardait jamais une femme, soit au théâtre, soit en se promenant. Quoique issu d'une vieille famille patricienne, sa noblesse ne lui paraissait pas valoir une parole; le soir après minuit, il se réveillait de son apathie, causait et montrait qu'il avait tout observé, tout écouté. Ce Diogène passif et incapable d'expliquer sa doctrine, moitié Turc, moitié Vénitien, était gros, court et gras; il avait le nez pointu d'un doge, le regard satyrique d'un inquisiteur, une bouche prudente quoique rieuse. A sa mort, on apprit qu'il demeurait, proche San-Benedetto, que Florian avait placé deux millions dans les fonds publics de l'Europe, il en laissa les intérêts dus depuis le placement primitif fait en 1814, ce qui produisait une somme énorme tant par l'augmentation du capital que par l'accumulation des intérêts. Cette fortune fut léguée à la jeune pâtissière. — Genovese, disait-il, ira fort loin. Je ne sais s'il comprend la destination de la musique ou s'il agit par instinct, mais voici le premier chanteur qui m'ait satisfait. Je ne mourrai donc pas sans avoir entendu des roulades exécutées comme j'en ai souvent écouté dans certains songes au réveil desquels il me semblait voir voltiger les sons dans les airs. La roulade est la plus haute expression de l'art, c'est l'arabesque qui orne le plus bel appartement du logis : un peu moins, il n'y a rien; un peu plus, tout est confus. Chargée de réveiller dans votre âme mille idées endormies, elle s'élance, elle traverse l'espace en semant dans l'air ses germes, qui, ramassés par les oreilles, fleurissent au fond du cœur. Croyez-moi, en faisant sa sainte Cécile, Raphaël a donné la priorité à la musique sur la poésie. Il a raison : la musique s'adresse au cœur, tandis que les écrits ne s'adressent qu'à l'intelligence; elle communique immédiatement ses idées à la manière des parfums. La voix du chanteur vient frapper en nous non pas la pensée, mais les souvenirs de nos félicités, mais les éléments de la pensée, et fait mouvoir les principes mêmes de nos sensations. Il est déplorable que le vulgaire ait forcé les musiciens à plaquer leurs expressions sur des paroles, sur des intérêts factices, mais il est vrai qu'ils ne seraient plus compris par la foule. La roulade est donc l'unique point laissé aux amis de la musique pure, aux amoureux de l'art tout nu. En entendant ce soir la dernière cavatine, je me suis cru convié par une belle fille qui par un seul regard m'a rendu jeune : l'enchanteresse m'a mis une couronne sur la tête et m'a conduit à cette porte d'ivoire par où l'on entre dans le pays mystérieux de la rêverie. Je dois à Genovese d'avoir quitté ma vieille enveloppe pour quelques moments, courts à la mesure des montres et bien longs par les sensations. Pendant un printemps embaumé par les roses, je me suis trouvé jeune, aimé!

— Vous vous trompez, caro Capraja, dit le duc. Il existe un moyen un pouvoir plus magique que celui de la roulade. — Lequel? dit Capraja. — L'accord de deux voix ou d'une voix et du violon, l'instrument dont l'effet se rapproche le plus de la voix humaine, répondit le duc. Cet accord parfait nous mène plus avant dans le centre de la vie sur le fleuve d'éléments qui ranime les voluptés et qui porte l'homme au milieu de la sphère lumineuse où la pensée peut convoquer le monde entier. Il te faut encore un thème, Capraja, mais à moi le principe pur suffit; tu veux que l'eau passe par les mille canaux du machiniste pour retomber en gerbes éblouissantes; tandis que je me contente d'une eau calme et pure, mon œil parcourt une mer sans rides, je sais embrasser l'infini! — Tais-toi, Cataneo, dit orgueilleusement Capraja. Comment, ne vois-tu pas là, dans sa course agile à travers une lumineuse atmosphère, y rassemble, avec le fil d'or de l'harmonie, les mélodieux trésors qu'elle nous jette en sourdant! N'as-tu jamais senti le coup de baguette magique avec laquelle elle dit à la curiosité : Leve-toi! Elle se dresse radieuse du fond des abîmes du cerveau, elle court à ses cases merveilleuses, les effleure comme un organiste frappe les touches. Soudain s'élancent les souvenirs, ils apportent les roses du passé, conservées divinement et toujours fraîches. Notre jeune maîtresse revient et caresse de ses mains blanches des cheveux de jeune homme, le cœur trop plein déborde, on revoit les rives fleuries des torrents de l'amour. Tous les buissons ardents de la jeunesse flambent et redivent leurs mots divins jadis entendus et compris! Et la voix roule, elle resserre dans ses évolutions rapides ces horizons fuyants, elle les amoindrit, ils disparaissent éclipsés de plus nouvelles, par de plus profondes joies, celles d'un avenir inconnu que la fée montre du doigt en s'enfuyant dans son ciel bleu. — Et toi, répondit Cataneo, n'as-tu donc jamais vu la lueur directe d'une étoile t'ouvrir les abîmes supérieurs, et n'as-tu jamais monté sur ce rayon qui vous emporte dans le ciel au milieu des principes qui meuvent les mondes?

Pour tous les auditeurs, le duc et Capraja jouaient un jeu dont les conditions n'étaient pas connues. — La voix de Genovese s'empare des fibres, dit Capraja. — Et celle de la Tinti s'attaque au sang, répondit le duc. — Quelle paraphrase de l'amour heureux dans cette cavatine! reprit Capraja. Ah! il était jeune, Rossini, quand il écrivit ce thème pour le plaisir qui bouillonne! Mon cœur s'est empli de sang frais, mille désirs ont pétillé dans mes veines. Jamais sons plus angéliques ne m'ont mieux dégagé de mes liens corporels, jamais la fée n'a montré de plus beaux bras, n'a souri plus amoureusement, n'a mieux relevé sa tunique jusqu'à mi-jambe, en me levant le rideau sous lequel se cache mon autre vie. — Demain, mon vieil ami, répondit le duc, tu monteras sur le dos d'un cygne éblouissant qui te montrera la plus riche terre, tu verras le printemps comme le voient les enfants. Ton cœur recevra la lumière sidérale d'un soleil nouveau, tu te coucheras sur une soie rouge, sous les yeux d'une madone, tu seras comme un amant heureux mollement caressé par une volupté dont les pieds nus ne se voient encore et qui va disparaître. Le cygne sera la voix de Genovese s'il peut s'unir à sa Léda, la voix de la Tinti. Demain l'on nous donne Mosè, le plus immense opéra qu'ait enfanté le plus beau génie de l'Italie.

Chacun laissa causer le duc et Capraja, ne voulant pas être la dupe d'une mystification; Vendramin seul et le médecin français les écoutèrent pendant quelques instants. Le fumeur d'opium entendait cette poésie, il avait la clef du palais où se promenaient ces deux imaginations voluptueuses. Le médecin cherchait à comprendre et comprit, car il appartenait à cette pléiade de beaux génies de l'école de Paris, d'où le vrai médecin sort aussi profond métaphysicien que puissant analyste. — Tu les entends? dit Emilio à Vendramin en sortant du café

vers deux heures du matin. — Oui, cher Emilio, lui répondit Vendramin en l'emmenant chez lui. Ces deux hommes appartenaient à la légion des esprits purs qui peuvent se dépouiller ici-bas de leurs larves de chair, et qui savent voltiger à cheval sur le corps de la reine des sorcières, dans les cieux d'azur où se déploient les sublimes merveilles de la vie morale : ils vont dans l'art là où te conduit ton extrême amour, là où me mène l'opium. Ils ne peuvent plus être entendus que par leurs pairs. Moi qui fais tenir cent ans d'existence en une seule nuit, je puis entendre ces grands esprits quand ils parlent du pays magnifique appelé le pays des chimères par ceux qui se nomment sages, appelé le pays des réalités par nous autres, qu'on nomme fous. Eh bien ! le duc et Capraja, qui se sont jadis connus à Naples, où est née Cataneo, sont fous de musique. — Mais quel singulier système Capraja voulait-il expliquer à Cataneo ? demanda le prince. Toi qui comprends tout, l'as-tu compris? — Oui, dit Vendramin. Capraja s'est lié avec un musicien de Crémone, logé au palais Capello, lequel musicien croit que les sons rencontrent en nous-mêmes une substance analogue à celle qui engendre les phénomènes de la lumière, et qui chez nous produit les idées. Selon lui, l'homme a des touches intérieures que les sons affectent, et qui correspondent à nos centres nerveux d'où s'élancent nos sensations et nos idées ! Capraja, qui voit dans les arts la collection des moyens par lesquels l'homme peut mettre en lui-même la nature extérieure d'accord avec une merveilleuse nature, qu'il nomme la vie intérieure, a partagé les idées de ce facteur d'instruments, qui fait en ce moment un opéra. Imagine une création sublime où les merveilles de la création visible sont reproduites avec un grandiose, une légèreté, une rapidité, une étendue incommensurables, où les sensations sont infinies, et où peuvent pénétrer certaines organisations privilégiées qui possèdent une divine puissance, tu auras alors une idée des jouissances extatiques dont parlent Cataneo et Capraja, poètes pour eux seuls. Mais aussi, dès que, dans les choses de la nature morale, un homme vient à dépasser la sphère où s'enfantent les œuvres plastiques par les procédés de l'imitation, pour entrer dans le royaume tout spirituel des abstractions où tout se contemple dans son principe et s'aperçoit dans l'omnipotence des résultats, cet homme n'est-il plus compris par les intelligences ordinaires.
— Tu viens d'expliquer mon amour pour la Massimilla, dit Emilio. Cher, il est en moi-même une puissance qui se réveille au feu de ses regards, et sans moindre contact, il me jette en un monde de lumière où se développent des effets dont je n'oserais te parler. Il m'a souvent semblé que le tissu délicat de sa peau empreignait des fleurs sur la mienne quand sa main se pose sur ma main. Ses paroles répondent en moi à des touches intérieures dont tu parles. Le désir soulève mon crâne en y remuant le monde invisible au lieu de soulever mon corps mort ; et l'air devient alors rouge et pétille, des parfums inconnus et d'une force inexplicable détendent mes nerfs, des roses me tapissent les parois de la tête, et il me semble que mon sang s'écoule par toutes mes artères coulantes, tant ma langueur est complète. — Ainsi fait mon opium fumé, répondit Vendramin. — Tu veux donc mourir ? dit avec terreur Emilio. — Avec Venise, fit Vendramin en étendant la main vers Saint-Marc. Vois-tu un seul de ces clochetons ou de ces aiguilles qui soit droit? Ne comprends-tu pas que la mer va demander sa proie ?

Le prince baissa la tête et n'osa parler d'amour à son ami. Il faut voyager chez les nations conquises pour savoir ce qu'est une patrie libre. En arrivant au palais Vendramini, le prince et Marco virent une gondole arrêtée à bord d'eau. Le prince prit alors Vendramin par la taille, et le serra tendrement en lui disant : — Une bonne nuit, cher. — Moi, une femme, quand je couche avec Venise ! s'écria Vendramin. Au moment, le gondolier, appuyé contre une colonne, regarda les deux amis, reconnut celui qui lui avait été signalé, et dit à l'oreille du prince : — La duchesse, monseigneur.

Emilio sauta dans la gondole, où il fut enlacé par des bras de fer, mais souples, et attiré sous les coussins où il sentit le sein palpitant d'une femme amoureuse. Aussitôt le prince ne fut plus Emilio, mais l'amant de la Tinti, ses sensations furent si étourdissantes, qu'il tomba comme stupéfié par le premier baiser. — Pardonne-moi cette tromperie, mon amour, lui dit la Sicilienne. Je meurs si je ne t'emmène ! Et la gondole vola sur les eaux discrètes.

Le lendemain soir, à sept heures et demie, les spectateurs étaient à leurs mêmes places au théâtre, à l'exception des personnes du parterre qui s'asseyent toujours au hasard. Le vieux Capraja se trouvait dans la loge de Cataneo. Avant l'ouverture, le duc vint faire une visite à la duchesse ; il affecta de se tenir près d'elle et de laisser Emilio sur le devant de la loge, à côté de Massimilla. Il dit quelques phrases insignifiantes, sans sarcasmes, sans amertume, et d'un air aussi poli que s'il se fût agi d'une visite à une étrangère. Malgré ses efforts pour paraître aimable et naturel, le prince ne put changer sa physionomie, qui était horriblement soucieuse. Les indifférents pouvaient attribuer à la jalousie seule l'étrange altération dans ces traits habituellement calmes. La duchesse partageait sans doute les émotions d'Emilio, elle montrait un front morne, elle était visiblement abattue. Le duc, très-embarrassé entre ces deux bouderies, profita de l'entrée du Français pour sortir. — Monsieur, dit Cataneo à son médecin avant de laisser retomber la portière de la loge, vous allez entendre un immense poème musical assez difficile à comprendre du premier coup, mais je vous laisse auprès de madame la duchesse, qui, mieux que personne, peut l'interpréter, car elle est mon élève.

Le médecin fut frappé comme le duc de l'expression peinte sur le visage des deux amants, et qui annonçait un désespoir maladif. — Un opéra italien a donc besoin d'un cicérone ? dit-il à la duchesse en souriant.

Ramenée par cette demande à ses obligations de maîtresse de loge, la duchesse essaya de chasser les nuages qui pesaient sur son front, et répondit en saisissant avec empressement un sujet de conversation où elle pût déverser son irritation intérieure. — Ce n'est pas un opéra, monsieur, répondit-elle, mais un oratorio, œuvre qui ressemble effectivement à l'un de nos plus magnifiques édifices, et où je vous guiderai volontiers. Croyez-moi, ce ne sera pas trop que d'accorder à notre grand Rossini toute votre intelligence, car il faut être à la fois poète et musicien pour comprendre la portée d'une pareille musique. Vous appartenez à une nation dont la langue et le génie sont trop positifs pour qu'elle puisse entrer de plain-pied dans la musique, mais la France est aussi trop compréhensive pour ne pas finir par l'aimer, par la cultiver, et vous y réussirez comme en toute chose. D'ailleurs, il faut reconnaître que la musique, comme l'ont créée Lulli, Rameau, Haydn, Mozart, Beethoven, Cimarosa, Paesiello, Rossini, comme la continueront de beaux génies à venir, est un art nouveau, inconnu aux générations passées, lesquelles n'avaient pas autant d'instruments que nous en possédons maintenant, et qui ne savaient rien de l'harmonie sur laquelle aujourd'hui s'appuient les fleurs de la mélodie, comme sur un riche terrain. Un art si neuf exige des études chez les masses, études qui développeront le sentiment auquel s'adresse la musique. Ce sentiment existe à peine chez vous, peuple occupé de théories philosophiques, d'analyse, de discussions, et toujours troublé par des divisions intestines. La musique moderne, qui veut une paix profonde, est la langue des âmes tendres, amoureuses, enclines à une noble exaltation intérieure. Cette langue, mille fois plus riche que celle des mots, est au langage ce que la pensée est à la parole, elle réveille les sensations et les idées sous leur forme même, là où chez nous naissent les idées et les sensations, mais en les laissant ce qu'elles sont chez chacun. Cette puissance sur notre intérieur est une des grandeurs de la musique. Les autres arts imposent à l'esprit des créations définies, la musique est infinie dans les siennes. Nous sommes obligés d'accepter les idées du poète, le tableau du peintre, la statue du sculpteur, mais chacun de nous interprète la musique au gré de sa douleur ou de sa joie, de ses espérances ou de son désespoir. Là où les autres arts cernent nos pensées en les fixant sur une chose déterminée, la musique se déchaîne sur la nature entière qu'elle a le pouvoir de nous exprimer. Vous allez voir comment je comprends le Moïse de Rossini !

Elle se pencha vers le médecin afin de pouvoir lui parler et de n'être entendue que de lui. — Moïse est le libérateur d'un peuple esclave ! lui dit-elle, souvenez-vous de cette pensée, et vous verrez avec quel religieux espoir la Fenice tout entière écoutera la prière des Hébreux délivrés, et de quel tonnerre d'applaudissements elle y répondra !

Emilio se jeta dans le fond de la loge au moment où le chef d'orchestre leva son archet. La duchesse indiqua du doigt au médecin la place abandonnée par le prince pour qu'il la prît. Mais le Français était plus intrigué de connaître ce qui s'était passé entre les deux amants que d'entrer dans le palais musical si élevé pour l'homme que l'Italie entière applaudissait alors, car alors Rossini triomphait dans son propre pays. Le Français observa la duchesse, qui parla sous l'empire d'une agitation nerveuse et lui rappela la Niobé qu'il venait d'admirer à Florence : même noblesse dans la douleur, même impassibilité physique ; cependant l'amour jetait un reflet dans le chaud coloris de son teint, et ses yeux, où s'éteignit la langueur sous une expression fière, séchaient leurs larmes par un feu violent. Ses douleurs contenues se calmaient quand elle regardait Emilio, qui la tenait sous un regard fixe. Certes, il était facile de voir qu'elle voulait attendrir un désespoir farouche. La situation de son cœur imprima je ne sais quoi de grandiose à son esprit. Comme la plupart des femmes, quand elles sont pressées par une exaltation extraordinaire, elle sortit de ses limites habituelles, et eut quelque chose de la Pythonisse, tout en demeurant noble et grande, car ce fut la forme des idées et non sa figure, qui se tordit désespérément. Peut-être voulait-elle briller de tout son esprit pour donner de l'attrait à la vie et retenir son amant.

Quand l'orchestre eut fait entendre les trois accords en ut majeur que le maître a placés en tête de son œuvre pour faire comprendre que son ouverture sera chantée, car la véritable ouverture est le vaste thème parcouru depuis cette brusque attaque jusqu'au moment où la lumière apparaît au commandement de Moïse, la duchesse ne put réprimer un mouvement convulsif qui prouvait combien cette musique était en harmonie avec sa souffrance cachée. — Comme ces trois accords vous glacent ! dit-elle. On s'attend à de la douleur. Écoutez attentivement cette introduction, qui a pour sujet la terrible élégie d'un peuple frappé par la main de Dieu. Quels gémissements! Le roi, la reine, leur fils aîné, les grands, tout le peuple soupire; ils sont atteints dans leur orgueil, dans leurs conquêtes, arrêtés dans leur avidité. Cher Rossini, tu as bien fait de jeter cet os à ronger aux *tedeschi*, qui nous refusaient le don de l'harmonie et la science! Vous allez entendre la sinistre mélodie que le maître a fait rendre à cette profonde composition harmonique, comparable à ce que les Allemands ont de plus compliqué, mais d'où il ne résulte ni fatigue ni ennui pour nos âmes. Vous autres Français, qui avez accompli naguère la plus sanglante des révolutions, chez qui l'aristocratie fut écrasée sous la patte du lion populaire, le jour où cet oratorio sera exécuté chez vous, vous comprendrez cette magnifique plainte des victimes d'un Dieu qui venge son peuple. Un Italien pouvait seul écrire ce thème fécond, inépuisable et tout dantesque. Croyez-vous que ce ne soit rien que de rêver la vengeance pendant un moment? Vieux maîtres allemands, Hændel, Sébastien Bach, et toi-même, Beethoven, à genoux, voici la reine des arts, voici l'Italie triomphante!

La duchesse avait pu dire ces paroles pendant le lever du rideau. Le médecin entendit alors la sublime symphonie par laquelle le compositeur a ouvert cette vaste scène biblique. Il s'agit de la douleur de tout un peuple. La douleur est une dans son expression, surtout quand il s'agit de souffrances physiques. Aussi, après avoir instinctivement deviné, comme tous les hommes de génie, qu'il ne devait y avoir aucune variété dans les idées, le musicien, une fois sa phrase capitale trouvée, l'a-t-il promenée de tonalités en tonalités, en groupant les masses et ses personnages sur ce motif par des modulations et par des cadences d'une admirable souplesse. La puissance se reconnaît à cette simplicité. L'effet de cette phrase, qui peint les sensations du froid et de la nuit chez un peuple incessamment baigné par les ondes lumineuses du soleil, et que le peuple et ses rois répètent, est saisissant. Ce lent mouvement musical a je ne sais quoi d'impitoyable. Cette phrase fraîche et douloureuse est comme tenue par quelque bourreau céleste qui la fait tomber sur les membres de tous ces patients par temps égaux. A force de l'entendre allant d'*ut* mineur en *sol* mineur, rentrant en *ut* pour revenir à la dominante *sol*, et reprendre en *fortissimo* sur la tonique *mi* bémol, arriver en *fa* majeur et retourner en *ut* mineur, toujours de plus en plus chargée de terreur, de froid et de ténèbres, l'âme du spectateur finit par s'associer aux impressions exprimées par le musicien. Aussi les Français éprouva-t-il la plus vive émotion quand arriva l'explosion de toutes ces douleurs réunies qui crient :

O nume d'Israël!
Se brami in libertà
Il popol tuo fedel
Di lui, di noi pietà.

O Dieu d'Israël, si tu veux que ton peuple fidèle sorte d'esclavage, daigne avoir pitié de lui et de nous

— Jamais il n'y eut une si grande synthèse des effets naturels, une idéalisation si complète de la nature. Dans les grandes infortunes nationales, chacun se plaint longtemps séparément, puis il se détache sur la masse, çà et là, des cris de douleur plus ou moins violents, enfin, quand la misère a été sentie par tous, elle éclate comme une tempête. Une fois entendus sur leur plaine commune, les peuples changent alors leurs cris sourds en des cris d'impatience. Ainsi a procédé Rossini. Après l'explosion en *ut* majeur, le Pharaon chante son sublime récitatif de : *Mano ultrice di un dio!* (Dieu vengeur, je te reconnais trop tard!) Le thème primitif prend alors un accent plus vif: l'Égypte entière appelle Moïse à son secours.

La duchesse avait profité de la transition nécessitée par l'arrivée de Moïse et d'Aaron pour expliquer ainsi ce beau morceau. — Qu'ils pleurent, ajouta-t-elle soudainement, ils ont fait bien des maux. Expiez, Égyptiens, expiez les fautes de votre cour insensée! Avec quel art ce grand peintre a su employer toutes les couleurs brunes de la musique et tout ce qu'il y a de tristesse sur la palette musicale? Quelles froides ténèbres! quelles brumes! N'avez-vous pas l'âme en deuil? n'êtes-vous pas convaincu de la réalité des nuages noirs qui couvrent la scène? Pour vous, les ombres les plus épaisses n'enveloppent-elles pas la nature? Il n'y a ni palais égyptiens, ni palmiers, ni paysages. Aussi quel bien ne vous feront-elles pas à l'âme, les notes profondément religieuses du médecin céleste qui va guérir cette cruelle plaie! Comme tout est gradué pour arriver à cette magnifique invocation de Moïse à Dieu! Par un savant calcul dont les analogies vous seront expliquées par Capraja, cette invocation n'est accompagnée que par les cuivres. Ces instruments donnent à ce morceau sa grande couleur religieuse. Non-seulement cet artifice est admirable ici, mais encore voyez combien le génie est fertile en ressources, Rossini a tiré des beautés neuves de l'obstacle qu'il s'est créé. Il a pu réserver les instruments à cordes pour exprimer le jour quand il va succéder aux ténèbres, et arriver ainsi à l'un des plus puissants effets connus en musique. Jusqu'à cet inimitable génie, avait-on jamais tiré un pareil parti du récitatif? il n'y a pas encore un air ni un duo. Le poète s'est

soutenu par la force de la pensée, par la vigueur des images, par la vérité de sa déclamation. Cette scène de douleur, cette nuit profonde, ces cris de désespoir, ce tableau musical, est beau comme le Déluge de votre grand Poussin.

Moïse agita sa baguette, le jour parut. — Ici, monsieur, la musique ne lutte-t-elle pas avec le soleil dont elle a emprunté l'éclat, avec la nature entière dont elle rend les phénomènes dans les plus légers détails? reprit la duchesse à voix basse. Ici, l'art atteint à son apogée, aucun musicien n'ira plus loin. Entendez-vous l'Égypte se réveillant après ce long engourdissement? Le bonheur se glisse partout avec le jour. Dans quelle œuvre ancienne ou contemporaine rencontrerez-vous une si grande page? à la plus splendide joie opposée à la plus profonde tristesse? Quels cris! quelles notes sautillantes! comme l'âme oppressée respire, quel délire, quel *tremolo* dans cet orchestre, le beau *tutti*. C'est la joie d'un peuple sauvé! Ne tressaillez-vous pas de plaisir?

Le médecin, surpris par ce contraste, un des plus magnifiques de la musique moderne, battit des mains, emporté par son admiration. — Bravo la Doni! fit Vendramin, qui avait écouté. — L'introduction est finie, reprit la duchesse. Vous venez d'éprouver une sensation violente, dit-elle au médecin; le cœur vous bat, vous avez vu dans les profondeurs de votre imagination le plus beau soleil inondant de ses torrents de lumière tout un pays, morne et froid naguère. Sachez maintenant comment s'y est pris le musicien, afin de pouvoir l'admirer demain dans les secrets de son génie après en avoir aujourd'hui subi l'influence. Que croyez-vous que soit ce morceau du lever du soleil, si varié, si brillant, si complet? Il consiste dans un simple accord d'*ut*, répété sans cesse, et auquel Rossini n'a mêlé qu'un accord de quart de sixte. En ceci éclate la magie de son faire. Il a procédé, pour vous peindre l'arrivée de la lumière, par le même moyen qu'il employait pour vous peindre les ténèbres et la douleur. Cette œuvre en images est absolument pareille à une aurore naturelle. La lumière est une seule et même substance, partout semblable à elle-même, et dont les effets ne sont variés que par les objets qu'elle rencontre, n'est-ce pas? Eh bien! le musicien a choisi pour la base de sa musique un unique motif, un simple accord d'*ut*. Le soleil apparaît d'abord et verse ses rayons sur les cimes, puis de là dans les vallées. De même l'accord point sur la première corde des premiers violons avec une douceur boréale, il se répand dans l'orchestre, il y anime un à un tous les instruments, qu'il se déploie. Comme la lumière va colorant de proche en proche les objets, il va réveillant chaque source d'harmonie jusqu'à ce que toutes ruissellent dans le *tutti*. Les violons, que vous n'aviez pas encore entendus, ont donné le signal par leur doux *tremolo*, vaguement agité comme les premières ondes lumineuses. Ce joli, ce gai mouvement presque lumineux qui vous a caressé l'âme, l'habile musicien l'a plaqué d'accords de basse, par une fanfare indécise des cors contenus dans leurs notes les plus sourdes, afin de vous bien peindre les dernières ombres fraîches qui teignent les vallées pendant que les premiers feux se jouent dans les cimes. Puis les instruments à vent s'y sont mêlés doucement en renforçant l'accord général. Les voix s'y sont unies par des soupirs d'allégresse et d'étonnement. Enfin les cuivres ont résonné brillamment, les trompettes ont éclaté! La lumière, source d'harmonie, a inondé la nature, toutes les richesses musicales se sont alors étalées avec une violence, avec un éclat pareils à ceux des rayons du soleil oriental. Il n'y a pas jusqu'au triangle dont l'*ut* répété ne vous ait rappelé le chant des oiseaux au matin par ses accents aigus et ses agaceries lutines. La même tonalité, retournée par cette main magistrale, exprime la joie de la nature entière en calmant la douleur qui vous navrait naguère. Là est le cachet du grand maître : l'unité! C'est un et varié. Une seule phrase et mille sentiments de douleur, les misères d'une nation; un seul accord et tous les accidents de la nature à son réveil, toutes les expressions de la joie d'un peuple. Ces deux immenses pages sont soudées par un appel au Dieu toujours vivant, auteur de toutes choses, de cette invocation égale pour tous. À elle seule, cette introduction n'est-elle pas un grand poème? — C'est vrai, dit le Français. — Vient maintenant un quinquetto comme Rossini en sait faire, si jamais il se laisser aller à la douce et facile volupté qu'on reproche à notre musique, n'est-ce pas dans ce joli morceau où chacun doit exprimer son allégresse, où le peuple soupire est délivré, et où cependant va soupirer un amour en danger. Le fils du Pharaon aime une Juive, et cette Juive le quitte. Ce qui rend ce quintette une chose délicieuse et ravissante, est un retour aux émotions ordinaires de la vie, après la peinture grandiose des deux plus immenses scènes nationales et naturelles, la misère, le bonheur, encadrées par la magie que leur prêtent la vengeance divine et le merveilleux de la Bible. — N'avais-je pas raison? dit-en continuant la duchesse au Français quand fut finie la magnifique strette de

Voci di giubilo
D'un' orno echeggino,
Di pace l'Iride
Per noi spuntò.

Que de cris d'allégresse retentissent autour de nous, l'astre de la paix répand pour nous sa clarté.

— Avec quel art le compositeur n'a-t-il pas construit ce morceau !… reprit-elle après une pause pendant laquelle elle attendit une réponse. Il l'a commencé par un solo de cor d'une suavité divine, soutenu par des arpéges de harpes, car les premières voix qui s'élèvent dans ce grand concert sont celles de Moïse et d'Aaron, qui remercient le vrai Dieu ; leur chant doux et grave rappelle les idées sublimes de l'invocation et s'unit néanmoins à la joie du peuple profane. Cette transition a quelque chose de céleste et de terrestre à la fois que le génie seul sait trouver, et qui donne à l'andante du quintetto une couleur que je comparerais à celle que Titien met autour de ses personnages divins. Avez-vous remarqué le ravissant enchâssement des voix ? Par quelles habiles entrées le compositeur ne se sert-il pas groupées sur les charmants motifs chantés par l'orchestre ! Avec quelle science il a préparé les fêtes de son allégro ! N'avez-vous pas entrevu les chœurs dansants, les rondes folles de tout un peuple échappé au danger ? Et, quand la clarinette a donné le signal de la strette *Voci di giubilo*, si brillante, si animée, votre âme n'a-t-elle pas éprouvé cette sainte pyrrhique chantée par le roi David dans ses psaumes, et qu'il prête aux collines ? — Oui, cela ferait un charmant air de contredanse ! dit le médecin. — Français ! Français ! toujours Français ! s'écria la duchesse atteinte au milieu de son exaltation par ce trait piquant. Oui, vous êtes capable d'employer ce sublime élan, si gai, si noblement pimpant, à vos rigodons. Une sublime poésie n'obtient jamais grâce à vos yeux. Le génie le plus élevé, les saints, les rois, les infortunes, tout ce qu'il y a de sacré doit passer par les verges de votre caricature. La vulgarisation des grandes idées par vos airs de contredanse, est la caricature en musique. Chez vous, l'esprit tue l'âme, comme le raisonnement tue la raison.

La loge entière resta muette pendant le récitatif d'Osiride et de Membrè, qui complotent de rendre inutile l'ordre du départ donné par le Pharaon en faveur des Hébreux. — Vous ai-je fâchée ? dit le médecin à la duchesse, j'en serais au désespoir. Votre parole est comme une baguette magique, elle ouvre les cases dans mon cerveau et en fait sortir des idées nouvelles, animées par des chants sublimes. — Non, dit-elle. Vous avez loué notre grand musicien à votre manière. Rossini réussira chez vous, je le vois, par ses côtés spirituels et sensuels. Espérons en quelques âmes nobles et amoureuses de l'idéal qui doivent se trouver dans votre fécond pays et qui apprécieront l'élévation, la grandeur d'une telle musique. Ah ! voici le fameux duo entre Elcia et Osiride, reprit-elle en profitant du temps que lui donna la triple salve d'applaudissements par laquelle le parterre salua la Tinti qui faisait sa première entrée. Si la Tinti a bien compris le rôle d'Elcia, vous allez entendre les chants sublimes d'une femme à la fois déchirée par l'amour de la patrie et par un amour pour un de ses oppresseurs, tandis qu'Osiride, possédé d'une passion frénétique pour sa belle conquête, s'efforce de la conserver. L'opéra repose autant sur cette grande idée que sur la résistance des Pharaons à la puissance de Dieu et de la liberté, vous devez vous y associer sous peine de ne rien comprendre à cette œuvre immense. Malgré le défaveur avec laquelle vous acceptez les inventions de nos poètes de livrets, permettez-moi de vous faire remarquer l'art avec lequel le drame est construit. L'antagonisme nécessaire à toutes les belles œuvres, favorable au développement de la musique, s'y trouve. Quoi de plus riche qu'un peuple voulant sa liberté, retenu dans les fers par la mauvaise foi, soutenu par la trompante voix de la patrie par le temple profané libre ? Quoi de plus dramatique que l'amour du prince pour une Juive, et qui justifie presque les trahisons du pouvoir oppresseur ? Voilà pourtant tout ce qu'exprime si hardi, cet immense poëme musical, où Rossini a su conserver à chaque peuple sa nationalité fantastique, car nous leur avons prêté des grandeurs historiques auxquelles ont consenti toutes les imaginations. Les chants des Hébreux et leur confiance en Dieu sont constamment en opposition avec les cris de rage et les efforts du Pharaon peint dans toute sa puissance. En ce moment Osiride, tout à l'amour, espère retenir sa maîtresse par le souvenir de toutes les douceurs de la passion, il veut l'emporter sur les charmes de la patrie. Aussi reconnaîtrez-vous les langueurs divines, les ardentes douceurs, les tendresses, les souvenirs voluptueux de l'amour oriental, dans le :

Ah ! se puoi cosi lasciarmi.

Si tu as le courage de me quitter, brise-moi le cœur.

Étude et dans la réponse d'Elcia :

Mi perchè cosi straziarmi.

Pourquoi me tourmenter ainsi, quand ma douleur est affreuse ?

— Non, deux cœurs si mélodieusement unis ne sauraient se séparer, dit-elle en regardant le prince. Mais voilà ces amants tout à coup interrompus par la triomphante voix de la patrie qui tonne au loin et qui rappelle Elcia. Quel divin et délicieux allégro que ce motif de la marche des Hébreux allant au désert ! Il n'y a que Rossini pour faire dire tant de choses à des clarinettes et à des trompettes ! Un art qui peut peindre en deux phrases tout ce qu'est la patrie

n'est-il donc pas plus voisin du ciel que les autres ? Cet appel m'a toujours trop ému pour que je vous dise ce qu'il y a de cruel, pour ceux qui sont esclaves et enchaînés, à voir partir des gens libres !

La duchesse eut ses yeux mouillés en entendant le magnifique motif qui domine en effet l'opéra. — *Dov'è mai quel core amante* (Quel cœur aimant ne partagerait mes angoisses), reprit-elle en italien quand la Tinti entama l'admirable cantilène de la strette où elle demande pitié pour ses douleurs. Mais que se passe-t-il ? le parterre murmure. — Genovese brame comme un cerf, dit le prince.

Ce duetto le premier que chantait la Tinti, était en effet troublé par la déroute complète de Genovese. Dès que le ténor chanta de concert avec la Tinti, sa belle voix changea. Sa méthode si sage, cette méthode qui rappelait à la fois Crescentini et Veluti, il semblait l'oublier à plaisir. Tantôt une tenue hors de propos, un agrément trop prolongé, gâtaient son chant. Tantôt des éclats de voix sans transition, un jet comme une eau à laquelle on ouvre une écluse, accusaient un oubli complet et volontaire des lois du goût. Aussi le parterre fut-il démesurément agité. Les Vénitiens crurent à quelque pari entre Genovese et ses camarades. La Tinti rappelée fut applaudie avec fureur, et Genovese reçut quelques avis qui lui apprirent les dispositions hostiles du parterre. Pendant la scène, assez comique pour un Français, des rappels continuels de la Tinti, qui revint onze fois recevoir seule les applaudissements frénétiques de l'assemblée, car Genovese presque sifflé n'osa lui donner la main, le médecin fit à la duchesse une observation sur le chant de ce ténor. — Rossini devait exprimer là, dit-il, la plus profonde douleur, et j'y trouve une allure dégagée, une teinte de gaieté hors de propos. — Vous avez raison, répondit la duchesse. Cette faute est l'effet d'une de ces tyrannies auxquelles doivent obéir nos compositeurs. Il a songé plus à sa prima donna qu'à Elcia quand il a écrit cette strette. Mais aujourd'hui la Tinti l'exécuterait encore plus brillamment, je suis si bien dans la situation, que ce passage trop gai est pour moi rempli de tristesse.

Le médecin regarda tour à tour et attentivement le prince et la duchesse, sans pouvoir deviner la raison de ce qui les séparait et qui avait rendu ce duo déchirant pour eux. Massimilla baissa la voix et s'approcha de l'oreille du médecin. — Vous allez entendre une magnifique chose, la conspiration du Pharaon contre les Hébreux. L'air majestueux de *A rispettar mi apprenda* (Qu'il apprenne à me respecter) est le triomphe de Carthagenova (qui va nous rendre à merveille l'orgueil blessé, la duplicité des cours. Le trône va parler : les concessions faites, il les retire, il s'arme de colère. Pharaon va se dresser sur ses pieds pour s'élancer sur une proie qui lui échappe. Jamais Rossini n'a rien écrit de plus si beau caractère, qui soit empreint d'une si abondante, d'une si forte verve ! C'est une œuvre complète, soutenue par un accompagnement d'un merveilleux travail, comme les moindres choses de cet opéra, où la jeunesse de l'auteur étincelle dans les plus petits détails. Les applaudissements de toute la salle couronnèrent cette belle conception, qui fut admirablement rendue par le chanteur et surtout bien comprise par les Vénitiens.

— Voici le finale, reprit la duchesse. Vous entendez de nouveau cette marche inspirée par le bonheur de la délivrance, et par la foi en Dieu qui permet à tout un peuple de s'enfoncer joyeusement dans le désert ! Quels poumons ne seraient rafraîchis par les élans célestes de ce peuple au sortir de l'esclavage ? Ah ! chères et vivantes mélodies ! Gloire au beau génie qui a su rendre tant de sentiments ! Il y a je ne sais quoi de guerrier dans cette marche qui dit que ce peuple a pour lui le Dieu des armées ! quelle profondeur dans ces chants pleins d'actions de grâce ! Les images de la Bible s'émeuvent dans notre âme, et cette divine scène musicale nous fait assister réellement à une des plus grandes scènes d'un monde antique et solennel. La coupe religieuse de certaines parties vocales, la manière dont les voix s'ajoutent les unes aux autres et se groupent, expriment tout ce que nous concevons des saintes merveilles du premier âge de l'humanité. Ce beau concert n'est cependant qu'un développement du thème de la marche dans toutes ses conséquences musicales. Ce motif est le principe fécondant pour l'orchestre et les voix, pour le chant et la brillante instrumentation qui l'accompagne. Voici Elcia qui se réunit à la horde et où Rossini a fait exprimer des regrets pour nuancer la joie de ce morceau. Écoutez son ductino avec Aménofi. Jamais amour blessé a-t-il fait entendre de pareils chants ? la grâce des nocturnes, les charmes secrets de l'amour blessé. Quelle mélancolie ! Ah ! le désert sera deux fois désert pour elle. Enfin voici la lutte terrible de l'Égypte et des Hébreux ! cette allégresse, cette marche, tout est troublé par l'arrivée des Égyptiens. La promulgation des ordres du Pharaon s'accomplit par une idée musicale qui domine le finale, une phrase sourde et grave, il semble qu'on entende le pas des puissantes armées de l'Égypte entourant la phalange sacrée de Dieu, l'enveloppant lentement comme un long serpent d'Afrique enveloppe sa proie. Quelle grâce dans les plaintes de ce peuple abusé ! n'est-il pas un peu plus Italien qu'Hébreu ? Quel mouvement magnifique jusqu'à l'arrivée du Pharaon, qui achève de mettre en présence les chefs des deux peuples et toutes les passions du drame. Quel admirable mélange de sentiments dans le sublime *ottetto*, où la colère de Moïse et celle des deux Pharaons se trouve aux prises! quelle lutte de voix et de colères déchaînées! Jamais sujet plus vaste ne s'était offert à un compositeur. Le fameux finale de *Don Juan* ne présente après tout qu'un libertin aux prises avec ses victimes qui invoquent la vengeance céleste; tandis qu'ici la terre et ses puissances essayent de combattre contre Dieu. Deux peuples, l'un faible, l'autre fort, sont en présence. Aussi, comme il avait à sa disposition tous les moyens, Rossini les a-t-il savamment employés. Il a pu sans être ridicule vous exprimer les mouvements d'une tempête furieuse sur laquelle se détachent d'horribles imprécations. Il a procédé par accords plaqués sur un rhythme en trois temps avec une sombre énergie musicale, avec une persistance qui finit par vous gagner. La fureur des Égyptiens surpris par une pluie de feu, les cris de vengeance des Hébreux, voulaient des masses savamment calculées, aussi voyez comme il a fait marcher le développement de l'orchestre avec les chœurs! L'*allegro assai* en *ut* mineur est terrible au milieu de ce déluge de feu. Avouez, dit la duchesse au moment où en levant sa baguette Moïse fait tomber la pluie de feu et où le compositeur déploie toute sa puissance à l'orchestre et sur la scène, que jamais musique n'a plus savamment rendu le trouble et la confusion. — Elle a gagné le parterre, dit le Français. — Mais qu'arrive-t-il encore ? le parterre est décidément très-agité, reprit la duchesse.

Au finale, Genovese avait donné dans de si absurdes gargouillades en regardant la Tinti, que le tumulte fut à son comble au parterre, dont les jouissances étaient troublées. Il n'y avait rien de plus choquant pour ces oreilles italiennes que ce contraste du bien et du mal. L'entrepreneur prit le parti de comparaître, et dit que, sur l'observation par lui faite à son premier homme il signor Genovese avait répondu qu'il ignorait en quoi et comment il avait pu perdre la faveur du public, au moment même où il essayait d'atteindre à la perfection de son art. — Qu'il soit mauvais comme hier, nous nous en contenterons, répondit Capraja d'une voix furieuse.

Cette apostrophe remit le parterre en belle humeur. Contre la coutume italienne le ballet fut peu écouté. Dans toutes les loges, il n'était question que de la singulière conduite de Genovese, et de l'allocution du pauvre entrepreneur. Ceux qui pouvaient entrer dans les coulisses s'empressèrent d'aller y savoir le secret de la comédie, et bientôt il ne fut plus question que d'une scène horrible faite par la Tinti à son camarade Genovese, dans laquelle la prima donna reprochait au ténor d'être jaloux de son succès, de l'avoir enrayé par sa ridicule conduite, et d'avoir essayé même de la priver de ses moyens en jouant la passion. La cantatrice pleurait à chaudes larmes de cette infortune « — Elle avait espéré, disait-elle, plaire à son amant, qui devait être dans la salle, et elle n'avait pu découvrir. » Il faut connaître la paisible vie actuelle des Vénitiens, si dénuée d'événements, qu'on s'entretient d'un léger accident survenu entre deux amants, ou de l'altération passagère de la voix d'une cantatrice, en y donnant l'importance que l'on met en Angleterre aux affaires politiques, pour savoir combien la Fenice et le café Florian étaient agités. La Tinti amoureuse, la Tinti qui n'avait pas déployé ses moyens, la folie de Genovese ou le mauvais tour qu'il jouait, inspiré par cette jalousie d'art que comprennent si bien les Italiens, quelle riche mine de discussions vives! Le parterre entier causait comme on cause à la Bourse, il en résultait un bruit qui devait étonner un Français habitué au calme des théâtres de Paris. Toutes les loges étaient en mouvement comme des ruches qui essaimaient. Un seul homme ne prenait aucune part à ce tumulte. Emilio Memmi tournait le dos à la scène, et, les yeux mélancoliquement attachés sur Massimilla, il semblait ne vivre que de son regard, il n'avait pas regardé la cantatrice une seule fois. — Je n'ai pas besoin, *caro carino*, de te demander le résultat de ta négociation, dit Vendramin à Emilio Ta Massimilla si pure et si religieuse a été d'une complaisance sublime, enfin elle a été la Tinti!

Le prince répondit par un signe de tête plein d'une horrible mélancolie. — Ton amour n'a pas déserté les cimes éthérées où il plane, reprit Vendramin excité par son opium, il ne s'est pas matérialisé. Ce matin, comme depuis six mois, tu as senti des fleurs déployant leurs calices embaumés sous les voûtes de ton crâne démesurément agrandi. Ton cœur grossi a reçu tout ton sang, et s'est heurté à la gorge. Il s'est développé là, en lui posant la main sur la poitrine, des sensations enchanteresses.

La voix de Massimilla y arrivait par ondées lumineuses, sa main délivrait mille voluptés emprisonnées qui abandonnaient les replis de ta cervelle pour se grouper nuageusement autour de toi, et t'enlever, léger de ton corps, baigné de pourpre, dans un air bleu au-dessus des montagnes de neige où réside le pur amour des anges. Le sourire et les baisers de ses lèvres te revêtaient d'une robe vénéneuse qui consumait les derniers vestiges de la nature terrestre. Ses yeux étaient deux étoiles qui te faisaient devenir lumière sans ombre. Vous étiez comme deux anges prosternés sur les palmes célestes, attendant que les portes du paradis s'ouvrissent; mais elles tournaient difficilement sur leurs gonds, et dans ton impatience tu les frappais sans pouvoir les atteindre. Ta main ne rencontrait que des nuées plus alertes que ton désir. Couronnée de roses blanches et semblable à une fiancée céleste, ta lumineuse amie pleurait de la fureur. Peut-être disait-elle

à la Vierge de mélodieuses litanies, tandis que les diaboliques voluptés de la terre te soufflaient leurs infâmes clameurs, te dédaignant alors les fruits divins de cette extase dans laquelle je vis aux dépens de mes jours. — Ton ivresse, cher Vendramin, dit avec calme Emilio, est au-dessous de la réalité. Qui pourrait dépendre cette langueur purement corporelle où nous plonge l'abus des plaisirs rêvés et qui laisse à l'âme son éternel désir, à l'esprit ses facultés pures. Mais je suis las de ce supplice qui m'explique celui de Tantale. Cette nuit est la dernière de mes nuits. Après avoir tenté mon dernier effort, je rendrai son enfant à notre mère, l'Adriatique recevra mon dernier soupir !... — Es-tu bête, reprit Vendramin; mais non tu es fou, car la folie, cette crise que nous méprisons, est le souvenir d'un état antérieur qui trouble notre forme actuelle. Le génie de mes rêves m'a dit de ces choses et bien d'autres! Tu veux réunir la duchesse et la Tinti; mais, mon Emilio, prends-les séparément, ce sera plus sage. Raphaël seul a réuni la forme et l'idée. Tu veux être Raphaël en amour, mais on ne crée pas le hasard. Raphaël est un raccroc du Père éternel qui a fait la forme et l'idée ennemies, autrement rien ne vivrait Quand le principe est plus fort que le résultat, il n'y a rien de produit. Nous devons être ou sur la terre ou dans le ciel Reste dans le ciel, tu seras toujours trop tôt sur la terre. — Je reconduirai la duchesse, dit le prince, et je risquerai ma dernière tentative... Après ? — Après, dit vivement Vendramin, promets-moi de venir me prendre à Florian. — Oui.

Cette conversation, tenue en grec moderne entre Vendramin et le prince, qui savaient cette langue comme la savent beaucoup de Vénitiens, n'avait pu être entendue de la duchesse et du Français. Quoique très en dehors du cercle d'intérêt qui enlaçait la duchesse, Emilio et Vendramin, car tous trois se comprenaient par des regards italiens, fins, incisifs, voilés, obliques tour à tour, le médecin avait par entrevoir une partie de la vérité. Une ardente prière de la duchesse à Vendramin avait cédé le jeune Vénitien aux soins d'Emilio, car la Cataneo avait flairé la souffrance qu'éprouvait son amant dans le pur ciel où il s'égarait, elle ne flairait pas la Tinti. — Ces deux jeunes gens sont fous, dit le médecin. — Quant au prince, répondit la duchesse, laissez-moi le soin de le guérir; quant à Vendramin, s'il n'a pas entendu cette sublime musique, peut-être est-il incurable. — Si vous vouliez me dire d'où vient leur folie, je les guérirais, s'écria le médecin. — Depuis quand un grand médecin n'est-il plus un devin ? demanda railleusement la duchesse.

Le ballet était fini depuis longtemps, le second acte de *Mosè* commençait, le parterre se montrait très-attentif. Le bruit s'était répandu que le duc Cataneo avait sermonné Genovese en lui représentant combien il faisait de tort à Clarina, la *diva* du jour. On s'attendait à un sublime second acte. — Le prince et son père ouvrent la scène, dit la duchesse, ils ont cédé de nouveau, tout en insultant aux Hébreux, mais ils frémissent de rage. Le père est consolé par le prochain mariage de son fils, et le fils est désolé de cet obstacle qui augmente encore son amour, contrarié de tous côtés. Genovese et Carthagenova chantent admirablement. Vous le voyez, le ténor fait sa paix avec le parterre. Comme il met en œuvre les richesses de cette musique! La phrase dite par le fils sur la tonique, redite par le père sur la dominante, appartient au système simple et grave sur lequel repose cette partition, où la sobriété des moyens rend encore plus étonnante la fertilité de la musique. L'Égypte est là tout entière. Je ne crois pas qu'il existe un morceau moderne où respire une pareille noblesse. La paternité grave et majestueuse d'un roi s'exprime dans cette phrase magnifique et conforme au grand style qui règne dans toute l'œuvre. Certes, le fils d'un Pharaon versant sa douleur dans le sein de son père, ne lui faisant éprouver, ne peut être mieux représenté que par ces images grandioses. Ne trouvez-vous pas en vous-même un sentiment de la splendeur que nous prêtons à l'antique monarchie ? — C'est de la musique sublime ! dit le Français. — L'air de la *Pace mia smarrita*, que va chanter la reine, est un de ces airs de bravoure et de facture auxquels tous les compositeurs sont condamnés, et qui nuisent au dessin général du poème, mais leur opéra n'existerait souvent point s'ils ne satisfaisaient l'amour propre de la prima donna. Néanmoins cette tartine musicale est si largement traitée, qu'elle est tellement acceptée par tous les théâtres. Elle est si brillante, que les cantatrices n'y substituent point leur air favori, comme cela se pratique dans la plupart des opéras. Enfin voici le point brillant de la partition, le duo d'Osiride et d'Elcia dans le souterrain où il veut la cacher pour l'enlever aux Hébreux qui partent, et s'enfuir avec elle en Égypte. Les deux amants sont troublés par l'arrivée d'Aaron, qui doit prévenir Amalthée, et nous allons entendre le roi des quatuors : *Mi manca la voce, mi sento morire*. Ce *Mi manca la voce* est un de ces chefs-d'œuvre qui résisteront à tout, même au temps, ce grand destructeur des modes en musique, car il est pris à ce langage d'âme qui ne varie jamais. Mozart possède le sien par le fameux finale de *Don Juan*, Marcello par son psaume *Cœli enarrant gloriam Dei*. Cimarosa a son *Pria che spunti*, Beethoven sa symphonie en *ut* mineur, Pergolèse son *Stabat*, Rossini gardera son *Mi manca la voce*. C'est surtout la facilité merveilleuse avec laquelle il varie la forme qu'il faut admirer chez Rossini

pour obtenir ce grand effet, il a eu recours au vieux mode du canon à je ne sais pour faire entrer ses voix et les fondre dans une même mélodie. Comme la forme de ces sublimes cantilènes était neuve, il l'a enchâssée dans un vieux cadre; et, pour la mieux mettre en relief, il a coupé l'orchestre, en n'accompagnant la voix que par des arpèges de harpes. Il est impossible d'avoir plus d'esprit dans les détails et plus de grandeur dans l'effet général. Mon Dieu! toujours du tumulte, dit la duchesse.

Genovese, qui avait si bien chanté son duo avec Carthagenova, fit sa propre charge auprès de la Tinti. De grand chanteur, il devenait le plus mauvais de tous les choristes. Il s'éleva le plus effroyable tumulte qui ait oncques troublé les voûtes de la Fenice. Le tumulte ne céda qu'à la voix de la Tinti, qui, enragée de l'obstacle apporté par l'entêtement de Genovese, chanta *Mi manca la voce*, comme nulle cantatrice ne la chantera. L'enthousiasme fut au comble, les spectateurs passèrent de l'indignation et de la fureur aux jouissances les plus aiguës.—Elle me verse des flots de pourpre dans l'âme, disait Capraja en bénissant de sa main étendue *la diva* Tinti. — Que le ciel épuise ses grâces sur la tête! lui cria un gondolier. — Le Pharaon va révoquer ses ordres, reprit la duchesse pendant que l'émeute se calmait au parterre, Moïse le foudroiera sur son trône en lui annonçant la mort de tous les aînés de l'Egypte et chantant cet air de vengeance qui contient les tonnerres du ciel, et où résonnent les damons hébreux. Mais, ne vous y trompez pas, cet air est un air de Pacini, que Carthagenova substitue à celui de Rossini. Cet air de *Parenta* restera sans doute dans la partition, il fournit trop bien aux basses l'occasion de déployer les richesses de leur voix, et les l'expression doit l'emporter sur la science. D'ailleurs, l'air est magnifique de menaces, aussi ne sais-je si l'on nous le laissera longtemps chanter.

Une salve de bravos et d'applaudissements, suivie d'un profond et prudent silence, accueillit l'air, rien ne fut plus significatif ni plus sentient que cette hardiesse, aussitôt réprimée. — Je ne vous dirai rien du *tempo di marcia* qui annonce le couronnement d'Osiride, par lequel le père vient braver la menace de Moïse, il suffit de l'écouter. Leur fameux Beethoven n'a rien écrit de plus magnifique. Cette marche, pleine de pompes terrestres, contraste admirablement avec la marche des Hébreux. Comparez-les! La musique est ici d'une infinie fécondité. Elcia déclare son amour à la face des deux chefs des Hébreux, et le sacrifice par cet admirable air de *Porge la destra amata* (Donnez à une autre votre main adorée). Ah! quelle douleur! voyez la salle! — Bravo! cria le parterre quand Genovese fut foudroyé. — Délivrée de ce déplorable compagnon, nous entendrons la Tinti chanter : *O desolata Elcia!* la terrible cavatine où crie un amour réprouvé par Dieu. — Comment, où es-tu pour chanter si magnifiquement rendu ce que ton génie t'a dicté, dit Cataneo, Clarina n'est-elle pas son égale? demanda-t-il à Capraja. Pour animer ces notes par des bouffées de feu pur, parties des poumons, se grossissent dans l'air de je ne sais quelles substances ailées que nos oreilles aspirent et qui nous élèvent au ciel par un ravissement amoureux, il faut être Dieu! — Elle est comme cette belle plante indienne qui s'élance de terre, ramasse dans l'air une invisible nourriture et lance de son calice arrondi en spirale blanche, des nuées de parfums qui font rêver de rêves dans notre cerveau, répondit Capraja.

La Tinti fut rappelée et reparut seule, elle fut saluée par des acclamations, elle reçut mille baisers que chacun lui envoyait du bout des doigts; on lui jeta des roses, et une couronne pour laquelle des femmes donnèrent les fleurs de leurs bonnets, presque tous envoyés par les modistes de Paris. On redemanda la cavatine. — Avec quelle impatience Capraja, l'amant de la roulade, n'attendait-il pas ce morceau qui est la vraie valeur que de l'exécution, dit alors la duchesse. Là, Rossini a mis, pour ainsi dire, la bride sur le cou à la fantaisie de la cantatrice. La roulade et l'âme de la cantatrice y sont tout. Avec une voix ou une exécution médiocre, ce ne serait rien. Le gosier doit mettre en œuvre les brillants de ce passage. La cantatrice doit exprimer la plus immense douleur, celle d'une femme qui voit mourir son amant sous ses yeux! La Tinti, vous l'entendez, fait retentir sa voix dans les notes les plus aiguës, et, pour laisser toute liberté à l'art pur, à la voix, Rossini a écrit là des phrases nettes et franches, dites, par un dernier effort, inventé ces déchirantes exclamations musicales : *Tormenti! affanni! smannie!* Quels cris! que de douleur dans ces roulades! La Tinti, vous le voyez, a enlevé la salle par ses sublimes efforts.

Le Français, stupéfait de cette furie amoureuse de toute une salle pour la cause de ses jouissances, entrevit un peu la véritable Italie, mais ni la duchesse, ni Vendramin, ni Emilio, ne firent la moindre attention à l'ovation de la Tinti qui recommença. La duchesse avait peur de voir son Emilio pour la dernière fois; quant au prince, devant la duchesse, cette imposante divinité lui enlevait au ciel, il ignorait où il se trouvait, il n'entendait pas la voix voluptueuse de celle qui l'avait initié aux voluptés terrestres, car une horrible mélancolie faisait entendre à ses oreilles un concert de voix plaintives accompagnées d'un bruissement semblable à celui d'une pluie abondante. Vendramin, habillé en procurator, voyait alors la cérémonie du Bucentaure. Le Français, qui avait fini par deviner un étrange et douloureux mystère entre le prince et la duchesse, entassait les plus spirituelles conjectures pour se l'expliquer. La scène avait changé. Au milieu d'une belle décoration représentant le désert et la mer Rouge, les évolutions des Egyptiens et des Hébreux se firent, sans que les pensées auxquelles les quatre personnages de cette loge étaient en proie eussent été troublées. Mais, quand les premiers accords des harpes annoncèrent la prière des Hébreux délivrés, le prince et Vendramin se levèrent et s'appuyèrent chacun à l'une des cloisons de la loge, la duchesse mit son coude sur l'appui de velours, et se tint la tête dans sa main gauche. Le Français, averti par ces mouvements de l'importance attachée par toute la salle à ce morceau si justement célèbre, l'écouta religieusement. La salle entière redemanda la prière en l'applaudissant à outrance. — Il me semble avoir assisté à la libération de l'Italie, pensait un Milanais. — Cette musique relève les têtes courbées, et donne de l'espérance aux cœurs les plus endormis, s'écriait un Romagnol.—Ici, dit la duchesse au Français, dont l'émotion fut visible, la science a disparu, l'inspiration seule a dicté ce chef-d'œuvre, il est sorti de l'âme comme un cri d'amour! Quant à l'accompagnement, il consiste en arpèges de harpe, et l'orchestre ne se développe qu'à la dernière reprise de ce thème céleste. Jamais Rossini ne s'élevera plus haut que dans cette prière, il fera tout aussi bien, jamais mieux : le sublime est toujours semblable à lui-même; mais ce chant est encore une de ces choses qui lui appartiendront en entier. L'analogue d'une pareille conception ne pourrait se trouver que dans les psaumes divins du divin Marcello, un noble Vénitien qui est à la musique ce que le Giotto est à la peinture. La majesté de la phrase, dont la forme se déroule en nous apportant d'inépuisables mélodies, est égale à ce que les génies religieux ont inventé de plus ample. Quelle simplicité dans le moyen! Moïse attaque le thème en *sol mineur*, et termine par une cadence en *si bémol*, qui permet au chœur de le reprendre pianissimo d'abord en *si bémol*, et de le rendre par une cadence en *sol mineur*. Ce jeu si noble dans les voix recommence trois fois s'achève à la dernière strophe par une péroraison en *sol majeur* dont l'effet est étourdissant pour l'âme. Il semble qu'en montant vers les cieux, le chant de ce peuple sorti d'esclavage rencontre des chants tombés des sphères célestes. Les étoiles répondent joyeusement à l'ivresse de la terre délivrée. La rondeur périodique de ces motifs, la noblesse des lentes gradations qui préparent l'explosion du chant et son retour sur lui-même, développent des images célestes dans l'âme. Ne croiriez-vous pas voir les cieux entr'ouverts, les anges armés de leurs sistres d'or, les séraphins prosternés agitant leurs encensoirs chargés de parfums, et les archanges appuyés sur leurs épées flamboyantes qui viennent de vaincre les impies. Le secret de cette harmonie, qui rafraîchit la pensée, est, je crois, celui de quelques œuvres humaines bien rares, elle nous jette pour un moment dans l'infini, nous en avons le sentiment, nous l'entrevoyons dans ces mélodies sans bornes comme celles qui se chantent autour du trône de Dieu. Le génie de Rossini nous conduit à une hauteur prodigieuse. De là, nous apercevons une terre promise où nos yeux, caressés par des lueurs célestes, se plongent sans y rencontrer d'horizon. Le dernier cri d'Elcia presque guérie rattache un amour terrestre à cette hymne de reconnaissance. Cette cantilène est un trait de génie. — Chantez, dit la duchesse en entendant la dernière strophe exécutée comme elle était écoutée, avec un sombre enthousiasme; chantez, vous êtes libres.

Ce dernier mot fut dit d'un accent qui fit tressaillir le médecin; et, pour arracher la duchesse à son amère pensée, il lui fit, pendant le tumulte excité par les rappels de la Tinti, une de ces querelles auxquelles les Français excellent. — Madame, dit-il, en m'expliquant ce chef-d'œuvre, que grâce à vous je reviendrai entendre demain, en le comprenant et dans ses moyens et dans son effet, vous m'avez parlé souvent de la couleur de la musique, et de ce qu'elle peignait, mais, en ma qualité d'analyste et de matérialiste, je vous avouerai que je suis toujours révolté par la prétention qu'ont certains enthousiastes de nous faire croire que la musique peint avec des sons. N'est-ce pas comme si les admirateurs de Raphaël prétendaient qu'il chante avec des couleurs? Dans la langue musicale, répondit la duchesse, peindre, c'est réveiller par des sons certains souvenirs dans notre cœur, ou certaines images dans notre intelligence, et ces souvenirs, ces images ont leur couleur, elles sont tristes ou gaies. Vous nous faites une querelle de mots, voilà tout. Selon Capraja, chaque instrument a sa mission, et s'adresse à certaines idées comme chaque couleur répond en nous à certains sentiments. En contemplant des arabesques d'or sur un fond bleu, avez-vous les mêmes pensées qu'excitent en vous des arabesques rouges sur un fond noir ou vert? Dans l'une comme dans l'autre peinture, il n'y a point de figures, point de sentiments exprimés, c'est l'art pur, et néanmoins nulle âme ne restera froide en les regardant. Le hautbois n'a-t-il pas sur tous les esprits le pouvoir d'éveiller des images champêtres, ainsi que presque tous les instruments à vent. Les cuivres n'ont-ils pas je ne sais quoi de guerrier, ne développent-ils pas en nous des sensations animées et quelque peu furieuses? Les cordes, dont la substance est prise aux créations organisées, ne s'attaquent-elles pas aux fibres les plus délicates de notre organisation, ne vont-elles pas au fond de notre cœur? Quand je vous ai parlé des sombres couleurs, du froid des notes employées dans l'introduction de *Mosè*, n'étais-je pas autant dans le vrai que vos critiques en nous parlant de la couleur de tel ou tel écrivain? Ne reconnaissez-vous pas le style nerveux, le style pâle, le style animé, le style coloré? L'art peint avec des mots, avec des sons, avec des couleurs, avec des lignes, avec des formes; si ses moyens sont divers, les effets sont les mêmes. Un architecte italien vous donnera la sensation qu'excite en nous l'introduction de *Mosè*, en nous promenant dans des allées sombres, hautes, touffues, humides, et nous faisant arriver subitement en face d'une vallée pleine d'eau, de fleurs, de fabriques, et inondée de soleil. Dans leurs efforts grandioses, les arts ne sont que l'expression des grands spectacles de la nature. Je ne suis pas assez savante pour entrer dans la philosophie de la musique; allez questionner Capraja, vous serez surpris de ce qu'il vous dira. Selon lui, chaque instrument ayant pour ses expressions la durée, le souffle ou la main de l'homme, est supérieur comme langage à la couleur qui est fixe, et au mot qui a des bornes. La langue musicale est infinie, elle contient tout, elle peut tout exprimer. Savez-vous maintenant en quoi consiste la supériorité de l'œuvre que vous avez entendue? Je vais vous l'expliquer en peu de mots. Il y a deux musiques : une petite, mesquine, de second ordre, partout semblable à elle-même, qui repose sur une centaine de phrases que chaque musicien s'approprie, et qui constitue un bavardage plus ou moins agréable avec lequel vivent la plupart des compositeurs; on écoute leurs chants, leurs prétendues mélodies, on a plus ou moins de plaisir, mais il n'en reste absolument rien dans la mémoire. Cent ans se passent, ils sont oubliés. Les peuples, depuis l'antiquité jusqu'à nos jours, ont gardé, comme un précieux trésor, certains chants qui résument leurs mœurs et leurs habitudes, je dirai presque leur histoire. Écoutez un de ces chants nationaux (et le chant grégorien a recueilli l'héritage des peuples antérieurs en ce genre), vous tombez en des rêveries profondes, il se déroule dans votre âme des choses inouïes, immenses, malgré la simplicité de ces rudiments, de ces ruines musicales. Eh bien! il y a par siècle un ou deux hommes de génie, pas davantage, les lumières de la musique, à qui Dieu donne le pouvoir de devancer les temps, et qui formulent ces mélodies pleines de faits accomplis, grosses de poèmes immenses. Songez-y bien, rappelez-vous cette pensée, elle sera féconde, redite par un homme c'est la mélodie et non l'harmonie qui a le pouvoir de traverser les âges. La musique de cet oratorio contient un monde de ces choses grandes et sacrées. Une œuvre qui débute par cette introduction et qui finit par cette prière est immortelle, immortelle comme l'*O filii et filiæ* de Pâques, comme le *Dies iræ* de la mort, comme tous les chants qui survivent en tous les pays à des splendeurs, à des joies, à des prospérités perdues. Deux larmes que la duchesse essuya en sortant de sa loge disaient assez qu'elle songeait à la Venise qui n'était plus; aussi Vendramin lui baisa-t-il la main.

La représentation finissait par un concert des malédictions les plus originales, par les sifflets prodigués à Genovese, et par un accès de folie en faveur de la Tinti. Depuis longtemps les Vénitiens n'avaient eu de théâtre plus animé, leur vie était enfin réchauffée par cet antagonisme qui n'a jamais failli en Italie, où la moindre ville a toujours vécu par les intérêts opposés de deux factions : les Gibelins et les Guelfes partout, les Capulets et les Montaigus à Vérone, les Geremei et les Lomelli à Bologne, les Fieschi et les Doria à Gênes, les patriciens et le peuple, le sénat et les tribuns de la république romaine, les Pazzi et les Medici à Florence, les Sforza et les Visconti à Milan, les Orsini et les Colonna à Rome; enfin partout et en tous lieux le même mouvement. Dans les rues, il y avait déjà des Genovesiens et des Tintistes. Le prince reconduisit la duchesse, dont l'amour d'Oside avait plus qu'attristée; elle croyait pour elle-même à quelque catastrophe semblable, et ne pouvait que presser Emilio sur son cœur, comme pour le garder près d'elle. — Songe à ta promesse, lui dit Vendramin, je t'attends sur la place.

Vendramin prit le bras du Français, et lui proposa de se promener sur la place Saint-Marc en attendant le prince. — Je serai bien heureux s'il ne revient pas, dit-il.

Cette parole fut le point de départ d'une conversation entre le Français et Vendramin, qui vit en ce moment un avantage à consulter un médecin, et qui lui raconta la singulière position dans laquelle était Emilio. Le Français fit ce qu'en toute occasion font les Français, il se mit à rire. Vendramin, qui trouvait la chose énormément sérieuse, se fâcha; mais il s'apaisa quand l'élève de Magendie, de Flourens, de Cuvier, de Dupuytren, de Broussais, lui dit qu'il croyait pouvoir guérir le prince de son bonheur excessif, et dissiper la céleste poésie dans laquelle il environnait la duchesse comme d'un nuage. — Heureux malheur, dit-il. Les anciens, qui n'étaient pas aussi niais que le ferait supposer leur ciel de cristal et leurs idées en physique, ont voulu peindre dans leur fable d'Ixion cette puissance qui annule le corps et rend l'esprit souverain de toutes choses.

Vendramin et le médecin virent venir Genovese, accompagné du

Genovese, disait-il, ira fort loin. — PAGE 10.

fantasque Capraja. Le mélomane désirait vivement savoir la véritable cause du *fiasco*. Le ténor, mis sur cette question, bavardait comme ces hommes qui se grisent par la force des idées que leur suggère une passion. — Oui, signor, je l'aime, je l'adore avec une force dont je ne me croyais plus capable après m'être lassé des femmes. Les femmes nuisent trop à l'art, parce qu'on puisse mener ensemble les plaisirs et le travail. La Clara croit que je suis jaloux de ses succès et que j'ai voulu empêcher son triomphe à Venise; mais je l'applaudissais dans la coulisse et criais : *Diva!* plus fort que toute la salle.

— Mais, dit Catanco en survenant, ceci m'explique pas comment de chanteur divin tu es devenu le plus exécrable de tous ceux qui font passer de l'air par leur gosier, sans l'empreinte de cette suavité enchanteresse qui nous ravit. — Moi, dit le virtuose, moi devenu mauvais chanteur, moi qui égale les plus grands maîtres!

En ce moment, le médecin français, Vendramin, Capraja, Catanco et Genovese avaient marché jusqu'à la Piazzeta. Il était minuit. Le golfe brillant que dessinent les églises de Saint-Georges et de Saint-Paul au bout de la Giudecca, et le commencement du canal Grande, si glorieusement ouvert par la *dogana* et par l'église dédiée à la Maria della Salute, ce magnifique golfe était paisible. La lune éclairait les vaisseaux devant la rive des Esclavons. L'eau de Venise, qui ne subit aucune des agitations de la mer, semblait vivante, tant ses millions de paillettes frissonnaient. Jamais chanteur ne se trouva sur un plus magnifique théâtre. Genovese prit le ciel et la mer à témoin par un mouvement d'emphase; puis, sans autre accompagnement que le murmure de la mer, il chanta l'air d'*ombra adorata*, le chef-d'œuvre de Crescentini. Ce chant, qui s'éleva entre les fameuses statues de Saint-Théodore et Saint-Georges, au sein de Venise déserte, éclairée par la lune, les paroles si bien en harmonie avec ce théâtre, et la mélancolique expression de Genovese, tout subjugua les Italiens et le Français. Aux premiers mots, Vendramin eut le visage couvert de grosses larmes. Capraja fut immobile comme des statues du palais ducal. Cataneo parut ressentir une émotion. Le Français, surpris, réfléchissait comme un savant saisi par un phénomène qui casse un de ses axiomes fondamentaux. Ces quatre esprits si différents, dont les espérances étaient si pauvres, qui ne croyaient à rien ni pour eux ni après eux, qui se faisaient à eux-mêmes la concession d'être une forme passagère et capricieuse, comme une herbe ou quelque coléoptère, entrevirent le ciel. Jamais la musique ne mérita mieux son épithète de divine. Les sons consolateurs partis de ce gosier environnaient les âmes de nuées douces et caressantes. Ces nuées, à demi visibles, comme les cimes de marbre qu'argentait alors la lune autour des auditeurs, semblaient servir de sièges à des anges dont les ailes exprimaient l'adoration, l'amour, par des agitations religieuses. Cette simple et naïve mélodie, en pénétrant les sens intérieurs, y apportait la lumière. Comme la passion était sainte! Mais quel affreux réveil la vanité du ténor préparait à ces nobles émotions. — Suis-je un mauvais chanteur? dit Genovese après avoir terminé l'air.

Tous regrettèrent que l'instrument ne fût pas une chose céleste. Cette musique angélique était donc due à un sentiment d'amour-propre blessé. Le chanteur ne sentait rien, il ne pensait pas plus aux pieux sentiments, aux divines images qu'il soulevait dans les cœurs, que le violon ne sait ce que Paganini lui fait dire. Tous avaient voulu voir Venise soulevant son linceul et chantant elle-même, et il ne s'agissait que du *fiasco* d'un ténor. — Devinez-vous le sens d'un pareil phénomène? demanda le médecin à Capraja en désirant faire causer l'homme que la duchesse lui avait signalé comme un profond penseur. — Lequel?... dit Capraja. — Genovese, excellent quand la Tinti n'est pas là, devient auprès d'elle un âne qui brait, dit le Français. — Il obéit à une loi secrète dont la démonstration mathématique sera peut-être donnée par un de vos chimistes, et que le siècle suivant trouvera sous une formule pleine d'X, d'A et de B entremêlés de petites fantaisies algébriques, de barres, de signes et de lignes qui me donnent

Êtes-vous bonne fille? lui dit à l'oreille le médecin. — PAGE 18.

la colique, en ce que les plus belles inventions de la mathématique n'ajoutent pas grand'chose à la somme de nos jouissances. Quand un artiste a le malheur d'être plein de la passion qu'il veut exprimer, il ne saurait la peindre, car il est la chose même au lieu d'en être l'image. L'art procède du cerveau et non du cœur. Quand votre sujet vous domine, vous en êtes l'esclave et non le maître. Vous êtes comme un roi assiégé par son peuple. Sentir trop vivement au moment où il s'agit d'exécuter, c'est l'insurrection des sens contre la faculté! — Ne devrions-nous pas nous convaincre de ceci par un nouvel essai? demanda le médecin. — Cataneo, tu peux mettre encore en présence ton ténor et la prima donna, dit Capraja à son ami Cataneo. — Messieurs, répondit le duc, venez souper chez moi. Nous devons réconcilier le ténor avec la Clarina, sans quoi la saison serait perdue pour Venise.

L'offre fut acceptée. — Gondoliers! cria Cataneo. — Un instant, dit Vendramin au duc, Memmi m'attend à Florian, je ne veux pas le laisser seul, grisons-le ce soir, ou il se tuera demain... — Corpo santo! s'écria le duc, je veux conserver ce brave garçon pour le bonheur et l'avenir de ma famille, je vais l'inviter.

Tous revinrent au café Florian, où la foule était animée par d'orageuses discussions, qui cessèrent à l'aspect du ténor. Dans un coin, près d'une des fenêtres donnant sur la galerie, sombre, l'œil fixe, les membres immobiles, le prince offrait une horrible image du désespoir. — Ce fou, dit en français le médecin à Vendramin, ne sait pas ce qu'il veut! Il se rencontre au monde un homme qui peut séparer une Massimilla Doni de toute la création, en la possédant dans le ciel, au milieu des pompes idéales qu'aucune puissance ne peut réaliser ici-bas. Il peut voir sa maîtresse toujours sublime et pure, toujours entendre en lui-même ce que nous venons d'écouter au bord de la mer, toujours vivre sous le feu de deux yeux qui lui font l'atmosphère chaude et dorée que Titien a mise autour de sa vierge dans son Assomption, et que Raphaël le premier avait inventée, après quelque révélation, pour le Christ transfiguré, et cet homme n'aspire qu'à barbouiller cette poésie! Par mon ministère, il réunira son amour sensuel et son amour céleste dans cette seule femme! Enfin il fera comme nous tous, il aura une maîtresse. Il possédait une divinité, il en veut faire une femelle! Je vous le dis, monsieur, il abdique le ciel. Je ne réponds pas que plus tard il ne meure de désespoir. O figures féminines, finement découpées par un ovale pur et lumineux, qui rappelez les créations où l'art a lutté victorieusement avec la nature! Pieds divins qui ne pouvez marcher, tailles sveltes qu'un souffle terrestre briserait, formes élancées qui ne concevront jamais, vierges entrevues par nous au sortir de l'enfance, admirées en secret, adorées sans espoir, enveloppées des rayons de quelque désir infatigable, vous qu'on ne revoit plus, mais dont le sourire domine toute notre existence, quel pourceau d'Épicure a jamais voulu vous plonger dans la fange de la terre! Eh! monsieur, le soleil ne rayonne sur la terre et ne l'échauffe que parce qu'il est à trente-trois millions de lieues; allez auprès, la science vous avertit qu'il n'est ni chaud ni lumineux, car la science sert à quelque chose, ajouta-t-il en regardant Capraja. — Pas mal pour un médecin français, dit Capraja en frappant un petit coup de main sur l'épaule de l'étranger. Vous venez d'expliquer ce que l'Europe comprend le moins de Dante, sa Bice! ajouta-t-il. Oui, Beatrix, cette figure idéale, la reine des fantaisies du poète, entre toutes, consacrée par les larmes, déifiée par le souvenir, sans cesse rajeunie par des désirs inexaucés! — Mon prince, disait le duc à l'oreille d'Emilio, venez souper avec moi. Quand on prend à un pauvre Napolitain sa femme et sa maîtresse, on ne peut lui rien refuser.

Cette bouffonnerie napolitaine, dite avec le ton aristocratique, arracha un sourire à Emilio, qui se laissa prendre par le bras et emmener. Le duc avait commencé par expédier chez lui l'un des garçons du café. Comme le palais Memmi était dans le canal Grande, du côté de Santa-Maria della Salute, il fallait y aller en faisant le tour à pied par le Rialto, ou s'y rendre en gondole; mais les convives ne voulurent pas se séparer, et chacun préféra marcher à travers Venise. Le duc fut obligé d'envoyer les infirmités de son laquais dans sa gondole.

Vers deux heures du matin, qui eût passé devant le palais Memmi l'aurait vu vomissant la lumière sur les eaux du grand canal par toutes ses croisées, ayant entendu la délicieuse ouverture de la Semiramide, exécutée au bas de ses degrés par l'orchestre de la Fenice, qui donnait une sérénade à la Tinti. Les convives étaient à table dans la galerie du second étage. Du haut du balcon, la Tinti chantait en remerciement la buena sera de Almaviva, pendant que l'intendant du duc distribuait aux pauvres artistes les libéralités de son maître, en les conviant à un dîner pour le lendemain: politesses auxquelles sont obligés les grands seigneurs qui protègent des cantatrices, et les dames qui protègent des chanteurs. Dans ce cas, il faut nécessairement épouser tout le théâtre. Cataneo faisait richement les choses, il était le croupier de l'entrepreneur et cette saison lui coûta deux mille écus. Il avait fait venir le mobilier du palais, un cuisinier français, des vins de tous les pays. Aussi croyez que le souper fut royalement servi. Placé à côté de la Tinti, le prince sentait vivement, pendant tout le souper, ce que les poètes appellent dans toutes les langues les flèches de l'amour. L'image de la sublime Massimilla s'obscurcissait comme l'idée de Dieu se couvre parfois des nuages du doute dans l'esprit des savants solitaires. La Tinti se trouvait la plus heureuse femme de la terre en se voyant aimée par Emilio, sûre de le posséder, elle était animée d'une joie qui se reflétait sur son visage, sa beauté resplendissait d'un éclat si vif, que chacun en vidant son verre ne pouvait s'empêcher de s'incliner vers elle par un salut d'admiration. — La duchesse ne vaut pas la Tinti, disait le médecin en oubliant sa théorie sous le feu des yeux de la Sicilienne.

Le ténor mangeait et buvait mollement, il semblait vouloir s'identifier à la vie de la prima donna, et perdait ce bon sens de plaisir qui distingue les chanteurs italiens. — Allons, signorina, dit le duc en adressant un regard de prière à la Tinti, et vous caro primo uomo, dit-il à Genovese, confondez vos voix dans un accord parfait. Répétez l'ut de Qual portento, à l'arrivée de la lumière dans l'oratorio, pour convaincre mon vieil ami Capraja de la supériorité de l'accord sur la roulade! — Je veux l'emporter sur le prince qu'elle aime, car elle crève les yeux, elle s'écria Genovese en lui-même.

Quelle fut la surprise des convives qui avaient écouté Genovese au bord de la mer, en l'entendant braire, roucouler, miauler, grincer, se gargariser, rugir, détonner, aboyer, crier, figurer même des sons qui se traduisaient par un râle sourd, enfin, jouer une comédie incompréhensible en offrant aux regards étonnés une figure exaltée et sublime d'expression comme celles des martyrs peints par Zurbaran, Murillo, Titien et Raphaël. Le rire que chacun laissa échapper se changea en un sérieux, presque tragique au moment où chacun s'aperçut que Genovese était de bonne foi. La Tinti parut comprendre que son camarade l'aimait et avait dit vrai sur le théâtre, pays de mensonges. — Poverino! s'écriait-elle en caressant la main du prince sous la table. — Per Dio santo, criait Capraja, m'expliqueras-tu quelle est la partition que tu lis en ce moment, assassin de Rossini! Par grâce, dis-nous ce que se passe en toi, quel démon se débat dans ton gosier. — Le démon! reprit Genovese, dites le dieu de la musique. Mes yeux, comme ceux de sainte Cécile, aperçoivent des anges qui du doigt, me font suivre une à une les notes de la partition écrite en traits de feu, et j'essaye de lutter avec eux. Per dio, ne me comprenez-vous pas? Le sentiment qui m'anime a passé dans tout mon être, dans mon cœur et dans mes poumons. Mon gosier et ma cervelle ne font qu'un seul souffle. N'avez-vous jamais en rêve écouté de sublimes musiques, pensées par des compositeurs inconnus qui emploient le son pur que la nature a mis en toute chose et que nous réveillons plus ou moins bien par les instruments auxquels nous composons des masses colorées, mais qui, dans ces concerts merveilleux, se produit dégagé des imperfections qu'y mettent les exécutants, ils ne peuvent pas être tout sentiment, tout âme?... eh bien! ces merveilles, je vous les rends, et vous me maudissez! Vous êtes aussi fou que le parterre de la Fenice, qui m'a sifflé. Je méprisais le vulgaire de ne pas pouvoir monter avec moi sur la cime d'où l'on do-

mine l'art, et c'est à des hommes remarquables, un Français... Tiens, il est parti!.. — Depuis une demi-heure, dit Vendramin. — Tant pis! il m'aurait peut-être compris, puisque de dignes Italiens, amoureux de l'art, ne me comprennent pas... — Va, va, va, dit Capraja en frappant de petits coups sur la tête du ténor en souriant, galope sur l'hippogriffe du divin Arioste; cours après tes brillantes chimères, thériaki musical.

En effet, chaque convive, convaincu que Genovese était ivre, le laissait parler sans l'écouter. Capraja seul avait compris la question posée par le Français. Pendant que le vin de Chypre déliait toutes les langues, et que chacun caracolait sur son dada favori, le médecin attendait la duchesse dans une gondole après lui avoir fait remettre un mot écrit par Vendramin. Massimilla vint dans ses vêtements de nuit, elle était alarmée des adieux que lui avait faits le prince, et surprise par les espérances que lui donnait cette lettre.

— Madame, dit le médecin à la duchesse en la faisant asseoir, et donnant l'ordre du départ aux gondoliers, il s'agit en ce moment de sauver la vie à Emilio Memmi, et vous seule avez ce pouvoir. — Que faut-il faire? demanda-t-elle. — Ah! vous résignerez-vous à jouer un rôle infâme malgré la plus noble figure qu'il soit possible d'admirer en Italie. Tomberez-vous du ciel bleu où vous êtes au lit d'une courtisane? Enfin, vous, ange sublime, vous, beauté pure et sans tache, consentirez-vous à deviner l'amour de la Tinti, chez elle, et de manière à tromper l'ardent Emilio, pour que l'ivresse rendra d'ailleurs peu clairvoyant. — Ce n'est que cela, dit-elle en souriant et en montrant au Français étonné une ride inaperçue par lui du délicieux caractère de l'Italienne aimante. Je surpasserai la Tinti, s'il le faut, pour sauver la vie à mon ami. — Et vous confondrez en ses deux amours séparés chez lui par une montagne de poésie qui fondra comme la neige d'un glacier sous les rayons du soleil en été. — Je vous aurai d'éternelles obligations, dit gravement la duchesse.

Quand le médecin français rentra dans la galerie, où l'orgie avait pris le caractère de la folie vénitienne, il eut un air joyeux qui échappa au prince fasciné par la Tinti, de laquelle il se promettait les enivrantes délices qu'il avait déjà goûtées. La Tinti nageait en vraie Sicilienne dans les émotions d'une fantaisie amoureuse sur le point d'être satisfaite. Le Français dit quelques mots à l'oreille de Vendramin, et la Tinti s'en inquiéta.

— Que complotez-vous? demanda-t-elle à l'ami du prince. — Êtes-vous bonne fille? lui dit à l'oreille le médecin, qui avait la dureté de l'opérateur.

Ce mot entra dans l'entendement de la pauvre fille comme un coup de poignard dans le cœur. — Il s'agit de sauver la vie à Emilio, ajouta Vendramin. — Venez, dit le médecin à la Tinti.

La pauvre cantatrice se leva et alla au bout de la table, entre Vendramin et le médecin, où elle parut être comme une criminelle entre son confesseur et son bourreau. Elle se débattit longtemps, mais elle succomba par amour pour Emilio. Le dernier mot du médecin fut: Et vous guérirez Genovese. La Tinti dit un mot au ténor en faisant le tour de la table. Elle revint au prince, le prit par le cou, le baisa dans ses cheveux avec une expression de désespoir qui frappa Vendramin et le Français, les seuls qui eussent leur raison, puis elle s'alla jeter dans sa chambre. Emilio voyant Genovese quitter la table, et Cataneo enfoncé dans une longue discussion musicale avec Capraja, se coula vers la porte de la chambre de la Tinti, souleva la portière et disparut comme une anguille dans la vase. — Eh bien! Cataneo, disait Capraja, tu as tout demandé aux jouissances physiques, et te voilà suspendu dans la vie comme un arlequin de carton bariolé de cicatrices, et ne jouant que si l'on tire la ficelle d'un accord. — Mais toi, Capraja, qui as tout demandé aux pensées, n'es-tu pas dans le même état, ne vis-tu pas à cheval sur une roulade? — Moi, je possède le monde entier, dit Capraja, qui fit un geste royal en étendant la main. — Et moi je l'ai déjà dévoré, répliqua le duc.

Ils s'aperçurent que le médecin et Vendramin étaient partis, et qu'ils se trouvaient seuls. Le lendemain, après la plus heureuse des nuits heureuses, le sommeil du prince fut troublé par un rêve. Il sentait des perles sur la poitrine qui lui étaient versées par un ange. Il se réveilla, il était inondé par les larmes de Massimilla Doni, dans les bras de laquelle il se trouvait, et qui le regardait dormant. Genovese, le soir à la Fenice, quoique sa camarade Tinti ne l'eût pas laissé se lever avant deux heures après midi, ce qui, dit-on, nuit à la voix d'un ténor, chanta divinement son rôle dans la Semiramide, il fut redemandé avec la Tinti, il y eut de nouvelles couronnes données, le parterre fut ivre de joie, le ténor ne s'occupant plus de séduire la prima donna par les charmes d'une méthode angélique.

Vendramin fut le seul que le médecin ne put guérir. L'amour d'une patrie qui n'existe plus est une passion sans remède. Le jeune Vénitien, à force de vivre dans sa république du treizième siècle, et de coucher avec cette aimable courtisane amenée par l'opium, et de se retrouver dans la vie réelle où le reconduisait l'abattement, succomba, plaint et chéri de ses amis. L'auteur n'ose pas dire le dé-

moment de cette aventure, il est trop horriblement bourgeois. Un mot suffira pour les adorateurs de l'idéal. La duchesse était grosse !

Les péris, les ondines, les fées, les sylphides du vieux temps, les muses de la Grèce, les vierges de marbre de la Certosa de Pavia, le Jour et la Nuit de Michel-Ange, les petits anges que Bellini le premier mit au bas de tableaux d'église, et que Raphael a faits si divinement au bas de la Vierge au donataire, et de la madone qui gèle à Dresde, les délicieuses filles d'Orcagna, dans l'église de San-Michele à Florence, les chœurs célestes du tombeau de saint Sébald à Nuremberg, quelques vierges du Duomo de Milan, les peuplades de cent cathédrales gothiques, tout le peuple des figures qui brisent leur forme pour venir à vous, artistes compréhensibles, toutes ces angéliques filles incorporelles accoururent autour du lit de Massimilla, et y pleurèrent !

Paris, 25 mai 1839.

FIN DE MASSIMILLA DONI.

GAMBARA

A MONSIEUR LE MARQUIS DE BELLOY

C'est au coin du feu, dans une mystérieuse, dans une splendide retraite qui n'existe plus, mais qui vivra dans notre souvenir, et d'où nos yeux découvraient Paris, depuis les collines de Belleville jusqu'à celles de Bellesille, depuis Montmartre jusqu'à l'arc de triomphe de l'Étoile, que, par une matinée arrosée de thé, à travers les mille idées qui naissent et s'éteignent comme des fusées dans votre étincelante conversation, vous avez, prodigue d'esprit jeté sous ma plume ce personnage digne d'Hoffmann, ce porteur de trésors inconnus, ce pèlerin assis à la porte du Paradis, ayant des oreilles pour écouter les chants des anges, et n'ayant plus de langue pour les répéter, agitant sur les touches d'ivoire des doigts brisés par les contractions de l'inspiration divine, et croyant exprimer la musique du ciel à des auditeurs stupéfaits. Vous avez créé GAMBARA, je ne l'ai qu'habillé. Laissez-moi rendre à César ce qui appartient à César, en regrettant que vous ne saisissiez pas la plume à une époque où les gentilshommes doivent s'en servir aussi bien que leur épée, afin de sauver leur pays. Vous pouvez ne pas penser à vous ; mais vous nous devez vos talents.

Le premier jour de l'an mil huit cent trente et un vidait ses cornes de dragées, quatre heures sonnaient, il y avait foule au Palais-Royal et les restaurants commençaient à s'emplir. En ce moment un coupé s'arrêta devant le perron, il en sortit un jeune homme de fière mine, étranger sans doute, autrement il n'aurait eu ni le chasseur à plumes aristocratiques, ni les armoiries que les héros de Juillet poursuivaient encore. L'étranger entra dans le Palais-Royal et suivit la foule sous les galeries, sans s'étonner de la lenteur à laquelle l'affluence des curieux condamnait sa démarche, il semblait habitué à l'allure noble qu'on appelle ironiquement un pas d'ambassadeur ; mais sa dignité sentait un peu le théâtre : quoique sa figure fût belle et grave, son chapeau d'où s'échappait une touffe de cheveux noirs bouclés, inclinait peut-être un peu trop sur l'oreille droite, et démentait sa gravité par un air tant soit peu mauvais sujet ; ses yeux distraits et à demi fermés laissaient tomber un regard dédaigneux sur la foule. — Voilà un jeune homme qui est fort beau, dit à voix basse une grisette en se rangeant pour le laisser passer. — Et qui le sait trop, répondit tout haut sa compagne, qui était laide.

Après un tour de galerie, le jeune homme regarda tour à tour le ciel et sa montre, fit un geste d'impatience, entra dans un bureau de tabac, y alluma un cigare, se posa devant une glace, et jeta un regard sur son costume, un peu plus riche que ne le permettent en France les lois du goût. Il rajusta son col et son gilet de velours noir sur lequel se jouaient plusieurs tours d'une de ces grosses chaînes d'or fabriquées à Gênes ; puis, après avoir jeté par un seul mouvement sur son épaule gauche son manteau doublé de velours et le drapant avec élégance, il reprit sa promenade sans se laisser distraire par les œillades bourgeoises qu'il recevait. Quand les boutiques commencèrent à s'illuminer et que la nuit lui parut assez noire, il se dirigea vers la place du Palais-Royal en homme qui craignait d'être reconnu, car il côtoya la place jusqu'à la fontaine, pour gagner à l'abri des fiacres l'entrée de la rue Froidmanteau, rue sale, obscure et mal hantée, une sorte d'égout que la police tolère auprès du Palais-Royal assaini, de même qu'un majordome italien laisserait un valet négligent entasser dans un coin de l'escalier les balayures de l'appartement. Le jeune homme hésitait. On eût dit d'une bourgeoise endimanchée allongeant le cou devant un ruisseau grossi par une averse. Cependant l'heure était bien choisie pour satisfaire quelque honteuse fantaisie. Plus tôt, on pouvait être surpris, plus tard on pouvait être devancé. S'être laissé convier par un de ces regards qui encouragent sans être provoquants, avoir suivi pendant une heure, pendant un jour peut-être, une femme jeune et belle, l'avoir divinisée dans sa pensée en lui donnant à sa légèreté mille interprétations avantageuses ; s'être repris à croire aux sympathies soudaines, irrésistibles ; avoir imaginé sous le feu d'une excitation passagère une aventure dans un siècle où les romans s'écrivent précisément parce qu'ils n'arrivent plus, avoir rêvé balcons, guitares, stratagèmes, verrous, et s'être drapé dans le manteau d'Almaviva ; après avoir écrit un poème dans sa fantaisie, s'arrêter à la porte d'un mauvais lieu ; puis, pour tout dénoûment, apercevoir dans la retenue de sa Rosine une précaution imposée par un règlement de police, n'est-ce pas une déception par laquelle ont passé bien des hommes qui n'en conviendront pas ? Les sentiments les plus naturels sont ceux qu'on avoue avec le plus de répugnance, et la fatuité est un de ces sentiments-là. Quand la leçon ne va pas plus loin, un Parisien en profite ou l'oublie, et le mal n'est pas grand ; mais il n'en devrait pas être ainsi pour l'étranger, qui commençait à craindre de payer un peu trop cher son éducation parisienne.

Ce promeneur était un noble Milanais banni de sa patrie, où quelques équipées libérales l'avaient rendu suspect au gouvernement autrichien. Le comte Andrea Marcosini s'était vu accueillir à Paris avec cet empressement tout français qu'y rencontreront toujours un esprit aimable, un nom sonore, accompagnés de deux cent mille livres de rente et d'un charmant extérieur. Pour un tel homme, l'exil devait être un voyage de plaisir, ses biens furent simplement séquestrés, et ses amis l'informèrent qu'après une absence de deux ans au plus, il pourrait sans danger reparaître dans sa patrie. Après avoir fait rimer *crudeli affanni* avec *miei tiranni* dans une douzaine de sonnets, après avoir soutenu de sa bourse les malheureux Italiens réfugiés, le comte Andrea, qui avait le malheur d'être poète, se crut libéré de ses idées patriotiques. Depuis son arrivée, il se livrait donc sans arrière-pensée aux plaisirs de tout genre que Paris offre gratis à quiconque est assez riche pour les acheter. Ses talents et sa beauté lui avaient valu bien des succès auprès des femmes, qu'il aimait collectivement autant qu'il convenait à son âge, mais parmi lesquelles il n'en distinguait encore aucune. Ce goût, d'ailleurs subordonné en lui à ceux de la musique et de la poésie, qu'il cultivait depuis l'enfance, et où il lui paraissait plus difficile et plus glorieux de réussir qu'en galanterie, puisque la nature lui épargnait les difficultés que les hommes aiment à vaincre. Homme complexe comme tant d'autres, il se laissait facilement séduire par les douceurs du luxe, sans lequel il n'aurait pu vivre, de même qu'il tenait beaucoup aux distinctions sociales que ses opinions repoussaient. Aussi ses théories d'artiste, de penseur, de poëte, étaient-elles souvent en contradiction avec ses goûts, avec ses sentiments, avec ses habitudes de gentilhomme millionnaire, mais il se consolait de ces non-sens en les retrouvant chez beaucoup de Parisiens, libéraux par intérêt, aristocrates par nature. Il ne s'était donc pas surpris sans une vive inquiétude, le 31 décembre 1830, à pied, par un de nos dégels, attaché aux pas d'une femme dont le costume annonçait une misère profonde, radicale, ancienne, invétérée, qui n'était pas plus belle que tant d'autres qu'il voyait chaque soir aux Bouffons, à l'Opéra, dans le monde, et certainement moins jeune que madame de Manerville, de laquelle il avait obtenu un rendez-vous pour ce jour même, et qui l'attendait peut-être encore. Mais il y avait dans le regard à la fois tendre et farouche, profond et rapide, que les yeux noirs de cette femme lui dardaient à la dérobée, tant de douleurs et de voluptés étouffées! Mais elle avait rougi avec tant de feu, au sortir d'un magasin où elle était demeurée un quart d'heure, et ses yeux s'étaient si bien rencontrés avec ceux du Milanais, qui l'avait attendue à quelques pas!..... Il y avait enfin tant de mais et de si, que le comte, envahi par une de ces tentations furieuses pour lesquelles il n'est de nom dans aucune langue, même dans celle de l'orgie, s'était mis à la poursuite de cette femme, chassant enfin à la grisette comme un vieux Parisien. Chemin faisant, soit qu'il se trouvât suivre ou devancer cette femme, il l'examinait dans tous les détails de sa personne ou de sa mise, afin de déloger le désir absurde et fou qui s'était barricadé dans sa cervelle, il trouva bientôt à cette revue un plaisir plus ardent que celui qu'il avait goûté la veille en contemplant, sous les ondes du bain parfumé, les formes irréprochables d'une personne aimée; parfois baissant la tête, l'inconnue lui jetait le regard oblique d'une chèvre attachée près de la terre, et, se voyant toujours poursuivie, elle hâtait le pas comme si elle eût voulu fuir. Néanmoins, quand un embarras de voitures ou tout autre accident ramenait Andrea près d'elle, le noble la voyait fléchir sous son regard, sans que rien dans ses traits exprimât le dépit. Ces signes certains d'une émotion combattue donnèrent le dernier coup d'éperon aux rêves désordonnés qui l'emportaient, et il galopa jusqu'à la rue Froidmanteau, où, après bien des détours, l'inconnue entra brusquement, croyant avoir dérobé sa trace à l'étranger, bien surpris de ce manége. Il faisait nuit. Deux femmes tatouées de rouge, qui buvaient du cassis sur le comptoir d'un épicier, virent la jeune femme et l'appelèrent. L'inconnue s'arrêta sur le seuil de la porte, répondit par quelques mots pleins de douceur au compliment cordial qui lui fut adressé, et reprit sa course. Andrea, qui marchait derrière elle, la vit disparaître dans une des plus sombres allées de cette rue, dont le nom lui était inconnu. L'aspect repoussant de la maison où venait d'entrer l'héroïne de son roman lui causa comme une nausée. En reculant d'un pas pour examiner les lieux, il trouva près de lui un homme de mauvaise mine et lui demanda des renseignements. L'homme appuya sa main droite sur un bâton noueux, posa la gauche sur sa hanche, et répondit par un seul mot : Farceur! Mais en toisant l'Italien, sur qui tombait la lueur du réverbère, sa figure prit une expression patelinée. — Ah! pardon, monsieur, reprit-il en changeant tout à coup de ton, il y a aussi un restaurant, une sorte de table d'hôte où la cuisine est fort mauvaise, et où l'on met du fromage dans la soupe. Peut-être monsieur cherche-t-il cette gargote, car il est facile de voir à son costume que monsieur est Italien. Les Italiens aiment beaucoup le velours et le fromage. Si monsieur veut que je lui indique un meilleur restaurant, j'ai à deux pas d'ici une tante qui aime beaucoup les étrangers.

Andrea releva son manteau jusqu'à ses moustaches et s'élança hors de la rue, poussé par le dégoût que lui causa cet immonde personnage, dont l'habillement et les gestes étaient en harmonie avec la maison ignoble où venait d'entrer l'inconnue. Il retrouva avec délices les mille recherches de son appartement, et alla passer la soirée chez la marquise d'Espard pour tâcher de laver la souillure de cette fantaisie qui l'avait tyranniquement dominé pendant une partie de la journée. Cependant, lorsqu'il fut couché, par le recueillement de la nuit, il retrouva sa vision du jour, mais plus lucide et plus animée que dans la réalité. L'inconnue marchait encore devant lui. Parfois, en traversant les ruisseaux, elle découvrait encore sa jambe ronde. Ses hanches nerveuses tressaillaient à chacun de ses pas. Andrea voulait de nouveau lui parler, n'osait, lui, Marcosini, noble Milanais! Puis il la voyait entrant dans cette allée obscure qui la lui avait dérobée, et il se reprochait alors de ne l'y avoir point suivie.

— Car enfin, se disait-il, si elle m'évitait et voulait me faire perdre ses traces, elle m'aime. Chez les femmes de cette sorte, la résistance est une preuve d'amour. Si j'avais poussé plus loin cette aventure, j'aurais fini peut-être par y rencontrer le dégoût, et je dormirais tranquille. Le comte avait l'habitude d'analyser ses sensations les plus vives, comme font involontairement les hommes qui ont autant d'esprit que de cœur, et il s'étonnait de revoir l'inconnue de la rue Froidmanteau, non dans la pompe idéale des visions, mais dans la nudité de ses réalités affligeantes. Et néanmoins, si sa fantaisie avait dépouillé cette femme de la livrée de la misère, elle la lui aurait gâtée, car il la voulait, il la désirait, il l'aimait avec ses bas crottés, avec ses souliers éculés, avec son chapeau de paille de riz! Il la voulait dans cette maison même où il l'avait vue entrer! — Suis-je donc épris du vice? se disait-il tout effrayé. Je n'en suis pas encore là, j'ai vingt-trois ans et n'ai rien d'un vieillard blasé. L'énergie même du caprice dont il se voyait le jouet le rassurait un peu. Cette singulière lutte, cette réflexion et cet amour à la course pourront à juste titre surprendre quelques personnes habituées au train de Paris; mais elles devront remarquer que le comte Andrea Marcosini n'était pas Français.

Élevé entre deux abbés qui, d'après la consigne donnée par un père dévot, le lâchèrent rarement, Andrea n'avait pas aimé une cousine à onze ans, ni séduit à douze la femme de chambre de sa mère, il n'avait pas hanté ces collèges où l'enseignement le plus perfectionné n'est pas celui que vend l'État, enfin il n'habitait Paris que depuis quelques années : il était donc encore accessible à ces impressions soudaines et profondes contre lesquelles l'éducation et les mœurs françaises forment une égide si puissante. Dans les pays méridionaux, de grandes passions naissent souvent d'un coup d'œil. Un gentilhomme gascon, qui tempérait beaucoup de sensibilité par beaucoup de réflexion, et s'était approprié mille petites recettes contre les soudaines apoplexies de son esprit et de son cœur, avait conseillé au comte de se livrer au moins une fois par mois à quelque orgie magistrale pour conjurer ces orages de l'âme qui, sans de telles précautions, éclatent souvent mal à propos. Andrea se rappela le conseil. — Eh bien! pensa-t-il, je commencerai demain, premier janvier.

Ceci explique pourquoi le comte Andrea Marcosini louvoyait si timidement pour entrer dans la rue Froidmanteau. L'homme élégant embarrassait l'amoureux, il hésita longtemps, mais, après avoir fait un dernier appel à son courage, l'amoureux marcha d'un pas assez ferme jusqu'à la maison, qu'il reconnut sans peine. Là, il s'arrêta encore. Cette femme était-elle bien ce qu'il imaginait? N'allait-il pas faire quelque fausse démarche? Il se souvint alors de la table d'hôte italienne, et s'empressa de saisir un moyen terme qui servait à la fois son désir et sa répugnance. Il entra pour dîner, et se glissa dans l'allée au fond de laquelle il trouva, non sans tâtonner longtemps, les marches humides et grasses d'un escalier qu'un grand seigneur italien devait prendre pour une échelle. Attiré vers le premier étage par une petite lampe posée à terre et par une forte odeur de cuisine, il poussa la porte entr'ouverte et vit une salle brune de crasse et de fumée où trottait un Léonardo occupé à parer une table d'environ vingt couverts. Aucun des convives ne s'y trouvait encore. Après un coup d'œil jeté sur cette chambre éclairée, et dont le papier tombait en lambeaux, le noble alla s'asseoir près d'un poêle qui fumait et ronflait dans un coin. Amené par le bruit que fit le comte en entrant et déposant son manteau, le maître d'hôtel se montra brusquement. Figurez-vous un cuisinier maigre, sec, d'une grande taille, doué d'un nez grassement démesuré, et jetant autour de lui, par moments et avec une vivacité fébrile, un regard qui voulait paraître prudent. À l'aspect d'Andrea, dont toute la tenue annonçait une grande aisance, il signor Giardini s'inclina respectueusement. Le comte manifesta le désir de prendre habituellement ses repas en compagnie de quelques compatriotes, de payer d'avance un certain nombre de cachets, et sut donner à la conversation une tournure familière, afin d'arriver promptement à son but. À peine eut-il parlé de son inconnue, que il signor Giardini fit un geste grotesque, et regarda son convive d'un air malicieux, en laissant errer un sourire sur ses lèvres.

— Basta! s'écria-t-il, capisco! Votre Seigneurie s'est conduite ici par deux appétits. La signora Gambara n'aura point perdu son temps, si elle est parvenue à intéresser un seigneur aussi généreux que vous paraissez l'être. En peu de mots, je vous apprendrai tout ce que nous savons ici sur cette pauvre femme, vraiment bien digne de pitié. Le mari est né, je crois, à Crémone, et arrive d'Allemagne; il voulait faire prendre une nouvelle musique et de nouveaux instruments chez les Tedeschi! N'est-ce pas à faire pitié? dit Giardini en haussant les épaules. Il signor Gambara, qui se croit un grand compositeur, ne me paraît pas fort sur tout le reste. Galant homme d'ailleurs, plein de sens et d'esprit, quelquefois fort aimable, surtout quand il a bu quelques verres de vin, cas rare, vu sa profonde misère, il s'occupe nuit et jour à composer des opéras et des symphonies imaginaires, au lieu de chercher à gagner honnêtement sa vie. Sa pauvre femme est réduite à travailler pour toute sorte de monde, le monde de la borne! Que voulez-vous? elle aime son mari comme un père et le soigne comme un enfant. Beaucoup de jeunes gens ont dîné chez moi pour faire leur cour à madame, mais pas un n'a réussi, dit-il en appuyant sur le dernier mot. La signora Marianna est sage, mon cher monsieur, trop sage pour son malheur! Les hommes ne donnent rien pour rien aujourd'hui. La pauvre femme mourra donc à la peine. Vous croyez que son mari la récompense de ce dévouement?... bah! monsieur ne lui accorde pas un sourire; et leur cuisine se fait chez le boulanger, car, non-seulement ce diable d'homme ne gagne pas un sou, mais encore il dépense tout le fruit du travail de sa femme en instruments qu'il taille, qu'il allonge, qu'il raccourcit, qu'il démonte et remonte jusqu'à ce qu'ils ne puissent plus rendre que des sons à faire fuir les chats, alors il est content. Et pourtant vous verrez en lui le plus doux, le meilleur de tous les hommes, et nullement paresseux, il travaille toujours. Que vous dirai-je? il est fou et ne connaît pas son état. Je l'ai vu, limant et forgeant ses instruments, manger du pain noir avec un appétit qui me faisait envie à moi-même, à moi, monsieur, qui ai la meilleure table de Paris. Oui, Excellence, avant un quart d'heure vous saurez quel homme je suis. J'ai introduit dans la cuisine italienne des raffinements qui vous surprendront. Excellence, je suis Napolitain, c'est-à-dire né cuisinier. Mais à quoi sert l'instinct sans la science? la science! j'ai passé trente ans à les acquérir, et voyez où elle m'a conduit. Mon histoire est celle de tous les hommes de talent ! Mes essais, mes expériences, ont ruiné trois restaurants successivement fondés à Naples, à Parme et à Rome. Aujourd'hui, que je suis encore réduit à faire métier de mon art, je me laisse aller le plus souvent à ma passion dominante. Je sers à ces pauvres réfugiés quelques-uns de mes ragoûts de prédilection. Je me ruine ainsi ! Sottise, direz-vous? Je le sais, mais que voulez-vous? le talent m'emporte, et je ne puis résister à confectionner un mets qui me tente. Ils s'en aperçoivent toujours, les gaillards. Ils savent bien, je vous le jure, qui de ma femme ou de moi a servi la batterie. Qu'arrive-t-il? de soixante et quelques convives que je voyais chaque jour à ma table, à l'époque où j'ai fondé ce misérable restaurant, je n'en reçois plus aujourd'hui qu'une vingtaine environ, à qui je fais crédit pour la plupart du temps. Les Piémontais, les Savoyards, sont partis, mais les connaisseurs, les gens de goût, les vrais Italiens, me sont restés. Aussi, pour eux, n'est-il sacrifice que je ne fasse ! je leur donne bien souvent pour vingt-cinq sous par tête un dîner qui me revient au double. La parole du signor Giardini sentait tant la naïve rouerie napolitaine, que le comte, charmé, se crut encore à Gérolamo. — Puisqu'il en est ainsi, mon cher hôte, dit-il familièrement au cuisinier, puisque le hasard et votre confiance m'ont mis dans le secret de vos sacrifices journaliers, permettez-moi de doubler la somme. En achevant ces mots, Andrea faisait tourner sur le poêle une pièce de quarante francs, sur laquelle le signor Giardini lui rendit religieusement deux francs cinquante centimes, non sans quelques façons discrètes qui le réjouirent fort. — Dans quelques minutes, reprit Giardini, vous allez voir votre donnina. Je vous placerai près du mari, et si vous voulez être dans ses bonnes grâces, parlez musique, je les ai invités tous deux, pauvres gens ! A cause du nouvel an, je régale mes hôtes d'un mets dans la confection duquel je crois m'être surpassé... La voix du signor Giardini fut couverte par les bruyantes félicitations des convives, qui vinrent deux à deux, un à un, capricieusement, suivant la coutume des tables d'hôte. Giardini affectait de se tenir près du comte, et faisait le cicerone en lui indiquant quels étaient ses habitués. Il tâchait d'amener par ses lazzi un sourire sur les lèvres d'un homme en qui son instinct de Napolitain lui indiquait un riche protecteur à exploiter. — Celui-ci, dit-il, est un pauvre compositeur, qui voudrait passer de la romance à l'opéra et ne peut. Il se plaint des directeurs, des marchands de musique, de tout le monde, excepté de lui-même, et, certes, n'a pas de plus cruel ennemi. Vous voyez quel teint fleuri, quel air content de lui, combien peu d'efforts dans ses traits, si bien disposés pour la romance, celui qui l'accompagne, en qui vous aurez l'air d'un marchand d'allumettes, est une de plus grandes célébrités musicales, Gigelmi ! le plus grand chef d'orchestre italien connu ; mais il est sourd, et finit malheureusement sa vie, privé de ce qui la lui embellissait. Oh ! voici notre grand Ottoboni, le plus naïf vieillard que la terre ait porté, mais il est soupçonné d'être le plus enragé de ceux qui veulent la régénération de l'Italie. Je me demande comment l'on peut bannir un si aimable vieillard.

Ici le comte regarda le côté politique, se retrancha dans une immobilité tout italienne. — Un homme obligé de faire la cuisine à tout le monde doit s'interdire d'avoir une opinion politique, Excellence, le cuisinier en continuant. Mais tout le monde, à l'aspect de ce brave homme, qui a plus l'air d'un mouton que d'un lion, qui dit ce que je pense devant l'ambassadeur d'Autriche lui-même. D'ailleurs nous sommes dans un moment où la liberté n'est plus proscrite et va recommencer sa tournée ! Ces braves gens le croient du moins, dit-il en s'approchant de l'oreille du comte, et pourquoi contrarierais-je leurs espérances ! car moi, je ne hais pas l'absolutisme, Excellence ! Tout grand talent est absolutiste ! Eh bien ! quoique plein de génie, Ottoboni se donne des peines inouïes pour l'instruction de l'Italie, il compose des petits livres pour éclairer l'intelligence des enfants et des gens du peuple, il les fait passer très-habilement en Italie, il prend tous les moyens de refaire un moral à notre pauvre patrie, qui préfère la jouissance à la liberté, peut-être avec raison.

Le comte gardait une attitude si impassible, que le cuisinier ne put rien découvrir de ses véritables opinions politiques. — Ottoboni, reprit-il, est un saint homme, il est très-secourable, tous les réfugiés l'aiment, car, Excellence, un libéral peut avoir des vertus ! Oh ! oh !

fit Giardini, voilà un journaliste, dit-il en désignant un homme qui avait le costume ridicule que l'on donnait autrefois aux poètes logés dans les greniers, car son habit était râpé, ses bottes crevassées, son chapeau gras, et sa redingote dans un état de vétusté déplorable. Excellence, ce pauvre homme est plein de talent et... incorruptible ! Il s'est trompé sur son époque, il dit la vérité à tout le monde, personne ne peut le souffrir. Il rend compte des théâtres dans deux journaux obscurs, quoiqu'il soit assez instruit pour écrire dans les grands journaux. Pauvre homme ! Les autres ne valent pas la peine de vous être indiqués, et Votre Excellence les devinera, dit-il en s'apercevant qu'à l'aspect de la femme du compositeur le comte ne l'écoutait plus.

En voyant Andrea, la signora Marianna tressaillit, et ses joues se couvrirent d'une vive rougeur. — Le voici, dit Giardini à voix basse en serrant le bras du comte et lui montrant un homme d'une grande taille. Voyez comme il est pâle et grave, le pauvre homme ! aujourd'hui le dada n'a sans doute pas trotté à son idée.

La préoccupation amoureuse d'Andrea fut troublée par un charme saisissant qui signalait Gambara à l'attention de tout véritable artiste. Le compositeur avait atteint sa quarantième année, mais, quoique son front large et chauve fût sillonné de quelques plis parallèles et peu profonds, malgré ses tempes creuses où quelques veines nuançaient de bleu le tissu transparent d'une peau lisse, malgré la profondeur des orbites où s'encadraient ses yeux noirs pourvus de larges paupières aux cils clairs, la partie inférieure de son visage lui donnait tous les semblants de la jeunesse par la tranquillité des lignes et par la mollesse des contours. Le premier coup d'œil disait à l'observateur que chez cet homme la passion avait été étouffée au profit de l'intelligence, qui seule s'était vieillie dans quelque grande lutte. Andrea jeta rapidement un regard à Marianna, qui l'épiait. A l'aspect de cette tête italienne dont les proportions exactes et la splendide coloration révélaient une de ces organisations où toutes les forces humaines sont harmoniquement balancées, l'abîme qui séparait ces deux êtres unis par le hasard. Heureux du présage qu'il voyait dans cette dissemblance entre les deux époux, il ne songeait point à se défendre d'un sentiment qui devait élever une barrière entre la belle Marianna et lui. Il ressentait déjà pour cet homme, de qui elle était l'unique bien, une sorte de pitié respectueuse en devinant la digne et sereine infortune qu'accusait le regard doux et mélancolique de Gambara. Après s'être attendu à rencontrer dans cet homme une de ces personnages grotesques si souvent mis en scène par les conteurs allemands et par les poètes de libretti, il y trouvait un homme simple et réservé dont les manières et la tenue, exemptes de toute étrangeté, ne manquaient pas de noblesse. Sans offrir la moindre apparence de luxe, son costume était plus convenable que ne le comportait sa profonde misère, et son linge attestait la tendresse qui veillait sur les moindres détails de sa vie. Andrea leva des yeux humides sur Marianna, qui ne rougit point et laissa échapper un demi-sourire où perçait peut-être l'orgueil que lui inspira ce muet hommage. Trop sérieusement épris pour ne pas épier le moindre indice de complaisance, le comte se crut aimé en se croyant bien compris. Dès lors il s'occupa de la conquête du mari plutôt que de celle de la femme, en dirigeant toutes ses batteries contre le pauvre Gambara, qui, ne se doutant de rien, avalait sans les goûter les bocconi du signor Giardini. Le comte entama la conversation sur un sujet banal mais, dès les premiers mots, il tint cette intelligence, prétendue aveugle peut-être sur un point, pour fort clairvoyante sur tous les autres, et vit qu'il s'agissait moins de caresser la fantaisie de ce malicieux bonhomme que de tâcher d'en comprendre les idées. Les convives, gens affamés dont l'esprit se réveillait à l'aspect d'un repas bon ou mauvais, laissaient percer les dispositions les plus hostiles au pauvre Gambara, et n'attendaient que la fin du premier service pour donner l'essor à leurs plaisanteries. Un réfugié, dont les œillades fréquentes trahissaient de prétentieux projets sur Marianna et qui croyait se placer bien avant dans le cœur de l'Italienne en cherchant à répandre le ridicule sur son mari, commença le feu pour mettre le nouveau sur un fait des mœurs de la table d'hôte. — Voici bien du temps que nous n'entendons plus parler de l'opéra de Mahomet, s'écria-t-il en souriant à Marianna, serait-ce que, tout entier aux soins domestiques, absorbé par les douceurs du pot-au-feu, Paolo Gambara négligerait un talent surhumain, laisserait refroidir son génie et attiédir son imagination ?

Gambara connaissait tous les convives, il se sentait placé dans une sphère si supérieure, qu'il ne prenait plus la peine de repousser leurs attaques, il ne répondit point. — Il n'est pas donné à tout le monde, reprit le journaliste, d'avoir assez d'intelligence pour comprendre les élucubrations musicales de monsieur, et c'est sans doute là la raison qui empêche notre divin maestro de se produire aux bons Parisiens.

— Cependant, dit le compositeur de romances, qui n'avait ouvert la bouche que pour y engloutir tout ce qui se présentait, je connais des gens à talent qui font un certain cas du jugement des Parisiens. J'ai quelque réputation en musique, ajouta-t-il d'un air modeste, et je ne dois qu'à mes petits airs de vaudeville et au succès qu'obtiennent mes contredanses dans les salons, je compte faire bientôt exécuter une messe composée pour l'anniversaire de la mort de Beethoven, et je crois que je serai mieux compris à Paris que partout ailleurs. Monsieur me fera-t-il l'honneur d'y assister? dit-il en s'adressant à Andrea. — Merci, répondit le comte, je ne me sens pas doué des organes nécessaires à l'appréciation des chants français. Mais si vous étiez mort, monsieur, et que Beethoven eût fait la messe, je ne manquerais pas d'aller l'entendre.

Cette plaisanterie fit cesser l'escarmouche de ceux qui voulaient mettre Gambara sur la voie de ses lubies, afin de divertir le nouveau venu. Andrea sentait déjà quelque répugnance à donner une folie si noble et si touchante en spectacle à tant de vulgaires sagesses. Il poursuivit sans arrière-pensée un entretien à bâtons rompus, pendant lequel le nez du signor Giardini s'interposa souvent à deux répliques. À chaque fois qu'il échappait à Gambara quelque plaisanterie de bon ton ou quelque aperçu paradoxal, le cuisinier avançait la tête, jetait au musicien un regard de pitié, un regard d'intelligence au comte, et lui disait à l'oreille : — *Ematto!* Un moment vint où le cuisinier interrompit le cours de ses observations judicieuses, pour s'occuper du second service, auquel il attachait la plus grande importance. Pendant son absence, qui dura peu, Gambara se pencha vers l'oreille d'Andrea. — Ce bon Giardini, lui dit-il à demi-voix, nous a menacés aujourd'hui d'un plat de son métier que je vous engage à respecter, quoique ma femme en ait surveillé la préparation. Le brave homme a la manie des innovations en cuisine. Il s'est ruiné en essais dont le dernier l'a forcé à partir de Rome sans passe-port, circonstance sur laquelle il se tait. Après avoir acheté un restaurant en réputation, il fut chargé d'un gala que donnait un cardinal nouvellement promu et dont la maison n'était pas encore montée. Giardini crut avoir trouvé une occasion de se distinguer, il y parvint : le soir même, accusé d'avoir voulu empoisonner tout le conclave, il fut contraint de quitter Rome et l'Italie sans faire ses malles. Ce malheur lui a porté le dernier coup, et maintenant...

Gambara se posa un doigt au milieu de son front, et secoua la tête. — D'ailleurs, ajouta-t-il, il est bon homme. Ma femme assure que nous lui avons beaucoup d'obligations.

Giardini parut portant avec précaution un plat qu'il posa au milieu de la table, et après il revint modestement se placer auprès d'Andrea, qui fut servi le premier. Dès qu'il eut goûté le mets, le comte trouva un intervalle infranchissable entre la première et la seconde bouchée. Son embarras fut grand, il tenait fort à ne point mécontenter le cuisinier, qui l'observait attentivement. Si le restaurateur français se soucie peu de voir dédaigner un mets dont le payement est assuré, il ne faut pas croire qu'il soit de même d'un restaurateur italien, à qui souvent l'éloge ne suffit pas. Pour gagner du temps, Andrea complimenta chaleureusement Giardini, mais il se pencha vers l'oreille du cuisinier, lui glissa sous la table une pièce d'or, et le pria d'aller acheter quelques bouteilles de vin de Champagne, en le laissant libre de s'attribuer tout l'honneur de cette libéralité. Quand le cuisinier reparut, toutes les assiettes étaient vides, et la salle retentissait des louanges du maître d'hôtel. Le vin de Champagne échauffa bientôt les têtes italiennes, et la conversation, jusqu'alors contenue par la présence d'un étranger, sauta par-dessus les bornes d'une réserve soupçonneuse pour se répandre çà et là dans les champs immenses des théories politiques et artistiques. Andrea, qui ne connaissait d'autres ivresses que celles de l'amour et de la poésie, se rendit bientôt maître de l'attention générale, et conduisit habilement la discussion sur le terrain des questions musicales. — Veuillez m'apprendre, monsieur, dit-il au faiseur de contredanses, comment le Napoléon des petits airs s'abaisse à détrôner Palestrina, Pergolèse, Mozart, pauvres gens qui vont faire bagage aux approches de cette foudroyante messe de mort? — Monsieur, dit le compositeur, un musicien est toujours embarrassé de répondre quand sa musique exige le concours de cent exécutants habiles. Mozart, Haydn et Beethoven, sans orchestre, sont peu de chose. — Peu de chose? reprit le comte, mais tout le monde sait que l'auteur immortel de *Don Juan* et du *Requiem* s'appelle Mozart, et j'ai le malheur d'ignorer celui du fécond inventeur des contredanses qui ont tant de vogue dans les salons. — La musique existe indépendamment de l'exécution, dit le chef d'orchestre, qui malgré sa surdité saisit quelques mots de la discussion. En ouvrant la symphonie en *ut mineur* de Beethoven, un homme de musique est bientôt transporté dans le monde de la fantaisie sur les ailes d'or d'un thème en *sol naturel*, répété en *mi* par les cors. Il voit toute une nature tour à tour éclairée par d'éblouissantes gerbes de lumières, assombrie par des nuages de mélancolie, égayée par des chants divins. — Beethoven est dépassé par la nouvelle école, dit dédaigneusement le compositeur de romances. — Il n'est pas encore compris, dit le comte, comment serait-il dépassé?

Ici Gambara but un grand verre de vin de Champagne, et accompagna sa libation d'un demi-sourire approbateur. — Beethoven, reprit le comte, a reculé les bornes de la musique instrumentale, et personne ne l'a suivi.

Gambara réclama par un mouvement de tête. — Ses ouvrages sont surtout remarquables par la simplicité du plan et par la manière dont est suivi ce plan, reprit le comte. Chez la plupart des compositeurs, les parties d'orchestre folles et désordonnées ne s'entrelacent que pour produire l'effet du moment, elles ne concourent pas toujours à l'ensemble du morceau par la régularité de leur marche. Chez Beethoven, les effets sont pour ainsi dire distribués d'avance. Semblables aux différents régiments qui contribuent par des mouvements réguliers au gain de la bataille, les parties d'orchestre des symphonies de Beethoven suivent les ordres donnés dans l'intérêt général, et sont subordonnées à des plans admirablement bien conçus. Il y a parité sous ce rapport chez un génie d'un autre genre. Dans les magnifiques compositions historiques de Walter Scott, le personnage le plus en dehors de l'action vient, à un moment donné, par des fils tissus dans la trame de l'intrigue, se rattacher au dénoûment. — *È vero!* dit Gambara, à qui le bon sens semblait revenir en sens inverse de sa sobriété.

Voulant pousser l'épreuve plus loin, Andrea oublia pour un moment toutes ses sympathies, il se prit à battre en brèche la réputation européenne de Rossini, et fit à l'école italienne ce procès qu'elle gagne chaque soir depuis trente ans sur plus de cent théâtres en Europe. Il avait fort à faire assurément. Les premiers mots qu'il prononça élevèrent autour de lui une sourde rumeur d'improbation, mais ni les interruptions fréquentes, ni les exclamations, ni les froncements de sourcils, ni les regards de pitié, n'arrêtèrent l'admirateur forcené de Beethoven. — Comparez, dit-il, les productions sublimes de l'auteur dont je viens de parler avec ce qu'on est convenu d'appeler musique italienne : quelle inertie de pensées ! quelle lâcheté de style ! Ces tournures uniformes, cette banalité de cadence, ces éternelles fioritures jetées au hasard, n'importe la situation, ce monotone *crescendo* que Rossini a mis en vogue et qui est aujourd'hui partie intégrante de toute composition, enfin ces rossignolades forment une sorte de musique bavarde, caillette, parfumée, qui n'a de mérite que par le plus ou moins de facilité du chanteur et la légèreté de la vocalisation. L'école italienne a perdu de vue la haute mission de l'art. Au lieu d'élever la foule jusqu'à elle, elle est descendue jusqu'à la foule : elle n'a conquis sa vogue qu'en acceptant les suffrages de toutes mains, en s'adressant aux intelligences vulgaires, qui sont en majorité. Cette vogue est un escamotage de carrefour. Enfin, les compositions de Rossini, en qui cette musique est personnifiée, ainsi que celles des maîtres qui procèdent plus ou moins de lui, ne semblent dignes tout au plus que d'amasser dans les rues le peuple autour d'un orgue de Barbarie, et d'accompagner les entrechats de Polichinelle. J'aime encore mieux la musique française, et c'est tout dire. Vive la musique allemande ! ... quand elle sait chanter, ajouta-t-il à voix basse.

Cette sortie résuma une longue thèse dans laquelle Andrea s'était soutenu pendant plus d'un quart d'heure dans les plus hautes régions de la métaphysique avec l'aisance d'un somnambule marchant sur les toits. Vivement intéressé par ces subtilités, Gambara n'avait pas perdu un mot de toute la discussion, il prit la parole aussitôt qu'Andrea parut l'avoir abandonnée, et se fit alors un mouvement d'attention parmi tous les convives, dont plusieurs se disposaient à quitter la place. — Vous attaquez bien vivement l'école italienne, reprit Gambara fort animé par le vin de Champagne, ce qui d'ailleurs m'est assez indifférent. Grâce à Dieu, je suis en dehors de ces pauvretés plus ou moins mélodiques ! Mais un homme du monde montre peu de reconnaissance pour cette terre classique d'où l'Allemagne et la France tirèrent leurs premières leçons. Pendant que les compositions de Carissimi, Cavalli, Scarlatti, Rossi s'exécutaient dans toute l'Italie, les violonistes de l'Opéra de Paris avaient le singulier privilège de jouer du violon avec des gants. Lulli, qui étendit l'empire de l'harmonie et le premier classa les dissonances, trouva, à son arrivée en France, qu'un cuisinier et un maçon qui eussent des voix et l'intelligence suffisante pour exécuter sa musique n'y avaient de ténor et de premier, et métamorphosa le second en basse-taille. Dans ce temps-là, l'Allemagne, à l'exception de Sébastien Bach, ignorait la musique. Mais, monsieur, dit Gambara du ton humble d'un homme qui craint de voir ses paroles accueillies par le dédain ou par la malveillance, quoique jeune, vous avez longtemps étudié ces hautes questions de l'art, sans quoi vous ne les exposeriez pas avec tant de clarté.

Ce mot fit sourire une partie de l'auditoire, qui n'avait rien compris aux distinctions établies par Andrea. Giardini, persuadé que le comte n'avait débité que des phrases sans suite, le poussa légèrement en riant sous cape d'une mystification de laquelle il aimait à se croire complice. — Il y a dans tout ce que vous venez de nous dire beaucoup de choses qui me paraissent fort sensées, dit Gambara en poursuivant, mais prenez garde ! Votre plaidoyer, en flétrissant le sensualisme italien, me paraît incliner vers l'idéalisme allemand, qui n'est pas une moins funeste hérésie. Si les hommes d'imagination et de sens, tels que vous, ne désertent un camp que pour passer à l'autre, s'ils ne savent pas rester neutres entre les deux excès, nous subirons éternellement l'ironie de ces sophistes qui nient le progrès, et qui comparent le génie de l'homme à cette nappe, laquelle, trop courte pour couvrir entièrement la table du signor Giardini, n'en pare que l'une des extrémités qu'aux dépens de l'autre.

Giardini bondit sur sa chaise comme si un tou l'eût piqué, mais une réflexion soudaine le rendit à sa dignité d'amphitryon, il leva yeux au ciel, et poussa de nouveau le comte qui commençait à croire son hôte plus fou que Gambara. Cette façon grave et religieuse de parler de l'art intéressait le Milanais au plus haut point. Placé entre ces deux folies, dont l'une était si noble et l'autre si vulgaire, et qui se bafouaient mutuellement au grand divertissement de la foule, il y avait un moment où le comte se vit ballotté entre le sublime et la parodie, ces deux farces de toute création humaine. Remontant alors la chaîne des transitions incroyables qui l'avaient amené dans ce bouge enfumé, il se crut le jouet de quelque hallucination étrange, et ne regarda plus Gambara et Giardini que comme deux abstractions. Cependant à un dernier lazzi du chef d'orchestre, qui répondit à Gambara, les convives s'étaient retirés en riant aux éclats. Giardini s'en alla préparer le café, qu'il voulut offrir à l'élite de ses hôtes. Sa femme enlevait le couvert. Le comte, placé près du poêle, entre Marianna et Gambara, était précisément dans la situation que le fou trouvait si désirable : il avait à gauche le sensualisme, l'idéalisme à droite. Gambara, rencontrant pour la première fois un homme qui ne lui riait point au nez, ne tarda pas à sortir des généralités pour parler de lui-même, de sa vie, de ses travaux, et de la régénération musicale de l'art qu'il se croyait le Messie. — Écoutez, vous qui ne m'avez point insulté jusqu'ici, je veux vous raconter ma vie non pour faire parade d'une constance qui ne vient point de moi mais pour la plus grande gloire de celui qui a mis en moi sa force. Vous semblez bon et pieux, si vous ne croyez point en moi, du moins vous me plaindrez, la pitié est de l'homme, la foi vient de Dieu.

Andrea, rougissant, ramena sous sa chaise un pied qui effleurait celui de la belle Marianna, et concentra son attention sur elle, tout en écoutant Gambara. — Je suis né à Crémone d'un facteur d'instruments, assez bon exécutant, mais plus fort compositeur, reprit le musicien. J'ai donc pu connaître de bonne heure les lois de la construction musicale, dans sa double expression matérielle et spirituelle, et faire en enfant curieux des remarques que plus tard se sont représentées dans l'esprit de l'homme fait. Les Français nous chassèrent, mon père et moi, de notre maison. Nous fûmes ruinés par la guerre. Dès l'âge de dix ans, j'ai donc commencé la vie errante à laquelle ont été condamnés presque tous les hommes qui roulèrent dans leur tête des innovations d'art, de science ou de politique. Le sort ou les dispositions de leur esprit, qui ne cadrent point avec les compartiments de leurs mondes bourgeois, les entraînent providentiellement sur les points où ils doivent recevoir leurs enseignements. Sollicité par ma passion pour la musique, j'allais de théâtre en théâtre par toute l'Italie, en vivant de peu, comme on vit là. Tantôt je faisais la basse dans un orchestre, tantôt je me trouvais sur le théâtre dans les chœurs, ou sous le théâtre avec les machinistes. J'étudiais ainsi la musique dans tous ses effets, interrogeant l'instrument et la voix humaine, me demandant en quoi ils différent, en quoi ils s'accordent, écoutant les partitions et appliquant les lois que mon père m'avait apprises. Souvent je voyageais en recommandant des instruments. C'était une vie sans pain, dans un pays où brille toujours le soleil, où l'art est partout, mais où il n'y a d'argent nulle part pour l'artiste, depuis que Rome n'est plus que de nom seulement la reine du monde chrétien. Tantôt bien accueilli, tantôt chassé pour ma misère, je ne perdais point courage, j'écoutais les voix intérieures qui m'annonçaient la gloire ! La musique me paraissait être dans l'enfance de l'art, et cette opinion, je l'ai toujours. Tout ce qui nous reste du monde musical antérieur au dix-septième siècle m'a prouvé que les anciens auteurs n'ont connu que la mélodie, ils ignoraient l'harmonie et ses immenses ressources. La musique est tout à la fois une science et un art. Les racines qu'elle a dans la physique et les mathématiques en font une science, elle devient un art par l'inspiration, qui emploie à son insu les théorèmes de la science. Elle tient à la physique par l'essence même de la substance qu'elle emploie : le son est de l'air modifié, l'air est composé de principes, lesquels trouvent sans doute en nous des principes analogues qui y répondent, sympathisent et s'agrandissent par le pouvoir de la pensée. Ainsi l'air doit contenir autant de particules d'élasticités différentes, et capables d'autant de vibrations de durées diverses, qu'il y a de tons dans les corps sonores, et ces particules perçues par notre oreille, mises en œuvre par le musicien, répondent à toutes les idées suivant nos organisations. Selon moi, la nature du son est identique à celle de la lumière. Le son est la lumière sous une autre forme, l'une et l'autre procèdent par les vibrations qui aboutissent à l'homme et qu'il transforme en pensées dans ses centres nerveux. La musique, de même que la peinture, emploie des corps qui ont la faculté de dégager telle ou telle propriété de la substance mère, pour en composer des tableaux. En musique, les instruments font l'office des couleurs qu'emploie le peintre. Du moment où tout son produit par un corps sonore est toujours accompagné de sa tierce majeure et de sa quinte, qu'il affecte des grains de poussière placés sur un parchemin tendu, de manière à y tracer des figures d'une construction géométrique toujours les mêmes, suivant les différents volumes du son, régulières quand on fait un accord, et sans formes exactes quand on produit des dissonances, je dis que la musique est un art tissu dans les entrailles

même de la nature. La musique obéit à des lois physiques et mathématiques. Les lois physiques sont peu connues, les lois mathématiques le sont davantage, et, depuis qu'on a commencé à étudier leurs relations, on a créé l'harmonie, à laquelle nous avons dû Haydn, Mozart, Beethoven et Rossini, beaux génies qui certes ont produit une musique plus perfectionnée que celle de leurs devanciers, gens dont le génie d'ailleurs est incontestable. Les vieux maîtres chantaient au lieu de disposer de l'art et de la science, noble alliance qui permet de fondre en un tout les belles mélodies et la puissante harmonie. Or si la découverte des lois mathématiques a donné à ces quatre grands musiciens, où n'irions-nous pas si nous trouvions les lois physiques en vertu desquelles (saisissez bien ceci) nous rassemblons en plus ou moins grande quantité, suivant des proportions à rechercher, une certaine substance éthérée, répandue dans l'air, et qui nous donne la musique aussi bien que la lumière, les phénomènes de la végétation aussi bien que ceux de la zoologie ! Comprenez-vous ? Ces lois nouvelles armeraient le compositeur de pouvoirs nouveaux en lui offrant des instruments supérieurs aux instruments actuels, et peut-être une harmonie grandiose comparée à celle qui régit aujourd'hui la musique. Si chaque son modifié répond à une puissance, il faut la connaître pour marier toutes ces forces d'après leurs véritables lois. Les compositeurs travaillent sur des substances qui leur sont inconnues. Pourquoi l'instrument de métal et l'instrument de bois, le basson et le cor, se ressemblent-ils si peu tout en employant les mêmes substances, c'est-à-dire les gaz constituants de l'air ? Leurs dissemblances procèdent d'une décomposition quelconque de ces gaz, ou d'une appréhension des principes qui leur sont propres et qui se renvoient modifiés, en vertu de facultés inconnues. Si nous connaissions ces facultés, la science et l'art y gagneraient. Ce qui étend la science étend l'art. Eh bien ! ces découvertes, je les ai flairées et je les ai faites. Oui, dit Gambara en s'animant, jusqu'ici l'homme a plutôt noté les effets que les causes ! S'il pénétrait les causes, la musique deviendrait le plus grand de tous les arts. N'est-il pas celui qui pénètre le plus avant dans l'âme ? Vous ne voyez que ce que la peinture vous montre, vous n'entendez que ce que le poète vous dit, la musique va bien au-delà : ne forme-t-elle pas votre pensée, ne réveille-t-elle pas les souvenirs engourdis ? Voici mille âmes dans une salle, un motif s'élance du gosier de la Pasta, dont l'exécution répond bien aux pensées qui brillaient dans l'âme de Rossini quand il écrivit son air, la phrase de Rossini transmise dans ces âmes y développe autant de poèmes différents : à celui-ci se montre une femme longtemps rêvée, à celui-là je ne sais quelle rive le long de laquelle il a cheminé, et dont les saules trainants, l'onde claire et les espérances qui dansaient sous les berceaux feuillus lui apparaissent : cette femme se rappelle les mille sentiments qui la torturèrent pendant une heure de jalousie, l'une pense aux vœux non satisfaits de son cœur et se peint avec les riches couleurs du rêve un être idéal à qui elle se livre en éprouvant les délices de la femme caressant sa chimère dans la mosaïque romaine : l'autre songe que le soir même elle réalisera quelque désir, et se plonge par avance dans le torrent des voluptés, en en recevant les ondes bondissant sur sa poitrine en feu. La musique seule a la puissance de nous faire rentrer en nous-mêmes, tandis que les autres arts nous donnent des plaisirs définis. Mais je m'égare. Telles furent mes premières idées, bien vagues, car un inventeur ne fait d'abord qu'entrevoir une sorte d'aurore. Je portais donc ces glorieuses idées au fond de mon bissac, elles me faisaient manger gaiement la croûte séchée que je trempais souvent dans l'eau des fontaines. Je travaillais, je composais des airs, et, après les avoir exécutés sur un instrument quelconque, je reprenais mes courses à travers l'Italie. Enfin, à l'âge de vingt-deux ans, je vins habiter Venise, où je goûtai pour la première fois le calme et me trouvai dans une situation supportable. J'y fis la connaissance d'un vieux noble vénitien à qui mes idées plurent, qui m'encouragea dans mes recherches, et me fit employer au théâtre de la Fenice. La vie était à bon marché, le logement coûtait peu. J'occupais un appartement dans ce palais Capello, d'où sortit un soir la fameuse Bianca, et qui devint grande-duchesse de Toscane. Je me figurais que ma gloire inconnue partirait de là pour se faire aussi connaître quelque jour. Je passais au théâtre, et les journées au travail. J'eus un désastre. La représentation d'un opéra dans la partition duquel j'avais essayé ma musique fut fiasco. On ne comprit rien à ma musique des Martyrs. Donnez du Beethoven aux Italiens, ils n'y sont plus. Personne n'avait la patience d'attendre un effet préparé par des motifs différents dont chaque instrument, et qui devaient se rallier dans un grand ensemble. J'avais fondé quelques espérances sur l'opéra des Martyrs, car nous nous escomptons toujours le succès, nous autres amants de la bleue déesse, l'Espérance ! Quand on se croit destiné à produire de grandes choses, il est difficile de ne pas se laisser pressentir ; le boisseau a toujours des fentes par où passe la lumière. Dans cette maison se trouvait la famille de ma femme, et l'espoir d'avoir la main de Marianna, qui me souriait souvent de sa fenêtre, avait beaucoup contribué à mes efforts. Je tombai dans une mélancolie profonde en mesurant la profondeur de l'abîme où j'étais tombé, car j'entrevoyais clairement une vie de misère, une lutte constante où devait périr l'amour. Marianna fit comme le génie : elle sauta pieds joints par-dessus toutes les difficultés. Je ne vous dirai pas le peu de bonheur qui dora le commencement de mes infortunes. Épouvanté de ma chute, je jugeai que l'Italie, peu compréhensive et endormie dans les fioritures de la routine, n'était point disposée à recevoir les innovations que je méditais : je songeai donc à l'Allemagne. En voyageant dans ce pays, où j'allai par la Hongrie, j'écoutais les mille voix de la nature, et je m'efforçais de reproduire ces sublimes harmonies à l'aide d'instruments que je composais ou modifiais dans ce but. Ces essais comportaient des frais énormes qui eurent bientôt absorbé notre épargne. Ce fut cependant notre plus beau temps : je fus apprécié en Allemagne. Je ne connais rien de plus grand dans ma vie que cette époque. Je ne saurais rien comparer aux sensations tumultueuses qui m'assaillaient près de Marianna, dont la beauté revêtait alors un éclat et une puissance célestes. Faut-il le dire ? je fus heureux. Pendant ces heures de faiblesse, plus d'une fois je fis parler à ma passion le langage des harmonies terrestres. Il m'arriva de composer quelques-unes de ces mélodies qui ressemblent à des figures géométriques, et que l'on prise beaucoup dans le monde où vous vivez. Aussitôt que j'eus du succès, je rencontrai d'invincibles obstacles multipliés par mes confrères, tous pleins de mauvaise foi ou d'ineptie. J'avais entendu parler de la France comme d'un pays où les innovations étaient favorablement accueillies, je voulus y aller ; ma femme trouva quelques ressources, et nous arrivâmes à Paris. Jusqu'alors on ne m'avait point ri au nez ; mais, dans cette affreuse ville, il me fallut supporter ce nouveau genre de supplice, auquel la misère vint bientôt ajouter ses poignantes angoisses. Réduits à nous loger dans ce quartier infect, nous vivons depuis plusieurs mois du seul travail de Marianna, qui a mis son aiguille au service des malheureuses prostituées qui font de cette rue leur galerie. Marianna assure qu'elle a rencontré chez ces pauvres femmes des égards et de la générosité, ce que j'attribue à l'ascendant d'une vertu si pure, que le vice lui-même est contraint de la respecter. — Espérez, lui dit Andrea.

Peut-être êtes-vous arrivé au terme de vos épreuves. En attendant que mes efforts, unis aux vôtres, aient mis vos travaux en lumière, permettez à un compatriote, à un artiste comme vous, de vous offrir quelques avances sur l'infaillible succès de votre partition. — Tout ce qui rentre dans les conditions de la vie matérielle est du ressort de ma femme, lui répondit Gambara ; elle décidera de ce que nous pouvons accepter sans rougir d'un galant homme tel que vous paraissez l'être. Pour moi, qui depuis longtemps ne me suis laissé aller à de si longues confidences, je vous demande la permission de vous quitter. Je vois une mélodie qui m'invite, elle passe et danse devant moi, nue et frissonnant comme une belle fille qui demande à son amant les vêtements qu'il tient cachés. Adieu, il faut que j'aille habiller une maîtresse, je vous laisse ma femme.

Il s'échappa comme un homme qui se reprochait d'avoir perdu un temps précieux, et Marianna embarrassée voulut le suivre ; Andrea

Ses yeux distraits et à demi fermés laissaient tomber un regard dédaigneux sur la foule.— PAGE 19.

n'osait la retenir, Giardini vint à leur secours à tous deux. — Vous avez entendu, signorina, dit-il. Votre mari vous a laissé plus d'une affaire à régler avec le seigneur comte. Marianna se rassit, mais sans lever les yeux sur Andrea, qui hésitait à lui parler. — La confiance du signor Gambara, dit Andrea d'une voix émue, ne me vaudra-t-elle pas celle de sa femme ? la belle Marianna refusera-t-elle de me faire connaître l'histoire de sa vie ? — Ma vie, répondit Marianna, ma vie est celle des lierres. Si vous voulez connaître l'histoire de mon cœur, il faut me croire aussi exempte d'orgueil que dépourvue de modestie pour m'en demander le récit après ce que vous venez d'entendre. — Et à qui le demanderai-je ? s'écria le comte chez qui la passion éteignait déjà tout esprit. — A vous-même, répliqua Marianna. On vous m'avez déjà comprise, ou vous ne me comprendrez jamais. Essayez de vous interroger. — J'y consens, mais vous m'écouterez. Cette main que je vous ai prise, vous la laisserez dans la mienne aussi longtemps que mon récit sera fidèle. — J'écoute, dit Marianna. — La vie d'une femme commence à sa première passion, dit Andrea, ma chère Marianna a commencé à vivre seulement du jour où elle a vu pour la première fois Paolo Gambara, il lui fallait une passion profonde à savourer, il lui fallait surtout quelque intéressante faiblesse à protéger, à soutenir. La belle organisation de femme dont elle est douée appelle peut-être moins encore l'amour que la maternité. Vous soupirez, Marianna ? J'ai touché à l'une des plaies vives de votre cœur. C'était un beau rôle à prendre pour vous, si jeune, que celui de protectrice d'une belle intelligence égarée. Vous vous disiez : Paolo sera mon génie, moi je serai sa raison, à nous deux nous ferons cet être presque divin qu'on appelle un ange, cette sublime créature qui jouit et comprend, sans que la sagesse étouffe l'amour. Puis, dans le premier élan de la jeunesse, vous avez entendu ces mille voix de la nature que le poète voulait reproduire. L'enthousiasme vous saisissait quand Paolo étalait devant vous ces trésors de poésie en en cherchant la formule dans le langage sublime mais borné de la musique, et vous l'admiriez pendant que son exaltation délirante l'emportait loin de vous, car vous aimiez à croire que toute cette énergie déviée serait enfin ramenée à l'amour. Vous ignoriez l'empire tyrannique et jaloux que la pensée exerce sur les cerveaux qui s'éprennent d'amour pour elle. Gambara s'était donné, avant de vous connaître, à l'orgueilleuse et vindicative maîtresse à qui vous l'avez disputé en vain jusqu'à ce jour. Un seul instant vous avez entrevu le bonheur. Retombé des hauteurs où son esprit planait sans cesse, Paolo s'étonna de trouver la réalité si douce, vous avez pu croire que sa folie s'endormirait dans les bras de l'amour. Mais bientôt la musique reprit sa proie. Le mirage éblouissant qui vous avait tout à coup transporté au milieu des délices d'une passion partagée rendit plus morne et plus aride la voie solitaire où vous vous étiez engagée. Dans le récit que votre mari vient de nous faire, comme dans le contraste frappant de vos traits et des siens, j'ai entrevu les secrètes angoisses de votre vie, les douloureux mystères de cette union mal assortie dans laquelle vous avez pris le lot

des souffrances. Si votre conduite fut toujours héroïque, si votre énergie ne se démentit pas une fois dans l'exercice de vos devoirs pénibles, peut-être, dans le silence de vos nuits solitaires, ce cœur dont les battements soulèvent en ce moment votre poitrine murmura-t-il plus d'une fois! Votre plus cruel supplice fut la grandeur même de votre mari : moins noble, moins pur, vous eussiez pu l'abandonner ; mais ses vertus soutenaient les vôtres. Entre votre héroïsme et le sien vous vous demandiez qui céderait le dernier. Vous poursuiviez la réelle grandeur de votre tâche, comme Paolo poursuivait sa chimère. Si le seul amour du devoir vous eût soutenue et guidée, peut-être le triomphe vous eût-il semblé plus facile ; il vous eût suffi de tuer votre cœur et de transporter votre vie dans le monde des abstractions, la religion eût absorbé le reste, et vous eussiez vécu dans une idée, comme les saintes femmes qui éteignent au pied de l'autel les instincts de la nature. Mais le charme répandu sur toute la personne de votre Paul, l'élévation de son esprit, les rares et touchants témoignages de sa tendresse, vous rejetaient sans cesse hors de ce monde idéal, où la vertu voulait vous retenir, ils exaltaient en vous des forces sans cesse épuisées à lutter contre le fantôme de l'amour. Vous ne doutiez point encore! les moindres lueurs de l'espérance vous entraînaient à la poursuite de votre douce chimère. Enfin les déceptions de tant d'années vous ont fait perdre patience, elle eût depuis longtemps échappé à un ange. Aujourd'hui cette apparence si longtemps poursuivie est une ombre et non un corps. Une folie qui touche au génie de si près doit être incurable en ce monde. Frappée de cette pensée, vous avez songé à toute votre jeunesse, sinon perdue, au moins sacrifiée ; vous avez alors amèrement reconnu l'erreur de la nature qui vous avait donné un père quand vous appeliez un époux. Vous vous êtes demandé si vous n'aviez pas outre-passé les devoirs de l'épouse en vous gardant tout entière à cet homme qui se réservait à la science. Marianna, laissez-moi votre main, tout ce que j'ai dit est vrai. Et vous avez jeté les yeux autour de vous ; mais vous étiez alors à Paris, et non en Italie, où l'on sait si bien aimer. —
Oh ! laissez-moi achever ce récit, s'écria Marianna, j'aime mieux dire moi-même ces choses. Je serai franche, je sens maintenant que je parle à mon meilleur ami. Oui, j'étais à Paris, quand se passait en moi tout ce que vous venez de m'expliquer si clairement ; mais quand je vous vis, j'étais sauvée, car je n'avais rencontré nulle part l'amour rêvé depuis mon enfance. Mon costume et ma demeure me soustrayaient aux regards des hommes comme vous. Quelques jeunes gens à qui leur situation ne permettait pas de m'insulter me devinrent plus odieux encore par la légèreté avec laquelle ils me traitaient : les uns bafouaient mon mari comme un vieillard ridicule, d'autres cherchaient bassement à gagner ses bonnes grâces pour le trahir ; tous parlaient de m'en séparer, aucun ne comprenait le culte que j'ai voué à cette âme, qui n'est si loin de nous que parce qu'elle est près du ciel, à cet ami, à ce frère que je veux toujours servir. Vous seul avez compris le lien qui m'attache à lui, n'est-ce pas ? Dites-moi que vous vous êtes pris pour

mon Paul d'un intérêt sincère et sans arrière-pensée… — J'accepte ces éloges, interrompit Andrea ; mais n'allez pas plus loin, ne me forcez pas de vous démentir. Je vous aime, Marianna, comme on aime dans ce beau pays où nous sommes nés l'un et l'autre ; je vous aime de toute mon âme et de toutes mes forces ; mais, avant de vous offrir cet amour, je veux me rendre digne du vôtre. Je tenterai un dernier effort pour vous rendre l'homme que vous aimez depuis l'enfance, l'homme que vous aimerez toujours. En attendant le succès ou la défaite, acceptez sans rougir l'aisance que je veux vous donner à tous deux ; demain nous irons ensemble choisir un logement pour lui. M'estimez-vous assez pour m'associer aux fonctions de votre tutelle?
Marianna, étonnée de cette générosité, tendit la main au comte, qui sortit en s'efforçant d'échapper aux civilités du signor *Giardini* et de sa femme.
Le lendemain, le comte fut introduit par Giardini dans l'appartement des deux époux.

Il signor Giardini.

Quoique l'esprit élevé de son amant lui fût déjà connu, car il est certaines âmes qui se pénètrent promptement, Marianna était trop bonne femme de ménage pour ne pas laisser percer l'embarras qu'elle éprouvait à recevoir un si grand seigneur dans une si pauvre chambre. Tout y était fort propre. Elle avait passé la matinée entière à épousseter son étrange mobilier, œuvre du signor Giardini, qui l'avait construit à ses moments de loisir avec les débris des instruments rebutés par Gambara. Andrea n'avait jamais rien vu de si extravagant. Pour se maintenir dans une gravité convenable, il cessa de regarder un lit grotesque pratiqué par le malicieux cuisinier dans la caisse d'un vieux clavecin, et reporta ses yeux sur le lit de Marianna, étroite couchette dont l'unique matelas était couvert d'une mousseline blanche, aspect qui lui inspira des pensées tout à la fois tristes et douces. Il voulut parler de ses projets et de l'emploi de la matinée, mais l'enthousiaste Gambara, croyant avoir enfin rencontré un bénévole auditeur, s'empara du comte et le contraignit d'écouter l'opéra qu'il avait écrit pour Paris. — Et d'abord, monsieur, dit Gambara, permettez-moi de vous apprendre en deux mots le sujet.

Ici les gens qui reçoivent les impressions musicales ne les développent pas en eux-mêmes, comme la religion nous enseigne à développer par la prière les textes saints ; il est donc bien difficile de leur faire comprendre qu'il existe dans la nature une musique éternelle, une mélodie suave, une harmonie parfaite, troublée seulement par les révolutions indépendantes de la volonté divine, comme les passions le sont de la volonté des hommes. Je devais donc trouver un cadre immense où pussent tenir les effets et les causes, car ma musique a pour but d'offrir une peinture de la vie des nations prise à son point de vue le plus élevé. Mon opéra, dont le *libretto* a été composé par moi, car un poète n'en eût jamais développé le sujet, embrasse la vie de Mahomet, personnage en qui les magies de l'antique sabéisme et la poésie orientale de la religion juive se sont résumées, pour produire un des plus grands poëmes humains, la domination des Arabes. Certes, Mahomet a emprunté aux Juifs l'idée du gouvernement absolu, et aux religions pastorales ou sabéiques le mouvement progressif qui a créé le brillant empire des califes. Sa destinée était écrite dans sa naissance même, il eut pour père un païen et pour mère une juive. Ah ! pour être grand musicien, mon cher comte, il faut être aussi très-savant. Sans instruction, point de couleur locale, point d'idées dans la musique. Le compositeur qui chante pour chanter est un artisan et non un artiste. Ce magnifique opéra continue la grande œuvre que j'avais entreprise. Mon premier opéra s'appelait les MARTYRS, et j'en dois faire un troisième de la JÉRUSALEM DÉLIVRÉE. Vous saisissez la beauté de cette triple composition et ses ressources si diverses : les *Martyrs*, *Mahomet*, *la Jérusalem* ! Le Dieu de l'Occident, celui de l'Orient, et la lutte de leurs religions autour d'un tombeau. Mais ne parlons pas de mes grandeurs à jamais perdues ! Voici le sommaire de mon opéra. — Le premier acte, dit-il après une pause, offre Mahomet facteur chez Cadhige, riche veuve chez laquelle l'a placé son oncle ; il est amoureux et ambitieux ; chassé de la Mekke, il s'enfuit à Médine, et date son ère de sa fuite (*l'hégyre*). Le second montre Mahomet prophète et fondant une religion guerrière. Le troisième présente Mahomet dégoûté de tout, ayant épuisé la vie, et dérobant le secret de sa mort pour devenir un Dieu, dernier effort de l'orgueil humain. Vous allez juger de la manière d'exprimer par des sons un grand fait que la poésie ne saurait rendre qu'imparfaitement par des mots.

Gambara se mit à son piano d'un air recueilli, et sa femme lui apporta les volumineux papiers de sa partition, qu'il n'ouvrit point. — Tout l'opéra, dit-il, repose sur une basse comme sur un riche terrain. Mahomet devait avoir une majestueuse voix de basse, et sa première femme avait nécessairement une voix de contralto. Cadhige était vieille, elle avait vingt ans. Attention, voici l'ouverture ! Elle commence (*ut mineur*) par un *andante* (*trois temps*). Entendez-vous la mélancolie de l'ambitieux que ne satisfait pas l'amour ? A travers ses plaintes, par une transition au ton relatif (*mi bémol, allegro quatre temps*), percent les cris de l'amoureux épileptique, ses fureurs et quelques motifs guerriers, car le sabre tout-puissant des califes commence à luire à ses yeux. Les beautés de la forme unique lui donnent le sentiment de cette pluralité d'amour qui nous frappe tant dans *Don Juan*. En entendant ces motifs, n'entrevoyez-vous pas le paradis de Mahomet ? Mais voici (*la bémol majeur, six-huit*) un *cantabile* capable d'épanouir l'âme la plus rebelle à la musique : Cadhige a compris Mahomet ! Cadhige annonce au peuple les entrevues du prophète avec l'ange Gabriel (*maestoso sostenuto en fa mineur*). Les magistrats, les prêtres, le pouvoir et la religion, qui se sentent attaqués par le novateur, comme Socrate et Jésus-Christ attaquaient les pouvoirs et des religions expirantes ou usées, poursuivent Mahomet et le chassent de la Mekke (*stretto en ut majeur*). Arrive ma belle dominante (*sol quatre temps*) : l'Arabie écoute son prophète, les cavaliers arrivent (*sol majeur, mi bémol, sol majeur*), toujours quatre temps). L'avalanche d'hommes grossit ! Le faux prophète a commencé sur une peuplade de ce qu'il va faire sur le monde (*sol, sol*) Il promet une domination universelle aux Arabes, on le croit parce qu'il est inspiré. Le crescendo commence (*par cette même dominante*). Voici quelques fanfares (*en ut majeur*), des cuivres plaqués sur l'harmonie, qui se détachent et se font jour pour exprimer les premiers triomphes. Médine est conquise au prophète et l'on marche sur la Mekke. (*Explosion en ut majeur*.) Les puissances de l'orchestre se développent comme un incendie, tout instrument parle, voici des torrents d'harmonie. Tout à coup le *tutti* est interrompu par un gracieux motif (*une tierce mineure*). Écoutez le dernier cantilène de l'amour dévoué. La femme qui a soutenu le grand homme meurt en lui cachant son désespoir, elle meurt dans le triomphe de celui chez qui l'amour est devenu trop immense pour s'arrêter à une femme, elle l'adore assez pour se sacrifier à la grandeur qui la tue ! Quel amour de feu ! Voici le désert qui envahit le monde (*l'ut majeur reprend*). Les forces de l'orchestre reviennent et se résument dans une terrible *quinte* partie de la basse fondamentale qui expire, Mahomet s'ennuie, il a tout épuisé ! Le voilà qui veut mourir Dieu ! L'Arabie l'adore et prie, et nous retombons dans mon premier thème de mélancolie (*l'ut mineur*) au lever du rideau. — Ne trouvez-vous pas, dit Gambara en cessant de jouer et se retournant vers le comte, dans cette musique vive, heurtée, bizarre, mélancolique et toujours grande, l'expression de la vie d'un épileptique enragé de plaisir, ne sachant ni lire ni écrire, faisant de chacun de ses défauts un degré pour le marchepied de ses grandeurs, tournant ses fautes et ses malheurs en triomphes ? N'avez-vous pas eu l'idée de la séduction exercée sur un peuple avide et amoureux, dans cette ouverture, échantillon de l'opéra ?

D'abord calme et sévère, le visage du maestro, sur lequel Andrea avait cherché à deviner les idées qu'il exprimait d'une voix inspirée, et qu'un amalgame indigeste de notes ne permettait pas d'entrevoir, s'était animée par degrés et avait fini par prendre une expression passionnée qui réagit sur Marianna et sur le cuisinier. Marianna, trop vivement affectée par les passages où elle reconnaissait sa propre situation, n'avait pu cacher l'expression de son regard à Andrea. Gambara s'essuya le front, lança son regard avec tant de force vers le plafond, qu'il sembla le percer et s'élever jusqu'aux cieux. — Vous

avez vu le péristyle, dit-il, nous entrons maintenant dans le palais. L'opéra commence. PREMIER ACTE. Mahomet, seul sur le devant de la scène, commence par un air (*fa naturel, quatre temps*) interrompu par un chœur de chameliers qui sont auprès d'un puits dans le fond du théâtre (*ils font une opposition dans le rhythme. Douze-huit*). Quelle majestueuse douleur ! elle attendrira les femmes les plus évaporées, en pénétrant leurs entrailles si elles n'ont pas de cœur. N'est-ce pas la mélodie du génie contraint ?

Au grand étonnement d'Andrea, car Marianna y était habituée, Gambara contractait si violemment son gosier, qu'il n'en sortait que des sons étouffés assez semblables à ceux que lance un chien de garde enroué. La légère écume qui vint blanchir les lèvres du compositeur fit frémir Andrea. — Sa femme arrive (*la mineur*). Quel duo magnifique ! Dans ce morceau j'exprime comment Mahomet a la volonté, comment sa femme a l'intelligence. Cadhige y annonce qu'elle va se dévouer à une œuvre qui lui ravira l'amour de son jeune mari. Mahomet veut conquérir le monde, sa femme l'a deviné, elle l'a seconde en persuadant au peuple de la Mekke que les attaques d'épilepsie de son mari sont les effets de son commerce avec les anges. Chœur des premiers disciples de Mahomet, qui viennent lui promettre leur secours (*ut dièse mineur, sotto voce*). Mahomet sort pour aller trouver l'ange Gabriel (*récitatif en fa majeur*). Sa femme encourage le chœur. (*Air coupé par les accompagnements du chœur. Des bouffées de son soulèvent le chant large et majestueux de Cadhige. La majeur*) ABDOLLAH, le père d'Aïesha, seule fille que Mahomet ait trouvée vierge, et de qui, par cette raison, le prophète changea le nom en celui d'ABOUBECKER (*père de la pucelle*), s'avance avec Aïesha, et se détache du chœur (*les phrases qui dominent le reste des voix et qui soutiennent l'air de Cadhige en s'y joignant, en contre-point*) Omar, père d'Hafsa, autre fille que doit posséder Mahomet, imite l'exemple d'Aboubecker, et vient avec sa fille former un quintette. La vierge Aïesha est un *primo soprano*, Hafsa fait le *second soprano*, Aboubecker est une basse-taille, Omar est un baryton. Mahomet reparaît inspiré. Il chante son premier air de bravoure, qui commence le finale (*mi majeur*). Il promet l'empire du monde à ses premiers croyants. Le prophète aperçoit les deux filles, et, par une transition douce (*de si majeur en sol majeur*), il leur adresse des phrases amoureuses. Ali, cousin de Mahomet, et Khaled, son plus grand général deux ténors, arrivent et annoncent la persécution : les magistrats, les soldats, les seigneurs, ont proscrit le prophète (*récitatif*). Mahomet s'écrie, dans une invocation (*en ut*), que l'ange Gabriel est avec lui, et prouve le pigeon qui s'envole. Le chœur des croyants répond par des accents de dévouement sur une modulation (*en si majeur*). Les soldats, les magistrats, les grands, arrivent (*tempo di marcia*). Quatre temps en si majeur). Lutte entre les deux chœurs (*stretto en mi majeur*). Mahomet (*par une succession de septièmes diminuées descendantes*) cède à l'orage et s'enfuit. La couleur sombre et farouche de ce finale est nuancée par les motifs des trois femmes, qui présagent à Mahomet son triomphe, et dont les phrases se trouveront développées au troisième acte, dans la scène où Mahomet savoure les délices de sa grandeur.

En ce moment des pleurs vinrent aux yeux de Gambara, qui, après un moment d'émotion, s'écria — DEUXIÈME ACTE ! Voici la religion instituée. Les Arabes gardent la tente de leur prophète, qui consulte Dieu (*chœur en la mineur*) Mahomet paraît (*prière en fa*). Quelle brillante et majestueuse harmonie plaquée sous ce chant où j'ai peut-être reculé les bornes de la mélodie ! Ne fallait-il pas exprimer les merveilles de ce grand mouvement d'homme, qui a créé une musique, une architecture, une poésie, un costume et des mœurs ! En l'entendant, vous vous promenez sous les arcades du Généralife, sous les voûtes sculptées de l'Alhambra ! Les fioritures de l'air peignent la délicieuse architecture moresque et les poésies de cette religion galante et guerrière, qui devait s'opposer à la guerrière et galante chevalerie des chrétiens. Quelques cuivres se réveillent à l'orchestre et annoncent les premiers triomphes (*par une cadence rompue*), les Arabes adorent le prophète (*mi bémol majeur*). Arrivée de Khaled, d'Amrou et d'Ali (*par un tempo de marcia*). Les armées des croyants ont pris les villes et soumis les trois Arabies ! Quel pompeux récitatif ! Mahomet récompense ses généraux en leur donnant ses filles. (Ici, dit-il d'un air piteux, il y a un de ces ignobles ballets qui coupent le fil des plus belles tragédies musicales !) Mais Mahomet (*si mineur*) relève l'opéra par sa grande prophétie, qui commence chez ce pauvre M. de Voltaire par ce vers :

Le temps de l'Arabie est à la fin venu

Elle est interrompue par le chœur des Arabes triomphants (*douze-huit accéléré*). Les clairons, les cuivres, reparaissent avec les tribus qui arrivent en foule. Fête générale où toutes les voix concourent l'une après l'autre, et où Mahomet proclame sa polygamie. Au milieu de cette gloire, la femme qui a tant servi Mahomet se détache par un air magnifique (*si majeur*). « Et moi, dit-elle, moi, ne serai-je plus aimée ? » — Il faut nous séparer, tu es une femme, et je suis un prophète, je puis avoir des esclaves, mais plus d'égal. » Écoutez duo (*sol dièse mineur*). Quels déchirements! La femme comprend la grandeur qu'elle a élevée de ses mains, elle aime assez Mahomet pour se sacrifier à sa gloire, elle l'adore comme un Dieu, sans le juger, et sans un murmure. Pauvre femme, la première dupe et la première victime! Quel thème pour le finale (*si majeur*) que cette douleur, brodée en couleurs si brunes sur le fond des acclamations du chœur, et mariée aux accents de Mahomet abandonnant sa femme comme un instrument inutile, mais faisant voir qu'il ne l'oubliera jamais! Quelles triomphantes girandoles, quelles fusées de chants joyeux et perlés élancent les deux jeunes voix (*primo et secondo soprano*) d'Aïesba et d'Hafsa, soutenues par Ali et sa femme, par Omar et Aboubecker! Pleurez, réjouissez-vous! Triomphes et larmes! Voilà la vie!

Marianna ne put retenir ses pleurs. Andrea fut tellement ému, que ses yeux s'humectèrent légèrement. Le cuisinier napolitain, qu'ébranla la communication magnétique des idées exprimées par les spasmes de la voix de Gambara, s'unit à cette émotion. Le musicien se retourna, vit ce groupe et sourit. — Vous me comprenez enfin! s'écria-t-il. Jamais triomphateur mené pompeusement au Capitole, dans les rayons pourprés de la gloire, aux acclamations de tout un peuple, n'eut pareille expression en sentant poser la couronne sur sa tête. Le visage du musicien étincelait comme celui d'un saint martyr. Personne ne dissipa cette erreur. Un horrible sourire effleura les lèvres de Marianna. Le comte fut épouvanté par la naïveté de cette folie.

— troisième acte! dit l'heureux compositeur en se rasseyant au piano (*andantino solo*). Mahomet malheureux dans son sérail, entouré de femmes. Quatuor de houris (*en la majeur*). Quelles pompes! quels chants de rossignols heureux! Modulations (*fa dièse mineur*). Le thème se représente (*sur la dominante mi pour reprendre en la majeur*). Les voluptés se groupent et se dessinent afin de produire leur opposition au sombre finale du premier acte. Après les danses, Mahomet se lève et chante un grand air de bravoure (*fa mineur*) pour regretter l'amour enivré et dévoué de sa première femme en s'avouant vaincu par la polygamie. Jamais musicien n'a eu pareil thème. L'orchestre et les voix de femmes expriment les joies des houris, tandis que Mahomet revient à la mélancolie qui a ouvert l'opéra — Où est Beethoven, s'écria Gambara, pour que je sois bien compris dans ce retour prodigieux de tout l'opéra sur lui-même. Comme tout s'est appuyé sur la basse! Beethoven n'a pas construit autrement sa symphonie en *ut*. Mais son mouvement héroïque est appuyé par l'instrumental, au lieu qu'ici mon mouvement héroïque est appuyé par un sextuor de plus belles voix humaines, et par un chœur de croyants qui veillent à la porte de la maison sainte. J'ai toutes les richesses de la mélodie et de l'harmonie, un orchestre et des voix! Entendez l'expression de toutes les existences humaines, riches ou pauvres! la lutte, le triomphe et l'ennui! Ah arrive, l'Alcoran triomphe sur tous les points (*duo en ré mineur*). Mahomet se confie à ses deux beaux-pères, il est las de tout, il veut abdiquer le pouvoir et mourir inconnu pour consolider son œuvre. Magnifique sextuor (*si bémol majeur*). Il fait ses adieux (*solo en fa naturel*). Ses deux beaux-pères institués ses vicaires (*kalifes*) appellent le peuple. Grande marche triomphale. Prière générale des Arabes agenouillés devant la maison sainte (*kasba*) d'où s'envole le pigeon (*même tonalité*). La prière faite par soixante voix, et commandée par les femmes (*en si bémol*), couronne cette œuvre gigantesque où la vie des nations et de l'homme est exprimée. Vous avez eu toutes les émotions humaines et divines.

Andrea contemplait Gambara dans un étonnement stupide. Si d'abord il avait été saisi par l'horrible ironie qui présentait cet homme en exprimant les sentiments de la femme de Mahomet sans les reconnaître chez Marianna, la folie du mari fut éclipsée par celle du compositeur. Il n'y avait nulle apparence de pensée poétique ou musicale dans l'étourdissante cacophonie qui frappait les oreilles : les principes de l'harmonie, les premières règles de la composition, étaient totalement étrangers à cette informe création. Au lieu de la musique savamment enchaînée que désignait Gambara, ses doigts produisaient une succession de quintes, de septièmes et d'octaves, de tierces majeures, et des marches de quarte sans sixte à la basse, réunion de sons discordants jetés au hasard qui semblait combinée pour déchirer les oreilles les moins délicates. Il est difficile d'exprimer cette bizarre exécution, car il faudrait des mots nouveaux pour cette musique impossible. Péniblement affecté de la folie de ce brave homme, Andrea rougissait et regardait à la dérobée Marianna, qui, pâle et les yeux baissés, ne pouvait retenir ses larmes. Au milieu de son brouhaha de notes, Gambara avait lancé de temps en temps des exclamations qui décelaient le ravissement de son âme, il s'était pâmé d'aise, il avait souri à son piano, l'avait regardé avec colère, lui avait tiré la langue, expression à l'usage des inspirés, enfin il paraissait enivré de la poésie qui lui remplissait la tête et qu'il s'était vainement efforcé de traduire. Les étranges discordances qui hurlaient sous ses doigts avaient évidemment résonné dans son oreille comme de célestes harmonies. A voir le regard inspiré de ses yeux bleus ouverts sur un autre monde, à la rose lueur qui colorait ses joues, et surtout à cette sérénité divine que l'extase répandait sur ses traits si nobles et si fiers, un sourd aurait cru assister à une improvisation due à quelque grand artiste. Cette illusion eût été d'autant plus naturelle, que l'exécution de cette musique insensée exigeait une habileté merveilleuse pour se rompre à un pareil doigté. Gambara avait dû travailler pendant plusieurs années. Ses mains n'étaient pas d'ailleurs seules occupées, la complication des pédales imposait à tout son corps une perpétuelle agitation ; aussi la sueur ruisselait-elle sur son visage pendant qu'il travaillait à enfler un crescendo de tous les faibles moyens que l'ingrat instrument mettait à son service ; il avait trépigné, soufflé, hurlé ; ses doigts avaient égalé en prestesse la double langue d'un serpent ; enfin, au dernier hurlement du piano, il s'était jeté en arrière et avait laissé tomber sa tête sur le dos de son fauteuil. — Par Bacchus! je suis tout étourdi, s'écria le comte en sortant, un enfant dansant sur un clavier ferait de meilleure musique. — Assurément, le hasard n'éviterait pas l'accord de deux notes avec autant d'adresse que ce diable d'homme l'a fait pendant une heure, dit Giardini. — Comment l'admirable régularité des traits de Marianna ne s'altère-t-elle point à l'audition continuelle de ces effroyables discordances? se demanda le comte. Marianna est menacée d'enlaidir. — Seigneur, il faut l'arracher à ce danger, s'écria Giardini. — Oui, dit Andrea, j'y ai songé. Mais, pour reconnaître si mes projets ne reposent point sur une fausse base, j'ai besoin d'appuyer mes soupçons sur une expérience. Je reviendrai pour examiner les instruments qu'il a inventés. Ainsi demain, après le dîner, nous ferons une médianoche, et j'enverrai moi-même le vin et les friandises nécessaires.

Le cuisinier s'inclina. La journée suivante fut employée par le comte à faire arranger l'appartement qu'il destinait à un pauvre ménage d'artiste. Le soir, Andrea vint et trouva, selon ses instructions, ses vins et ses gâteaux servis avec une espèce d'apprêt par Marianna et par le cuisinier, Gambara lui montra triomphalement les petits tambours sur lesquels étaient des grains de poudre à l'aide desquels il faisait ses observations sur les différentes natures des sons émis par les instruments. — Voyez-vous, lui dit-il, par quels moyens simples j'arrive à prouver une grande proposition. L'acoustique me révèle ainsi des actions analogues de son sur tous les objets qu'il affecte. Toutes les harmonies partent d'un centre commun et conservent entre elles d'intimes relations, ou plutôt, l'harmonie, une comme la lumière, est décomposée par nos arts comme le rayon par le prisme.

Puis il présenta des instruments construits d'après ses lois, en expliquant les changements qu'il introduisait dans leur couteure. Enfin il annonça, non sans emphase, qu'il couronnerait cette séance préliminaire, bonne tout au plus à satisfaire la curiosité de l'œil, en faisant entendre un instrument qui pouvait remplacer tout un orchestre entier, et qu'il nommait *Panharmonicon*. — Si c'est celui qui est dans cette cage et qui nous attire les plaintes du voisinage quand vous y travaillez, dit Giardini, vous n'en jouerez pas longtemps, le commissaire de police viendra bientôt. Y pensez-vous? — Si ce pauvre fou reste, dit Gambara à l'oreille du comte, il me sera impossible de jouer.

Le comte éloigna le cuisinier en lui promettant une récompense, s'il voulait guetter au dehors afin d'empêcher les patrouilles ou les voisins d'intervenir. Le cuisinier, qui ne s'était pas épargné en versant à boire à Gambara, consentit. Sans être ivre, le compositeur était dans cette situation où toutes les forces intellectuelles sont surexcitées, où les parois d'une chambre deviennent lumineuses, où les mansardes n'ont plus de toits, où l'âme voltige dans le monde des esprits. Marianna dégagea, non sans peine, de sous couvertures un instrument aussi grand qu'un piano à queue, mais ayant un buffet supérieur de plus. Cet instrument bizarre offrait, outre ce buffet et sa table, les pavillons de quelques instruments à vent et les becs aigus de quelques tuyaux. — Jouez-moi, je vous prie, cette prière que vous dites être si belle et qui termine votre opéra, dit le comte.

Au grand étonnement de Marianna et d'Andrea, Gambara commença par plusieurs accords qui décelèrent un grand maître, à leur étonnement succéda d'abord une admiration mêlée de surprise, puis une complète extase dont la magie de laquelle ils oublièrent et le lieu et l'homme. Les effets d'orchestre n'eussent pas été si grandioses que le furent les sons des instruments ici qui rappellent l'orgue et qui s'unirent merveilleusement aux richesses harmoniques des instruments à cordes, mais l'état imparfait dans lequel se trouvait cette singulière machine arrêtait les développements du compositeur, dont la pensée parut alors plus grande. Souvent la perfection dans les œuvres d'art empêche l'âme de les agrandir. N'est-ce pas le procès gagné par l'esquisse contre le tableau fini, au tribunal de ceux qui achèvent l'œuvre par la pensée, au lieu de l'accepter toute faite ! La musique la plus pure et la plus suave que le comte eût jamais entendue s'éleva sous les doigts de Gambara comme un nuage d'encens au-dessus d'un autel. La voix du compositeur redevint jeune, et, loin de nuire à cette riche mélodie, son organe l'expliqua, la fortifia, la dirigea, comme la voix atone et chevrotante d'un habile lecteur, comme l'était Andrieux, étendait le sens d'une sublime scène de Corneille ou de Racine en y ajoutant une poésie intime. Cette musique, digne des anges, accusait les trésors cachés dans cet immense opéra, qui ne pouvait jamais être compris, tant que cet homme persisterait à s'expliquer dans son état de raison. Également partagés entre la musique et la surprise que leur causait cet instrument aux cent voix, dans lequel un étranger avait pu croire que le facteur avait caché des jeunes filles invisibles, tant les sons avaient par moments d'analogie avec la voix humaine, le comte et Marianna n'osaient se communiquer leurs idées ni par le regard ni par la parole. Le visage de Marianna était éclairé par une magnifique lueur d'espérance, qui lui rendit les splendeurs de la jeunesse. Cette renaissance de sa beauté, qui s'unissait à la lumineuse apparition du génie de son mari, manqua d'un nuage de chagrin les délices que cette heure mystérieuse donnait au comte.

— Vous êtes notre bon génie, lui dit Marianna. Je suis tentée de croire que vous m'inspirez, car moi, qui ne le quitte point, je n'ai jamais entendu pareille chose. — Et les adieux de Cadhige! s'écria Gambara, qui chanta la cavatine à laquelle il avait donné la veille l'épithète de sublime, et qui fit pleurer les deux amants, tant elle exprimait bien le dévouement le plus élevé de l'amour. — Qui a pu vous dicter de pareils chants? demanda le comte. — L'esprit, répondit Gambara ; quand il apparaît, tout me semble en feu. Je vois les mélodies face à face, belles et fraîches, colorées comme des fleurs ; elles rayonnent, elles retentissent, et j'écoute, mais il faut un temps infini pour les reproduire. — Encore! dit Marianna.

Gambara, qui n'éprouvait aucune fatigue, joua sans efforts ni grimaces. Il exécuta une ouverture avec un si grand talent, et découvrit des richesses musicales si nouvelles, que le comte ébloui finit par croire à une magie semblable à celle que déploient Paganini et Liszt, exécution qui, certes, change toutes les conditions de la musique en en faisant une poésie au-dessus des créations musicales. — Eh bien ! Votre Excellence le guérira-t-elle? demanda le cuisinier, quand Andrea descendit. — Je le saurai bientôt, répondit le comte. L'intelligence de cet homme a deux fenêtres, l'une fermée sur le monde, l'autre ouverte sur le ciel : la première est la musique, la seconde est la poésie; jusqu'à ce jour, il s'est obstiné à rester devant la fenêtre bouchée, il faut le conduire à l'autre. Vous, le premier, m'avez mis sur la voie, Giardini, en me disant que votre hôte raisonne plus juste dès qu'il a bu quelques verres de vin. — Oui, s'écria le cuisinier, et je devine le plan de Votre Excellence. — S'il est encore temps de faire tourner à face ses oreilles, au milieu des accords d'une belle musique, il faut le mettre en état d'entendre et de juger. Or, l'ivresse peut seule venir à mon secours. M'aiderez-vous à griser Gambara, mon cher? cela ne vous fera-t-il pas de mal à vous-même? — Comment l'entend Votre Excellence?

Andrea s'en alla sans répondre, mais en riant de la perspicacité qui restait à ce fou. Le lendemain, il vint chercher Marianna, qui avait passé la matinée à se composer une toilette simple mais convenable, et qui avait dévoré toutes ses économies. Ce changement eût dissipé l'illusion d'un homme blasé, mais, chez le comte, le caprice était devenu passion. Dépouillée de sa poétique misère et transformée en simple bourgeoise, Marianna le fit rêver au mariage, il lui donna la main pour monter dans un fiacre, et lui fit part de son projet. Elle approuva tout, heureuse de trouver son amant encore plus grand, plus généreux, plus désintéressé qu'il ne l'espérait. Elle arriva ainsi à un appartement où Andrea s'était plu à rappeler son souvenir à son amie par quelques-unes de ces recherches qui séduisent les femmes les plus vertueuses. — Je ne vous parlerai de mon amour qu'au moment où vous désespérerez de revoir Paul, dit le comte à Marianna en revenant rue Froidmanteau. Vous serez témoin de la sincérité de mes efforts ; s'ils sont efficaces, peut-être ne saurai-je pas me résigner à mon rôle d'ami, mais alors je vous fuirai, Marianna. Si je me sens assez de courage pour travailler à votre bonheur, je n'aurai pas assez de force pour le contempler. — Ne parlez pas ainsi, les générosités ont leur péril aussi, répondit-elle en retenant mal ses larmes. Mais quoi, vous me quittez déjà! — Oui, dit Andrea, soyez heureuse sans distraction.

S'il fallait croire le cuisinier, le changement d'hygiène fut favorable aux deux époux. Tous les soirs après boire, Gambara paraissait moins absorbé, causait davantage et plus posément; il parlait enfin de lire les journaux. Andrea ne put s'empêcher de frémir en voyant la rapidité inespérée de son succès; mais, quoique ses angoisses lui révélassent la force de son amour, elles ne le firent point chanceler dans sa vertueuse résolution. Il vint un jour reconnaître les progrès de cette singulière guérison. Si l'état de son malade lui causa d'abord quelque joie, elle fut troublée par la beauté de Marianna, à qui l'aisance avait rendu tout son éclat. Il revint dès lors chaque soir engager des conversations douces et sérieuses où il apportait les clartés d'une opposition mesurée aux singulières théories de Gambara. Il profitait de la merveilleuse lucidité dont jouissait l'esprit de ce dernier sur tous les points qui n'avoisinaient pas de trop près sa folie, pour lui faire admettre une des diverses branches de l'art des principes également applicables plus tard à la musique. Tout allait bien tant que les fumées du vin échauffaient le cerveau du malade, mais, dès qu'il avait complètement recouvré, que plutôt reperdu sa raison, il retombait dans sa manie. Néanmoins, Paolo se laissait déjà plus facilement distraire par l'impression des objets extérieurs, et déjà son intelligence se dispersait sur un plus grand nombre de points à la fois. Andrea, qui prenait un intérêt d'artiste à cette œuvre semi-médicale, crut enfin pouvoir frapper un grand coup. Il résolut de donner à son hôtel un repas auquel Giardini fut admis par la fantaisie qu'il eut de ne point séparer le drame et la parodie, le jour de la première représentation de l'opéra de *Robert-le-Diable*, à la répétition duquel il avait assisté, et qui lui parut propre à dessiller les yeux de son malade. Dès le second service, Gambara, déjà ivre, se plaisantait lui-même avec beaucoup de grâce, et Giardini avoua que ses innovations culinaires ne valaient pas le diable. Andrea n'avait rien négligé pour opérer ce double miracle. L'orvieto, le montefiascone, amenés avec les précautions infinies qu'exige leur transport, la lacryma-christi, le giro, tous les vins chauds de la *cara patria* faisaient monter aux cerveaux des convives la double ivresse de la vigne et du souvenir. Au dessert, le musicien et le cuisinier abjurèrent gaiement leurs erreurs : l'un fredonnait une cavatine de Rossini, l'autre entassait sur son assiette les morceaux qu'il arrosait de marasquin de Zara, en faveur de la cuisine française. Le comte profita de l'heureuse disposition de Gambara, qui se laissa conduire à l'Opéra avec la douceur d'un agneau. Aux premières notes de l'introduction, l'ivresse de Gambara parut se dissiper pour faire place à cette excitation fébrile qui parfois mettait en harmonie son jugement et son imagination, dont le désaccord habituel causait sans doute sa folie, et la pensée dominante de ce grand drame musical lui apparut dans son éclatante simplicité, comme un éclair qui sillonna la nuit profonde où il vivait. A ses yeux dessillés, cette musique dessina les horizons immenses d'un monde où il se trouvait jeté pour la première fois, il reconnut quelques-uns des accidents déjà vus en rêve. Il se crut transporté dans les campagnes de son pays, où commence la belle Italie, que Napoléon nommait si judicieusement le glacis des Alpes. Reporté par le souvenir au temps où sa raison jeune et vive n'avait pas encore été troublée par l'extase de sa trop riche imagination, il écouta dans une religieuse attitude et sans vouloir dire un seul mot. Aussi le comte respecta-t-il le travail intérieur qui se faisait dans cette âme. Jusqu'à minuit et demi Gambara resta si profondément immobile, que les habitués de l'Opéra durent le prendre pour ce qu'il était, un homme ivre. Au retour, Andrea se mit à attaquer l'œuvre de Meyerbeer, afin de réveiller Gambara, qui restait plongé dans un de ces demi-sommeils que connaissent les buveurs.

— Qu'y a-t-il donc de si magnétique dans cette incohérente partition, pour qu'elle vous mette dans la position d'un somnambule? dit Andrea en arrivant chez lui. Le sujet de *Robert-le-Diable* est loin sans doute d'être dénué d'intérêt. Holtei l'a développé avec un rare bonheur dans un drame très-bien écrit et rempli de situations fortes et attachantes, mais les auteurs français ont trouvé le moyen d') puiser la fable la plus ridicule du monde. Jamais l'absurdité des librettis de Vesari, de Schikaneder, n'égala celle du poème de *Robert-le-Diable*, vrai cauchemar dramatique qui oppresse les spectateurs sans faire naître d'émotions fortes. Meyerbeer a fait au diable une trop belle part. Bertram et Alice représentent la lutte du bien et du mal, le bon et le mauvais principe. Cet antagonisme offrait le contraste le plus heureux au compositeur. Les mélodies les plus suaves placées à côté des chants âpres et durs, étaient une conséquence naturelle de la forme du *libretto*, mais dans la partition de l'auteur allemand les démons chantent mieux que les saints. Les inspirations célestes démentent souvent leur origine, et si le compositeur quitte pendant un instant les formes infernales, il se hâte d'y revenir, bientôt fatigué de l'effort qu'il a fait pour les abandonner. La mélodie, ce fil d'or qui ne doit jamais se rompre dans une composition si vaste, disparaît souvent dans l'œuvre de Meyerbeer. Le sentiment n'y est pour rien, le cœur n'y joue aucun rôle ; aussi ne rencontre-t-on jamais de ces motifs heureux, de ces chants naïfs qui ébranlent toutes les sympathies et laissent au fond de l'âme une douce impression. L'harmonie règne souverainement, au lieu d'être le fond sur lequel doivent se détacher les groupes du tableau musical. Ces accords dissonants, loin d'émouvoir l'auditeur, n'excitent dans son âme qu'un sentiment analogue à celui que l'on éprouverait à la vue d'un saltimbanque suspendu sur un fil, et se balançant entre la vie et la mort. Les chants gracieux ne viennent jamais calmer ces crispations fatigantes. On dirait que le compositeur n'a eu d'autre but que de se montrer bizarre, fantastique, il saisit avec empressement l'occasion de produire un effet baroque, sans s'inquiéter de la vérité, de l'unité musicale, ni de l'incapacité des voix écrasées sous le déchaînement instrumental. — Taisez-vous, mon ami, dit Gambara, je suis encore sous le charme de cet admirable chant des enfers dont les porte-voix rendent encore plus terrible, l'instrumentation neuve! Les cadences rompues qui donnent tant d'énergie au chant de Robert, la cavatine du quatrième acte, le finale du premier, me tiennent encore sous la fascination d'un pouvoir surnaturel! Non, la déclamation de Gluck lui-même ne fut jamais d'un si prodigieux effet, et je suis étonné de tant de science. — Signor maestro, reprit Andrea en souriant, permettez-moi de vous contredire. Gluck, avant d'écrire, réfléchissait longtemps. Il calculait toutes les chances et arrêtait un plan qui pouvait être modifié plus tard par ses inspirations de détail, mais qui ne lui permettait jamais de se fourvoyer en chemin. De là cette accentuation énergique, cette déclatou palpitante de vérité. Je conviens avec vous que la science est grande dans l'opéra de Meyerbeer, mais cette science devient un défaut lorsqu'elle s'isole de l'inspiration, et je crois avoir aperçu dans cette œuvre le pénible travail d'un esprit fin qui a trié sa musique dans des milliers de motifs des opéras tombés ou oubliés, pour se les approprier en les étendant, les modifiant ou les concentrant. Mais il est arrivé ce qui arrive à tous les faiseurs de *centons*, l'abus des bonnes choses. Cet habile vendangeur de notes prodigue des dissonances, qui, trop fréquentes, finissent par blesser l'oreille et l'accoutument à ces grands effets que le compositeur doit ménager beaucoup, pour en tirer un plus grand parti lorsque la situation les réclame. Ces transitions *enharmoniques* se répètent à satiété, et l'abus de la *cadence plagale* lui ôte une grande partie de sa solennité religieuse. Je sais bien que chaque compositeur a ses formes particulières auxquelles il revient malgré lui, mais il est essentiel de veiller sur soi et d'éviter ce défaut. Un tableau dont le coloris n'offrirait que du bleu ou du rouge serait loin de la vérité et fatiguerait la vue. Ainsi le rhythme presque toujours le même dans la partition de *Robert* jette de la monotonie sur l'ensemble de l'ouvrage. Quant à l'effet des porte-voix dont vous parlez, il est depuis longtemps connu en Allemagne, et ce que Meyerbeer nous donne pour du neuf a été toujours employé par Mozart, qui faisait chanter de cette sorte le chœur des diables de *Don Juan*.

Andrea essaya, tout en l'entraînant à de nouvelles libations, de faire revenir Gambara par ses contradictions au vrai sentiment musical, lui démontrant que sa prétendue mission en ce monde ne consistait pas à régénérer un art hors de ses facultés, mais bien à chercher sous une autre forme, qui n'était autre que la poésie, l'expression de sa pensée. — Vous n'avez rien compris, cher comte, à cet immense drame musical, dit négligemment Gambara, qui se mit devant le piano d'Andrea, fit résonner les touches, écouta le son, s'assit et parut penser pendant quelques instants, comme pour résumer ses propres idées. — Et d'abord sachez, reprit-il, qu'une oreille intelligente comme la mienne a reconnu le travail de sertisseur dont vous parlez. Cette musique est choisie avec amour, mais dans les trésors d'une imagination riche et féconde où la science a pressé les idées pour en extraire l'essence musicale. Je vais vous expliquer ce travail.

Il se leva pour mettre les bougies dans la pièce voisine, et, avant de se rasseoir, il but un plein verre de vin de *Giro*, vin de Sardaigne qui recèle autant de feu que les vieux vins de Tokai en allument. — Voyez-vous, dit Gambara, cette musique n'est faite ni pour les incrédules ni pour ceux qui n'aiment point. Si vous n'avez pas éprouvé dans votre vie les vigoureuses atteintes d'un esprit mauvais qui dérange le but quand vous le visez, qui donne une fin triste aux plus belles espérances ; en un mot, si vous n'avez jamais aperçu la queue du diable frétillant de par le monde, l'opéra de *Robert* sera pour vous ce qu'est l'Apocalypse pour ceux qui croient que tout finit avec eux. Si, malheureux et persécuté, vous comprenez le génie du mal, ce grand singe qui détruit à tout moment l'œuvre de Dieu, si vous l'imaginez ayant non pas aimé, mais violé une femme presque divine, et remportant de cet amour les joies de la paternité, au point de mieux aimer son fils éternellement malheureux avec lui, que de le savoir éternellement heureux avec Dieu ; si vous imaginez enfin l'âme de la mère planant sur la tête de son fils pour l'arracher aux horribles séductions paternelles, vous n'aurez encore qu'une faible idée de cet immense poème, auquel il ne manque peu de chose pour rivaliser avec le *Don Juan* de Mozart. *Don Juan* est au-dessus par sa perfection, je l'accorde, *Robert-le-Diable* représente des idées, *Don Juan* excite des sensations. *Don Juan* est encore la seule œuvre musicale où l'harmonie et la mélodie soient en proportions exactes, à seulement est le secret de sa supériorité sur *Robert*, car *Robert* est plus abondant. Mais à quoi sert cette comparaison, si ces deux œuvres sont belles de leurs beautés propres ? Pour moi, qui gémis sous les coups rendus du démon, *Robert* m'a plus énergiquement empoigné qu'à vous, et je l'ai trouvé vaste et concentré tout à la fois. Vraiment, grâce à vous, je viens d'habiter le beau pays des rêves où mes sens se trouvent agrandis, où l'univers se déploie dans des proportions gigantesques par rapport à l'homme. (Il se fit un moment de silence.) Je tressaille encore, dit le malheureux artiste, aux quatre mesures de timbales qui m'ont atteint dans les entrailles, et qui ouvrent cette courte, cette brusque introduction où le solo de trombone, où les flûtes, le hautbois et la clarinette jettent dans l'âme une couleur fantastique. Cet *andante* en *ut* mineur fait pressentir le thème de l'invocation des âmes dans l'abbaye, et vous agrandit la scène par l'annonce d'une lutte toute spirituelle. J'ai frissonné !

Gambara frappa les touches d'une main sûre, il étendit magistralement le thème de Meyerbeer par une sorte de décharge d'âme à la manière de Liszt. Ce ne fut plus un piano, ce fut l'orchestre tout entier, le génie de la musique évoqué. — Voilà le style de Mozart, s'écria-t-il. Voyez comme cet Allemand manie les accords, et par quelles savantes modulations il fait passer l'épouvante pour arriver à la dominante d'*ut*. J'entends l'enfer ! La toile se lève. Que vois-je ? le seul spectacle à qui nous donnions le nom d'*infernal*, une orgie de chevaliers, en Sicile. Voilà dans ce chœur en *fa* toutes les passions humaines déchaînées par un *allegro* bachique. Tous les fils par lesquels le diable nous mène se remuent ! Voilà bien l'espèce de joie qui saisit les hommes quand ils dansent sur un abîme, ils se donnent eux-mêmes le vertige. Quel mouvement dans ce chœur ! Sur ce chœur, la réalité de la vie, la vie naïve et bourgeoise, se détache en *sol mineur* par un chant plein de simplicité, celui de Raimbaut. Il me rafraîchit un moment l'âme, ce bon homme qui exprime la verte et plantureuse Normandie, en venant la rappeler à Robert au milieu de l'ivresse. Ainsi, la douceur de la patrie aimée accompagne d'un filet brillant ce sombre début. Puis vient cette merveilleuse ballade en *ut* majeur, accompagnée du chœur en *ut* mineur, et qui dit si bien le sujet ! — *Je suis Robert !* éclate aussitôt. La fureur du prince offensé par son vassal n'est déjà plus une fureur naturelle ; mais elle va se calmer, car les souvenirs de l'enfance arrivent avec Alice par cet *allegro* en *la* majeur plein de mouvement et de grâce. Entendez-vous les cris de l'innocence qui, en entrant dans ce drame infernal, y entre persécutée ? — *Non, non !* chanta Gambara, qui sut faire chanter son pulmonique piano. La patrie et ses émotions sont venues ! l'enfance et ses souvenirs ont refleuri dans le cœur de Robert, mais voici l'ombre de la mère qui se lève accompagnée des suaves idées religieuses ! La religion anime cette belle romance en *mi* majeur, et dans laquelle se trouve une merveilleuse progression harmonique et mélodique sur les paroles :

> Car dans les cieux comme sur la terre,
> Sa mère va prier pour lui.

La lutte commence entre les puissances inconnues et le seul homme qui ait dans ses veines le feu de l'enfer pour y résister. Et, pour que vous le sachiez bien, voici l'entrée de Bertram, sous laquelle le grand musicien a plaqué en ritournelle à l'orchestre un rappel de la ballade de Raimbaut. Que d'art ! quelle liaison de toutes ces parties, quelle puissance de construction ! Le diable est là-dessous, il se cache, il frétille. Avec l'épouvante d'Alice, qui reconnaît le diable du saint Michel de son village, le combat des deux principes est posé. Le thème musical va se développer, et par quelles phases variées ! Voici l'antagonisme nécessaire à tout opéra fortement accusé par un beau récitatif, comme Gluck en faisait, entre Bertram et Robert.

> Tu ne sauras jamais à quel excès je t'aime.

Cet *ut* mineur diabolique, cette terrible basse de Bertram, entame son jeu de sape, qui détruira tous les efforts de cet homme à tempérament violent. Là, pour moi, tout est effrayant. Le crime aura-t-il le criminel ? le bourreau aura-t-il sa proie ? le malheur dévorera-t-il le génie de l'artiste ? la maladie tuera-t-il le malade ? l'ange gardien préservera-t-il le chrétien ? Voici le finale, la scène du jeu où Bertram tourmente son fils en lui causant les plus terribles émotions. Robert, dépouillé, colère, brisant tout, voulant tout tuer, tout mettre à feu et à sang, lui semble bien son fils, il est ressemblant ainsi. Quelle atroce gaieté dans ce *Je ris de tes coups* de Bertram ! Comme la barcarolle vénitienne mène bien ce finale ! par quelles transitions hardies ce scélérat paternité rentre en scène pour ramener Robert au jeu ! Ce début est accablant pour ceux qui développent les thèmes au fond de leur cœur en leur donnant l'étendue que le musicien leur a commandé de communiquer. Il n'y avait que l'amour à opposer à cette grande symphonie chantée où vous ne surprenez ni monotonie, ni l'emploi d'un même moyen : elle est une et variée, caractère de tout ce qui est grand et naturel. Je respire, j'arrive dans la sphère élevée d'une cour galante, j'entends les jolies phrases fraîches et légèrement mélancoliques d'Isabelle, et le chœur de femmes en deux parties et en imitation, qui sent un peu les teintes moresques de l'Espagne. En cet endroit, la terrible musique s'adoucit par des teintes molles, comme une tempête qui se calme, pour arriver à ce duo fleuretté, coquet, bien modulé, qui ne ressemble à rien de la musique des héros chercheurs d'aventures. Après les tumultes du camp des héros chercheurs d'aventures, vient la peinture de l'amour. Merci, poète, mon cœur n'eût pas résisté plus longtemps. Si je ne cueillais pas les marguerites d'un opéra-comique français, si je n'entendais pas la douce plaisanterie de la femme qui sait aimer et consoler, je ne soutiendrais pas la terrible note grave sur laquelle apparaît Bertram, répondant à son fils ce : *Si je le permets !* quand il promet à sa princesse adorée de triompher sous les armes qu'elle lui donne. À l'espoir du joueur corrigé par l'amour, l'amour de la plus belle femme, car l'avez-vous vue cette Sicilienne ravissante, à l'œil de faucon sûr de sa proie (quels interprètes a trouvés le musicien !) ! à l'espoir de l'homme, l'enfer oppose le sien par ce cri sublime : *À toi, Robert de Normandie !* N'admirez-vous pas la sombre et profonde horreur empreinte dans les longues et belles notes écrites sur *Dans la forêt prochaine* ? Il y a tous les enchantements de la *Jérusalem délivrée*, comme on retrouve la chevalerie dans ce chœur à mouvement espagnol et dans le *tempo di marcia*. Que d'originalité dans cet *allegro*, modulation des quatre timbales accordées (*ut ré, ut sol*) combien de grâces dans l'appel au tournoi ! Le mouvement de la vie héroïque du temps est là tout entier, l'âme s'y associe, je lis un roman de chevalerie et un poème. L'exposition est finie, il semble que les ressources de la musique soient épuisées, vous n'avez rien entendu de semblable, et cependant tout est homogène. Vous avez aperçu la vie humaine dans sa seule et unique expression : Serai-je heureux ou malheureux ? disent les philosophes. Serai-je damné ou sauvé ? disent les chrétiens.

Ici, Gambara s'arrêta sur la dernière note du chœur, il la développa mélancoliquement, et se leva pour aller boire un autre grand verre de vin de *Giro*. Cette liqueur semi-africaine ralluma l'incandescence de sa face, que l'exécution passionnée et merveilleuse de l'opéra de Meyerbeer avait fait légèrement pâlir. — Pour que rien ne manque à cette composition, reprit-il, le grand artiste nous a largement donné le seul duo bouffe que pût se permettre un démon, la séduction d'un pauvre trouvère. Il a mis la plaisanterie à côté de l'horreur, une plaisanterie où s'abîme la seule réalité qui se montre dans la sublime fantaisie de son œuvre : les amours pures et tranquilles d'Alice et de Raimbaut. Leur vie sera troublée par une vengeance anticipée, les âmes grandes peuvent seules sentir la noblesse qui anime ces airs bouffes vous n'y trouverez ni le papillotage trop abondant de notre musique italienne, ni le commun des ponts-neufs français. C'est quelque chose de la majesté de l'Olympe. Il y a le rire amer d'une divinité opposé à la surprise d'un trouvère qui se *donjuanise*. Sans cette grandeur, nous serions revenus trop brusquement à la couleur générale de l'opéra, empreinte dans cette horrible rage en septièmes diminuées, qui se résout en une valse infernale, et nous met enfin face à face avec les démons. Avec quelle vigueur le couplet de Bertram se détache en *si* mineur sur le chœur des enfers, en nous peignant la paternité mêlée à ces chants démoniaques par un désespoir affreux ! Quelle ravissante transition que l'arrivée d'Alice sur la ritournelle en *si* bémol ! J'entends encore ces chants angéliques de fraîcheur, c'est le rossignol après l'orage ! La grande puissance de l'ensemble se retrouve ainsi dans les détails, car pourrait-on opposer à cette agitation des démons grouillants dans leur trou, si ce n'est l'air merveilleux d'Alice :

Quand j'ai quitté la Normandie !

Le fil d'or de la mélodie court toujours le long de la puissante harmonie comme un espoir céleste, elle la brode, et avec quelle profonde habileté ! Jamais le génie ne lâche la science qui le guide. Ici le chant d'Alice se trouve en *si* bémol et se rattache au *fa* dièze, la dominante du chœur infernal. Entendez-vous le *tremolo* de l'orchestre ? On demande Robert dans le cénacle des démons. Bertram rentre en scène, et il se trouve le point culminant de l'intérêt musical, un récitatif comparable à ce que les grands maîtres ont inventé de plus grandiose, la chaude lutte en *mi* bémol où éclatent les deux athlètes, l'un par un septième diminué, l'autre par son *fa* sublime : *Le ciel est avec moi !* L'enfer et la croix sont en présence. Viennent les menaces de Bertram à Alice, le plus violent pathétique du monde, le génie du mal s'appliquant avec complaisance et s'appuyant comme toujours sur l'intérêt personnel. L'arrivée de Robert, qui nous donne le magnifique trio en *la* bémol sans accompagnement, établit un premier engagement entre les deux forces rivales et l'homme. Voyez comme il se produit nettement, dit Gambara en resserrant cette scène par une exécution passionnée qui saisit Andrea. Toute cette avalanche de musique, depuis les quatre temps de timbale, a roulé vers ce combat des trois voix. La magie du mal triomphe ! Alice s'enfuit et vous entendez le duo en *ré* entre Bertram et Robert, le diable lui enfonce ses griffes au cœur, il le lui déchire pour se le mieux approprier, il se sert de tout : honneur, espoir, jouissances éternelles et infinies, il fait tout briller à ses yeux : il le met, comme Jésus sur le pinacle du temple, et lui montre tous les joyaux de la terre, l'écrin du mal ; il le pique au jeu du courage, et les beaux sentiments de l'homme éclatent dans ce cri :

*Des chevaliers de ma patrie
L'honneur fut toujours le soutien !*

Enfin, pour couronner l'œuvre, voilà le thème qui a si fatalement ouvert l'opéra, le voilà, ce chant principal, dans la magnifique évocation des âmes :

*Nonnes, qui reposez sous cette froide pierre,
M'entendez-vous ?*

Glorieusement parcourue, la carrière musicale est glorieusement terminée par l'*allegro vivace* de la bacchanale en *ré* mineur. Voici bien le triomphe de l'enfer ! Roule, musique, enveloppe-nous de tes redoublés, roule et séduis ! Les puissances infernales ont saisi leur proie, elles la tiennent, elles dansent. Ce beau génie destiné à vaincre, à régner, le voilà perdu ! les démons sont joyeux, la misère

étouffera le génie, la passion perdra le chevalier. Ici Gambara développa la bacchanale pour son propre compte, en improvisant d'ingénieuses variations et s'accompagnant d'une voix mélancolique, comme pour exprimer les intimes souffrances qu'il avait ressenties.

— Entendez-vous les plaintes célestes de l'amour négligé ! reprit-il, Isabelle appelle Robert au milieu du grand chœur des chevaliers allant au tournoi, et où reparaissent les motifs du second acte, pour faire bien comprendre que le troisième acte s'est accompli dans une sphère surnaturelle. La vie réelle reprend. Ce chœur s'apaise à l'approche des enchantements de l'enfer qu'apporte Robert avec le talisman, les prodiges du troisième acte vont se continuer. Ici vient le duo du viol, où le rhythme indique bien la brutalité des désirs d'un homme qui peut tout, et où la princesse, par des gémissements plaintifs, essaye de rappeler son amant à la raison. Le musicien s'est ici mis dans une situation difficile à vaincre, et il a vaincu par le plus délicieux morceau de l'opéra. Quelle adorable mélodie dans la cavatine : *Grâce pour toi !* Les femmes en ont bien saisi le sens, elles se voyaient toutes étreintes et saisies sur la scène. Ce morceau seul ferait la fortune de l'opéra, car elles croyaient être toutes aux prises avec quelque violent chevalier. Jamais il n'y a eu de musique si passionnée ni si dramatique. Le monde entier se déchaîne alors contre le réprouvé. On peut reprocher à ce finale sa ressemblance avec celui de *Don Juan*, mais il y a dans la situation cette énorme différence qu'il y éclate une noble croyance en Isabelle, un amour vrai qui sauvera Robert, car il repousse dédaigneusement la puissance infernale qui lui est confiée, tandis que don Juan persiste dans ses incrédulités. Ce reproche est d'ailleurs commun à tous les compositeurs qui depuis Mozart ont fait des finales. Le finale de *Don Juan* est une de ces formes classiques trouvées pour toujours. Enfin la religion se lève toute-puissante avec sa voix qui domine les mondes, qui appelle tous les malheureux pour les consoler, tous les repentirs pour les réconcilier. La salle entière s'est émue aux accents de ce chœur :

*Malheureux ou coupables,
Hâtez-vous d'accourir !*

Dans l'horrible tumulte des passions déchaînées, la voix sainte n'eût pas été entendue, mais en ce moment critique elle peut tonner dans la divine Église catholique, elle se lève brillante de clartés. Là, j'ai été étonné de trouver après tant de trésors harmoniques une veine nouvelle où le compositeur a rencontré le morceau capital de : *Gloire à la Providence !* écrit dans la manière de Handel. Arrive Robert, éperdu, déchirant l'âme avec son : *Si je pouvais prier*. Poussé par l'arrêt des enfers, Bertram poursuit son fils et tente un dernier effort. Alice vient faire apparaître la mère, vous entendez alors le grand trio vers lequel a marché l'opéra : le triomphe de l'âme sur la matière, de l'esprit du bien sur l'esprit du mal. Les chants religieux dissipent les chants infernaux, le bonheur se montre splendide, mais ici la musique a faibli ; j'ai vu une cathédrale au lieu d'entendre le concert des anges heureux, quelque divine prière des âmes délivrées applaudissant à l'union de Robert et d'Isabelle. Nous ne devions pas rester sous le poids des enchantements de l'enfer, nous devions sortir avec une espérance au cœur. À moi, musicien catholique, il me fallait une autre prière de Moïse ! J'aurais voulu savoir comment l'Allemagne aurait lutté contre l'Italie, ce que Meyerbeer aurait fait pour rivaliser avec Rossini. Cependant, malgré ce léger défaut, l'auteur peut dire qu'après cinq heures d'une musique si substantielle un Parisien préfère une décoration de bal à un chef-d'œuvre musical ! Vous avez entendu les acclamations adressées à cette œuvre, elle aura cinq cents représentations ! Si les Français ont compris cette musique… — C'est parce qu'elle offre des idées, dit le comte. — Non, c'est parce qu'elle présente avec autorité l'image des luttes où de gens expirent, et parce que toutes les existences individuelles peuvent s'y rattacher par le souvenir. Aussi, moi, malheureux, aurais-je été satisfait d'entendre ce cri de nos voix célestes que j'ai tant de fois rêvé.

Aussitôt Gambara tomba dans une extase musicale, et improvisa la plus mélodieuse et la plus harmonieuse cavatine que jamais Andrea devait entendre, un chant divinement chanté dont le thème avait une grâce comparable à celle de l'*O filii et filiæ*, mais plein d'agréments que le génie musical le plus élevé pouvait seul trouver. Le comte resta plongé dans l'admiration la plus vive : les nuages se dissipaient, le bleu du ciel s'entr'ouvrait, des figures d'anges apparaissaient et levaient les voiles qui cachent le sanctuaire, la lumière du ciel tombait à torrents. Bientôt le silence régna. Le comte, étonné de ne plus rien entendre, contempla Gambara, qui, les yeux fixes et dans l'attitude des tériakis, balbutia le mot *Dieu !* Le comte attendit que le compositeur descendît des pays enchantés où il était monté sur les ailes diaprées de l'inspiration, et résolut de l'éclairer avec la lumière qu'il en rapporterait. — Eh bien ! lui dit-il, voilà un autre nom à mettre à vos derniers opéras. Vous n'êtes pas Allemand, il a fait cela sans vous, un sublime opéra sans s'occuper de théorie, tandis que les musiciens qui écrivent des grammaires peuvent comme les critiques littéraires être détestables compositeurs. — Vous n'aimez donc pas ma musique! — Je ne dis pas cela, mais si, au lieu de viser à exprimer des idées, et si au lieu de pousser à l'extrême le principe musical, ce qui vous fait dépasser le but, vous vouliez simplement réveiller en nous des sensations, vous seriez mieux compris, si toutefois vous ne vous êtes pas trompé sur votre vocation. Vous êtes un grand poète. — Quoi! dit Gambara, vingt-cinq ans d'études seraient inutiles! Il me faudrait étudier la langue imparfaite des hommes, quand je tiens la clef du verbe céleste! Ah! si vous aviez raison, je mourrais... — Vous, non. Vous êtes grand et fort, vous recommencerez votre vie, et moi je vous soutiendrai. Nous offririons la noble et rare alliance d'un homme riche et d'un artiste qui se comprennent l'un et l'autre. — Êtes-vous sincère? dit Gambara frappé d'une soudaine stupeur. — Je vous l'ai déjà dit, vous êtes un poète que musicien. — Poète! poète! Cela vaut mieux que rien. Dites-moi la vérité, que prisez-vous le plus de Mozart ou d'Homère? — Je les admire à l'égal l'un de l'autre. — Sur l'honneur? — Sur l'honneur. — Hum! encore un mot. Que vous semble de Meyerbeer et de Byron? — Vous les avez jugés en les rapprochant ainsi.

La voiture du comte était prête, le compositeur et son noble médecin franchirent rapidement les marches de l'escalier, et arrivèrent en peu d'instants chez Marianna. En entrant, Gambara se jeta dans les bras de sa femme, qui recula mais en détournant la tête, le médecin fit également un pas en arrière, et se pencha sur le comte. — Ah! monsieur, dit Gambara d'une voix sourde, vous ne connaissez pas ma folie. Puis il baissa la tête et tomba. — Qu'avez-vous fait? Il est ivre-mort, s'écria Marianna en jetant sur le corps un regard où la pitié combattait le dégoût.

Le comte, aidé par son valet, releva Gambara, qui fut posé sur son lit Andrea sortit, le cœur plein d'une horrible joie. Le lendemain, le comte laissa passer l'heure ordinaire de sa visite, il commençait à craindre d'avoir été la dupe de lui-même, et d'avoir vendu un peu cher l'aisance et la sagesse de ce pauvre ménage, dont la paix était à jamais troublée. Giardini parut enfin, porteur d'un mot de Marianna.

« Venez, écrivait-elle, le mal n'est pas aussi grand que vous auriez voulu, cruel! »

— Excellence, dit le cuisinier pendant qu'Andrea faisait sa toilette, vous nous avez traités magnifiquement hier au soir, mais convenez qu'à part les vins, qui étaient excellents, votre maître d'hôtel ne nous a pas servi un plat digne de figurer sur la table d'un vrai gourmet. Vous ne nierez pas non plus, je suppose, que le mets qui vous fut servi chez moi, le jour où vous me fîtes l'honneur de vous asseoir à ma table, ne renfermât la quintessence de tous ceux qui salissaient hier votre magnifique vaisselle. Aussi ce matin me suis-je éveillé en songeant à la promesse que m'avez faite d'une place de chef. Je me regarde comme attaché maintenant à votre maison. — La même pensée m'est venue il y a quelques jours, répondit Andrea. J'ai parlé de vous au secrétaire de l'ambassade d'Autriche, et vous pouvez désormais passer les Alpes quand bon vous semblera. J'ai un château en Croatie où je vais rarement, là, vous cumulerez les fonctions de concierge, de sommelier et de maître d'hôtel, à deux cents écus d'appointements. Ce traitement sera aussi celui de votre femme, à qui le plus du service est réservé. Vous pourrez vous livrer à des expériences in anima vili, c'est-à-dire sur l'estomac de mes vassaux. Voici un bon sur mon banquier pour vos frais de voyage.

Giardini baisa la main du comte, suivant la coutume napolitaine. — Excellence, lui dit-il, j'accepte le bon sans accepter la place, ce serait me déshonorer que d'abandonner mon art, en déclinant le jugement des plus fins gourmets, qui, décidément, sont à Paris.

Quand Andrea parut chez Gambara, celui-ci se leva et vint à sa rencontre. — Mon généreux ami, dit-il de la voix la plus émue, ou vous avez abusé hier de la faiblesse de mes organes, pour vous jouer de moi, ou votre cerveau n'est pas plus que le mien à l'épreuve des vapeurs natales de nos bons vins du Latium. Je veux m'arrêter à cette dernière supposition, j'aime mieux douter de votre estomac que de votre cœur. Quoi qu'il en soit, je renonce à jamais à l'usage du vin, dont l'abus m'a entraîné hier au soir dans de bien coupables folies. Quand je pense que j'ai failli... (Il jette un regard d'effroi sur Marianna.) Quant au misérable opéra que vous m'avez fait entendre, j'y ai songé, c'est toujours de la musique faite avec les moyens ordinaires, c'est toujours des montagnes de notes entassées, verba et voces, c'est la lie de l'ambroisie que je bois à longs traits en rendant la musique céleste que j'entends! C'est des phrases hachées dont j'ai reconnu l'origine. Le morceau de : Gloire à la Providence! ressemble un peu trop à du Handel, le chœur des cheikhs allant au combat est parent de l'air écossais dans la Dame blanche; enfin, si l'opéra plaît tant, c'est que la musique est de tout le monde, aussi doit-elle être populaire. Je vous quitte, mon cher ami, j'ai depuis ce matin dans ma tête quelques idées qui me demandent qu'à remonter vers Dieu sur les ailes de la musique mais je voulais vous voir et vous parler. Adieu, je vais demander mon pardon à la muse. Nous dînerons ce soir ensemble, mais pour moi du moins. Oh! j'y suis décidé... — J'en désespère, dit Andrea en rougissant. — Ah! vous me rendez ma conscience, s'écria Marianna, je n'osais plus l'interroger. Mon ami, mon ami! ce n'est pas notre faute, il ne veut pas guérir.

Six ans après, en janvier 1837, la plupart des artistes qui avaient le malheur de gâter leurs instruments à vent ou à cordes, les apportaient rue Froidmanteau dans une infâme et horrible maison où demeurait, au cinquième étage, un vieil Italien nommé Gambara. Depuis cinq ans, cet artiste avait été laissé à lui-même et abandonné par sa femme, lui était survenu bien des malheurs Un instrument sur lequel il comptait pour faire fortune et qu'il nommait le panharmonicon, avait été vendu par autorité de justice sur la place du Châtelet, ainsi qu'une charge de papier réglé, barbouillé de notes de musique. Le lendemain de la vente, ces partitions avaient enveloppé, à la Halle, du beurre, du poisson et des fruits. Ainsi, trois grands opéras, dont parlait ce pauvre homme, mais qu'un ancien cuisinier napolitain, devenu simple regrattier, disait être un amas de sottises, avaient été disséminés dans Paris et dévorés par les éventaires des revendeuses. N'importe, le propriétaire de la maison avait été payé de ses loyers, et les huissiers de leurs frais. Au dire du vieux regrattier napolitain, qui vendait aux filles de la rue Froidmanteau les débris des repas les plus somptueux faits en ville, la signora Gambara avait suivi en Italie un grand seigneur milanais, et personne ne pouvait savoir ce qu'elle était devenue. Fatiguée de quinze années de misère, elle ruinait peut-être ce comte par un luxe exorbitant, car ils s'adoraient l'un l'autre si bien, que, dans le cours de sa vie, le Napolitain n'avait pas eu l'exemple d'une semblable passion.

Vers la fin de ce même mois de janvier, un soir que Giardini le regrattier causait, avec une fille qui venait chercher à souper, de cette divine Marianna, si pure et si belle, si noblement dévouée, et qui cependant avait fini comme toutes les autres, la fille, le regrattier et sa femme aperçurent dans la rue une femme maigre, au visage noirci, poudreux, au squelette nerveux et ambulant, qui regardait les numéros et cherchait à reconnaître une maison. — Ecco la Marianna, dit en italien le regrattier.

Marianna reconnut le restaurateur napolitain Giardini dans le pauvre revendeur, sans s'expliquer par quels malheurs il était arrivé à tenir une misérable boutique de regrat. Elle entra, s'assit, car elle venait de Fontainebleau, elle avait fait quatorze lieues dans la journée, et avait mendié son pain depuis Turin jusqu'à Paris. Elle effraya cet effroyable trio! De sa beauté merveilleuse, il ne lui restait plus que deux beaux yeux malades et éteints. La seule chose qui lui était fidèle était le malheur. Elle fut bien accueillie par le vieux et habile raccommodeur d'instruments, qui la vit entrer avec un indicible plaisir. — Te voilà donc, ma pauvre Marianna! lui dit-il avec bonté. Pendant ton absence, ils m'ont vendu mon instrument et mes opéras!

Il était difficile de tuer le veau gras pour le retour de la Samaritaine, mais Giardini donna un restant de saumon, la fille paya le vin, Gambara offrit du pain, la signora Giardini mit la nappe, et ces infortunes si diverses soupèrent dans le grenier du compositeur. Interrogée sur ses aventures, Marianna refusa de répondre, et leva seulement ses beaux yeux vers le ciel, en disant à voix basse à Giardini : — Marié avec une danseuse! — Comment allez-vous faire pour vivre? dit la fille. La route vous a tuée et... — Vieillie, dit Marianna. Non, ce n'est ni la fatigue, ni la misère, mais le chagrin. — Ah çà! pourquoi n'avez-vous rien envoyé à votre homme? lui demanda la fille.

Marianna ne répondit que par un coup d'œil, et la fille en fut atteinte au cœur. — Elle est fière, excusez du peu! s'écria-t-elle. A quoi ça lui sert-il? dit-elle à l'oreille de Giardini.

Dans cette année, les artistes furent pleins de précautions pour leurs instruments, les raccommodages ne suffisaient pas à défrayer le pauvre ménage, la femme ne gagna pas non plus grand'chose avec son aiguille, et les deux époux durent se résigner à utiliser leurs talents dans la plus basse de toutes les sphères. Tous deux sortaient le soir à la brune, et allaient aux Champs-Élysées chanter des duos que Gambara, le pauvre homme! accompagnait sur une méchante guitare. En chemin, sa femme, qui, pour ces expéditions, mettait sur sa tête un méchant voile de mousseline, conduisait son mari chez un épicier du faubourg Saint-Honoré, lui faisait boire quelques petits verres d'eau-de-vie et le grisait, autrement il eût fait de la mauvaise musique. Tous deux se plaçaient devant le beau monde assis sur des chaises, et l'un des plus grands génies de ce temps, l'Orphée inconnu de la musique moderne, exécutait des fragments de ses partitions, et ces morceaux étaient si remarquables, qu'ils arrachaient quelques sous à l'indolence parisienne. Quand un dilettante des Bouffons, assis là par hasard, ne reconnaissant pas de quel opéra ces morceaux étaient tirés, il interrogeait la femme habillée en prêtresse grecque, qui lui tendait un rond de bouteille en vieux moiré métallique, où elle recueillait les aumônes. — Ma chère, où prenez-vous cette musique? — Dans l'opéra de Mahomet, répondait Marianna.

Comme Rossini a composé un Mahomet II, le dilettante disait alors à la femme qui l'accompagnait : — Quel dommage que l'on ne veuille pas nous donner aux Italiens les opéras de Rossini que nous ne connaissons pas en Italie, certes, en voilà de la belle musique. Gambara souriait.

Il y a quelques jours, il s'agissait de payer une modique somme de trente-six francs pour le loyer des greniers où demeure le pauvre couple résigné. L'épicier n'avait pas voulu faire crédit de l'eau-de-vie avec laquelle la femme grisait son mari pour le faire bien jouer. Gambara fut alors si détestable, que les oreilles de la population riche furent ingrates, et le rond de moiré métallique revint vide. Il était neuf heures du soir, une belle Italienne, la *principessa* Massimilla di Varese, eut pitié de ces pauvres gens, elle leur donna quarante francs et les questionna, en reconnaissant aux remerciements de la femme qu'elle était Vénitienne; le prince Emilio leur demanda l'histoire de leurs malheurs, et Marianna la dit sans aucune plainte contre le ciel ni contre les hommes. — Madame, dit en terminant Gambara, qui n'était pas gris, nous sommes victimes de notre propre supériorité. Ma musique est belle, mais quand la musique passe de la sensation à l'idée, elle ne peut avoir que des gens de génie pour auditeurs, car eux seuls ont la puissance de la développer. Mon malheur vient d'avoir écouté les concerts des anges, et d'avoir cru que les hommes pouvaient les comprendre. Il en arrive autant aux femmes quand, chez elles, l'amour prend des formes divines, les hommes ne les comprennent plus.

Cette phrase valait les quarante francs qu'avait donnés la Massimilla, aussi tira-t-elle de sa bourse une autre pièce d'or en disant à Marianna qu'elle écrirait à Andrea Marcosini. — Ne lui écrivez pas, madame, dit Marianna, et que Dieu vous conserve toujours belle. — Chargeons-nous d'eux? demanda la princesse à son mari, car cet homme est resté fidèle à l'IDÉAL que nous avons tué.

En voyant la pièce d'or, le vieux Gambara pleura; puis il lui vint une réminiscence de ses anciens travaux scientifiques, et le pauvre compositeur dit, en essuyant ses larmes, une phrase que la circonstance rendit touchante : — L'eau est un corps brûlé.

Paris, juin 1837.

FIN DE GAMBARA

Tous deux sortaient le soir à la brune et allaient aux Champs-Élysées y chanter... — PAGE 31.

ŒUVRES ILLUSTRÉES DE BALZAC

L'ENFANT MAUDIT

LES PROSCRITS

Dess. Tony Johannot, E. Lampsonius, Bertall, H. Monnier, etc.

Gravures par les meilleurs Artistes.

A MADAME
LA BARONNE JAMES ROTHSCHILD.

COMMENT VÉCUT LA MÈRE.

Par une nuit d'hiver, et sur les deux heures du matin, la comtesse Jeanne d'Hérouville éprouva de si vives douleurs, que, malgré son inexpérience, elle pressentit un prochain accouchement; et l'instinct, qui nous fait espérer le mieux dans un changement de position, lui conseilla de se mettre sur son séant, soit pour étudier la nature de souffrances toutes nouvelles, soit pour réfléchir à sa situation. Elle était en proie à de cruelles craintes causées moins par les risques d'un premier accouchement dont s'épouvantent la plupart des femmes, que par les dangers qui attendaient l'enfant. Pour ne pas éveiller son mari, couché près d'elle, la pauvre femme prit des précautions qu'une profonde terreur rendait aussi minutieuses que peuvent l'être celles d'un prisonnier qui s'évade. Quoique les douleurs devinssent de plus en plus intenses, elle cessa de les sentir, tant elle

Ayez ce masque sur votre visage. — PAGE 5.

concentra ses forces dans la pénible entreprise d'appuyer sur l'oreiller ses deux mains humides, pour faire quitter à son corps endolori la posture où elle se trouvait sans énergie. Au moindre bruissement de l'immense courtepointe en moire verte sous laquelle elle avait très-peu dormi depuis son mariage, elle s'arrêtait comme si elle eût tinté une cloche. Forcée d'épier le comte, elle partageait son attention entre les plis de la criarde étoffe et une large figure basanée dont la moustache frôlait son épaule. Si quelque respiration par trop bruyante s'exhalait des lèvres de son mari, elle lui inspirait des peurs soudaines qui ravivaient l'éclat du vermillon répandu sur ses joues par sa double angoisse. Le criminel parvenu nuitamment jusqu'à la porte de sa prison, et qui tâche de tourner sans bruit dans une impitoyable serrure la clef qu'il a trouvée, n'est pas plus timidement audacieux. Quand la comtesse se vit sur son séant sans avoir réveillé son gardien, elle laissa échapper un geste de joie enfantine où se révélait la touchante naïveté de son caractère; mais le sourire à demi formé sur ses lèvres enflammées fut promptement réprimé : une pensée vint

1

rembrunir son front pur, et ses longs yeux bleus reprirent leur expression de tristesse. Elle poussa un soupir et replaça ses mains, non sans de prudentes précautions, sur le fatal oreiller conjugal. Puis, comme si pour la première fois depuis son mariage elle se trouvait libre de ses actions et de ses pensées, elle regarda les choses autour d'elle en tendant le cou par de légers mouvements semblables à ceux d'un oiseau en cage. A la voir ainsi, on eût facilement deviné que naguère elle était tout joie et tout folâtrerie; mais que subitement le destin avait moissonné ses premières espérances et changé son ingénue gaieté en mélancolie.

La chambre était une de celles que, de nos jours encore, quelques concierges octogénaires annoncent aux voyageurs qui visitent les vieux châteaux en leur disant : — Voici la chambre de parade où Louis XIII a couché. De belles tapisseries généralement brunes de ton étaient encadrées de grandes bordures en bois de noyer dont les sculptures délicates avaient été noircies par le temps. Au plafond, les solives formaient des caissons ornés d'arabesques dans le style du siècle précédent, et qui conservaient les couleurs du châtaignier. Ces décorations pleines de teintes sévères réfléchissaient si peu la lumière, qu'il était difficile de voir leurs dessins, alors même que le soleil donnait en plein dans cette chambre haute d'étage, large et longue. Aussi la lampe d'argent posée sur le manteau d'une vaste cheminée l'éclairait-elle alors si faiblement, que sa lueur tremblotante pouvait être comparée à ces étoiles nébuleuses qui, par moments, percent le voile grisâtre d'une nuit d'automne. Les marmousets pressés dans le marbre de cette cheminée, qui faisait face au lit de la comtesse, offraient des figures si grotesquement hideuses, qu'elle n'osait y arrêter ses regards, elle craignait de les voir se remuer ou d'entendre un rire éclatant sortir de leurs bouches béantes et contournées. En ce moment une horrible tempête grondait par cette cheminée, qui en redisait les moindres rafales en leur prêtant un sens lugubre, et la largeur de son tuyau le mettait si bien en communication avec le ciel, que les nombreux tisons du foyer avaient une sorte de respiration, ils brillaient et s'éteignaient tour à tour, au gré du vent. L'écusson de la famille d'Hérouville, sculpté en marbre blanc avec tous les lambrequins et les figures de ses tenants, prêtait l'apparence d'une tombe à cette espèce d'édifice, qui faisait le pendant du lit, autre monument élevé à la gloire de l'hymenée. Un architecte moderne eût été fort embarrassé de décider si la chambre avait été construite pour le lit, ou le lit pour la chambre. Deux amours qui jouaient sur un ciel de noyer orné de guirlandes auraient pu passer pour des anges, et les colonnes de même bois qui soutenaient ce dôme prédominant des allégories mythologiques dont l'explication se trouvait également dans la Bible ou dans les Métamorphoses d'Ovide. Otez le lit, ce ciel aurait également bien couronné dans une église la chaire ou les bancs de l'œuvre. Les époux montaient par trois marches à cette somptueuse couche placée sur une estrade et décorée de deux courtines de moire verte à grands dessins brillants, nommés *ramages*, peut-être parce que les oiseaux qu'ils représentent sont censés chanter. Les plis de ces immenses rideaux étaient si roides, qu'à la nuit on eût pris cette soie pour un tissu de métal. Sur le velours vert, orné de crépines d'or, qui formait le fond de ce lit seigneurial, la superstition des comtes d'Hérouville avait attaché un grand crucifix que leur chapelain plaçait un bouquet buis béni, en même temps qu'il renouvelait au jour de *Pâques fleuries* l'eau du bénitier incrusté au bas de la croix.

D'un côté de la cheminée était une armoire de bois précieux et magnifiquement ouvré, que les jeunes mariées recevaient encore en province le jour de leurs noces. Ces vieux bahuts, si recherchés aujourd'hui par les antiquaires, étaient l'arsenal où les femmes puisaient les trésors de leurs parures, seuls riches qu'élégantes. Ils contenaient les dentelles, les corps de jupe, les hauts cols, les robes de prix, les aumônières, les masques, les gants, les voiles, toutes les inventions de la coquetterie du seizième siècle. De l'autre côté pour la symétrie, s'élevait un meuble semblable où la comtesse mettait ses livres, ses papiers et ses pierreries. D'antiques fauteuils en damas, un grand miroir verdâtre fabriqué à Venise et richement encadré dans une espèce de toilette roulante, achevaient l'ameublement de cette chambre. Le plancher était couvert d'un tapis de Perse dont la richesse attestait la galanterie du comte. Sur la dernière marche du lit se trouvait une petite table sur laquelle la femme de chambre servait tous les soirs, dans une coupe d'argent ou d'or, un breuvage préparé avec des épices.

Quand nous avons fait quelques pas dans la vie, nous connaissons la secrète influence exercée par les lieux sur les dispositions de l'âme. Pour qui ne s'est-il pas rencontré des instants mauvais où l'on voit je ne sais quels gages d'espérance dans les choses qui nous environnent? Heureux ou misérable, l'homme prête une physionomie aux moindres objets avec lesquels il vit, il les écoute et les consulte, tant il est naturellement superstitieux. En ce moment, la comtesse promenait ses regards sur tous les meubles, comme s'ils eussent été des êtres; elle semblait leur demander secours ou protection; mais ce luxe sombre lui paraissait inexorable.

Tout à coup la tempête redoubla. La jeune femme n'osa plus rien augurer de favorable en entendant les menaces du ciel, dont les changements étaient interprétés à cette époque de crédulité suivant les idées ou les habitudes de chaque esprit. Elle reporta soudain les yeux vers deux croisées en ogive qui étaient au bout de la chambre mais la petitesse des vitraux et la multiplicité des lames de plomb ne lui permirent pas de voir l'état du firmament et de reconnaître si la fin du monde approchait, comme le prétendaient quelques moines affamés de donations. Elle aurait facilement pu croire à ces prédictions, car le bruit de la mer irritée, dont les vagues semblaient les murs du château, se joignit à la grande voix de la tempête, et les rochers parurent s'ébranler. Quoique les souffrances se succédassent toujours plus vives et plus cruelles, la comtesse n'osa pas réveiller son mari, mais elle en examina les traits, comme si le désespoir lui avait conseillé d'y chercher une consolation contre tant de sinistres pronostics.

Si les choses étaient tristes autour de la jeune femme, cette figure, malgré le calme du sommeil, paraissait plus triste encore. Agitée par les flots du vent, la clarté de la lampe qui se mourait au bord du lit n'illuminait la tête du comte que par moments, en sorte que les mouvements de la lueur simulaient sur ce visage en repos les débats d'une pensée orageuse. A peine la comtesse fut-elle rassurée en reconnaissant la cause de ce phénomène. Chaque fois qu'un coup de vent projetait la lumière sur cette grande figure en ombrant les nombreuses callosités qui la caractérisaient, il lui semblait que son mari allait fixer sur elle deux yeux d'une insoutenable rigueur. Implacable comme la guerre que se faisaient alors l'Église et le calvinisme, le front du comte était encore menaçant pendant le sommeil; de nombreux sillons produits par les émotions d'une vie guerrière y imprimaient une vague ressemblance avec ces pierres vermiculées qui ornent les monuments de ce temps; pareils aux mousses blanches des vieux chênes, des cheveux gris avant le temps l'entouraient sans grâce, et l'intolérance religieuse y montrait ses brutalités passionnées. La forme d'un nez aquilin qui ressemblait au bec d'un oiseau de proie, les contours noirs et plissés d'un œil jaune, les deux saillies d'un visage creusé, la rigidité des rides profondes, le dédain marqué dans la lèvre inférieure, tout indiquait une ambition, un despotisme, une force d'autant plus à craindre que l'étroitesse du crâne trahissait un défaut absolu d'esprit, et du courage sans générosité. Ce visage était horriblement défiguré par une large balafre transversale, dont la couture figurait une seconde bouche dans la joue droite. A l'âge de trente-trois ans, le comte, jaloux de s'illustrer dans la malheureuse guerre de religion dont le signal fut donné par la Saint-Barthélemy, avait été grièvement blessé au siège de la Rochelle. La malencontre de sa blessure, pour parler le langage du temps, augmenta sa haine contre ceux de la religion; mais, par une disposition assez naturelle, il enveloppa aussi les hommes à belles figures dans son antipathie. Avant cette catastrophe, il était déjà si laid qu'aucune dame n'avait voulu recevoir ses hommages. La seule passion de jeunesse fut une femme celèbre nommée la Belle Romaine. La défiance que lui donna sa nouvelle disgrâce le rendit peu susceptible de penser qu'il pût inspirer une passion véritable, et son caractère devint si sauvage, que, s'il eut des succès en galanterie, il ne les dut qu'à la frayeur inspirée par ses cruautés. La main gauche, que ce terrible catholique avait hors du lit, achevait de peindre son caractère. Etendue de manière à garder la comtesse comme un avare garde son trésor, cette main énorme était couverte de poils si abondants, elle offrait un lacis de veines et de muscles si saillants, qu'elle ressemblait à quelque branche de hêtre entourée par les tiges d'un lierre jauni. En contemplant la figure du comte, un enfant aurait recouru l'un de ces contes dont les terribles histoires leur sont racontées par les nourrices. Il suffisait de voir la largeur et la longueur de la place que le comte occupait dans le lit pour deviner ses proportions gigantesques. Ses gros sourcils grisonnants lui cachaient les paupières de manière à rehausser la clarté de son œil, où éclatait la férocité lumineuse de celui d'un loup au guet dans la feuillée. Sous son nez de lion, deux larges moustaches peu soignées, car il méprisait singulièrement la toilette, ne permettaient pas d'apercevoir la lèvre supérieure. Heureusement pour la comtesse, la large bouche de son mari était muette en ce moment, car les plis doux sons de cette voix rauque la faisaient frissonner. Quoique le comte d'Hérouville eût à peine cinquante ans, au premier abord on pouvait lui en donner soixante, tant les fatigues de la guerre, sans altérer sa constitution robuste, avaient outragé sa physionomie; mais il se souciait fort peu de passer pour un *mignon*.

La comtesse, qui atteignait à sa dix-huitième année, formait auprès de cette immense figure un contraste pénible à voir. Elle était blanche et svelte. Ses cheveux châtains, mélangés de teintes d'or, se jouaient sur son cou comme les nuages de bistre, et découpaient un de ces visages délicats trouvés par Carlo Dolci pour ses madones au teint d'ivoire, qui semblent près d'expirer sous les atteintes de la douleur physique. Vous eussiez dit de l'apparition d'un ange chargé d'adoucir les volontés du comte d'Hérouville.

— Non, il ne nous tuera pas mentalement s'écria-t-elle après avoir longtemps contemplé son mari. N'est-il pas franc, noble, courageux et fidèle à sa parole?... Fidèle à sa parole? En reproduisant cette phrase par la pensée, elle tressaillit violemment, et resta comme stupide.

Pour comprendre l'horreur de la situation où se trouvait la comtesse, il est nécessaire d'ajouter que cette scène nocturne avait lieu en 1591, époque à laquelle la guerre civile régnait en France, et où les lois étaient sans vigueur. Les excès de la Ligue, opposés à l'avénement de Henri IV, surpassaient toutes les calamités des guerres de religion. La licence devint même alors si grande, que personne n'était surpris de voir un grand seigneur faisant tuer son ennemi publiquement, en plein jour. Lorsqu'une expédition militaire dirigée dans un intérêt privé était conduite au nom de la Ligue ou du roi, elle obtenait des deux parts les plus grands éloges. Ce fut ainsi que Balagny, un soldat, faillit devenir prince souverain, aux portes de la France. Quant aux meurtres commis en famille, s'il est permis de se servir de cette expression, on ne s'en souciait pas plus, dit un contemporain, que d'une gerbe de feurre, à moins qu'ils n'eussent été accompagnés de circonstances par trop cruelles. Quelque temps avant la mort du roi, une dame de la cour assassina un gentilhomme qui avait tenu sur elle des discours malséants. L'un des mignons de Henri III lui dit : — Elle l'a, vive Dieu! sire, fort joliment dagué !

Par la rigueur de ses exécutions, le comte d'Hérouville, un des plus emportés royalistes de Normandie, maintenait sous l'obéissance de Henri IV toute la partie de cette province qui avoisine la Bretagne. Chef de l'une des plus riches familles de France, il avait considérablement augmenté le revenu de ses nombreuses terres en épousant, sept mois avant la nuit pendant laquelle commence cette histoire, Jeanne de Saint-Savin, jeune demoiselle qui, par un hasard assez commun de ces temps, où les gens mouraient dru comme mouches, avait subitement réuni sur sa tête les biens des deux branches de la maison de Saint-Savin. La nécessité, la terreur, furent les seuls témoins de cette union. Dans un repas donné, deux mois après, par la ville de Bayeux, au comte et à la comtesse d'Hérouville à l'occasion de leur mariage, il s'éleva une discussion qui, par cette époque d'ignorance, fut trouvée fort saugrenue; elle était relative à la prétendue légitimité des enfants venant au monde dix mois après la mort du mari, ou sept mois après la première nuit des noces. — Madame, dit brutalement le comte à sa femme, quant à me donner un enfant dix mois après ma mort, je n'y peux. Mais pour votre début, n'accouchez pas à sept mois. — Que ferais-tu donc, vieil ours ? demanda le jeune marquis de Verneuil, pensant que le comte voulait plaisanter. — Je tordrais fort proprement le col à la mère et à l'enfant. Une réponse si péremptoire servit de clôture à cette discussion impudemment élevée par un seigneur bas-normand. Les convives gardèrent le silence en contemplant avec une sorte de terreur la jolie comtesse d'Hérouville. Tous étaient persuadés que, dans l'occurrence, ce farouche seigneur exécuterait sa menace.

La parole du comte retentit dans le sein de la jeune femme, alors enceinte; à l'instant même, un de ces pressentiments qui sillonnent l'âme comme un éclair de l'avenir avertit qu'elle accoucherait à sept mois. Une chaleur intérieure enveloppa la jeune femme de la tête aux pieds, en concentrant la vie au cœur avec tant de violence, qu'elle se sentit extérieurement comme dans un bain de glace. Depuis lors, il ne se passa pas un jour sans que ce mouvement de terreur secrète n'arrêtât les élans les plus innocents de son âme. Le souvenir du regard et de l'inflexion de voix par lesquels le comte l'accompagna son arrêt glaçait encore le sang de la comtesse, et faisait taire ses douleurs, lorsque, penchée sur cette tête endormie, elle voulait y trouver, durant le sommeil, les indices d'une pitié qu'elle y cherchait vainement pendant le jour. Cet enfant menacé de mort avant de naître, lui demandant le jour par un mouvement vigoureux, elle s'écria d'une voix qui ressemblait à un soupir : — Pauvre petit ! Elle n'acheva point, il y a des idées qu'une mère ne supporte pas. Incapable de raisonner en ce moment, la comtesse fut comme étouffée par une angoisse qui lui était inconnue. Deux larmes échappées de ses yeux roulèrent lentement le long de ses joues, y tracèrent deux lignes brillantes, et restèrent suspendues à bas de son blanc visage, semblables à deux gouttes de rosée sur un lis. Quel savant oserait prendre sur lui de dire que l'enfant reste sur un terrain neutre où les émotions de la mère ne pénètrent pas, pendant ces heures où l'âme embrasse le corps et y communique ses impressions, où la pensée infiltre au sang des baumes réparateurs ou des fluides vénéneux? Cette terreur qui agitait l'arbre troubla-t-elle le fruit ? Ce mot : Pauvre petit ! fut-il un arrêt dicté par une vision de son avenir ? Le tressaillement de la mère fut bien énergique, et son regard fut bien perçant !

La sanglante réponse échappée au comte était un anneau qui rattachait mystérieusement le passé de sa femme à cet accouchement prématuré. Ces odieux soupçons, si publiquement exprimés, avaient jeté dans les souvenirs de la comtesse la terreur qui retentissait jusque dans l'avenir. Depuis ce fatal gala, elle chassait, avec autant de crainte qu'une autre femme aurait pris de plaisir à les évoquer, mille tableaux épars que sa vive imagination lui dessinait souvent malgré ses efforts. Elle se refusait à l'émouvante contemplation des heureux jours où son cœur était libre d'aimer. Semblables aux mélodies du pays natal qui font pleurer les bannis, ces souvenirs lui retraçaient des sensations si délicieuses, que sa jeune conscience les lui reprochait comme autant de crimes, et s'en servait pour rendre plus terrible encore la promesse du comte : là était le secret de l'horreur qui oppressait la comtesse.

Les figures endormies possèdent une espèce de suavité due au repos parfait du corps et de l'intelligence, mais, quoique ce calme changeât peu la dure expression des traits du comte, l'illusion offre aux malheureux de si attrayants mirages, que la jeune femme finit par trouver un espoir dans cette tranquillité. La tempête qui déchaînait alors des torrents de pluie ne fit plus entendre qu'un murmure mélancolique, ses craintes et ses douleurs lui laissèrent également un moment de répit. En contemplant l'homme auquel sa vie était liée, la comtesse se laissa donc entraîner dans une rêverie dont la douceur fut si enivrante, qu'elle n'eut pas la force d'en rompre le charme. En un instant, par une de ces visions qui participent de la puissance divine, elle fit passer devant elle les rapides images d'un bonheur perdu sans retour.

Jeanne aperçut d'abord faiblement, et comme dans le lointain lumière de l'aurore, le modeste château où son insouciante enfance s'écoula : ce fut bien la pelouse verte, le ruisseau frais, la petite chambre, théâtre de ses premiers jeux. Elle se vit cueillant des fleurs, les plantant, ne sachant pas pourquoi toutes se fanaient sans grandir, malgré sa constance à les arroser. Bientôt apparut confusément encore la ville immense et le grand hôtel noirci par le temps où sa mère la conduisit à l'âge de sept ans. Sa railleuse mémoire lui montra les vieilles têtes des maîtres qui la tourmentèrent. A travers un torrent de mots espagnols ou italiens, en répétant en son âme les romances aux sons d'un joli rebec, elle se rappela la personne de son père. Au retour du Palais, elle allait au-devant du président, elle le regardait descendant de sa mule à son montoir, lui prenait la main pour gravir avec lui l'escalier, et par son babil chassait les soucis judiciaires qu'il ne dépouillait pas toujours avec la robe noire ou rouge dont, par espiéglerie, la fine mèche mélangée de noir tomba sous ses ciseaux. Elle ne jeta qu'un regard sur le confesseur de sa tante, la supérieure des Clarisses, homme rigide et fanatique, chargé de l'initier aux mystères de la religion. Endurci par les sévérités que nécessitait l'hérésie, ce vieux prêtre secouait à tout propos les chaînes de l'enfer, ne parlait que des vengeances célestes, et la rendait craintive en lui persuadant qu'elle était toujours en présence de Dieu. Devenue timide, elle n'osait lever les yeux, et n'avait plus que du respect pour sa mère, à qui jusqu'alors elle avait fait partager ses folâtreries. Des ce moment, une religieuse terreur s'emparait de son jeune cœur, quand elle voyait cette mère bien-aimée arrêtant sur elle ses yeux bleus avec une apparence de colère.

Elle se retrouva tout à coup dans sa seconde enfance, époque pendant laquelle elle ne comprit rien encore aux choses de la vie. Elle salua par un regret presque moqueur ces jours où son bonheur fut de travailler avec sa mère dans un petit salon de tapisserie, de prier dans une grande église, de chanter une romance en s'accompagnant du rebec, de lire en cachette un livre de chevalerie, déchirer une fleur par curiosité, découvrir quels présents lui ferait son père à la fête du bienheureux saint Jean, et chercher le sens des paroles qu'on n'achevait pas devant elle. Aussitôt elle effaça par une pensée, comme on efface un mot crayonné sur un album, les enfantines joies que, pendant ce moment où elle ne souffrait pas, son imagination venait de lui choisir parmi les tableaux que lui servait de salle à manger, elle vit son beau cousin pour la première fois. Effrayée par les séditions de Paris, la famille de sa mère envoyait à Rouen ce jeune courtisan, dans l'espérance qu'il s'y formerait aux devoirs de la magistrature auprès de son grand-oncle, de qui la charge lui serait transmise quelque jour. La comtesse sourit involontairement en songeant à la vivacité avec laquelle elle s'était retirée en reconnaissant ce parent attendu qu'elle ne connaissait pas. Malgré sa promptitude à ouvrir et fermer la porte, son coup d'œil avait mis dans son âme une si vigoureuse empreinte de cette scène, qu'en ce moment il lui semblait encore le voir tel qu'il se produisit en se retournant. Elle n'avait alors admiré qu'à la dérobée le goût et le luxe répandus sur les vêtements faits à Paris; mais aujourd'hui, plus hardie dans son souvenir, son œil allait librement du manteau en velours violet brodé d'or et doublé de satin, aux fleurons qui garnissaient les bottines, et des petites losanges crevées du pourpoint et du haut-de-chausse, à la riche collerette rabattue qui laissait voir un cou frais aussi blanc que la dentelle. Elle flattait avec la main une figure caractérisée par deux petites moustaches relevées en pointe, et par une paire pareille à l'une des queues d'hermine semées sur l'épitoge de son père. Au milieu du silence et de la nuit, les yeux fixés sur les courtines de moire qu'elle ne voyait plus, oubliant et l'orage et son mari, la comtesse osa se rappeler comment, après bien des jours qui lui semblèrent aussi longs que des années, tant pleins ils furent, le jardin entouré de vieux murs noirs et le noir hôtel de son père lui parurent dorés et lumineux. Elle aimait, elle était aimée! Comment, craignant les regards sévères de sa mère, elle s'était glissée un matin dans le cabinet de son père pour lui faire ses jeunes confidences, après s'être assise sur lui et s'être permis des espiègleries qui avaient attiré le sourire aux lèvres de l'éloquent magistrat, sourire qu'elle attendait pour lui dire : « — Me gronderez-vous, si je vous dis quelque chose? » Elle croyait entendre encore son père lui disant après un interrogatoire où, pour la première fois, elle parlait de son amour : « — Eh bien! mon enfant, nous verrons. S'il étudie bien, s'il veut me succéder, s'il continue à te plaire, je me mettrai de la conspiration! » Elle n'avait plus rien écouté, elle avait baisé son père et renversé les paperasses pour courir au grand tilleul où, tous les matins avant le lever de sa redoutable mère, elle rencontrait le gentil George de Chaverny! Le courtisan promettait de dévorer les lois et les coutumes, il quittait les riches ajustements de la noblesse d'épée pour prendre le sévère costume des magistrats. « — Je t'aime bien mieux vêtu de noir, » lui disait-elle. Elle mentait, mais ce mensonge avait rendu son malheur moins triste d'avoir jeté la dague aux champs. Le souvenir des ruses employées pour tromper sa mère, dont la sévérité semblait grande, lui rendit les joies fécondes d'un amour innocent, permis et partagé. C'était quelque rendez-vous sous les tilleuls, où la parole était plus libre sans témoins; les furtives étreintes et les baisers surpris, enfin tous les suls à-comptes de la passion qui ne dépasse point les bornes de la modestie. Revivant comme en songe dans ces délicieuses journées où elle s'accusait d'avoir eu trop de bonheur, elle osa baiser dans le vide cette jeune figure aux regards enflammés, et cette bouche vermeille qui lui parla si bien d'amour. Combien de trésors n'avait-elle pas découverts dans cette âme aussi douce qu'elle était forte! Tout à coup meurt le président, Chaverny ne lui succède pas, la guerre civile survient flamboyante. Par les soins de leur cousin, Chaverny, et sa mère trouvent un asile secret dans une petite ville de la Basse-Normandie. Bientôt les morts successives de quelques parents le rendent une des plus riches héritières de France. Avec la médiocrité de fortune s'enfuit le bonheur. La sauvage et terrible figure du comte d'Hérouville, qui demande sa main, lui apparaît comme une gone grosse de foudre qui étend son crêpe sur les richesses de la terre jusqu'alors dorée par le soleil. La pauvre comtesse s'efforce de chasser sur ses pensées des scènes de désespoir et de larmes amenées par sa longue résistance. Elle voit confusément l'incendie de la petite ville, puis Chaverny le huguenot mis en prison, menacé de mort, et attendant un horrible supplice. Arrive cette épouvantable soirée où sa mère pâle et mourante se prosterne à ses pieds. Jeanne peut sauver son cousin, elle cède. Il est nuit; le comte, revenu sanglant du combat, se trouve prêt; il fait surgir un prêtre, des flambeaux, une église! Jeanne appartient au comte. A peine peut-elle dire adieu à son beau cousin délivré. « — Chaverny, si tu m'aimes, ne me revois jamais! » Elle entend le bruit lointain des pas de son noble ami qu'elle n'a plus revu; mais elle garde au fond du cœur son dernier regard, qu'elle retrouve si souvent dans ses songes et qui les lui éclaire. Comme un chat enfermé dans la cage d'un lion, la jeune femme craint à chaque heure les griffes du maître, toujours levées sur elle. La comtesse se fait un crime de revêtir à certains jours, consacrés par quelque plaisir inattendu, la robe que portait la jeune fille au moment où elle vit son amant. Aujourd'hui, pour être heureuse, elle doit oublier le passé, ne plus songer à l'avenir.

— Je ne me crois pas coupable, se dit-elle; mais si je le parais aux yeux du comte, n'est-ce pas comme si je l'étais? Peut-être le suis-je! La sainte Vierge n'a-t-elle pas conçu sans... Elle s'arrêta.

Pendant ce moment où ses pensées étaient nuageuses, où son âme voyageait dans le monde des fantaisies, sa naïveté lui fit attribuer au dernier regard, par lequel son mari lui darda toute sa vie, le pouvoir qu'exerça la Visitation de l'ange sur la mère du Sauveur. Cette supposition, digne du temps d'innocence auquel sa rêverie l'avait reportée, s'évanouit devant le souvenir d'une scène conjugale plus odieuse que mort. La pauvre comtesse ne pouvait plus conserver de doute sur la légitimité de l'enfant qui s'agitait dans son sein. La première nuit des noces lui apparut dans toute l'horreur de ses supplices, traînant à sa suite bien d'autres nuits, et de plus tristes jours!

— Ah! pauvre Chaverny! s'écria-t-elle en pleurant, toi si soumis, si gracieux, tu m'as toujours été bienfaisant!

Elle tourna les yeux sur son mari, comme pour se persuader encore que cette figure lui promettait une clémence si chèrement achetée. Le comte était éveillé. Ses deux yeux jaunes, aussi clairs que ceux d'un tigre, brillaient sous les touffes de ses sourcils, et jamais son regard n'avait été plus incisif qu'en ce moment. La comtesse, épouvantée d'avoir rencontré ce regard, se glissa sous la courte-pointe et resta sans mouvement.

— Pourquoi pleurez-vous? demanda le comte en tirant vivement le drap sous lequel sa femme s'était cachée.

Cette voix, toujours effrayante pour elle, eut en ce moment une douceur factice qui lui sembla de bon augure.

— Je souffre beaucoup, répondit-elle.

— Eh bien! ma mignonne, est-ce un crime que de souffrir? Pourquoi trembler quand je vous regarde? Hélas! que faut-il donc faire pour être aimé? Toutes les rides de son front s'amassèrent entre ses deux sourcils. — Je vous cause toujours de l'effroi, je le vois bien, ajouta-t-il en soupirant.

Conseillée par l'instinct des caractères faibles, la comtesse interrompit le comte en jetant quelques gémissements, et s'écria : — Je crains de faire une fausse couche! J'ai couru sur les rochers pendant toute la soirée, je me serai sans doute trop fatiguée.

En entendant ces paroles, le sire d'Hérouville jeta sur sa femme un regard si soupçonneux, qu'elle rougit en frissonnant. Il prit la peur qu'il inspirait à cette naïve créature pour l'expression d'un remords.

— Peut-être est-ce un accouchement véritable qui commence? demanda-t-il.

— Eh bien? dit-elle.

— Eh bien! dans tous les cas, il faut ici un homme habile, et je vais l'aller chercher.

L'air sombre qui accompagnait ces paroles glaça la comtesse, elle retomba sur le lit en poussant un soupir arraché plutôt par le sentiment de sa destinée que par les angoisses de la crise prochaine. Ce gémissement acheva de prouver au comte la vraisemblance des soupçons qui se réveillaient dans son esprit. En affectant un calme que les accents de sa voix, ses gestes et ses regards démentaient, il se leva précipitamment, s'enveloppa d'une robe qu'il trouva sur un fauteuil, et commença par fermer une porte située auprès de la cheminée, et par laquelle on passait de la chambre de parade dans les appartements de réception qui communiquaient à l'escalier d'honneur. En voyant son mari garder cette clef, la comtesse eut le pressentiment d'un malheur; elle l'entendit ouvrir la porte opposée à celle qu'il venait de fermer, et par laquelle une autre pièce où couchaient les comtes d'Hérouville, quand ils n'honoraient pas leurs femmes de leur noble compagnie. La comtesse ne connaissait que par ouï-dire la destination de cette chambre, la jalousie fixait son mari près d'elle. Si quelques expéditions militaires l'obligeaient à quitter le lit d'honneur, le comte laissait au château de l'incessant espionnage duquel se sont outrageuses défiances. Malgré l'attention avec laquelle la comtesse s'efforçait d'écouter le moindre bruit, elle n'entendit plus rien. Le comte était arrivé dans une longue galerie contiguë à sa chambre, et qui occupait la partie occidentale du château. Le cardinal d'Hérouville, son grand-oncle, amateur passionné des œuvres de l'imprimerie, y avait amassé une bibliothèque aussi curieuse par le nombre que par la beauté des volumes, et la prudence lui avait fait pratiquer dans les murs une de ces inventions conseillées par la solitude ou par la peur monastique. Une chaîne d'argent mettait en mouvement, au moyen d'un fil invisible, une sonnette placée au chevet d'un serviteur fidèle. Le comte tira cette chaîne, un écuyer de garde ne tarda pas à faire retentir du bruit de ses bottes et de ses éperons les dalles sonores d'une vis en colimaçon contenue dans la haute tourelle qui flanquait l'angle occidental du château du côté de la mer. En entendant monter son serviteur, le comte alla dérouler les ressorts de fer et les verrous qui défendaient la porte secrète par laquelle la galerie communiquait avec la tour, et il introduisit dans le sanctuaire de la science un homme d'armes dont l'encolure annonçait un serviteur digne du maître. L'écuyer, à peine éveillé, semblait avoir marché par instinct, la lanterne de corne qu'il tenait à la main éclaira si faiblement la longue galerie, que son maître et lui se descendirent dans l'obscurité comme deux fantômes.

— Selle mon cheval de bataille à l'instant même, et tu vas m'accompagner. Cet ordre fut prononcé d'un son de voix profond qui réveilla l'intelligence du serviteur, il leva les yeux sur son maître, et rencontra un regard si perçant, qu'il en reçut comme une secousse électrique. — Bertrand, ajouta le comte en posant la main droite sur le bras de l'écuyer, tu quitteras ta cuirasse et prendras les habits d'un capitaine de miquelets.

— Vive Dieu, monseigneur, me déguiser en ligueur! Excusez-moi, je vous obéirai, mais j'aimerais autant être pendu.

Flatté dans son fanatisme, le comte sourit, mais, pour effacer le rire qui contrastait avec l'expression répandue sur son visage, il répondit brusquement : — Choisis dans l'écurie un cheval assez vigoureux pour que tu me puisses suivre. Nous marcherons comme des balles au sortir de l'arquebuse. Quand je serai prêt, sois-le. Je sonnerai de nouveau.

Bertrand s'inclina en silence et partit, mais, quand il eut descendu quelques marches, il se dit à lui-même, en entendant siffler l'ouragan : — Tous les démons sont dehors, jarnidieu! j'aurais dû être étonné de voir celui-ci rester tranquille. Nous avons surpris Saint-Lô par une tempête semblable.

Le comte trouva dans sa chambre le costume qui lui servait souvent pour ses stratagèmes. Après avoir revêtu sa mauvaise casaque, qui avait l'air d'appartenir à l'un de ces pauvres reîtres dont la solde était si rarement payée par Henri IV, il revint dans la chambre où gémissait sa femme.

— Tàchez de souffrir patiemment, lui dit-il. Je crèverai, s'il le faut, mon cheval, afin de revenir plus vite pour apaiser vos douleurs.

Ces paroles n'annonçaient rien de funeste, et la comtesse enhardie se préparait à faire une question, lorsque le comte lui demanda tout à coup : — Ne pourriez-vous me dire où sont vos masques ?

— Mes masques, répondit-elle. Bon Dieu ! qu'en voulez-vous faire ?
— Où sont vos masques ? répéta-t-il avec sa violence ordinaire.
— Dans le bahut, dit-elle.

La comtesse ne put s'empêcher de frémir en voyant son mari choisir dans ses masques un touret de nez, dont l'usage était aussi naturel aux dames de cette époque, que l'est celui des gants aux femmes d'aujourd'hui. Le comte devint entièrement méconnaissable quand il eut mis sur sa tête un mauvais chapeau de feutre gris, orné d'une vieille plume de coq toute cassée. Il serra autour de ses reins un large ceinturon de cuir dans la gaîne duquel il passa une dague qu'il ne portait pas habituellement. Ces misérables vêtements lui donnèrent un aspect si effrayant, et il s'avança vers le lit par un mouvement si étrange, que la comtesse crut sa dernière heure arrivée.

— Ah ! ne nous tuez pas, s'écria-t-elle, laissez-moi mon enfant, et je vous aimerai bien.

— Vous vous sentez donc bien coupable pour m'offrir comme une rançon de vos fautes l'amour que vous me devez ?

La voix du comte eut un son lugubre sous le velours ; ses amères paroles furent accompagnées d'un regard qui eut la pesanteur du plomb et anéantit la comtesse en tombant sur elle.

— Mon Dieu, s'écria-t-elle douloureusement, l'innocence serait-elle donc funeste !

— Il ne s'agit pas de votre mort, lui répondit son maître en sortant de la rêverie où il était tombé, mais de faire exactement, et pour l'amour de moi, ce que je réclame en ce moment de vous. Il jeta sur le lit un des deux masques qu'il tenait, et sourit de pitié en voyant le geste de frayeur involontaire qu'arrachait à sa femme le choc si léger du velours noir. — Vous ne me ferez qu'un mièvre masqué ! s'écria-t-il. Ayez ce masque sur votre visage lorsque je serai de retour, ajouta-t-il. Je ne veux pas qu'un croquant puisse se vanter d'avoir vu la comtesse d'Hérouville !

— Pourquoi prendre un homme pour cet office ? demanda-t-elle à voix basse.

— Oh ! oh ! ma mie, ne suis-je pas le maître ici ? répondit le comte.
— Qu'importe de plus ! dit la comtesse au désespoir.

Son maître avait disparu, cette exclamation fut sans danger pour elle, car souvent l'oppresseur étend ses mesures aussi loin que va la crainte de l'opprimé. Par un de ces courts moments de calme qui séparaient les accès de la tempête, la comtesse entendit le pas de deux chevaux qui semblaient voler à travers les dunes périlleuses et les rochers sur lesquels ce vieux château était assis. Ce bruit fut promptement étouffé par la voix des flots. Bientôt elle se trouva prisonnière dans ce sombre appartement, seule au milieu d'une nuit tour à tour silencieuse ou menaçante, et sans secours pour conjurer un mal qu'elle voyait s'avancer à grands pas. La comtesse chercha quelque ruse pour sauver cet enfant conçu dans les larmes, et déjà devenu toute sa consolation, le principe de ses idées, l'avenir de ses affections, sa seule et frèle espérance. Soutenue par un maternel courage, elle alla prendre le petit cor dont se servait son mari pour faire venir ses gens, ouvrit une fenêtre, et tira du cuivre des accents grêles qui se perdirent sur la vaste étendue des eaux, comme une bulle lancée dans les airs par un enfant. Elle comprit l'inutilité de cette plainte ignorée des hommes, et alla se mettre à marcher à travers les appartements, espérant que toutes les issues ne seraient pas fermées. Parvenue à la bibliothèque, elle chercha, mais en vain, s'il y existerait pas quelque passage secret, et elle traversa la longue galerie des livres, atteignit la fenêtre la plus rapprochée de la cour d'honneur du château, fit de nouveau retentir les échos en sonnant du cor, et lutta sans succès avec la voix de l'ouragan. Dans son découragement, elle pensait à se confier à l'une de ses femmes, toutes créatures de son mari, lorsqu'en passant dans son oratoire elle vit que le comte avait fermé la porte qui conduisait à leurs appartements. Ce fut une horrible découverte. Tant de précautions prises pour l'isoler annonçaient le désir de procéder sans témoins à quelque terrible exécution. A mesure que la comtesse perdait tout espoir, les douleurs venaient l'assaillir plus vives, plus ardentes. Le pressentiment d'un meurtre possible, joint à la fatigue de ses efforts, lui enleva le reste de ses forces. Elle ressemblait au naufragé qui succombe, emporté par une dernière lame moins furieuse que toutes celles qu'il a vaincues. La douloureuse ivresse de l'enfantement ne lui permit plus de compter les heures. Au moment où elle se crut sur le point d'accoucher, seule, sans secours, et qu'à ses terreurs se joignit la crainte des accidents auxquels son inexpérience l'exposait, le comte arriva soudain sans qu'elle l'eût entendu venir. Cet homme se trouva là comme un démon réclamant, à l'expiration d'un pacte, l'âme qui lui a été vendue ; il gronda sourdement en voyant le visage de sa femme découvert ; mais, après avoir assez

adroitement masquée, il l'emporta dans ses bras et la déposa sur le lit de sa chambre.

L'effroi que cette apparition et cet enlèvement inspirèrent à la comtesse fit taire un moment ses douleurs, elle put jeter un regard furtif sur les acteurs de cette scène mystérieuse, et ne reconnut pas Bertrand, qui s'était masqué aussi soigneusement que son maître. Après avoir allumé à la hâte quelques bougies dont la clarté se mêlait aux premiers rayons du soleil qui rougissait les vitraux, ce serviteur alla s'appuyer à l'angle d'une embrasure de fenêtre. Là, le visage tourné vers le mur, il semblait en mesurer l'épaisseur et se tenait dans une immobilité si complète, que vous eussiez dit d'une statue de chevalier. Au milieu de la chambre, la comtesse aperçut un petit homme gras, tout pantois, dont les yeux étaient bandés et dont les traits étaient si bouleversés par la terreur, qu'il lui fut impossible de deviner leur expression habituelle.

— Par la mort-dieu ! monsieur le drôle, dit le comte en lui rendant la vue par un mouvement brusque qui fit tomber au cou de l'inconnu le bandeau qu'il avait sur les yeux, ne t'avise pas de regarder autre chose que la misérable sur laquelle tu vas exercer ta science ; sinon, je te jette dans la rivière qui coule sous ces fenêtres après t'avoir mis un collier de diamants qui pèseront plus de cent livres ! Et il tira légèrement sur la poitrine de son auditeur stupéfait la cravate qui avait servi de bandeau. — Examine d'abord si ce n'est qu'une fausse couche, dans ce cas la vie me répondrait de la sienne ; mais, si l'enfant est vivant, tu me l'apporteras.

Après cette allocution, le comte saisit par le milieu du corps le pauvre opérateur, l'enleva comme une plume de la place où il était, et le posa devant la comtesse. Le seigneur alla se placer au fond de l'embrasure de la croisée, où il joua du tambour avec ses doigts sur le vitrage, en portant alternativement ses yeux sur son serviteur, sur le lit et sur l'Océan, comme s'il eût voulu promettre à l'enfant attendu la mer pour berceau.

L'homme que par une violence inouïe, le comte et Bertrand venaient d'arracher au plus doux sommeil qui eût jamais clos paupière humaine, pour l'attacher en croupe sur un cheval qu'il put croire poursuivi par l'enfer, était un personnage dont la physionomie peut servir à caractériser celle de cette époque, et dont l'influence se fit d'ailleurs sentir dans la maison d'Hérouville.

Jamais en aucun temps les nobles ne furent moins instruits en sciences naturelles, et jamais l'astrologie judiciaire ne fut plus en honneur, car jamais on ne désira plus vivement connaître l'avenir. Cette ignorance et cette curiosité générale avaient amené la plus grande confusion dans les connaissances humaines ; tout y était pratique personnelle, car les nomenclatures de la théorie manquaient encore ; l'imprimerie exigeait de grands frais, les communications scientifiques avaient peu de rapidité ; l'Église persécutait encore les sciences dont l'objet d'examen qui se basaient sur l'analyse des phénomènes naturels. La persécution engendrait le mystère. Donc, pour le peuple comme pour les grands, physicien et alchimiste, mathématicien et astronome, astrologue et nécromancien, étaient sept attributs qui se confondaient en la personne du médecin. Dans ce temps, le médecin supérieur était supposé cultiver la magie ; tout en guérissant ses malades, il devait tirer des horoscopes. Les princes protégeaient d'ailleurs ces génies auxquels se révélait l'avenir, ils les logeaient chez eux et les pensionnaient. Le fameux Corneille Agrippa, venu en France pour être médecin de Henri II, ne voulut pas, comme le faisait Nostradamus, pronostiquer l'avenir, et il fut congédié par Catherine de Médicis, qui le remplaça par Cosme Ruggieri. Les hommes supérieurs à leur temps et qui travaillaient aux sciences étaient donc difficilement appréciés, tous inspiraient la terreur qu'on avait pour les sciences occultes et leurs résultats.

Sans être précisément un de ces fameux mathématiciens, l'homme enlevé par le comte jouissait en Normandie de la réputation équivoque attachée à un médecin chargé d'œuvres ténébreuses. Cet homme était l'espèce de sorcier que les paysans nomment encore, dans plusieurs endroits de la France, un rebouteur. Ce nom appartenait à quelques génies bruts qui, sans étude apparente, mais par des connaissances héréditaires et souvent par l'effet d'une longue pratique dont les observations s'accumulaient dans sa famille, rebouteur, c'est-à-dire remettaient les jambes et les bras cassés, guérissaient bêtes et gens de certaines maladies, et possédaient des secrets prétendus merveilleux pour le traitement des graves. Non-seulement maître Antoine Beauvouloir, tel était le nom du rebouteur, avait eu pour aïeul et pour père deux fameux praticiens desquels il tenait d'importantes traditions, mais encore il était instruit en médecine, il s'occupait de sciences naturelles. Les gens de la campagne voyaient son cabinet plein de livres et de choses étranges qui donnaient à ses succès une teinte de magie. Sans passer précisément pour sorcier, Antoine Beauvouloir imprimait, à trente lieues à la ronde, un respect voisin de la terreur aux gens du peuple ; et, chose plus dangereuse pour lui-même, il avait à sa disposition des secrets de vie et de mort qui concernaient les familles nobles du pays. Comme son grand-père et son père, il était célèbre par son habileté dans les accouchements, avortements et fausses couches. Or, dans ces temps de désordres, les fautes furent assez fréquentes et les passions assez mauvaises pour que la haute noblesse se vît obligée d'initier souvent maître Antoine Beauvouloir à des secrets honteux ou terribles. Nécessaire à sa sécurité, sa discrétion était à toute épreuve; aussi sa clientèle le payait-elle généreusement, en sorte que sa fortune héréditaire s'augmentait beaucoup. Toujours en route, tantôt surpris comme il venait de l'être par le comte, tantôt obligé de passer plusieurs jours chez quelque grande dame, il ne s'était pas encore marié, d'ailleurs sa renommée avait empêché plusieurs filles de l'épouser. Incapable de chercher des consolations dans les hasards de son métier, qui lui conférait tant de pouvoir sur les faiblesses féminines, le pauvre rebouteur se sentait fait pour les joies de la famille, et ne pouvait se les donner. Ce bonhomme cachait un excellent cœur sous les apparences trompeuses d'un caractère gai, en harmonie avec sa figure joufflue, avec ses formes rondes, avec la vivacité de son petit corps gras et la franchise de son parler. Il désirait donc se marier pour avoir une fille qui transportât ses biens à quelque pauvre gentilhomme; car il n'aimait pas son état de rebouteur, et voulait faire sortir sa famille de la situation où le mettaient les préjugés du temps. Son caractère s'était d'ailleurs accommodé de la joie et des repas qui couronnaient ses principales opérations. L'habitude d'être partout l'homme le plus important avait ajouté à sa gaieté constitutive une dose de vanité grave. Ses impertinences étaient presque toujours bien reçues dans les moments de crise, où il se plaisait à opérer avec une certaine lenteur magistrale. De plus, il était curieux comme un rossignol, gourmand comme un lévrier et bavard comme le sont les diplomates qui parlent sans jamais rien trahir de leurs secrets. A ces défauts près, développés en lui par les aventures multipliées où le jetait sa profession, Antoine Beauvouloir passait pour être le moins mauvais homme de la Normandie. Quoiqu'il appartînt au petit nombre d'esprits supérieurs à leur temps, un bon sens de campagnard normand lui avait conseillé de tenir cachées ses idées acquises et les vérités qu'il découvrait.

En se trouvant placé par le comte devant une femme en mal d'enfant, le rebouteur recouvra toute sa présence d'esprit. Il se mit à tâter le pouls de la dame masquée, sans pouvoir aucunement à elle; mais, à l'aide de ce maintien doctoral, il pouvait réfléchir et réfléchissait sur sa propre situation. Dans aucune des intrigues honteuses et criminelles où la force l'avait contraint d'agir en instrument aveugle, jamais les précautions n'avaient été gardées avec autant de prudence qu'elles l'étaient dans celle-ci. Quoique sa mort eût été souvent mise en délibération, aucun moyen d'assurer le succès des entreprises auxquelles il participait malgré lui jamais sa vie n'avait été compromise autant qu'elle l'était en ce moment. Avant tout, il résolut de reconnaître ceux qui l'employaient, et de s'enquérir ainsi de l'étendue de son danger afin de pouvoir sauver sa chère personne.

— De qui s'agit-il? demanda le rebouteur à voix basse en disposant la comtesse à recevoir les secours de son expérience.

— Ne lui donnez pas l'enfant.

— Parlez haut, dit le comte d'une voix tonnante qui empêcha maître Beauvouloir d'entendre le dernier mot prononcé par la victime. Sinon, ajouta le seigneur qui déguisait soigneusement sa voix, dis ton *In manus*.

— Plaignez-vous à haute voix, dit le rebouteur à la dame. Criez, jarnidieu! cet homme a des pierreries qui ne vous iraient pas mieux qu'à moi! Du courage, ma petite dame!

— Aie la main légère, cria de nouveau le comte.

— Monsieur est jaloux, répondit l'opérateur d'une petite voix aigre qui fut heureusement couverte par les cris de la comtesse.

Pour la sûreté de maître Beauvouloir, la nature se montra clémente. Ce fut plutôt un avortement qu'un accouchement, tant l'enfant qui vint était chétif, aussi causa-t-il peu de douleurs à sa mère.

— Par la sainte Vierge, s'écria le curieux rebouteur, ce n'est pas une fausse couche!

Le comte fit trembler le plancher en piétinant de rage, et la comtesse pinça maître Beauvouloir.

— Ah! j'y suis, se dit-il à lui-même. — Ce devait donc être une fausse couche? demanda-t-il tout bas à la comtesse, qui lui répondit par un geste affirmatif, comme si ce geste eût été le seul langage qui pût exprimer ses pensées. — Tout cela n'est pas encore bien clair, pensa le rebouteur.

Comme tous les gens habiles en son art, l'accoucheur reconnaissait facilement une femme qui en était, disait-il, à son premier malheur. Quoique la pudique inexpérience de certains gestes lui révélât la virginité de la comtesse, le malicieux rebouteur s'écria : — Madame accouche comme si elle n'avait jamais fait que cela!

Le comte dit alors avec un calme plus effrayant que sa colère : — A moi l'enfant.

— Ne lui donnez pas, au nom de Dieu! fit la mère, dont le cri presque sauvage réveilla dans le cœur du petit homme une courageuse bonté qui l'attacha, beaucoup plus qu'il ne le crut lui-même, à ce noble enfant renié par son père.

— L'enfant n'est pas encore venu. Vous vous battez de la chape à l'évêque, répondit froidement au comte en cachant l'avorton.

Étonné de ne pas entendre de cris, le rebouteur regarda l'enfant en le croyant déjà mort; le comte s'aperçut alors de la supercherie et sauta sur lui d'un seul bond.

— Tête-dieu pleine de reliques! me le donneras-tu? s'écria le seigneur en lui arrachant l'innocente victime, qui jeta de faibles cris.

— Prenez garde, il est contrefait et presque sans consistance, dit maître Beauvouloir en s'accrochant au bras du comte. C'est un enfant venu sans doute à sept mois! Puis, avec une force supérieure que lui était donnée par une sorte d'exaltation, il arrêta les doigts du père en lui disant à l'oreille, d'une voix entrecoupée : — Épargnez-vous un crime, il ne vivra pas.

— Scélérat! répliqua vivement le comte aux mains duquel le rebouteur avait arraché l'enfant, qui te dit que je veuille la mort de mon fils? Ne vois-tu pas que je le caresse?

— Attendez alors qu'il ait dix-huit ans pour le caresser ainsi, répondit Beauvouloir en retrouvant son importance. Mais, ajouta-t-il en pensant à sa propre sûreté, car il venait de reconnaître le seigneur d'Hérouville qui dans son emportement avait oublié de déguiser sa voix, baptisez-le promptement et ne parlez pas de mon arrêt à la mère : autrement vous la tueriez.

La joie secrète que le comte avait trahie par le geste qui lui échappa quand la mort de l'avorton lui fut prophétisée, avait suggéré cette phrase au rebouteur, et venait de sauver l'enfant. Beauvouloir s'empressa de reporter près de la mère alors évanouie, et la montra par un geste ironique pour effrayer le comte de l'état dans lequel leur débat l'avait mise. La comtesse avait tout entendu, car il n'est pas rare de voir dans les grandes crises de la vie les organes humains contracter une délicatesse inouïe; cependant les cris de son enfant posé sur le lit de la mère l'avaient rendue comme par magie à la vie, elle crut entendre la voix de deux anges quand, à la faveur des vagissements du nouveau-né, le rebouteur lui dit à voix basse, en se penchant à son oreille : — Ayez-en bien soin, il vivra cent ans. Beauvouloir s'y connaît.

Un soupir céleste, un mystérieux serrement de main, furent la récompense du rebouteur, qui cherchait à s'assurer, avant de livrer aux embrassements de la mère impatiente cette frêle créature dont la peau portait encore l'empreinte des doigts du comte, si la caresse paternelle n'avait rien dérangé dans sa chétive organisation. Le mouvement de folie par lequel la mère cacha son fils auprès d'elle et le regard menaçant qu'elle jeta sur le comte par les deux trous du masque firent frissonner Beauvouloir.

— Elle mourrait si elle perdait trop promptement son fils, dit-il au comte.

Pendant cette dernière partie de la scène, le sire d'Hérouville semblait n'avoir rien vu, ni entendu. Immobile et comme absorbé dans une profonde méditation, il avait recommencé à battre du tambour avec ses doigts sur les vitraux; mais, après la dernière phrase que lui dit le rebouteur, il se retourna vers lui par un mouvement d'une violence frénétique, et tira sa dague.

— Misérable *manant!* s'écria-t-il en lui donnant le sobriquet par lequel les royalistes outrageaient les ligueurs. Impudent coquin! la science, qui te vaut l'honneur d'être le complice des gentilshommes pressés d'ouvrir ou de fermer des successions, me retient à peine de priver la Normandie de son sorcier. Au grand contentement de Beauvouloir, le comte repoussa violemment sa dague dans le fourreau. — Ne saurais-tu, dit le sire d'Hérouville en continuant, te trouver une fois en tiers dans l'honorable compagnie d'un seigneur et de sa dame, sans les soupçonner de ces méchants calculs que tu laisses faire à la canaille, sans songer qu'un père est toujours autorisé, comme les gentilshommes, par des motifs plausibles? Puis-je avoir, dans cette occurrence, les raisons d'État pour agir comme tu le supposes? Tuer mon fils, l'enlever à sa mère! Où as-tu pris ces billevesées? Suis-je fou? Pourquoi nous effrayes-tu sur les jours de ce vigoureux enfant? Délire, comprends donc que je me suis défié de la pauvre vanité. Si tu avais su le nom de la dame que tu as accouchée, tu te serais vanté de l'avoir vue! Paque-Dieu! Tu aurais été, par trop de précaution, la mère ou l'enfant. Mais, songes-y bien, la misérable vie me répond et de la discrétion et de leur bonne santé!

Le rebouteur fut stupéfait du changement subit qui s'opérait dans les intentions du comte. Cet accès de tendresse pour l'avorton l'effrayait encore plus que l'impatiente cruauté et la morne indifférence d'abord manifestées par le seigneur. L'accent du comte en prononçant sa dernière phrase décelait une combinaison plus savante pour arriver à l'accomplissement d'un dessein immuable. Maître Beauvouloir s'expliqua ce dénouement imprévu de la double promesse qu'il avait faite à la mère et au père. — J'y suis, se dit-il. Ce bon seigneur ne veut pas se rendre odieux à sa femme, et s'en remettra sur la providence de l'apothicaire. Il faut alors que je tâche de prévenir la dame de veiller sur son noble marmot.

Au moment où il se dirigeait vers le lit, le comte, qui s'était approché d'une armoire, l'arrêta par une impérative interjection. Au geste que lui fit le seigneur en lui tendant une bourse, Beauvouloir se mit en devoir de recueillir, non sans une joie inquiète, l'or qui brillait à travers un réseau de soie rouge, et qui lui fut dédaigneusement jeté.

— Si tu m'as fait raisonner comme un vilain, je ne me crois pas dispensé de te payer en seigneur. Je ne te demande pas la discrétion ! L'homme que voici, dit le comte en montrant Bertrand, a dû t'expliquer que partout où il se rencontre des chênes et des rivières, mes diamants et mes colliers savent trouver les manants qui parlent de moi.

En achevant ces paroles de clémence, le géant s'avança lentement vers le rebouteur interdit, lui approcha bruyamment un siège, et parut l'inviter à s'asseoir comme lui, près de l'accouchée.

— Eh bien ! ma mignonne, nous avons enfin un fils, reprit-il. C'est bien de la joie pour nous. Souffrez-vous beaucoup ?

— Non, dit en murmurant la comtesse.

L'étonnement de la mère et sa gêne, les tardives démonstrations de la joie factice du père, convainquirent maître Beauvouloir qu'un incident grave échappait à sa pénétration habituelle ; il persista dans ses soupçons, et appuya sa main sur celle de la jeune femme, moins pour s'assurer de son état, que pour lui donner quelques avis.

— La peau est bonne, dit-il. Nul accident fâcheux n'est à craindre pour madame. La fièvre de lait viendra sans doute, ne vous en épouvantez pas, ce ne sera rien.

Là, le rusé rebouteur s'arrêta, serra la main de la comtesse pour la rendre attentive.

— Si vous ne voulez pas avoir d'inquiétude sur votre enfant, madame, reprit-il, vous ne devez pas le quitter. Laissez-le longtemps boire le lait que ses petites lèvres cherchent déjà ; nourrissez-le vous-même, et gardez-vous bien des drogues de l'apothicaire. Le sein est le remède à toutes les maladies des enfants. J'ai beaucoup observé d'accouchements à sept mois, mais j'ai rarement vu de délivrance aussi peu douloureuse que la vôtre. Ce n'est pas étonnant, l'enfant est si maigre ! Il tiendrait dans un sabot ! Je suis sûr qu'il ne pèse pas quinze onces. Du lait ! du lait ! S'il reste toujours sur votre sein, vous le sauverez.

Ces dernières paroles furent accompagnées d'un nouveau mouvement de doigts. Malgré les deux jets de flamme que dardaient les yeux du comte par les trous de son masque, Beauvouloir débita ses périodes avec le sérieux imperturbable d'un homme qui voulait gagner son argent.

— Oh ! oh ! rebouteur, tu oublies ton vieux feutre noir, lui dit Bertrand au moment où l'opérateur sortait avec lui de la chambre.

Les motifs de la clémence du comte envers son fils étaient puisés dans un et cætera de notaire. Au moment où Beauvouloir lui arrêta les mains, la coutume de Normandie s'étaient dressées devant lui. Par un signe, ces deux puissances lui engourdirent les doigts et lui imposèrent silence à ses passions haineuses. L'une lui cria : — « Les biens de la femme ne peuvent appartenir à la maison d'Hérouville que si un enfant mâle les y transporte. » L'autre lui montra la comtesse mourant, dont la main était réclamée par la branche collatérale des Saint-Savin. Toutes deux lui conseillèrent de laisser à la nature le soin d'emporter l'avorton, et d'attendre la naissance d'un second fils qui fût sain et vigoureux, pour pouvoir se moquer de la vie de sa femme et de son premier-né. Il ne vit plus un enfant, il vit des domaines, et sa tendresse devint subitement aussi forte que son ambition. Dans son désir de satisfaire à la coutume, il souhaita que ce fils mort-né eût les apparences d'une robuste constitution. La mère, qui connaissait bien le caractère du comte, fut encore plus surprise que ne l'était le rebouteur, et conserva les craintes instinctives qu'elle manifestait parfois avec hardiesse, car en un instant le courage des mères avait doublé sa force.

Pendant quelques jours, le comte resta très-assidûment auprès de sa femme, il lui prodigua des soins auxquels l'intérêt imprimait une sorte de tendresse. La comtesse devina promptement qu'elle seule était l'objet de toutes ces attentions. La haine du père pour son fils se montrait dans les moindres détails ; il s'abstenait toujours de le voir ou de le toucher ; il se levait brusquement et allait donner des ordres au moment où ses cris se faisaient entendre. Enfin, il semblait ne lui pardonner de vivre que dans l'espoir de le voir mourir. Cette dissimulation coûtait encore plus à son cœur. Le jour où il s'aperçut que l'œil intelligent de la mère pressentait, sans comprendre, le danger qui menaçait son fils, il annonça son départ pour le lendemain de la messe des relevailles, en prenant le prétexte d'amener toutes ses forces au secours du roi.

Telles furent les circonstances qui accompagnèrent et précédèrent la naissance d'Étienne d'Hérouville. Pour désirer incessamment la mort de ce fils désavoué, le comte n'aurait pas eu le puissant motif de l'avoir déjà voulue, il aurait même fait taire cette triste disposition qui pousse l'homme à se persécuter l'être auquel il a déjà nui. Il ne se serait pas trouvé dans l'obligation, cruelle pour lui, de feindre de l'amour pour un odieux avorton qu'il croyait fils de Chaverny, le pauvre Étienne n'en aurait pas moins été l'objet de son aversion. Le malheur d'une constitution rachitique et maladive, aggravé peut-être par sa caresse, était à ses yeux une offense toujours flagrante pour son amour-propre de père. S'il avait en exécration les beaux hommes, il ne détestait pas moins les gens débiles chez lesquels la force de l'intelligence remplaçait la force du corps. Pour lui plaire, il fallait être laid de figure, grand, robuste et ignorant. Étienne, que sa faiblesse vouait en quelque sorte aux occupations sédentaires de la science devait donc trouver dans son père un ennemi sans générosité. Sa lutte avec ce colosse commençait dès le berceau ; et, pour tout secours contre un si dangereux antagoniste, il n'avait que le cœur de sa mère, dont l'amour s'accroissait, par une loi touchante de la nature, de tous les périls qui le menaçaient.

Ensevelie tout à coup dans une profonde solitude par le brusque départ du comte, Jeanne de Saint-Savin dut à son enfant les seuls semblants de bonheur qui pouvaient consoler sa vie. Ce fils, dont la naissance lui était reprochée à cause de Chaverny, la comtesse l'aima comme les femmes aiment l'enfant d'un illicite amour : obligée de le nourrir, elle n'en éprouva nulle fatigue. Elle ne voulut être aidée en aucune façon par ses femmes, elle vêtait et dévêtait son enfant en ressentant de nouveaux plaisirs à chaque petit soin qu'il exigeait. Ces travaux incessants, cette attention de toutes les heures, l'exactitude avec laquelle elle devait s'éveiller la nuit pour allaiter son enfant, furent ses félicités sans bornes. Le bonheur rayonnait sur son visage quand elle obéissait aux besoins de ce petit être. Comme Étienne était venu prématurément, plusieurs vêtements manquaient, elle désira les faire elle-même, et les fit, avec quelle perfection, vous le savez, vous qui, dans l'ombre et le silence, mères soupçonnées, avez travaillé pour des enfants adorés ! À chaque aiguillée de fil, c'était une souvenance, un désir, un vœu de bonheur, mille choses qui se brodaient sur l'étoffe comme les jolis dessins qu'elle y fixait. Toutes ces folies furent redites au comte d'Hérouville, et grossirent de l'orage déjà formé. Les jours n'avaient plus assez d'heures pour les occupations multipliées et les minutieuses précautions de la nourrice, ils s'enfuyaient chargés de contentements secrets.

Les avis du rebouteur étaient toujours écrits devant la comtesse ; aussi craignait-elle pour son enfant, et les services de ses femmes, et la main de ses gens, elle aurait voulu pouvoir ne pas dormir, afin d'être sûre que personne ne s'approcherait d'Étienne pour son sommeil, elle le couchait près d'elle. Enfin elle assit la défiance à ce berceau. Pendant l'absence du comte, elle osa faire venir le chirurgien, de qui elle avait bien retenu le nom. Pour elle, Beauvouloir était un être envers lequel elle avait une immense dette de reconnaissance à payer mais elle désirait surtout le questionner sur mille choses relatives à son fils. Si l'on devait empoisonner Étienne, comment pouvait-elle déjouer les tentatives ? comment gouverner sa frêle santé ? fallait-il l'allaiter longtemps ? Si elle mourait, Beauvouloir se chargerait-il de veiller sur la santé du pauvre enfant ?

Aux questions de la comtesse, Beauvouloir attendri lui répondit qu'il redoutait autant qu'elle le poison pour Étienne ; mais sur ce point, la comtesse n'avait rien à craindre tant qu'elle le nourrirait de son lait, puis, pour l'avenir, il lui recommanda de toujours goûter à la nourriture d'Étienne.

— Si madame la comtesse, ajouta le rebouteur, sent quoi que ce soit d'étrange à la langue, une saveur piquante, amère, forte, salée, tout ce qui étonne le goût enfin, rejetez l'aliment. Que les vêtements de l'enfant soient lavés devant vous, et gardez la clef du bahut où ils seront. Enfin, quoi qu'il arrive, mandez-moi, je viendrai.

Les enseignements du rebouteur se gravèrent dans le cœur de Jeanne, qui le pria de compter sur elle comme sur une personne dont il pouvait disposer ; Beauvouloir lui dit alors qu'il la tenait entre ses mains tout son bonheur.

Il raconta succinctement à la comtesse comment le seigneur d'Hérouville, faute de belles et nobles amies qui voulussent de lui à la cour, avait aimé dans sa jeunesse une courtisane surnommée la Belle Romaine, qui précédemment appartenait au cardinal de Lorraine. Bientôt abandonnée, la Belle Romaine était venue à Rouen pour solliciter de plus près le comte en faveur d'une fille de laquelle il ne voulait point entendre parler, en alléguant sa beauté pour ne la point reconnaître. À la mort de cette femme, qui périt misérable, la pauvre enfant, nommée Gertrude, encore plus belle que sa mère, avait été recueillie par les dames du couvent des Clarisses, dont la supérieure était mademoiselle de Saint-Savin, tante de la comtesse. Ayant été appelé pour soigner Gertrude, il s'était épris d'elle à en perdre la tête. Si madame la comtesse, dit Beauvouloir, voulait entremettre cette affaire, il s'acquitterait non-seulement de ce qu'elle croyait lui devoir, mais encore il s'estimerait être son redevable. Ainsi sa venue au château, fort dangereuse aux yeux du comte, serait justifiée, puis tôt ou tard, le comte s'intéressant à une si belle enfant, et pourrait peut-être un jour le protéger indirectement en le faisant son médecin.

La comtesse, cette femme si compatissante aux vraies amours, promit de servir celles du pauvre médecin. Elle poursuivit si chaudement cette affaire, lors de son second accouchement, elle obtint, pour la grâce qu'à cette époque les femmes étaient autorisées à demander à leurs maris en accouchant, une dot pour Gertrude, la belle bâtarde, qui, au lieu d'être religieuse, épousa Beauvouloir. Cette dot et les économies du rebouteur le mirent à même d'acheter Forcalier, un joli domaine voisin du château d'Hérouville, et que vendaient alors des héritiers.

Rassurée ainsi par le bon-rebouteur, la comtesse sentit sa vie à jamais remplie par des joies inconnues aux autres mères. Certes, toutes les femmes sont belles quand elles suspendent leurs enfants à leur sein en veillant à ce qu'ils y apaisent leurs cris et leurs commencements de douleur; mais il était difficile de voir, même dans les tableaux italiens, une scène plus attendrissante que celle offerte par la comtesse, lorsqu'elle sentait Etienne se gorgeant de son lait, et son sang devenir ainsi la vie de ce pauvre être menacé. Son visage étincelait d'amour, elle contemplait ce cher petit être, en craignant toujours de lui voir un trait de Chaverny à qui elle avait trop songé. Ces pensées, mêlées sur son front à l'expression de son plaisir, le regard par lequel elle couvait son fils, son désir de lui communiquer la force qu'elle se sentait au cœur, ses brillantes espérances, la gentillesse de ses gestes, tout formait un tableau qui subjugua les femmes qui l'entouraient : la comtesse vainquit l'espionnage.

Le comte d'Hérouville.

Bientôt ces deux êtres faibles s'unirent par une même pensée, et se comprirent avant que le langage ne pût leur servir à s'entendre. Au moment où Etienne exerça ses yeux avec la stupide avidité naturelle aux enfants, ses regards rencontrèrent les sombres lambris de la chambre d'honneur. Lorsque sa jeune oreille s'efforça de percevoir les sons et de reconnaître leurs différences, il entendit le bruissement monotone des eaux de la mer qui venait se briser sur les rochers par un mouvement aussi régulier que celui d'un balancier d'horloge. Ainsi les lieux, les sons, les choses, tout ce qui frappe les sens, prépare l'entendement et forme le caractère, le rendit enclin à la mélancolie. Sa mère ne devait-elle pas vivre et mourir au milieu des nuages de la mélancolie? Dès sa naissance, il put croire que la comtesse était la seule créature qui existât sur la terre, voir le monde comme un désert, et s'habituer à ce sentiment de retour sur nous-mêmes qui nous porte à vivre seuls, à chercher en nous-mêmes le bonheur, en développant les immenses ressources de la pensée. La comtesse n'était-elle pas condamnée à demeurer seule dans la vie, et à trouver tout dans son fils, persécuté comme le fut son enfant à elle? Semblable à tous les enfants en proie à la souffrance, Etienne gardait presque toujours l'attitude passive qui, douce ressemblance, était celle de sa mère. La délicatesse de ses organes fut si grande, qu'un bruit trop soudain ou que la compagnie d'une personne tumultueuse lui donnait une sorte de fièvre. Vous eussiez dit d'un de ces petits insectes pour lesquels Dieu semble modérer la violence du vent et la chaleur du soleil ; comme eux incapable de lutter contre le moindre obstacle, il cédait comme eux, sans résistance ni plainte, à tout ce qui paraissait agressif. Cette patience angélique inspirait à la comtesse un sentiment profond qui était toute fatigue aux soins minutieux réclamés par une santé si chancelante.

Elle remercia Dieu, qui plaçait Etienne, comme une foule de créatures, au sein de la sphère de paix et de silence, la seule où il pût s'élever heureusement. Souvent les mains maternelles, pour lui si douces et si fortes à la fois, le transportaient dans la haute région des fenêtres ogives. De là, ses yeux, bleus comme ceux de sa mère, semblaient étudier les magnificences de l'Océan. Tous deux restaient alors des heures entières à contempler l'infini de cette vaste nappe, tour à tour sombre et brillante, muette et sonore. Ces longues méditations étaient pour Etienne un secret apprentissage de la douleur. Presque toujours alors les yeux de sa mère se mouillaient de larmes, et, pendant ces pénibles songes de l'âme, les jeunes traits d'Etienne ressemblaient à un léger réseau tiré par un poids trop lourd. Bientôt sa précoce intelligence du malheur lui révéla le pouvoir que ses jeux exerçaient sur la comtesse; il essaya de la divertir par les mêmes caresses dont elle se servait pour endormir ses souffrances. Jamais ses petites mains lutines, ses petits mots bégayés, ses rires intelligents, ne manquaient de dissiper les rêveries de sa mère. Était-il fatigué, sa délicatesse instinctive l'empêchait de se plaindre.

— Pauvre chère sensitive, s'écria la comtesse en le voyant endormi de lassitude après une folâtrerie qui venait de faire enfuir un de ses plus douloureux souvenirs, où pourras-tu vivre ? Qui te comprendra jamais, toi dont l'âme tendre sera blessée par un regard trop sévère? toi qui, semblable à la triste mère, estimeras un doux sourire chose plus précieuse que tous les biens de la terre? Ange aimé de ta mère, qui t'aimera dans le monde? Qui devinera les trésors cachés sous ta frêle enveloppe? Personne. Comme moi, tu seras seul sur terre. Dieu te garde de concevoir, comme moi, un amour favorisé par Dieu, traversé par les hommes !

Elle soupira, elle pleura. La gracieuse pose de son fils qui dormait sur ses genoux la fit sourire avec mélancolie ; elle le regarda longtemps en savourant un de ces plaisirs qui sont un secret entre les mères et Dieu. Après avoir reconnu combien sa voix, unie aux accents de la mandoline, plaisait à son fils, elle lui chantait les romances si gracieuses de cette époque, et elle croyait voir sur ses petites lèvres barbouillées de son lait le sourire par lequel Georges de Chaverny la remerciait jadis quand elle quittait son rebec. Elle se reprochait ces retours sur le passé, mais elle y revenait toujours. L'enfant, complice de ces rêves, souriait précisément aux airs qu'aimait Chaverny.

A dix-huit mois, la faiblesse d'Etienne n'avait pas encore permis à la comtesse de le promener au dehors; mais les légères couleurs qui nuançaient le blanc mat de sa peau, comme si le plus pâle des pétales d'un églantier y eût été apporté par le vent, attestaient déjà la vie et la santé. Au moment où elle commençait à croire aux prédictions du rebouteur, et s'applaudissait d'avoir pu, en l'absence du comte, entourer son fils des précautions les plus sévères, afin de le préserver de tout danger, les lettres écrites par le secrétaire de son mari lui en annoncèrent le prochain retour. Un matin, la comtesse, livrée à la folle joie qui s'empare de toutes les mères quand elles voient pour la première fois marcher leur premier enfant, jouait avec Etienne à ces jeux aussi indescriptibles que peut l'être le charme des souvenirs ; tout à coup elle entendit craquer les planchers sous un pas pesant. A peine s'était-elle levée, par un mouvement de surprise involontaire, qu'elle se trouva devant le comte. Elle jeta un cri, mais elle essaya de réparer ce tort involontaire en s'avançant vers le comte et lui tendant son front avec soumission pour y recevoir un baiser.

— Pourquoi ne pas me prévenir de votre arrivée? dit-elle.

— La réception, répondit le comte en l'interrompant, eût été plus cordiale, mais moins franche.

Il avisa l'enfant, l'état de santé dans lequel il le revoyait lui arracha d'abord un geste de surprise emprunt de fureur; mais il réprima soudain sa colère et se mit à sourire.

— Je vous apporte de bonnes nouvelles, reprit-il. J'ai le gouvernement de Champagne, et la promesse du roi d'être fait duc et pair. Puis, nous avons hérité d'un parent; ce maudit huguenot de Chaverny est mort.

La comtesse pâlit et tomba sur un fauteuil. Elle devinait le secret de la sinistre joie répandue sur la figure de son mari, et que la vue d'Etienne semblait accroître.

— Monsieur, dit-elle d'une voix émue, vous n'ignorez pas que j'a-

longtemps aimé mon cousin de Chaverny. Vous répondrez à Dieu de la douleur que vous me causez.

A ces mots, le regard du comte étincela; ses lèvres tremblèrent sans qu'il pût proférer une parole, tant il était ému par la rage; il jeta sa dague sur une table avec une telle violence, que le fer résonna comme un coup de tonnerre.

— Écoutez-moi, cria-t-il de sa grande voix, et souvenez-vous de mes paroles : je veux ne jamais entendre ni voir le petit monstre que vous tenez dans vos bras, car il est votre enfant et non le mien; a-t-il un seul de mes traits? tête-dieu pleine de reliques! cachez-le bien, ou sinon...

— Juste ciel! cria la comtesse, protégez-nous.

— Silence! répondit le colosse. Si vous ne voulez pas que je le heurte, faites en sorte que je ne le trouve jamais sur mon passage.

— Mais alors, reprit la comtesse, qui se sentit le courage de lutter contre son tyran, jurez-moi de ne point attenter à ses jours, si vous ne le rencontrez plus. Puis-je compter sur votre parole de gentilhomme?

— Que veut dire ceci? reprit le comte.

— Eh bien! tuez-nous donc aujourd'hui tous deux! s'écria-t-elle en se jetant à genoux et serrant son enfant dans ses bras.

— Levez-vous, madame! Je vous engage ma foi de gentilhomme de ne rien entreprendre sur la vie de ce maudit embryon, pourvu qu'il demeure sur les rochers qui bordent la mer au-dessous du château; je lui donne la maison du pêcheur pour habitation et la grève pour domaine; mais malheur à lui, si je le retrouve jamais au delà de ces limites!

La comtesse se mit à pleurer amèrement.

— Voyez-le donc, dit-elle. C'est votre fils.

— Madame!

A ce mot, la mère épouvantée emporta son enfant, dont le cœur palpitait comme celui d'une fauvette surprise dans son nid par un pâtre. Soit que l'innocence ait un charme auquel les hommes les plus endurcis ne sauraient se soustraire, soit que le comte se reprochât sa violence et craignît de plonger dans un trop grand désespoir une créature nécessaire à ses plaisirs autant qu'à ses desseins, sa voix s'était faite aussi douce qu'elle pouvait l'être, quand sa femme revint.

— Jeanne, ma mignonne, lui dit-il, ne soyez pas rancunière, et donnez-moi la main. On ne sait comment se comporter avec vous autres femmes. Je vous apporte de nouveaux honneurs, de nouvelles richesses, tête-dieu! vous me recevez comme un maheustre qui tombe en un parti de manants! Mon gouvernement va m'obliger à de longues absences, jusqu'à ce que je l'aie échangé contre celui de Normandie; au moins, ma mignonne, faites-moi bon visage pendant mon séjour ici.

La comtesse comprit le sens de ces paroles, dont la feinte douceur ne pouvait plus la tromper.

— Je connais mes devoirs, répondit-elle avec un accent de mélancolie que son mari prit pour de la tendresse.

Cette timide créature avait trop de pureté, trop de grandeur, pour essayer, comme certaines femmes adroites, de gouverner le comte en mettant du calcul dans sa conduite, espèce de prostitution par laquelle les belles âmes se trouvent salies. Elle s'éloigna silencieuse pour aller consoler son désespoir en promenant Etienne.

— Tête-dieu pleine de reliques! je ne serai donc jamais aimé, s'écria le comte en surprenant une larme dans les yeux de sa femme au moment où elle sortit.

Incessamment menacée, la maternité devint chez la comtesse une passion qui prit la violence que les femmes portent dans leurs sentiments coupables. Par une espèce de sortilège dont le secret gît dans le cœur de toutes les mères, et qui eut encore plus de force entre la comtesse et son fils, elle réussit à lui faire comprendre le péril qui le menaçait sans cesse, et lui apprit à redouter l'approche de son père. La scène terrible de laquelle Etienne avait été témoin se grava dans sa mémoire, de manière à produire en lui comme une maladie. Il finit par pressentir la présence du comte avec tant de certitude, que, si l'un de ces sourires dont les signes imperceptibles éclatent aux yeux d'une mère, animait sa figure au moment où ses organes imparfaits, déjà façonnés par la crainte, lui annonçaient la marche lointaine de son père, ses traits se contractaient, et l'oreille de la mère n'était pas plus alerte que l'instinct du fils. Avec l'âge, cette faculté créée par la terreur grandit si bien, que, semblable aux sauvages de l'Amérique, Etienne distinguait le pas de son père, savait écouter sa voix à des distances éloignées, et prédisait sa venue. Voir le sentiment de terreur que son mari lui inspirait, partagé si tôt par son enfant, le rendit encore plus précieux à la comtesse; et leur union se fortifia si bien, que, comme deux fleurs attachées au même rameau, ils se courbaient sous le même vent, se relevaient par la même espérance. Ce fut une même vie.

Au départ du comte, Jeanne commençait une seconde grossesse. Elle accoucha cette fois au terme voulu par les préjugés, et mit au monde, non sans des douleurs inouïes, un gros garçon, qui, quelques mois après, offrit une si parfaite ressemblance avec son père que la haine du comte pour l'aîné s'en accrut encore. Afin de sauver son enfant chéri, la comtesse consentit à tous les projets que son mari forma pour le bonheur et la fortune de son second fils. Etienne, promis au cardinalat, dut devenir prêtre pour laisser à Maximilien les biens et les titres de la maison d'Hérouville. A ce prix, la pauvre mère assura le repos de l'enfant maudit.

Jamais deux frères ne furent plus dissemblables qu'Etienne et Maximilien. Le cadet eut en naissant le goût du bruit, des exercices violents et de la guerre; aussi le comte conçut-il pour lui autant d'amour que sa femme en avait pour Etienne. Par une sorte de pacte naturel et tacite, chacun des époux se chargea de son enfant de prédilection. Le duc, car vers ce temps Henri IV récompensa les éminents services du seigneur d'Hérouville, le duc ne voulut pas, dit-il, fatiguer sa femme, et donna pour nourrice à Maximilien une bonne grosse Bayeusaine choisie par Beauvouloir. A la grande joie de Jeanne de Saint-Savin, il se défia de l'esprit autant que du lait de la mère, et

Maximilien.

prit la résolution de façonner son enfant à son goût. Il éleva Maximilien dans une sainte horreur des livres et des lettres, il lui inculqua les connaissances mécaniques de l'art militaire, il le fit de bonne heure monter à cheval, tirer l'arquebuse et jouer de la dague. Quand son fils devint grand, il le mena chasser pour qu'il contractât cette sauvagerie de langage, cette rudesse de manières, cette force de corps cette virilité dans le regard et dans la voix qui rendaient à ses yeux un homme accompli. Le petit gentilhomme fut à douze ans un lionceau fort mal léché, redoutable à tous au moins autant que le père, ayant la permission de chasser dans les environs et tyrannisant tout.

Etienne habita la maison située au bord de l'Océan que lui avait donnée son père, et que la duchesse fit disposer de manière à ce qu'il y trouvât quelques-unes des jouissances auxquelles il avait droit. La duchesse y allait passer la plus grande partie de la journée. La mère et l'enfant parcouraient ensemble les rochers et les grèves; elle indiquait à Etienne les limites de son petit domaine de sable, de coquilles, de mousse et de cailloux, la terreur profonde qui la saisissait en lui voyant quitter l'enceinte concédée, lui fit comprendre que la mort l'attendait au delà. Etienne trembla pour sa mère avant de trembler pour lui-même; puis bientôt chez lui, le nom même du duc d'Hérouville excita un trouble qui le dépouillait de son énergie, et le soumettait à l'atonie qui fait tomber une jeune fille à genoux devant un tigre. S'il apercevait de loin ce géant sinistre, ou s'il en entendait la voix, l'impression douloureuse qu'il avait ressentie jadis au moment où il fut maudit lui glaçait le cœur Aussi, comme un Lapon qui meurt au delà de ses neiges, se fit-il une délicieuse patrie de sa cabane et de ses rochers; s'il eût dépassé la frontière, il éprouvait un malaise indéfinissable. En prévoyant que son pauvre enfant ne pourrait trouver de bonheur que dans une humble sphère silencieuse, la duchesse regretta moins d'abord la destinée qu'on lui avait imposée; elle s'autorisa de cette vocation forcée pour lui préparer une belle vie en remplissant sa solitude par les nobles occupations de la science, et fit venir au château Pierre de Sebonde pour servir de précepteur au futur cardinal d'Hérouville. Malgré la tonsure destinée à son fils, Jeanne de Saint-Savin ne voulut pas que cette éducation sentît le prêtrise, et la secularisa par son intervention. Beauvouloir fut chargé d'initier Etienne aux mystères des sciences naturelles. La duchesse, qui surveillait elle-même les études afin de les mesurer à la force de son enfant, le récréait en lui apprenant l'italien et lui dévoilait insensiblement les richesses poétiques de cette langue. Pendant que le duc conduisait Maximilien devant les sangliers au risque de le voir se blesser, Jeanne s'engageait avec Etienne dans la voie lactée des sonnets de Pétrarque ou dans le gigantesque labyrinthe de la Divine Comédie. Pour dédommager Etienne de ses infirmités, la nature l'avait doué d'une voix si mélodieuse, qu'il était difficile de résister au plaisir de l'entendre, sa mère lui enseigna la musique; d'une voix tendre et mélancolique, soutenus par les accents d'une mandoline, étaient une récréation favorite que promettait la mère en récompense de quelque travail demandé par l'abbé de Sebonde. Etienne écoutait sa mère avec une admiration passionnée qu'il n'avait jamais vue que dans les yeux de Chaverny. La première fois que la pauvre femme retrouva ses souvenirs de jeune fille dans le long regard de son enfant, elle le couvrit de baisers insensés. Elle rougit quand Etienne lui demanda pourquoi elle paraissait de l'aimer mieux en ce moment, puis elle lui répondit qu'à chaque heure elle l'aimait davantage. Bientôt elle retrouva dans les soins que voulaient l'éducation de l'âme et la culture de l'esprit, les mêmes plaisirs qu'elle avait goûtés en nourrissant, en élevant le corps de son enfant. Quoique les mères ne grandissent pas toujours avec leurs fils, la duchesse était une de celles qui portent la maternité les humbles adorations de l'amour, elle pouvait caresser et juger; elle mettait son amour-propre à rendre Etienne supérieur à elle en toute chose et non à le régenter, peut-être se savait-elle si grande par son inépuisable affection, qu'elle ne redoutait aucun amoindrissement. C'est les cœurs sans tendresse qui aiment la domination, mais les sentiments vrais chérissent l'abnégation, cette vertu de la force. Lorsqu'Etienne ne comprenait pas tout d'abord quelque démonstration, un texte ou un théorème, la pauvre mère, qui assistait aux leçons, semblait vouloir lui infuser la connaissance des choses, comme naguère, au moindre cri, elle lui versait des flots de lait. Mais aussi de quel éclat la joie s'empourprait-elle dans le regard de la duchesse, alors qu'Etienne saisissait le sens des choses et se l'appropriait? Elle montrait, comme disait Pierre de Sebonde, que la mère est un être double dont les sensations embrassent toujours deux existences.

La duchesse augmentait ainsi le sentiment naturel qui lie un fils à sa mère, par les tendresses d'un amour ressuscité. La délicatesse d'Etienne lui fit continuer pendant plusieurs années les soins donnés à l'enfance, elle venait l'habiller, de le coucher; elle seule peignait, lissait, bouclait et parfumait la chevelure de son fils. Cette toilette était une caresse continuelle; elle donnait à cette tête chérie autant de baisers qu'elle y passait de fois le peigne d'une main légère. De même que les femmes aiment à se faire presque mères pour leurs amants en leur rendant quelques soins domestiques, de même la mère se faisait de son fils un simulacre d'amant; elle lui trouvait une vague ressemblance avec le cousin aimé par delà le tombeau. Etienne était comme le fantôme de Georges, entrevu dans le lointain d'un miroir magique; elle se disait qu'il était plus gentilhomme qu'ecclésiastique.

— Si quelque femme aussi aimante que moi voulait lui infuser la vie de l'amour, il pourrait être bien heureux! pensait-elle souvent. Mais les terribles intérêts qui exigeaient la tonsure sur la tête d'Etienne lui revenaient en mémoire, et elle baisait les cheveux que les ciseaux de l'Eglise devaient retrancher, en y laissant des larmes. Malgré l'injuste convention faite avec le duc, elle ne voyait Etienne ni prêtre ni cardinal dans ces trouées que son œil de mère faisait à travers les épaisses ténèbres de l'avenir. Le profond oubli du père lui permit de ne pas engager son pauvre enfant dans les ordres.

— Il sera toujours bien temps! se disait-elle.

Puis, sans s'avouer une pensée enfouie dans son cœur, elle forma Etienne aux belles manières des courtisans, elle le voulait doux et gentil comme était Georges de Chaverny. Réduite à quelque mince épargne par l'ambition du duc, qui gouvernait lui-même les biens de sa maison en employant tous les revenus à son agrandissement ou à son train, elle avait adopté pour elle la mise la plus simple, et ne dépensait rien afin de pouvoir donner à son fils des manteaux de velours, des bottes en entonnoir garnies de dentelles, des pourpoints en toutes étoffes taillardées. Ses privations personnelles lui faisaient éprouver les mêmes joies que causent les dévouements qu'on se plaît tant à cacher aux personnes aimées. Elle se faisait des fêtes secrètes en pensant, quand elle brodait un collet, au jour où le cou de son fils en serait orné. Elle seule avait soin des vêtements, du linge, des parfums, de la toilette d'Etienne, elle ne se parait pas pour lui, car elle aimait à être trouvée belle par lui. Tant de sollicitudes accompagnées d'un sentiment qui pénétrait la chair de son fils et la vivifiait, eurent leur récompense. Un jour, Beauvouloir, cet homme divin qui, par ses leçons, s'était rendu cher à l'enfant maudit, et dont les services n'étaient pas d'ailleurs ignorés d'Etienne, ce médecin de qui le regard inquiet faisait trembler la duchesse toutes les fois qu'il examinait cette frêle idole, déclara qu'Etienne pouvait vivre de longs jours si aucun sentiment violent ne venait agiter brusquement ce corps si délicat. Etienne avait alors seize ans.

A cet âge, la taille d'Etienne avait atteint cinq pieds, mesure qu'il ne devait plus dépasser; mais Georges de Chaverny était de taille moyenne. Sa peau, transparente et satinée comme celle d'une petite fille, laissait voir le plus léger rameau de ses veines bleues. Sa blancheur était celle de la porcelaine. Ses yeux, d'un bleu clair, empreints d'une douceur ineffable, imploraient la protection des hommes et des femmes; les entraînantes suavités de la prière s'échappaient de son regard, et séduisaient avant que les mélodies de sa voix n'achevassent le charme. La modestie la plus vraie se révélait dans tous ses traits. De longs cheveux châtains, lisses et fins, se partageaient en deux bandeaux sur son front et se bouclaient à leurs extrémités. Ses joues pâles et creuses, son front pur, marqué de quelques rides, exprimaient une souffrance native qui faisait mal à voir. Sa bouche, gracieuse et ornée de dents très-blanches, conservait cette espèce de sourire qui se fixe sur les lèvres des mourants. Ses mains, blanches comme celles d'une femme, étaient remarquablement belles de forme. Semblable à une plante étiolée, ses longues méditations l'avaient habitué à pencher la tête, et cette attitude seyait à sa personne : c'était comme la dernière grâce qu'un grand artiste met à un portrait pour en faire ressortir toute la pensée. Vous eussiez cru voir une tête de jeune fille malade placée sur un corps d'homme débile et contrefait.

La studieuse poésie dont les riches méditations nous font parcourir en botaniste les vastes champs de la pensée, la féconde comparaison des idées humaines, l'exaltation que nous donne la parfaite intelligence des œuvres du génie, étaient devenues les inépuisables et tranquilles félicités de sa vie rêveuse et solitaire. Les fleurs, créatures ravissantes dont la destinée avait tant de ressemblance avec la sienne, eurent tout son amour. Heureuse de voir à son fils des passions innocentes qui le garantissaient du rude contact de la vie sociale, auquel il n'aurait pas plus résisté que la plus jolie dorade de l'Océan n'eût soutenu sur la grève un rayon du soleil, la comtesse avait encouragé les goûts d'Etienne, en lui apportant des romances espagnoles, des motets italiens, des livres, des sonnets, des fleurs. La bibliothèque du cardinal d'Hérouville était l'héritage d'Etienne, la lecture devait remplir sa vie. Chaque matin, l'enfant trouvait sa solitude peuplée de jolies plantes aux riches couleurs, aux suaves parfums. Ainsi, ses lectures, auxquelles sa frêle santé ne lui permettait pas de se livrer longtemps, et ses exercices au milieu des rochers étaient interrompus par de naïves méditations qui le faisaient rester des heures entières assis devant ses riantes fleurs, ou tapi dans le creux de quelque roche en présence d'une algue, d'une mousse, d'une herbe marine, en étudiant les mystères. Il cherchait une rime au sein des corolles odorantes, comme l'abeille y eût butiné son miel. Il admirait souvent sans but, et sans vouloir s'expliquer son plaisir, les filets délicats imprimés sur les pétales en couleurs foncées, la délicatesse des riches tuniques d'or ou d'azur, vertes ou violâtres, les découpures si profondément belles des calices ou des feuilles, leurs tissus mats ou veloutés qui se déchiraient, comme devait se déchirer son âme au moindre effort. Plus tard, penseur autant que poète, il devait surprendre la raison de ces innombrables différences d'une même nature, en y découvrant l'indice de facultés précieuses ; car, de jour en jour, il fit des progrès dans l'interprétation du Verbe divin écrit sur toute chose de ce monde. Ces recherches obstinées et secrètes, faites dans le monde occulte, donnaient à sa vie l'apparente somnolence des génies méditatifs. Etienne demeurait pendant de longues journées couché sur le sable, heureux, poète à son insu. L'irruption soudaine d'un insecte doré, les reflets du soleil dans l'Océan, les tremblements du vaste et limpide miroir des eaux, un coquillage, une araignée de mer, tout devenait événement et plaisir pour cette âme ingénue. Voir venir sa mère, entendre de loin le frôlement de sa robe, l'attendre, la baiser, lui parler, l'écouter, lui causaient des sensations si vives, que souvent un retard ou la plus légère crainte lui causaient une fièvre dévorante. Il n'y avait qu'une âme en lui, et, pour que le corps faible et toujours débile ne fût pas détruit par les vives émotions de cette âme, il fallait à Etienne le silence, des caresses, la paix dans le paysage, et l'amour d'une femme. Pour le moment, sa mère lui prodiguait l'amour et les caresses ; les rochers étaient silencieux, les fleurs, les livres, charmaient sa solitude ; enfin, son petit royaume de sable et de coquilles, d'algues et de verdure, lui semblait un monde toujours frais et nouveau.

Etienne eut tous les bénéfices de cette vie physique si profondément innocente, et de cette vie morale si poétiquement étendue. Enfant par la forme, homme par l'esprit, il était également angélique sous les deux aspects. Par la volonté de sa mère, ses études avaient transporté ses émotions dans la région des idées. L'action de sa vie s'accomplissait alors dans le monde moral, loin du monde social qui pouvait le tuer ou le faire souffrir. Il vécut par l'âme et par l'intelligence. Après avoir saisi les pensées humaines par la lecture, il s'éleva jusqu'aux pensées qui meuvent la matière, il vit les pensées dans les airs, il en lut d'écrites au ciel. Enfin, il gravit de bonne heure la cime éthérée où se trouvait la nourriture délicate propre à son âme, nourriture enivrante, mais qui le prédestinait au malheur le jour où ces trésors accumulés se joindraient aux richesses qu'une passion met soudain au cœur. Si parfois Jeanne de Saint-Savin redoutait pour lui, elle se consolait bientôt par une pensée que lui inspirait la triste destinée de son cadet car cette pauvre mère ne trouvait d'autre remède à un malheur qu'un malheur moindre ; aussi chacune de ses jouissances était-elle pleine d'amertume!

— Il sera cardinal, se disait-elle, il vivra par le sentiment des arts, dont il se fera le protecteur. Il aimera l'art au lieu d'aimer une femme, et l'art ne le trahira jamais.

Les plaisirs de cette amoureuse maternité furent donc sans cesse altérés par de sombres pensées qui naissaient de la singulière situation où se trouvait Etienne au sein de sa famille. Les deux frères avaient déjà dépassé l'un et l'autre l'âge de l'adolescence sans se connaître, sans s'être vus, sans soupçonner leur existence rivale. La duchesse avait longtemps espéré pouvoir, pendant une absence de son mari lier les deux frères par quelque scène solennelle où elle comptait les envelopper de son âme. Elle se flattait d'intéresser Maximilien à Etienne, de parler au cadet combien il devait de protection et d'amour à son aîné, souffrant en retour des renoncements auxquels il avait été soumis, et auxquels il serait fidèle, quoique contraint. Cet espoir longtemps caressé s'était évanoui. Loin de vouloir amener une reconnaissance entre les frères, elle redoutait plus une rencontre entre Etienne et Maximilien qu'entre Etienne et son père. Maximilien, qui ne croyait qu'au mal, eût craint qu'un jour Etienne ne redemandât ses droits méconnus, ne l'aurait jeté dans la mer en lui mettant une pierre au cou. Jamais fils n'eut moins de respect pour sa mère. Aussitôt qu'il avait pu raisonner, il avait aperçu le peu d'estime que le duc avait pour sa femme. Si le vieux gouverneur conservait quelques formes dans ses manières avec la duchesse, Maximilien, peu contenu par son père, causait mille chagrins à sa mère. Aussi Bertrand veillait-il incessamment à ce que jamais Maximilien ne vît Etienne, de qui la naissance d'ailleurs était soigneusement cachée. Tous les gens du château haïssaient cordialement le marquis de Saint-Sever, nom que portait Maximilien, et ceux qui savaient l'existence de l'aîné le regardaient comme un vengeur que Dieu tenait en réserve. L'avenir d'Etienne était donc douteux : peut-être serait-il persécuté par son frère ! La pauvre duchesse n'avait point de parents auxquels elle pût confier la vie et les intérêts de son enfant chéri ; Etienne n'accuserait-il pas sa mère, quand, sous la pourpre romaine, il voudrait être père comme elle avait été mère ? Ces pensées, sa vie mélancolique et pleine de douleurs secrètes, étaient comme une longue maladie tempérée par un doux régime. Son cœur exigeait les ménagements les plus habiles, et ceux qui l'entouraient étaient cruellement inexperts en douceurs. Quel cœur de mère n'eût pas été meurtri sans cesse en voyant le fils aîné, l'homme de tête et de cœur en qui se révélait un beau génie, dépouillé de ses

droits ; tandis que le cadet, homme de sac et de corde, sans aucun talent, même militaire, était chargé de porter la couronne ducale et de perpétuer la famille. La maison d'Hérouville reniait sa gloire. Incapable de maudire, la douce Jeanne de Saint-Savin ne savait que bénir et pleurer ; mais elle levait souvent les yeux au ciel, pour lui demander compte de cet arrêt bizarre. Ses yeux s'emplissaient de larmes quand elle pensait qu'à sa mort son fils serait tout à fait orphelin, et resterait en butte aux brutalités d'un frère sans foi ni loi. Tant de sensations réprimées, un premier amour inoublié, tant de douleurs incomprises, car elle taisait les plus vives souffrances à son enfant chéri, ses joies toujours troublées, ses chagrins incessants, avaient affaibli les principes de la vie et développé chez elle une maladie de langueur qui, loin d'être atténuée, prit chaque jour une force nouvelle. Enfin, un dernier coup activa la consomption de la duchesse, elle essaya d'éclairer le duc sur l'éducation de Maximilien, et fut rebutée ; elle ne put porter aucun remède aux détestables semences qui germaient dans l'âme de cet enfant. Elle entra dans une période de dépérissement si visible, que cette maladie nécessita la promotion de Beauvouloir au poste de médecin de la maison d'Hérouville et du gouvernement de Normandie. L'ancien rebouteur vint demeurer au château. Dans ce temps, ces places appartenaient à des savants, qui y trouvaient la facilité de leurs travaux et les honoraires indispensables à leur vie studieuse. Beauvouloir souhaitait depuis quelque temps cette position, car son savoir et sa fortune lui avaient valu de nombreux et d'acharnés ennemis. Malgré la protection d'une grande famille, à laquelle il avait rendu service dans une affaire dont il était question, il avait été récemment impliqué dans un procès criminel, et l'intervention du gouverneur de Normandie, sollicitée par la duchesse, arrêta seule les poursuites. Le duc n'eut pas à se repentir de l'éclatante protection qu'il accordait à l'ancien rebouteur : Beauvouloir sauva le marquis de Saint-Sever d'une maladie si dangereuse, que tout autre médecin eût échoué sans cette cure. Mais la blessure de la duchesse datait de trop loin pour qu'on pût la guérir, surtout quand elle était incessamment ravivée par des causes nouvelles. Lorsque les souffrances firent entrevoir une fin prochaine à cet ange où tant de douleurs préparaient de meilleures destinées, la mort eut un véhicule dans les sombres prévisions de l'avenir.

— Que deviendra mon pauvre enfant sans moi ? était une pensée que chaque heure ramenait comme un flot amer.

Enfin, lorsqu'elle dut demeurer au lit, la duchesse inclina promptement vers la tombe ; car alors elle fut privée de son fils, à qui son chevet était interdit par le pacte à l'observation duquel il devait la vie. La douleur de l'enfant fut égale à celle de la mère. Inspiré par le génie particulier aux sentiments comprimés, Etienne se créa le plus mystique des langages pour pouvoir s'entretenir avec sa mère. Il étudia les ressources de sa voix comme eût fait la plus habile des cantatrices, et venait chanter d'une voix mélancolique sous les fenêtres de sa mère, quand, par un signe, Beauvouloir lui disait qu'elle était seule. Jadis, au maillot, il avait consolé sa mère par d'intelligents sourires ; devenu poète, il la caressait par les plus suaves mélodies.

— Ces chants me font vivre ! disait la duchesse à Beauvouloir en aspirant l'air animé par la voix d'Etienne.

Enfin arriva le moment où devait commencer un long deuil pour l'enfant maudit. Déjà plusieurs fois il avait trouvé de mystérieuses correspondances entre ses émotions et les mouvements de l'Océan. La divination des pensées de la matière dont l'avait doué sa science occulte rendait ce phénomène plus éloquent pour lui que pour tout autre. Pendant la fatale soirée où il allait voir sa mère pour la dernière fois, l'Océan fut agité par des mouvements qui lui parurent extraordinaires. C'était un remuement dans les eaux ; elles s'enflait par de grosses vagues qui venaient expirer avec des bruits lugubres et semblables aux hurlements des chiens en détresse. Etienne se surprit à se dire à lui-même : — Que me veut-elle ? elle tressaille et se plaint comme une créature vivante ? Ma mère m'a souvent raconté que l'Océan était en proie à d'horribles convulsions pendant la nuit où je suis né. Que va-t-il m'arriver ?

Cette pensée le fit rester debout à la fenêtre de sa chaumière, les yeux tantôt sur la croisée de la chambre de sa mère où tremblotait une lumière, tantôt sur l'Océan qui continuait à gémir. Tout à coup Beauvouloir frappa doucement, ouvrit, et montra sur sa figure assombrie le reflet d'un malheur.

— Monseigneur, dit-il, madame la duchesse est dans un si triste état qu'elle veut vous voir. Toutes les précautions sont prises pour qu'il ne vous advienne aucun mal au château ; mais il nous faut beaucoup de prudence, nous sommes obligés de passer par la chambre de monseigneur, là où vous êtes né.

Ces paroles firent venir des larmes aux yeux d'Etienne, qui s'écria :

— L'Océan m'a parlé !

Il se laissa machinalement conduire vers la porte de la tour par où Bertrand était monté pendant la nuit où la duchesse avait accouché de l'enfant maudit. L'écuyer s'y trouvait une lanterne à la main. Etienne parvint à la grande bibliothèque du cardinal d'Hérouville, où il fut obligé de rester avec Beauvouloir pendant que Bertrand allait ouvrir les portes et reconnaître si l'enfant maudit pouvait passer sans danger. Le duc ne s'éveilla pas. En s'avançant à pas légers, Etienne et Beauvouloir n'entendaient dans cet immense château que la faible plainte de la mourante. Ainsi, les circonstances qui accompagnèrent la naissance d'Etienne se retrouvaient à la mort de sa mère. Même tempête, mêmes angoisses, même peur d'éveiller le géant sans pitié, qui cette fois dormait bien. Pour éviter tout malheur, l'écuyer prit Etienne dans ses bras et traversa la chambre du redoutable maître, décidé à lui donner quelque prétexte tiré de l'état où se trouvait la duchesse, s'il était surpris. Etienne eut le cœur horriblement serré par la crainte qui animait ces deux fidèles serviteurs; mais cette émotion le prépara pour ainsi dire au spectacle qui s'offrit à ses regards dans cette chambre seigneuriale où il revenait pour la première fois depuis le jour où la malédiction paternelle l'en avait banni. Sur ce grand lit que le bonheur n'approcha jamais, il chercha sa bien-aimée et ne la trouva pas sans peine, tant elle était maigre. Blanche comme les dentelles, n'ayant plus qu'un dernier souffle à exhaler, elle rassembla ses forces pour prendre les mains d'Etienne, et voulut lui donner toute son âme dans un long regard, comme autrefois Chaverny lui avait légué à elle toute sa vie dans un adieu. Beauvouloir et Bertrand, l'enfant et la mère, le duc endormi, se trouvaient encore réunis. Même lieu, même scène, mêmes acteurs, mais c'était la douleur funèbre au lieu des joies de la maternité, la nuit de la mort au lieu du jour de la vie. En ce moment, l'ouragan accumulé depuis le coucher du soleil par les lugubres hurlements de la mer se déclara soudain.

— Chère fleur de ma vie, dit Jeanne de Saint-Savin en baisant son fils au front, tu fus détaché de mon sein au milieu d'une tempête, et c'est par une tempête que je me détache de toi. Entre ces deux orages tout me fut orage, hormis les heures où je t'ai vu. Voici ma dernière joie, elle se mêle à ma dernière douleur. Adieu, mon unique amour; adieu, belle image de deux âmes bientôt réunies; adieu, ma seule joie, joie pure; adieu, tout mon être bien-aimé!

— Laisse-moi te suivre, dit Etienne, qui s'était couché sur le lit de sa mère.

— Ce serait un meilleur destin ! dit-elle en laissant couler deux larmes sur ses joues livides, car, comme autrefois, son regard parut lire dans l'avenir. — Personne ne lit dans l'avenir, dit l'un de deux serviteurs. En ce moment le duc se remua dans son lit, tous tressaillirent. — Il y a du mélange jusque dans ma dernière joie ! dit la duchesse. Emmenez-le! emmenez-le!

— Ma mère, j'aime mieux te voir un moment de plus et mourir ! dit le pauvre enfant en s'évanouissant sur le lit.

A un signe de la duchesse, Bertrand prit Etienne dans ses bras, et, le laissant voir une dernière fois à la mère qui le baisait par un dernier regard, il se mit en devoir de l'emporter, en attendant un nouvel ordre de la mourante.

— Aimez-le bien, dit-elle à l'écuyer et au rebouteur, car je ne lui vois pas d'autres protecteurs que vous et le ciel.

Avertie par un instinct qui ne trompe jamais les mères, elle s'était aperçue de la pitié profonde qu'inspirait à l'écuyer l'aîné de la maison puissante à laquelle il portait une attention de vénération comparable à celui des Juifs pour la Cité sainte. Quant à Beauvouloir, le pacte entre la duchesse et lui s'était signé depuis longtemps. Ces deux serviteurs, émus de voir leur maîtresse forcée de leur léguer son noble enfant, promirent par un geste sacré d'être la providence de leur jeune maître, et la mère eut foi en ce geste.

La duchesse mourut au matin, quelques heures après, elle fut pleurée des derniers serviteurs, qui, pour tout discours, dirent sur sa tombe qu'elle était une *gente femme tombée du paradis*.

Etienne fut en proie à la plus durable des douleurs, douleur muette d'ailleurs. Il ne courut plus à travers les rochers, il ne se sentit plus la force de lire ni de chanter. Il demeura des journées entières accroupi dans le creux d'un roc, indifférent aux intempéries de l'air, immobile, attaché sur le granit, semblable à l'une des mousses qui y croissaient, pleurant bien rarement, mais perdu dans une seule pensée, immense, infinie comme l'Océan, et comme l'Océan, cette pensée prenait mille formes, devenait terrible, orageuse, calme. Ce fut plus qu'une douleur, ce fut une vie nouvelle, une irrévocable destinée imposée à cette créature qui ne devait plus sourire. Il est des peines qui, semblables à du sang jeté dans une eau courante, teignent momentanément les flots, l'onde, en se renouvelant, restaure la pureté de sa nappe, mais chez Etienne la source même fut adultérée ; et chaque flot du temps lui apporta même dose de fiel.

Dans ses vieux jours, Bertrand avait conservé l'intendance des écuries, pour ne pas perdre l'habitude d'être une autorité dans la maison. Son logis se trouvait près de la maison où se retirait Etienne, en sorte qu'il était à portée de veiller sur lui avec la persistance d'affection et la simplicité rusée qui caractérisent les vieux soldats. Il dépouillait toute sa rudesse pour parler au pauvre enfant ; il allait doucement le prendre par les temps de pluie, et l'arrachait à sa rêverie pour le ramener au logis. Il mit de l'amour-propre à remplacer

la duchesse de manière à ce que le fils trouvât, sinon le même amour, du moins les mêmes attentions. Cette pitié ressemblait à de la tendresse. Etienne supporta sans plainte ni résistance les soins du serviteur ; mais trop de liens étaient brisés entre l'enfant maudit et les autres créatures pour qu'une vive affection pût renaître dans son cœur. Il se laissa machinalement protéger, car il devint une sorte de créature intermédiaire entre l'homme et la plante, ou peut-être entre l'homme et Dieu. A quoi comparer un être à qui les lois sociales, les faux sentiments du monde étaient inconnus, et qui conservait une ravissante innocence en n'obéissant qu'à l'instinct de son cœur ? Néanmoins, malgré sa sombre mélancolie, il sentit bientôt le besoin d'aimer, d'avoir une autre mère une autre âme à lui ; mais, séparé de la civilisation par une barrière d'airain, il était difficile qu'il rencontrât un être qui se fût fait fleur comme lui. A force de chercher un autre lui-même auquel il pût confier ses pensées et dont la vie pût devenir la sienne, il finit par sympathiser avec l'Océan. La mer devint pour lui un être animé, pensant. Toujours en présence de cette immense création dont les merveilles cachées contrastent si grandement avec celles de la terre, il y découvrit la raison de plusieurs mystères. Familiarisé dès le berceau avec l'infini de ces campagnes humides, la mer et le ciel lui racontèrent d'admirables poésies. Pour lui, tout était varié dans ce large tableau si monotone en apparence. Comme tous les hommes de qui l'âme domine le corps, il avait une vue perçante, et pouvait saisir à des distances énormes, avec une admirable facilité, sans fatigue, les nuances les plus fugitives de la lumière, les tremblements les plus éphémères de l'eau. Par un calme parfait, il trouvait encore des teintes multipliées à la mer, qui, semblable à un visage de femme, avait alors une physionomie, des sourires, des idées, des caprices : la verte et sombre, ici riant dans son azur, tantôt unissant ses lignes brillantes avec les lueurs indécises de l'horizon, tantôt se balançant d'un air doux sous les nuages orangés. Se rencontrait pour lui des fêtes magnifiques pompeusement célébrées au coucher du soleil, quand l'astre versait ses couleurs rouges sur les flots comme un manteau de pourpre. Pour lui la mer était gaie, vive, spirituelle au milieu du jour, lorsqu'elle frissonnait en répétant l'éclat de la lumière par ses mille facettes éblouissantes ; elle lui révélait d'étonnantes mélancolies, elle le faisait pleurer, lorsque, résignée, calme et triste, elle réfléchissait un ciel gris chargé de nuages. Il avait saisi les langages muets de cette immense création. Le flux et reflux était comme une respiration mélodieuse dont chaque soupir lui peignait un sentiment, il en comprenait le sens intime. Nul marin, nul savant, n'aurait pu prédire mieux que lui la moindre colère de l'Océan, le plus léger changement de sa face. A la manière dont le flot venait mourir sur le rivage, il devinait les houles, les tempêtes, les grains, la force des marées. Quand la nuit étendait ses voiles sur le ciel, il le voyait encore la mer sous les lueurs crépusculaires, et conversait avec elle : il participait à sa féconde vie, il éprouvait en son âme une véritable tempête quand elle se courrouçait ; il respirait sa colère dans ses sifflements aigus, il courait avec les lames énormes qui se brisaient en mille franges liquides sur les rochers, il se sentait intrépide et terrible comme elle, et comme elle bondissait par des retours prodigieux ; il gardait ses silences mornes, il imitait ses clémences soudaines. Enfin il avait épousé la mer, elle était sa confidente et son amie. Le matin, quand il venait sur ses rochers, en parcourant les sables fins et brillants de la grève, il reconnaissait l'esprit de l'Océan par un simple regard, il en voyait soudain les paysages, et planait ainsi sur la grande face des eaux, comme un ange venu du ciel. Si de joyeuses, de lutines, de blanches vapeurs lui jetaient un réseau fin, comme un voile au front d'une fiancée, il en suivait les ondulations et les caprices avec une joie d'amant, aussi charmé de la trouver au matin coquette comme une femme qui se lève encore tout endormie, qu'un mari de revoir sa jeune épouse dans la beauté que lui a faite le plaisir. Sa pensée, mariée avec cette grande pensée divine, le consolait dans sa solitude, et les mille jets de son âme avaient peuplé son étroit désert de fantaisies sublimes. Enfin, il avait fini par deviner dans tous les mouvements de la mer sa liaison intime avec les rouages célestes, et il entrevit la nature dans son harmonieux ensemble, depuis le brin d'herbe jusqu'aux astres errants qui cherchent, comme des graines emportées par le vent, à se planter dans l'éther. Pur comme un ange, vierge des idées qui dégradent les hommes, naïf comme un enfant, il vivait comme une mouette, comme une fleur, prodigue seulement des trésors d'une imagination poétique, d'une science divine de laquelle il contemplait sans fin la seconde étendue. Incroyable mélange de deux créations ! tantôt il s'élevait jusqu'à Dieu par la prière, tantôt il redescendait, humble et résigné, au bonheur paisible de la brute. Pour lui, les étoiles étaient les fleurs de la nuit, le soleil était un père ; les oiseaux étaient ses amis, il plaçait partout l'âme de sa mère ; souvent il la voyait dans les nuages, il lui parlait, et ils communiquaient réellement par des visions célestes ; en certains jours, il entendait sa voix, il admirait son sourire, enfin il y avait des jours où il ne l'avait pas perdue ! Dieu semblait lui avoir donné la puissance des anciens solitaires, l'avoir doué de sens intérieurs perfectionnés qui pénétraient l'esprit des choses. Des forces morales inouïes lui permettaient d'aller plus avant que les autres hommes dans les secrets des œuvres immortelles. Ses regrets et sa douleur étaient comme des liens qui l'unissaient au monde des esprits; il y allait, armé de son amour, pour y chercher sa mère, en réalisant ainsi par les sublimes accords de l'extase la symbolique entreprise d'Orphée. Il s'élançait dans l'avenir ou dans le ciel, comme de son rocher il volait sur l'Océan d'une ligne à l'autre de l'horizon. Souvent aussi, quand il était tapi au fond d'un trou profond, capricieusement arrondi dans un fragment de granit, et dont l'entrée avait l'étroitesse d'un terrier, quand, doucement éclairé par les chauds rayons du soleil qui passaient par les fissures et lui montraient les jolies mousses marines par lesquelles cette retraite était décorée, véritable nid de quelque oiseau de mer; là, souvent, il était saisi d'un sommeil involontaire. Le soleil, son souverain, lui disait seul qu'il avait dormi en lui mesurant le temps pendant lequel avaient disparu pour lui ses paysages d'eau, ses sables dorés et ses coquillages. Il admirait à travers une lumière brillante comme celle des cieux les villes immenses dont lui parlaient ses livres; il allait regardant avec étonnement, mais sans envie, les cours, les rois, les batailles, les hommes, les monuments. Ce rêve en plein jour lui rendait toujours plus chers ses douces fleurs, ses nuages, son soleil, ses beaux rochers de granit. Pour le mieux attacher à sa vie solitaire, un ange semblait lui révéler les abîmes du monde moral, et les chocs terribles des civilisations. Il sentait que son âme, bientôt déchirée à travers ces océans d'hommes, périrait brisée comme une perle qui, à l'entrée royale d'une princesse, tombe de la coiffure dans la boue d'une rue.

COMMENT MOURUT LE FILS.

En 1617, vingt et quelques années après l'horrible nuit pendant laquelle Étienne fut mis au monde, le duc d'Hérouville, alors âgé de soixante-seize ans, cassé, presque mort, était assis au coucher du soleil dans un immense fauteuil, devant la fenêtre ogive de sa chambre à coucher, à la place d'où jadis la comtesse avait si vainement réclamé, par les sons de sa voix perdus dans les airs, le secours des hommes et du ciel. Vous eussiez dit d'un véritable débris de tombeau. Sa figure énergique, dépouillée de son aspect sinistre par la souffrance et par l'âge, avait une couleur blafarde en rapport avec les longues mèches de cheveux blancs qui tombaient autour de sa tête chauve, dont le crâne jaune semblait débile. La guerre et le fanatisme brillaient encore dans ces yeux jaunes, quoique tempérés par un sentiment religieux. La dévotion jetait une teinte monastique sur ce visage, jadis si dur et marqué maintenant de teintes qui en adoucissaient l'expression. Les reflets du couchant coloriaient par une douce lueur rouge cette tête encore vigoureuse. Le corps affaibli, enveloppé de vêtements bruns, achevait, par sa pose lourde, par la privation de tout mouvement, de peindre l'existence monotone, le repos terrible de cet homme, autrefois si entreprenant, si haineux, si actif.

— Assez, dit-il à son chapelain.

Ce vieillard vénérable lisait l'Évangile en se tenant debout devant le maître dans une attitude respectueuse. Le duc, semblable à ces vieux lions de ménagerie qui arrivent à une décrépitude encore pleine de majesté, se tourna vers un autre homme en cheveux blancs, et lui tendit un bras décharné, couvert de poils rares, encore nerveux, mais sans vigueur.

— A vous, rebouteur, s'écria-t-il, voyez où j'en suis aujourd'hui.

— Tout va bien, monseigneur, et la fièvre a cessé. Vous vivrez encore de longues années.

— Je voudrais voir Maximilien ici, reprit le duc en laissant échapper un sourire d'aise. Ce brave enfant! Il commande maintenant une compagnie d'arquebusiers chez le roi. Le maréchal d'Ancre a eu soin de mon gars, et notre gracieuse reine Marie pense à le bien appointer, maintenant qu'il a été créé duc de Nivron. Mon nom sera donc dignement continué. Le gars a fait des prodiges de valeur à l'attaque...

En ce moment Bertrand arriva, tenant une lettre à la main.

— Qu'est ceci? dit vivement le vieux seigneur.

— Une dépêche apportée par un courrier que vous envoie le roi, répondit l'écuyer.

— Le roi et non la reine mère! s'écria le duc. Que se passe-t-il donc? les huguenots reprendraient-ils les armes, tête-dieu pleine de reliques! reprit le duc en se dressant et jetant un regard étincelant sur les trois vieillards. J'armerais encore mes soldats, et, avec Maximilien à mes côtés, la Normandie...

— Asseyez-vous, mon bon seigneur, dit le rebouteur inquiet de voir le duc se livrant à une bravade dangereuse chez un convalescent.

— Lisez, maître Corbineau, dit le vieillard en tendant la dépêche à son confesseur.

Ces quatre personnages formaient un tableau plein d'enseignements pour la vie humaine. L'écuyer, le prêtre et le médecin, blanchis par les années, tous trois debout devant leur maître assis dans son fauteuil, et ne se jetant l'un à l'autre que de pâles regards, traduisaient chacun l'une des idées qui finissent par s'emparer de l'homme au bord de la tombe. Fortement éclairés par un dernier rayon du soleil couchant, ces hommes silencieux composaient un tableau sublime de mélancolie et fertile en contrastes. Cette chambre sombre et solennelle, où rien n'était changé depuis vingt-cinq années, encadrait bien cette page poétique, pleine de passions éteintes, attristée par la mort, remplie par la religion.

— Le maréchal d'Ancre a été tué sur le pont du Louvre par ordre du roi, puis... Oh! mon Dieu..

— Achevez, cria le seigneur.

— Monseigneur le duc de Nivron...

— Eh bien!

— Est mort!

Le duc pencha la tête sur sa poitrine, fit un grand soupir, et resta muet. A ce mot, à ce soupir, les trois vieillards se regardèrent. Il leur sembla que l'illustre et opulente maison d'Hérouville disparaissait devant eux comme un navire qui sombre.

— Le maître d'en haut, reprit le duc en en lançant un terrible regard sur le ciel, se montre bien ingrat envers moi. Il ne se souvient pas des hauts faits que j'ai commis pour sa sainte cause!

— Dieu se venge, dit le prêtre d'une voix grave.

— Mettez cet homme au cachot! s'écria le seigneur.

— Vous pouvez me faire taire plus facilement que vous n'apaiserez votre conscience.

Le duc d'Hérouville redevint pensif.

— Ma maison périr! mon nom s'éteindre! Je veux me marier, avoir un fils! dit-il après une longue pause.

Quelque effrayante que fût l'expression du désespoir peint sur la face du duc d'Hérouville, le rebouteur ne put s'empêcher de sourire. En ce moment, un chant frais sortit du soir, aussi pur que la couleur de l'Océan, domina le murmure de la mer et s'éleva pour charmer la nature. La mélancolie de cette voix, la mélodie des paroles, répandirent dans l'âme comme un parfum. L'harmonie montait par nuages, remplissait les airs, versait du baume sur toutes douleurs, ou plutôt elle les consolait en les exprimant. La voix s'unissait au bruissement de l'onde avec une si rare perfection, qu'elle semblait sortir du sein des flots. Ce chant plus doux pour ces vieillards que ne l'aurait été la plus tendre parole d'amour pour une jeune fille, il apportait tant de religieuses espérances, qu'il résonna dans le cœur comme une voix partie du ciel.

— Qu'est ceci? demanda le duc.

— Le petit rossignol chante, dit Bertrand, tout n'est pas perdu, ni pour lui, ni pour vous.

— Qu'appelez-vous un rossignol?

— C'est le nom que nous avons donné au fils aîné de monseigneur, répondit Bertrand.

— Mon fils! s'écria le vieillard. J'ai donc un fils, enfin quelque chose qui porte mon nom et qui peut le perpétuer.

Il se dressa sur ses pieds, et se mit à marcher dans sa chambre d'un pas tour à tour lent et précipité; puis il fit un geste de commandement et renvoya ses gens, à l'exception du prêtre.

Le lendemain matin, le duc appuyé sur son vieil écuyer allait le long de la grève, à travers les rochers, cherchant le fils qu'il avait maudit; il l'aperçut de loin, tapi dans une crevasse de granit, nonchalamment étendu au soleil, la tête posée sur une touffe d'herbes fines, les pieds gracieusement ramassés sous le corps. Étienne ressemblait à une hirondelle en repos. Aussitôt que le grand seigneur se montra sur le bord de la mer, et que le bruit de ses pas assourdi par le sable résonna faiblement en se mêlant à la voix des flots, Étienne tourna la tête, jeta un cri d'oiseau surpris, et disparut dans le granit même, comme une souris qui rentre si lestement dans son trou, que l'on finit par douter de l'avoir aperçue.

— Eh! tête-dieu pleine de reliques, où s'est-il donc fourré? s'écria le seigneur en arrivant au rocher sur lequel son fils était accroupi.

— Il est là, dit Bertrand en montrant une fente étroite dont les bords avaient été polis, usés, par l'assaut répété des hautes marées.

— Étienne, mon fils bien-aimé! s'écria le vieillard.

L'enfant maudit ne répondit pas. Pendant une partie de la matinée, le vieux duc supplia, menaça, gronda, implora tour à tour, sans pouvoir obtenir de réponse. Parfois il se taisait, appliquait l'oreille à la crevasse, et tout ce que son ouïe faible lui permettait d'entendre était le sourd battement du cœur d'Étienne, dont les pulsations précipitées retentissaient sous la voûte sonore.

— Il vit au moins, celui-là, dit le vieillard d'un son de voix déchirant.

Au milieu du jour, le père au désespoir eut recours à la prière.

— Étienne, lui disait-il, mon cher Étienne, Dieu m'a puni de t'avoir méconnu! Il m'a privé de ton frère! Aujourd'hui, tu es mon seul et unique enfant. Je t'aime plus que je ne m'aime moi-même. J'ai recouru mon erreur, je sais que tu as véritablement dans tes veines mon sang ou celui de ta mère, dont le malheur a été mon ouvrage. Viens, je tâcherai de te faire oublier mes torts en te chérissant pour tout ce que j'ai perdu. Etienne, tu es déjà duc de Nivron, et tu seras après moi duc d'Hérouville, pair de France, chevalier des Ordres et de la Toison-d'Or, capitaine de cent hommes d'armes, grand bailli de Bessin, gouverneur de Normandie pour le roi, seigneur de vingt-sept domaines où se comptent soixante-neuf clochers, marquis de Saint-Sever. Tu auras pour femme la fille d'un prince. Tu seras le chef de la maison d'Hérouville. Veux-tu donc me faire mourir de chagrin? Viens, viens! ou je reste agenouillé là, devant la retraite, jusqu'à ce que je t'aie vu. Ton vieux père te prie, et s'humilie devant son enfant comme si c'était Dieu lui-même.

L'enfant maudit n'entendait pas ce langage hérissé d'idées sociales, de vanités qu'il ne comprenait point, et retrouvait dans son âme des impressions de terreur invincibles. Il resta muet, livré à d'affreuses angoisses. Sur le soir, le vieux seigneur, après avoir épuisé toutes les formules de langage, toutes les ressources de la prière et les accents du repentir, fut frappé d'une sorte de contrition religieuse. Il s'agenouilla sur le sable, et fit ce vœu:

— Je jure d'élever une chapelle à saint Jean et à saint Etienne, patrons de ma femme et de mon fils, d'y fonder cent messes en l'honneur de la Vierge, si Dieu et les saints me rendent l'affection de M. le duc de Nivron, mon fils, ici présent!

Il demeura dans une humilité profonde, agenouillé, les mains jointes, et pria. Mais, ne voyant point paraître son enfant, l'espoir de son nom, de grosses larmes sortirent de ses yeux si longtemps secs, et roulèrent le long de ses joues flétries. En ce moment, Etienne, qui n'entendait plus rien, se coula sur le bord de sa grotte comme une jeune couleuvre affamée de soleil; il vit les larmes de ce vieillard abattu, reconnut le langage de la douleur, saisit la main de son père, et l'embrassa en disant d'une voix d'ange: — O ma mère, pardonne!

Dans la fièvre du bonheur, le gouverneur de Normandie emporta dans ses bras son chétif héritier, qui tremblait comme une fille enlevée, et le sentant palpiter, s'efforça de le rassurer en le baisant avec les précautions qu'il aurait prises pour manier une fleur, il trouva pour lui de douces paroles que sa voix n'avait jamais su prononcer.

— Vrai Dieu! tu ressembles à ma pauvre Jeanne, cher enfant! lui disait-il. Instruis-moi de tout ce qui te plaira, je te donnerai tout ce que tu désireras. Sois bien fort, porte-toi bien! Je t'apprendrai à monter à cheval sur une jument douce et gentille comme les deux et gentil. Rien ne te contrariera. Tête-dieu pleine de reliques! autour de toi, tout pliera comme des roseaux sous le vent. Je vais te donner ici un pouvoir sans bornes. Moi-même je t'obéirai comme au Dieu de la famille.

Le père entra bientôt avec son fils dans la chambre seigneuriale où s'était écoulée la triste vie de la mère. Etienne alla soudain s'appuyer près de cette croisée où il avait commencé de vivre, d'où sa mère lui faisait des signaux pour lui annoncer le départ de son persécuteur, qui maintenant, sans qu'il sût encore pourquoi, devenait son esclave et ressemblait à ces gigantesques créatures auxquelles le pouvoir d'une fée mettait aux ordres d'un jeune prince. Cette idée était la féodalité. En revoyant la chambre mélancolique où ses yeux s'étaient habitués à contempler l'Océan, les pleurs vinrent aux yeux d'Etienne, les souvenirs de son long malheur mêlés aux mélodieuses souvenances des plaisirs qu'il avait goûtés dans le seul amour qui lui fût permis, l'amour maternel, tout fondit à la fois sur son cœur, et développa comme un poème à la fois délicieux et terrible. Les émotions de cet enfant, habitué à vivre dans les contemplations de l'extase, comme d'autres se livrent aux agitations du monde, ne ressemblaient à aucune des émotions habituelles aux hommes.

— Vivra-t-il? dit le vieillard étonné de la faiblesse de son héritier, sur lequel il se surprit à retenir son souffle.

— Je ne pourrai vivre qu'ici, répondit simplement Etienne, qui l'avait entendu.

— Eh bien! cette chambre sera la tienne, mon enfant.

— Qu'y a-t-il? dit le jeune d'Hérouville en entendant des commensaux du château qui arrivaient dans la salle des gardes où le duc avait convoqués tous pour leur présenter son fils, ne doutant pas du succès.

— Viens, lui répondit son père en le prenant par la main et l'amenant dans la grande salle.

A cette époque, un duc et pair, passionné comme l'était le duc d'Hérouville, ayant ses charges et ses gouvernements, menait en France le train d'un prince; les cadets de famille ne répugnaient pas à le servir; il avait une maison et des officiers: le premier lieutenant de sa compagnie d'ordonnance était chez lui ce que sont aujourd'hui les aides de camp chez un maréchal. Quelques années plus tard, le cardinal de Richelieu eut des gardes du corps. Plusieurs alliés à la maison royale, les Guise, les Condé, les Nevers, les Vendôme, avaient des pages pris parmi les enfants des meilleures maisons, dernière coutume de la chevalerie éteinte. Sa fortune et l'ancienneté de sa race normande, indiquée par son nom (herus c..., maison du chef), avaient permis au duc d'Hérouville d'imiter la magnificence des gens qui lui étaient inférieurs, tels que les d'Epernon, les Luynes, les Balagny, les d'O, les Zamet, regardés en ce temps comme des parvenus, et qui néanmoins vivaient en princes. Ce fut donc un spectacle imposant pour le pauvre Etienne que de voir l'assemblée des gens attachés au service de son père. Le duc monta sur une chaise placée sous un de ces solium ou dais en bois sculpté garni d'une estrade élevée de quelques marches, d'où, dans quelques provinces, certains seigneurs rendaient encore de ces arrêts dans leurs châtellenies, rares vestiges de féodalité qui disparurent sous le règne de Richelieu. Ces espèces de trônes, semblables aux bancs d'œuvre des églises, sont devenus des objets de curiosité. Quand Etienne se trouva là, près de son vieux père, il frissonna de se voir le point de mire de tous les yeux.

— Ne tremble pas, lui dit le duc en abaissant sa tête chauve jusqu'à l'oreille de son fils, car tout ça, c'est nos gens.

A travers les ténèbres à demi lumineuses produites par le soleil couchant, dont les rayons rougissaient les croisées de cette salle, Etienne apercevait le bailli, les capitaines et les lieutenants en armes, accompagnés de quelques soldats, les écuyers, le chapelain, les secrétaires, le médecin, le majordome, les huissiers, l'intendant, les piqueurs, les gardes-chasse. toute la livrée et les valets. Quoique ce monde se tînt dans une attitude respectueuse commandée par la terreur qu'inspirait le vieillard aux gens les plus considérables qui vivaient sous son commandement et dans sa province, il se faisait un bruit sourd produit par une curieuse attente. Ce bruit serra le cœur d'Etienne, qui, pour la première fois, éprouvait l'influence de la lourde atmosphère d'une salle où respirait une assemblée nombreuse, ses sens habitués à l'air pur et sain de la mer, furent offensés, et si quelqu'un dans la province dont j'ai le gouvernement, déplaisait au jeune duc ou le heurtait en quoi que ce soit, il vaudrait mieux, cela étant et moi le sachant, que quelqu'un ne fût jamais sorti du ventre de sa mère. Vous avez entendu? retournez tous à vos affaires, et que Dieu vous conduise. Les obsèques de Maximilien d'Hérouville se feront ici, lorsque son corps y sera rapporté. La maison prendra le deuil dans huit jours. Plus tard, nous fêterons l'avénement de mon fils Etienne.

— Vive monseigneur! vivent les d'Hérouville! fut crié de manière à faire mugir le château.

Les valets apportèrent des flambeaux pour éclairer la salle. Ce hourra, cette lumière et les sensations que donna à Etienne le discours de son père, jointes à celles qu'il avait éprouvées déjà, lui causèrent une défaillance complète, il tomba sur le fauteuil en laissant sa main de femme dans la large main de son père. Quand le duc, qui avait fait signe au lieutenant de sa compagnie d'approcher, lui dit.

— Eh bien, baron d'Artagnon, je suis heureux de pouvoir réparer ma perte, venez voir mon fils! il avait saisi sa main son main froide, regarda le nouveau duc de Nivron, le crut mort, et jeta un cri de terreur qui épouvanta l'assemblée.

Beauvouloir ouvrit l'Estrade, prit le jeune homme dans ses bras, et l'emmena en disant à son maître: — Vous l'avez tué en ne le préparant pas à cette cérémonie.

— Il ne pourra donc pas avoir d'enfant, s'il en est ainsi? s'écria le duc, qui suivit Beauvouloir dans la chambre seigneuriale où le médecin alla coucher le jeune héritier.

— Eh bien! maître? demanda le père avec anxiété.

— Ce ne sera rien, répondit le vieux serviteur en montrant à son seigneur Etienne ranimé par un cordial dont il lui avait donné quelques gouttes sur un morceau de sucre, nouvelle et précieuse substance que les apothicaires vendaient au poids de l'or.

— Prends, vieux coquin, dit le vieux seigneur, en tendant sa bourse à Beauvouloir, et soigne-le comme le fils d'un roi. S'il mourait par ta faute, je te brûlerais moi-même sur un gril.

— Si vous continuez à vous montrer violent, le duc de Nivron mourra par votre fait, dit brutalement le médecin à son maître. Laissez-le, il va s'endormir.

— Bonsoir, mon amour, dit le vieillard en baisant son fils au front.

— Bonsoir, mon père, reprit le jeune homme dont la voix fit tressaillir le duc, qui, pour la première fois, s'entendait donner par Etienne le nom de père.

Le duc prit Beauvouloir par le bras, l'emmena dans la salle voisine et le poussa dans l'embrasure d'une croisée, en lui disant: — Ah ça, vieux coquin, à nous deux!

— Ce mot, qui était la gracieuseté favorite du duc, fit sourire le médecin, qui, depuis longtemps, avait quitté ses rebouteries.

— Tu sais, dit le duc en continuant, que je ne te veux pas de mal. Tu as deux fois accouché ma pauvre Jeanne, tu as guéri mon fils Maximilien d'une maladie, enfin tu fais partie de ma maison. Pauvre enfant, je le vengerai ! je me charge de celui qui me l'a tué ! Tout l'avenir de la maison d'Hérouville est donc entre tes mains. Je veux mener cet enfant-là sans tarder. Toi seul peut savoir s'il y a chance de trouver en cet avorton de l'étoffe à faire des d'Hérouville... Tu m'entends. Que crois-tu ?

— Sa vie, au bord de la mer, a été si chaste et si pure, que la nature est plus drue chez lui qu'elle ne l'aurait été s'il eût vécu dans votre monde. Mais un corps si délicat est le très-humble serviteur de l'âme. Monseigneur Etienne doit choisir lui-même sa femme, car tout en lui sera l'ouvrage de la nature, et non celui de vos vouloirs. Il aimera naïvement, et fera, par désir de cœur, ce que vous souhaitez qu'il fasse pour votre nom. Donnez à votre fils une grande dame, qui soit comme une haquenée, il ira se cacher dans les rochers ; bien plus ! si quelque vive terreur le tuerait à coup sûr, je crois qu'un bonheur trop subit le foudroierait également. Pour éviter ce malheur, m'est avis de laisser Etienne s'engager de lui-même, et à son aise, dans la voie des amours. Ecoutez monseigneur, quoique vous soyez un grand et puissant prince, vous n'entendez rien à ces sortes de choses. Accordez-moi votre confiance entière, sans bornes, et vous aurez un petit-fils.

— Si j'obtiens un petit-fils, par quelque sortilège que ce soit, je te fais anoblir. Oui, quoique ce soit difficile, de vieux coquin tu deviendras un galant homme, tu seras Beauvaloir, baron de Forcalier. Emploie le vert et le sec, la magie blanche et noire, les neuvaines à l'Eglise et les rendez-vous au sabbat, pourvu que j'aie une lignée mâle, tout sera bien.

— Je sais, dit Beauvouloir, un chapitre de sorciers capable de tout cela, ce sabbat n'est autre que vous-même, monseigneur. Je vous connais. Vous allez d'une lignée à tout prix aujourd'hui ; demain vous voudrez déterminer les conditions dans lesquelles doit venir cette lignée, et vous tourmenterez votre fils.

— Dieu m'en garde !

— Eh bien ! allez à la cour, où la mort du maréchal et l'émancipation du roi doit avoir mis tout sens dessus dessous, et où vous avez affaire, ne fût-ce que pour vous faire donner le bâton de maréchal qu'on vous a promis. Laissez-moi gouverner monseigneur Etienne. Mais engagez-moi votre parole de gentilhomme de m'approuver en quoi que je fasse.

Le duc frappa dans la main du vieillard en signe d'une entière adhésion, et se retira dans son appartement.

Quand les jours d'un haut et puissant seigneur sont comptés, le médecin est un personnage important au logis. Aussi ne faut-il pas s'étonner de voir un ancien rebouteur devenu si familier avec le duc d'Hérouville. A part les liens illégitimes par lesquels son mariage l'avait rattaché à cette grande maison, et qui militaient en sa faveur, le duc avait si souvent éprouvé le grand sens du savant, qu'il en avait fait l'un de ses conseillers favoris. Beauvouloir était le Coyetier de ce Louis XI. Mais, de quelque prix que fût sa science, le médecin n'avait pas, sur le gouverneur de Normandie, ou qui respirait toujours la férocité des guerres religieuses, autant d'influence que la féodalité. Aussi, le serviteur avait-il deviné que les préjugés du noble nuisaient aux vœux du père. En grand médecin qu'il était, Beauvouloir comprit que, chez un être délicatement organisé comme Etienne, le mariage devait être une lente et douce inspiration qui lui communiquerait de nouvelles forces en l'animant du feu de l'amour. Comme il l'avait dit, imposer une femme à Etienne, c'était le tuer. On devait éviter surtout que le jeune solitaire s'effrayât du mariage dont il ne savait rien, et qu'il connût le but dont se préoccupait son père. Ce poète inconnu n'admettait que la noble et sainte passion de Pétrarque pour Laure, de Dante pour Béatrix. Comme sa mère, il était tout amour pur, et tout chez lui devait lui donner l'occasion d'aimer, attendre l'événement et non le commander ; un ordre aurait tari les sources de la vie.

Maître Antoine Beauvouloir était père, il avait une fille élevée dans des conditions qui en faisaient la femme d'Etienne. Il était si difficile de prévoir les événements qu'un enfant destiné pen son pi roi au cardinalat, l'héritier présomptif de la maison d'Hérouville, que Beauvouloir n'avait jamais remarqué la ressemblance des destinées d'Etienne et de Gabrielle. Ce fut une idée subite inspirée par son dévouement à ces deux êtres plutôt que par son ambition. Malgré son habileté, sa femme était morte en couches en lui donnant une fille, dont la santé fut si faible, qu'il pensa que la mère avait dû léguer à son fruit des germes de mort. Beauvouloir aimait sa Gabrielle comme tous les vieillards aiment leur unique enfant. Sa science et ses soins constants prêtèrent une vie factice à cette frêle créature, qu'il cultiva comme un fleuriste cultive une plante étrangère. Il l'avait soustraite à tous les regards dans son domaine de Forcalier, où elle lui protégea contre les malheurs du temps par la bienveillance générale qui s'était attachée à un homme auquel chacun devait un

cierge, et dont le pouvoir scientifique inspirait une sorte de terreur respectueuse. En s'attachant à la maison d'Hérouville, il avait augmenté les immunités dont il jouissait dans la province, et déjoué les poursuites de ses ennemis par sa position formidable auprès du gouverneur, mais il s'était bien gardé, en venant au château, d'y amener la fleur qu'il tenait enfouie à Forcalier, domaine plus important par les terres qui en dépendaient que par l'habitation, et sur lequel il comptait pour trouver à sa fille une position conforme à ses vues. En promettant au vieux duc une postérité, en lui demandant sa parole d'approuver sa conduite, il pensa soudain à Gabrielle, à cette douce enfant, dont la mère avait été oubliée par le duc, comme il avait oublié son fils Etienne. Il attendit le départ de son maître avant de mettre son plan à exécution, en prévoyant que si le duc en avait connaissance, les énormes difficultés qui pourraient être levées à la faveur d'un résultat favorable seraient des l'abord insurmontables.

La maison de maître Beauvouloir était exposée au midi, sur le penchant d'une de ces douces collines qui cerclent les vallées de Normandie ; un bois épais l'enveloppait au nord, des murs élevés et des haies normandes à fossés profonds y faisaient une impénétrable enceinte. Le jardin descendait, en pente molle, jusqu'à la rivière qui arrosait les herbages de la vallée, et à laquelle le haut talus d'une double haie formait en cet endroit un quai naturel. Dans cette haie tournait une secrète allée, dessinée par les sinuosités des eaux, et que les saules, les hêtres, les chênes, rendaient touffue comme un sentier de forêt. Depuis la maison jusqu'à ce rempart, s'étendaient les masses de la verdure particulière à ce riche pays, belle nappe ombragée par une lisière d'arbres rares, dont les nuances composaient une tapisserie heureusement colorée : là, les teintes argentées d'un pin se détachaient de dessus le vert foncé de quelques aunes; ici, plusieurs un groupe de vieux chênes, un svelte peuplier s'élançait sa palme, toujours agitée ; plus loin, des saules pleureurs penchaient leurs feuilles pâles entre de gros noyers à tête ronde. Cette lisière permettait de descendre, à toute heure, de la maison vers la baie, sans avoir à craindre les rayons du soleil. La façade, devant laquelle se déroulait le ruban jaune d'une terrasse sablée, était ombrée par une galerie de bois autour de laquelle s'entortillaient des plantes grimpantes qui, dans le mois de mai, jetaient leurs fleurs jusqu'aux croisées du premier étage. Sans être vaste, ce jardin semblait immense par la manière dont il était percé ; et ses points de vue, habilement ménagés dans les hauteurs du terrain, se mariaient à ceux de la vallée, où l'œil se promenait librement. Selon les instincts de sa pensée, Gabrielle pouvait, ou rentrer dans la solitude d'un étroit espace sans y apercevoir autre chose qu'un épais gazon et le bleu du ciel entre les cimes des arbres, ou planer sur les plus riches perspectives en suivant les nuances des lignes vertes, depuis leurs premiers plans si éclatants jusqu'aux fonds purs de l'horizon où elles se perdaient, tantôt dans l'océan bleu de l'air, tantôt dans les montagnes de nuages qui y flottaient.

Soignée par sa grand'mère, servie par sa nourrice Gabrielle Beauvouloir ne sortait de cette modeste maison que pour se rendre à la paroisse, dont le clocher se voyait au faîte de la colline, et où l'accompagnaient toujours son aïeule, sa nourrice et le valet de son père. Elle était donc arrivée à l'âge de dix-sept ans dans la suave ignorance que la rareté des livres permettait à une fille de conserver sans qu'elle parût extraordinaire en un temps où les femmes instruites étaient de rares phénomènes. Cette maison avait été comme un couvent, plus la liberté, moins la prière ordonnée, et où elle avait vécu sous les yeux d'une vieille femme pieuse, sous la protection de son père, le seul homme qu'elle eût jamais vu. Cette solitude profonde, exigée dès sa naissance par la faiblesse apparente de sa vie, avait été soigneusement entretenue par Beauvouloir. A mesure que Gabrielle grandissait, les soins qui lui étaient prodigués, l'influence d'un air pur, avaient à la vérité fortifié sa jeunesse frêle. Néanmoins le savant médecin ne pouvait se tromper en voyant les teintes nacrées qui entouraient les yeux de sa fille s'attendrir, se brunir, s'enflammer, suivant ses émotions : la débilité du corps et la force de l'âme se signalaient là par des indices que sa longue pratique lui permettait de reconnaître ; puis, la céleste beauté de Gabrielle lui avait fait redouter les entreprises si communes en un temps de violence et de sédition. Mille raisons avaient donc conseillé de bon père d'épaissir l'ombre et d'agrandir la solitude autour de sa fille, dont l'excessive sensibilité s'effrayait, une passion, un rapt, un assaut quelconque, la lui auraient blessée à mort. Quoique sa fille encourût rarement des reproches, un mot de réprimande la bouleversait ; elle le gardait au fond du cœur, où il pénétrait et engendrait une mélancolie méditative, elle allait pleurer, et pleurait longtemps. Chez Gabrielle, l'éducation morale n'avait donc pas voulu moins de soins que l'éducation physique. Le vieux médecin avait dû renoncer à conter à sa fille les histoires qui charment les enfants, elle en recevait de trop vives impressions. Aussi, cet homme, qu'une longue pratique avait rendu si savant, s'était-il empressé de développer le corps de sa fille afin d'amortir la vivacité qui portait une âme aussi vigoureuse. Comme Gabrielle était toute sa vie, son amour, sa seule héritière, il n'avait jamais hésité à se procurer les choses dont le concours devait amener le résultat souhaité. Il écarta soigneusement les livres, les tableaux, la musique, toutes les créations des arts qui pouvaient réveiller la pensée. Aidé par sa mère, il intéressait Gabrielle à des ouvrages manuels. La tapisserie, la couture, la dentelle, la culture des fleurs, les soins du ménage, la récolte des fruits, enfin les plus matérielles occupations de la vie étaient données en pâture à l'esprit de cette charmante enfant; Beauvouloir lui apportait de beaux rouets, des babuts bien travaillés, de riches tapis, de la poterie de Bernard de Palissy, des tables, des prie-Dieu, des chaises sculptées et garnies d'étoffes précieuses, du linge ouvré, des bijoux. Avec l'instinct que donne la paternité, le vieillard choisissait toujours ses cadeaux parmi les œuvres dont les ornements appartenaient à ce genre fantasque nommé arabesque, et qui ne parlant ni aux sens ni à l'âme, s'adressent seulement à l'esprit par les créations de la fantaisie pure. Ainsi, chose étrange! la vie que le vieux d'un père avait commandée à Etienne d'Hérouville, l'amour paternel avait dit à Beauvouloir de l'imposer à Gabrielle. Chez l'un et chez l'autre de ces deux enfants, l'âme devait tuer le corps; et, sans une profonde solitude, ordonnée par le hasard chez l'un, voulue par la science chez l'autre, tous deux pouvaient succomber, celui-ci à la terreur, celle-là sous le poids d'une trop vive émotion d'amour. Mais, hélas! au lieu de naître dans un pays de landes et de bruyères, au sein d'une nature sèche aux formes arrêtées et dures, que tous les grands peintres ont donné comme fonds à leurs vierges, Gabrielle vivait au fond d'une grasse et plantureuse vallée. Beauvouloir n'avait pu détruire l'harmonieuse disposition des bosquets naturels, le gracieux agencement des corbeilles de fleurs, la fraîche mollesse du tapis vert, l'amour exprimé par les entrelacements des plantes grimpantes. Ces vivaces poésies avaient leur langage, plutôt entendu que compris de Gabrielle, qui se laissait aller à de confuses rêveries sous les ombrages, à travers les idées nuageuses que lui suggéraient ses admirations sous un beau ciel, et ses longues études de ce paysage observé dans tous les aspects qu'y imprimaient les saisons et les variations d'une atmosphère marine où viennent mourir les brumes de l'Angleterre, où commencent les clartés de la France, il s'élevait dans son esprit une lointaine lumière,

Il vit les larmes de ce vieillard abattu. — PAGE 14.

une aurore qui perçait les ténèbres dans lesquelles la maintenait son père.

Beauvouloir n'avait pas soustrait non plus Gabrielle à l'influence de l'amour divin, elle joignait à l'admiration de la nature l'adoration du Créateur; elle s'était élancée dans la première voie ouverte aux sentiments féminins : elle aimait Dieu, elle aimait Jésus, la Vierge et les saints, elle aimait l'Église et ses pompes; elle était catholique à la manière de sainte Thérèse, elle voyait dans Jésus un infaillible époux, un continuel mariage. Mais Gabrielle se livrait à cette passion des âmes fortes avec une simplicité si touchante, qu'elle aurait désarmé la séduction la plus brutale par l'enfantine naïveté de son langage.

Où cette vie d'innocence conduisait-elle Gabrielle? Comment instruire une intelligence aussi pure que l'eau d'un lac tranquille qui n'aurait encore réfléchi que l'azur des cieux? Quelles images dessiner sur cette toile blanche? Autour de quel arbre tourner les clochettes de neige épanouies sur ce liseron? Jamais le père ne s'était fait ces questions sans éprouver un frisson intérieur. En ce moment, le bon vieux savant cheminait lentement sur sa mule, comme s'il eût voulu rendre éternelle la route qui menait du château d'Hérouville à Ourscamp, nom du village auprès duquel se trouvait son domaine de Forcalier. L'amour infini qu'il portait à sa fille lui avait fait concevoir un si hardi projet! un seul être au monde pouvait la rendre heureuse, et cet homme était Etienne. Certes, le fils angélique de Jeanne de Saint-Savin et la candide fille de Gertrude Marana étaient deux créations jumelles. Toute autre femme que Gabrielle devait effrayer son fils, de même qu'il semblait à Beauvouloir que Gabrielle devait périr par le fait de tout homme de qui les sentiments et les formes extérieures n'auraient pas la virginale délicatesse d'Etienne. Certes le pauvre médecin n'y avait jamais songé, le hasard s'était complu à ce rapprochement, et l'ordonnait. Mais, sous le règne de Louis XIII, oser amener le duc d'Hérouville à marier son fils unique à la fille d'un rebouteur normand! Et cependant de ce mariage seulement pouvait résulter cette lignée que voulait impérieusement le vieux duc. La nature avait destiné ces deux beaux êtres l'un à l'autre, Dieu les avait rapprochés par une incroyable disposition d'événements, tandis que les idées humaines, les lois, mettaient entre eux des abîmes infranchissables. Quoique le vieillard crût voir en ceci le doigt de Dieu, et malgré la parole qu'il avait surprise au duc, il fut saisi de telles appréhensions en pensant aux violences de ce caractère indompté, qu'il revint sur ses pas au moment où, parvenu sur le haut de la colline opposée à celle d'Ourscamp, il aperçut la fumée qui s'élevait de son toit entre les arbres de son enclos. Il fut décidé par son illégitime paternité, considération qui pouvait influer sur l'esprit de son maître. Puis, une fois décidé, Beauvouloir eut confiance dans les hasards de la vie, il se pourrait que le duc mourût avant le mariage; et d'ailleurs il comptait sur les exemples : une paysanne du Dauphiné, Françoise Mignot, venait d'épouser le maréchal de l'Hôpital; le fils du connétable Anne de Montmorency avait épousé Diane, la fille de Henri II et d'une dame piémontaise nommée Philippe Duc.

Pendant cette délibération, où l'amour paternel estimait toutes les probabilités, discutait les bonnes comme les mauvaises chances, et tâchait d'entrevoir l'avenir en en pesant les éléments, Gabrielle se promenait dans le jardin, où elle choisissait des fleurs pour garnir les vases de l'illustre potier qui fit avec l'émail ce que Benvenuto Cellini avait fait avec les métaux. Gabrielle avait mis ce vase, orné d'animaux en relief, sur une table, au milieu de la salle, et le remplissait de fleurs pour égayer sa grand'mère, et peut-être aussi pour donner une forme à ses propres pensées. Le grand vase de faïence, dite de Limoges, était plein, achevé, posé sur le riche tapis de la table, et Gabrielle disait à sa grand'mère : — Regardez donc! quand Beauvouloir entra. La fille courut se jeter dans les bras du père. Après les premières effusions de tendresse, Gabrielle voulut que le vieillard admirât le bouquet; mais, après l'avoir regardé, Beauvouloir plongea sur sa fille un regard profond qui la fit rougir.

— Il est temps! se dit-il en comprenant le langage de ces fleurs, dont chacune avait été sans doute étudiée et dans sa forme et dans sa couleur, tant chacune était bien mise à sa place, où elle produisait un effet magique dans le bouquet.

Gabrielle resta debout, sans penser à la fleur commencée sur son métier. A l'aspect de sa fille, une larme roula dans les yeux de Beauvouloir, sillonna ses joues, qui contractaient encore difficilement une expression sérieuse, et tomba sur sa chemise, que, selon la mode du temps, son pourpoint ouvert sur le ventre laissait voir au-dessus de son haut-de-chausses. Il jeta son feutre orné d'une vieille plume rouge, pour pouvoir faire avec sa main le tour de sa tête pelée. En contemplant de nouveau sa fille, qui, sous les solives brunes de cette salle tapissée de cuir, ornée de meubles en ébène, de portières en grosses étoffes de soie, parée de sa haute cheminée, et qu'éclairait un jour doux, était encore bien à lui, le pauvre père sentit des larmes dans ses yeux et les essuya. Un père qui aime son enfant voudrait le garder toujours petit; quant à celui qui peut voir, sans une profonde douleur, sa fille passant sous la domination d'un homme, il ne remonte pas vers les mondes supérieurs, il redescend dans les espèces infimes.

— Qu'avez-vous, mon fils? dit la vieille mère en ôtant ses lunettes et cherchant dans l'attitude ordinairement joyeuse du bonhomme le sujet du silence qui la surprenait.

Le vieux médecin montra du doigt sa fille à l'aïeule, qui hocha la tête par un signe de satisfaction, comme pour dire : Elle est bien mignonne!

Qui n'eût pas éprouvé l'émotion de Beauvouloir en voyant la jeune fille comme la dessinaient l'habillement de l'époque et le jour frais de la Normandie. Gabrielle portait ce corset en pointe par devant et carré par derrière que les peintres italiens ont presque tous donné à leurs saintes et leurs madones. Cet élégant corselet en velours bleu de ciel, aussi joli que celui d'une demoiselle des eaux, enveloppait le corsage comme une guimpe, en le comprimant de manière à modeler finement les formes qu'il semblait aplatir; il moulait les épaules, le dos, la taille, avec la netteté d'un dessin fait par le plus habile artiste, et se terminait autour du cou par une oblongue échancrure ornée d'une légère broderie en soie couleur carmélite, et qui laissait voir autant de nu qu'il en fallait pour montrer la beauté de la femme, mais pas assez pour exciter le désir. Une robe de couleur carmélite, qui continuait le trait des lignes accusées par le corps de velours, tombait jusque sur les pieds en formant des plis minces et comme aplatis. La taille était si fine, que Gabrielle semblait grande. Son bras menu pendait avec l'inertie qu'une pensée profonde imprime à l'attitude. Ainsi posée, elle présentait un modèle vivant des naïfs chefs-d'œuvre de la statuaire dont le goût existait alors, et qui se recommande à l'admiration par la suavité de ses lignes droites sans roideur, et par la fermeté d'un dessin qui n'exclut pas la vie. Jamais profil d'hirondelle n'offrit, en rasant une croisée le soir, des formes plus élégamment coupées. Le visage de Gabrielle était mince sans être plat; sur son cou et sur son front couraient des filets bleuâtres qui y dessinaient des nuances semblables à celles de l'agate, en montrant la délicatesse d'un teint si transparent, qu'on eût cru voir le sang couler dans les veines. Cette blancheur excessive était faiblement teintée de rose aux joues. Cachés sous un petit bonnet de velours bleu brodé de perles, ses cheveux, d'un blond égal, coulaient comme deux ruisseaux d'or le long de ses tempes, et se jouaient en anneaux sur ses épaules, qu'ils ne couvraient pas. La couleur chaude de cette chevelure soyeuse aimait la blancheur éclatante du cou, et purifiait encore par son reflet les contours du visage déjà si pur. Les yeux, longs et comme pressés entre des paupières grasses, étaient en harmonie avec la finesse du corps et de la tête; le gris de perle y avait du brillant sans vivacité, la candeur y recouvrait la passion. La ligne du nez eût paru froide comme une lame d'acier, sans deux narines veloutées et roses dont les mouvements semblaient en désaccord avec la chasteté d'un front rêveur, souvent étonné, riant parfois, et toujours d'une auguste sérénité. Enfin, une petite oreille alerte attirait le regard, en montrant sous le bonnet, entre deux touffes de cheveux, la poire d'un rubis dont la couleur se détachait vigoureusement sur le lait du cou. Ce n'était ni la beauté normande où la chair abonde, ni la beauté méridionale où la passion agrandit la matière, ni la beauté française, fugitive comme ses expressions, ni la beauté du Nord, mélancolique et froide, c'était la séraphique et profonde beauté de l'Église catholique, à la fois souple et rigide, sévère et tendre.

— Où trouvera-t-on une plus jolie duchesse? se dit Beauvouloir en se complaisant à voir Gabrielle, qui, légèrement penchée, tendant le cou pour suivre au dehors le vol d'un oiseau, ne pouvait se comparer qu'à une gazelle arrêtée pour écouter le murmure de l'eau où elle va se désaltérer.

— Viens t'asseoir là, dit Beauvouloir en se frappant la cuisse et faisant à Gabrielle un signe qui annonçait une confidence.

Gabrielle comprit et vint. Elle se posa sur son père avec la légèreté de la gazelle, et passa son bras autour du cou de Beauvouloir, dont le collet fut brusquement chiffonné.

— A qui pensais-tu donc en cueillant ces fleurs? jamais tu ne les as si galamment disposées.

— A bien des choses, dit-elle. En admirant ces fleurs, qui semblent faites pour nous, je me demandais pour qui nous sommes faites, nous quels sont les êtres qui nous regardent? Vous êtes mon père, je puis vous dire ce qui se passe en moi; vous êtes habile, vous expliquerez tout. Je sens en moi comme une force qui veut s'exercer, je lutte contre quelque chose. Quand le ciel est gris, je suis à demi contente, je suis triste, mais calme. Quand il fait beau, que les fleurs sentent bon, que je suis là-bas sur mon banc, sous les chèvrefeuilles et les jasmins, il s'élève en moi comme des vagues qui se brisent contre mon immobilité. Il me vient dans l'esprit des idées qui me heurtent et s'enfuient comme les oiseaux le soir à nos croisées, je ne peux pas

Mes amis, voici mon fils Etienne, mon premier-né PAGE 14.

les retenir. Eh bien! quand j'ai fait un bouquet où les couleurs sont nuancées comme sur une tapisserie, où le rouge mord le blanc, où le vert et le brun se croisent, quand tout y abonde, que l'air s'y joue, que les fleurs se heurtent, qu'il y a une mêlée de parfums et de calices entre-choqués, je suis comme heureuse en reconnaissant ce qui se passe en moi-même. Quand, à l'église, l'orgue joue et que le clergé répond, qu'il y a deux chants distincts qui se parlent, les voix humaines et la musique, eh bien! je suis contente, cette harmonie me retentit dans la poitrine, je prie avec un plaisir qui m'anime le sang...

En écoutant sa fille, Beauvouloir l'examinait avec l'œil de la sagacité ; son regard eût semblé stupide par la force même de ses pensées rayonnantes, de même que l'eau d'une cascade semble immobile. Il soulevait le voile de chair qui lui cachait le jeu secret par lequel l'âme réagit sur le corps, il étudiait les symptômes divers que sa longue expérience avait surpris dans toutes les personnes confiées à ses soins, et il les comparait aux symptômes contenus dans ce corps frêle dont les os l'effrayaient par leur délicatesse, et le teint de lait l'épouvantait par son peu de consistance ; et il tâchait de relier les enseignements de sa science à l'avenir de cette angélique enfant, et il avait le vertige en se trouvant ainsi, comme s'il eût été sur un abîme ; la voix trop vibrante, la poitrine trop mignonne de Gabrielle l'inquiétaient, et il s'interrogeait lui-même, après l'avoir interrogée.

— Tu souffres ici ! s'écria-t-il enfin, poussé par une dernière pensée où se résuma sa méditation. Elle inclina mollement la tête. — A la grâce de Dieu ! dit le vieillard en jetant un soupir. Je t'emmène au château d'Hérouville, tu y pourras prendre, dans la mer, des bains qui te fortifieront.

— Cela est-il vrai, mon père ? ne vous moquez pas de votre Gabrielle. J'ai tant désiré voir le château, les hommes d'armes, les capitaines et Monseigneur.

— Oui, ma fille. Ta nourrice et Jean t'accompagneront.

— Sera-ce bientôt ?

— Demain, dit le vieillard, qui se précipita dans le jardin pour cacher son agitation à sa fille.

Dieu m'est témoin, s'écria-t-il, qu'aucune pensée ambitieuse ne me fait agir. Ma fille à sauver, le pauvre petit Etienne à rendre heureux, voilà mes seuls motifs !

S'il s'interrogeait ainsi lui-même, c'est qu'il sentait au fond de sa conscience une inextinguible satisfaction de savoir que, par la réussite de son projet, Gabrielle serait un jour duchesse d'Hérouville. Il y a toujours un homme chez un père. Il se promena longtemps, rentra pour souper, et se complut pendant toute la soirée à regarder sa fille au sein de la douce et brune poésie à laquelle il l'avait habituée.

Quand, avant le coucher, la grand'mère, la nourrice, le médecin et Gabrielle s'agenouillèrent pour faire leur prière en commun, il leur dit : — Supplions tous Dieu qu'il bénisse mon entreprise.

La grand'mère, qui connaissait le dessein de son fils, eut les yeux humectés par ce qui lui restait de larmes. La curieuse Gabrielle avait le visage rouge de bonheur. Le père tremblait, tant il avait peur d'une catastrophe.

— Après tout, lui dit sa mère, ne t'effraye pas, Antoine ! Le duc ne tuera pas sa petite-fille.

— Non, répondit-il, mais il peut la contraindre à épouser quelque soudard de baron qui nous la meurtrirait.

Le lendemain Gabrielle, montée sur un âne, suivie de sa nourrice à pied, de son père à cheval sur sa mule, et accompagnée du valet qui conduisait deux chevaux chargés de bagages, se mit en route vers le château d'Hérouville, où la caravane n'arriva qu'à la tombée du jour. Afin de pouvoir tenir ce voyage secret, Beauvouloir s'était dirigé par les chemins détournés en partant de grand matin, et il avait fait emporter des provisions pour manger en route, sans se montrer dans les hôtelleries. Beauvouloir entra donc à nuit, sans être remarqué par les gens du château, dans l'habitation que l'enfant maudit avait occupée si longtemps, et où l'attendait Bertrand, la seule personne qu'il eût mise dans sa confidence. Le vieil écuyer aida le médecin, la nourrice et le valet, à décharger les chevaux, à transporter le bagage, et à établir la fille de Beauvouloir dans la demeure d'Etienne. Quand Bertrand vit Gabrielle, il resta tout ébahi.

— Il me semble voir madame ! s'écria-t-il. Elle est mince et fluette comme elle ; elle a ses couleurs pâles et ses cheveux blonds ; le vieux duc l'aimera.

— Dieu le veuille ! dit Beauvouloir. Mais reconnaîtra-t-il son sang à travers le mien ?

— Il ne peut guère le renier, dit Bertrand. Je suis allé souvent le quérir à la porte de la Belle Romaine, qui demeurait rue Culture-Sainte-Catherine, le cardinal de Lorraine la laissa forcément à monseigneur, par honte d'avoir été maltraité en sortant de chez elle. Monseigneur, qui dans ce temps-là marchait sur les talons de ses vingt ans, doit bien se souvenir de cette embûche, il était déjà bien hardi, je peux dire la chose aujourd'hui, il menaît les affronteurs !

— Il ne pense plus guère à tout ceci, dit Beauvouloir. Il sait que ma femme est morte, mais à peine sait-il que j'ai une fille.

— Deux vieux reîtres comme nous mèneront la barque à bon port, dit Bertrand. Après tout, si le duc se fâche et s'en prend à nos carcasses, elles ont fait leur temps.

Avant de partir, le duc d'Hérouville avait défendu, sous les peines les plus graves, à tous les gens du château, d'aller sur la grève où Etienne avait jusqu'alors passé sa vie, à moins que le duc de Nivron n'y ramenât quelqu'un avec lui. Cet ordre, suggéré par Beauvouloir, qui avait démontré la nécessité de laisser Etienne maître de garder ses habitudes, garantissait à Gabrielle et à sa nourrice l'inviolabilité du territoire d'où le médecin leur commanda de ne jamais sortir sans sa permission.

Etienne était resté pendant ces deux jours dans la chambre seigneuriale, où le retenait le charme de ses douloureux souvenirs. Ce lit avait été celui de sa mère, à deux pas, elle avait subi cette terrible scène de l'accouchement où Beauvoulair avait sauvé deux existences, elle avait confié ses pensées à cet ameublement, elle s'en était servie, ses yeux avaient souvent erré sur ces lambris ; combien de fois était-elle venue s'y croiser pour appeler par un chant, par un signe, son pauvre enfant désavoué, maintenant maître souverain du château. Demeuré seul dans cette chambre, où la dernière fois il n'était venu qu'à la dérobée, amené par Beauvouloir pour donner un dernier baiser à sa mère mourante, il y faisait revivre, il parlait, il écoutait ; il s'abreuvait à cette source qui ne tarit jamais, et d'où découlent tant de chants semblables au *Super flumina Babylonis*. Le lendemain de son retour, Beauvouloir vint son maître, et le gronda doucement d'être resté dans sa chambre sans sortir, en lui faisant observer qu'il ne fallait pas substituer à sa vie en plein air la vie d'un prisonnier.

— Ceci est bien vaste, répondit Etienne, il y a l'âme de ma mère.

Le médecin obtint cependant, par la douce influence de l'affection, qu'Etienne se promènerait tous les jours, soit au bord de la mer, soit au dehors dans les campagnes qui lui étaient inconnues. Néanmoins Etienne, toujours en proie à ses souvenirs, resta le lendemain jusqu'au soir à sa fenêtre, occupé à regarder la mer ; elle lui offrit des aspects si multipliés, qu'il croyait ne l'avoir jamais vue si belle. Il entremêla ses contemplations de la lecture de Pétrarque, un de ses auteurs favoris, celui dont la poésie allait à la fois de son cœur, par la constance et l'unité de son amour. Etienne n'avait pas en lui l'étoffe de plusieurs passions, il ne pouvait aimer que d'une seule façon, une seule fois. Si cet amour devait être profond, comme tout ce qui est un, il devait être calme dans ses expressions, suave et pur comme les sonnets du poète italien. Au coucher du soleil, l'enfant de la solitude se mit à chanter de cette voix merveilleuse qui s'était produite, comme une espérance, aux oreilles les plus sourdes à la musique, celles de son père. Il exprima sa mélancolie en variant un même air qu'il dit plusieurs fois à la manière du rossignol. Cet air, attribué au feu roi Henri IV, n'était pas l'air de *Gabrielle*, mais un air de beaucoup supérieur comme facture, comme mélodie, comme expression de tendresse, et que les admirateurs du vieux temps reconnaîtront aux paroles également composées par le grand roi ; l'air fut sans doute pris aux refrains qui avaient bercé son enfance dans les montagnes du Béarn.

> Viens, aurore,
> Je t'implore,
> Je suis gai quand je te vois ;
> La bergère
> Qui m'est chère
> Est merveille comme toi ;
>
> De rosée
> Arrosée,
> La rose a moins de fraîcheur ;
> Une hermine
> Est moins fine,
> Le lis a moins de blancheur.

Après s'être naïvement peint la pensée de son cœur par ses chants, Etienne contempla la mer en se disant : — Voilà ma fiancée et mon seul amour à moi ! Puis il chanta cet autre passage de la chansonnette :

> Elle est blonde,
> Sans seconde !

et le répéta en exprimant la poésie sollicitude qui surabonde chez un timide jeune homme, oseur quand il est solitaire. Il y avait des rêves dans ce chant onduleux, pris, repris, interrompu, recommencé, puis perdu dans une dernière modulation dont les teintes s'affaiblirent comme les vibrations d'une cloche. En ce moment, une voix qu'il eut tenté d'attribuer à quelque sirène sortie de la mer, une voix de femme répéta l'air qu'il venait de chanter, mais avec toutes les hésitations que devait y mettre une personne à laquelle se révèle pour la première fois la musique; il reconnut le bégayement d'un cœur qui naissait à la poésie des accords. Etienne, à qui de longues études sur sa propre voix avaient appris le langage des sons, où l'âme rencontre autant de ressources que dans la parole pour exprimer ses pensées, pouvait seul deviner tout ce que ces essais accusaient de timide surprise. Avec quelle religieuse et subtile admiration n'avait-il pas été écouté ? Le calme de l'air lui permettait de tout entendre, et il tressaillit au frémissement des plis flottants d'une robe; il s'étonna, lui que les émotions produites par la terreur poussaient toujours à deux doigts de la mort, de sentir en lui-même la sensation balsamique autrefois causée par la venue de sa mère.

— Allons, Gabrielle, mon enfant, dit Beauvouloir, je t'ai défendu de rester après le coucher du soleil sur les grèves. Rentre, ma fille.

— Gabrielle ! se dit Etienne, le joli nom !

Beauvouloir apparut bientôt et réveilla son maître d'une de ces méditations qui ressemblaient à des rêves. Il était nuit, la lune se levait.

— Monseigneur, dit le médecin, vous n'êtes pas encore sorti aujourd'hui, ce n'est pas sage.

— Et moi, répondit Etienne, puis-je aller sur la grève après le coucher du soleil ?

Le sous-entendu de cette phrase, qui accusait la douce malice d'un premier désir, fit sourire le vieillard.

— Tu as une fille, Beauvouloir ?

— Oui, monseigneur, l'enfant de ma vieillesse, mon enfant chéri. Monseigneur le duc, votre illustre père, m'a tant recommandé de veiller sur vos précieux jours, que, ne pouvant plus l'aller voir à Forcalier, où elle était, je l'en ai fait sortir, à mon grand regret, et, afin de la soustraire à tous les regards, je l'ai mise dans la maison où logeait auparavant monseigneur. Elle est si délicate, je crains tout pour elle, même un sentiment trop vif; aussi ne lui ai-je rien fait apprendre, elle se serait tuée.

— Elle ne sait rien ! dit Etienne surpris.

— Elle a tous les talents d'une bonne ménagère; mais elle a vécu comme vit une plante. L'ignorance, monseigneur, est une chose aussi sainte que la science; la science et l'ignorance sont pour les créatures deux manières d'être; l'une et l'autre conservent l'âme comme dans un suaire; la science lui a fait vivre, l'ignorance soutient ma fille. Les perles bien cachées échappent au plongeur et vivent heureuses. Je puis comparer ma Gabrielle à une perle, son teint en a l'orient, son âme en a la douceur, et jusqu'ici mon domaine de Forcalier lui a servi d'écaille.

— Viens avec moi, dit Etienne en s'enveloppant d'un manteau, je veux aller au bord de la mer, le temps est doux.

Beauvouloir et son maître cheminèrent en silence jusqu'à ce qu'une lumière, partie d'entre les volets de la maison du pêcheur, eût sillonné la mer par un ruisseau d'or.

— Je ne saurais exprimer, s'écria le timide héritier en s'adressant au médecin, les sensations que me cause la vue d'une lumière projetée sur la mer. J'ai si souvent contemplé la croisée de cette chambre jusqu'à ce que sa lumière s'éteignît ! ajouta-t-il en montrant la chambre de sa mère.

— Quelque délicate que soit Gabrielle, répondit gaiement Beauvouloir, elle peut venir et se promener avec nous. La nuit est chaude et l'air ne contient aucune vapeur, je vais l'aller chercher; mais soyez sage, monseigneur.

Etienne était trop timide pour proposer à Beauvouloir de l'accompagner à la maison du pêcheur; d'ailleurs, il se trouvait dans l'état de torpeur où nous plonge l'affluence des idées et des sensations qu'engendre l'aurore de la passion. Plus libre en se trouvant seul, il s'écria, voyant la mer éclairée par la lune : — L'Océan a donc passé dans mon âme !

L'aspect de la jolie statuette animée qui venait à lui, et que la lune argentait en l'enveloppant de sa lumière, redoubla les palpitations au cœur d'Etienne, mais le fit souffrir.

— Mon enfant, dit Beauvouloir, voici monseigneur.

En ce moment, le pauvre Etienne souhaita la taille colossale de son père, il aurait voulu se montrer fort et non chétif. Toutes les vanités de l'amour et de l'homme lui entrèrent à la fois dans le cœur comme autant de flèches, et il demeura dans un morne silence en mesurant pour la première fois l'étendue de ses imperfections. Embarrassé pour le rendre du salut de la jeune fille, il le lui rendit gauchement, et resta près de Beauvouloir, avec lequel il causa tout en se promenant le long de la mer, mais la contenance timide et respectueuse de Gabrielle l'enhardit, il osa lui adresser la parole. La circonstance du chant était l'effet du hasard; le médecin n'avait rien voulu préparer, il pensait qu'entre deux êtres à qui la solitude avait laissé le cœur pur, l'amour se produirait dans toute sa simplicité. La répétition de l'air par Gabrielle fut donc un texte de conversation tout trouvé. Pendant cette promenade, Etienne sentit en lui-même cette légèreté corporelle que tous les hommes ont éprouvée au moment où le premier amour transporte le principe de leur vie dans une autre créature. Il offrit à Gabrielle de lui apprendre à chanter. Le pauvre enfant était si heureux de pouvoir se montrer aux yeux de cette jeune fille investi d'une supériorité quelconque, qu'il tressaillit d'aise quand elle accepta. Dans ce moment, la lumière donna pleinement sur Gabrielle et permit à Etienne de reconnaître les points de vague ressemblance qu'elle avait avec la feue duchesse. Comme Jeanne de Saint-Savin, la fille de Beauvouloir était mince et délicate; chez elle comme chez la duchesse, la souffrance et la mélancolie produisaient une grâce mystérieuse. Elle avait la noblesse particulière aux âmes chez lesquelles les manières du monde n'ont rien altéré, en qui tout est beau parce que tout est naturel. Mais il se trouvait de plus en Gabrielle le sang de la Belle Romaine, qui avait rejailli à deux générations, et qui faisait à cette enfant un cœur de courtisane violente dans une âme pure; ce qui procédait d'une exaltation qui lui rougit le regard, qui lui sanctifia le front, qui lui fit exhaler comme une lueur, et communiqua les pétillements d'une flamme à ses mouvements. Beauvouloir frissonna quand il remarqua ce phénomène qu'on pourrait aujourd'hui nommer la phosphorescence de la pensée, et qui brillait alors chez Etienne comme une promesse de mort. Etienne surprit la jeune fille à tendre le cou par un mouvement d'oiseau timide qui regarde autour de son nid. Cachée par son père, Gabrielle voulait voir Etienne à son aise, et son regard exprimait autant de curiosité que de plaisir, autant de bienveillance que de naïve hardiesse. Pour elle, Etienne n'était pas faible, mais délicat; elle le trouvait si semblable à elle-même, que rien ne l'effrayait dans le suzerain : le teint souffrant d'Etienne, ses belles mains, son sourire malade, ses cheveux partagés en deux bandeaux et répandus en boucles sur la dentelle de son collet rabattu, ce front noble sillonné de jeunes rides, les oppositions de luxe et de misère, de pouvoir et de petitesse, lui plaisaient; ne flattaient-elles pas les désirs de protection maternelle qui germent dans l'amour ? ne stimulaient-elles pas déjà le besoin qui travaille toute femme de trouver des distinctions à celui qu'elle veut aimer ? Chez ces deux, deux idées, des sensations nouvelles s'élevaient avec une force, avec une abondance qui leur élargissaient l'âme ; ils restaient l'un et l'autre étonnés et silencieux, car l'expression des sentiments est d'autant moins démonstrative qu'ils sont plus profonds. Tout amour durable commence par de rêveuses méditations. Il convenait peut-être à ces deux êtres de se voir pour la première fois dans la lumière adoucie de la lune, afin de ne pas être éblouis tout à coup par les splendeurs de l'amour; ils devaient se rencontrer au bord de la mer, qui leur offrait une image de l'immensité de leurs sentiments. Ils se quittèrent pleins l'un de l'autre, en craignant tous deux de ne s'être pas plu.

De sa fenêtre Etienne regarda la lumière de la maison où était Gabrielle. Pendant cette heure d'espoir, mêlée de craintes, le jeune poète trouva des significations nouvelles aux sonnets de Pétrarque. Il avait entrevu Laure, une fine et délicieuse figure, et dorée comme un rayon de soleil, intelligente comme l'ange, faible comme la femme. Ses vingt années d'études eurent un lien, il comprit la mystique alliance de toutes les beautés; il reconnut combien il y avait de la femme dans les poésies qu'il adorait ; il aimait enfin depuis si longtemps sans le savoir, que cette nuit se confondit dans les émotions de cette belle nuit. La ressemblance de Gabrielle avec sa mère lui parut un ordre divinement donné. Il ne trahissait pas sa douleur en aimant, l'amour lui continuait la maternité. Il contemplait, à la nuit, l'enfant couchée dans cette chaumière, avec les mêmes sentiments qu'il éprouvait en se mirant quand il y avait. Cette autre similitude lui rattachait encore le présent au passé. Sur les nuages de ses souvenirs, la figure endolorie de Jeanne de Saint-Savin lui apparut, il la revit avec son sourire faible, il entendit sa parole douce, elle inclina la tête, et pleura. La lumière de la maison s'éteignit. Etienne chanta la jolie chansonnette d'Henri IV avec une expression nouvelle. De loin, les essais de Gabrielle lui répondirent. La jeune fille faisait aussi son premier voyage dans les pays enchantés de l'extase amoureuse. Cette réponse remplit de joie le cœur d'Etienne ; en coulant dans son cœur, si grande et si répandue une joie qui n'était jamais sentie, l'amour le rendait puissant. Les êtres faibles peuvent seuls connaître la volupté de cette création amoureuse au milieu de la vie. Les pauvres, les souffrants, les maltraités, ont des joies ineffables, peu de chose est l'univers pour eux. Etienne tenait par mille liens au peuple de la cité dolente. Sa grandeur récente ne lui causait que de la terreur, l'amour lui versait le baume créateur de la force; il aimait l'amour.

Le lendemain, Etienne se leva de bonne heure pour courir à son ancienne maison, où Gabrielle, animée de curiosité, pressée par une impatience qu'elle ne s'avouait pas, avait de bon matin bouclé ses cheveux, et revêtu son charmant costume. Tous deux étaient pleins du désir de se revoir, et craignaient mutuellement les effets de cette entrevue. Quant à lui, pensez qu'il avait choisi ses plus fines dentelles, son manteau le mieux orné, son haut-de-chausses de velours violet : il avait pris enfin ce bel habillement que reconnurent à toutes les mémoires la pâle figure de Louis XIII, figure opprimée au sein de la grandeur, comme Etienne l'avait été jusqu'alors. Cet habillement n'était pas le seul point de ressemblance qui existât entre le maître et le sujet. Mille sensibilités se rencontraient chez Etienne comme chez Louis XIII; la chasteté, la mélancolie, les souffrances vagues, mais réelles, les timidités chevaleresques, la crainte de ne pouvoir exprimer le sentiment dans sa pureté, la peur d'être trop vite amené au bonheur que les âmes grandes aiment à différer, la pesanteur du pouvoir, cette pente à l'obéissance qui se trouve chez les caractères indifférents aux intérêts, mais pleins d'amour pour ce qu'un beau génie religieux a nommé l'*astral*.

Quoique très-inexperte du monde, Gabrielle avait pensé que la fille d'un rebouteur, l'humble habitante de Forcalier, était jetée à une trop grande distance de monseigneur Etienne, duc de Nivron, l'héritier de la maison d'Hérouville, pour qu'ils fussent égaux; elle n'allait pas jusqu'à deviner l'anoblissement de l'amour. La naïve créature n'avait pas vu là sujet à ambitionner une place à laquelle toute autre fille eût été jalouse de s'asseoir, elle n'y avait vu que des obstacles. Aimant déjà sans savoir ce que c'était qu'aimer, elle se trouvait loin de son plaisir, et voulait s'en rapprocher, comme un enfant souhaite la grappe dorée, objet de sa convoitise, trop haut située. Pour une fille émue à l'aspect d'une fleur, et qui entrevoyait l'amour dans les chants de la liturgie, combien doux et forts n'avaient pas été les sentiments éprouvés la veille, à l'aspect de cette faiblesse seigneuriale qui rassurait la sienne; mais Etienne avait grandi pendant cette nuit, elle s'en était fait une espérance, un pouvoir; elle l'avait mis si haut, qu'elle désespérait de parvenir jusqu'à lui.

— Me permettrez-vous de venir quelquefois près de vous, dans votre domaine? demanda le duc en baissant les yeux.

En voyant Etienne si craintif, si humble, car lui aussi avait déifié la fille de Beauvouloir, Gabrielle fut embarrassée du sceptre qu'il lui remettait; mais elle fut profondément émue et flattée de cette soumission. Les femmes seules savent combien de joies leur porte un maître engendre de séductions. Néanmoins, elle eut peur de se tromper, et, tout aussi curieuse que la première femme, elle voulut savoir.

— Ne m'avez-vous pas promis hier de me montrer la musique ? lui répondit-elle tout en espérant que la musique serait un prétexte pour se trouver avec elle.

Si la pauvre enfant avait su la vie d'Etienne, elle se serait bien gardée d'exprimer un doute. Pour lui, la parole était un retentissement de l'âme, et cette phrase lui causa la plus profonde douleur. Il arrivait le cœur plein, en redoutant jusqu'à une obscurité dans sa lumière, et il rencontrait un doute. Sa joie s'éteignit, il se replongea dans son désert et n'y trouva plus les fleurs dont il l'avait embelli. Éclairée par la prescience des douleurs, qui distingue l'ange chargé de les adoucir, et qui sans doute est la charité du ciel, Gabrielle devina à peine qu'elle venait de causer. Elle fut si vivement frappée de sa faute, qu'elle souhaita la puissance de Dieu pour pouvoir dévoiler son cœur à Etienne, car elle avait ressenti la cruelle émotion que causaient un reproche, un regard sévère; elle lui montra naïvement les nuées qui s'étaient élevées en son âme et si l'avait laissé comme des langes d'or à l'aube de son amour. Une larme de Gabrielle changea la douleur d'Etienne en plaisir, et il voulut alors s'accuser de tyrannie. Ce fut un bonheur qu'à leur début ils connussent ainsi le diapason de leurs cœurs, ils évitèrent mille chocs qui les auraient meurtris. Tout à coup Etienne, impatient de se retrancher derrière une occupation, conduisit Gabrielle à une table, devant la petite croisée où il avait souffert et où désormais il allait admirer une fleur plus belle que toutes celles qu'il avait étudiées. Puis il ouvrit un livre sur lequel se penchèrent leurs têtes, dont les cheveux se mêlèrent.

Ces deux êtres si forts par le cœur, si maladifs de corps, mais embellis par les grâces de la souffrance, formaient un touchant tableau. Gabrielle ignorait la coquetterie : un regard était accordé aussitôt que sollicité, et les doux rayons de leurs yeux ne cessaient de se confondre que par pudeur; elle eut de la joie à dire à Etienne combien sa voix lui faisait plaisir à entendre ; elle oubliait la signification des paroles quand il lui expliquait la position des notes ou leur valeur; elle l'écoutait, laissant la mélodie pour l'instrument, l'idée pour la forme; ingénieuse flatterie, la première que rencontre l'amour vrai. Gabrielle trouvait Etienne beau, elle voulut manier le velours du manteau, toucher la dentelle du collet. Quant à Etienne, il se transformait sous le regard créateur de cette fille; il lui infusait une sève féconde qui étincelait dans ses yeux, reluisait à son front, qui le retrempait intérieurement, et il ne souffrait point de ce jeu nouveau de ses facultés; au contraire, elles se fortifiaient. Le bonheur était comme le lait nourricier de sa nouvelle vie.

Comme rien ne pouvait les distraire d'eux-mêmes, ils restèrent ensemble non-seulement cette journée, mais toutes les autres, car ils s'appartinrent dès le premier jour, en se passant l'un à l'autre le sceptre, et jouant avec eux-mêmes comme l'enfant joue avec la vie. Assis et heureux sur ce sable doré, chacun disait à l'autre son passé, douloureux chez celui-ci, mais plein de rêveries; rêveur chez celle-là, mais plein de souffrants plaisirs.

— Je n'ai pas eu de mère, disait Gabrielle, mais mon père a été bon comme Dieu.

— Je n'ai pas eu de père, répondait l'enfant maudit, mais ma mère a été tout un ciel.

Etienne racontait sa jeunesse, son amour pour sa mère, son goût pour les fleurs. Gabrielle se récriait à ce mot. Questionnée, elle rougissait, se défendait de répondre ; puis, quand une ombre passait sur ce front que la mort semblait effleurer de son aile, sur cette âme visible où les moindres émotions d'Etienne apparaissaient, elle répondait : — C'est que moi aussi j'aimais les fleurs.

N'était-ce pas une déclaration comme les vierges en savent faire, que de se croire liée jusque dans le passé par la communauté des goûts ! L'amour cherche toujours à se vieillir, c'est la coquetterie des enfants.

Etienne apporta des fleurs le lendemain, en ordonnant qu'on lui en cherchât de rares, comme sa mère en faisait jadis chercher pour lui. Sait-on la profondeur à laquelle arrivaient, chez un fils solitaire, les racines d'un sentiment qui reprenait ainsi les traditions de la maternité, en prodiguant à une femme les soins caressants par lesquels sa mère avait charmé sa vie ! Pour lui, quelle grandeur dans ces riens où se confondaient ces deux seules affections ! Les fleurs et la musique devinrent le langage de leur amour. Gabrielle répondit par des bouquets aux envois d'Etienne, de ces bouquets dont un seul avait fait deviner au vieux rebouteur que sa fille en savait déjà trop. L'ignorance matérielle des deux amants formait comme un fond sur lequel les moindres traits de leur accointance toute spirituelle se détachaient avec une grâce exquise, comme les profils rouges et si purs des figures étrusques. Leurs moindres paroles apportaient des flots d'idées, car elles étaient le fruit de leurs méditations. Incapables d'inventer la hardiesse, pour eux tout commencement leur semblait une fin. Quoique toujours libres, ils étaient emprisonnés dans une naïveté, qui eût été désespérante si l'un d'eux avait pu donner un sens à ses confus désirs. Ils étaient à les poètes et la poésie. La musique, le plus sensuel des arts pour les âmes amoureuses, fut le truchement de leurs idées, et ils prenaient plaisir à répéter une même phrase en épanchant la passion dans ces belles nappes de sons où leurs âmes vibraient sans obstacle.

Beaucoup d'amours procèdent par opposition : c'est des querelles et des raccommodements, le vulgaire combat de l'esprit et de la matière. Mais le premier coup d'aile du véritable amour le met déjà bien loin de ces luttes, il ne distingue plus deux natures là où tout est même essence; semblable au génie dans sa plus haute expression, il se sait tenir dans la lumière de la vie vive, il la soutient, il y grandit, et n'a pas besoin d'ombre pour obtenir son relief. Gabrielle, parce qu'elle était femme, Etienne, parce qu'il avait beaucoup souffert et beaucoup médité, parcoururent promptement l'espace dont s'emparent les passions vulgaires, et allèrent bientôt au delà, comme toutes les natures faibles, ils furent aussi rapidement pénétrés par la foi, par cette pourpre céleste qui double la force en doublant l'âme. Pour eux le soleil fut toujours à son midi. Bientôt ils eurent cette divine croyance en eux-mêmes qui ne souffre ni jalousie, ni tortures, ils eurent l'abnégation toujours prête, l'admiration constante. Dans ces conditions, l'amour était sans douleur. Égaux par leur faiblesse, forts par leur union, si le noble avait quelques supériorités de science ou quelque grandeur de convention, la fille du médecin les effaçait par sa beauté, par la hauteur du sentiment, par la finesse qu'elle imprimait dans ses jouissances. Ainsi, tout à coup, ces deux blanches colombes volent d'une aile semblable sous un ciel pur : Etienne aime, il est aimé, le présent est serein, l'avenir est sans nuage, il est souverain, le château est à lui, la mer est à tous deux, nulle inquiétude ne trouble l'harmonieux concert de leur double cantique; la virginité des sens et de l'esprit leur agrandit le monde, leurs pensées se déduisent sans efforts ; le désir, dont les satisfactions flétrissent tant de choses, le désir, cette faute de l'amour terrestre, ne les atteint pas encore. Comme deux zéphyrs assis sur la même branche de saule, ils en sont au bonheur de contempler leur image dans le miroir d'une eau limpide, l'immensité leur suffit, ils admirent l'Océan, sans songer à s'y glisser sur la barque aux blanches voiles, aux cordages fleuris, que conduit l'espérance.

Il est dans l'amour un moment où il se suffit à lui-même, où il est heureux d'être. Pendant ce printemps où tout est en bourgeon, l'amant se cache parfois de la femme aimée pour en mieux jouir, pour la mieux voir, mais Etienne et Gabrielle plongèrent complétement dans les délices de cette heure enfantine : tantôt c'était deux sœurs pour la grâce des confidences, tantôt deux frères pour la hardiesse des recherchés. Ordinairement l'amour veut un esclave et un dieu, mais ils réalisèrent le délicieux rêve de Platon, il n'y avait qu'un seul être divinisé. Ils se protégeaient tour à tour. Les caresses vinrent, lentement, une à une, mais chastes comme les jeux si mutins, si gais, si coquets, des jeunes animaux qui essayent la vie. Le sentiment qui les portait à transporter leur âme dans un chant passionné les conduisait à l'amour par les mille transformations d'un même bonheur. Leurs joies ne leur causaient ni délire ni insomnies. Ce fut l'enfance du plaisir grandissant sans connaître les belles fleurs rouges qui couronneront sa tige. Ils se livraient l'un à l'autre sans supposer de danger, ils s'abandonnaient dans un mot comme dans un regard, dans un baiser comme dans la longue pression de leurs mains entrelacées. Ils se vantaient leurs beautés l'un à l'autre ingénument, et dépensaient, dans ces secrètes idylles, des trésors de langage en devinant les plus douces exagérations, les plus violents diminutifs trouvés par la muse antique des Tibulle, et redits par la poésie italienne. C'était sur leurs lèvres et dans leurs cœurs le constant retour des franges liquides de la mer sur le sable fin de la grève, toutes pareilles, toutes dissemblables. Joyeuse, éternelle fidélité!

S'il fallait compter les jours, ce temps prit cinq mois ; s'il fallait compter les innombrables sensations, les pensées, les rêves, les regards, les fleurs écloses, les espérances réalisées, les joies sans fin, une chevelure dénouée et vétilleusement éparpillée, puis remise et ornée de fleurs, les discours interrompus, renoués, abandonnés, les rives folâtres, les pieds trempés dans la mer, les chasses enfantines faites à des coquillages cachés dans les rochers, les baisers, les surprises, les étreintes, mettez toute une vie, la mort se chargera de justifier le mot. Il est des existences toujours sombres, accomplies sous des cieux gris ; mais supposez un beau jour où le soleil enflamme un air bleu, tel fut le mai de leur tendresse pendant lequel Etienne avait suspendu toutes les douleurs passées au cœur de Gabrielle, et la jeune fille avait rattaché ses joies à venir à celui de son seigneur. Etienne n'avait eu qu'une douleur dans sa vie, la mort de sa mère ; il ne devait y avoir qu'un seul amour, Gabrielle.

La grossière rivalité d'un ambitieux précipita le cours de cette vie de miel. Le duc d'Hérouville, vieux guerrier rompu aux ruses, politique rude mais habile, entendit en lui-même s'élever la voix de la défiance après avoir donné la parole que lui demandait son médecin. Le baron d'Artagnon, lieutenant de sa compagnie d'ordonnance, avait en politique toute sa confiance. Le baron était un homme comme les aimait le duc d'Hérouville, une espèce de boucher, taillé en force, grand, à visage mâle, acerbe et froid, le brave au service du trône, rude à ses manières, d'une volonté de bronze à l'exécution, souple sous la main ; noble d'ailleurs, ambitieux avec la probité du soldat et la ruse du politique. Il avait la main que supposait sa figure, la main large et velue du condottière. Ses manières étaient brusques, sa parole était brève et concise. Or, le gouverneur avait chargé son lieutenant de surveiller la conduite que tiendrait le médecin auprès du nouvel héritier présomptif. Malgré le secret qui environnait Gabrielle, il était difficile de tromper le lieutenant d'une compagnie d'ordonnance : il entendit le chant de deux voix, il vit de la lumière le soir dans la maison au bord de la mer ; il devina par les soins d'Etienne, que les fleurs demandées et ses ordres multipliés concernaient une femme ; puis il surprit la nourrice de Gabrielle par les chemins allant chercher quelques ajustements à Forcalier, important du linge, en rapportant un métier ou des meubles de jeune fille. Le soudard voulut voir et fut frappé par la beauté du rebouteur, il en fut épris. Beauvouloir était riche. Le duc allait être furieux de l'audace du bonhomme. Le duc, apprenant que son fils était amoureux, voudrait lui donner une femme de grande maison, héritière de quelques domaines ; et, pour détacher Etienne de son amour, il suffirait de rendre Gabrielle infidèle en la mariant à un noble dont les terres seraient engagées à quelque Lombard. Le baron n'avait pas de terres. Ces données eussent été excellentes avec les caractères qui se produisent ordinairement dans le monde, mais elles devaient échouer avec Etienne et Gabrielle. Le hasard avait cependant déjà bien servi le baron d'Artagnon.

Pendant son séjour à Paris, le duc avait vengé la mort de Maximilien en tuant l'adversaire de son fils, et il avait avisé pour Etienne une alliance inespérée avec l'héritière des domaines d'une branche de la maison de Grandlieu, une grande et belle personne dédaigneuse, habituée à être flattée par l'espérance de porter un jour le titre de duchesse d'Hérouville. Le duc espéra faire épouser à son fils mademoiselle de Grandlieu. En apprenant qu'Etienne aimait la fille d'un misérable médecin, il voulut ce qu'il espérait. Pour lui, cet échange ne faisait pas question. Vous savez si cet homme de politique brutale comprenait brutalement l'amour! il avait laissé mourir près de lui la mère d'Etienne, sans avoir compris un seul de ses soupirs. Jamais peut-être on ne vit n'avait-il éprouvé de colère plus violente que celle dont il fut saisi quand la dernière dépêche du baron lui apprit avec quelle rapidité marchaient les desseins de Beauvouloir, auquel le capitaine prêta la plus audacieuse ambition. Le duc commanda ses équipages et vint de Paris à Rouen en conduisant à son château la comtesse de Grandlieu, sa sœur la marquise de Noirmoutier, et mademoiselle de Grandlieu, sous le prétexte de leur montrer la province de Normandie. Quelques jours avant son arrivée, sans que l'on sût comment ce bruit se répandait dans le pays, il n'était question, d'Hérouville à Rouen, que de la passion du jeune duc de Nivron pour Gabrielle Beauvouloir, la fille du célèbre rebouteur. Les gens de Rouen en parlèrent au vieux duc précisément au milieu du festin qui lui fut offert, car les convives étaient enchantés de piquer le despote de la Normandie. Cette circonstance excita la colère du gouverneur au dernier point. Il fit écrire au baron de tenir fort secrète sa venue à Hérouville, en lui donnant des ordres pour parer à ce qu'il regardait comme un malheur.

Son front était rêveur, souvent étonné, riant parfois, et toujours d'une auguste sérénité. — PAGE 17.

Dans ces circonstances, Etienne et Gabrielle avaient déroulé tout le fil de leur peloton dans l'immense labyrinthe de l'amour, et tous deux, peu inquiets d'en sortir, voulaient y vivre. Un jour, ils étaient restés auprès de la fenêtre où s'accomplirent tant de choses. Les heures, d'abord remplies par de douces causeries, avaient abouti à quelques silences méditatifs. Ils commençaient à sentir en eux-mêmes les vouloirs indécis d'une possession complète : ils en étaient à se confier l'un à l'autre leurs idées confuses, reflets d'une belle image dans deux âmes pures. Durant ces heures encore sereines, parfois les yeux d'Etienne s'emplissaient de larmes pendant qu'il tenait la main de Gabrielle collée à ses lèvres. Comme sa mère, mais en cet instant plus heureux en son amour qu'elle ne l'avait été, l'enfant maudit contemplait la mer, alors couleur d'or sur la grève, noire à l'horizon, et coupée çà et là de ces lames d'argent qui annoncent une tempête. Gabrielle, se conformant à l'attitude de son ami, regardait ce spectacle et se taisait. Un seul regard, un de ceux par lequel les âmes s'appuient l'une sur l'autre, leur suffisait pour se communiquer leurs pensées. Le dernier abandon n'était pas pour Gabrielle un sacrifice, ni pour Etienne une exigence. Chacun d'eux aimait de cet amour si divinement semblable à lui-même dans tous les instants de son éternité, qu'il ignore le dévouement, qu'il ne craint ni les déceptions ni les retards. Seulement, Etienne et Gabrielle étaient dans une ignorance absolue des contentements dont le désir aiguillonnait leur âme. Quand les faibles teintes du crépuscule eurent fait un voile à la mer, que le silence ne fut plus interrompu que par la respiration du flux et du reflux dans la grève, Etienne se leva, Gabrielle imita ce mouvement par une crainte vague, car il avait quitté sa main. Etienne prit Gabrielle dans un de ses bras en la serrant contre lui par un mouvement de tendre cohésion; aussi, comprenant son désir, lui fit-elle sentir le poids de son corps assez pour lui donner la certitude qu'elle était à lui, pas assez pour le fatiguer. L'amant posa sa tête trop lourde sur l'épaule de son amie, sa bouche s'appuya sur le sein tumultueux, ses cheveux abondèrent sur le dos blanc et caressèrent le cou de Gabrielle. La jeune fille ingénument amoureuse pencha la tête afin de donner plus de place à Etienne en passant son bras autour de son cou pour se faire un point d'appui. Ils demeurèrent ainsi, sans se dire une parole, jusqu'à ce que la nuit fût venue. Les grillons chantèrent alors dans leurs trous, et les deux amants écoutèrent cette musique comme pour occuper tous leurs sens dans un seul. Certes, ils ne pouvaient alors être comparés qu'à un ange qui, les pieds posés sur le monde, attend l'heure de revoler vers le ciel. Ils avaient accompli ce beau rêve du génie mystique de Platon et de tous ceux qui cherchent un sens à l'humanité; ils ne faisaient qu'une seule âme, ils étaient bien cette perle mystérieuse destinée à orner le front de quelque astre inconnu, notre espoir à tous!

— Tu me reconduiras? dit Gabrielle en sortant la première de ce calme délicieux.

— Pourquoi nous quitter? répondit Etienne.

— Nous devrions être toujours ensemble, dit-elle.

— Reste.

— Oui.

Le pas lourd du vieux Beauvouloir se fit entendre dans la salle voisine. Le médecin trouva les deux enfants séparés, et il les avait vus entrelacés à la fenêtre. L'amour le plus pur aime encore le mystère.

— Ce n'est pas bien, mon enfant, dit-il à Gabrielle. Demeurer si tard, ici, sans lumière.

— Pourquoi? dit-elle, vous savez bien que nous nous aimons, et qu'il est le maître au château.

— Mes enfants, reprit Beauvouloir, si vous vous aimez, votre bonheur exige que vous vous épousiez pour passer votre vie ensemble, mais votre mariage est soumis à la volonté de monseigneur le duc...

— Mon père m'a promis de satisfaire tous mes vœux! s'écria vivement Etienne en interrompant Beauvouloir.

— Ecrivez-lui donc, monseigneur, répondit le médecin, exprimez-lui votre désir, et donnez-moi votre lettre pour que je la joigne à celle que je viens d'écrire. Bertrand partira sur-le-champ pour remettre ces dépêches à monseigneur lui-même. Je viens d'apprendre qu'il est à Rouen; il amène l'héritière de la maison de Grandlieu, et je ne pense pas que ce soit pour lui... Si j'écoutais mes pressentiments, j'emmènerais Gabrielle cette nuit même...

— Nous séparer! s'écria Etienne, qui défaillit de douleur en s'appuyant sur son amie.

— Mon père!

— Gabrielle, dit le médecin en lui tendant un flacon qu'il alla prendre sur une table et qu'elle fit respirer à Etienne, Gabrielle, ma science m'a dit que la nature vous avait destinés l'un à l'autre... Mais je voulais préparer monseigneur le duc à un mariage qui froisse toutes ses idées, et le démon l'a prévenu contre nous. — Il est M. le duc de Nivron, dit le père à Gabrielle, et toi tu seras la fille d'un pauvre médecin.

— Mon père a juré de ne me contrarier en rien, dit Etienne avec calme.

— Il m'a bien juré aussi, à moi, de consentir à ce que je ferais en vous cherchant une femme, répondit le médecin; mais s'il ne tient pas ses promesses?

Etienne s'assit comme foudroyé.

— La mer était sombre ce soir, dit-il après un moment de silence.

— Si vous saviez monter à cheval, monseigneur, dit le médecin, je vous dirais de vous enfuir avec Gabrielle, ce soir même : je vous connais l'un et l'autre, et sais que toute autre union vous sera funeste. Le duc me ferait certes jeter dans un cachot, et m'y laisserait pour le reste de mes jours en apprenant cette fuite, mais je mourrais joyeusement, si ma mort assurait votre bonheur. Hélas! monter à cheval, ce serait risquer votre vie et celle de Gabrielle. Il faut affronter ici la colère du gouverneur.

— Ici, répéta le pauvre Etienne.

— Nous avons été trahis par quelqu'un du château, qui a courroucé votre père, reprit Beauvouloir.

— Allons nous jeter ensemble à la mer, dit Etienne à Gabrielle en se penchant à l'oreille de la jeune fille, qui s'était mise à genoux auprès de son amant.

Elle inclina la tête en souriant. Beauvouloir devina tout.

— Monseigneur, reprit-il, votre savoir autant que votre esprit vous a fait éloquent, l'amour doit vous rendre irrésistible; déclarez votre amour à monseigneur le duc, vous confirmerez ma lettre, qui est assez concluante. Tout n'est pas perdu, je le crois. J'aime autant ma fille que vous l'aimez, et veux la défendre.

Etienne hocha la tête.

— La mère était bien sombre ce soir, dit-il.

— Elle était comme une lame d'or à nos pieds, répondit Gabrielle d'une voix mélodieuse.

Etienne fit venir de la lumière, et se mit à sa table pour écrire à son père. D'un côté de sa chaise était Gabrielle agenouillée, silencieuse, regardant l'écriture qu'elle lisait, lisait tout sur le front d'Etienne. De l'autre côté se tenait le vieux Beauvouloir, dont la figure joviale était profondément triste, triste comme cette chambre, où mourut la mère d'Etienne. Une voix secrète criait au médecin : — Il aura la destinée de sa mère!

La lettre finie, Etienne la tendit au vieillard, qui s'empressa d'aller la donner à Bertrand. Le cheval du vieil écuyer était tout sellé, l'homme prêt : il partit et rencontra le duc à quatre lieues d'Hérouville.

— Conduis-moi jusqu'à la porte de la tour, dit Gabrielle à son ami quand ils furent seuls.

Tous deux passèrent par la bibliothèque du cardinal, et descendirent par la tour où se trouvait la porte dont la clef avait été donnée à Gabrielle par Etienne. Absourdi par le malheur, le pauvre enfant laissa dans la tour le flambeau qui lui servait à éclairer sa bien-aimée, et la reconduisit vers sa maison. A quelques pas du petit jardin qui faisait une cour de fleurs à cette humble habitation, les deux amants s'arrêtèrent. Enhardis par la crainte vague qui les agitait, ils se donnèrent, dans l'ombre et le silence, ce premier baiser où les sens et l'âme se réunissent pour causer un plaisir révélateur. Etienne comprit l'amour dans sa double expression, et Gabrielle se sauva de peur d'être entraînée par la volupté, mais à quoi?... Elle n'en savait rien.

Au moment où le duc de Nivron montait les degrés de l'escalier, après avoir fermé la porte de la tour, un cri de terreur poussé par Gabrielle retentit à son oreille avec la vivacité d'un éclair qui brûle les yeux. Etienne traversa les appartements du château, descendit par le grand escalier, gagna la grève, et courut vers la maison de Gabrielle, où il vit de la lumière. En arrivant près le petit jardin, et à la lueur du flambeau qui éclairait le rouet de sa nourrice, Gabrielle avait aperçu sur la chaise un homme à la place de cette bonne femme. Au bruit des pas, cet homme s'était avancé vers elle et l'avait effrayée. L'aspect du baron d'Artagnon justifiait bien la peur qu'il inspirait à Gabrielle.

— Vous êtes la fille à Beauvouloir, le médecin de monseigneur? lui dit le lieutenant de la compagnie d'ordonnance, quand Gabrielle fut remise de sa frayeur.

— Oui, seigneur.

— J'ai des choses de la plus haute importance à vous confier. Je suis le baron d'Artagnon, le lieutenant de la compagnie d'ordonnance que monseigneur le duc d'Hérouville commande.

Dans les circonstances où se trouvaient les deux amants, Gabrielle fut frappée de ces paroles et du ton de franchise avec lequel le soldat les prononça.

— Votre nourrice est là, elle peut nous entendre, venez, dit le baron.

Il sortit, Gabrielle le suivit. Tous deux allèrent sur la grève qui était derrière la maison.

— Ne craignez rien, lui dit le baron.

Ce mot aurait épouvanté une personne qui n'eût pas été ignorante, mais une jeune fille simple et qui aime ne se croit jamais en péril.

— Chère enfant, lui dit le baron en s'efforçant de donner un ton mielleux à sa voix, vous et votre père vous êtes au bord d'un abîme où vous allez tomber demain, je ne saurais voir ceci sans vous avertir. Monseigneur est furieux contre votre père et contre vous, il vous soupçonne d'avoir séduit son fils, et il aime mieux le voir mort que le voir votre mari : voilà pour son fils. Quant à votre père, voici la résolution de ce pieux monseigneur. Il y a neuf ans, votre père fut impliqué dans une affaire criminelle, il s'agissait du détournement d'un enfant noble au moment de l'accouchement de la mère, et auquel il s'est employé. Monseigneur, sachant l'innocence de votre père, le garantit alors des poursuites du parlement; mais il va faire saisir et le livrer à la justice en demandant qu'on procède contre lui. Votre père sera rompu vif; mais en faveur des services qu'il a rendus à son maître, peut-être obtiendra-t-il de n'être que pendu. J'ignore ce que monseigneur a décidé de vous; mais je sais que vous pouvez sauver monseigneur de Nivron de la colère de son père, sauver Beauvouloir du supplice horrible qui l'attend, et vous sauver vous-même.

— Que faut-il faire? dit Gabrielle.

— Aller vous jeter aux pieds de monseigneur, lui avouer que son fils vous aime malgré vous, et lui dire que vous ne l'aimez pas. En preuve de ceci, vous lui offrirez d'épouser l'homme qu'il lui plaira de vous désigner pour mari. Il est généreux, il vous établira richement.

— Je puis tout faire excepté de renier mon amour.

— Mais s'il le faut pour sauver votre père, vous et monseigneur de Nivron?

— Étienne, dit-elle, en mourra, et moi aussi!

— Monseigneur de Nivron sera triste de vous perdre, mais il vivra pour l'honneur de sa maison, vous vous résignerez à n'être que la femme d'un baron, au lieu d'être duchesse, et votre père vivra, répondit l'homme positif.

En ce moment, Étienne arrivait à la maison, il n'y vit pas Gabrielle, et jeta un cri perçant.

— Le voici, s'écria la jeune fille, laissez-moi l'aller rassurer.

— Je viendrai savoir votre réponse demain matin, dit le baron.

— Je consulterai mon père, répondit-elle.

— Vous ne le verrez plus, je viens de recevoir l'ordre de l'arrêter et de l'envoyer à Rouen, sous escorte et enchaîné, dit-il en quittant Gabrielle frappée de terreur.

La jeune fille s'élança dans la maison et y trouva Étienne épouvanté du silence par lequel la nourrice avait répondu à sa première question : Où est-elle?

— Me voilà! s'écria la jeune fille, dont la voix était glacée, dont les couleurs avaient disparu, dont la démarche était lourde.

— D'où viens-tu? dit-il, tu as crié.

— Oui, je me suis heurtée contre...

— Non, mon amour répondit Étienne en l'interrompant, j'ai entendu les pas d'un homme.

— Étienne, nous avons sans doute offensé Dieu, mettons-nous à genoux et prions. Je te dirai tout après.

Étienne et Gabrielle s'agenouillèrent au prie-Dieu, la nourrice récita son rosaire.

— Mon Dieu, dit la jeune fille dans un élan qui lui fit franchir les espaces terrestres, si nous n'avons pas péché contre vos saints commandements, si nous n'avons offensé ni l'Église ni le roi, nous qui ne formons qu'une seule et même personne en qui l'amour reluit comme la clarté que vous avez mise en une perle de la mer, faites-nous la grâce de ne nous séparer ni dans ce monde ni dans l'autre!

— Chère mère, ajouta Étienne, toi qui es dans les cieux, obtiens de la Vierge que, si nous ne pouvons être heureux, Gabrielle et moi, nous mourions ensemble, nous souffrirons. Appelle-nous, nous irons à toi!

Puis, ayant récité leurs prières du soir, Gabrielle raconta son entretien avec le baron d'Artagnon.

— Gabrielle, dit le jeune homme en puisant du courage dans son désespoir d'amour, je saurai résister à mon père.

Il la baisa au front et non plus sur les lèvres; puis il revint au château, résolu d'affronter l'homme terrible qui pesait si fort sur sa vie. Il ne savait pas que la maison de Gabrielle allait être gardée par des soldats aussitôt qu'il l'aurait quittée.

Le lendemain, Étienne fut accablé de douleur quand, en allant voir Gabrielle, il la trouva prisonnière; mais Gabrielle envoya sa nourrice pour lui dire qu'elle mourrait plutôt que de le trahir; d'ailleurs elle avait trouvé le moyen de tromper la vigilance des gardes, et qu'elle se réfugierait dans la bibliothèque du cardinal, où personne ne pourrait soupçonner qu'elle serait, mais elle ignorait quand elle pourrait accomplir son dessein. Étienne se tint alors dans sa chambre, où l'évasion de son cœur s'userent dans une pénible attente.

A trois heures, les équipages du duc et sa suite entrèrent au château, où il devait venir souper avec sa compagnie. En effet, à la chute du jour, madame la comtesse de Grandlieu, à qui sa fille donnait le bras, le duc, et la marquise de Noirmoutier montaient le grand escalier dans un profond silence, car le front sévère du duc maître avait épouvanté tous les serviteurs. Quoique le baron d'Artagnon eût appris l'évasion de Gabrielle, il avait affirmé qu'elle était gardée, mais il tremblait d'avoir compromis la réussite de son plan particulier, au cas où le duc verrait sa fille de nouveau contrariée par cette lutte. Ces deux terribles figures avaient une expression farouche mal déguisée par l'air agréable que leur imposait la galanterie. Le duc avait commandé à son fils de se trouver au salon. Quand la compagnie y entra, le baron d'Artagnon reconnut à la physionomie abattue d'Étienne que l'évasion de Gabrielle lui était encore inconnue.

— Voici monsieur mon fils, dit le vieux duc en prenant Étienne par la main et le présentant aux dames.

Étienne les salua sans mot dire. La comtesse et mademoiselle de Grandlieu échangèrent un regard qui n'échappa point au vieillard.

— Votre fille sera mal partagée, dit-il à voix basse, n'est-ce pas là votre pensée?

— Je pense tout le contraire, mon cher duc, répondit la mère en souriant.

La marquise de Noirmoutier, qui accompagnait sa sœur, se prit à rire finement. Ce rire perça le cœur d'Étienne, que la vue de la grande demoiselle avait déjà terrifié.

— Eh bien! monsieur mon fils, lui dit son père à voix basse et d'un air enjoué, ne vous ai-je pas trouvé là un beau moule? Que dites-vous de ce brin de fille, mon chérubin?

Le vieux duc ne mettait pas en doute l'obéissance de son fils. Étienne était pour lui l'enfant de sa mère, la même pâte docile au doigt.

— Qu'il ait un enfant et qu'il crève! pensait le vieillard, peu m'en chaut.

— Mon père, dit l'enfant d'une voix douce, je ne vous comprends pas.

— Venez chez vous, j'ai deux mots à vous dire, fit le duc en passant dans la chambre d'honneur.

Étienne suivit son père. Les trois dames, émues par un mouvement de curiosité que partagea le baron d'Artagnon, se promenèrent dans cette grande salle de manière à se trouver groupées à la porte de la chambre d'honneur, que le duc avait laissée entr'ouverte.

— Cher Benjamin, dit le vieillard en adoucissant sa voix, je t'ai choisi pour femme cette grande et belle demoiselle; elle est l'héritière des domaines d'une branche cadette de la maison de Grandlieu, bonne et vieille noblesse du duché de Bretagne. Ainsi, sois gentil compagnon, et rappelle-toi les plus jolies choses de tes livres pour leur dire des galanteries avant de leur en faire.

— Mon père, le premier devoir d'un gentilhomme n'est-il pas de tenir sa parole?

— Oui!

— Eh bien! quand je vous ai pardonné la mort de ma mère, morte ici par le fait de son mariage avec vous, ne m'avez-vous pas promis de ne jamais contrarier mes désirs? Moi-même je t'obéirai comme au Dieu de la famille, avez-vous dit. Je n'entreprends rien sur vous, je ne demande que d'avoir mon libre arbitre dans une affaire où il s'en va de ma vie, et qui me regarde seul : mon mariage.

— J'entendais, dit le vieillard en sentant tout son sang lui monter au visage, que tu ne t'opposerais pas à la continuation de notre noble race.

— Vous ne m'avez point fait de condition, dit Étienne. Je ne sais ce que l'amour a de commun avec une race; mais ce que je sais bien, c'est que j'aime le doux vieil ami Beauvouloir, et petite-fille de votre amie la Belle Romaine.

— Mais elle est morte, répondit le vieux colosse d'un air à la fois sombre et railleur, qui annonçait l'intention où il était de la faire disparaître.

Il y eut un moment de profond silence.

Le vieillard aperçut les trois dames et le baron d'Artagnon. En cet instant suprême, Étienne, dont le sens de l'ouïe était si délicat, entendit dans la bibliothèque la pauvre Gabrielle qui, voulant faire savoir à son ami qu'elle s'y était renfermée, chantait ces paroles :

Une hermine
Est moins fine,
Le lis a moins de blancheur.

L'enfant maudit, que l'horrible phrase de son père avait plongé dans les abîmes de la mort, revint à la surface de la vie sur les ailes de cette poésie. Quoique déjà ce mouvement de terreur, effacé si rapidement, lui eût glacé le cœur, il rassembla ses forces, releva la tête, regarda son père en face pour la première fois de sa vie, échangea mépris pour mépris, et dit avec l'accent de la haine : — Un gentilhomme ne doit pas mentir! D'un bond il sauta vers la porte opposée à celle du salon, et cria : — Gabrielle!

Tout à coup la suave créature apparut dans l'ombre comme un lis dans les feuillages, et trembla devant ce groupe de femmes moqueuses, instruites des amours d'Étienne. Semblable à ces nuages qui portent la foudre, le vieux duc, arrivé à un degré de rage qui ne se décrit point, se détachait sur le front brillant que produisaient les riches habillements de ces trois dames de cour. Entre la prolongation de sa race et une mésalliance, tout autre homme aurait hésité; mais il se rencontra dans ce vieil homme indompté la férocité qui jusqu'alors avait décidé toutes les difficultés humaines, il tirait à tout propos l'épée, comme le seul remède qu'il connût aux nœuds gordiens de la vie. Dans cette circonstance, où le bouleversement de ses idées était au comble, le naturel devait triompher. Deux fois pris en flagrant délit de mensonge par un être abhorré, par son enfant maudit mille fois, et plus que jamais maudit au moment où sa faiblesse méprisée, et pour lui la plus méprisable, triomphait d'une omnipotence infaillible jusqu'alors, il n'y eut plus en lui ni père ni homme: le tigre sortit de l'antre où il se cachait. Le vieillard, que la vengeance rendit jeune, jeta sur le plus ravissant couple d'anges qui eût consenti à mettre les pieds sur la terre, un regard pesant de haine et qui assassinait déjà.

— Eh bien! crevez tous! Toi, sale avorton, la preuve de ma honte. Toi, dit-il à Gabrielle, misérable gourgandine à la langue de vipère, qui as empoisonné ma maison!

Ces paroles portèrent dans le cœur des deux enfants la terreur dont elles étaient chargées. Au moment où Etienne vit la large main de son père armée d'un fer et levée sur Gabrielle, il mourut, et Gabrielle tomba morte en voulant le retenir.

Le vieillard ferma la porte avec rage, et dit à mademoiselle de Grandlieu : — Je vous épouserai, moi!

— Et vous êtes assez vert-galant pour avoir une belle lignée, dit la comtesse à l'oreille de ce vieillard, qui avait servi sous sept rois de France.

Paris, 1831-1836.

FIN DE L'ENFANT MAUDIT.

Madame la comtesse de Grandlieu, à qui sa fille donnait le bras, le duc et ... — PAGE 23

LES PROSCRITS

ALMÆ SORORI

En 1308, il existait peu de maisons sur le terrain formé par les alluvions et par les sables de la Seine, en haut de la Cité, derrière l'église Notre-Dame. Le premier qui osa se bâtir un logis sur cette grève soumise à de fréquentes inondations, fut un sergent de la ville de Paris qui avait rendu quelques menus services à MM. du chapitre Notre-Dame; en récompense, l'évêque lui bailla vingt-cinq perches de terre, et le dispensa de toute censive ou redevance pour le fait de ses constructions. Sept ans avant le jour où commence cette histoire, Joseph Tirechair, l'un des plus rudes sergents de Paris, comme son nom le prouve, avait donc, grâce à ses droits dans les amendes par lui perçues pour les délits commis ès rues de la Cité, bâti sa maison au bord de la Seine, précisément à l'extrémité de la rue du Port-Saint-Landry. Afin de garantir de tout dommage les marchandises déposées sur le port, la ville avait construit une espèce de pile en maçonnerie qui se voit encore sur quelques vieux plans de Paris, et qui préservait le pilotis du port en soutenant à la tête du terrain les efforts des eaux et des glaces; le sergent en avait profité pour asseoir son logis, en sorte qu'il fallait monter plusieurs marches pour arriver chez lui. Semblable à toutes les maisons du temps, cette bicoque était surmontée d'un toit pointu qui figurait au-dessus de la façade la moitié supérieure d'une losange. Au regret des historiographes, il existe à peine un ou deux modèles de ces toits à Paris. Une ouverture ronde éclairait le grenier dans lequel la femme du sergent faisait sécher le linge du chapitre, car elle avait l'honneur de blanchir Notre-Dame, qui n'était certes pas une mince pratique. Au premier étage étaient deux chambres qui, bon an, mal an, se louaient aux étrangers à raison de quarante sous parisis pour chacune, prix exorbitant justifié d'ailleurs par le luxe que Tirechair avait mis dans leur ameublement. Des tapisseries de Flandre garnissaient les murailles; un grand lit orné d'un tour en serge verte, semblable à ceux des paysans, était honorablement fourni de matelas et recouvert de bons draps en toile fine. Chaque réduit avait son chauffe-doux, espèce de poêle dont la description est inutile. Le plancher, soigneusement entretenu par les apprenties de la Tirechair, brillait comme le bois d'une châsse. Au lieu d'escabelles, les locataires avaient pour sièges de grandes *chaires* en noyer sculpté, provenues sans doute du pillage de quelque château. Deux bahuts incrustés en étain, une table à colonnes torses, complétaient un mobilier digne des chevaliers bannerets les mieux huppés que leurs affaires amenaient à Paris. Les vitraux de ces deux chambres donnaient sur la rivière. Par l'une, vous n'eussiez pu voir que les rives de la Seine et les trois îles désertes dont les deux premières ont été réunies plus tard et forment l'île Saint-Louis aujourd'hui, la troisième était l'île Louviers. Par l'autre vous auriez aperçu, à travers une échappée du port Saint-Landry, le quartier de la Grève, le pont Notre-Dame avec ses maisons, les hautes tours du Louvre récemment bâties par Philippe-Auguste, et qui dominaient ce Paris chétif et pauvre, lequel suggère à l'imagination des poètes modernes tant de fausses merveilles. Le bas de la maison à Tirechair, pour nous servir de l'expression alors en usage, se composait d'une grande chambre où travaillait sa femme, et par où les locataires étaient obligés de passer pour se rendre chez eux, en gravissant un escalier pareil à celui d'un moulin. Puis derrière, se trouvaient la cuisine et la chambre à coucher, qui avaient vue sur la Seine. Un petit jardin conquis sur les eaux étalait au pied de cette humble demeure ses carrés de choux verts, ses oignons et quelques pieds de rosiers défendus par des pieux formant une espèce de haie. Une cabane construite en bois et en boue servait de niche à un gros chien, le gardien nécessaire de cette maison isolée. À cette niche commençait une enceinte où criaient des poules dont les œufs se vendaient aux chanoines. Çà et là, sur le terrain fangeux ou sec, suivant les caprices de l'atmosphère parisienne, s'élevaient quelques petits arbres incessamment battus par le vent, tourmentés, cassés par les promeneurs; des saules vivaces, des joncs et de hautes herbes. Le terrain, la Seine, le port, la maison, étaient encadrés à l'ouest par l'immense basilique de Notre-Dame, qui projetait au gré du soleil son ombre froide sur cette terre. Alors comme aujourd'hui, Paris n'avait pas de lieu plus solitaire, de paysage plus solennel ni plus mélancolique. La grande voix des eaux, le chant des prêtres ou le sifflement du vent troublaient seuls cette espèce de bocage, où parfois se faisaient aborder quelques couples amoureux pour se confier leurs secrets, lorsque les offices retenaient à l'église les gens du chapitre.

Par une soirée du mois d'avril, en l'an 1308, Tirechair rentra chez lui singulièrement fâché. Depuis trois jours, il trouvait tout en ordre sur la voie publique. En sa qualité d'homme de police, rien ne l'affectait plus que de se voir inutile. Il jeta sa hallebarde avec humeur, grommela de vagues paroles en dépouillant sa jaquette mi-partie de rouge et de bleu, pour endosser un mauvais hoqueton de camelot. Après avoir pris dans la huche un morceau de pain sur lequel il étendit une couche de beurre, il s'établit sur un banc, examina ses quatre murs blanchis à la chaux, compta les solives de son plancher, inventoria ses ustensiles de ménage appendus à des clous, maugréa d'un soin qui ne lui laissait rien à dire, et regarda sa femme, laquelle ne soufflait mot en repassant les aubes et les surplis de la sacristie.

— Par mon salut, dit-il pour entamer la conversation, je ne sais,

Jacqueline, où tu vas pêcher tes apprenties. En voilà une, ajouta-t-il en montrant une ouvrière qui plissait assez maladroitement une nappe d'autel, en vérité, plus je la mire, plus je pense qu'elle ressemble à une fille folle de son corps, et non à une bonne grosse serve de campagne. Elle a des mains aussi blanches que celles d'une dame ! Jour de Dieu ! ses cheveux sentent le parfum, je crois, et ses chausses sont fines comme celles d'une reine. Par la double corne de Mahom, les choses céans ne vont pas à mon gré.

L'ouvrière se prit à rougir, et guigna Jacqueline d'un air qui exprimait une crainte mêlée d'orgueil. La blanchisseuse répondit à ce regard par un sourire, quitta son ouvrage, et d'une voix aigrelette :
— Ah çà ! dit-elle à son mari, ne m'impatiente pas ! Ne vas-tu point m'accuser de quelques manigances ? Trotte sur ton pavé tant que tu voudras, et ne te mêle de ce qui se passe ici que pour dormir en paix, boire ton vin, et manger ce que je te mets sur la table, sinon, je ne me charge plus de l'entretenir en joie et en santé. Trouvez-moi dans toute la ville un homme plus heureux que ce singe-là ! ajouta-t-elle en lui faisant une grimace de reproche. Il a de l'argent dans son escarcelle, il a pignon sur Seine, une vertueuse hallebarde d'un côté, une honnête femme de l'autre, une maison aussi propre, aussi nette que mon œil ; et ça se plaint comme un pèlerin ardé du feu Saint-Antoine !

— Ah ! reprit le sergent, crois-tu, Jacqueline, que j'aie envie de voir mon logis rasé, ma hallebarde aux mains d'un autre et ma femme au pilori ?

Jacqueline et la délicate ouvrière pâlirent.
— Explique-toi donc, reprit vivement la blanchisseuse, et fais voir ce que tu as dans ton sac. Je m'aperçois bien, mon gars, que depuis quelques jours tu loges une sottise dans ta pauvre cervelle. Allons, viens çà ! et défile-moi ton chapelet. Il faut que tu sois bien couard pour redouter le moindre grabuge en portant la hallebarde du parloir aux bourgeois, et en vivant sous la protection du chapitre. Les chanoines mettraient le diocèse en interdit si Jacqueline se plaignait à eux de la plus mince avanie.

En disant cela, elle marcha droit au sergent et le prit par le bras :
— Viens donc, ajouta-t-elle en le faisant lever et l'emmenant sur les degrés.

Quand ils furent au bord de l'eau, dans leur jardinet, Jacqueline regarda le sergent d'un air moqueur.
— Apprends, vieux truand, que quand cette belle dame sort du logis, il entre une pièce d'or dans notre épargne.

— Oh ! oh ! fit le sergent, qui resta pensif et coi devant sa femme. Mais il reprit bientôt : — Eh ! donc, nous sommes perdus. Pourquoi cette femme vient-elle chez nous ?

— Elle vient voir le joli petit clerc que nous avons là-haut, reprit Jacqueline en lui montrant la chambre dont la fenêtre avait vue sur la vaste étendue de la Seine.

— Malédiction ! s'écria le sergent. Pour quelques traîtres écus, tu m'auras ruiné, Jacqueline. Est-ce là un métier que doive faire la sage et prude femme d'un sergent ? Mais, fût-elle comtesse ou baronne, cette dame ne saurait nous tirer du traquenard où nous serons tôt ou tard emboîsés. N'aurons-nous pas contre nous un mari puissant et grandement offensé ? car, jarnidieu ! elle est bien belle.

— Oui dà, elle est veuve, vilain oison ! Comment oses-tu soupçonner ta femme de vilenie et de bêtises ? Cette dame n'a jamais parlé à notre gentil clerc, elle se contente de le voir et de penser à lui. Pauvre enfant ! sans elle, il serait déjà mort de faim, car elle est quasiment sa mère. Et lui, le chérubin, il est aussi facile de le tromper que de bercer un nouveau-né. Il croit que ses deniers vont toujours, et il les a déjà deux fois mangés depuis six mois.

— Femme, répondit gravement le sergent en lui montrant la place de Grève, te souviens-tu d'avoir vu d'ici le feu dans lequel on a rôti l'autre jour cette Danoise ?

— Eh bien ! dit Jacqueline effrayée.
— Eh bien ? reprit Tirechair, les deux étrangers que nous aubergeons sentent le roussi. Il n'y a chapitre, comtesse, ni protection qui tiennent. Voilà Pâques venu, l'année finie, il faut mettre nos hôtes à la porte, et vite et tôt Apprendras-tu donc à un sergent à reconnaître le gibier de potence ? Nos deux hôtes avaient pratiqué la Porrette, cette hérétique de Danemark ou de Norwège de qui tu as entendu d'ici le dernier cri. C'était une courageuse diablesse, elle n'a point sourcillé sur son fagot, ce qui prouvait abondamment son accointance avec le diable ; je l'ai vue comme je te vois, elle prêchait encore l'assistance, disant qu'elle était dans le ciel et voyait Dieu. Eh bien ! depuis ce jour, je n'ai point dormi tranquillement sur mon grabat. Le seigneur couché au-dessus de nous est plus sûrement sorcier que chrétien. Foi de sergent ! j'ai le frisson quand ce vieux passe près de moi ; la nuit, jamais il ne s'éveille, sa voix retentit comme le bourdonnement des cloches ; et lui entends-tu faire des conjurations dans la langue de l'enfer ; lui as-tu jamais vu manger une honnête croûte de pain, une fouace faite par la main d'un talmellier catholique ?

Sa peau brune a été cuite et hâlée par le feu de l'enfer. Jour de Dieu ! ses yeux exercent un charme, comme ceux des serpents ! Jacqueline, je ne veux pas de ces deux hommes chez moi. Je vis trop près de la justice pour ne pas savoir qu'il faut ne jamais rien avoir à démêler avec elle. Tu mettras nos deux locataires à la porte : le vieux parce qu'il m'est suspect, le jeune parce qu'il est trop mignon. L'un et l'autre ont l'air de ne point hanter les chrétiens, ils ne vivent certes pas comme nous vivons ; le petit regarde toujours la lune, les étoiles et les nuages, en sorcier qui guette l'heure de monter sur son balai, l'autre sournois se sert bien certainement de ce pauvre enfant pour quelque sortilège. Mon bouge est déjà sur la rivière, j'ai assez de cette cause de ruine sans y attirer le feu du ciel ou l'amour d'une comtesse. J'ai dit. Ne bronche pas.

Malgré le despotisme qu'elle exerçait au logis, Jacqueline resta stupéfaite en entendant l'espèce de réquisitoire fulminé par le sergent contre ses deux hôtes. En ce moment, elle regarda machinalement la fenêtre de la chambre où logeait le vieillard, et frissonna d'horreur en y rencontrant tout à coup la face sombre et mélancolique, le regard profond qui faisaient tressaillir le sergent, quelque habitué qu'il fût à voir des criminels.

A cette époque, petits et grands, clercs et laïques, tout tremblait à la pensée d'un pouvoir surnaturel. Le mot de magie était aussi puissant que la lèpre pour briser les sentiments, rompre les liens sociaux, et glacer la pitié dans les cœurs les plus généreux. La femme du sergent pensa soudain qu'elle n'avait jamais vu ses deux hôtes faisant acte de créature humaine. Quoique la voix du plus jeune fût douce et mélodieuse comme les sons d'une flûte, elle l'entendait si rarement, qu'elle fut tentée de la prendre pour l'effet d'un sortilège. En se rappelant l'étrange beauté de ce visage blanc et rose, en revoyant par le souvenir cette chevelure blonde et les yeux humides de ce regard, elle crut y reconnaître les artifices du démon. Elle se souvint d'être restée pendant des journées entières sans avoir entendu le plus léger bruit chez ses hôtes. Où étaient-ils pendant ces longues heures ? Tout à coup, les circonstances les plus singulières revinrent en foule à sa mémoire. Elle fut complètement saisie de peur, et voulut voir une preuve de magie dans l'amour que la riche dame portait au jeune Godefroid, pauvre orphelin venu de Flandre à Paris pour étudier à l'Université. Elle mit promptement la main dans une de ses poches, en tira vivement quatre livres tournois en grands blancs, et regarda les pièces par un sentiment d'avarice mêlé de crainte.

— Ce n'est pourtant pas là de la fausse monnaie ? dit-elle en montrant les sous d'argent à son mari. — Puis, ajouta-t-elle, comment les mettre hors de chez nous après avoir reçu d'avance le loyer de l'année prochaine ?

— Tu consulteras le doyen du chapitre, répondit le sergent. N'est-ce pas à lui de nous dire comment nous devons nous comporter avec des êtres extraordinaires ?

— Oh oui ! bien extraordinaires, s'écria Jacqueline. Voyez la malice ! venir se gîter dans le giron même de Notre-Dame ! Mais, reprit-elle, avant de consulter le doyen, pourquoi ne pas prévenir cette noble et digne dame du danger qu'elle court ?

En achevant ces paroles, Jacqueline et le sergent, qui n'avait perdu un coup de dent, rentrèrent au logis. Tirechair, en homme vieilli dans les ruses de son métier, feignit de prendre l'inconnue pour une véritable ouvrière, mais cette indifférence apparente laissait percer la crainte d'un courtisan devant la majesté d'un royal incognito. En ce moment, six heures sonnèrent au clocher de Saint-Denis-du-Pas, petite église qui se trouvait entre Notre-Dame et le port Saint-Landry, la première cathédrale bâtie à Paris, au lieu même où saint Denis a été mis sur le gril, disent les chroniques. Aussitôt l'heure vola de cloche en cloche par toute la cité. Tout à coup des cris confus s'élevèrent sur la rive gauche de la Seine, derrière Notre-Dame, à l'endroit où fourmillaient les écoles de l'Université. A ce signal, le vieux hôte de Jacqueline se remit dans sa chambre. Le sergent, sa femme et l'inconnue entendirent ouvrir et fermer brusquement une porte, et le pas pressé de l'étranger retentit sur les marches de l'escalier intérieur. Les soupçons du sergent donnaient à l'apparition de ce personnage un si haut intérêt, que les visages de Jacqueline et du sergent offrirent tout à coup une expression bizarre dont fut saisie la dame. Rapportant, comme toutes les personnes qui aiment, l'effroi du ménage à son protégé, l'inconnue attendit avec une sorte d'inquiétude l'événement qu'annonçait la peur de ses prétendus maîtres.

L'étranger resta pendant un instant sur le seuil de la porte pour examiner les trois personnages qui étaient dans la salle, en paraissant y chercher son compagnon. Le regard qu'il y jeta, quelque insouciant qu'il fût, troubla les cœurs. Il était vraiment impossible à tout le monde, et même à un homme ferme, de ne pas avouer que la nature avait départi des pouvoirs exorbitants à cet être en apparence naturel. Quoique ses yeux fussent assez profondément enfoncés sous les grands arceaux dessinés par ses sourcils, ils étaient comme ceux d'un milan enchâssés dans des paupières si larges et bordés d'un cercle noir si vivement marqué sur le haut de sa joue, que leurs globes semblaient être en saillie. Cet œil magique avait je ne sais quoi de despotique et de perçant qui saisissait l'âme par un regard pesant et plein de pensées, un regard brillant et lucide comme celui des serpents ou des oiseaux, mais qui stupéfiait, qui écrasait par la véloce communication d'un immense malheur ou de quelque puissance surhumaine. Tout était en harmonie avec ce regard de plomb et de feu, fixe et mobile, sévère et calme. Si, dans ce grand œil d'aigle, les agitations terrestres paraissaient en quelque sorte éteintes, le visage maigre et sec portait aussi les traces de passions malheureuses et de grands événements accomplis. Le nez tombait droit et se prolongeait de telle sorte que les narines semblaient le retenir. Les os de la face étaient nettement accusés par des rides droites et longues qui creusaient les joues déchanées. Tout ce qui formait un creux dans sa figure paraissait sombre. Vous eussiez dit le lit d'un torrent où la violence des eaux écoulées était attestée par la profondeur des sillons, qui trahissaient quelque lutte horrible, éternelle. Semblables à la trace laissée par les rames d'une barque sur les ondes, de larges plis partant de chaque côté de son nez accentuaient fortement son visage, et donnaient à sa bouche, ferme et sans sinuosités, un caractère de mère tristesse. Au-dessus de l'ouragan peint sur ce visage, son front tranquille s'élançait avec une sorte de hardiesse et le couronnait comme d'une coupole en marbre. L'étranger gardait cette attitude intrépide et sérieuse que contractent les hommes habitués au malheur, faits par la nature pour affronter avec impassibilité les foules furieuses, et pour regarder en face les grands dangers. Il semblait se mouvoir dans une sphère à lui, d'où il planait au-dessus de l'humanité. Ainsi que son regard, son geste possédait une irrésistible puissance, ses mains décharnées étaient celles d'un guerrier, s'il fallait baisser les yeux quand les siens plongeaient sur vous, il fallait également trembler quand sa parole ou son geste s'adressaient à votre âme. Il marchait entouré d'une majesté silencieuse qui le faisait prendre pour un despote sans gardes, pour quelque Dieu sans rayons. Son costume ajoutait encore aux idées qu'inspiraient les singularités de sa démarche ou de sa physionomie. L'âme, le corps et l'habit s'harmoniaient ainsi de manière à impressionner les imaginations les plus froides. Il portait une espèce de surplis en drap noir, sans manches, qui s'agrafait par devant et descendait jusqu'à mi-jambe, en lui laissant le col nu, sans rabat. Son justaucorps et ses bottines, tout était noir. Il avait sur la tête une calotte en velours semblable à celle d'un prêtre, et qui traçait une ligne circulaire au-dessus de son front sans qu'un seul cheveu s'en échappât. C'était le deuil le plus rigide et l'habit le plus sombre qu'un homme pût prendre. Sans une longue épée qui pendait à son côté, soutenue par un ceinturon de cuir que l'on apercevait dans la fente de son surtout noir, un ecclésiastique l'eût salué comme un frère. Quoiqu'il fût de taille moyenne il paraissait grand; mais en le regardant au visage, il était gigantesque.

— L'heure a sonné, la barque attend, ne viendrez-vous pas?

A ces paroles prononcées en mauvais français, mais qui furent facilement entendues au milieu du silence, un léger frémissement retentit dans l'autre chambre, et l'on en descendit avec la rapidité d'un oiseau. Quand Godefroid se montra, le visage de la dame s'empourpra, elle trembla, tressaillit, et se fit un voile de ses mains blanches. Toute femme eût partagé cette émotion en contemplant un homme de vingt ans environ, mais dont la taille et les formes étaient si frêles, qu'au premier coup d'œil vous eussiez cru voir un enfant ou quelque jeune fille déguisée. Son chaperon noir, semblable au béret des Basques, laissait apercevoir un front blanc comme de la neige, où la grâce et l'innocence étincelaient en exprimant une suavité divine, reflet d'une âme pleine de foi. L'imagination d'un poète aurait voulu y chercher cette étoile que, dans je ne sais quel conte, une mère pria la fée-marraine d'empreindre sur le front de son enfant abandonné comme Moïse au gré des flots. L'amour respirait dans le milliers de boucles blondes qui retombaient sur ses épaules. Son cou, véritable cou de cygne, était blanc et d'une admirable rondeur. Ses yeux bleus, pleins de vie et limpides, semblaient réfléchir le ciel. Les traits de son visage, la coupe de son front, étaient d'un fini et d'une délicatesse à ravir un peintre. La fleur de beauté qui, dans les figures de femmes, nous cause d'intarissables émotions, cette exquise pureté des lignes, cette lumineuse auréole posée sur des traits adorés, se mariaient à des teintes mâles, à une puissance encore adolescente, qui formaient de délicieux contrastes. C'était enfin un de ces visages mélodieux qui, muets, nous parlent et nous attirent, néanmoins, en y contemplant avec un peu d'attention, peut-être y auriez-vous trouvé l'espèce de flétrissure qu'imprime une grande pensée ou la passion, dans une verdeur mise par le faisait ressembler à une jeune feuille se déplaint au soleil. Aussi, jamais opposition ne fut-elle plus brusque ni plus vive que l'était celle offerte par la réunion de ces deux êtres. Il semblait voir un gracieux et faible arbuste né dans le creux d'un vieux saule, dépouillé par le temps, sillonné par la foudre, décrépit, un de ces grands arbrisseaux s'y met à l'abri des orages. L'un était un Dieu, l'autre était un ange; celui-ci le poète qui sent, celui-là le poète qui traduit; un prophète souffrant, un lévite en prières. Tous deux passèrent en silence.

— Avez-vous vu comme il l'a sifflé? s'écria le sergent de ville au moment où le pas des deux étrangers ne s'entendit plus sur la grève. N'est-ce point un diable et son page?

— Ouf! répondit Jacqueline, j'étais oppressée. Jamais je n'avais examiné nos hôtes si attentivement. Il est malheureux, pour nous autres femmes, que le démon puisse prendre un si gentil visage!

— Oui, jette-lui de l'eau bénite, s'écria Tirechair, et tu le verras se changer en crapaud. Je vais aller tout dire à l'officialité.

En entendant ce mot, la dame se réveilla de la rêverie dans laquelle elle était plongée, et regarda le sergent, qui mettait sa casaque bleue et rouge.

— Où courez-vous? dit-elle.

— Informer la justice que nous logeons des sorciers, bien à notre corps défendant.

L'inconnue se prit à sourire.

— Je suis la comtesse Mahaut, dit-elle en se levant avec une dignité qui rendit le sergent tout pantois. Gardez-vous de faire la plus légère peine à nos hôtes. Honorez surtout le vieillard, je l'ai vu chez le roi votre seigneur, qui l'a courtoisement accueilli, vous seriez mal avisé de lui causer la moindre encombre. Quant à mon séjour chez vous, n'en sonnez mot, si vous aimez la vie.

La comtesse se tut et retomba dans sa méditation. Elle releva bientôt la tête, fit un signe à Jacqueline, et toutes deux montèrent à la chambre de Godefroid. La belle comtesse regarda le lit, les chaires de bois, le bahut, les tapisseries, la table, avec un bonheur semblable à celui du banni qui contemple, au retour, les toits pressés de sa ville natale, assise au pied d'une colline.

— Si tu ne m'as pas trompée, dit-elle à Jacqueline, je te promets cent écus d'or.

— Tenez, madame, répondit l'hôtesse, le pauvre ange est sans méfiance, voici tout son bien!

Disant cela, Jacqueline ouvrait un tiroir de la table, et montrait quelques parchemins.

— O Dieu de bonté! s'écria la comtesse en saisissant un contrat qui attira soudain son attention et où elle lut : GOTHOFREDUS, COMES GANTIACUS. (Godefroid, comte de Gand.)

Elle laissa tomber le parchemin, passa la main sur son front; mais, se trouvant sans doute compromise de laisser voir son émotion à Jacqueline, elle reprit une contenance froide.

— Je suis contente! dit-elle.

Puis elle descendit et sortit de la maison. Le sergent et sa femme se mirent sur le seuil de leur porte, et lui virent prendre le chemin du port. Un bateau se trouvait amarré près de là. Quand le frémissement du pas de la comtesse put être entendu, un marinier se leva soudain, aida la belle ouvrière à s'asseoir sur un banc, et rama de manière à faire voler le bateau comme une hirondelle, en aval de la Seine.

— Es-tu bête! dit Jacqueline en frappant familièrement sur l'épaule du sergent. Nous avons gagné ce soir cent écus d'or.

— Je n'aime pas plus loger des seigneurs que loger des sorciers. Je ne sais qui des uns ou des autres mène plus vitement au gibet, répondit Tirechair en prenant sa hallebarde. Je vais, reprit-il, aller faire ma ronde du côté de Champfleuri. Ah! que Dieu nous protège, et me fasse rencontrer quelque galloise ayant mis ce soir ses anneaux d'or pour briller dans l'ombre comme un ver luisant!

Jacqueline, restée seule au logis, monta précipitamment dans la chambre du seigneur inconnu pour tâcher d'y trouver quelques renseignements sur cette mystérieuse affaire. Semblable à ces savants qui se donnent des peines infinies pour compliquer les principes clairs et simples de la nature, elle avait déjà bâti un roman informe qui lui servait à expliquer la réunion de ces trois personnages sous son pauvre toit. Elle fouilla le bahut, examina tout, ne put rien découvrir d'extraordinaire; mais il y avait seulement sur la table une écritoire et quelques feuilles de parchemin; mais, comme elle ne savait pas lire, cette trouvaille ne pouvait lui rien apprendre. Un sentiment de femme la ramena dans la chambre du beau jeune homme, d'où elle aperçut par la croisée ses deux hôtes qui traversaient la Seine dans le bateau du passeur.

— Ils sont comme deux statues, se dit-elle. Ah! ah! ils abordent devant la rue du Fouarre. Est-il leste, le petit mignon! il a sauté à terre comme un bouvreuil. Près de lui, le vieux ressemble à quelque saint de pierre de la cathédrale. Ils vont à l'ancienne école des Quatre-Nations. Prest! je ne les vois plus. — C'est la qu'il respire, le pauvre chérubin! ajouta-t-elle en regardant les meubles de la chambre. Est-il galant et plaisant! Ah! ces seigneurs, c'est autrement fait que nous.

Et Jacqueline descendit après avoir passé la main sur la couverture du lit, époussété le bahut, et s'être demandé pour la centième fois depuis six mois : — A quoi diable passe-t-il toutes ses saintes journées? Il ne peut pas toujours regarder dans le bleu du temps et dans les étoiles que Dieu a pendues là-haut comme des lanternes. Le cher enfant a du chagrin. Mais pourquoi le vieux maître et lui ne se parlent-ils presque point? Puis elle se perdit dans ses pensées, qui, dans sa cervelle de femme, se brouillèrent comme un écheveau de fil.

Le vieillard et le jeune homme étaient entrés dans une des écoles qui rendaient à cette époque la rue du Fouarre si célèbre en Europe. L'illustre Sigier, le plus fameux docteur en théologie mystique de l'Université de Paris, montait à sa chaire au moment où les deux locataires de Jacqueline arrivèrent à l'ancienne école des Quatre-Nations, dans une grande salle basse, de plain-pied avec la rue. Les dalles froides étaient garnies de paille fraîche, sur laquelle un bon nombre d'étudiants avaient tous un genou appuyé, l'autre relevé, pour sténographier l'improvisation du maître à l'aide de ces abréviations qui font le désespoir des déchiffreurs modernes. La salle était pleine, non-seulement d'écoliers, mais encore des hommes les plus distingués du clergé, de la cour et de l'ordre judiciaire. Il s'y trouvait des savants étrangers, des gens d'épée et de riches bourgeois. Là se rencontraient ces faces larges, ces fronts protubérants, ces barbes vénérables, qui nous inspirent une sorte de religion pour nos ancêtres à l'aspect des portraits du moyen âge. Des visages maigres aux yeux brillants et enfoncés, surmontés de crânes jaunis dans les fatigues d'une scolastique impuissante, la passion favorite du siècle, contrastaient avec de jeunes têtes ardentes, avec des hommes graves, avec des figures guerrières, avec les joues rubicondes de quelques financiers. Ces leçons, ces dissertations, ces thèses soutenues par les génies les plus brillants, du treizième et du quatorzième siècle, excitaient l'enthousiasme de nos pères; elles étaient leurs combats de taureaux, leurs italiens, leur tragédie, leurs grands danseurs, tout leur théâtre enfin. Les représentations de mystères ne vinrent qu'après les luttes spirituelles qui peut-être engendrèrent la scène française. Une éloquente inspiration qui réunissait l'attrait de la voix humaine habilement maniée, les subtilités de l'éloquence et des recherches hardies dans les secrets de Dieu, satisfaisait alors à toutes les curiosités, émouvait les âmes, et composait le spectacle à la mode. La théologie ne résumait pas seulement les sciences, elle était la science même, comme le fut autrefois la grammaire chez les Grecs, et présentait un fécond avenir à ceux qui se distinguaient dans ces duels, où, comme Jacob, les orateurs combattaient avec l'esprit de Dieu. Les ambassades, les arbitrages entre les souverains, les chancelleries, les dignités ecclésiastiques, appartenaient aux hommes dont la parole s'était aiguisée dans les controverses théologiques. La chaire était la tribune de l'époque. Ce système vécut jusqu'au jour où Rabelais immola l'ergotisme sous ses terribles moqueries, comme Cervantes tua la chevalerie avec une comédie écrite.

Pour comprendre ce siècle extraordinaire, l'esprit qui en dicta les chefs-d'œuvre inconnus aujourd'hui, quoique immenses, enfin pour s'en expliquer tout jusqu'à la barbarie, il suffit d'étudier les constitutions de l'Université de Paris, et d'examiner l'enseignement bizarre alors en vigueur. La théologie se divisait en deux facultés : celle de THÉOLOGIE proprement dite, et celle du DÉCRET. La faculté de théologie avait trois sections : la scolastique, la canonique et la mystique. Il serait fastidieux d'expliquer les attributions de ces diverses parties de la science, puisqu'une seule, la mystique, est le sujet de cette Étude. La THÉOLOGIE MYSTIQUE embrassait l'ensemble des *révélations divines* et l'explication des *mystères*. Cette branche de l'ancienne théologie est secrètement restée en honneur parmi nous. Jacob Bœhm, Swedenborg, Martinez Pasqualis, Saint-Martin, Molinos, mesdames Guyon, Bourignon et Krudener, la grande secte des extatiques, celle des illuminés, ont, à diverses époques, dignement conservé les doctrines de cette science, dont le but a quelque chose d'effrayant et de gigantesque. Aujourd'hui, comme au temps du docteur Sigier, il s'agit de donner à l'homme des ailes pour pénétrer dans le sanctuaire où Dieu se cache à nos regards.

Cette digression était nécessaire pour l'intelligence de la scène à laquelle le vieillard et le jeune homme partis du terrain Notre-Dame venaient assister; puis elle défendra de tout reproche cette Étude, que certaines personnes hardies à juger pourraient soupçonner de mensonge et taxer d'hyperbole.

Le docteur Sigier était de haute taille et dans la force de l'âge. Sauvée de l'oubli par les fastes universitaires, sa figure offrait de frappantes analogies avec celle de Mirabeau. Elle était marquée au sceau d'une éloquence impétueuse, animée, terrible. Le docteur avait au front les signes d'une croyance religieuse et d'une ardente foi qui manqueraient à son Sosie. Sa voix possédait de plus une douceur persuasive, un timbre éclatant et flatteur.

En ce moment le jour, que les croisées à petits vitraux garnis de plomb répandaient avec parcimonie, colorait cette assemblée de teintes capricieuses en y créant çà et là de vigoureux contrastes par le mélange de la lueur et des ténèbres. Ici des yeux étincelants en des coins obscurs; là de noires chevelures, caressées par des rayons, semblaient lumineuses au-dessus de quelques visages ensevelis dans l'ombre, puis plusieurs crânes découronnés, conservant une faible ceinture de cheveux blancs, apparaissaient au-dessus de la foule comme des créneaux argentés par la lune. Toutes les têtes, tournées vers le docteur, restaient muettes, impatientes. Les voix monotones des autres professeurs dont les écoles étaient voisines retentissaient dans la rue silencieuse comme le murmure des flots de la mer. Le pas des deux inconnus qui arrivèrent en ce moment attira l'attention générale. Le docteur Sigier, prêt à prendre la parole, vit le majestueux vieillard debout, lui chercha de l'œil une place, et, ne trouvant pas, tant la foule était grande, il descendit, vint à lui d'un air respectueux, et le fit asseoir sur l'escalier de la chaire en lui prêtant son escabeau. L'assemblée accueillit cette faveur par un long murmure d'approbation, en reconnaissant le vieillard le héros d'une admirable thèse récemment soutenue à la Sorbonne. L'inconnu jeta sur l'auditoire, au-dessus duquel il planait, ce profond regard qui racontait tout un poème de malheurs, et ceux qui l'atteignit éprouvèrent d'indéfinissables tressaillements. L'enfant qui suivait le vieillard s'assit sur une des marches, et s'appuya contre la chaire, dans une pose ravissante de grâce et de tristesse. Le silence devint profond, le seuil de la porte, la rue même, furent obstrués en peu d'instants par une foule d'écoliers qui désertèrent les autres classes.

Le docteur Sigier devait résumer, en un dernier discours, les théories qu'il avait données sur la résurrection, sur le ciel et l'enfer, dans ses leçons précédentes. Sa curieuse doctrine répondait aux sympathies de l'époque, et satisfaisait à ces désirs immodérés du merveilleux qui tourmentent les hommes à tous les âges du monde. Cet effort de l'homme pour saisir un infini qui échappe sans cesse à ses mains débiles, ce dernier assaut de la pensée contre elle-même, était une œuvre digne d'une assemblée où brillaient alors toutes les lumières de ce siècle, où scintillait peut-être la plus vaste des imaginations humaines. D'abord le docteur rappela simplement, d'un ton doux et sans emphase, les principaux points précédemment établis.

" Aucune intelligence ne se trouvait égale à une autre. L'homme était-il en droit de demander compte à son Créateur de l'inégalité des forces morales données à chacun? Sans vouloir pénétrer tout à coup les desseins de Dieu, ne devait-on pas reconnaître en fait que, par suite de leurs dissemblances générales, les intelligences se divisaient en de grandes sphères? Depuis la sphère où brillait le moins d'intelligence jusqu'à la plus translucide où les âmes apercevaient le chemin pour aller à Dieu, n'existe-t-il pas une gradation réelle de spiritualité? les esprits appartenant à une même sphère ne s'entendaient-ils pas fraternellement, en ame, en chair, en pensée, en sentiment? "

Là, le docteur développait de merveilleuses théories relatives aux sympathies. Il expliquait dans un langage biblique les phénomènes de l'amour, les répulsions instinctives, les attractions vives qui méconnaissent les lois de l'espace, les cohésions soudaines des âmes qui semblent se reconnaître. Quant aux divers degrés de force dont étaient susceptibles nos affections, il les résolvait par la place plus ou moins rapprochée du centre que les êtres occupaient dans leurs cercles respectifs. Il révélait mathématiquement une grande pensée de Dieu dans la coordination des différentes sphères humaines. Par l'homme, disait-il, ces sphères créaient un monde intermédiaire entre l'intelligence de la brute et l'intelligence des anges. Selon lui, la parole *divine* nourrissait la parole *spirituelle*, la parole *spirituelle* nourrissait la parole *animée*, la parole *animée* nourrissait la parole *animale*, la parole *animale* nourrissait la parole *végétale*, et la parole *végétale* exprimait la vie de la parole *stérile*. Les successives transformations de chrysalide que Dieu imposait ainsi à nos âmes, et cette espèce de vie infusoire qui, d'une zone à l'autre, se communiquait toujours plus vive, plus spirituelle, plus clairvoyante, développait confusément, mais assez merveilleusement peut-être pour ses auditeurs inexpérimentés, le mouvement imprimé par le Très-Haut à la nature. Secouru par de nombreux passages empruntés aux livres sacrés, et desquels il se servait pour se commenter lui-même, pour exprimer par des images sensibles les raisonnements abstraits qui lui manquaient, il secouait l'esprit de Dieu comme une torche à travers les profondeurs de la création, avec une éloquence qui lui était propre et dont les accents sollicitaient la conviction de son auditoire. Déroulant ce mystérieux système dans toutes ses conséquences, il donnait la clef de tous les symboles, justifiait les vocations, les dons particuliers, les génies, les talents humains. Devenant tout à coup physiologiste par instinct, il rendait compte des ressemblances animales inscrites sur les figures humaines, par les analogies primordiales et par le mouvement ascendant de la création. Il vous faisait assister au jeu de la nature, assignait une mission, un avenir, au minéraux, à la plante, à l'animal. La Bible à la main, après avoir spiritualisé la matière et matérialisé l'esprit, après avoir fait entrer la volonté de Dieu en tout, et imprimé du respect pour ses moindres œuvres, il admettait la possibilité de parvenir par la foi d'une sphère à une autre.

Telle fut la première partie de son discours, il en appliqua par d—

droites digressions les doctrines au système de la féodalité. La poésie religieuse et profane, l'éloquence abrupte du temps, avaient une large carrière dans cette immense théorie, où venaient se fondre tous les systèmes philosophiques de l'antiquité, mais d'où le docteur les faisait sortir, éclaircis, purifiés, changés. Les faux dogmes des deux principes et ceux du panthéisme tombaient sous sa parole, qui proclamait l'unité divine en laissant à Dieu et à ses anges la connaissance des fins dont les moyens éclataient si magnifiques aux yeux de l'homme. Armé des démonstrations par lesquelles il expliquait le monde matériel, le docteur Sigier construisait un monde spirituel dont les sphères graduellement élevées nous séparaient de Dieu, comme la planète était éloignée de nous par une infinité de cercles à franchir. Il peuplait le ciel, les étoiles, les astres, le soleil. Au nom de saint Paul, il investissait les hommes d'une puissance nouvelle, il leur était permis de monter de monde en monde jusqu'aux sources de la vie éternelle. L'échelle mystique de Jacob était tout à la fois la formule religieuse de ce secret divin et la preuve traditionnelle du fait. Il voyageait dans les espaces en entraînant les âmes passionnées sur les ailes de sa parole, et faisait sentir l'infini à ses auditeurs, en les plongeant dans l'océan céleste. Le docteur expliquait ainsi logiquement l'enfer par d'autres cercles disposés en ordre inverse des sphères brillantes qui aspiraient à Dieu, où la souffrance et les ténèbres remplaçaient la lumière et l'esprit. Les tortures se comprenaient aussi bien que les délices. Les termes de comparaison existaient dans les transitions de la vie humaine, dans ses diverses atmosphères de douleur et d'intelligence. Ainsi les fabulations les plus extraordinaires de l'enfer et du purgatoire se trouvaient naturellement réalisées. Il déduisait admirablement les raisons fondamentales de nos vertus. L'homme pieux, cheminant dans la pauvreté, fier de sa conscience, toujours en paix avec lui-même, et persistant à n'en pas se mentir dans son cœur, malgré les spectacles du vice triomphant, était un ange puni, déchu, qui se souvenait de son origine, pressentait sa récompense, accomplissait sa tâche et obéissait à sa belle mission. Les sublimes résignations du christianisme apparaissent dans toute leur gloire. Il mettait les martyrs sur les bûchers ardents, et les dépouillait presque de leurs mérites, en les dépouillant de leurs souffrances. Il marchait, d'ailleurs, hardiment au-devant des objections. Ainsi lui-même foudroyait sous une éloquente interrogation les monuments de nos sciences et les superfétations humaines à la construction desquelles les sociétés employaient les éléments du monde terrestre. Il demandait si nos guerres, si nos malheurs, si nos dépravations, empêchaient le grand mouvement imprimé par Dieu à tous les mondes. Il faisait rire de l'impuissance humaine en montrant sous le mot chute, qui se retrouve en tous les langages. Il revendiquait les plus fertiles traditions, afin de démontrer la vérité de notre origine. Il expliquait avec lucidité la passion que tous les hommes ont de s'élever, de monter, ambition instinctive, révélation perpétuelle de notre destinée. Il faisait épouser d'un regard l'univers entier, et décrivait la substance de Dieu même, coulant à longs bords comme un fleuve immense, du centre aux extrémités, des extrémités vers le centre. La nature était une et compacte. Dans l'œuvre la plus chétive en apparence, comme dans la plus vaste, tout obéissait à cette loi. Chaque création en reproduisait en petit une image exacte, soit la sève de la plante, soit le sang de l'homme, soit le cours des astres. Il entassait preuve sur preuve, et configurait toujours sa pensée par un tableau mélodique de poésie. Il marchait, d'ailleurs, hardiment au-devant des objections. Ainsi lui-même foudroyait sous une éloquente interrogation les monuments de nos sciences et les superfétations humaines à la construction desquelles les sociétés employaient les éléments du monde terrestre. Il demandait si nos guerres, si nos malheurs, si nos dépravations, empêchaient le grand mouvement imprimé par Dieu à tous les mondes. Il faisait rire de l'impuissance humaine en montrant ses effets effacés partout. Il évoquait les mânes de Tyr, de Carthage, de Babylone, il ordonnait à Babel, à Jérusalem, de comparaître, il y cherchait, sans les trouver, les sillons éphémères de la charrue civilisatrice. L'humanité flottait sur le monde, comme un vaisseau dont le sillage disparaît sous le niveau paisible de l'Océan.

Telles étaient les idées fondamentales du discours prononcé par le docteur Sigier, idées qu'il enveloppa dans le langage mystique et le latin bizarre en usage à cette époque. Les Ecritures, dont il avait fait une étude particulière, lui fournissaient les armes sous lesquelles il apparaissait à son siècle pour en presser la marche. Il couvrait comme d'un manteau sa hardiesse sous un grand savoir, et sa philosophie sous la sainteté de ses mœurs. En ce moment, après avoir mis son auditoire face à face avec Dieu, après avoir fait tenir le monde dans une pensée, et dévoilé presque la pensée du monde, il contempla l'assemblée silencieuse, palpitante, et interrogea l'étranger par un regard. Aiguillonné sans doute par la présence de cet être singulier, il ajouta ces paroles, dégagées ici de la latinité corrompue du moyen âge.

— Où croyez-vous que l'homme puisse prendre ces vérités fécondes, si ce n'est au sein de Dieu même? Que suis-je? Le faible traducteur d'une seule ligne léguée par le plus puissant des apôtres, une seule ligne entre mille également brillantes de lumière. Avant nous tous, saint Paul avait dit : *In Deo vivimus, movemur et sumus.* (Nous vivons, nous sommes, nous marchons dans Dieu même.) Aujourd'hui, moins croyants et plus savants, ou moins instruits et plus incrédules, nous demanderions à l'apôtre : A quoi bon ce mouvement perpétuel? Où va cette vie distribuée par zones? Pourquoi cette intelligence qui commence par les perceptions confuses du marbre, et va, de sphère en sphère, jusqu'à l'homme, jusqu'à l'ange, jusqu'à Dieu? Où est la source, où est la mer, si la vie, arrivée à Dieu à travers les mondes et les étoiles, à travers la matière et l'esprit, redescend vers un autre but? Vous voudriez voir l'univers des deux côtés. Vous adoreriez le souverain, à condition de vous asseoir sur son trône un moment. Insensés que nous sommes! nous refusons aux animaux les plus intelligents le don de comprendre nos pensées et le but de nos actions, nous sommes sans pitié pour les créatures des sphères inférieures, nous les chassons de notre monde, nous leur dénions la faculté de deviner la pensée humaine, et nous voudrions connaître la plus élevée de toutes les idées, l'idée de l'idée! Eh bien! allez, partez! montez par la foi de globe en globe, volez dans les espaces! La pensée, l'amour et la foi en sont les clefs mystérieuses. Traversez les cercles, parvenez au trône! Dieu est plus clément que vous ne l'êtes, il a ouvert son temple à toutes ses créations. Mais n'oubliez pas l'exemple de Moïse! Déchaussez-vous pour entrer dans le sanctuaire, dépouillez-vous de toute souillure, quittez bien complètement votre corps, autrement vous seriez consumés, car Dieu... Dieu, c'est la lumière!

Au moment où le docteur Sigier, la face ardente, la main levée, prononçait cette grande parole, un rayon de soleil pénétra par un vitrail ouvert, et fit jaillir comme par magie une source brillante, une longue et triangulaire bande d'or, qui revêtit l'assemblée comme d'une écharpe. Toutes les mains battirent, car les assistants acceptèrent cet effet du soleil couchant comme un miracle. Un cri unanime s'éleva :
— *Vivat! vivat!* Le ciel lui-même semblait applaudir. Godefroid, saisi de respect, regardait tour à tour le vieillard et le docteur Sigier, qui se parlaient à voix basse.

— Gloire au maître! disait l'étranger.
— Qu'est une gloire passagère? répondait Sigier.
— Je voudrais éterniser ma reconnaissance, répliqua le vieillard.
— Eh bien! une ligne de vous? reprit le docteur, ce sera me donner l'immortalité humaine.
— Eh ' peut-on donner ce qu'on n'a point? s'écria l'inconnu.

Accompagné par la foule, qui, semblable à des courtisans autour de leurs rois, se pressait sur leurs pas, en laissant entre elle et ces trois personnages une respectueuse distance, Godefroid, le vieillard et Sigier marchèrent vers la rive fangeuse où dans ce temps n'il y avait point encore de maisons, et où le passeur les attendait. Le docteur et l'étranger ne s'entretenaient ni en latin ni en langue gauloise, ils parlaient gravement un langage inconnu. Leurs mains s'adressaient tour à tour aux cieux et à la terre. Plus d'une fois, Sigier, à qui les détours du rivage étaient familiers, guidait avec un soin particulier le vieillard vers les planches étroites jetées comme des ponts sur la boue; l'assemblée les suivait avec curiosité, et quelques écoliers enviaient le privilège du jeune enfant qui suivait ces deux souverains de la parole. Enfin le docteur salua le vieillard et vit partir le bateau du passeur.

Au moment où la barque flotta sur la vaste étendue de la Seine en imprimant ses secousses à l'une, le soleil, semblable à un incendie qui s'allumait à l'horizon, perça les nuages, versa sur les campagnes des torrents de lumière, colora de ses tons rouges, de ses reflets bruns, et les cimes d'ardoises et les toits de chaume, borda de feu les tours de Philippe-Auguste, inonda les cieux, teignit les eaux, fit resplendir les herbes, réveilla les insectes à moitié endormis. Cette longue gerbe de lumière embrasa les nuages. C'était comme le dernier vers de l'hymne quotidien. Tout cœur devait tressaillir, alors la nature fut sublime. Après avoir contemplé ce spectacle, l'étranger eut ses paupières humectées par la plus faible de toutes les larmes humaines. Godefroid pleurait aussi, sa main palpitante rencontra celle du vieillard, qui se retourna, lui laissa voir son émotion; mais, sans doute pour sauver sa dignité humaine qu'il crut compromise, il lui dit d'une voix profonde : — Je pleure mon pays, je suis banni! Jeune homme, à cette heure même j'ai quitté ma patrie. Mais là-bas, à cette heure, les lucioles sortent de leurs frêles demeures, se suspendent comme autant de diamants sur rameaux des glaïeuls. A cette heure, la brise, douce comme la plus douce poésie, s'élève d'une vallée trempée de lumière, en exhalant de suaves parfums. A l'horizon, je voyais une ville d'or, semblable à la *Jérusalem* céleste, une ville dont le nom ne doit pas sortir de ma bouche. Là, serpente aussi une rivière. Cette ville à ses monuments, cette rivière et ses ravissantes perspectives, dont les nappes d'eau bleuâtre se confondaient, se mariaient, se dénouaient, lutte harmonieuse qui réjouissait ma vue et m'inspirait l'amour, où sont-ils? A cette heure, les ondes prenaient sous le ciel du couchant des teintes fantastiques, et figuraient de capricieux tableaux. Les étoiles distillaient une lumière caressante, la lune tendait partout ses pièges gracieux, lui donnait une autre vie aux arbres, aux couleurs, aux formes, et diversifiait les eaux brillantes, les collines muettes, les édifices éloquents. La ville parlait, scintillait; elle me rappelait, elle! Des colonnes de fumée se dressaient auprès des colonnes antiques dont les marbres étincelaient de blancheur au sein de la nuit, les lignes de l'horizon se dessinaient encore à travers les vapeurs du soir, tout était harmonie et mystère. La nature ne me disait pas adieu, elle voulait me garder. Ah! c'était tout pour moi : ma mère et mon enfant, mon épouse et ma gloire! Les cloches, elles-mêmes, pleuraient alors ma proscription. O terre merveilleuse! elle est aussi belle que le ciel! Depuis cette heure, j'ai eu l'univers pour cachot. Ma chère patrie, pourquoi m'as-tu proscrit! Mais j'y triompherai! s'écria-t-il en jetant ce mot avec un tel accent de conviction, et d'un timbre si éclatant, que le batelier tressaillit en croyant entendre le son d'une trompette.

Le vieillard était debout, dans une attitude prophétique, et regardait dans les airs vers le sud, en montrant sa patrie à travers les régions du ciel. La pâleur ascétique de son visage avait fait place à la rougeur du triomphe, ses yeux étincelaient, il était sublime comme un lion hérissant sa crinière.

— Et toi, pauvre enfant! reprit-il en regardant Godefroid, dont les joues étaient bordées par un chapelet de gouttes brillantes, as-tu donc, comme moi, étudié la vie par des pages sanglantes? Pourquoi pleurer? Que peux-tu regretter à ton âge?

— Hélas! dit Godefroid, je regrette une patrie plus belle que toutes les patries de la terre, une patrie que je n'ai point vue et dont j'ai souvenir. Oh! si je pouvais fendre les espaces à plein vol, j'irais...

— Où? dit le proscrit.

— Là-haut, répondit l'enfant.

En entendant ce mot, l'étranger tressaillit, arrêta son regard lourd sur le jeune homme, et le fit taire. Tous deux ils s'entretinrent par une inexplicable effusion d'âme en écoutant leurs vœux au sein d'un fécond silence, et voyagèrent fraternellement comme deux colombes qui parcourent les cieux d'une même aile, jusqu'au moment où la barque en touchant le sable du Terrain, les tira de leur profonde rêverie. Tous deux, ensevelis dans leurs pensées, marchèrent en silence vers la maison du sergent.

— Ainsi, disait en lui-même le grand étranger, ce pauvre petit se croit un ange banni du ciel. Et qui parmi nous aurait le droit de le détromper? Sera-ce moi? Moi qui suis enlevé si souvent par un pouvoir magique loin de la terre, moi qui appartiens à Dieu; moi qui suis pour moi-même un mystère. N'ai-je donc pas vu le plus beau des anges vivant dans cette boue? Cet enfant est-il donc plus ou moins innomé que je le suis? A-t-il fait un pas plus hardi dans la foi? Il croit, sa croyance le conduira sans doute en quelque sentier lumineux semblable à celui dans lequel je marche. Mais, s'il est beau comme un ange, n'est-il pas trop faible pour résister à de si rudes combats!

Intimidé par la présence de son compagnon, dont la voix foudroyante lui exprimait ses propres pensées, comme l'éclair traduit les volontés du ciel, l'enfant se contentait de regarder les étoiles avec les yeux d'un amant. Accablé par un luxe de sensibilité qui lui écrasait le cœur, il était là, faible et craintif, comme un moucheron inondé de soleil. La voix de Sigier leur avait célestement déduit à tous deux les mystères du monde moral; le grand vieillard devait les revêtir de gloire, l'enfant se sentait en lui-même sans pouvoir en rien exprimer, tous trois, ils exprimaient par de vivantes images la science, la poésie et le sentiment.

En rentrant au logis, l'étranger s'enferma dans sa chambre, alluma sa lampe inspiratrice, et se confia au terrible démon du travail, en demandant des mots au silence, des idées à la nuit. Godefroid s'assit au bord de sa fenêtre, regarda tour à tour les reflets de la lune dans les eaux, étudia les mystères du ciel. Livré à l'une de ces extases qui lui étaient familières, il voyagea de sphère en sphère, de visions en visions, écoutant et croyant entendre de sourds frémissements et des voix d'anges, voyant ou croyant voir des lueurs divines au sein desquelles il se perdait, essayant de parvenir au point éloigné, source de toute lumière, principe de toute harmonie. Bientôt la grande clameur de Paris, propagée par les eaux de la Seine, s'apaisa, les lueurs s'éteignirent une à une en haut des maisons, le silence régna dans toute son étendue, et la vaste cité s'endormit comme un géant fatigué. Minuit sonna. Le plus léger bruit, la chute d'une feuille ou le vol d'un choucas changeant de place dans les cimes de Notre-Dame, aurait alors rappelé l'esprit de l'étranger sur la terre, eussent fait quitter à l'enfant les hauteurs célestes vers lesquelles son âme montait avec les ailes de l'extase. En ce moment, le vieillard entendit avec horreur dans la chambre voisine un gémissement qui se confondit avec la chute d'un corps lourd que l'oreille expérimentée du banni reconnut pour être un cadavre. Il sortit précipitamment, entra chez Godefroid, le vit gisant comme une masse informe, aperçut une longue corde serrée à son cou et qui serpentait à terre. Quand il l'eut dénouée, l'enfant ouvrit les yeux.

— Où suis-je? demanda-t-il avec une expression de plaisir.

— Chez vous, dit le vieillard en regardant avec surprise le cou de Godefroid, le clou auquel la corde avait été attachée, et qui se trouvait encore au bout.

— Dans le ciel, répondit l'enfant d'une voix délicieuse.

— Non, sur la terre! répliqua le vieillard.

Godefroid marcha dans la ceinture de lumière tracée par la lune à travers la chambre dont le vitrail était ouvert, il revit la Seine frémissante, les saules et les herbes du Terrain. Une nuageuse atmosphère s'élevait au-dessus des eaux comme un dais de fumée. A ce spectacle pour lui désolant, il se croisa les mains sur la poitrine et prit une attitude de désespoir; le vieillard vint à lui, l'étonnement peint sur sa figure.

— Vous avez voulu vous tuer? lui demanda-t-il.

— Oui, répondit Godefroid en laissant l'étranger lui passer, à plusieurs reprises, les mains sur le cou pour examiner l'endroit où les efforts de la corde avaient porté.

Malgré de légères contusions, le jeune homme avait dû peu souffrir. Le vieillard présuma que le clou avait promptement cédé au poids du corps, et que ce fatal essai s'était terminé par une chute sans danger.

— Pourquoi donc, cher enfant, avez-vous tenté de mourir?

— Ah! répondit Godefroid, ne retenant plus les larmes qui roulaient dans ses yeux, j'ai entendu la voix d'en haut! Elle m'appelait par mon nom! Elle ne m'avait pas encore nommé; mais cette fois, elle me conviait au ciel! Oh! combien cette voix est douce! Ne pouvant m'élancer dans les cieux, ajouta-t-il avec un geste naïf, j'ai pris pour aller à Dieu la seule route que nous ayons.

— Oh! enfant, enfant sublime! s'écria le vieillard en enlaçant Godefroid dans ses bras, et le pressant avec enthousiasme sur son cœur. Tu es poète, tu sais monter intrépidement sur l'ouragan! Ta poésie, à toi, ne sort pas de ton cœur! Tes vives, tes ardentes pensées, tes créations marchent et grandissent dans ton âme. Va, ne livre pas tes idées au vulgaire! sois l'autel, la victime et le prêtre tout ensemble! Tu connais les cieux, n'est-ce pas? Tu as vu ces myriades d'anges aux blanches plumes, aux sistres d'or, qui tous tendent d'un vol égal vers le trône, et tu as admiré souvent leurs ailes, qui, sous la voix de Dieu, s'agitent comme les touffes harmonieuses des forêts sous la tempête. Oh! combien l'espace sans bornes est beau! dis!

Le vieillard serra convulsivement la main de Godefroid, et tous deux contemplèrent le firmament, dont les étoiles semblaient verser de caressantes poésies qu'ils entendaient.

— Oh! voir Dieu! s'écria doucement Godefroid.

— Enfant! reprit tout à coup l'étranger d'une voix sévère, as-tu donc si tôt oublié les enseignements sacrés de notre bon maître le docteur Sigier? Pour revenir, toi dans ta patrie céleste, et moi dans ma patrie terrestre, ne devons-nous pas obéir à la voix de Dieu? Marchons résignés dans les rudes chemins où son doigt puissant a marqué notre route. Ne frémis-tu pas du danger auquel tu t'es exposé? Venu sans ordre, ayant dit : Me voilà! avant le temps, ne serais-tu pas retombé dans un monde inférieur à celui dans lequel ton âme voltige aujourd'hui? Pauvre chérubin égaré, ne devrais-tu pas bénir Dieu de l'avoir fait vivre dans une sphère où tu n'entends que de célestes accords? N'es-tu pas pur comme un diamant, beau comme une fleur? Ah! si, semblable à moi, tu ne connaissais que la cité des douleurs! A m'y promener, je me suis usé le cœur. Oh! fouiller dans les tombes pour leur demander d'horribles secrets; essuyer des mains altérées de sang, les compter pendant toutes les nuits, les contempler levées vers moi, en implorant un pardon que je ne puis accorder; étudier les convulsions de l'assassin et les derniers cris de sa victime; écouter d'épouvantables bruits et d'affreux silences, le silence d'un père dévorant ses fils morts; interroger le rire des damnés; chercher quelques formes humaines parmi des masses décolorées que le crime a roulées et tordues; apprendre des mots que les hommes vivants n'entendent pas sans mourir, toujours évoquer les morts, pour toujours les traduire et les juger, est-ce donc une vie?

— Arrêtez! s'écria Godefroid, je ne saurais vous regarder, vous écouter davantage! Ma raison s'égare, ma vue s'obscurcit. Vous allumez en moi un feu qui me dévore.

— Je dois cependant continuer, reprit le vieillard en secouant sa main par un mouvement extraordinaire qui produisit sur le jeune homme l'effet d'un charme.

Pendant un moment, l'étranger fixa sur Godefroid ses grands yeux éteints et abattus; puis il étendit le doigt vers la terre : vous eussiez cru voir alors un gouffre entr'ouvert à son commandement. Il resta debout, éclairé par les indécis et vagues reflets de la lune, qui firent resplendir son front, d'où s'échappa comme une lueur solaire. Si d'abord une expression presque dédaigneuse se peignit dans les sombres plis de son visage, bientôt son regard contracta cette fixité, qui semble indiquer la présence d'un objet invisible aux organes ordinaires de la vue. Certes, ses yeux contemplèrent alors les lointains able ux que nous garde la tombe. Jamais peut-être cet homme n'eut une apparence si grandiose. Une lutte terrible bouleversa son âme, voit réagir sur sa forme extérieure; et, quelque puissant qu'il parût être il plia comme une herbe qui se courbe sous la brise messagère des orages. Godefroid resta silencieux, immobile, enchanté; une force inexplicable le cloua sur le plancher; et, comme lorsque notre attention nous arrache à nous-même, dans le spectacle d'un incendie ou d'une bataille, il ne sentit plus son propre corps.

— Veux-tu que je te dise la destinée au-devant de laquelle tu marches, pauvre ange d'amour? Écoute! Il m'a été donné de voir les espaces immenses, les abîmes sans fin où vont s'engloutir les créations humaines, cette mer sans rives où court notre grand fleuve d'hommes et d'anges. En parcourant les régions des éternels supplices, j'étais préservé de la mort par le manteau d'un immortel, ce vêtement de gloire dû au génie et que se passent les siècles, moi, chétif! Quand j'allais par les campagnes de lumière où se pressent les heureux, je voyais dans le lointain la clarté du paradis, qui brillait à une distance énorme; j'étais dans la nuit, mais sur les limites du jour. Je volais, emporté par mon guide, entraîné par une puissance semblable à celle qui, pendant nos rêves, nous ravit dans les sphères invisibles aux yeux du corps. L'auréole qui ceignait nos fronts faisait fuir les ombres sur notre passage, comme une impalpable poussière. Loin de nous, les soleils de tous les univers jetaient à peine la faible lueur de notre pays. J'allais atteindre les champs de l'air où, vers le paradis, les masses de lumière se multiplient, où l'on fend facilement l'azur, où les innombrables mondes jaillissent comme des fleurs dans une prairie. Là, sur la dernière ligne circulaire, qui appartient encore aux fantômes que je laissais derrière moi, semblable à des chagrins qu'on veut oublier, je vis une grande ombre. Debout et dans une attitude ardente, cette âme dévorait les parcs du regard, ses pieds restaient attachés par le pouvoir de Dieu sur le dernier point de cette ligne, où elle accomplissait sans cesse la tension pénible par laquelle nous projetons nos forces lorsque nous voulons prendre notre élan, comme des oiseaux prêts à s'envoler. Je reconnus un homme; il ne nous entendit pas, tous ses muscles tressaillaient et haletaient, par chaque parcelle de temps, il semblait éprouver, sans faire un seul pas, la fatigue de traverser l'infini qui le séparait du paradis où sa vue plongeait sans cesse, où il croyait entrevoir une image chérie. Sur la dernière porte de l'enfer, comme sur la première, je lus une expression de désespoir dans l'espérance. Le malheureux était si horriblement écrasé par je ne sais quelle force, que sa douleur passa dans mes os et me glaça. Je me réfugiai près de mon guide, dont la protection me rendit à la paix et au silence. Semblable à l'œil perçant qui voit le milan dans les airs ou l'y devine, l'ombre poussa un cri de joie. Nous regardâmes là où il regardait, et nous vîmes comme un saphir flottant au-dessus de nos têtes, dans les abîmes de lumière. Cette éclatante étoile descendait avec la rapidité d'un rayon de soleil, quand il apparaît au matin sur l'horizon, et que nos premières clartés glissent furtivement sur notre terre. La splendeur devint distincte, elle grandit, j'aperçus bientôt le nuage glorieux au sein duquel vont les anges, espèce de fumée brillante émanée de leur divine substance, et qui çà et là pétille en langues de feu. Une noble tête, de laquelle il est impossible de supporter l'éclat sans avoir revêtu le manteau, le laurier, la palme, attribut des puissances, s'élevait au-dessus de cette nuée aussi blanche, aussi pure que la neige. C'était une lumière dans la lumière. Ses ailes, en frémissant, semaient d'éblouissantes oscillations dans les sphères par lesquelles il passait, comme passe le regard de Dieu à travers les mondes. Enfin je vis l'archange dans sa gloire. La fleur d'éternelle beauté qui décore les anges de l'Esprit brillait en lui. Il tenait à la main une palme verte, et de l'autre un glaive flamboyant. La palme, pour en décorer l'ombre pardonnée; le glaive, pour faire reculer l'enfer entier par un seul geste. A son approche, nous sentîmes les parfums du ciel, qui tombaient comme une rosée. Dans la région où demeura l'ange, l'air prit la couleur des opales, et s'agita par des ondulations dont le principe venait de lui. Il arriva, regarda l'ombre, lui dit : — A demain! Puis il se retourna vers le ciel par un mouvement gracieux, étendit ses ailes, franchit les sphères, comme un vaisseau fend les ondes, en laissant à peine voir ses blanches voiles à des exilés laissés sur quelque plage déserte. L'ombre poussa d'effroyables cris auxquels les damnés répondirent depuis le cercle le plus profondément enfoncé dans l'immensité des mondes de douleur, jusqu'à celui plus paisible à la surface duquel nous étions. La plus poignante de toutes les angoisses avait fait un appel à toutes les autres. La clameur se grossit des rugissements d'une mer de feu qui servait comme de base à la terrible harmonie des innombrables millions d'âmes souffrantes.

Puis tout à coup l'ombre prit son vol à travers la *cité dolente* et descendit de sa place jusqu'au fond même de l'enfer, elle remonta subitement, revint, se replongea dans les cercles infinis, les parcourut dans tous les sens, semblable à un vautour qui, mis pour la première fois dans une volière, s'épuise en efforts superflus. L'ombre avait le droit d'errer ainsi, et pouvait traverser les zones de l'enfer, glaciales, fétides, brûlantes, sans participer à leurs souffrances; elle glissait dans cette immensité comme un rayon du soleil se fait jour au sein de l'obscurité. — Dieu ne lui a point infligé de punition, me dit le maître; mais aucune de ces âmes de qui tu as successivement contemplé les tortures, ne voudrait changer son supplice contre l'espérance sous laquelle cette âme succombe. En ce moment, l'ombre revint près de nous, ramenée par une force invincible qui la condamnait à sécher sur le bord des enfers. Mon divin guide, qui devina ma curiosité, toucha de son rameau le malheureux occupé peut-être à mesurer le siècle de peine qui se trouvait entre ce moment et ce lendemain toujours fugitif. L'ombre tressaillit, et nous jeta un regard plein de toutes les larmes qu'elle avait déjà versées. — « Vous voulez connaître mon infortune? dit-elle d'une voix triste, oh! j'aime à la raconter. Je suis ici, Térésa est là-haut, voilà tout. Sur terre, nous étions heureux, nous étions toujours unis. Quand je vis pour la première fois ma chère Térésa Donati, elle avait dix ans. Nous nous aimâmes alors, sans savoir ce qu'était l'amour. Notre vie fut une même vie : je pâlissais de sa pâleur, j'étais heureux de sa joie; ensemble, nous nous livrâmes au charme de penser, de sentir, et l'un par l'autre nous apprîmes l'amour. Nous fûmes mariés dans Crémone, jamais nous ne connûmes nos lèvres que parées des perles du sourire, nos yeux rayonnèrent toujours, nos chevelures ne se séparèrent pas plus que nos vœux, toujours nos deux têtes se confondaient quand nous lisions, toujours nos pas s'unissaient quand nous marchions. La vie fut un long baiser, notre maison fut une couche. Un jour Térésa pâlit et me dit pour la première fois : — Je souffre! Et je ne souffrais pas! Elle ne se releva plus. Je vis mourir, ses beaux traits s'altérer, ses cheveux d'or s'endolorir. Elle souriait pour me cacher ses douleurs; mais je les lisais dans l'azur de ses yeux, dont je savais interpréter les moindres tremblements. Elle me disait : — Honorino, je t'aime! au moment où ses lèvres blanchirent; enfin, elle serrait encore ma main dans ses mains quand la mort les glaça. Aussitôt je me tuai pour qu'elle ne couchât pas seule dans le lit du sépulcre, sous son drap de marbre. Elle est là-haut, Térésa, moi, je suis ici. Je voulais ne pas la quitter, Dieu nous a séparés; pourquoi donc nous avoir unis sur la terre? Il est jaloux. Le paradis a été sans doute plus beau du jour où Térésa y est montée. La voyez-vous? Elle est triste dans son bonheur, elle est sans moi! Le paradis doit être bien désert pour elle.» —Maître, dis-je en pleurant, car je pensais à mes amours, au moment où celui-ci souhaitera le paradis pour Dieu seulement, ne sera-t-il pas délivré? Le père de la poésie inclina doucement la tête en signe d'assentiment. Nous nous éloignâmes en fendant les airs, sans faire plus de bruit que les oiseaux qui passent quelquefois sur nos têtes quand nous sommes étendus à l'ombre d'un arbre. Nous eussions vainement tenté d'empêcher l'infortuné de blasphémer ainsi. Un des malheurs des anges des ténèbres est de ne jamais voir la lumière, même quand ils en sont environnés. Celui-ci n'aurait pas compris nos paroles.

En ce moment, le pas rapide de plusieurs chevaux retentit au milieu du silence, le chien aboya, la voix grondeuse du sergent lui répondit, des cavaliers descendirent, frappèrent à la porte, et le bruit s'éleva tout à coup avec la violence d'une détonation inattendue. Les deux proscrits, les deux poètes, tombèrent sur terre de toute la hauteur qui nous sépare des cieux. Le douloureux brisement de cette chute courut comme un autre sang dans leurs veines, mais en sifflant, et y roulant des pointes acérées et cuisantes. Pour eux, la douleur fut en quelque sorte une commotion électrique. La lourde et sonore démarche d'un homme d'armes, dont l'épée, dont la cuirasse et les éperons faisaient un cliquetis ferrugineux, retentit dans l'escalier; puis un soldat se montra bientôt devant l'étranger surpris.

— Nous pouvons rentrer à Florence, dit cet homme, dont la grosse voix parut douce en prononçant des mots italiens.

— Que dis-tu? demanda le grand vieillard.

— Les *blancs* triomphent!

— Ne te trompes-tu pas? reprit le poète.

— Non, cher Dante, répondit le soldat, dont la voix guerrière exprima les frissonnements des batailles et les joies de la victoire.

— A Florence! à Florence! O ma Florence! cria vivement Dante Alighieri, qui se dressa sur ses pieds, regarda dans les airs, crut voir l'Italie, et devint gigantesque.

— Et moi! quand serai-je dans le ciel? dit Godefroid, qui restait un genou en terre devant le poète immortel, comme un ange en face du sanctuaire.

— Viens à Florence, lui dit Dante d'un ton de voix compatissant. Va! quand tu verras ses amoureux paysages du haut de Fiesole, tu te croiras au paradis.

Le soldat se mit à sourire. Pour la première, pour la seule fois peut-être, la sombre et terrible figure de Dante respira une joie; ses yeux et son front exprimaient les peintures de bonheur qu'il a si magnifiquement prodiguées dans son Paradis. Il lui semblait peut-être entendre la voix de Béatrix. En ce moment, le pas léger d'une femme et le frémissement d'une robe retentirent dans le silence. L'aurore jetait alors ses premières clartés. La belle comtesse Mahaut entra, courut à Godefroid.

— Viens mon enfant, mon fils! il m'est maintenant permis de t'avouer!... Ta naissance est reconnue, tes droits sont sous la protection du roi de France, et tu trouveras un paradis dans le cœur de ta mère.

— Je reconnais *la voix du ciel*, cria l'enfant ravi.

Ce cri réveilla Dante, qui regarda le jeune homme enlacé dans les bras de la comtesse; il les salua par un regard et laissa son compagnon d'étude sur le sein maternel.

— Partons, s'écria-t-il d'une voix tonnante. Mort aux Guelfes!

Paris, octobre 1831.

FIN DES PROSCRITS.

Au premier coup d'œil vous eussiez cru voir un enfant... — PAGE 27.

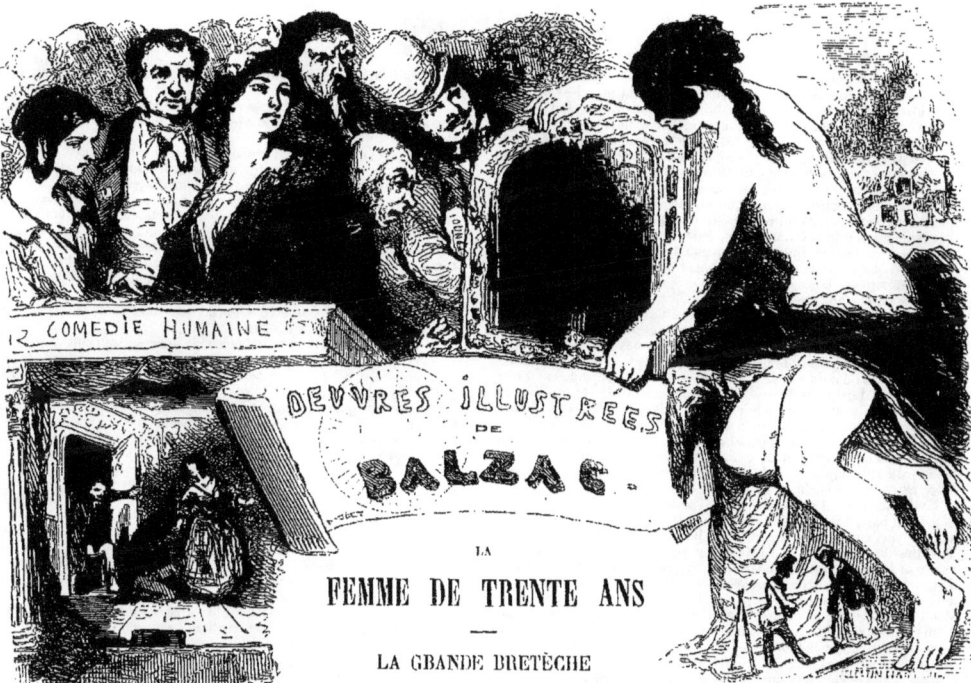

COMÉDIE HUMAINE

ŒUVRES ILLUSTRÉES DE BALZAC

LA
FEMME DE TRENTE ANS
—
LA GRANDE BRETÈCHE

Dess. Tony Johannot, Staal, Bertall,
Daumier, E. Lampsonius, etc.

Gravures par les meilleurs
Artistes.

DÉDIÉ
A LOUIS BOULANGER,
PEINTRE

I

Premières fautes.

Au commencement du mois d'avril 1813, il y eut un dimanche dont la matinée promettait un de ces beaux jours où les Parisiens voient pour la première fois de l'année leurs pavés sans boue et leur ciel sans nuages. Avant midi, un cabriolet à pompe, attelé de deux chevaux fringants, déboucha dans la rue de Rivoli par la rue de Castiglione, et s'arrêta derrière plusieurs équipages stationnés à la grille nouvellement ouverte au milieu de la terrasse des Feuillants. Cette leste voiture était conduite par un homme en apparence soucieux et maladif; des cheveux grisonnants couvraient à peine son crâne jaune, et le faisaient vieux avant le temps; il jeta les rênes au laquais à cheval qui suivait sa voiture, et descendit pour prendre dans ses bras une jeune fille dont la beauté mignonne attira l'attention des

Quel beau spectacle! dit Julie. — PAGE 2.

oisifs en promenade sur la terrasse. La petite personne se laissa complaisamment saisir par la taille quand elle fut debout sur le bord de la voiture, et passa ses bras autour du cou de son guide, qui la posa sur le trottoir, sans avoir chiffonné la garniture de sa robe en reps vert. Un amant n'aurait pas eu tant de soin. L'inconnu devait être le père de cette enfant, qui, sans le remercier, lui prit familièrement le bras et l'entraîna brusquement dans le jardin. Le vieux père remarqua les regards émerveillés de quelques jeunes gens, et la tristesse empreinte sur son visage s'effaça pour un moment. Quoiqu'il fût arrivé depuis longtemps à l'âge où les hommes doivent se contenter des trompeuses jouissances que donne la vanité, il se mit à sourire.

— L'on te croit ma femme, dit-il à l'oreille de la jeune personne en se redressant et marchant avec une lenteur qui la désespéra.

Il semblait avoir de la coquetterie pour sa fille, et jouissait peut-être plus qu'elle des œillades que les curieux lançaient sur ses petits pieds chaussés de brodequins en prunelle puce, sur une taille délicieuse dessinée par une robe à guimpe, et sur le cou frais, qu'une collerette brodée ne cachait pas entièrement. Les mouvements de la marche relevaient par instants la robe de la jeune fille, et permettaient de voir, au-dessus des brodequins, la rondeur d'une jambe finement moulée par un bas de soie à jours. Aussi, plus d'un promeneur dépassa-t-il le couple pour admirer ou pour revoir la jeune figure autour de laquelle se jouaient quelques rouleaux de cheveux bruns, et dont la blancheur et l'incarnat étaient rehaussés autant par les reflets du satin rose qui doublait une élégante capote, que par le désir et l'impatience qui pétillaient dans tous les traits de cette jolie personne. Une douce malice animait ses beaux yeux noirs, fendus en amande, surmontés de sourcils bien arqués, bordés de longs cils, et qui nageaient dans un fluide pur. La vie et la jeunesse étalaient leurs trésors sur ce visage mutin et sur un buste, gracieux encore, malgré la ceinture alors placée sous le sein. Insensible aux hommages, la jeune fille regardait avec une espèce d'anxiété le château des Tuileries, sans doute le but de sa pétulante promenade. Il était midi moins un quart. Quelque matinale que fût cette heure, plusieurs femmes qui toutes avaient voulu se montrer en toilette, revenaient du château, non sans retourner la tête d'un air boudeur, comme si elles se repentaient d'être venues trop tard pour jouir d'un spectacle désiré. Quelques mots échappés à la mauvaise humeur de ces belles promeneuses désappointées, et saisis au vol par la jolie inconnue, l'avaient singulièrement inquiétée. Le vieillard épiait d'un œil plus curieux que moqueur les signes d'impatience et de crainte qui se jouaient sur le charmant visage de sa compagne, et l'observait peut-être avec trop de soin pour ne pas avoir quelque arrière-pensée paternelle.

Ce dimanche était le treizième de l'année 1813. Le surlendemain, Napoléon partait pour cette fatale campagne pendant laquelle il allait perdre successivement Bessières et Duroc, gagner les mémorables batailles de Lutzen et de Bautzen, se voir trahi par l'Autriche, la Saxe, la Bavière, par Bernadotte, et disputer la terrible bataille de Leipsick. La magnifique parade commandée par l'empereur devait être la dernière de celles qui excitèrent si longtemps l'admiration des Parisiens et des étrangers. La vieille garde allait exécuter pour la dernière fois les savantes manœuvres dont la pompe et la précision étonnèrent quelquefois jusqu'à ce géant lui-même, qui s'apprêtait alors à son duel avec l'Europe. Un sentiment triste amenait aux Tuileries une brillante et curieuse population. Chacun semblait deviner l'avenir, et pressentait peut-être plus d'une fois l'imagination aurait à retracer le tableau de cette scène, quand ces temps héroïques de la France contracteraient, comme aujourd'hui, de teintes presque fabuleuses.

— Allons donc plus vite, mon père, disait la jeune fille avec un air de lutinerie en entraînant le vieillard. J'entends les tambours.

— C'est les troupes qui entrent aux Tuileries, répondit-il.

— Ou qui défilent, tout le monde revient ! répliqua-t-elle avec une enfantine amertume qui fit sourire le vieillard.

— La parade ne commence qu'à midi et demi, dit le père qui marchait presque en arrière de sa fille impétueuse fille.

A voir le mouvement qu'elle imprimait à son bras droit, vous eussiez dit qu'elle s'en aidait pour courir. Sa petite main, bien gantée, froissait impatiemment le mouchoir, et ressemblait à la rame d'une barque qui fend les ondes. Le vieillard souriait par moments, mais parfois aussi des expressions soucieuses attristaient passagèrement sa figure desséchée. Son amour pour cette belle créature lui faisait autant admirer le présent que craindre l'avenir. Il semblait se dire : — Elle est heureuse aujourd'hui, le sera-t-elle toujours ? Car les vieillards sont assez enclins à douter de leurs chagrins à ceux des jeunes gens. Quand le père et la fille arrivèrent sous le péristyle du pavillon au sommet duquel flottait le drapeau tricolore, et par où les promeneurs vont et viennent du jardin des Tuileries dans le Carrousel, les factionnaires leur crièrent d'une voix grave : — On ne passe plus !

L'enfant se haussa sur la pointe des pieds, et put entrevoir une foule de femmes parées qui encombraient les deux côtés d'une vieille arcade en marbre par où l'empereur devait sortir.

— Tu le vois bien, mon père, nous sommes partis trop tard.

Sa petite moue chagrine trahissait l'importance qu'elle avait mise à se trouver à cette parade.

— Eh bien ! Julie, allons-nous-en, tu n'aimes pas à être foulée.

— Restons, mon père. D'ici je puis encore apercevoir l'empereur. S'il périssait pendant la campagne, je ne l'aurais jamais vu.

Le père tressaillit en entendant ces paroles, car sa fille avait des larmes dans la voix ; il la regarda, et crut remarquer sous ses paupières abaissées quelques pleurs causés moins par le dépit que par un de ces premiers chagrins dont le secret est facile à deviner pour un vieux père. Tout à coup Julie rougit et jeta une exclamation dont le sens ne fut compris ni par les sentinelles, ni par le vieillard. A ce cri, un officier qui s'élançait du côté vers l'escalier se retourna vivement, s'avança jusqu'à l'arcade du jardin, reconnut la jeune personne qu'un moment cachée par les gros bonnets des grenadiers, et fit fléchir aussitôt, pour elle et pour son père, la consigne qu'il avait donnée lui-même, puis, sans se mettre en peine des murmures de la foule élégante qui assiégeait l'arcade, il attira doucement à lui l'enfant enchantée.

— Je ne m'étonne plus de sa colère ni de son empressement, puisque tu étais de service, dit le vieillard à l'officier d'un air aussi sérieux que railleur.

— Monsieur, répondit le jeune homme, si vous voulez être bien placés, ne nous amusons point à causer. L'empereur n'aime pas à attendre, et je suis chargé par le maréchal d'aller l'avertir.

Tout en parlant, il avait pris, avec une sorte de familiarité le bras de Julie, et l'entraînait rapidement vers le Carrousel. Julie aperçut avec étonnement une foule immense qui se pressait dans le petit espace compris entre les murailles grises du palais et les bornes réunies par des chaînes qui dessinent de grands carrés sablés au milieu de la cour des Tuileries. Le cordon de sentinelles, établi pour laisser un passage libre à l'empereur et à son état-major, avait beaucoup de peine à ne pas être débordé par cette foule empressée et bourdonnant comme un essaim.

— Cela sera donc bien beau ? demanda Julie en souriant.

— Prenez donc garde ! s'écria l'officier qui saisit Julie par la taille et la souleva avec autant de vigueur que de rapidité pour la transporter près d'une colonne.

Sans ce brusque enlèvement, sa curieuse parente allait être froissée par la croupe du cheval blanc, harnaché d'une selle en velours vert et or, que le Mameluck de Napoléon tenait par la bride, presque sous l'arcade, à dix pas en arrière de tous les chevaux qui attendaient les grands officiers, compagnons de l'empereur. Le jeune homme plaça le père et la fille près de la première borne de droite, devant la foule, et les recommanda par un signe de tête aux deux vieux grenadiers entre lesquels ils se trouvèrent. Quand l'officier retourna vers le palais, un air de bonheur et de joie avait succédé sur sa figure au subit effroi que lui avait causé la reculade du cheval y avait imprimée. Julie lui avait serré mystérieusement la main, soit pour remercier le petit service qu'il venait de lui rendre, soit pour lui dire : — Enfin je vous vois donc ! Elle inclina même doucement la tête en réponse au salut respectueux que l'officier lui fit ainsi qu'à son père, avant de disparaître avec prestesse. Le vieillard, qui semblait avoir expressément laissé les deux jeunes gens ensemble, restait dans une attitude grave, un peu en arrière de sa fille, mais il l'observait à la dérobée et tâchait de lui inspirer une fausse sécurité en paraissant absorbé dans la contemplation du magnifique spectacle qu'offrait le Carrousel. Quand Julie reporta sur son père le regard d'un écolier inquiet de son maître, le vieillard lui répondit même par un sourire de gaîté bienveillante, mais son regard perçant avait suivi l'officier jusque sous l'arcade, et aucun événement de cette scène rapide ne lui avait échappé.

— Quel beau spectacle ! dit Julie à voix basse en pressant la main de son père.

L'aspect pittoresque et grandiose que présentait en ce moment le Carrousel faisait prononcer cette exclamation par des milliers de spectateurs dont toutes les figures étaient béantes d'admiration. Une autre rangée de monde, tout aussi pressée que celle où le vieillard et sa fille se tenaient, occupant, sur une ligne parallèle au château, l'espace étroit et pavé qui longe la grille du Carrousel. Cette foule achevait de dessiner fortement, par la variété des toilettes de femmes, l'immense carré long que forment les bâtiments des Tuileries et cette grille alors nouvellement posée. Les régiments de la vieille garde qui allaient être passés en revue remplissaient ce vaste terrain, où ils figuraient en face du palais d'imposantes lignes bleues de dix rangs de profondeur. Au delà de l'enceinte, et dans le Carrousel, se trouvaient, sur d'autres lignes parallèles, plusieurs régiments d'infanterie et de cavalerie prêts à défiler sous l'arc triomphal au milieu de la grille, et sur le faîte duquel se voyaient, à cette époque, les magnifiques chevaux de Venise. La musique des régiments, placée au bas des galeries du Louvre, était masquée par les lanciers polonais de service. Une grande partie du carré sablé restait vide comme une arène préparée pour les mouvements de ces corps silencieux, dont les masses, disposées avec la symétrie de l'art militaire, réfléchissaient les rayons du soleil dans les feux triangulaires de leurs mille baïonnettes. L'air, en agitant les plumets des soldats, les faisait ondoyer comme les arbres d'une forêt courbée sous un vent impétueux. Ces vieilles bandes, muettes et brillantes, offraient mille contrastes de couleurs dus à la diversité des uniformes, des parements, des armes et des aiguillettes. Cet immense tableau, miniature d'un champ de bataille avant le combat, était poétiquement encadré, avec tous ses accessoires et tous les accidents bizarres, par les hauts bâtiments majestueux, dont l'immobilité semblait imitée par les chefs et les soldats. Le spectateur comparait involontairement ces murs d'hommes à ces murs de pierre. Le soleil du printemps, qui jetait prodiguement sa lumière sur les murs blancs bâtis de la veille et sur les murs séculaires, éclairait pleinement ces innombrables figures basanées qui toutes racontaient des périls passés et attendaient gravement les périls à venir. Les colonels de chaque régiment allaient et venaient seuls devant les fronts que formaient ces hommes héroïques. Puis derrière les masses carrées de ces troupes bariolées d'argent, d'azur, de pourpre et d'or, les curieux pouvaient apercevoir les banderoles tricolores attachées aux lances de six infatigables cavaliers polonais, qui, semblables aux chiens conduisant un troupeau le long d'un champ, voltigeaient sans cesse entre les troupes et les curieux, pour empêcher ces derniers de dépasser le petit espace de terrain qui leur était concédé auprès de la grille impériale. A ces mouvements près, on aurait pu se croire dans le palais de la Belle au bois dormant. La brise du printemps, qui passait sur les bonnets à longs poils des grenadiers, attestait l'immobilité des soldats, de même que le sourd murmure de la foule accusait leur silence. Parfois seulement le retentissement d'un chapeau chinois, ou quelque léger coup frappé par inadvertance sur une grosse caisse et répété par les échos du palais impérial, ressemblait à ces coups de tonnerre lointains qui annoncent un orage. Un enthousiasme indescriptible éclatait dans l'attente de la multitude. La France allait faire ses adieux à Napoléon, à la veille d'une campagne dont les dangers étaient prévus par le moindre citoyen. Il s'agissait, cette fois, pour l'empire français, d'être ou de ne pas être. Cette pensée semblait animer la population citadine et la population armée qui se pressaient, également silencieuses, dans l'enceinte où planaient l'aigle et le génie de Napoléon. Ces soldats, espoir de la France, ces soldats, sa dernière goutte de sang, entraient aussi pour beaucoup dans l'inquiète curiosité des spectateurs. Entre la plupart des assistants et des militaires, il se disait des adieux peut-être éternels; mais tous les cœurs, même les plus hostiles à l'empereur, adressaient au ciel des vœux ardents pour la gloire de la patrie. Les hommes les plus fatigués de la lutte commencée entre l'Europe et la France avaient tous déposé leurs haines en passant sous l'arc de triomphe, comprenant qu'au jour du danger Napoléon était toute la France. L'horloge du château sonna une demi-heure. En ce moment les bourdonnements de la foule cessèrent, et le silence devint si profond, qu'on eût entendu la parole d'un enfant. Le vieillard et sa fille, qui semblaient ne vivre que par les yeux, distinguèrent alors un bruit d'éperons et un cliquetis d'épées qui retentirent sous le sonore péristyle du château.

Un petit homme assez gras, vêtu d'un uniforme vert, d'une culotte blanche, et chaussé de bottes à l'écuyère, parut tout à coup en gardant sur sa tête un chapeau à trois cornes aussi prestigieux que cet homme lui-même. Le large ruban rouge de la Légion d'honneur flottait sur sa poitrine. Une petite épée était à son côté. L'homme fut aperçu par tous les yeux, et à la fois, de tous les points dans la place. Aussitôt, les tambours battirent aux champs, les deux orchestres débutèrent par une phrase dont l'expression guerrière fut répétée sur tous les instruments, depuis la plus douce des flûtes jusqu'à la grosse caisse. A ce belliqueux appel, les âmes tressaillirent, les drapeaux saluèrent, les soldats présentèrent les armes par un mouvement unanime et régulier qui agita les fusils depuis le premier rang jusqu'au dernier dans le Carrousel. Des mots de commandement se contractèrent de rang en rang comme des échos. Des cris de : Vive l'empereur ! furent poussés par la multitude enthousiasmée. Enfin tout frissonna, tout remua, tout s'ébranla. Napoléon était monté à cheval. Ce mouvement avait imprimé la vie à ces masses silencieuses, avait donné une voix aux instruments, un élan aux aigles et aux drapeaux, une émotion à toutes les figures. Les murs des hautes galeries de ce vieux palais semblaient crier aussi : Vive l'empereur ! Ce ne fut pas quelque chose d'humain, ce fut une magie, un simulacre de la puissance divine, ou mieux une fugitive image de ce règne si fugitif. L'homme entouré de tant d'amour, d'enthousiasme, de dévouement, de vœux, pour qui le soleil avait chassé les nuages du ciel, resta sur son cheval à trois pas en avant du petit escadron doré qui le suivait, ayant le grand maréchal à sa gauche, le maréchal de service à sa droite. Au sein de tant d'émotions excitées par lui, aucun trait de son visage ne parut s'émouvoir.

— Oh ! mon Dieu, oui. A Wagram au milieu du feu, à la Moscowa parmi les morts, il est toujours tranquille comme Baptiste, lui ! Cette réponse à de nombreuses interrogations était faite par le grenadier qui se trouvait auprès de la jeune fille. Julie fut pendant un moment absorbée par la contemplation de cette figure, dont le calme indiquait une si grande sécurité de puissance. L'empereur se pencha vers Duroc, auquel il dit une phrase courte qui fit sourire le grand maréchal. Les manœuvres commencèrent. Si jusqu'alors la jeune personne avait partagé son attention entre la figure impassible de Napoléon et les lignes bleues, vertes et rouges des troupes, en ce moment elle s'occupa presque exclusivement, au milieu des mouvements rapides et réguliers exécutés par ces vieux soldats, d'un jeune officier qui courait à cheval parmi les lignes mouvantes, et revenait avec une infatigable activité vers le groupe à la tête duquel brillait le simple Napoléon. Cet officier montait un superbe cheval noir, et se faisait distinguer, au sein de cette multitude chamarrée, par le bel uniforme bleu de ciel des officiers d'ordonnance de l'empereur. Ses broderies pétillaient si vivement au soleil, et l'aigrette de son schako était si long en recevant de si fortes lueurs, que les spectateurs durent le comparer à un feu follet, à une âme invisible chargée par l'empereur d'animer, de conduire ces bataillons, dont les armes ondoyantes jetaient des flammes, quand, sur un seul signe de ses yeux, ils se brisaient, se rassemblaient, tournoyaient comme les ondes d'un gouffre, ou passaient devant lui comme ces lames longues, droites et hautes que l'Océan courroucé dirige sur ses rivages.

Quand les manœuvres furent terminées, l'officier d'ordonnance accourut à bride abattue, et s'arrêta devant l'empereur pour en attendre les ordres. En ce moment, il était à vingt pas de Julie, en face du groupe impérial dans une attitude assez semblable à celle que Gérard a donnée au général Rapp dans le tableau de la Bataille d'Austerlitz. Il fut permis alors à la jeune fille d'admirer son amant dans toute sa splendeur militaire. Le colonel Victor d'Aiglemont, à peine âgé de trente ans, était grand, bien fait, svelte, et ses heureuses proportions ne ressortaient jamais mieux que quand il employait sa force à gouverner son cheval dont le dos élégant et souple paraissait plier sous lui. Sa figure mâle et brune possédait ce charme inexplicable qu'une parfaite régularité de traits communique aux jeunes visages. Son front était large et haut. Ses yeux de feu, ombragés de sourcils épais et bordés de longs cils, se dessinaient comme deux ovales blancs entre deux lignes noires. Son nez offrait la gracieuse courbure d'un bec d'aigle. La pourpre de ses lèvres était rehaussée par les sinuosités de l'inévitable moustache noire. Ses joues larges et fortement colorées offraient des tons bruns et jaunes qui dénotaient une vigueur extraordinaire. Sa figure, une de celles que la bravoure a marquées de son cachet, offrait le type que cherche aujourd'hui l'artiste quand il songe à représenter un des héros de la France impériale. Le cheval trempé de sueur, et dont la tête agitée exprimait une extrême impatience, les deux pieds de devant écartés et arrêtés sur une même ligne sans que l'un dépassât l'autre, faisait flotter les longs crins de sa queue fournie, et son dévouement offrait une matérielle image de celui que son maître avait pour l'empereur. En voyant son amant si occupé de saisir les regards de Napoléon, Julie éprouva un moment de jalousie en pensant qu'il ne l'avait pas encore regardée. Tout à coup, un mot est prononcé par le souverain, Victor presse les flancs de son cheval, et part au galop, mais l'ombre d'une borne projetée sur le sable effraye l'animal, qui s'effarouche, recule, se dresse, et si brusquement, que le cavalier semble en danger. Julie jette un cri, elle pâlit ; chacun la regarde avec curiosité, elle ne voit personne, ses yeux sont attachés sur ce cheval trop fougueux, que l'officier châtie tout en courant porter des ordres de Napoléon. Ces étourdissants tableaux absorbaient si bien Julie, qu'à son insu elle s'était cramponnée au bras de son père, à qui elle révélait involontairement ses pensées par la pression plus ou moins vive de ses doigts. Quand Victor fut sur le point d'être renversé par le cheval, elle s'accrocha plus violemment encore à son père, comme si elle-même eût été en danger de tomber. Le vieillard contemplait avec une sombre et douloureuse inquiétude le visage épanoui de sa fille, et des sentiments de pitié, de jalousie, des regrets même, se glissaient dans toutes ses rides accusatrices. Mais quand l'éclat inaccoutumé des yeux de Julie, le cri qu'elle venait de pousser et le mouvement convulsif de ses doigts, achevèrent de lui dévoiler un amour secret, certes, il dut avoir quelques tristes révélations de l'avenir, car sa figure offrit alors une expression sinistre. En ce moment, l'âme de Julie semblait avoir passé dans celle de l'officier. Une pensée plus cruelle que toutes celles qui avaient effrayé le vieillard crispa les traits de son visage souffrant, quand il vit d'Aiglemont échangeant, en passant devant eux, un regard d'intelligence avec Julie, dont les yeux étaient humides et dont le teint avait contracté une vivacité extraordinaire. Il emmena brusquement sa fille dans le jardin des Tuileries.

— Mais, mon père, disait-elle, il y a encore sur la place du Carrousel des régiments qui vont manœuvrer.

— Non, mon enfant, toutes les troupes défilent.

— Je pense, mon père, que vous vous trompez. M. d'Aiglemont a dû les faire avancer...

— Mais, ma fille, je souffre et ne veux pas rester.

Julie n'eut pas de peine à croire son père quand elle eut jeté les yeux sur ce visage, auquel de paternelles inquiétudes donnaient un air abattu.

— Souffrez-vous beaucoup ? demanda-t-elle avec indifférence, tant elle était préoccupée.

— Chaque jour n'est-il pas un jour de grâce pour moi ? répondit le vieillard.

— Vous allez donc encore m'affliger en me parlant de votre mort. J'étais si gaie ! Voulez-vous bien chasser vos vilaines idées noires !

— Ah ! s'écria le père en poussant un soupir, enfant gâtée ! les meilleurs cœurs sont quelquefois bien cruels. Vous consacrer notre vie, ne penser qu'à vous, préparer votre bien-être, sacrifier nos goûts à vos fantaisies, vous adorer, vous donner même notre sang, n'est-ce donc rien ? Hélas ! oui, vous acceptez tout avec insouciance. Pour toujours obtenir vos sourires et votre dédaigneux amour, il faudrait avoir la puissance de Dieu. Puis enfin un autre arrive ! un amant, un mari nous ravissent vos cœurs.

Julie, étonnée, regarda son père, qui marchait lentement et qui jetait sur elle des regards sans lueur.

— Vous vous cachez même de nous, reprit-il, mais peut-être aussi de vous-même...

— Que dites-vous donc, mon père?

— Je pense, Julie, que vous avez des secrets pour moi. — Tu aimes, reprit vivement le vieillard en s'apercevant que sa fille venait de rougir. Ah! j'espérais te voir fidèle à ton vieux père jusqu'à sa mort, j'espérais te conserver près de moi heureuse et brillante! t'admirer comme tu étais encore naguère. En ignorant ton sort, j'aurais pu croire à un avenir tranquille pour toi; mais maintenant il est impossible que j'emporte une espérance de bonheur pour ta vie, car tu aimes encore plus le colonel que tu n'aimes le cousin. Je n'en puis plus douter.

— Pourquoi me serait-il interdit de l'aimer? s'écria-t-elle avec une vive expression de curiosité.

— Ah! ma Julie, tu ne me comprendrais pas, répondit le père en soupirant.

— Dites toujours, reprit-elle en laissant échapper un mouvement de mutinerie.

— Eh bien! mon enfant, écoute-moi. Les jeunes filles se créent souvent de nobles, de ravissantes images, des figures tout idéales, et se forgent des idées chimériques sur les hommes, sur les sentiments, sur la vie, puis elles attribuent innocemment à un caractère les perfections qu'elles ont rêvées, et s'y confient; elles aiment dans l'homme de leur choix cette créature imaginaire, mais plus tard, quand il n'est plus temps de s'affranchir du malheur, la trompeuse apparence qu'elles ont embellie, leur première idole enfin, se change en un squelette odieux. Julie, j'aimerais mieux te savoir amoureuse d'un vieillard que de te voir aimant le colonel. Ah! si tu pouvais te placer à dix ans d'ici dans ta vie, tu rendrais justice à mon expérience. Je connais Victor : sa gaieté est une gaieté sans esprit, une gaieté de caserne, il est sans talent et dépensier. C'est un de ces hommes que le ciel a créés pour prendre et digérer quatre repas par jour, dormir, aimer la première venue et se battre. Il n'entend pas la vie. Son bon cœur, car il a bon cœur, l'entraînera peut-être à donner sa bourse à un malheureux, à un camarade, mais il est insouciant, mais il n'est pas doué de cette délicatesse de cœur qui nous rend esclaves du bonheur d'une femme; mais il est ignorant, égoïste... Il y a beaucoup de mais.

— Cependant, mon père, il faut bien qu'il ait de l'esprit et des moyens pour avoir été fait colonel...

— Ma chère, Victor restera colonel toute sa vie. Je n'ai encore vu personne qui m'ait paru digne de toi, reprit le vieux père avec une sorte d'enthousiasme. Il s'arrêta un moment, contempla sa fille, et ajouta : — Mais, ma pauvre Julie, tu es encore trop jeune, trop faible, trop délicate, pour supporter les chagrins et les tracas du mariage. D'Aiglemont a été gâté par ses parents, de même que tu l'as été par ta mère et par moi. Comment espérer que vous pourrez vous entendre tous deux avec des volontés différentes dont les tyrannies seront inconciliables? Tu seras ou victime ou tyran. L'une ou l'autre alternative apporte une égale somme de malheurs dans la vie d'une femme. Mais tu es douce et modeste, tu plieras d'abord. Enfin tu as, dit-il d'une voix altérée, une grâce de sentiment qui sera méconnue, et alors... Il n'acheva pas, les larmes le gagnèrent. — Victor, reprit-il après une pause, blessera les naïves qualités de la jeune âme. Je connais les militaires, ma Julie; j'ai vécu aux armées. Il est rare que le cœur de ces gens-là puisse triompher des habitudes produites ou par les malheurs au sein desquels ils vivent, ou par les hasards de leur vie aventurière.

— Vous voulez donc, mon père, répliqua Julie d'un ton qui tenait le milieu entre le sérieux et la plaisanterie, contrarier mes sentiments, me marier pour vous et non pour moi?

— Te marier pour moi! s'écria le père avec un mouvement de surprise, pour moi, ma fille, de qui tu n'entendras bientôt plus la voix si amicalement grondeuse. J'ai toujours vu les enfants attribuant à un sentiment personnel les sacrifices que leur font les parents! Épouse Victor, ma Julie. Un jour tu déploreras amèrement sa nullité, son défaut d'ordre, son égoïsme, son indélicatesse, son ineptie en amour, et mille autres chagrins qui te viendront par lui. Alors, souviens-toi que, sous ces arbres, la voix prophétique de ton vieux père a retenti vainement à tes oreilles!

Le vieillard se tut, il avait surpris sa fille agitant la tête d'une manière mutine. Tous deux firent quelques pas vers la grille où leur voiture était arrêtée. Pendant cette marche silencieuse la jeune fille examina furtivement le visage de son père et quitta par degré sa mine boudeuse. La profonde douleur gravée sur ce front penché vers la terre lui fit une vive impression.

— Je vous promets, mon père, dit-elle d'une voix douce et altérée, de ne pas vous parler de Victor avant que vous ne soyez revenu de vos préventions contre lui.

Le vieillard regarda sa fille avec étonnement. Deux larmes qui roulaient dans ses yeux tombèrent le long de ses joues ridées. Il ne put embrasser Julie devant la foule qui les environnait, mais il lui pressa tendrement la main. Quand il remonta en voiture, toutes les pensées soucieuses qui s'étaient amassées sur son front avaient complètement disparu. L'attitude un peu triste de sa fille l'inquiétait alors bien moins que la joie innocente dont le secret avait échappé pendant la revue à Julie.

Dans les premiers jours du mois de mars 1814, un peu moins d'un an après cette revue de l'empereur, une calèche roulait sur la route d'Amboise à Tours. En quittant le dôme vert des noyers sous lesquels se cachait la poste de la Frillière, cette voiture fut entraînée avec une telle rapidité, qu'en un moment elle arriva au pont bâti sur la Cise, à l'embouchure de cette rivière dans la Loire, et s'y arrêta. Un trait venait de se briser par suite du mouvement impétueux que, par l'ordre de son maître, un jeune postillon avait imprimé à quatre des plus vigoureux chevaux du relais. Ainsi, par un effet du hasard, les deux personnes qui se trouvaient dans la calèche eurent le loisir de contempler à leur réveil un des plus beaux sites que puissent leur présenter les séduisantes rives de la Loire. A sa droite, le voyageur embrasse d'un regard toutes les sinuosités de la Cise, qui se roule, comme un serpent argenté, dans l'herbe des prairies auxquelles les premières pousses du printemps donnaient alors des couleurs de l'émeraude. A gauche, la Loire apparaît dans toute sa magnificence. Les innombrables facettes de quelques roulées, produites par une brise matinale un peu froide, réfléchissaient les scintillements du soleil sur les vastes nappes que déploie cette majestueuse rivière. Çà et là des îles verdoyantes se succèdent dans l'étendue des eaux, comme les chatons d'un collier. De l'autre côté du fleuve, les plus belles campagnes de la Touraine déroulent leurs trésors à perte de vue. Dans le lointain, l'œil ne rencontre d'autres bornes que les collines du Cher, dont les cimes dessinaient en ce moment des lignes lumineuses sur le transparent azur du ciel. A travers le tendre feuillage des îles, au fond du tableau, Tours semble, comme Venise, sortir du sein des eaux. Les campaniles de sa vieille cathédrale s'élancent dans les airs, où ils se confondaient alors avec les créations fantastiques de quelques nuages blanchâtres. Au delà du pont sur lequel la voiture était arrêtée, le voyageur aperçoit devant lui, le long de la Loire jusqu'à Tours, une chaîne de rochers qui, par une fantaisie de la nature, paraît avoir été posée pour encaisser le fleuve dont les flots minent incessamment la pierre, spectacle qui fait toujours l'étonnement du voyageur. Le village de Vouvray se trouve comme niché dans les gorges et les éboulements de ces roches, qui commencent à décrire un coude devant le pont de la Cise. Puis, de Vouvray jusqu'à Tours, les effrayantes anfractuosités de cette colline déchirée sont habitées par une population de vignerons. En plus d'un endroit il existe trois étages de maisons, creusées dans le roc et réunies par de dangereux escaliers taillés à même la pierre. Au sommet d'un toit, une jeune fille, en jupon rouge, court à son jardin. La fumée d'une cheminée s'élève entre les sarments et le pampre naissant d'une vigne. Des closiers labourent des champs perpendiculaires. Une vieille femme, tranquille sur un quartier de roche éboulée, son rouet sous les fleurs d'un amandier, regarde passer les voyageurs à ses pieds en souriant de leur effroi. Elle ne s'inquiète pas plus des crevasses du sol que de la ruine pendante d'un vieux mur dont les assises ne sont plus retenues que par les tortueuses racines d'un manteau de lierre. Le marteau des tonneliers fait retentir les voûtes de caves aériennes. Enfin, la terre est partout cultivée et partout féconde, là où la nature a refusé de la terre à l'industrie humaine. Aussi rien n'est-il comparable, dans le cours de la Loire, au riche panorama que la Touraine présente alors aux yeux du voyageur. Le triple tableau de cette scène, dont les aspects sont à peine indiqués, procure à l'âme de ces spectacles qu'elle inscrit à jamais dans son souvenir; et, quand un poète en a joui, ses rêves viennent souvent lui en reconstruire fabuleusement les effets romantiques. Au moment où la voiture parvint sur le pont de la Cise, plusieurs voiles blanches débouchèrent entre les îles de la Loire, et donnèrent une nouvelle harmonie à ce site harmonieux. La senteur des saules qui bordent le fleuve ajoutait de pénétrants parfums au goût de la brise humide. Les oiseaux faisaient entendre leurs prolixes concerts; le chant monotone d'un gardeur de chèvres y joignait une sorte de mélancolie, tandis que les cris des mariniers annonçaient une agitation lointaine. De molles vapeurs, capricieusement arrêtées autour des arbres épars dans ce vaste paysage, y imprimaient une dernière grâce. C'était la Touraine dans toute sa gloire, le printemps dans toute sa splendeur. Cette partie de la France, la seule que les armées étrangères ne devaient point troubler, était en ce moment la seule qui fût tranquille, et l'on eût dit qu'elle défiait l'invasion.

Une tête coiffée d'un bonnet de police se montra hors de la calèche aussitôt qu'elle ne roula plus; bientôt un militaire impatient ouvrit lui-même la portière, et sauta sur la route comme pour aller quereller le postillon. L'intelligence avec laquelle le Tourangeau s'accommodait du trait cassé rassura le colonel comte d'Aiglemont, qui revint vers la portière en étendant ses bras comme pour détirer ses muscles endormis; il bâilla, regarda le paysage, et posa la main sur le bras d'une jeune femme soigneusement enveloppée dans un schoura.

— Tiens, Julie, lui dit-il d'une voix enrouée, réveille-toi donc pour examiner le pays! Il est magnifique.

Julie avança la tête hors de la calèche. Un bonnet de martre lu servait de coiffure, et les plis du manteau fourré dans lequel elle était enveloppée déguisaient si bien ses formes, qu'on ne pouvait plus voir que sa figure. Julie d'Aiglemont ne ressemblait déjà plus à la jeune fille qui courait naguère avec joie et bonheur à la revue des Tuileries. Son visage, toujours délicat, était privé des couleurs roses qui jadis lui donnaient un si riche éclat. Les touffes noires de quelques cheveux défrisés par l'humidité de la nuit faisaient ressortir la blancheur mate de sa tête, dont la vivacité semblait engourdie. Cependant ses yeux brillaient d'un feu surnaturel, mais, au-dessous de leurs paupières, quelques teintes violettes se dessinaient sur les joues fatiguées. Elle examina d'un œil indifférent les campagnes du Cher, la Loire et ses îles, Tours et les longs rochers de Vouvray; puis, sans vouloir regarder le ravissant vallée de la Cise, elle se replongea promptement dans le fond de la calèche, et dit d'une voix qui en plein air paraissait d'une extrême faiblesse : — Oui, c'est admirable. Elle avait, comme on le voit, pour son malheur, triomphé de son père.

— Julie, n'aimerais-tu pas vivre ici?
— Oh! là ou ailleurs, dit-elle avec insouciance.
— Souffres-tu? lui demanda le colonel d'Aiglemont.
— Pas du tout, répondit la jeune femme avec une vivacité momentanée. Elle contempla son mari en souriant et ajouta : — J'ai envie de dormir.

Le galop d'un cheval retentit soudain. Victor d'Aiglemont laissa la main de sa femme, et tourna la tête vers le coude que la route fait en cet endroit. Au moment où Julie ne fut plus vue par le colonel, l'expression de gaieté qu'elle avait imprimée à son pâle visage disparut comme si quelque lueur eût cessé de l'éclairer. N'éprouvant ni le désir de revoir le paysage ni la curiosité de savoir quel était le cavalier dont le cheval galopait si furieusement, elle se replaça dans le coin de la calèche, et ses yeux se fixèrent sur la croupe des chevaux sans trahir aucune espèce de sentiment. Elle eut un air aussi stupide que peut l'être celui d'un paysan breton écoutant le prône de son curé. Un jeune homme, monté sur un cheval de prix, sortit tout à coup d'un bouquet de peupliers et d'aubépines en fleurs.

— C'est un Anglais, dit le colonel.
— Oh! mon Dieu oui, mon général, répliqua le postillon Il est de la race des gars qui veulent, dit-on, manger la France.

L'inconnu était un de ces voyageurs qui se trouvèrent sur le continent lorsque Napoléon arrêta tous les Anglais en représailles de l'attentat commis envers le droit des gens par le cabinet de Saint-James lors de la rupture du traité d'Amiens. Soumis au caprice du pouvoir impérial, ces prisonniers ne restèrent pas tous dans les résidences où ils furent saisis, ni dans celles qu'ils eurent d'abord la liberté de choisir. La plupart de ceux qui habitaient en ce moment la Touraine y furent transférés de divers points de l'empire, où leur séjour avait paru compromettre les intérêts de la politique continentale. Le jeune captif qui promenait en ce moment son ennui matinal était victime de la puissance bureaucratique Depuis deux ans, un ordre parti du ministère des relations extérieures l'avait arraché au climat de Montpellier, où la rupture de la paix l'avait surpris autrefois cherchant à se guérir d'une affection de poitrine. Du moment où le jeune homme reconnut un militaire dans la personne du comte d'Aiglemont, il s'empressa d'en éviter les regards en tournant assez brusquement la tête vers les prairies de la Cise.

— Tous ces Anglais sont insolents comme si le globe leur appartenait, dit le colonel en murmurant. Heureusement Soult va leur donner les étrivières.

Quand le prisonnier passa devant la calèche, il y jeta les yeux. Malgré la brièveté de son regard, il put alors admirer l'expression de mélancolie qui donnait à la figure pensive de la comtesse je ne sais quel attrait indéfinissable. Il y a beaucoup d'hommes dont le cœur est puissamment ému par la seule apparence de la souffrance chez une femme : pour eux, la douleur semble être une promesse de constance ou d'amour. Entièrement absorbée dans la contemplation d'un coussin de sa calèche, Julie ne fit attention ni au cheval ni au cavalier. Le trait avait été solidement et promptement rajusté. Le comte remonta en voiture. Le postillon s'efforça de regagner le temps perdu, et mena rapidement les deux voyageurs sur la partie de la levée qui bordent les rochers suspendus au sein desquels mûrissent les vins de Vouvray, d'où s'élancent tant de jolies maisons, où apparaissent dans le lointain les ruines de cette si célèbre abbaye de Marmoutiers, la retraite de saint Martin.

— Que nous veut donc ce milord diaphane? s'écria le colonel en tournant la tête pour s'assurer que le cavalier qui, depuis le pont de la Cise, suivait sa voiture était le jeune Anglais.

Comme l'inconnu ne violait aucune convenance de politesse en se promenant sur la berme de la levée, le colonel se remit dans le coin de sa calèche, après avoir jeté un regard menaçant sur l'Anglais. Mais il ne put, malgré son involontaire inimitié, s'empêcher de remarquer la beauté du cheval et la grâce du cavalier. Le jeune homme avait une de ces figures britanniques dont le teint est si fin, la peau si douce et si blanche, qu'on est quelquefois tenté de supposer qu'elles appartiennent au corps délicat d'une jeune fille. Il était blond, mince et grand. Son costume avait ce caractère de recherche et de propreté qui distingue les fashionables de la prude Angleterre. On eût dit qu'il rougissait plus par pudeur que par plaisir à l'aspect de la comtesse. Une seule fois Julie leva les yeux sur l'étranger; mais elle y fut en quelque sorte obligée par son mari, qui voulait lui faire admirer les jambes d'un cheval de race pure. Les yeux de Julie rencontrèrent alors ceux du timide Anglais. Dès ce moment le gentilhomme, au lieu de faire marcher son cheval près de la calèche, la suivit à quelques pas de distance. A peine la comtesse regarda-t-elle l'inconnu. Elle n'aperçut aucune des perfections humaines et chevalines qui lui étaient signalées, et se rejeta au fond de la voiture après avoir laissé échapper un léger mouvement de sourcils comme pour approuver son mari. Le colonel se rendormit, et les deux époux arrivèrent à Tours sans s'être dit une seule parole et sans que les ravissants paysages de la changeante scène au sein de laquelle ils voyageaient attirassent une seule fois l'attention de Julie. Madame d'Aiglemont le contempla à plusieurs reprises. Au dernier regard qu'elle lui jeta, un cahot fit tomber sur les genoux de la jeune femme un médaillon suspendu à son cou par une chaîne de deuil, et le portrait de son père lui apparut soudain. A cet aspect, des larmes, jusque-là réprimées, roulèrent dans ses yeux. L'Anglais vit peut-être les traces humides et brillantes que ces pleurs laissèrent un moment sur les joues pâles de la comtesse, mais qui prirent bientôt l'air sec et sécha promptement. Chargé par l'empereur de porter des ordres au maréchal Soult, qui avait à défendre la France de l'invasion faite par les Anglais dans le Béarn, le colonel d'Aiglemont profitait de sa mission pour soustraire sa femme aux dangers qui menaçaient alors Paris, et la conduisait à Tours chez une vieille parente à lui. Bientôt la voiture roula sur le pavé de Tours, sur le pont, dans la Grande-Rue, et s'arrêta devant l'hôtel antique où demeurait la ci-devant comtesse de Listomère-Landon.

La comtesse de Listomère-Landon était une de ces belles vieilles femmes au teint pâle, à cheveux blancs, qui ont un sourire fin, qui semblent porter des paniers, et sont coiffées d'un bonnet dont la mode est inconnue. Portraits septuagénaires du siècle de Louis XV, ces femmes sont presque toujours caressantes comme si elles aimaient encore; moins pieuses que dévotes, et moins dévotes qu'elles n'en ont l'air, toujours exhalant la poudre à la maréchale, contant bien, causant mieux, et riant plus d'un souvenir que d'une plaisanterie. L'actualité leur déplaît. Quand une vieille femme de chambre vint annoncer à la comtesse (car elle devait bientôt reprendre ce titre) la visite d'un neveu qu'elle n'avait pas vu depuis le commencement de la guerre d'Espagne, elle ôta vivement ses lunettes, ferma la *Galerie de l'ancienne cour*, son livre favori; puis elle retrouva une sorte d'agilité pour arriver sur son perron au moment où les deux époux en montaient les marches.

La tante et la nièce se jetèrent un rapide coup d'œil.
— Bonjour, ma chère tante, s'écria le colonel en saisissant la vieille femme et l'embrassant avec précipitation. Je vous amène une jeune personne à garder. Je viens vous confier mon trésor. Ma Julie n'est ni coquette ni jalouse; elle a une douceur d'ange... Mais elle ne se gâtera pas ici, j'espère, dit-il en s'interrompant.
— Mauvais sujet! répondit la comtesse en lui lançant un regard moqueur.

Elle s'offrit, la première, avec une certaine grâce aimable, à embrasser Julie, qui restait pensive et paraissait plus embarrassée que curieuse.

— Nous allons donc faire connaissance, mon cher cœur! reprit la comtesse. Ne vous effrayez pas trop de moi, je tâche de n'être jamais vieille avec les jeunes gens.

Avant d'arriver au salon, la marquise avait déjà, suivant l'habitude des provinces, commandé à déjeuner pour ses deux hôtes, mais le comte arrêta l'éloquence de sa tante en lui disant d'un ton sérieux qu'il ne pouvait pas lui donner plus de temps que la poste n'en mettrait à relayer. Les trois parents entrèrent donc au plus vite dans le salon, et le colonel eut à peine le temps de raconter à sa grand'tante les événements politiques et militaires qui l'obligeaient à lui demander un asile pour sa jeune nièce. Pendant ce récit, la tante regardait alternativement son neveu qui parlait sans être interrompu, et sa nièce dont la pâleur lui parurent causées par cette séparation forcée. Elle avait l'air de se dire : — Eh! eh! ces jeunes gens-là s'aiment.

En ce moment, des claquements de fouet retentirent dans la vieille cour silencieuse dont les pavés étaient dessinés par des bouquets d'herbes, Victor embrassa derechef la comtesse, et s'élança hors du logis.

— Adieu, ma chère, dit-il en embrassant sa femme, qui l'avait suivi jusqu'à la voiture.
— Oh! Victor, laisse-moi t'accompagner plus loin encore, dit-elle d'une voix caressante, je ne voudrais pas te quitter...
— Y penses-tu?
— Eh bien! répliqua Julie, adieu, puisque tu le veux.
La voiture disparut.
— Vous aimez donc bien mon pauvre Victor? demanda la comtesse

à sa nièce en l'interrogeant par un de ces savants regards que les vieilles femmes jettent aux jeunes.

— Hélas! madame, répondit Julie, ne faut-il pas bien aimer un homme pour l'épouser?

Cette dernière phrase fut accentuée par un ton de naïveté qui trahissait tout à la fois un cœur pur ou de profonds mystères. Or, il était bien difficile à une femme amie de Duclos et du maréchal de Richelieu de ne pas chercher à deviner le secret de ce jeune ménage. La tante et la nièce étaient en ce moment sur le seuil de la porte cochère, occupées à regarder la calèche qui fuyait. Les yeux de la comtesse n'exprimaient pas l'amour comme la marquise le comprenait. La bonne dame était Provençale, et ses passions avaient été vives.

— Vous vous êtes donc laissé prendre par mon vaurien de neveu? demanda-t-elle à sa nièce.

La comtesse tressaillit involontairement, car l'accent et le regard de cette vieille coquette semblèrent lui annoncer une connaissance du caractère de Victor plus approfondie peut-être que ne l'était la sienne. Madame d'Aiglemont, inquiète, s'enveloppa donc dans cette dissimulation maladroite, premier refuge des cœurs naïfs et souffrants. Madame de Listomere se contenta des réponses de Julie, mais elle pensa joyeusement que sa solitude allait être réjouie par quelque secret d'amour, car sa nièce lui parut avoir quelque intrigue amusante à conduire. Quand madame d'Aiglemont se trouva dans un grand salon, tendu de tapisseries encadrées par des baguettes dorées, qu'elle fut assise devant un grand feu, abritée des bises *fenestrales* par un paravent chinois, sa tristesse ne put guère se dissiper. Il était difficile que la gaieté naquît sous de si vieux lambris, entre des meubles séculaires. Néanmoins la jeune Parisienne prit une sorte de plaisir à entrer dans cette solitude profonde, et dans le silence solennel de la province. Après avoir échangé quelques mots avec cette tante, à laquelle elle avait écrit naguère une lettre de nouvelle mariée, elle resta silencieuse comme si elle eût écouté la musique d'un opéra. Ce ne fut qu'après deux heures d'un calme digne de la Trappe qu'elle s'aperçut de son impolitesse envers sa tante, elle se souvint de ne lui avoir fait que de froides réponses. La vieille femme avait respecté le caprice de sa nièce par cet instinct plein de grâce qui caractérise les gens de l'ancien temps. En ce moment la douairière tricotait. Elle s'était, à la vérité, absentée plusieurs fois pour s'occuper d'une certaine chambre verte où devait coucher la comtesse et où les gens de la maison plaçaient les bagages, mais alors elle avait repris sa place dans un grand fauteuil, et regardait la jeune femme à la dérobée. Honteuse de s'être abandonnée à son irrésistible méditation, Julie essaya de se la faire pardonner en s'en moquant.

— Ma chère petite, nous connaissons la douleur des veuves, répondit la tante.

Il fallait avoir quarante ans pour deviner l'ironie qu'exprimèrent les lèvres de la vieille dame. Le lendemain, la comtesse fut beaucoup mieux, elle causa. Madame de Listomere ne désespéra plus d'apprivoiser cette nouvelle mariée, qu'elle avait d'abord jugée comme un être sauvage et stupide; elle l'entretint des joies du pays, des bals et des maisons où elles pouvaient aller. Toutes les questions de la marquise furent, pendant cette journée, autant de pièges que, par une ancienne habitude de cour, elle ne put s'empêcher de tendre à sa nièce pour en deviner le caractère. Julie résista à toutes les instances qui lui furent faites, pendant quelques jours, d'aller chercher des distractions au dehors. Aussi, malgré l'envie qu'avait la vieille dame de promener orgueilleusement sa jolie nièce, finit-elle par renoncer à vouloir la mener dans le monde. La comtesse avait trouvé un prétexte à sa solitude et à sa tristesse dans le chagrin que lui avait causé la mort de son père, et de qui elle portait encore le deuil. Au bout de huit jours, la douairière admira la douceur angélique, les grâces modestes, l'esprit indulgent de Julie, et s'intéressa, dès lors, prodigieusement à la mystérieuse mélancolie qui rongeait ce jeune cœur. La comtesse était une de ces femmes nées pour être aimables, et qui semblent apporter avec elles le bonheur. Sa société devint si douce et si précieuse à madame de Listomere, qu'elle s'affola de sa nièce, et désira ne plus la quitter. Un mois suffit pour établir entre elles une éternelle amitié. La vieille dame remarqua, non sans surprise, les changements qui se firent dans la physionomie de madame d'Aiglemont. Les couleurs vives qui embrasaient le teint s'éteignirent insensiblement, et la figure prit des tons mats et pâles. En perdant son éclat primitif, Julie devenait moins triste. Parfois la douairière réveillait chez sa jeune parente des élans de gaieté, ou des rires folâtres bientôt réprimés par une pensée importune. Elle devina que le souvenir paternel ni l'absence de Victor n'étaient la cause de la mélancolie profonde qui jetait un voile sur la vie de sa nièce, puis elle eut tant de mauvais soupçons, qu'il lui fut difficile de s'arrêter à la véritable cause du mal, car nous ne rencontrons peut-être le vrai que par hasard. Un jour, enfin, Julie fit briller aux yeux de sa tante étonnée un oubli complet du mariage, une folie de jeune fille étourdie, une candeur d'esprit, un enfantillage digne du premier âge, tout cet esprit délicat, et parfois si profond, qui distingue les jeunes personnes en France. Madame de Listomere résolut alors de sonder les mystères de cette âme dont le naturel extrême équivalait à une impénétrable dissimulation. La nuit approchait, les deux dames étaient assises devant une croisée qui donnait sur la rue. Julie avait repris un air pensif, un homme à cheval vint à passer.

— Voilà une de vos victimes, dit la vieille dame.

Madame d'Aiglemont regarda sa tante en manifestant un étonnement mêlé d'inquiétude.

— C'est un jeune Anglais, un gentilhomme, l'honorable Arthur Ormond, fils aîné de lord Grenville. Son histoire est intéressante. Il est venu à Montpellier en 1802, espérant que l'air de ce pays, où il était envoyé par les médecins, le guérirait d'une maladie de poitrine à laquelle il devait succomber. Comme tous ses compatriotes, il a été arrêté par Bonaparte lors de la guerre, car ce monstre-là ne peut se passer de guerroyer. Par distraction, ce jeune Anglais s'est mis à étudier sa maladie, que l'on croyait mortelle. Insensiblement, il a pris goût à l'anatomie, à la médecine, il s'est passionné pour ces sortes d'arts, ce qui est fort extraordinaire chez un homme de qualité; mais le régent s'est bien occupé de chimie! Bref, M. Arthur a fait des progrès étonnants, même pour les professeurs de Montpellier, l'étude l'a consolé de sa captivité, et, en même temps, il s'est radicalement guéri. On prétend qu'il est resté deux ans sans parler, respirant rarement, demeurant couché dans une étable, buvant du lait d'une vache venue de Suisse, et vivant de cresson. Depuis qu'il est à Tours, il n'a vu personne, il est fier comme un paon, mais vous avez certainement fait sa conquête, car ce n'est probablement pas pour moi qu'il passe sous nos fenêtres deux fois par jour depuis que vous êtes ici... Certes, il vous aime.

Ces derniers mots réveillèrent la comtesse comme par magie. Elle laissa échapper un geste et un sourire qui surprirent la marquise. Loin de témoigner cette satisfaction instinctive ressentie même par la femme la plus sévère, quand elle apprend qu'elle fait un malheureux, le regard de Julie fut terne et froid. Son visage indiquait un sentiment de répulsion voisin de l'horreur. Cette proscription n'était pas celle qu'une femme aimante frappe sur le monde entier au profit d'un seul être; elle sait alors rire et plaisanter; non, Julie était en ce moment comme une personne à qui le souvenir d'un danger trop vivement présent en fait ressentir encore la douleur. La tante, bien convaincue que sa nièce n'aimait pas son neveu, fut stupéfaite en découvrant qu'elle n'aimait personne. Elle trembla d'avoir à reconnaître en Julie un cœur désenchanté, une jeune femme à qui l'expérience d'un jour, d'une nuit peut-être, avait suffi pour apprécier la nullité de Victor.

— Si elle le connaît, tout est dit, pensa-t-elle, mon neveu subira bientôt les inconvénients du mariage.

Elle se proposait alors de convertir Julie aux doctrines monarchiques du siècle de Louis XV, mais, quelques heures plus tard, elle apprit, ou plutôt elle devina la situation assez commune dans le monde à laquelle la comtesse devait sa mélancolie. Julie, devenue tout à coup pensive, se retira chez elle plus tôt que de coutume. Quand sa femme de chambre l'eut déshabillée et l'eut laissée prête à se coucher, elle resta seule devant le feu, plongée dans une duchesse de velours jaune, meuble antique, aussi favorable aux affligés qu'aux gens heureux; elle pleura, elle soupira, elle pensa; puis elle prit une petite table, chercha du papier, et se mit à écrire. Les heures passèrent rapidement, la confidence que Julie faisait dans cette lettre paraissait lui coûter beaucoup, chaque phrase amenait de longues rêveries; tout à coup la jeune femme fondit en larmes et s'arrêta. En ce moment les horloges sonnèrent deux heures. Sa tête, aussi lourde que celle d'une mourante, s'inclina sur son sein; puis, quand elle la releva, Julie vit sa tante surgie tout à coup, comme un personnage qui se serait détaché de la tapisserie tendue sur les murs.

— Qu'avez-vous donc, ma petite? lui dit la tante. Pourquoi veiller si tard, et surtout pourquoi pleurer seule, à votre âge?

Elle s'assit sans autre cérémonie près de sa nièce, et dévora des yeux la lettre commencée.

— Vous écriviez à votre mari?

— Sais-je où il est! reprit la comtesse.

La tante prit le papier et le lut. Elle avait apporté ses lunettes, il y avait préméditation. L'innocente créature laissa prendre la lettre sans faire la moindre observation. Ce n'était ni un défaut de dignité, ni quelque sentiment de culpabilité secrète qui lui était ainsi toute énergie; non, sa tante se rencontra là dans un de ces moments de crise où l'âme est sans ressort, où tout est indifférent, le bien comme le mal, le silence aussi bien que la confiance. Semblable à une jeune fille vertueuse qui accable un amant de dédain, mais qui, le soir, se trouve si triste, si abandonnée, qu'elle en désire, en veut un, et veut un cœur où déposer ses souffrances, Julie laissa violer sans mot dire le cachet que la délicatesse imprime à une lettre ouverte, et resta pensive pendant que la marquise lisait.

« Ma chère Louisa, pourquoi réclamer tant de fois l'accomplissement de la plus imprudente promesse que puissent se faire deux jeunes filles ignorantes? Tu te demandes souvent, m'écris-tu, pourquoi je n'ai pas répondu depuis six mois à tes interrogations. Si tu n'as pas compris mon silence, aujourd'hui tu en devineras peut-être la raison en apprenant les mystères que je vais trahir. Je les aurais à jamais ensevelis dans le fond de mon cœur, si tu ne m'avertissais de ton prochain mariage. Tu vas te marier, Louisa. Cette pensée me fait trembler. Pauvre petite, marie-toi... puis, dans quelques mois, un de les plus poignants regrets viendra du souvenir de ce que nous étions naguère, quand un soir, à Écouen, parvenues toutes deux sous les plus grands chênes de la montagne, nous contemplâmes la belle vallée que nous avions à nos pieds, et que nous y admirâmes les rayons du soleil couchant dont les reflets nous enveloppaient. Nous nous assîmes sur un quartier de roche, et tombâmes dans un ravissement auquel succéda la plus douce mélancolie. Tu trouvas la première que ce soleil lointain nous parlait de l'avenir. Nous étions bien curieuses et bien folles alors ! Te souviens-tu de toutes nos extravagances ? Nous nous embrassâmes comme deux amants, disions-nous. Nous nous jurâmes que la première mariée de nous deux raconterait fidèlement à l'autre ces secrets d'hyménée, ces joies que nos âmes enfantines nous peignaient si délicieuses. Cette soirée fera ton désespoir, Louisa. Dans ce temps, tu étais jeune, belle, insouciante sinon heureuse, un mari te rendra, en peu de jours, ce que je suis déjà, laide, souffrante et vieille. Te dire combien j'étais fière, vaine et joyeuse d'épouser le colonel Victor d'Aiglemont, ce serait une folie ! Et même comment te le dirais-je ? je ne me souviens plus de moi-même. En peu d'instants mon enfance n'a pas été exempte de reproches. Ma contenance pendant la journée solennelle qui consacrait un lien dont l'étendue m'était cachée n'a pas été exempte de reproches. Mon père a plus d'une fois tâché de réprimer ma gaieté, car je témoignais des joies qu'on trouvait inconvenantes, et mes discours révélaient de la malice, justement parce qu'ils étaient sans malice. Je faisais mille enfantillages avec ce voile nuptial, avec cette robe et ces fleurs. Restée seule, le soir, dans la chambre où j'avais été conduite avec apparat, je méditai quelque espièglerie pour intriguer Victor, et, en attendant qu'il vînt, j'avais des palpitations de cœur semblables à celles qui me saisissaient autrefois en ces jours solennels du 31 décembre, quand, sans être aperçue, je me glissais dans le salon où les étrennes étaient entassées. Lorsque mon mari entra, qu'il me chercha, le rire étouffé que je fis entendre sous les mousselines qui m'enveloppaient a été le dernier éclat de cette gaieté douce qui anima les jeux de notre enfance... »

Quand la douairière eut achevé de lire cette lettre, qui commençait ainsi, devait contenir de bien tristes observations, elle posa lentement ses lunettes sur la table, y remit aussitôt la lettre, et arrêta sur sa nièce deux yeux verts dont le feu clair n'était pas encore affaibli par son âge.

— Ma petite, dit-elle, une femme mariée ne saurait écrire ainsi à une jeune personne sans manquer aux convenances...

— C'est ce que je pensais, répondit Julie en interrompant sa tante, et j'avais honte de moi pendant que vous la lisiez.

— Si, à table, un mets ne nous semble pas bon, il n'en faut pas dégoûter les personnes, mon enfant, reprit la vieille dame avec bonhomie, surtout lorsque, depuis Ève jusqu'à nous, le mariage a paru chose si excellente... Vous n'avez plus de mère ? dit la vieille femme.

La comtesse tressaillit, puis elle leva doucement la tête et dit :

— J'ai déjà regretté plus d'une fois ma mère depuis un an ; mais j'ai eu le tort de ne pas avoir écouté la répugnance de mon père, qui ne voulait pas de Victor pour gendre.

Elle regarda sa tante, et un frisson de joie sécha ses larmes quand elle aperçut l'air de bonté qui animait cette vieille figure. Elle tendit sa jeune main à la marquise, qui semblait la solliciter, et, quand leurs doigts se pressèrent, ces deux femmes achevèrent de se comprendre.

— Pauvre orpheline ! ajouta la marquise.

Ce mot fut un dernier trait de lumière pour Julie. Elle crut entendre encore la voix prophétique de son père.

— Vous avez les mains brûlantes ! Sont-elles toujours ainsi ? demanda la vieille femme.

— La fièvre ne m'a quittée que depuis sept ou huit jours, répondit-elle.

— Vous aviez la fièvre et vous me le cachiez !

— Je l'ai depuis un an, dit Julie avec une sorte d'anxiété pudique.

— Ainsi, mon bon petit ange, reprit sa tante, le mariage n'a été jusqu'à présent pour vous qu'une longue douleur ?

La jeune femme n'osa répondre, mais elle fit un geste affirmatif qui trahissait toutes ses souffrances.

— Vous êtes donc malheureuse ?

— Oh ! non, ma tante. Victor m'aime à l'idolâtrie, et je l'adore, il est si bon !

— Oui, vous l'aimez ; mais vous le fuyez, n'est-ce pas ?

— Oui... quelquefois... Il me cherche trop souvent.

— N'êtes-vous pas souvent troublée, dans la solitude, par la crainte qu'il ne vienne vous y surprendre ?

— Hélas ! oui, ma tante. Mais je l'aime bien, je vous assure.

— Ne vous accusez-vous pas en secret vous-même de ne pas savoir ou de ne pouvoir partager ses plaisirs ? Parfois ne pensez-vous point qu'un amour légitime est plus dur à porter que ne le serait une passion criminelle ?

— Oh ! c'est cela, dit-elle en pleurant. Vous devinez donc tout, là où tout est énigme pour moi ? Mes sens sont engourdis, je suis sans idées, enfin, je vis difficilement. Mon âme est oppressée par une indéfinissable appréhension, qui glace mes sentiments et me jette dans une torpeur continuelle. Je suis sans voix pour me plaindre et sans paroles pour exprimer ma peine. Je souffre, et j'ai honte de souffrir en voyant Victor heureux de ce qui me tue.

— Enfantillages, niaiseries que tout cela ! s'écria la tante, dont le visage desséché s'anima tout à coup par un gai sourire, reflet des joies de son jeune âge.

— Et vous aussi vous riez ? dit avec désespoir la jeune femme.

— J'ai été ainsi, reprit promptement la marquise. Maintenant que Victor vous a laissée seule, n'êtes-vous pas redevenue jeune fille, tranquille, sans plaisirs, mais sans souffrances ?

Julie ouvrit de grands yeux hébétés.

— Enfin, mon ange, vous adorez Victor, n'est-ce pas ? mais vous aimeriez mieux être sa sœur que sa femme, et le mariage enfin ne vous réussit point.

— Eh bien ! oui, ma tante. Mais pourquoi sourire ?

— Oh ! vous avez raison, ma pauvre enfant. Il n'y a, dans tout ceci, rien de bien gai. Votre avenir serait gros de plus d'un malheur si je ne vous prenais sous ma protection, et si ma vieille expérience ne savait pas deviner la cause bien innocente de vos chagrins. Mon neveu ne méritait pas son bonheur, le sot ! Sous le règne de notre bien-aimé Louis XV, une jeune femme qui se serait trouvée dans la situation où vous êtes aurait bientôt puni son mari de se conduire en vrai lansquenet. L'égoïste ! Les militaires de ce tyran impérial sont tous de vilains ignorants. Ils prennent la brutalité pour de la galanterie, ils ne connaissent pas plus les femmes qu'ils ne savent aimer ; ils croient que d'aller à la mort le lendemain les dispense d'avoir la veille, des égards et des attentions pour nous. Autrefois, l'on savait aussi bien aimer que mourir à propos. Ma nièce, je vous le formerai. Je mettrai fin au triste désaccord, assez naturel, qui vous conduirait à vous haïr l'un et l'autre, à souhaiter un divorce, si toutefois vous n'étiez pas morte avant d'en venir au désespoir.

Julie écoutait avec autant d'étonnement que de stupeur, surprise d'entendre des paroles dont la sagesse était plutôt pressentie que comprise par elle, et très-effrayée de retrouver dans la bouche d'une parente pleine d'expérience, mais sous une forme plus douce, l'arrêt porté par son père sur Victor. Elle eut peut-être une vive intuition de son avenir, et sentit sans doute le poids des malheurs qui devaient l'accabler ; car elle fondit en larmes, et se jeta dans les bras de la vieille dame en lui disant : — Soyez ma mère ! La tante ne pleura pas, car la Révolution a laissé aux femmes de l'ancienne monarchie peu de larmes dans les yeux. Autrefois l'amour et plus tard la Terreur les ont familiarisées avec les péripéties les plus poignantes, en sorte qu'elles conservent au milieu des dangers de la vie une dignité froide, une affection sincère, mais sans expansion, qui leur permet d'être toujours fidèles à l'étiquette et à une noblesse de maintien que les mœurs nouvelles ont eu le grand tort de répudier. La douairière prit la jeune femme dans ses bras, la baisa au front avec une tendresse et une grâce qui souvent se trouvent plus dans les manières et les habitudes de ces femmes que dans leur cœur, elle cajola sa nièce par de douces paroles, lui promit un heureux avenir, la berça par des promesses d'amour en l'aidant à se coucher, comme si elle eût été sa fille, une fille chérie dont l'espoir et les chagrins devenaient les siens propres, elle se revoyait jeune, se retrouvait inexpérimentée, et jolie en sa nièce. La comtesse s'endormit, heureuse d'avoir rencontré une amie, une mère à qui désormais elle pourrait tout dire. Le lendemain matin, au moment où la tante et la nièce s'embrassaient avec cette cordialité profonde et cette air d'intelligence qui prouvent un progrès dans le sentiment, une cohésion plus parfaite entre deux âmes, elles entendirent le pas d'un cheval, tournèrent la tête en même temps, et virent le jeune Anglais qui passait lentement, selon son habitude. Il paraissait avoir fait une certaine étude de la vie que menaient ces deux femmes solitaires, et ne manquait jamais à se trouver à leur déjeuner ou à leur dîner. Son cheval ralentissait le pas sans avoir besoin d'être averti, et, pendant le temps qu'il mettait à franchir l'espace pris par les deux fenêtres de la salle à manger, Arthur y jetait un regard mélancolique, la plupart du temps dédaigné par la comtesse, qui n'y faisait aucune attention. Mais, accoutumée à ces curiosités mesquines qui s'attachent aux plus petites choses afin d'animer la vie de province, et dont se garantissent difficilement les esprits supérieurs, la marquise s'amusait de l'amour timide et sérieux si tacitement exprimé par l'Anglais. Ces regards périodiques devenaient comme une habitude pour elle, et chaque jour elle signalait le passage d'Arthur par de nouvelles plaisanteries. En se mettant à table, les deux femmes regardèrent simultanément l'insulaire. Les yeux de Julie et d'Arthur se rencontrèrent cette fois avec une telle précision de sentiment, que la jeune Anglais rougit. Aussitôt l'Anglais pressa son cheval et partit au galop.

— Mais, madame, dit Julie à sa tante, que faut-il faire ? Il doit être constant pour les gens qui voient passer cet Anglais que je suis....

— Oui, répondit la tante en l'interrompant.
— Eh bien! ne pourrais-je pas lui dire de ne pas se promener ainsi?
— Ne serait-ce pas lui donner à penser qu'il est dangereux? et d'ailleurs pouvez-vous empêcher un homme d'aller et venir où bon lui semble? Demain nous ne mangerons plus dans cette salle; quand il ne nous y verra plus, le jeune gentilhomme discontinuera de vous aimer par la fenêtre. Voilà, ma chère enfant, comment se comporte une femme qui a l'usage du monde.

Mais le malheur de Julie devait être complet. A peine les deux femmes se levaient-elles de table, que le valet de chambre de Victor arriva soudain. Il venait de Bourges à franc étrier, par des chemins détournés, et apportait à la comtesse une lettre de son mari. Victor, qui avait quitté l'empereur, annonçait à sa femme la chute du régime impérial, la prise de Paris, et l'enthousiasme qui éclatait en faveur des Bourbons sur tous les points de la France; mais, ne sachant comment pénétrer jusqu'à Tours, il la priait de venir en toute hâte à Orléans où il espérait se trouver avec elle avec des passeports pour elle. Ce valet de chambre, ancien militaire, devait accompagner Julie de Tours à Orléans, route que Victor croyait libre encore.

— Madame, vous n'avez pas un instant à perdre, dit le valet de chambre, les Prussiens, les Autrichiens et les Anglais vont faire leur jonction à Blois ou à Orléans...

En quelques heures la jeune femme fut prête, et partit dans une vieille voiture de voyage que lui prêta sa tante.

— Pourquoi ne viendriez-vous pas à Paris avec nous? dit-elle en embrassant sa tante. Maintenant que les Bourbons se rétablissent, vous y trouveriez....

— Sans ce retour inespéré j'y serais encore allée, ma pauvre petite, car mes conseils vous sont trop nécessaires, et à Victor et à vous Aussi vais-je faire toutes mes dispositions pour vous y rejoindre.

Julie partit accompagnée de sa femme de chambre et du vieux militaire, qui galopait à côté de la chaise de poste en veillant à la sécurité de sa maîtresse. A la nuit, en arrivant à un relais en avant de Blois, Julie, inquiète d'entendre une voiture qui marchait derrière la sienne et ne l'avait pas quittée depuis Amboise, se mit à la portière afin de voir quels étaient ses compagnons de voyage. Le clair de lune lui permit d'apercevoir Arthur, debout, à trois pas d'elle, les yeux attachés sur sa chaise. Leurs regards se rencontrèrent. La comtesse se rejeta vivement au fond de sa voiture, mais avec un sentiment de peur qui la fit palpiter. Comme la plupart des jeunes femmes réellement innocentes et sans expérience, elle voyait une faute dans un amour involontairement inspiré à un homme. Elle ressentait une terreur instinctive, que lui donnait peut-être la conscience de sa faiblesse devant une si audacieuse agression. Une des plus fortes armes de l'homme est ce pouvoir terrible d'occuper de lui-même une femme dont l'imagination naturellement mobile s'effraye ou s'offense d'une poursuite. La comtesse se souvint du conseil de sa tante, et résolut de rester pendant le voyage au fond de sa chaise de poste, sans en sortir. Mais à chaque relais elle entendait l'Anglais qui se promenait autour des deux voitures; puis sur la route, le bruit importun de sa calèche retentissait incessamment aux oreilles de Julie. La jeune femme pensa bientôt qu'une fois réunie à son mari, Victor saurait la défendre contre cette singulière persécution.

— Mais si ce jeune homme ne m'aimait pas cependant?

Cette réflexion fut la dernière de toutes celles qu'elle fit. En arrivant à Orléans, sa chaise de poste fut arrêtée par les Prussiens, conduite dans la cour d'une auberge, et gardée par les soldats. La résistance était impossible. Les étrangers expliquèrent aux trois voyageurs, par des signes impératifs, qu'ils avaient reçu la consigne de ne laisser sortir personne de la voiture. La comtesse resta pleurant pendant deux heures environ prisonnière au milieu des soldats qui la lorgnaient, riaient, et parfois la regardaient avec une insolente curiosité; mais enfin elle les vit s'écartant de la voiture avec une sorte de respect en entendant le bruit de plusieurs chevaux. Bientôt une troupe d'officiers supérieurs étrangers, à la tête desquels était un général autrichien, entoura la chaise de poste.

— Madame, lui dit le général, agréez nos excuses; il y a eu erreur, vous pouvez continuer sans crainte votre voyage, et voici un passeport qui vous évitera désormais toute espèce d'avanie.

La comtesse prit le papier en tremblant, et balbutia de vagues paroles.

Elle voyait près du général, et en costume d'officier anglais, Arthur, à qui sans doute elle devait sa prompte délivrance. Tout à la fois joyeux et mélancolique, le jeune Anglais détourna la tête, et n'osa regarder Julie qu'à la dérobée. Grâce au passeport, madame d'Aiglemont parvint à Paris sans aventure fâcheuse. Elle y retrouva son mari, qui, délié de son serment de fidélité à l'empereur, avait reçu le plus flatteur accueil du comte d'Artois, nommé lieutenant général du royaume par son frère Louis XVIII. Victor eut dans les gardes du corps un grade éminent qui lui donna le rang de général. Cependant, au milieu des fêtes qui marquèrent le retour des Bourbons, un malheur bien profond, et qui devait influer sur sa vie, assaillit la pauvre Julie: elle perdit la comtesse de Listomère-Landon. La vieille dame mourut de joie et d'une goutte remontée au cœur, en revoyant à Tours le duc d'Angoulême. Ainsi, la personne à laquelle son âge donnait le droit d'éclairer Victor, la seule qui, par d'adroits conseils, pouvait rendre l'accord de la femme et du mari plus parfait, cette personne était morte. Julie sentit toute l'étendue de cette perte. Il n'y avait plus qu'elle-même entre elle et son mari. Mais, jeune et timide, elle devait préférer d'abord la souffrance à la plainte. La perfection même de son caractère s'opposait à ce qu'elle osât se soustraire à ses devoirs, ou tenter de rechercher la cause de ses douleurs, car les faire cesser eût été chose trop délicate: Julie aurait craint d'offenser sa pudeur de jeune fille.

Un mot sur les destinées de M. d'Aiglemont sous la Restauration.

Ne se rencontre-t-il pas beaucoup d'hommes dont la nullité profonde est un secret pour la plupart des gens qui les connaissent? Un

Il venait de Bourges à franc étrier.

haut rang, une illustre naissance, d'importantes fonctions, un certain vernis de politesse, une grande réserve dans la conduite, ou les prestiges de la fortune sont, pour eux, comme des gardes qui empêchent les critiques de pénétrer jusqu'à leur intime existence. Ces gens ressemblent aux rois, dont la véritable taille, le caractère et les mœurs ne peuvent jamais être ni bien connus ni justement appréciés, parce qu'ils sont vus de trop loin ou de trop près. Ces personnages à mérite factice interrogent au lieu de parler, ont l'art de mettre les autres en scène pour éviter de poser devant eux ; puis, avec une heureuse adresse, ils tirent chacun par le fil de ses passions ou de ses intérêts, et se jouent ainsi des hommes qui leur sont réellement supérieurs, en font des marionnettes, et les croient petits pour les avoir rabaissés jusqu'à eux. Ils obtiennent alors le triomphe naturel d'une pensée mesquine, mais fixe, sur la mobilité des grandes pensées. Aussi, pour juger ces têtes vides, et peser leurs valeurs négatives, l'observateur doit posséder un esprit plus subtil que supérieur, plus de patience que de portée dans la vue, plus de finesse et de tact que d'élévation et de grandeur dans les idées. Néanmoins, quelque habileté que déploient ces usurpateurs en défendant leurs côtés faibles, il leur est bien difficile de tromper leurs femmes, leurs mères, leurs enfants ou l'ami de la maison; mais ces personnes leur gardent presque toujours le secret sur une chose qui touche, en quelque sorte, à l'honneur commun; et, souvent même, elles les aident à en imposer au monde. Si, grâce à ces conspirations domestiques, beaucoup de niais passent pour des hommes supérieurs, ils compensent le nombre d'hommes supérieurs qui passent pour des niais, en sorte que l'État social a toujours le même masse de capacités apparentes. Songez maintenant au rôle que doit jouer une femme d'esprit et de sentiment en présence d'un mari de ce genre, n'apercevez-vous pas des existences pleines de douleurs et de dévouement dont rien ici-bas ne saurait récompenser certains cœurs pleins d'amour et de délicatesse ? Qu'il se rencontre une femme forte dans cette horrible situation, elle en sort par un crime, comme fit Catherine II,

La comtesse prisonnière des Prussiens. — PAGE 8.

néanmoins nommée *la Grande*. Mais comme toutes les femmes ne sont pas assises sur un trône, elles se vouent, la plupart, à des malheurs domestiques, qui, pour être obscurs, n'en sont pas moins terribles. Celles qui cherchent ici-bas des consolations immédiates à leurs maux ne font souvent que changer de peines lorsqu'elles veulent rester fidèles à leurs devoirs, ou commettent des fautes si elles violent les lois au profit de leurs plaisirs. Ces réflexions sont toutes applicables à l'histoire secrète de Julie. Tant que Napoléon resta debout, le comte d'Aiglemont, colonel comme tant d'autres, bon officier d'ordonnance, excellent à remplir une mission dangereuse, mais incapable d'un commandement de quelque importance, n'excita nulle envie, passa pour un des braves que favorisait l'empereur, et fut ce que les militaires nomment vulgairement *un bon enfant*. La Restauration, qui lui rendit le titre de marquis, ne le trouva pas ingrat : il suivit les Bourbons à Gand. Cet acte de logique et de fidélité fit mentir l'horoscope que jadis tirait son beau-père en disant de son gendre qu'il resterait colonel. Au second retour, nommé lieutenant général et redevenu marquis, M. d'Aiglemont eut l'ambition d'arriver à la pairie, il adopta les maximes et la politique du *Conservateur*, s'enveloppa d'une dissimulation qui ne cachait rien, devint grave, interrogateur, peu parleur, et fut pris pour un homme profond. Retranché sans cesse dans les formes de la politesse, muni de formules, retenant et prodiguant les phrases toutes faites qui se frappent régulièrement à Paris pour donner en petite monnaie aux sots le sens des grandes idées ou des faits, les gens du monde le réputèrent homme de goût et de savoir. Entêté dans ses opinions aristocratiques, il fut cité comme ayant un beau caractère. Si, par hasard, il devenait insouciant ou gai comme il l'était jadis, l'insignifiance et la niaiserie de ses propos avaient pour les autres des sous-entendus diplomatiques.
—Oh ! il ne dit que ce qu'il veut dire, pensaient de très-honnêtes gens.

Il était aussi bien servi par ses qualités que par ses défauts. Sa bravoure lui valait une haute réputation militaire que rien ne démentait, parce qu'il n'avait jamais commandé en chef. Sa figure mâle et noble exprimait des pensées larges, et sa physionomie n'était une imposture que pour sa femme. En entendant tout le monde rendre justice à ses talents postiches, le marquis d'Aiglemont finit par se persuader à lui-même qu'il était un des hommes les plus remarquables de la cour, où, grâce à ses dehors, il sut plaire, et où ses différentes valeurs furent acceptées sans protêt. Mais il était modeste au logis, il y sentait instinctivement la supériorité de sa femme, quelque jeune qu'elle fût ; et, de ce respect involontaire, naquit un pouvoir occulte que la marquise se trouva forcée d'accepter, malgré tous ses efforts pour la repousser le fardeau. Conseil de son mari, elle en dirigeait les actions et la fortune. Cette influence contre nature fut pour elle une espèce d'humiliation et la source de bien des peines qu'elle ensevelissait dans son cœur. D'abord, son instinct, si délicatement féminin, lui disait qu'il est bien plus beau d'obéir à un homme de talent que de conduire un sot, et qu'une jeune épouse, obligée de penser et d'agir en homme, n'est ni femme ni homme, abdique toutes les grâces de son sexe en en perdant les malheurs, et n'acquiert aucun des privilèges que nos lois ont remis aux plus forts. Son existence cachait une bien amère dérision. N'était-elle pas obligée d'honorer une idole creuse, de protéger son protecteur, pauvre être qui, pour salaire d'un dévouement continu, lui jetait l'amour égoïste des maris, ne voyait en elle que la femme, ne daignait ou ne savait pas, injure tout aussi profonde, s'inquiéter de ses plaisirs, ni d'où venaient sa tristesse et son dépérissement. Comme la plupart des maris qui sentent le joug d'un esprit supérieur, le marquis sauvait son amour-propre en concluant de la faiblesse physique, à la faiblesse morale de Julie, qu'il se plaisait à plaindre en demandant compte au sort de lui avoir donné pour épouse une jeune fille maladive. Enfin, il se faisait la victime tandis qu'il était le bourreau. La marquise, chargée de tous les malheurs de cette triste existence, devait sourire encore à son maître imbécile, parer de fleurs une maison de deuil, et afficher le bonheur sur un visage pâli par de secrets supplices. Cette responsabilité d'honneur, cette abnégation magnifique, donnèrent insensiblement à la jeune marquise une dignité de femme, une conscience de vertu qui lui serviraient de sauvegarde contre les dangers du monde. Puis, pour sonder ce cœur à fond, peut-être le malheur intime et caché par lequel son premier, son naïf amour de jeune fille était couronné, lui fit-il prendre en horreur les passions, peut-être n'en conçut-elle ni l'entraînement, ni les joies illicites, mais délirantes, qui font oublier à certaines femmes les lois de sagesse, les principes de vertu sur lesquels la société repose. Renonçant, comme à un songe, aux douceurs, à la tendre harmonie que la vieille expérience de madame de Listomère-Landon lui avait promise, elle attendit avec résignation la fin de ses peines en espérant mourir jeune. Depuis son retour de Touraine, sa santé s'était chaque jour affaiblie, et la vie semblait lui être mesurée par la souffrance, souffrance élégante d'ailleurs, maladie presque voluptueuse en apparence, et qui pouvait passer aux yeux des gens superficiels pour une fantaisie de petite maîtresse. Les médecins avaient condamné la marquise à rester couchée sur un divan, où elle s'étiolait au milieu des fleurs qui l'entouraient, en se fanant comme elle. Sa faiblesse lui interdisait la marche et le grand air, elle ne sortait qu'en voiture fermée. Sans cesse environnée de toutes les merveilles de notre luxe et de notre industrie modernes, elle ressemblait moins à une malade qu'à une reine indolente. Quelques amis, amoureux peut-être de son malheur et de sa faiblesse, sûrs de toujours la trouver chez elle, et spéculant sans doute aussi sur sa bonne santé future, venaient lui apporter les nouvelles et l'instruire de ces mille petits événements qui rendent à Paris l'existence si variée. Sa mélancolie, quoique grave et profonde, était donc la mélancolie de l'opulence. La marquise d'Aiglemont ressemblait à une belle fleur dont la racine est rongée par un insecte noir. Elle allait parfois dans le monde, non par goût, mais pour obéir aux exigences de la position à laquelle aspirait son mari. Sa voix et la perfection de son chant pouvaient lui permettre d'y recueillir des applaudissements qui flattent presque toujours la jeune femme; mais à quoi lui servaient des succès qu'elle ne rapportait ni à des sentiments, ni à des espérances? Son mari n'aimait pas la musique. Enfin, elle se trouvait presque toujours gênée dans les salons où sa beauté lui attirait des hommages intéressés. Sa situation y excitait une sorte de compassion cruelle, une curiosité triste. Elle était atteinte d'une inflammation assez ordinairement mortelle, que les femmes se confient à l'oreille, et à laquelle notre néologie n'a pas encore su trouver de nom. Malgré le silence au sein duquel sa vie s'écoulait, la cause de sa souffrance n'était un secret pour personne. Toujours jeune fille, en dépit du mariage, les moindres regards la rendaient honteuse. Aussi, pour éviter de rougir, ne s'apparaissait-elle jamais que riante, gaie; elle affectait une fausse joie, se disait toujours bien portante, ou prévenait les questions sur sa santé par de pudiques mensonges. Cependant, en 1817, un événement contribua beaucoup à modifier l'état déplorable dans lequel Julie avait été plongée jusqu'alors. Elle eut une fille, et voulut la nourrir. Pendant deux années, les vives distractions et les inquiets plaisirs que donnent les soins maternels lui firent une vie moins malheureuse. Elle se sépara nécessairement de son mari. Les médecins lui pronostiquèrent une meilleure santé, mais la marquise ne crut point à ces présages hypothétiques. Comme toutes les personnes pour lesquelles la vie n'a plus de douceur, peut-être voyait-elle dans la mort un heureux dénoûment.

Au commencement de l'année 1819, la vie lui fut plus cruelle que jamais. Au moment où elle s'applaudissait du bonheur négatif qu'elle avait su conquérir, elle entrevit d'effroyables abîmes. Son mari s'était, par degrés, déshabitué d'elle. Ce refroidissement d'une affection déjà si tiède et tout égoïste ne pouvait amener plus d'un malheur que son tact fin et sa prudence lui faisaient prévoir. Quoiqu'elle fût certaine de conserver un grand empire sur Victor et d'avoir obtenu son estime pour toujours, elle craignait l'influence des passions sur un homme si nul et si vaniteusement irréfléchi. Souvent ses amis la surprenaient livrée à de longues méditations; les moins clairvoyants lui en demandaient le secret en plaisantant, comme si une jeune femme pouvait ne songer qu'à des frivolités, comme s'il n'existait pas presque toujours un sens profond dans les pensées d'une mère de famille. D'ailleurs le malheur, aussi bien que le bonheur vrai, nous mène à la rêverie. Parfois, en jouant avec son Hélène, Julie la regardait d'un œil sombre, et cessait de répondre à ces interrogations enfantines qui font tant de plaisir aux mères, pour demander compte de sa destinée au présent et à l'avenir. Ses yeux se mouillaient alors de larmes, quand soudain quelque souvenir lui rappelait la scène de la revue aux Tuileries. Les prévoyantes paroles de son père retentissaient derechef à son oreille, et sa conscience lui reprochait d'en avoir méconnu la sagesse. De cette désobéissance folle venaient tous ses malheurs, et souvent elle ne savait, entre tous, lequel était le plus difficile à porter. Non-seulement les doux trésors de son âme restaient ignorés, mais elle ne pouvait jamais parvenir à se faire comprendre de son mari, même dans les choses les plus ordinaires de la vie. Au moment où la faculté d'aimer se développait en elle plus forte et plus

active, l'amour permis, l'amour conjugal, s'évanouissait au milieu de graves souffrances physiques et morales. Puis elle avait pour son mari cette compassion voisine du mépris qui flétrit à la longue tous les sentiments. Enfin, si ses conversations avec quelques amis, si les exemples, ou si certaines aventures du grand monde ne lui eussent pas appris que l'amour apportait d'immenses bonheurs, ses blessures lui auraient fait deviner les plaisirs profonds et purs qui doivent unir des âmes fraternelles. Dans le tableau que sa mémoire lui traçait du passé, la candide figure d'Arthur s'y dessinait chaque jour plus pure et plus belle, mais rapidement, car elle n'osait s'arrêter à ce souvenir. Le silencieux et timide amour du jeune Anglais était le seul événement qui, depuis le mariage, eût laissé quelques doux vestiges dans ce cœur sombre et solitaire. Peut-être toutes les espérances trompées, tous les désirs avortés qui, graduellement, attristaient l'esprit de Julie, se reportaient-ils, par un jeu naturel de l'imagination, sur cet homme, dont les manières, les sentiments et le caractère paraissaient offrir tant de sympathies avec les siens. Mais cette pensée avait toujours l'apparence d'un caprice, d'un songe. Après ce rêve impossible, toujours clos par des soupirs, Julie se réveillait plus malheureuse, et sentait encore mieux ses douleurs latentes quand elle les avait endormies sous les ailes d'un bonheur imaginaire. Parfois, ses plaintes prenaient un caractère de folie et d'audace, elle voulait des plaisirs à tout prix, mais, plus souvent encore, elle restait en proie à je ne sais quel engourdissement stupide, écoutait sans comprendre, ou concevait des pensées si vagues, si indécises, qu'elle n'eût pas trouvé de langage pour les rendre. Froissée dans ses plus intimes volontés, dans les mœurs que, jeune fille, elle avait rêvées jadis, elle était obligée de dévorer ses larmes. À qui se serait-elle plainte? de qui pouvait-elle être entendue? Puis, elle avait cette extrême délicatesse de la femme, cette ravissante pudeur de sentiment qui consiste à taire une plainte inutile, à ne pas prendre un avantage quand le triomphe doit humilier le vainqueur et le vaincu. Julie essayait de donner sa capacité, ses propres vertus, à M. d'Aiglemont, et se vantait de goûter le bonheur qui lui manquait. Toute sa finesse de femme était employée en pure perte à des ménagements ignorés de celui-là même dont ils perpétuaient les desseins. Par moments, elle était ivre de malheur, sans idée, sans frein, mais, heureusement, une piété vraie la ramenait toujours à une espérance suprême: elle se réfugiait dans la vie future, admirable croyance qui lui faisait accepter de nouveau sa tâche douloureuse. Ces combats si terribles, ces déchirements intérieurs, étaient sans gloire, ces longues mélancolies étaient inconnues, nulle créature ne recueillait ses regards ternes, ses larmes amères jetées au hasard et dans la solitude.

Les dangers de la situation critique à laquelle la marquise était sensiblement arrivée par la force des circonstances se révélèrent à elle dans toute leur gravité pendant une soirée du mois de janvier 1820. Quand deux époux se connaissent parfaitement et ont pris une longue habitude d'eux-mêmes, lorsqu'une femme sait interpréter les moindres gestes d'un homme et peut pénétrer les sentiments qu'il lui cache, alors des lumières soudaines éclatent souvent après des réflexions ou des remarques précédentes, dues au hasard ou primitivement faites avec insouciance. Une femme se réveille souvent tout à coup sur le bord ou au fond d'un abîme. Ainsi la marquise, heureuse d'être seule depuis quelques jours, devina le secret de sa solitude. Inconstant ou lassé, généreux ou plein de pitié pour elle, son mari ne lui appartenait plus. En ce moment, elle ne fut plus que mère, et vit la fortune l'avenir, le bonheur de sa fille, sa fille, le seul être d'où lui vint quelque félicité; son Hélène, seul bien qui l'attachât à la vie. Maintenant, Julie voulait vivre pour préserver son enfant du joug effroyable sous lequel une marâtre pouvait étouffer la vie de cette chère créature. À cette nouvelle prévision d'un sinistre avenir, elle tomba dans une de ces méditations ardentes qui dévorent des années entières. Entre elle et son mari, désormais, il devait se trouver tout un monde de pensées, dont le poids porterait sur elle seule. Jusqu'alors, sûre d'être aimée par Victor, autant qu'il pouvait aimer, elle s'était dévouée à un bonheur qu'elle ne partageait pas, mais, aujourd'hui, n'ayant plus la satisfaction de savoir que ses larmes faisaient le bonheur de son mari, seule dans le monde, il ne lui restait plus que le choix des malheurs. Au milieu du découragement qui, dans le calme et le silence de la nuit, détendit toutes ses forces; au moment où, quittant son divan et son feu presque éteint, elle allait, à la lueur d'une lampe, contempler sa fille d'un œil sec M. d'Aiglemont rentra plein de gaîté. Julie lui fit admirer le sommeil d'Hélène, mais il accueillit l'enthousiasme de sa femme par une phrase banale.

— À cet âge, dit-il, tous les enfants sont gentils.

Puis, après avoir insoucieusement baisé le front de sa fille, il baissa les rideaux du berceau, regarda Julie, lui prit la main, et l'amena près de lui sur le divan où tant de fatales pensées venaient de surgir.

— Vous êtes bien belle ce soir, madame d'Aiglemont, s'écria-t-il avec cette insupportable gaîté dont le vide était connu de la marquise.

— Où avez-vous passé la soirée ? lui demanda-t-elle en feignant une profonde indifférence.

— Chez madame de Sérizy.

Il avait pris sur la cheminée un écran, et il en examinait le transparent avec attention, sans avoir aperçu la trace des larmes versées par sa femme. Julie frissonna. Le langage ne suffirait pas à exprimer le torrent de pensées qui s'échappa de son cœur et qu'elle dut y contenir.

— Madame de Sérizy donne un concert lundi prochain, et se meurt d'envie de t'avoir. Il suffit que depuis longtemps tu n'aies paru dans le monde pour qu'elle désire te voir chez elle. C'est une bonne femme qui t'aime beaucoup. Tu me feras plaisir d'y venir. J'ai presque répondu de toi...

— J'irai, répondit Julie.

Le son de la voix, l'accent et le regard de la marquise eurent quelque chose de si pénétrant, de si particulier, que, malgré son insouciance, Victor regarda sa femme avec étonnement. Ce fut tout. Julie avait deviné que madame de Sérizy était la femme qui lui avait enlevé le cœur de son mari. Elle s'engourdit dans une rêverie de désespoir, et parut très occupée à regarder le feu. Victor faisait tourner l'écran dans ses doigts avec l'air ennuyé d'un homme qui, après avoir été heureux ailleurs, apporte chez lui la fatigue du bonheur. Quand il eut bâillé plusieurs fois, il prit un flambeau d'une main, et alla chercher languissamment le cou de sa femme, et voulut l'embrasser, mais Julie se baissa, lui présenta son front, et y reçut le baiser du soir, ce baiser machinal, sans amour, espèce de grimace qui lui parut alors odieuse. Quand Victor eut fermé la porte, la marquise tomba sur son divan ; ses jambes chancelèrent, elle fondit en larmes. Il faut avoir subi le supplice de quelque scène analogue pour comprendre tout ce que celle-ci cache de douleurs, pour deviner les longs et terribles drames auxquels elle donne lieu. Ces simples et niaises paroles, ces silences entre les deux époux, les gestes, les regards, la manière dont le marquis s'était assis devant le feu, l'attitude qu'il eut en cherchant à baiser le cou de sa femme, tout avait servi à faire, de cette heure, un tragique dénoûment à la vie solitaire et douloureuse menée par Julie. Dans sa folie, elle se mit à genoux devant son divan, s'y plongea le visage pour ne rien voir, et pria le ciel, en donnant aux paroles habituelles de son oraison un accent intime, une signification nouvelle qui eussent déchiré le cœur de son mari, s'il l'eût entendue.

Elle demeura pendant huit jours préoccupée de son avenir, en proie à son malheur, qu'elle étudiait en cherchant les moyens de ne pas mentir à son cœur, de regagner son empire sur le marquis, et de vivre assez longtemps pour veiller au bonheur de sa fille. Elle résolut alors de lutter avec sa rivale, de reparaître dans le monde, d'y briller, de feindre pour son mari un amour qu'elle ne pouvait plus éprouver, de le séduire ; puis, lorsque par ses artifices elle l'aurait soumis à son pouvoir, d'être coquette avec lui comme le sont ces capricieuses maîtresses qui se font un plaisir de tourmenter leurs amants. Ce manège odieux était le seul remède possible à ses maux. Ainsi, elle deviendrait maîtresse de ses souffrances, elle les ordonnerait selon son bon plaisir, et les rendrait plus rares tout en subjuguant son mari, tout en le domptant sous un despotisme terrible. Elle n'eut plus aucun remords de lui imposer une vie difficile. D'un seul bond, elle s'élança dans les froids calculs de l'indifférence. Pour sauver sa fille, elle devina tout à coup les perfidies, les mensonges des créatures qui n'aiment pas, les tromperies de la coquetterie, et ces ruses atroces qui font haïr si profondément la femme chez qui les hommes supposent alors des corruptions innées. A l'insu de Julie, sa vanité féminine, son intérêt et un vague désir de vengeance s'accordèrent avec son amour maternel pour la faire entrer dans une voie où de nouvelles douleurs l'attendaient. Mais elle avait l'âme trop belle, l'esprit trop délicat, et surtout trop de franchise pour être longtemps complice de ces fraudes. Habituée à lire en elle-même, au premier pas dans le vice, car ceci était du vice, le cri de sa conscience devait étouffer celui des passions et de l'égoïsme. En effet, chez une jeune femme dont le cœur est encore pur, et où l'amour est resté vierge, le sentiment de la maternité même est soumis à la voix de la pudeur. La pudeur n'est-elle pas toute la femme ? Mais Julie ne voulut apercevoir aucun danger, aucune faute, dans sa nouvelle vie. Elle vint chez madame de Sérizy. Sa rivale comptait voir une femme pâle, languissante, la marquise avait mis du rouge, et se présenta dans tout l'éclat d'une parure qui rehaussait encore sa beauté. Madame la comtesse de Sérizy était une de ces femmes qui prétendent exercer à Paris une sorte d'empire sur la mode et sur le monde ; elle dictait des arrêts qui, reçus dans le cercle où elle régnait, lui semblaient universellement adoptés, elle avait la prétention de faire des mots, elle jugeait souverainement. Littérature, politique, hommes et femmes, tout subissait sa censure, et madame de Sérizy semblait défier celle des autres. Sa maison était, en toute chose, un modèle de bon goût. Au milieu de ces salons remplis de femmes élégantes et belles, Julie triompha de la comtesse. Spirituelle, vive, sémillante, elle eut autour d'elle les hommes les plus distingués de la soirée. Pour le désespoir des femmes, sa toilette était irréprochable, et toutes lui envièrent une coupe de robe, une forme de corsage dont l'effet fut attribué généralement à quelque génie de couturière inconnue, car les femmes aiment mieux croire à la science des chiffons qu'à la grâce et à la perfection de celles qui sont faites de manière à les bien porter. Lorsque Julie se leva pour aller au piano chanter la romance de Desdémone, les hommes accoururent de tous les salons pour entendre cette célèbre voix, muette depuis si longtemps, et il se fit un profond silence. La marquise éprouva de vives émotions en voyant les têtes pressées aux portes et tous les regards attachés sur elle. Elle chercha son mari, lui lança une œillade pleine de coquetterie, et vit avec plaisir qu'en ce moment son amour-propre était extraordinairement flatté. Heureuse de ce triomphe, elle ravit l'assemblée dans la première partie d'*al piu saltce*. Jamais ni la Malibran, ni la Pasta n'avaient fait entendre des chants si parfaits de sentiment et d'intonation, mais, au moment de la reprise, elle regarda dans les groupes, et aperçut Arthur dont le regard fixe ne la quittait pas. Elle tressaillit vivement, et sa voix s'altéra.

Madame de Sérizy s'élança de sa place vers la marquise.

— Qu'avez-vous, ma chère ? Oh ! pauvre petite, elle est si souffrante ! Je tremblais en lui voyant entreprendre une chose au-dessus de ses forces...

La romance fut interrompue. Julie, dépitée, ne se sentit plus le courage de continuer et subit la compassion perfide de sa rivale. Toutes les femmes chuchotèrent, puis, à force de discuter cet incident, elles devinèrent la lutte commencée entre la marquise et madame de Sérizy, qu'elles n'épargnèrent pas dans leurs médisances. Les bizarres pressentiments qui avaient si souvent agité Julie se trouvaient tout à coup réalisés. En s'occupant d'Arthur, elle s'était complu à croire qu'un homme, en apparence si doux, si délicat, devait être resté fidèle à son premier amour. Parfois elle s'était flattée d'être l'objet de cette belle passion, la passion pure et vraie d'un homme jeune, dont toutes les pensées appartiennent à sa bien-aimée, dont tous les moments lui sont consacrés, qui n'a point de détours, qui rougit de ce qui fait rougir une femme, pense comme une femme, ne voit point de rivales, et se livre à elle sans songer à l'ambition, ni à la gloire, ni à la fortune. Elle avait rêvé tout cela d'Arthur, par folie, par distraction, puis tout à coup elle crut voir son rêve accompli. Elle lut sur le visage presque féminin du jeune Anglais les pensées profondes, les mélancolies douces, les résignations douloureuses dont elle-même était la victime. Elle se reconnut en lui. Le malheur et la mélancolie sont les interprètes les plus éloquents de l'amour, et correspondent entre deux êtres souffrants avec une incroyable rapidité. La vue intime et l'intussusception des choses ou des idées sont chez eux complètes et justes. Aussi la violence du choc que reçut la marquise lui révéla-t-elle tous les dangers de l'avenir. Trop heureuse de trouver un prétexte aux troubles dans son état habituel de souffrance, elle se laissa volontiers accabler par l'ingénieuse pitié de madame de Sérizy. L'interruption de la romance était un événement dont s'entretenaient assez diversement plusieurs personnes. Les unes déploraient le sort de Julie, et se plaignaient qu'une femme aussi remarquable fût perdue pour le monde ; les autres voulaient savoir la cause de ses souffrances et de la solitude dans laquelle elle vivait.

— Eh bien ! mon cher Ronquerolles, disait le marquis au frère de madame de Sérizy, tu enviais mon bonheur en voyant madame d'Aiglemont, et tu me reprochais de lui être infidèle ? Va, tu trouverais mon sort bien peu désirable, si tu restais, comme moi, en présence d'une jolie femme pendant une ou deux heures sans oser lui baiser la main, de peur de la briser. Ne t'embarrasse jamais de ces bijoux délicats, bons seulement à mettre sous verre, et que leur fragilité, leur cherté, nous oblige à toujours respecter. Sors-tu souvent ton beau cheval, pour lequel tu crains, m'a-t-on dit, les averses et la neige ? Voilà mon histoire. Il est vrai que je suis sûr de la vertu de ma femme ; mais mon mariage est une chose de luxe, et si tu me crois marié, tu te trompes. Aussi mes infidélités sont-elles en quelque sorte légitimes. Je voudrais bien savoir comment vous feriez à ma place, messieurs les rieurs ? Beaucoup d'hommes auraient moins de ménagements que je n'en ai pour ma femme. Je suis sûr, ajouta-t-il à voix basse, que madame d'Aiglemont ne se doute de rien. Aussi, certes, aurais-je grand tort de me plaindre, je suis très heureux... Seulement, rien n'est plus ennuyeux pour un homme sensible que de voir souffrir une pauvre créature à laquelle on est attaché...

— Tu as donc beaucoup de sensibilité ? repondit M. de Ronquerolles, car tu es rarement chez toi.

Cette amicale épigramme fit rire les auditeurs, mais Arthur resta froid et impertubable, en gentleman qui a pris la gravité pour base de son caractère. Les étranges paroles de ce mari firent sans doute concevoir quelques espérances au jeune Anglais, qui attendit avec patience le moment où il pourrait se trouver seul avec M. d'Aiglemont, et l'occasion s'en présenta bientôt.

— Monsieur, lui dit-il, je vois avec une peine infinie l'état de madame la marquise, et si vous saviez que, faute d'un régime particulier, elle doit mourir misérablement, je pense que vous ne plaisanteriez pas sur ses souffrances. Si je vous parle ainsi, j'y suis en quelque sorte autorisé par la certitude que j'ai de sauver madame d'Aiglemont, et de la rendre à la vie et au bonheur. Il est peu naturel qu'un homme de mon rang soit médecin ; et, néanmoins, le hasard a voulu que j'étudiasse la médecine. Or, je m'ennuie assez, dit-il en affectant un froid égoïsme qui devait servir ses desseins, pour qu'il me soit indifférent de dépenser mon temps et mes voyages au profit d'un être souffrant, au lieu de satisfaire quelques sottes fantaisies. Les guérisons de ces sortes de maladies sont rares, parce qu'elles exigent beaucoup de soins, de temps et de patience ; il faut surtout avoir de la fortune, voyager, suivre scrupuleusement des prescriptions qui varient chaque jour, et n'ont rien de désagréable. Nous sommes deux gentilshommes, dit-il en donnant à ce mot l'acception du mot anglais *gentleman*, et nous pouvons nous entendre. Je vous préviens que, si vous acceptez ma proposition, vous serez à tout moment le juge de ma conduite. Je n'entreprendrai rien sans vous avoir pour conseil, pour surveillant, et je vous réponds du succès, si vous consentez à m'obéir. Oui, si vous voulez ne pas être pendant longtemps le mari de madame d'Aiglemont, lui dit-il à l'oreille.

— Il est sûr, milord, dit le marquis en riant, qu'un Anglais pouvait seul me faire une proposition si bizarre. Permettez-moi de ne pas la repousser et de ne pas l'accueillir, j'y songerai. Puis, avant tout, elle doit être soumise à ma femme.

En ce moment, Julie avait reparu au piano. Elle chanta l'air de Sémiramide : *Son regina, son guerriera*. Des applaudissements unanimes, mais des applaudissements sourds, pour ainsi dire, les acclamations polies du faubourg Saint-Germain, témoignèrent de l'enthousiasme qu'elle excita.

Lorsque d'Aiglemont ramena sa femme à son hôtel, Julie vit avec une sorte de plaisir inquiet le prompt succès de ses tentatives. Son mari, réveillé par le rôle qu'elle venait de jouer, voulut l'honorer d'une fantaisie, et la prit en goût, comme il eût fait d'une actrice. Julie trouva plaisant d'être traitée ainsi, elle vertueuse et mariée, elle essaya de jouer avec son pouvoir, et dans cette première lutte sa bonté la fit succomber encore une fois, mais ce fut la plus terrible de toutes les leçons que lui gardait le sort. Vers deux ou trois heures du matin, Julie était sur son séant, sombre et rêveuse, dans le lit conjugal ; une lampe à lueur incertaine éclairait faiblement la chambre, le silence le plus profond y régnait, et, depuis une heure environ, la marquise, livrée à de poignants remords, versait des larmes dont l'amertume ne peut être comprise que des femmes qui se sont trouvées dans la même situation. Il fallait avoir l'âme de Julie pour sentir comme elle l'horreur d'une caresse calculée, pour se trouver autant froissée par un baiser froid : apostasie du cœur encore aggravée par une douloureuse prostitution. Elle se mésestimait elle-même, elle maudissait le mariage, elle aurait voulu être morte, et, sans un cri jeté par sa fille, elle se serait peut-être précipitée par la fenêtre sur le pavé. M. d'Aiglemont dormait paisiblement près d'elle, sans être réveillé par les larmes chaudes que sa femme laissait tomber sur lui. Le lendemain Julie sut être gaie. Elle trouva des forces pour paraître heureuse et cacher, non plus sa mélancolie, mais une invincible horreur. De ce jour elle ne se regarda plus comme une femme irréprochable. Ne s'était-elle pas mentie à elle-même, dès lors n'était-elle pas capable de dissimulation, et ne pouvait-elle pas plus tard déployer une profondeur étonnante dans les délits conjugaux ? Son mariage était cause de cette perversité *a priori* qui ne s'exerçait encore sur rien. Cependant elle s'était déjà demandé pourquoi résister à un amant aimé quand elle se donnait, contre son cœur et contre le vœu de la nature, à un mari qu'elle n'aimait plus. Toutes les fautes, et les crimes peut-être, ont pour principe un mauvais raisonnement ou quelque excès d'égoïsme. La société ne peut exister que par les sacrifices individuels qu'exigent les lois. En accepter les avantages, n'est-ce pas s'engager à maintenir les conditions qui la font subsister ? Or, les malheureux sans pain, obligés de respecter la propriété, ne sont pas moins à plaindre que les femmes blessées dans les vœux et la délicatesse de leur nature. Quelques jours après cette scène, dont les secrets furent ensevelis dans le lit conjugal, d'Aiglemont présenta lord Grenville à sa femme. Julie reçut Arthur avec une politesse froide qui faisait honneur à sa dissimulation. Elle imposa silence à son cœur, voila ses regards, donna de la fermeté à sa voix, et put ainsi rester maîtresse de son avenir. Puis, après avoir reconnu par ces moyens, innés pour ainsi dire chez les femmes, toute l'étendue de l'amour qu'elle avait inspiré, madame d'Aiglemont sourit à l'espoir d'une prompte guérison, et n'opposa plus de résistance à la volonté de son mari, qui la violentait pour lui faire accepter les soins du jeune docteur. Néanmoins, elle ne voulut se fier à lord Grenville qu'après en avoir assez étudié les paroles et les manières pour être sûre qu'il aurait la générosité de souffrir en silence. Elle avait sur lui le plus absolu pouvoir, elle en abusait déjà : n'était-elle pas femme ?

Montcontour est un ancien manoir situé sur un de ces blonds rochers au bas desquels passe la Loire, non loin de l'endroit où Julie s'était arrêtée en 1814. C'est un de ces petits châteaux de Touraine, blancs, jolis, à tourelles sculptées, brodés comme une dentelle de Malines ; un de ces châteaux mignons, pimpants, qui se mirent dans les eaux du fleuve avec leurs bouquets de mûriers, leurs vignes, leurs chemins creux, leurs longues balustrades à jour, leurs caves en rocher, leurs manteaux de lierre et leurs escarpements. Les toits de Montcontour pétillent sous les rayons du soleil, tout y est ardent. Mille vestiges de l'Espagne poétisent cette ravissante habitation : les genêts d'or, les fleurs à clochettes, embaument la brise, l'air est caressant, la terre sourit partout, et partout de douces magies enveloppent l'âme, la rendent paresseuse, amoureuse, l'amollissent et la bercent. Cette belle et suave contrée endort les douleurs et réveille les passions. Personne ne reste froid sous ce ciel pur, devant ces eaux scintillantes. Là meurt plus d'une ambition, là vous vous couchez au sein d'un tranquille bonheur, comme chaque soir le soleil se couche dans ses langes de pourpre et d'azur. Par une douce soirée du mois d'août, en 1821, deux personnages gravissaient les chemins pierreux qui découpent les rochers sur lesquels est assis le château, et se dirigeaient vers les hauteurs pour y admirer sans doute les points de vue multipliés qu'on y découvre. Ces deux personnes étaient Julie et lord Grenville ; mais cette Julie semblait être une nouvelle femme. La marquise avait les franches couleurs de la santé. Ses yeux, vivifiés par une féconde puissance, étincelaient à travers une humide vapeur, semblable au fluide qui donne à ceux des enfants d'irrésistibles attraits. Elle souriait à plein, elle était heureuse de vivre, et concevait la vie. À la manière dont elle levait ses pieds mignons, il était facile de voir que nulle souffrance n'alourdissait ni ses regards, ni ses paroles, ni ses gestes. Sous l'ombrelle de soie blanche qui la garantissait des chauds rayons du soleil, elle ressemblait à une jeune mariée sous son voile, à une vierge prête à se livrer aux enchantements de l'amour. Arthur la conduisait avec un soin d'amant, il la guidait comme on guide un enfant, la mettait dans le meilleur chemin, lui faisait éviter les pierres, lui montrait une échappée de vue ou l'amenait devant une fleur, toujours mû par un perpétuel sentiment de bonté, par une intention délicate, par une connaissance intime du bien-être de cette femme, sentiments qui semblaient être innés en lui, autant et peut-être plus que le mouvement nécessaire à sa propre existence. La malade et son médecin marchaient du même pas sans être étonnés d'un accord qui paraissait avoir existé dès le premier jour où ils marchèrent ensemble, ils obéissaient à une même volonté, s'arrêtaient, impressionnés par les mêmes sensations, leurs regards, leurs paroles, correspondaient à des pensées mutuelles. Parvenus tous deux en haut d'une vigne, ils voulurent aller se reposer sur une de ces longues pierres blanches que l'on extrait continuellement des caves pratiquées dans le rocher, mais, avant de s'y asseoir, Julie contempla le site.

— Le beau pays ! s'écria-t-elle. Dressons une tente et vivons ici. Victor, cria-t-elle, venez donc, venez donc !

M. d'Aiglemont répondit d'en bas par un cri de chasseur, mais sans hâter sa marche ; seulement il regardait sa femme de temps en temps, lorsque les sinuosités du sentier le lui permettaient. Julie aspira l'air avec plaisir en levant la tête et en jetant à Arthur un de ces coups d'œil fins par lesquels une femme d'esprit dit toute sa pensée.

— Oh ! reprit-elle, je voudrais rester toujours ici. Peut-on jamais se lasser d'admirer cette belle vallée ? Savez-vous le nom de cette jolie rivière, milord ?

— C'est la Cise.

— La Cise ? répéta-t-elle. Et là-bas, devant nous, qu'est-ce ?

— C'est les coteaux du Cher, dit-il.

— Et sur la droite ? Ah ! c'est Tours. Mais voyez le bel effet que produisent dans le lointain les clochers de la cathédrale.

Elle se fit muette, et laissa tomber sur la main d'Arthur la main qu'elle avait étendue vers la ville. Tous deux, ils admirèrent en silence le paysage et les beautés de cette nature harmonieuse. Le murmure des eaux, la pureté de l'air et du ciel, tout s'accordait avec les pensées qui vinrent en foule dans leurs cœurs aimants et jeunes.

— Oh ! mon Dieu, combien j'aime ce pays ! répéta Julie avec un enthousiasme croissant et naïf. Vous l'avez habité longtemps ? reprit-elle après une pause.

À ces mots, lord Grenville tressaillit.

— C'est là, répondit-il avec mélancolie en montrant un bouquet de noyers sur la route, là que, prisonnier, je vous vis pour la première fois...

— Oui, mais j'étais déjà bien triste ; cette nature me sembla sauvage, et maintenant...

Elle s'arrêta, lord Grenville n'osa pas la regarder.

— C'est à vous, dit enfin Julie après un long silence, que je dois ce plaisir. Ne faut-il pas être vivante pour éprouver les joies de la vie, et jusqu'à présent n'étais-je pas morte à tout ? Vous m'avez donné plus que la santé, vous m'avez appris à en sentir tout le prix...

Les femmes ont un inimitable talent pour exprimer leurs sentiments sans employer de trop vives paroles, leur éloquence est surtout dans l'accent, le geste, l'attitude et les regards. Lord Grenville se cacha la tête dans ses mains, car des larmes roulaient dans ses yeux. Ce remerciement était le premier que Julie lui fit depuis leur départ de Paris. Pendant une année entière, il avait soigné la marquise avec le dévouement le plus entier. Secondé par d'Aiglemont, il l'avait conduite aux eaux d'Aix, puis sur les bords de la mer à la Rochelle. Épiant à tout moment les changements que ses savantes et simples prescriptions produisaient sur la constitution délabrée de Julie, il l'avait cultivée comme une fleur rare peut l'être par un horticulteur passionné. La marquise avait paru recevoir les soins intelligents d'Arthur avec tout l'égoïsme d'une Parisienne habituée aux hommages, ou avec l'insouciance d'une courtisane qui ne sait ni le coût des choses ni la valeur des hommes, et les prise au degré d'utilité dont ils lui sont. L'influence exercée sur l'âme par les lieux est une chose digne de remarque. Si la mélancolie nous gagne infailliblement lorsque nous sommes au bord des eaux, une autre loi de notre nature impressible fait que, sur les montagnes, nos sentiments s'épurent : la passion y gagne en profondeur ce qu'elle paraît perdre en vivacité. L'aspect du vaste bassin de la Loire, l'élévation de la jolie colline où les deux amants s'étaient assis, causaient peut-être le calme délicieux dans lequel ils savourèrent d'abord le bonheur qu'on goûte à deviner l'étendue d'une passion cachée sous des paroles insignifiantes en apparence. Au moment où Julie achevait la phrase qui avait si vivement ému lord Grenville, une brise caressante agita la cime des arbres, répandit la fraîcheur des eaux dans l'air, quelques nuages couvrirent le soleil, et des ombres molles laissèrent voir toutes les beautés de cette jolie nature. Julie détourna la tête pour dérober au jeune lord la vue des larmes qu'elle réussit à retenir et à sécher, car l'attendrissement d'Arthur l'avait promptement gagnée. Elle n'osa lever les yeux sur lui dans la crainte qu'il ne lût trop de joie dans ce regard. Son instinct de femme lui faisait sentir qu'à cette heure dangereuse elle devait ensevelir son amour au fond de son cœur. Cependant le silence pouvait être également redoutable. En s'apercevant que lord Grenville était hors d'état de prononcer une parole, Julie reprit d'une voix douce : — Vous êtes touché de ce que je vous ai dit, milord. Peut-être cette vive expansion est-elle la manière que prend une âme gracieuse et bonne comme l'est la vôtre pour revenir sur un faux jugement. Vous m'aurez crue ingrate en me trouvant froide et réservée ou moqueuse, ou insensible pendant ce voyage qui, heureusement, va bientôt se terminer. Je n'aurais pas été digne de recevoir vos soins, si je n'avais su les apprécier. Milord, je n'ai rien oublié. Hélas ! je n'oublierai rien, ni la sollicitude qui vous faisait veiller sur moi comme une mère veille sur son enfant, ni surtout la noble confiance de nos entretiens fraternels, la délicatesse de vos procédés, séductions contre lesquelles nous sommes toutes sans armes. Milord, il est hors de mon pouvoir de vous récompenser.

À ce mot, Julie s'éloigna vivement, et lord Grenville ne fit aucun mouvement pour l'arrêter, la marquise alla sur une roche à une faible distance, et y resta immobile ; leurs émotions furent un secret pour eux-mêmes ; sans doute ils pleurèrent en silence, les chants des oiseaux, si gais, si prodigues d'expressions tendres au coucher du soleil, durent augmenter la violente commotion qui les avait forcés de se séparer : la nature se chargeait de leur exprimer un amour dont ils n'osaient parler.

— Eh bien ! milord, reprit Julie en se mettant devant lui dans une attitude pleine de dignité qui lui permit de prendre la main de lord Grenville, je vous demanderai de rendre pure et sainte la vie que vous m'avez restituée. Ici, nous nous quitterons. Je sais, ajouta-t-elle en voyant pâlir lord Grenville, que, pour prix de votre dévouement, je vais exiger de vous un sacrifice encore plus grand que ceux dont l'étendue devrait être mieux reconnue par moi... Mais, il le faut... vous ne resterez pas en France. Vous le commander, n'est-ce pas vous donner des droits qui seront sacrés ? ajouta-t-elle en mettant la main du jeune homme sur son palpitant.

Arthur se leva.

— Oui, dit-il.

En ce moment, il montra d'Aiglemont qui tenait sa fille dans ses bras, et qui parut de l'autre côté d'un chemin creux sur la balustrade du château. Il y avait grimpé pour y faire sauter sa petite Hélène.

— Julie, je ne vous parlerai point de mon amour, nos âmes se comprennent trop bien. Quelque profonds, quelque secrets que fussent mes plaisirs de cœur, vous les avez tous partagés. Je le sens, je le sais, je le vois. Maintenant, j'acquiers la délicieuse preuve de la constante sympathie de nos cœurs, mais je fuirai... J'ai plusieurs fois calculé trop habilement les moyens de tuer cet homme pour pouvoir y toujours résister, si je restais près de vous.

— J'ai eu la même pensée, dit-elle en laissant paraître sur sa figure troublée les marques d'une surprise douloureuse.

Mais il y avait tant de vertu, tant de certitude d'elle-même et tant de victoires secrètement remportées sur l'amour dans l'accent et le geste qui échappèrent à Julie, que lord Grenville demeura pénétré d'admiration. L'ombre même du crime s'était évanouie dans cette naïve conscience. Le sentiment religieux, qui dominait sur ce beau front, devait toujours en chasser les mauvaises pensées involontaires que notre imparfaite nature engendre, mais qui montrent tout à la fois la grandeur et les périls de notre destinée.

— Alors, reprit-elle, j'aurais encouru votre mépris, et il m'aurait sauvée, reprit-elle en baissant les yeux. Perdre votre estime, n'était-ce pas mourir ?

Ces deux héroïques amants restèrent encore un moment silencieux, occupés à dévorer leurs peines : bonnes et mauvaises, leurs pensées étaient fidèlement les mêmes, et s'entendaient aussi bien dans leurs intimes plaisirs que dans leurs douleurs les plus cachées.

— Je ne dois pas murmurer, le malheur de ma vie est mon ouvrage, ajouta-t-elle en levant au ciel des yeux pleins de larmes.

— Milord, s'écria le général de sa place en faisant un geste, nous nous sommes rencontrés ici pour la première fois. Vous ne vous en souvenez peut-être pas. Tenez, là-bas, près de ces peupliers.

L'Anglais répondit par une brusque inclination de tête.

— Je devais mourir jeune et malheureuse, répondit Julie. Oui, ne croyez pas que je vive. Le chagrin sera tout aussi mortel que pouvait l'être la terrible maladie de laquelle vous m'avez guérie. Je ne me crois pas coupable. Non, les sentiments que j'ai conçus pour vous sont irrésistibles, éternels, mais involontaires, et je veux rester vertueuse. Cependant je serai tout à la fois fidèle à ma conscience d'épouse, à mes devoirs de mère et aux vœux de mon cœur. Écoutez, lui dit-elle d'une voix altérée, je n'appartiendrai plus à cet homme, jamais. Et, par un geste effrayant d'horreur et de vérité, Julie montra son mari. — Les lois du monde, exigent que je lui rende l'existence heureuse, j'y obéirai ; je serai sa servante ; mon dévouement pour lui sera sans bornes, mais d'aujourd'hui je suis veuve. Je ne veux être une prostituée ni à mes yeux ni à ceux du monde ; si je ne suis point à M. d'Aiglemont, je ne serai jamais à un autre. Vous n'aurez de moi que ce que vous m'avez arraché. Voilà l'arrêt que j'ai porté sur moi-même, dit-elle en regardant Arthur avec fierté. Il est irrévocable, milord. Maintenant, apprenez que si vous cédiez à une pensée criminelle, la veuve de M. d'Aiglemont entrerait dans un cloître, soit en Italie, soit en Espagne. Le malheur a voulu que nous ayons parlé de notre amour. Ces aveux étaient inévitables peut-être : mais que ce soit pour la dernière fois que nos cœurs aient si fortement vibré. Demain, vous feindrez de recevoir une lettre qui vous appelle en Angleterre, et nous nous quitterons pour ne plus nous revoir.

Cependant Julie, épuisée par cet effort, sentit ses genoux fléchir, un froid mortel la saisit, et, par une pensée bien féminine, elle s'assit pour ne pas tomber dans les bras d'Arthur.

— Julie ! cria lord Grenville.

Ce cri perçant retentit comme un éclat de tonnerre. Cette déchirante clameur exprima tout ce que l'amant, jusque-là muet, n'avait pu dire.

— Eh bien ! qu'a-t-elle donc ? demanda le général.

En entendant ce cri, le marquis avait hâté le pas, et se trouva soudain devant les deux amants.

— Ce ne sera rien, dit Julie avec cet admirable sang-froid que la finesse naturelle aux femmes leur permet d'avoir assez souvent dans les grandes crises de la vie. La fraîcheur de ce noyer a failli me faire perdre connaissance, et mon docteur a dû en frémir de peur. Ne suis-je pas pour lui comme une œuvre d'art qui n'est pas encore achevée ? Il a peut-être tremblé de la voir détruite...

Elle prit audacieusement le bras de lord Grenville, sourit à son mari, regarda le paysage avant de quitter le sommet des rochers, et entraîna son compagnon de voyage en lui prenant la main.

— Voici, certes, le plus beau site que nous ayons vu, dit-elle. Je ne l'oublierai jamais. Voyez donc, Victor, quels lointains, quelle étendue et quelle variété ! Ce pays me fait concevoir l'amour.

Riant d'un rire presque convulsif, mais riant de manière à tromper son mari, elle sauta gaiement dans les chemins creux, et disparut.

— Quoi ! sitôt ?... dit-elle quand elle se trouva loin de M. d'Aiglemont. Eh quoi ! mon ami, dans un instant nous ne pourrons plus être, et nous ne serons plus jamais nous-mêmes ; enfin nous ne vivrons plus...

— Allons lentement, répondit lord Grenville, les voitures sont encore loin. Nous marcherons ensemble, et, s'il nous est permis de mettre des paroles dans nos regards, nos cœurs vivront un moment de plus.

Ils se promenèrent sur la levée, au bord des eaux, aux dernières heures du soir, presque silencieusement, disant de vagues paroles, douces comme le murmure de la Loire, mais qui remuaient l'âme. Le soleil, au moment de sa chute, les enveloppa de ses reflets rouges avant de disparaître, image mélancolique de leur fatal amour. Très-inquiet de ne pas retrouver sa voiture à l'endroit où il s'était arrêté, le général suivait ou devançait les deux amants, sans se mêler de la conversation. La noble et délicate conduite que lord Grenville tenait pendant ce voyage détruisit les soupçons du marquis, et depuis quelque temps il laissait sa femme libre, en se confiant à la foi punique du lord-docteur. Arthur et Julie marchèrent encore dans le triste et douloureux accord de leurs cœurs flétris. Naguère, en montant à travers les escarpements de Montcontour, ils avaient tous deux une vague espérance, un inquiet bonheur dont ils n'osaient pas se demander compte ; mais en descendant le long de la levée, ils avaient renversé le frêle édifice construit dans leur imagination, et sur lequel ils n'osaient respirer, semblables aux enfants qui prévoient la chute des châteaux de cartes qu'ils ont bâtis. Ils étaient sans espérance. Le soir même, lord Grenville partit. Le dernier regard qu'il jeta sur Julie prouva malheureusement que, depuis le moment où la sympathie leur avait révélé l'étendue d'une passion si forte, il avait eu raison de se défier de lui-même.

Quand M. d'Aiglemont et sa femme se trouvèrent le lendemain assis au fond de leur voiture, sans leur compagnon de voyage, et qu'ils parcoururent avec rapidité la route, jadis faite, en 1814, par la marquise, alors ignorante de l'amour et qui en avait alors presque maudit la constance, elle retrouva mille impressions oubliées. Le cœur a sa mémoire à lui. Telle femme incapable de se rappeler les événements les plus graves, se souviendra pendant toute sa vie des choses qui importent à ses sentiments. Aussi, Julie eut-elle une parfaite souvenance de détails même frivoles. Elle reconnut avec bonheur les plus légers accidents de son premier voyage, et jusqu'à des pensées qui lui étaient venues à certains endroits de la route. Victor, redevenu passionnément amoureux de sa femme depuis qu'elle avait recouvré la fraîcheur de la jeunesse et toute sa beauté, se serra près d'elle à la façon des amants. Lorsqu'il essaya de la prendre dans ses bras, elle se dégagea doucement, et trouva je ne sais quel prétexte pour éviter cette innocente caresse. Puis, bientôt, elle eut horreur du contact de Victor, de qui elle sentait et partageait la chaleur, par la manière dont ils étaient assis. Elle voulut se mettre seule sur le devant de la voiture; mais son mari lui fit la grâce de la laisser au fond. Elle le remercia de cette attention par un soupir auquel il se méprit, et cet ancien séducteur de garnison, interprétant à son avantage la mélancolie de sa femme, la mit à la fin du jour dans l'obligation de lui parler avec une fermeté qui lui imposa.

— Mon ami, lui dit-elle, vous avez déjà failli me tuer, vous le savez. Si j'étais encore une jeune fille sans expérience, je pourrais recommencer le sacrifice de ma vie; mais je suis mère, j'ai une fille à élever et je me dois autant à elle qu'à vous. Subissons un malheur qui nous atteint également. Vous êtes le moins à plaindre N'avez-vous pas su trouver des consolations que mon devoir, notre honneur commun, et, mieux que tout cela, la nature m'interdisent. Tenez, ajouta-t-elle, vous avez étourdiment oublié dans un tiroir trois lettres de madame de Sérizy, les voici. Mon silence vous prouve que vous avez en moi une femme pleine d'indulgence, et qui n'exige pas de vous les sacrifices auxquels les lois la condamnent; mais j'ai assez réfléchi pour savoir que nos rôles ne sont pas les mêmes, et que la femme seule est prédestinée au malheur. Ma vertu repose sur des principes arrêtés et fixes. Je saurai vivre irréprochable, mais laissez-moi vivre.

Le marquis, abasourdi par la logique que les femmes savent étudier aux clartés de l'amour, fut subjugué par l'espèce de dignité qui leur est naturelle dans ces sortes de crises. La répulsion instinctive que Julie manifestait pour tout ce qui froissait son amour et les vœux de son cœur, est une des plus belles choses de la femme, et vient peut-être d'une vertu naturelle que ni les lois, ni la civilisation ne feront taire. Mais qui donc oserait blâmer les femmes? Quand elles ont imposé silence au sentiment exclusif qui ne leur permet pas d'appartenir à deux hommes, elles ne sont-elles pas comme des prêtres sans croyance? Si quelques esprits rigides blâment l'espèce de transaction conclue par Julie entre ses devoirs et son amour, les âmes passionnées lui en feront un crime. Cette réprobation générale accuse ou le malheur qui atteint les désobéissances aux lois ou de bien tristes imperfections dans les institutions sur lesquelles repose la société européenne.

Deux ans se passèrent, pendant lesquels M. et madame d'Aiglemont menèrent la vie des gens du monde, allant chacun de leur côté, se rencontrant dans les salons plus souvent que chez eux; élégant divorce par lequel se terminent beaucoup de mariages dans le grand monde. Un soir, par extraordinaire, les deux époux se trouvaient réunis dans leur salon. Madame d'Aiglemont avait eu à dîner l'une de ses amies. Le général, qui dînait toujours en ville, était resté chez lui.

— Vous allez être bien heureuse, madame la marquise, dit M. d'Aiglemont en posant sur une table la tasse dans laquelle il venait de boire son café. Le marquis regarda madame de Wimphen d'un air moitié malicieux, moitié chagrin, et ajouta : — Je pars pour une longue chasse, où je vais avec le grand veneur. Vous serez au moins pendant huit jours absolument veuve, et c'est ce que vous désirez, je crois...

— Guillaume, dit-il au valet qui vint enlever les tasses, faites atteler.

Madame de Wimphen était cette Louisa à laquelle jadis madame d'Aiglemont voulait conseiller le célibat. Les deux femmes se jetèrent un regard d'intelligence qui prouvait que Julie avait trouvé dans son amie une confidente de ses peines, confidente précieuse et charitable, car madame de Wimphen était très-heureuse de leur côté, et, dans la situation opposée où elles étaient, peut-être le bonheur de l'une faisait-il une garantie de son dévouement au malheur de l'autre. En pareil cas, la dissemblance des destinées est presque toujours un puissant lien d'amitié.

— Est-ce le temps de la chasse? dit Julie en jetant un regard indifférent à son mari.

Le mois de mars était à sa fin.

— Madame, le grand veneur chasse quand il veut, et où il veut Nous allons en forêt royale tuer des sangliers.

— Prenez garde qu'il ne vous arrive quelque accident..

— Un malheur est toujours imprévu, répondit-il en souriant.

— La voiture de monsieur est prête, dit Guillaume.

Le général se leva, baisa la main de madame de Wimphen, et se tourna vers Julie.

— Madame, si je périssais victime d'un sanglier ! dit-il d'un air suppliant.

— Qu'est-ce que cela signifie? demanda madame de Wimphen

— Allons, venez, dit madame d'Aiglemont à Victor. Puis elle sourit comme pour dire à Louisa : — Tu vas voir.

Julie tendit son cou à son mari, qui s'avança pour l'embrasser, mais la marquise se baissa de telle sorte, que le baiser conjugal glissa sur la ruche de la pèlerine.

— Vous en témoignerez devant Dieu, reprit le marquis en s'adressant à madame de Wimphen, il me faut un firman pour obtenir cette légère faveur. Voilà comment ma femme entend l'amour. Elle m'a amené là, je ne sais par quelle ruse. Bien du plaisir !

Et il sortit.

— Mais ton pauvre mari est vraiment bien bon ! s'écria Louisa quand les deux femmes se trouvèrent seules. Il t'aime.

— Oh ! n'ajoute pas une syllabe à ce dernier mot. Le nom que je porte me fait horreur...

— Oui, mais Victor t'obéit entièrement, dit Louisa.

— Son obéissance, répondit Julie, est en partie fondée sur la grande estime que je lui ai inspirée. Je suis une femme très-vertueuse selon les lois : je lui rends sa maison agréable, je ferme les yeux sur ses intrigues, je ne prends rien sur sa fortune, il peut en gaspiller les revenus à son gré, j'ai soin seulement d'en conserver le capital. A ce prix, j'ai la paix. Il ne s'explique pas ou ne veut pas s'expliquer mon existence. Mais si je mène ainsi mon mari, ce n'est pas sans redouter les effets de son caractère. Je suis comme un conducteur d'ours, qui tremble qu'un jour la muselière ne se brise. Si Victor croyait avoir le droit de ne plus m'estimer, je n'ose prévoir ce qui pourrait arriver; car il est violent, plein d'amour-propre, de vanité surtout. S'il n'a pas l'esprit assez subtil pour prendre un parti sage dans une circonstance délicate où ses passions mauvaises seraient mises en jeu, il est faible de caractère, et me tuerait peut-être provisoirement, quitte à mourir de chagrin le lendemain. Mais ce fatal bonheur n'est pas à craindre...

Il y eut un moment de silence, pendant lequel les pensées des deux amies se portèrent sur la cause secrète de cette situation.

— J'ai été bien cruellement obéie, reprit Julie en lançant un regard d'intelligence à Louisa. Cependant je ne lui avais pas interdit de m'écrire. Ah ! il m'a oubliée, et a eu raison. Il serait par trop funeste que sa destinée fût brisée ! n'est-ce pas assez de la mienne ? Croirais-tu, ma chère, que je lis les journaux anglais, dans le seul espoir de voir son nom imprimé. Eh bien ! il n'a pas encore paru à la Chambre des lords.

— Tu sais donc l'anglais?

— Je ne te l'ai pas dit! je l'ai appris.

— Pauvre petite, s'écria Louisa en saisissant la main de Julie, mais comment peux-tu vivre encore ?

— Ceci est un secret, répondit la marquise en laissant échapper un geste de naïveté presque enfantine. Ecoute. Je prends de l'opium L'histoire de la duchesse de ***, à Londres, m'en a donné l'idée. Tu sais, Mathurin en a fait un roman. Mes gouttes de laudanum sont très-faibles. Je dors. Je n'ai guère que sept heures de veille, et je les donne à ma fille...

Louisa regarda le feu, sans oser contempler son amie, dont toutes les misères se développaient à ses yeux pour la première fois.

— Louisa, garde-moi le secret, dit Julie après un moment de silence.

Tout à coup un valet apporta une lettre à la marquise.

— Ah ! s'écria-t-elle en pâlissant.

— Je ne demanderai pas de qui, lui dit madame de Wimphen

La marquise lisait et n'entendait plus rien, son amie vit les sentiments les plus actifs, l'exaltation la plus dangereuse se peindre sur le visage de madame d'Aiglemont, qui rougissait et pâlissait tour à tour. Enfin Julie jeta le papier dans le feu.

— Cette lettre est incendiaire! Oh ! mon cœur m'étouffe.

Elle se leva, marcha, ses yeux brûlaient.

— Il n'a pas quitté Paris, s'écria-t-elle.

Son discours saccadé, que madame de Wimphen n'osa pas interrompre, fut scandé par des pauses effrayantes. A chaque interruption, les phrases étaient prononcées d'un accent de plus en plus profond. Les derniers mots eurent quelque chose de terrible.

— Il n'a pas cessé de me voir, à mon insu. Un de mes regards surpris chaque jour l'aide à vivre. Tu ne sais pas, Louisa? il meurt et me demande à me dire adieu, il sait que mon mari s'est absenté ce soir

pour plusieurs jours, et va venir dans un moment. Oh! j'y périrai. Je suis perdue. Écoute! reste avec moi. Devant deux femmes il n'osera pas! Oh! demeure, je me crains.
— Mais mon mari sait que j'ai dîné chez toi, répondit madame de Wimphen, et doit venir me chercher.
— Eh bien! avant ton départ, je l'aurai renvoyé. Je serai notre portier à tous deux. Hélas! il croira que je ne l'aime plus. Et cette lettre! ma chère, elle contenait des phrases que je vois écrites en traits de feu.
Une voiture roula sous la porte.
— Ah! s'écria la marquise avec une sorte de joie, il vient publiquement et sans mystère.
— Lord Grenville, cria le valet.
La marquise resta debout, immobile. En voyant Arthur pâle, maigre et hâve, il n'y avait plus de sévérité possible. Quoique lord Grenville fût violemment contrarié de ne pas trouver Julie seule, il parut calme et froid. Mais pour ces deux femmes initiées aux mystères de son amour, sa contenance, le son de sa voix, l'expression de ses regards, eurent un peu de la puissance attribuée à la torpille. La marquise et madame de Wimphen restèrent comme engourdies par la vive communication d'une douleur horrible. Le son de la voix de lord Grenville faisait palpiter si cruellement madame d'Aiglemont, qu'elle n'osait lui répondre de peur de lui révéler l'étendue du pouvoir qu'il exerçait sur elle, lord Grenville n'osait regarder Julie; en sorte que madame de Wimphen fit presque à elle seule les frais d'une conversation sans intérêt, lui étant un regard empreint d'une touchante reconnaissance, Julie la remercia du secours qu'elle lui donnait. Alors les deux amants imposèrent silence à leurs sentiments, et durent se tenir dans les bornes prescrites par le devoir et les convenances. Mais bientôt on annonça M. de Wimphen et en le voyant entrer, les deux amis se lancèrent un regard, et comprirent, sans se parler, les nouvelles difficultés de la situation. Il était impossible de mettre M. de Wimphen dans le secret de ce drame, et Louisa n'avait pas de raisons valables à donner à son mari, en lui demandant de rester chez son amie. Lorsque mad. me de Wimphen noua son châle, Julie se leva comme pour aider Louisa à l'attacher, et dit à voix basse : — J'aurai du courage. S'il est venu publiquement chez moi, que puis-je craindre? Mais, sans toi, dans le premier moment, en le voyant si changé, je serais tombée à ses pieds.
— Eh bien! Arthur vous ne m'avez pas obéi, dit madame d'Aiglemont d'une voix tremblante en revenant prendre sa place sur une causeuse où lord Grenville n'osa venir s'asseoir.
— Je n'ai pu résister plus longtemps au plaisir d'entendre votre voix, d'être auprès de vous. C'était une folie, un délire. Je ne suis plus maître de moi. Je me suis bien consulté, je suis trop faible. Je dois mourir, mais mourir sans vous avoir vue, sans avoir écouté le frémissement de votre robe, sans avoir recueilli vos pleurs, quelle mort!
Il voulut s'éloigner de Julie, mais son brusque mouvement fit tomber un pistolet de sa poche. La marquise regarda cette arme d'un œil qui n'exprimait plus ni passion ni pensée. Lord Grenville ramassa le pistolet et parut violemment contrarié d'un accident qui pouvait passer pour une spéculation d'amoureux.
— Arthur? demanda Julie.
— Madame, répondit-il en baissant les yeux, j'étais venu plein de désespoir, je voulais...
Il s'arrêta.
— Vous vouliez vous tuer chez moi! s'écria-t-elle.
— Non pas seul, dit-il d'une voix douce.
— Eh quoi! mon père, peut-être!
— Non, non, s'écria-t-il d'une voix étouffée. Mais rassurez-vous, reprit-il, mon fatal projet s'est évanoui. Lorsque je suis entré chez vous, quand je vous ai vue, alors je me suis senti le courage de me taire, de mourir seul.
Julie se leva, se jeta dans les bras d'Arthur, qui, malgré les sanglots de sa maîtresse, distingua deux paroles pleines de passion.
— Connaître le bonheur et mourir, dit-elle. Eh bien! oui!
Toute l'histoire de Julie était dans ce cri profond, cri de nature et d'amour auquel les femmes sans religion succombent. Arthur la saisit et la porta sur le canapé par un mouvement empreint de toute la violence que donne un bonheur inespéré. Mais tout à coup la marquise s'arracha des bras de son amant, lui jeta le regard fixe d'une femme au désespoir, le prit par la main, saisit un flambeau, l'entraîna dans sa chambre à coucher, puis, parvenue au lit où dormait Hélène, elle repoussa doucement les rideaux et découvrit son enfant en mettant une main devant la bougie, afin que la clarté n'offensât pas les paupières transparentes à peine fermées de la petite fille. Hélène avait les bras ouverts, et souriait en dormant. Julie montra par un regard son enfant à lord Grenville. Ce regard disait tout.
— Un mari, nous pouvons l'abandonner, même quand il nous aime. Un homme est un être fort, il a des consolations. Nous pouvons mépriser les lois du monde. Mais un enfant sans mère!
Toutes ces pensées, et mille autres plus attendrissantes encore, étaient dans ce regard.

— Vous pouvez l'emporter, dit l'Anglais en murmurant, je l'aimerai bien...
— Maman! dit Hélène en s'éveillant.
A ce mot, Julie fondit en larmes. Lord Grenville s'assit et resta les bras croisés, muet et sombre.
— Maman! Cette jolie, cette naïve interpellation révéla tant de sentiments nobles et tant d'irrésistibles sympathies, que l'amour fut un moment écrasé sous la voix puissante de la maternité. Julie ne fut plus femme, elle fut mère. Lord Grenville ne résista pas longtemps, les larmes de Julie le gagnèrent. En ce moment, une porte ouverte avec violence fit un grand bruit, et ces mots : — Madame d'Aiglemont, es-tu par ici? retentirent comme un éclat de tonnerre au cœur des deux amants. Le marquis était revenu. Avant que Julie eût pu retrouver son sang-froid, le général se dirigeait vers la chambre dans celle de sa femme. Ces deux pièces étaient contiguës. Heureusement, Julie fit un signe à lord Grenville qui alla se jeter dans un cabinet de toilette dont la porte fut vivement fermée par la marquise.
— Eh bien! ma femme, lui dit Victor, me voici. La chasse n'a pas lieu. Je vais me coucher.
— Bon-soir, lui dit-elle, je vais en faire autant. Ainsi laissez-moi me déshabiller.
— Vous êtes bien revêche ce soir. Je vous obéis, madame la marquise.
Le général rentra dans sa chambre, Julie l'accompagna pour fermer la porte de communication, et s'élança pour délivrer lord Grenville. Elle retrouva toute sa présence d'esprit, et pensa que la visite de son ancien docteur était fort naturelle, elle pouvait l'avoir laissé au salon pour venir coucher sa fille, et allait lui dire de s'y rendre sans bruit, mais quand elle ouvrit la porte du cabinet, elle jeta un cri perçant. Les doigts de lord Grenville avaient été pris et écrasés dans la rainure.
— Eh bien! qu'as-tu donc? lui demanda son mari.
— Rien, rien, répondit-elle, je viens de me piquer le doigt avec une épingle.
La porte de communication se rouvrit tout à coup. La marquise crut que son mari venait par intérêt pour elle, et maudit cette sollicitude où le cœur n'était pour rien. Elle eut à peine le temps de fermer le cabinet de toilette, et lord Grenville n'avait pas encore pu dégager sa main. Le général reparut en effet, mais la marquise se trompait, il était amené par une inquiétude personnelle.
— Peux-tu me prêter un foulard? Ce drôle de Charles me laisse sans un seul mouchoir de tête. Dans les premiers jours de notre mariage, tu te mêlais de mes affaires avec des soins si minutieux que tu m'en ennuyais. Ah! le mois de miel n'a pas beaucoup duré pour moi, ni pour mes cravates. Maintenant je suis livré au bras séculier de ces gens-là qui se moquent tous de moi.
— Tenez, voilà un foulard. Vous n'êtes pas entré dans le salon?
— Non.
— Vous y auriez peut-être encore rencontré lord Grenville.
— Il est à Paris?
— Apparemment.
— Oh! j'y vais, ce bon docteur.
— Mais il doit être parti, s'écria Julie.
Le marquis était en ce moment au milieu de la chambre de sa femme, et se coiffait avec le foulard, en se regardant avec complaisance dans la glace.
— Je ne sais pas où sont nos gens, dit-il. J'ai sonné Charles déjà trois fois, il n'est pas venu. Vous êtes donc sans femme de chambre? Sonnez-la, je voudrais avoir cette nuit une couverture de plus à mon lit.
— Pauline est sortie, répondit sèchement la marquise.
— A minuit! dit le général.
— Je lui ai permis d'aller à l'Opéra.
— Cela est singulier! reprit le mari tout en se déshabillant, j'ai cru la voir en montant l'escalier.
— Elle est alors sans doute rentrée, dit Julie en affectant de l'impatience.
Puis, pour n'éveiller aucun soupçon chez son mari, la marquise tira le cordon de la sonnette, mais faiblement.
Les événements de cette nuit n'ont pas été tous parfaitement connus, mais tous durent être aussi simples, aussi horribles que le sont les incidents vulgaires et domestiques qui les précèdent. Le lendemain, la marquise d'Aiglemont se mit au lit pour plusieurs jours.
— Qu'est-il donc arrivé de si extraordinaire chez toi, pour que tout le monde parle de ta femme? demanda M. de Ronquerolles à M. d'Aiglemont quelques jours après cette nuit de catastrophes.
— Crois-moi, reste garçon, dit d'Aiglemont. Le feu a pris aux rideaux du lit où couchait Hélène, ma femme a eu un tel saisissement, que la voilà malade pour un an, dit le médecin. Vous épousez une jolie femme, elle enlaidit; vous épousez une jeune fille pleine de santé, elle devient malingre; vous la croyez passionnée, elle est froide; ou bien, froide en apparence, elle est réellement si passionnée, qu'elle vous tue ou vous déshonore. Tantôt la créature la plus douce est quinteuse, et jamais les quinteuses ne deviennent douces; tantôt l'enfant

que vous avez eue niaise et faible déploie contre vous une volonté de fer, un esprit de démon. Je suis las du mariage.

— Ou de ta femme.

— Cela serait difficile. A propos, veux-tu venir à Saint-Thomas-d'Aquin avec moi voir l'enterrement de lord Grenville?

— Singulier passe-temps. Mais, reprit Ronquerolles, sait-on décidément la cause de sa mort?

— Son valet de chambre prétend qu'il est resté pendant toute une nuit sur l'appui extérieur d'une fenêtre pour sauver l'honneur de sa maîtresse; et il a fait diablement froid ces jours-ci!

— Ce dévouement serait très-estimable chez nous autres, vieux routiers; mais lord Grenville est jeune, et.... Anglais. Ces Anglais veulent toujours se singulariser.

— Bah! répondit d'Aiglemont, ces traits d'héroïsme dépendent de la femme qui les inspire, et ce n'est pas certes pas pour la mienne que ce pauvre Arthur est mort!

II

Souffrances inconnues.

Entre la petite rivière du Loing et la Seine, s'étend une vaste plaine bordée par la forêt de Fontainebleau, par les villes de Moret, de Nemours et de Montereau. Cet aride pays n'offre à la vue que de rares monticules; parfois au milieu des champs, quelques carrés de bois qui servent de retraite au gibier; puis, partout, ces lignes sans fin, grises ou jaunâtres, particulières aux horizons de la Sologne, de la Beauce et du Berri. Au milieu de cette plaine, entre Moret et Montereau, le voyageur aperçoit un vieux château nommé Saint-Lange, dont les abords ne manquent ni de grandeur ni de majesté. C'est de magnifiques avenues d'ormes, des fossés, de longs murs d'enceinte, des jardins immenses, et les vastes constructions seigneuriales, qui pour être bâties voulaient les profits de la maltôte, ceux des fermes générales, les concussions autorisées, ou les grandes fortunes aristocratiques

Madame, lui dit le général, agréez nos excuses. — PAGE 8.

détruites aujourd'hui par le marteau du Code civil. Si l'artiste ou quelque rêveur vient à s'égarer par hasard dans les chemins à profondes ornières ou dans les terres fortes qui défendent l'abord de ce pays, il se demande par quel caprice ce poétique château fut jeté dans cette savane de blé, dans ce désert de craie, de marne et de sables où la gaieté meurt, où la tristesse naît infailliblement, où l'âme est incessamment fatiguée par une solitude sans voix, par un horizon monotone, beautés négatives, mais favorables aux souffrances qui ne veulent pas de consolations.

Une jeune femme, célèbre à Paris par sa grâce, par sa figure, par son esprit, et dont la position sociale, dont la fortune étaient en harmonie avec sa haute célébrité, vint, au grand étonnement du petit village situé à un mille environ de Saint-Lange, s'y établir vers la fin de l'année 1820. Les fermiers et les paysans n'avaient point vu de maîtres au château depuis un temps immémorial. Quoique d'un produit considérable, la terre était abandonnée aux soins d'un régisseur et gardée par d'anciens serviteurs. Aussi le voyage de madame la marquise causa-t-il une sorte d'émoi dans le pays. Plusieurs personnes étaient groupées au bout du village, dans la cour d'une méchante auberge, sise à l'embranchement des routes de Nemours et de Moret, pour voir passer une calèche qui allait assez lentement, car la marquise était venue de Paris avec ses chevaux. Sur le devant de la voiture, la femme de chambre tenait une petite fille plus songeuse que rieuse. La mère gisait au fond, comme un moribond envoyé par les médecins à la campagne. La physionomie abattue de cette jeune femme délicate contenta fort peu les politiques du village, auxquels son arrivée à Saint-Lange avait fait concevoir l'espérance d'un mouvement quelconque dans la commune. Certes, toute espèce de mouvement était visiblement antipathique à cette femme endolorie.

La plus forte tête du village de Saint-Lange déclara le soir au cabaret, dans la chambre où buvaient les notables, que, d'après la tristesse empreinte sur les traits de madame la marquise, elle devait être ruinée. En l'absence de M. le marquis, que les journaux désignaient comme devant accompagner le duc d'Angoulême en Espagne, elle allait économiser à Saint-Lange les sommes nécessaires à l'acquittement des différences dues par suite de fausses spéculations faites à la Bourse. Le marquis était un des plus gros joueurs. Peut-être la terre serait-elle vendue par petits lots. Il y aurait alors de bons coups à faire. Chacun devait songer à compter ses écus, les tirer de leur cachette, énumérer ses ressources, afin d'avoir sa part dans l'abatis de Saint-Lange. Cet avenir parut si beau, que chaque notable, impatient de savoir s'il était fondé, pensa aux moyens d'apprendre la vérité par les gens du château; mais aucun d'eux ne put donner de lumières sur la catastrophe qui amenait leur maîtresse, au commencement de l'hiver, dans son vieux château de Saint-Lange, tandis qu'elle possédait d'autres terres renommées par la gaieté des aspects et par la beauté des jardins. M. le maire vint pour présenter ses hommages à madame; mais il ne fut pas reçu. Après le maire, le régisseur se présenta sans plus de succès. Madame la marquise ne sortait de sa chambre que pour la laisser arranger, et demeurait, pendant ce temps, dans un petit salon voisin où elle dînait, si l'on peut appeler dîner se mettre à une table, y regarder les mets avec dégoût, et en prendre précisément la dose nécessaire pour ne pas mourir de faim. Puis elle revenait aussitôt à la bergère antique où, dès le matin, elle s'asseyait dans l'embrasure de la seule fenêtre qui éclairait sa chambre. Elle ne voyait sa fille que pendant le peu d'instants employés par son triste repas, et encore paraissait-elle la souffrir avec peine. Ne fallait-il pas des douleurs inouïes pour faire taire, chez une jeune femme, le sentiment maternel? Aucun de ses gens n'avait accès auprès d'elle. Sa femme de chambre était la seule personne dont les services lui plaisaient. Elle exigea un silence absolu dans le château. Sa fille dut aller jouer loin d'elle. Il lui était si difficile de supporter le moindre bruit, que toute voix humaine, même celle de son enfant, l'affectait désagréablement. Les gens du pays s'occupèrent beaucoup de ces singularités ; puis, quand toutes les suppositions possibles furent faites, ni les petites villes environnantes, ni les paysans ne songèrent plus à cette femme malade.

La marquise, laissée à elle-même, put donc rester parfaitement silencieuse au milieu du silence qu'elle avait établi autour d'elle, et n'eut aucune occasion de quitter la chambre tendue de tapisseries où mourut sa grand'mère, et où elle était venue pour y mourir doucement, sans témoins, sans importunités, sans subir les fausses démonstrations des égoïsmes fardés d'affection qui, dans les villes, donnent aux mourants une double agonie. Cette femme avait vingt-six ans. A cet âge, une âme encore pleine de poétiques illusions aime à savourer la mort, quand elle lui semble bienfaisante. Mais la mort a de la coquetterie pour les jeunes gens ; pour eux, elle s'avance et se retire. Se montre et se cache ; sa lenteur les désenchante d'elle, et l'incertitude que leur cause son lendemain finit par les rejeter dans le monde où ils rencontreront la douleur, qui, plus impitoyable que ne l'est la mort, les frappera sans se laisser attendre. Or, cette femme qui se refusait à vivre allait éprouver l'amertume de ces retardements au fond de sa solitude, et y faire, dans une agonie morale que la mort ne terminerait pas, un terrible apprentissage d'égoïsme qui devait lui déflorer le cœur et la façonner au monde.

Ce cruel et triste enseignement est toujours le fruit de nos premières douleurs. La marquise souffrait véritablement pour la première et pour la seule fois de sa vie peut-être. En effet, ne serait-ce pas une erreur de croire que les sentiments se reproduisent ? Une fois éclos, n'existent-ils pas toujours au fond du cœur ? Ils s'y apaisent et s'y réveillent au gré des accidents de la vie ; mais ils y restent, et leur séjour modifie nécessairement l'âme. Ainsi, tout sentiment n'aurait qu'un grand jour, le jour plus ou moins long de sa première tempête. Ainsi, la douleur, le plus constant de nos sentiments, ne serait vive qu'à sa première irruption ; et ses autres atteintes iraient en s'affaiblissant, soit par notre accoutumance à ses crises, soit par une loi de notre nature qui, pour se maintenir vivante, oppose à cette force destructive une force égale mais inerte, prise dans les calculs de l'égoïsme. Mais, entre toutes les souffrances, à laquelle appartiendra ce nom de douleur ? La perte des parents est un chagrin auquel la nature a préparé les hommes ; le mal physique est passager, n'embrasse pas l'âme ; et, s'il persiste, ce n'est plus un mal, c'est la mort. Qu'une jeune femme perde un nouveau-né, l'amour conjugal lui a bientôt donné un successeur. Cette affliction est passagère aussi. Enfin, ces peines et beaucoup d'autres semblables sont, en quelque sorte, des coups, des blessures ; mais aucune n'affecte la vitalité dans son essence, et il faut qu'elles se succèdent étrangement pour tuer le sentiment qui nous porte à chercher le bonheur. La grande, la vraie douleur, serait donc un mal assez meurtrier pour étreindre à la fois le passé, le présent et l'avenir, n'en laisser aucune partie de la vie dans son intégrité, dénaturer à jamais la pensée, s'inscrire inaltérablement sur les lèvres et sur le front, briser ou détendre les ressorts du plaisir, en mettant dans l'âme un principe de dégoût pour toute chose de ce monde. Encore, pour être immense, pour ainsi peser sur l'âme et sur le corps, ce mal devrait arriver en un moment de la vie où toutes les forces de l'âme et du corps sont jeunes, et foudroyer un cœur bien vivant. Le mal fait alors une large plaie ; grande est la souffrance ; et nul être ne peut sortir de cette maladie sans quelque poétique changement : ou il prend la route du ciel, ou, s'il demeure ici-bas, il rentre dans le monde pour mentir au monde, pour y jouer un rôle ; il connaît des lors la coulisse où l'on se retire pour calculer, pleurer, plaisanter. Après cette crise solennelle, il n'existe plus de mystères dans la vie sociale, qui dès lors est irrévocablement jugée. Chez les jeunes femmes qui ont l'âge de la marquise, cette première, cette plus poignante de toutes les douleurs, est toujours causée par le même fait. La femme et surtout la jeune femme, aussi grande par l'âme qu'elle l'est par la beauté, ne manque jamais à mettre sa vie là où la nature, le sentiment et la société la poussent à la jeter tout entière. Si cette vie vient à lui faillir et si elle reste sur terre, elle y expérimente les plus cruelles souffrances, par la raison qui rend le premier amour le plus beau de tous les sentiments. Pourquoi ce malheur n'a-t-il jamais eu ni peintre ni poète ? Mais peut-il se peindre, peut-il se chanter ?

Non, la nature des douleurs qu'il engendre se refuse à l'analyse et aux couleurs de l'art. D'ailleurs ces souffrances ne sont jamais confiées : pour en consoler une femme, il faut savoir les deviner ; car, toujours amèrement embrassées et religieusement ressenties, elles demeurent dans l'âme comme une avalanche qui, en tombant dans une vallée, y dégrade tout avant de s'y faire une place.

La marquise était alors en proie à ces souffrances qui resteront longtemps inconnues, parce que tout dans le monde les condamne ; tandis que le sentiment les caresse, et que la conscience d'une femme vraie les lui justifie toujours. Il en est de ces douleurs comme de ces enfants infailliblement repoussés de la vie, et qui tiennent au cœur des mères par des liens plus forts que ceux des enfants heureusement doués. Jamais peut-être cette épouvantable catastrophe qui tue tout ce qu'il y a de vie en dehors de nous n'avait été aussi vive, aussi complète, aussi cruellement agrandie par les circonstances qu'elle venait de l'être pour la marquise. Un homme aimé, jeune et généreux, de qui elle n'avait jamais exaucé les désirs afin d'obéir aux lois du monde, était mort pour sauver ce que la société nomme l'honneur d'une femme. A qui pouvait-elle dire : Je souffre ! Ses larmes auraient offensé son mari, cause première de la catastrophe. Les lois, les mœurs, proscrivaient ses plaintes ; une amie en eût joui, un homme en eût spéculé. Non, cette pauvre affligée ne pouvait pleurer à son aise que dans un désert, y dévorer sa souffrance ou être dévorée par elle, mourir ou tuer quelque chose en elle, sa conscience peut-être. Depuis quelques jours, elle restait les yeux attachés sur un horizon plat où, comme dans sa vie à venir, il n'y avait rien à chercher, rien à espérer, où tout se voyait d'un seul coup d'œil, et

La plus forte tête du village déclare le soir au cabaret .. — PAGE 16.

où elle rencontrait les images de la froide désolation qui lui déchirait incessamment le cœur. Les matinées de brouillard, un ciel d'une clarté faible, des nuées courant près de la terre sous un dais grisâtre, convenaient aux phases de sa maladie morale. Son cœur ne se serrait pas, n'était pas plus ou moins fletri, non, sa nature fraîche et fleurie se pétrifiait par la lente action d'une douleur intolérable parce qu'elle était sans but. Elle souffrait par elle et pour elle. Souffrir ainsi, n'est-ce pas mettre le pied dans l'égoïsme? Aussi d'horribles pensées lui traversaient-elles la conscience en la lui blessant. Elle s'interrogeait avec bonne foi et se trouvait double. Il y avait en elle une femme qui raisonnait et une femme qui sentait, une femme qui souffrait et une femme qui ne voulait plus souffrir. Elle se reportait aux joies de son enfance, écoulée sans qu'elle en eût senti le bonheur, et dont les limpides images revenaient en foule comme pour lui accuser les déceptions d'un mariage convenable aux yeux du monde. Elle souffrait par elle-même. A quoi lui avaient servi les belles pudeurs de sa jeunesse, ses plaisirs réprimés et les sacrifices faits au monde? Quoique tout en elle exprimât et attendît l'amour elle se demandait pourquoi maintenant l'harmonie de ses mouvements son sourire et sa grâce? Elle n'aimait pas plus à se sentir fraîche et voluptueuse qu'on n'aime un son répété sans but. Sa beauté même lui était insupportable, comme une chose inutile. Elle entrevoyait avec horreur que désormais elle ne pouvait plus être une créature complète. Son moi intérieur n'avait-il pas perdu la faculté de goûter les impressions dans ce neuf délicieux qui prête tant d'allégresse à la vie? A l'avenir, la plupart de ses sensations seraient souvent aussitôt effacées que reçues, et beaucoup de celles qui jadis l'auraient émue allaient lui devenir indifférentes. Après l'enfance de la créature vient l'enfance du cœur. Or son amant avait emporté dans la tombe cette seconde enfance. Jeune encore par ses désirs, elle n'avait plus cette entière jeunesse d'âme qui donne à tout dans la vie sa valeur et sa saveur. Ne garderait-elle pas en elle un principe de tristesse, de défiance, qui ravirait à ses émotions leur subite verdeur, leur entraînement? car rien ne pouvait plus lui rendre le bonheur qu'elle avait espéré, qu'elle avait rêvé si beau. Ses premières larmes véritables éteignaient ce feu céleste qui éclaire les premières émotions du cœur, elle devait toujours pâtir de n'être pas ce qu'elle aurait pu être. De cette croyance doit procéder le dégoût amer qui porte à détourner la tête quand ce nouveau plaisir se présente. Elle jugeait alors la vie comme un vieillard près de la quitter. Quoiqu'elle se sentît jeune, la masse de ses jours sans jouissances lui tombait sur l'âme, la lui écrasait et la faisait vieille avant le temps. Elle demandait au monde, par un cri de désespoir, ce qu'il lui rendait en échange de l'amour qui l'avait aidée à vivre et qu'elle ait perdu. Elle se demandait si dans ses amours évanouis, si chastes et si purs, la pensée n'avait pas été plus criminelle que l'action. Elle se faisait coupable à plaisir pour insulter au monde et pour se consoler de ne pas avoir en avec celui qu'elle pleurait cette communication parfaite qui, en superposant les âmes l'une à l'autre, amoindrit la douleur de celle qui reste par la certitude d'avoir entièrement joui du bonheur, d'avoir su pleinement le donner, et de le garder en soi une empreinte de celle qui n'est plus. Elle était mécontente comme une actrice qui a manqué son rôle, car cette douleur lui attaquait toutes les fibres, le cœur et la tête. Si la nature était froissée dans ses vœux les plus intimes, la vanité n'était pas moins blessée que la bonté qui porte la femme à se sacrifier. Puis, en soulevant toutes les questions, en remuant tous les ressorts des différentes existences que nous donnent les natures sociale, morale et physique, elle relâchait si bien les forces de l'âme, qu'au milieu des réflexions les plus contradictoires elle ne pouvait rien saisir. Aussi parfois, quand le brouillard tombait, ouvrait-elle sa fenêtre, en y restant sans occupation, à respirer machinalement l'odeur humide et terreuse épandue dans les airs, debout, immobile, idiote en apparence, car les bourdonnements de sa douleur la rendaient également sourde aux harmonies de la nature et aux charmes de la pensée.

Un jour, vers midi, moment où le soleil avait éclairci le temps, sa femme de chambre entra sans ordre et lui dit : — Voici la quatrième fois que M. le curé vient pour voir madame la marquise et il insiste aujourd'hui si résolument, que nous ne savons plus que lui répondre.

— Il veut sans doute quelque argent pour les pauvres de la commune, prenez vingt-cinq louis et portez-les-lui de ma part.

— Madame, dit la femme de chambre en revenant un moment après, M. le curé refuse de prendre l'argent et désire vous parler.

— Qu'il vienne donc! répondit la marquise en laissant échapper un geste d'humeur qui pronostiquait une mauvaise réception au prêtre, de qui elle voulut sans doute éviter les persécutions par une explication courte et franche.

La marquise avait perdu sa mère en bas âge, et son éducation fut naturellement influencée par le relâchement qui, pendant la révolution, dénoua les liens religieux en France. La piété est une vertu de femme que les femmes seules se transmettent bien, et la marquise était un enfant du dix-huitième siècle dont les croyances philosophiques furent celles de son père. Elle ne suivait aucune pratique religieuse. Pour elle, un prêtre était un fonctionnaire public dont l'utilité lui paraissait contestable. Dans la situation où elle se trouvait, la voix de la religion ne pouvait qu'envenimer ses maux, puis, elle ne croyait guère aux curés de village, ni à leurs lumières, elle résolut donc de mettre le sien à sa place, sans aigreur, et de s'en débarrasser à la manière des riches, par un bienfait. Le curé vint, et son aspect ne changea pas les idées de la marquise. Elle vit un gros petit homme à ventre saillant, à figure rougeaude, mais vieille et ridée, qui affectait de sourire et qui souriait mal, son crâne chauve et transversalement sillonné de rides nombreuses retombait en quart de cercle sur son visage et le rapetissait, quelques cheveux blancs garnissaient le bas de la tête au-dessus de la nuque et revenaient en avant vers les oreilles. Néanmoins, la physionomie de ce prêtre avait été celle d'un homme naturellement gai. Ses grosses lèvres, son nez légèrement retroussé, son menton, qui disparaissait dans un double pli de rides, témoignaient d'un heureux caractère. La marquise n'aperçut d'abord que ces traits principaux, mais, à la première parole que lui dit le prêtre, elle fut frappée par la douceur de cette voix; elle le regarda plus attentivement, et remarqua sous ses sourcils grisonnants des yeux qui avaient pleuré, puis le contour de sa joue, vue de profil, donnait à sa tête une si auguste expression de douleur, que la marquise trouva un homme dans ce curé.

— Madame la marquise, les riches ne nous appartiennent que quand ils souffrent, et les souffrances d'une femme mariée, jeune, belle, riche, qui n'a perdu ni enfants ni parents, se devinent et sont causées par des blessures dont les élancements ne peuvent être adoucis que par la religion. Votre âme est en danger, madame. Je ne vous parle pas en ce moment de l'autre vie qui nous attend! Non, je ne suis pas au confessionnal. Mais n'est-il pas de mon devoir de vous éclairer sur l'avenir de votre existence sociale? Vous me pardonnerez donc à un vieillard une importune dont l'objet est votre bonheur.

— Le bonheur, monsieur, il n'en est plus pour moi. Je vous appartiendrai bientôt, comme vous le dites, mais pour toujours.

— Non, madame, vous ne mourrez pas de la douleur qui vous oppresse et se peint dans vos traits. Si vous aviez dû en mourir, vous ne seriez pas à Saint-Lange. Nous périssons moins par les effets d'un regret certain que par ceux des espérances trompées. J'ai connu de plus intolérables, mais plus terribles douleurs qui n'ont pas donné la mort.

La marquise fit un signe d'incrédulité.

— Madame, je sais un homme dont le malheur fut si grand, que vos peines vous sembleraient légères si vous les compariez aux siennes.

Soit que sa longue solitude commençât à lui peser, soit qu'elle fût intéressée par la perspective de pouvoir épancher dans un cœur ami ses pensées douloureuses, elle regarda le curé d'un air interrogatif auquel il était impossible de se méprendre.

— Madame, reprit le prêtre, cet homme était un père qui, d'une famille autrefois nombreuse, n'avait plus que trois enfants. Il avait successivement perdu ses parents, puis une fille et une femme, toutes deux bien aimées. Il restait seul, au fond d'une province, dans son petit domaine où il avait été longtemps heureux. Ses trois fils étaient à l'armée, et chacun d'eux avait un grade proportionné à son temps de service. Dans les Cent-Jours, l'aîné passa dans la garde, et devint colonel, le jeune était chef de bataillon dans l'artillerie, et le cadet avait le grade de chef d'escadron dans les dragons. Madame, ces trois enfants aimaient leur père autant qu'ils étaient aimés par lui. Si vous connaissiez bien l'insouciance des jeunes gens qui, emportés par leurs passions, n'ont jamais de temps à donner aux affections de famille, vous comprendriez par un seul fait la vivacité de leur affection pour un pauvre vieillard isolé qui ne vivait plus que par eux et pour eux. Il ne se passait pas de semaine qu'il ne reçût une lettre de l'un de ses enfants. Mais aussi n'avait-il jamais été pour eux ni faible, ce qui diminue le respect des enfants; ni injustement sévère, ce qui les froisse ni avare de sacrifices, ce qui les détache. Non, il avait été plus qu'un père, il s'était fait leur frère, leur ami. Il alla leur dire adieu à Paris lors de leur départ pour la Belgique, il voulait voir s'ils avaient de bons chevaux, si rien ne leur manquait. Les voilà partis, le père revient chez lui. La guerre commence, il reçoit des lettres écrites de Fleurus, de Ligny, tout allait bien. La bataille de Waterloo se livre, vous en connaissez le résultat. La France fut mise en deuil d'un seul coup. Toutes les familles étaient dans la plus profonde anxiété. Lui, vous comprenez, madame, il attendait, il n'avait ni trêve ni repos, il lisait les gazettes, il allait tous les jours à la poste lui-même. Un soir, on lui annonce le domestique de son fils le colonel. Il voit cet homme monté sur le cheval de son maître, il n'y eut pas de question à faire ; le colonel était mort, coupé en deux par un boulet. Vers la fin de la soirée, arrive à pied le domestique du plus jeune, le plus jeune était mort le lendemain de la bataille. Enfin, à minuit, un artilleur vient lui annoncer la mort du dernier enfant sur la tête duquel, en si peu de temps, ce pauvre père avait placé toute sa vie. Oui, madame, ils étaient tous tombés ! Après un temps, le prêtre, ayant vaincu son émotion, ajouta ces paroles d'une voix douce : — Et le père est resté vivant, madame. Il comprit que si Dieu le laissait sur la terre, il devait continuer d'y souffrir, et il y souffre ; mais il s'est jeté dans le sein de la religion. Que pouvait-il être ? La marquise leva les yeux sur le visage de ce curé, devenu sublime de tristesse et de résignation, et attendit ce mot, qui lui arracha des pleurs : — Prêtre ! madame, il était sacré par les larmes, avant de l'être au pied des autels.

Le silence régna pendant un moment. La marquise et le curé regardèrent par la fenêtre l'horizon brumeux, comme s'ils pouvaient y voir ceux qui n'étaient plus.

— Non pas prêtre dans une ville, mais simple curé, reprit-il.
— A Saint-Lange ? dit-elle en s'essuyant les yeux.
— Oui, madame.

Jamais la majesté de la douleur ne s'était montrée plus grande à Julie, et ce *oui*, *madame*, lui tombait à même le cœur comme le poids d'une douleur infinie. Cette voix qui résonnait doucement à l'oreille troublait les entrailles. Ah ! c'était bien la voix du malheur, cette voix pleine, grave, et qui semble charrier de pénétrants fluides.

— Monsieur, dit respectueusement la marquise, et, si je ne meurs pas, que deviendrai-je donc ?
— Madame, n'avez-vous pas un enfant ?
— Oui, dit-elle froidement.

Le curé jeta sur cette femme un regard semblable à celui que lance un médecin sur un malade en danger, et résolut de faire tous ses efforts pour la disputer au génie du mal, qui étendait déjà la main sur elle.

— Vous le voyez, madame, nous devons vivre avec nos douleurs, et la religion seule nous offre des consolations vraies. Me permettrez-vous de revenir vous faire entendre la voix d'un homme qui sait sympathiser avec toutes les peines, et qui, je le crois, n'a rien de bien effrayant ?

— Oui, monsieur, venez. Je vous remercie d'avoir pensé à moi.
— Eh bien ! madame, à bientôt.

Cette visite détendit, pour ainsi dire, l'âme de la marquise, dont les forces avaient été trop violemment excitées par le chagrin et par la solitude. Le prêtre lui laissa dans le cœur un parfum balsamique et le salutaire retentissement des paroles religieuses. Puis elle éprouva cette espèce de satisfaction qui réjouit le prisonnier quand, après avoir reconnu la profondeur de sa solitude et la pesanteur de ses chaînes, il rencontre un voisin qui frappe à la muraille en lui faisant rendre un son par lequel s'expriment des pensées communes. Elle avait un confident inespéré. Mais elle retomba bientôt dans ses amères contemplations, et se dit, comme le prisonnier, qu'un compagnon de douleur n'allégerait ni ses liens ni son avenir. Le curé n'avait pas voulu trop effaroucher, dans une première visite, une douleur tout égoïste ; mais il espéra, grâce à son art, pouvoir faire faire des progrès à la religion dans une seconde entrevue. Le surlendemain, il vint en effet, et l'accueil de la marquise lui prouva que sa visite était désirée.

— Eh bien ! madame la marquise, dit le vieillard, avez-vous un peu songé à la masse des souffrances humaines ? avez-vous élevé les yeux vers le ciel ? y avez-vous vu cette immensité de mondes qui, en diminuant notre importance, en écrasant nos vanités, amoindrit nos douleurs ?...

— Non, monsieur, dit-elle. Les lois sociales me pèsent trop sur le cœur, et me déchirent trop vivement pour que je puisse m'élever dans les cieux. Mais les lois ne sont peut-être pas aussi cruelles que le sont les usages du monde. Oh ! le monde !

— Nous devons, madame, obéir aux uns et aux autres : la loi est la parole, et les usages sont les actions de la société.

— Obéir à la société ?... reprit la marquise en laissant échapper un geste d'horreur. Eh ! monsieur, tous nos maux viennent de là. Dieu n'a pas fait une seule loi de malheur, mais, en se réunissant, les hommes ont faussé son œuvre. Nous sommes, nous femmes, plus maltraitées par la civilisation que nous ne le serions par la nature. La nature nous impose des peines physiques que vous n'avez pas adoucies, et la civilisation a développé des sentiments qui vous trompent incessamment. La nature étouffe les êtres chétifs, vous les condamnez à vivre pour les livrer à un constant malheur. Le mariage, institution sur laquelle s'appuie aujourd'hui la société, nous en fait sentir à nous seules tout le poids : pour l'homme, la liberté, pour la femme des devoirs. Nous vous devons toute notre vie, vous ne nous devez de la vôtre que de rares instants. Enfin l'homme fait un choix là où nous nous soumettons aveuglément. Oh ! monsieur, à vous je puis tout dire. Eh bien ! le mariage, tel qu'il se pratique aujourd'hui, me semble être une prostitution légale. De là sont nées mes souffrances. Mais moi seule, parmi les malheureuses créatures si fatalement accouplées, je dois garder le silence ! moi seule suis l'auteur du mal, j'ai voulu mon mariage.

Elle s'arrêta, versa des pleurs amers, et resta silencieuse.

— Dans cette profonde misère, au milieu de cet océan de douleur, reprit-elle, j'avais trouvé quelques sables sur lesquels je posais les pieds, où je souffrais à mon aise : un ouragan a tout emporté. Me voilà seule, sans appui, trop faible contre les orages.

— Nous ne sommes jamais faibles quand Dieu est avec nous, dit le prêtre. D'ailleurs, si vous n'avez pas d'affections à satisfaire ici-bas, n'y avez-vous pas des devoirs à remplir ?

— Toujours des devoirs ! s'écria-t-elle avec une sorte d'impatience. Mais où sont pour moi les sentiments qui nous donnent la force de les accomplir ? Monsieur, rien de rien ou rien pour rien est une des plus justes lois de la nature et morale et physique. Voudriez-vous que ces arbres produisissent leurs feuillages sans la sève qui les fait éclore ? L'âme a sa sève aussi ! Chez moi, la sève est tarie dans sa source.

— Je ne vous parlerai pas des sentiments religieux qui engendrent la résignation, dit le curé, mais la maternité, madame, n'est-elle donc pas ?...

— Arrêtez, monsieur ! dit la marquise. Avec vous je serai vraie. Hélas ! je ne puis l'être désormais avec personne ; je suis condamnée à la fausseté. Le monde exige de continuelles grimaces, et, sous peine d'opprobre, nous ordonne d'obéir à ses conventions. Il existe deux maternités, monsieur. J'ignorais jadis de telles distinctions ; aujourd'hui je les sais. Je ne suis mère qu'à moitié, mieux vaudrait ne pas l'être du tout. Hélène n'est pas de lui ! Oh ! ne frémissez pas ! Saint-Lange est un abîme où se sont engloutis bien des sentiments faux, d'où se sont élancées de sinistres lueurs, où se sont écroulés les frêles édifices des lois anti-naturelles. J'ai un enfant, cela suffit ; je suis mère, ainsi le veut la loi. Mais vous, monsieur, qui avez une âme si délicatement aimante, peut-être comprendrez-vous les cris d'une pauvre femme qui n'a laissé pénétrer dans son cœur aucun sentiment factice. Dieu me jugera, mais je ne crois pas manquer à ses lois en cédant aux affections qu'il a mises dans mon âme, et voici ce que j'y ai trouvé. Un enfant, monsieur, n'est-il pas l'image de deux êtres, le fruit de deux sentiments librement confondus ? S'il ne tient pas à toutes les fibres du corps comme à toutes les tendresses du cœur, s'il ne nous rappelle pas de délicieuses amours, les temps, les lieux où ces deux êtres furent heureux, et leur langage plein de musiques humaines, et leurs suaves idées, cet enfant est une création manquée. Oui, pour eux, il doit être une ravissante miniature où se retrouvent les poèmes de leur double vie secrète ; il doit leur offrir une source d'émotions fécondes, être à la fois tout leur passé, tout leur avenir. Ma pauvre petite Hélène est l'enfant de son père, l'enfant du devoir et du hasard ; elle ne rencontre en moi que l'instinct de la femme, la loi qui nous pousse irrésistiblement à protéger la créature née dans nos flancs. Elle est irréprochable, socialement parlant. Ne lui ai-je pas sacrifié ma vie et mon bonheur ? Ses cris émeuvent mes entrailles ; si elle tombait à l'eau, je m'y précipiterais pour aller la reprendre. Mais elle n'est pas dans mon cœur. Ah ! l'amour m'a fait rêver une maternité plus grande, plus complète. J'ai caressé dans un songe évanoui l'enfant que les désirs ont conçu avant qu'il ne fût engendré, enfin cette délicieuse fleur née dans l'âme avant de naître au jour. Je suis pour Hélène ce que, dans l'ordre naturel, une mère doit être pour sa progéniture. Quand elle n'aura plus besoin de moi, tout sera dit : la cause éteinte, les effets cesseront. Si la femme a l'adorable privilège d'étendre sa maternité sur toute la vie de son enfant, n'est-ce pas aux rayonnements de sa conception morale qu'il faut attribuer cette divine persistance du sentiment ? Quand l'enfant n'a pas eu l'âme de sa mère pour première enveloppe, la maternité cesse donc alors dans son cœur, comme elle cesse chez les animaux. Cela est vrai, je le sens : à mesure que ma pauvre petite grandit, mon cœur se resserre. Les sacrifices que je lui ai faits m'ont déjà détachée d'elle, tandis que pour un autre enfant, mon cœur aurait été, je le sens, inépuisable ; pour cet autre, rien n'aurait été sacrifice, tout eût été plaisir. Ici, monsieur, la raison, la religion, tout en moi se trouve sans force contre mes sentiments. A-t-elle tort de vouloir mourir la femme qui n'est ni mère ni épouse, et qui, pour son malheur, a entrevu l'amour dans ses beautés infinies, la maternité dans ses joies illimitées ? Que peut-elle devenir ! Je vous dirai, moi, ce qu'elle éprouve ! Cent fois durant le jour, cent fois durant la nuit, un frisson ébranle ma tête, mon cœur et mon corps, quand quelque souvenir trop faiblement combattu m'apporte les images d'un bonheur que je suppose plus grand qu'il n'est. Ces cruelles fantaisies font pâlir mes sentiments, et je me dis : —Qu'aurait été ma vie, si ?... Elle se cacha le visage dans ses mains et fondit en larmes. — Voilà le fond de mon cœur ! reprit-elle. Un enfant de lui m'aurait fait accepter les plus horribles malheurs ! Le Dieu qui mourut chargé de toutes les fautes de la terre me pardonnera cette pensée mortelle pour moi, mais, je le sais, le monde est implacable, pour lui, mes paroles sont des blasphèmes, j'insulte à toutes ses lois. Ah ! je voudrais faire la guerre à ce monde pour en renouveler les lois et les usages, pour les briser ! Ne m'a-t-il pas blessée dans toutes mes idées, dans toutes mes fibres, dans tous mes sentiments, dans tous mes désirs, dans toutes mes espérances, dans l'avenir, dans le présent, dans le passé ? Pour moi, le jour est plein de ténèbres, la pensée est un glaive, mon cœur est une plaie, mon enfant est une négation. Oui, quand Hélène me parle, je lui voudrais une autre voix ; quand elle me regarde, je lui voudrais d'autres yeux. Elle est là pour m'attester tout ce qui devrait être et tout ce qui n'est pas. Elle m'est insupportable ! Je lui souris, je tâche de la dédommager des sentiments que je lui vole. Je souffre ! oh ! monsieur, je souffre trop pour pouvoir vivre. Et je passerai pour être une femme vertueuse! Et je n'ai pas commis de fautes! Et l'on m'honorera! J'ai combattu l'amour involontaire auquel je ne devais pas céder, mais, si j'ai gardé ma foi physique, ai-je conservé mon cœur? Ceci, dit-elle en appuyant la main droite sur son sein, n'a jamais été qu'à une seule créature. Aussi mon enfant ne s'y trompe-t-il pas. Il existe des regards, une voix, des gestes de mère dont la force pétrit l'âme des enfants; et ma pauvre petite ne sent pas mon bras frémir, ma voix trembler, mes yeux s'amollir quand je la regarde, quand je lui parle ou quand je la prends. Elle me lance des regards accusateurs que je ne soutiens pas! Parfois je tremble de trouver en elle un tribunal où je serai condamnée sans être entendue. Fasse le ciel que la haine ne se mette pas un jour entre nous! Grand Dieu! ouvrez-moi plutôt la tombe, laissez-moi finir à Saint-Lange! Je veux aller dans le monde où je retrouverai mon autre âme, où je serai tout à fait mère! Oh! pardon, monsieur, je suis folle. Ces paroles m'étouffaient, je les ai dites. Ah! vous pleurez aussi! vous ne me mépriserez pas. — Hélène! Hélène! ma fille, viens! s'écria-t-elle avec une sorte de désespoir en entendant son enfant qui revenait de sa promenade.

La petite vint en riant et en criant; elle apportait un papillon qu'elle avait pris; mais, en voyant sa mère en pleurs, elle se tut, se mit près d'elle et se laissa baiser au front.

— Elle sera bien belle, dit le prêtre.

— Elle est tout son père, répondit la marquise en embrassant sa fille avec une chaleureuse expression, comme pour s'acquitter d'une dette ou pour effacer un remords.

— Vous avez chaud, maman.

— Va, laisse-nous, mon ange, répondit la marquise.

L'enfant s'en alla sans regret, sans regarder sa mère, heureuse presque de fuir un visage triste et comprenant déjà que les sentiments qui s'y exprimaient lui étaient contraires. Le sourire est l'apanage, la langue, l'expression de la maternité. La marquise ne pouvait pas sourire. Elle rougit en regardant le prêtre : elle avait espéré se montrer mère, mais elle ni son enfant n'avaient su mentir. En effet, les baisers d'une femme sincère ont un miel divin qui semble mettre dans cette caresse une âme, un feu subtil par lequel le cœur est pénétré. Les baisers dénués de cette onction savoureuse sont âpres et secs. Le prêtre avait senti cette différence : il put sonder l'abîme qui se trouve entre la maternité de la chair et la maternité du cœur. Aussi, après avoir jeté sur cette femme un regard inquisiteur, il lui dit : — Vous avez raison, madame, il vaudrait mieux pour vous être morte.

— Ah! vous comprenez mes souffrances, je le vois, répondit-elle, puisque vous, prêtre chrétien, devinez et approuvez les funestes résolutions qu'elles m'ont inspirées. Oui, j'ai voulu me donner la mort; mais j'ai manqué du courage nécessaire pour accomplir mon dessein. Mon corps a été lâche quand mon âme était forte, et quand ma main ne tremblait plus, mon âme vacillait! J'ignore le secret de ces combats et de ces alternatives. Je suis sans doute bien tristement femme, sans persistance dans mes vouloirs, forte seulement pour aimer. Je me méprise! Le soir, quand mes gens dormaient, j'allais à la pièce d'eau courageusement; arrivée au bord, ma frêle nature avait horreur de la destruction. Je vous confesse mes faiblesses. Lorsque je me retrouvais au lit, j'avais honte de moi, je redevenais courageuse. Dans un de ces moments, j'ai pris du laudanum, mais j'ai souffert et ne suis pas morte. J'avais cru boire tout ce que contenait le flacon, et je m'étais arrêtée à moitié.

— Vous êtes perdue, madame, dit le curé gravement et d'une voix pleine de larmes. Vous rentrerez dans le monde et vous tromperez le monde, vous y chercherez, vous y trouverez ce que vous regardez comme une compensation à vos maux ; puis vous porterez un jour la peine de vos plaisirs...

— Moi, s'écria-t-elle, j'irais livrer au premier fourbe qui saura jouer la comédie d'une passion les dernières, les plus précieuses richesses de mon cœur, et y corrompre ma vie pour un moment de douteux plaisir? Non! mon âme sera consumée par une flamme pure. Monsieur, tous les hommes ont les sens de leur sexe; mais celui qui en a l'âme et qui satisfait ainsi à toutes les exigences de notre nature, dont la mélodieuse harmonie ne s'émeut jamais que sous la pression des sentiments; celui-là ne se rencontre pas deux fois dans notre existence. Mon avenir est horrible, je le sais : la femme n'est rien sans amour, la beauté n'est rien sans le bonheur; mais le monde me réprouverait-il pas mon bonheur, s'il se présentait encore à moi? Je dois à ma fille une mère honorée. Ah! je suis jetée dans un cercle de fer d'où je ne puis sortir sans ignominie. Les devoirs de famille, accomplis sans récompense, m'ennuieront; je maudirai la vie; mais ma fille aura du moins un beau semblant de mère. Je lui rendrai des trésors de vertu, pour remplacer les trésors d'affection dont je l'aurai frustrée. Je ne désire même pas vivre pour goûter les jouissances que donne aux mères le bonheur de leurs enfants. Je ne crois pas au bonheur. Quel sera le sort d'Hélène? le mien, sans doute. Quels moyens ont les mères d'assurer à leurs filles que l'homme auquel elles les livrent sera un époux selon leur cœur? Vous honnissez de pauvres créatures qui se vendent pour quelques écus à un homme qui passe, la faim et le besoin absolvent cette union d'un moment; tandis que la société tolère, encourage l'union immédiate, bien autrement horrible, d'une jeune fille candide et d'un homme qu'elle n'a pas vu trois mois durant ; elle est vendue pour toute sa vie. Il est vrai que le prix est élevé! Si, en ne lui permettant aucune compensation à ses douleurs, vous l'honoriez; mais non, le monde calomnie les plus vertueuses d'entre nous! Telle est notre destinée, vue sous ses deux faces : une prostitution publique et la honte, ou une prostitution secrète et le malheur. Quant aux pauvres filles sans dot, elles deviennent folles, elles meurent; pour elles aucune pitié! La beauté, les vertus, ne sont pas des valeurs dans votre bazar humain, et vous nommez société ce repaire d'égoïsme. Mais exhérédez les femmes! au moins accomplirez-vous ainsi une loi de nature en choisissant vos compagnes, en les épousant au gré des vœux du cœur.

— Madame, vos discours me prouvent que ni l'esprit de famille ni l'esprit religieux ne vous touchent. Aussi n'hésiterez-vous pas entre l'égoïsme social, qui vous blesse, et l'égoïsme de la créature, qui vous fera souhaiter des jouissances....

— La famille, monsieur, existe-t-elle? Je nie la famille dans une société qui, à la mort du père ou de la mère, partage les biens et dit à chacun d'aller de son côté. La famille est une association temporaire et fortuite, que dissout promptement la mort. Nos lois ont flétri les maisons, les héritages, la pérennité des exemples et des traditions. Je ne vois que décombres autour de moi.

— Madame, vous ne reviendrez à Dieu que quand sa main s'appesantira sur vous, et je souhaite à vous ayez assez de temps pour faire votre paix avec lui. Vous cherchez vos consolations en baissant les yeux sur la terre, au lieu de les lever vers les cieux. Le philosophisme et l'intérêt personnel ont attaqué votre cœur; vous êtes sourde à la voix de la religion, comme le sont les enfants de ce siècle sans croyance! Les plaisirs du monde n'engendrent que des souffrances. Vous allez changer de douleurs, voilà tout.

— Je ferai mentir votre prophétie, dit-elle en souriant avec amertume, je serai fidèle à celui qui mourut pour moi.

— La douleur, répondit-il, n'est viable que dans les âmes préparées par la religion.

Il baissa respectueusement les yeux pour ne pas laisser voir les doutes qui pouvaient se peindre dans son regard. L'énergie des plaintes échappées à la marquise l'avait contristé. En reconnaissant le moi humain sous ses mille formes, il désespéra de ramollir ce cœur que le mal avait desséché au lieu de l'attendrir, et où le grain du Semeur céleste ne devait pas germer, puisque sa voix douce y était étouffée par la grande et terrible clameur de l'égoïsme. Néanmoins il déploya la constance de l'apôtre, et revint à plusieurs reprises, toujours ramené par l'espoir de tourner à Dieu cette âme si noble et si fière, mais il perdit courage le jour où il s'aperçut que la marquise n'aimait à causer avec lui que parce qu'elle y trouvait de la douceur à parler de celui qui n'était plus. Il ne voulut pas ravaler son ministère en se faisant le complaisant d'une passion, il cessa ses entretiens, et revint par degrés aux formules et aux lieux communs de la conversation. Le printemps arriva. La marquise trouva des distractions à sa profonde tristesse, et s'occupa par désœuvrement de sa terre, où elle se plut à ordonner quelques travaux. Au mois d'octobre, elle quitta son vieux château de Saint-Lange, où elle était redevenue fraîche et belle dans l'oisiveté d'une douleur qui, d'abord violente comme un disque lancé vigoureusement, avait fini par s'amortir dans sa mélancolie, comme s'arrête le disque après des oscillations graduellement plus faibles. La mélancolie se compose d'une suite de semblables oscillations morales, dont la première touche est au désespoir et la dernière au plaisir. Dans la jeunesse, elle est le crépuscule du matin, dans la vieillesse, celui du soir.

Quand sa calèche passa dans le village, la marquise reçut le salut du curé, qui revenait de l'église à son presbytère ; mais, en y répondant, elle baissa les yeux et détourna la tête pour ne pas le revoir. Le prêtre avait trop raison contre cette pauvre Arthémise d'Éphèse.

III

A trente ans.

Un jeune homme de haute espérance, et qui appartenait à l'une de ces maisons historiques dont les noms seront toujours, en dépit même des lois, intimement liés à la gloire de la France, se trouvait au bal, chez madame Firmiani. Cette dame lui avait donné quelques lettres de recommandation pour deux ou trois de ses amies à Naples. M. Charles de Vandenesse, ainsi se nommait le jeune homme, venait l'en remercier et prendre congé. Après avoir accompli plusieurs missions avec talent, Vandenesse avait été récemment attaché à l'un de nos ministres plénipotentiaires envoyés au congrès de Laybach, et voulait profiter de son voyage pour étudier l'Italie. Cette fête était donc une espèce d'adieu aux jouissances de Paris, à cette vie rapide, à ce tourbillon de pensées et de plaisirs que l'on calomnie assez souvent, mais auquel il est si doux de s'abandonner. Habitué depuis trois ans à saluer les capitales européennes, Charles de Vandenesse avait cependant peu de chose à regretter en quittant Paris. Les femmes ne produisaient plus aucune impression sur lui, soit qu'il regardât une passion vraie comme tenant trop de place dans la vie d'un homme politique, soit que les mesquines occupations d'une galanterie superficielle lui parussent trop vides pour une âme forte. Nous avons tous de grandes prétentions à la force d'âme. En France, nul homme, fût-il médiocre, ne consent à passer pour simplement spirituel. Ainsi, Charles, quoique jeune (à peine avait-il trente ans), s'était déjà philosophiquement accoutumé à voir des idées, des résultats, des moyens, là où les hommes de son âge aperçoivent des sentiments, des plaisirs et des illusions. Il refoulait la chaleur et l'exaltation naturelle aux jeunes gens dans les profondeurs de son âme que la nature avait créée généreuse Il travaillait à se faire froid, calculateur ; à mettre en manières, en formes aimables, en artifices de séduction, les richesses morales qu'il tenait du hasard ; véritable tâche d'ambitieux ; rôle triste, entrepris dans le but d'atteindre à ce que nous nommons aujourd'hui une *belle position*. Il jetait un dernier coup d'œil sur les salons où l'on dansait. Avant de quitter le bal, il voulait sans doute en emporter l'image, comme un spectateur ne sort pas de sa loge à l'Opéra sans regarder le tableau final. Mais aussi, par une fantaisie facile à comprendre, M. de Vandenesse étudiait l'action toute française, l'éclat et les riantes figures de cette fête parisienne, en les rapprochant par la pensée des physionomies nouvelles, des scènes pittoresques qui l'attendaient à Naples, où il se proposait de passer quelques jours avant de se rendre à son poste. Il semblait comparer la France, si changeante et sitôt étudiée, à un pays dont les mœurs et les sites ne lui étaient connus que par des ouï-dire contradictoires, ou par des livres, mal faits pour la plupart. Quelques réflexions assez poétiques, mais devenues aujourd'hui très-vulgaires, lui passaient alors par la tête, et répondirent, à son insu peut-être, aux vœux secrets de son cœur, plus exigeant que blasé, plus inoccupé que flétri.

— Voici, se disait-il, les femmes les plus élégantes, les plus riches, les plus titrées de Paris. Ici sont les célébrités du jour, renommées de tribune, renommées aristocratiques et littéraires : là, des artistes, là, des hommes de pouvoir. Et cependant je ne vois que de petites intrigues, des amours mort-nés, des sourires qui ne disent rien, des dédains sans cause, des regards sans flamme beaucoup d'esprit, mais prodigué sans but. Tous ces visages blancs et roses cherchent moins le plaisir que des distractions. Nulle émotion n'est vraie. Si vous voulez seulement des plumes bien posées, des gazes fraîches, de jolies toilettes, des femmes frêles ; si vous ne voulez de la vie qu'une surface à effleurer, voici votre monde. Contentez-vous de ces phrases insignifiantes, de ces ravissantes grimaces, et ne demandez pas un sentiment dans les cœurs. Pour moi, j'ai horreur de ces plates intrigues qui finiront par des mariages, des sous-préfectures, des recettes générales, ou, s'il s'agit d'amour, par des arrangements secrets, tant l'on a honte d'un semblant de passion. Je ne vois pas un seul de ces visages éloquents, qui vous annonce une âme abandonnée à une idée comme à un remords. Ici, le regret ou le malheur se cachent honteusement sous des plaisanteries. Je n'aperçois aucune de ces femmes avec lesquelles j'aimerais à lutter, et qui vous entraînent dans un abîme. Où trouver de l'énergie à Paris ? Un poignard est une curiosité que l'on y suspend à un clou doré, que l'on pare d'une jolie gaîne. Femmes, idées, sentiments, tout se ressemble. Il n'y existe plus de passions, parce que les individualités ont disparu. Les rangs, les esprits, les fortunes, ont été nivelés, et nous avons tous pris l'habit noir comme pour nous mettre en deuil de la France morte. Nous n'aimons pas nos égaux. Entre deux amants, il faut des différences à effacer, des distances à combler. Ce charme de l'amour s'est évanoui en 1789 ! Notre ennui, nos mœurs fades, sont le résultat du système politique. Au moins, en Italie, tout y est tranché. Les femmes y sont encore des animaux malfaisants, des sirènes dangereuses, sans raison, sans logique autre que celle de leurs goûts, de leurs appétits, et desquelles il faut se défier comme on se défie des tigres...

Madame Firmiani vint interrompre ce monologue, dont les mille pensées contradictoires, inachevées, confuses, sont intraduisibles. Le mérite d'une rêverie est tout entier dans son vague, n'est-elle pas une sorte de vapeur intellectuelle ?

— Je veux, lui dit-elle en le prenant par le bras, vous présenter à une femme qui a le plus grand désir de vous connaître, d'après ce qu'elle entend dire de vous.

Elle le conduisit dans un salon voisin, où elle lui montra, par un geste, un sourire et un regard véritablement parisiens, une femme assise au coin de la cheminée.

— Qui est-elle ? demanda vivement le comte de Vandenesse.

— Une femme de qui vous vous êtes, certes, entretenu plus d'une fois pour la louer ou pour en médire, une femme qui vit dans la solitude, un vrai mystère.

— Si vous avez jamais été clémente dans votre vie, de grâce, dites-moi son nom.

— La marquise d'Aiglemont.

— Je vais aller prendre des leçons près d'elle : elle a su faire d'un mari bien médiocre un pair de France, d'un homme nul une capacité politique. Mais, dites-moi, croyez-vous que lord Grenville soit mort pour elle, comme quelques femmes l'ont prétendu ?

— Peut-être. Depuis cette aventure, fausse ou vraie, la pauvre femme est bien changée. Elle n'est pas encore allée dans le monde. C'est quelque chose, à Paris, qu'une constance de quatre ans. Si vous la voyez ici... Madame Firmiani s'arrêta ; puis elle ajouta d'un air fin : — J'oublie que je dois me taire. Allez causer avec elle.

Charles resta pendant un moment immobile, le dos légèrement appuyé sur le chambranle de la porte, et tout occupé à examiner une femme devenue célèbre sans que personne pût rendre compte des motifs sur lesquels se fondait sa renommée. Le monde offre beaucoup de ces anomalies curieuses. La réputation de madame d'Aiglemont n'était pas, certes, plus extraordinaire que celle de certains hommes toujours en travail d'une œuvre inconnue : statisticiens tenus pour profonds sur la foi de calculs qu'ils se gardent bien de publier, politiques qui vivent sur un article de journal ; auteurs ou artistes dont l'œuvre reste toujours en portefeuille ; gens savants avec ceux qui ne connaissent rien à la science, comme Sganarelle est latiniste avec ceux qui ne savent pas le latin ; hommes auxquels on accorde une capacité convenue sur un point, soit la direction des arts, soit une mission importante. Cet admirable mot : *c'est une spécialité*, semble avoir été créé pour ces espèces d'acéphales politiques ou littéraires. Charles demeura plus longtemps en contemplation qu'il ne le voulait, et tout mécontent d'être si fortement préoccupé par une femme ; mais aussi la présence de cette femme réfutait les pensées qu'un instant auparavant le jeune diplomate avait conçues à l'aspect du bal.

La marquise, alors âgée de trente ans, était belle quoique frêle de formes et d'une excessive délicatesse. Son plus grand charme venait d'une physionomie dont le calme trahissait une étonnante profondeur dans l'âme. Son œil plein d'éclat, mais qui semblait voilé par une pensée constante, accusait une vie fiévreuse et la résignation la plus étendue. Ses paupières, presque toujours chastement baissées vers la terre, se relevaient rarement. Si elle jetait des regards autour d'elle, c'était par un mouvement triste, et vous eussiez dit qu'elle réservait le feu de ses yeux pour d'occultes contemplations. Aussi tout homme supérieur se sentait-il curieusement attiré vers cette femme douce et silencieuse. Si l'esprit cherchait à deviner les mystères de la perpétuelle réaction qui se faisait en elle du présent vers le passé, du monde à sa solitude, l'âme n'était pas moins intéressée à s'initier aux secrets d'un cœur en quelque sorte orgueilleux de ses souffrances. Rien d'ailleurs ne démentait les idées qu'elle inspirait tout d'abord. Comme presque toutes les femmes qui ont de très-longs cheveux, elle était pâle et parfaitement blanche. Sa peau, d'une finesse prodigieuse, symptôme rarement trompeur, annonçait une vraie sensibilité, justifiée par la nature de ses traits, qui avaient ce fini merveilleux que les peintres chinois répandent sur leurs figures fantastiques. Son cou était un peu long peut-être ; mais ces sortes de cous ont des grâces inexprimables, et donnent aux têtes de femmes de vagues affinités avec les magnétiques ondulations du serpent. S'il n'existait pas un seul des mille indices par lesquels les caractères les plus dissimulés se révèlent à l'observateur, il lui suffirait d'examiner attentivement les gestes de la tête et les torsions du cou, si variées, si expressives, pour juger une femme. Chez madame d'Aiglemont, la mise était en harmonie avec la pensée qui dominait la personne. Les nattes de sa chevelure largement tressée formaient au-dessus de sa tête une haute couronne à laquelle elle ne mêlait aucun ornement, car elle semblait avoir dit adieu pour toujours aux recherches de la toilette. Aussi ne surprenait-on jamais en elle ces petits calculs de coquetterie qui gâtent beaucoup de femmes. Seulement, quelque modeste que fût son corsage, il ne cachait pas entièrement l'élégance de sa taille. Puis le luxe de sa longue robe consistait dans une coupe extrêmement distinguée ; et, s'il est permis de chercher des idées dans l'arrangement d'une étoffe, on pourrait dire que les plis nombreux et simples de sa robe lui communiquaient une grande noblesse. Néanmoins, peut-être trahissait-elle les indélébiles faiblesses de la femme par les soins minutieux qu'elle prenait de sa main et de son pied, mais, si elle les montrait avec quelque plaisir, il eût été difficile à la plus malicieuse rivale de trouver ses gestes affectés, tant ils paraissaient involontaires, ou dus à d'enfantines habitudes. Ce reste de coquetterie se faisait même excuser par une gracieuse nonchalance. Cette masse de traits, cet ensemble de petites choses qui font une femme laide ou jolie, attrayante ou désagréable, ne peuvent être qu'indiqués, surtout lorsque, comme chez madame d'Aiglemont, l'âme est le lien de tous les détails, et leur imprime une délicieuse unité. Aussi son maintien s'accordait-il parfaitement avec le caractère de sa figure et de sa mise. A un certain âge seulement, certaines femmes choisies savent seules donner un langage à leur attitude. Est-ce le chagrin, est-ce le bonheur qui prête à la femme de trente ans, à la femme heureuse ou malheureuse, le secret de cette contenance éloquente? Ce sera toujours une vivante énigme que chacun interprète au gré de ses désirs, de ses espérances ou de son système. La manière dont la marquise tenait ses deux coudes appuyés sur les bras de son fauteuil, et joignait les extrémités des doigts de chaque main en ayant l'air de jouer, la courbure de son cou, le laissez-aller de son corps fatigué mais souple, qui paraissait élégamment brisé dans le fauteuil, l'abandon de ses jambes, l'insouciance de sa pose, ses mouvements pleins de lassitude, tout révélait une femme sans intérêt dans la vie, qui n'a point connu les plaisirs de l'amour, mais qui les a rêvés, et qui se courbe sous les fardeaux dont l'accable sa mémoire, une femme qui depuis longtemps a désespéré de l'avenir ou d'elle-même, une femme inoccupée qui prend le vide pour le néant. Charles de Vandenesse admira ce magnifique tableau, mais comme le produit d'un faire plus habile que ne l'est celui des femmes ordinaires. Il connaissait d'Aiglemont. Au premier regard jeté sur cette femme, qu'il n'avait pas encore vue, le jeune diplomate reconnut alors des disproportions, des incompatibilités, employons le mot légal, trop fortes entre ces deux personnes pour qu'il fût possible à la marquise d'aimer son mari. Cependant madame d'Aiglemont tenait une conduite irréprochable, et sa vertu donnait encore un plus haut prix à tous les mystères qu'un observateur pouvait pressentir en elle. Lorsque son premier mouvement de surprise fut passé, Vandenesse chercha la meilleure manière d'aborder madame d'Aiglemont, et, par une ruse de diplomate assez vulgaire, il se proposa de l'embarrasser pour savoir comment elle accueillerait une sottise.

— Madame, dit-il en s'asseyant près d'elle, une heureuse indiscrétion m'a fait savoir que j'ai, je ne sais à quel titre, le bonheur d'être distingué par vous. Je vous dois d'autant plus de remerciements que je n'ai jamais été l'objet d'une semblable faveur. Aussi serez-vous comptable d'un de mes défauts. Désormais, je ne veux plus être modeste...

— Vous aurez tort, monsieur, dit-elle en riant, il faut laisser la vanité à ceux qui n'ont pas autre chose à mettre en avant.

Une conversation s'établit alors entre la marquise et le jeune homme, qui, suivant l'usage, abordèrent en un moment une multitude de sujets : la peinture, la musique, la littérature, la politique, les hommes, les événements et les choses. Puis ils arrivèrent par une pente insensible au sujet éternel des causeries françaises et étrangères, à l'amour, aux sentiments et aux femmes.

— Nous sommes esclaves.
— Vous êtes reines.

Les phrases plus ou moins spirituelles dites par Charles et la marquise pouvaient se réduire à cette simple expression de tous les discours présents et à venir tenus sur cette matière. Ces deux phrases ne voudront-elles pas toujours dire dans un temps donné : — Aimez-moi. — Je vous aimerai.

— Madame, s'écria doucement Charles de Vandenesse, vous me faites bien vivement regretter de quitter Paris. Je ne retrouverai certes pas en Italie des heures aussi spirituelles que l'a été celle-ci.

— Vous rencontrerez peut-être le bonheur, monsieur, et il vaut mieux que toutes les pensées brillantes, vraies ou fausses, qui se disent chaque soir à Paris.

Avant de quitter la marquise, Charles obtint la permission d'aller lui faire ses adieux. Il s'estima très-heureux d'avoir donné à sa requête les formes de la sincérité, lorsque le soir, en se couchant, et le lendemain, pendant toute la journée, il lui fut impossible de chasser le souvenir de cette femme. Tantôt il se demandait pourquoi la marquise l'avait distingué; quelles pouvaient être ses intentions en lui demandant de la revoir, et il fit d'intarissables commentaires. Tantôt il croyait trouver les motifs de cette curiosité, il s'enivrait alors d'espérance, ou se refroidissait, suivant les interprétations par lesquelles il s'expliquait l'aveu d'elle-même, si vulgaire à Paris. Tantôt c'était tout, tantôt ce n'était rien. Enfin, il voulut résister au penchant qui l'entraînait vers madame d'Aiglemont, mais il alla chez elle. Il existe des pensées auxquelles nous obéissons sans les connaître : elles sont en nous à notre insu. Quoique cette réflexion puisse paraître plus paradoxale que vraie, chaque personne de bonne foi en trouvera mille preuves dans sa vie. En se rendant chez la marquise, Charles obéissait à l'un de ces textes préexistants dont notre expérience et les conquêtes de notre esprit ne sont, plus tard, que les développements sensibles. Une femme de trente ans a d'irrésistibles attraits pour un jeune homme, et rien de plus naturel, de plus fortement tissu, de mieux préétabli que les attachements profonds dont tant

d'exemples nous sont offerts dans le monde entre une femme comme la marquise et un jeune homme tel que Vandenesse. En effet, une jeune fille a trop d'illusions, trop d'inexpérience, et le sexe est trop complice de son amour, pour qu'un jeune homme puisse en être flatté, tandis qu'une femme connaît toute l'étendue des sacrifices à faire. Là, où l'une est entraînée par la curiosité, par des séductions étrangères à l'amour, l'autre obéit à un sentiment consciencieux. L'une cède, l'autre choisit. Ce choix n'est-il pas déjà une immense flatterie? Armée d'un savoir presque toujours chèrement payé par des malheurs, en se donnant, la femme expérimentée semble donner plus qu'elle-même; tandis que la jeune fille, ignorante et crédule, ne sachant rien, ne peut rien comparer, rien apprécier; elle accepte l'amour et l'étudie. L'une nous instruit, nous conseille à un âge où l'on aime à se laisser guider, où l'obéissance est un plaisir; l'autre veut tout apprendre et se montre naïve là où l'autre est tendre. Celle-là ne vous présente qu'un seul triomphe, celle-ci vous oblige à des combats perpétuels. La première n'a que des larmes et des plaisirs, la seconde a des voluptés et des remords. Pour qu'une jeune fille soit la maîtresse, elle doit être trop corrompue, et l'on abandonne alors avec horreur, tandis qu'une femme a mille moyens de conserver tout à la fois son pouvoir et sa dignité. L'une, trop soumise, vous offre les tristes sécurités du repos, l'autre perd trop pour ne pas demander à l'amour ses mille métamorphoses. L'une se déshonore toute seule, l'autre tue à votre profit une famille entière. La jeune fille n'a qu'une coquetterie, et croit avoir tout dit quand elle a quitté son vêtement, mais la femme en a d'innombrables et se cache sous mille voiles, enfin elle caresse toutes les vanités, et la novice n'en flatte qu'une. Il s'émeut d'ailleurs des indécisions, des terreurs, des craintes, des troubles et des orages chez la femme de trente ans, qui ne se rencontrent jamais dans l'amour d'une jeune fille. Arrivée à cet âge, la femme demande à un jeune homme de lui restituer l'estime qu'elle lui a sacrifiée, elle ne vit que pour lui, s'occupe de son avenir, lui veut une belle vie, la lui ordonne glorieuse, elle obéit, elle prie et commande, s'abaisse et s'élève, et sait consoler en mille occasions, où la jeune fille ne sait que gémir. Enfin, outre tous les avantages de sa position, la femme de trente ans peut se faire jeune fille, jouer tous les rôles, être pudique, et s'embellir même d'un malheur. Entre elles deux se trouve l'incommensurable différence du prévu à l'imprévu, de la force à la faiblesse. La femme de trente ans satisfait tout, et la jeune fille, sous peine de ne pas être, doit ne rien satisfaire. Ces idées se développent au cœur d'un jeune homme, et composent chez lui la plus forte des passions, car elle réunit les sentiments factices créés par les mœurs, aux sentiments réels de la nature.

La démarche la plus capitale et la plus décisive dans la vie des femmes est précisément celle qu'une femme regarde toujours comme la plus insignifiante. Mariée, elle ne s'appartient plus, elle est la reine et l'esclave du foyer domestique. La sainteté des femmes est inconciliable avec les devoirs et les libertés du monde. Emanciper les femmes, c'est les corrompre. En accordant à un étranger le droit d'entrer dans le sanctuaire du ménage, n'est-ce pas se mettre à sa merci? mais qu'une femme l'y attire, n'est-ce pas une faute, ou, pour être exact, le commencement d'une faute? Il faut accepter cette théorie dans toute sa rigueur, ou absoudre les passions. Jusqu'à présent, en France, la société a su prendre un mezzo termine : elle se moque des malheurs. Comme les Spartiates, qui ne punissaient que la maladresse, elle semble admettre le vol. Mais peut-être ce système est-il très-sage. Le mépris général constitue le plus affreux de tous les châtiments, en ce qu'il atteint la femme au cœur. Les femmes tiennent et doivent toutes tenir à être honorées, car sans l'estime elles n'existent plus. Aussi est-ce le premier sentiment qu'elles demandent à l'amour. La plus corrompue d'entre elles exige, même avant tout, une absolution pour le passé, en vendant son avenir, et tâche de faire comprendre à son amant qu'elle échange, contre d'irrésistibles félicités, les honneurs que le monde lui refusera. Il n'est pas de femme qui, en recevant chez elle, pour la première fois, un jeune homme, et se trouvant seule avec lui, ne conçoive quelques-unes de ces réflexions; surtout si, comme Charles de Vandenesse, il est bien fait et spirituel. Pareillement, peu de jeunes gens manquent de fonder quelques vœux secrets sur les mille idées qui justifient leur amour inné pour les femmes belles spirituelles et malheureuses comme l'était madame d'Aiglemont. Aussi la marquise, en entendant annoncer M. de Vandenesse, fut-elle troublée, et lui, fut-il presque honteux, malgré l'assurance qui, chez les diplomates, est en quelque sorte de costume. Mais la marquise prit bientôt cet air affectueux, sous lequel les femmes s'abritent contre les interprétations de la vanité. Cette contenance exclut toute arrière-pensée, et fait pour ainsi dire un pacte au sentiment en le tempérant par les formes de la politesse. Les femmes se tiennent alors aussi longtemps qu'elles le veulent dans cette position équivoque, comme dans un carrefour qui mène également au respect, à l'indifférence, à l'étonnement ou à la passion. A trente ans seulement une femme peut connaître les ressources de cette situation. Elle y sait rire, plaisanter, s'attendrir, sans se compromettre. Elle possède alors le tact nécessaire pour attaquer chez un homme toutes les cordes sensibles, et pour étudier les sons qu'elle en tire. Son silence est aussi dangereux que sa parole. Vous ne devinez jamais si, à cet âge, elle est franche ou fausse, si elle se moque ou si elle est de bonne foi dans ses aveux. Après avoir donné le droit de lutter avec elle, tout à coup, par un mot, par un regard, par un de ces gestes dont la puissance leur est connue, elles ferment le combat, vous abandonnent, et restent maîtresses de votre secret, libres de vous immoler par une plaisanterie, libres de s'occuper de vous, également protégées par leur faiblesse et par votre force. Quoique la marquise se plaçât, pendant cette première visite, sur ce terrain neutre, elle sut y conserver une haute dignité de femme. Ses douleurs secrètes planèrent toujours sur sa gaieté factice comme un léger nuage qui dérobe impartialement le soleil. Vandenesse sortit après avoir éprouvé dans cette conversation des délices inconnues; mais il demeura convaincu que la marquise était de ces femmes dont la conquête coûte trop cher pour qu'on puisse entreprendre de les aimer.

— Ce serait, dit-il en s'en allant, du sentiment à perte de vue, une correspondance à fatiguer un sous-chef ambitieux! Cependant, si je voulais bien... Ce fatal — *Si je voulais bien!* a constamment perdu les entêtés. En France l'amour-propre mène à la passion. Charles revint chez madame d'Aiglemont et crut s'apercevoir qu'elle prenait plaisir à sa conversation. Au lieu de se livrer avec naïveté au bonheur d'aimer, il voulut alors jouer un double rôle. Il essaya de paraître passionné, puis d'analyser froidement la marche de cette intrigue, d'être amant et diplomate; mais il était généreux et jeune, cet examen devait le conduire à un amour sans bornes, car, artificieuse ou naturelle, la marquise était toujours plus forte que lui. Chaque fois qu'il sortait de chez madame d'Aiglemont, Charles persistait dans sa méfiance et soumettait les situations progressives par lesquelles passait son âme à une sévère analyse, qui tuait ses propres émotions.

— Aujourd'hui, se disait-il à la troisième visite, elle m'a fait comprendre qu'elle était très-malheureuse et seule dans la vie, que sans sa fille elle désirerait ardemment la mort. Elle a été d'une résignation parfaite. Or, je ne suis ni son frère, ni son confesseur, pourquoi m'a-t-elle confié ses chagrins ? Elle m'aime.

Deux jours après, en s'en allant, il apostrophait les mœurs modernes.

— L'amour prend la couleur de chaque siècle. En 1822 il est doctrinaire. Au lieu de se prouver, comme jadis, par les faits, on le discute, on le disserte, on le met en discours de tribune. Les femmes en sont réduites à trois moyens : d'abord elles mettent en question notre passion, nous refusent le pouvoir d'aimer autant qu'elles aiment. Coquetterie! véritable défi que la marquise m'a porté ce soir. Puis elles se font très-malheureuses avec ces générosités naturelles ou notre amour propre. Un jeune homme n'est-il pas flatté de consoler une grande infortune? Enfin elles ont la manie de la virginité! Elle a dû penser que je la croyais toute neuve. Ma bonne foi peut devenir une excellente spéculation.

Mais un jour, après avoir épuisé ses pensées de défiance et demandé si la marquise était sincère, si tant de souffrances pouvaient se jouer, pourquoi feindre de la résignation? elle vivait dans une solitude profonde et dévorait en silence des chagrins qu'elle laissait à peine deviner par l'accent plus ou moins contraint d'une interjection. Dès ce moment Charles prit un vif intérêt à madame d'Aiglemont. Cependant, en venant à un rendez-vous habituel qui leur était devenu nécessaire l'un à l'autre, heure réservée par un mutuel instinct, Vandenesse se trouvait encore sa maîtresse plus habile que vraie, et son dernier mot était : — Décidément, cette femme est très-adroite. Il entra, vit la marquise dans son attitude favorite, attitude pleine de mélancolie, elle leva les yeux sur lui sans faire un mouvement, et lui jeta un de ces regards brillants qui ressemblent à un sourire. Madame d'Aiglemont exprimait une confiance, une amitié vraie, mais point d'amour. Charles s'assit et ne put rien dire. Il était ému par une de ces sensations pour lesquelles il manque un langage.

— Qu'avez-vous? lui dit-elle d'un son de voix attendrie. — Rien. Si, reprit-il, je songe à une chose dont vous ne vous à point encore occupée. — Qu'est-ce ? — Mais... le congrès est fini. — Eh bien ! dit-elle, vous deviez donc aller au congrès.

Une réponse directe était la plus éloquente et la plus délicate des déclarations; mais Charles ne la fit pas. La physionomie de madame d'Aiglemont attestait une candeur d'amitié qui détruisait tous les calculs de la vanité, toutes les espérances de l'amour, toutes les défiances du diplomate. elle ignorait ou paraissait ignorer complètement qu'elle fût aimée, et lorsque Charles, tout confus, se replia sur lui-même, il fut forcé de s'avouer qu'il n'avait rien fait ni rien dit qui autorisât cette femme à le penser. M. de Vandenesse trouva, pendant cette soirée, la marquise ce qu'elle était toujours : simple et affectueuse, vraie dans sa douleur, heureuse d'avoir un ami, fière de rencontrer une âme qui sût entendre la sienne, n'allait pas au delà, et ne supposait pas qu'une femme pût se laisser deux fois séduire; mais elle avait connu l'amour et le gardait encore saignant au fond du cœur, elle n'imaginait pas que le bonheur pût apporter deux fois à une femme ses enivrements, car elle ne croyait pas seulement à l'esprit, mais à l'âme, et, pour elle, l'amour n'était pas une séduction, il comportait toutes les séductions nobles. En ce moment Charles redevint jeune homme, il fut subjugué par l'éclat d'un si grand caractère, et voulut être initié dans tous les secrets de cette existence flétrie par le hasard plus que par une faute. Madame d'Aiglemont ne jeta qu'un regard à son ami en l'entendant demander compte du surcroît de chagrin qui communiquait à sa beauté toutes les harmonies de la tristesse, mais ce regard profond fut comme le sceau d'un contrat solennel.

— Ne me faites plus de questions semblables, dit-elle. Il y a trois ans, à pareil jour, celui qui m'aimait, le seul homme au bonheur de qui j'eusse sacrifié jusqu'à ma propre estime, est mort, et mort pour me sauver l'honneur. Cet amour a cessé jeune, pur, plein d'illusions. Avant de me livrer à une passion vers laquelle une fatalité sans exemple me poussa, j'avais été séduite par ce qui perd tant de jeunes filles, par un homme nul, mais de formes agréables. Le mariage effeuilla mes espérances une à une. Aujourd'hui, j'ai perdu le bonheur dans une femme frêle, cet abîme dans une jolie tête, enfin les mélancolies, les larmes d'un deuil de trois ans fascinèrent Vandenesse, qui resta silencieux et petit devant cette grande et noble femme : il n'en voyait plus les beautés matérielles si exquises, si achevées, mais l'âme si éminemment sensible. Il rencontrait enfin cet être idéal si fantastiquement rêvé, si vigoureusement appelé par tous ceux qui mettent la vie dans une passion, la cherchent avec ardeur et souvent meurent sans avoir pu jouir de tous ses trésors rêvés.

En entendant ce langage et devant cette beauté sublime, Charles trouva ses idées étroites. Dans l'impuissance où il était de mesurer ses paroles à la hauteur de cette scène, tout à la fois si simple et si élevée, il répondit par des lieux communs sur la destinée des femmes.

— Madame, il faut savoir oublier ses douleurs, ou se creuser une tombe, dit-il.

Mais la raison est toujours mesquine auprès du sentiment; l'une est naturellement bornée, comme tout ce qui est positif, et l'autre est infini. Raisonner là où il faut sentir est le propre des âmes sans portée. Vandenesse garda donc le silence, contempla longtemps madame d'Aiglemont et sortit. En proie à des idées nouvelles qui lui grandissaient la femme, il ressemblait à un peintre qui, après avoir pris pour types les vulgaires modèles de son atelier, rencontrerait tout à coup la Mnémosyne du Musée, la plus belle et la moins appréciée des statues antiques. Charles fut profondément épris. Il aima madame d'Aiglemont avec cette bonne foi de la jeunesse, avec cette ferveur qui communique aux premières passions une grâce ineffable, une candeur que l'homme ne retrouve plus qu'en ruines lorsque plus tard il aime encore : délicieuses passions, presque toujours délicieusement savourées par les femmes qui les font naître, parce qu'à ce bel âge de trente ans, sommité poétique de la vie des femmes, elles peuvent en embrasser tout le cours et voir aussi bien dans le passé que dans l'avenir. Les femmes connaissent alors tout le prix de l'amour et en jouissent avec la crainte de le perdre : alors leur âme est encore belle de la jeunesse qui les abandonne, et leur passion va se renforçant toujours d'un avenir qui les effraye.

— J'aime, disait cette fois Vandenesse en quittant la marquise, et pour mon malheur je trouve une femme attachée à des souvenirs. La lutte est difficile contre un mort qui n'est plus là, qui ne peut pas faire de sottises, ne déplaît jamais, et de qui l'on ne voit que les belles qualités. N'est-ce pas vouloir détrôner la perfection que d'essayer à tuer les charmes de la mémoire et les espérances qui survivent à un amant perdu, précisément parce qu'il n'a révélé que des désirs, tout ce que l'amour a de plus beau, de plus séduisant.

Cette triste réflexion, due au découragement et à la crainte de ne pas réussir, par lesquels commencent toutes les passions vraies, fut le dernier calcul de sa diplomatie expirante. Dès lors il n'eut plus d'arrière-pensées, devint le jouet de son amour et se perdit dans les riens du bonheur inexplicable qui se repaît d'un mot, d'un silence, d'un vague espoir. Il voulut aimer platoniquement, vint tous les jours respirer l'air que respirait madame d'Aiglemont, s'incrusta presque dans sa maison et l'accompagna partout avec la tyrannie d'une passion qui mêle son égoïsme à son dévouement le plus absolu. L'amour a son instinct, il sait trouver le chemin du cœur comme le plus faible insecte marche à sa fleur avec une irrésistible volonté qui ne s'épouvante de rien. Aussi, quand un sentiment est vrai, sa destinée n'est-elle pas douteuse. N'y a-t-il pas de quoi jeter une femme dans toutes les angoisses de la terreur, si elle vient à penser que sa vie dépend du plus ou du moins de vérité, de force, de persistance que son amant mettra dans ses désirs ! Or, il est impossible à une femme, à une épouse, à une mère, de se préserver contre l'amour d'un jeune homme ; la seule chose qui soit en sa puissance est de ne pas continuer à le voir au moment où elle devine ce secret du cœur qu'une femme devine toujours. Mais ce parti semble trop décisif pour qu'une femme puisse le prendre à un âge où le mariage pèse, ennuie et lasse, où l'affection conjugale est plus que tiède, si déjà même son mari ne l'a pas abandonnée. Laides, les femmes sont flattées par un amour qui les fait belles ; jeunes et charmantes, la séduction doit être à la hauteur de leurs séductions, elle est immense ; vertueuses, un sentiment terrestrement sublime les porte à trouver je ne sais quelle absolution dans la grandeur même des sacrifices qu'elles font à leur amant et de la gloire dans cette lutte difficile. Tout est piége. Aussi nulle leçon n'est-elle trop forte pour de si fortes tentations. La réclusion ordonnée autrefois à la femme en Grèce, en Orient, et qui devient de mode en Angleterre, est la seule sauvegarde de la morale domestique ; mais, sous l'empire de ce système, les agréments du monde périssent : ni la société, ni la politesse, ni l'élégance des mœurs ne sont alors possibles. Les nations devront choisir.

Ainsi, quelques mois après sa première rencontre, madame d'Aiglemont trouva sa vie étroitement liée à celle de Vandenesse, elle s'étonna sans trop de confusion, et presque avec un certain plaisir, d'en partager les goûts et les pensées. Avait-elle pris les idées de Vandenesse, ou Vandenesse avait-il épousé ses moindres caprices ? elle n'examina rien. Déjà saisie par le courant de la passion, cette adorable femme se dit avec la fausse bonne foi de la peur : — Oh ! non ! je serai fidèle à celui qui mourut pour moi.

Pascal a dit : Douter de Dieu, c'est y croire. De même, une femme ne se débat que quand elle est prise. Le jour où la marquise s'avoua qu'elle était aimée, il lui arriva de flotter entre mille sentiments contraires. Les superstitions de l'expérience parlèrent leur langage. Serait-elle heureuse ? pourrait-elle trouver le bonheur en dehors des lois dont la société fait, à tort ou à raison, sa morale ? Jusqu'alors la vie ne lui avait versé que de l'amertume. Y avait-il un heureux dénoûment possible aux liens qui unissent deux êtres séparés par des convenances sociales ? Mais aussi le bonheur se paye-t-il jamais trop cher ? Puis ce bonheur si ardemment voulu, et qu'il est si naturel de chercher, peut-être le rencontrerait-elle enfin ! La curiosité plaide toujours la cause des amants. Au milieu de cette discussion secrète, Vandenesse arriva. Sa présence fit évanouir le fantôme métaphysique de la raison. Si telles sont les transformations successives par lesquelles passe un sentiment même rapide chez un jeune homme et chez une femme de trente ans, il est un moment où les nuances se fondent, où les raisonnements s'abolissent en un seul, en une dernière réflexion qui se confond dans un désir et qui le corrobore.

Plus la résistance a été longue, plus puissante alors est la voix de l'amour. Ici donc s'arrête cette leçon ou plutôt cette étude faite sur l'écorché, s'il est permis d'emprunter à la peinture une de ses expressions les plus pittoresques ; car cette histoire explique les dangers et le mécanisme de l'amour plus qu'elle ne le peint. Mais, dès ce moment, chaque jour ajouta des couleurs à ce squelette, le revêtit des grâces de la jeunesse, en raviva les chairs, en vivifia les mouvements, lui rendit l'éclat, la beauté, les séductions de la femme, les attraits de la vie. Charles trouva madame d'Aiglemont pensive ; et, lorsqu'il lui eut dit de ce ton pénétré que les douces magies du cœur rendent persuasif : — Qu'avez-vous ? elle se garda bien de répondre. Cette délicieuse demande accusait une parfaite entente d'âme ; et, avec l'instinct merveilleux de la femme, la marquise comprit que des plaintes ou l'expression de son malheur intime seraient en quelque sorte des avances. Si déjà chacune de ces paroles avait une signification entendue par tous deux, dans quel abîme n'allait-elle pas mettre les pieds ? Elle lut en elle-même par un regard lucide et clair, se tut, et son silence fut imité par Vandenesse.

— Je suis souffrante, dit-elle enfin, effrayée de la haute portée d'un moment où le langage des yeux suppléa complètement à l'impuissance du discours.

— Madame, répondit Charles d'une voix affectueuse mais violemment émue, âme et corps, tout se tient. Si vous étiez heureuse, vous seriez jeune et fraîche. Pourquoi refusez-vous de demander à l'amour tout ce dont l'amour vous a privée ? Vous croyez la vie terminée au moment où, pour vous, elle commence. Confiez-vous aux soins d'un ami. Il est si doux d'être aimé !...

— Je suis déjà vieille, dit-elle, rien ne m'excuserait donc de ne pas continuer à souffrir comme par le passé. D'ailleurs il faut aimer, dites-vous ? Eh bien ! je ne le dois ni ne le puis. Hors vous, dont l'amitié jette quelques douceurs sur ma vie, personne ne me plaît, personne ne saurait effacer mes souvenirs. J'accepte un ami, je fuirais un amant. Puis, serait-il bien généreux à moi d'échanger un cœur flétri contre un jeune cœur, d'accueillir des illusions que je ne puis plus partager, de causer un bonheur auquel je ne croirais point, ou que je tremblerais de perdre ? Je répondrais peut-être par de l'égoïsme à son dévouement, et calculerais quand il sentirait ; ma mémoire offenserait la vivacité de ses plaisirs. Non, voyez-vous, un premier amour ne se remplace jamais. Enfin, quel homme voudrait, à ce prix, de mon cœur ?

Ces paroles, empreintes d'une horrible coquetterie, étaient le dernier effort de la sagesse. — S'il se décourage, eh bien ! je resterai seule et fidèle. Cette pensée vint au cœur de cette femme, et fut pour elle ce qu'est la branche de saule trop faible que saisit un nageur avant d'être emporté par le courant. En entendant cet arrêt, Vandenesse laissa échapper un tressaillement involontaire qui fut plus puissant sur le cœur de la marquise que ne l'avaient été toutes ses assiduités passées. Ce qui touche le plus les femmes, n'est-ce pas de rencontrer en nous des délicatesses gracieuses, des sentiments exquis autant que le sont les leurs ; car chez elles la grâce et la délicatesse

Madame d'Aiglemont.

sont les indices du vrai. Le geste de Charles révélait un véritable amour. Madame d'Aiglemont connut la force de l'affection de Vandenesse à la force de sa douleur. Le jeune homme dit froidement : — Vous avez peut-être raison. Nouvel amour, chagrin nouveau. Puis, il changea de conversation, et s'entretint de choses indifférentes; mais il était visiblement ému, regardait madame d'Aiglemont avec une attention concentrée, comme s'il l'eût vue pour la dernière fois. Enfin il la quitta, en lui disant avec émotion : — Adieu, madame.

— Au revoir, dit-elle avec cette coquetterie fine dont le secret n'appartient qu'aux femmes d'élite. Il ne répondit pas, et sortit.

Quand Charles ne fut plus là, que sa chaise vide parla pour lui, elle eut mille regrets, et se trouva des torts. La passion fait un progrès énorme chez une femme au moment où elle croit avoir agi peu généreusement, ou avoir blessé quelque âme noble. Jamais il ne faut se défier des sentiments mauvais en amour, ils sont très-salutaires; les femmes ne succombent que sous le coup d'une vertu. *L'enfer est pavé de bonnes intentions* n'est pas un paradoxe de prédicateur. Vandenesse resta pendant quelques jours sans venir. Pendant chaque soirée, à l'heure du rendez-vous habituel, la marquise l'attendit avec une impatience pleine de remords. Écrire était un aveu; d'ailleurs, son instinct lui disait qu'il reviendrait. Le sixième jour, son valet de chambre le lui annonça. Jamais elle n'entendit ce nom avec plus de plaisir. Sa joie l'effraya.

— Vous m'avez bien punie ! lui dit-elle.

Vandenesse la regarda d'un air hébété.

— Punie ! répéta-t-il. Et de quoi ?

Charles comprenait bien la marquise; mais il voulait se venger des souffrances auxquelles il avait été en proie, du moment où elle les soupçonnait.

— Pourquoi n'êtes-vous pas venu me voir ? demanda-t-elle en souriant.

— Vous n'avez donc vu personne ? dit-il pour ne pas faire une réponse directe.

— M. de Ronquerolles et M. de Marsay, le petit d'Esgrignon, sont restés ici, l'un hier, l'autre ce matin, près de deux heures. J'ai vu, je crois, aussi madame Firmiani et votre sœur, madame de Listomère.

Autre souffrance ! Douleur incompréhensible pour ceux qui n'aiment pas avec ce despotisme envahisseur et féroce dont le moindre effet est une jalousie monstrueuse, un perpétuel désir de dérober l'être aimé à toute influence étrangère à l'amour.

— Quoi ! se dit-il à lui-même Vandenesse, elle a reçu, elle a vu des êtres contents, elle leur a parlé, tandis que je restais solitaire, malheureux !

Il ensevelit son chagrin et jeta son amour au fond de son cœur, comme un cercueil à la mer. Ses pensées étaient de celles que l'on n'exprime pas; elles ont la rapidité de ces acides qui tuent en s'évaporant. Cependant son front se couvrit de nuages, et madame d'Aiglemont obéit à l'instinct de la femme en partageant cette tristesse sans la concevoir. Elle n'était pas complice du mal qu'elle faisait, et Vandenesse s'en aperçut. Il parla de sa situation et de sa jalousie, comme si c'eût été l'une de ces hypothèses que les amants se plaisent à discuter. La marquise comprit tout, et fut alors si vivement touchée, qu'elle ne put retenir ses larmes. Dès ce moment, ils entrèrent dans les cieux de l'amour. Le ciel et l'enfer sont deux grands poèmes qui formulent les deux seuls points sur lesquels tourne notre existence : la joie ou la douleur. Le ciel n'est-il pas, ne sera-t-il pas toujours une image de l'infini de nos sentiments, qui ne sera jamais peint que dans ses détails, parce que le bonheur est un; et l'enfer ne représente-t-il pas les tortures infinies de nos douleurs dont nous pouvons faire œuvre de poésie, parce qu'elles sont toutes dissemblables ?

Un soir, les deux amants étaient seuls, assis l'un près de l'autre, en silence, et occupés à contempler une des plus belles phases du firmament, un de ces ciels purs dans lesquels les derniers rayons du soleil jettent de faibles teintes d'or et de pourpre. En ce moment de la journée, les lentes dégradations de la lumière semblent réveiller les sentiments doux; nos passions vibrent mollement, et nous savourons les troubles de je ne sais quelle violence au milieu du calme. En nous montrant le bonheur par de vagues images, la nature nous invite à en jouir quand il est près de nous, ou nous le fait regretter quand il a fui. Dans ces instants fertiles en enchantements, sous le dais de cette lueur dont les tendres harmonies s'unissent à des séductions intimes, il est difficile de résister aux vœux du cœur qui ont alors tant de magie ! alors le chagrin s'émousse, la joie enivre, et la douleur accable. Les pompes du soir sont le signal des aveux et les encouragent. Le silence devient plus dangereux que la parole, en communiquant aux yeux toute la puissance de l'infini des cieux qu'ils reflètent. Si l'on parle, le moindre mot possède une irrésistible puissance. N'y a-t-il pas alors de la lumière dans la voix, de la pourpre dans le regard ? Le ciel n'est-il pas comme en nous, ou ne nous semble-t-il pas être dans le ciel ? Cependant Vandenesse et Juliette, car depuis quelques jours elle se laissait appeler ainsi familièrement par celui qu'elle se plaisait à nommer Charles; donc tous deux ils parlaient; mais le sujet primitif de leur conversation était bien loin d'eux; et, s'ils ne savaient plus le sens de leurs paroles, ils écoutaient avec délices les pensées secrètes qu'elles couvraient. La main de la marquise était dans celle de Vandenesse, et elle la lui abandonnait sans croire que ce fût une faveur.

Ils se penchèrent ensemble pour voir un de ces majestueux paysages pleins de neige, de glaciers, d'ombres grises, qui teignent les flancs de montagnes fantastiques; un de ces tableaux remplis de brusques oppositions entre les flammes rouges et les tons noirs qui décorent les cieux avec une inimitable et fugace poésie; magnifiques langes dans lesquels renaît le soleil, beau linceul où il expire. En ce moment, les cheveux de Juliette effleurèrent les joues de Vandenesse; elle sentit ce contact léger, elle en frissonna violemment, et lui plus encore; car tous deux étaient graduellement arrivés à une de ces inexplicables crises où le calme communique aux sens une perception si fine, que le plus faible choc fait verser des larmes et déborder la tristesse si le cœur est perdu dans ces mélancolies, ou lui donne d'ineffables plaisirs s'il est perdu dans les vertiges de l'amour. Juliette pressa pres-

Hélène.

que involontairement la main de son ami. Cette pression persuasive donna du courage à la timidité de l'amant. Les joies de ce moment et les espérances de l'avenir, tout se fondit dans une émotion, celle d'une première caresse, du chaste et modeste baiser que madame d'Aiglemont laissa prendre sur sa joue. Plus faible était la faveur, plus puissante, plus dangereuse elle fut. Pour leur malheur à tous deux, il n'y avait ni semblants ni fausseté. Ce fut l'entente de deux belles âmes, séparées par tout ce qui est loi, réunies par tout ce qui est séduction dans la nature. En ce moment le général d'Aiglemont entra. — Le ministère est changé, dit-il. Votre oncle fait partie du nouveau cabinet. Ainsi, vous avez de bien belles chances pour être ambassadeur, Vandenesse.

Charles et Julie se regardèrent en rougissant. Cette pudeur mutuelle fut encore un lien. Tous deux, ils eurent la même pensée, le même remords, lien terrible et tout aussi fort entre deux brigands qui viennent d'assassiner un homme, qu'entre deux amants coupables d'un baiser. Il fallait une réponse au marquis. — Je ne veux plus quitter Paris, dit Charles Vandenesse. — Nous savons pourquoi, répliqua le général en affectant la finesse d'un homme qui découvre un secret. Vous ne voulez pas abandonner votre oncle, pour vous faire déclarer l'héritier de sa pairie.

La marquise s'enfuit dans sa chambre, en se disant sur son mari cet effroyable mot : — Il est aussi par trop bête !

IV

Le doigt de Dieu

Entre la barrière d'Italie et celle de la Santé, sur le boulevard intérieur qui mène au Jardin des Plantes, il existe une perspective digne de ravir l'artiste ou le voyageur le plus blasé sur les jouissances de la vue. Si vous atteignez une légère éminence à partir de laquelle le boulevard, ombragé par de grands arbres touffus, tourne avec la grâce d'une allée forestière verte et silencieuse, vous voyez devant vous, à vos pieds, une vallée profonde, peuplée de fabriques à demi villageoises, clairsemée de verdure, arrosée par les eaux brunes de la Bièvre ou des Gobelins. Sur le versant opposé, quelques milliers de toits, pressés comme les têtes d'une foule, recèlent les misères du faubourg Saint-Marceau. La magnifique coupole du Panthéon, le dôme terne et mélancolique du Val-de-Grâce dominent orgueilleusement toute une ville en amphithéâtre dont les gradins sont bizarrement dessinés par des rues tortueuses. De là, les proportions des deux monuments semblent gigantesques, elles écrasent et les demeures frêles et les plus hauts peupliers du vallon. A gauche, l'Observatoire, à travers les fenêtres et les galeries duquel le jour passe en produisant d'inexplicables fantaisies, apparaît comme un spectre noir et déchárné. Puis, dans le lointain, l'élégante lanterne des Invalides flamboie entre les masses bleuâtres du Luxembourg et les tours grises de Saint-Sulpice. Vues de là, ces lignes architecturales sont mêlées à des feuillages, à des ombres, sont soumises aux caprices d'un ciel qui change incessamment de couleur, de lumière ou d'aspect. Loin de vous, les édifices meublent l'air; autour de vous serpentent des arbres ondoyants, des sentiers campagnards. Sur la droite, par une large découpure de ce singulier paysage, vous apercevez la longue nappe blanche du canal Saint-Martin, encadrée de pierres rougeâtres, parée de ses tilleuls, bordée par les constructions vraiment romaines des greniers d'abondance. Là, sur le dernier plan, les vaporeuses collines de Belleville, chargées de maisons et de moulins, confondent leurs accidents avec ceux des nuages. Cependant il existe une ville, que vous ne voyez pas, entre la rangée de toits qui borde le vallon et cet horizon aussi vague qu'un souvenir d'enfance immense et te, posée comme dans un précipice entre les cimes de la Pitié et le faîte du cimetière de l'Est, entre la souffrance et la mort. Elle fait entendre un bruissement sourd semblable à celui de l'Océan qui gronde derrière une falaise comme pour dire : — Je suis là. Si le soleil jette ses flots de lumière sur cette face de Paris, s'il en épure, s'il en fluidifie les lignes, s'il y allume quelques vitres, s'il égaye les tuiles, embrase les croix dorées, blanchit les murs et transforme l'atmosphère en un voile de gaze, s'il crée de riches contrastes avec les ombres fantastiques ; si le ciel est d'azur et la terre frémissante, si les cloches parlent, alors de là vous admirerez une de ces féeries éloquentes que l'imagination n'oublie jamais, dont vous serez idolâtre, affolé comme d'un merveilleux aspect de Naples, de Stamboul ou des Florides. Nulle harmonie ne manque à ce concert. Là, murmurent le bruit du monde et la poétique paix de la solitude, la voix d'un million d'êtres et la voix de Dieu. Là gît une capitale couchée sous les paisibles cyprès du Père-Lachaise.

Par une matinée de printemps, au moment où le soleil faisait briller toutes les beautés de ce paysage, je les admirais, appuyé sur un gros orme qui livrait au vent ses fleurs jaunes. Puis, à l'aspect de ces riches et sublimes tableaux, je pensais amèrement au mépris que nous professons, jusque dans nos livres, pour notre pays d'aujourd'hui. Je maudissais ces pauvres riches qui, dégoûtés de notre belle France, vont acheter à prix d'or le droit de dédaigner leur patrie en visitant au galop, en examinant à travers un lorgnon les sites de cette Italie devenue si vulgaire. Je contemplais avec amour le Paris moderne. Je rêvais, lorsque tout à coup le bruit d'un baiser troubla ma solitude, et fit enfuir le philosophe. Dans la contre-allée qui couronne la pente rapide au bas de laquelle frissonnent les eaux, et en regardant au delà du pont des Gobelins, je découvris une femme qui me parut encore assez jeune, mise avec la simplicité la plus élégante, et dont la physionomie douce semblait refléter le gai bonheur du paysage. Un beau jeune homme posait à terre le plus joli petit garçon qu'il fût possible de voir, en sorte que je n'ai jamais su si le baiser avait retenti sur les joues de la mère ou sur celles de l'enfant. Une même pensée, tendre et vive, éclatait dans les yeux, dans les gestes, dans le sourire des deux jeunes gens. Ils entrelaçaient leurs bras avec une si joyeuse promptitude, et se rapprochèrent avec une si merveilleuse entente de mouvement, que, tout à eux-mêmes, ils ne s'aperçurent point de ma présence. Mais un autre enfant, mécontent, boudeur, et qui leur tournait le dos, me jeta des regards empreints d'une expression saisissante. Laissant son frère courir seul, tantôt en arrière, tantôt en avant de sa mère et du jeune homme, cet enfant, vêtu comme l'autre, aussi gracieux, mais plus doux de formes, resta muet, immobile, et dans l'attitude d'un serpent engourdi. C'était une petite fille. La promenade de la jolie femme et de son compagnon avait je ne sais quoi de machinal. Se contentant, par distraction peut-être, de parcourir le faible espace qui se trouvait entre le petit pont et une voiture arrêtée au détour du boulevard, ils recommençaient constamment leur courte carrière en s'arrêtant, se regardant, riant au gré des caprices d'une conversation tour à tour animée, languissante, folle ou grave.

Caché par le gros orme, j'admirais cette scène délicieuse, et j'en aurais sans doute respecté les mystères si je n'avais surpris sur le visage de la petite fille rêveuse et taciturne les traces d'une pensée plus profonde que ne le comportait son âge. Quand sa mère et le jeune homme se retournaient après être venus près d'elle, souvent elle penchait sournoisement la tête, et lançait sur eux comme sur son frère un regard furtif vraiment extraordinaire. Mais rien ne saurait rendre la perçante finesse, la malicieuse naïveté, la sauvage attention qui animait ce visage enfantin aux yeux légèrement cernés, quand la jolie femme ou son compagnon caressaient les boucles blondes, pressaient gentiment le cou frais, la blanche collerette du petit garçon, au moment où, par enfantillage, il essayait de marcher avec eux. Il y avait certes une passion d'homme sur la physionomie grêle de cette petite fille bizarre. Elle souffrait ou pensait. Or, qui prophétise plus sûrement la mort chez ces créatures en fleur ? est-ce la souffrance logée en un corps, ou la pensée hâtive dévorant leurs âmes à peine germées ? Une mère sait cela peut-être. Pour moi, je ne connais maintenant rien de plus horrible qu'une pensée de vieillard sur un front d'enfant ; le blasphème aux lèvres d'une vierge est mille monstrueux encore. Aussi l'attitude presque stupide de cette fille déjà pensive, la rareté de ses gestes, tout m'intéressa-t-il. Je l'examinai curieusement. Par une fantaisie naturelle aux observateurs, je la comparais à son frère, en cherchant à surprendre les rapports et les différences qui se trouvaient entre eux. La première avait des cheveux bruns, les yeux noirs et une puissance précoce, qui formaient une riche opposition avec la blonde chevelure, les yeux vert de mer et la gracieuse faiblesse du plus jeune. L'aînée pouvait avoir environ sept à huit ans, l'autre six à peine. Ils étaient habillés de la même manière. Cependant, en les regardant avec attention je remarquais dans les collerettes de leurs chemises une différence assez frivole mais qui plus tard me révéla tout un roman dans le passé, tout un drame dans l'avenir. Et c'était bien peu de chose. Un simple ourlet bordait la collerette de la petite fille brune, tandis que de jolies broderies ornaient celle du cadet, et trahissaient un secret du cœur, une prédilection tacite que les enfants lisent dans l'âme de leurs mères, comme si l'esprit de Dieu était en eux. Insouciant et gai, le blond ressemblait à une petite fille, tant sa chair blanche avait de fraîcheur, ses mouvements de grâce, sa physionomie de douceur ; tandis que l'aînée, malgré sa force, malgré la beauté de ses traits et l'éclat de son teint, ressemblait à un petit garçon maladif. Ses yeux vifs, dénués de cette humide vapeur qui donne tant de charme aux regards des enfants, semblaient avoir été, comme ceux des courtisans, séchés par un feu intérieur. Enfin, sa blancheur avait je ne sais quelle nuance mate, olivâtre, symptôme d'un vigoureux caractère. A deux reprises son jeune frère était venu lui offrir, avec une grâce touchante, avec un joli regard, avec une mine expressive qui eût ivi Charlet, le petit cor de chasse dans lequel il soufflait par instants, et, chaque fois, elle n'avait répondu que par un farouche regard à cette phrase : — Tiens, Hélène, le veux-tu ? dite d'une voix caressante. Et, sombre et terrible sous sa mine insouciante en apparence, la petite fille tressaillait et rougissait même assez vivement lorsque son frère approchait, mais le cadet ne paraissait pas s'apercevoir de l'humeur noire de sa sœur, et son insouciance, mêlée d'intérêt, achevait de faire contraster le véritable caractère de l'enfance avec la science soucieuse de l'homme, inscrite déjà sur la figure de la petite fille, et qui déjà l'obscurcissait de ses sombres images.

— Maman, Hélène ne veut pas jouer, s'écria le petit, qui saisit pour se plaindre un moment où sa mère et le jeune homme étaient restés silencieux sur le pont des Gobelins. — Laisse-la, Charles. Tu sais bien qu'elle est toujours grognon.

Ces paroles, prononcées au hasard par la mère, qui ensuite se retourna brusquement avec le jeune homme, arrachèrent des larmes à Hélène. Elle les dévora silencieusement, lança sur son frère un de ces regards profonds qui me semblaient inexplicables, et contempla d'abord avec une sinistre intelligence le talus sur le faîte duquel il était, puis la rivière de Bièvre, le pont, le paysage et moi.

Je craignis d'être aperçu par le couple joyeux, de qui j'aurais sans doute troublé l'entretien, je me retirai doucement, et j'allai me relever derrière une haie de sureau dont le feuillage me déroba complètement à tous les regards. Je m'assis tranquillement sur le haut du talus, en regardant en silence et tour à tour, soit les beautés changeantes du site, soit la petite fille sauvage, qu'il m'était encore possible d'entrevoir à travers les interstices de la haie et le pied des sureaux sur lesquels ma tête reposait, presque au niveau du boulevard. En ne me voyant plus, Hélène parut inquiète, ses yeux noirs me cherchèrent dans le lointain de l'allée, derrière les arbres, avec une indéfinissable curiosité. Qu'étais-je donc pour elle ? En ce moment, les rires naïfs de Charles retentirent dans le silence comme un chant d'oiseau. Le beau jeune homme, blond comme lui, le faisait danser dans ses bras, et l'embrassait en lui prodiguant ces petits mots sans suite et détournés de leur sens véritable, que nous adressons amicalement aux enfants. La mère souriait à ces jeux, et, de temps à autre, disait, sans doute à voix basse, des paroles sorties du cœur, car son compagnon s'arrêtait, tout heureux, et la regardait d'un œil bleu plein de feu, plein d'idolâtrie. Leurs voix, mêlées à celle de l'enfant, avaient je ne sais quoi de caressant. Ils étaient charmants tous trois. Cette scène délicieuse, au milieu de ce magnifique paysage, y répandait une incroyable suavité. Une femme, belle, blanche, rieuse, un enfant d'amour, un homme ravissant de jeunesse, un ciel pur, enfin toutes les harmonies de la nature s'accordaient pour réjouir l'âme. Je me surpris à sourire, comme si ce bonheur était le mien. Le beau jeune homme entendit sonner neuf heures. Après avoir tendrement embrassé sa compagne, devenue sérieuse et presque triste, il revint alors vers son tilbury qu'avançait lentement conduit par un vieux domestique. Le babil de l'enfant chéri se mêla aux derniers baisers lui donnés le jeune homme. Puis, quand celui-ci fut monté dans sa voiture, que la femme immobile écouta le tilbury roulant, en suivant la trace que pressait la poussière nuageuse, dans la verte allée du boulevard, Charles accourut à sa sœur près du pont, et j'entendis qu'il lui disait d'une voix argentine : — Pourquoi donc que tu n'es pas venue dire adieu à mon bon ami ?

En voyant son frère sur le penchant du talus, Hélène lui lança le plus horrible regard qui jamais ait allumé les yeux d'un enfant, et le poussa par un mouvement de rage. Charles glissa sur le versant rapide, y rencontra des racines qui le rejetèrent violemment sur les pierres coupantes du mur, il s'y fracassa le front puis, tout sanglant, alla tomber dans les eaux boueuses de la rivière. L'onde s'écarta en mille jets bruns sous sa jolie tête blonde. J'entendis les cris aigus du pauvre petit, mais bientôt ses accents se perdirent étouffés dans la vase où il disparut en faisant un sourd comme celui d'une pierre qui s'engouffre. L'éclair n'est pas plus prompt que ne le fut cette chute. Je me levai soudain et descendis par un sentier. Hélène, stupéfaite, poussa des cris perçants : — Maman ! maman ! Sa mère était là, près de moi. Elle avait volé comme un oiseau. Mais ni les yeux de la mère ni les miens ne pouvaient sonder le ruisseau puant, ni personne dans le lointain. Pourquoi donc aurais-je parlé de ce sinistre accident, Dieu de bonté, de cet accident de malheur ? Hélène avait peut-être vengé son père ? Sa jalousie était sans doute le glaive de Dieu. Cependant je frissonnai en contemplant la mère. Quel époux intable interrogatoire son mari, son juge éternel, n'allait-il pas lui faire subir ? Et elle traînait avec elle un témoin incorruptible. L'enfance a le front transparent, le teint diaphane et le mensonge est, chez elle, comme une lumière qui lui rougit même le regard. La malheureuse femme ne pensait pas encore au supplice qui l'attendait au logis. Elle regardait la Bièvre.

Un semblable événement devait produire d'affreux retentissements dans la vie d'une femme, et voici l'un des échos les plus terribles qui de temps en temps troublèrent les amours de Juliette.

Deux ou trois ans après, un soir, après dîner, chez le marquis de Vandenesse alors en deuil de son père, et qui avait une succession à régler, se trouvait un notaire. Ce notaire n'était pas le petit notaire de Sterne, mais un gros et gras notaire de Paris, un de ces hommes estimables qui font une sottise avec mesure, mettent lourdement le pied sur une plaie inconnue, et demandent pourquoi l'on se plaint. Si, par hasard, ils apprennent le pourquoi de leur bêtise assassine, ils disent : — Ma foi, je n'en savais rien ! Enfin, c'était un notaire honnêtement niais, qui ne voyait que des *actes* dans la vie. Le diplomate avait près de lui madame d'Aiglemont. Le général s'était en allé poliment avant la fin du dîner pour conduire ses deux enfants au spectacle, sur les boulevards, à l'Ambigu-Comique ou à la Gaîté. Quoique les mélodrames surexcitent les sentiments, ils passent à Paris pour être à la portée de l'enfance, et sans danger, parce que l'innocence y triomphe toujours. Le père était parti sans attendre le dessert, tant sa fille et son fils l'avaient tourmenté pour arriver au spectacle avant le lever du rideau.

Le notaire, l'imperturbable notaire, incapable de se demander pourquoi madame d'Aiglemont envoyait au spectacle ses enfants et son mari sans les y accompagner, était, depuis le dîner, comme vissé sur sa chaise. Une discussion avait fait traîner le dessert en longueur, et les gens tardaient à servir le café. Ces incidents, qui dévoraient un temps bien précieux, arrachaient des mouvements d'impatience à la jolie femme : on aurait pu la comparer à un cheval de race piaffant avant la course. Le notaire, qui ne se connaissait ni en chevaux ni en femmes, trouvait tout bonnement la marquise une vive et sémillante femme. Enchanté d'être dans la compagnie d'une femme à la mode et d'une femme politique célèbre, ce notaire faisait de l'esprit ; il prenait pour une approbation le faux sourire de la marquise, qu'il impatientait considérablement, et il allait son train. Déjà le maître de la maison, de concert avec sa compagne, s'était permis de garder à plusieurs reprises le silence là où le notaire attendait une réponse élogieuse mais, pendant ces repos significatifs, ce diable d'homme regardait le feu en cherchant des anecdotes. Puis le diplomate avait eu recours à sa montre. Enfin, la jolie femme s'était recoiffée de son chapeau pour sortir, et ne sortait pas. Le notaire ne voyait, n'entendait rien, il était sur lui-même, et sûr d'intéresser assez la marquise pour la clouer là. — J'aurai bien certainement cette femme-là pour cliente, se disait-il.

La marquise se tenait debout, mettait ses gants, se tordait les doigts et regardait alternativement le marquis de Vandenesse qui partageait son impatience, ou le notaire qui plombait chacun de ses traits d'esprit. A chaque pause que faisait le digne homme, le joli couple respirait en se disant par un signe : — Enfin, il va donc s'en aller ! Mais point. C'était un cauchemar moral qui devait finir par irriter les deux personnes passionnées sur lesquelles le notaire agissait comme un serpent sur des oiseaux, et les obliger à quelque brusquerie. Au beau milieu du récit des ignobles moyens par lesquels du Tillet, un homme d'affaires alors en faveur, avait fait sa fortune, et dont les infâmes étaient scrupuleusement détaillées par le spirituel notaire, le diplomate entendit sonner neuf heures à la pendule, il vit que son notaire était bien décidément un imbécile qu'il fallait tout bonnement congédier, et il l'arrêta résolument par un geste. — Vous voulez les pincettes, monsieur le marquis ? dit le notaire en les présentant à son client. — Non, monsieur, je suis forcé de vous envoyer. Madame veut aller rejoindre ses enfants, et je vais avoir l'honneur de l'accompagner. — Déjà neuf heures ! Le temps passe comme l'ombre dans la compagnie des gens aimables, dit le notaire, qui parlait tout seul depuis une heure.

Il chercha son chapeau, puis il vint se planter devant la cheminée, retint difficilement un hoquet, et dit à son client, sans voir les regards foudroyants que lui lançait la marquise : — Résumons-nous, monsieur le marquis. Les affaires passent avant tout. Demain donc nous lancerons une assignation à monsieur votre frère pour le mettre en demeure, nous procéderons à l'inventaire, et après, ma foi...

Le notaire avait si mal compris les intentions de son client, qu'il en prenait l'affaire en sens inverse des instructions que celui-ci venait de lui donner. Cet incident était trop délicat pour que Vandenesse ne rectifiât pas involontairement les idées du balourd notaire, et il s'ensuivit une discussion qui prit un certain temps. — Écoutez, dit enfin le diplomate sur un signe que lui fit la jeune femme, vous me cassez la tête, revenez demain à neuf heures avec mon avoué. — Mais j'aurai l'honneur de vous faire observer, monsieur le marquis, que nous ne sommes pas certains de rencontrer demain M. Desroches, et, si la mise en demeure n'est pas lancée avant midi, le délai expire, et...

En ce moment une voiture entra dans la cour, et, au bruit qu'elle fit, la pauvre femme se retourna vivement pour cacher des pleurs qui lui vinrent aux yeux. Le marquis sonna pour faire dire qu'il était sorti ; mais le général, revenu comme à l'improviste de la Gaîté, précéda le valet de chambre, et parut en tenant d'une main sa fille, dont les yeux étaient rouges, et de l'autre son petit garçon tout grimaud et fâché. — Que vous est-il donc arrivé ? demanda la femme à son mari. — Je vous dirai cela plus tard, répondit le général en se dirigeant vers un boudoir voisin dont la porte était ouverte et où il aperçut les journaux.

La marquise impatientée se jeta désespérément sur un canapé. Le notaire, qui se crut obligé de faire le gentil avec les enfants, prit un ton mignard pour dire au garçon : — Eh bien ! mon petit, que donnait-on à la comédie ? — *La Vallée du Torrent*, répondit Gustave en grognant. — Foi d'homme d'honneur, dit le notaire, les auteurs de nos jours sont à moitié fous ! *La Vallée du Torrent !* Pourquoi pas *le Torrent de la Vallée ?* il est possible qu'une vallée n'ait pas de torrent, et en disant *le Torrent de la Vallée*, les auteurs auraient accusé quelque chose de net, de précis, de caractérisé, de compréhensible. Mais laissons cela. Maintenant comment peut-il se rencontrer un drame dans un torrent et dans une vallée ? Vous me répondrez qu'aujourd'hui le principal attrait de ces sortes de spectacles gît dans les décorations, et ce titre en indique de fort belles. Vous êtes-vous bien amusé, mon petit compère ? ajouta-t-il en s'asseyant devant l'enfant.

Au moment où le notaire demanda quel drame pouvait se rencontrer au fond d'un torrent, la fille de la marquise se retourna lentement et pleura. La mère était si violemment contrariée, qu'elle n'aperçut pas le mouvement de sa fille. — Oh ! oui, monsieur, je m'amusais bien, répondit l'enfant. Il y avait dans la pièce un petit garçon bien gentil qu'était seul au monde, parce que son papa n'avait pas pu être son père. Voilà que, quand il arrive en haut du pont qui est sur le torrent, un grand vilain barbu, vêtu tout en noir, le jette dans l'eau. Hélène s'est mise alors à pleurer, à sangloter, toute la salle a crié après nous, et mon père nous a bien vite, bien vite emmenés...

M. de Vandenesse et la marquise restèrent tous deux stupéfaits, et comme saisis par un mal qui leur ôta la force de penser et d'agir. — Gustave, taisez-vous donc ! cria le général. Je vous ai défendu de parler sur ce qui s'est passé au spectacle, et vous oubliez déjà mes recommandations. — Que Votre Seigneurie l'excuse, monsieur le marquis, dit le notaire, j'ai eu le tort de l'interroger, mais j'ignorais la gravité de... — Il devait ne pas répondre, dit le père en regardant son fils avec froideur.

La cause du brusque retour des enfants et de leur père parut alors être bien connue du diplomate et de la marquise. La mère regarda sa fille, la vit en pleurs, et se leva pour aller à elle, mais alors son visage se contracta violemment et offrit les signes d'une sévérité que rien ne tempérait.

— Assez, Hélène, lui dit-elle, allez sécher vos larmes dans le boudoir. — Qu'a-t-elle donc fait, cette pauvre petite ? dit le notaire, qui voulut calmer à la fois la colère de la mère et les pleurs de la fille. Elle est si jolie que ce doit être la plus sage créature du monde ; je suis bien sûr, madame, qu'elle ne vous donne que des jouissances ; pas vrai, ma petite ?

Hélène regarda sa mère en tremblant, essuya ses larmes, tâcha de se composer un visage calme, et s'enfuit dans le boudoir. — Et certes, disait le notaire en continuant toujours, madame, vous êtes trop bonne mère pour ne pas aimer également tous vos enfants. Vous êtes d'ailleurs trop vertueuse pour avoir de ces tristes préférences dont les funestes effets se révèlent plus particulièrement à nous autres notaires. La société nous passe par les mains. Aussi en voyons-nous les passions sous leur forme la plus hideuse, *l'intérêt*. Ici, une mère veut déshériter les enfants de son mari au profit des enfants qu'elle leur préfère ; tandis que, de son côté, le mari veut quelquefois réserver sa fortune à l'enfant qui a mérité la haine de la mère. Et c'est alors des combats, des craintes, des actes, des contre-lettres, des ventes simulées, des *fidéicommis* ; enfin, un gâchis pitoyable, ma parole d'honneur, pitoyable ! Là, des pères passent leur vie à déshériter leurs enfants en volant le bien de leurs femmes... Oui, *volant* est le mot. Nous parlions de drame, ah ! je vous assure que si nous pouvions dire le secret de certaines donations, nos auteurs pourraient en faire de terribles tragédies bourgeoises. Je ne sais pas de quel pouvoir usent les femmes pour faire ce qu'elles veulent ; car, malgré les apparences et leur faiblesse, c'est toujours elles qui l'emportent. Ah ! par exemple, elles ne m'attrapent pas, moi. Je devine toujours la raison de ces prédilections que dans le monde on qualifie poliment d'indéfinissables ! Mais les maris ne le devinent jamais, c'est une justice à leur rendre. Vous me répondrez à cela qu'il y a des grâces d'ét...

Hélène, revenue avec son père du boudoir dans le salon, écoutait attentivement le notaire, et le comprenait si bien, qu'elle jeta sur sa mère un coup d'œil craintif en pressentant avec tout l'instinct du jeune âge que cette circonstance allait redoubler la sévérité qui grondait sur elle. La marquise pâlit en montrant au comte par un geste de terreur son mari, qui regardait pensivement les fleurs du tapis ; ce moment, malgré son savoir-vivre, le diplomate ne se contint plus et lança sur le notaire un regard foudroyant. — Venez par ici, monsieur, lui dit-il en se dirigeant vivement vers la pièce qui précède le salon.

Le notaire l'y suivit en tremblant et sans achever sa phrase. — Monsieur, lui dit alors avec une rage concentrée le marquis de Vandenesse, qui ferma violemment la porte du salon où il laissait la femme et le mari, depuis le dîner, vous n'avez fait ici que des sottises et dit que des bêtises. Pour Dieu ! allez-vous-en. Vous finiriez par causer les plus grands malheurs. Si vous êtes un excellent notaire, restez dans votre étude ; mais si, par hasard, vous vous trouvez dans le monde, tâchez d'y être plus circonspect...

Puis il rentra dans le salon, en quittant le notaire sans le saluer. Celui-ci resta pendant un moment tout ébaubi, perclus, sans savoir où il en était. Quand les bourdonnements qui lui tintaient aux oreilles cessèrent, il crut entendre des gémissements, des allées et venues dans le salon, où les sonnettes furent violemment tirées. Il eut peur de revoir le comte, et retrouva l'usage de ses jambes pour dégringoler et gagner l'escalier ; mais, à la porte des appartements, il se heurta dans les valets, qui s'empressaient de venir prendre les ordres de leur maître. — Voilà comme sont tous ces grands seigneurs, se dit-il à lui-même il fut dans la rue à la recherche d'un cabriolet, ils vous engagent à parler, vous y invitent par des compliments, vous croyez les amuser, point du tout ! Ils vous font des impertinences, vous mettent à distance et vous jettent même à la porte sans se gêner. Enfin, j'étais fort spirituel, je n'ai rien dit qui ne fût sensé, posé, convenable. Ma foi, il me recommande d'avoir plus de circonspection, je n'en manque pas. Eh ! diantre, je suis notaire et membre de ma chambre. Bah ! c'est une boutade d'ambassadeur, rien n'est sacré pour ces gens-là. Demain il m'expliquera comment je n'ai fait chez lui que des bêtises et dit que des sottises. Je lui demanderai raison, c'est-à-dire, je lui en demanderai la raison. Au total, j'ai tort, peut-être. Ma foi, je suis bien bon de me casser la tête ! Qu'est-ce que cela me fait ?

Le notaire revint chez lui, et soumit l'énigme à sa notaresse en lui racontant de point en point les événements de la soirée.

— Mon cher Crottat, Son Excellence a eu parfaitement raison en te disant que tu n'avais fait que des sottises et dit que des bêtises.

— Pourquoi ?

— Mon cher, je te le dirais que cela ne t'empêcherait pas de recommencer ailleurs demain. Seulement, je te recommande encore de ne jamais parler que d'affaires en société.

— Si tu ne veux pas me le dire, je le demanderai demain à...

— Mon Dieu, les gens les plus niais s'étudient à cacher ces choses-là, et tu crois qu'un ambassadeur ira te les dire ! Mais, Crottat, je ne t'ai jamais vu si dénué de sens.

— Merci, ma chère !

V

Les deux rencontres.

Un ancien officier d'ordonnance de Napoléon, que nous appellerons seulement le marquis ou le général, et qui sous la Restauration fit une haute fortune, était venu passer les beaux jours à Versailles, où il habitait une maison de campagne située entre l'église et la barrière de Montreuil, sur le chemin qui conduit à l'avenue de Saint-Cloud. Son service à la cour ne lui permettait pas de s'éloigner de Paris.

Élevé jadis pour servir d'asile aux passagères amours de quelque grand seigneur, ce pavillon avait de très-vastes dépendances. Le jardin, au milieu desquels il était placé l'éloignaient également à droite et à gauche des premières maisons de Montreuil et des chaumières construites aux environs de la barrière ; ainsi, sans être fort isolés, les maîtres de cette propriété jouissaient, si près d'une ville, de tous les plaisirs de la solitude. Par une étrange contradiction, la façade et la porte d'entrée de la maison donnaient immédiatement sur le chemin, qui peut-être autrefois était peu fréquenté. Cette hypothèse paraît vraisemblable quand on vient à songer qu'il aboutit au délicieux pavillon bâti par Louis XV pour mademoiselle de Romans, et qu'avant d'y arriver les curieux reconnaissent, ça et là, plus d'un *casino* dont l'intérieur et le décor trahissent les spirituelles débauches de nos aïeux, qui, dans la licence dont on les accuse, cherchaient néanmoins l'ombre et le mystère.

Par une soirée d'hiver, le marquis, sa femme et ses enfants se trouvèrent seuls dans cette maison déserte. Leurs gens avaient obtenu la permission d'aller célébrer à Versailles la noce de l'un d'entre eux, et, présumant que la solennité de Noël, jointe à cette circonstance, leur offrirait une valable excuse auprès de leurs maîtres, ils ne faisaient pas scrupule de consacrer à la fête un peu plus de temps que ne leur en avait octroyé l'ordonnance domestique. Cependant, comme le général était connu pour un homme qui n'avait jamais manqué d'accomplir sa parole avec une inflexible probité, les réfractaires ne dansèrent pas sans quelques remords quand le moment du retour fût expiré. Onze heures venaient de sonner, et pas un domestique n'était arrivé. Le profond silence qui régnait sur la campagne permettait d'entendre, par intervalles, la bise sifflant à travers les branches noires des arbres, mugissant autour de la maison, ou s'engouffrant dans les longs corridors. La gelée avait si bien purifié l'air, durci la terre et saisi les pavés, que tout avait cette sonorité sèche dont les phénomènes nous surprennent toujours. La lourde démarche d'un buveur attardé, ou le bruit d'un fiacre retournant à Paris, retentissaient plus vivement et se faisaient écouter plus loin que de coutume. Les feuilles mortes, mises en danse par quelques tourbillons soudains, frissonnaient sur les pierres de la cour de manière à donner une voix à la nuit, quand elle voulait devenir muette. C'était une de ces âpres soirées qui arrachent à notre égoïsme une plainte stérile en faveur du pauvre ou du voyageur, et nous rendent le coin du feu si voluptueux. En ce moment, la famille, réunie au salon, ne s'inquiétait ni de l'absence des domestiques, ni des gens sans foyer, ni de la poésie dont étincelle une veillée d'hiver. Sans philosopher hors de propos, et confiants en la protection d'un vieux soldat, femmes et enfants se livraient aux délices qu'engendre la vie intérieure quand les sentiments n'y sont pas gênés, quand l'affection et la franchise animent les discours, les regards et les jeux.

Le général était assis, ou, pour mieux dire, enseveli dans une haute et spacieuse bergère, au coin de la cheminée, où brillait un feu nourri qui répandait cette chaleur piquante, symptôme d'un froid excessif au dehors. Appuyée sur le dos du siège, et légèrement inclinée, la tête de ce brave père restait dans une pose dont l'indolence peignait un calme parfait, un doux épanouissement de joie. Ses bras, à moitié endormis, mollement jetés hors de la bergère, achevaient d'exprimer une pensée de bonheur. Il contemplait le plus petit de ses enfants, un garçon à peine âgé de cinq ans, qui, demi-nu, se refusait à se laisser déshabiller par sa mère. Le bambin fuyait la chemise ou le bonnet de nuit avec lequel la marquise le menaçait parfois, il gardait sa collerette brodée, riait à sa mère quand elle l'appelait, en s'apercevant qu'elle riait elle-même de cette rébellion enfantine, il se remettait alors à jouer avec sa sœur, aussi naïve, mais plus malicieuse, et qui parlait déjà plus distinctement que lui, dont les vagues paroles et les idées confuses étaient à peine intelligibles pour ses parents. La petite Moïna, son aînée de deux ans, provoquait par ses agaceries féminines d'interminables risées, qui partaient comme des fusées et semblaient ne pas avoir de cause ; mais à les voir tous deux, nus et roulant devant le feu, montrant sans honte leurs jolis corps potelés, leurs formes blanches et délicates, confondant les boucles de leurs chevelures noires et blonde, heurtant leurs visages rusés, où la joie traçait des fossettes ingénues, certes un père et surtout une mère comprenaient ces petites âmes, pour eux déjà caractérisées, pour eux déjà passionnées. Ces deux anges faisaient pâlir par les vives couleurs de leurs yeux humides, de leurs joues brillantes, de leur teint blanc, les fleurs du tapis moelleux, ce théâtre de leurs ébats, sur lequel ils tombaient, se renversaient, se combattaient, se roulaient sans danger. Assise sur une causeuse, à l'autre coin de la cheminée, en face de son mari, la mère était entourée de vêtements épars et restait, un soulier rouge à la main, dans une attitude pleine de laisser-aller. Son indécise sévérité mourait dans un doux sourire gravé sur ses lèvres. Agée d'environ trente-six ans, elle conservait encore une beauté due à la rare perfection des lignes de son visage, auquel la chaleur, la lumière et le bonheur prêtaient en ce moment un éclat surnaturel. Souvent elle cessait de regarder ses enfants pour reporter ses yeux caressants sur la grave figure de son mari : et parfois, en se rencontrant, les yeux des deux époux échangeaient de muettes jouissances et de profondes réflexions. Le général avait un visage fortement basané. Son front large et pur était sillonné par quelques mèches de cheveux grisonnants. Les mâles éclairs de ses yeux bleus, la bravoure inscrite dans les rides de ses joues flétries, annonçaient qu'il avait acheté par de rudes travaux le ruban rouge qui fleurissait la boutonnière de son habit. En ce moment les innocentes joies de ses deux enfants se reflétaient sur sa physionomie vigoureuse et ferme, où perçaient une bonhomie, une candeur indicibles. Le vieux capitaine était redevenu petit sans beaucoup d'efforts. N'y a-t-il pas toujours un peu d'amour pour l'enfance chez les soldats, qui ont assez expérimenté les malheurs de la vie pour avoir su reconnaître les misères de la force et

les privilèges de la faiblesse ? Plus loin, devant une table ronde éclairée par des lampes astrales dont les vives lumières luttaient avec les lueurs pâles des bougies placées sur la cheminée, était un jeune garçon de treize ans qui tournait rapidement les pages d'un gros livre. Les cris de son frère ou de sa sœur ne lui causaient aucune distraction, et sa figure accusait la curiosité de la jeunesse. Cette profonde préoccupation était justifiée par les attachantes merveilles des *Mille et une Nuits* et par un uniforme de lycéen. Il restait immobile, dans une attitude méditative, un coude sur la table et la tête appuyée sur l'une de ses mains, dont les doigts blancs tranchaient au milieu d'une chevelure brune. La clarté tombant d'aplomb sur son visage, et le reste du corps étant dans l'obscurité, il ressemblait ainsi à ces portraits noirs où Raphaël s'est représenté lui-même attentif, penché, songeant à l'avenir. Entre cette table et la marquise, une grande et belle jeune fille travaillait, assise devant un métier à tapisserie sur lequel se penchait et d'où s'éloignait alternativement sa tête, dont les cheveux d'ébène artistement lissés réfléchissaient la lumière. A elle seule Hélène était un spectacle. Sa beauté se distinguait par un rare caractère de force et d'élégance. Quoique relevée de manière à dessiner des traits vifs autour de la tête, la chevelure était si abondante, que, rebelle aux dents du peigne, elle se frisait énergiquement à la naissance du cou. Ses sourcils, très-fournis et régulièrement plantés, tranchaient avec la blancheur de son front pur. Elle avait même sur la lèvre supérieure quelques signes de courage qui figuraient une légère teinte de bistre sous un nez grec dont les contours étaient d'une exquise perfection. Mais la captivante rondeur des formes, la candide expression des autres traits, la transparence d'une carnation délicate, la voluptueuse mollesse des lèvres, le fini de l'ovale décrit par le visage, et surtout la sainteté de son regard vierge, imprimaient à cette beauté vigoureuse la suavité féminine, la modestie enchanteresse que nous demandons à ces anges de paix et d'amour. Seulement il n'y avait rien de frêle dans cette jeune fille, et son cœur devait être aussi doux, son âme aussi forte que ses proportions étaient magnifiques et que sa figure était attrayante. Elle imitait le silence de son frère le lycéen, et paraissait en proie à l'une de ces fatales méditations de jeune fille, souvent impénétrables à l'observation d'un père ou même à la sagacité des mères : en sorte qu'il était impossible de savoir s'il fallait attribuer au jeu de la lumière ou à des peines secrètes les ombres capricieuses qui passaient sur son visage comme de faibles nuées sur un ciel pur.

Les deux aînés étaient en ce moment complètement oubliés par le mari et par la femme. Cependant plusieurs fois le coup d'œil interrogateur du général avait embrassé la scène muette qui, sur le second plan, offrait une gracieuse réalisation des espérances écrites dans les tumultes enfantins placés sur le devant de ce tableau domestique. En expliquant la vie humaine par d'insensibles gradations, ces figures composantes une sorte de poème vivant. Le luxe des accessoires qui décoraient le salon, la diversité des attitudes, les oppositions dues à des vêtements tous divers de couleur, les contrastes de ces visages si caractérisés par les différents âges et par les contours que les lumières mettaient en saillie, répandaient sur ces pages humaines toutes les richesses demandées à la sculpture, aux peintres, aux écrivains. Enfin, le silence et l'hiver, la solitude et la nuit, prêtaient leur majesté à cette sublime et naïve composition, délicieux effet de la nature. La vie conjugale est pleine de ces heures sacrées dont le charme indéfinissable est dû peut-être à quelque souvenance d'un monde meilleur. Des rayons célestes jaillissent sans doute sur ces sortes de scènes, destinées à payer à l'homme une partie de ses chagrins, à lui faire accepter l'existence. Il semble que l'univers soit là, devant nous, sous une forme enchanteresse, qu'il déroule ses grandes idées d'ordre, que la vie sociale plaide ses lois en parlant de l'avenir.

Cependant, malgré le regard d'attendrissement jeté par Hélène sur Abel et Moïna, quand éclatait une de leurs joies, malgré le bonheur peint sur sa lucide figure lorsqu'elle contemplait furtivement son père, un sentiment de profonde mélancolie était empreint dans ses gestes, dans son attitude, et surtout dans ses yeux voilés par de longues paupières. Ses blanches et puissantes mains, à travers lesquelles la lumière passait en leur communiquant une rougeur diaphane et presque fluide, eh bien ! ses mains tremblaient. Une seule fois, sans se défier mutuellement, ses yeux et ceux de la marquise se heurtèrent. Ces deux femmes se comprirent alors par un regard terne, froid, respectueux chez Hélène, sombre et menaçant chez la mère. Hélène baissa promptement sa vue sur le métier, tira l'aiguille avec prestesse, et de longtemps ne releva sa tête, qui semblait lui être devenue trop lourde à porter. La mère était-elle trop sévère pour sa fille, et jugeait-elle cette sévérité nécessaire ? Était-elle jalouse de la beauté d'Hélène, avec qui elle pouvait rivaliser encore, mais en déployant tous les prestiges de la toilette ? Ou la fille avait-elle surpris, comme beaucoup de filles quand elles deviennent clairvoyantes, des secrets que cette femme, en apparence si religieusement fidèle à ses devoirs, croyait avoir ensevelis dans son cœur aussi profondément que dans une tombe ?

Hélène était arrivée à un âge où la pureté de l'âme porte à des rigidités qui dépassent la juste mesure dans laquelle doivent rester les sentiments. Dans certains esprits, les fautes prennent les proportions du crime. L'imagination réagit alors sur la conscience : souvent alors les jeunes filles exagèrent la punition en raison de l'étendue qu'elles donnent aux forfaits. Hélène paraissait ne se croire digne de personne. Un secret de sa vie antérieure, un accident peut-être, incompris d'abord, mais développé par les susceptibilités de son intelligence, sur laquelle influaient les idées religieuses, semblait l'avoir depuis peu comme dégradée romanesquement à ses propres yeux. Ce changement dans sa conduite avait commencé le jour où elle avait lu, dans la récente traduction des théâtres étrangers, la belle tragédie de GUILLAUME TELL, par Schiller. Après avoir grondé sa fille de laisser tomber le volume, la mère avait remarqué que le ravage causé par cette lecture, dans l'âme d'Hélène. Guillaume Tell, venait de la scène où le poète établit une sorte de fraternité entre Guillaume Tell, qui verse le sang d'un homme pour sauver tout un peuple, et Jean le Parricide. Devenue humble, pieuse et recueillie, Hélène ne souhaitait plus d'aller au bal. Jamais elle n'avait été si caressante pour son père, surtout quand la marquise n'était pas témoin de ses cajoleries de jeune fille. Néanmoins, s'il existait du refroidissement dans l'affection d'Hélène pour sa mère, il était si finement exprimé, que le général ne devait pas s'en apercevoir, quelque jaloux qu'il pût être de l'union qui régnait dans sa famille. Nul homme n'aurait eu l'œil assez perspicace pour sonder la profondeur de ces deux cœurs féminins : l'un jeune et généreux, l'autre sensible et fier ; le premier, trésor d'indulgence, le second, plein de finesse et d'amour. Si la mère contristait sa fille par un adroit despotisme de femme, il n'était sensible qu'aux yeux de la victime. Au reste, l'événement seulement fit naître ces conjectures toutes insolubles. Jusqu'à cette nuit, aucune lumière accusatrice ne s'était échappée de ces deux âmes, mais entre elles et Dieu certainement il s'élevait quelque sinistre mystère.

— Allons, Abel, s'écria la marquise en saisissant un moment où, silencieux et fatigués, Moina et son frère restaient immobiles : allons, venez, mon fils, il faut vous coucher. Et, lui lançant un regard impérieux, elle le prit vivement sur ses genoux. — Comment, dit le général, il est dix heures et demie, et pas un de nos domestiques n'est rentré ! Ah ! les compères. Gustave, ajouta-t-il en se tournant vers son fils, je ne t'ai donné ce livre qu'à la condition de le quitter à dix heures : tu aurais dû le fermer toi-même à l'heure dite et t'aller coucher comme tu me l'avais promis. Si tu veux être un homme remarquable, il faut faire de la parole une seconde religion, et y tenir comme à ton honneur. Fox, un des plus grands orateurs de l'Angleterre, était surtout remarquable par la beauté de son caractère. La fidélité aux engagements pris est la principale de ses qualités. Dans son enfance, son père, un Anglais de vieille roche, lui avait donné une leçon assez vigoureuse pour faire une éternelle impression sur l'esprit d'un jeune enfant. À son âge, Fox venait, pendant les vacances, chez son père, qui avait, comme tous les riches Anglais, un parc assez considérable autour de son château. Il se trouvait dans ce parc un vieux kiosque qui devait être abattu et reconstruit dans un endroit où le point de vue était magnifique. Les enfants aiment beaucoup à voir démolir. Le petit Fox voulait avoir quelques jours de vacances de plus pour assister à la chute du pavillon, mais son père exigeait qu'il rentrât au collège au jour fixé pour l'ouverture des classes, de là brouille entre le père et le fils. La mère, comme toutes les mamans, appuya le petit Fox. Le père promit alors solennellement à son fils qu'il attendrait aux vacances prochaines pour démolir le kiosque. Fox retourna au collège. Le père crut qu'un petit garçon distrait par ses études oublierait cette circonstance, il fit abattre le kiosque et le reconstruisit à l'autre endroit. L'entêté garçon ne songeait qu'à ce kiosque. Quand il vint chez son père, son premier soin fut d'aller voir le vieux bâtiment, mais il revint tout triste au moment du déjeuner, et dit à son père : — Vous m'avez trompé. Le vieux gentilhomme anglais dit avec une confusion pleine de dignité : — C'est vrai, mon fils, mais je réparerai ma faute. Il faut tenir sa parole plus qu'à sa fortune, car tenir sa parole donne la fortune, et toutes les fortunes n'effacent pas la tache faite à la conscience par un manque de parole. Le père fit reconstruire le vieux pavillon comme il était, puis, après l'avoir reconstruit, il ordonna qu'on l'abattît sous les yeux de son fils. Que ceci, Gustave, te serve de leçon.

Gustave, qui avait attentivement écouté son père, ferma le livre à l'instant. Il se fit un moment de silence pendant lequel le général s'empara de Moina, qui se débattait contre le sommeil, et la posa doucement sur lui. La petite laissa rouler sa tête chancelante sur la poitrine du père et s'y endormit alors tout à fait, enveloppée dans les rouleaux dorés de sa jolie chevelure. En cet instant, des pas rapides retentirent dans la rue, les trois coups ; et soudain trois coups, frappés à la porte, réveillèrent les échos de la maison. Ces coups prolongés eurent un accent aussi facile à comprendre que le cri d'un homme en danger de mourir. Le chien de garde aboya d'un ton de fureur. Hélène, Gustave, le général et sa femme tressaillirent vivement mais Abel, que sa mère achevait de coiffer, et Moina ne s'éveillèrent pas.

— Il est pressé, celui-là, s'écria le militaire en déposant sa fille sur la bergère.

Il sortit brusquement du salon sans avoir entendu la prière de sa femme.

— Mon ami, n'y va pas...

Le marquis passa dans sa chambre à coucher, y prit une paire de pistolets, alluma sa lanterne sourde, s'élança vers l'escalier, descendit avec la rapidité de l'éclair, et se trouva bientôt à la porte de la maison où son fils le suivit intrépidement.

— Qui est là ? demanda-t-il. — Ouvrez, répondit une voix presque suffoquée par des respirations haletantes. — Êtes-vous ami ? — Oui ami. — Êtes-vous seul ? — Oui mais ouvrez, car ils viennent !

Un homme se glissa sous le porche avec la fantastique vélocité d'une ombre aussitôt que le général eut entrebâillé la porte, et, sans qu'il pût s'y opposer, l'inconnu l'obligea de la lâcher en le repoussant par un vigoureux coup de pied et s'y appuya résolument comme pour empêcher de la rouvrir. Le général, qui leva soudain son pistolet et sa lanterne sur la poitrine de l'étranger, afin de le tenir en respect, vit un homme de moyenne taille enveloppé dans une pelisse fourrée vêtement de vieillard, ample et traînant, qui semblait n'avoir pas été fait pour lui. Soit prudence ou hasard, le fugitif avait le front entièrement couvert par un chapeau qui lui tombait sur les yeux.

— Monsieur, dit-il au général, abaissez le canon de votre pistolet. Je ne prétends pas rester chez vous sans votre consentement mais si je sors la mort m'attend à la barrière. Et quelle mort ! vous en répondriez à Dieu. Je vous demande l'hospitalité pour deux heures. Songez-y bien, monsieur, quelque suppliant que je sois, je dois commander avec le despotisme de la nécessité. Je veux l'hospitalité de l'Arabie. Que je vous sois sacré, sinon, ouvrez, j'irai mourir. Il me faut le secret, un asile et de l'eau. Oh ! de l'eau ! répéta-t-il d'une voix qui râlait. — Qui êtes-vous ? demanda le général, surpris de la volubilité fiévreuse avec laquelle parlait l'inconnu. — Ah ! qui je suis ? Eh bien ! ouvrez, je m'éloigne, répondit l'homme avec l'accent d'un infernal mépris.

Malgré l'adresse avec laquelle le marquis promenait les rayons de sa lanterne, il ne pouvait voir que le bas de ce visage, et rien n'y plaidait en faveur d'une hospitalité si singulièrement réclamée : les joues étaient tremblantes, livides, et les traits horriblement contractés. Dans l'ombre projetée par le bord du chapeau, les yeux se dessinaient comme deux lueurs qui firent presque pâlir la faible lumière de la bougie. Cependant il fallait une réponse.

— Monsieur, dit le général, votre langage est si extraordinaire, qu'à ma place vous... — Vous disposez de ma vie, s'écria l'étranger d'une voix terrible en interrompant son hôte. — Deux heures, dit le marquis irrésolu. — Deux heures, répéta l'homme.

Mais tout à coup il repoussa son chapeau par un geste de désespoir, se découvrit le front et lança, comme s'il voulait faire une dernière tentative, un regard dont la vive clarté pénétra l'âme du général. Ce jet d'intelligence et de volonté ressemblait à un éclair, et était écrasant comme la foudre, car il est des moments où les hommes sont investis d'un pouvoir inexplicable.

— Allez, qui que vous puissiez être, vous serez en sûreté sous mon toit, reprit gravement le maître du logis, qui crut obéir à l'un de ces mouvements instinctifs que l'homme ne sait pas toujours s'expliquer. — Dieu vous le rende, ajouta l'inconnu en laissant échapper un profond soupir. — Êtes-vous armé ? demanda le général.

Pour toute réponse, l'étranger lui donnant à peine le temps de jeter un coup d'œil sur sa pelisse, l'ouvrit et la replia lestement. Il était sans armes apparentes et dans le costume d'un jeune homme sortant du bal. Quelque rapide que fut l'examen du soupçonneux militaire, il en vit assez pour s'écrier :

— Où diable avez-vous pu vous éclabousser ainsi par un temps si sec ? — Encore des questions ! répondit-il avec un air de hauteur.

En ce moment, le marquis aperçut son fils et se souvint de la leçon qu'il venait de lui faire sur la stricte exécution de la parole donnée ; il fut si vivement contrarié de cette circonstance, qu'il lui dit, non sans un ton de colère : — Comment, petit drôle, te trouves-tu là au lieu d'être dans ton lit ? — Parce que j'ai cru pouvoir vous être utile dans le danger, répondit Gustave. — Allons, monte à ta chambre toi, le père adouci par la réponse de son fils. Et vous, dit-il en s'adressant à l'inconnu, suivez-moi.

Ils devinrent silencieux comme deux joueurs qui se défient l'un de l'autre. Le général commença même à concevoir de sinistres pressentiments. L'un ou l'autre lui pesait déjà sur le cœur comme un cauchemar, mais, donné par la foi du serment, il le conduisit à travers les corridors, les escaliers de sa maison, et le fit entrer dans une grande chambre située au second étage, précisément au-dessus du salon. Cette pièce inhabitée servait de séchoir en hiver, ne communiquait à aucun appartement, et n'avait d'autre décoration, sur ses quatre murs jaunis, qu'un méchant miroir laissé sur la cheminée par le précédent propriétaire, et une grande glace qui, s'étant trouvée sans emploi lors de l'emménagement du marquis, fut provisoirement mise en face de la cheminée. Le plancher de cette vaste mansarde n'avait jamais été balayé, l'air y était glacial, et deux vieilles chaises dépaillées en composaient tout le mobilier. Après avoir posé sa lanterne sur l'appui de la cheminée, le général dit à l'inconnu : — Votre sécurité veut que cette misérable mansarde vous serve d'asile. Et, comme vous avez ma parole pour le secret, vous me permettrez de vous y enfermer.

L'homme baissa la tête en signe d'adhésion.

— Je n'ai demandé qu'un asile, le secret et de l'eau, ajouta-t-il.

— Je vais vous en apporter, répondit le marquis, qui ferma la porte avec soin et descendit à tâtons dans le salon pour y venir prendre un flambeau afin d'aller chercher lui-même une carafe dans l'office. — Eh bien ! monsieur, qu'y a-t-il ? demanda vivement la marquise à son mari. — Rien, ma chère, répondit-il d'un air froid. — Mais nous avons écouté, et bien écouté, vous venez de conduire quelqu'un là-haut...

— Hélène, reprit le général en regardant sa fille, qui leva la tête vers lui, songez que l'honneur de votre père repose sur votre discrétion. Vous devez n'avoir rien entendu.

La jeune fille répondit par un mouvement de tête significatif. La marquise demeura tout interdite et piquée intérieurement de la manière dont s'y prenait son mari pour lui imposer silence. Le général alla prendre une carafe, un verre, et remonta dans la chambre où son prisonnier : il le trouva debout, appuyé contre le mur, près de la cheminée, la tête nue ; il avait jeté son chapeau sur une des deux chaises. L'étranger ne s'attendait sans doute pas à se voir vivement éclairé. Son front se plissa et sa figure devint soucieuse quand ses yeux rencontrèrent les yeux perçants du général ; mais il s'adoucit et prit une physionomie gracieuse pour remercier son protecteur. Lorsque ce dernier eut placé le verre et la carafe sur l'appui de la cheminée, l'inconnu, après lui avoir encore jeté son regard flamboyant, rompit le silence.

— Monsieur, dit-il d'une voix douce qui n'eut plus de convulsions nerveuses comme précédemment, mais qui néanmoins accusait encore un tremblement intérieur. Si vous restez là, je vous prierai de ne pas me regarder quand je boirai.

Contraint de toujours obéir à un homme qui lui déplaisait, le général se retourna brusquement. L'étranger tira de sa poche un mouchoir blanc, s'en enveloppa la main droite, puis il saisit la carafe, et but d'un trait l'eau qu'elle contenait. Sans penser à entendre son serment tacite, le marquis regarda machinalement dans la glace ; mais alors la correspondance des deux miroirs permettant à ses yeux de parfaitement embrasser l'inconnu, il vit le mouchoir se rougir soudain par le contact des mains, qui étaient pleines de sang.

— Ah ! vous m'avez regardé, s'écria l'homme, quand après avoir bu et s'être enveloppé dans son manteau il examina le général d'un air soupçonneux. Je suis perdu. *Ils* viennent, les voici ! — Je n'entends rien, dit le marquis. — Vous n'êtes pas intéressé, comme je le suis, à écouter dans l'espace. — Vous vous êtes donc battu en duel, que vous êtes ainsi couvert de sang ? demanda le général assez ému en considérant la couleur des larges taches dont les vêtements de son hôte étaient imbibés. — Oui, un duel, vous l'avez dit, répéta l'étranger en laissant errer sur ses lèvres un sourire amer.

En ce moment, le son des pas de plusieurs chevaux au grand galop retentit dans le lointain, mais ce bruit était faible comme les premières lueurs du matin. L'oreille exercée du général reconnut la marche des chevaux disciplinés par le régime de l'escadron.

— C'est la gendarmerie, dit-il.

Il jeta sur son prisonnier un regard de nature à dissiper les doutes qu'il avait pu lui suggérer par son indiscrétion involontaire, emporta la lumière et revint au salon. À peine posait-il la clef de la chambre haute sur la cheminée, que le bruit produit par la cavalerie grossit et s'approcha du pavillon avec une rapidité qui le fit tressaillir. En effet, les chevaux s'arrêtèrent à la porte de la maison. Après avoir échangé quelques paroles avec ses camarades, un cavalier descendit, frappa rudement, et obligea le général d'aller ouvrir. Le marquis ne fut pas maître d'une émotion secrète à l'aspect de six gendarmes dont les chapeaux bordés d'argent brillaient à la clarté de la lune.

— Monseigneur, lui dit le brigadier, n'avez-vous pas entendu tout à l'heure un homme courant vers la barrière ? — Vers la barrière ? Non. — Vous n'avez ouvert votre porte à personne ? — Ai-je donc l'habitude d'ouvrir moi-même ma porte ?... — Mais, pardon, mon général, en ce moment, il me semble que... — Ah ça ! s'écria le marquis avec un accent de colère, allez-vous me plaisanter ? avez-vous le droit... — Rien, rien, monseigneur, reprit doucement le brigadier. Vous excuserez notre zèle. Nous savons bien qu'un pair de France ne s'expose pas à recevoir un assassin à cette heure de la nuit, mais le désir d'avoir quelques renseignements... — Un assassin ! s'écria le

général. Et qui donc a été... — M. le marquis de Mauny vient d'être haché en je ne sais combien de morceaux, reprit le gendarme. Mais l'assassin est vivement poursuivi. Nous sommes certains qu'il est dans les environs, et nous allons le traquer. Excusez, mon général.

Le gendarme parlait en remontant à cheval, en sorte qu'il ne lui fut heureusement pas possible de voir la figure du général. Habitué à tout supposer, le brigadier aurait peut-être conçu des soupçons à l'aspect de cette physionomie ouverte où se peignaient si fidèlement les mouvements de l'âme.

— Sait-on le nom du meurtrier ? demanda le général. — Non, répondit le cavalier. Il a laissé le secrétaire plein d'or et de billets de banque, sans y toucher. — C'est une vengeance, dit le marquis. — Ah ! bah ! sur un vieillard !... Non, non, ce gaillard-là n'aura pas eu le temps de faire son coup.

Et le gendarme rejoignit ses compagnons qui galopaient déjà dans le lointain. Le général resta pendant un moment en proie à des perplexités faciles à comprendre. Bientôt il entendit ses domestiques qui revenaient en se disputant avec une sorte de chaleur, et dont les voix retentissaient dans le carrefour de Montreuil. Quand ils arrivèrent, sa colère, à laquelle il fallait un prétexte pour s'exhaler, tomba sur eux avec l'éclat de la foudre. Sa voix fit trembler les échos de la maison. Puis il s'apaisa tout à coup, lorsque le plus hardi, le plus adroit d'entre eux, son valet de chambre, excusa leur retard en lui disant qu'ils avaient été arrêtés à l'entrée de Montreuil par des gendarmes et des agents de police en quête d'un assassin. Le général se tut soudain. Puis, rappelé par ce mot aux devoirs de sa singulière position, il ordonna sèchement à tous ses gens d'aller se coucher aussitôt en les laissant étonnés de la facilité avec laquelle il admettait le mensonge du valet de chambre.

Mais, pendant que ces événements se passaient dans la cour, un incident assez léger en apparence avait changé la situation des autres personnages qui figurent dans cette histoire. À peine le marquis était-il sorti que sa femme, jetant alternativement les yeux sur la clef de la mansarde et sur Hélène, finit par dire à voix basse en se penchant vers sa fille : — Hélène, votre père a laissé la clef sur la cheminée.

La jeune fille étonnée leva la tête, et regarda timidement sa mère, dont les yeux pétillaient de curiosité.

— Eh bien ! maman ? répondit-elle d'une voix troublée. — Je voudrais bien savoir ce qui se passe là-haut. S'il y a une personne, elle n'a pas encore bougé. Vas-y donc. — Moi ? dit la jeune fille avec une sorte d'effroi. — As-tu peur ? — Non, madame, mais je crois avoir distingué le pas d'un homme. — Si je pouvais y aller moi-même, je ne vous aurais pas priée de monter, Hélène, reprit sa mère avec un ton de dignité froide. Si votre père rentrait et ne me trouvait pas, il me chercherait peut-être, tandis qu'il ne s'apercevra pas de votre absence. — Madame, répondit Hélène, si vous me le commandez, j'irai, mais je perdrai l'estime de mon père... Mais puisque vous prenez au sérieux, ce que je ne dis pas par plaisanterie, maintenant je vous ordonne d'aller voir qui est là-haut. Voici la clef, ma fille ! Votre père, en vous recommandant le silence sur ce qui se passe en ce moment chez lui, ne vous a point interdit de monter à cette chambre. Allez, et sachez qu'une mère ne doit jamais être jugée par sa fille.

Après avoir prononcé ces dernières paroles avec toute la sévérité d'une mère offensée, la marquise prit la clef et la remit à Hélène, qui se leva sans dire un mot, et quitta le salon.

— Ma mère saura toujours bien obtenir son pardon, mais moi je serai perdue dans l'esprit de mon père. Veut-elle donc me priver de la tendresse qu'il a pour moi, me chasser de sa maison ?

Ces idées fermentèrent soudain dans son imagination pendant qu'elle marchait sans lumière le long du corridor, au fond duquel était la porte de la chambre mystérieuse. Quand elle y arriva, le désordre de ses pensées eut quelque chose de fatal. Cette espèce de méditation confuse servit à faire déborder mille sentiments contenus jusque-là dans son cœur. Ne croyant peut-être déjà plus en un heureux avenir, elle acheva, dans ce moment affreux, de désespérer de sa vie. Elle trembla convulsivement en approchant la clef de la serrure et son émotion devint même si forte, qu'elle s'arrêta pendant un instant pour mettre la main sur son cœur, comme si elle avait le pouvoir d'en calmer les battements profonds et sonores. Enfin elle ouvrit la porte. Le cri des gonds n'avait sans doute pas même frappé l'oreille du meurtrier. Quoique son ouïe fût très-fine, il resta presque collé sur le mur, immobile et comme perdu dans ses pensées. Le cercle de lumière projeté par la lanterne l'éclairait faiblement, et il ressemblait, dans cette zone de clair-obscur, à ces sombres statues de chevaliers, toujours debout à l'encoignure de quelque tombe noire sous les chapelles gothiques. Des gouttes de sueur froide sillonnaient son front jaune et large. Une audace incroyable brillait sur ce visage fortement contracté. Ses yeux de feu, fixes et secs, semblaient contempler un combat dans l'obscurité qui était devant lui. Des pensées tumultueuses passaient rapidement sur cette face, dont l'expression ferme et précise indiquait une âme supérieure. Son corps, son attitude, ses proportions, s'accordaient avec son génie sauvage. Cet homme était tout force et tout puissance, et il envisageait les ténèbres comme une visible image de son avenir. Habitué à voir les figures énergiques des géants qui se pressaient autour de Napoléon, et préoccupé par une curiosité morale, le général n'avait pas fait attention aux singularités physiques de cet homme extraordinaire ; mais, sujette, comme toutes les femmes, aux impressions extérieures, Hélène fut saisie par le mélange de lumière et d'ombre, de grandiose et de passion, par un poétique chaos qui donnait à l'inconnu l'apparence de Lucifer se relevant de sa chute. Tout à coup la tempête peinte sur ce visage s'apaisa comme par magie, et l'indéfinissable empire dont l'étranger était, à son insu peut-être, le principe et l'effet, se répandit autour de lui avec la progressive rapidité d'une inondation. Un torrent de pensées découla de son front au moment où ses traits reprirent leurs formes naturelles. *Charmée*, soit par l'étrangeté de cette entrevue, soit par le mystère dans lequel elle pénétrait, la jeune fille put alors admirer une physionomie douce et pleine d'intérêt. Elle resta pendant quelque temps dans un prestigieux silence et en proie à des troubles jusqu'alors inconnus à sa jeune âme. Mais bientôt, soit qu'Hélène eût laissé échapper une exclamation, eût fait un mouvement ; soit que l'assassin, revenant du monde idéal au monde réel, entendit une autre respiration que la sienne, il tourna la tête vers la fille de son hôte, et aperçut indistinctement dans l'ombre la figure sublime et les formes majestueuses d'une créature qu'il dut prendre pour un ange, à la voir immobile et vague comme une apparition.

— Monsieur ! dit-elle d'une voix palpitante.

Le meurtrier tressaillit.

— Une femme ! s'écria-t-il doucement. Est-ce possible ? Éloignez-vous, reprit-il. Je ne reconnais à personne le droit de me plaindre, de m'absoudre ou de me condamner. Je dois vivre seul. Allez, mon enfant, ajouta-t-il avec un geste de souveraineté, je reconnaîtrais mal le service que me rend le maître de cette maison, si je laissais une seule des personnes qui l'habitent respirer le même air que moi. Il faut me soumettre aux lois du monde.

Cette dernière phrase fut prononcée à voix basse. En achevant d'embrasser par sa profonde intuition les misères que réveilla cette idée mélancolique, il jeta sur Hélène un regard de serpent, et remua dans le cœur de cette singulière jeune fille un monde de pensées encore endormi chez elle. Ce fut comme une lumière qui lui aurait éclairé des pays inconnus. Son âme fut terrassée, subjuguée, sans qu'elle trouvât la force de se défendre contre le pouvoir magnétique de ce regard, quelque involontairement lancé qu'il fût. Honteuse et tremblante, elle sortit et ne revint au salon qu'un instant avant le retour de son père, en sorte qu'elle ne put rien dire à sa mère.

Le général, tout préoccupé, se promena silencieusement, les bras croisés, allant d'un pas uniforme des fenêtres qui donnaient sur la rue aux fenêtres du jardin. Sa femme gardait Abel endormi. Moïna, posée

Le général. — PAGE 30.

sur la bergère comme un oiseau dans son nid, sommeillait insoucieuse. La sœur aînée tenait une pelote de soie dans une main, dans l'autre une aiguille, et contemplait le feu. Le profond silence qui régnait au salon, au dehors et dans la maison, n'était interrompu que par les pas traînants des domestiques, qui allèrent se coucher un à un ; par quelques rires étouffés, dernier écho de leur joie et de la fête nuptiale ; puis encore par les portes de leurs chambres respectives, au moment où ils les ouvrirent en se parlant les uns aux autres, et quand ils les fermèrent. Quelques bruits sourds retentirent encore auprès des lits. Une chaise tomba. La toux d'un vieux cocher résonna faiblement et se tut. Mais bientôt la sombre majesté qui éclate dans la nature endormie à minuit domina partout. Les étoiles seules brillaient. Le froid avait saisi la terre. Pas un être ne parla, ne remua. Seulement le feu bruissait, comme pour faire comprendre la profondeur du silence. L'horloge de Montreuil sonna une heure. En ce moment des pas extrêmement légers retentirent faiblement dans l'étage supérieur. Le marquis et sa fille, certains d'avoir enfermé l'assassin de M. de Mauny, attribuèrent ces mouvements à une des femmes, et ne furent pas étonnés d'entendre ouvrir les portes de la pièce qui précédait le salon. Tout à coup le meurtrier apparut au milieu d'eux. La stupeur dans laquelle le marquis était plongé, la vive curiosité de la mère et l'étonnement de la fille lui ayant permis d'avancer presque au milieu du salon, il dit au général d'une voix singulièrement calme et mélodieuse : — Monseigneur, les deux heures vont expirer. — Vous ici ! s'écria le général. Par quelle puissance ? Et, d'un regard terrible, il interrogea sa femme et ses enfants. Hélène devint rouge comme le feu. — Vous, reprit le militaire d'un ton pénétré, vous au milieu de nous ! Un assassin couvert de sang ici ! Vous souillez ce tableau ! Sortez, sortez, ajouta-t-il avec un accent de fureur.

Au mot d'assassin, la marquise jeta un cri. Quant à Hélène, ce mot sembla décider de sa vie, son visage n'accusa pas le moindre étonnement. Elle semblait avoir attendu cet homme. Ses pensées si vastes eurent un sens. La punition que le ciel réservait à ses fautes éclatait. Se croyant aussi criminelle que l'était cet homme, la jeune fille le regarda d'un œil serein : elle était sa compagne, sa sœur. Pour elle, un commandement de Dieu se manifestait dans cette circonstance. Quelques années plus tard, la raison aurait fait justice de ses remords, mais en ce moment ils la rendaient insensée. L'étranger resta immobile et froid. Un sourire de dédain se peignit dans ses traits et sur ses larges lèvres rouges.

— Vous reconnaissez bien mal la noblesse de mes procédés envers vous, dit-il lentement. Je n'ai pas voulu toucher de mes mains le verre dans lequel vous m'avez donné de l'eau pour apaiser ma soif. Je n'ai pas même pensé à laver mes mains tachées de sang sous votre toit, et j'en sors n'y ayant laissé de *mon crime* (à ces mots ses lèvres se comprimèrent) que l'idée. en essayant de passer ici sans laisser de trace. Enfin je n'ai pas même permis à votre fille de... — Ma fille ! s'écria le général en jetant sur Hélène un coup d'œil d'horreur. Ah !

malheureux, sors, ou je te tue. — Les deux heures ne sont pas expirées. Vous ne pouvez ni me tuer ni me livrer sans perdre votre propre estime et — la mienne.

A ce dernier mot, le militaire stupéfait essaya de contempler le criminel; mais il fut obligé de baisser les yeux, il se sentait hors d'état de soutenir l'insupportable éclat d'un regard qui pour la seconde fois lui désorganisait l'âme. Il craignait de mollir encore en reconnaissant que sa volonté s'affaiblissait déjà.

— Assassiner un vieillard! Vous n'avez donc jamais vu de famille? dit-il alors en lui montrant par un geste paternel sa femme et ses enfants. — Oui, un vieillard, répéta l'inconnu dont le front se contracta légèrement. — L'avoir coupé en morceaux! — Je l'ai coupé en morceaux, reprit l'assassin avec calme. — Fuyez! s'écria le général sans oser regarder son hôte. Notre pacte est rompu. Je ne vous tuerai pas. Non! je ne me ferai jamais le pourvoyeur de l'échafaud. Mais sortez, vous nous faites horreur. — Je le sais, répondit le criminel avec résignation. Il n'y a pas de terre en France où je puisse poser mes pieds avec sécurité; mais, si la justice savait, comme Dieu, juger les spécialités; si elle daignait s'enquérir qui, de l'assassin ou de la victime, est le monstre, je resterais fièrement parmi les hommes. Ne devinez-vous pas des crimes antérieurs chez un homme qu'on vient de hacher? Je me suis fait juge et bourreau, j'ai remplacé la justice humaine impuissante. Voilà mon crime. Adieu, monsieur. Malgré l'amertume que vous avez jetée dans votre hospitalité, j'en garderai le souvenir. J'aurai encore dans l'âme un sentiment de reconnaissance pour un homme dans le monde, c'est vous... Mais je vous aurais voulu plus généreux.

Il alla vers la porte. En ce moment la jeune fille se pencha vers sa mère et lui dit un mot à l'oreille.

— Ah!..... Ce cri échappé à sa femme fit tressaillir le général, comme s'il eût vu Moïna morte.. Hélène était debout, et le meurtrier s'était instinctivement retourné, montrant sur sa figure une sorte d'inquiétude pour cette famille. — Qu'avez-vous, ma chère? demanda le marquis. — Hélène veut le suivre, dit-elle.

Le meurtrier rougit.

— Puisque ma mère traduit si mal une exclamation presque involontaire, dit Hélène à voix basse, je réaliserai ses vœux.

Après avoir jeté un regard de fierté presque sauvage autour d'elle, la jeune fille baissa les yeux et resta dans une admirable attitude de modestie.

— Hélène, dit le général, vous êtes allée là-haut dans la chambre où j'avais mis...? — Oui, mon père. — Hélène, demanda-t-il d'une voix altérée par un tremblement convulsif, est-ce la première fois que vous avez vu cet homme? — Oui, mon père. — Il n'est pas alors naturel que vous ayez le dessein de... — Si cela n'est pas naturel, au moins cela est vrai, mon père. — Ah! ma fille?... dit la marquise à voix basse, mais de manière à ce que son mari l'entendît. Hélène, vous mentez à tous les principes d'honneur, de modestie, de vertu, que j'ai tâché de développer dans votre cœur. Si vous n'avez été que

Le meurtrier. — PAGE 52.

mensonge jusqu'à cette heure fatale, alors vous n'êtes point regrettable. Est-ce la perfection morale de cet inconnu qui vous tente? serait-ce l'espèce de puissance nécessaire aux gens qui commettent un crime?... Je vous estime trop pour supposer... — Oh! supposez tout, madame, répondit Hélène d'un ton froid.

Mais, malgré la force de caractère dont elle faisait preuve en ce moment, le feu de ses yeux absorba difficilement les larmes qui roulèrent dans ses yeux. L'étranger devina le langage de la mère par les pleurs de la jeune fille, et lança son coup d'œil d'aigle sur la marquise, qui fut obligée, par un irrésistible pouvoir, de regarder ce terrible séducteur. Or, quand les yeux de cette femme rencontrèrent les yeux clairs et luisants de cet homme, elle éprouva dans l'âme un frisson semblable à la commotion qui nous saisit à l'aspect d'un reptile ou lorsque nous touchons à une bouteille de Leyde.

— Mon ami, cria-t-elle à son mari, c'est le démon. Il devine tout.

Le général se leva pour saisir un cordon de sonnette.

— Il vous perd, dit Hélène au meurtrier.

L'inconnu sourit, fit un pas, arrêta le bras du marquis, le força de supporter un regard qui versait la stupeur, et le dépouilla de son énergie.

— Je vais vous payer votre hospitalité, dit-il, et nous serons quittes. Je vous épargnerai un déshonneur en me livrant moi-même. Après tout, que ferais-je maintenant dans la vie?

— Vous pouvez vous repentir, répondit Hélène en lui adressant une de ces espérances qui ne brillent que dans les yeux d'une jeune fille.

— Je ne me repentirai jamais, dit le meurtrier d'une voix sonore et en levant fièrement la tête.

— Ses mains sont teintes de sang, dit le père à sa fille.

— Je les essuierai, répondit-elle.

— Mais, reprit le général sans se hasarder à lui montrer l'inconnu, savez-vous s'il veut de vous seulement?

Le meurtrier s'avança vers Hélène, dont la beauté, quelque chaste et recueillie qu'elle fût, était comme éclairée par une lumière intérieure dont les reflets coloraient et mettaient, pour ainsi dire, en relief les moindres traits et les lignes les plus délicates; puis, après avoir jeté sur cette ravissante créature un doux regard, dont la flamme était encore terrible, il dit en trahissant une vive émotion :

— N'est-ce pas vous aimer pour vous-même et m'acquitter des deux heures d'existence que m'a vendues votre père que de me refuser à votre dévouement? — Et vous aussi vous me repoussez! s'écria Hélène avec un accent qui déchira les cœurs. Adieu donc à tous, je vais aller mourir. — Qu'est-ce que cela signifie! lui dirent ensemble son père et sa mère.

Elle resta silencieuse et baissa les yeux après avoir interrogé la marquise par un coup d'œil éloquent. Depuis le moment où le général et sa femme avaient essayé de combattre par la parole ou par l'action l'étrange privilège que l'inconnu s'arrogeait en restant au milieu d'eux, et que ce dernier leur avait lancé l'étourdissante lumière qui jaillissait de ses yeux, ils étaient soumis à une torpeur inexplicable, et leur raison engourdie les aidait mal à repousser la puissance surnaturelle sous laquelle ils succombaient. Pour eux l'air était devenu lourd, et ils respiraient difficilement, sans pouvoir accuser celui qui les opprimait ainsi, quoiqu'une voix intérieure ne leur laissât pas ignorer que cet homme magique était le principe de leur impuissance. Au milieu de cette agonie morale, le général devina que ses efforts devaient avoir pour objet d'influencer la raison chancelante de sa fille : il la saisit par la taille et la transporta dans l'embrasure d'une croisée, loin du meurtrier.

— Mon enfant chérie, lui dit-il à voix basse, si quelque amour étrange était né tout à coup dans ton cœur, ta vie pleine d'innocence, ton âme pure et pieuse m'ont donné trop de preuves de caractère pour ne pas te supposer l'énergie nécessaire à dompter un mouvement de folie. Ta conduite cache donc un mystère. Eh bien ! mon cœur est un cœur plein d'indulgence, tu peux tout lui confier ; quand même tu le déchirerais, je saurais, mon enfant, taire mes souffrances et garder à ta confession un silence fidèle. Voyons, es-tu jalouse de notre affection pour tes frères ou ta jeune sœur ? As-tu dans l'âme un chagrin d'amour ? Es-tu malheureuse ici ? Parle : explique-moi les raisons qui te poussent à laisser ta famille, à l'abandonner, à la priver de son plus grand charme, à quitter ta mère, tes frères, ta petite sœur. — Mon père, répondit-elle, je ne suis ni jalouse ni amoureuse de personne, pas même de votre ami le diplomate, M. de Vandenesse.

La marquise pâlit, et sa fille, qui l'observait, s'arrêta.

— Ne dois-je pas tôt ou tard aller vivre sous la protection d'un homme ? — Cela est vrai. — Savons-nous jamais, dit-elle en continuant, à quel être nous lions nos destinées ? Moi, je crois en cet homme. — Enfant, dit le général en élevant la voix, tu ne songes pas à toutes les souffrances qui vont t'assaillir. — Je pense aux siennes... — Quelle vie ! dit le père. — Une vie de femme, répondit la fille en murmurant. — Vous êtes bien savante ! s'écria la marquise en retrouvant la parole. — Madame, les demandes me dictent les réponses ; mais, si vous le désirez, je parlerai plus clairement — Dites tout, ma fille, je suis mère. Ici la fille regarda la mère, et ce regard lui fit faire une pause à la marquise. — Hélène, je subirai vos reproches, si vous en avez à me faire, plutôt que de vous voir suivre un homme que tout le monde fuit avec horreur. — Vous voyez bien, madame, que sans moi il serait seul. — Assez, madame, s'écria le général, nous n'avons plus qu'une fille. Et il regarda Moïna qui dormait toujours. — Je vous enfermerai dans un couvent, ajouta-t-il en se tournant vers Hélène. — Soit, mon père, répondit-elle avec un calme désespérant, j'y mourrai. Vous n'êtes comptable de ma vie et de son âme qu'à Dieu.

Un profond silence succéda soudain à ces paroles. Les spectateurs de cette scène, où tout froissait les sentiments vulgaires de la vie sociale, n'osaient se regarder. Tout à coup le marquis aperçut ses pistolets, en saisit un, l'arma vivement et le dirigea sur l'étranger. Au bruit que fit la batterie, cet homme se retourna, jeta son regard calme et perçant sur le général, dont le bras, détendu par une invincible mollesse, retomba lourdement, et le pistolet coula sur le tapis...

— Ma fille, dit alors le père abattu par cette lutte effroyable, vous êtes libre. Embrassez votre mère si elle y consent. Quant à moi, je ne veux plus ni vous voir ni vous entendre... — Hélène, dit la mère à la jeune fille, pensez donc que vous serez dans la misère.

Une espèce de râle, parti de la large poitrine du meurtrier, attira les regards sur lui. Une expression dédaigneuse était peinte sur sa figure.

— L'hospitalité que je vous ai donnée me coûte cher, s'écria le général en se levant. Vous n'avez tué tout à l'heure qu'un vieillard, ici vous assassinez toute une famille. Quoi qu'il arrive, il y aura du malheur dans cette maison. — Et si votre fille est heureuse ? demanda le meurtrier en regardant fixement le militaire. — Si elle est heureuse avec vous, répondit le père en faisant un incroyable effort, je ne la regretterai pas.

Hélène s'agenouilla timidement devant son père, et lui dit d'une voix caressante : — O mon père, je vous aime et vous vénère, que vous me prodiguiez des trésors de votre bonté ou les rigueurs de la disgrâce... Mais, je vous supplie, que vos dernières paroles ne soient pas des paroles de colère.

Le général n'osa pas contempler sa fille. En ce moment l'étranger s'avança, et, jetant sur Hélène un sourire où il y avait à la fois quelque chose d'infernal et de céleste : — Vous qu'un meurtrier n'épouvante pas, ange de miséricorde, dit-il, venez, puisque vous persistez à me confier votre destinée. — Inconcevable ! s'écria le père.

La marquise lança sur sa fille un regard extraordinaire, et lui ouvrit ses bras. Hélène s'y précipita en pleurant.

— Adieu, dit-elle, adieu, ma mère !

Hélène fit hardiment un signe à l'étranger, qui tressaillit. Après avoir baisé la main de son père, embrassé précipitamment, mais sans plaisir, Moïna et le petit Abel, elle disparut avec le meurtrier.

— Par où vont-ils ? s'écria le général en écoutant les pas des deux fugitifs. — Madame, reprit-il en s'adressant à sa femme, je crois rêver : cette aventure me cache un mystère. Vous devez le savoir.

La marquise frissonna.

— Depuis quelque temps, répondit-elle, votre fille était devenue extraordinairement romanesque et singulièrement exaltée. Malgré mes soins à combattre cette tendance de son caractère... — Cela n'est pas clair...

Mais, s'imaginant entendre dans le jardin les pas de sa fille et de l'étranger, le général s'interrompit pour ouvrir précipitamment la croisée.

— Hélène ! cria-t-il.

Cette voix se perdit dans la nuit comme une vaine prophétie. En prononçant ce nom, auquel ne répondait plus dans le monde, le général rompit, comme par enchantement, le charme auquel une puissance diabolique l'avait soumis. Une sorte d'esprit lui passa sur la face. Il vit clairement la scène qui venait de se passer, et maudit sa faiblesse, qu'il ne comprenait pas. Un frisson chaud alla de son cœur à sa tête, à ses pieds ; il redevint lui-même, terrible, affamé de vengeance, et poussa un effroyable cri.

— Au secours ! au secours !...

Il courut aux cordons des sonnettes, les tira de manière à les briser, après avoir fait retentir des tintements étranges. Tous ses gens s'éveillèrent en sursaut. Pour lui, criant toujours, il ouvrit les fenêtres de la rue, appela les gendarmes, trouva ses pistolets, les tira pour accélérer la marche des cavaliers, le lever de ses gens et la venue des voisins. Les chiens reconnurent alors la voix de leur maître et aboyèrent, les chevaux hennirent et piaffèrent. Ce fut un tumulte affreux au milieu de cette nuit calme. En descendant par les escaliers pour courir après sa fille, le général vit ses gens épouvantés, qui arrivaient de toutes parts.

— Ma fille ! Hélène est enlevée. Allez dans le jardin ! Gardez la rue ! Ouvrez à la gendarmerie ! A l'assassin !

Aussitôt il brisa, par un effort de rage, la chaîne qui retenait le gros chien de garde.

— Hélène ! Hélène ! lui dit-il.

Le chien bondit comme un lion, aboya furieusement et s'élança dans le jardin si rapidement, que le général ne put le suivre. En ce moment le galop des chevaux retentit dans la rue, et le général s'empressa d'ouvrir lui-même.

— Brigadier, s'écria-t-il, allez couper la retraite à l'assassin de M. de Mauny. Ils s'en vont par mes jardins. Vite, cernez les chemins de la butte de Picardie, je vais faire une battue dans toutes les terres, les parcs, les maisons. — Vous autres, dit-il à ses gens, veillez en la rue, et tenez la ligne depuis la barrière jusqu'à Versailles. En avant tous !

Il se saisit d'un fusil que lui apporta son valet de chambre, et s'élança dans les jardins en criant au chien : — Cherche ! D'affreux aboiements lui répondirent dans le lointain, et il se dirigea dans la direction d'où les râlements du chien semblaient venir.

A sept heures du matin, les recherches de la gendarmerie, du général, de ses gens et des voisins avaient été inutiles. Le chien n'était pas revenu. Harassé de fatigue et vieilli par le chagrin, le marquis rentra dans son salon, désert pour lui, quoique ses trois autres enfants y fussent.

— Vous avez été bien froide pour votre fille, dit-il en regardant sa femme. — Voilà donc ce qui nous reste d'elle ! ajouta-t-il en montrant le métier où il voyait une fleur commencée. Elle était, tout à l'heure, et maintenant, perdue, perdue !

Il pleura, se cacha la tête dans ses mains, et resta un moment silencieux, n'osant plus contempler ce salon, qui naguère lui offrait le tableau le plus suave du bonheur domestique. Les lueurs de l'aurore luttaient avec les lampes expirantes, les bougies brûlaient leurs festons de papier, tout s'accordait avec le désespoir de ce père.

— Il faudra détruire ceci, dit-il après un moment de silence et en montrant le métier. Je ne pourrais plus rien voir de ce qui nous le rappelle...

La terrible nuit de Noël, pendant laquelle le marquis et sa femme eurent le malheur de perdre leur fille aînée sans avoir pu s'opposer à l'étrange domination exercée par son ravisseur involontaire, fut comme un avis que leur donna la fortune. La faillite d'un agent de change ruina le marquis. Il hypothéqua les biens de sa femme pour tenter d'une spéculation dont les bénéfices devaient restituer à sa famille toute sa première fortune, mais cette entreprise acheva de le ruiner. Poussé par son désespoir à tout tenter, le général s'expatria. Six ans s'étaient écoulés depuis son départ. Quoique sa famille eût rarement reçu de ses nouvelles, quelques jours avant la reconnaissance de l'indépendance des républiques américaines par l'Espagne, il avait annoncé son retour.

Donc, par une belle matinée, quelques négociants français, impatients de revenir dans leur patrie avec des richesses acquises au prix de longs travaux et de périlleux voyages entrepris, soit au Mexique, soit dans la Colombie, se trouvaient à quelques lieues de Bordeaux, sur un brick espagnol. Un homme, vieilli par les fatigues ou par le chagrin plus que ne le comportaient ses années, était appuyé sur le bastingage et paraissait insensible au spectacle qui s'offrait aux regards des passagers groupés sur le tillac. Echappés aux dangers de la navigation et conviés par la beauté du jour, tous étaient montés sur le pont comme pour saluer la terre natale. La plupart d'entre eux voulaient absolument voir, dans le lointain, les phares, les édifices de la Gascogne, la tour de Cordouan, mêlés aux créations fantastiques de quelques nuages blancs qui s'élevaient à l'horizon. Sans la frange argentée qui badinait devant le brick, sans le long sillon rapidement effacé qu'il traçait derrière lui, les voyageurs auraient pu se croire immobiles au milieu de l'Océan, tant la mer y était calme. Le ciel avait une pureté ravissante. La teinte foncée de sa voûte arrivait, par d'insensibles dégradations, à se confondre avec la couleur des eaux bleuâtres, en marquant le point de sa réunion par une ligne dont la clarté scintillait aussi vivement que celle des étoiles. Le soleil faisait étinceler des millions de facettes dans l'immense étendue de la mer, en sorte que les vastes plaines de l'eau étaient plus lumineuses peut-être que les campagnes du firmament. Le brick avait toutes ses voiles gonflées par un vent d'une merveilleuse douceur, et ces nappes aussi blanches que la neige, ces pavillons jaunes flottants, ce dédale de cordages, se dessinaient avec une précision rigoureuse sur le fond brillant de l'air, du ciel et de l'Océan, sans avoir d'autres teintes que celles des ombres projetées par les toiles vaporeuses. Un beau jour, un vent frais, la vue de la patrie, une mer tranquille, un bruissement mélancolique, un joli brick solitaire glissant sur l'Océan comme une femme qui vole à un rendez-vous, c'était un tableau plein d'harmonies, une scène d'où l'âme humaine pouvait embrasser d'immuables espaces, en partant d'un point où tout était mouvement. Il y avait une étonnante opposition de solitude et de vie, de silence et de bruit, sans qu'on pût savoir où était le bruit et la vie, le néant et le silence aussi pas une voix humaine ne rompait-elle ce charme céleste. Le capitaine espagnol, ses matelots, les Français, restaient assis ou debout, tous plongés dans une extase religieuse pleine de souvenirs. Il y avait de la paresse dans l'air. Les figures épanouies accusaient un oubli complet des maux passés, et ces hommes se balançaient sur ce doux navire comme dans un songe d'or. Cependant, de temps en temps, le vieux passager, appuyé sur le bastingage, regardait l'horizon avec une sorte d'inquiétude. Il y avait une défiance du sort écrite dans tous ses traits, et il semblait craindre de ne jamais toucher assez vite la terre de France. Cet homme était le marquis. La fortune n'avait pas été sourde aux cris et aux efforts de son désespoir. Après cinq ans de tentatives et de travaux pénibles, il s'était vu possesseur d'une fortune considérable. Dans son impatience de revoir son pays et d'apporter le bonheur à sa famille, il avait suivi l'exemple de quelques négociants français de la Havane en s'embarquant avec eux sur un vaisseau espagnol en charge pour Bordeaux. Néanmoins son imagination, lassée de prévoir le mal, lui traçait les images les plus délicieuses de son bonheur passé. En voyant de loin la ligne brune décrite par la terre, il croyait contempler sa femme et ses enfants. Il était à sa place, au foyer, et s'y sentait pressé, caressé. Il se figurait Moïna, belle, grandie, imposante comme une jeune fille. Quand ce tableau fantastique eut pris une sorte de réalité, des larmes roulèrent dans ses yeux, alors, comme pour cacher son trouble, il regarda l'horizon humide, opposé à la ligne brumeuse qui annonçait la terre.

— C'est lui, dit-il, il nous suit. — Qu'est-ce? s'écria le capitaine espagnol. — Un vaisseau, répondit à voix basse le général. — Je l'ai déjà vu hier, répondit le capitaine Gomez. Il contempla le Français comme pour l'interroger. Il nous a toujours donné la chasse, dit-il alors à l'oreille du général. — Et je ne sais pas pourquoi il ne nous a pas jamais rejoints, reprit le vieux militaire, car c'est meilleur voilier que votre beau Saint-Ferdinand. — Il aura eu des avaries, une voie d'eau. — Il nous gagne, s'écria le Français. — C'est un corsaire colombien, lui dit à l'oreille le capitaine. Nous sommes encore à six lieues de terre, et le vent faiblit. — Il ne marche pas, il vole, comme s'il savait que dans deux heures sa proie lui aura échappé. Quelle hardiesse! — Lui! s'écria le capitaine. Ah! il ne s'appelle pas l'Othello sans raison. Il a dernièrement coulé bas une frégate espagnole, et n'a cependant pas plus de trente canons! Je n'avais peur que de lui, car je n'ignorais pas qu'il croisait dans les Antilles... Ah! ah! reprit-il après une pause pendant laquelle il regarda les voiles de son vaisseau, le vent s'élève nous arriverons. Il le faut, le Parisien serait impitoyable. — Lui aussi arrive! répondit le marquis.

L'Othello n'était plus guère qu'à trois lieues. Quoique l'équipage n'eût pas entendu la conversation du marquis et du capitaine Gomez, l'apparition de ce voilier avait amené la plupart des matelots et des passagers vers l'endroit où étaient les deux interlocuteurs, mais presque tous, prenant le brick pour un bâtiment de commerce, le voyaient venir avec intérêt, quand tout à coup un matelot s'écria dans un langage énergique : — Par saint Jacques, nous sommes flambés, voici le capitaine parisien.

A ce nom terrible, l'épouvante se répandit dans le brick, et ce fut une confusion que rien ne saurait exprimer. Le capitaine espagnol imprima par sa parole une énergie momentanée à ses matelots, et, dans ce danger, voulant gagner la terre à quelque prix que ce fût, il essaya de faire mettre promptement toutes ses bonnettes hautes et basses, tribord et bâbord, pour présenter au vent l'entière surface de toile qui garnissait ses vergues. Mais ce ne fut pas sans de grandes difficultés que les manœuvres s'accomplirent : elles manquèrent naturellement de cet ensemble admirable qui séduit tant dans un vaisseau de guerre. Quoique l'Othello volât comme une hirondelle, grâce à l'orientement de ses voiles, il gagnait cependant si peu en apparence, que les malheureux Français se firent une douce illusion. Tout à coup, au moment où, après des efforts inouïs, le Saint-Ferdinand prenait un nouvel essor par suite des habiles manœuvres auxquelles Gomez avait aidé lui-même du geste et de la voix, par un faux coup de barre, volontaire sans doute, le timonier mit le brick en travers. Les voiles, frappées de côté par le vent, fasèyèrent alors si brusquement, qu'il vint à masquer en grand, les boute-hors se rompirent, et il fut complètement démâté. Une rage inexprimable rendit le capitaine plus blanc que ses voiles. D'un seul bond, il sauta sur le timonier, et l'atteignit si furieusement de son poignard, qu'il le manqua, mais il le précipita dans la mer, puis il saisit la barre, et tâcha de remédier au désordre épouvantable qui révolutionnait son brave et courageux navire. Des larmes de désespoir roulaient dans ses yeux, car nous éprouvons plus de chagrin d'une trahison qui trompe un résultat dû à notre talent, que d'une mort imminente. Mais plus le capitaine jura, moins il besogna. Il tira lui-même le canon d'alarme, espérant être entendu de la côte. En ce moment, le corsaire, qui arrivait avec une vitesse désespérante, lui répondit par un coup de canon dont le boulet vint expirer à dix toises du Saint-Ferdinand.

— Tonnerre! s'écria le général, comme c'est pointé! Ils ont des caronades faites exprès. — Oh! celui-là, voyez-vous, quand il parle, il faut se taire, répondit le matelot. Le Parisien ne craindrait pas un vaisseau anglais. — Tout est dit, s'écria dans un accent de désespoir le capitaine, qui, ayant braqué sa longue-vue, ne distingua rien du côté de la terre... — Nous sommes encore plus loin de la France que je ne le croyais. — Pourquoi vous désoler? reprit le général. Tous vos passagers sont Français, ils ont frété votre bâtiment. Ce corsaire est un Parisien, dites-vous, eh bien! hissez pavillon blanc, et... — Et il nous coulera, répondit le capitaine. N'est-il pas, suivant les circonstances, ce qu'il lui faut être quand il veut s'emparer d'une riche proie? — Ah! si c'est un pirate! — Pirate! dit le matelot d'un air farouche. Ah! il est toujours en règle, ou sait s'y mettre. — Eh bien! s'écria le général en levant les yeux au ciel, résignons-nous, et il eut encore assez de force pour retenir ses larmes.

Comme il achevait ces mots, un second coup de canon, mieux adressé, envoya dans la coque du Saint-Ferdinand un boulet qui la traversa.

— Mettez en panne, dit le capitaine d'un air triste.

Et le matelot qui avait défendu l'honnêteté du Parisien aida fort intelligemment à cette manœuvre désespérée. L'équipage attendit pendant une mortelle demi-heure, en proie à la consternation la plus profonde. Le Saint-Ferdinand portait en piastres quatre millions, qui composaient la fortune de cinq passagers, et celle du général était de onze cent mille francs. Enfin l'Othello, qui se trouvait alors à dix portées de fusil, montra distinctement les gueules menaçantes de douze canons prêts à faire feu. Il semblait emporté par un vent que le diable soufflait exprès pour lui; mais l'œil d'un marin habile devinait facilement le secret de cette vitesse. Il suffisait de contempler pendant un moment l'élancement du brick, sa forme allongée, son étroitesse, la hauteur de sa mâture, la coupe de sa toile, l'admirable légèreté de son gréement, et l'aisance avec laquelle son monde de matelots unis comme un seul homme, ménageaient le parfait orientement de la surface blanche présentée par ces voiles. Tout annonçait une incroyable sécurité de puissance dans cette svelte créature de bois, aussi rapide, aussi intelligente que l'est un coursier ou quelque oiseau de proie. L'équipage du corsaire était silencieux et prêt, en cas de résistance, à dévorer le pauvre bâtiment marchand, qui, heureusement pour lui, se tint coi, semblable à un écolier pris en faute par son maître.

— Nous avons des canons! s'écria le général en serrant la main du capitaine espagnol.

Ce dernier lança au vieux militaire un regard plein de courage et de désespoir, en lui disant : — Et des hommes?

Le marquis regarda l'équipage du Saint-Ferdinand et frissonna. Les quatre négociants étaient pâles, tremblants, tandis que les matelots, groupés autour d'un des leurs, semblaient se concerter pour prendre parti sur l'Othello, ils regardaient le corsaire avec une curiosité stupide. Le contre-maître, le capitaine et le marquis échangeaient seuls, en s'examinant de l'œil, des pensées généreuses.

— Ah! capitaine Gomez, j'ai dit autrefois adieu à mon pays et à ma famille, le cœur mort d'amertume, faudra-t-il encore les quitter au moment où j'apporte la joie et le bonheur à mes enfants?

Le général se tourna pour jeter à la mer une larme de rage, et y aperçut le timonier nageant vers le corsaire.

— Cette fois, répondit le capitaine, vous lui direz sans doute adieu pour toujours.

Le Français épouvanta l'Espagnol par le coup d'œil stupide qu'il lui adressa. En ce moment, les deux vaisseaux étaient presque bord à bord, et, à l'aspect de l'équipage ennemi, le général crut à la fatale prophétie de Gomez. Trois hommes se tenaient autour de chaque pièce. À voir leur posture athlétique, leurs traits anguleux, leurs bras nus et nerveux, on les eût pris pour des statues de bronze. La mort les aurait tués sans les renverser. Les matelots, bien armés, actifs, lestes et vigoureux, restaient immobiles. Toutes ces figures énergiques étaient fortement basanées par le soleil, durcies par les travaux. Leurs yeux brillaient comme autant de pointes de feu, et annonçaient des intelligences énergiques, des joies infernales. Le profond silence régnant sur ce tillac, noir d'hommes et de chapeaux, accusait l'implacable discipline sous laquelle une puissante volonté courbait ces démons humains. Le chef était au pied du grand mât, debout, les bras croisés, sans armes, seulement une hache se trouvait à ses pieds. Il avait sur la tête, pour se garantir du soleil, un chapeau de feutre à grands bords, dont l'ombre lui cachait le visage. Semblables à des chiens couchés devant leurs maîtres, canonniers, soldats et matelots tournaient alternativement les yeux sur leur capitaine et sur le navire marchand. Quand les deux bricks se touchèrent, la secousse tira le corsaire de sa rêverie, et il dit deux mots à l'oreille d'un jeune officier qui se tenait à deux pas de lui.

— Les grappins d'abordage! cria le lieutenant.

Et le Saint-Ferdinand fut accroché par l'Othello avec une promptitude miraculeuse. Suivant les ordres donnés à voix basse par le corsaire, et répétés par le lieutenant, les hommes désignés pour chaque service allèrent, comme des séminaristes marchant à la messe, sur le tillac de la prise pour mains aux passagers, et s'emparer des trésors. En un moment, les tonnes pleines de piastres, les vivres et l'équipage du Saint-Ferdinand furent transportés sur le pont de l'Othello. Le général se croyait sous la puissance d'un songe, quand il se trouva les mains liées et jeté sur un ballot comme s'il eût été lui-même une marchandise. Une conférence avait lieu entre le corsaire, son lieutenant et l'un des matelots, qui paraissait remplir les fonctions de contre-maître. Quand la discussion, qui dura peu, fut terminée, le matelot siffla ses hommes, sur un ordre qu'il leur donna, ils sautèrent tous sur le Saint-Ferdinand, grimpèrent dans les cordages, et se mirent à le dépouiller de ses vergues, de ses voiles, de ses agrès, avec autant de prestesse qu'un soldat déshabille sur le champ de bataille un camarade mort dont les souliers et la capote étaient l'objet de sa convoitise.

— Nous sommes perdus, dit froidement au marquis le capitaine espagnol qui avait épié l'œil et les gestes des trois chefs pendant la délibération et les mouvements des matelots qui procédaient au pillage régulier de son brick. — Comment! demanda froidement le général. — Que voulez-vous qu'ils fassent de nous! répondit l'Espagnol. Ils viennent sans doute de reconnaître qu'ils vendraient difficilement le Saint-Ferdinand dans les ports de France ou d'Espagne, et ils vont le couler pour ne pas s'en embarrasser. Quant à nous, croyez-vous qu'ils puissent se charger de notre nourriture, lorsqu'ils ne savent dans quel port relâcher?

À peine avait-il achevé ces paroles, que le général entendit une horrible clameur, suivie du bruit sourd causé par la chute de plusieurs corps tombant à la mer. Il se retourna, et ne vit plus que les quatre négociants. Huit canonniers à figures farouches avaient encore les bras en l'air au moment où le militaire les regardait avec terreur.

— Quand je vous le disais, lui dit froidement le capitaine espagnol.

Le marquis se releva brusquement, la mer avait repris son calme, il ne put même pas voir la place où ses malheureux compagnons venaient d'être engloutis, ils roulaient en ce moment, pieds et poings liés, sous les vagues, si déjà les poissons ne les avaient dévorés. À quelques pas de lui, le perfide timonier et le matelot du Saint-Ferdinand, qui vantait naguère la puissance du capitaine parisien, fraternisaient avec les corsaires, et leur indiquaient du doigt ceux des marins du brick qu'ils avaient reconnus dignes d'être incorporés à l'équipage de l'Othello; quant aux autres, deux mousses leur attachaient les pieds, malgré d'affreux jurements. Le choix terminé, les huit canonniers s'emparèrent des condamnés et les lancèrent sans cérémonie à la mer. Les corsaires regardaient avec une curiosité malicieuse les différentes manières dont ces hommes tombaient, leurs grimaces, leur dernière torture; mais leurs visages ne trahissaient ni moquerie, ni étonnement, ni pitié. C'était pour eux un événement tout simple, auquel ils semblaient accoutumés. Les plus âgés contemplaient de préférence, avec un sourire sombre et arrêté, les tonneaux pleins de piastres déposés au pied du grand mât. Le général et le capitaine Gomez, assis sur un ballot, se consultaient en silence par un regard presque terne. Ils se trouvèrent bientôt les seuls qui survécussent à l'équipage du Saint-Ferdinand. Les sept matelots choisis par les deux espions parmi les marins espagnols s'étaient déjà joyeusement métamorphosés en Péruviens.

— Quels atroces coquins! s'écria tout à coup le général, chez qui une loyale et généreuse indignation fit taire et la douleur et la prudence. — Ils obéissent à la nécessité, répondit froidement Gomez. Si vous retrouviez un de ces hommes-là, ne lui passeriez-vous pas votre épée au travers du corps? — Capitaine, dit le lieutenant en se retournant vers l'Espagnol, le Parisien a entendu parler de vous. Vous êtes, dit-il, le seul homme qui connaissiez bien les débouquements des Antilles et les côtes du Brésil. Voulez-vous...

Le capitaine interrompit le jeune lieutenant par une exclamation de mépris, et répondit : — Je mourrai en marin, en Espagnol fidèle, en chrétien. Entends-tu? — À la mer! cria le jeune homme.

À cet ordre, deux canonniers se saisirent de Gomez.

— Vous êtes des lâches! s'écria le général en arrêtant les deux corsaires. — Mon vieux, lui dit le lieutenant, ne vous emportez pas trop. Si votre ruban rouge fait quelque impression sur notre capitaine, moi je m'en moque... Nous allons avoir aussi tout à l'heure notre petit bout de conversation.

En ce moment un bruit sourd, auquel nulle plainte ne se mêla, fit comprendre au général que le brave Gomez était mort en marin.

— Ma fortune ou la mort! s'écria-t-il dans un effroyable accès de rage. — Ah! vous êtes raisonnable, lui répondit le corsaire en ricanant. Maintenant, vous êtes sûr d'obtenir quelque chose de nous...

Puis, sur un signe du lieutenant, deux matelots s'empressèrent de lier les pieds du Français; mais ce dernier, les frappant avec une audace imprévue, tira, par un geste auquel on ne s'attendait guère, le sabre que le lieutenant avait au côté, et se mit à en jouer lestement en vieux général de cavalerie qui savait son métier.

— Ah! brigands, vous ne jetterez pas à l'eau comme une huître un ancien troupier de Napoléon.

Des coups de pistolet, tirés presque à bout portant sur le Français récalcitrant, attirèrent l'attention du Parisien, alors occupé à surveiller le transport des agrès qu'il ordonnait de prendre au Saint-Ferdinand. Sans s'émouvoir, il vint saisir par derrière le courageux général, l'enleva rapidement, l'entraîna vers le bord et se disposait à le jeter à l'eau comme un espars de rebut. En ce moment, l'œil du général rencontra l'œil fauve du ravisseur de sa fille. Le père et le gendre se reconnurent tout à coup. Le capitaine, imprimant à son élan un mouvement contraire à celui qu'il lui avait donné, comme si le marquis ne pesait rien, loin de le précipiter à la mer, le plaça bien près du grand mât. Un murmure s'éleva sur le tillac; mais alors le corsaire lança un seul coup d'œil sur ses gens, et le plus profond silence régna soudain.

— C'est le père d'Hélène, dit le capitaine d'une voix claire et ferme. Malheur à qui ne le respecterait pas!

Un hourra d'acclamations joyeuses retentit sur le tillac et monta vers le ciel comme une prière d'église, comme le premier cri du Te Deum. Les mousses se balancèrent dans les cordages, les matelots jetèrent leurs bonnets en l'air, les canonniers trépignèrent des pieds, chacun s'agita, hurla, siffla, jura. L'expression fanatique de cette allégresse rendit le général inquiet et sombre. Attribuant ce sentiment à quelque horrible mystère, son premier cri, quand il recouvra la parole, fut : — Ma fille! où est-elle? Le corsaire jeta sur le général un de ces regards profonds qui, sans qu'on en pût deviner la raison, bouleversaient toujours les âmes les plus intrépides. Il le rendit muet, à la grande satisfaction des matelots, heureux de voir la puissance de leur chef s'exercer sur tous les êtres, le conduisit vers un escalier, le fit descendre et l'amena devant la porte d'une cabine, qu'il poussa vivement en disant : — La voilà.

Puis il disparut en laissant le vieux militaire plongé dans une sorte de stupeur à l'aspect du tableau qui s'offrit à ses yeux. En entendant ouvrir la porte de la chambre avec brusquerie, Hélène s'était levée du divan sur lequel elle reposait; mais elle vit le marquis et jeta un cri de surprise. Elle était si changée, qu'il fallait les yeux d'un père pour la reconnaître. Le soleil des tropiques avait embelli sa blanche figure d'une teinte brune, d'un coloris merveilleux, qui lui donnait une expression de poésie; elle y respirait un air de grandeur, une fermeté majestueuse, un sentiment profond par lequel l'âme la plus grossière devait être impressionnée. La longue et abondante chevelure, retombant en grosses boucles sur son cou plein de noblesse, ajoutait encore une image de puissance à la fierté de son visage. Dans sa pose, dans son geste, Hélène laissait éclater la conscience qu'elle avait de son pouvoir. Une satisfaction triomphale enflait légèrement ses narines roses, et son bonheur tranquille était signé dans tous les développements de sa beauté. Il y avait tout à la fois en elle je ne sais quelle suavité de vierge et cette sorte d'orgueil particulier aux bien-aimées. Esclave et souveraine, elle voulait obéir parce qu'elle pouvait régner. Elle était vêtue avec une magnificence pleine de charme et d'élégance. La mousseline des Indes faisait tous les frais de sa toilette; mais son divan et les coussins étaient en cachemire, mais un tapis de Perse garnissait le plancher de la vaste cabine, mais ses quatre enfants jouaient à ses pieds en construisant leurs châteaux bizarres avec des colliers de perles, des bijoux précieux, des objets de prix. Quelques vases en porcelaine de Sèvres, peints par madame Jacotot, contenaient des fleurs rares qui embaumaient : c'était des jasmins du Mexique, des camélias parmi lesquels de petits oiseaux d'Amérique voltigeaient apprivoisés, et semblaient être des rubis, des saphirs, de l'or animé. Un piano était fixé dans ce salon, et sur ses murs de bois, tapissés en soie jaune, on voyait çà et là des tableaux d'une petite dimension, mais dus aux meilleurs peintres : un coucher de soleil, par Gudin, se trouvait auprès d'un Terburg; une Vierge de Raphaël luttait de poésie avec une esquisse de Girodet; un Gérard Dow éclipsait un Drolling. Sur une table en laque de Chine se trouvait une assiette d'or pleine de fruits délicieux. Enfin Hélène semblait être la reine d'un grand empire au milieu du boudoir dans lequel son amant couronné aurait rassemblé les choses les plus élégantes de la terre. Les enfants arrêtaient sur leur aïeul des yeux d'une pénétrante vivacité; et, habitués qu'ils étaient de vivre au milieu des combats, des tempêtes et du tumulte, ils ressemblaient à ces petits Romains curieux de guerre et de sang que David a peints dans son tableau de Brutus.

— Comment cela est-il possible? s'écria Hélène en saisissant son père comme pour s'assurer de la réalité de cette vision. — Hélène !
— Mon père !

Ils tombèrent dans les bras l'un de l'autre, et l'étreinte du vieillard ne fut ni la plus forte ni la plus affectueuse.

— Vous étiez sur ce vaisseau? — Oui, répondit-il d'un air triste en s'asseyant sur le divan et regardant les enfants, qui, groupés autour de lui, le considéraient avec une attention naïve. J'allais périr sans...
— Sans mon mari, dit-elle en l'interrompant, je devine. — Ah ! s'écria le général, pourquoi faut-il que je te retrouve ainsi, mon Hélène, toi que j'ai tant pleurée ! Je devrai donc gémir encore sur ta destinée.
— Pourquoi ? demanda-t-elle en souriant. Ne serez-vous donc pas content d'apprendre que je suis la femme la plus heureuse de toutes?
— Heureuse ! s'écria-t-il en faisant un bond de surprise. — Oui, mon bon père, reprit-elle en s'emparant de ses mains, l'embrassant, les serrant sur son cœur palpitant, et ajoutant à cette cajolerie un air de tête que ses yeux pétillants de plaisir rendirent encore plus significatif.
— Et comment cela? demanda-t-il, curieux de connaître la vie de sa fille et oubliant tout devant cette physionomie resplendissante. — Écoutez, mon père, répondit-elle, j'ai pour amant, pour époux, pour serviteur, pour maître, un homme dont l'âme est aussi vaste que cette mer sans bornes, aussi fertile en douceur que le ciel, un Dieu enfin ! Depuis sept ans, jamais il ne lui est échappé une parole, un sentiment, un geste, qui pussent produire une dissonance avec la divine harmonie de ses discours, de ses caresses et de son amour. Il m'a toujours regardée en ayant sur les lèvres un sourire ami et dans les yeux un rayon de joie. Là-haut sa voix tonnante domine souvent les hurlements de la tempête ou le tumulte des combats, mais ici elle est douce et mélodieuse comme la musique de Rossini, dont les œuvres m'arrivent. Tout ce que le caprice d'une femme peut inventer, je l'obtiens. Mes désirs sont même parfois surpassés. Enfin je règne sur la mer, et j'y suis obéie comme peut l'être une souveraine. — Oh ! heureuse ! reprit-elle en s'interrompant elle-même, heureuse n'est pas un mot qui puisse exprimer mon bonheur. J'ai la part de toutes les femmes ! Sentir un amour, un dévouement immense pour celui qu'on aime, et rencontrer dans son cœur, à lui, un sentiment infini où l'âme d'une femme se perd, et toujours ! dites, est-ce là du bonheur ? J'ai déjà dévoré mille existences. Ici je suis seule, ici je commande. Jamais une créature de mon sexe n'a mis le pied sur ce noble vaisseau, où Victor est toujours à quelques pas de moi. Il ne peut pas aller plus loin de moi de la poupe à la proue, reprit-elle avec une fine expression de ruse. Sept ans ! un amour qui résiste pendant sept ans à cette perpétuelle joie, à cette épreuve de tous les instants, est-ce l'amour ? Non ! oh ! non, c'est mieux que tout ce que je connais de la vie... le langage humain manque pour exprimer un bonheur céleste.

Un torrent de larmes s'échappa de ses yeux enflammés. Les quatre enfants jetèrent alors un cri plaintif, accoururent à elle comme des poussins à leur mère, et l'aîné frappa le général en le regardant d'un air menaçant.

— Abel, dit-elle, mon ange, je pleure de joie.

Elle le prit sur ses genoux, l'enfant la caressa familièrement en passant ses bras autour du cou majestueux d'Hélène, comme un lionceau qui veut jouer avec sa mère.

— Tu ne t'ennuies pas? s'écria le général étourdi par la réponse exaltée de sa fille.—Si, répondit-elle, à terre quand nous y allons; et encore ne quitté-je jamais mon mari.—Mais tu aimais les fêtes, les bals, la musique ! — La musique, c'est sa voix ; mes fêtes, c'est les parures que j'invente pour lui. Quand une toilette lui plaît, n'est-ce pas comme si la terre entière m'admirait ! Voilà seulement pourquoi je ne jette pas à la mer ces diamants, ces colliers, ces diadèmes de pierreries, ces richesses, ces fleurs, ces chefs-d'œuvre des arts qu'il me prodigue en me disant : — Hélène, puisque tu ne vas pas dans le monde, je veux que le monde vienne à toi. — Mais sur ce bord il y a des hommes, des hommes audacieux, terribles, dont les passions... — Je vous comprends, mon père, dit-elle en souriant. Rassurez-vous. Jamais impératrice n'a été environnée de plus d'égards que l'on ne m'en prodigue. Ces gens-là sont superstitieux, ils croient que je suis le génie tutélaire de ce vaisseau, de leurs entreprises, de leurs succès. Mais c'est lui qui est leur dieu ! Un jour, une seule fois, un matelot me manqua de respect... en paroles, ajouta-t-elle en riant. Avant que Victor eût pu l'apprendre, les gens de l'équipage le lancèrent à la mer malgré le pardon que je lui accordais. Ils m'aiment comme leur bon ange, je les soigne dans leurs maladies, et j'ai eu le bonheur d'en sauver quelques-uns de la mort en les veillant avec une persévérance de femme. Ces pauvres gens sont à la fois des géants et des enfants. — Et quand il y a des combats ? — J'y suis accoutumée, répondit-elle. Je n'ai tremblé que pendant le premier... Maintenant mon âme est faite à ce péril, et même... je suis votre fille, dit-elle, l'aime... — Et s'il périssait? — Je périrais. — Et tes enfants? — Ils sont fils de l'Océan et du danger, ils partagent la vie de leurs parents. Notre existence est une, et ne se scinde pas. Nous vivons tous de la même vie, tous inscrits sur la même page, portés par le même esquif, nous le savons. — À tout, répéta-t-elle. Mais ne sondons point ce mystère. Tenez ! ce cher enfant, lui n'a bien ! c'est encore lui !

Puis, pressant Abel avec une vigueur extraordinaire, elle lui imprima de dévorants baisers sur les joues, sur les cheveux...

— Mais, s'écria le général, je ne saurais oublier qu'il vient de faire jeter à la mer neuf personnes. — Il le fallait sans doute, répondit-elle, car il est humain et généreux. Il verse le moins de sang possible pour la conservation et les intérêts du petit monde qu'il protège et de la cause sacrée qu'il défend. Parlez-lui de ce qui vous paraît mal, et vous verrez qu'il saura vous faire changer d'avis. — C'est un crime ? dit le général comme s'il se parlait à lui-même. — Mais, répliqua-t-elle avec une dignité froide, si c'était une vertu ? La justice des hommes n'avait-elle pu le venger ? — Se venger soi-même ! s'écria le général. — Et qu'est-ce que l'enfer, demanda-t-elle, si ce n'est une vengeance éternelle pour quelques fautes d'un jour ? — Ah ! tu es perdue. Il t'a ensorcelée, pervertie. Tu déraisonnes. — Restez ici un jour, mon père, et, si vous voulez l'écouter le regarder, vous l'aimerez. — Hélène, dit gravement le général, nous sommes à quelques lieues de la France.

Elle tressaillit, regarda par la croisée de la chambre, montra la mer déroulant ses immenses savanes d'eau verte.

— Voilà mon pays, répondit-elle en frappant sur le tapis du bout du pied. — Mais ne viendras-tu pas voir ta mère, ta sœur, tes frères ? — Oh ! oui, dit-elle avec des larmes dans la voix, s'il le veut et s'il peut m'accompagner. — Tu n'as donc plus rien, Hélène, reprit sévèrement le militaire, ni pays, ni famille ?... — Je suis sa femme, répliqua-t-elle avec un air de fierté, avec un accent plein de noblesse. Voici, depuis sept ans, le premier bonheur qui ne me vienne pas de lui, ajouta-t-elle en saisissant la main de son père et l'embrassant, et voici le premier reproche que j'aie entendu. — Et ta conscience ? — Ma conscience ! c'est lui. En ce moment elle tressaillit violemment. Le voici, dit-elle. Même dans un combat, entre tous les pas, je reconnais son pas sur le tillac.

Et tout à coup une rougeur empourpra ses joues, fit resplendir ses traits, briller ses yeux, son teint devint d'un blanc mat... Il y avait du bonheur et de l'amour dans ses muscles, dans ses veines bleues, dans le tressaillement involontaire de toute sa personne. Ce mouvement de sensitive émut le général. En effet, un instant après, le corsaire entra, vint s'asseoir sur un fauteuil, s'empara de son fils aîné, et se mit à jouer avec lui. Le silence régna pendant un moment ; car pendant un moment le général, plongé dans une rêverie comparable au sentiment vaporeux d'un rêve, contemplait cette élégante cabine, semblable à un nid d'alcyons, où cette famille voguait sur l'Océan depuis sept ans, entre les cieux et l'onde, sur la foi d'un homme, conduite à travers les périls de la guerre et des tempêtes, comme un ménage est guidé dans la vie par un chef au sein des malheurs sociaux... Il regardait avec admiration sa fille, image fantastique d'une déesse marine, suave de beauté, riche de bonheur, et faisant pâlir tous les trésors qui l'entouraient devant les trésors de son âme, les éclairs de ses yeux et l'indescriptible poésie exprimée dans sa personne et autour d'elle. Cette situation offrait une étrangeté qui le surprenait, une sublimité de passion et de raisonnement qui confondait les idées vulgaires. Les froides et étroites combinaisons de la société mouraient devant ce tableau. Le vieux militaire sentit toutes ces choses, et comprit aussi que sa fille n'abandonnerait jamais une vie si large, si féconde en contrastes, remplie par un amour si vrai ;

puis, si elle avait une fois goûté le péril sans en être effrayée, elle ne pouvait plus revenir aux petites scènes d'un monde mesquin et borné.

Vous gênez-je? demanda le corsaire en rompant le silence et regardant sa femme. — Non, lui répondit le général. Hélène m'a tout dit. Je vois qu'elle est perdue pour nous... — Non, répliqua vivement le corsaire... Encore quelques années, et la prescription me permettra de revenir en France. Quand la conscience est pure, et qu'en froissant vos lois sociales un homme a obéi...

Il se tut, en dédaignant de se justifier.

— Et comment pouvez-vous, dit le général en l'interrompant, ne pas avoir des remords pour les nouveaux assassinats qui se sont commis devant mes yeux? — Nous n'avions pas de vivres, répliqua tranquillement le corsaire. — Mais en débarquant ces hommes sur la côte... — Ils nous feraient couper la retraite par quelque vaisseau, et nous n'arriverions pas au Chili. — Avant que, de France, dit le général en l'interrompant, ils aient prévenu l'amirauté d'Espagne... — Mais la France peut trouver mauvais qu'un homme, encore sujet à ses cours d'assises, se soit emparé d'un brick frété par des Bordelais. D'ailleurs n'avez-vous pas quelquefois tiré, sur le champ de bataille, plusieurs coups de canon de trop?

Le général, intimidé par le regard du corsaire, se tut, et sa fille le regarda d'un air qui exprimait autant de triomphe que de mélancolie...

— Général, dit le corsaire d'une voix profonde, je me suis fait une loi de ne jamais rien distraire du butin. Mais il est hors de doute que ma part sera plus considérable que ne l'était votre fortune. Permettez-moi de vous la restituer en autre monnaie...

Il prit dans le tiroir du piano une masse de billets de banque, ne compta pas les paquets, et présenta un million au marquis.

— Vous comprenez, reprit-il, que je ne puis pas m'amuser à regarder les passants sur la route de Bordeaux... Or, à moins que vous ne soyez séduit par les dangers de notre vie bohémienne, par les scènes de l'Amérique méridionale, par nos nuits des tropiques, par nos batailles, et par le plaisir de faire triompher le pavillon d'une jeune nation, au nom de Simon Bolivar, il faut nous quitter... Une chaloupe et des hommes dévoués vous attendent. Espérons une troisième rencontre plus complètement heureuse... — Victor, je voudrais voir mon père encore un moment, dit Hélène d'un ton boudeur. — Dix minutes de plus ou de moins peuvent nous mettre face à face avec une frégate. Soit! nous nous amuserons un peu. — Oh! partez, mon père, s'écria la femme du marin. Et portez à ma sœur, à mes frères, à... ma mère, ajouta-t-elle, ces gages de mon souvenir.

Elle prit une poignée de pierres précieuses, de colliers, de bijoux, les enveloppa dans un cachemire, et les présenta timidement à son père.

— Et que leur dirai-je de ta part? demanda-t-il en paraissant frappé de l'hésitation que sa fille avait marquée avant de prononcer le mot de mère. — Oh! pouvez-vous douter de mon âme! Je fais tous les jours des vœux pour leur bonheur. — Hélène, reprit le vieillard en la regardant avec attention, ne dois-je plus te revoir? Ne saurai-je donc jamais à quoi tient le secret de ta conduite? — Ce secret n'appartient pas, dit-elle d'un ton grave. J'aurais le droit de vous l'apprendre, peut-être ne vous le dirais-je pas encore. J'ai souffert pendant dix ans des maux inouïs...

Elle ne continua pas et tendit à son père les cadeaux qu'elle destinait à sa famille. Le général, accoutumé par les événements de la guerre à des idées assez larges en fait de butin, accepta les présents offerts par sa fille, et se plut à penser que, sous l'inspiration d'une âme aussi pure, aussi élevée que celle d'Hélène, la capitaine parisien restait honnête homme en faisant la guerre aux Espagnols. Sa passion pour les braves l'emporta. Songeant qu'il serait ridicule de se conduire en prude, il serra vigoureusement la main du corsaire, embrassa son Hélène, sa seule fille, avec cette effusion particulière aux soldats, et laissa tomber une larme sur ce visage dont la fierté, dont l'expression mâle lui avaient plus d'une fois souri. Le marin, fortement ému, lui donna ses enfants à bénir. Enfin, tous se dirent une dernière fois adieu, par un long regard qui ne fut pas dénué d'attendrissement.

— Soyez toujours heureux! s'écria le grand-père en s'élançant sur le tillac.

Sur mer, un singulier spectacle attendait le général. Le Saint-Ferdinand, livré aux flammes, flambait comme un immense feu de paille. Les matelots, occupés à couler le brick espagnol, s'aperçurent qu'il avait à bord un chargement de rhum, liqueur qui abondait sur l'Othello, et trouvèrent plaisant d'allumer un grand bol de punch en pleine mer. C'était un divertissement assez pardonnable à des gens auxquels l'apparente monotonie de la mer faisait saisir toutes les occasions d'animer leur vie. En descendant du brick dans la chaloupe du Saint-Ferdinand, montée par six vigoureux matelots, le général partageait involontairement son attention entre l'incendie du Saint-Ferdinand et sa fille appuyée sur le corsaire, tous deux debout à l'arrière de leur navire. En présence de tant de souvenirs, en voyant la robe blanche d'Hélène qui flottait, légère comme une voile de plus, en distinguant sur l'Océan cette belle et grande figure, assez imposante pour tout dominer, même la mer. Il oubliait, avec l'insouciance d'un militaire, qu'il voguait sur la tombe du brave Gomez. Au-dessus de lui, une immense colonne de fumée planait comme un nuage brun, et les rayons du soleil, le perçant çà et là, y jetaient de poétiques lueurs. C'était un second ciel, un dôme sombre sous lequel brillaient des espèces de lustres, et au-dessus duquel planait l'azur inaltérable du firmament, qui paraissait mille fois plus beau par cette éphémère opposition. Les teintes bizarres de cette fumée, tantôt jaune, blonde, rouge, noire, fondues vaporeusement, couvraient le vaisseau, qui pétillait, craquait et criait. La flamme sifflait en mordant les cordages, et courait dans le bâtiment comme une sédition populaire volant par les rues d'une ville. Le rhum produisait des flammes bleues qui frétillaient, comme si le génie des mers agitait cette liqueur furibonde, de même qu'une main d'étudiant fait mouvoir la joyeuse flamberie d'un punch dans une orgie. Mais le soleil plus puissant de lumière, jaloux de cette lueur insolente, laissait à peine voir dans ses rayons les couleurs de cet incendie. C'était comme un réseau, comme une écharpe qui voltigeait au milieu du torrent de ses feux. L'Othello saisissait, pour s'enfuir, le peu de vent qu'il pouvait pincer dans cette direction nouvelle, et s'inclinait tantôt d'un côté, tantôt de l'autre, comme un cerf-volant balancé dans les airs. Ce beau brick courait des bordées vers le sud, et, tantôt il se dérobait aux yeux du général, en disparaissant derrière la colonne droite dont l'ombre se projetait fantastiquement sur les eaux, et tantôt il se montrait, en se relevant avec grâce et fuyant. Chaque fois qu'Hélène pouvait apercevoir son père, elle agitait son mouchoir pour le saluer encore. Bientôt le Saint-Ferdinand coula, en produisant un bouillonnement aussitôt effacé par l'Océan. Il ne resta plus alors de toute cette scène qu'un nuage balancé par la brise. L'Othello était loin, la chaloupe s'approchait de terre; le nuage s'interposa entre cette frêle embarcation et le brick. La dernière fois que le général aperçut sa fille, ce fut à travers une crevasse de cette fumée ondoyante. Vision prophétique! Le mouchoir blanc, la robe, se détachaient seuls sur ce fond de bistre. Entre l'eau verte et le ciel bleu, le brick ne se voyait même pas. Hélène n'était plus qu'un point imperceptible, une ligne déliée, gracieuse, un ange dans le ciel, une idée, un souvenir.

Après avoir rétabli sa fortune, le marquis mourut épuisé de fatigue. Quelques mois après sa mort, en 1833, la marquise fut obligée de mener Moïna aux eaux des Pyrénées. La capricieuse enfant voulut voir les beautés de ces montagnes. Elle revint aux eaux, et à son retour, il se passa l'horrible scène que voici.

— Mon Dieu! dit Moïna, nous avons bien mal fait, ma mère, de ne pas rester quelques jours de plus dans ces montagnes! Nous y étions bien mieux qu'ici. Avez-vous entendu les gémissements continuels de ce maudit enfant et les bavardages de cette malheureuse femme qui parle sans doute en patois? car je n'ai pas compris un seul mot de ce qu'elle disait. Quelle espèce de gens nous a-t-on donnés pour voisins? Cette nuit est une des plus affreuses que j'aie passées de ma vie. — Je n'ai rien entendu, répondit la marquise; mais, ma chère enfant, je vais voir l'hôtesse, lui demander la chambre voisine, nous serons seuls dans cet appartement, et n'aurons plus de bruit. Comment te trouves-tu ce matin? Es-tu fatiguée?

En disant ces dernières phrases, la marquise s'était levée pour venir près du lit de Moïna.

— Voyons, lui dit-elle en cherchant la main de sa fille. — Oh! laisse-moi, ma mère, répondit Moïna, tu as froid.

À ces mots, la jeune fille se roula dans son oreiller par un mouvement de bouderie, mais si gracieux, qu'il était difficile à une mère de s'en offenser. En ce moment, une plainte, dont l'accent doux et prolongé devait déchirer le cœur d'une femme, retentit dans la chambre voisine.

— Mais, si tu as entendu cela pendant toute la nuit, pourquoi ne m'as-tu pas éveillée? nous aurions... Un gémissement plus profond que tous les autres interrompit la marquise, qui s'écria : — Il y a quelqu'un qui se meurt!!! et elle sortit vivement. — Envoie-moi Pauline! cria Moïna, je vais m'habiller.

La marquise descendit promptement et trouva l'hôtesse dans la cour au milieu de quelques personnes qui paraissaient l'écouter attentivement.

— Madame, vous avez mis près de nous une personne qui paraît souffrir beaucoup. — Ah! ne m'en parlez pas! s'écria la maîtresse de l'hôtel, je viens d'envoyer chercher le maire. Figurez-vous que c'est une jeune pauvre malheureuse femme qui est arrivée hier au soir, à pied, elle vient d'Espagne, elle est sans passe-port et sans argent. Elle portait sur son dos un petit enfant qui se meurt. Je n'ai pu me dispenser de la recevoir ici. Ce matin, je suis allée moi-même la voir, car hier, quand elle a débarqué ici, elle m'a fait une peine affreuse. Pauvre petite femme! elle était couchée avec son enfant et tous deux se débattaient contre la mort. — Madame, m'a-t-elle dit en [m'ôtant] un anneau d'or de son doigt, je ne possède plus que cela, prenez-le pour vous payer ; ce sera suffisant, je ne ferai pas long séjour ici. Pauvre petit ! nous allons mourir ensemble, qu'elle dit en regardant son enfant. Je lui ai pris son anneau, je lui ai demandé qui elle était, mais elle n'a jamais voulu me dire son nom... Je viens d'envoyer chercher le médecin et M. le maire. — Mais, s'écria la marquise, donnez-lui tous les secours qui pourront lui être nécessaires. Mon Dieu ! peut-être est-il encore temps de la sauver ! Je vous payerai tout ce qu'elle dépensera. — Ah ! madame, elle a l'air d'être joliment fière, et je ne sais pas si elle voudra. — Je vais aller la voir...

Et aussitôt la marquise monta chez l'inconnue sans penser au mal que sa vue pouvait faire à cette femme dans un moment où on la disait mourante. Malgré les horribles souffrances qui avaient altéré la belle physionomie d'Hélène, elle reconnut sa fille aînée. A l'aspect d'une femme vêtue de noir, Hélène se dressa sur son séant, jeta un cri de terreur, et retomba lentement sur son lit, lorsque, dans cette femme, elle retrouva sa mère.

— Ma fille ! dit madame d'Aiglemont, que vous faut-il ? Pauline !... Moïna !...— Il ne me faut plus rien, répondit Hélène d'une voix affaiblie. J'espérais revoir mon père ; mais votre deuil m'annonce ..

Elle n'acheva pas, elle serra son enfant contre son cœur comme pour le réchauffer, le baisa au front, et lança sur sa mère un regard où le reproche se lisait encore, quoique tempéré par le pardon. La marquise ne voulut pas voir ce reproche, elle oublia qu'Hélène était un enfant conçu jadis dans les larmes et le désespoir, l'enfant du désespoir, un enfant qui avait été cause de ses plus grands malheurs, elle s'avança doucement vers sa fille aînée en se souvenant seulement qu'Hélène, la première, lui avait fait connaître les plaisirs de la maternité. Les yeux de la mère étaient pleins de larmes, et en embrassant sa fille, elle s'écria : — Hélène ! ma fille...

Hélène gardait le silence. Elle venait d'aspirer le dernier soupir de son dernier enfant.

En ce moment Moïna, Pauline, sa femme de chambre, l'hôtesse et un médecin entrèrent. La marquise tenait la main glacée de sa fille dans les siennes, et la contemplait avec un désespoir vrai. Exaspérée par le malheur, la veuve du marin, qui venait d'échapper à un naufrage en sauvant de toute sa belle famille qu'un enfant, dit d'une voix horrible à sa mère : — Tout ceci est votre ouvrage ! si vous eussiez été pour moi ce que... — Moïna, sortez, sortez tous ! cria madame d'Aiglemont en étouffant la voix d'Hélène par les éclats de la sienne. — Par grâce, ma fille, reprit-elle, ne renouvelons pas en ce moment les tristes combats... — Je me tairai, répondit Hélène en faisant un effort surnaturel. Je suis mère, je sais que Moïna ne doit pas... Où est mon enfant ?

Moïna rentra, poussée par la curiosité.

— Ma sœur, dit cette enfant gâtée, le médecin... — Tout est inutile, reprit Hélène. Ah ! pourquoi ne suis-je pas morte à seize ans, quand je voulais me tuer ! Le bonheur ne se trouve jamais en dehors des lois... Moïna... tu...

Elle mourut en penchant sa tête sur celle de son enfant, qu'elle avait pressé convulsivement.

— Ta sœur voulait sans doute te dire, Moïna, reprit madame d'Aiglemont, lorsqu'elle fut rentrée dans sa chambre, où elle fondit en larmes, que le bonheur ne se trouve jamais, pour une fille, dans une vie romanesque, en dehors des idées reçues, et surtout, loin de sa mère.

VI

La vieillesse d'une mère coupable.

Pendant l'un des premiers jours du mois de juin 1842, une dame d'environ cinquante ans, mais qui paraissait encore plus vieille que ne le comportait son âge véritable, se promenait au soleil, à l'heure de midi, le long d'une allée, dans le jardin d'un grand hôtel situé rue Plumet, à Paris. Après avoir fait deux ou trois fois le tour du sentier légèrement sinueux où elle restait pour ne pas perdre de vue les fenêtres d'un appartement qui semblait attirer toute son attention, elle vint s'asseoir sur un de ces fauteuils à demi-champêtres qui se fabriquent avec des branches d'arbres garnies de leur écorce. De la place où se trouvait ce siège élégant, la dame pouvait embrasser par dessus des grilles d'enceinte et les boulevards intérieurs, au milieu des-

quels est posé l'admirable dôme des Invalides, qui élève sa coupole d'or parmi les têtes d'un millier d'ormes, admirable paysage, et l'aspect moins grandiose de son jardin, terminé par la façade grise d'un des plus beaux hôtels du faubourg Saint-Germain. Là tout était silencieux, les jardins voisins, les boulevards, les Invalides, car, dans ce noble quartier, le jour ne commence guère qu'à midi. A moins de quelque caprice, à moins qu'une jeune dame ne veuille monter à cheval ou qu'un vieux diplomate n'ait un protocole à refaire, à cette heure, valets et maîtres, tout dort, ou tout se réveille.

La vieille dame si matinale était la marquise d'Aiglemont, mère de madame de Saint-Héreen, à qui ce bel hôtel appartenait. La marquise s'en était privée pour sa fille, à qui elle avait donné toute sa fortune, en ne se réservant qu'une pension viagère. La comtesse Moïna de Saint-Héreen était le dernier enfant de madame d'Aiglemont. Pour lui faire épouser l'héritier d'une des plus illustres maisons de France, la marquise avait tout sacrifié. Rien n'était plus naturel : elle avait successivement perdu ses deux fils, l'un, Gustave, marquis d'Aiglemont, était mort du choléra ; l'autre, Abel, avait succombé dans l'affaire de la Macta. Gustave laissa des enfants et une veuve. Mais l'affection assez tiède que madame d'Aiglemont avait portée à ses deux fils s'était encore attiédie en passant à ses petits-enfants. Elle se comportait poliment avec madame d'Aiglemont la jeune, mais elle s'en tenait au sentiment superficiel que le bon goût et les convenances nous prescrivent de témoigner à nos proches. La fortune de ses enfants morts ayant été parfaitement réglée, elle avait réservé pour sa chère Moïna ses économies et ses biens propres. Moïna, belle et ravissante depuis son enfance, avait toujours été pour madame d'Aiglemont l'objet d'une de ces prédilections innées ou involontaires chez les mères de famille, fatales sympathies qui semblent inexplicables, ou que les observateurs savent trop bien expliquer. La charmante figure de Moïna, le son de voix de cette fille chérie, ses manières, sa démarche, sa physionomie, ses gestes, tout en elle réveillait chez la marquise les émotions les plus profondes qui puissent animer, troubler ou charmer le cœur d'une mère. Le principe de sa vie présente, de sa vie du lendemain, de sa vie passée, était dans le cœur de cette jeune femme, où elle avait jeté tous ses trésors. Moïna avait heureusement survécu à quatre enfants, ses aînés. Madame d'Aiglemont avait en effet perdu, de la manière la plus malheureuse, disaient les gens du monde, une fille charmante dont la destinée était presque inconnue, et un petit garçon, enlevé à cinq ans par une horrible catastrophe. La marquise vit sans doute un présage du ciel dans le respect que le sort semblait avoir pour la fille de son cœur, et n'accordait que de faibles souvenirs à ses enfants, déjà tombés selon les caprices de la mort, et qui restaient au fond son âme comme ces morts élevés dans un champ de bataille, mais que les fleurs des champs ont presque fait disparaître. Le monde aurait pu demander à la marquise un compte sévère de cette insouciance et de cette prédilection, mais le monde de Paris est entraîné par un tel torrent d'événements, de modes, d'idées nouvelles, que toute la vie de madame d'Aiglemont devait y être en quelque sorte oubliée. Personne ne songeait à lui faire un crime d'une froideur, d'un oubli qui n'intéressait personne, tandis que sa vive tendresse pour Moïna intéressait beaucoup de gens, et avait toute la sainteté d'un préjugé. D'ailleurs, la marquise allait peu dans le monde, et, pour la plupart des familles qui la connaissaient, elle paraissait bonne, pieuse, indulgente. Or, ne faut-il pas avoir un intérêt bien vif pour aller au-delà de ces apparences, dont se contente la société ? Puis, que ne pardonne-t-on pas aux vieillards lorsqu'ils s'effacent comme des ombres, et ne veulent plus être qu'un souvenir ? Enfin, madame d'Aiglemont était un modèle complaisamment cité par les enfants à leurs pères, par les belles-mères. Elle avait, avant le temps, donné ses biens à Moïna, contente du bonheur de la jeune comtesse, et ne vivant que par elle et pour elle. Si des vieillards prudents, des oncles chagrins, blâmaient cette conduite en disant : — Madame d'Aiglemont se repentira peut-être quelque jour de s'être dessaisie de sa fortune en faveur de sa fille, car, si elle connaît bien le cœur de madame de Saint-Héreen, peut-elle être aussi sûre de la moralité de son gendre ? c'était contre ces prophètes un tolle général, et, de toutes parts, pleuvaient des éloges pour Moïna.

— Il faut rendre cette justice à madame de Saint-Héreen, disait une jeune femme, que sa mère n'a rien trouvé de changé autour d'elle. Madame d'Aiglemont est admirablement bien logée, a une voiture à ses ordres, et peut aller partout dans le monde comme auparavant. — Excepté aux Italiens, répondait tout bas le vieux parasite, un de ces gens qui se croient en droit d'accabler leurs amis d'épigrammes, sous prétexte de faire preuve d'indépendance. La douairière n'aime guère que la musique, en fait de choses étrangères à son enfant gâté. Elle a été si bonne musicienne dans son temps ! Mais comme la loge de la comtesse est toujours envahie par de jeunes papillons, et qu'elle y gênerait cette petite personne, de qui l'on parle déjà comme d'une grande coquette, la pauvre mère ne va jamais aux Italiens. — Madame de Saint-Héreen, disait une fille à marier, a pour sa mère des soirées délicieuses, un salon où va tout Paris. —

Un salon où personne ne fait attention à la marquise, répondait le parasite. — Le fait est que madame d'Aiglemont n'est jamais seule, disait un fat, en appuyant le parti des jeunes dames. — Le matin, répondait le vieil observateur à voix basse, le matin, la chère Moïna dort. A quatre heures, la chère Moïna est au bois. Le soir, la chère Moïna va au bal ou aux Bouffes... Mais il est vrai que madame d'Aiglemont a la ressource de voir sa chère fille pendant qu'elle s'habille, ou durant le dîner, lorsque la chère Moïna dîne, par hasard, avec sa chère mère. Il n'y a pas encore huit jours, monsieur, dit le parasite en prenant par le bras un timide précepteur, nouveau venu dans la maison où il se trouvait, que je vis cette pauvre mère triste et seule au coin de son feu : « Qu'avez-vous ? lui demandai-je. La marquise me regarda en souriant, mais elle avait certes pleuré. — Je pensais, me disait-elle, qu'il est bien singulier de me trouver seule, après avoir eu cinq enfants : mais cela est dans notre destinée ! Et puis, je suis heureuse quand je sais que Moïna s'amuse! » Elle pouvait se confier à moi, qui, jadis, ai connu son mari. C'était un pauvre homme, et il a été bien heureux de l'avoir pour femme; il lui devait certes sa pairie et sa charge à la cour de Charles X.

Mais il se glisse tant d'erreurs dans les conversations du monde, il s'y fait avec légèreté des maux si profonds, que l'historien des mœurs est obligé de sagement peser les assertions insoucieusement émises par tant d'insouciants. Enfin, peut-être ne doit-on jamais prononcer qui a tort ou en raison de l'enfant ou de la mère. Entre ces deux cœurs, il n'y a qu'un seul juge possible. Ce juge est Dieu! Dieu qui, souvent, assied sa vengeance au sein des familles, et se sert éternellement des enfants contre les mères, des pères contre les fils, des peuples contre les rois, des princes contre les nations, de tout contre tout; remplaçant dans le monde moral les sentiments par les sentiments, comme les jeunes feuilles poussent les vieilles au printemps; agissant en vue d'un ordre immuable, d'un but à lui seul connu. Sans doute, chaque chose va dans son sein, ou, mieux encore, elle y retourne.

Ces religieuses pensées, si naturelles au cœur des vieillards, flottaient éparses dans l'âme

A la mer! — PAGE 56

de madame d'Aiglemont; elles y étaient à demi lumineuses, tantôt abîmées, tantôt déployées complétement, comme des fleurs tourmentées à la surface des eaux pendant une tempête. Elle s'était assise, lassée, affaiblie par une longue méditation, par une de ces rêveries au milieu desquelles toute la vie se dresse, se déroule aux yeux de ceux qui pressentent la mort.

Cette femme, vieille avant le temps, eût été, pour quelque poete passant sur le boulevard, un tableau curieux. A la voir assise à l'ombre grêle d'un acacia, l'ombre d'un acacia à midi, tout le monde eût su lire une des mille choses écrites sur ce visage pâle et froid, même au milieu des chauds rayons du soleil. Sa figure, d'expression, représentait quelque chose de plus grave encore que ne l'est une vie à son déclin, ou de plus profond qu'une âme affaissée par l'expérience. Elle était un de ces types qui, entre mille physionomies dédaignées parce qu'elles sont sans caractère, vous arrêtent un moment, vous font penser, comme, entre les mille tableaux d'un musée vous êtes fortement impressionné, soit par la tête sublime où le Guide sut peindre la plus touchante innocence au fond du Murillo peignit la douleur maternelle, soit par le visage de Béatrix où épouvantable crime, soit par la sombre face de Philippe II, où Velasquez a pour toujours imprimé la majestueuse terreur que doit inspirer la royauté. Certaines figures humaines sont de despotiques images qui vous parlent, vous interrogent, qui répondent à vos pensées secrètes, et font même des poèmes entiers. Le visage glacé de madame d'Aiglemont était une de ces poésies terribles, une de ces faces répandues par milliers dans la Divine Comédie de Dante Alighieri.

Pendant la rapide saison où la femme reste en fleur, les caractères de sa beauté servent admirablement bien la dissimulation à laquelle sa faiblesse naturelle et nos lois sociales la condamnent. Sous le riche coloris de son visage frais, sous le feu de ses yeux, sous le réseau gracieux de ses traits si fins, de tant de lignes multipliées, courbes ou droites, mais pures et parfaitement arrêtées toutes ses émotions peuvent demeurer secrètes la rougeur alors ne révèle rien en colorant encore des couleurs déjà si vives; tous les foyers intérieurs se mêlent alors si bien à la lumière de ces yeux flamboyants de vie, la flamme passagère d'une souffrance n'y paraît que comme une grâce de plus. Aussi rien n'est-il si discret qu'un jeune visage, parce que rien n'est si immobile. La figure d'une jeune femme a la calme, le poli, la fraîcheur de la surface d'un lac. La physionomie des femmes ne commence qu'à trente ans. Jusqu'à cet âge le peintre ne trouve dans leurs visages que du rose et du blanc, des sourires et des expressions qui répètent une même pensée, pensée de jeunesse et d'amour, pensée uniforme et sans profondeur, mais dans la vieillesse, tout chez la femme a parlé, les passions se sont incrustées sur son visage; elle a été amante, épouse, mère, les expressions les plus violentes de la joie et de la douleur ont fini par grimer, torturer ses traits, par s'y empreindre en mille rides, qui toutes ont un langage et une tête de femme devient alors sublime d'horreur, belle de mélancolie, ou magnifique de calme; s'il est permis de poursuivre cette étrange métaphore, le lac desséché laisse voir alors les traces de tous les torrents qui l'ont produit; une tête de vieille femme n'appartient plus alors ni au monde, qui, frivole, est effrayé d'y apercevoir la destruction de toutes les idées d'élégance auxquelles il est habitué, ni aux artistes vulgaires, qui n'y découvrent rien, mais aux vrais poetes, à ceux qui ont le sentiment d'un beau indépendant de toutes les conventions sur lesquelles reposent tant de préjugés en fait d'art et de beauté.

Quoique madame d'Aiglemont portât sur sa tête une capote à la mode, il était facile de voir que sa chevelure, jadis noire, avait été blanchie par de cruelles émotions, mais la manière dont elle se séparait en deux bandeaux trahissait son bon goût révélait les gracieuses habitudes de la femme élégante, et dessinait parfaitement son front flétri, ridé, dans la forme duquel se retrouvaient quelques traces de son ancien éclat. La coupe de sa figure, la régularité de ses traits donnaient une idée, faible à la vérité, de la beauté dont elle avait dû être orgueilleuse; mais ces indices, accusaient encore mieux les douleurs, qui avaient été assez aiguës pour creuser ce visage, pour en dessécher les tempes, en rentrer les joues, en meurtrir les paupières et les dégarnir de cils, cette grâce du regard. Tout était silencieux en cette femme, sa démarche et ses mouvements avaient cette lenteur grave et recueillie qui imprime le respect. Sa modestie, changée en timidité, semblait être le résultat de l'habitude, qu'elle avait prise depuis quelques années, de s'effacer devant sa fille ; puis sa parole était rare, douce, comme celle de toutes les personnes forcées de réfléchir, de se concentrer, de vivre en elles mêmes. Cette attitude et cette contenance inspiraient un sentiment indéfinissable, qui n'était ni la crainte ni la compassion, mais dans lequel se fondaient mystérieusement les idées que réveillent ces diverses affections. En fin la nature de ses rides, la manière dont son visage était plissé, la pâleur de son regard endolori, tout témoignait éloquemment de ces larmes qui, dévorées par le cœur, ne tombent jamais à terre. Les malheureux accoutumés à contempler le ciel pour en appeler à lui des maux de leur vie eussent facilement reconnu dans les yeux de cette mère les cruelles habitudes d'une prière faite à chaque instant du jour, et les légers vestiges de ces meurtrissures secrètes qui finissent par détruire les fleurs de l'âme et jusqu'au sentiment de la maternité. Les peintres ont des couleurs pour ces portraits, mais les idées et les paroles sont impuissantes pour les traduire fidèlement, il s'y rencontre, dans les tons du teint, dans l'air de la figure, des phénomènes inexplicables que l'âme saisit par la vue, mais le récit des événements auxquels sont dus de si terribles bouleversements de physionomie est la seule ressource qui reste au poète pour les faire comprendre. Cette figure annonçait un orage calme et froid, un secret combat entre l'héroïsme de la douleur maternelle et l'infirmité de nos sentiments, qui sont finis comme

Alfred de Vandenesse.

Le comte de Saint-Héreen était parti depuis environ six mois pour accomplir une mission politique. Pendant cette absence, Moïna, qui à toutes les vanités de la petite maîtresse joignait les capricieux vouloirs de l'enfant gâté, s'était amusée, par étourderie ou pour obéir aux mille coquetteries de la femme, et peut-être pour essayer le pouvoir, à jouer avec la passion d'un homme habile, mais sans cœur, se disant ivre d'amour, de cet amour avec lequel se combinent toutes les petites ambitions sociales et vaniteuses du fat. Madame d'Aiglemont à laquelle une longue expérience avait appris à connaître la vie, à juger les hommes, à redouter le monde, avait observé les progrès de cette intrigue, et pressentait la perte de sa fille en la voyant tombée entre les mains d'un homme à qui rien n'était sacré. N'y avait-il pas pour elle quelque chose d'épouvantable à rencontrer un roué dans l'homme que Moïna écoutait avec plaisir? Son enfant chérie se trouvait donc au bord d'un abîme. Elle en avait une horrible certitude, et n'osait l'arrêter; car elle tremblait devant la comtesse. Elle savait d'avance que Moïna n'écouterait aucun de ses sages avertissements; elle n'avait aucun pouvoir sur cette âme, de fer pour elle et toute moelleuse pour les autres. Sa tendresse l'eût portée à s'intéresser aux malheurs d'une passion justifiée par les nobles qualités du séducteur, mais sa fille suivait un mouvement de coquetterie; et la marquise méprisait le comte Alfred de Vandenesse, sachant qu'il était homme à considérer sa lutte avec Moïna comme une partie d'échecs. Quoique Alfred de Vandenesse fît horreur à cette malheureuse mère, elle était obligée d'ensevelir dans le pli le plus profond de son cœur les raisons suprêmes de son aversion. Elle était intimement liée avec le marquis de Vandenesse, père d'Alfred, et cette amitié, respectable aux yeux du monde, autorisait le jeune homme à venir familièrement chez madame de Saint-Héreen, pour laquelle il feignait une passion conçue dès l'enfance. D'ailleurs, en vain madame d'Aiglemont se serait-elle décidée à jeter entre sa fille et Alfred de Vandenesse une terrible parole qui les eût séparés; elle était certaine de n'y pas réussir, malgré la puissance de cette parole, qui l'eût

nous-mêmes et où rien ne se trouve d'infini. Ces souffrances sans cesse refoulées avaient produit à la longue je ne sais quoi de morbide en cette femme. Sans doute quelques émotions trop violentes avaient physiquement altéré ce cœur maternel, et quelque maladie, un anévrisme peut-être, menaçait lentement cette femme à son insu. Les peines vraies sont en apparence si tranquilles dans le lit profond qu'elles se sont fait, où elles semblent dormir, mais où elles continuent à corroder l'âme comme cet épouvantable acide qui perce le cristal! En ce moment deux larmes sillonnèrent les joues de la marquise, et elle se leva comme si quelque réflexion plus poignante que toutes les autres l'eût vivement blessée. Elle avait sans doute jugé l'avenir de Moïna. Or, en prévoyant les douleurs qui attendaient sa fille, tous les malheurs de sa propre vie lui étaient retombés sur le cœur. La situation de cette mère sera comprise en expliquant celle de sa fille.

déshonorée aux yeux de sa fille. Alfred avait trop de corruption, Moïna trop d'esprit pour croire à cette révélation, et la jeune vicomtesse l'eût éludée en la traitant de ruse maternelle. Madame d'Aiglemont avait bâti son cachot de ses propres mains, et s'y était murée elle-même pour y mourir en voyant se perdre la belle vie de Moïna, cette vie devenue sa gloire, son bonheur et sa consolation, une existence pour elle mille fois plus chère que la sienne. Horribles souffrances, incroyables, sans langage! abîmes sans fond !

Elle attendait impatiemment le lever de sa fille, et néanmoins elle le redoutait, semblable au malheureux condamné à mort qui voudrait en avoir fini avec la vie, et qui cependant a froid en pensant au bourreau. La marquise avait résolu de tenter un dernier effort, mais elle craignait peut-être moins d'échouer dans sa tentative que de recevoir encore une de ces blessures si douloureuses à son cœur qu'elles avaient épuisé tout son courage. Son amour de mère en était arrivé là : aimer sa fille, la redouter, appréhender un coup de poignard et aller au-devant. Le sentiment maternel est si large dans les cœurs aimants, qu'avant d'arriver à l'indifférence une mère doit mourir ou s'appuyer sur quelque grande puissance, la religion ou l'amour. Depuis son lever, la fatale mémoire de la marquise lui avait retracé plusieurs de ces faits, petits en apparence, mais qui dans la vie morale sont de grands événements. En effet, parfois un geste enferme tout un drame, l'accent d'une parole déchire toute une vie, l'indifférence d'un regard tue la plus heureuse passion. La marquise d'Aiglemont avait malheureusement vu trop de ces gestes, entendu trop de ces paroles, reçu trop de ces regards affreux à l'âme pour que ses souvenirs pussent lui donner des espérances. Tout lui prouvait qu'Alfred l'avait perdue dans le cœur de sa fille, où elle restait, elle, la mère, moins comme un plaisir que comme un devoir. Mille choses, des riens même, lui attestaient la conduite détestable de la comtesse envers elle, ingratitude que la marquise regardait peut-être comme une punition. Elle cherchait des excuses à sa fille dans les desseins de la Providence, afin de pouvoir encore adorer la main qui la frappait. Pendant cette matinée elle se souvint de tout, et tout la frappa de nouveau si vivement au cœur, que sa coupe, remplie de chagrins, devait déborder si la plus légère peine y était jetée. Un regard froid pouvait tuer la marquise. Il est difficile de peindre ces faits domestiques, mais quelques-uns suffiront peut-être à les indiquer tous. Ainsi la marquise, étant devenue un peu sourde, n'avait jamais pu obtenir de Moïna qu'elle élevât la voix pour elle, et le jour où, dans la naïveté de l'être souffrant, elle pria sa fille de répéter une phrase dont elle n'avait rien saisi, la comtesse obéit, mais avec un air de mauvaise grâce qui ne permit pas à madame d'Aiglemont de réitérer sa modeste prière. Depuis ce jour, quand Moïna racontait un événement ou parlait, la marquise avait soin de s'approcher d'elle ; mais souvent la comtesse paraissait ennuyée de l'infirmité qu'elle reprochait étourdiment à sa mère. Cet exemple, pris entre mille, ne pouvait frapper que le cœur d'une mère. Toutes ces choses eussent échappé peut-être à un observateur, car c'étaient des nuances insensibles pour d'autres yeux que ceux d'une femme. Ainsi madame d'Aiglemont ayant un jour dit à sa fille que la princesse de Cadignan était venue la voir, Moïna s'écria simplement : — Comment ! elle est venue pour vous ! L'air dont ces paroles furent dites, l'accent que la comtesse y mit peignaient par de légères teintes un étonnement, un mépris élégant qui ferait trouver aux cœurs toujours jeunes et tendres de la philanthropie dans la coutume en vertu de laquelle les sauvages tuent leurs vieillards quand ils ne peuvent plus se tenir à la branche d'un arbre fortement secoué. Madame d'Aiglemont se leva, sourit, et alla pleurer en secret. Les gens bien élevés, et les femmes surtout, ne trahissent leurs sentiments que par des touches imperceptibles, mais qui n'en font pas moins deviner les vibrations de leurs cœurs à ceux qui peuvent retrouver dans leur vie des situations analogues à celle de cette mère meurtrie. Accablée par ses souvenirs, madame d'Aiglemont retrouva l'un de ces faits microscopiques si piquants, si cruels, et elle n'avait jamais mieux vu qu'en ce moment le mépris atroce caché sous les sourires. Mais ses larmes se séchèrent quand elle entendit ouvrir les persiennes de la chambre où reposait sa fille. Elle accourut en se dirigeant vers les fenêtres par le sentier qui passait le long de la grille devant laquelle elle était naguère assise. Tout en marchant, elle remarqua le soin particulier que le jardinier avait mis à ratisser le sable de cette allée, assez mal tenue depuis peu de temps. Quand madame d'Aiglemont arriva sous les fenêtres de sa fille les persiennes se refermèrent brusquement.

— Moïna ! dit-elle.

Point de réponse.

— Madame la comtesse est dans le petit salon, dit la femme de chambre de Moïna quand la marquise rentrée au logis demanda si sa fille était levée.

Madame d'Aiglemont avait le cœur trop plein et la tête trop fortement préoccupée pour réfléchir en ce moment sur des circonstances si légères ; elle passa promptement dans le petit salon où elle trouva la comtesse en peignoir, un bonnet négligemment jeté sur une chevelure en désordre, les pieds dans ses pantoufles, ayant la clef de sa chambre dans sa ceinture, le visage empreint de pensées presque orageuses et des couleurs animées. Elle était assise sur un divan, et paraissait réfléchir.

— Pourquoi vient-on ? dit-elle d'une voix dure. Ah ! c'est vous, ma mère, reprit-elle d'un air distrait après s'être interrompue elle-même.

— Oui, mon enfant, c'est ta mère...

L'accent avec lequel madame d'Aiglemont prononça ces paroles peignit une effusion de cœur et une émotion intime dont il serait difficile de donner une idée sans employer le mot de sainteté. Elle avait en effet si bien revêtu le caractère sacré d'une mère, que sa fille en fut frappée, et se tourna vers elle par un mouvement qui exprimait à la fois le respect, l'inquiétude et le remords. La marquise ferma la porte de ce salon, où personne ne pouvait entrer sans faire du bruit dans les pièces précédentes. Cet éloignement garantissait de toute indiscrétion.

— Ma fille, dit la marquise, il est de mon devoir de t'éclairer sur une des crises les plus importantes dans notre vie de femme, et dans laquelle tu te trouves à ton insu peut-être, mais dont je viens te parler moins en mère qu'en amie. En te mariant, tu es devenue libre de tes actions, tu n'en dois compte qu'à ton mari, mais je t'ai si peu fait sentir l'autorité maternelle (et ce fut un tort peut-être), que je me crois en droit de me faire écouter de toi, une fois au moins, dans la situation grave où tu dois avoir besoin de conseils. Songe, Moïna, que je t'ai mariée à un homme d'une haute capacité, de qui tu peux être fière, que... — Ma mère, s'écria Moïna d'un air mutin et en l'interrompant, je sais ce que vous venez me dire... Vous allez me prêcher au sujet d'Alfred... — Vous ne devineriez pas si bien, Moïna, reprit gravement la marquise en essayant de retenir ses larmes, si vous ne sentiez pas... — Quoi ? dit-elle d'un air presque hautain. Mais, ma mère, en vérité... — Moïna, s'écria madame d'Aiglemont en faisant un effort extraordinaire, il faut que vous entendiez attentivement ce que je dois vous dire... — J'écoute, dit la comtesse en se croisant les bras et affectant une impertinente soumission. Permettez-moi, ma mère, dit-elle avec un sang-froid incroyable, de sonner Pauline pour la renvoyer...

Elle sonna.

— Ma chère enfant, Pauline ne peut pas entendre... — Maman, reprit la comtesse d'un air sérieux, et qui aurait dû paraître extraordinaire à la mère, je dois . Elle s'arrêta, la femme de chambre arrivait. — Pauline, allez vous-même chez Baudran savoir pourquoi je n'ai pas encore mon chapeau...

Elle se rassit et regarda sa mère avec attention. La marquise, dont le cœur était gonflé, les yeux secs, et qui ressentait alors une de ces émotions dont la douleur ne peut être comprise que par les mères, prit la parole pour instruire Moïna du danger qu'elle courait. Mais soit que la comtesse se trouvât blessée des soupçons que sa mère concevait sur le fils du marquis de Vandenesse, soit qu'elle fût en proie à une de ces folies incompréhensibles dont le secret est dans l'inexpérience de toutes les jeunesses, elle profita d'une pause faite par sa mère pour lui dire en riant d'un rire forcé : — Maman, je ne te croyais jalouse que du père...

A ce mot, madame d'Aiglemont ferma les yeux, baissa la tête et poussa le plus léger de tous les soupirs. Elle jeta son regard en l'air comme pour obéir au sentiment invincible qui nous fait invoquer Dieu dans les grandes crises de la vie, et dirigea sur sa fille ses yeux pleins d'une majesté terrible, empreints aussi d'une profonde douleur.

— Ma fille, dit-elle d'une voix gravement altérée, vous avez été plus impitoyable envers votre mère que ne le fut l'homme offensé par elle, plus que ne le sera Dieu peut-être.

Madame d'Aiglemont se leva, mais arrivée à la porte, elle se retourna, ne vit que de la surprise dans les yeux de sa fille, sortit et put aller jusque dans le jardin, où ses forces l'abandonnèrent. Là ressentant au cœur de fortes douleurs, elle tomba sur un banc. Ses yeux, qui erraient sur le sable, y aperçurent la récente empreinte d'un pas d'homme, dont les bottes avaient laissé des marques très reconnaissables. Sans aucun doute, sa fille était perdue, elle comprenait alors le motif de la commission donnée à Pauline. Cette idée cruelle fut accompagnée d'une révélation plus odieuse que ne l'était tout le reste. Elle supposa que le fils du marquis de Vandenesse avait détruit dans le cœur de Moïna le respect dû par une fille à sa mère. Sa souffrance s'accrut, elle s'évanouit insensiblement, et demeura endormie. La jeune comtesse trouva que sa mère s'était permis de lui donner un coup de boutoir un peu sec, et pensa que le soir une caresse ou quelques attentions feraient les frais du raccommodement. Entendant un cri de femme dans le jardin, elle se pencha négligemment au moment où Pauline, qui n'était pas encore sortie, appelait au secours, et tenait la marquise dans ses bras.

— N'effrayez pas ma fille, fut le dernier mot que prononça cette mère.

Moïna vit transporter sa mère, pâle, inanimée, respirant avec difficulté, mais agitant les bras comme si elle voulait ou lutter ou parler. Atterrée par ce spectacle, Moïna suivit sa mère, aida silencieusement à la coucher sur son lit et à la déshabiller. Sa faute l'accablait. En ce moment suprême, elle connut sa mère, et ne pouvait plus rien réparer. Elle voulut être seule avec elle, et quand il n'y eut plus personne dans la chambre, qu'elle sentit le froid de cette main pour elle toujours caressante, elle fondit en larmes. Réveillée par ses pleurs, la marquise put encore regarder sa chère Moïna puis, au bruit de ses sanglots, qui semblaient vouloir briser ce sein délicat et en désordre, elle contempla sa fille en souriant. Ce sourire prouvait à cette jeune parricide que le cœur d'une mère est un abîme au fond duquel se trouve toujours un pardon. Aussitôt que l'état de la marquise fut connu, des gens à cheval avaient été expédiés pour aller chercher le médecin, le chirurgien et les petits-enfants de madame d'Aiglemont. La jeune marquise et ses enfants arrivèrent en même temps que les gens de l'art, et formèrent une assemblée assez imposante, silencieuse, inquiète, à laquelle se mêlèrent les domestiques. La jeune marquise, qui n'entendait aucun bruit, vint frapper doucement à la porte de la chambre. A ce signal, Moïna, réveillée sans doute dans sa douleur, poussa brusquement les deux battants, jeta des yeux hagards sur cette assemblée de famille et se montra dans un désordre qui parlait plus haut que le langage. A l'aspect de ce remords vivant chacun resta muet. Il était facile d'apercevoir les pieds de la marquise roides et tendus convulsivement sur le lit de mort. Moïna s'appuya sur la porte, regarda ses parents, et dit d'une voix creuse : — *J'ai perdu ma mère!*

Paris, 1828-1842.

FIN DE LA FEMME DE TRENTE ANS.

LA
GRANDE BRETÈCHE

(FIN DE AUTRE ÉTUDE DE FEMME.)

— Ah! madame, répliqua le docteur, j'ai des histoires terribles dans mon répertoire, mais chaque récit a son heure dans une conversation, selon ce joli mot rapporté par Chamfort et dit au duc de Fronsac : — Il y a dix bouteilles de vin de Champagne entre ta saillie et le moment où nous sommes.

— Mais il est deux heures du matin, et l'histoire de Rosine nous a préparés, dit la maîtresse de la maison.

— Dites, monsieur Bianchon !... demanda-t-on de tous côtés.

A un geste du complaisant docteur, le silence régna.

— A une centaine de pas environ de Vendôme, sur les bords du Loir, dit-il, il se trouve une vieille maison brune, surmontée de toits très élevés, et si complètement isolée, qu'il n'existe à l'entour ni tannerie puante ni méchante auberge, comme vous en voyez aux abords de presque toutes les petites villes. Devant ce logis est un jardin donnant sur la rivière, et où les buis, autrefois ras qui dessinaient les allées, croissent maintenant à leur fantaisie. Quelques saules, nés dans le Loir, ont rapidement poussé comme la haie de clôture, et cachent à demi la maison. Les plantes que nous appelons mauvaises décorent de leur belle végétation le talus de la rive. Les arbres fruitiers, négligés depuis dix ans, ne produisent plus de récolte. et leurs rejetons forment des taillis. Les espaliers ressemblent à des charmilles. Les sentiers, sablés jadis, sont remplis de pourpier, mais, à vrai dire, il n'y a plus trace de sentier. Du haut de la montagne sur laquelle pendent les ruines du vieux château des ducs de Vendôme, le seul endroit d'où l'œil puisse plonger sur cet enclos. on se dit que, dans un temps qu'il est difficile de déterminer, ce coin de terre fit les délices de quelque gentilhomme occupé de roses. de tulipiers, d'horticulture en un mot, mais surtout gourmand de bons fruits. On aperçoit une tonnelle, ou plutôt les débris d'une tonnelle sous laquelle est encore une table que le temps n'a pas entièrement dévorée. A l'aspect de ce jardin qui n'est plus, les joies négatives de la vie paisible dont on jouit en province se devinent, comme on devine l'existence d'un bon négociant en lisant l'épitaphe de sa tombe. Pour compléter les idées tristes et douces qui saisissent l'âme, un des murs offre un cadran solaire orné de cette inscription bourgeoisement chrétienne. ULTIMAM COGITA! Les toits de cette maison sont horriblement dégradés, les persiennes sont toujours closes, les balcons sont couverts de nids d'hirondelles, les portes restent constamment fermées. De hautes herbes ont dessiné par des lignes vertes les fentes des perrons, les ferrures sont rouillées. La lune, le soleil, l'hiver, l'été, la neige, ont creusé les bois, gauchi les planches, rongé les peintures. Le morne silence qui règne là n'est troublé que par les oiseaux, les chats, les fouines, les rats et les souris libres de trotter, de se battre, de se manger. Une invisible main a partout écrit le mot : *Mystère*. Si, poussé par la curiosité, vous alliez voir cette maison du côté de la rue, vous apercevriez une grande porte de forme ronde par le haut, et à laquelle les enfants du pays ont fait des trous nombreux. J'ai appris plus tard que cette porte était condamnée depuis dix ans. Par ces brèches irrégulières, vous pourriez observer la parfaite harmonie qui existe entre la façade du jardin et la façade de la cour. Le même désordre y règne. Des bouquets d'herbes encadrent les pavés. D'énormes lézardes sillonnent les murs, dont les crêtes noircies sont enlacées par les mille festons de la pariétaire. Les marches du perron sont disloquées, la corde de la cloche est pourrie, les gouttières sont brisées. Quel feu tombé du ciel a passé par là? Quel tribunal a ordonné de semer du sel sur ce logis? Y a-t-on insulté Dieu? Y a-t-on trahi la France? Voilà ce qu'on se demande. Les reptiles y rampent sans vous répondre. Cette maison, vide et déserte, est une immense énigme dont le mot n'est connu de personne. Elle était autrefois un petit fief, et porte le nom de *la Grande Bretèche*. Pendant le temps de son séjour à Vendôme, où Desplein m'avait laissé pour soigner une riche malade, la vue de ce singulier logis devint un de mes plaisirs les plus vifs. N'était-ce pas mieux qu'une ruine? A une ruine se rattachent quelques souvenirs d'une irréfragable authenticité ; mais cette habitation encore debout, quoique lentement démolie par une main vengeresse, renfermait un secret, une pensée inconnue ; elle trahissait un caprice tout au moins. Plus d'une fois, le soir, je me fis aborder à la haie devenue sauvage qui protégeait cet enclos. Je bravais les égratignures, j'entrais dans ce jardin sans maître, dans cette propriété qui n'était plus ni publique ni particulière ; j'y restais des heures entières à contempler son désordre. Je n'aurais pas voulu, pour prix de l'histoire à laquelle sans doute était dû ce spectacle bizarre, faire une seule question à quelque Vendômois bavard. Là, je composais de délicieux romans ; je m'y livrais à de petites débauches de mélancolie qui me ravissaient. Si j'avais connu le motif, peut-être vulgaire, de cet abandon, j'eusse perdu les poésies inédites dont je m'enivrais. Pour moi, cet asile représentait les images les plus variées de la vie humaine, assombrie par ses malheurs : c'était tantôt l'air du cloître, moins les religieux ; tantôt la paix du cimetière, sans les morts qui vous parlent leur langage épitaphique ; aujourd'hui la maison du lépreux, demain celle des Atrides, mais c'était surtout la province avec ses idées recueillies, avec sa vie de sablier. J'y ai souvent pleuré, je n'y ai jamais ri. Plus d'une fois j'ai ressenti des terreurs involontaires en y entendant, au-dessus de ma tête, le sifflement sourd que rendaient les ailes de quelque ramier pressé. Le sol y est humide ; il faut s'y défier des lézards, des vipères, des grenouilles qui s'y promènent avec la sauvage liberté de la nature ; il faut surtout ne pas craindre le froid, car en quelques instants vous sentez un manteau de glace qui se pose sur vos épaules, comme la main du commandeur sur le cou de don Juan. Un soir j'y ai frissonné ; le vent avait fait tourner une vieille girouette rouillée, dont les cris ressemblaient à un gémissement poussé par la maison au moment où j'achevais un drame assez noir par lequel je m'expliquais cette espèce de douleur monumentalisée. Je revins à mon auberge, en proie à des idées sombres. Quand j'eus soupé, l'hôtesse entra d'un air de mystère dans ma chambre, et me dit :

— Monsieur, voici M. Regnault.

— Qu'est M. Regnault?

— Comment, monsieur ne connaît pas M. Regnault? Ah ! c'est drôle ! dit-elle en s'en allant.

Tout à coup je vis apparaître un homme long, fluet, vêtu de noir, tenant son chapeau à la main, et qui se présenta comme un bélier prêt à fondre sur son rival, en me montrant un front fuyant, une petite tête pointue, une face pâle, assez semblable à un verre d'eau sale. Vous eussiez dit l'huissier d'un ministre. Cet inconnu portait un vieil habit, très-usé sur les plis, mais il avait un diamant au jabot de sa chemise et des boucles d'or à ses oreilles.

— Monsieur, à qui ai-je l'honneur de parler? lui dis-je.

Il s'assit sur une chaise, se mit devant mon feu, posa son chapeau sur ma table, et me répondit en se frottant les mains :

— Ah ! il fait bien froid. Monsieur, je suis M. Regnault.

Je m'inclinai, en me disant à moi-même :

— *Il bondo cani!* Cherche.

— Je suis, reprit-il, notaire à Vendôme.

— J'en suis ravi, monsieur, m'écriai-je, mais je ne suis point en mesure de tester, pour des raisons à moi connues.

— Petit moment, reprit-il en levant la main comme pour m'imposer silence. Permettez, monsieur, permettez ! J'ai appris que vous alliez vous promener quelquefois dans le jardin de la Grande-Bretèche.

— Oui, monsieur.

— Petit moment ! dit-il en répétant son geste, cette action constitue un véritable délit. Monsieur, je viens, au nom et comme exécuteur testamentaire de feu madame la comtesse de Merret, vous prier de discontinuer vos visites. Petit moment ! Je ne suis pas un Turc et ne veux point vous en faire un crime. D'ailleurs, bien permis à vous d'ignorer les circonstances qui m'obligent à laisser tomber en ruines le plus bel hôtel de Vendôme. Cependant, monsieur, vous paraissez avoir de l'instruction, et devez savoir que les lois défendent, sous des peines graves, d'envahir une propriété close. Une haie vaut un mur. Mais l'état dans lequel la maison se trouve peut servir d'excuse à votre curiosité. Je ne demanderais pas mieux que de vous laisser libre d'aller et venir dans cette maison ; mais, chargé d'exécuter les volontés de la testatrice, j'ai l'honneur, monsieur, de vous prier de ne plus entrer dans le jardin. Moi-même, monsieur, depuis l'ouverture du testament, je n'ai pas mis le pied dans cette maison, qui dépend, comme je l'ai eu l'honneur de vous le dire, de la succession de madame de Merret. Nous en avons seulement constaté les portes et fenêtres, afin d'asseoir les impôts, que je paye annuellement sur des fonds à ce destinés par feu madame la comtesse. Ah ! mon cher monsieur, son testament a fait bien du bruit dans Vendôme ! Là, il s'arrêta pour se moucher, le digne homme ! Je respectai sa loquacité, comprenant à merveille que la succession de madame de Merret était l'événement le plus important de sa vie, toute sa réputation, sa gloire, sa restauration. Il me fallait dire adieu à mes belles rêveries, à mes romans, je ne fus donc pas rebelle au plaisir d'apprendre la vérité d'une manière officielle.

— Monsieur, lui dis-je, serait-il indiscret de vous demander les raisons de cette bizarrerie?

A ces mots, un air qui exprimait tout le plaisir que ressentent les hommes habitués à monter sur le *dada*, passa sur la figure du notaire. Il releva le col d'une chemise avec une sorte de fatuité, tira sa tabatière, l'ouvrit, m'offrit du tabac, et, sur mon refus, il en prit une forte pincée. Il était heureux ! Un homme qui n'a pas de *dada* ignore tout le parti que l'on peut tirer de la vie. Un *dada* est le milieu précis entre la passion et la monomanie. En ce moment, je compris cette jolie expression de Sterne dans toute son étendue, et j'eus une complète idée de la joie avec laquelle l'oncle Tobie enfourchait, Trim aidant, son cheval de bataille.

— Monsieur, me dit M. Regnault, j'ai été premier clerc de maître Roguin, à Paris. Excellente étude, dont vous avez peut-être entendu parler? non ! cependant une malheureuse faillite l'a rendue célèbre. N'ayant pas assez de fortune pour traiter à Paris, au prix où les charges montèrent en 1816, je vins ici acquérir l'étude de mon prédécesseur. J'avais des parents à Vendôme, entre autres une tante fort riche, qui m'a donné sa fille en mariage.

Monsieur, reprit-il après une légère pause, trois mois après avoir été agréé par monseigneur le garde des sceaux, je fus mandé un soir, au moment où j'allais me coucher (je n'étais pas encore marié), par madame la comtesse de Merret en son château de Merret. Sa femme de chambre, une brave fille qui sert aujourd'hui dans cette hôtellerie, était à ma porte avec la calèche de madame la comtesse. Ah ! petit moment ! Il faut vous dire, monsieur, que M. le comte de Merret était allé mourir à Paris deux mois avant que je ne vinsse ici. Il y périt misérablement en se livrant à des excès de tous les genres. Vous comprenez ? Le jour de son départ, madame la comtesse avait quitté la Grande Bretèche et l'avait démeublée. Quelques personnes prétendent même qu'elle a brûlé les meubles, les tapisseries, enfin toutes les choses généralement quelconques qui garnissaient les lieux présentement loués par ledit sieur... (Tiens, qu'est-ce que je dis donc? Pardon, je croyais dicter un bail.) Qu'elle les brûla, reprit-il, dans la prairie de Merret. Êtes-vous allé à Merret, monsieur? Non, dit-il en faisant lui-même ma réponse. Ah ! c'est un fort bel endroit ! Depuis trois mois environ, dit-il en continuant après un petit hochement de tête, M. le comte et madame la comtesse avaient vécu singulièrement. Ils ne recevaient plus personne, madame habitait le rez-de-chaussée, et monsieur le premier étage. Quand madame la comtesse resta seule, elle ne se montra plus qu'à l'église. Plus tard, chez elle, à son château, elle refusa de voir les amis et amies qui vinrent lui faire des visites. Elle était déjà très-changée au moment où elle quitta la Grande Bretèche pour aller à Merret. Cette chère femme-là... (je dis chère parce que ce diamant me vient d'elle, je ne l'ai vue, d'ailleurs, qu'une seule fois !) Donc, cette bonne dame était très-malade, elle avait sans doute désespéré de sa santé, car elle est morte sans vouloir appeler de médecins ; aussi, beaucoup de nos dames ont elles pensé qu'elle ne jouissait pas de toute sa tête. Monsieur, ma curiosité fut donc singulièrement excitée en apprenant que madame de Merret avait besoin de mon ministère. Je n'étais pas le seul qui s'intéressât à cette histoire. Le soir même, quoiqu'il fût tard, toute la ville sut que j'allais à Merret. La femme de chambre répondit assez vaguement aux questions que je lui fis en chemin ; néanmoins, elle me dit que sa maîtresse avait été administrée par le curé de Merret pendant la journée, et qu'elle paraissait ne pas devoir passer la nuit. J'arrivai sur les onze heures au château. Je montai le grand escalier. Après avoir traversé de grandes pièces hautes et noires, froides et humides en diable, je parvins dans la chambre d'honneur où était madame la comtesse. D'après les bruits qui couraient sur cette dame (monsieur, je n'en finirais pas si je vous répétais tous les contes qui se sont débités à son égard !), je me la figurais comme une coquette. Imaginez-vous que j'eus beaucoup de peine à la trouver dans le grand lit où elle gisait. Il est vrai que pour éclairer cette énorme chambre à frises de l'ancien régime, et poudrée de poussière à faire éternuer rien qu'à les voir, elle avait une de ces anciennes lampes d'Argant. Ah ! mais vous n'êtes pas allé à Merret. Eh bien ! monsieur, le lit est un de ces lits d'autrefois, avec un ciel élevé, garni d'indiennes à ramages. Une petite table de nuit était près du lit, et je vis dessus une imitation de Jésus-Christ, que, par parenthèse, j'ai achetée à ma femme, ainsi que la lampe. Il y avait aussi une grande bergère pour la femme de confiance, et deux chaises. Point de feu d'ailleurs. Voilà le mobilier. Ça n'aurait pas fait dix lignes dans un inventaire. Ah ! mon cher monsieur, si vous aviez vu, comme je la vis alors, cette vaste chambre tendue en tapisseries brunes, vous vous seriez cru transporté dans une véritable scène de roman. C'était glacial, et, mieux que cela, funèbre, ajouta-t-il en levant le bras par un geste théâtral et faisant une pause. A force de regarder, en venant près du lit, je finis par voir madame Merret, encore grâce à la lueur de la lampe dont la clarté donnait sur les oreillers. Sa figure était jaune comme de la cire, et ressemblait à deux mains jointes. Madame la comtesse avait un bonnet de dentelles qui laissait voir de beaux cheveux, mais blancs comme du fil. Elle était sur son séant, et paraissait s'y tenir avec beaucoup de difficulté. Ses grands yeux noirs, abattus par la fièvre, sans doute, et déjà presque morts, remuaient à peine sous les os où sont les sourcils. — Ça, dit-il en me montrant l'arcade de ses yeux. Son front était humide. Ses mains décharnées ressemblaient à des os recouverts d'une peau tendre; ses veines, ses muscles, se voyaient parfaitement bien; elle avait dû être très-belle; mais, en ce moment, je fus saisi de je ne sais quel sentiment à son aspect. Jamais, au dire de ceux qui l'ont ensevelie, une créature vivante n'avait atteint à sa maigreur sans mourir. Enfin, c'était épouvantable à voir! Le mal avait si bien rongé cette femme, qu'elle n'était plus qu'un fantôme. Ses lèvres, d'un violet pâle, me parurent immobiles quand elle me parla. Quoique ma profession m'ait familiarisé avec ces spectacles en me conduisant parfois au chevet des mourants pour constater leurs dernières volontés, j'avoue que les familles en larmes et les agonies que j'ai vues n'étaient rien auprès de cette femme solitaire et silencieuse dans ce vaste château. Je n'entendais pas le moindre bruit, je ne voyais pas ce mouvement que la respiration de la malade aurait dû imprimer aux draps qui la couvraient, et je restai tout à fait immobile, occupé à la regarder avec une sorte de stupeur. Il me semble que j'y suis encore. Enfin ses grands yeux se remuèrent, elle essaya de lever sa main droite qui retomba sur le lit, et ces mots sortirent de sa bouche comme un souffle, car sa voix n'était déjà plus une voix — « Je vous attendais avec bien de l'impatience. » Ses joues se colorèrent vivement. Parler, monsieur, c'était un effort pour elle. — « Madame, » lui dis-je. Elle me fit signe de me taire. En ce moment, la vieille femme de charge se leva et me dit à l'oreille : « Ne parlez pas, madame la comtesse est hors d'état d'entendre le moindre bruit, et ce que vous lui diriez pourrait l'agiter. » Je m'assis. Quelques instants après, madame de Merret rassembla tout ce qui lui restait de forces pour mouvoir son bras droit, le mit, non sans des peines infinies, sous son traversin; elle s'arrêta pendant un petit moment, puis, elle fit un dernier effort pour retirer sa main; et, lorsqu'elle eut pris un papier cacheté, des gouttes de sueur tombèrent de son front. — « Je vous confie mon testament, dit-elle. Mon Dieu! Ah! » Ce fut tout. Elle saisit un crucifix qui était sur son lit, le porta rapidement à ses lèvres, et mourut. L'expression de ses yeux fixes me fait encore frissonner quand j'y songe. Elle avait dû bien souffrir! Il y avait de la joie dans son dernier regard, sentiment qui resta gravé sur ses yeux morts. J'emportai le testament; et, quand il fut ouvert, je vis que madame de Merret m'avait nommé son exécuteur testamentaire. Elle léguait la totalité de ses biens à l'hôpital de Vendôme, sauf quelques legs particuliers. Mais voici quelles furent ses dispositions relativement à la Grande Bretèche. Elle me recommanda de laisser cette maison pendant cinquante années révolues, à partir du jour de sa mort, dans l'état où elle se trouverait au moment de son décès, en interdisant l'entrée des appartements à quelque personne que ce fût, en défendant d'y faire la moindre réparation, et allouant même une rente afin de gager des gardiens, s'il en était besoin, pour assurer l'entière exécution de ses intentions. A l'expiration de ce terme, si le vœu de la testatrice a été accompli, la maison doit appartenir à mes héritiers, car monsieur sait que les notaires ne peuvent accepter de legs, sinon la Grande Bretèche reviendrait à qui de droit, mais à la charge de remplir les conditions indiquées dans un codicille annexé au testament, et qui ne doit être ouvert qu'à l'expiration desdites cinquante années. Le testament n'a point été attaqué, donc...

A ce mot, et sans achever sa phrase, le notaire oblong me regarda d'un air de triomphe, je le rendis tout à fait heureux en lui adressant quelques compliments.

— Monsieur, lui dis-je en terminant, vous m'avez si vivement impressionné, que je crois voir cette mourante plus pâle que ses draps; ses yeux luisants me font peur, et je rêverai d'elle cette nuit. Mais vous devez avoir formé quelques conjectures sur les dispositions contenues dans ce bizarre testament.

— Monsieur, me dit-il avec une réserve comique, je ne me permets jamais de juger la conduite des personnes qui m'ont honoré par le don d'un diamant.

Je déliai bientôt la langue du scrupuleux notaire vendômois, qui me communiqua, non sans de longues digressions, les observations dues aux profonds politiques des deux sexes dont les arrêts font loi dans Vendôme. Mais ces observations étaient si contradictoires, si diffuses, que je faillis m'endormir, malgré l'intérêt que je prenais à cette histoire authentique. Le ton lourd et l'accent monotone de ce notaire, sans doute habitué à s'écouter lui-même et à se faire écouter de ses clients ou de ses compatriotes, triompha de ma curiosité. Heureusement il s'en alla.

— Ah! ah! monsieur, bien des gens, me dit-il dans l'escalier, voudraient vivre encore quarante-cinq ans, mais, petit moment!

Et il mit, d'un air fin, l'index de sa main droite sur sa narine, comme s'il eût voulu dire : Faites bien attention à ceci!

— Pour aller jusque-là; jusque-là, dit-il, il ne faut pas avoir la soixantaine.

Je fermai ma porte, après avoir été tiré de mon apathie par ce dernier trait que le notaire trouva très-spirituel; puis, je m'assis dans mon fauteuil, en mettant mes pieds sur les deux chenets de ma cheminée. Je m'enfonçai dans un roman à la Radcliffe, bâti sur les données juridiques de M. Regnault, quand ma porte, manœuvrée par la main adroite d'une femme, tourna sur ses gonds. Je vis venir mon hôtesse, grosse femme réjouie, de belle humeur, qui avait manqué sa vocation; c'était une Flamande qui aurait dû naître dans un tableau de Téniers.

— Eh bien! monsieur? me dit-elle. M. Regnault vous a sans doute rabâché son histoire de la Grande Bretèche.

— Oui, mère Lepas.

— Que vous a-t-il dit?

Je lui répétai en peu de mots la ténébreuse et froide histoire de madame Merret.

A chaque phrase, mon hôtesse tendait le cou et me regardait avec une perspicacité d'aubergiste, espèce de juste milieu entre l'instinct du gendarme, l'astuce de l'espion et la ruse du commerçant.

— Ma chère dame Lepas! ajoutai-je en terminant, vous paraissez en savoir davantage. Hein? Autrement, pourquoi seriez-vous montée chez moi?

— Ah! foi d'honnête femme, et aussi vrai que je m'appelle Lepas...

— Ne jurez pas, vos yeux sont gros d'un secret. Vous avez connu M. de Merret. Quel homme était-ce?

— Dame, M. de Merret, voyez-vous, était un bel homme qu'on ne finissait pas de voir, tant il était long! un digne gentilhomme venu de Picardie, et qui avait, comme nous disons ici, la tête près du bonnet. Il payait tout comptant pour n'avoir de difficulté avec personne. Voyez-vous, il était vif. Nos dames le trouvaient toutes fort aimable.

— Parce qu'il était vif? dis-je à mon hôtesse.

— Peut-être bien, dit-elle. Vous pensez, monsieur, qu'il fallait avoir eu quelque chose devant soi, comme on dit, pour épouser madame de Merret, qui, sans vouloir nuire aux autres, était la plus belle et la plus riche personne du Vendômois. Elle avait aux environs de vingt mille livres de rente. Toute la ville assistait à sa noce. La mariée était mignonne et avenante, un vrai bijou de femme. Ah! ils ont fait un beau couple dans le temps!

— Ont-ils été heureux en ménage?

— Heu, heu! oui et non, autant qu'on peut le présumer, car vous pensez bien que, nous autres, nous ne vivions pas à pot et à rôt avec eux! Madame de Merret était une bonne femme, bien gentille, qui avait peut-être bien à souffrir quelquefois des vivacités de son mari; mais, quoiqu'un peu fier, nous l'aimions. Bah! c'était son état à lui d'être comme ça! Quand on est noble, voyez-vous...

— Cependant il a bien fallu quelque catastrophe pour que M. et madame de Merret se séparassent violemment?

— Je n'ai point dit qu'il y ait eu de catastrophe, monsieur, je n'en sais rien.

— Bien. Je suis sûr maintenant que vous savez tout.

— Eh bien! monsieur, je vais tout vous dire. En voyant monter chez vous M. Regnault, j'ai pensé qu'il vous parlerait de madame de Merret, à propos de la Grande Bretèche. Ça m'a donné l'idée de consulter monsieur, qui me paraît un homme de bon conseil et incapable de trahir une pauvre femme comme moi qui n'ai jamais fait de mal à personne, et qui se trouve cependant tourmentée par sa conscience. Jusqu'à présent, je n'ai point osé m'ouvrir aux gens de ce pays-ci, ce sont tous des bavards à langues d'acier. Enfin, monsieur, je n'ai pas encore eu de voyageur qui soit demeuré si longtemps que vous dans mon auberge, et auquel je puisse dire l'histoire des quinze mille francs...

— Ma chère dame Lepas! lui répondis-je en arrêtant le flux de ses paroles, si votre confidence est de nature à me compromettre, pour tout au monde je ne voudrais pas en être chargé.

— Ne craignez rien, dit-elle en m'interrompant. Vous allez voir. Cet empressement me fit croire que je n'étais pas le seul à qui ma bonne aubergiste avait communiqué le secret dont je devais être l'unique dépositaire, et j'écoutai.

— Monsieur, dit-elle, quand l'empereur envoya ici des Espagnols prisonniers de guerre ou autres, j'eus à loger, au compte du gouvernement, un jeune Espagnol envoyé à Vendôme sur parole. Malgré la parole, il allait tous les jours se montrer au sous-préfet. C'était un grand d'Espagne ! Excusez du peu ! Il portait un nom en *os* et en *dia*, comme Bagos de Férédia. J'ai son nom écrit sur mes registres ; vous pourrez le lire, si vous le voulez. Oh ! c'était un beau jeune homme pour un Espagnol qu'on dit tous laids. Il n'avait guère que cinq pieds deux ou trois pouces, mais il était bien fait ; il avait de petites mains qu'il soignait, ah ! fallait voir. Il avait autant de brosses pour ses mains qu'une femme en a pour toutes ses toilettes ! Il avait de grands cheveux noirs, un œil de feu, un teint un peu cuivré, mais qui me plaisait tout de même. Il portait du linge fin comme je n'en ai jamais vu à personne, quoique j'aie logé des princesses, et entre autres le général Bertrand, le duc et la duchesse d'Abrantes, M. Decazes et le roi d'Espagne. Il ne mangeait pas grand'chose ; mais il avait des manières si polies, si aimables, qu'on ne pouvait pas lui en vouloir. Oh ! je l'aimais beaucoup, quoiqu'il ne disait pas quatre paroles par jour et qu'il fût impossible d'avoir avec lui la moindre conversation, si on lui parlait, il ne répondait pas ; c'était un tic, une manie qu'ils ont tous, à ce qu'on m'a dit. Il lisait son bréviaire comme un prêtre, il allait à la messe et à tous les offices régulièrement. Où se mettait-il (nous avons remarqué cela plus tard) ? à deux pas de la chapelle de madame de Merret. Comme il se plaça là dès la première fois qu'il vint à l'église, personne n'imagina qu'il y eût de l'intention dans son fait. D'ailleurs, il ne levait pas le nez de dessus son livre de prières, le pauvre jeune homme ! Pour lors, monsieur, le soir il se promenait sur la montagne, dans les ruines du château. C'était son seul amusement à ce pauvre homme, il se rappelait là son pays. On dit que c'est tout montagnes en Espagne ! Dès les premiers jours de sa détention, il s'attarda. Je fus inquiète de ne le voyant revenir sur le coup de minuit ; mais nous nous habituâmes tous à sa fantaisie : il prit la clef de la porte, et nous ne l'attendîmes plus. Il logeait dans la maison que nous avons dans la rue des Casernes. Pour lors, un de nos valets d'écurie nous dit qu'un soir, en allant faire baigner les chevaux, il croyait avoir vu le grand d'Espagne nageant au loin dans la rivière comme un vrai poisson. Quand il revint, je lui dis de prendre garde aux herbes ; il parut contrarié d'avoir été vu dans l'eau. — Enfin, monsieur, un jour, ou plutôt un matin, nous ne le trouvâmes plus dans sa chambre, il n'était pas revenu. A force de fouiller partout, je vis un écrit dans le tiroir de sa table où il y avait cinquante pièces d'or espagnoles qu'on nomme des portugaises et qui valaient environ cinq mille francs, puis des diamants pour dix mille francs dans une petite boîte cachetée. Son écrit disait dans le cas où il ne reviendrait pas, il nous laissait cet argent et ces diamants, à la charge de fonder des messes pour remercier Dieu de son évasion et pour son salut. Dans ce temps-là, j'avais encore mon homme, qui courut à sa recherche. Et voilà le drôle de l'histoire ! il rapporta les habits de l'Espagnol, qu'il découvrit sous une grosse pierre, dans une espèce de pilotis sur le bord de la rivière, du côté du château, à peu près en face de la Grande Bretèche. Mon mari était allé là si matin, que personne ne l'avait vu. Il brûla les habits après avoir lu la lettre, et nous avons déclaré, suivant le désir du comte Férédia, qu'il s'était évadé. Le sous-préfet mit toute la gendarmerie à ses trousses ; mais, brust ! on ne l'a point rattrapé. Lepas a cru que l'Espagnol s'était noyé. Moi, monsieur, je ne le pense point, je crois plutôt qu'il est pour quelque chose dans l'affaire de madame de Merret, vu que Rosalie m'a dit que le crucifix auquel sa maîtresse tenait tant qu'elle s'est fait ensevelir avec, était d'ébène et d'argent ; or, dans les premiers temps de son séjour, M. Férédia en avait un d'ébène et d'argent que je ne lui ai plus revu. Maintenant, monsieur, n'est-il pas vrai que je ne dois point avoir de remords des quinze mille francs de l'Espagnol, et qu'ils sont bien à moi ?

— Certainement. Mais vous n'avez pas essayé de questionner Rosalie ? lui dis-je.

— Oh ! si fait, monsieur. Que voulez-vous ! cette fille-là, c'est un mur. Elle sait quelque chose ; mais il est impossible de la faire jaser.

Après avoir encore causé pendant un moment avec moi, mon hôtesse me laissa en proie à des pensées vagues et ténébreuses, à une curiosité romanesque, à une terreur religieuse assez semblable au sentiment profond qui nous saisit quand nous entrons à la nuit dans une église sombre où nous apercevons une faible lumière lointaine sous des arceaux élevés ; une figure indécise glisse, un frottement de robe ou de soutane se fait entendre... nous avons frissonné. La Grande Bretèche avec ses hautes herbes, ses fenêtres condamnées, ses ferrements rouillés, ses portes closes, ses appartements déserts, se montra tout à coup fantastiquement devant moi. J'essayai de pénétrer dans cette mystérieuse demeure en y cherchant le nœud de cette solennelle histoire, le drame qui avait tué trois personnes. Rosalie fut à mes yeux l'être le plus intéressant de Vendôme. Je découvris, en l'examinant, les traces d'une pensée intime, malgré la santé brillante qui éclatait sur son visage poteté. Il y avait en elle un principe de remords ou d'espérance ; son attitude annonçait un secret comme celle des dévotes qui prient avec excès ou celle de la fille infanticide qui entend toujours le dernier cri de son enfant. Sa pose était cependant naïve et grossière, son niais sourire n'avait rien de criminel, et vous l'eussiez jugée innocente, rien qu'à voir le grand mouchoir à carreaux rouges et bleus qui recouvrait son buste vigoureux, encadré, serré, ficelé, par une robe à raies blanches et violettes.

— Non, pensai-je, je ne quitterai pas Vendôme sans savoir toute l'histoire de la Grande Bretèche. Pour arriver à mes fins, je deviendrai l'ami de Rosalie, s'il le faut absolument. — Rosalie ! lui dis-je un soir.

— Plaît-il, monsieur ?

— Vous n'êtes pas mariée ?

Elle tressaillit légèrement.

— Oh ! je ne manquerai point d'hommes quand la fantaisie d'être malheureuse me prendra ! dit-elle en riant.

Elle se remit promptement de son émotion intérieure, car toutes les femmes, depuis la grande dame jusqu'aux servantes d'auberge inclusivement, ont un sang-froid qui leur est particulier.

— Vous êtes assez fraîche, assez appétissante, pour ne pas manquer d'amoureux ! Mais, dites-moi, Rosalie, pourquoi vous êtes-vous faite servante d'auberge en quittant madame de Merret ? Est-ce qu'elle ne vous a pas laissé quelque rente ?

— Oh ! que si ! Mais, monsieur, ma place est la meilleure de tout Vendôme.

Cette réponse était une de celles que les juges et les avoués nomment *dilatoires*. Rosalie me paraissait située dans cette histoire romanesque comme la case qui se trouve au milieu d'un damier, elle était au centre même de l'intérêt et de la vérité ; elle me semblait nouée dans le nœud.

Ce ne fut plus une séduction ordinaire à tenter, il y avait dans cette fille le dernier chapitre d'un roman ; aussi, dès ce moment, Rosalie devint-elle l'objet de ma prédilection.

A force d'étudier cette fille, je remarquai chez elle, comme chez toutes les femmes de qui nous faisons notre pensée principale, une foule de qualités : elle était propre, soigneuse, elle était belle, cela va sans dire ; elle eut bientôt tous les attraits que notre désir prête aux femmes, dans quelque situation qu'elles puissent être. Quinze jours après la visite du notaire, un soir, ou plutôt un matin, car il était de très-bonne heure, je dis à Rosalie :

— Raconte-moi donc tout ce que tu sais sur madame de Merret.

— Oh ! répondit-elle avec terreur, ne me demandez pas cela, monsieur Horace !

Sa belle figure se rembrunit, ses couleurs vives et animées pâlirent, et ses yeux n'eurent plus leur innocent éclat humide.

— Eh bien ! reprit-elle, puisque vous le voulez, je vous le dirai, mais gardez-moi bien le secret !

— Va ! ma pauvre fille, je garderai tous les secrets avec une probité de voleur, c'est la plus loyale qui existe.

— Si cela vous est égal, me dit-elle, j'aime mieux que ce soit avec le vôtre. Là-dessus, elle ragréa son foulard, et se posa comme pour conter ; car il y a, certes, une attitude de confiance et de sécurité nécessaire pour faire un récit.

Les meilleures narrations se disent à une certaine heure, comme nous sommes à tous à table. Personne n'a bien conté debout ou à jeun. Mais, s'il fallait reproduire fidèlement la diffuse éloquence de Rosalie, un volume entier suffirait à peine. Or, comme l'événement dont elle me donna la confuse connaissance se trouve placé, entre le bavardage du notaire et celui de madame Lepas aussi exactement que les moyens termes d'une proportion arithmétique le sont entre leurs deux extrêmes, je n'ai plus qu'à vous le dire en peu de mots. J'abrège donc. La chambre que madame de Merret occupait à la Bretèche était située au rez-de-chaussée. Un petit cabinet de quatre pieds de profondeur environ, pratiqué dans l'intérieur du mur, lui servait de garde-robe. Trois mois avant la soirée dont je vais vous raconter les faits, madame de Merret avait été assez sérieusement indisposée pour que son mari la laissât seule chez elle, et il couchait dans une chambre au premier étage. Par un de ces hasards impossibles à prévoir, il revint, ce soir-là, deux heures plus tard que de coutume du Cercle, où il allait lire les journaux et causer politique avec les habitants du pays. Sa femme le croyait rentré, couché, endormi. Mais l'invasion de la France avait été l'objet d'une discussion fort animée ; la partie de billard s'était échauffée, il avait perdu quarante francs, somme énorme à Vendôme, où tout le monde thésaurise, et où les mœurs sont contenues dans les bornes d'une modestie digne d'éloges, qui peut-être devient la source d'un bonheur vrai dont ne se soucie aucun Parisien.

Depuis quelque temps M. de Merret se contentait de demander à Rosalie si sa femme était couchée ; sur la réponse toujours affirmative de cette fille, il allait immédiatement chez lui, avec cette bonhomie qu'enfantent l'habitude et la confiance. En rentrant, il lui prit fantaisie de se rendre chez madame de Merret pour lui conter sa mésaventure, peut-être aussi pour s'en consoler.

Pendant le dîner, il avait trouvé madame de Merret fort coquettement mise ; il se disait, en allant du Cercle chez lui, que sa femme ne souffrait plus, que sa convalescence l'avait embellie, et il s'en apercevait, comme les maris s'aperçoivent de tout, un peu tard. Au lieu d'appeler Rosalie, qui dans ce moment était occupée dans la cuisine à voir la cuisinière et le cocher jouant un coup difficile de la brisque, M. de Merret se dirigea vers la chambre de sa femme, à la lueur de son falot, qu'il avait déposé sur la première marche de l'escalier. Son pas, facile à reconnaître, retentissait sous les voûtes du corridor. Au moment où le gentilhomme tourna la clef de la chambre de sa femme, il crut entendre fermer la porte du cabinet dont je vous ai parlé, mais, quand il entra, madame de Merret était seule, debout devant la cheminée. Le mari pensa naïvement en lui-même que Rosalie était dans le cabinet ; cependant un soupçon qui lui tinta dans l'oreille avec un bruit de cloches le mit en défiance, il regarda sa femme, et lui trouva dans les yeux je ne sais quoi de trouble et de fauve.

— Vous rentrez bien tard, dit-elle.

Cette voix, ordinairement si pure et si gracieuse, lui parut légèrement altérée. M. de Merret ne répondit rien, car en ce moment Rosalie entra. Ce fut un coup de foudre pour lui. Il se promena dans la chambre, en allant d'une fenêtre à l'autre par un mouvement uniforme et les bras croisés.

— Avez-vous appris quelque chose de triste, ou souffrez-vous ? lui demanda timidement sa femme pendant que Rosalie la déshabillait.

Il garda le silence.

— Retirez-vous, dit madame de Merret à sa femme de chambre, je mettrai mes papillotes moi-même. Elle devina quelque malheur au seul aspect de la figure de son mari, et voulut être seule avec lui.

Lorsque Rosalie fut partie, ou censée partie, car elle resta pendant quelques instants dans le corridor, M. de Merret vint se placer devant sa femme, et lui dit froidement :

— Madame, il y a quelqu'un dans votre cabinet !

Elle regarda son mari d'un air calme, et lui répondit avec simplicité :

— Non, monsieur.

Ce non navra M. de Merret, il n'y croyait pas ; et pourtant jamais sa femme ne lui avait paru ni plus pure ni plus religieuse qu'elle semblait l'être en ce moment. Il se leva pour aller ouvrir le cabinet, madame de Merret le prit par la main, l'arrêta, le regarda d'un air mélancolique, et lui dit d'une voix singulièrement émue :

— Si vous ne trouvez personne, songez que tout sera fini entre nous !

L'incroyable dignité empreinte dans l'attitude de sa femme rendit au gentilhomme une profonde estime pour elle, et lui inspira une de ces résolutions auxquelles il ne manque qu'un plus vaste théâtre pour devenir immortelles.

— Non, dit-il, Joséphine, je n'irai pas. Dans l'un et l'autre cas nous serions séparés à jamais. Écoute, je connais toute la pureté de ton âme, et sais que tu mènes une vie sainte, tu ne voudrais pas commettre un péché mortel aux dépens de ta vie.

À ces mots, madame de Merret regarda son mari d'un œil hagard.

— Tiens, voici ton crucifix, ajouta cet homme. Jure-moi devant Dieu qu'il n'y a là personne, je te croirai, je n'ouvrirai jamais cette porte.

Madame de Merret prit le crucifix et dit :

— Je le jure.

— Plus haut, dit le mari, et répète : Je jure devant Dieu qu'il n'y a personne dans ce cabinet.

Elle répéta la phrase sans se troubler.

— C'est bien, dit froidement M. de Merret. Après un moment de silence. — Vous avez une bien belle chose que je ne connaissais pas, dit-il en examinant ce crucifix en ébène incrusté d'argent, et très-artistement sculpté.

— Je l'ai trouvé chez Duvivier, qui, lorsque cette troupe de prisonniers passa par Vendôme l'année dernière, l'avait acheté d'un religieux espagnol.

— Ah ! dit M. de Merret en remettant le crucifix au clou, et il sonna.

Rosalie ne se fit pas attendre. M. de Merret alla vivement à sa rencontre, l'emmena dans l'embrasure de la fenêtre qui donnait sur le jardin, et lui dit à voix basse :

— Je sais que Gorenflot veut t'épouser, la pauvreté seule vous empêche de vous mettre en ménage, et tu lui as dit que tu ne serais pas sa femme s'il ne trouvait moyen de s'établir maître maçon... eh bien ! va le chercher, dis-lui de venir ici avec sa truelle et ses outils. Fais en sorte de n'éveiller que lui dans sa maison, sa fortune passera vos vœux. Surtout sors d'ici sans jaser, sinon...

Il fronça le sourcil. Rosalie partit, il la rappela.

— Tiens, prends mon passe-partout, dit-il.

— Jean, cria M. de Merret d'une voix tonnante dans le corridor.

Jean, qui était tout à la fois son cocher et son homme de confiance, quitta sa partie de brisque, et vint.

— Allez vous coucher tous, lui dit son maître en lui faisant signe de s'approcher ; et le gentilhomme ajouta, mais à voix basse : — Lorsqu'ils seront tous endormis, endormis, entends-tu bien ? tu descendras m'en prévenir. M. de Merret, qui n'avait pas perdu de vue sa femme, tout en donnant ses ordres, revint tranquillement auprès d'elle devant le feu, et se mit à lui raconter les événements de la partie de billard et les discussions du Cercle. Lorsque Rosalie fut de retour, elle trouva M. et madame de Merret causant très-amicalement. Le gentilhomme avait récemment fait plafonner toutes les pièces qui composaient son appartement de réception au rez-de-chaussée. Le plâtre est fort rare à Vendôme, le transport en augmente beaucoup le prix, le gentilhomme en avait donc fait venir une assez grande quantité, sachant qu'il trouverait toujours bien des acheteurs pour ce qui lui resterait. Cette circonstance lui inspira le dessein qu'il mit à exécution.

— Monsieur, Gorenflot est là, dit Rosalie à voix basse.

— Qu'il entre ! répondit tout haut le gentilhomme picard. Madame de Merret pâlit légèrement en voyant le maçon. — Gorenflot, dit le mari, va prendre des briques sous la remise, et apportes-en assez pour murer la porte de ce cabinet ; tu te serviras du plâtre qui me reste pour enduire le mur. Puis, attirant à lui Rosalie et l'ouvrier : — Écoute, Gorenflot, dit-il à voix basse, tu coucheras ici cette nuit. Mais, demain matin, tu auras un passe-port pour aller en pays étranger dans une ville que je t'indiquerai. Je te remettrai six mille francs pour ton voyage. Tu demeureras dix ans dans cette ville, si tu ne t'y plaisais pas, tu pourras t'établir dans une autre, pourvu que ce soit au même pays. Tu passeras par Paris, où tu m'attendras. Là, je t'assurerai par un contrat, six autres mille francs qui te seront payés à ton retour de ton exil au cas où tu aurais rempli les conditions de notre marché. À ce prix, tu devras garder le plus profond silence sur ce que tu auras fait ici cette nuit. Quant à toi, Rosalie, je te donnerai dix mille francs qui ne te seront comptés que le jour de tes noces, et à la condition d'épouser Gorenflot, mais, pour vous marier, il faut se taire. Sinon, plus de dot. — Rosalie, dit madame de Merret, venez me coiffer. Le mari se promena tranquillement de long en large, en surveillant la porte, le maçon et sa femme, mais sans laisser paraître une défiance injurieuse. Gorenflot fut obligé de faire du bruit. Madame de Merret saisit un moment où l'ouvrier déchargeait des briques et où son mari se trouvait au bout de la chambre, pour dire à Rosalie : — Mille francs de rente pour toi, ma chère enfant, si tu peux dire à Gorenflot de laisser une crevasse en bas. Puis, tout haut, elle lui dit avec sang-froid : — Va donc l'aider ! M. et madame de Merret restèrent silencieux pendant tout le temps que Gorenflot mit à murer la porte. Ce silence était calcul chez le mari, qui ne voulait pas fournir à sa femme le prétexte de paroles à double entente, et chez madame de Merret ce fut prudence ou fierté. Quand le mur fut à la moitié de son élévation, la rusée maçon prit un moment où le gentilhomme avait le dos tourné pour donner un coup de pioche dans l'une des deux vitres de la porte. Cette action fit comprendre à madame de Merret que Rosalie avait parlé à Gorenflot. Tous trois virent alors une figure d'homme sombre et brune, des cheveux noirs, un regard de feu. Avant que son mari ne se fût retourné, la pauvre femme eut le temps de faire un signe de tête à l'étranger, pour qui ce signe voulait dire : — Espérez ! À quatre heures, vers le petit jour, car on était au mois de septembre, la construction fut achevée. Le maçon resta sous la garde de Jean, et M. de Merret coucha dans la chambre de sa femme. Le lendemain matin, en se levant, il dit avec insouciance : — Ah ! diable, il faut que j'aille à la mairie pour le passe-port. Il mit son chapeau sur la tête, fit trois pas vers la porte, se ravisa, prit le crucifix. Sa femme tressaillit de bonheur. — Il ira chez Duvivier, pensa-t-elle. Aussitôt que le gentilhomme fut sorti, madame de Merret sonna Rosalie ; puis, d'une voix terrible : — La pioche, la pioche, s'écria-t-elle, et à l'ouvrage ! J'ai vu hier comment Gorenflot s'y prenait, nous aurons le temps de faire un trou et de le reboucher. En un clin d'œil, Rosalie apporta une espèce de merlin à sa maîtresse, qui, avec une ardeur dont rien ne pourrait donner une idée, se mit à démolir le mur. Elle avait déjà fait sauter quelques briques lorsqu'en prenant son élan pour appliquer un coup encore plus vigoureux que les autres, elle vit M. de Merret derrière elle ; elle s'évanouit. — Mettez madame sur son lit, dit froidement le gentilhomme. Prévoyant ce qui devait arriver pendant son absence, il avait tendu un piège à sa femme, il avait tout bonnement écrit au maire, et envoyé chercher Duvivier. Le bijoutier arriva au moment où le désordre de l'appartement venait d'être réparé. — Duvivier, lui demanda le gentilhomme, n'avez-vous pas acheté des crucifix aux Espagnols qui ont passé par ici ? — Non, monsieur. — Bien, je vous remercie, dit-il en échangeant avec sa femme un regard de tigre. — Jean, ajouta-t-il en se tournant vers son valet de confiance, vous ferez servir mes repas dans la chambre de madame de Merret, elle est malade, et je ne la quitterai pas qu'elle ne soit rétablie. Le cruel gentilhomme resta pendant vingt jours près de sa femme. Durant les premiers moments, quand il se faisait quelque bruit dans le cabinet muré et que Joséphine voulait l'implorer pour l'inconnu mourant, il lui répondait, sans lui permettre de dire un seul mot : — Vous avez juré sur la croix qu'il n'y avait là personne.

Après ce récit, toutes les femmes se levèrent de table, et le charme sous lequel Bianchon les avait tenues fut dissipé par ce mouvement. Néanmoins quelques-unes d'entre elles avaient eu quasi froid en entendant le dernier mot.

FIN DE LA GRANDE BRETÈCHE.

M. Regnault.

ŒUVRES ILLUSTRÉES DE BALZAC

BEATRIX

LA GRENADIÈRE

Dess. Tony Johannot, E. Lampsonius, Bertall, H. Monnier, etc.

Gravures par les meilleurs Artistes.

A SARAH.

Par un temps pur, aux rives de la Méditerranée, où s'étendait jadis l'élégant empire de votre nom, parfois la mer laisse voir sous la gaze de ses eaux une fleur marine, chef-d'œuvre de la nature : la dentelle de ses filets teints de pourpre, de bistre, de rose, de violet ou d'or, la fraîcheur de ses filigranes vivants, le velouté du tissu, tout se flétrit dès que la curiosité l'attire et l'expose sur la grève. De même le soleil de la publicité offenserait votre pieuse modestie. Aussi dois-je, en vous dédiant cette œuvre, taire un nom qui certes en serait l'orgueil ; mais, à la faveur de ce demi-silence, vos magnifiques mains pourront la bénir, votre front sublime pourra s'y pencher en rêvant, vos yeux, pleins d'amour maternel, pourront lui sourire, car vous serez ici tout à la fois présente et voilée. Comme cette perle de la flore marine, vous resterez sur le sable uni, fin et blanc, où s'épanouit votre belle vie, cachée par une onde, diaphane seulement pour quelques yeux amis et discrets. J'aurais voulu mettre à vos pieds une œuvre en harmonie avec vos perfections ; mais, si c'était chose impossible, je savais, comme consolation, répondre à l'un de vos instincts en vous offrant quelque chose à protéger.

De Balzac.

Bernus le voiturier.

PREMIÈRE PARTIE.

La France, et la Bretagne particulièrement, possède encore aujourd'hui quelques villes complétement en dehors du mouvement social qui donne au dix-neuvième siècle sa physionomie. Faute de communications vives et soutenues avec Paris, à peine liées par un mauvais chemin avec la sous-préfecture ou le chef-lieu dont elles dépendent, ces villes entendent ou regardent passer la civilisation nouvelle comme un spectacle, elles s'en étonnent sans y applaudir ; et, soit qu'elles la craignent ou s'en moquent, elles sont fidèles aux vieilles mœurs dont l'empreinte leur est restée. Qui voudrait voyager en archéologue moral et observer les hommes au lieu d'observer les pierres, pourrait retrouver une image du siècle de Louis XV dans quelques villages de la Provence, celle du siècle de Louis XIV au fond du Poitou, celles de siècles encore plus anciens au fond de la Bretagne. La plupart de ces villes sont déchues de quelque splendeur dont ne parlent point les historiens, plus occupés des faits et des dates que des mœurs, mais dont le souvenir vit encore dans la mémoire, comme en Bretagne, où le caractère national admet peu l'oubli de ce qui touche au pays. Beaucoup de ces villes ont été les capitales d'un petit État féodal, comté, duché conquis par la couronne ou partagés par des héritiers faute d'une lignée masculine. Déshéritées de leur activité, ces têtes sont dès lors devenues des bras. Le bras, privé d'aliments, se dessèche et végète. Cependant, depuis trente ans, ces portraits des anciens âges commencent à s'effacer et deviennent rares. En travaillant pour les masses, l'industrie moderne va détruisant les créations de l'art antique dont les travaux étaient tout personnels au consommateur comme à l'artisan. Nous avons des *produits*, nous n'avons plus d'*œuvres*. Les monuments sont pour la moitié dans ces phénomènes de rétrospection. Or, pour l'industrie, les monuments sont des carrières de moellons, des mines à salpêtre ou des magasins à coton. Encore quelques années, ces cités originales seront transformées et ne se verront plus que dans cette iconographie littéraire.

Une des villes où se retrouve le plus correctement la physionomie des siècles féodaux est Guérande. Ce nom seul réveillera mille souvenirs dans la mémoire des peintres, des artistes, des penseurs qui peuvent être allés jusqu'à la côte où gît le magnifique joyau de féodalité, si fièrement posé pour commander les relais de la mer et les dunes, et qui est comme le sommet d'un triangle aux coins duquel se trouvent deux autres bijoux non moins curieux, le Croisic, et le bourg de Batz. Après Guérande, il n'est plus que Vitré, situé au centre de la Bretagne, Avignon dans le Midi, qui conservent, au milieu de notre époque, leur intacte configuration du moyen âge. Encore aujourd'hui, Guérande est enceinte de ses puissantes murailles ; ses larges douves sont pleines d'eau, ses créneaux sont entiers, ses meurtrières ne sont pas encombrées d'arbustes, le lierre n'a pas jeté de manteau sur ses tours carrées ou rondes. Elle a trois portes où se voient les anneaux des herses, vous n'y entrez qu'en passant sur un pont-levis de bois ferré qui ne se relève plus, mais qui pourrait encore se lever. La mairie a été blâmée d'avoir, en 1820, planté des peupliers le long des douves pour y ombrager la promenade. Elle a répondu que, depuis cent ans, du côté des dunes, la longue et belle esplanade des fortifications, qui semblent achevées d'hier, avait été convertie en un mail, ombragé d'ormes sous lesquels se plaisent les habitants. Là, les maisons n'ont point subi de changement, elles n'ont ni augmenté ni diminué. Nulle d'elles n'a senti sur sa façade le marteau de l'architecte, le pinceau du badigeonneur, ni faibli sous le poids d'un étage ajouté. Toutes ont leur caractère primitif. Quelques-unes reposent sur des piliers de bois qui forment des galeries sous lesquelles les passants circulent, et dont les planchers plient sans rompre. Les maisons des marchands sont petites et basses, à façades couvertes en ardoises clouées. Le bois, maintenant pourris, sont entrés pour beaucoup dans les matériaux sculptés aux fenêtres, et aux appuis, ils s'avancent au-dessus des piliers en visages grotesques, ils s'allongent en forme de bêtes fantastiques aux angles, animés par la grande pensée de l'art, qui, dans ce temps, donnait la vie à la nature morte. Ces vieilleries, qui résistent à tout, présentent aux peintres les tons bruns et les figures effacées que leur brosse affectionne. Les rues sont ce qu'elles étaient il y a quatre cents ans. Seulement, comme la population n'y abonde plus, comme le mouvement social y est moins vif, un voyageur curieux d'examiner cette ville, aussi belle qu'une antique armure complète, pourra suivre non sans mélancolie une rue presque déserte où les croisées de pierre sont bouchées en pisé pour éviter l'impôt. Cette porte aboutit à une poterne condamnée par un mur en maçonnerie, et au-dessus de laquelle croît un bouquet d'arbustes élégamment posé par les mains de la nature bretonne, l'une des plus luxuriantes, des plus plantureuses végétations de la France. Un peintre, un poète, resteront assis occupés à savourer le silence profond qui règne sous la voûte encore neuve de cette poterne, où la vie de cette cité paisible n'envoie aucun bruit, où la riche campagne apparaît dans toute sa magnificence à travers des meurtrières occupées jadis par les archers, les arbalétriers, et qui ressemblent aux vitraux à points de vue ménagés dans quelque belvédère. Il est impossible de se promener là sans penser à chaque pas aux usages, aux mœurs des temps passés ; toutes les pierres vous en parlent, enfin les idées du moyen âge y sont encore à l'état de superstition. Si, par hasard, il passe un gendarme à chapeau bordé, sa présence est un anachronisme contre lequel votre pensée proteste ; mais rien n'est plus rare que d'y rencontrer un être ou une chose du temps présent. Il y a même peu de chose du vêtement actuel : ce que les habitants en admettent s'approprie en quelque sorte à leurs mœurs immobiles, à leur physionomie stationnaire. La place publique est pleine de costumes bretons qui viennent dessiner les artistes et qui ont un relief incroyable. La blancheur des toiles que portent les *paludiers*, nom des gens qui cultivent le sel dans les marais salants, contraste vigoureusement avec les couleurs bleues et brunes des *paysans*, avec les parures originales et saintement conservées des femmes. Ces deux classes, et celle des marins à jaquette, à petit chapeau de cuir verni, sont aussi distinctes entre elles que les castes de l'Inde, et reconnaissent encore les distances qui séparent la bourgeoisie, la noblesse et le clergé. Là tout est encore tranché, là le niveau révolutionnaire a trouvé les masses trop raboteuses et trop grosses pour y passer : il s'y serait ébréché, sinon brisé. Le caractère d'immuabilité que la nature a donné à ses espèces zoologiques se retrouve là chez les hommes. Enfin, même après la révolution de 1830, Guérande est encore une ville à part, essentiellement bretonne, catholique fervente, silencieuse, recueillie, où les idées nouvelles ont peu d'accès.

La position géographique explique ce phénomène. Cette jolie cité commande des marais salants dont le sel se nomme, dans toute la Bretagne, sel de Guérande, et auquel beaucoup de Bretons attribuent la bonté de leur beurre et des sardines. Elle ne se relie à la France moderne que par deux chemins, celui qui mène à Savenay, l'arrondissement dont elle dépend, et qui passe à Saint-Nazaire ; l'autre mène à Vannes et qui la rattache au Morbihan. Le chemin de l'arrondissement établit la communication par terre, et Saint-Nazaire, la communication maritime avec Nantes. Le chemin par terre n'est fréquenté que par l'administration. La voie la plus rapide, la plus usitée, est celle de Saint-Nazaire. Or, entre le bourg et Guérande, il se trouve une distance d'au moins six lieues que la poste ne dessert pas, et pour cause : il n'y a pas trois voyageurs à voiture par année. Saint-Nazaire est séparé de Paimbœuf par l'embouchure de la Loire, qui a quatre lieues de largeur. La barre de la Loire rend assez capricieuse la navigation des bateaux à vapeur, mais, pour surcroît d'empêchements, il n'existait pas de débarcadère, en 1829, à la pointe de Saint-Nazaire, et cet endroit était orné de roches gluantes, des récifs granitiques, des pierres colossales qui servent de fortifications naturelles à sa pittoresque église et qui forçaient les voyageurs à se jeter dans des barques avec leurs paquets quand la mer était agitée, ou quand il fallait mener, aller à travers les écueils jusqu'à la jetée que le génie construisait alors. Ces obstacles, peu faits pour encourager les amateurs, existent peut-être encore. D'abord, l'administration est lente dans ses œuvres, puis les habitants de ce territoire, que vous verrez découpé comme un dent sur la carte de France et compris cette Saint-Nazaire, le bourg de Batz et le Croisic, s'accommodent assez de ces difficultés qui défendent l'approche de leur pays aux étrangers. Jetée au bout du continent, Guérande ne mène donc à rien, et personne ne vient à elle. Heureuse d'être ignorée, elle ne songe qu'à elle-même. Le mouvement des produits immenses des marais salants, qui ne payent pas moins d'un million au fisc, est dans Croisic, ville péninsulaire dont les communications avec Guérande sont établies sur des sables mouvants, où s'efface pendant la nuit le chemin tracé le jour, et par des barques indispensables pour traverser le bras de mer qui sert de port au Croisic, et qui fait irruption dans les sables. Cette charmante petite ville est donc l'Herculanum de la féodalité, moins la lave, moins le cul de lave. Elle est debout sans vivre, elle n'a point d'autres raisons d'être que de n'avoir pas été démolie. Si vous arrivez à Guérande par le Croisic, après avoir traversé le paysage des marais salants, vous éprouverez une vive émotion à la vue de cette immense fortification encore toute neuve. Le pittoresque de sa position et les grâces naïves de ses environs quand on y arrive par Saint-Nazaire ne séduisent pas moins. À l'entour, le pays est ravissant, les haies sont pleines de fleurs, de chèvrefeuilles, de buis, de rosiers, de belles plantes. Vous diriez un jardin anglais dessiné par un grand artiste. Cette riche nature, si coite, si peu pratiquée et qui offre la grâce d'un bouquet de violettes et de muguet dans un fourré de forêt, a pour cadre un désert d'Afrique bordé par l'Océan, mais un désert sans un arbre, sans une herbe, sans un oiseau où, par les jours de soleil, les paludiers, vêtus de blanc et clairsemés dans les tristes marécages où se cultive le sel, font encore des Arabes couverts de leurs burnous. Aussi Guérande, avec son joli paysage en terre ferme, avec son désert, borné à droite par le Croisic, à gauche par le bourg de Batz, ne ressemble-t-elle à rien de ce que les voyageurs voient en France. Ces deux natures si opposées, unies par la dernière image de la vie féodale, ont je ne sais quoi de saisissant. La ville produit sur l'âme l'effet que produit un calmant sur le corps, elle est silencieuse autant que Venise. Il n'y a pas d'autre voiture publique que celle d'un messager qui conduit dans une patache les voyageurs, les marchandises et peut-être les lettres de Saint-Nazaire à Guérande, et réciproquement. Bernus, le voiturier, était, en 1829, le factotum de cette grande communauté. Il va comme il veut, tout le pays le connaît, il fait les commissions de chacun. L'arrivée d'une voiture, soit quelque femme qui passe à Guérande par la voie de terre pour gagner le Croisic, soit quelques vieux malades qui vont prendre les bains de mer, lesquels dans les roches de cette presqu'île ont des vertus supérieures à ceux de Boulogne de Dieppe et des Sables, est un immense événement. Les paysans y viennent à cheval, la plupart apportent les denrées dans des sacs. Ils y sont conduits surtout, de même que les paludiers, par la nécessité d'y acheter les bijoux particuliers à leurs castes, et qui se donnent à toutes les fiancées bretonnes, ainsi que la toile blanche ou le drap de leurs costumes. À dix lieues à la ronde, Guérande est toujours Guérande, la ville illustre où se signa le traité fameux dans l'histoire, la clef de la côte, et qui accuse, non moins que le bourg de Batz, une splendeur aujourd'hui perdue dans la nuit des temps. Les bijoux, le drap, la toile, les rubans, les chapeaux, se font ailleurs; mais ils sont de Guérande pour tous les consommateurs. Tout artiste, tout bourgeois même, qui passent à Guérande, y éprouvent, comme ceux qui séjournent à Venise, un désir bientôt oublié d'y finir leurs jours dans la paix, dans le silence, en se promenant par les beaux temps sur le mail qui enveloppe la ville du côté de la mer, d'une porte à l'autre. Parfois l'image de cette ville revient frapper au temple du souvenir : elle entre coiffée de ses tours, parée de sa ceinture, elle déploie sa robe semée de ses belles fleurs, secoue le manteau d'or de ses dunes, exhale les senteurs enivrantes de ses jolis chemins épineux et pleins de bouquets noués au hasard, elle vous occupe et vous appelle comme une femme divine que vous avez entrevue dans un pays étrange et qui s'est logée dans un coin du cœur.

Auprès de l'église de Guérande se voit une maison qui est dans la ville ce que la ville est dans le pays, une image exacte du passé, le symbole d'une grande chose détruite, une poésie. Cette maison appartient à la plus noble famille du pays, aux du Guaisnic, qui, du temps des du Guesclin, leur étaient aussi supérieurs en fortune et en antiquité que les Troyens l'étaient aux Romains. Les Guaisqlain (également orthographiés jadis du Glaicquin), dont on a fait Guesclin, sont issus des Guaisnic. Vieux comme le granit de la Bretagne, les Guaisnic ne sont ni Francs ni Gaulois, ils sont Bretons, ou, pour être plus exact, Celtes. Ils ont dû jadis être druides, avoir cueilli le gui des forêts sacrées et sacrifié des hommes sur les dolmen. Il est inutile de dire ce qu'ils furent. Aujourd'hui cette race, égale aux Rohan sans avoir daigné se faire princière, qui existait puissante avant qu'il ne fût question des ancêtres de Hugues Capet, cette famille pure de tout alliage, possède environ deux mille livres de rente, sa maison de Guérande et son petit castel du Guaisnic. Toutes les terres qui dépendent de la baronnie du Guaisnic, la première de Bretagne, sont engagées aux fermiers, et rapportent environ soixante mille livres, malgré l'imperfection des cultures. Les du Guaisnic sont d'ailleurs toujours propriétaires de leurs terres, mais, comme ils n'en peuvent rendre le capital, consigné depuis deux cents ans entre leurs mains par les tenanciers actuels, ils n'en touchent point les revenus. Ils sont dans la situation de la couronne de France avec ses engagistes avant 1789. Où et quand les barons trouveront-ils le million que leurs fermiers leur ont remis? Avant 1789 la mouvance des fiefs soumis au castel du Guaisnic, perché sur une colline, valait encore cinquante mille livres, mais en un vote l'Assemblée nationale supprima l'impôt des lods et ventes perçu par les seigneurs. Dans cette situation, cette famille, qui n'est plus rien pour personne en France, serait un sujet de moquerie à Paris : elle est toute la Bretagne à Guérande. À Guérande, le baron du Guaisnic est un des grands barons de France, un des hommes au-dessus desquels il n'est qu'un seul homme, le roi de France, jadis élu pour chef. Aujourd'hui le nom de du Guaisnic, plein de significations bretonnes et dont les racines sont d'ailleurs expliquées dans les Chouans ou la Bretagne en 1800, a subi l'altération qui défigure celui de du Guaisqlain. Le percepteur des contributions écrit, comme tout le monde, Guénic.

Au bout d'une ruelle silencieuse, humide et sombre, formée par les murailles à pignon des maisons voisines, se voit le cintre d'une porte bâtarde d'assez large et assez haute pour le passage d'un cavalier, circonstance qui déjà vous annonce qu'au temps où cette construction fut terminée, les voitures n'existaient pas. Ce cintre, supporté par deux jambages, est tout en granit. La porte, en chêne fendillé comme l'écorce des arbres qui fournirent le bois, est pleine de clous énormes, lesquels dessinent des figures géométriques. Le cintre est creux. Il offre l'écusson du Guaisnic aussi net, aussi propre que si le sculpteur venait de l'achever. Cet écu ravirait un amateur de l'art héraldique par la simplicité qui prouve la fierté, l'antiquité de la famille. Il est comme au jour où les croisés du monde chrétien inventèrent ces symboles pour se reconnaître, les Guaisnic ne l'ont jamais écartelé, il est toujours semblable à lui-même, comme celui de la maison de France, que les connaisseurs retrouvent en abîme ou écartelé, comme dans les plus vieilles familles. Le voici tel que vous pouvez encore le voir à Guérande : de gueules à la main au naturel gonfalonée d'hermine, à l'épée d'argent en pal, avec ce terrible mot pour devise : Fac! N'est-ce pas une grande et belle chose? Le tortil de la couronne baronniale surmonte ce simple écu, dont les lignes verticales employées en sculpture pour représenter les gueules brillent encore. L'artiste a donné je ne sais quelle tournure fière et chevaleresque à la main. Avec quel nerf tient cette épée dont s'est encore servie hier la famille! En vérité, si vous allez à Guérande après avoir lu cette histoire, il vous sera impossible de ne pas tressaillir en voyant ce blason. Oui, le républicain le plus absolu serait attendri par la fidélité, par la noblesse et la grandeur cachées au fond de cette

ruelle. Les du Guaisnic ont bien fait hier, ils sont prêts à bien faire demain. Faire est le grand mot de la chevalerie. — Tu as bien fait à la bataille, disait toujours le connétable par excellence, ce grand du Guesclin, qui mit pour un temps l'Anglais hors de France. La profondeur de la sculpture, préservée de toute intempérie par la forte marge que produit la saillie ronde du cintre, est en harmonie avec la profondeur morale de la devise dans l'âme de cette famille. Pour qui connaît les du Guaisnic, cette particularité devient touchante. La porte ouverte laisse voir une cour assez vaste, à droite de laquelle sont les écuries, à gauche la cuisine. L'hôtel est en pierre de taille depuis les caves jusqu'au grenier. La façade sur la cour est ornée d'un perron à double rampe, dont la tribune est couverte de vestiges de sculptures effacées par le temps, mais où l'œil de l'antiquaire distinguerait encore au centre les masses principales de la main tenant l'épée. Sous cette jolie tribune, encadrée par des nervures cassées en quelques endroits et comme vernie par l'usage à quelques places, est une petite loge autrefois occupée par un chien de garde. Les rampes en pierre sont disjointes; il y pousse des herbes, quelques petites fleurs et des mousses aux fentes, comme dans les marches de l'escalier, que les siècles ont déplacées sans leur ôter de la solidité. La porte dut être d'un joli caractère. Autant que le reste des dessins permet d'en juger, elle fut travaillée par un artiste élevé dans la grande école vénitienne du treizième siècle. On y retrouve je ne sais quel mélange du byzantin et du moresque. Elle est couronnée par une saillie circulaire chargée de végétation, un bouquet rose, jaune, brun ou bleu, selon les saisons. La porte, en chêne clouté, donne entrée dans une vaste salle, au bout de laquelle est une autre porte avec un perron pareil, qui descend au jardin. Cette salle est merveilleusement de conservation. Ses boiseries à hauteur d'appui sont en châtaignier. Un magnifique cuir espagnol, animé de figures en relief mais où les dorures sont émiettées et rougies, couvre les murs. Le plafond est composé de planches artistement jointes, peintes et dorées. L'or s'y voit à peine, il est dans le même état que celui du cuir de Cordoue; mais on peut encore apercevoir quelques fleurs rouges et quelques feuillages verts. Il est à croire qu'un nettoyage ferait reparaître des peintures semblables à celles qui décorent les planchers de la maison de Tristan à Tours, et qui prouveraient que ces planchers ont été refaits ou restaurés sous le règne de Louis XI. La cheminée est énorme, en pierre sculptée, munie de chenets gigantesques en fer forgé d'un travail précieux. Il y tiendrait une voie de bois. Les meubles de cette salle sont tous en bois de chêne et portent au-dessus de leurs dossiers l'écusson de la famille. Il y a trois fusils anglais également bons pour la chasse et pour la guerre, trois sabres, deux carniers, les ustensiles du chasseur et du pêcheur accrochés à des clous.

À côté se trouve une salle à manger qui communique avec la cuisine par une porte pratiquée dans une tourelle d'angle. Cette tourelle correspond, dans le dessin de la façade sur la cour, à une autre, collée à l'autre angle, et où se trouve un escalier en colimaçon qui monte aux deux étages supérieurs. La salle à manger est tendue de tapisseries qui remontent au quatorzième siècle, le style et l'orthographe des inscriptions écrites dans les banderoles sous chaque personnage en font foi; mais, comme elles sont dans le langage naïf des fabliaux, il est impossible de les transcrire aujourd'hui. Ces tapisseries, bien conservées dans les endroits où la lumière a peu pénétré, sont encadrées de bandes en chêne sculpté, devenu noir comme l'ébène. Le plafond est à solives saillantes enrichies de feuillages différents à chaque solive, les entre-deux sont couverts d'une planche peinte où court une guirlande de fleurs en or sur fond bleu. Deux vieux dressoirs à buffets sont en face l'un de l'autre. Sur leurs planches, frottées avec une obstination bretonne par Mariotte, la cuisinière, se voient, comme au temps des rois étaient tout aussi pauvres, en 1200, que les du Guaisnic en 1830, quatre vieux gobelets, une vieille soupière bosselée et deux aiguières en argent, puis force assiettes d'étain, force pots en grès bleu et gris, à dessins arabesques et aux armes des du Guaisnic, couverts d'un couvercle à charnières en étain. La cheminée a été modernisée. Son état prouve que la famille se tient dans cette pièce depuis le dernier siècle. Elle est en pierre sculptée dans le goût du siècle de Louis XV, ornée d'une glace encadrée dans un trumeau à baguettes perlées et dorées. Cette antithèse indifférente à la famille, chagrinerait un poète. Sur la tablette couverte de velours rouge, il y a au milieu un cartel en écaille incrusté de cuivre, et de chaque côté deux flambeaux d'argent d'un modèle étrange. Une large table carrée à colonnes torses occupe le milieu de cette salle. Les chaises sont en bois tourné garnies de tapisseries. Sur une table ronde à un seul pied, figurant un cep de vigne et placée devant la croisée qui donne sur le jardin, se voit une lampe bizarre. Cette lampe consiste dans un globe de verre commun, un peu moins gros qu'un œuf d'autruche, fixé dans un chandelier par une queue de verre. Il sort du trou supérieur une mèche plate maintenue dans une espèce d'anche en cuivre, et dont la trame, pliée comme un ténia dans un bocal, boit l'huile de noix que contient le globe. La fenêtre qui donne sur le jardin, comme celle qui donne sur la cour, et toutes d'eux se correspondent, est croisée de pierres et à vitrages sexagés, les scellés en plomb, drapée de rideaux à baldaquins et à gros glands en une vieille étoffe de soie rouge à reflets jaunes, nommée jadis brocatelle ou petit brocart.

À chaque étage de la maison, qui en a deux, il ne se trouve que ces deux pièces. Le premier sert d'habitation au chef de la famille. Le second était destiné jadis aux enfants. Les hôtes logeaient dans les chambres sous le toit. Les domestiques habitaient au-dessus des cuisines et des écuries. Le toit pointu, garni de plomb à ses angles, est percé sur la cour et sur le jardin d'une magnifique croisée en ogive, qui se lève presque aussi haut que le faîte, à consoles minces et unies, dont les sculptures sont rongées par les vapeurs salines de l'atmosphère. Au-dessus du tympan brodé de cette croisée à quatre croisillons en pierre, grince encore la girouette du noble.

N'oublions pas un détail précieux et plein de naïveté qui n'est pas sans mérite aux yeux des archéologues. La tourelle, où tourne l'escalier, orne l'angle d'un grand mur à pignon, dans lequel il n'existe aucune croisée. L'escalier descend, par une petite porte en ogive, jusque sur un terrain sablé qui sépare la maison du mur de clôture auquel sont adossées les écuries. Cette tourelle est répétée, vers le jardin, par une autre à cinq pans, terminée en cul-de-four, et qui supporte un clocheton, au lieu d'être coiffée, comme sa sœur, d'une poivrière. Voilà comment ces gracieux architectes savaient varier leur symétrie. À la hauteur du premier étage seulement, ces deux tourelles sont réunies par une galerie en pierre, meublée à des espèces de proues à visages humains. Cette galerie extérieure est ornée d'une balustrade travaillée avec une élégance, avec une finesse merveilleuses. Puis, du haut du pignon, sous lequel il existe un seul croisillon oblong, pend un ornement en pierre représentant un dais semblable à ceux qui couronnent les statues des saints dans les portails d'église. Les deux tourelles sont percées d'une jolie porte à cintre aigu donnant sur cette terrasse. Tel est le parti que l'architecture du treizième siècle tirait de la muraille nue et froide que présente aujourd'hui le pan coupé d'une maison. Voyez-vous une femme se promenant au matin sur cette galerie et regardant par-dessus Guérande le soleil illuminer l'or des sables et miroiter la nappe de l'Océan ?

N'admirez-vous pas cette muraille à pointe fleuretée, meublée à ses deux angles de deux tourelles quasi cannelées, dont l'une est brusquement arrondie en nid d'hirondelle, et dont l'autre offre sa jolie porte à cintre gothique et décorée de la main tenant une épée ? L'autre pignon de l'hôtel du Guaisnic tient à la maison voisine. L'harmonie que cherchaient si soigneusement les maîtres de ce temps est conservée dans la façade de la cour par la tourelle semblable à celle où monte la vis, tel est le nom donné jadis à un escalier, et qui sert de communication entre la salle à manger et la cuisine, mais elle s'arrête au premier étage, et son couronnement est un petit dôme à jour sous lequel s'élève une noire statue de saint Calyste.

Le jardin est luxueux dans une vieille enceinte, il a un demi-arpent environ, ses murs sont garnis d'espaliers ; il est divisé en carrés de légumes, bordés de quenouilles que cultive un domestique mâle, nommé Gasselin, lequel panse les chevaux. Au bout de ce jardin est une tonnelle sous laquelle est un banc. Au milieu s'élève un cadran solaire. Les allées sont sablées. Sur le jardin, la façade n'a pas de tourelle pour correspondre à celle qui monte le long du pignon. Elle rachète ce défaut par une colonnette tournée en vis depuis le bas jusqu'en haut, et qui devait jadis supporter la bannière de la famille, car elle est terminée par une espèce de grosse crapaudine en fer rouillé, d'où s'élève de maigres herbes. Ce détail, en harmonie avec les vestiges de sculpture, prouve que ce logis fut construit par un architecte vénitien. Cette hampe élégante est comme une signature qui trahit Venise, la chevalerie, la finesse du treizième siècle. S'il restait des doutes à cet égard, la nature des ornements les dissiperait. Les trèfles de l'hôtel du Guaisnic ont quatre feuilles, au lieu de trois. Cette différence indique l'école vénitienne adultérée par son commerce avec l'Orient, où les architectes à demi moresques, peu soucieux de la grande pensée catholique, donnaient quatre feuilles au trèfle, tandis que les architectes chrétiens demeuraient fidèles à la Trinité. Sous ce rapport, la fantaisie vénitienne est hérétique. Si ce logis surprend votre imagination, vous vous demanderez peut-être pourquoi l'époque actuelle ne renouvelle plus ces miracles d'art. Aujourd'hui les beaux hôtels se vendent, sont abattus et font place à des rues. Personne ne sait si sa génération gardera le logis patrimonial, où chacun passe comme dans une auberge ; tandis qu'autrefois, en bâtissant une demeure, on travaillait, on croyait du moins travailler pour une famille éternelle. De là, la beauté des hôtels. La foi en soi faisait des prodiges autant que la foi en Dieu. Quant aux dispositions et à l'ameublement des étages supérieurs, ils ne peuvent que se présumer d'après la description de ce rez-de-chaussée, d'après la physionomie et les mœurs de la famille. Depuis cinquante ans, les du Guaisnic n'ont jamais reçu personne ailleurs que dans les deux pièces où respiraient, comme dans cette cour et dans les accessoires extérieurs de ce logis, l'esprit, la grâce, la naïveté de la vieille et noble Bretagne. Sans la topographie et la description de la ville, sans la peinture minutieuse de cet hôtel, les surprenantes figures de cette famille eussent été peut-être moins comprises. Aussi les cadres devaient-ils passer avant les portraits. Chacun pensera que les choses

ont dominé les êtres. Il est des monuments dont l'influence est visible sur les personnes qui vivent à l'entour. Il est difficile d'être irréligieux à l'ombre d'une cathédrale comme celle de Bourges. Quand partout l'âme est rappelée à sa destinée par des images, il est moins facile d'y faillir. Telle était l'opinion de nos aïeux, abandonnée par une génération qui n'a plus ni signes ni distinctions, et dont les mœurs changent tous les dix ans. Ne vous attendez-vous pas à trouver le baron du Guaisnic armé comme au poing, ou tout ici serait mensonge ?

En 1836, au moment où s'ouvre cette scène, dans les premiers jours du mois d'août, la famille du Guénic était encore composée de M. et de madame du Guénic, de mademoiselle du Guénic, sœur aînée du baron, et d'un fils unique âgé de vingt et un ans, nommé Gaudebert-Calyste-Louis, suivant un vieil usage de la famille. Le père se nommait Gaudebert-Calyste-Charles. On ne variait que le dernier patron. Saint Gaudebert et saint Calyste devaient toujours protéger les Guénic. Le baron du Guénic avait quitté Guérande dès que la Vendée et la Bretagne prirent les armes, et il avait fait la guerre avec Charette, avec Catelineau, la Rochejacquelein, d'Elbée, Bonchamps et le prince de Talmont. Avant de partir, il avait vendu tous ses biens à sa sœur aînée, mademoiselle Zéphirine du Guénic, par un trait de prudence unique dans les annales révolutionnaires. Après la mort de tous les héros de l'Ouest, le baron, qu'un miracle seul avait préservé de finir comme eux, ne s'était pas soumis à Napoléon. Il avait guerroyé jusqu'en 1802, année où, après avoir failli se laisser prendre, il revint à Guérande, et de Guérande au Croisic, d'où il gagna l'Irlande, fidèle à la vieille haine des Bretons pour l'Angleterre. Les gens de Guérande feignirent d'ignorer l'existence du baron : il n'y eut pas en vingt ans une seule indiscrétion. Mademoiselle du Guénic touchait les revenus et les faisait passer à son frère par des pêcheurs. M. du Guénic revint en 1813 à Guérande, aussi simplement que s'il était allé passer une saison à Nantes. Pendant son séjour à Dublin, le vieux Breton s'était épris, malgré ses cinquante ans, d'une charmante Irlandaise, fille d'une des plus nobles et des plus pauvres maisons de ce malheureux royaume. Miss Fanny O'Brien avait alors vingt et un ans. Le baron du Guénic vint chercher les papiers nécessaires à son mariage, retourna se marier, et revint dix mois après, au commencement de 1814 avec sa femme, qui lui donna Calyste le jour même de l'entrée de Louis XVIII à Calais, circonstance qui explique son prénom de Louis. Le vieux et loyal Breton avait en ce moment soixante-treize ans, mais la guerre de partisan faite à la République, mais les souffrances pendant cinq traversées des chasse-marées, mais sa vie à Dublin avaient pesé sur sa tête : il paraissait avoir plus de cent ans. Aussi jamais aucune époque aucun du Guénic ne fut-il plus en harmonie avec la vétusté de ce logis, bâti dans le temps où il y avait une cour à Guérande.

M. du Guénic était un vieillard de haute taille, droit, sec, nerveux et maigre. Son visage ovale était ridé par des milliers de plis qui formaient des franges arquées au-dessus des pommettes, au-dessus des sourcils, et donnaient à sa figure une ressemblance avec les vieillards que le pinceau de Van Ostade, de Rembrandt, de Miéris, de Gérard Dow a tant caressés, et qui veulent une loupe pour être admirés. Sa physionomie était comme enfouie sous ces nombreux sillons, produits par sa vie en plein air, par l'habitude d'observer la campagne sous le soleil, au lever comme au déclin du jour. Néanmoins il restait à l'observateur les formes impérissables de la figure humaine et qui disent encore quelque chose à l'âme, même quand l'œil n'y voit plus qu'une tête morte. Les fermes contours de la face, le dessin du front, le sérieux des lignes, la roideur du nez, les linéaments de la charpente que les blessures seules peuvent altérer, annonçaient une intrépidité sans calcul, une foi sans bornes, une obéissance sans discussion, une fidélité sans transaction, un amour sans inconstance. En lui, le granit breton s'affirmait tout homme. Le baron n'avait plus de dents. Ses lèvres, jadis rouges, mais alors violacées, n'étant plus soutenues que par les dures gencives sur lesquelles il mangeait du pain que sa femme avait soin d'amollir en le mettant dans une serviette humide, rentraient dans la bouche en dessinant toutefois un rictus menaçant et fier. Son menton voulait rejoindre le nez, mais on voyait, dans le caractère de ce nez bossué au milieu, les signes de son énergie et de sa résistance bretonne. Sa peau, marbrée de taches rouges qui paraissaient à travers ses rides, annonçait un tempérament sanguin, violent, fait pour les fatigues qui sans doute avait préservé le baron de mainte apoplexie. Cette tête était couronnée d'une chevelure blanche comme de l'argent, qui retombait en boucles sur les épaules. La figure, alors éteinte en partie, vivait par l'éclat de deux yeux noirs qui brillaient au fond de leurs orbites brunes et jetaient les dernières flammes d'une âme généreuse et loyale. Les sourcils et les cils étaient tombés. La peau, devenue rude, ne pouvait se déplisser. La difficulté de se raser obligeait le vieillard à laisser pousser sa barbe en éventail. Un peintre eût admiré par-dessus tout, dans ce vieux lion de Bretagne aux larges épaules, à la nerveuse poitrine, d'admirables mains de soldat, des mains comme devaient être celles de du Guesclin, des mains larges, épaisses, poilues ; des mains qui avaient embrassé la poignée du sabre pour ne la quitter

comme fit Jeanne d'Arc, qu'au jour où l'étendard royal flotterait dans la cathédrale de Reims, des mains qui souvent avaient été mises en sang par les épines des halliers dans le Bocage, qui avaient manié la rame dans le Marais pour aller surprendre les Bleus, ou en pleine mer pour favoriser l'arrivée de Georges; les mains du partisan, du canonnier, du simple soldat, du chef: des mains alors blanches quoique les Bourbons de la branche aînée fussent en exil; mais en y regardant bien on y aurait vu quelques marques récentes qui vous eussent dit que le baron avait naguère rejoint MADAME dans la Vendée. Aujourd'hui ce fait peut s'avouer. Ces mains étaient le vivant commentaire de la belle devise à laquelle aucun Guénic n'avait failli : *Fac!* Le front attirait l'attention par des teintes dorées aux tempes, qui contrastaient avec le ton brun de ce petit front dur et serré que la chute des cheveux avait assez agrandi pour donner encore plus de majesté à cette belle ruine. Cette physionomie, un peu matérielle d'ailleurs, et comment eût-elle pu être autrement ! offrait, comme toutes les figures bretonnes groupées autour du baron, des apparences sauvages, un calme brut qui ressemblait à l'impassibilité des Hurons, je ne sais quoi de stupide, dû peut-être au repos absolu qui suit les fatigues excessives et qui laisse alors reparaître l'animal tout seul. La pensée y était rare. Elle semblait y être un effort, elle avait son siège plus au cœur que dans la tête, elle aboutissait plus au fait qu'à l'idée. Mais, en examinant ce beau vieillard avec une attention soutenue, vous devineriez les mystères de cette opposition réelle à l'esprit de son siècle. Il avait des religions, des sentiments pour ainsi dire innés qui le dispensaient de méditer. Ses devoirs, il les avait appris avec la vie. Les institutions, la religion, pensaient pour lui. Il devait donc réserver son esprit, lui et les siens, pour agir, sans le dissiper sur aucune des choses jugées inutiles, mais dont s'occupaient les autres. Il sortait sa pensée de son cœur, comme son épée du fourreau, éblouissante de candeur, comme était dans son écusson la main gonflanée d'hermine. Une fois ce secret deviné, tout s'expliquait. On comprenait la profondeur des résolutions dues à des pensées nettes, distinctes, franches, immaculées comme l'hermine. On comprenait cette vente faite à sa sœur avant la guerre, et qui répondait à tout, à la mort, à la confiscation, à l'exil. La beauté du caractère des deux vieillards, car la sœur ne vivait que pour et par le frère, ne peut plus même être comprise dans son étendue par les mœurs égoïstes que nous font l'incertitude et l'inconstance de notre époque. Un archange serait descendu dans leurs cœurs n'y aurait pas découvert une seule pensée empreinte de personnalité. En 1814, quand le curé de Guérande insinua au baron du Guénic d'aller à Paris et d'y réclamer sa récompense, la vieille sœur, si avare pour la maison, s'écria : — Fi donc ! mon frère a-t-il besoin d'aller tendre la main comme un gueux?
— On croirait que j'ai servi le roi par intérêt, dit le vieillard. D'ailleurs, c'est à lui de se souvenir. Et puis, ce pauvre roi, il est bien embarrassé avec tous ceux qui le harcèlent. Donnât-il la France par morceaux, on lui demanderait encore quelque chose.

Ce loyal serviteur, qui portait tant d'intérêt à Louis XVIII, eut le grade de colonel, la croix de Saint-Louis et une retraite de deux mille francs.
— Le roi s'est souvenu ! dit-il en recevant ses brevets.

Personne ne dissipa son erreur, le travail avait été fait par le duc de Feltre, d'après les états des armées vendéennes, où il avait trouvé le nom de du Guénic avec quelques noms bretons en *ic*. Aussi, comme pour remercier le roi de France, le baron soutint-il en 1815 un siège dans les bataillons du général Travot, il ne voulut jamais rendre cette forteresse, et, quand il fallut l'évacuer, il se sauva dans les bois avec une bande de chouans qui restèrent armés jusqu'au second retour des Bourbons. Guérande garde encore la mémoire de ce dernier siège. Si les vieilles bandes bretonnes étaient venues, la guerre éveillée par cette résistance héroïque eût embrasé la Vendée. Nous devons avouer que le baron du Guénic était entièrement illettré, illettré comme un paysan : il savait lire, écrire et quelque peu compter; il connaissait l'art militaire et le blason; mais, hormis son livre de prières, il n'avait pas lu trois volumes dans sa vie. Le costume, qui ne saurait être indifférent, était invariable, et consistait en gros souliers, en bas drapés, en une culotte de velours verdâtre, en un gilet de drap et une redingote à collet à laquelle était attachée une croix de Saint-Louis. Une admirable sérénité siégeait sur ce visage, que depuis un an un sommeil, avant-coureur de la mort, semblait préparer au repos éternel. Ces somnolences constantes, plus fréquentes de jour en jour, n'inquiétaient ni sa femme, ni sa vieille aveugle, ni ses amis, dont les connaissances médicales n'étaient pas grandes. Pour eux, ces pauses sublimes d'une âme sans reproche, mais fatiguée, s'expliquaient naturellement : le baron avait fait son devoir. Tout était dans ce mot.

Dans cet hôtel, les intérêts majeurs étaient les destinées de la branche déposée. L'avenir des Bourbons exilés et celui de la religion catholique, l'influence des nouveautés politiques sur la Bretagne occupaient exclusivement la famille du baron. Il n'y avait d'autre intérêt mêlé à ceux-là que l'attachement de tous pour le fils unique, pour Calyste, l'héritier, le seul espoir du grand nom des du Guénic.

Le vieux Vendéen, le vieux chouan, avait eu quelques années auparavant comme un retour de jeunesse pour habituer ce fils aux exercices violents qui conviennent à un gentilhomme appelé d'un moment à l'autre à guerroyer. Dès que Calyste eut seize ans, son père l'avait accompagné dans les marais et dans les bois, lui montrant dans les plaisirs de la chasse les rudiments de la guerre, prêchant d'exemple, dur à la fatigue, inébranlable sur la selle, sûr de son coup, quel que fût le gibier, à courre, au vol, intrépide à franchir les obstacles, conviant son fils au danger comme s'il eût eu dix enfants à risquer. Aussi, quand la duchesse de Berry vint en France pour conquérir le royaume, le père emmena-t-il son fils afin de lui faire pratiquer la devise de ses armes. Le baron partit pendant une nuit, sans prévenir sa femme, qui l'eût peut-être attendri, menant son unique enfant au feu comme à une fête, et suivi de Gasselin, son seul vassal, qui détala joyeusement. Les trois hommes de la famille furent absents pendant six mois, sans donner de leurs nouvelles à la baronne, qui ne lisait jamais la *Quotidienne* sans trembler de ligne en ligne, ni à sa vieille belle-sœur, héroïquement droite, et dont le front ne sourcillait pas en écoutant le journal. Les trois fusils accrochés dans la grande salle avaient donc récemment servi. Le baron, qui jugea cette prise d'armes inutile, avait quitté la campagne avant l'affaire de la Pénissière, sans quoi peut-être la maison du Guénic eût-elle été finie.

Quand, par une nuit affreuse, le père, le fils et le serviteur arrivèrent chez eux après avoir pris congé de MADAME, et surprirent leurs amis, la baronne et la vieille mademoiselle du Guénic qui reconnut, par l'exercice d'un sens dont sont doués tous les aveugles, le pas des trois hommes dans la ruelle, le baron regarda le cercle formé par ses amis inquiets autour de la petite table éclairée par cette lampe antique, et dit d'une voix chevrotante, pendant que Gasselin remettait les trois fusils et les sabres à leurs places, ce mot de naïveté féodale :
— Tous les barons n'ont pas fait leur devoir. Puis, après avoir embrassé sa femme et sa sœur, il s'assit dans son vieux fauteuil, et commanda de faire à souper pour son fils, pour Gasselin et pour lui. Gasselin, qui s'était mis au-devant de Calyste, avait reçu dans l'épaule un coup de sabre; chose si simple, que les femmes ne remercièrent à peine. Le baron ni ses hôtes ne proférèrent ni malédictions ni injures contre les vainqueurs. Le silence est un des traits du caractère breton. En quarante ans, jamais personne ne surprit un mot de mépris sur les lèvres du baron contre ses adversaires. A eux de faire leur métier comme il faisait son devoir. Ce silence profond est l'indice des volontés immuables. Ce dernier effort, ces lueurs d'une énergie à bout, avaient causé l'affaiblissement dans lequel était en ce moment le baron. Ce nouvel exil de la famille de Bourbon, aussi miraculeusement chassée que miraculeusement rétablie, lui causait une mélancolie amère.

Vers six heures du soir, au moment où commence cette scène, le baron, qui, selon sa vieille habitude, avait fini de dîner à quatre heures, venait de s'endormir en entendant lire la *Quotidienne*. Sa tête s'était posée sur le dossier de son fauteuil au coin du feu de la cheminée, du côté du jardin.

Auprès de ce tronc noueux de l'arbre antique et devant la cheminée, la baronne, assise sur une des vieilles chaises, offrait le type de ces adorables créatures qui n'existent qu'en Angleterre, en Écosse ou en Irlande. Là seulement naissent ces filles pétries de lait, à chevelure dorée, dont les boucles sont tournées par la main des anges, car la lumière du ciel semble ruisseler dans leurs spirales avec l'air qui s'y joue. Fanny O'Brien était une de ces sylphides, forte de tendresse, invincible dans le malheur, douce comme la musique de sa voix, pure comme était le bleu de ses yeux, d'une beauté fine, élégante jolie et douée de cette chair soyeuse à la main, caressante au regard, que ni le pinceau ni la parole ne peuvent peindre. Belle encore à quarante-deux ans, bien des hommes eussent regardé comme un bonheur de l'épouser, à l'aspect des splendeurs de cet août chaudement coloré, plein de fleurs et de fruits, rafraîchi par de célestes rosées. La baronne tenait le journal d'une main frappée de fossettes, à doigts retroussés et dont les ongles étaient taillés carrément comme dans les statues antiques. Étendue à demi, sans mauvaise grâce ni affectation, sur sa chaise, les pieds en avant pour les chauffer, elle était vêtue d'une robe de velours noir, car le vent avait fraîchi depuis quelques jours. Le corsage montant montait les épaules d'un contour magnifique, et une riche poitrine que la nourriture d'un fils unique n'avait pu déformer. Elle était coiffée de cheveux qui descendaient en *ringlets* le long de ses joues, et les accompagnaient suivant la mode anglaise. Tordue simplement au-dessus de sa tête et retenue par le peigne d'écaille, cette chevelure, au lieu d'avoir une couleur indécise, scintillait au jour comme des filigranes d'or bruni. La baronne faisait tresser les cheveux follets qui se jouaient sur sa nuque et qui sont un signe de race. Cette natte mignonne, perdue dans la masse de ses cheveux soigneusement relevés, permettait à l'œil de suivre avec plaisir la ligne onduleuse par laquelle son cou se rattachait à ses belles épaules. Ce petit détail prouvait le soin qu'elle apportait toujours à sa toilette. Elle tenait à réjouir les regards de ce vieillard. Quelle charmante et délicieuse attention ! Quand vous verrez une femme déployant dans la vie intérieure la coquetterie que les autres femmes puisent dans un seul sentiment, croyez-le, elle est aussi noble mère que noble épouse, elle est la joie et la fleur du ménage, elle a compris ses obligations de femme, elle a dans l'âme et dans la tendresse les élégances de son extérieur, elle fait le bien en secret, elle sait adorer sans calcul, elle aime ses proches, comme elle aime Dieu, pour eux-mêmes. Aussi semblait-il que la Vierge du paradis, sous la garde de laquelle elle vivait, eût récompensé la chaste jeunesse, la vie sainte de cette femme auprès de ce noble vieillard en l'entourant d'une sorte d'auréole qui la préservait des outrages du temps. Les altérations de sa beauté, Platon les eût célébrées peut-être comme autant de grâces nouvelles. Son teint si blanc jadis avait pris ces tons chauds et nacrés que les peintres adorent. Son front large et bien taillé recevait avec amour la lumière qui s'y jouait en des luisants satinés. Sa prunelle, d'un bleu de turquoise, brillait, sous un sourcil pâle et velouté, d'une extrême douceur. Ses paupières molles et ses tempes attendries invitaient à je ne sais quelle muette mélancolie. Au-dessous, le tour des yeux était d'un blanc pâle, semé de fibrilles bleuâtres comme à la naissance du nez. Ce nez, d'un contour aquilin, mince, avait je ne sais quoi de royal qui rappelait l'origine de cette noble fille. Sa bouche, pure et bien coupée, était embellie par un sourire aisé que dictait une inépuisable aménité. Ses dents étaient blanches et petites. Elle avait pris un léger embonpoint, mais ses hanches délicates, sa taille svelte, n'en souffraient point. L'automne de sa beauté présentait donc quelques vives fleurs de printemps oubliées et les ardentes richesses de l'été. Ses bras noblement arrondis, sa peau tendue et lustrée, avaient un grain plus fin, les contours avaient acquis leur plénitude. Enfin sa physionomie ouverte, sereine et faiblement rosée, la pureté de ses yeux bleus qu'un regard trop vif eût blessés, exprimaient l'inaltérable douceur, la tendresse infinie des anges.

À l'autre coin de la cheminée, et dans un fauteuil, la vieille sœur octogénaire, semblable en tout point, sauf le costume, à son frère, écoutait la lecture du journal en tricotant des bas, travail pour lequel la vue est inutile. Elle avait les yeux couverts d'une taie, et se refusait obstinément à subir l'opération, malgré les instances de sa belle-sœur. Le secret de son obstination, elle seule le savait : elle le rejetait sur un défaut de courage, mais elle ne voulait pas qu'il se dépensât vingt-neuf louis pour elle. Cette somme eût été de moins dans la maison. Cependant elle aurait bien voulu voir son frère. Ces deux vieillards faisaient admirablement ressortir la beauté de la baronne. Quelle femme n'eût semblé jeune et jolie entre M. du Guénic et sa sœur ! Mademoiselle Zéphirine, privée de la vue, ignorait les changements que ses quatre-vingts ans avaient apportés dans sa physionomie. Son visage pâle et creusé, que l'immobilité des yeux blancs et sans regard faisait ressembler à celui d'une morte, que trois ou quatre dents saillantes rendaient presque menaçant, où la profonde orbite des yeux était cerclée de teintes rouges, où quelques signes de virilité déjà blanchis perçaient dans le menton et aux environs de la bouche, ce froid mais calme visage était encadré par un petit béguin d'indienne brune, piqué comme une courte-pointe, garni d'une ruche en percale et noué sous le menton par des cordons toujours un peu roux. Elle portait un cotillon de gros drap sur une jupe de piqué, vrai matelas qui recelait des doubles louis, et des poches cousues à une ceinture qu'elle détachait tous les soirs et remettait tous les matins comme un vêtement. Son corsage était serré dans la casaquin populaire de la Bretagne, en drap pareil à celui du cotillon, orné d'une collerette à mille plis, dont le blanchissage était l'objet de la seule dispute qu'elle eût avec sa belle-sœur, elle ne voulait la changer que tous les huit jours. Des grosses manches ouatées de ce casaquin sortaient deux bras desséchés mais nerveux, au bout desquels s'agitaient ses deux mains, dont la couleur un peu rousse faisait paraître les bras blancs comme le bois de peuplier. Ses mains, crochues par suite de la contraction que l'habitude de tricoter leur avait fait prendre, étaient comme un métier à bas constamment monté : le phénomène eût été de les voir arrêtées. De temps en temps, mademoiselle du Guénic prenait une longue aiguille à tricoter fichée dans le haut de son bégain pour la passer entre son béguin et ses cheveux en fourgonnant sa blanche chevelure. Un étranger eût ri de l'insouciance avec laquelle elle repiquait l'aiguille sans la moindre crainte de se blesser. Elle était droite comme un clocher. Sa prestance de colonne pouvait passer pour une de ces coquetteries de vieillard qui prouvent que l'orgueil est une passion nécessaire à la vie. Elle avait le sourire gai. Elle aussi avait fait son devoir.

Au moment où Fanny vit le baron endormi, elle cessa la lecture du journal. Un rayon de soleil allait d'une fenêtre à l'autre et partageait en deux, par bande d'or, l'atmosphère de cette vieille salle, où il faisait resplendir les meubles presque noirs. La lumière bordait les sculptures du plancher, papillotait dans les bahuts, étendait une nappe luisante sur la table de chêne, égayait cet intérieur brun et doux, comme la voix de Fanny jetait dans l'âme de la vieille et logénaire une musique aussi lumineuse, aussi gaie que ce rayon. Bientôt les rayons du soleil prirent ces couleurs rougeâtres qui, par d'insensibles gradations, arrivent aux tons mélancoliques du crépuscule. La baronne tomba dans une méditation grave, dans un de ces silences

absolus que sa vieille belle-sœur observait depuis une quinzaine de jours, en cherchant à se les expliquer, sans avoir adressé la moindre question à la baronne ; mais elle n'en étudiait pas moins les causes de cette préoccupation à la manière des aveugles, qui lisent comme dans un livre noir où les lettres sont blanches, et dans l'âme desquels tout son retentit comme dans un écho divinatoire. La vieille aveugle, sur qui l'heure noire n'avait plus de prise, continuait à tricoter, et le silence devint si profond, que l'on put entendre le bruit des aiguilles d'acier.

— Vous venez de laisser tomber le journal, ma sœur, et cependant vous ne dormez pas, dit la vieille d'un air fin.

La nuit était venue, Mariotte vint allumer la lampe, la plaça sur une table carrée devant le feu, puis elle alla chercher sa quenouille, son peloton de fil, une petite escabelle, et se mit dans l'embrasure de la croisée qui donnait sur la cour, occupée à filer comme tous les soirs. Gasselin tournait encore dans les communs, il visitait les chevaux du baron et de Calyste, il voyait si tout allait bien dans l'écurie, il donnait aux deux beaux chiens de chasse leur pâtée du soir. Les aboiements joyeux des deux bêtes furent le dernier bruit qui réveilla les échos cachés dans les murailles noires de cette vieille maison. Les deux chiens et les deux chevaux étaient le dernier vestige des splendeurs de la chevalerie. Un homme d'imagination assis sur une des marches du perron, qui se serait laissé aller à la poésie des images encore vivantes dans ce logis, eût tressailli peut-être en entendant les chiens et les coups de pied des chevaux hennissants.

Gasselin était un de ces petits Bretons courts, épais, trapus, à chevelure noire, à figure basanée, silencieux, lents, têtus comme des mules, mais allant toujours dans la voie qui leur a été tracée. Il avait quarante-deux ans, il était depuis vingt-cinq ans dans la maison. Mademoiselle avait pris Gasselin à quinze ans, en apprenant le mariage et le retour probable du baron. Ce serviteur se considérait comme faisant partie de la famille : il avait joué avec Calyste, il aimait les chevaux et les chiens de la maison, il leur parlait et les caressait comme s'ils lui eussent appartenu. Il portait une veste bleue en toile de fil à petites poches ballottant sur les hanches, un gilet et un pantalon de même étoffe par toutes les saisons, des bas bleus et de gros souliers ferrés. Quand il faisait trop froid, ou par des temps de pluie, il mettait la peau de bique en usage dans son pays. Mariotte, qui avait également passé quarante ans, était en femme ce que Gasselin en homme. Jamais attelage ne fut mieux accouplé : même teint, même taille, mêmes petits yeux vifs et noirs. On se demandait pas comment Mariotte et Gasselin ne s'étaient pas mariés, peut-être y avait-il un inceste, ils semblaient être presque frère et sœur. Mariotte avait trente écus de gages, et Gasselin cent livres, mais mille écus de gages ailleurs ne leur auraient pas fait quitter la maison du Guénic. Tous deux étaient sous les ordres de la vieille demoiselle, qui, depuis la guerre de Vendée jusqu'au retour de son frère, avait eu l'habitude de gouverner la maison. Aussi, quand elle sut que le baron allait amener une maîtresse au logis, avait-elle été très-émue en croyant qu'il lui faudrait abandonner le sceptre du ménage et abdiquer en faveur de la baronne du Guénic, de laquelle elle serait la première sujette.

Mademoiselle Zéphirine avait été bien agréablement surprise en trouvant dans miss Fanny O'Brien une fille née pour un haut rang, à qui les soins minutieux d'un ménage pauvre faisaient excessivement, et qui semblait à toutes les belles âmes, eût préféré le pain sec du boulanger au meilleur repas qu'elle eût été obligée de préparer, capable d'accomplir les devoirs les plus pénibles de la maternité, forte contre toute privation nécessaire, mais sans courage pour des occupations vulgaires. Quand le baron pria sa sœur, au nom de la timide femme, de régir leur ménage, la vieille fille baisa la baronne comme une sœur, elle en fit sa fille, elle l'adora, tout heureuse de pouvoir continuer à veiller au gouvernement de la maison, tenue avec une rigueur et des coutumes d'économie méroviennes, desquelles elle ne se relâchait que dans les grandes occasions, telles que les couches, la nourriture de sa belle-sœur et tout ce qui concernait Calyste, l'enfant adoré de toute la maison. Quoique les deux domestiques fussent habitués à ce régime sévère et qu'il n'y eût rien à leur dire, qu'ils eussent pour les intérêts de leurs maîtres plus de soin que pour les leurs, mademoiselle Zéphirine voyait toujours à tout. Son attention n'étant pas distraite, elle savait, sans y monter, la hauteur du tas de noix dans le grenier, et ce qu'il restait d'avoine dans le coffre de l'écurie sans y plonger son bras nerveux. Elle avait, au bout d'un cordon attaché à la ceinture de son casaquin, un sifflet de contre-maître avec lequel elle appelait Mariotte par un coup, et Gasselin par deux coups. Le grand bonheur de Gasselin consistait à cultiver le jardin et à faire venir de beaux fruits et de bons légumes. Il avait si peu d'ouvrage, que, sans cette culture, il se serait ennuyé. Quand il avait pansé ses chevaux, le matin, il frottait les planchers et nettoyait les deux pièces du rez-de-chaussée, il avait peu de chose à faire après ses maîtres. Aussi n'eussiez-vous pas vu dans le jardin une mauvaise herbe ni le moindre insecte nuisible. Quelquefois on apercevait Gasselin immobile, tête nue en plein soleil, guettant un mulot ou la terrible larve du hanneton, puis il accourait avec la joie d'un enfant montrer à ses maîtres l'animal qui l'avait occupé pendant une semaine. C'était un plaisir pour lui d'aller les jours maigres, chercher le poisson au Croisic, où il se payait moins cher qu'à Guérande. Ainsi, jamais famille ne fut plus unie, mieux entendue ni plus cohérente que cette sainte et noble famille. Maîtres et domestiques semblaient avoir été faits les uns pour les autres. Depuis vingt-cinq ans, il n'y avait eu ni troubles ni discordes. Les seuls chagrins furent les petites indispositions de l'enfant, et les seules terreurs furent causées par les événements de 1814 et par ceux de 1830. Si les mêmes choses s'y faisaient invariablement aux mêmes heures, si les mets étaient soumis à la régularité des saisons, cette monotonie, semblable à celle de la nature, que varient les alternatives d'ombre, de pluie et de soleil, était soutenue par l'affection qui régnait dans tous les cœurs, et d'autant plus féconde et bienfaisante qu'elle émanait des lois naturelles.

Quand le crépuscule cessa, Gasselin entra dans la salle et demanda respectueusement à son maître si l'on avait besoin de lui.

— Tu peux sortir ou t'aller coucher après la prière, dit le baron en se réveillant, à moins que madame ou sa sœur...

Les deux femmes firent un signe d'acquiescement. Gasselin se mit à genoux en voyant ses maîtres tous levés pour s'agenouiller sur leurs sièges. Mariotte se mit également en prières sur son escabeau. La vieille demoiselle du Guénic dit la prière à haute voix. Quand elle fut finie, on entendit frapper à la porte de la ruelle. Gasselin alla ouvrir.

— Ce sera sans doute M. le curé, il vient presque toujours le premier, dit le baron.

En effet, chacun reconnut le curé de Guérande au bruit de ses pas sur les marches sonores du perron. Le curé salua respectueusement les trois personnages, en adressant au baron et aux deux dames de ces phrases pleines d'onctueuse aménité que savent trouver les prêtres. Au bonsoir distrait que lui dit la maîtresse du logis il répondit par un regard d'inquisition ecclésiastique.

— Seriez-vous inquiète ou indisposée, madame la baronne? demanda-t-il.

— Merci, non, dit-elle.

M. Grimont, homme de cinquante ans, de moyenne taille, enseveli dans sa soutane, d'où sortaient deux gros souliers à boucles d'argent, offrait au-dessus de son rabat un visage grassouillet, d'une teinte généralement blanche, mais dorée. Il avait les mains potelées. Sa figure tout abbatiale tenait à la fois du bourgmestre hollandais par le placide du teint, par les tons de la chair, et du paysan breton par sa plate chevelure noire, par la vivacité de ses yeux bruns, que contenait néanmoins le décorum du sacerdoce. Sa gaieté, semblable à celle des gens dont la conscience est calme et pure, admettait la plaisanterie. Son air n'avait rien d'inquiet ni de revêche comme celui des pauvres curés dont l'existence ou le pouvoir est contesté par leurs paroissiens, et qui, au lieu d'être, selon le mot sublime de Napoléon, les chefs moraux de la population, et des juges de paix naturels, sont traités en ennemis. À voir M. Grimont marchant dans Guérande, le plus incrédule voyageur aurait reconnu le souverain de cette ville catholique, mais ce souverain abaissait sa propre supériorité spirituelle devant la suprématie féodale des du Guénic. Il était dans cette salle comme un chapelain chez son seigneur. À l'église, en donnant la bénédiction, sa main s'étendait toujours en premier sur la chapelle appartenant aux du Guénic, et où leur main armée, leur devise, étaient sculptées à la clef de la voûte.

— Je croyais mademoiselle de Pen-Hoël arrivée, dit le curé qui s'assit en prenant la main de la baronne et la baisant. Elle se dérange. Est-ce que la mode de la dissipation se gagnerait? Car, je le vois, M. le chevalier est encore ce soir aux Touches.

— Ne dites rien de ses visites devant mademoiselle de Pen-Hoël, s'écria doucement la vieille fille.

— Ah! mademoiselle, répondit Mariotte, pouvez-vous empêcher toute la ville de jaser?

— Et que dit-on? demanda la baronne.

— Les jeunes filles, les commères, enfin tout le monde le croit amoureux de mademoiselle des Touches.

— Un garçon tourné comme Calyste fait son métier en se faisant aimer, dit le baron.

— Voici mademoiselle de Pen-Hoël, dit Mariotte.

Le sable de la cour cria en effet sous les pas discrets de cette personne, qu'accompagnait un petit domestique armé d'une lanterne. En voyant le domestique, Mariotte transporta son établissement dans la grande salle pour causer avec lui à la lueur de la chandelle de résine qu'elle brûlait aux dépens de la riche et avare demoiselle, en économisant ainsi celle de ses maîtres.

Cette demoiselle était une sèche et mince fille, jaune comme le parchemin du vieux vélin, ridée comme un lac froncé par le vent, à yeux gris, à grandes dents saillantes, à mains d'homme, assez petite, un peu déjetée et peut-être bossue, mais personne n'avait été curieux de connaître ses perfections et ses imperfections. Vêtue dans le goût de mademoiselle du Guénic, elle remuait une énorme quantité de linges et de jupes dont elle voulant trouver l'une de ses ouvertures de sa robe par où elle atteignait ses poches. Le plus étrange cliquetis de clefs et de monnaie retentissait alors sous ses étoffes.

Elle avait toujours d'un côté toute la ferraille des bonnes ménagères, et de l'autre sa tabatière d'argent, son dé, son tricot, autres ustensiles sonores. Au lieu du béguin matelassé de mademoiselle du Guénic, elle portait un chapeau vert avec lequel elle devait aller visiter ses melons, il avait passé, comme eux, du vert au blond; et, quant à sa forme après vingt ans, la mode l'a ramené à Paris sous le nom de *bibi*. Ce chapeau se confectionnait sous ses yeux par les mains de ses nièces, avec du florence vert acheté à Guérande, avec une carcasse qui se renouvelait tous les cinq ans à Nantes, car elle lui accordait la durée d'une législature. Ses nièces lui faisaient également ses robes, taillées sur des patrons immuables. Cette vieille fille avait encore la canne à petit bec de laquelle les femmes se servaient au commencement du règne de Marie-Antoinette. Elle était de la plus haute noblesse de Bretagne. Ses armes portaient les hermines des anciens ducs. En elle et sa sœur finissait l'illustre maison bretonne des Pen-Hoël. Sa sœur cadette avait épousé un Kergarouet, qui malgré la désapprobation du pays joignait le nom de Pen-Hoël au sien et se faisait appeler le vicomte de Kergarouet-Pen-Hoël. — Le ciel l'a punie, disait la vieille demoiselle, il n'a que des filles et le nom de Kergarouet-Pen-Hoël s'éteindra. Mademoiselle de Pen-Hoël possédait environ sept mille livres de rentes en fonds de terre. Majeure depuis trente-six ans, elle administrait elle-même ses biens. Allait les inspecter à cheval et déployait en toute chose le caractère ferme qui se remarque chez la plupart des bossus. Elle était d'une avarice admirée à dix lieues à la ronde, et qui n'y rencontrait aucune désapprobation. Elle avait avec elle une seule femme et ce petit domestique. Toute sa dépense, non compris les impôts, ne montait pas à plus de mille francs par an. Aussi était-elle l'objet des cajoleries des Kergarouet-Pen-Hoël, qui passaient leurs hivers à Nantes et les étés à leur terre située au bord de la Loire, au-dessous d'Indret. On la savait disposée à donner sa fortune et ses économies à celle de ses nièces qui lui plairait. Tous les trois mois, une des quatre demoiselles de Kergarouet, dont la plus jeune avait douze et l'aînée vingt ans, venait passer quelques jours chez elle. Amie de Zéphirine du Guénic, Jacqueline de Pen-Hoël, élevée dans l'adoration des grandeurs bretonnes des du Guénic, avait, dès la naissance de Calyste, formé le projet de transmettre ses biens au chevalier en le mariant à l'une des nièces que devait lui donner la vicomtesse de Kergarouet-Pen-Hoël. Elle pensait à racheter quelques-unes des meilleures terres du Guénic en remboursant les fermiers *engagistes*. Quand l'avarice se propose un but, elle cesse d'être un vice, elle est le moyen d'une vertu, les privations excessives deviennent de continuelles offrandes, elle a enfin la grandeur de l'intention cachée sous ses petitesses. Peut-être Zéphirine était-elle dans le secret de Jacqueline. Peut-être la baronne, dont tout l'esprit était employé son amour pour son fils et dans sa tendresse pour le père, avait-elle deviné quelque chose en voyant avec quelle malicieuse prévoyance mademoiselle de Pen-Hoël amenait avec elle chaque jour Charlotte de Kergarouët, sa favorite, âgée de quinze ans. Le curé Grimont était certes dans la confidence, il aidait la vieille fille à bien placer son argent. Mais mademoiselle de Pen-Hoël aurait-elle eu trois cent mille francs en or, somme à laquelle étaient évaluées ses économies, eût-elle eu dix fois plus de terres qu'elle n'en possédait, les du Guénic ne se seraient pas permis une attention qui pût faire croire à la vieille fille qu'on pensait à sa fortune. Par un sentiment de fierté bretonne admirable, Jacqueline de Pen-Hoël, heureuse de la suprématie affectée par sa vieille amie Zéphirine et par les du Guénic, se montrait toujours honorée de la visite que daignaient lui faire la fille des rois d'Irlande et Zéphirine. Elle allait jusqu'à cacher avec soin l'espèce de sacrifice auquel elle consentait tous les soirs en laissant son petit domestique brûler chez les du Guénic un *oribus*, nom de cette chandelle couleur de pain d'épice qui se consomme dans certaines parties de l'Ouest. Ainsi cette vieille et riche fille était pleine de noblesse, de fierté, la grandeur en personne. Au moment où vous lisez son portrait, une indiscrétion de l'abbé Grimont a fait savoir que dans la soirée où le vieux baron, le jeune chevalier et Gasselin décampèrent munis de leurs sabres et de leurs carnassières pour rejoindre MADAME en Vendée, à la grande terreur de Fanny, mademoiselle de Pen-Hoël avait remis au baron une somme de dix mille livres en or, immense sacrifice corroboré de dix mille autres livres, produit par une dîme récoltée par le curé, que le vieux partisan fut chargé d'offrir à la mère de Henri V, au nom des Pen-Hoël et de la paroisse de Guérande. Cependant elle traitait Calyste en femme qui se croyait des droits sur lui, ses projets l'autorisaient à le surveiller, non qu'elle apportât des idées étroites en matière de galanterie, elle avait l'indulgence des vieilles femmes de l'ancien régime; mais elle avait en horreur les mœurs révolutionnaires. Calyste qui aurait peut-être gagné dans son esprit pour des aventures avec des Bretonnes, eût perdu considérablement s'il eût abondé dans ce qu'elle appelait les nouveautés. Mademoiselle de Pen-Hoël, qui eût déterré quelque argent pour apaiser une fille séduite, aurait cru Calyste un dissipateur en lui voyant mener un tilbury, ou en entendant parler d'aller à Paris. Si elle l'avait surpris lisant des revues ou des journaux impies, on ne sait ce dont elle aurait été capable. Pour elle, les idées nouvelles, c'était les assolements de terre renversés, la ruine sous le nom d'améliorations et de méthodes, enfin les biens hypothéqués tôt ou tard par suite d'essais. Pour elle, la sagesse et le vrai moyen de faire fortune, enfin la belle administration, consistait à amasser dans ses greniers ses blés noirs, ses seigles, ses chanvres, à attendre la hausse au risque de passer pour accapareuse, à se coucher sur ses sacs avec obstination. Par un singulier hasard, elle avait souvent rencontré des marchés heureux qui confirmaient ses principes. Elle passait pour malicieuse, elle était néanmoins sans esprit; mais elle avait un ordre de Hollandais, une prudence de chatte, une persistance de prêtre, qui dans un pays si routinier équivalaient à la pensée la plus profonde.

Au moment où l'anny vit le baron endormi, elle cessa la lecture du journal. — PAGE 6.

— Aurons-nous ce soir M. du Halga, demanda la vieille fille en ôtant ses mitaines de laine tricotée après l'échange des compliments habituels.
— Oui, mademoiselle, je l'ai vu promenant sa chienne sur le mail, répondit le curé.
— Ah! notre mouche sera donc animée ce soir! répondit-elle. Hier nous n'étions que quatre.
A ce mot de mouche, le curé se leva pour aller prendre dans le tiroir d'un des bahuts un petit panier rond en fin osier, des jetons d'ivoire devenus jaunes comme du tabac turc par un usage de vingt années, et un jeu de cartes aussi gras que celui des douaniers de Saint-Nazaire qui n'en changent que tous les quinze jours. L'abbé revint disposer lui-même sur la table les jetons nécessaires à chaque joueur, mit la corbeille à côté de la lampe au milieu de la table avec un empressement enfantin et les manières d'un homme habitué à faire ce petit service. Un coup frappé fortement à la manière des militaires retentit dans les profondeurs silencieuses de ce vieux manoir. Le petit domestique de mademoiselle de Pen-Hoël alla gravement ouvrir la porte. Bientôt le long corps sec et méthodiquement vêtu selon le temps du chevalier du Halga, ancien capitaine de pavillon de l'amiral Kergarouet, se dessina en noir dans la pénombre que régnait encore sur le perron.

— Arrivez, chevalier! cria mademoiselle de Pen-Hoël.
— L'autel est dressé, dit le curé.

Le chevalier était un homme de petite santé, qui portait de la flanelle pour ses rhumatismes, un bonnet de soie noire pour préserver sa tête du brouillard, un spencer pour garantir son précieux buste des vents soudains qui fraîchissent l'atmosphère de Guérande. Il allait toujours armé d'un jonc à pomme d'or pour chasser les chiens qui faisaient intempestivement la cour à sa chienne favorite. Cet homme, minutieux comme une petite-maîtresse, se dérangeant devant les moindres obstacles, parlant bas pour ménager un reste de voix, avait été l'un des plus intrépides et des plus savants hommes de l'ancienne marine. Il avait été honoré de l'estime du bailli de Suffren, de l'amitié du comte de Portenduère. Sa belle conduite comme capitaine du pavillon de l'amiral de Kergarouet était écrite en caractères visibles sur son visage couturé de blessures. A le voir, personne n'eût reconnu la voix qui dominait la tempête, l'œil qui planait sur la mer, le courage indompté du marin breton. Le chevalier ne fumait, ne jurait pas, il avait la douceur, la tranquillité d'une fille, et s'occupait de sa chienne Thisbé et de ses petits caprices avec la sollicitude d'une vieille femme. Il donnait ainsi la plus haute idée de sa galanterie défunte. Il ne parlait jamais des actes surprenants qui avaient étonné le comte d'Estaing. Quoiqu'il eût une attitude d'invalide et marchât comme s'il eût craint à chaque pas d'écraser des œufs, qu'il se plaignît de la fraîcheur de la brise, de l'ardeur du soleil, de l'humidité du brouillard, il montrait des dents blanches enchâssées dans des gencives rouges qui rassuraient sur sa maladie, un peu coûteuse d'ailleurs, car elle consistait à faire quatre repas d'une ampleur monastique. Sa charpente, comme celle du baron, était osseuse et d'une force indestructible, couverte d'un parchemin collé sur ses os comme la peau d'un cheval arabe sur les nerfs qui semblent reluire au soleil. Son teint avait gardé une couleur de bistre, due à ses voyages aux Indes, desquels il n'avait rapporté ni une idée ni une histoire. Il avait émigré, il avait perdu sa fortune, puis retrouvé la croix de Saint-Louis et une pension de deux mille francs légitimement due à ses services, et payée par la caisse des Invalides de la marine. La légère hypocondrie qui lui faisait inventer mille maux imaginaires s'expliquait facilement par ses souffrances pendant l'émigration. Il avait servi dans la marine russe jusqu'au jour où l'empereur Alexandre voulut l'employer contre la France, il donna sa démission et alla vivre à Odessa, près du duc de Richelieu, avec lequel il revint, et qui fit liquider la pension due à ce débris glorieux de l'ancienne marine bretonne. A la mort de Louis XVIII, époque à laquelle il revint à Guérande, le chevalier du Halga devint maire de la ville. Le curé, le chevalier, mademoiselle de Pen-Hoël, avaient depuis quinze ans l'habitude de passer leurs soirées à l'hôtel du Guénic, où venaient également quelques personnages nobles de la ville et de la contrée. Chacun devine aisément dans les du Guénic les chefs du petit faubourg Saint-Germain de l'arrondissement, où ne pénétrait aucun des membres de l'administration envoyée par le nouveau gouvernement. Depuis six ans, le curé toussait à l'endroit critique du *Domine, salvum fac regem*. La politique en était toujours là dans Guérande.

La mouche est un jeu qui se joue avec cinq cartes et avec une retourne. La retourne détermine l'atout. A chaque coup, le joueur est libre d'en courir les chances ou de s'abstenir. En s'abstenant, il ne perd que son enjeu, car, tant qu'il n'y a pas de *remises* au panier, chaque joueur mise une faible somme. En jouant, le joueur est tenu de faire une levée qui se paye au prorata de la mise. S'il y a cinq sous au panier, la levée vaut un sou. Le joueur qui ne fait pas de levée est mis à la mouche : il doit alors tout l'enjeu, qui grossit le panier au coup suivant. On inscrit les mouches dues; elles se mettent l'une après l'autre au panier par ordre de capital, le plus gros passant avant le plus faible. Ceux qui renoncent à jouer peuvent laisser leurs cartes pendant le coup, mais ils sont considérés comme nuls. Les cartes du talon s'échangent, comme à l'écarté, mais par ordre de primauté. Chacun prend autant de cartes qu'il en veut, en sorte que le premier en cartes et le second peuvent absorber le talon à eux deux. La retourne appartient à celui qui distribue les cartes, qui est alors le dernier, et auquel appartient la retourne, il a le droit de l'échanger contre une des cartes de son jeu. Une carte terrible emporte toutes les autres, elle se nomme Mistigris. Mistigris est le valet de trèfle. Ce jeu, d'une excessive simplicité, ne manque pas d'intérêt. La cupidité, naturelle à l'homme, s'y développe aussi bien que les finesses diplomatiques et les jeux de physionomie. A l'hôtel du Guénic, chacun des joueurs prenait vingt jetons, et répondait de cinq sous, ce qui portait la somme totale de l'enjeu à cinq liards par coup, somme majeure aux yeux de ces personnes. En suppo-

beaucoup de bonheur, on pouvait gagner cinquante sous, capital que personne, à Guérande, ne dépensait dans sa journée. Aussi mademoiselle de Pen-Hoël apportait-elle à ce jeu, dont l'innocence n'est surpassée dans la nomenclature de l'Académie que par celui de la bataille, une passion égale à celle des chasseurs dans une grande partie de chasse. Mademoiselle Zéphirine, qui était de moitié dans le jeu de la baronne, n'attachait pas une importance moindre à la mouche. Avancer un liard pour risquer d'en avoir cinq, de coup en coup, constituait pour la vieille thésauriseuse une opération financière immense, à laquelle elle mettait autant d'action intérieure que le plus avide spéculateur en met pendant la tenue de la Bourse à la hausse et à la baisse des rentes. Par une convention diplomatique, en date de septembre 1825, après une soirée où mademoiselle de Pen-Hoël perdit trente-sept sous, le jeu cessait dès qu'une personne en manifestait le désir après avoir dissipé dix sous. La politesse ne permettait pas de causer à un joueur le petit chagrin de voir jouer la mouche sans qu'il y prît part. Mais toutes les passions ont leur jésuitisme. Le chevalier et le baron, ces deux vieux politiques, avaient trouvé moyen d'éluder la charte. Quand tous les joueurs désiraient vivement de prolonger une émouvante partie, le hardi chevalier du Halga, l'un de ces garçons prodigues et riches des dépenses qu'ils ne font pas, offrait toujours dix jetons à mademoiselle de Pen-Hoël ou à Zéphirine quand l'une d'elles ou toutes deux avaient perdu leurs cinq sous, à condition de les lui restituer en cas de gain. Un vieux garçon pouvait se permettre cette galanterie envers des demoiselles. Le baron offrait aussi dix jetons aux deux vieilles filles, sous prétexte de continuer la partie. Les deux avares acceptaient toujours, non sans se faire prier, selon les us et coutumes des filles. Pour s'abandonner à cette prodigalité, le baron et le chevalier devaient avoir gagné, sans quoi cette offre eût pris le caractère d'une offense. La mouche était brillante quand une demoiselle de Kergarouët tout court était en transit chez sa tante, car là les Kergarouët n'avaient jamais pu se faire nommer Kergarouët-Pen-Hoël par personne, pas même par les domestiques, lesquels avaient à cet égard des ordres formels. La tante montrait à sa nièce la mouche à faire chez les du Guénic, comme un plaisir insigne. La petite avait ordre d'être aimable, chose assez facile quand elle voyait le beau Calyste, de qui raffolaient les quatre demoiselles de Kergarouët. Ces jeunes personnes, élevées en pleine civilisation moderne, tenaient peu à cinq sous, et faisaient mouche sur mouche. Il y avait alors des mouches inscrites dont le total s'élevait quelquefois à cent sous, et qui étaient échelonnées depuis deux sous et demi jusqu'à dix sous. C'était des soirées de grandes émotions pour la vieille aveugle. Les levées s'appellent des *mains* à Guérande. La baronne faisait sur le pied de sa belle-sœur un nombre de pressions égal au nombre de mains qui, d'après son jeu, étaient sûres. Jouer ou ne pas jouer, selon les occasions où le panier était plein, entraînait des discussions intérieures où la cupidité luttait avec la peur. On se demandait l'un à l'autre : Irez-vous ? en manifestant des sentiments d'envie contre ceux qui avaient assez beau jeu pour tenter le sort, et des sentiments de désespoir quand il fallait s'abstenir. Si Charlotte de Kergarouët, généralement taxée de folie, était heureuse dans ses hardiesses, en revenant, sa tante, quand elle n'avait rien gagné, lui marquait de la froideur, et lui faisait quelques leçons : elle avait trop de décision dans le caractère, une jeune personne ne devait pas rompre en visière à des gens respectables, elle avait une manière insolente de prendre le panier ou d'aller au jeu ; les mœurs d'une jeune personne exigeaient un peu plus de réserve et de modestie ; on ne riait pas du malheur des autres, etc. Les plaisanteries éternelles, et qui se disaient mille fois par an, mais toujours nouvelles, roulaient sur l'attelage à donner au panier quand il était trop chargé. On parlait d'atteler des bœufs, des éléphants, des chevaux, des ânes, des chiens. Après vingt ans, personne ne s'apercevait de ces redites. La proposition excitait toujours le même sourire. Il en était de même des mots que le chagrin de voir prendre un panier plein dictait à ceux qui l'avaient engraissé sans en rien prendre. Les cartes se donnaient avec une lenteur automatique. On causait en poitrinant. Ces dignes et nobles personnes avaient l'adorable petitesse de se défier les unes des autres au jeu. Mademoiselle de Pen-Hoël accusait presque toujours le curé de tricherie quand il prenait un panier. — Il est singulier, disait alors le curé, que je ne triche jamais quand je suis à la mouche. Personne ne lâchait sa carte sur le tapis sans des calculs profonds, sans des regards fins et des mots, plus ou moins astucieux, sans des remarques ingénieuses et fines. Les coups étaient, pensez-le bien, entrecoupés de narrations sur les événements arrivés en ville, ou par les discussions sur les affaires politiques. Souvent les joueurs restaient un grand quart d'heure, les cartes appuyées en éventail sur leur estomac, occupés à causer. Si, par suite de ces interruptions, il se trouvait un jeton de moins au panier, tout le monde prétendait avoir mis son jeton. Presque toujours le chevalier complétait l'enjeu, accusé par tous de penser à ses cloches aux oreilles, à sa tête, à ses farfadets, et d'oublier sa mise. Quand le che-

Le chevalier du Halga. — PAGE 8.

valier avait remis un jeton, la vieille Zéphirine ou la malicieuse bossue étaient prises de remords ; elles imaginaient alors que peut-être elles n'avaient pas mis, elles croyaient, elles doutaient ; mais enfin le chevalier était bien assez riche pour supporter ce petit malheur. Souvent le baron ne savait plus où il en était quand on parlait des infortunes de la maison royale. Quelquefois il arrivait un résultat toujours surprenant pour ces personnes, qui toutes comptaient sur le même gain. Après un certain nombre de parties, chacun avait regagné ses jetons et s'en allait, l'heure était trop avancée, sans perte ni gain, mais non sans émotion. Dans ces cruelles soirées, il s'élevait des plaintes sur la mouche : la mouche n'avait pas été piquante ; les joueurs accusaient la mouche comme les nègres battent la lune dans l'eau quand le temps est contraire. La soirée passait pour avoir été pâle. On avait bien travaillé pour pas grand'chose. Quand, à leur première visite, le vicomte et la vicomtesse de Kergarouët parlèrent de whist et de boston comme de jeux plus intéressants que la mouche et furent encouragés à les montrer par la baronne, que la mouche ennuyait excessivement, la société de l'hôtel du Guénic s'y prêta, non sans se récrier sur ces innovations, mais il fut impossible de faire comprendre ces jeux, qui, les Kergarouet partis, furent traités de casse-têtes, de travaux algébriques, de difficultés inouïes. Chacun préférait sa chère mouche, sa petite et agréable mouche. La mouche triompha des jeux modernes comme triomphaient partout les choses anciennes sur les nouvelles en Bretagne.

Pendant que le curé donnait les cartes, la baronne faisait au chevalier du Halga des questions pareilles à celles de la veille sur sa santé. Le chevalier tenait à honneur d'avoir des maux nouveaux. Si les demandes se ressemblaient, le capitaine de pavillon avait un avantage singulier dans ses réponses. Aujourd'hui les fausses côtes l'avaient inquiété. Chose remarquable, ce digne chevalier ne se plaignait jamais de ses blessures. Tout ce qui était sérieux, il s'y attendait, il le connaissait; mais les choses fantastiques, les douleurs de tête, les chiens qui lui mangeaient l'estomac, les cloches qui bourdonnaient à ses oreilles, et mille autres farladets l'inquiétaient horriblement, il se posait comme incurable avec d'autant plus de raison que les médecins ne connaissaient aucun remède contre les maux qui n'existent pas.

— Hier il me semble que vous avez des inquiétudes dans les jambes, dit le curé d'un air grave.

— Ça saute, répondit le chevalier.

— Des jambes aux fausses côtes? demanda mademoiselle Zéphirine.

— Ça ne s'est pas arrêté en chemin? dit mademoiselle de Pen-Hoel en souriant.

Le chevalier s'inclina gravement en faisant un geste négatif passablement drôle, qui eût prouvé à un observateur que, dans sa jeunesse, le marin avait été spirituel, aimant, aimé. Peut-être sa vie fossile à Guérande cachait-elle bien des souvenirs. Quand il était stupidement planté sur ses deux jambes de héron au soleil, au mail, regardant la mer ou les ébats de sa chienne, peut-être revivait-il dans le paradis terrestre d'un passé fertile en souvenirs.

— Voilà le vieux duc de Lenoncourt mort, dit le baron en se rappelant le passage où sa femme en était restée de la *Quotidienne*. Allons, le premier gentilhomme de la chambre du roi n'a pas tardé de rejoindre son maître. J'irai bientôt aussi.

— Mon ami! mon ami! lui dit sa femme en frappant doucement sur la main osseuse et calleuse de son mari.

— Laisse-le dire, ma sœur, dit Zéphirine, tant que je serai dessus il ne sera pas dessous : il est mon cadet.

Un gai sourire erra sur les lèvres de la vieille fille. Quand le baron avait laissé échapper une réflexion de ce genre, les joueurs et les gens en visite se regardaient avec émotion, inquiets de la tristesse du roi de Guérande. Les personnages venus pour le voir se disaient en s'en allant : — M. du Guénic était triste. Avez-vous vu comme il dort? Et le lendemain tout Guérande causait de cet événement. — Le baron du Guénic baisse! Cette phrase ouvrait les conversations dans tous les ménages.

— Thisbé va bien? demanda mademoiselle de Pen-Hoel au chevalier dès que les cartes furent données.

— Cette pauvre petite comme moi, répondit le chevalier, elle a des maux de nerfs, elle relève constamment de ses pattes en courant. Tenez, comme ça?

Pour imiter sa chienne en crispant un de ses bras en le levant, le chevalier laissa voir son jeu à sa voisine la bossue, qui voulait savoir s'il avait de l'atout ou le mistigris. C'était une première finesse à laquelle il succomba.

— Oh! dit la baronne, le bout du nez de M. le curé blanchit, il a mistigris.

Le plaisir d'avoir mistigris était si vif chez le curé, comme chez les anciens joueurs, que le pauvre prêtre ne savait pas le cacher. Il est dans toute figure humaine une place où les secrets mouvements du cœur se trahissent, et ces personnes, habituées à s'observer, avaient fini, après quelques années, par découvrir l'endroit faible chez le curé : quand il avait le Mistigris, le bout de son nez blanchissait. On se gardait bien alors d'aller au jeu.

— Vous avez eu du monde aujourd'hui chez vous? dit le chevalier à mademoiselle de Pen-Hoel.

— Oui, l'un des cousins de mon beau-frère. Il m'a surprise en m'annonçant le mariage de madame la comtesse de Kergarouet, une demoiselle de Fontaine...

— Une fille à *Grand-Jacques*, s'écria le chevalier, qui, pendant son séjour à Paris, n'avait jamais quitté son amiral.

— La comtesse est son héritière, elle a épousé un ancien ambassadeur. Il m'a raconté les plus singulières choses sur notre voisine, mademoiselle des Touches, mais si singulières, que je ne veux pas les croire. Calyste ne serait pas si assidu chez elle, il a bien assez de bon sens pour s'apercevoir de pareilles monstruosités.

— Monstruosités?... dit le baron réveillé par ce mot.

La baronne et le curé se jetèrent un regard d'intelligence. Les cartes étaient données, la vieille fille avait mistigris, elle ne voulut pas continuer cette conversation, heureuse de cacher sa joie à la faveur de la stupéfaction générale causée par son mot.

— À vous de jeter une carte, monsieur le baron, dit-elle en pointant.

— Mon neveu n'est pas de ces jeunes gens qui aiment les monstruosités, dit Zéphirine en fourgonnant sa tête.

— Mistigris! s'écria mademoiselle de Pen-Hoel, qui ne répondit pas à son amie.

Le curé qui paraissait instruit de toute l'affaire de Calyste et de mademoiselle des Touches, n'entra pas en lice.

— Que fait-elle donc d'extraordinaire, mademoiselle des Touches? demanda le baron.

— Elle fume, dit mademoiselle de Pen-Hoel.

— C'est très-sain, dit le chevalier.

— Ses terres?... demanda le baron.

— Ses terres, reprit la vieille fille, elle les mange.

— Tout le monde y est allé, tout le monde est à la mouche, j'ai le roi, la dame, le valet d'atout, mistigris et un roi, dit la baronne. À nous le panier, ma sœur.

Le coup, gagné sans qu'on jouât, atterra mademoiselle de Pen-Hoel, qui cessa de s'occuper de Calyste et de mademoiselle des Touches. A neuf heures il ne resta plus dans la salle que la baronne et le curé. Les quatre vieillards étaient allés se coucher. Le chevalier accompagna, selon son habitude, mademoiselle de Pen-Hoel jusqu'à sa maison, située sur la place de Guérande, en faisant des réflexions sur la finesse du dernier coup, sur leur plus ou moins de bonheur, ou sur le plaisir toujours nouveau avec lequel mademoiselle Zéphirine engouffrait son gain dans sa poche, car la vieille aveugle ne répandait plus sur son visage l'expression de ses sentiments. La préoccupation de madame du Guénic fut le frais de cette conversation. Le chevalier avait remarqué les distractions de sa charmante Irlandaise. Sur le pas de sa porte, quand son petit domestique fut monté, la vieille fille répondit confidentiellement, aux suppositions faites par le chevalier du Halga sur l'air extraordinaire de la baronne, ce mot gros d'intérêt :

— J'en sais la cause Calyste est perdu si nous ne le marions promptement. Il aime mademoiselle des Touches, une comédienne.

— En ce cas, faites venir Charlotte.

— Ma sœur aura ma lettre demain, dit mademoiselle de Pen-Hoel en saluant le chevalier.

Jugez d'après cette soirée normale du vacarme que devaient produire, dans celle de la sœur, dans les intérieurs de Guérande, l'arrivée, le séjour, le départ ou seulement le passage d'un étranger.

Quand aucun bruit ne retentit plus ni dans la chambre du baron ni dans celle de sa sœur, madame du Guénic regarda le curé, qui jouait pensivement avec des jetons.

— J'ai deviné que vous avez enfin partagé mes inquiétudes sur Calyste, lui dit-elle.

— Avez-vous vu l'air pincé qu'avait mademoiselle de Pen-Hoel ce soir? demanda le curé.

— Oui, répondit la baronne.

— Elle a, je le sais, reprit le curé, les meilleures intentions pour notre cher Calyste, elle le chérit comme s'il était son fils et sa conduite en Vendée aux côtés de son père, les louanges que Mayeux a faites de son dévouement, ont augmenté l'affection que mademoiselle de Pen-Hoel lui porte. Elle assurera par donation entre-vifs toute sa fortune à celle de ses nièces que Calyste épousera. Je sais que vous avez en Irlande un parti beaucoup plus riche pour votre cher Calyste, mais il vaut mieux avoir deux cordes à son arc. Au cas où votre famille ne se chargerait pas de l'établissement de Calyste, la fortune de mademoiselle de Pen-Hoel n'est pas à dédaigner. Vous trouverez toujours pour ce cher enfant un parti de sept mille livres de rente, mais vous ne trouverez pas les économies de quarante ans et des terres administrées, bâties, réparées comme le sont celles de mademoiselle de Pen-Hoel. Cette femme impie, mademoiselle des Touches, est venue gâter bien des choses ? On a fini par avoir de ses nouvelles.

— Eh bien? dit la mère.

— Oh! une gampe, une gourgandine, s'écria le curé, une femme de mœurs équivoques, occupée de théâtre, hantant les comédiens et les comédiennes, les musiciens, la société du diable, enfin! Elle prend, pour écrire ses livres, un faux nom sous lequel elle est, dit-on, plus connue que sous celui de Félicité des Touches. Une vraie baladine qui, depuis sa première communion, n'est entrée dans une église que pour y voir des statues ou des tableaux. Elle a dépensé sa fortune à décorer les Touches de la plus inconvenante façon, pour en faire un paradis de Mahomet où les houris ne sont pas femmes. Il s'y boit pendant son séjour plus de vins fins que dans tout Guérande durant une année. Les demoiselles Bougniol ont logé l'année dernière des hommes à barbes de bouc, soupçonnés d'être des bleus, qui venaient chez elle, et qui chantaient des chansons impies à faire rougir et pleurer ces vertueuses filles. Voilà la femme qu'adore en ce moment M. le chevalier. Elle voudrait avoir ce soir un de ces infâmes livres on les athées d'aujourd'hui se moquent de tout, le chevalier viendrait seller son cheval lui-même et partirait au grand galop te lui chercher à Nantes. Je ne sais si Calyste en ferait autant pour l'Église. Enfin elle n'est pas royaliste. Il faudrait aller faire le coup de fusil pour la bonne cause, si mademoiselle des Touches ou le sieur Camille Maupin, tel est son nom je me le rappelle maintenant, voulait garder Calyste près de lui, le chevalier laisserait aller son vieux père tout seul.

— Non, dit la baronne.

— Je ne voudrais pas le mettre à l'épreuve, vous pourriez trop en souffrir, répondit le curé. Tout Guérande est sens dessus dessous de la passion du chevalier pour cet être amphibie, qui n'est ni homme ni femme, qui fume comme un housard, écrit comme un journaliste, et dans ce moment loge chez elle le plus venimeux de tous les écrivains, selon le directeur de la poste, ce juste-milieu qui lit les journaux. Il en est question à Nantes. Ce matin, ce cousin de Kergaroet qui voudrait faire épouser à Charlotte un homme de soixante mille livres de rentes, est venu voir mademoiselle de Pen-Hoel, et lui a tourné l'esprit avec des nuances sur mademoiselle des Touches, qui ont duré sept heures. Voici dix heures qui sonnent au clocher, et Calyste ne rentre pas, il est aux Touches, peut-être n'en reviendra-t-il qu'au matin.

La baronne écoutait le curé, qui substituait le monologue au dialogue sans s'en apercevoir ; il regardait son ouaille, sur la figure de laquelle se lisaient des sentiments auxquels. La baronne rougissait et tremblait. Quand l'abbé Grimont vit rouler des larmes dans les beaux yeux de cette mère atterrée, il fut ému.

— Je verrai demain mademoiselle de Pen-Hoel, rassurez-vous, dit-il d'une voix consolante. Le mal n'est peut-être pas aussi grand qu'on le dit, je saurai la vérité. D'ailleurs mademoiselle Jacqueline a confiance en moi. Puis Calyste est notre élève et ne se laissera pas ensorceler par le démon. Il ne voudra pas troubler la paix dont jouit sa famille, ni déranger les plans que nous formons pour son avenir. Ainsi, ne pleurez pas, tout n'est pas perdu, madame : une faute n'est pas le vice.

— Vous m'apprenez que des détails, dit la baronne. N'ai-je pas été la première à m'apercevoir du changement de Calyste ? Une mère sent bien vivement la douleur de n'être plus qu'en second dans le cœur de son fils, ou le chagrin de ne pas y être seule. Cette phase de la vie de l'homme est un des maux de la maternité, mais, tout en m'y attendant, je ne croyais pas que ce fût sitôt. Enfin j'aurais voulu qu'au moins il mît dans son cœur une noble et belle créature et non une histrionne, une baladine, une femme de théâtre, un auteur habitué à feindre des sentiments, une mauvaise femme qui le trompera et le rendra malheureux. Elle a eu des aventures...

— Avec plusieurs hommes, dit l'abbé Grimont. Cette impie est pourtant née en Bretagne ! Elle déshonore son pays. Je ferai dimanche un prône à son sujet.

— Gardez-vous-en bien ! dit la baronne. Les paludiers, les paysans seront cap et bas de se porter aux Touches. Calyste est digne de son nom, il est Breton, il pourrait arriver quelque malheur s'il y était, car il la défendrait comme s'il s'agissait de la sainte Vierge.

— Voici dix heures, je vous souhaite une bonne nuit, dit l'abbé Grimont en allumant l'oribus de son falot dont les vitres étaient claires et le métal étincelant, ce qui révélait les soins minutieux de sa gouvernante pour toutes les choses au logis. Qui m'eût dit, madame, reprit-il qu'un jeune homme nourri par vous, élevé par moi dans les idées chrétiennes, un fervent catholique, un enfant qui vivait comme un agneau sans tache, irait se plonger dans un pareil bourbier ?

— Est-ce donc sûr ? dit la mère. Mais comment une femme n'aimerait-elle pas Calyste ?

— Il n'en faut pas d'autres preuves que le séjour de cette sorcière aux Touches. Voilà depuis vingt-quatre ans qu'elle est majeure, le temps le plus long qu'elle y reste. Ses apparitions, heureusement pour nous, duraient peu.

— Une femme de quarante ans, dit la baronne. J'ai entendu dire en Irlande que les femmes de ce genre est la maîtresse la plus dangereuse pour un jeune homme.

— Là-dessus je suis un ignorant, répondit le curé. Je mourrai même dans mon ignorance.

— Hélas ! et moi aussi, dit naïvement la baronne. Je voudrais maintenant avoir aimé d'amour, pour observer, conseiller, consoler Calyste.

Le curé ne traversa pas seul la petite cour proprette, la baronne l'accompagna jusqu'à la porte en espérant entendre le pas de Calyste dans Guérande, mais elle n'entendit que le bruit lourd de la prudente démarche du curé qui finit par s'affaiblir dans le lointain, et qui cessa lorsque, dans le silence de la ville, la porte du presbytère retentit en se fermant. La pauvre mère rentra désolée en apprenant que la ville était au fait de ce qu'elle croyait être seule à savoir. Elle s'assit, ralluma la mèche de la lampe en la coupant avec des vieux ciseaux, et reprit la tapisserie à la main qu'elle faisait en attendant Calyste. La baronne se flattait ainsi de forcer son fils à revenir plus tôt, à passer moins de temps chez mademoiselle des Touches. Ce calcul de la jalousie maternelle était inutile. De jour en jour les visites de Calyste aux Touches devenaient plus fréquentes, et chaque soir il revenait plus tard ; enfin la veille le chevalier n'était rentré qu'à minuit. La baronne, perdue dans sa méditation maternelle, tirait ses points avec l'activité des personnes qui pensent en faisant quelque ouvrage manuel. Qui l'eût vue ainsi penchée à la lueur de cette lampe, sous les lambris quatre fois centenaires de cette salle, aurait admiré ce sublime portrait. Fanny avait une telle transparence de chair, qu'on aurait pu lire ses pensées sur son front. Tantôt, piquée des curiosités qui viennent aux femmes pures, elle se demandait quels secrets diaboliques possédaient ces filles de Baal pour autant charmer les hommes, et leur faire oublier mère, famille, pays, intérêt. Tantôt elle allait jusqu'à vouloir rencontrer cette femme, afin de la juger sainement. Elle mesurait l'étendue des ravages que l'esprit novateur du siècle, peint comme si dangereux pour les jeunes âmes par le curé, devait faire sur son unique enfant, jusqu'alors aussi candide, aussi pur qu'une jeune fille innocente, dont la beauté n'eût pas été plus fraîche que la sienne.

Calyste, ce magnifique rejeton de la plus vieille race bretonne et du sang irlandais le plus noble, avait été soigneusement élevé par sa mère. Jusqu'au moment où la baronne le remit au curé de Guérande, elle était certaine qu'aucun mot impur, qu'aucune idée mauvaise n'avaient souillé les oreilles ni l'entendement de son fils. La mère, après l'avoir nourri de son lait, après lui avoir ainsi donné deux fois son sang, put le présenter dans une candeur de vierge au pasteur, qui, par vénération pour cette famille, s'était promis de lui donner une éducation complète et chrétienne. Calyste eut l'enseignement du séminaire où l'abbé Grimont avait fait ses études. La baronne lui apprit l'anglais. On trouva, non sans peine, un maître de mathématiques parmi les employés de Saint-Nazaire. Calyste ignora nécessairement la littérature moderne, la marche et les progrès actuels des sciences. Son instruction avait été bornée à la géographie et à l'histoire circonspectes des pensionnats de demoiselles, au latin et au grec des séminaires, à la littérature des langues mortes et à un choix restreint d'auteurs français. Quand, à seize ans, il commença ce que l'abbé Grimont nommait sa philosophie, il n'était pas plus pur qu'au moment où Fanny l'avait remis au curé. L'église fut aussi maternelle que la mère. Sans être dévot ni ridicule, l'adoré jeune homme était un fervent catholique. A ce fils si beau, si candide, la baronne voulait arranger une vie heureuse, obscure. Elle attendait quelque bien, deux ou trois mille livres sterling d'une vieille tante. Cette somme, jointe à la fortune actuelle du Guénic, pourrait lui permettre de trouver pour Calyste une femme qui lui apporterait douze ou quinze mille livres de revenu. Charlotte de Kergarouet, avec la fortune de sa tante, une riche Irlandaise ou toute autre héritière semblait indifférente à la baronne : elle ignorait l'amour, elle voyait, comme toutes les personnes groupées autour d'elles, un moyen de fortune dans le mariage. La passion était inconnue à ces âmes catholiques, à ces vieilles gens exclusivement occupés de leur salut, de Dieu, du roi, de leur fortune. Personne ne s'étonnera donc de la gravité des pensées qui servaient d'accompagnement aux sentiments blessés dans le cœur de cette mère, qui vivait autant par les intérêts que par la tendresse de son fils. Si le jeune ménage voulait écouter la sagesse, la seconde génération du Guénic en vivant de privations, en économisant comme on sait économiser en province, pourraient racheter leurs terres et reconquérir le lustre de la richesse. La baronne souhaitait une longue vieillesse pour voir poindre l'aurore du bien-être. Mademoiselle du Guénic avait compris, et avait frémi d'aise, que menaçait alors mademoiselle des Touches. La baronne entendit sonner minuit avec effroi, elle conçut des terreurs affreuses pendant une heure, car le coup d'une heure retentit encore au clocher sans que Calyste fût venu.

— Y restera-t-il ? se dit-elle. Ce serait la première fois. Pauvre enfant !

En ce moment le pas de Calyste anima la ruelle. La pauvre mère, dans le cœur de laquelle la joie succédait à l'inquiétude, vola de la salle à la porte en ouvrant à son fils.

— Oh ! s'écria Calyste d'un air chagrin, ma mère chérie, pourquoi m'attendre ? J'ai le passe-partout et un briquet.

— Tu sais bien, mon enfant, qu'il m'est impossible de dormir quand tu es dehors, dit-elle en l'embrassant.

Quand la baronne fut dans la salle, elle regarda son fils pour deviner, d'après l'expression de son visage, les événements de la soirée ; mais il lui causa, comme toujours, cette émotion que l'habitude n'affaiblit pas, que ressentent toutes les mères animées à la vue du chef-d'œuvre humain qu'elles ont fait et qui leur trouble toujours la vue pour un moment.

Hormis les yeux noirs pleins d'énergie et de soleil qu'il tenait de son père, Calyste avait les beaux cheveux blonds, le nez aquilin, la bouche adorable, les doigts retroussés, le teint suave, la délicatesse, la blancheur de sa mère. Quoiqu'il ressemblât assez à une fille déguisée en homme, il était d'une force herculéenne. Ses nerfs avaient la souplesse et la vigueur de ressorts en acier, et la singularité de ses yeux noirs n'était pas sans charme. Sa barbe n'avait pas encore poussé. Ce retard annonce, dit-on, une grande longévité. Le chevalier, vêtu d'une redingote courte en velours noir pareil à la robe de sa mère, et garnie de boutons d'argent, avait un foulard bleu, de jolies guêtres et un pantalon de coutil grisâtre. Son front de neige semblait porter les traces d'une grande fatigue, et n'accusait cependant que le poids de pensées tristes. Incapable de soupçonner les peines qui dévoraient le cœur de Calyste, la mère attribuait au bonheur cette altération passagère. Néanmoins Calyste était beau comme un dieu grec, mais beau sans fatuité : d'abord il était habitué à voir sa mère, puis il se souciait fort peu d'une beauté qu'il savait inutile.

— Ces belles joues si pures, pensa-t-elle, où le sang jeune et riche rayonne en mille réseaux, sont donc à une autre femme, maîtresse également de ce front de jeune fille. La passion y amènera mille désordres et ternira ces beaux yeux, humides comme ceux des enfants !

Cette amère pensée serra le cœur de la baronne et troubla son plaisir. Il doit paraître extraordinaire à ceux qui savent calculer que, dans une famille de six personnes obligées de vivre avec trois mille livres de rente, le fils eût une redingote et la mère une robe de velours ; mais Fanny O'Brien avait des tantes et des parents riches à Londres qui se rappelaient aux souvenirs de la Bretonne par des présents. Plusieurs de ses sœurs, richement mariées, s'intéressaient assez vivement à Calyste pour penser à lui trouver une héritière, en le sachant beau et noble autant que Fanny, leur favorite exilée, était belle et noble.

— Vous êtes resté plus tard qu'hier aux Touches, mon bien-aimé, dit enfin la mère d'une voix émue.

— Oui, chère mère, répondit-il sans donner d'explication.

La sécheresse de cette réponse attira des nuages sur le front de la baronne, qui remit l'explication au lendemain. Quand les mères conçoivent des inquiétudes que ressentait en ce moment la baronne, elles tremblent presque devant leurs fils, elles sentent instinctivement les effets de la grande émancipation de l'amour, elles comprennent tout ce que ce sentiment va leur emporter ; mais elles ont en même temps quelque joie de savoir leur fils heureux ; il y a comme une bataille dans leur cœur. Quoique le résultat soit leur fils grandi, devenu supérieur, les véritables mères n'aiment pas cette tacite abdication, elles aiment mieux leurs enfants petits et protégés. Peut-être est-ce là le secret de la prédilection des mères pour leurs enfants faibles, disgraciés ou malheureux.

— Tu es fatigué, cher enfant, couche-toi, dit-elle en retenant ses larmes.

Une mère qui ne sait pas tout ce que fait son fils croit tout perdu, quand une mère aime autant et est aussi aimée que Fanny. Peut-être toute autre mère aurait-elle tremblé d'ailleurs autant que madame du Guénic. La patience de vingt années pouvait être rendue inutile. Ce chef-d'œuvre humain de l'éducation noble, sage et religieuse, Calyste, pouvait être détruit ; le bonheur de sa vie, si bien préparé, pouvait être à jamais ruiné par une femme.

Le lendemain, Calyste dormit jusqu'à midi, car sa mère défendit de l'éveiller, et Mariotte servit à l'enfant gâté son déjeuner au lit. Les règles inflexibles et quasi conventuelles qui régissaient les heures des repas cédaient aux caprices du chevalier. Aussi, quand on voulait arracher à mademoiselle du Guénic son trousseau de clefs pour donner en dehors des repas quelque chose qui eût nécessité des explications interminables, n'y avait-il pas d'autre moyen que de prétexter une fantaisie de Calyste. Vers une heure, le baron, sa femme et mademoiselle étaient réunis dans la salle, car ils dînaient à trois heures. La baronne avait repris la Quotidienne et l'achevait à son mari, toujours un peu plus éveillé avant ses repas. Au moment où madame du Guénic allait terminer sa lecture, elle entendit au second étage le bruit des pas de son fils, et laissa tomber le journal en disant : — Calyste va sans doute encore dîner aux Touches, il vient de s'habiller.

— S'il s'amuse, cet enfant, dit la vieille en prenant un sifflet d'argent dans sa poche et sifflant.

Mariotte passa par la tourelle et déboucha par la porte de communication que cachait une portière en étoffe de soie pareille à celle des rideaux.

— Plaît-il, dit-elle, avez-vous besoin de quelque chose ?
— Le chevalier dîne aux Touches, supprimez la lubine.
— Mais nous n'en savons rien encore, dit l'Irlandaise.
— Vous en paraissez fâchée, ma sœur, je le devine à votre accent, dit l'aveugle.
— M. Grimont a fini par apprendre des choses graves sur mademoiselle des Touches, qui, depuis un an, a bien changé notre cher Calyste.
— En quoi ? demanda le baron.
— Mais il lit toutes sortes de livres.
— Ah ! ah ! fit le baron, voilà donc pourquoi il néglige la chasse et son cheval.
— Elle a des mœurs répréhensibles et porte un nom d'homme, reprit madame du Guénic.
— Un nom de guerre, dit le vieillard. Je me nommais l'Intime, le

comte de Fontaine Grand-Jacques, le marquis de Montauran, le Gars. J'étais l'ami de Ferdinand, qui ne s'est pas plus soumis que moi. C'était le bon temps ! on se tirait des coups de fusil, et l'on s'amusait tout de même par-ci par-là.

Ce souvenir de guerre qui remplaçait l'inquiétude paternelle, attrista pour un moment Fanny. La confidence du curé, le manque de confiance chez son fils, l'avaient empêchée de dormir, elle.

— Quand M. le chevalier aimerait mademoiselle des Touches, où serait le malheur ? dit Mariotte. Elle a trente mille écus de rente, et elle est belle.

— Que dis-tu donc là, Mariotte ? s'écria le vieillard. Un du Guénic épouser une des Touches ! Les des Touches n'étaient pas encore nos écuyers au temps où Duguesclin regardait notre alliance comme un insigne bonheur.

— Une fille qui porte un nom d'homme, Camille Maupin ! dit la baronne.

— Les Maupin sont anciens, dit le vieillard, ils sont de Normandie, et portent de gueules à trois... Il s'arrêta. Mais elle ne peut pas être à la fois des Touches et Maupin.

— Elle se nomme Maupin au théâtre.

— Une des Touches ne saurait être comédienne, dit le vieillard. Si vous ne m'étiez pas connue, Fanny, je vous croirais folle.

— Elle écrit des pièces, des livres, dit enfin la baronne.

— Des livres ? dit le vieillard en regardant sa femme d'un air aussi surpris que si on lui eût parlé d'un miracle. J'ai ouï dire que mademoiselle Scudéry et madame de Sévigné avaient écrit, ce n'est pas ce qu'elles ont fait de mieux ; mais il a fallu, pour de tels prodiges, Louis XIV et sa cour.

— Vous dînerez aux Touches, n'est-ce pas, monsieur ? dit Mariotte à Calyste, qui se montra.

— Probablement, répondit le jeune homme.

Mariotte n'était pas curieuse, elle faisait partie de la famille, elle sortit sans chercher à entendre la question que madame du Guénic allait adresser à Calyste.

— Vous allez encore aux Touches, mon Calyste ? Elle appuya sur ce mot, mon Calyste. Et les Touches ne sont pas une honnête et décente maison. La maîtresse mène une folle vie, elle corrompra notre Calyste. Camille Maupin lui a fait lire bien des volumes, elle a eu bien des aventures ! Et vous saviez tout cela, méchant enfant, et nous n'en avons rien dit à vos vieux amis.

— Le chevalier est discret, répondit le père, une vertu du vieux temps.

— Trop discret, dit la jalouse Irlandaise en voyant la rougeur qui couvrait le front de son fils.

— Ma chère mère, dit Calyste en se mettant aux genoux de la baronne, je ne crois pas qu'il soit bien nécessaire de publier mes défaites. Mademoiselle des Touches, ou, si vous voulez, Camille Maupin, a rejeté mon amour, il y a dix-huit mois, à son dernier séjour ici. Elle s'est alors doucement moquée de moi : elle pourrait être ma mère, disait-elle, une femme de quarante ans qui aimait un mineur commettait une espèce d'inceste, elle était incapable d'une pareille dépravation. Elle m'a fait enfin mille plaisanteries qui m'ont accablé, car elle a de l'esprit comme un ange. Aussi, quand elle m'a vu pleurant à chaudes larmes, m'a-t-elle consolé en m'offrant son amitié de la manière la plus noble. Elle a plus de cœur encore que de talent, elle est généreuse autant que vous. Je suis maintenant comme son enfant. Puis, à son retour, en apprenant qu'elle en aimait un autre, je me suis résigné. Ne répétez pas les calomnies qui courent sur elle : Camille est artiste, elle a du génie, et mène une de ces existences exceptionnelles que l'on ne saurait juger comme les existences ordinaires.

— Mon enfant, dit la religieuse Fanny, rien ne peut dispenser une femme de se conduire comme le veut l'Église. Elle manque à ses devoirs envers Dieu, envers la société en abjurant les douces religions de son sexe. Une femme commet déjà des péchés en allant au théâtre, mais écrire les impiétés que répètent les acteurs, courir le monde, tantôt avec un ennemi du pape, tantôt avec un musicien, ah ! vous aurez de la peine, Calyste, à me persuader que ces actions soient des actes de foi, d'espérance et de charité. Sa fortune lui a été donnée par Dieu pour faire le bien, à quoi lui sert la sienne ?

Calyste se releva soudain, il regarda sa mère et lui dit : — Ma mère, Camille est mon amie, je ne saurais entendre parler d'elle ainsi, car je donnerais ma vie pour elle.

— Ta vie ! dit la baronne en regardant son fils d'un air effrayé, la vie est notre vie à tous.

— Mon beau neveu a dit des mots que je ne comprends pas, s'écria doucement la vieille aveugle en se tournant vers lui.

— Où les a-t-il appris ? dit la mère, aux Touches.

— Mais, ma mère chérie, elle m'a trouvé ignorant comme une carpe.

— Tu savais les choses essentielles en connaissant bien les devoirs que nous enseigne la religion, répondit la baronne. Ah ! cette femme détruira les nobles et saintes croyances.

La vieille fille se leva, étendit solennellement les mains vers son frère, qui sommeillait.

— Calyste, dit-elle d'une voix qui partait du cœur, ton père n'a jamais ouvert de livres, il parle breton, il a combattu dans le danger pour le roi et pour Dieu. Les gens instruits avaient fait le mal, et les gentilshommes savants avaient quitté leur patrie. Apprends à ton \eu\ !

Elle se rassit et se remit à tricoter avec l'activité que lui prêtait son émotion intérieure. Calyste fut frappé de ce discours à la Phocion.

— Enfin, mon ange, j'ai le pressentiment de quelque malheur pour toi dans cette maison, dit la mère d'une voix altérée et en roulant des larmes.

— Qui fait pleurer Fanny? s'écria le vieillard réveillé en sursaut par le son de voix de sa femme. Il regarda sa sœur, son fils et la baronne. — Qu'y a-t-il?

— Rien, mon ami, répondit la baronne.

— Maman, répondit Calyste à l'oreille de sa mère et à voix basse, il m'est impossible de m'expliquer en ce moment, mais ce soir nous causerons. Quand vous saurez tout, vous bénirez mademoiselle des Touches.

— Les mères n'aiment pas à maudire, répondit la baronne, et je ne maudirais pas la femme qui aimerait bien mon Calyste.

Le jeune homme dit adieu à son vieux père et sortit. Le baron et sa femme se levèrent pour le regarder passer dans la cour, ouvrir la porte et disparaître. La baronne ne reprit pas le journal, elle était émue. Dans cette vie si tranquille, si unie, la courte discussion qui venait d'avoir lieu équivalait à une querelle chez une autre famille. Quoique calmée, l'inquiétude de la mère n'était pas d'ailleurs pas dissipée. Où cette amitié, qui pouvait réclamer la vie de Calyste et la mettre en péril, l'allait-elle mener? Comment la baronne aurait-elle à bénir mademoiselle des Touches? Ces deux questions étaient aussi graves pour cette âme simple que pour des diplomates la révolution la plus furieuse. Camille Maupin était une révolution dans cet intérieur doux et calme.

— J'ai bien peur que cette femme ne nous le gâte, dit-elle en reprenant le journal.

— Ma chère Fanny, dit le vieux baron d'un air égrillard, vous êtes trop pure pour concevoir ces choses-là. Mademoiselle des Touches est, dit-on, noire comme un corbeau, forte comme un Turc, elle a quarante ans, notre cher Calyste devait s'adresser à elle. Il fera quelques petits mensonges bien honorables pour cacher son bonheur. Laissez-le s'amuser à sa première tromperie d'amour.

— Si c'était une autre femme...

— Mais, chère Fanny, si cette femme était une sainte, elle n'accueillerait pas votre fils. La baronne reprit le journal. — J'irai la voir, moi, dit le vieillard, je vous en rendrai bon compte.

Ce mot ne peut avoir de saveur que par souvenir. Après la biographie de Camille Maupin, figurez-vous le vieux baron aux prises avec cette femme illustre?

La ville de Guérande, qui depuis deux mois voyait Calyste, sa fleur et son orgueil, allant tous les jours, le soir ou le matin, souvent soir et matin, aux Touches, pensait que mademoiselle Félicité des Touches était passionnément éprise de ce bel enfant, et qu'elle pratiquait sur lui des sortilèges. Plus d'une jeune fille et d'une jeune femme se demandaient quels privilèges étaient ceux des vieilles femmes pour exercer sur un ange un empire si absolu. Aussi, quand Calyste traversa la Grand'Rue pour sortir par la porte du Croisic, plus d'un regard s'attachait-il sur lui.

Il devient maintenant nécessaire d'expliquer les rumeurs qui planaient sur le personnage que Calyste allait voir. Ces bruits, grossis par les commérages bretons, envenimés par l'ignorance publique, étaient arrivés jusqu'au curé. Le receveur des contributions, le juge de paix, le chef de la douane de Saint-Nazaire, et autres gens lettrés du canton, n'avaient pas rassuré l'abbé Grimont en lui racontant la vie bizarre de la femme artiste cachée sous le nom de Camille Maupin. Elle ne mangeait pas encore des petits enfants, elle ne tuait pas des esclaves comme Cléopâtre, elle ne faisait pas jeter un homme à la rivière comme on en accuse faussement l'héroïne de la Tour de Nesle, mais, pour l'abbé Grimont, cette monstrueuse créature, qui tenait de la sirène et de l'athée, formait une combinaison immorale de la femme et du philosophe, et manquait à toutes les lois sociales inventées pour contenir ou utiliser les infirmités du beau sexe.

De même que Clara Gazul est le pseudonyme femelle d'un homme d'esprit, George Sand est le pseudonyme masculin d'une femme de génie, Camille Maupin fut le masque sous lequel se cacha pendant longtemps une charmante fille, très-bien née, une Bretonne, nommée Félicité des Touches, la femme qui causait de si vives inquiétudes à la baronne du Guénic et au bon curé de Guérande. Cette famille n'a rien de commun avec les Touches de Touraine, auxquels appartient l'ambassadeur du régent, encore plus fameux aujourd'hui par son nom littéraire que par ses talents diplomatiques. Camille Maupin, l'une des quelques femmes célèbres du dix-neuvième siècle, passa longtemps pour un auteur réel à cause de la virilité de son début. Tout le monde connaît aujourd'hui les deux volumes de pièces non susceptibles de représentation, écrites à la manière de Shakspeare ou de Lopez de Véga, publiées en 1822, et qui firent une sorte de révolution littéraire, quand la grande question des romantiques et des classiques palpitait dans les journaux, dans les cercles, à l'Académie. Depuis, Camille Maupin a donné plusieurs pièces de théâtre et un roman qui n'ont point démenti le succès obtenu par sa première publication, maintenant un peu trop oublié. Expliquer par quel enchaînement de circonstances s'est accompli l'incarnation masculine d'une jeune fille, comment Félicité des Touches s'est faite homme et auteur; pourquoi, plus heureuse que madame de Staël, elle est restée libre et se trouve ainsi plus excusable de sa célébrité, ne sera-ce pas satisfaire beaucoup de curiosités et justifier l'une de ces monstruosités qui s'élèvent dans l'humanité comme des monuments, et dont la gloire est favorisée par la rareté? car, en vingt siècles, à peine compte-t-on vingt grandes femmes. Aussi, quoiqu'elle ne soit ici qu'un personnage secondaire, comme elle eut une grande influence sur Calyste et qu'elle joue un rôle dans l'histoire littéraire de notre époque, personne ne regrettera de s'être arrêté devant cette figure un peu plus de temps que ne le veut la poétique moderne.

Mademoiselle Félicité des Touches s'est trouvée orpheline en 1793. Ses biens échappèrent ainsi aux confiscations qu'auraient sans doute encourues son père et son frère. Le premier mourut au 10 août, tué sur le seuil du palais, parmi les défenseurs du roi, auprès de qui l'appelait son grade de major aux gardes de la porte. Son frère, jeune garde du corps, fut massacré aux Carmes. Mademoiselle des Touches avait deux ans quand sa mère mourut, tuée par le chagrin, quelques jours après cette seconde catastrophe. En mourant, madame des Touches confia sa fille à sa sœur, une religieuse de Chelles. Madame de Faucombe, la religieuse, emmena prudemment l'orpheline à Faucombe, terre considérable située près de Nantes, appartenant à madame des Touches, et où la religieuse s'établit avec trois sœurs de son couvent. La populace de Nantes vint, pendant les derniers jours de la terreur, démolir le château, saisir les religieuses et mademoiselle des Touches, qui furent jetées en prison, accusées par une rumeur calomnieuse d'avoir reçu des émissaires de Pitt et Cobourg. Le 9 thermidor les délivra. La tante de Félicité mourut de frayeur. Deux des sœurs quittèrent la France, la troisième confia la petite des Touches à son plus proche parent, à M. de Faucombe, son grand-oncle maternel, qui habitait Nantes, et rejoignit ses compagnes en exil. M. de Faucombe, vieillard de soixante ans, avait épousé une jeune femme à laquelle il laissait le gouvernement de ses affaires. Il ne s'occupait plus que d'archéologie, une passion, ou, pour parler plus correctement, une de ces manies qui aident les vieillards à se croire vivants. L'éducation de sa pupille fut entièrement livrée au hasard. Peu surveillée par une jeune femme adonnée aux plaisirs de l'époque impériale, Félicité s'éleva toute seule, en garçon. Elle tenait compagnie à M. de Faucombe dans sa bibliothèque et y lisait tout ce qu'il lui plaisait de lire. Elle connut donc la vie en théorie, et n'ayant aucune innocence d'esprit, tout en demeurant vierge. Son intelligence flotta dans les impuretés de la science, où son cœur resta pur. Son instruction devint surprenante, excitée par la passion de la lecture et servie par une belle mémoire. Aussi fut-elle à dix-huit ans savante comme devraient l'être, avant d'écrire, les jeunes auteurs d'aujourd'hui. Ces prodigieuses lectures continrent ses passions beaucoup mieux que la vie de couvent, où s'enflamment les imaginations des jeunes filles. Ce cerveau bourré de connaissances ni digérées ni classées, dominait ce cœur enfant. Cette dépravation de l'intelligence, sans action sur la chasteté du corps, eût étonné des philosophes ou des observateurs, si quelqu'un à Nantes eût pu soupçonner la valeur de mademoiselle des Touches. Le résultat fut en sens inverse de la cause : Félicité n'avait aucune pente au mal, elle concevait tout par la pensée et s'abstenait du fait; elle enchantait le vieux Faucombe et l'aidait dans ses travaux; elle écrivit trois des ouvrages du bon gentilhomme, qui la crut de lui, car la paternité spirituelle fut aveugle aussi. De si grands travaux, en désaccord avec les développements de la jeune fille, eurent leur effet : Félicité tomba malade, son sang s'était échauffé, la poitrine paraissait menacée d'inflammation. Les médecins ordonnèrent l'exercice du cheval et les distractions du monde. Mademoiselle des Touches devint une très-habile écuyère, et se rétablit en peu de mois. A dix-huit ans elle apparut dans le monde, où elle produisit une si grande sensation, qu'à Nantes personne ne la nommait autrement que la belle demoiselle des Touches, mais les adorations qu'elle inspira la trouvèrent insensible, elle y était venue par un de ces sentiments impérissables chez une femme, quelle que soit sa supériorité. Froissée par sa tante et ses cousines, qui se moquèrent de ses travaux et la persiflèrent sur son éloignement du monde, la supposant inhabile à plaire, elle avait voulu se montrer coquette et légère, femme, en un mot. Félicité s'attendait à un échange quelconque d'idées, à des séductions en harmonie avec l'élévation de son intelligence, avec l'étendue de ses connaissances; elle éprouva du dégoût en entendant les lieux communs de la conversation, les sottises de la galanterie, et fut surtout choquée par l'aristocratie des militaires, auxquels tout cédait alors. Naturellement, elle avait négligé les arts d'agrément. En se voyant inférieure à des poupées qui jouaient du piano et faisaient les agréables en chantant des romances, elle voulut être musicienne : elle rentra dans sa profonde retraite et se mit à étudier avec obstination sous la direction du meilleur maître de la ville. Elle était riche, elle fit venir Steibelt pour se perfectionner, au grand étonnement de la ville. On y parle encore de cette conduite princière. Le séjour de ce maître lui coûta douze mille francs. Elle est, depuis, devenue musicienne consommée. Plus tard, à Paris, elle se fit enseigner l'harmonie, le contre-point, et a composé la musique de deux opéras, qui ont eu le plus grand succès, mais que le public ait jamais été mis dans la confidence. Ces opéras appartiennent ostensiblement à Conti l'un des artistes les plus éminents de notre époque, mais cette circonstance tient à l'histoire de son cœur et s'expliquera plus tard. La médiocrité du monde de province l'ennuyait si fortement, elle avait dans l'imagination des idées si grandioses, qu'elle déserta les salons après y avoir reparu pour éclipser les femmes par l'éclat de sa beauté, jouir de son triomphe sur les musiciennes, et se faire adorer par les gens d'esprit, mais, après avoir démontré sa puissance à ses deux cousines et à désespéré deux amants, elle revint à ses livres, à son piano, aux œuvres de Beethoven et au vieux Faucombe. En 1812, elle eut vingt et un ans, l'archéologue lui rendit ses comptes de tutelle, ainsi, dès cette année, elle prit la direction de sa fortune, composée de quinze mille livres de rente que donnaient les Touches, le bien de son père, des douze mille francs que rapportaient alors les terres de Faucombe, mais dont le revenu s'augmenta d'un tiers au renouvellement des baux, et d'un capital de trois cent mille francs économisé par son tuteur. De la vie de province, Félicité ne prit que l'entente de la fortune et cette pente à la sagesse administrative qui peut-être y rétablit la balance entre le mouvement ascensionnel des capitaux vers Paris. Elle reprit ses trois cent mille francs à la maison où l'archéologue les faisait valoir, et les plaça sur le grand-livre au moment des désastres de la retraite de Moscou. Elle eut trente mille francs de rentes de plus. Toutes ses dépenses acquittées, il lui restait cinquante mille francs par an à placer. A vingt et un ans, une fille de ce vouloir était l'égale d'un homme de trente ans. Son esprit avait pris une énorme étendue, et des habitudes de critique lui permettaient de juger sainement les hommes, les arts, les choses et la politique. Dès ce moment elle eut l'intention de quitter Nantes, mais le vieux Faucombe tomba malade de la maladie qui l'emporta. Elle était comme la femme de ce vieillard, elle le soigna pendant dix-huit mois avec le dévouement d'un ange gardien, et lui ferma les yeux au moment où Napoléon luttait avec l'Europe sur le cadavre de la France. Elle remit donc son départ pour Paris à la fin de cette lutte. Royaliste, elle courut assister au retour des Bourbons à Paris. Elle y fut accueillie par les Grandlieu, avec lesquels elle avait des liens de parenté. mais les catastrophes du 20 mars arrivèrent, et tout pour elle fut en suspens. Elle put voir de près cette dernière image de l'Empire, admirer la grande armée qui vint au champ de Mars, comme à un cirque, saluer son César avant d'aller mourir à Waterloo. L'âme grande et noble de Félicité fut saisie par ce magique spectacle. Les commotions politiques, la féerie de cette pièce de théâtre en trois mois que l'histoire a nommée les Cent-Jours, l'occupèrent et la préservèrent de toute passion, au milieu d'un bouleversement qui dispersa la société royaliste où elle avait débuté. Les Grandlieu avaient suivi les Bourbons à Gand, laissant leur hôtel à mademoiselle des Touches. Félicité, qui ne voulait pas de position subalterne, acheta, pour cent trente mille francs un des plus beaux hôtels de la rue du Mont-Blanc, où elle s'installa quand les Bourbons revinrent en 1815, et dont le jardin seul vaut aujourd'hui deux millions. Habituée à se conduire elle-même, Félicité se familiarisa de bonne heure avec l'action qui semble exclusivement départie aux hommes. En 1816, elle eut vingt-cinq ans. Elle ignorait le mariage, elle ne le concevait que par la pensée, le jugeait dans ses causes au lieu de le voir dans ses effets, et n'en apercevait que les inconvénients. Son esprit supérieur se refusait à l'abdication par laquelle une femme mariée commence la vie, elle sentait vivement le prix de l'indépendance et n'éprouvait que du dégoût pour les soins de la maternité. Il est nécessaire de donner ces détails pour justifier les anomalies qui distinguent Camille Maupin. Elle n'a connu ni père ni mère, et fut sa maîtresse dès l'enfance. Son tuteur fut un vieil archéologue, le hasard l'a jetée dans le domaine de la science et de l'imagination, dans le monde littéraire, au lieu de la maintenir dans le cercle tracé par l'éducation futile donnée aux femmes, par les enseignements maternels sur la toilette, sur la décence hypocrite, sur les grâces chasseresses du sexe. Aussi, longtemps avant qu'elle ne devint célèbre, voyait-on du premier coup d'œil qu'elle n'avait jamais joué à la poupée. Vers la fin de l'année 1817, Félicité des Touches aperçut non pas des flétrissures, mais un commencement de fatigue dans sa personne. Elle comprit que sa beauté allait s'altérer par le fait de son célibat obstiné, mais elle voulait demeurer belle, car alors elle tenait à sa beauté. La science lui notifia l'arrêt porté par la nature sur des créations, lesquelles dépérissent autant par la méconnaissance que par l'abus de ses lois. Le visage macéré de sa tante lui apparut et le fit frémir. Placée entre le mariage et la passion, elle voulut rester libre ; mais elle ne fut plus indifférente aux hommages qui l'entouraient. Elle était, au moment où cette histoire commence, presque semblable à elle-même en 1817. Dix-huit ans avaient passé sur elle en la respectant. A quarante ans, elle pouvait dire n'en avoir que vingt-cinq. Aussi la peindre en 1836, est-ce la représenter comme elle était en 1817. Les femmes qui savent dans quelles conditions de tempérament et de beauté doit être une femme pour résister aux outrages du temps, comprendront comment et pourquoi Félicité des Touches jouissait d'un si grand privilège en étudiant un portrait pour lequel sont réservés les tons les plus brillants de la palette et la plus riche bordure.

La Bretagne offre un singulier problème à résoudre dans la prédominance de la chevelure brune, des yeux bruns et du teint brun chez une contrée voisine de l'Angleterre où les conditions atmosphériques sont si peu différentes. Ce problème tient-il à la grande question des races, à des influences physiques inobservées ? Les savants rechercheront peut-être un jour la cause de cette singularité, qui cesse dans la province voisine, en Normandie. Jusqu'à la solution, ce fait bizarre est sous nos yeux : les blondes sont assez rares parmi les Bretonnes qui, presque toutes, ont les yeux vifs des Méridionaux ; mais, au lieu d'offrir la taille élevée et les lignes serpentines de l'Italie ou de l'Espagne, elles sont généralement petites, ramassées, bien prises, fermes, hormis les exceptions de la classe élevée, qui se croise par ses alliances aristocratiques. Mademoiselle des Touches, en vraie Bretonne de race, est d'une taille ordinaire, elle n'a pas cinq pieds, mais on les lui donne. Cette erreur provient du caractère de sa figure, qui la grandit. Elle a ce teint olivâtre au jour et blanc aux lumières qui distingue les belles Italiennes : vous diriez de l'ivoire animé. Le jour glisse sur cette peau comme sur un corps poli, il y brille, une émotion violente est nécessaire pour que de faibles rougeurs s'y infusent au milieu des joues, mais elles disparaissent aussitôt. Cette particularité prête à son visage une impassibilité de sauvage. Ce visage, plus rond qu'ovale, ressemble à celui de quelque belle Isis des bas-reliefs égyptiens. Vous diriez la pureté des têtes de sphinx, polies par le feu des déserts, caressées par la flamme du soleil égyptien. Aussi, la couleur du teint est en harmonie avec la correction de cette tête. Les cheveux noirs et abondants descendent en nattes le long du cou comme la coiffe à double bandelette rayée des statues de Memphis, et continuent admirablement la sévérité générale de la forme. Le front est plein, large, renflé aux tempes, illuminé par des méplats où s'arrête la lumière, coupé, comme celui de la Diane chasseresse un front puissant et volontaire, silencieux et calme. L'arc des sourcils, tracé vigoureusement, s'étend sur deux yeux dont la flamme scintille par moment comme celle d'une étoile fixe. Le blanc de l'œil n'est ni bleuâtre, ni semé de fils rouges, ni d'un blanc pur, il a la consistance de la corne, mais il est d'un ton chaud. La prunelle est bordée d'un cercle orange. C'est du bronze entouré d'or, mais de l'or vivant du bronze animé. Cette prunelle a de la profondeur. Elle n'est pas doublée, comme dans certains yeux, par une espèce de tain qui renvoie la lumière et les fait ressembler aux yeux des tigres ou des chats, elle n'a pas cette inflexibilité terrible qui cause un frisson aux gens sensibles, mais cette profondeur a son infini, de même que l'éclat des yeux à miroir a son absolu. Le regard de l'observateur peut se perdre dans cette âme qui se concentre et se retire avec autant de rapidité qu'elle sortit de ses yeux veloutés. Dans un moment de passion, l'œil de Camille Maupin est sublime : l'or de son regard allume le blanc jaune, et tout flambe. Mais au repos, il est terne, la torpeur de la méditation lui prête souvent l'apparence de la niaiserie quand la lumière de l'âme y manque, les lignes du visage s'attristent également. Les cils sont courts, mais fournis et noirs comme des queues d'hermine. Les paupières sont brunes et semées de fibrilles rouges qui leur donnent à la fois de la grâce et de la force, deux qualités difficiles à réunir chez la femme. Le tour des yeux n'a pas la moindre flétrissure ni la moindre ride. Là encore, vous retrouverez le granit de la statue égyptienne adouci par le temps. Seulement, la saillie des pommettes, quoique douce, est plus accusée que chez les autres femmes et complète l'ensemble de force exprimé par la figure. Le nez, mince et droit, est coupé de narines obliques assez passionnément dilatées pour laisser voir le rose lumineux de leur délicate doublure. Ce nez continue bien le front, auquel il s'unit par une ligne délicieuse, il est parfaitement blanc dans toute sa longueur du haut en bas, et ce bout est doué d'une sorte de mobilité qui fait merveille dans les moments où Camille s'indigne, se révolte, se courrouce. Là surtout, comme l'a remarqué Talma, se peint la colère ou l'ironie des grandes âmes. L'immobilité des narines accuse une sorte de sécheresse. Jamais le nez d'un avare n'a vacillé ; il est contracté comme la bouche tout est clos dans cette visage comme chez lui. La bouche arquée à ses coins et d'un rouge vif, le sang y abonde, il y fournit ce mucus vivant et pensant qui donne tant de séductions à cette bouche et peut rassurer l'amant que la gravité majestueuse du visage effrayerait. La lèvre supérieure est mince, le sillon qui l'unit au nez descend assez bas comme dans un arc, ce qui donne un accent particulier à son dédain. Camille a peu de chose à faire pour exprimer sa colère. Cette jolie lèvre est bordée par la forte marge rouge de la lèvre inférieure, admirable de bonté, pleine d'amour, et que Phidias semble avoir posée comme le bord d'une grenade ouverte, dont elle a la couleur. Le menton se relève fermement, il est un peu gras, mais il exprime la résolution et termine bien ce profil royal, sinon divin. Il est nécessaire de dire que le dessous du nez est légèrement estompé par un duvet plein de grâce. La nature aurait fait une faute si elle n'avait jeté là cette suave fumée. L'oreille a des enroulements délicats, signe de bien des délicatesses cachées. Le buste est large. Le corsage est mince et suffisamment orné. Les hanches ont peu de saillie, mais elles sont gracieuses. La chute des reins est magnifique, et rappelle plus le Bacchus que la Vénus Callipyge. Là, se voit la nuance qui sépare de leur sexe presque toutes les femmes célèbres, elles ont là comme une vague similitude avec l'homme, elles n'ont ni la souplesse, ni l'abandon des femmes que la nature a destinées à la maternité; leur démarche ne se brise pas par un mouvement doux. Cette observation est comme bilatérale, elle a sa contre-partie chez les hommes dont les hanches sont presque semblables à celles des femmes quand ils sont fins, astucieux, faux et lâches. Au lieu de se creuser à la nuque, le cou de Camille forme un contour renflé qui lie les épaules à la tête sans sinuosité, le caractère le plus évident de la force. Ce cou présente par moments des plis d'une magnificence athlétique. L'attache des bras d'un superbe contour, semble appartenir à une femme colossale. Les bras sont vigoureusement modelés, terminés par un poignet d'une délicatesse anglaise, par des mains mignonnes et pleines de fossettes, grasses, empourprées d'ongles roses taillés en amandes et côtelés sur les bords, et d'un blanc qui annonce que le corps si rebondi, si ferme, si bien pris, est d'un tout autre ton que le visage. L'attitude ferme et froide de cette tête est corrigée par la mobilité des lèvres, par leur changeante expression, par le mouvement artiste des narines. Mais, malgré ces promesses irritantes et assez cachées aux profanes, le calme de cette physionomie a je ne sais quoi de provoquant. Cette figure, plus mélancolique, plus sérieuse que gracieuse, est frappée par la tristesse d'une méditation constante. Aussi mademoiselle des Touches écoute-t-elle plus qu'elle ne parle. Elle effraye par son silence et par ce regard profond d'une profonde fixité. Personne, parmi les gens vraiment instruits, n'a pu la voir sans penser à la vraie Cléopâtre, à cette petite brune qui faillit changer la face du monde; mais chez Camille, l'animal est si complet, si bien ramassé, d'une nature si léonine, qu'un homme quelque peu Turc regrette l'assemblage d'un si grand esprit dans un pareil corps, et ce voudrait tout femelle. Chacun tremble de rencontrer les corruptions étranges d'une âme diabolique. La froideur de l'analyse, le positif de l'esprit ne s'éclairent-ils pas les passions chez elle? Cette fille ne juge-t-elle pas au lieu de sentir? ou, phénomène encore plus terrible, ne sent-elle pas et ne juge-t-elle pas à la fois? pouvant tout par son cerveau, doit-elle s'arrêter là où s'arrêtent les autres femmes? Cette force intellectuelle laisse-t-elle le cœur faible? A-t-elle de la grâce? Descend-elle aux riens touchants par lesquels les femmes occupent, amusent, intéressent un homme aimé? Ne briser-t-elle pas un sentiment quand il ne répond pas à l'infini qu'elle embrasse et contemple? Qui peut combler les deux précipices de ses yeux? On a peur de trouver en elle je ne sais quoi de vierge, d'indompté. La femme forte ne doit être qu'un symbole, elle effraye à voir en réalité. Camille Maupin est un peu, mais vivante, cette Isis de Schiller, cachée au fond du temple, aux pieds de laquelle les prêtres trouvaient expirants les hardis lutteurs qui l'avaient consultée. Les aventures tenues pour vraies par le monde, et que Camille ne désavoue point, confirment les questions suggérées par son aspect. Mais peut-être n'est-elle cette calomnie? La nature de sa beauté n'a pas été sans influence sur sa renommée: elle l'a servie, de même que sa fortune et sa position l'ont maintenue au milieu du monde. Quand un statuaire voudra faire une admirable statue de la Bretagne, il peut copier mademoiselle des Touches. Ce tempérament sanguin, bilieux, est le seul qui puisse repousser l'action du temps. La pulpe incessamment nourrie de cette peau comme vernissée est la seule arme que la nature ait donnée aux femmes pour résister aux rides, prévenues d'ailleurs chez Camille par l'impassibilité de la figure.

En 1817, cette charmante fille ouvrit sa maison aux artistes, aux hommes en renom, aux savants, aux publicistes vers lesquels ses instincts la portaient. Elle eut un salon semblable à celui du baron Gérard, où l'aristocratie se mêlait aux gens illustres, où venait les femmes. La parenté de mademoiselle des Touches et sa fortune, augmentée de la succession de sa tante religieuse, la protégèrent dans l'entreprise, si difficile à Paris, de se créer une société. Son indépendance fut une raison de son succès. Beaucoup de mères ambitieuses conçurent l'espoir de lui faire épouser leurs fils dont la fortune était en désaccord avec la beauté de leurs écussons. Quelques pairs de France, alléchés par quatre-vingt mille livres de rentes, séduits par cette maison magnifiquement montée, y amenèrent leurs parentes les plus revêches et les plus difficiles. Le monde diplomatique, qui recherche les amusements de l'esprit, y vint et s'y plut. Mademoiselle des Touches, entourée de tant d'intérêts, put donc étudier les différentes comédies que la passion, l'avarice, l'ambition, font jouer à tous les hommes, même les plus élevés. Elle vit de bonne heure le monde comme il est, et fut assez heureuse pour ne pas éprouver promptement cet amour entier qui hébète de l'esprit, des facultés de la femme et l'empêche alors de juger sainement. Ordinairement la femme sent, jouit et juge successivement, de là trois âges distincts, dont le dernier coïncide avec la triste époque de la vieillesse. Pour mademoiselle des Touches, l'ordre fut renversé. Sa jeunesse fut enveloppée des neiges de la science et des froideurs de la réflexion. Cette transposition explique encore la bizarrerie de son existence et la nature de son talent. Elle observait les hommes à l'âge où les femmes ne peuvent en voir qu'un, elle méprisait ce qu'elles admirent, elle surprenait des mensonges dans les flatteries qu'elles acceptent comme des vérités, elle riait de ce qui les rend graves. Ce contre-sens dura longtemps, mais il eut une fin terrible: elle devait trouver en elle, jeune et frais, le premier amour, au moment où les femmes sont sommées par la nature de renoncer à l'amour. Sa première liaison fut si secrète, que personne ne la connut. Félicité comme toutes les femmes livrées au bon sens du cœur, fut portée à conclure de la beauté du corps à celle de l'âme, elle fut éprise d'une figure, et connut toute la sottise d'un homme à bonnes fortunes que ne vit qu'une femme en elle. Elle fut quelque temps à se remettre de son dégoût et de ce mariage insensé. Sa douleur un homme la devina, la consola sans arrière-pensée, ou du moins sut cacher ses projets. Félicité crut avoir trouvé la noblesse de cœur et l'esprit qui manquaient au dandy. Cet homme possédait un des esprits les plus originaux de ce temps. Lui-même écrivait sous un pseudonyme, et ses premiers écrits annonçaient un adorateur de l'Italie. Félicité devait voyager sous peine de perpétuer des mensonges dans la seule ignorance qui lui restât. Cet homme sceptique et moqueur emmena Félicité pour connaître la patrie des arts. Ce célèbre inconnu dut passer pour le maître et le créateur de Camille Maupin. Il mit en ordre les nombreuses connaissances de Félicité, les augmenta par l'étude des chefs-d'œuvre qui meublent l'Italie, lui donna ce ton ingénieux et fin, épigrammatique et profond qui est le caractère de son talent à lui, toujours un peu bizarre dans la forme, mais que Camille Maupin modifia par la délicatesse de sentiment et le tour ingénieux naturels aux femmes, il lui inculqua le goût des œuvres de la littérature anglaise et allemande, et lui fit apprendre ces deux langues en voyage. A Rome, en 1820 mademoiselle des Touches fut quittée pour une Italienne. Sans ce malheur, peut-être n'est-elle jamais été célèbre. Napoléon a surnommé l'infortune la sage-femme du génie. Cet événement inspira pour toujours à mademoiselle des Touches ce mépris de l'humanité qui la rend si forte. Félicité mourut et Camille naquit. Elle revint à Paris avec Conti, le grand musicien, pour lequel elle fit deux livrets d'opéra: mais elle n'avait plus d'illusions, et devint à l'insu du monde une sorte de Don Juan femelle sans dettes ni conquêtes. Encouragée par le succès, elle publia deux volumes de pièces de théâtre, qui, du premier coup, placèrent Camille Maupin parmi les illustres anonymes. Elle raconta sa passion trompée dans un petit roman admirable, un des chefs-d'œuvre de l'époque. Ce livre, d'un dangereux exemple, fut mis à côté d'Adolphe, horrible lamentation dont la contre-partie se trouvait dans l'œuvre de Camille. La délicatesse de sa métamorphose littéraire est encore incomprise. Quelques esprits fins y voient seuls cette générosité qui livre un homme à la critique, et sauve la femme de la gloire en lui permettant de demeurer obscure. Malgré son désir, sa célébrité s'augmentait chaque jour, autant par l'influence de son salon que par ses reparties, par la justesse de ses jugements, par la solidité de ses connaissances. Elle faisait autorité, ses arrêts étaient redits, elle ne put se démettre des fonctions dont elle était investie par la société parisienne. Elle devint une exception admise. Le monde plia sous le talent et devant la fortune de cette fille étrange; il reconnut, sanctionna son indépendance, les femmes admirèrent son esprit et les hommes sa beauté. Sa conduite fut d'ailleurs soumise à toutes les convenances sociales. Ses amitiés parurent purement platoniques. Elle n'eut d'ailleurs rien de la femme auteur. Mademoiselle des Touches est charmante comme une femme du monde, à propos faible, oisive, coquette, occupée de toilette, enchantée des niaiseries qui séduisent les femmes et les poètes. Elle comprit très-bien qu'après madame de Staël il n'y avait plus de place dans ce siècle pour une Sapho et que Ninon ne saurait exister dans Paris sans grands seigneurs ni cour voluptueuse. Elle est la Ninon de l'intelligence, elle adore l'art et les artistes, elle va du poète au musicien, du statuaire au prosateur. Elle est d'une noblesse, d'une générosité qui arrive à la duperie, tant elle est pleine de pitié pour le malheur, pleine de dédain pour les gens heureux. Elle vit depuis 1830 dans un cercle choisi, avec des amis éprouvés qui s'aiment tendrement et s'estiment. Aussi loin du fracas de madame de Staël que des luttes politiques, elle se moque très-bien de Camille Maupin, le cadet de George Sand qu'elle appelle son frère Cain, car cette gloire récente a fait oublier la sienne. Mademoiselle des Touches admire son heureuse rivale avec un angélique laisser-aller, sans éprouver de jalousie ni garder d'arrière-pensée.

Jusqu'au moment où commence cette histoire, elle eut l'existence la plus heureuse que puisse imaginer une femme assez forte pour se protéger elle-même. De 1817 à 1834, elle était venue cinq ou six fois aux Touches. Son premier voyage eut lieu après sa première déception, en 1818. Sa maison des Touches était inhabitable, elle renvoya son homme d'affaires à Guérande et en prit le logement aux Touches. Elle n'avait alors aucun soupçon de sa gloire à venir, elle était triste, elle ne vit personne, elle voulait en quelque sorte se contempler elle-même après ce grand désastre. Elle écrivit, à Paris, ses intentions à l'une de ses amies, relativement au mobilier nécessaire pour arranger les Touches. Le mobilier descendit par un bateau jusqu'à Nantes, fut apporté par un petit bâtiment au Croisic, et de là transporté, non sans difficulté, à travers les sables, jusqu'aux Touches. Elle fit venir des ouvriers de Paris, et se casa aux Touches, dont l'ensemble lui plut extraordinairement. Elle voulut pouvoir méditer là sur les événements de la vie, comme dans une chartreuse privée. Au commencement de l'hiver, elle repartit pour Paris. La petite ville de Guérande fut alors soulevée par une curiosité diabolique : il n'y était bruit que du luxe asiatique de mademoiselle des Touches. Le notaire, son homme d'affaires, donna des permissions pour aller voir les Touches. On y vint du bourg de Batz, du Croisic, de Savenay. Cette curiosité rapporta, en deux ans, une somme énorme à la famille du concierge et du jardinier, dix-sept francs. Mademoiselle ne revint aux Touches que deux ans après, à son retour d'Italie, et y vint par le Croisic. On fut quelque temps sans la savoir, à Guérande, où elle était avec Conti, le compositeur. Les apparitions qu'elle y fit successivement excitèrent peu la curiosité de la petite ville de Guérande. Son régisseur et tout au plus le notaire étaient dans le secret de la gloire de Camille Maupin. En ce moment, cependant, la contagion des idées nouvelles avait fait quelques progrès dans Guérande, plusieurs personnes y connaissaient la double existence de mademoiselle des Touches. Le directeur de la poste recevait des lettres adressées à Camille Maupin, aux Touches. Enfin, le voile se déchira. Dans un pays essentiellement catholique, arriéré, plein de préjugés, la vie étrange de cette fille illustre devait causer les rumeurs qui avaient effrayé l'abbé Grimont, et ne pouvait jamais être comprise ; aussi parut-elle monstrueuse à tous les esprits. Félicité n'était pas seule aux Touches, elle y avait un hôte. Cet hôte était Claude Vignon, écrivain dédaigneux et superbe, qui, tout en ne faisant que de la critique, a trouvé moyen de donner au public et à la littérature l'idée d'une certaine supériorité. Félicité, qui depuis sept ans avait reçu cet écrivain comme cent autres auteurs, journalistes, artistes et gens du monde, qui connaissaient son caractère sans ressort, sa paresse, sa profonde misère, son incurie et son dégoût de toutes choses, paraissait vouloir en faire son mari par la manière dont elle s'y prenait avec lui. Cette conduite, incompréhensible pour ses amis, elle l'expliquait par l'effroi que lui causait la vieillesse ; elle voulait confier le reste de sa vie à un homme supérieur pour qui sa fortune serait un marchepied et qui lui continuerait son importance dans le monde poétique. Elle avait donc emporté Claude Vignon de Paris aux Touches comme un aigle emporte dans ses serres un chevreau, pour l'étudier et pour prendre quelque parti violent ; mais elle abusait à la fois Calyste et Claude : elle ne songeait point au mariage, elle était dans les plus violentes convulsions qui puissent agiter une âme aussi forte que la sienne, en se trouvant la dupe de son esprit, en voyant la vie éclairée trop tard par le soleil de l'amour, brillant comme il brille dans les cœurs à vingt ans. Voici maintenant la chartreuse de Camille.

A quelque cent pas de Guérande, le sol de la Bretagne cesse, et les marais salants, les dunes, commencent. On descend dans le désert des sables que la mer a laissés comme une marge entre elle et la terre par un chemin raviné qui n'a jamais vu de voitures. Ce désert contient des sables infertiles, les mares de forme inégale bordées de crêtes boueuses où se cultive le sel, et le petit bras de mer qui sépare du continent l'île du Croisic. Quoique, géographiquement, le Croisic soit une presqu'île, comme elle ne se rattache à la Bretagne que par les grèves qui la lient au bourg de Batz, sables arides et mouvants qui ne sauraient se franchir facilement, elle peut passer pour une île. A l'endroit où le chemin du Croisic à Guérande s'embranche sur la route de la terre ferme, se trouve une maison de campagne entourée d'un grand jardin remarquable par des pins tortueux et tourmentés, les uns en parasol, les autres pauvres de branchages, montrant tous leurs troncs rougeâtres aux places où l'écorce est détachée. Ces arbres, victimes des ouragans, venus malgré vent et marée, pour eux le mot est juste, préparent l'âme au spectacle triste et bizarre des marais salants et des dunes, qui ressemblent à une mer figée. La maison, assez bien bâtie en pierres schisteuses et en mortier maintenues par des chaînes en granit, est sans aucune architecture, elle offre à l'œil une muraille sèche, régulièrement percée par les baies des fenêtres. Les fenêtres sont à grandes vitres au premier étage, et au rez-de-chaussée en petits carreaux. Au-dessus du premier sont des greniers qui s'étendent sous un énorme toit très élevé, pointu, à deux pignons, et qui a deux grandes lucarnes sur chaque face. Sous le triangle de chaque pignon, une croisée ouvre son œil de cyclope à l'ouest sur la mer, à l'est sur Guérande. Une façade de la maison regarde le chemin de Guérande et l'autre le désert au bout duquel s'élève le Croisic. Par delà cette petite ville, s'étend la pleine

Cette curiosité rapporta en deux ans une somme énorme à la famille du concierge....

mer. Un ruisseau s'échappe par une ouverture de la muraille du parc, que longe le chemin du Croisic, le traverse et va se perdre dans les sables ou dans le petit lac d'eau salée cerclé par les dunes, par les marais, et produit par l'irruption du bras de mer. Une route de quelques toises, pratiquée dans cette brèche du terrain, conduit du chemin à cette maison. On y entre par une grande porte. La cour est entourée de bâtiments ruraux assez modestes qui sont une écurie, une remise, une maison de jardinier près de laquelle est une basse-cour avec ses dépendances, plus à l'usage du concierge que du maître. Les tons grisâtres de cette maison s'harmonisent admirablement avec le paysage qu'elle domine. Son parc est l'oasis de ce désert à l'entrée duquel le voyageur trouve une hutte en mousse où veillent des douaniers. Cette maison sans terres, ou dont les terres sont situées sur le territoire de Guérande, a dans les marais un revenu de dix mille livres de rentes et le reste en métairies disséminées en terre ferme Tel est le fief des Touches, auquel la révolution a retiré ses revenus féodaux. Aujourd'hui, les Touches sont un bien; mais les *paludiers* continuent à dire *le château*; ils diraient *le seigneur* si le fief n'était tombé en quenouille. Quand Félicité voulut restaurer les Touches, elle se garda bien, en grande artiste, de rien changer à cet extérieur désolé qui donne un air de prison à ce bâtiment solitaire. Seulement la porte d'entrée fut enjolivée de deux colonnes en briques soutenant une galerie dessous laquelle peut passer une voiture. La cour fut plantée.

La distribution du rez-de-chaussée est celle de la plupart des maisons de campagne construites il y a cent ans. Évidemment cette maison avait été bâtie sur les ruines de quelque petit castel perché là comme un anneau qui rattachait le Croisic et le bourg de Batz à Guérande, et qui seigneurisait les marais. Un péristyle avait été ménagé au bas de l'escalier. D'abord une grande antichambre planchéiée, dans laquelle Félicité mit un billard ; puis un immense salon à six croisées, dont deux, percées au bas du mur de pignon, forment des portes, descendent au jardin par une dizaine de marches et correspondent dans l'ordonnance du salon aux portes qui mènent l'une au billard et l'autre à la salle à manger. La cuisine, située à l'autre bout, communique à la salle à manger par un office. L'escalier sépare le billard de la cuisine, laquelle avait une porte sur le péristyle, que mademoiselle des Touches fit aussitôt condamner en en ouvrant une autre sur la cour. La hauteur d'étage, la grandeur des pièces, ont permis à Camille de déployer une noble simplicité dans ce rez-de-chaussée. Elle s'est bien gardée d'y mettre des choses précieuses. Le salon, entièrement peint en gris, est meublé d'un vieux meuble en acajou et en soie verte, des rideaux de calicot blanc avec une bordure verte aux fenêtres, deux consoles, une table ronde ; au milieu, un tapis à grands carreaux ; sur la vaste cheminée à glace énorme, une pendule qui représentait le char du soleil, entre deux candélabres de style impérial. Le billard a des rideaux de calicot gris avec deux bordures vertes et deux divans. Le meuble de la salle à manger se compose de quatre grands buffets d'acajou, d'une table, de douze chaises d'acajou garnies en étoffes de crin et de magnifiques gravures d'Audran encadrées dans des cadres en acajou. Au milieu du plafond descend une lanterne élégante, comme il y en avait dans les escaliers des grands hôtels, et où il tient deux lampes. Tous les plafonds, à solives saillantes, ont été peints en couleur de bois. Le vieil escalier, qui est en bois à gros balustres, a, depuis le haut jusqu'en bas, un tapis vert.

Le premier étage avait deux appartements séparés par l'escalier. Elle a pris pour elle celui qui a vue sur les marais, sur la mer, sur les dunes, et l'a distribué en un petit salon, une grande chambre à coucher, deux cabinets, l'un pour la toilette, l'autre pour le travail. Dans l'autre partie de la maison, elle a trouvé de quoi faire deux logements ayant chacun une antichambre et un cabinet. Les domestiques ont leurs chambres dans les combles. Les deux appartements à donner n'ont au d'abord que le strict nécessaire. Le luxe artis-

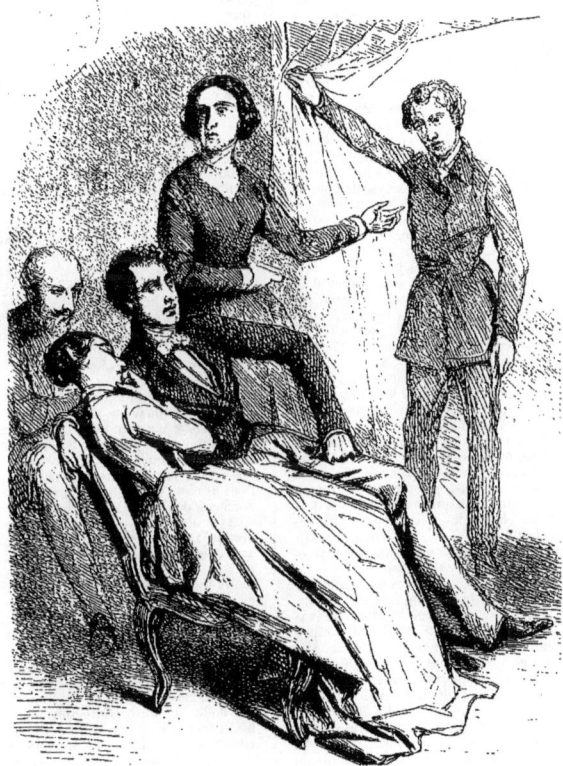

Voici le député de la Bretagne. — PAGE 26.

tique qu'elle avait demandé à Paris fut réservé pour son appartement. Elle voulut avoir dans cette sombre et mélancolique habitation, devant ce sombre et mélancolique paysage, les créations les plus fantasques de l'art. Son petit salon est tendu de belles tapisseries des Gobelins, encadrées des plus merveilleux cadres sculptés. Aux fenêtres se drapent des étoffes les plus lourdes du vieux temps, un magnifique brocart à doubles reflets, or et rouge, jaune et vert, qui foisonne en plis vigoureux, orné de franges royales, de glands dignes des plus splendides dais de l'église. Ce salon est rempli par un bahut que lui trouva son homme d'affaires et qui vaut aujourd'hui sept ou huit mille francs, par une table en ébène sculpté, par un secrétaire aux mille tiroirs, incrusté d'arabesques en ivoire, et venu de Venise, enfin par les plus beaux meubles gothiques. Il s'y trouve des tableaux, des statuettes, tout ce qu'un peintre de ses amis put choisir de mieux chez les marchands de curiosités qui, en 1818, ne se doutaient pas du prix qu'acquerraient plus tard ces trésors. Elle a mis sur ses tables de beaux vases du Japon aux dessins fantasques. Le tapis est un tapis de Perse entré par les dunes en contrebande. Sa chambre est dans le goût du siècle de Louis XV et d'une parfaite exactitude. C'est bien le lit de bois sculpté, peint en blanc, à dossiers cintrés, surmontés d'amours se jetant des fleurs, rembourrés, garnis de soie brochée, avec le ciel orné de quatre bouquets de plumes ; la tenture en vraie perse, agencée avec des ganses de soie, des cordes et des nœuds ; la garniture de cheminée en rocaille ; la pendule d'or moulu, entre deux grands vases du premier bleu de Sèvres, montés en cuivre doré ; la glace encadrée dans le même goût ; la toilette Pompadour avec ses dentelles et sa gaze ; puis ces meubles si contournés, ces duchesses, cette chaise longue, ce petit canapé sec, la chauffeuse à dossier matelassé, le paravent de laque, les rideaux de soie pareille à celle du meuble, doublés de satin rose et drapés par des cordes à puits ; le tapis de la Savonnerie ; enfin toutes les choses élégantes, riches, somptueuses, délicates, au milieu desquelles les jolies femmes du dix-huitième siècle faisaient l'amour. Le cabinet, entièrement moderne, oppose aux galanteries du siècle de Louis XV un charmant mobilier d'acajou : sa bibliothèque est pleine, il ressemble à un boudoir, il a un divan. Les charmantes futilités de la femme l'encombrent, y occupent le regard d'œuvres modernes : des livres à secret, des boîtes à mouchoirs et à gants, des abat-jour en lithophanies, des statuettes, des chinoiseries, des écritoires, un ou deux albums, des presse-papiers, enfin les innombrables colifichets à la mode. Les curieux y voient avec une surprise inquiète des pistolets, un narghilé, une cravache, un hamac, une pipe, un fusil de chasse, une blouse, du tabac, un sac de soldat, bizarre assemblage qui peint Félicité.

Toute grande âme, en venant là, sera saisie par les beautés spéciales du paysage, qui suivent ces savanes après le parc, dernière végétation du continent. Ces tristes carrés d'eau saumâtre, divisés par les petits chemins blancs sur lesquels se promène le paludier, vêtu tout en blanc, pour ratisser, recueillir le sel et le mettre en *mulons*, cet espace que les exhalaisons salines défendent aux oiseaux de traverser, en étouffant aussi tous les efforts de la botanique, ces sables où l'œil n'est consolé que par une petite herbe dure, persistante, à fleurs rosées, et par l'œillet des Chartreux, ce lac d'eau marine, le sable des dunes et la vue du Croisic, miniature de ville arrêtée comme Venise en pleine mer ; enfin, l'immense océan qui borde les récifs en gravant de ses franges écumeuses pour faire encore mieux ressortir leurs formes bizarres, ce spectacle élève la pensée tout en l'attristant, effet que produit à la longue le sublime, qui donne le regret des choses inconnues, entrevues pour l'âme à des hauteurs désespérantes. Aussi ces sauvages harmonies ne conviennent-elles qu'aux grands esprits et aux grandes douleurs. Ce désert plein d'accidents, où parfois les rayons du soleil réfléchis par les eaux, par les sables, blanchissent le bourg de Batz, et ruissellent sur les toits du Croisic, en répandant un éclat impitoyable, occupait alors Camille des jours entiers. Elle se tournait rarement vers les délicieuses vues fraîches, vers les bosquets et les haies fleuries qui enveloppent Guérande, comme une mariée, de fleurs, de rubans, de voiles et de festons. Elle souffrait alors d'horribles douleurs inconnues.

Dès que Calyste vit poindre les girouettes des deux pignons au-dessus des ajoncs du grand chemin et les têtes tortues des pins, il trouva l'air plus léger. Guérande lui semblait une prison, sa vie était aux Touches. Qui ne comprendrait les attraits qui s'y trouvaient pour un jeune homme candide ? L'amour pareil à celui de Chérubin, qui l'avait fait tomber aux pieds d'une personne qui devint une grande chose pour lui avant d'être une femme, devait survivre aux inexplicables refus de Félicité. Ce sentiment, qui est plus le besoin d'aimer que l'amour, n'avait pas échappé sans doute à la terrible analyse de Camille Maupin, et de là peut-être venait son refus, noblesse incomprise par Calyste. Puis là brillaient d'autant plus les merveilles de la civilisation moderne, qu'elles contrastaient avec tout Guérande, où la pauvreté des du Guénic était une splendeur. Se déployèrent aux regards ravis de ce jeune ignorant, qui ne connaissait que les genêts de la Bretagne et les bruyères de la Vendée, les richesses parisiennes d'un monde nouveau, de même qu'il y entendait un langage inconnu, sonore. Calyste écouta les accents poétiques de la plus belle musique, la surprenante musique du dix-neuvième siècle, chez laquelle la mélodie et l'harmonie luttent à puissance égale, où le chant et l'instrumentation sont arrivés à des perfections inouïes. Il y vit les œuvres de la plus prodigue peinture, celle de l'école française, aujourd'hui héritière de l'Italie, de l'Espagne et des Flandres, où le talent est devenu si commun, que tous les yeux, tous les cœurs, fatigués de talent, appellent à grands cris le génie. Il y lut ces œuvres d'imagination, ces étonnantes créations de la littérature moderne, qui produisirent tout leur effet sur un cœur neuf. Enfin notre grand dix-neuvième siècle lui apparut avec ses magnificences collectives, sa critique, ses efforts de rénovation en tous genres, ses tentatives immenses et presque toutes à la mesure du géant qui berça dans ses drapeaux l'enfance du siècle, et lui chanta des hymnes accompagnées par la terrible basse du canon imité par Félicité à toutes ces grandeurs, qui peut-être échappent aux regards de ceux qui les mettent en scène et qui en sont les ouvriers, Calyste satisfaisant aux Touches le goût du merveilleux, si puissant à son âge, cette naïve admiration, le premier amour de l'adolescence, qui s'irrite tant de la critique. Il est si naturel que la flamme monte ! Il écouta cette jolie moquerie parisienne, cette élégante satire, qui lui révélèrent l'esprit français, et réveillèrent en lui mille idées endormies par la douce torpeur de sa vie en famille. Pour lui, mademoiselle des Touches était la mère de son intelligence, une mère qu'il pouvait aimer sans crime. Elle était si bonne pour lui : une femme est toujours adorable pour un homme à qui elle inspire de l'amour, encore qu'elle ne paraisse pas le partager. En ce moment Félicité lui donnait des leçons de musique. Pour lui ces grands appartements du rez-de-chaussée, encore étendus par les habiles dispositions des praires et des massifs du parc, cette cage d'escalier meublée des chefs-d'œuvre de la patience italienne, de bois sculptés, de mosaïques vénitiennes et florentines, de bas-reliefs en ivoire, de marbre, de curiosités commandées par les fées du moyen âge, cet appartement même, si coquet, si voluptueusement artiste, étaient vivifiés, animés par une lumière, un esprit, un air surnaturels, étranges, indéfinissables. Le monde moderne avec ses poésies s'opposait vivement au monde morne et patriarcal de Guérande, en mettant deux systèmes en présence. D'un côté les mille effets de l'art, de l'autre l'unité de la sauvage Bretagne. Personne alors ne demandera pourquoi le pauvre enfant, ennuyé comme sa mère des finesses de la mouche, tressaillait toujours en entrant dans cette maison, en y sonnant, en en traversant la cour. Il est à remarquer que ces pressentiments n'agitent plus les hommes faits, rompus aux inconvénients de la vie, que rien ne surprend plus, et qui s'attendent à tout. En ouvrant la porte, Calyste entendit le son du piano, il crut Camille Maupin était au salon, mais lorsqu'il entra au billard, la musique n'arriva plus à son oreille. Camille jouait sans doute sur le petit piano droit que lui venait d'Angleterre, apporté par Conti, et placé dans son salon d'en haut. En montant l'escalier, où té-

puis tapis étouffant entièrement le bruit des pas, Calyste alla de plus en plus lentement. Il reconnut quelque chose d'extraordinaire dans cette musique. Félicité jouait pour elle seule, elle s'entretenait avec elle-même. Au lieu d'entrer, le jeune homme s'assit sur un banc gothique, garni de velours vert, qui se trouvait le long du palier, sous une fenêtre artistement encadrée de bois sculpté, coloriés en bronze de noix et vernis. Rien de plus mystérieusement mélancolique que l'improvisation de Camille : vous eussiez dit d'une âme criant quelque *De profundis* à Dieu du fond de la tombe. Le jeune amant y reconnut la prière de l'amour au désespoir, la tendresse de la plainte soumise, les gémissements d'une affliction contenue. Camille avait étendu, varié, modifié, l'introduction à la cavatine de *Grâce pour toi, grâce pour moi*, qui est presque tout le quatrième acte de *Robert le Diable*. Elle chanta tout à coup ce morceau d'une manière déchirante et s'interrompit. Calyste entra et vit la raison de cette interruption. La pauvre Camille Maupin, la belle Félicité, lui montra sans coquetterie un visage baigné de larmes, prit son mouchoir, les essuya, et lui dit simplement : — Bonjour. Elle était ravissante dans sa toilette du matin. Elle avait sur la tête une de ces résilles en velours rouge, alors à la mode, et de laquelle s'échappaient ses luisantes grappes de cheveux noirs. Une redingote très-courte lui formait une tunique grecque moderne, qui laissait voir un pantalon de batiste à manchettes brodées et les plus jolies pantoufles turques, rouge et or.

— Qu'avez-vous ? lui dit Calyste.

— Il n'est pas revenu, répondit-elle en se tenant debout à la croisée et regardant les sables, le bras de mer et les marais.

Cette réponse expliquait sa toilette. Camille paraissait attendre Claude Vignon, elle était inquiète comme une femme qui fait des frais inutiles. Un homme de trente ans aurait vu cela, Calyste ne vit que la douleur de Camille.

— Vous êtes inquiète ? lui demanda-t-il.

— Oui, répondit-elle avec une mélancolie que cet enfant ne pouvait analyser.

Calyste sortit vivement.

— Eh bien ! où allez-vous ?

— Le chercher, répondit-il.

— Cher enfant, dit-elle en le prenant par la main, le retenant auprès d'elle et lui jetant un de ces regards mouillés qui sont pour les jeunes âmes la plus belle des récompenses, êtes-vous fou ? Où voulez-vous le trouver sur cette côte ?

— Je le trouverai.

— Votre mère aurait des angoisses mortelles. D'ailleurs restez. Allons, je le veux, dit-elle en le faisant asseoir sur le divan. Ne vous attendrissez pas sur moi. Les larmes que vous voyez sont de ces larmes qui nous plaisent. Il est en nous une faculté que n'ont point les hommes, celle de nous abandonner à notre nature nerveuse en poussant les sentiments à l'extrême. En nous figurant certaines situations et nous y laissant aller, nous arrivons ainsi aux pleurs, et quelquefois à des états graves, à des désordres. Nos fantaisies à nous ne sont pas des jeux de l'esprit, mais du cœur. Vous êtes venu fort à propos, la solitude ne me vaut rien. Je ne suis pas la dupe du désir qu'il a de visiter sans moi le Croisic et ses roches, le bourg de Batz et ses sables, les marais salants. Je savais qu'il y mettrait plusieurs jours au lieu d'un. Il a voulu nous laisser seuls, il est jaloux, ou plutôt il joue la jalousie. Vous êtes jeune, vous êtes beau.

— Que ne me le disiez-vous ! Faut-il ne plus venir ? demanda Calyste en retenant mal une larme qui roula sur sa joue, et qui tomba vivement Félicité.

— Vous êtes un ange ! s'écria-t-elle. Puis elle chanta gaiement le *Restez* de Mathilde, dans *Guillaume Tell*, pour ôter toute gravité à cette magnifique réponse de la princesse à son sujet. — Il a voulu, reprit-elle, me faire croire à plus d'amour qu'il n'en a pour moi. Il sait tout le bien que je lui veux, dit-elle en regardant Calyste avec attention, mais il est humilié peut-être de se trouver inférieur à moi en ceci. Peut-être aussi lui est-il venu des soupçons sur vous, il veut nous surprendre. Mais, quand il ne serait coupable que d'aller chercher les plaisirs de cette sauvage promenade sans moi, de ne m'avoir pas associée à ses courses, ses idées ou lui inspireront ces particules, et de me donner de mortelles inquiétudes, n'est-ce pas assez ? Je ne suis pas plus aimée par ce grand cerveau que je ne l'ai été par le musicien, par l'homme d'esprit, par le militaire. Sterne a raison : les noms signifient quelque chose, et le mien est la plus sauvage raillerie. Je mourrai sans trouver chez un homme l'amour que j'ai dans le cœur, la poésie que j'ai dans l'âme.

Elle demeura les bras pendants, la tête appuyée sur son coussin, les yeux stupides de réflexion, fixés sur une rosace de son tapis. Les douleurs des esprits supérieurs ont je ne sais quoi de grandiose et d'imposant, elles révèlent d'immenses étendues d'âme, que la pensée du spectateur étend encore. Ces âmes partagent les privilèges de la royauté, dont les affections tiennent à un peuple, et qui frappent alors tout un monde.

— Pourquoi m'avez-vous... dit Calyste, qui ne put achever.

La belle main de Camille Maupin s'était posée brûlante sur la sienne et l'avait promptement interrompu.

— La nature a changé pour moi ses lois en m'accordant encore cinq à six ans de jeunesse. Je vous ai repoussé par égoïsme. Tôt ou tard l'âge nous aurait séparés. J'ai treize ans de plus que lui, c'est déjà bien assez.

— Vous serez encore belle à soixante ans! s'écria héroïquement Calyste.

— Dieu vous entende! répondit-elle en souriant. D'ailleurs, cher enfant, je veux l'aimer. Malgré son insensibilité, son manque d'imagination, sa lâche insouciance et l'envie qui le dévore, je crois qu'il y a des grandeurs sous des haillons, j'espère galvaniser ce cœur, le sauver de lui-même, me l'attacher. Hélas! j'ai l'esprit clairvoyant et le cœur aveugle.

Elle fut épouvantable de clarté sur elle-même. Elle souffrait et analysait sa souffrance, comme Cuvier, Dupuytren, expliquaient à leurs amis la marche fatale de leur maladie et le progrès que faisait en eux la mort. Camille Maupin se connaissait en passion aussi bien que ces deux savants se connaissaient en anatomie.

Je suis venue ici pour le bien juger, il s'ennuie déjà. Paris lui manque, je le lui ai dit : il a la nostalgie de la critique, il n'a ni auteur à plumer, ni système à creuser, ni poète à désespérer, et il n'ose se livrer ici à quelque débauche au sein de laquelle il pourrait déposer le fardeau de sa pensée. Hélas! mon amour n'est pas assez vrai, peut-être, pour lui détendre le cerveau. Je ne l'enivre pas, enfin! Eniviez-vous ce soir avec lui, je lui dirai malade et resterai dans ma chambre, je saurai si je ne me trompe point.

Calyste devint rouge comme une cerise, rouge du menton au front, et ses oreilles se bordèrent de feu.

— Mon Dieu! s'écria-t-elle, et moi qui déprave, sans y songer, ton innocence de jeune fille! Pardonne-moi, Calyste. Quand tu aimeras, tu sauras qu'on est capable de mettre le feu à la Seine pour donner le moindre plaisir à l'objet aimé comme disent les tueuses de cartes. Elle fit une pause. Il y a des natures superbes et conséquentes qui s'écrient à un certain âge... Si je recommençais la vie, je ferais de même! Moi qui ne me crois pas faible, je m'écrie : — Je serais une femme comme votre mère, Calyste. Avoir un Calyste, quel bonheur! Fussé-je pris pour mari le plus vil des hommes, j'aurais été femme humble et soumise. Et cependant je n'ai pas commis de fautes envers la société, je n'ai fait de tort qu'à moi-même. Hélas! mon enfant, la femme ne peut pas aller seule dans la société que dans ce qu'on appelle l'état naturel. Les affections qui ne sont pas en harmonie avec les lois sociales ou naturelles, les affections qui ne sont pas obligées enfin, nous fuient. Souffrir pour souffrir est aussi utile. Que m'importent les enfants de mes cousines Faucombe, qui ne sont plus Faucombe, que je n'ai pas vues depuis vingt ans, et qui d'ailleurs ont épousé des négociants. Vous, vous êtes mon fils qui ne m'avez pas coûté les ennuis de la maternité, je vous laisserai ma fortune, et vous serez heureux, au moins de ce côté-là, par moi, cher trésor de beauté, de qui, que rien ne doit altérer ni flétrir.

Après ces paroles dites d'un son de voix profond, elle déroula ses deux paupières pour ne pas laisser lire dans ses yeux.

— Vous n'avez rien voulu de moi, dit Calyste, je rendrais votre fortune à vos héritiers.

— Enfant! dit Camille d'un son de voix profond en laissant rouler des larmes sur ses joues. Rien ne me sauvera-t-il donc de moi-même?

— Vous avez une histoire à me dire ou une lettre à me..., dit le cher enfant pour faire diversion à ce chagrin, mais il n'acheva pas, elle lui coupa la parole.

— Vous avez raison, il faut être honnête fille avant tout. Il était trop tard hier, mais il paraît que nous aurons bien du temps à nous aujourd'hui, dit-elle d'un ton à la fois plaisant et amer. Pour acquitter ma promesse, je vais me mettre de manière à plonger sur le chemin qui mène à la falaise.

Calyste lui disposa dans cette direction un grand fauteuil gothique et devant la croisée à vitraux. Camille Maupin, qui partageait le goût oriental de l'illustre écrivain de son sexe, alla prendre un magnifique narghilé persan que lui avait donné un ambassadeur, elle changea la cheminée de patchouli, nettoya le bochettino, parfuma le tuyau de plume qu'elle y adaptait, et dont elle ne se servait jamais qu'une fois, mit le feu aux feuilles jaunes, plaça le vase à long col émaillé bleu et or de ce bel instrument de plaisir à quelques pas d'elle, et sonna pour demander du thé.

— Si vous voulez des cigarettes?... Ah! j'oublie toujours que vous n'en fumez pas. Une pureté comme la vôtre est si rare! Il me semble que vous caressez du duvet satiné de vos joues la main d'une fée ou de celle des mains de Dieu.

Calyste rougit et vint se poser sur un tabouret, il ne vit pas la profonde émotion qui fit rougir Camille.

— Le personne de qui j'ai reçu cette lettre hier, et qui sera peut-être demain ici, est la marquise de Rochegude la belle-sœur de mad'une d'Ajuda-Pinto, dit-elle. Après avoir mené la vie la plus amère à un grand seigneur portugais établi pour toujours en France, le comte de Rochegude, dont la maison n'est pas aussi vieille que la vôtre, voulut apparenter son fils à la haute noblesse, afin de pouvoir lui faire avoir

la pairie qu'il n'avait pu obtenir pour lui-même. La comtesse de Montcornet lui signala, dans le département de l'Orne une mademoiselle Béatrix-Maximilienne-Rose de Casteran, fille cadette du marquis de Casteran, qui voulut marier ses deux filles sans dot, afin de réserver toute sa fortune au comte de Casteran, son fils. Les Casteran sont, à ce qu'il paraît, de la côte d'Adam. Béatrix, née, élevée au château de Casteran, avait alors, le mariage s'est fait en 1828, une vingtaine d'années. Elle était remarquable par ce que vous autres provinciaux nommez originalité, et qui n'est simplement que de la supériorité des idées, de l'exaltation, un sentiment pour le beau, un certain entraînement pour les œuvres de l'art. Croyez-en une pauvre femme qui s'est laissée aller à ces pentes, il n'y a rien de plus dangereux pour une femme, en les suivant, on arrive où vous me voyez, et où est arrivée la marquise... à des abîmes. Les hommes ont seuls le bâton avec lequel on se soutient le long de ces précipices, une force qui nous manque et qui fait de nous des monstres quand nous la possédons. Sa vieille grand'mère, la douairière de Casteran, lui vit avec plaisir épouser un homme auquel elle devait être supérieure en noblesse et en idées. Les Rochegude furent très-bien les choses. Béatrix n'eut qu'à se louer d'eux, de même que les Rochegude durent être satisfaits des Casteran, qui, liés aux Gordon, aux d'Esgrignon, aux Troisville, aux Navarreins, obtinrent la pairie pour leur gendre dans cette dernière grande fournée de pairs que fit Charles X, et dont l'annulation a été prononcée par la Révolution de juillet. Le vieux Rochegude mort, son fils a eu toute sa fortune. Rochegude est assez sot comme il a commencé par avoir un fils; et comme il a très-fort assassiné sa femme de lui-même, elle en a eu bientôt assez. Les premiers jours du mariage sont un écueil pour les petits esprits comme pour les grands amours. En sa qualité de sot, Rochegude a pris l'ignorance de sa femme pour de la froideur, il a classé Béatrix parmi les femmes lymphatiques et froides : elle est blonde, et il est parti de là pour rester dans la plus entière sécurité, pour vivre en garçon et pour compter sur la prétendue froideur de la marquise, sur sa fierté, sur son orgueil, sur une manière de vivre grandiose qui entoure de mille barrières une femme à Paris. Vous saurez ce que je veux dire quand vous visiterez cette ville. Ceux qui comptaient profiter de son insouciante tranquillité lui disaient : « Vous êtes bien heureux : vous avez une femme froide, qui n'aura que des passions de tête; elle est contente de briller, ses fantaisies sont purement artistiques, sa jalousie, ses désirs, seront satisfaits si elle se fait un salon où elle réunira tous les beaux esprits; elle fera des débauches de musique, des orgies de littérature. » Et le mari de gober ces plaisanteries par lesquelles à Paris on mystifie les niais. Cependant Rochegude n'est pas un sot ordinaire : il a de la vanité, de l'orgueil, autant qu'un homme d'esprit, avec cette différence que les gens d'esprit se frottent de modestie et se font chats, ils vous caressent pour être caressés; tandis que Rochegude a un bon gros amour-propre rouge et frais qui s'admire en public et sourit toujours. Sa vanité se vautre à l'écurie et se montrait à grand bruit au râtelier en tirant son fourrage. Les défauts qui ne sont connus que des gens à même de les juger dans l'intimité, qui ne frappent que dans l'ombre et le mystère de la vie privée, tandis que dans le monde, et pour le monde, un homme paraît charmant. Rochegude devait être insupportable quand il se croirait menacé dans ses foyers, car il a cette jalousie louche et mesquine, brutale quand elle est surprise, lâche pendant six mois, meurtrière la septième. Il croyait tromper sa femme et la redoutait, deux causes de tyrannie, le jour où il s'apercevrait que la marquise lui faisait la charité de paraître indifférente à ses infidélités. Je vous analyse ce caractère afin d'expliquer la conduite de Béatrix. La marquise a eu pour moi la plus vive admiration, mais de l'admiration à la jalousie il n'y a qu'un pas. J'ai l'un des salons les plus remarquables de Paris, elle désirait s'en faire un, et tachait de me prendre mon monde. Je ne sais pas garder ceux qui veulent me quitter. Elle a eu les gens superficiels qui sont amis de tout le monde par oisiveté, dont le but est de sortir d'un salon des qu'ils y sont entrés, mais elle n'a pas eu le temps de choisir sa société. Dans ce temps-là je l'ai crue dévorée du désir d'une célébrité quelconque. Néanmoins elle a de la grandeur d'âme, une fierté royale, des idées, une facilité merveilleuse à concevoir et à comprendre tout, elle parlera métaphysique, musique, théologie et peinture. Vous la verrez femme ce que nous l'avons vue jeune mariée, mais il y a chez elle un peu d'affectation : elle a trop l'air de savoir les choses difficiles, le chinois ou l'hébreu, de se douter des hiéroglyphes ou de pouvoir expliquer les papyrus qui enveloppent les momies. Béatrix est une de ces blondes auprès desquelles la blonde Ève paraîtrait une négresse. Elle est mince et droite comme un cierge et blanche comme une hostie, elle a une figure longue et pointue, un teint assez journalier aujourd'hui contient percelée, demain bis et tacheté sous des sortes de larmes, sous des jaspures parsemées. Elle a souvent les yeux cernés. Son nez, qui décrit un quart de cercle, est pincé des narines et plein de finesse, mais impertinent. Elle à la bouche autrichienne, la lèvre supérieure est plus forte que l'inférieure, qui tombe d'une façon dédaigneuse. Ses joues pâles ne se colorent que par une émotion très-vive. Son menton est assez gras, le mien n'est pas mince, et peut-être ai-je tort de vous dire que les femmes à menton gras sont exigeantes en amour. Elle a une des plus belles tailles que j'aie vues, un dos d'une étincelante blancheur, autrefois très-plat et qui maintenant s'est, dit-on, développé rembourré, mais le corsage n'a pas été aussi heureux que les épaules, les bras sont restés maigres. Elle a d'ailleurs une tournure et des manières dégagées qui rachètent ce qu'elle peut avoir de défectueux, et mettent admirablement en relief ses beautés. La nature lui a donné cet air de princesse qui ne s'acquiert point, qui lui sied et révèle soudain la femme noble, en harmonie d'ailleurs avec des hanches grêles, mais du plus délicieux contour, avec le plus joli pied du monde, avec cette abondante chevelure d'ange que le pinceau de Girodet a tant cultivée, et qui ressemble à des flots de lumière. Sans être irréprochablement belle ni jolie, elle produit, quand elle le veut, des impressions ineffaçables. Elle n'a qu'à se mettre en velours cerise, avec des bouillons de dentelles, à se coiffer de roses rouges, elle est divine. Si, par un artifice quelconque, elle pouvait porter le costume du temps où les femmes avaient des corsets pointus à échelles de rubans s'élançant minces et dentelés de l'ampleur étoffée des jupes en brocart à plis soutenus et puissants, où elles s'entouraient de fraises godronnées, cachaient leurs bras dans des manches à crevés, à sabots de dentelles d'où la main sortait comme le pistil d'un calice, et qu'elles rejetaient les mille boucles de leur chevelure au delà d'un chignon tiédi de pierreries, Béatrix lutterait avantageusement avec les beautés idéales que vous voyez vêtues ainsi.

Félicité montrait à Calyste une belle copie du tableau de Miéris, où se voit une femme en satin blanc, debout, tenant un papier et chantant avec un seigneur brabançon, pendant qu'un nègre verse dans un verre à patte du vieux vin d'Espagne, et qu'une vieille femme de charge arrange des biscuits.

— Les blondes, reprit-elle, ont sur nous autres femmes brunes l'avantage d'une précieuse diversité : il y a cent manières d'être blonde, et il n'y en a qu'une d'être brune. Les blondes sont plus femmes que nous, nous ressemblons trop aux hommes, nous autres brunes françaises. Eh bien ! dit-elle n'allez-vous pas tomber amoureux de Béatrix sur le portrait que je vous en fais, absolument comme je ne sais quel prince des *Mille et un Jours*? Tu arriverais encore trop tard, mon pauvre enfant. Mais, console-toi : à c'est au premier venu les os !

Ces paroles furent dites avec intention. L'admiration peinte sur le visage du jeune homme était plus excitée par la peinture que par le peintre, dont le *faire* manquait son but. En parlant Félicité déployait les ressources de son éloquente physionomie.

— Malgré son état de blonde, continua-t-elle, Béatrix n'a pas la finesse de sa couleur ; elle a de la sévérité dans les lignes, elle est élégante et dure, elle a la figure d'un dessin sec, et l'on dirait que dans son âme il y a des ardeurs méridionales. C'est un ange qui flambe et se dessèche. Enfin ses yeux ont soif. Ce qu'elle a de mieux est la face, de profil, sa figure a l'air d'avoir été prise entre deux portes. Vous verrez si je me suis trompée. Voici ce que nous a rendues amies intimes. Pendant trois ans, de 1828 à 1831, Béatrix, en jouissant des dernières fêtes de la Restauration, en voyageant à travers les salons, en allant à la cour, en ornant les bals costumés de l'Élysée-Bourbon, jugeait les hommes, les choses, les événements et la vie de toute la hauteur de sa pensée. Elle eut l'esprit occupé. Ce premier moment d'étourdissement causé par le monde empêcha son cœur de se réveiller, et il fut encore engourdi par les premières malices du mariage : l'enfant, les couches, et ce trafic de maternité que je n'aime point. Je ne suis point femme de ce côté-là. Les enfants me sont insupportables, ils donnent mille chagrins et des inquiétudes constantes. Aussi trouvé-je qu'un des grands bénéfices de la société moderne, et dont nous avons été privés par cet hypocrite de Jean-Jacques, était de nous laisser libres d'être ou de ne pas être mères. Je ne suis pas seule à penser ainsi, je suis seule à le dire. Béatrix alla, de 1830 à 1831, passer la tourmente à la terre de son mari et s'y ennuya comme un saint dans sa stalle au paradis. À son retour à Paris, la marquise jugea peut-être avec justesse que la révolution, en apparence purement politique aux yeux de certaines gens, allait être une révolution morale. Le monde auquel elle appartenait n'ayant pu se reconstituer pendant le triomphe inespéré des quinze années de la Restauration, s'en irait en miettes sous les coups de bélier mis en œuvre par la bourgeoisie. Cette grande parole de M. Laîné : *Les rois s'en vont !* elle l'avait entendue. Cette opinion, je le crois, n'a pas été sans influence sur sa conduite. Elle prit une part intellectuelle aux nouvelles doctrines qui pullulèrent durant trois ans, après Juillet, comme des moucherons au soleil, et qui ravagèrent plusieurs têtes féminines, mais comme tous les nobles, en trouvant ces nouveautés superbes, elle voulait sauver la noblesse. Ne voyant plus de place pour les supériorités personnelles, voyant la haute noblesse recommencer l'opposition muette qu'elle avait faite à Napoléon, ce qui était son seul rôle sous l'empire de l'action et des faits, mais ce qui, dans une époque

morale, équivaut à donner sa démission, elle préféra le bonheur à ce mutisme. Quand nous respirâmes un peu, la marquise trouva chez moi l'homme avec qui je croyais finir ma vie, Gennaro Conti, le grand compositeur, d'origine napolitaine, mais né à Marseille. Conti a beaucoup d'esprit, il a du talent comme compositeur, quoiqu'il ne puisse jamais arriver au premier rang. Sans Meyerbeer et Rossini, peut-être eût-il passé pour un homme de génie. Il a sur eux un avantage, il est en musique vocale ce qu'est Paganini sur le violon, Liszt sur le piano, Taglioni dans la danse, et ce qu'était enfin le fameux Garat, qu'il rappelle à ceux qui l'ont entendu. Ce n'est pas une voix, mon ami, c'est une âme. Quand ce chant répond à certaines idées, à des dispositions difficiles à peindre et dans lesquelles se trouve parfois une femme, elle est perdue en entendant Gennaro. La marquise conçut pour lui la plus folle passion et me l'enleva. Le trait est excessivement provincial, mais de bonne guerre. Elle conquit mon estime et mon amitié par la manière dont elle s'y prit avec moi. Je lui paraissais femme à défendre mon bien, elle ne savait pas que pour moi la chose au monde la plus ridicule dans cette position est l'objet même de la lutte. Elle vint chez moi. Cette femme si fière était tant éprise, qu'elle me livra son secret et me rendit l'arbitre de sa destinée. Elle fut adorable : elle resta femme et marquise à mes yeux. Je vous dirai, mon ami, que les femmes sont parfois mauvaises, mais elles ont de grandeurs secrètes que jamais les hommes ne sauront apprécier. Ainsi, comme je puis faire mon testament de femme au bord de la vieillesse qui m'attend, je vous dirai que j'étais fidèle à Conti, que je l'eusse été jusqu'à la mort, et que cependant je le connaissais. C'est une nature charmante en apparence, et détestable au fond. Il est charlatan dans les choses du cœur. Il se rencontre des hommes, comme Nathan, de qui je vous ai déjà parlé, qui sont charlatans extérieur et de bonne foi. Ces hommes se mentent à eux-mêmes. Montés sur leurs échasses, ils croient être sur leurs pieds, et font leurs jongleries avec une sorte d'innocence, leur vanité est dans leur sang ; ils sont nés comédiens, vantards, extravagants de forme comme un vase chinois, ils riront d'eux-mêmes. Leur personnalité est d'ailleurs généreuse, et, comme l'éclat des vêtements royaux de Murat, elle attire le danger. Mais la fourberie de Conti ne sera jamais connue que de sa maîtresse. Il a dans son art la célèbre jalousie italienne qui porta Carlone à assassiner Piola, qui valut un coup de stylet à Paesiello. Cette envie terrible est cachée sous la camaraderie la plus gracieuse. Conti n'a pas le courage de son vice, il sourit à Meyerbeer et le complimente quand il voudrait le déchirer. Il sent sa faiblesse, et se donne les apparences de la force, puis il est d'une vanité qui lui fait jouer les sentiments les plus éloignés de son cœur. Il se donne pour un artiste qui reçoit ses inspirations du ciel. Pour lui l'art est quelque chose de saint et de sacré. Il est fanatique, il est sublime de moquerie avec les gens du monde, il a cette éloquence qui semble partir d'une conviction profonde. C'est un voyant, un démon, un dieu, un ange. Enfin, quoique prévenu, Calyste, vous serez sa dupe. Cet homme méridional, cet artiste bouillant est froid comme une corde à puits. Écoutez-le : l'artiste est un missionnaire, l'art a une religion qui a ses prêtres et doit avoir ses martyrs. Une fois parti, Gennaro arrive au pathos le plus échevelé que jamais professeur de philosophie allemande ait dégurgité à son auditoire. Vous admirez ses convictions, il ne croit à rien. En vous enlevant au ciel par un chant qui semble un fluide mystérieux et qui verse l'amour, il jette sur vous un regard extatique, mais il surveille votre admiration, il se demande : Suis-je bien un dieu pour eux ? Au même moment parfois il se dit en lui-même : J'ai mangé trop de macaroni. Vous vous croyez aimée, il vous hait, et vous ne savez pourquoi ; mais je le savais, moi : il avait vu la veille une femme, il l'aimait par caprice ; et m'insultant de quelque faux amour, de caresses hypocrites, me faisant payer cher sa fidélité forcée. Enfin il est insatiable d'applaudissements, il singe tout et se joue de tout, il feint la joie aussi bien que la douleur ; mais il réussit admirablement. Il plaît, il aime, il peut être admiré quand il le veut. Je l'ai laissé haïssant sa voix, il lui devait plus de succès qu'à son talent de compositeur, et il préfère être homme de génie comme Rossini à être un exécutant de la force de Rubini. J'avais fait la faute de m'attacher à lui, j'étais résignée à parer cette idole jusqu'au bout. Conti, comme beaucoup d'artistes, est friand ; il aime ses aises, ses jouissances ; il est coquet, recherché, bien mis ; eh bien ! je flattais toutes ses passions, j'aimais cette nature faible et astucieuse. J'étais enviée, et je souriais parfois de pitié. J'estimais son courage, il est brave, et la bravoure est, dit-on, la seule vertu qui n'ait pas d'hypocrisie. En voyage, dans une circonstance, je l'ai vu à l'épreuve : il a su risquer une vie qu'il aime, mais, chose étrange ! à Paris, je lui ai vu commettre ce que je nomme des lâchetés de pensée. Mon ami, je savais toutes ces choses. Je dis à la pauvre marquise : — Vous ne savez dans quel abîme vous mettez le pied. Vous êtes la Persée d'une autre Andromède, vous me délivrez de mon rocher. S'il vous aime, tant mieux ! mais j'en doute, il ne l'aime que lui. Gennaro fut au septième ciel de l'orgueil. Je n'étais pas marquise, je ne suis pas née Casteran, je fus oubliée en un jour. Je me donnai le sauvage plaisir d'aller au fond de cette nature. Sûre du dénouement, je voulus observer les détours que ferait Conti. Mon pauvre enfant, je vis en une semaine des horreurs de sentiment, des pantalonnades infâmes. Je ne veux rien vous en dire, vous verrez cet homme ici. Seulement, comme il sait que je le connais, il me hait aujourd'hui. S'il pouvait me poignarder avec quelque sécurité, je n'existerais pas deux secondes. Je n'ai jamais dit un mot à Béatrix. La dernière et constante inquiétude de Gennaro est de croire que je suis capable de communiquer mon triste savoir à la marquise. Il est devenu sans cesse inquiet, rêveur, car il ne croit aux bons sentiments de personne. Il joue encore avec moi le personnage d'un homme malheureux de m'avoir quittée. Vous trouverez en lui les cordialités les plus pénétrantes, il est caressant, il est chevaleresque. Pour lui, toute femme est une madone. Il faut vivre longtemps avec lui pour avoir le secret de cette fausse bonhomie et connaître le stylet invisible de ses mystifications. Son air convaincu tromperait Dieu. Aussi serez-vous enlacé par ses manières chattes, par le vif-vous jamais la profonde et rapide arithmétique de sa pensée intime. Laissons-le. Je poussai l'indifférence jusqu'à les recevoir chez moi. Cette circonstance fit que le monde le plus perspicace, le monde parisien, ne sut rien de cette intrigue. Quoique Gennaro fut ivre d'orgueil, il avait besoin sans doute de se poser devant Béatrix : il fut d'une admirable dissimulation. Il me surprit, je m'attendais à le voir demandant un éclat. Ce fut la marquise qui se compromit après un an de bonheur soumis à toutes les vicissitudes, à tous les hasards de la vie parisienne. À la fin de l'avant-dernier hiver, elle n'avait pas vu Gennaro depuis plusieurs jours, et je l'avais invité à dîner chez moi, où elle devait venir dans la soirée. Rochegude ne se doutait de rien ; mais Béatrix connaissait si bien son mari, qu'elle aurait préféré, me disait-elle souvent, les plus grandes misères à la vie qui l'attendait auprès de cet homme dans le cas où il aurait le droit de la mépriser ou de la tourmenter. J'avais choisi le jour de la soirée de notre amie la comtesse de Montcornet. Après avoir vu le café servi à son mari, Béatrix quitta le salon pour aller s'habiller, quoiqu'elle ne commençait jamais sa toilette de si bonne heure. — Votre coiffeur n'est pas venu lui fit observer Rochegude quand il sut le motif de la retraite de sa femme. Thérèse me coiffera, répondit-elle. — Mais où allez-vous donc ? vous n'allez pas chez madame de Montcornet à huit heures. — Non, dit-elle, mais j'entendrai le premier acte aux Italiens. L'interrogeant bailli du Huron dans Voltaire est un muet en comparaison des maris oisifs. Béatrix s'enfuit pour ne pas être questionnée davantage, et n'entendit pas son mari qui lui répondait : — Eh bien ! nous irons ensemble. Il n'y mettait aucune malice, il n'avait aucune raison de soupçonner sa femme, elle avait tant de liberté ! il s'efforçait de ne la gêner en rien, et y mettait de l'amour-propre. La conduite de Béatrix n'offrait d'ailleurs pas la moindre prise à la critique la plus sévère. Le marquis comptait aller je ne sais où, chez sa maîtresse peut-être ! Il s'était habillé avant le dîner, il n'avait qu'à prendre ses gants et son chapeau, lorsqu'il entendit rouler la voiture de sa femme dans la cour sous la marquise du perron. Il passa chez elle et la trouva prête, mais dans le dernier étonnement de le voir. — Aux Italiens ? lui demanda-t-elle. — Ne vous ai-je pas dit que je vous accompagnais aux Italiens ? La marquise réprima les mouvements extérieurs d'une violente contrariété, mais ses joues prirent une teinte de rose vif, comme si elle eût mis du rouge. — Eh bien ! partons, dit-elle. Rochegude la suivit sans prendre garde à l'émotion trahie par la voix de sa femme, qui devorait la colère la plus concentrée. — Aux Italiens ! dit le mari. — Non, s'écria Béatrix, chez mademoiselle des Touches. J'ai quelques mots à lui dire, reprit-elle quand la portière fut fermée. La voiture partit. — Mais, si vous le vouliez, reprit Béatrix, je vous conduirais d'abord aux Italiens, et j'irais chez elle après. — Non, répondit le marquis, si vous n'avez que quelques mots à lui dire, j'attendrai dans la voiture. Il est sept heures et demie. Si Béatrix avait dit : à mon mari : — Allez aux Italiens et laissez-moi tranquille, il aurait paisiblement obéi. Comme toute femme d'esprit, elle eut peur d'éveiller ses soupçons en se sentant coupable, et se résigna. Quand elle voulut quitter les Italiens pour venir chez moi, son mari l'accompagna. Elle entra rouge de colère et d'impatience. Elle vint à moi et me dit à l'oreille de l'air le plus tranquille du monde : — Ma chère Félicité, je pars demain soir avec Conti pour l'Italie, priez-le de faire ses préparatifs et d'être avec une voiture et un passe-port ici. Elle partit avec son mari. Les passions violentes veulent à tout prix leur liberté. Béatrix souffrait depuis un an de la contrainte et de la rareté de ses rendez-vous, elle se regardait comme unie à Gennaro. Aussi rien ne me surprit. À sa place, avec mon caractère, j'eusse agi de même. Elle se résolut à un éclat en se voyant contrariée de la manière la plus innocente. Elle prévint le malheur par un malheur plus grand. Conti fut d'un bonheur qui me navra, sa vanité seule était en jeu. — C'est être aimé, cela ! me dit-il au milieu de ses transports. Combien peu de femmes sauraient perdre ainsi toute leur vie, leur fortune, leur considération ! — Oui, lui dis-je, mais vous ne l'aimez pas ! Il devint furieux, et me fit une scène : il péroraît, me querella, me peignit son amour en disant qu'il n'avait jamais cru qu'il serait possible d'aimer autant. Je fus impassible et lui prêtai l'argent dont il pouvait avoir besoin pour ce voyage, qui le prenait au dépourvu. Béatrix laissa pour Rochegude une lettre, et partit le lendemain soir en Italie. Elle

y est restée dix-huit mois : elle m'a plusieurs fois écrit, ses lettres sont ravissantes d'amitié. La pauvre enfant s'est attachée à moi comme à la seule femme qui la comprenne. Elle m'adore, dit-elle. Le besoin d'argent a fait faire un opéra français à Gennaro, qui n'a pas trouvé en Italie les ressources pécuniaires qu'ont les compositeurs à Paris. Voici la lettre de Béatrix, vous pourrez maintenant la comprendre, si à votre âge on peut analyser déjà les choses du cœur, dit-elle en lui tendant la lettre.

En ce moment, Claude Vignon entra. Cette apparition inattendue rendit pendant un moment Calyste et Félicité silencieux, elle par surprise, lui par inquiétude vague. Le front immense, haut et large de ce jeune homme, chauve à trente-sept ans, semblait obscurci de nuages. Sa bouche, ferme et judicieuse, exprimait une froide ironie. Claude Vignon est imposant, malgré les dégradations précoces d'un visage autrefois magnifique, et devenu livide. Entre dix-huit et vingt-cinq ans, il a ressemblé presque au divin Raphaël ; mais son nez, ce trait de la face humaine qui change le plus, s'est taillé en pointe ; mais sa physionomie s'est tassée, pour ainsi dire, sous de mystérieuses dépressions ; les contours ont acquis une plénitude d'une mauvaise couleur ; les tons de plomb dominent dans le teint fatigué, sans qu'on connaisse les fatigues de ce jeune homme, vieilli peut-être par une amère solitude et par les abus de la compréhension. Il scrute la pensée d'autrui, sans but ni système. Le pic de sa critique démolit toujours et ne construit rien. Ainsi sa lassitude est celle du manœuvre, et non celle de l'architecte. Les yeux d'un bleu pâle, brillants jadis, ont été voilés par des peines inconnues, ou ternis par une tristesse morne. La débauche a estompé le dessus des sourcils d'une teinte noirâtre. Les tempes ont perdu de leur fraîcheur. Le menton, d'une incomparable distinction, s'est doublé sans noblesse. Sa voix, déjà peu sonore, a faibli ; sans être ni éteinte ni enrouée, elle est entre l'enrouement et l'extinction. L'impassibilité de cette belle tête, la fixité de ce regard, couvrent une irrésolution, une faiblesse que trahit ce sourire spirituel et moqueur. Cette faiblesse frappe sur l'action et non sur la pensée : il y a des traces d'une compréhension encyclopédique sur ce front, dans les habitudes de ce visage enfantin et superbe à la fois. Il est un détail qui peut expliquer les bizarreries du caractère. L'homme est d'une haute taille, légèrement voûté déjà, comme tous ceux qui portent un monde d'idées. Jamais ces grands longs corps n'ont été remarquables par une énergie continue, par une activité créatrice. Charlemagne, Narsès, Bélisaire et Constantin sont, en ce genre, des exceptions excessivement remarquées. Certes, Claude Vignon offre des mystères à deviner. D'abord il est très-simple et très-fin tout ensemble. Quoiqu'il tombe, avec la facilité d'une courtisane, dans les excès, sa pensée demeure inaltérable. Cette intelligence, qui peut critiquer les arts, la science, la littérature, la politique, est inhabile à gouverner la vie extérieure. Claude se contemple dans l'étendue de son royaume intellectuel, et abandonne sa forme avec une insouciance diogénique. Satisfait de tout pénétrer, de tout comprendre, il méprise les matérialités, mais, atteint par le doute quand il s'agit de créer, il voit les obstacles sans être ravi des beautés, et, à force de discuter les moyens, il demeure les bras pendants, sans résultat. C'est le Turc de l'intelligence endormi par la méditation. La critique est son opium, et son harem de livres faits l'a dégoûté de toute œuvre à faire. Indifférent aux plus petites comme aux plus grandes choses, il est obligé, par le poids même de sa tête, de tomber dans la débauche pour abdiquer pendant quelques instants le fatal pouvoir de son omnipotente analyse. Il est trop préoccupé de l'envers du génie, et vous pouvez maintenant concevoir que Camille Maupin essayât de le mettre à l'endroit. Cette tâche était séduisante. Claude Vignon se croyait aussi grand politique que grand écrivain ; mais ce Machiavel inédit se rit lui-même des ambitieux, il sait tout ce qu'il peut, il prend instinctivement mesure de son avenir sur ses facultés, il se voit grand, il regarde les obstacles, pénètre la sottise des parvenus, s'effraye ou se dégoûte, et laisse le temps s'écouler sans se mettre à l'œuvre. Comme Étienne Lousteau le feuilletoniste, comme Nathan le célèbre auteur dramatique, comme Bloudet, autre journaliste, il est sorti du sein de la bourgeoisie, à laquelle on doit la plupart des grands écrivains.

— Par où donc êtes-vous venu ? lui dit mademoiselle des Touches, surprise et rougissante de bonheur en le voyant.

— Par la porte, dit sèchement Claude Vignon.

— Mais, s'écria-t-elle en haussant les épaules, je sais bien que vous n'êtes pas homme à entrer par une fenêtre.

— L'escalade est une espèce de croix d'honneur pour les femmes aimées.

— Assez, dit Félicité.

— Je vous dérange ? dit Claude Vignon.

— Monsieur, dit naïf Calyste, cette lettre...

— Gardez-la, je ne demande rien, à nos âges ces choses-là se comprennent dit-il d'un air moqueur en interrompant Calyste.

— Mais, monsieur... dit Calyste indigné.

— Calmez-vous, jeune homme, je suis d'une indulgence excessive pour les sentiments.

— Mon cher Calyste... dit Camille en voulant lui parler.

— Cher? dit Vignon, qui l'interrompit.
— Claude plaisante, dit Camille en continuant de parler à Calyste, il a tort avec vous, qui ne connaissez rien aux mystifications parisiennes.
— Je ne savais pas être plaisant, répliqua Vignon d'un air grave.
— Par quel chemin êtes-vous venu? voilà deux heures que je ne cesse de regarder dans la direction du Croisic.
— Vous ne regardiez pas toujours, répondit Vignon.
— Vous êtes insupportable dans vos railleries.
— Je raille?
Calyste se leva.
— Vous n'êtes pas assez mal ici pour vous en aller, lui dit Vignon.
Au contraire, dit le bouillant jeune homme, à qui Camille Maupin tendit sa main qu'il baisa, au lieu de la serrer, en y laissant une larme brûlante.
— Je voudrais être ce petit jeune homme, dit le critique en s'asseyant et prenant le bout du houka. Comme il aimera!
— Trop, car alors il ne sera pas aimé, dit mademoiselle des Touches. Madame de Rochegude arrive ici.
— Bon! fit Claude, avec Conti?
— Elle y restera seule, mais il l'accompagne.
— Il y a de la brouille?
— Non.
— Jouez-moi une sonate de Beethoven, je ne connais rien de la musique où il a écrite pour le piano.
Claude se mit à charger de tabac turc la cheminée du houka, en examinant Camille beaucoup plus qu'elle ne le croyait. Une pensée horrible l'occupait, il se croyait pris pour dupe par une femme de bonne foi. Cette situation était neuve.

Calyste, en s'en allant, ne pensait plus à Béatrix de Rochegude ni à sa lettre, il était furieux contre Claude Vignon, il se courrouçait de ce qu'il prenait pour de l'indélicatesse, il plaignait la pauvre Félicité. Comment être aimé de cette sublime femme et ne pas l'adorer à genoux, ne pas la croire sur la foi d'un regard et d'un sourire? Après avoir été le témoin privilégié des douleurs que causait l'attente à Félicité, l'avoir vue tournant la tête vers le Croisic, il s'était senti l'envie de déchirer ce spectre pâle et froid, ignorant, comme le lui avait dit Félicité, les mystifications de pensée auxquelles excellent les railleurs de la presse. Pour lui, l'amour était une religion humaine. En l'apercevant dans la cour, sa mère ne put retenir une exclamation de joie, et aussitôt la vieille mademoiselle du Guénic siffla Mariotte.
— Mariotte, voici l'enfant, mets le lubino.
— Je l'ai vu, mademoiselle, répondit la cuisinière.

La mère, un peu inquiète de la tristesse qui siégeait sur le front de Calyste, sans se douter qu'elle était causée par le prétendu mauvais traitement de Vignon envers Félicité, se mit à sa tapisserie. La vieille tante prit son tricot. Le baron donna son fauteuil à son fils, et se promena dans la salle comme pour se dérouiller les jambes avant d'aller faire un tour au jardin. Jamais tableau flamand ou hollandais n'a représenté d'intérieur d'un ton si brun, meublé de figures si harmonieusement suaves. Ce beau jeune homme vêtu de velours noir, cette mère encore si belle, et les deux vieillards, encadrés dans cette salle antique, exprimaient les plus touchantes harmonies domestiques. Fanny aurait bien voulu questionner Calyste, mais il avait tiré de sa poche cette lettre de Béatrix, qui peut-être allait détruire tout le bonheur dont jouissait cette noble famille. En la dépliant, la vive imagination de Calyste lui montra la marquise vêtue comme la lui avait fantastiquement dépeinte Camille Maupin.

LETTRE DE BÉATRIX A FÉLICITÉ.

« Gênes, le 2 juillet.

« Je ne vous ai pas écrit depuis notre séjour à Florence, chère amie; mais Venise et Rome ont absorbé mon temps, et vous le savez, le bonheur tient la place dans la vie. Nous n'en sommes ni l'une ni l'autre à une lettre de plus ou de moins. Je suis un peu fatiguée. J'ai voulu tout voir, et, quand on n'a pas l'âme facile à blaser, la répétition des jouissances cause de la lassitude. Notre ami a eu de beaux triomphes à la Scala, à la Fenice, et ces jours derniers à Saint-Charles. Trois opéras italiens en dix-huit mois! vous ne direz pas que l'amour le rend paresseux. Nous avons été partout accueillis à merveille, mais j'eusse préféré le silence et la solitude. N'est-ce pas la seule manière d'être pour des femmes en opposition directe avec le monde? Je croyais qu'il en serait ainsi. L'amour, ma chère, est un maître plus exigeant que le mariage, mais il est si doux de lui obéir! Après avoir fait de l'amour toute ma vie, je ne savais pas qu'il faudrait revoir le monde, même par échappées, et les soins dont on m'y a entourée étaient autant de blessures. Je n'y étais plus sur un pied d'égalité avec les femmes les plus élevées. Plus on me marquait d'égards, plus on étendait mon infériorité. Gennaro n'a pas compris ces finesses, mais il était si heureux, que j'aurais eu mauvaise grâce à ne pas immoler de petites vanités à une aussi grande chose que la vie d'un artiste. Nous ne vivons que par l'amour tandis que les hommes vivent par l'amour et par l'action, autrement ils ne seraient pas hommes. Cependant il existe pour nous autres femmes de grands désavantages, desquels j'ai fait un entier sacrifice. Vous pouviez être coquette et volontaire, avoir toutes les grâces de la femme qui aime, et peut tout accorder ou tout refuser à son gré; vous aviez conservé le privilége des caprices, même dans l'intérêt de votre amour et de l'homme qui vous plaisait. Enfin, aujourd'hui, vous avez encore votre propre aveu, moi, je n'ai plus la liberté du cœur, que je trouve toujours si délicieuse à exercer en amour, même quand la passion est éternelle. Je n'ai pas ce droit de quereller en riant, auquel nous tenons tant et avec tant de raison : n'est-ce pas la soude vis à laquelle nous interrogeons le cœur? Je n'ai pas une menace à faire, je dois tirer tous les attraits d'une obéissance et d'une douceur illimitées, je dois imposer par la grandeur de mon amour, j'aimerais mieux mourir que de quitter Gennaro, car mon pardon est dans la sainteté de ma passion. Entre la dignité sociale et ma petite dignité, qui est un secret pour ma conscience je n'ai pas hésité. Si j'ai quelques mélancolies semblables à ces nuages qui passent sur les cieux les plus purs, et, auxquelles, nous autres femmes nous aimons à nous livrer, je les tais, elles ressembleraient à des regrets. Mon Dieu, j'ai si bien aperçu l'étendue de mes obligations, que je me suis armée d'une indulgence entière; mais, jusqu'à présent, Gennaro n'a pas effarouché ma si susceptible jalousie. Enfin je n'aperçois point pas où ce cher beau génie pourrait faillir. Je suis un peu, cher ange, à ces dévots qui discutent avec leur Dieu, car n'est-ce pas à vous que je dois mon bonheur! Aussi ne pouvez-vous douter que je pense souvent à vous. J'ai vu l'Italie, enfin! comme vous l'avez vue, comme on doit la voir, éclairée dans notre âme par l'amour comme elle l'est par son beau soleil et par ses chefs-d'œuvre. Je plains ceux qui sont incessamment remués par les adorations qu'elle réclame à chaque pas de ne pas avoir une main à serrer, un cœur où jeter l'exubérance des émotions qui s'y calment en s'y agrandissant. Ces dix-huit mois sont pour moi toute ma vie, et mon souvenir y fera de riches moissons. N'avez-vous pas fait comme moi le projet de demeurer à Chiavari, d'acheter un palais à Venise, une maisonnette à Sorrente, à Florence une villa? Toutes les femmes aimantes ne craignent-elles pas le monde? Mais moi, jetée pour toujours en dehors de lui, ne devais-je pas souhaiter de m'ensevelir dans un beau paysage, dans un morceau de fleurs, en face d'une jolie mer ou d'une vallée qui vaille la mer, comme celle qu'on voit de Fiesole? Mais, hélas! nous sommes de pauvres artistes, et l'argent ramène à Paris les deux bohémiens. Gennaro ne veut pas que je m'aperçoive d'avoir quitté mon luxe, et vient faire répéter à Paris une œuvre nouvelle, un grand opéra. Vous comprenez, aussi bien que moi, mon bel ange, que je ne saurais mettre le pied dans Paris. Au prix de mon amour, je ne voudrais pas rencontrer un de ces regards de femme ou d'homme qui me feraient vouloir être l'assassinat. Oui, je hacherais en morceaux quiconque m'honorerait de sa pitié, me couvrirait de sa bonne grâce, comme cette adorable Châteauneuf, laquelle, sous Henri III, je crois, a poussé son cheval et foulé aux pieds le prévôt de Paris, pour un crime de ce genre. Je vous écris donc pour vous dire que je ne tarderai pas à venir vous retrouver aux Touches, y attendre, dans cette Chartreuse, notre Gennaro. Vous voyez comme je suis hardie avec ma bienfaitrice et ma sœur. Mais c'est que la grandeur des obligations ne me mènera pas, comme certains cœurs, à l'ingratitude. Vous m'avez tant parlé des difficultés de la route, que je vais essayer d'arriver au Croisic par mer. Cette idée m'est venue en apprenant ici qu'il y avait un petit navire danois déjà chargé de marbre, qui va y prendre du sel pour s'en retourner à la Baltique. J'évite, par cette voie, la fatigue et les dépenses du voyage par la poste. Je sais que vous n'êtes pas seule, et j'en suis bien heureuse : j'avais des remords à travers mes félicités. Vous êtes la seule personne auprès de laquelle je pouvais être seule sans Conti. Ce sera-ce pas pour vous aussi un plaisir d'avoir auprès de vous une femme qui comprendra votre bonheur sans en être jalouse? Allons, à bientôt. Le vent est favorable. Je pars en vous envoyant un baiser. »

— Eh bien! elle aime aussi, celle-là, se dit Calyste en repliant la lettre d'un air triste.

Cette tristesse jaillit sur le cœur de la mère comme si quelque lueur lui eût éclairé un abîme. Le baron venait de sortir. Fanny alla pousser le verrou de la tourelle et revint se poser au chevet du fauteuil où était son enfant, comme est la sœur de Didon dans le tableau de Guérin; elle lui baisa le front en lui disant :

— Qu'as-tu, mon Calyste, qui t'attriste? Tu m'as promis de m'exquer tes assiduités aux Touches : je dois, dis-tu, en bénir la maîtresse.

— Oui, certes, dit-il, elle m'a démontré, ma mère chérie, l'insuffisance de mon éducation à une époque où les nobles doivent conquérir une valeur personnelle pour rendre la vie à leur nom. J'étais aussi loin de mon siècle que Guérande est loin de Paris. Elle a été un peu la mère de mon intelligence.

— Ce n'est pas pour cela que je la bénirai, dit la baronne dont les yeux s'emplirent de larmes.

— Maman, s'écria Calyste, sur le front qui tomberent ses larmes chaudes, deux perles de maternité endolorie ! maman, ne pleurez pas, car tout à l'heure je voulais, pour lui rendre service, parcourir le pays depuis la berge aux douaniers jusqu'au bourg de Batz, et elle m'a dit : « Dans quelle inquiétude serait votre mère ! »

— Elle a dit cela ? Je puis donc lui pardonner bien des choses, dit Fanny.

— Félicité ne veut que mon bien, reprit Calyste, elle retient souvent de ces paroles vives et douteuses qui échappent aux artistes, pour ne pas ébranler en moi une foi qu'elle ne sait pas être inébranlable. Elle m'a raconté la vie à Paris de quelques jeunes gens de la plus haute noblesse, venant de leur province comme je puis en sortir, quittant leur famille sans fortune, et y conquérant, par la puissance de leur volonté, de leur intelligence, une grande fortune. Je puis faire ce qu'a fait le baron de Rastignac, au ministère aujourd'hui. Elle me donne des leçons de piano, elle m'apprend l'italien, elle m'initie à mille secrets sociaux desquels personne ne se doute à Guérande. Elle n'a pu me donner les trésors de l'amour, elle me donne ceux de sa vaste intelligence, de son esprit, de son génie. Elle ne veut pas être un plaisir, mais une lumière pour moi; elle ne heurte aucune de mes religions : elle a foi dans la noblesse, elle aime la Bretagne, elle...

— Elle a changé notre Calyste, dit la vieille aveugle en l'interrompant, car je ne comprends rien à ces paroles. Tu as une maison solide, mon beau neveu, de vieux parents qui t'adorent, de bons vieux domestiques, tu peux épouser une bonne petite Bretonne, une fille religieuse et accomplie qui te rendra bien heureux, et tu peux réserver tes ambitions pour ton fils aîné, qui sera trois fois plus riche que tu ne l'es, si tu sais vivre tranquille, économiquement, à l'ombre, dans la paix du Seigneur, pour dégager les terres de notre maison. C'est simple comme un cœur breton. Tu ne seras pas si promptement, mais plus solidement un riche gentilhomme.

— Ta tante a raison, mon ange, elle s'est occupée de ton bonheur avec autant de sollicitude que moi. Si je ne réussis pas à te marier avec miss Margaret, la fille de ton oncle lord Fitz-William, il est à peu près sûr que mademoiselle de Pen-Hoël donnera son héritage à celle de ses nièces que tu chériras.

— D'ailleurs il y a ici quelques écus, dit la vieille tante à voix basse et d'un air mystérieux.

— Me marier à mon âge ?... dit-il en jetant à sa mère un de ces regards qui font sentir la raison des mères. Serais-je donc sans belles et folles amours ! Ne pourrais-je trembler, palpiter, craindre, respirer, me coucher, dormir, sous des regards et les attendrir ? Faut-il ne pas connaître la beauté libre, la fantaisie de l'âme, les nuages qui courent sous l'azur du bonheur et que le souffle du plaisir dissipe ? N'irais-je pas dans les petits chemins détournés, humides de rosée ? Ne resterais-je pas sous le ruisseau d'une gouttière sans savoir qu'il pleut, comme les amoureux vus par Diderot ? Ne prendrais-je pas, comme le duc de Lorraine, un charbon ardent dans la paume de ma main ? N'escaladerais-je pas d'échelles de soie ? ne me suspendrais-je pas à un vieux treillis pourri sans le faire plier ? ne me cacherais-je pas dans une armoire ou sous un lit ? Ne connaîtrais-je de la femme que la soumission conjugale, de l'amour que sa flamme de lampe égale ? Mes curiosités seront-elles assouvies avant d'être excitées ? Vivrais-je sans éprouver ces rages de cœur qui grandissent la puissance de l'homme ! Serais-je un moine conjugal ? Non ! j'ai mordu la pomme parisienne de la civilisation. Ne voyez-vous pas que vous avez, par les chastes, les ignorantes mœurs de la famille, préparé le feu qui me dévore et que je serais consumé sans avoir adoré la divinité que je vois partout, dans les feuillages verts comme dans les sables allumés par le soleil, et dans toutes les femmes belles, nobles, élégantes, dépeintes par les livres, par les poèmes dévorés chez Camille ? Hélas ! de ces femmes, il n'en est qu'une à Guérande, et c'est vous ! Ces beaux oiseaux bleus de mes rêves, ils viennent de Paris, ils sortent d'entre les pages de lord Byron, de Scott : c'est l'Parisina, Effie, Minna ! Enfin c'est la royale duchesse que j'ai vue dans les landes, à travers bruyères et les genêts, et dont l'aspect me mettait tout le sang au cœur !

La baronne vit toutes ces pensées plus claires, plus belles, plus vives, que l'art ne les fait à celui qui les lit, elle les embrassa rapides, jetées par ce regard comme les flèches d'un carquois qui se renverse. Sans avoir jamais lu Beaumarchais, elle pensa, avec toutes les femmes, que ce serait un crime de marier ce chérubin.

— Oh ! mon cher enfant, dit-elle en le prenant dans ses bras, le serrant et baisant ses beaux cheveux qui étaient encore à elle, marie-

toi quand tu voudras, mais sois heureux ! Mon rôle n'est pas de te tourmenter.

Mariotte vint mettre le couvert. Gasselin était sorti pour promener le cheval de Calyste, qui depuis deux mois ne le montait plus. Ces trois femmes, la mère, la tante et Mariotte s'entendaient avec la ruse naturelle aux femmes pour fêter Calyste quand il dînait au logis. La pauvreté bretonne, armée des souvenirs et des habitudes de l'enfance, essayait de lutter avec la civilisation parisienne si fidèlement représentée à deux pas de Guérande, aux Touches. Mariotte essayait de dégoûter son jeune maître des préparations savantes de la cuisine de Camille Maupin, comme sa mère et sa tante rivalisaient de soins pour enlacer leur enfant dans les rets de leur tendresse et rendre toute comparaison impossible.

— Ah ! vous avez une lubie (le bar), monsieur Calyste, et des bécassines, et des crêpes qui ne peuvent se faire que là, dit Mariotte d'un air sournois et triomphant en se mirant dans la nappe blanche, une vraie tombée de neige.

Après le dîner, quand sa vieille tante se fut remise à tricoter, quand le curé de Guérande et le chevalier du Halga revinrent, alléchés par leur partie de mouche, Calyste sortit pour retourner aux Touches, prétextant la lettre de Béatrix à rendre.

Claude Vignon et mademoiselle des Touches étaient encore à table. Le grand critique avait une pente à la gourmandise, et ce vice était caressé par Félicité, qui savait combien une femme se rend indispensable par ses complaisances. La salle à manger, complétée depuis un mois par des additions importantes, annonçait avec quelle souplesse et quelle promptitude une femme épouse le caractère, embrasse l'état, les passions et les goûts de l'homme qu'elle aime ou veut aimer. La table offrait le riche et brillant aspect que le luxe moderne a imprimé au service, aidé par les perfectionnements de l'industrie. La pauvre et noble maison du Guénic ignorait à quel adversaire elle avait affaire, et quelle fortune était nécessaire pour jouter avec l'argenterie réformée à Paris et apportée par mademoiselle des Touches, avec ses porcelaines jugées encore bonnes pour la campagne, avec son beau linge, son vermeil, les coquetteries de sa table et la science de son cuisinier. Calyste refusa de prendre des liqueurs contenues dans un de ces magnifiques cabarets en bois précieux qui sont comme des tabernacles.

— Voici votre lettre, dit-il avec une innocente ostentation en regardant Claude, qui dégustait un verre de liqueur des îles.

— Eh bien ! qu'en dites-vous ? lui demanda mademoiselle des Touches en jetant la lettre à travers la table à Vignon, qui se mit à la lire en prenant et déposant tour à tour son petit verre.

— Mais... que les femmes de Paris sont bien heureuses, elles ont tous les hommes de génie à adorer et qui les aiment.

— Eh bien ! vous êtes encore de votre village, dit-on tout l'Félicité. Comment ? vous n'avez pas vu qu'elle l'aime déjà moins, et que...

— C'est évident, dit Claude Vignon, qui n'avait encore parcouru que le premier feuillet. Observe-t-on que ce soit de sa situation ? quand on aime véritablement, est-on aussi subtil que la marquise ? calcule-t-on, distingue-t-on ? La chère Béatrix est attachée à Conti par la fierté, elle est condamnée à l'aimer quand même.

— Pauvre femme ! dit fièrement Camille.

Calyste avait les yeux fixés sur la table, il n'y voyait plus rien. La belle femme dans le costume fantastique dessiné le matin par Félicité lui était apparue brillante de lumière, elle lui souriait, elle agitait son éventail, et l'autre main, sortant d'un sabot de dentelle et de velours nacarat, tombait blanche et pure sur les plis bouffants de sa robe splendide.

— Ce serait bien votre affaire, dit Claude Vignon en souriant d'un air sardonique à Calyste.

Calyste fut blessé du mot affaire.

— Ne donnez pas à ce cher enfant l'idée d'une intrigue pareille, vous ne savez pas combien ces plaisanteries sont dangereuses. Je connais Béatrix, elle a trop de grandiose dans le caractère pour changer et d'ailleurs Conti serait là.

— Ah ! dit railleusement Claude Vignon, un petit mouvement de jalousie !

— Le croyez-vous ? dit fièrement Camille.

— Vous êtes plus perspicace que ne le serait une mère, répondit railleusement Claude.

— Mais cela est-il possible ? dit Camille en montrant Calyste.

— Cependant, reprit Vignon, ils seraient bien assortis. Elle a dix ans de plus que lui, et c'est lui qui semble être la jeune fille.

— Une jeune fille, monsieur, qui a déjà vu le feu deux fois dans la Vendée. S'il s'était seulement trouvé vingt mille jeunes filles semblables...

— Je faisais votre éloge, dit Vignon, ce qui est bien plus facile que de vous faire la barbe.

— J'ai une épée qui la fait à ceux qui l'ont trop longue, répondit Calyste.

— Et moi je fais très-bien l'épigramme, dit en souriant Vignon, nous sommes français, l'affaire peut s'arranger.

Mademoiselle des Touches jeta sur Calyste un regard suppliant qui le calma soudain.

— Pourquoi, dit Félicité pour briser ce débat, les jeunes gens comme mon Calyste commencent-ils par aimer des femmes d'un certain âge?

Mademoiselle de Pen-Hoël.

— Je ne sais pas de sentiment qui soit plus naïf ni plus généreux, répondit Vignon, il est la conséquence des adorables qualités de la jeunesse. D'ailleurs, comment les vieilles femmes finiraient-elles sans cet amour? Vous êtes jeune et belle, vous le serez encore pendant vingt ans, on peut s'expliquer devant vous, ajouta-t-il en jetant un regard fin à mademoiselle des Touches. D'abord les semi-douairières auxquelles s'adressent les jeunes gens savent beaucoup mieux aimer que n'aiment les jeunes femmes. Un adulte ressemble trop à une jeune femme pour qu'une jeune femme lui plaise. Une telle passion frise la fable de Narcisse. Outre cette répugnance, il y a, je crois, entre eux une inexpérience mutuelle qui les sépare. Ainsi, la raison qui fait que le cœur des jeunes femmes ne peut être compris que par des hommes dont l'habileté se cache sous une passion vraie ou feinte est la même, à part la différence des esprits, qui rend une femme d'un certain âge plus apte à séduire un enfant : il sent admirablement qu'il réussira près d'elle, et les vanités de la femme sont admirablement flattées de sa poursuite. Il est enfin très-naturel à la jeunesse de se jeter sur les fruits, et l'automne de la femme en offre d'admirables et de très-savoureux. N'est-ce donc rien que ces regards à la fois hardis et réservés, languissants à propos, trempés des dernières lueurs de l'amour, si chaudes et si suaves? cette savante élégance de parole, ces magnifiques épaules dorées si noblement développées, ces rondeurs si pleines, ce galbe gras et comme ondoyant, ces mains trouées de fossettes, cette peau pulpeuse et nourrie, ce front plein de sentiments abondants où la lumière se traîne, cette chevelure si bien ménagée, si bien soignée, où d'étroites raies de chair blanche sont admirablement dessinées, et ces cous à plis superbes, ces nuques provoquantes où toutes les ressources de l'art sont déployées pour faire briller les oppositions entre les cheveux et les tons de la peau, pour mettre en relief toute l'insolence de la vie et de l'amour? Les brunes elles-mêmes prennent alors des teintes blondes, les couleurs d'ambre de la maturité. Puis ces femmes révèlent dans leurs sourires et déploient dans leurs paroles la science du monde : elles savent causer, elles vous livrent le monde entier pour vous faire sourire, elles ont des dignités et des fiertés sublimes, elles poussent des cris de désespoir à fendre l'âme, des adieux à l'amour qu'elles savent rendre inutiles et qui ravivent les passions. elles deviennent jeunes en variant les choses les plus désespérément simples; elles se font à tout moment relever de leur déchéance proclamée avec coquetterie, et l'ivresse causée par leurs triomphes est contagieuse; leurs dévouements sont absolus elles vous écoutent, elles vous aiment enfin, elles se saisissent de l'amour comme le condamné à mort s'accroche aux plus petits détails de la vie, elles ressemblent à ces avocats qui plaident tout dans leurs causes sans ennuyer le tribunal, elles usent de tous leurs moyens, enfin on ne connaît l'amour absolu que par elles. Je ne crois pas qu'on puisse jamais les oublier, pas plus qu'on n'oublie ce qui est grand, sublime. Une jeune femme a mille distractions, ces femmes-là n'en ont aucune; elles n'ont plus ni amour-propre, ni vanité, ni petitesse; leur amour, c'est la Loire à son embouchure : il est immense, il est grossi de toutes les déceptions, de tous les affluents de la vie, et voilà pourquoi... ma fille est muette, dit-il en voyant l'attitude extatique de mademoiselle des Touches, qui serrait avec force la main de Calyste, peut-être doit-elle me remercier d'avoir été l'occasion d'un pareil moment, d'un éloge si pompeux qu'elle ne put y voir aucun piége.

Pendant le reste de la soirée, Claude Vignon et Félicité furent étincelants d'esprit, racontèrent des anecdotes et peignirent le monde parisien à Calyste qui s'éprit de Claude, car l'esprit exerce ses séductions surtout sur les gens de cœur.

— Je ne serai pas étonné de voir débarquer demain la marquise de Rochegude et Conti, qui sans doute l'accompagne, dit Claude à la fin de la soirée. Quand j'ai quitté le Croisic, les marins avaient reconnu un petit bâtiment danois, suédois ou norwégien.

Cette phrase rosa les joues de l'impassible Camille. Ce soir, madame du Guénic attendit encore jusqu'à une heure du matin son fils, sans pouvoir comprendre ce qu'il faisait aux Touches, puisque Félicité ne l'aimait pas.

— Mais il les gêne, se disait cette adorable mère. — Qu'avez-vous donc tant dit? lui demanda-t-elle en le voyant entrer.

— Oh! ma mère, je n'ai jamais passé de soirée plus délicieuse. Le génie est une bien grande, bien sublime chose! Pourquoi ne m'as-tu pas doué du génie? Avec du génie on doit pouvoir choisir parmi les femmes celles qu'on aime, elle est forcément à vous.

— Mais tu es beau, mon Calyste.

— La beauté n'est bien placée que chez vous. D'ailleurs Claude Vignon est beau. Les hommes de génie ont des fronts lumineux, des yeux d'où jaillissent des éclairs; et, moi, malheureux, je ne sais rien qu'aimer.

— On dit que cela suffit, mon ange, dit-elle en le baisant au front.

— Bien vrai?

— On me l'a dit, je ne l'ai jamais éprouvé.

Ce fut au tour de Calyste à baiser saintement la main de sa mère.

— Je t'aimerai pour tous ceux qui t'auraient adorée, lui dit-il.

— Cher enfant, c'est un peu ton devoir, tu as hérité de tous mes sentiments. Ne sois donc pas imprudent : tâche de n'aimer que de nobles femmes, s'il faut que tu aimes.

Quel est le jeune homme plein d'amour débordant et de vie contenue qui n'aurait eu l'idée victorieuse d'aller au Croisic voir débarquer madame de Rochegude, afin de pouvoir l'examiner incognito? Calyste surprit étrangement sa mère et son père, qui ne savaient rien de l'arrivée de la belle marquise, en partant le matin sans vouloir déjeuner. Dieu sait avec quelle agilité le Breton leva le pied. Il semblait qu'une force inconnue l'aidât, il se sentit léger, il se coula le long des murs des Touches pour n'être pas vu. Cet adorable enfant eut honte de son ardeur et peut-être une crainte horrible d'être plaisanté. Félicité, Claude Vignon, étaient si perspicaces! Dans ces cas-là, d'ailleurs, les jeunes gens croient que leurs fronts sont diaphanes. Il suivit les détours du chemin à travers le dédale des marais salants, gagna les sables et les franchit comme d'un bond, malgré l'ardeur du soleil qui y pétillait. Il arriva près de la berge, encaissée par un empierrement, au pied de laquelle est une maison où les voyageurs trouvent un abri contre les orages, les vents de mer, la pluie et les ouragans. Il n'est pas toujours possible de traverser le petit bras de mer, il ne se trouve pas toujours des barques, et pendant le temps qu'elles mettent à venir du port il est souvent utile de tenir à couvert les chevaux, les ânes, les marchandises ou les bagages des passagers. De là se découvrait la pleine mer et la ville du Croisic; de là Calyste vit bientôt arriver deux barques pleines d'effets, de paquets, de coffres, sacs de nuit et caisses dont la forme et les dispositions annonçaient aux naturels du pays les choses extraordinaires que ne pouvaient appartenir qu'à des voyageurs de distinction. Dans l'une des barques était une jeune femme, en chapeau de paille à voile vert, accompagnée d'un homme. Leur barque aborda la première. Calyste de tressaillir; mais à leur aspect il reconnut un domestique et une femme de chambre, il n'osa les questionner.

— Venez-vous au Croisic, monsieur Calyste? demandèrent les marins qui le connaissaient et auxquels il répondit par un signe de tête négatif, assez honteux d'avoir été nommé.

Calyste fut charmé à la vue d'une caisse couverte en toile goudronnée sur laquelle on lisait : MADAME LA MARQUISE DE ROCHEGUDE. Ce nom brillait à ses yeux comme un talisman, il y sentait je ne sais quoi de fatal; il savait, sans en pouvoir douter, qu'il aimerait cette femme; les plus petites choses qui la concernaient l'occupaient déjà, l'intéressaient et piquaient sa curiosité. Pourquoi? Dans le brûlant désert de ses désirs infinis et sans objet, la jeunesse n'envoie-t-elle pas toutes ses forces sur la première qui s'y présente. Béatrix avait hérité de l'amour que dédaignait Camille. Calyste regarda faire le débarquement, tout en jetant de temps en temps les yeux sur le Croisic, espérant voir une barque sortir du port, venir à ce petit promontoire où mugissait la mer, et lui montrer cette Béatrix déjà devenue dans sa pensée ce qu'était Béatrix pour Dante, une éternelle statue de marbre aux mains de laquelle il suspendrait ses fleurs et ses couronnes. Il demeurait les bras croisés, perdu dans les méditations de l'attente. Un fait digne de remarque, et qui cependant n'a point été remarqué, c'est comme nous soumettons souvent nos sentiments à une volonté, combien nous prenons une sorte d'engagement avec nous-mêmes, et comme nous créons notre sort : le hasard n'y a certes pas autant de part que nous le croyons.

— Je ne vois point les chevaux, dit la femme de chambre assise sur une malle.

— Et moi je ne vois pas de chemin frayé, dit le domestique.

— Il est cependant venu des chevaux ici, dit la femme de chambre en montrant les preuves de leur séjour. Monsieur, dit-elle en s'adressant à Calyste, est-ce bien là la route qui mène à Guérande?

— Oui, répondit-il. Qui donc attendez-vous?

— On nous a dit qu'on viendrait nous chercher des Touches. Si l'on tardait, je ne sais pas comment madame la marquise s'habillerait, dit-elle au domestique. Vous devriez aller chez mademoiselle des Touches. Quel pays de sauvages!

Calyste eut un vague soupçon de la fausseté de sa position.

— Votre maîtresse va donc aux Touches? demanda-t-il.

— Mademoiselle est venue ce matin à sept heures la chercher, répondit-elle. Ah! voici des chevaux...

Calyste se précipita vers Guérande avec la vitesse et la légèreté d'un chamois, en faisant un crochet de lièvre pour ne pas être reconnu par les gens des Touches; mais il en rencontra deux dans le chemin étroit des marais par où il passa. — Entrerai-je, n'entrerai-je pas? pensait-il en voyant poindre les pins des Touches. Il eut peur, il rentra penaud et contrit à Guérande, et se promena sur le mail, où il continua sa délibération. Il tressaillit en voyant les Touches, et en examinait les girouettes. — Elle ne se doute pas de mon agitation! se disait-il. Ses pensées capricieuses étaient autant de grappins qui s'enfonçaient dans son cœur et y attachaient la marquise. Calyste n'avait

pas eu ces terreurs, ces joies d'avant-propos avec Camille; il l'avait rencontrée à cheval, et son désir était né comme à l'aspect d'une belle fleur qu'il eût voulu cueillir. Ces incertitudes composent comme des poèmes chez les âmes timides. Échauffées par les premières flammes de l'imagination, ces âmes se soulèvent, se courroucent, s'apaisent, s'animent tour à tour, et arrivent dans le silence et la solitude au plus haut degré de l'amour, avant d'avoir abordé l'objet de tant d'efforts. Calyste aperçut de loin sur le mail le chevalier du Halga qui se promenait avec mademoiselle de Pen-Hoël, il entendit prononcer son nom, il se cacha. Le chevalier et la vieille fille, se croyant seuls sur le mail, y parlaient à haute voix.

— Puisque Charlotte de Kergarouët vient, disait le chevalier, gardez-la trois ou quatre mois. Comment voulez-vous qu'elle soit coquette avec Calyste? elle ne reste jamais assez longtemps pour l'entreprendre; tandis qu'en se voyant tous les jours, ces deux enfants finiront par se prendre de belle passion, et vous les marierez l'hiver prochain. Si vous dites deux mots de vos intentions à Charlotte, elle en aura bientôt dit quatre à Calyste, et une jeune fille de seize ans aura certes raison d'une femme de quarante et quelques années.

Les deux vieilles gens se retournèrent pour revenir sur leurs pas; Calyste n'entendit plus rien, mais il avait compris l'intention de mademoiselle de Pen-Hoël. Dans la situation d'âme où il était, rien ne devait être plus fatal. Est-ce au milieu des espérances d'un amour préconçu qu'un jeune homme accepte pour femme une jeune fille imposée? Calyste, à qui Charlotte de Kergarouët était indifférente, se sentit disposé à la rebuter. Il était inaccessible aux considérations de fortune, il avait depuis son enfance accoutumé sa vie à la médiocrité de la maison paternelle, et d'ailleurs il ignorait les richesses de mademoiselle de Pen-Hoël en lui voyant mener une vie aussi pauvre que celle des du Guénic. Enfin, un jeune homme élevé comme l'était Calyste ne devait faire cas des sentiments, et sa pensée tout entière appartenait à la marquise. Devant le portrait que lui avait dessiné Camille, qu'était la petite Charlotte? la compagne de son enfance qu'il traitait comme une sœur. Il ne revint au logis que vers cinq heures. Quand il entra dans la salle, sa mère lui tendit avec un sourire triste une lettre de mademoiselle des Touches.

Claude Vignon, pour toute vengeance, prenait plaisir à voir la confusion de... — PAGE 28.

« Mon cher Calyste, la belle marquise de Rochegude est venue, nous comptons sur vous pour fêter son arrivée. Claude, toujours railleur, prétend que vous serez *Bice* et qu'elle sera *Dante*. Il y va de l'honneur de la Bretagne et des du Guénic de bien recevoir une Casteran. À bientôt donc.

« Votre ami,
« CAMILLE MAUPIN.

« Venez sans cérémonie, comme vous serez; autrement nous serions ridicules. »

Calyste montra la lettre à sa mère et partit.

— Que sont les Casteran, demanda-t-elle au baron.

— Une vieille famille de Normandie, alliée à Guillaume le Conquérant, répondit-il. Ils portent tiercé en fasce d'azur, de gueules et de sable, au cheval élancé d'argent, terré d'or.

— Et les Rochegude?

— Je ne connais pas ce nom, il faudrait voir leur blason, dit-il.

La baronne fut un peu moins inquiète en apprenant que la marquise Béatrix de Rochegude appartenait à une vieille maison, mais elle éprouva toujours une sorte d'effroi de savoir son fils exposé à de nouvelles séductions.

Calyste éprouvait en marchant des mouvements à la fois violents et doux; il avait la gorge serrée, le cœur gonflé, le cerveau troublé; la fièvre le dévorait. Il voulait ralentir sa marche, une force supérieure la précipitait toujours. Cette impétuosité des sens excitée par un vague espoir, tous les jeunes gens l'ont connue : un feu subtil flambe intérieurement, et fait rayonner autour d'eux comme ces nimbes peints autour des divines personnages dans les tableaux religieux, et à travers lesquels ils voient la nature embrasée et la femme radieuse. Ne sont-ils pas alors, comme les saints, pleins de foi, d'espérance, d'ardeur, de pureté? Le jeune Breton trouva la compagnie dans le petit salon de l'appartement de Camille. Il était alors environ six heures : le soleil en tombant répandait par la fenêtre ses teintes rouges, brisées dans les arbres; l'air était calme, il y avait dans le salon cette pénombre que les femmes aiment tant.

— Voici le député de la Bretagne, dit en souriant Camille Maupin à son amie en lui montrant Calyste quand il souleva la portière en tapisserie, il est exact comme un roi.

— Vous avez reconnu son pas, dit Claude Vignon à mademoiselle des Touches.

Calyste s'inclina devant la marquise, qui le salua par un geste de tête, il ne l'avait pas regardée; il prit la main que lui tendait Claude Vignon et la serra.

— Voici le grand homme de qui nous vous avons tant parlé, Gennaro Conti, lui dit Camille sans répondre à Vignon.

Elle montrait à Calyste un homme de moyenne taille, mince et fluet, aux cheveux châtains, aux yeux presque rouges, au teint blanc et marqué de taches de rousseur, ayant tout à fait la tête si connue de lord Byron que la peinture ne serait superflue, mais mieux portée peut-être. Conti était assez fier de cette ressemblance.

— Je suis enchanté, pour un jour que je passe aux Touches, de rencontrer monsieur, dit Gennaro.

— C'était à moi de dire cela de vous, répondit Calyste avec assez d'aisance.

— Il est beau comme un ange, dit la marquise à Félicité.

Placé entre le divan et les deux femmes, Calyste entendit confusément cette parole, quoique dite en murmurant et à l'oreille. Il s'assit dans un fauteuil et jeta sur la marquise quelques regards à la dérobée. Dans la douce lueur du couchant, il aperçut alors, jetée sur le divan comme si quelque statuaire l'y eût posée, une forme blanche et serpentine qui lui causa des éblouissements. Sans le savoir, Félicité, par sa description, avait bien servi son amie. Béatrix était supérieure au portrait peu flatté fait la veille par Calyste. N'était-ce pas un peu pour le convive que Béatrix avait mis dans sa royale chevelure des touffes de bluets qui faisaient valoir le ton pâle de ses boucles crêpées, arrangées pour accompagner sa figure en badinant le long des joues? Le tour de ses yeux, cerné par la fatigue, était semblable à la nacre la plus pure, la plus chatoyante, son teint avait l'éclat de ses yeux. Sous la blancheur de sa peau, aussi fine que la pellicule satinée d'un œuf, la vie étincelait dans un sang bleuâtre. La délicatesse des traits était inouïe. Le front paraissait être diaphane. Cette tête suave et douce, admirablement posée sur un long cou d'un dessin merveilleux, se prêtait aux expressions les plus diverses. La taille, à prendre avec les mains, avait un laissez-aller ravissant. Les épaules découvertes étincelaient dans l'ombre comme un camélia blanc dans une chevelure noire. La gorge habilement présentée, mais couverte d'un fichu clair, laissait apercevoir deux contours d'une exquise mièvrerie. La robe de mousseline blanche semée de fleurs bleues, les grandes manches, le corsage à pointe et sans ceinture, les souliers à cothurnes croisés sur un bas de fil d'Ecosse, accusaient une admirable science de toilette. Deux boucles d'oreilles en filigrane d'argent, miracle d'orfèvrerie génoise qui allait sans doute être à la mode, étaient parfaitement en harmonie avec le flou délicieux de cette blonde chevelure étoilée de bluets. En un seul coup d'œil, l'avide regard de Calyste s'y prehenda les beautés et les grava dans son âme. La blonde Béatrix et la brune Félicité eussent rappelé les contrastes de keepsake si fort recherchés par les graveurs et les dessinateurs anglais. C'était la force et la faiblesse de la femme dans tous leurs développements, une parfaite antithèse. Ces deux femmes ne pouvaient jamais être rivales, elles avaient chacune leur empire. C'était une délicate pervenche ou un lis auprès d'un somptueux et brillant pavot rouge, une turquoise près d'un rubis. En un moment Calyste fut saisi d'un amour qui couronna l'œuvre secrète de ses espérances, de ses craintes, de ses incertitudes. Mademoiselle des Touches avait réveillé les sens, Béatrix enflammait le cœur et la pensée. Le jeune Breton sentait en lui-même s'élever une force à tout vaincre, à ne rien respecter. Aussi jeta-t-il sur Conti le regard envieux, haineux, sombre et craintif de la rivalité qu'il n'avait jamais eue pour Claude Vignon. Calyste employa toute son énergie à se contenir, en pensant néanmoins que les Turcs avaient raison d'enfermer les femmes, et qu'il devait être défendu à de belles créatures de se montrer dans leurs irritantes coquetteries à des jeunes gens embrasés d'amour. Ce fougueux ouragan s'apaisa dès que les yeux de Béatrix s'abaissaient sur lui et que sa douce parole se faisait entendre, déjà le pauvre enfant la redoutait à l'égal de Dieu. On sonna le dîner.

— Calyste, donnez le bras à la marquise, dit mademoiselle des Touches en prenant Conti à sa droite, Vignon à sa gauche, et se rangeant pour laisser passer le jeune couple.

Descendre aussi le vieil escalier des Touches était pour Calyste comme une première bataille : le cœur lui faillit, il ne trouvait rien à dire, une petite sueur empela sur son front et lui mouillait le dos; son bras tremblait si fort qu'à la dernière marche la marquise lui dit :

— Qu'avez-vous?

— Mais répondit-il d'une voix étranglée, je n'ai jamais vu de ma vie une femme aussi belle que vous, excepté ma mère, et je ne suis pas maître de mes émotions.

— N'avez-vous pas ici Camille Maupin?

— Ah! quelle différence! dit naïvement Calyste.

— Bien, Calyste, lui souffla Félicité dans l'oreille, quand je vous le disais que vous m'oublieriez comme si je n'avais pas existé. Mettez-vous là, près d'elle, à sa droite, et Vignon à sa gauche. Quant à toi, Gennaro, je te garde, ajouta-t-elle en riant, nous surveillerons ses coquetteries.

L'accent particulier que mit Camille à ce mot ne frappa Claude, qui lui jeta ce regard sournois et quasi distrait par lequel se trahit en lui l'observation. Il ne cessa d'examiner mademoiselle des Touches pendant tout le dîner.

— Des coquetteries, répondit la marquise en se dégantant et montrant ses magnifiques mains, il y a de quoi. J'ai d'un côté, dit-elle en montrant Claude, un poète, et de l'autre la poésie.

Gennaro Conti jeta sur Calyste un regard plein de flatteries. Aux lumières, Béatrix parut encore plus belle : les blanches clartés des bougies produisaient des luisants satinés sur son front, allumaient des paillettes dans ses yeux de gazelle et passaient à travers ses boucles soyeuses en les byjillantant et y faisant resplendir quelques fils d'or. Elle rejeta son écharpe de gaze en arrière par un geste gracieux, et se découvrit le cou, alors Calyste aperçut alors une nuque déliée et blanche comme du lait, creusée par un sillon vigoureux qui se séparait en deux avec deux bords perdues vers chaque épaule avec une moelleuse et décevante symétrie. Ces changements à vue que se permettent les femmes produisent par d'effets dans le monde, qui les regards sont blasés, mais ils font de cruels ravages sur les âmes neuves comme était celle de Calyste. Ce cou, si dissemblable de celui de Camille, annonçait chez Béatrix son tout autre caractère. Là se reconnaissaient l'orgueil de la race, une ténacité particulière à la noblesse, et je ne sais quoi de dur dans cette double attache, qui peut-être est le dernier vestige de la force des anciens conquérants.

Calyste eut mille peines à paraître manger, il éprouvait des mouvements nerveux qui lui ôtaient la faim. Comme chez tous les jeunes gens, la nature était en proie aux convulsions qui précèdent le premier amour et le gravent si profondément dans l'âme. A cet âge l'ardeur du cœur, contenue par l'ardeur morale, amène un combat intérieur qui explique la longue hésitation respectueuse, les profondes méditations de tendresse, l'absence de tout calcul, attraits particuliers aux jeunes gens d'un le cœur et la vie sont purs. En étudiant, quoique à la dérobée, afin de ne pas éveiller les soupçons du jaloux Gennaro, les détails qui rendent la marquise de Rochegude si noblement belle, Calyste fut bientôt opprimé par la majesté de la femme aimée : il se sentit rapetissé par la hauteur de certains regards, par l'attitude imposante de ce visage où débordaient les sentiments aristocratiques, par une certaine fierté que les femmes font exprimer à de légers mouvements, à des airs de tête, à d'admirables lenteurs de geste, et qui sont des effets moins plastiques, moins étudiés qu'on ne le pense. Ces mignons détails de leur changeante physionomie répondent aux délicatesses, aux mille agitations de leurs âmes. Il y a du sentiment dans toutes ces expressions. La fausse situation où se trouvait Béatrix lui commandait de veiller par la majesté, de se rendre imposante sans être ridicule, et les femmes du grand monde savent toutes atteindre à ce but, à l'écueil des femmes vulgaires. Aux regards de Félicité, Béatrix devina l'adoration intérieure qu'elle inspirait à son voisin, et qu'il était indigne d'elle d'encourager, elle jeta donc sur Calyste en temps opportun un ou deux regards répressifs qui tombèrent sur lui comme des avalanches de neige. L'infortuné se plaignit à mademoiselle des Touches par un regard où se devinaient des larmes gardées sur le cœur avec une énergie surhumaine, et Félicité lui demanda d'une voix amicale pourquoi il ne mangeait rien. Calyste se bourra par ordre et eut l'air de prendre part à la conversation. Être importun au lieu de plaire, cette idée insoutenable lui martelait la cervelle. Il devint d'autant plus honteux qu'il aperçut derrière la chaise de la marquise le domestique qu'il avait vu le matin sur la jetée, et qui, sans doute, parlerait de sa curiosité. Contrit ou heureux, madame de Rochegude ne fit aucune attention à son voisin. Mademoiselle des Touches l'ayant mise sur son voyage d'Italie, elle trouva moyen de raconter spirituellement la passion à brûle-pourpoint dont l'avait honoré un diplomate russe à Florence, en se moquant des petits jeunes gens qui se jetaient sur les femmes comme des sauterelles sur la verdure. Elle fit rire Claude Vignon Gennaro, Félicité elle-même, quoique ces traits moqueurs atteignissent au cœur de Calyste, qui, au travers du bourdonnement qui retentissait à ses oreilles et dans sa cervelle, n'entendait que des mots. Le pauvre enfant ne se jurait pas à lui-même, comme certains entêtés, d'obtenir cette femme à tout prix ; non, il n'avait point de colère, il souffrait. Quand il aperçut chez Béatrix une intention de l'immoler aux pieds de Gennaro, il se dit : Que je lui serve à quelque chose ! et se laissa maltraiter avec une douceur d'agneau.

— Vous qui admirez tant la poésie, dit Claude Vignon à la marquise, comment l'accueillez-vous aussi mal ? Ces naïves admirations, si jolies dans leur expression, sans arrière-pensée et si dévouées, n'est-ce pas la poésie du cœur ? Avouez-le, elles vous laissent un sentiment de plaisir et de bien-être.

— Certes, dit-elle ; mais nous serions bien malheureuses et surtout bien indignes si nous cédions à toutes les passions que nous inspirons.

— Si vous ne choisissiez pas, dit Conti, nous ne serions pas si fiers d'être aimés.

— Quand serai-je choisi et distingué par une femme ? se demanda Calyste, qui réprima difficilement une émotion cruelle. Il rougit alors comme un malade sur la plaie duquel un doigt s'est par mégarde appuyé. Mademoiselle des Touches fut frappée de l'expression qui se peignit sur la figure de Calyste, et tâcha de le consoler par un regard plein de sympathie. Ce regard, Claude Vignon le surprit. Dès ce moment, l'écrivain devint d'une gaieté qu'il répandit en sarcasmes : il soutint à Béatrix que l'amour n'existait que par le désir, que la plupart des femmes se trompaient en aimant, qu'elles aimaient pour des raisons très souvent inconnues aux hommes et à elles-mêmes, qu'elles voulaient quelquefois se tromper, que la plus noble d'entre elles était encore artificieuse.

— Tenez-vous-en aux livres, ne critiquez pas nos sentiments, dit Camille en lui lançant un regard impérieux.

Le dîner cessa d'être gai. Les moqueries de Claude Vignon avaient rendu les deux femmes pensives. Calyste sentait une souffrance horrible au milieu du bonheur que lui causait la vue de Béatrix. Conti cherchait dans les yeux de la marquise à deviner ses pensées. Quand le dîner fut fini, mademoiselle des Touches prit le bras de Calyste, donna les deux autres hommes à la marquise et les laissa aller en avant afin de pouvoir dire au jeune Breton : — Mon cher enfant, si la marquise vous aime, elle jettera Conti par les fenêtres ; mais vous vous conduisez en ce moment de manière à resserrer leurs liens. Quand elle serait ravie de vos adorations, doit-elle y faire attention ? Possédez-vous.

— Elle a été dure pour moi, elle ne m'aimera point, dit Calyste, et si elle ne m'aime pas, j'en mourrai.

— Mourir !... vous ! mon cher Calyste, dit Camille, vous êtes un enfant. Vous ne seriez donc pas mort pour moi ?

— Vous vous êtes faite mon amie, répondit-il.

Après les causeries qu'exigent toujours le café, Vignon pria Conti de chanter un morceau. Mademoiselle des Touches se mit au piano. Camille et Gennaro chantèrent le Dunque il mio bene tu mia sarai, le dernier duo de Roméo et Juliette de Zingarelli, l'une des pages les plus pathétiques de la musique moderne. Le passage Di tanti palpiti exprime l'amour dans toute sa grandeur. Calyste, assis dans le fauteuil où Félicité lui avait raconté l'histoire de la marquise, écoutait religieusement Béatrix et Vignon étaient chacun d'un côté du piano. La voix sublime de Conti savait se marier à celle de Félicité. Tous deux avaient souvent chanté ce morceau, ils en connaissaient les ressources et s'entendaient à merveille pour le faire valoir. Ce fut en ce moment, ce que le musicien a voulu créer, un poème de mélancolie divine, les adieux de deux cygnes à la vie. Quand le duo fut terminé, chacun était en proie à des sensations qui ne s'expriment point par des applaudissements.

— Ah ! la musique est le premier des arts ! s'écria la marquise.

— Camille place en avant la jeunesse et la beauté, la première de toutes les poésies, dit Claude Vignon.

Mademoiselle des Touches regarda Claude en dissimulant une vague inquiétude. Béatrix, ne voyant point Calyste, tourna la tête comme pour savoir quel effet cette musique lui faisait éprouver, moins par intérêt pour lui que pour la satisfaction de Conti : elle aperçut dans l'embrasure un visage blanc couvert de grosses larmes. A cet aspect, comme si quelque vive douleur l'eût atteinte, elle détourna promptement la tête et regarda Gennaro. Non-seulement la musique s'était dressée devant Calyste, l'avait touché de sa baguette divine, l'avait lancé dans la création et lui en avait dépouillé les voiles, mais encore il était abasourdi du génie de Conti. Malgré ce que Camille Maupin lui avait dit de son caractère, il le croyait alors une belle âme, un cœur plein d'amour. Comment lutter avec un pareil artiste ! comment une femme ne l'adorerait-elle pas toujours ? Ce chant entrait dans l'âme comme une autre âme. Le pauvre enfant était autant accablé par la poésie que par le désespoir : il se trouvait être si peu de chose ! Cette accusation ingénue de son néant se lisait mêlée à son admiration. Il ne s'aperçut pas du geste de Béatrix, qui, ramenée vers Calyste par la contagion des sentiments vrais, le montra par un signe à mademoiselle des Touches.

— Oh ! l'adorable cœur ! dit Félicité. Conti, vous ne recueillerez jamais d'applaudissements qui vaillent l'hommage de cet enfant. Chantons alors un trio. Béatrix, ma chère, venez !

Quand la marquise, Camille et Conti se mirent au piano, Calyste se leva doucement à leur insu, se jeta sur un des sofas de la chambre à coucher dont la porte était ouverte, et y demeura plongé dans son désespoir.

— Qu'avez-vous, mon enfant ? lui dit Claude, qui se coula silencieusement auprès de Calyste et lui prit la main. Vous aimez, vous vous croyez dédaigné ; mais il n'en est rien. Dans quelques jours vous aurez le champ libre ici, vous y régnerez, vous serez aimé par plus d'une personne, enfin, si vous savez bien vous conduire, vous y serez comme un sultan.

— Que me dites-vous ? s'écria Calyste en se levant et entraînant par un geste Claude dans la bibliothèque. Qui m'aime ici ?

— Camille, répondit Claude.

— Camille m'aimerait ? demanda Calyste. Eh bien ! vous ?

— Moi, reprit Claude, moi..... Il ne continua pas. Il s'assit et s'appuya la tête avec une profonde mélancolie sur un coussin. Je suis ennuyé de la vie et n'ai pas le courage de la quitter, dit-il après un moment de silence. Je voudrais m'être trompé dans ce que je viens de vous dire, mais depuis quelques jours plus d'une clarté vive a lui. Je ne me suis pas promené dans les roches du Croisic pour mon plaisir. L'amertume de mes paroles à mon retour, quand je vous ai trouvé causant avec Camille, prenait sa source au fond de mon amour-propre blessé. Je m'expliquerai tantôt avec Camille. Deux esprits aussi clairvoyants que le sien et le mien ne sauraient se tromper. Entre deux duellistes de profession, le combat n'est pas de longue durée. Aussi puis-je d'avance vous annoncer mon départ. Oui, je quitterai les Touches, demain peut-être, avec Conti. Certes il s'y passera, quand nous n'y serons plus, d'étranges, de terribles choses peut-être. Je regretterai de ne pas assister à ces débats de passion si rares en France et si dramatiques. Vous êtes bien jeune pour une lutte si dangereuse : vous m'intéressez. Sans le profond dégoût que m'inspirent les femmes, je resterais pour vous aider à jouer cette partie : elle est difficile, vous pouvez la perdre, vous avez affaire à deux femmes extraordinaires, et vous êtes déjà trop amoureux de l'une pour vous servir de l'autre. Béatrix doit avoir de l'obstination dans le caractère, et Camille a de la grandeur. Peut-être comme une chose frêle et délicate, serez-vous brisé entre ces deux écueils, entraîné par les torrents de la passion. Prenez garde.

La stupéfaction de Calyste, en entendant ces paroles, permit à Claude Vignon de les dire et de quitter le jeune Breton, qui demeura comme un voyageur qui voit, dans les Alpes, un guide à démontrer la profondeur d'un abîme en y jetant une pierre. Apprendre de la bouche même de Claude que lui, Calyste, était aimé de Camille au moment où il se sentait amoureux de Béatrix pour toute sa vie ! il y avait dans cette situation un poids trop fort pour une jeune âme si naïve. Mû par un regret immense qui l'accablait dans le passé, tué dans le présent par la difficulté de sa position entre Béatrix, qu'il aimait, entre Camille, qu'il aimait plus, et par laquelle Claude le disait aimé le pauvre enfant ne désespérait, il demeura indécis, perdu dans ses pensées Il cherchait inutilement les raisons qu'avait eues Félicité de rejeter son amour et de courir à Paris y chercher Claude Vignon. Par moments la voix de Béatrix arrivait pure et fraîche à ses oreilles et lui causait des émotions violentes qu'il avait évitées en quittant le petit salon. A plusieurs reprises il ne s'était plus senti maître de réprimer une féroce envie de la saisir et de l'emporter. Qu'allait-il devenir ? Reviendrait-il aux Touches ? En se sachant aimé de Camille, comment pourrait-il adorer Béatrix ? Il ne trouvait aucune solution à ces difficultés. Insensiblement le silence régna dans la maison. Il entendit sans y faire attention le bruit de plusieurs portes qui se fermaient. Puis tout à coup il compta les douze coups de minuit à la pendule de la chambre voisine, où la voix de Camille et celle de Claude le réveillèrent de l'engourdissante contemplation de son avenir et où brillait une lumière au milieu des ténèbres. Avant qu'il se montrât, il put écouter de terribles paroles prononcées par Vignon.

— Vous êtes arrivée à Paris éperdument amoureuse de Calyste, disait-il à Félicité, mais vous étiez épouvantée des suites d'une semblable passion à votre âge : elle vous menait dans un abîme, dans un enfer, au suicide peut-être! L'amour ne subsiste qu'en se croyant éternel, et vous aperceviez à quelques pas dans votre vie une séparation horrible : le dégoût et la vieillesse terminant bientôt un poème sublime. Vous vous êtes souvenue d'Adolphe épouvantable dénoûment des amours de madame de Staël et de Benjamin Constant, qui cependant étaient bien plus en rapport d'âge que vous ne l'êtes avec Calyste. Vous m'avez alors pris comme on prend des fascines pour élever des retranchements entre les ennemis et soi. Mais si vous vouliez me faire aimer les Touches, n'était-ce pas pour y passer vos jours dans l'adoration secrète de votre Dieu? Pour accomplir votre plan, à la fois ignoble et sublime, vous deviez chercher un homme vulgaire ou un homme si préoccupé par de hautes pensées qu'il pût être facilement trompé. Vous m'avez cru simple, facile à abuser comme un homme de génie. Il paraît que je suis seulement un homme d'esprit : je vous ai devinée. Quand hier je vous ai fait l'éloge des femmes de votre âge, en vous expliquant pourquoi Calyste vous aimait, croyez-vous que j'aie pris pour moi vos regards ravis, brillants, enchantés? N'avais-je pas déjà lu dans votre âme? Les yeux étaient bien tournés sur moi, mais le cœur battait pour Calyste. Vous n'avez jamais été aimée, ma pauvre Maupin, et vous ne le serez jamais après vous être refusé le beau fruit que le hasard vous a offert aux portes de l'enfer des femmes, et qui tournent sur leurs gonds poussées par le chiffre 50?

— Pourquoi l'amour m'a-t-il donc fuie? dit-elle d'une voix altérée, dites-le-moi, vous qui savez tout... ;

— Mais vous n'êtes pas aimable, reprit-il, vous ne vous pliez pas à l'amour, il doit se plier à vous. Vous pourrez peut-être vous adonner aux malices et à l'entrain des gamins, mais vous n'avez pas d'enfance au cœur, il y a trop de profondeur dans votre esprit, vous n'avez jamais été naïve, et vous ne commenceriez pas à l'être aujourd'hui. Votre grâce vient du mystère, elle est abstraite et non active. Enfin votre force éloigne les gens très-forts qui prévalent une lutte. Votre puissance peut plaire à de jeunes âmes qui, semblables à celle de Calyste, aiment à être protégées, mais, à la longue, elle fatigue. Vous êtes grande et sublime : subies les inconvénients de ces deux qualités, elles ennuient.

— Quel arrêt! s'écria Camille. Ne puis-je être femme, suis-je une monstruosité?

— Peut-être, dit Claude.

— Nous verrons! s'écria la femme piquée au vif.

— Adieu, ma chère, demain je pars. Je ne vous en veux pas, Camille : je vous trouve la plus grande des femmes ; mais, si je continuais à vous servir de paravent ou d'écran, dit Claude avec deux savantes inflexions de voix, vous me mépriseriez singulièrement. Nous pouvons nous quitter sans chagrin ni remords : nous n'avons ni bonheur à regretter, ni espérances déjouées. Pour vous, comme pour quelques hommes de génie infiniment rares, l'amour n'est pas ce que la nature l'a fait : un besoin impérieux à la satisfaction duquel elle attache de vifs mais de passagers plaisirs, et qui meurt ; vous le voyez tel que l'a créé le christianisme : un royaume idéal, plein de sentiments nobles, de grandes petitesses, de poésies, de sensations spirituelles, de dévouements, de fleurs morales, d'harmonies enchanteresses, et situé bien au-dessus des grossièretés vulgaires, mais où vont deux créatures réunies de par les ailes du plaisir. Voilà ce que j'espérais, je croyais saisir une des clefs qui nous ouvrent la porte fermée pour tant de gens et par laquelle on s'élance dans l'infini. Vous y étiez déjà, vous! Ainsi vous m'avez trompé. Je retourne à la misère, dans ma vaste prison de Paris. Il m'aurait suffi de cette tromperie au commencement de ma carrière pour me faire fuir les femmes; aujourd'hui, elle met dans mon âme un désenchantement qui me plonge à jamais dans une solitude épouvantable, je m'y trouverai sans la foi qui aidait les pères à la peupler d'images sacrées. Voilà, ma chère Camille, où nous mène la supériorité de l'esprit : nous pouvons chanter tous deux l'hymne horrible qu'Alfred de Vigny met dans la bouche de Moïse parlant à Dieu :

Seigneur, vous m'avez fait puissant et solitaire.

En ce moment Calyste parut.

— Je ne dois pas vous laisser ignorer que je suis là, dit-il.

Mademoiselle des Touches exprima la plus vive crainte, une rougeur subite colora son visage impassible d'un ton de feu. Pendant toute cette scène, elle demeura plus belle qu'en aucun moment de sa vie.

— Nous vous avions cru parti, Calyste, dit Claude ; mais cette indiscrétion involontaire de part et d'autre est sans danger : peut-être serez-vous plus à votre aise aux Touches en connaissant Félicité tout entière. Son silence annonce que je ne me suis point trompé sur le rôle qu'elle me destinait. Elle vous aime, comme je vous le disais, mais elle vous aime pour vous et non pour elle, sentiment que peu de femmes sont capables de concevoir et d'embrasser ; peu d'entre elles connaissent la volupté des douleurs entretenues par le désir, c'est une de ces magnifiques passions réservées à l'homme ; mais elle en a un peu honte! dit-il en raillant. Votre passion pour Béatrix la fera souffrir et la rendra heureuse tout à la fois.

Des larmes vinrent aux yeux de mademoiselle des Touches, qui n'osait regarder ni le terrible Claude Vignon, ni l'ingénu Calyste. Elle était effrayée d'avoir été comprise, elle ne croyait pas qu'il fût possible à un homme, quelle que fût sa portée, de deviner une délicatesse si cruelle, un héroïsme aussi élevé que l'était le sien. En la trouvant humiliée de voir ses grandeurs dévoilées, Calyste partagea l'émotion de cette femme qu'il avait mise si haut, et qu'il contemplait abattue. Calyste se jeta, par un mouvement irrésistible, aux pieds de Camille, et lui baisa les mains en y cachant son visage couvert de pleurs.

— Claude, dit-elle, ne m'abandonnez pas, que deviendrais-je?

— Qu'avez-vous à craindre? répondit le critique. Calyste aime déjà la marquise comme un fou. Certes, vous ne sauriez trouver une barrière plus forte entre vous et lui que cet amour excité par vous-même. Cette passion me vaut bien. Hier, il y avait du danger pour vous et pour lui : mais aujourd'hui tout vous sera bonheur maternel, dit-il en lui lançant un regard railleur. Vous serez fière de ses triomphes.

Mademoiselle des Touches regarda Calyste, qui, sur ce mot, avait relevé la tête par un mouvement brusque. Claude Vignon, pour toute vengeance, prenait plaisir à voir la confusion de Calyste et de Félicité.

— Vous l'avez poussé vers madame de Rochegude, reprit Claude Vignon, il est maintenant sous le charme. Vous avez creusé vous-même votre tombe. Si vous vous étiez confiée à moi, vous eussiez évité les malheurs qui vous attendent.

— Des malheurs! s'écria Camille Maupin en prenant la tête de Calyste et l'élevant jusqu'à elle et la baisant dans les cheveux et y versant d'abondantes larmes. Non, Calyste, vous oublierez tout ce que vous venez d'entendre, vous ne me compterez pour rien!

Elle se leva, se dressa devant ces deux hommes et les terrassa par les éclairs que lancèrent ses yeux, où brilla toute son âme.

— Pendant que Claude parlait, reprit-elle, j'ai conçu la beauté, la grandeur d'un amour sans espoir, n'est-ce pas le seul sentiment qui nous rapproche de Dieu? Ne m'aime pas, Calyste, moi je t'aimerai comme aucune femme n'aimera!

Ce fut le cri le plus sauvage que jamais aigle blessé ait poussé dans son aire. Claude fléchit le genou, prit la main de Félicité et la lui baisa.

— Quittez-nous, mon ami, dit mademoiselle des Touches au jeune homme, votre mère pourrait être inquiète.

Calyste revint à Guérande à pas lents en se retournant pour voir la lumière qui brillait aux croisées de l'appartement de Béatrix. Il fut surpris lui-même de ressentir peu de compassion pour Camille, il lui en voulait presque d'avoir été privé de quinze mois de bonheur. Puis parfois il éprouvait en lui-même les tressaillements que Camille venait de lui causer, il sentait dans ses cheveux les larmes qu'elle y avait laissées, il souffrait de sa souffrance, il croyait entendre les gémissements que poussait sans doute cette grande femme, tant dressée quelques jours auparavant. En ouvrant la porte du logis paternel, où régnait un profond silence, il aperçut par la croisée, à la lueur de cette lampe d'une si naïve construction, sa mère qui travaillait en l'attendant. Des larmes mouillèrent les yeux de Calyste à cet aspect.

— Que t'est-il donc encore arrivé? demanda Fanny, dont le visage exprimait une horrible inquiétude.

Pour toute réponse, Calyste prit sa mère dans ses bras et la baisa sur les joues, au front, dans les cheveux, avec une de ces effusions passionnées qui ravissent les mères, avec de ces subtiles flammes de la vie qu'elles ont donnée.

— C'est toi que j'aime, dit Calyste à sa mère presque honteux et rougissant, toi qui ne vis que pour moi, toi que je voudrais rendre heureuse.

— Mais tu n'es pas dans ton assiette ordinaire, mon enfant, dit la baronne en contemplant son fils. Que t'est-il arrivé?

— Camille m'aime, et je ne l'aime plus, dit-il.

La baronne attira Calyste à elle, le baisa sur le front, et Calyste entendit, dans le profond silence de cette vieille salle brune et tapissée, les coups d'une vive palpitation au cœur de sa mère. L'Irlandaise était jalouse de Camille, et pressentait la vérité. Cette mère avait, en attendant son fils toutes les nuits, creusé la passion de cette femme; elle avait, conduite par les lueurs d'une méditation obstinée, pénétré dans le cœur de Camille, et, sans pouvoir se l'expliquer, elle avait imaginé chez cette fille une fantaisie de maternité. Le récit de Calyste épouvanta cette mère simple et naïve.

— Eh bien! dit-elle après une pause, aime madame de Rochegude, elle ne me causera pas de chagrin.

Béatrix n'était pas libre, elle ne dérangeait aucun des projets formés pour le bonheur de Calyste, du moins Fanny le croyait, elle voyait une espèce de belle-fille à aimer, et non une autre mère à combattre.

— Mais Béatrix ne m'aimera pas! s'écria Calyste.

— Peut-être, répondit la baronne d'un air fin. Ne m'as-tu pas dit qu'elle allait être seule demain?

— Oui.

— Eh bien! mon enfant, ajouta la mère en rougissant. La jalousie est au fond de tous nos cœurs, et je ne savais pas la trouver un jour au fond du mien, car je ne croyais pas qu'on dût me disputer l'affection de mon Calyste. Elle soupira. Je croyais, dit-elle, que le mariage serait pour toi ce qu'il a été pour moi. Quelles lueurs tu as jetées dans mon âme depuis deux mois! de quels reflets se colorent ton amour si naturel, pauvre ange! Eh bien! aie l'air de toujours aimer ta mademoiselle des Touches, la marquise en sera jalouse et tu l'auras.

— Oh! ma bonne mère, Camille ne m'aurait pas dit cela! s'écria Calyste en tenant sa mère par la taille et la baisant sur le cou.

— Tu me rends bien perverse, mauvais enfant, dit-elle tout heureuse du visage radieux que l'espérance faisait à son fils, qui monta gaiement l'escalier de la tourelle.

Le lendemain matin, Calyste dit à Gasselin d'aller se mettre en sentinelle sur le chemin de Guérande à Saint-Nazaire, de guetter au passage la voiture de mademoiselle des Touches et de compter les personnes qui s'y trouveraient. Gasselin revint au moment où toute la famille était réunie et déjeunait.

— Qu'arrive-t-il? dit mademoiselle du Guénic, Gasselin court comme s'il y avait le feu dans Guérande.

— Il aurait pris le mulot, dit Mariotte, qui apportait le café, le lait et les rôties.

— Il vient de la ville et non du jardin, répondit mademoiselle du Guénic.

— Mais le mulot a son trou derrière le mur, du côté de la place, dit Mariotte.

— Monsieur le chevalier, ils étaient cinq, quatre dedans et le cocher.

— Deux dames au fond? dit Calyste.

— Et deux messieurs devant, reprit Gasselin.

— Selle le cheval de mon père, cours après, arrive à Saint-Nazaire au moment où le bateau part pour Paimbœuf, et si les deux hommes s'embarquent, accours me le dire à bride abattue.

Gasselin sortit.

— Mon neveu, vous avez le diable au corps, dit la vieille Zéphirine.

— Laissez-le donc s'amuser, ma sœur, s'écria le baron, il était triste comme un hibou, le voilà gai comme un pinson.

— Vous lui avez peut-être dit que notre chère Charlotte arrive! s'écria la vieille fille en se tournant vers sa belle-sœur.

— Non, répondit la baronne.

— Je croyais qu'il voulait aller au-devant d'elle, dit malicieusement mademoiselle du Guénic.

— Si Charlotte reste trois mois chez sa tante, il a bien le temps de la voir, répondit la baronne.

— Oh! ma sœur, que s'est-il donc passé depuis hier? demanda la vieille fille. Vous étiez si heureuse de savoir que mademoiselle de Pen-Hoël allait ce matin nous chercher sa nièce.

— Jacqueline veut me faire épouser Charlotte pour m'arracher à la perdition, ma tante, dit Calyste en riant et lançant à sa mère un coup d'œil d'intelligence. J'étais sur le mail quand mademoiselle de Pen-Hoël parlait à M. du Halga, mais elle a pu penser que ce serait une bien grande perdition pour moi de me marier à mon âge.

— Il est écrit là-haut, s'écria la vieille fille en interrompant Calyste, que je ne mourrai ni tranquille ni heureuse. J'aurais voulu voir notre famille continuée, et quelques-unes de nos terres rachetées, il n'en sera rien. Peux-tu, mon beau neveu, mettre quelque chose en balance avec de tels devoirs?

— Mais, dit le baron, est-ce que mademoiselle des Touches empêchera Calyste de se marier quand il le faudra? Je dois l'aller voir.

— Je puis vous assurer, mon père, que Félicité ne sera jamais un obstacle à mon mariage.

— Je n'y vois plus clair, dit le vieille aveugle, qui ne savait rien de la subite passion de son neveu pour la marquise de Rochegude.

La mère garda le secret à son fils; en cette matière, le silence est instinctif chez toutes les femmes. La vieille fille tomba dans une profonde méditation, écoutant de toutes ses forces, épiant les voix et le bruit pour pouvoir deviner le mystère qu'on lui cachait. Gasselin arriva bientôt, et dit à son jeune maître qu'il n'avait pas eu besoin d'aller à Saint-Nazaire pour savoir que mademoiselle des Touches et son amie reviendraient seules, il l'avait appris en ville, chez Bernus, le messager, qui s'était chargé des paquets des deux messieurs.

— Elles seront seules au retour! s'écria Calyste. Selle mon cheval.

Au ton de son jeune maître, Gasselin crut qu'il y avait quelque chose de grave, il alla seller les deux chevaux, chargea les pistolets sans rien dire à personne, et s'habilla pour suivre Calyste. Calyste était si content de savoir Claude et Gennaro partis, qu'il ne songeait pas à la rencontre qu'il allait faire à Saint-Nazaire, il ne pensait qu'au plaisir d'accompagner Béatrix en laissant son cheval à Gasselin, et il lui frappa sur l'épaule en disant : — Tu as eu de l'esprit.

— Je le crois bien, répondit Gasselin.

— Mon garçon, dit le père en venant avec Fanny jusqu'à la tribune du perron, ménage les chevaux, ils auront douze lieues à faire.

Calyste partit après avoir échangé le plus pénétrant regard avec sa mère.

— Cher trésor, dit-elle en lui voyant courber la tête sous le cintre de la porte d'entrée.

— Que Dieu le protège! répondit le baron, car nous ne le referions pas.

Ce mot, assez dans le ton grivois des gentilshommes de province, fit frissonner la baronne.

— Mon neveu n'aime pas assez Charlotte pour aller au-devant d'elle, dit la vieille fille, qui m'avait dit le couvert.

— Il est arrivé une grande dame, une marquise, aux Touches, et il court après! Bah! c'est de son âge, dit Mariotte.

— Elles nous le tueront, dit mademoiselle du Guénic.

— Ça ne le tuera pas, mademoiselle, au contraire, répondit Mariotte, qui paraissait heureuse du bonheur de Calyste.

Calyste allait à train à crever son cheval, lorsque Gasselin demanda fort heureusement à son maître s'il voulait arriver avant le départ du bateau, car il ne désirait nullement son dessein : il ne désirait se faire voir ni à Conti ni à Claude. Le jeune homme ralentit alors le pas de son cheval, et se mit à regarder complaisamment les doubles raies tracées par les roues de la calèche sur les parties sablonneuses de la route. Il était d'une gaieté folle à cette seule pensée : elle a passé par là, ses regards se sont arrêtés sur ces bois, sur ces arbres! — Le charmant chemin, dit-il à Gasselin.

— Ah! monsieur, la Bretagne est le plus beau pays du monde, répondit le domestique. Y a-t-il autre part des fleurs dans les haies et des chemins frais qui tournent comme celui-là?

— Dans aucun pays, Gasselin.

— Voilà la voiture à Bernus, dit Gasselin.

— Mademoiselle de Pen-Hoël et sa nièce y seront : cachons-nous, dit Calyste.

— Ici, monsieur, êtes-vous fou? Nous sommes dans les sables.

La voiture, qui montait en effet une côte assez sablonneuse au-dessus de Saint-Nazaire, apparut aux regards de Calyste dans la naïve simplicité de sa construction bretonne. Au grand étonnement de Calyste, la voiture était pleine.

— Nous avons laissé mademoiselle de Pen-Hoël, sa sœur et sa nièce, qui se tourmentent; toutes les places étaient prises par la douane, dit le conducteur à Gasselin.

— Je suis perdu! s'écria Calyste.

En effet, la voiture était remplie d'employés qui, sans doute, allaient relever ceux des marais salants. Quand Calyste arriva sur la petite esplanade qui tourne autour de l'église de Saint-Nazaire, et d'où l'on découvre Paimbœuf et la majestueuse embouchure de la Loire luttant avec la mer, il y trouva Camille et la marquise agitant leurs mouchoirs pour dire un dernier adieu aux deux passagers qu'emportait le bateau à vapeur. Béatrix était ravissante ainsi : le visage adouci par le reflet d'un chapeau de paille de riz sur lequel étaient jetés des coquelicots, et noué par un ruban couleur ponceau, en robe de mousseline à fleurs, avançant son petit pied fluet chaussé d'une guêtre verte, s'appuyant sur sa frêle ombrelle et montrant sa belle main bien gantée. Rien n'est plus grandiose à l'œil qu'une femme en haut d'un rocher comme une statue sur son piédestal. Conti put alors voir Calyste abordant Camille.

— J'ai pensé, dit le jeune homme à mademoiselle des Touches, que vous reviendriez seules.

— Vous avez bien fait, Calyste, répondit-elle en lui serrant la main.

Béatrix se retourna, regarda son jeune amant et lui lança le plus impérieux coup d'œil de son répertoire. Un sourire que la marquise surprit sur les éloquentes lèvres de Camille lui fit comprendre la vulgarité de ce moyen, digne d'une bourgeoise. Madame de Rochegude dit alors à Calyste en souriant : — N'est-ce pas une légère impertinence de croire que je pouvais ennuyer Camille en route ?

— Ma chère, un homme pour deux veuves n'est pas de trop, dit mademoiselle des Touches en prenant le bras de Calyste et laissant Béatrix occupée à regarder le bateau.

En ce moment Calyste entendit dans la rue en pente qui descend à ce qu'il faut appeler le port de Saint-Nazaire la voix de mademoiselle du Pen-Hoël, de Charlotte et de Gasselin, babillant tous trois comme des pies. La vieille fille questionnait Gasselin et voulait savoir pourquoi son maître et lui se trouvaient à Saint-Nazaire, où la voiture de mademoiselle des Touches faisait escalante. Avant que le jeune homme eût pu se retirer, il avait été vu de Charlotte.

— Voilà Calyste ! s'écria la petite Bretonne.

— Allez leur proposer ma voiture, leur femme de chambre se mettra près de mon cocher, dit Camille, qui savait que madame de Kergarouët, sa fille et mademoiselle de Pen-Hoël n'avaient pas eu de places.

Calyste, qui ne pouvait s'empêcher d'obéir à Camille, vint s'acquitter de son message. Que qu'elle ait qu'elle voyagerait avec la marquise de Rochegude et la célèbre Camille Maupin, madame de Kergarouët ne voulut pas comprendre les réticences de sa sœur aînée, qui se défendit de profiter de ce qu'elle nommait la carriole du diable. A Nantes on était sous une latitude un peu plus civilisée qu'à Guérande : on y admirait Camille, elle était là comme la muse de la Bretagne et l'honneur du pays elle y excitait autant de curiosité que de jalousie. L'absolution donnée à Paris par le grand monde, par les aristocons créé par la grande fortune de mademoiselle des Touches, et peut-être par les anciens succès à Nantes, qui se flattait d'avoir été le berceau de Camille Maupin. Aussi la vicomtesse, folle de curiosité, entrama-t-elle la vieille sœur sans prêter l'oreille à ses jérémiades.

— Bonjour, Calyste, dit la petite Kergarouët.

— Bonjour, Charlotte, répondit Calyste sans lui offrir le bras.

Tous deux interdits, l'une de tant de froideur, lui de sa cruauté, remontèrent le ravin creux qu'on appelle la rue de Saint-Nazaire, et suivirent en silence les deux sœurs. En un moment, la petite fille de seize ans vit s'écrouler le château en Espagne bâti, meublé par ses romanesques espérances. Elle et Calyste avaient si souvent joué ensemble pendant leur enfance, elle était si fière avec lui, qu'elle croyait son avenir inattaquable. Elle accourait, emportée par un bonheur étourdi, comme un oiseau fond sur un champ de blé ; elle fut arrêtée dans son vol sans pouvoir imaginer l'obstacle.

— Qu'as-tu, Calyste ? lui demanda-t-elle en lui prenant la main.

— Rien, répondit le jeune homme, qui dégagea sa main avec un horrible empressement en pensant aux projets de sa tante et de mademoiselle de Pen-Hoël.

Des larmes mouillèrent les yeux de Charlotte. Elle regarda sans haine le beau Calyste, mais elle allait éprouver son premier mouvement de jalousie et sentir les effroyables rages de la rivalité à l'aspect des deux belles Parisiennes, et en soupçonnant la cause des froideurs de Calyste.

D'une taille ordinaire, Charlotte Kergarouët avait une vulgaire fraîcheur, une petite figure ronde, éveillée par deux yeux noirs qui jouaient l'esprit, des cheveux bruns abondants, une taille ronde, un dos plat, des bras maigres, le parler bref et décidé des filles de province qui ne veulent pas avoir l'air de petites niaises. Elle était l'enfant gâté de la famille à cause de la prédilection de sa tante pour elle. Elle gardait en ce moment sur elle le manteau de merinos écossais à grands carreaux, doublé de soie verte, qu'elle avait sur le bateau à vapeur. Sa robe de voyage, en stoff assez commun, à corsage fait chastement en guimpe, ornée d'une collerette à mille plis, allait lui paraître horrible à l'aspect des fraîches toilettes de Béatrix et de Camille. Elle devait souffrir d'avoir des bas blancs salis dans les roches, dans les barques où elle avait sauté, et de méchants souliers en peau, choisis exprès pour ne rien gâter de beau en voyage, selon les us et coutumes des gens de province. Quant à la vicomtesse de Kergarouët, elle était le type de la provinciale. Grande, sèche, flétrie, pleine de prétentions cachées, qui ne se montraient qu'après avoir été blessées, parlant beaucoup, et attrapant à force de parler quelques idées, comme on carambole au billard, et qui lui donnaient une réputation d'esprit, essayant d'humilier les Parisiens par la prétendue bonhomie de la sagesse départementale, et par un faux bonheur incessamment mis en avant, s'abaissant pour se faire relever, et furieuse d'être laissée à genoux, pêchant selon une expression anglaise, les compliments à la ligne, et n'en prenant pas toujours, ayant une toilette à la fois exagérée et peu soignée ; prenant le manque d'affabilité pour de l'impertinence, et croyant embarrasser beaucoup les gens en ne leur accordant aucune attention, refusant ce qu'elle désirait pour se le faire offrir deux fois et avoir l'air d'être priée au delà des bornes ; occupée de ce dont on ne parle plus, et fort étonnée de ne pas être au courant de la mode, enfin se tenant difficilement une heure sans faire arriver Nantes, et les tigres de Nantes, et les affaires de la haute société de Nantes, et se plaignant de Nantes, et critiquant Nantes, et prenant pour des personnalités les phrases arrachées par la complaisance à ceux qui, distraits, abondaient dans son sens. Ses manières, son langage, ses idées, avaient plus ou moins déteint sur ses quatre filles. Connaître Camille Maupin et madame de Rochegude, il y avait pour elle un avenir et le fond de cent conversations !... aussi marchait-elle vers l'église comme si elle eût voulu l'emporter d'assaut, agitant son mouchoir qu'elle déplia pour en montrer les coins lourds de broderies domestiques et garnis d'une dentelle invalide. Son petit air dégingandé lui donnait passablement cavalière, qui, pour une femme de quarante-sept ans, était sans conséquence.

— Monsieur le chevalier, dit-elle à Camille et à Béatrix en montrant Calyste, qui venait piteusement à elle avec Charlotte, nous a fait part de votre aimable proposition, mais nous craignons, ma sœur, ma fille et moi, de vous gêner.

— Ce ne sera pas moi, ma sœur, qui gênerai ces dames, dit la vieille fille avec aigreur, car je trouverai bien dans Saint-Nazaire un cheval pour m'en revenir.

Camille et Béatrix échangèrent un regard oblique surpris par Calyste, et ce regard suffit pour anéantir tous ses souvenirs d'enfance, ses croyances aux Kergarouët-Pen-Hoël, et pour briser à jamais les projets conçus par les deux familles.

— Nous pouvons très-bien tenir cinq en voiture, répondit mademoiselle des Touches, à qui Jacqueline tourna le dos. Quand nous serions horriblement gênées, ce qui n'est pas possible à cause de la finesse de ces tailles, je serais bien dédommagée par le plaisir de rendre ce service aux amis de Calyste. Votre femme de chambre, madame, trouvera, ou s'il y a des paquets, si vous en avez, peuvent tenir derrière la calèche, je n'ai pas amené de domestique.

La vicomtesse se confondit en remerciements, et gronda sa sœur Jacqueline d'avoir voulu si promptement la nièce, qu'elle ne lui avait pas permis de venir dans sa voiture par le chemin de terre, mais il est vrai que la route de poste était non-seulement longue, mais coûteuse, elle devait revenir promptement à Nantes, où elle laissait trois autres petites chattes qui l'attendaient avec impatience, elle en caressant le cou de sa fille. Charlotte eut alors un petit air de victime, en levant les yeux vers sa mère, qui fit supposer que la vicomtesse ennuyait prodigieusement ses quatre filles en les mettant aussi souvent en jeu que le caporal Trim son bonnet.

— Vous êtes une heureuse mère, et vous devez... dit Camille qui s'arrêta en pensant que la marquise avait dû se priver de son fils en suivant Conti.

— Oh ! reprit la vicomtesse, si j'ai le malheur de passer ma vie à la campagne et à Nantes, j'ai la consolation d'être adorée par mes enfants. Avez-vous des enfants ? demanda-t-elle à Camille.

— Je me nomme mademoiselle des Touches, répondit Camille. Madame est la marquise de Rochegude.

— Il faut vous plaindre alors de ne pas connaître le plus grand bonheur qu'il y ait pour nous autres pauvres simples femmes, n'est-ce pas, madame ? dit la vicomtesse à la marquise pour réparer sa bévue. Mais vous avez tant de dédommagements !

Il vint une larme chaude dans les yeux de Béatrix, qui se tourna brusquement et alla jusqu'au grossier parapet du rocher où Calyste la suivit.

— Madame, dit Camille à l'oreille de la vicomtesse, ignorez-vous que la marquise est séparée de son mari, qu'elle n'a pas vu son fils depuis dix-huit mois, et qu'elle ne sait pas quand elle le verra ?

— Bah! dit madame de Kergarouet, cette pauvre dame! Est-ce judiciairement?
— Non, par goût, dit Camille.
— Eh bien! je comprends cela! répondit intrépidement la vicomtesse.

La vieille Pen-Hoël, au désespoir d'être dans le camp ennemi, s'était rattachée à quatre pas avec sa chère Charlotte. Calyste, après avoir examiné si personne ne pouvait les voir, saisit la main de la marquise et la baisa en y laissant une larme. Béatrix se retourna, les yeux séchés par la colère, elle allait lancer quelque mot terrible, et ne put rien dire en retrouvant ses pleurs sur la belle figure de cet ange aussi douloureusement atteint qu'elle-même.

— Mon Dieu! Calyste, lui dit Camille à l'oreille en le voyant revenu avec madame de Rochegude, vous auriez *cela* pour belle-mère, et cette petite bécasse pour femme!

— Parce que sa tante est riche, dit ironiquement Calyste.

Le groupe entier se mit en marche vers l'auberge, et la vicomtesse se crut obligée de faire à Camille une satire sur les sauvages de Saint-Nazaire.

— J'aime la Bretagne, madame, répondit gravement Félicité, je suis née à Guérande.

Calyste ne pouvait s'empêcher d'admirer mademoiselle des Touches, qui, par le son de sa voix, la tranquillité de ses regards et le calme de ses manières, le mettait à l'aise, malgré les terribles déclarations de la soirée qui l'avaient peiné pendant la nuit. Elle paraissait néanmoins un peu fatiguée: ses traits annonçaient une insomnie, ils étaient comme grossis, mais le front dominait l'orage intérieur par une placidité cruelle.

— Quelles reines! dit-il à Charlotte en lui montrant la marquise et Camille et donnant le bras à la jeune fille, au grand contentement de mademoiselle de Pen-Hoël.

— Quelle idée à eue ta mère, dit la vieille fille en donnant aussi son bras sec à sa nièce, de se mettre dans la compagnie de cette éprouvée.

— Oh! ma tante, une femme qui est la gloire de la Bretagne!
— La honte, petite. Ne vas-tu pas la cajoler aussi?
— Mademoiselle Charlotte a raison, vous n'êtes pas juste, dit Calyste.
— Oh! vous, répondit mademoiselle de Pen-Hoël, elle vous a ensorcelé.
— Je lui porte, dit Calyste, la même amitié qu'à vous.
— Depuis quand les du Guénic mentent-ils? dit la vieille fille.
— Depuis que les Pen-Hoël sont sourdes, répliqua Calyste.
— Tu n'es pas amoureux d'elle? demanda la vieille fille enchantée.
— Je l'ai été, je ne le suis plus, répondit-il.
— Méchant enfant! pourquoi nous as-tu donné tant de soucis? Je savais bien que c'était une sottise, il n'y a de solide que le mariage, lui dit-elle en regardant Charlotte.

Charlotte, un peu rassurée, espéra pouvoir reconquérir ses avantages en s'appuyant sur les souvenirs de l'enfance, et serra le bras de Calyste, qui se promit alors de s'expliquer nettement avec la petite héritière.

— Ah! les belles parties de mouche que nous ferons, Calyste, dit-elle, et comme nous rirons.

Les chevaux étaient mis, Camille fit passer au fond de la voiture la vicomtesse et Charlotte, car Jacqueline avait disparu, puis elle se plaça sur le devant avec la marquise. Calyste, obligé de renoncer au plaisir qu'il se promettait, accompagna la voiture à cheval, et les chevaux, fatigués, allaient assez lentement pour qu'il pût regarder Béatrix. L'histoire a perdu les conversations étranges des quatre personnes que le hasard avait si singulièrement réunies dans cette voiture, car il est impossible d'admettre les cent et quelques versions qui courent à Nantes sur les récits, les répliques, les mots, que la vicomtesse tenait de la célèbre Camille Maupin *lui-même*. Elle s'est bien gardée de répéter ni de comprendre les réponses de mademoiselle des Touches à toutes les demandes saugrenues que les auteurs subissent si souvent, et par lesquelles on leur fait cruellement expier leurs plaisirs.

— Comment avez-vous fait vos livres? demanda la vicomtesse.
— Mais comme vous faites vos ouvrages de femme, du filet ou de la tapisserie, répondit Camille.
— Et où avez-vous pris ces observations si profondes et ces tableaux si séduisants?
— On vous prend pour les choses spirituelles que vous dites, madame. Il n'y a rien de si facile que d'écrire et si vous vouliez...
— Ah! le tout est de vouloir, je ne l'aurais pas cru! Quelle est celle de vos compositions que vous préférez?

— Il est bien difficile d'avoir des prédilections pour ces petites chattes.
— Vous êtes blasée sur les compliments, et l'on ne sait que vous dire de nouveau.
— Croyez-moi, madame, que je suis sensible à la forme que vous donnez aux vôtres.

La vicomtesse ne voulut pas avoir l'air de négliger la marquise et dit en la regardant d'un air fin: — Je n'oublierai jamais ce voyage, fait entre l'esprit et la beauté.

— Vous me flattez, madame, dit la marquise en riant, il n'est pas naturel de remarquer l'esprit auprès du génie, et je n'ai pas encore dit grand'chose.

Charlotte, qui sentait vivement les ridicules de sa mère, la regarda comme pour l'arrêter, mais la vicomtesse continua bravement à lutter avec les deux rieuses parisiennes.

Le jeune homme, qui trottait d'un trot lent et abandonné le long de la calèche, ne pouvait voir que les deux femmes assises sur le devant, et son regard les embrassait tour à tour en trahissant des pensées assez douloureuses. Forcée de se laisser voir, Béatrix évita constamment de jeter les yeux sur le jeune homme par une manœuvre désespérante pour les gens qui aiment, elle tenait son châle croisé sous les oreilles, et paraissait en proie à une méditation profonde. À un endroit où la route est ombragée, humide et verte comme un délicieux sentier de forêt, où le bruit de la calèche s'entendait à peine, où les feuilles effleuraient les capotes, où le vent apportait des odeurs balsamiques, Camille fit remarquer ce lieu plein d'harmonies, et appuya sa main sur le genou de Béatrix en lui montrant Calyste: — Comme il monte bien à cheval! lui dit-elle.

— Calyste? reprit la vicomtesse, c'est un charmant cavalier.
— Oh! Calyste est bien gentil, dit Charlotte.
— Il y a tant d'Anglais qui lui ressemblent! répondit indolemment la marquise sans achever sa phrase.
— Sa mère est Irlandaise, une O'Brien, repartit Charlotte, qui se crut attaquée personnellement.

Camille et la marquise entrèrent dans Guérande avec la vicomtesse de Kergarouet et sa fille, au grand étonnement de toute la ville ébahie; elles laissèrent leurs compagnes de voyage à l'entrée de la ruelle du Guénic, où peu s'en fallut qu'il ne se formât un attroupement. Calyste avait pressé le pas de son cheval pour aller prévenir sa tante et sa mère de l'arrivée de cette compagnie attendue à dîner. Le repas avait été retardé conventionnellement jusqu'à quatre heures. Le chevalier revint pour donner le bras aux deux dames, puis il baisa la main de Camille en espérant pouvoir prendre celle de la marquise, qui tint résolument ses bras croisés, et à laquelle il jeta les plus vives prières dans un regard inutilement mouillé.

— Petit niais, lui dit Camille en lui effleurant l'oreille par un modeste baiser plein d'amitié.

— C'est vrai, se dit en lui-même Calyste pendant que la calèche tournait, j'oublie les recommandations de ma mère, mais je les oublierai, je crois, toujours.

Mademoiselle de Pen-Hoël, intrépidement arrivée sur un cheval de louage, la vicomtesse de Kergarouet et Charlotte trouvèrent la table mise et furent traitées avec cordialité, sinon avec luxe, par les du Guénic. La vieille Zéphyrine avait indiqué dans les profondeurs de la cave des vins fins, et Mariotte s'était surpassée en ses plats bretons. La vicomtesse, enchantée d'avoir fait le voyage avec l'illustre Camille Maupin, essaya d'expliquer la littérature moderne et la place qu'y tenait Camille; mais il en fut du monde littéraire comme du whist: ni les du Guénic, ni le curé qui survint, ni le chevalier du Halga, n'y comprirent rien. L'abbé Grimont et le vieux marin prirent part aux liqueurs du dessert. Dès que Mariotte, aidée par Gasselin, eut ôté le couvert, il y eut un cri d'enthousiasme pour se livrer à la mouche. La joie régnait dans la maison. Tous croyaient Calyste libre et le croyaient marié d'ores et déjà à la petite Charlotte. Calyste restait silencieux. Pour la première fois de sa vie, il établissait des comparaisons entre les Kergarouet et les deux femmes élégantes, spirituelles, pleines de goût, qui pendant ce moment devaient bien se moquer des deux provinciales, à s'en rapporter au premier regard qu'elles avaient échangé. Fanny, qui connaissait le secret de Calyste, observait la tristesse de son fils, sut que les coquetteries de Charlotte ou les attaques de la vicomtesse avaient peu de prise. Évidemment son cher enfant s'ennuyait, le corps était dans cette salle où jadis il se serait amusé des plaisanteries de la mouche, mais l'esprit se promenait aux Touches. Comment envoyer chez Camille? se demandait la mère, qui sympathisait avec son fils, qui aimait à se trouvant avec lui. Sa tendresse émue lui donna de l'esprit.

— Tu meurs d'envie d'aller aux Touches *la* voir, dit Fanny à l'oreille de Calyste, étant répondu par un sourire et par une rougeur qui firent tressaillir cette adorable mère jusque dans les derniers...

plis de son cœur.—Madame, dit-elle à la vicomtesse, vous serez bien mal demain dans la voiture du messager, et surtout forcée de partir de bonne heure ; ne vaudrait-il pas mieux que vous prissiez la voiture de mademoiselle des Touches? Va, Calyste, dit-elle en regardant son fils, arranger cette affaire aux Touches, mais reviens-nous promptement.

— Il ne me faut pas dix minutes! s'écria Calyste, qui embrassa follement sa mère sur le perron où elle le suivit.

Calyste courut avec la légèreté d'un faon, et se trouva dans le péristyle des Touches quand Camille et Béatrix sortaient du grand salon après leur dîner. Il eut l'esprit d'offrir le bras à Félicité.

— Vous avez abandonné pour nous la vicomtesse et sa fille, dit-elle en lui pressant le bras, nous sommes à même de connaître l'étendue de ce sacrifice.

— Ces Kergarouët sont-ils parents des Portenduère et du vieil amiral de Kergarouët, dont la veuve a épousé Charles de Vandenesse? demanda madame de Rochegude à Camille.

— Sa petite-nièce, répondit Camille.

— C'est une charmante jeune personne, dit Béatrix en se posant dans un fauteuil gothique, ce sera bien l'affaire de M. du Guénic.

— Ce mariage ne se fera jamais! dit vivement Camille.

Abattu par l'air froid et calme de la marquise, qui montrait la petite Bretonne comme la seule créature qui pût s'apparier avec lui, Calyste resta sans voix ni esprit.

— Et pourquoi, Camille? dit madame de Rochegude.

— Ma chère, reprit Camille en voyant le désespoir de Calyste, je n'ai pas conseillé à Conti de se marier, et je crois avoir été charmante pour lui : vous n'êtes pas généreuse.

Béatrix regarda son amie avec une surprise mêlée de soupçons indéfinissables. Calyste comprit à peu près le dévouement de Camille en voyant se mêler à ses joies cette faible rongeur qui chez elle annonce ses émotions les plus violentes; il vint assez gauchement auprès d'elle, lui prit la main et la baisa. Camille se mit négligemment au piano, comme une femme sûre de son amie et de l'adorateur qu'elle s'attribuait, en leur tournant le dos et les laissant presque seuls. Elle improvisa des variations sur quelques thèmes choisis à son insu par son esprit, car ils furent d'une mélancolie excessive. La marquise paraissait écouter, mais elle observait Calyste, qui, trop jeune et trop naïf pour jouer le rôle que lui donnait Camille, était en extase devant sa véritable idole. Après une heure, pendant laquelle mademoiselle des Touches se laissa naturellement aller à sa jalousie, Béatrix se retira chez elle. Camille fit aussitôt passer Calyste dans sa chambre, afin de ne pas être écoutée, car les femmes ont un admirable instinct de défiance.

— Mon enfant, lui dit-elle, ayez l'air de m'aimer, ou vous êtes perdu. Vous êtes un enfant, vous ne connaissez rien aux femmes, vous ne savez qu'aimer. Aimer et se faire aimer sont deux choses bien différentes. Vous allez tomber en d'horribles souffrances, et je vous veux heureux. Si vous contrariez non pas l'orgueil, mais l'entêtement de Béatrix, elle est capable de s'envoler à quelques lieues de Paris, auprès de Conti. Que deviendrez-vous alors?

— Je l'aimerai, répondit Calyste.

— Vous ne la verrez plus.

— Oh! si, dit-il.

— Et comment?

— Je la suivrai.

— Mais tu es aussi pauvre que Job, mon enfant.

— Mon père, Gasselin et moi nous sommes restés pendant trois mois en Vendée avec cent cinquante francs, marchant jour et nuit.

— Calyste, dit mademoiselle des Touches, écoutez-moi bien. Je vois que vous avez trop de candeur pour feindre, je ne veux pas corrompre un aussi beau naturel que le vôtre, je prendrai tout sur moi. Vous serez aimé de Béatrix.

— Est-ce possible? dit-il en joignant les mains.

— Oui, répondit Camille, mais il faut vaincre chez elle les engagements qu'elle a pris avec elle-même. Je mentirai donc pour vous. Seulement ne dérangez rien dans l'œuvre assez ardue que je vais entreprendre. La marquise possède une finesse aristocratique, elle est spirituellement défiante, jamais chasseur ne rencontra de proie plus difficile à prendre : ici donc, mon pauvre garçon, le chasseur doit écouter son chien. Me promettez-vous une obéissance aveugle? Je serai votre Fox, dit-elle en se donnant le nom du meilleur lévrier de Calyste.

— Que dois-je faire? répondit le jeune homme.

— Très-peu de chose, reprit Camille. Vous viendrez ici tous les jours à midi. Comme une maîtresse impatiente, je serai à celle des croisées du corridor d'où l'on aperçoit le chemin de Guérande pour vous voir arriver. Je me sauverai dans ma chambre afin de n'être pas vue et de ne pas vous donner la mesure d'une passion qui vous est à charge; mais vous m'apercevrez quelquefois et me ferez un signe avec votre mouchoir. Vous aurez dans la cour et en montant l'escalier un petit air assez ennuyé. Ça ne te coûtera pas de dissimulation, mon enfant, dit-elle en se jetant la tête sur son sein, n'est-ce pas? Tu n'iras pas vite, tu regarderas par la fenêtre de l'escalier qui donne sur le jardin ou t'y cherchant Béatrix. Quand elle y sera (elle s'y promènera, sois tranquille!), si elle t'aperçoit, tu te précipiteras très-lentement dans le petit salon et de là dans ma chambre. Si tu me vois à la croisée espionnant tes trahisons, tu te rejetteras vivement en arrière pour que je ne te surprenne pas mendiant un regard de Béatrix. Une fois dans ma chambre, tu seras mon prisonnier. Ah! nous y resterons ensemble jusqu'à quatre heures. Vous emploierez ce temps à lire et moi à fumer; vous vous ennuierez bien de ne pas la voir, mais je vous trouverai des livres attachants. Vous n'avez rien lu de George Sand, j'enverrai cette nuit un de mes gens acheter ses œuvres à Nantes et celles de quelques autres auteurs que vous ne connaissez pas. Je sortirai la première, et vous ne quitterez votre livre, vous ne viendrez dans mon petit salon qu'au moment où vous y entendrez Béatrix causant avec moi. Toutes les fois que vous

... il y trouva Camille et la marquise agitant leurs mouchoirs.. — PAGE 30.

verrez un livre de musique ouvert sur le piano, vous me demanderez à rester. Je vous permets d'être avec moi grossier si vous le pouvez, tout ira bien.

— Je sais, Camille, que vous avez pour moi la plus rare des affections et qui me fait regretter d'avoir vu Béatrix, dit-il avec une charmante bonne foi ; mais qu'espérez-vous?

— En huit jours Béatrix sera folle de vous.

— Mon Dieu ! serait-ce possible ? dit-il en tombant à genoux et joignant les mains devant Camille attendrie, heureuse de lui donner une joie à ses propres dépens.

— Écoutez-moi bien, dit-elle. Si vous avez avec la marquise non une conversation suivie, mais si vous échangez seulement quelques mots, enfin si vous la laissez vous interroger, si vous manquez au rôle muet que je vous donne, et qui certes est facile à jouer, sachez-le bien, dit-elle en lui prenant la main d'un air grave, vous la perdriez à jamais.

— Je ne comprends rien à ce que vous me dites, Camille ! s'écria Calyste en la regardant avec une adorable naïveté.

— Si tu comprenais, tu ne serais plus l'enfant sublime, le noble et beau Calyste, répondit-elle en lui prenant la main et en la lui baisant.

Calyste fit alors ce qu'il n'avait jamais fait, il prit Camille par la taille et la baisa au cou mignonnement, sans amour, mais avec tendresse et comme il embrassait sa mère. Mademoiselle des Touches ne put retenir un torrent de larmes.

— Allez-vous-en, mon enfant, et dites à votre vicomtesse que ma voiture est à ses ordres.

Calyste voulut rester, mais il fut contraint d'obéir au geste impératif et impérieux de Camille ; il revint tout joyeux, il était sûr d'être aimé sous huit jours par la belle Rochegude. Les joueurs de mouche retrouvèrent en lui le Calyste perdu depuis deux mois. Charlotte s'attribua le mérite de ce changement. Mademoiselle de Pen-Hoël fut charmante d'agaceries avec Calyste. L'abbé Grimout cherchait à lire dans les yeux de la baronne la raison du calme qu'il y voyait. Le chevalier du Halga se frottait les mains. Les deux vieilles filles avaient la vivacité de deux lézards. La vicomtesse devait cent sous de mouches accumulées. La cupidité de Zéphirine était si vivement intéressée, qu'elle regretta de ne pas voir les cartes, et décocha quelques paroles vives à sa belle-sœur, à qui le bonheur de Calyste causait des distractions, et qui par moment l'interrogeait sans pouvoir rien comprendre à ses réponses. La partie dura jusqu'à onze heures. Il y eut deux défections : le baron et le chevalier s'endormirent dans leurs fauteuils respectifs. Mariotte avait fait des galettes de blé noir, la baronne alla chercher sa boîte à thé. L'illustre maison du Guénic servit, avant le départ des Kergarouët et de mademoiselle de Pen-Hoël, une collation composée de beurre frais, de fruits, de crème, et pour laquelle on sortit du bahut la théière d'argent et les porcelaines d'Angleterre envoyées à la baronne par une de ses tantes. Cette apparence de splendeur moderne dans cette vieille salle, la grâce exquise de la baronne, élevée en bonne Irlandaise à faire et à servir le thé, cette grande affaire des Anglaises, eurent je ne sais quoi de charmant. Le luxe le plus effréné n'aurait pas obtenu l'effet simple, modeste et noble que produisait ce sentiment d'hospitalité joyeuse. Quand il n'y eut plus dans cette salle que la baronne et son fils, elle regarda Calyste d'un air curieux.

— Que t'est-il arrivé ce soir aux Touches? lui dit-elle.

Calyste raconta l'espoir que Camille lui avait mis au cœur et ses bizarres instructions.

— La pauvre femme ! s'écria l'Irlandaise en joignant les mains et plaignant pour la première fois mademoiselle des Touches.

Quelques moments après le départ de Calyste, Béatrix, qui l'avait entendu partir des Touches, revint chez son amie qu'elle trouva les yeux humides, à demi renversée sur un sofa.

— Qu'as-tu, Félicité? lui demanda la marquise.

— J'ai quarante ans et j'aime, ma chère, dit avec un horrible accent de rage mademoiselle des Touches, dont les yeux devinrent secs et brillants. Si tu savais, Béatrix, combien de larmes je verse sur les jours perdus de ma jeunesse ! Être aimée par pitié, savoir qu'on ne doit son bonheur qu'à des travaux pénibles, à des finesses de chatte, à des pièges tendus à l'innocence et aux vertus d'un enfant, n'est-ce pas infâme? Heureusement on trouve alors une espèce d'absolution dans l'infini de la passion, dans l'énergie du bonheur, dans la certitude d'être à jamais au-dessus de toutes les femmes en gravant son souvenir dans un jeune cœur par des plaisirs ineffaçables, par un dévouement insensé. Oui, s'il me le demandait, je me jetterais dans la mer à un seul de ses signes. Par moments, je me surprends à souhaiter qu'il le veuille, ce serait une offrande et non un suicide... Ah ! Béatrix, tu m'as donné une rude tâche en venant ici. Je sais qu'il est difficile de l'emporter sur toi ; mais tu aimes Conti, tu es noble et généreuse, tu ne me tromperas pas ; tu m'aideras au contraire à conserver mon Calyste. Je m'attendais à l'impression que tu fais sur lui, mais je n'ai pas commis la faute de paraître jalouse, ce serait attiser le mal. Au contraire, je t'ai annoncée en te peignant avec de si vives

Calyste chez la marquise. — PAGE 56.

couleurs que tu ne pusses jamais réaliser le portrait, et par malheur tu es embellie.

Cette violente élégie, où le vrai se mêlait à la tromperie, abusa complètement madame de Rochegude. Claude Vignon avait dit à Conti les motifs de son départ, Béatrix en fut naturellement instruite, elle déployait donc de la générosité en marquant de la froideur à Calyste ; mais en ce moment il s'éleva dans son âme ce mouvement de joie qui frétille au fond du cœur de toutes les femmes quand elles se savent aimées. L'amour qu'elles inspirent à un homme comporte des éloges sans hypocrisie, et qu'il est difficile de ne pas savourer ; mais quand cet homme appartient à une amie, ses hommages causent plus que de la joie, c'est de célestes délices. Béatrix s'assit auprès de son amie et lui fit de petites cajoleries.

— Tu n'as pas un cheveu blanc, lui dit-elle, tu n'as pas une ride, tes tempes sont encore fraîches, tandis que je connais plus d'une femme de trente ans obligée de cacher les siennes. Tiens, ma chère, dit-elle en soulevant ses boucles, vois ce que m'a coûté mon voyage.

La marquise montra l'imperceptible flétrissure qui fatiguait là le grain de sa peau si tendre; elle releva ses manchettes et fit voir une pareille flétrissure à ses poignets, où la transparence du tissu déjà froissé laissait voir le réseau de ses vaisseaux grossis, où trois lignes profondes lui faisaient un bracelet de rides.

— N'est-ce pas, comme l'a dit un écrivain à la piste de nos misères, les deux endroits qui ne mentent point chez nous? dit-elle. Il faut avoir bien souffert pour reconnaître la vérité de sa cruelle observation: mais, heureusement pour nous, la plupart des hommes n'y connaissent rien et ne lisent pas cet infâme auteur.

— Ta lettre m'a tout dit, répondit Camille, le bonheur ignore la fatuité, tu t'y vantais trop d'être heureuse. En amour, la vérité n'est-elle pas sourde, muette et aveugle! Aussi, te sachant bien des raisons d'abandonner Conti, redouté-je ton séjour ici. Ma chère, Calyste est un ange, il est aussi bon qu'il est beau, le pauvre innocent ne résisterait pas à un seul de tes regards, il t'admire trop pour ne pas t'aimer au un seul encouragement, ton dédain me le conservera. Je te l'avoue avec la lâcheté de la passion vraie : me l'arracher, ce serait me tuer. ADOLPHE, cet épouvantable livre de Benjamin Constant, ne nous a dit que les douleurs d'Adolphe, mais celles de la femme? hein! il ne les a pas assez observées pour nous les peindre. Et quelle femme oserait les révéler, ces douleurs déshonoreraient notre sexe, elles en humilieraient les vertus, elles en étendraient les vices. Ah! si je les mesure par mes craintes, ces souffrances ressemblent à celles de l'enfer. Mais en cas d'abandon mon thème est fait.

— Et qu'as-tu décidé? demanda Béatrix avec une vivacité qui fit tressaillir Camille.

Là les deux amies se regardèrent avec l'attention de deux inquisiteurs d'État vénitiens, par un coup d'œil rapide où leurs âmes se heurtèrent et firent feu comme deux cailloux. La marquise baissa les yeux.

— Après l'homme, il n'y a plus que Dieu, répondit gravement la femme célèbre. Dieu, c'est l'inconnu. Je m'y jetterai comme dans un abîme. Calyste vient de me jurer qu'il me tient au cœur comme on admire un tableau, mais tu es à vingt-huit ans dans toute la magnificence de la beauté. La lutte vient donc de commencer entre lui et moi par un mensonge. Je sais heureusement comment m'y prendre pour triompher.

— Comment feras-tu?

— Ceci est mon secret, ma chère. Laisse-moi les bénéfices de mon âge. Si Claude Vignon m'a brutalement jetée dans l'abîme, moi qui m'étais élevée jusque dans un lieu que je croyais inaccessible, je cueillerai du moins toutes les fleurs pâles, étiolées, mais délicieuses, qui croissent au fond des précipices.

La marquise fut pétrie comme une cire par mademoiselle des Touches, qui goûtait un sauvage plaisir à l'envelopper de ses ruses. Camille renvoya son amie piquée de curiosité, flottant entre la jalousie et sa générosité, mais certainement occupée du beau Calyste.

— Elle sera ravie de me tromper, se dit Camille en lui donnant le baiser du bonsoir.

Puis, quand elle fut seule, l'auteur fit place à la femme; elle fondit en larmes, elle chargea de tabac lessivé dans l'opium la cheminée de son houka, et elle passa la plus grande partie de la nuit à fumer, engourdissant ainsi les douleurs de son amour, et voyant à travers les nuages de fumée la délicieuse tête de Calyste.

— Quel beau livre à écrire que celui dans lequel je raconterais mes douleurs! se dit-elle, mais il est fait. Sapho avait aimé moi, Sapho était jeune. Belle et touchante héroïne, vraiment, qu'une femme de quarante ans! l'une ton houka, ma pauvre Camille, tu n'as pas même la ressource de faire une poésie de ton malheur, il est au comble!

Elle ne se coucha qu'au jour, en entremêlant ainsi de larmes, d'accents de rage et de résolutions sublimes la longue méditation où parfois elle étudia les mystères de la religion catholique, ce à quoi, dans sa vie d'artiste insoucieuse et d'écrivain incrédule, elle n'avait jamais songé.

Le lendemain, Calyste, à qui sa mère avait dit de suivre exactement les conseils de Camille, vint à midi, monta mystérieusement dans la chambre de mademoiselle des Touches, où il trouva des livres. Félicité resta dans un fauteuil à une fenêtre, occupée à fumer, en contemplant tout à tour le sauvage pays des marais, et Calyste, avec qui elle échangea quelques paroles sur Béatrix. Il y eut un moment où, voyant la marquise se promenant dans le jardin, elle alla détacher, en se faisant voir de son amie, les rideaux et les étala pour intercepter le jour, en laissant passer néanmoins une bande de lumière qui rayonnait sur le livre de Calyste.

— Aujourd'hui, mon enfant, je te prierai de rester à dîner, dit-elle en lui mettant ses cheveux en désordre, et tu me refuseras en re-

gardant la marquise, tu n'auras pas de peine à lui faire comprendre combien tu regrettes de ne pas rester.

Vers quatre heures, Camille sortit et alla jouer l'atroce comédie de son faux bonheur auprès de la marquise, qu'elle amena dans son salon. Calyste sortit de la chambre, il comprit en ce moment la honte de sa position. Le regard qu'il jeta sur Béatrix et attendu par Félicité fut encore plus expressif qu'elle ne le croyait. Béatrix avait fait une charmante toilette.

— Comme vous vous êtes coquettement mise! ma mignonne, dit Camille quand Calyste fut parti.

Ce manège dura six jours; il fut accompagné, sans que Calyste le sût, des conversations les plus habiles de Camille avec son amie. Il y eut entre ces deux femmes un duel sans trêve où elles firent assaut de ruses, de feintes, de fausses générosités, d'aveux mensongers, de confidences astucieuses, où l'une cachait, l'autre mettait à nu son amour, et où cependant le fer aigu, rougi des traîtresses paroles de Camille, atteignait au fond du cœur de son amie et piquait quelques-uns de ces mauvais sentiments que les femmes honnêtes répriment avec tant de peine. Béatrix avait fini par s'offenser des défiances que manifestait Camille, elle les trouvait peu honorables et pour l'une et pour l'autre, elle était enchantée de savoir à ce grand écrivain les petitesses de son sexe, elle voulut avoir le plaisir de lui montrer où cessait sa supériorité et comment elle pouvait être humiliée.

— Ma chère, que vas-tu lui dire aujourd'hui, demanda-t-elle en regardant méchamment son amie au moment où l'amant prenait la demandait à rester. Lundi nous avions à dîner ensemble, mardi le dîner ne valait rien, mercredi tu ne voulais pas l'énerver la colère de la baronne, jeudi tu l'allais promener avec moi, hier tu lui as dit adieu quand il ouvrait la bouche, eh bien! je veux qu'il reste aujourd'hui, ce pauvre garçon.

— Déjà, ma petite! dit avec une mordante ironie Camille à Béatrix. La marquise rougit. — Restez, monsieur du Guénic, dit madame des Touches à Calyste en prenant des airs de reine et de femme piquée.

Béatrix devint froide et dure elle fut cassante, épigrammatique et maltraita Calyste, que sa prétendue maîtresse envoya jouer la mouche avec mademoiselle de Kergarouët.

— Elle n'est pas dangereuse, celle-là, dit en souriant Béatrix.

Les jeunes gens amoureux sont comme les affamés, les préparatifs du cuisinier ne les rassasient pas, ils pensent trop au dénouement pour comprendre les moyens. En revenant des Touches à Guérande Calyste avait l'âme pleine de Béatrix, il ignorait la profonde habileté féminine que déployait Félicité pour, en termes consacrés, amener ses affaires. Pendant cette semaine la marquise n'avait écrit qu'une fois à Conti, et ce symptôme d'indifférence n'avait pas échappé à Camille. Toute la vie de Calyste était concentrée dans l'instant si court pendant lequel il voyait la marquise. Cette goutte d'eau, loin d'étancher sa soif, ne faisait que la redoubler. Tu seras magique, — tu seras aimé! dit par Camille et approuvé par sa mère, était le tableau à l'aide duquel il contenait la fougue de sa passion. Il dévorait le temps, il ne dormait plus, il trompait l'insomnie en lisant, et il apportait chaque soir des charretées de livres, selon l'expression de Mariotte. Sa tante maudissait mademoiselle des Touches, mais la baronne, qui plusieurs fois était montée chez son fils et y aperçut de la lumière, avait le secret de ces veillées. Quoiqu'elle ne fût pas aux timidités de la jeune fille ignorante et que pour elle l'amour ne tenu que les livres fermés, l'amie s'élevait par sa tendresse maternelle jusqu'à certaines idées; mais la plupart des abîmes de ce sentiment étaient obscurs et couverts de nuages. Elle s'effrayait donc beaucoup de l'état dans lequel elle voyait son fils, elle s'épouvantait du désir unique, incompris qui le dévorait. Calyste n'avait qu'une pensée, il semblait toujours voir Béatrix devant lui. Le soir, pendant la partie, ses distractions ressemblaient au sommeil de son père. En le trouvant si différent de ce qu'il était quand il voyait Camille, la baronne reconnaissait avec une sorte de terreur les symptômes qui signalaient le véritable amour, sentiment tout à fait inconnu dans ce vieux manoir. Une irritabilité fébrile, une absorption constante, rendaient Calyste hébété. Souvent il restait des heures entières à regarder une figure de la tapisserie. Elle lui avait conseillé le matin de ne plus aller aux Touches et de laisser ces deux femmes.

— Ne plus aller aux Touches! s'était écrié Calyste.

— Va-y, ne te fâche pas, mon bien-aimé, répondit-elle en l'embrassant sur ces yeux qui lui avaient lancé des flammes.

Dans ces circonstances, Calyste faillit perdre le fruit des savantes manœuvres de Camille par la furie bretonne de son amour, dont il ne fut plus le maître. Il se jura, malgré ses promesses à Félicité, de voir Béatrix et de lui parler. Il voulait lire dans ses yeux, y noyer son regard, examiner les plus légers détails de sa toilette, en aspirer les parfums, écouter la musique de sa voix, suivre l'élégante composition de ses mouvements, embrasser par un coup d'œil cette taille, enfin la contempler, comme un grand général étudie le champ où se livrera quelque bataille décisive : il le voulait comme veulent les amants ; il était en proie à un désir qui lui fermait les oreilles, qui lui obscurcissait l'intelligence, qui le jetait dans un état où l'idif ou il ne reconnaissait plus ni obstacles ni distances, où il ne sentait même plus son corps. Il imagina alors d'aller aux Touches avant l'heure convenue, espérant y rencontrer Béatrix dans le jardin. Il avait su qu'elle s'y promenait le matin en attendant le déjeuner. Mademoiselle des Touches et la marquise étaient allées voir pendant la matinée les marais salants et le bassin bordé de sable fin où la mer pénètre, et qui ressemble à un lac au milieu des dunes, quand elles étaient revenues au logis et devisaient en tournant lentement dans les petites allées jaunes du boulingrin.

— Si ce paysage vous intéresse, lui dit Camille, il faut aller avec Calyste faire le tour du Croisic. Il y a là des roches admirables, des cascades de granit, de petites baies ornées de cuves naturelles, des choses surprenantes et capricieuses, et puis la mer avec ses milliers de fragments de marbre, un monde d'amusements. Vous verrez des femmes faisant du bois, c'est-à-dire collant des bouses de vache le long des murs pour les dessécher et les entasser comme les mottes à Paris, puis, l'hiver, on se chauffe de ce bois-là.

— Vous risquez donc Calyste, dit en riant la marquise et d'un ton qui prouvait que la veille Camille en boudant Béatrix l'avait contrainte à s'occuper de Calyste.

— Ah ! ma chère, quand vous connaîtrez l'âme angélique d'un pareil enfant, vous me comprendrez. Chez lui, la beauté n'est rien, il faut pénétrer dans ce cœur pur, dans cette naïveté surprise à chaque pas dans le royaume de l'amour. Quelle foi ! quelle candeur ! quelle grâce ! Les anciens avaient raison dans le culte qu'ils rendaient à la sainte beauté. Je ne sais quel voyageur nous a dit que les chevaux en liberté prennent le plus beau d'entre eux pour chef. La beauté, ma chère, est le génie des choses : elle est l'enseigne que la nature a mise à ses créations les plus parfaites, elle est le plus vrai des symboles, comme elle est le plus grand des hasards. A-t-on jamais figuré les anges difformes ? ne reunissent-ils pas la grâce à la force ? Qui nous a fait rester des heures entières devant certains tableaux en Italie, où le génie a cherché pendant des années à réaliser un de ces hasards de la nature ? Allons, la main sur la conscience, n'était-ce pas l'idéal de la beauté que nous unissions aux grandeurs morales ? Eh bien ! Calyste est un de ces rêves réalisés, il a le courage du lion qui demeure tranquille sans soupçonner sa royauté. Quand il se sent à l'aise, il est spirituel, et j'aime sa timidité de jeune fille. Mon âme se repose dans son cœur de toutes les corruptions, de toutes les idées de la science, de la littérature, du monde, de la politique, de tous ces inutiles accessoires sous lesquels nous étouffons le bonheur. Je suis ce que je n'ai jamais été, je suis enfant ! Je suis sûre de lui, mais j'aime à faire la jalouse, il eu est heureux. D'ailleurs cela fait partie de mon secret.

Béatrix marchait pensive et silencieuse. Camille endurait un martyre inexprimable et lançait sur elle des regards obliques qui ressemblaient à des flammes.

— Ah ! ma chère, tu es heureuse, toi ! dit Béatrix en appuyant sa main sur le bras de Camille en femme fatiguée de quelque résistance secrète.

— Oui, bien heureuse ! répondit avec une sauvage amertume la pauvre Félicité.

Les deux femmes tombèrent sur un banc, épuisées toutes deux. Jamais aucune créature de son sexe ne fut soumise à de plus véritables séductions et à un plus pénétrant machiavélisme que ne l'était la marquise depuis une semaine.

— Mais moi ! moi, voir les infidélités de Conti, les dévorer...

— Et pourquoi ne le quittes-tu pas ? dit Camille en apercevant l'heure favorable où elle pouvait frapper un coup décisif.

— Le puis-je ?

— Oh ! pauvre enfant.

Toutes deux regardèrent un groupe d'arbres d'un air hébété.

— Je vais aller hâter le déjeuner, dit Camille, cette course m'a donné de l'appétit.

— Notre conversation m'a ôté le mien, dit Béatrix.

Béatrix en toilette du matin se dessinait comme une forme blanche sur les masses vertes du feuillage. Calyste, qui s'était coulé par le salon dans le jardin, prit une allée où il cheminait lentement, pour y rencontrer la marquise comme par hasard, et Béatrix ne put retenir un léger tressaillement en l'apercevant.

— En quoi, madame, vous ai-je déplu hier ? dit Calyste après quelques phrases banales échangées.

— Mais vous ne me plaisez ni me déplaisez, dit-elle d'un ton doux.

Le ton, l'air, la grâce admirable de la marquise encourageaient Calyste.

— Je vous suis indifférent, dit-il avec une voix troublée par les larmes qui lui vinrent aux yeux.

— Ne devons-nous pas être indifférents l'un à l'autre ? répondit la marquise. Nous avons l'un et l'autre un attachement vrai...

— Eh ! dit vivement Calyste, j'aimais Camille, mais je ne l'aime plus.

— Que faites-vous donc tous les jours pendant toute la matinée ? dit-elle avec un sourire assez perfide. Je ne suppose pas que, malgré sa passion pour le tabac, Camille vous préfère un cigare ; et que, malgré votre admiration pas aussi forte que Claude Vignon, vous passiez quatre heures à lire des romans femelles.

— Vous savez donc... dit ingénument le naïf Breton, dont la figure était illuminée par le bonheur de voir son idole.

— Calyste ! cria violemment Camille en apparaissant, l'interrompant, le prenant par le bras et l'entraînant à quelques pas, Calyste, est-ce là ce que vous m'aviez promis ?

La marquise put entendre ce reproche de mademoiselle des Touches, qui disparut en grondant et emmenant Calyste. Béatrix demeura stupéfaite de l'aveu de Calyste, sans y rien comprendre. Madame de Rochegude n'était pas aussi forte que Claude Vignon. La vérité du rôle horrible et sublime joué par Camille est une de ces infâmes grandeurs que les femmes n'admettent qu'à la dernière extrémité. Là se brisent leurs cœurs, là cessent leurs sentiments de femmes, là commence pour elles une abnégation qui les plonge dans l'enfer, ou qui les mène au ciel.

Pendant le déjeuner, auquel Calyste fut convié, la marquise, dont les sentiments étaient nobles et fiers, avait déjà fait un retour sur elle-même, en étouffant les germes d'amour qui croissaient dans son cœur. Elle fut, non pas froide et dure pour Calyste, mais d'une douceur indifférente qui le navra. Félicité mit le tapis la proposition d'aller le surlendemain faire une excursion dans le paysage original compris entre les Touches, le Croisic et le bourg de Batz. Elle pria Calyste d'employer la journée du lendemain à se procurer une barque et des matelots en cas de promenade sur mer. Elle se chargeait des vivres, des chevaux et de tout ce qu'il fallait avoir à sa disposition pour ôter toute fatigue à cette partie de plaisir. Béatrix brisa net en disant qu'elle ne s'exposerait pas à courir ainsi le pays. La figure de Calyste qui peignait une vive joie se couvrit soudain d'un voile.

— Et que craignez-vous, ma chère ? dit Camille.

— Ma position est trop délicate pour que je la compromette, non pas ma réputation, mais mon bonheur, dit-elle avec emphase en regardant le jeune Breton. Vous connaissez la jalousie de Conti, s'il savait...

— Et qui le lui dira ?

— Ne reviendra-t-il pas me chercher ?

Ce mot fit pâlir Calyste. Malgré les instances de Félicité, malgré celles du jeune Breton, madame de Rochegude fut inflexible, et montra ce que Camille appelait son entêtement. Calyste, malgré les espérances que lui donna Félicité, quitta les Touches en proie à un de ces chagrins d'amoureux dont la violence arrive à la folie. Revenu à l'hôtel du Guénic, il ne sortit de sa chambre que pour dîner, et y remonta quelque temps après. A dix heures, sa mère inquiète vint le voir, et le trouva griffonnant au milieu d'une grande quantité de papiers biffés et déchirés ; il écrivait à Béatrix, car il se défiait de Camille ; l'air qu'avait eu la marquise pendant leur entrevue au jardin l'avait singulièrement encouragé. Jamais première lettre d'amour n'a été, comme on pourrait le croire, un jet brûlant de l'âme. Chez tous les jeunes gens que n'a pas atteints la corruption, une pareille lettre est accompagnée de bouillonnements trop abondants, trop multipliés, pour ne pas être l'élixir de plusieurs lettres essayées, rejetées, recomposées. Voici celle à laquelle s'arrêta Calyste, et qu'il lut à sa pauvre mère étonnée. Pour elle, cette vieille maison était comme en feu, l'amour de son fils y flambait comme la lumière d'un incendie.

CALYSTE A BÉATRIX.

« Madame, je vous aimais quand vous n'étiez pour moi qu'un rêve, jugez quelle force a prise mon amour en vous apercevant. Le rêve a été surpassé par la réalité. Mon chagrin est de n'avoir rien à vous dire que vous ne sachiez en vous disant combien vous êtes belle ; mais, peut-être vos beautés n'ont-elles jamais éveillé chez personne autant de sentiments qu'elles en excitent en moi. Vous êtes belle de plus d'une façon : et je vous ai tant étudiée en pensant à vous jour et nuit, que j'ai pénétré les mystères de votre personne, les secrets de votre cœur et vos délicatesses inconnues. Avez-vous jamais été comprise, adorée comme vous méritez de l'être ? Sachez donc, il n'y a pas un de vos traits qui ne soit interprété dans mon cœur : votre fierté répond à la mienne, la noblesse de vos regards, la grâce de votre maintien, la distinction de vos mouvements, tout en vous est en harmonie avec des pensées, avec des vœux cachés au fond de votre âme, et c'est en les devinant que je me suis cru digne de vous. Si je n'étais pas devenu depuis quelques jours un autre vous-même, vous parlerais-je de moi ? Me lire, ce sera de l'égoïsme : il s'agit ici bien plus de vous que de Calyste. Pour vous écrire, Béatrix, j'ai fait taire mes vingt ans, j'ai entrepris sur moi, j'ai vieilli ma pensée, ou peut-être l'avez-vous vieillie par une semaine des plus horribles souffrances, d'ailleurs innocemment causées par vous. Ne me croyez pas un de ces amants vulgaires desquels vous vous êtes moquée avec tant de raison. Le beau mérite d'aimer une jeune, une belle, une spirituelle, une noble femme ! Hélas ! je ne pense même pas à vous mériter. Que suis-je pour vous ? un enfant attiré par l'éclat de la beauté, par les grandeurs morales, comme un insecte est attiré par la lumière. Vous ne pouvez pas faire autrement que de marcher sur les fleurs de mon âme, mais tout mon bonheur sera de vous les voir fouler aux pieds. Un dévouement absolu, la foi sans bornes, un amour insensé, toutes ces richesses d'un cœur aimant et vrai, ne sont rien ; elles servent à aimer et ne font pas qu'on soit aimé. Par moments je ne comprends pas qu'un fanatisme si ardent n'échauffe pas l'idole ; et, quand je rencontre votre œil sévère et froid, je me sens glacé. C'est votre dédain qui agit et non mon adoration. Pourquoi ? Vous ne sauriez me haïr autant que je vous aime, le sentiment le plus faible doit-il donc l'emporter sur le plus fort ? J'aimais Félicité de toutes les puissances de mon cœur ; je l'ai oubliée en un jour, en un moment, en vous voyant. Elle était l'erreur, vous êtes la vérité. Vous avez, sans le savoir, détruit mon bonheur, et vous ne me devez rien en échange. J'aimais Camille sans espoir et vous ne me donnez aucune espérance ; rien n'est changé que la divinité. J'étais idolâtre, je suis chrétien, voilà tout. Seulement, vous m'avez appris qu'aimer est le premier de tous les bonheurs, être aimé ne vient qu'après. Selon Camille, ce n'est pas aimer que d'aimer pour quelques jours : l'amour qui ne s'accroît pas de jour en jour est une passion misérable ; pour s'accroître, il doit ne pas voir sa fin, et elle apercevait le coucher de notre soleil. A votre aspect, j'ai compris les discours que le combattais du haut ma jeunesse, de toute la fougue de mes désirs, avec l'austérité despotique de mes vingt ans. Cette grande et sublime Camille mêlait alors ses larmes aux miennes. Je puis donc vous aimer sur la terre et dans les cieux, comme on aime Dieu. Si vous m'aimiez, vous n'auriez pas à m'opposer les raisons par lesquelles Camille terrassait mes efforts. Nous sommes jeunes tous deux, nous pouvons voler des mêmes ailes, sous le même ciel, sans craindre l'orage que redoutait cet aigle. Mais que vous dis-je là ? Je suis emporté bien loin au delà de la modestie de mes vœux ! Vous ne croirez plus à la soumission, à la patience, à la muette adoration que je viens vous prier de ne pas blesser inutilement. Je sais, Béatrix, que vous ne pouvez m'aimer sans perdre de votre propre estime. Aussi ne vous demandé-je aucun retour. Camille disait naguère qu'il y avait une fatalité innée dans les noms, à propos du sien. Cette fatalité, je l'ai pressentie pour vous dans le vôtre, quand, sur la jetée de Guérande, il a frappé mes yeux au bord de l'Océan. Vous passerez dans ma vie comme Béatrix a passé dans la vie de Dante. Mon cœur servira de piédestal à une statue blanche, vindicative, jalouse et oppressive. Il vous est défendu de m'aimer ; vous souffririez mille morts, vous seriez trahie, humiliée, malheureuse : il est en vous un orgueil de démon qui vous lie à la colonne que vous avez embrassée, vous y péririez en secouant le temple comme fit Samson. Ces choses, je ne les ai pas devinées, mon amour est trop aveugle, mais Camille me les a dites. Ici, ce n'est point mon esprit qui vous parle, c'est le sien ; moi je n'ai plus d'esprit dès qu'il s'agit de vous, il s'élève de mon cœur des bouillons de sang qui obscurcissent de leurs vagues mon intelligence, qui m'ôtent mes forces, qui paralysent ma langue, qui brisent mes genoux et les font plier. Je ne puis que vous adorer, quoi que vous fassiez. Camille appelle votre résolution de l'entêtement ; moi, je vous défends, et je la crois dictée par la vertu. Vous n'en êtes que plus belle à mes yeux. Je connais ma destinée : l'orgueil de la Bretagne est à la hauteur de la femme qui s'est faite une vertu du sien. Ainsi, chère Béatrix, soyez bonne et consolante pour moi. Quand les victimes étaient désignées, on les couronnait de fleurs, vous me devez les bouquets de la pitié, les musiques du sacrifice. Ne suis-je pas la preuve de votre grandeur, et ne vous élèverez-vous pas de la hauteur de mon amour dédaigné, malgré sa sincérité, malgré son ardeur immortelle ? Demandez à Camille comment je me suis conduit depuis le jour où elle m'a dit qu'elle aimait Claude Vignon. Je suis resté muet, j'ai souffert en silence. Eh bien ! pour vous, je trouverai plus de force encore si vous ne me désespérez pas, si vous appréciez mon héroïsme. Une seule louange de vous me ferait supporter les douleurs du martyre. Si vous persistez dans ce froid silence, dans ce mortel dédain, vous donneriez à penser que je suis à craindre. Ah ! soyez avec moi tout ce que vous êtes, charmante, gaie, spirituelle, aimante. Parlez-moi de Gennaro, comme Camille me parlait de Claude. Je n'ai pas d'autre génie que celui de l'amour, je n'ai rien qui me rende redoutable, et je serai devant vous comme si je ne vous aimais pas. Rejetterez-vous la prière d'un amour si humble, d'un pauvre enfant qui demande pour toute grâce à sa lumière de

l'éclairer, à son soleil de le réchauffer ? Celui que vous aimez vous verra toujours, le pauvre Calyste a peu de jours pour lui, vous en serez bientôt quitte. Ainsi, je reviendrai demain aux Touches, n'est-ce pas ? vous ne refuserez pas mon bras pour aller visiter les bords du Croisic et le bourg de Batz ? Si vous ne veniez pas, ce serait une réponse, et Calyste l'entendrait. »

Il y avait encore quatre autres pages d'une écriture fine et serrée où Calyste expliquait la terrible menace que ce dernier mot contenait en racontant sa jeunesse et sa vie ; mais il y procédait par phrases exclamatives, il y avait beaucoup de ces points prodigués par la littérature moderne dans les passages dangereux, comme des planches offertes à l'imagination du lecteur pour lui faire franchir les abîmes. Cette peinture naïve serait une répétition dans le récit ; si elle ne toucha pas madame de Rochegude, elle intéresserait médiocrement les amateurs d'émotions fortes, elle fit pleurer la mère, qui dit à son fils : — Tu n'as donc pas été heureux ?

Ce terrible poème de sentiments tombés comme un orage dans le cœur de Calyste, et qui devait aller en tourbillonnant dans une autre âme, effraya la baronne : elle lisait une lettre d'amour pour la première fois de sa vie. Calyste était debout dans un terrible embarras, il ne savait comment remettre sa lettre. Le chevalier du Halga se trouvait encore dans la salle où se jouaient les dernières remises d'une mouche animée. Charlotte de Kergarouët, au désespoir de l'indifférence de Calyste, essayait de plaire aux grands parents pour assurer par eux son mariage. Calyste suivit sa mère et reparut dans la salle en gardant dans sa poche la lettre, qui lui brûlait le cœur ; il s'agitait, il allait et venait comme un papillon entré par mégarde dans une chambre. Enfin la mère et le fils attirèrent le chevalier du Halga dans la grande salle, d'où ils renvoyèrent le petit domestique de mademoiselle de Pen-Hoël et Mariotte.

— Qu'ont-ils à demander au chevalier ? dit la vieille Zéphirine à la vieille Pen-Hoël.

— Calyste me fait l'effet d'être fou, répondit-elle. Il n'a pas plus d'égards pour Charlotte que si c'était une paludière.

La baronne avait très bien imaginé que, vers l'an 1780, le chevalier du Halga devait avoir navigué dans les parages de la galanterie, et elle avait dit à Calyste de le consulter.

— Quel est le meilleur moyen de faire parvenir secrètement une lettre à sa maîtresse ? dit Calyste à l'oreille du chevalier.

— On met la lettre dans la main de sa femme de chambre en l'accompagnant de quelques louis, car tôt ou tard une femme de chambre est dans le secret, et il vaut mieux l'y mettre tout d'abord, répondit le chevalier, dont la figure laissa échapper un sourire ; mais il vaut mieux la remettre soi-même.

— Des louis ! s'écria la baronne.

Calyste rentra, prit son chapeau ; puis il courut aux Touches, et produisit comme une apparition dans le petit salon où il entendait les voix de Béatrix et de Camille. Toutes les deux étaient sur le divan et paraissaient être en parfaite intelligence. Calyste, avec cette sonorité d'esprit que donne l'amour, se jeta très-étourdiment sur le divan à côté de la marquise en lui prenant la main et lui glissant sa lettre, sans que Félicité, quelque attentive qu'elle fût, pût s'en apercevoir. Le cœur de Calyste fut chatouillé d'une émotion aiguë et douce tout à la fois en se sentant presser la main par celle de Béatrix, qui, sans interrompre sa phrase ni paraître décontenancée, glissait la lettre dans son gant.

— Vous vous jetez sur les femmes comme sur des divans, dit-elle en riant.

— Il n'en est cependant pas à la doctrine des Turcs, répliqua Félicité, qui ne put se refuser cette épigramme.

Calyste se leva, prit la main de Camille et la lui baisa ; puis il alla au piano, en fit résonner toutes les notes d'un coup en passant les doigts dessus. Cette vivacité de joie occupa Camille, qui lui dit de venir lui parler.

— Qu'avez-vous ? lui demanda-t-elle à l'oreille.

— Rien, répondit-il.

— Il y a quelque chose entre eux, se dit mademoiselle des Touches.

La marquise fut impénétrable. Camille essaya de faire causer Calyste en espérant qu'il se trahirait ; mais l'enfant prétexta l'inquiétude où serait sa mère, et quitta les Touches à onze heures, non sans avoir essuyé le feu d'un regard perçant de Camille, à qui cette phrase était dite pour la première fois.

Après les agitations d'une nuit pleine de Béatrix, après être allé pendant la matinée vingt fois dans Guérande au-devant de la réponse qui ne venait pas, la femme de chambre de la marquise entra dans l'hôtel du Guénic, et remit à Calyste cette réponse, qu'il alla lire au fond du jardin sous la tonnelle.

BÉATRIX A CALYSTE.

« Vous êtes un noble enfant, mais vous êtes un enfant. Vous vous devez à Camille, qui vous adore. Vous ne trouveriez en moi ni les perfections qui la distinguent ni le bonheur qu'elle vous prodigue. Quoi que vous puissiez penser, elle est jeune et je suis vieille, elle a le cœur plein de trésors et le mien est vide, elle a pour vous un dévouement que vous n'appréciez pas assez, elle est sans égoïsme, elle ne vit qu'en vous ; et moi je serais remplie de doutes, je vous entraînerais dans une vie ennuyeuse, sans noblesse, dans une vie gâtée par ma faute. Camille est libre, elle va et vient comme elle veut ; moi, je suis esclave. Enfin vous oubliez que j'aime et que je suis aimée. La situation où je suis devait me défendre de tout hommage. M'aimer ou me dire qu'on m'aime est, chez un homme, une insulte. Une nouvelle faute ne me mettrait-elle pas au niveau des plus mauvaises créatures de mon sexe ? Vous qui êtes jeune et plein de délicatesses, comment m'obligez-vous à vous dire ces choses, qui ne sortent du cœur qu'en le déchirant ? J'ai préféré l'éclat d'un malheur irréparable à la honte d'une constante tromperie, ma propre perte à celle de la probité ; mais, aux yeux de beaucoup de personnes à l'estime desquelles je tiens, je suis encore grande : en changeant, je tomberais de quelques degrés de plus. Le monde est encore indulgent pour celles dont la constance couvre de son manteau l'irrégularité du bonheur ; mais il est impitoyable pour les habitudes vicieuses. Je n'ai ni dédain ni colère, je vous réponds avec franchise et simplicité. Vous êtes jeune, vous ignorez le monde, vous êtes emporté par la fantaisie, et vous êtes incapable, comme tous les gens dont la vie est pure, de faire les réflexions que suggère le malheur. J'irai plus loin. Je serais la femme du monde la plus humiliée, je cacherais d'épouvantables misères, je serais trahie, enfin je serais abandonnée, et, Dieu merci, rien de tout cela n'est possible ; mais, par une vengeance du ciel, il en serait ainsi, personne au monde ne me verrait plus. Oui, je me sentirais alors le courage de tuer un homme qui me parlerait d'amour, si, dans la situation où je serais, un homme pouvait encore arriver à moi. Vous avez là le fond de ma pensée. Aussi peut-être ai-je à vous remercier de m'avoir écrit. Après votre lettre, et surtout après ma réponse, je puis être à mon aise auprès de vous aux Touches, être au gré de mon caractère et comme vous le demandez. Je ne vous parle pas du ridicule amer qui me poursuivrait dans le cas où mes yeux cesseraient d'exprimer les sentiments dont vous vous plaignez. Un second vol fait à Camille serait une preuve d'impuissance auquel une femme ne se résout pas deux fois. Vous aimé-je follement, fussé-je aveugle, oublié-je tout, je verrais toujours Camille ! Son amour pour vous est une de ces barrières trop hautes pour être franchies par aucune puissance, même par les ailes d'un ange : il n'y a qu'un démon qui ne recule pas devant ces infâmes trahisons. Il se trouve ici, mon enfant, un monde de raisons que les femmes nobles et délicates se réservent et auxquelles vous n'entendez rien, vous autres hommes, même quand ils sont aussi semblables à vous que vous l'êtes en ce moment. Enfin vous avez une mère qui vous a montré ce que doit être une femme dans la vie, elle est pure et sans tache, elle a rempli sa destinée noblement, ce que je sais d'elle a mouillé mes yeux de larmes, et du fond de mon cœur il s'est élevé des mouvements d'envie. J'aurais pu être ainsi ! Calyste, ainsi doit être votre femme, et telle doit être sa vie. Je ne vous renverrai plus méchamment, comme j'ai fait, à cette petite Charlotte, qui vous ennuierait promptement, mais à quelque divine jeune fille digne de vous. Si j'étais à vous, je vous ferais manquer votre vie. Il y aurait chez vous manque de foi, de constance, ou vous auriez alors l'intention de me vouer toute votre existence : je suis franche, je la prendrais, je vous emmènerais je ne sais où, loin du monde ; je vous rendrais fort malheureux, je suis jalouse ; je vois des monstres dans une goutte d'eau, je suis au désespoir de misères dont beaucoup de femmes s'arrangent. Il est même des pensées incroyables qui viendraient de moi, non de vous, et qui me blesseraient à mort. Quand un homme n'est pas à la dixième année de bonheur aussi respectueux et aussi délicat qu'à la veille du jour où il meudiait une faveur, il me semble un infâme et m'avilit à mes propres yeux ! Un pareil amant ne croit plus ni aux Amadis ni aux Cyrus de mes rêves. Aujourd'hui, l'amour pur est une fable, et je ne vois en vous que la fatuité d'un désir à qui sa fin est inconnue. Je n'ai pas quarante ans, je ne sais pas encore faire plier ma fierté sous l'autorité de l'expérience, je n'ai pas cet amour qui rend humble, enfin je suis une femme dont le caractère est encore trop jeune pour ne pas être détestable. Je ne puis répondre de mon humeur, et chez moi la grâce est tout extérieure. Peut-être n'ai-je pas assez souffert encore pour avoir les indulgentes manières et la tendresse absolue que nous devons à de cruelles tromperies. L'amour est une impertinence, et je suis très-impertinente. Camille sera toujours pour vous une esclave dévouée, et je serais un tyran déraisonnable. D'ailleurs, Camille n'a-t-elle pas été mise auprès de vous par votre bon ange pour vous permettre d'atteindre au moment où vous commencerez la vie que vous

êtes destiné à mener, et à laquelle vous ne devez pas faillir ? Je la connais, Félicité ! sa tendresse est inépuisable ; elle ignore peut-être les grâces de notre sexe, mais elle déploie cette force féconde, ce génie de la constance et cette noble intrépidité qui fait tout accepter. Elle vous mariera, tout en souffrant d'horribles douleurs ; elle saura vous choisir une Béatrix libre, si c'est Béatrix qui répond à vos idées sur la femme et à vos rêves ; elle vous aplanira toutes les difficultés de votre avenir. La vente d'un arpent de terre qu'elle possède à Paris dégagera vos propriétés en Bretagne, elle vous instituera son héritier, n'a-t-elle pas déjà fait de vous un fils d'adoption ? Hélas ! que puis-je pour votre bonheur ? rien. Ne trahissez donc pas un amour infini qui se résout aux devoirs de la maternité. Je la trouve bien heureuse cette Camille !... L'admiration que vous inspire la pauvre Béatrix est une de ces peccadilles pour lesquelles les femmes de l'âge de Camille sont pleines d'indulgence. Quand elles sont sûres d'être aimées, elles pardonnent à la constance une infidélité, c'est même chez elles un de leurs plus vifs plaisirs que de triompher de la jeunesse de leurs rivales. Camille est au-dessus des autres femmes ; ceci ne s'adresse point à elle, je ne le dis que pour rassurer votre conscience. Je l'ai bien étudiée, Camille, elle est à mes yeux une des plus grandes figures de notre temps. Elle est spirituelle et bonne, deux qualités presque inconciliables chez les femmes ; elle est généreuse et simple, deux autres grandeurs qui se trouvent rarement ensemble. J'ai vu dans le fond de son cœur de sûrs trésors, il semble que Dante ait fait pour elle, dans son Paradis, la belle strophe sur le bonheur éternel qu'elle vous expliquait l'autre soir et qui finit par *Senza brama sicura richezza*. Elle me parlait de sa destinée, elle me racontait sa vie en me prouvant que l'amour, cet objet de nos vœux et de nos rêves, l'avait toujours fuie, et je lui répondais qu'elle me paraissait démontrer la difficulté d'appareiller les choses sublimes et qui explique bien des malheurs. Vous êtes une de ces âmes angéliques dont la sœur paraît impossible à rencontrer. Ce malheur, mon cher enfant, Camille vous l'évitera, elle vous trouvera, dût-elle en mourir, une créature avec laquelle vous puissiez être heureux en ménage.

« Je vous tends une main amie et compte, non pas sur votre cœur, mais sur votre esprit, pour nous trouver maintenant ensemble comme un frère et une sœur, et terminer là notre correspondance, qui, des Touches à Guérande, est chose au moins bizarre.

« BÉATRIX DE CASTERAN. »

Émue au dernier point par les détails et par la marche des amours de son fils avec la belle Rochegude, la baronne ne put rester dans la salle où elle faisait sa tapisserie en regardant Calyste à chaque point, elle quitta son fauteuil et vint auprès de lui d'une manière à la fois humble et hardie. La mère eut en ce moment la grâce d'une courtisane qui veut obtenir une concession.

— Eh bien ! dit-elle en tremblant, mais sans positivement demander la lettre.

Calyste lui montra le papier et le lui lut. Ces deux belles âmes, si simples, si naïves, ne virent dans cette astucieuse et perfide réponse aucune des malices et des pièges qu'y avait mis la marquise.

— C'est une noble et grande femme ! dit la baronne, dont les yeux étaient humides. Je prierai Dieu pour elle. Je ne croyais pas qu'une mère pût abandonner son mari, son enfant, et conserver tant de vertus ! Elle est digne de pardon.

— N'ai-je pas raison de l'adorer ? dit Calyste.

— Mais où cet amour te mènera-t-il ? s'écria la baronne. Ah ! mon enfant, combien les femmes à sentiments nobles sont dangereuses ! Les mauvaises sont moins à craindre. Épouse Charlotte de Kergarouët, dégage les deux tiers des terres de la famille. En vendant quelques fermes, mademoiselle de Pen-Hoël obtiendra ce grand résultat, et cette bonne fille s'occupera de faire valoir les biens. Tu peux laisser à tes enfants un beau nom, une belle fortune...

— Oublier Béatrix ?... dit Calyste d'une voix sourde et les yeux fixés en terre.

Il laissa la baronne et remonta chez lui pour répondre à la marquise. Madame du Guénic avait la lettre de madame de Rochegude gravée dans le cœur : elle voulut savoir à quoi s'en tenir sur les espérances de Calyste. Vers cette heure, le chevalier du Halga promenait sa chienne sur le mail ; la baronne, sûre de l'y trouver, mit un chapeau, son châle, et sortit. Voir la baronne du Guénic dans Guérande ailleurs qu'à l'église, ou dans les deux jolis chemins affectionnés pour la promenade des jours de fête, quand elle y accompagnait son mari et mademoiselle de Pen-Hoël, était un événement si remarquable, que, dans toute la ville, deux heures après, chacun s'abordait en se disant : « — Madame du Guénic est sortie aujourd'hui, l'avez-vous vue ? »

Aussi bientôt cette nouvelle arriva-t-elle aux oreilles de mademoiselle de Pen-Hoël, qui dit à sa nièce : — Il se passe quelque chose de bien extraordinaire chez les du Guénic.

— Calyste est amoureux fou de la belle marquise de Rochegude, dit Charlotte, je devrais quitter Guérande et retourner à Nantes.

En ce moment le chevalier du Halga, surpris d'être cherché par la baronne, avait détaché la laisse de Thisbé, reconnaissant l'impossibilité de se partager.

— Chevalier, vous avez pratiqué la galanterie? dit la baronne.

Le capitaine du Halga se redressa par un mouvement passablement fat. Madame du Guénic, sans rien dire de son fils ni de la marquise, expliqua la lettre d'amour en demandant quel pouvait être le sens d'une pareille réponse. Le chevalier tenait le nez au vent et se caressait le menton: il écoutait, il faisait de petites grimaces, enfin il regarda fixement la baronne d'un air fin.

— Quand les chevaux de race doivent franchir les barrières, ils viennent les reconnaître et les flairer, dit-il. Calyste sera le plus heureux coquin du monde.

— Chut! dit la baronne.

— Je suis muet. Autrefois je n'avais que cela pour moi, dit le vieux chevalier. Le temps est beau, reprit-il après une pause, le vent est nord-est. Tudieu! comme la *Belle-Poule* vous poussait ce vent-là le jour où... Mais, dit-il en s'interrompant, mes oreilles sonnent, et je sens des douleurs dans les fausses-côtes, le temps changera. Vous savez que le combat de la *Belle-Poule* a été si célèbre, que les femmes ont porté des bonnets à la *Belle-Poule*. Madame de Kergarouet est venue la première à l'Opéra avec cette coiffure. « Vous êtes coiffée en conquête, » lui ai-je dit. Ce mot fut répété dans toutes les loges.

La baronne écouta complaisamment le vieillard, qui, fidèle aux lois de la galanterie, reconduisit la baronne jusqu'à sa ruelle en négligeant Thisbé. Thisbé était petite-fille de la délicieuse Thisbé, chienne de madame l'amirale de Kergarouet, première femme du comte de Kergarouet. Cette dernière Thisbé avait dix-huit ans. La baronne monta lestement chez Calyste, légère de joie comme si elle aimait pour son compte. Calyste n'était pas chez lui; mais Fanny aperçut une lettre pliée sur la table, adressée à madame de Rochegude, et non cachetée. Une invincible curiosité poussa cette mère inquiète à lire la réponse de son fils. Cette indiscrétion fut cruellement punie. Elle ressentit une horrible douleur en entrevoyant le précipice où l'amour faisait tomber Calyste.

CALYSTE A BÉATRIX.

« Eh! que m'importe la race des du Guénic par le temps où nous vivons, chère Béatrix! Mon nom est Béatrix, le bonheur de Béatrix est mon bonheur, sa vie ma vie, et toute ma fortune est dans son cœur. Nos terres sont engagées depuis deux siècles, elles peuvent rester ainsi pendant deux autres siècles, nos fermiers les gardent, personne ne peut les prendre. Vous voir, vous aimer, voilà ma religion. Me marier! cette idée m'a bouleversé le cœur. Y a-t-il deux Béatrix? Je ne me marierai qu'avec vous, j'attendrai vingt ans s'il le faut, je suis jeune, et vous serez toujours belle. Ma mère est une sainte, je ne dois pas la juger. Elle n'a pas aimé! Je sais maintenant combien elle a perdu, et quels sacrifices elle a faits. Vous m'avez appris, Béatrix, à mieux aimer ma mère, elle est avec vous dans mon cœur, il n'y aura jamais qu'elle, voilà votre seule rivale, n'est-ce pas vous dire que vous y régnez sans partage? Ainsi vos raisons n'ont aucune force sur mon esprit. Quant à Camille, vous n'avez qu'un signe à me faire, je le prierai de vous dire elle-même que je ne l'aime pas, elle est la mère de mon intelligence, rien de moins, rien de plus. Dès que je vous ai vue, elle est devenue ma sœur, mon amie ou mon ami, tout ce qu'il vous plaira, mais nous n'avons pas d'autres droits que celui de l'amitié l'un sur l'autre. Je l'ai prise pour une femme jusqu'au moment où je vous ai vue. Mais vous m'avez démontré que Camille est un garçon: elle nage, elle chasse, elle monte à cheval, elle fume, elle boit, elle écrit, elle analyse un cœur et un livre, elle n'a pas la moindre faiblesse, elle marche dans sa force, elle n'a ni vos mouvements déliés, ni votre pas, qui ressemble au vol d'un oiseau, ni votre voix d'amour, ni vos regards fins, ni votre allure gracieuse; elle est Camille Maupin, et pas autre chose, elle n'a rien de la femme, tandis que vous en avez toutes les choses que j'en aime, il m'a semblé, dès le premier jour où je vous ai vue, que vous étiez à moi. Vous rirez de ce sentiment, mais il n'a fait que s'accroître, il me semblerait monstrueux que nous fussions séparés: vous êtes mon âme, ma vie, et je ne saurais vivre où vous ne seriez pas. Laissez-vous aimer! nous fuirons, nous nous en irons bien loin du monde, dans un pays où vous ne rencontrerez personne, où vous pourrez n'avoir que moi et Dieu dans le cœur. Ma mère, qui vous aime, viendra quelque jour vivre auprès de nous. L'Irlande a des châteaux, et la famille de ma mère m'en prêtera bien un. Mon Dieu, partons! Une barque, des matelots, et nous serions cependant avant que personne pût savoir où nous aurions fui ce monde que vous craignez tant! Vous n'avez pas été aimée; je le sens en relisant votre lettre, et j'y crois deviner que, s'il n'existait aucune des raisons dont vous parlez, vous vous laisseriez aimer par moi. Béatrix, un saint amour efface le passé. Peut-on penser à autre chose qu'à vous, en vous voyant? Ah! je vous aime tant, que je vous voudrais mille fois infâme afin de vous montrer la puissance de mon amour en vous adorant comme la plus sainte des créatures. Vous appelez mon amour une injure pour vous. Oh! Béatrix, tu ne le crois pas! L'amour d'un noble enfant, ne m'appelez-vous pas ainsi? honorerait une reine. Ainsi demain nous irons en amants le long des roches et de la mer, et vous marcherez sur les sables de la vieille Bretagne pour les consacrer de nouveau pour moi! Donnez-moi ce jour de bonheur, et cette aumône passagère, et peut-être, hélas! sans souvenir pour vous, sera pour Calyste une éternelle richesse... »

La baronne laissa tomber la lettre sans l'achever, elle s'agenouilla sur une chaise, et fit à Dieu une oraison mentale en lui demandant de conserver à son fils l'entendement, d'écarter de lui toute folie, toute erreur, et de le retirer de la voie où elle le voyait.

— Que fais-tu là, ma mère? dit Calyste.

— Je prie Dieu pour toi, dit-elle en lui montrant ses yeux pleins de larmes. Je viens de commettre la faute de lire cette lettre. Mon Calyste est fou!

— De la plus douce des folies, dit le jeune homme en embrassant sa mère.

— Je voudrais voir cette femme mon enfant.

— Eh bien! maman, dit Calyste, nous nous embarquerons demain pour aller au Croisic, sois sur la jetée.

Il cacheta sa lettre et partit pour les Touches. Ce qui, par-dessus toute chose, épouvantait la baronne, était de voir le sentiment arriver par la force de son instinct à la seconde vue d'une expérience consommée. Calyste venait d'écrire à Béatrix, comme si le chevalier du Halga l'avait conseillé.

Peut-être une des plus grandes jouissances que puissent éprouver les petits esprits ou les êtres inférieurs est-elle de jouer les grandes âmes et de les prendre à quelque piège. Béatrix savait être bien au-dessous de Camille Maupin. Cette infériorité n'existait pas seulement dans cet ensemble de choses morales appelé *talent*, mais encore dans les choses du cœur nommées *passion*. Au moment où Calyste arrivait aux Touches avec l'impétuosité d'un premier amour, porté sur les ailes de l'espérance, la marquise éprouvait une joie vive de se savoir aimée par cet adorable jeune homme. Elle n'allait pas jusqu'à vouloir être complice de ce sentiment, elle mettait son héroïsme à comprimer ce *capriccio*, comme disent les Italiens, et croyait alors égaler son amie, elle était heureuse d'avoir à lui faire un sacrifice. Enfin les vanités particulières de la femme française, et qui constituent cette célèbre coquetterie d'où elle tire sa supériorité, se trouvaient caressées et pleinement satisfaites chez elle: livrée à d'immenses séductions, elle y résistait, et ses vertus lui chantaient à l'oreille un doux concert de louanges. Ces deux femmes, en apparence indolentes, étaient à demi couchées sur le divan de ce petit salon plein d'harmonies, au milieu d'un monde de fleurs et la fenêtre ouverte, car le vent du nord avait cessé. Une dissolvante brise du sud paillettait les eaux d'eau salée que leurs yeux pouvaient voir, et le soleil enflammait les sables d'or. Leurs âmes étaient aussi profondément agitées que la nature était calme, et non moins ardentes. Broyée dans les rouages de la machine qu'elle mettait en mouvement, Camille était forcée de veiller sur elle-même, à cause de la prodigieuse finesse de l'amicale ennemie qu'elle avait mise dans sa cage, mais, pour ne pas donner son secret, elle se livrait à des contemplations intimes de la nature, elle trompait ses souffrances en cherchant un sens au mouvement des mondes, et trouvant Dieu dans le sublime désert du ciel. Une fois Dieu reconnu par l'incrédule, il se jette dans le catholicisme absolu, qui, vu comme système, est complet. Le matin, Camille avait montré à la marquise un front encore baigné par les lueurs des recherches pendant une nuit passée à gémir. Calyste était toujours debout devant elle, comme une image céleste. Le beau jeune homme, à qui elle se dévouait, elle le regardait comme un ange gardien. N'était-ce pas lui qui la guidait vers les hautes régions où cessent les souffrances, sous le poids d'une incompréhensible immensité? Cependant l'air triomphant de Béatrix inquiétait Camille. Une femme ne gagne pas sur une autre un pareil avantage sans le laisser deviner, tout ce qu'elle se dévoua, elle le regardait comme un ange gardien. N'était-ce pas lui qui la guidait vers les hautes régions où cessent les souffrances, sous le poids d'une incompréhensible immensité? Cependant l'air triomphant de Béatrix inquiétait Camille. Une femme ne gagne pas sur une autre un pareil avantage sans le laisser deviner, tout ce qu'elle se défendait de l'avoir pris. Rien n'était plus bizarre que le combat moral et sourd de ces deux amies, se cachant l'une à l'autre un secret, et se croyant réciproquement créancières de sacrifices inouïs. Calyste arriva tenant sa lettre entre sa main et son gant, prêt à la glisser dans la main de Béatrix. Camille, à qui le changement de manière de son amie n'avait pas échappé, parut ne pas l'examiner, et s'examina dans une glace au moment où Calyste allait faire son entrée. Là se trouve un écueil pour toutes les femmes. Les plus spirituelles comme les plus sottes, les plus franches comme les plus astucieuses, ne sont plus maîtresses de leur secret, en ce moment il éclate aux yeux d'une autre femme. Trop de réserve ou trop d'abandon, un regard libre et lumineux, l'abaissement mystérieux des paupières, tout trahit alors le sentiment le plus difficile à cacher, car l'indifférence a quelque chose de si complètement froid, qu'elle ne peut jamais être simulée. Les femmes ont le génie des nuances, elles en usent trop pour ne pas les connaître toutes, et, dans ces occasions, leurs yeux embrassent une rivale des pieds à la tête, elles devinent le plus léger mouvement d'un pied sous la robe, la plus imperceptible convulsion dans la taille et savent la signification de ce qui, pour un homme, paraît insignifiant. Deux femmes en observation jouent une des plus admirables scènes de comédie qui se puissent voir.

— Calyste a commis quelque sottise, pensa Camille, remarquant chez l'un et l'autre l'air indéfinissable des gens qui s'entendent.

Il n'y avait plus ni roideur ni fausse indifférence chez la marquise, elle regardait Calyste comme une chose à elle. Calyste lut alors explicite, il rougit en vrai coupable, en homme heureux. Il venait arrêter les arrangements à prendre pour le lendemain.

— Vous venez donc décidément, ma chère ? dit Camille.

— Oui, dit Béatrix.

— Comment le savez-vous ? demanda mademoiselle des Touches à Calyste.

— Je venais le savoir, répondit-il à un regard que lui lança madame de Rochegude, qui ne voulait pas que son amie eût la moindre lumière sur la correspondance.

— Ils s'entendent déjà, dit Camille, qui vit ce regard par la puissance circulaire de son œil. Tout est fini, je n'ai plus qu'à disparaître.

Sous le poids de cette pensée, il se fit dans son visage une espèce de décomposition qui fit frémir Béatrix.

— Qu'as-tu, ma chère ? dit-elle.

— Rien. Ainsi, Calyste, vous enverrez mes chevaux et les vôtres pour que nous puissions les trouver au delà du Croisic, afin de revenir à cheval par le bourg de Batz. Nous déjeunerons au Croisic et dînerons aux Touches. Vous vous chargez des bateliers. Nous partirons à huit heures et demie du matin. Quels beaux spectacles ! dit-elle à Béatrix. Vous verrez Cambremer, un homme qui fait pénitence sur un roc auprès de la mer volontairement durant dix ans. Oh ! vous êtes dans un pays primitif où les hommes n'éprouvent pas des sentiments ordinaires. Calyste vous dira cette histoire.

Elle alla dans sa chambre, elle étouffait. Calyste donna sa lettre et suivit Camille.

— Calyste, vous êtes aimé, je le crois, mais vous me cachez une escapade, et vous avez certainement enfreint mes ordres ?

— Aimé ! dit-il en tombant sur un fauteuil.

Camille mit la tête à la porte, Béatrix avait disparu. Ce fait était bizarre. Une femme ne quitte pas une chambre où se trouve celui qu'elle aime en ayant la certitude de le revoir, sans avoir à faire mieux. M. demoiselle des Touches se dit : — Aurait-elle une lettre de Calyste ? Mais elle crut l'innocent Breton incapable de cette hardiesse.

— Si tu m'as désobéi, tout sera perdu par ta faute, lui dit-elle d'un air grave. Va-t'en préparer les joies de demain.

Elle fit un geste auquel Calyste ne résista pas : il y a des douleurs muettes d'une éloquence despotique. En allant au Croisic voir les bateliers, en traversant les sables et les marais, Calyste eut des craintes. La phrase de Camille était empreinte de quelque chose de fatal qui trahissait la seconde vue de la maternité. Quand il revint quatre heures après, fatigué, comptant dîner aux Touches, il trouva la femme de chambre de Camille en sentinelle sur la porte, l'attendant pour lui dire que sa maîtresse et la marquise ne pourraient le recevoir ce soir. Calyste, surpris, voulut questionner la femme de chambre, elle ferma la porte et se sauva. Six heures sonnaient au clocher de Guérande. Calyste, rentra chez lui, se fit faire à diner et joua la mouche en proie à une sombre méditation. Ces alternatives de bonheur et de malheur, l'anéantissement de ses espérances succédant à la presque certitude d'être aimé, brisaient cette jeune âme qui s'envolait à pleines ailes vers le ciel et arrivait si haut que la chute devait être horrible.

— Qu'as-tu, mon Calyste ? lui dit sa mère à l'oreille.

— Rien, répondit-il en montrant des yeux d'où la lumière de l'âme et le feu de l'amour s'étaient retirés.

Ce n'est pas l'espérance, mais le désespoir, qui donne la mesure de nos ambitions. On se livre en secret aux beaux poèmes de l'espérance, tandis que la douleur ne montre à nu son voile.

— Calyste, vous n'êtes pas gentil, dit Charlotte après avoir essayé vainement sur lui ces petites agaceries de provinciale qui dégénèrent tout ou en taquinades.

— Je suis fatigué, dit-il en se levant et souhaitant le bonsoir à la compagnie.

— Calyste est bien changé, dit mademoiselle de Pen-Hoël.

— Nous n'avons pas de belles robes garnies de dentelles, nous n'agitons pas nos manches comme ça, nous ne nous posons pas ainsi, nous ne savons pas regarder de côté, tourner la tête, Charlotte en imitant et chargeant les airs, la pose et les regards de la marquise. Nous n'avons pas une voix qui part de la tête, ni cette petite toux intéressante, heu! heu! qui semble être le soupir d'une ombre, nous avons le malheur d'avoir une santé robuste et d'aimer nos amis sans coquetterie, quand nous les regardons nous n'avons pas l'air de les piquer d'un dard ou de les examiner par un coup d'œil hypocrite. Nous ne savons pas pencher la tête en saule pleureur et paraître aimables en la relevant ainsi !

Mademoiselle de Pen-Hoël ne put s'empêcher de rire en voyant les gestes de sa nièce ; mais ni le chevalier ni le baron ne comprirent cette satire de la province contre Paris.

— La marquise de Rochegude est cependant bien belle, dit la vieille fille.

— Mon ami, dit la baronne à son mari, je sais qu'elle va demain au Croisic, nous irons nous y promener, je voudrais bien la rencontrer.

Pendant que Calyste se creusait la tête afin de deviner ce qui pouvait lui avoir fait fermer la porte des Touches, il se passait entre les deux amies une scène qui devait influer sur les événements du lendemain. La lettre de Calyste avait apporté dans le cœur de madame de Rochegude des émotions inconnues. Les femmes ne sont pas toujours l'objet d'un amour aussi jeune, aussi naïf, aussi sincère et absolu que l'était celui de cet enfant. Béatrix avait plus aimé qu'elle n'avait été aimée. Après avoir été l'esclave, elle éprouvait un désir inexplicable d'être à son tour le tyran. Au milieu de sa joie, en lisant et relisant la lettre de Calyste, elle fut traversée par la pointe d'une idée cruelle. Que faisaient donc ensemble Calyste et Camille depuis le départ de Claude Vignon ? Si Calyste n'aimait pas Camille et si Camille le savait, à quoi donc employaient-ils leurs matinées ? La mémoire de l'esprit rapporta maliceusement de cette remarque les discours de Camille. Il semblait qu'un diable soufflât et apparaissait dans un miroir magique le portrait de cette héroïque fille avec certains gestes et certains regards qui achevèrent d'éclairer Béatrix. Au lieu de lui être égale, elle était écrasée par Félicité ; loin de la jouer, elle était jouée par elle ; elle n'était qu'un plaisir que Camille voulait donner à son enfant aimé d'un amour extraordinaire et sans vulgarité. Pour une femme comme Béatrix, cette découverte fut comme un coup de foudre. Elle repassa minutieusement l'histoire de cette semaine. En un moment, le rôle de Camille et le sien se déroulèrent dans toute leur étendue ; elle se trouva singulièrement ravalée. Dans cet accès de haine jalouse, elle crut apercevoir chez Camille une intention de vengeance contre Conti. Tout le passé de ces deux ans agissant peut-être sur ces deux semaines. Une fois sur la pente des défiances, des suppositions et de la colère, Béatrix ne s'arrêta point : elle se promenait dans son appartement poussée par d'impétueux mouvements d'âme et s'asseyait tour à tour en essayant de prendre un parti, mais elle resta jusqu'à l'heure du dîner en proie à l'indécision et ne descendit que pour se mettre à table sans être habillée. En voyant entrer sa rivale, Camille devina tout. Béatrix, sans toilette, avait un air froid et une taciturnité de physionomie qui, pour une observatrice de la force de Maupin, dénotait l'hostilité d'un cœur aigri. Camille sortit et donna sur-le-champ l'ordre qui devait si fort étonner Calyste ; elle pensa que si le naïf Breton arrivait avec son amour inscrit au milieu de la querelle, il la reverrait peut-être jamais Béatrix en compromettant l'avenir de sa passion par quelque sotte franchise. elle voulait être sans témoin pour cette lutte de tromperies. Béatrix, sans auxiliaires, devait être à elle. Camille connaissait la sécheresse de cette âme, les petitesses de ce grand orgueil auquel elle avait si justement appliqué le mot d'entêtement. Le dîner fut morne. Chacune de ces deux femmes avait trop d'esprit et de bon goût pour s'expliquer devant les domestiques ou se faire écouter aux portes par eux. Camille fut donc bonne, elle se sentait si supérieure ! Béatrix fut dure et mordante, elle se savait jouée comme un enfant. Il y eut pendant le dîner un combat de regards, de gestes, de demi-mots, auxquels les gens ne devaient rien comprendre et qui annonçaient un violent orage. Quand il fallut remonter, Camille offrit malicieusement son bras à Béatrix, qui feignit de ne pas voir le mouvement de son amie et s'élança seule dans l'escalier. Lorsque le café fut servi, mademoiselle des Touches dit à son valet de chambre : — Laissez-nous ! qui fut le signal du combat.

— Les romans que vous faites, ma chère, sont un peu plus dangereux que ceux que vous écrivez, dit la marquise.

— Ils ont cependant un grand avantage, dit Camille en prenant une cigarette.

— Lequel ? demanda Béatrix.

— Ils sont inédits, mon ange.

— Celui dans lequel vous me mettez fera-t-il un livre ?

— Je n'ai pas de vocation pour le métier d'Œdipe, vous avez l'esprit et la beauté des sphinx, je le sais, mais ne me proposez pas d'énigmes, parlez clairement, ma chère Béatrix.

— Quand pour rendre les hommes heureux, les amuser, leur plaire et dissiper leurs ennuis, nous demandons au diable de nous aider...

— Les hommes nous reprochent plus tard nos efforts et nos tentatives, en les croyant dictés par le génie de la dépravation, dit Camille en quittant sa cigarette et interrompant son amie.

Ces deux femmes, en apparence indolentes, étaient à demi couchées sur le divan — PAGE 38.

— Ils oublient l'amour qui nous emportait et qui justifiait nos excès, car où n'allons-nous pas !... Mais ils font alors leur métier d'hommes, ils sont ingrats et injustes, reprit Béatrix. Les femmes entre elles se connaissent, elles savent combien leur attitude en toute circonstance est fière, noble, et, disons-le, vertueuse. Mais, Camille, je viens de reconnaître la vérité des critiques dont vous vous êtes plainte quelquefois. Oui, ma chère, vous avez quelque chose des hommes, vous vous conduisez comme eux, rien ne vous arrête, et, si vous n'avez pas tous leurs avantages, vous avez dans l'esprit leurs allures, et vous partagez leur mépris envers nous. Je n'ai pas lieu, ma chère, d'être contente de vous, et je suis trop franche pour le cacher. Personne ne me fera peut-être au cœur une blessure aussi profonde que celle dont je souffre. Si vous n'êtes pas toujours femme en amour, vous la redevenez en vengeance. Il fallait une femme de génie pour trouver l'endroit le plus sensible de mes délicatesses ; je veux parler de Calyste et des roueries, ma chère (voilà le mot), que vous avez employées contre moi. Jusqu'où, vous, Camille Maupin, êtes-vous descendue, et dans quelle intention ?

— Toujours de plus en plus sphinx ! dit Camille en souriant.

— Vous avez voulu que je me jetasse à la tête de Calyste ; je suis encore trop jeune pour avoir de telles façons. Pour moi l'amour est l'amour avec ses atroces jalousies et ses volontés absolues. Je ne suis pas auteur : il m'est impossible de voir des idées dans des sentiments...

— Vous vous croyez capable d'aimer sottement? dit Camille. Rassurez-vous, vous avez encore beaucoup d'esprit. Vous vous calomniez, ma chère, vous êtes assez froide pour toujours rendre votre tête juge des hauts faits de votre cœur.

Cette épigramme fit rougir la marquise ; elle lança sur Camille un regard plein de haine, un regard venimeux, et trouva, sans les chercher, les flèches les plus acérées de son carquois. Camille écouta froidement et en fumant des cigarettes cette tirade furieuse qui pétilla d'injures si mordantes qu'il est impossible de la rapporter. Béatrix, irritée par le calme de son adversaire, chercha d'horribles personnalités dans l'âge auquel atteignait mademoiselle des Touches.

— Est-ce tout ? dit Camille en poussant un nuage de fumée. Aimez-vous Calyste ?

— Non, certes.

— Tant mieux, répondit Camille. Moi je l'aime, et beaucoup trop pour mon repos. Peut-être a-t-il pour vous un caprice, vous êtes la plus délicieuse blonde du monde, et moi je suis noire comme une taupe ; vous êtes svelte, élancée, et moi j'ai trop de dignité dans la taille ; enfin vous êtes jeune ! voilà le grand mot, et vous ne me l'avez pas épargné. Vous avez abusé de vos avantages de femme contre moi, ni plus ni moins qu'un petit journal abuse de la plaisanterie. J'ai tout fait pour empêcher ce qui arrive, dit-elle en levant les yeux au plafond. Quelque peu femme que je sois, je le suis encore assez, ma chère, pour qu'une rivale ait besoin de moi-même pour l'emporter sur moi... (La marquise fut atteinte au cœur par ce mot cruel dit de la façon la plus innocente.) Vous me prenez pour une femme bien niaise en croyant de moi ce que Calyste vous en faire croire. Je ne suis ni si grande ni si petite, je suis femme et très-femme. Quittez vos grands airs et donnez-moi la main, dit Camille en s'emparant de la main de Béatrix. Vous n'aimez pas Calyste, voilà la vérité, n'est-ce pas ? Ne vous emportez donc point ! Soyez dure, froide et sévère avec lui demain, il finira par se soumettre après la querelle que je vais lui faire, et surtout après le raccommodement, car je n'ai pas épuisé les ressources de notre arsenal, et, après tout, le plaisir a toujours raison du désir. Mais Calyste est Breton. S'il persiste à vous faire la cour, dites-le-moi franchement, et vous irez dans une petite maison de campagne que je possède à six lieues de Paris, où vous trouverez toutes les aises de la vie, et où Conti pourra venir. Que Calyste me calomnie, eh ! mon Dieu ! l'amour le plus pur ment six fois par jour, ses impostures accusent sa force.

Il y eut dans la physionomie de Camille un air de superbe froideur qui rendit la marquise inquiète et craintive. Elle ne savait que répondre. Camille porta le dernier coup.

— Je suis plus confiante et moins aigre que vous, reprit Camille, je ne vous suppose pas l'intention de couvrir par une récrimination une attaque qui compromettrait ma vie : vous me connaissez, je ne survivrai pas à la perte de Calyste, et je dois le perdre tôt ou tard. Calyste m'aime d'ailleurs, je le sais.

— Voilà ce qu'il répondait à une lettre où je ne lui parlais que de vous, dit Béatrix en lui tendant la lettre de Calyste.

Camille la prit et la lut, mais, en la lisant, ses yeux s'emplirent de larmes, elle pleura comme pleurent toutes les femmes dans leurs vives douleurs.

— Mon Dieu ! dit-elle, il l'aime. Je mourrai donc sans avoir été ni comprise ni aimée !

Elle resta quelques moments la tête appuyée sur l'épaule de Béatrix : sa douleur était véritable, elle éprouvait dans ses entrailles le coup terrible qu'y avait reçu la baronne du Guénic à la lecture de cette lettre.

— L'aimes-tu ? dit-elle en se dressant et regardant Béatrix. As-tu pour lui cette adoration infinie qui triomphe de toutes les douleurs et qui survit au mépris, à la trahison, à la certitude de n'être plus jamais aimée ? L'aimes-tu pour lui-même et pour le plaisir même de l'aimer ?

— Chère amie, dit la marquise attendrie ; eh bien ! sois tranquille, je partirai demain.

— Ne pars pas, il t'aime, je le vois ! Et je l'aime tant que je serais au désespoir de le voir souffrant, malheureux. J'avais formé bien des projets pour lui ; mais s'il t'aime, tout est fini.

— Je l'aime, Camille, dit alors la marquise avec une adorable naïveté, mais en rougissant.

— Tu l'aimes, et tu peux lui résister ! s'écria Camille. Ah ! tu ne l'aimes pas.

— Je ne sais quelles vertus nouvelles il a réveillées en moi, mais certes il m'a rendue honteuse de moi-même, dit Béatrix. Je voudrais être vertueuse et libre pour lui sacrifier autre chose que les restes de mon cœur et des chaînes infâmes. Je ne veux d'une destinée incomplète ni pour lui ni pour moi.

— Tête froide : aimer et calculer ! dit Camille avec une sorte d'horreur.

— Tout ce que vous voudrez, mais je ne veux pas flétrir sa vie, être à son cou comme une pierre, et devenir un regret éternel. Si je ne puis être sa femme, je ne serai pas sa maîtresse. Il m'a..... Vous ne vous moquerez pas de moi? non. Eh bien! son adorable amour m'a purifiée.

Camille jeta sur Béatrix le plus fauve, le plus farouche regard que jamais femme jalouse ait jeté sur sa rivale.

— Sur ce terrain, dit-elle, je croyais être seule. Béatrix, ce mot nous sépare à jamais, nous ne sommes plus amies. Nous commençons un combat horrible. Maintenant, je te le dis, tu succomberas ou tu fuiras... Félicité se précipita dans sa chambre après avoir montré le visage d'une lionne en fureur à Béatrix stupéfaite. — Viendrez-vous au Croisic demain? dit Camille en soulevant la portière.

— Certes, répondit orgueilleusement la marquise. Je ne fuirai pas et je ne succomberai pas.

— Je joue cartes sur table : j'écrirai à Conti, répondit Camille.

Béatrix devint aussi blanche que la gaze de son écharpe.

— Chacune de nous joue sa vie, répondit Béatrix, qui ne savait plus que résoudre.

Les violentes passions que cette scène avait soulevées entre ces deux femmes se calmèrent pendant la nuit. Toutes deux se raisonnèrent et revinrent au sentiment des perfides temporisations qui réduisent la plupart des femmes; système excellent entre elles et les hommes, mauvais contre les femmes. Ce fut au milieu de cette dernière tempête que mademoiselle des Touches entendit la grande voix qui triomphe des plus intrépides. Béatrix écouta les conseils de la jurisprudence mondaine, elle eut peur du mépris de la société. La dernière tromperie de Félicité, mêlée aux accents de la plus atroce jalousie, eut donc un plein succès. La faute de Calyste fut réparée, mais une nouvelle indiscrétion pouvait à jamais ruiner ses espérances.

On arrivait à la fin du mois d'août, le ciel était d'une pureté magnifique. A l'horizon, l'Océan avait, comme dans les mers méridionales, une teinte d'argent en fusion, et près du rivage papillotaient de petites vagues. Une espèce de fumée brillante, produite par les rayons du soleil qui tombaient d'aplomb sur les sables, y produisait une atmosphère au moins égale à celle des tropiques. Aussi le sel fleurissait-il en petits œillets blancs à la surface des mares. Les courageux paludiers, vêtus de blanc précisément pour résister à l'action du soleil, étaient dès le matin à leur poste, armés de leurs longs râteaux, les uns appuyés sur les petits murs de boue qui séparent chaque propriété, regardant le travail de cette chimie naturelle, à eux connue dès l'enfance; les autres jouant avec leurs petits gars et leurs femmes. Ces dragons verts, appelés douaniers, fumaient leurs pipes tranquillement. Il y avait je ne sais quoi d'oriental dans ce tableau, car, certes, un Parisien subitement transporté là ne se serait pas cru en

Calyste se pencha par une sorte de curiosité féroce. — PAGE 43.

France. Le baron et la baronne, qui avaient pris le prétexte de venir voir comment allait la récolte de sel, étaient sur la jetée admirant ce silencieux paysage où la mer faisait seule entendre le mugissement de ses vagues en temps égaux, où des barques sillonnaient la mer, et où la ceinture verte de la terre cultivée produisait un effet d'autant plus gracieux, qu'il est excessivement rare sur les bords toujours désolés de l'Océan.

— Eh bien! mes amis, j'aurai vu les marais de Guérande encore une fois avant de mourir, dit le baron à des paludiers qui se groupèrent à l'entrée des marais pour le saluer.

— Est-ce que les du Guénic meurent? dit un paludier.

En ce moment, la caravane partie des Touches arriva dans le petit chemin. La marquise allait seule en avant, Calyste et Camille la suivaient en se donnant le bras. A vingt pas en arrière venait Gasselin.

— Voilà ma mère et mon père, dit le jeune homme à Camille.

La marquise s'arrêta. Madame du Guénic éprouva la plus violente répulsion en voyant Béatrix, qui cependant était mise à son avantage : un chapeau d'Italie orné de bluets et à grands bords, ses cheveux crêpés dessous, une robe d'une étoffe écrue de couleur grisâtre, une ceinture bleue à longs bouts flottants, enfin un air de princesse déguisée en bergère.

— Elle n'a pas de cœur, se dit la baronne.

— Mademoiselle, dit Calyste à Camille, voici madame du Guénic et mon père. Puis il dit au baron et à la baronne :

— Mademoiselle des Touches et madame la marquise de Rochegude, née de Casteran, mon père.

Le baron salua mademoiselle des Touches, qui fit un salut humble et plein de reconnaissance à la baronne.

— Celle-là, pensa Fanny, aime vraiment mon fils, elle semble me remercier d'avoir mis Calyste au monde.

— Vous venez voir, comme je le fais, si la récolte sera bonne ; mais vous avez de meilleures raisons que moi d'être curieuse, dit le baron à Camille, car vous avez là du bien, mademoiselle.

— Mademoiselle est la plus riche de tous ces paludiers, dit un de ces paludiers, et que Dieu la conserve, elle est bonne dame.

Les deux compagnies se saluèrent et se quittèrent.

— On ne donnerait pas plus de trente ans à mademoiselle des Touches, dit le bonhomme à sa femme. Elle est bien belle. Et Calyste préfère cette haridelle de marquise parisienne à cette excellente fille de la Bretagne?

— Hélas! oui, dit la baronne.

Une barque attendait au pied de la jetée où l'embarquement se fit sans gaieté. La marquise était froide et digne. Camille avait grondé Calyste sur son manque d'obéissance, en lui expliquant l'état dans lequel étaient ses affaires de cœur. Calyste, en proie à un désespoir morne, jetait sur Béatrix des regards où l'amour et la haine se combattaient. Il ne fut pas dit une parole pendant le court trajet de la jetée de Guérande à l'extrémité du port du Croisic, endroit où se charge le sel que les femmes apportent dans de grandes terrines placées sur leurs têtes, et qu'elles tiennent de façon à ressembler à des cariatides. Ces femmes vont pieds nus et n'ont qu'une jupe assez courte. Beaucoup d'entre elles laissent insoucieusement voltiger les mouchoirs qui couvrent leurs bustes, plusieurs n'ont que leurs chemises et sont les plus fières, car moins les femmes ont de vêtements, plus elles déploient de pudiques noblesses. Le petit navire danois achevait sa cargaison. Le débarquement de ces deux belles personnes excita donc la curiosité des porteuses de sel, et, pour échapper autant que pour servir Calyste, Camille s'élança vivement vers les rochers, en le laissant à Béatrix. Gisselin suit entre son maître et lui une distance d'au moins deux cents pas. Du côté de la mer, la presqu'île du Croisic est bordée de roches granitiques dont les formes sont si singulièrement capricieuses, qu'elles ne peuvent être appréciées que par les voyageurs qui ont été à même d'établir des comparaisons entre ces grands spectacles de la nature sauvage. Peut-être les roches du Croisic ont-elles sur les choses de ce genre la supériorité accordée au chemin de la grande Chartreuse sur les autres vallées étroites. Ni les côtes de la Corse, où le granit offre des récifs bien bizarres, ni celles de la Sardaigne, où la nature s'est livrée à des effets grandioses et terribles, ni les roches basaltiques des mers du Nord, n'ont un caractère si complet. La fantaisie s'est amusée à composer là d'interminables arabesques où les figures les plus fantastiques s'enroulent et se déroulent. Toutes les formes y sont. L'imagination est peut-être fatiguée de cette immense galerie de monstruosités où par les temps de fureur la mer se glisse et a fini par polir toutes les aspérités. Vous rencontrez sous une voûte naturelle et d'une hardiesse imitée de loin par Brunelleschi, car les plus grands efforts de l'art sont toujours une timide contrefaçon des effets de la nature, une cuve polie comme une baignoire de marbre et sablée par un sable uni, fin, blanc, où l'on peut se baigner sans crainte dans quatre pieds d'eau tiède. Vous allez admirant de petites anses fraîches, abritées par des portiques grossièrement taillés, mais majestueux, à la manière du palais Pitti, cette autre imitation des caprices de la nature. Les accidents sont innombrables, rien n'y manque de ce que l'imagination la plus dévergondée pourrait inventer au désir. Il existe même, chose si rare sur les bords de l'Océan que peut-être est ce la seule exception, un gros buisson de la plante qui a fait créer ce mot. Ce buis, la plus grande curiosité du Croisic, où les arbres ne peuvent y venir, se trouve à une lieue environ du port, à la pointe la plus avancée de la côte. Sur un des promontoires formés par le granit, et qui s'élèvent au-dessus de la mer à une hauteur où les vagues n'arrivent jamais, même dans les temps les plus furieux, à l'exposition du midi, les caprices diluviens ont pratiqué une marge creuse d'environ quatre pieds de saillie. Dans cette fente, le hasard, ou peut-être l'homme, a mis assez de terre végétale pour qu'un buis ras et fourni, semé par les oiseaux, y ait poussé. La forme des racines indique au moins trois cents ans d'existence. Au-dessous la roche est cassée net. La commotion, dont les traces sont écrites en caractères ineffaçables sur cette côte, a projeté les morceaux de granit je ne sais où. La mer arrive sans rencontrer de récifs au pied de cette lame, où elle a plus de cinq cents pieds de profondeur. À l'entour, quelques roches à fleur d'eau, dont les bouillonnements de l'écume indiquent, décrivent comme un grand cirque. Il faut un peu de courage et de résolution pour aller jusqu'à la cime de ce petit Gibraltar, dont la tête est presque ronde et dont quelque coup de vent peut précipiter les curieux dans la mer, ou, chose plus dangereuse, sur les roches. Cette sentinelle gigantesque ressemble à ces lanternes de vieux châteaux, d'où l'on pouvait prévoir les attaques en embrassant tout le pays, de là se voient le clocher et les arides cultures du Croisic, les sables et les dunes qui menacent la terre cultivée et qui ont envahi le territoire du bourg de Batz. Quelques vieillards prétendent que, dans les temps fort reculés, il se trouvait un château fort sur cet endroit. Les pêcheurs de sardines ont donné un nom à ce rocher, qui se voit de loin en mer; mais il faut pardonner l'oubli de ce mot breton, aussi difficile à prononcer qu'à retenir. Calyste menait Béatrix vers ce point, d'où le coup d'œil est superbe et où les décorations du granit surpassent tous les étonnements qu'il a pu causer le long de la route sablonneuse qui côtoie la mer. Il est inutile d'expliquer pourquoi Camille s'était sauvée en avant. Comme une bête sauvage blessée, elle aimait la solitude, elle se perdait dans les grottes, reparaissait sur les pics, chassait les crabes de leurs trous ou surprenait en flagrant délit leurs mœurs originales. Pour ne pas être gênée par ses habits de femme, elle avait mis des pantalons à manchettes brodées, une blouse courte, un chapeau de castor, et pour bâton de voyage elle avait une cravache, car elle a toujours eu la fatuité de sa force et de son agilité. Elle était ainsi cent fois plus belle que Béatrix : elle avait un petit châle de soie rouge de Chine croisé sur son buste comme on le met aux enfants. Pendant quelque temps, Béatrix et Calyste la virent voltigeant sur les cimes ou sur les abîmes comme un feu follet, essayant de donner le change à ses souffrances en affrontant le péril. Elle arriva la première à la roche au buis et s'assit dans une des anfractuosités à l'ombre, occupée à méditer. Que pouvait faire une femme comme elle de sa vieillesse, après avoir bu la coupe de la gloire par tous les grands talents, trop avides pour détailler les stupides jouissances de l'amour-propre, vidant d'une gorgée? Elle a depuis avoué que là l'une de ces réflexions suggérées par un rien, par un de ces accidents qui sont une niaiserie peut-être pour des gens vulgaires, et qui présentent un abîme de réflexions aux grandes âmes, l'avait décidée à l'acte singulier par lequel elle devait en finir avec la vie sociale. Elle tira de sa poche une petite boîte où elle avait mis, en cas de soif, des pastilles à la fraise, elle en prit plusieurs, mais, tout en les savourant, elle ne put s'empêcher de remarquer que les fraises, qui n'existaient plus, revivaient cependant dans leurs qualités. Elle conclut de là qu'il en pouvait être ainsi de nous. La mer lui offrait alors une image de l'infini. Nul grand esprit ne peut tirer de l'infini, en admettant l'immortalité de l'âme, sans conclure à quelque avenir religieux. Cette idée la poursuivit encore quand elle reprit son flacon d'eau de Portugal. Son manège pour faire tomber Béatrix en partage à Calyste lui parut alors bien mesquin : elle sentit mourir la femme en elle, et se dégager la noble et angélique créature voilée jusqu'alors par la chair. Son immense esprit, son savoir, ses connaissances, ses fausses amours, l'avaient conduite face à face, avec quoi? qui le lui eût dit? avec la mère féconde, la consolatrice des affligés, l'église romaine, si douce aux repentirs, si poétique avec les poètes, si naïve avec les enfants, si belle et si mystérieuse pour les esprits inquiets et sauvages, qui les y peuvent toujours creuser en satisfaisant toujours leurs insatiables curiosités, sans cesse excitées. Elle jeta sous les yeux les détours que lui avait fait faire Calyste, et les comparait aux chemins tortueux de ces rochers. Calyste était toujours à ses yeux le beau messager du ciel, un divin conducteur. Elle étouffa l'amour terrestre par l'amour divin.

Après avoir marché pendant quelque temps en silence, Calyste ne put s'empêcher, sur une exclamation de Béatrix relative à la beauté de l'Océan qui diffère beaucoup de la Méditerranée, de comparer, comme pureté, comme étendue, comme agitation, comme profondeur, comme éternité, cette mer à son amour.

— Elle est bordée par un rocher, dit en riant Béatrix.

— Quand vous me parlez ainsi, répondit-il en lui lançant un regard divin, je vous vois, je vous entends, et puis avoir la patience des anges, mais quand je suis seul, vous auriez pitié de moi si vous pouviez me voir. Ma mère pleure alors de mon chagrin.

— Écoutez, Calyste, il faut en finir, dit la marquise en regagnant le chemin de sable. Peut-être avons-nous atteint le seul lieu propre à dire ces choses, car jamais de ma vie je n'ai vu la nature plus en harmonie avec mes pensées. J'ai vu l'Italie, où tout parle d'amour, j'ai vu la Suisse, où tout est frais et exprime un vrai bonheur, un bonheur laborieux, où la verdure, les eaux tranquilles, les lignes les plus riantes, sont oppressées par les Alpes couronnées de neige; mais je n'ai rien vu qui peigne mieux l'ardente aridité de ma vie que cette petite plaine desséchée par les vents de la mer, corrodée par les vapeurs marines, où lutte une triste agriculture en face de l'immense Océan, en face des bouquets de la Bretagne d'où s'élèvent les tours de votre Guérande. Eh bien! Calyste, voilà Béatrix. Ne vous y attachez donc point. Je vous aime, mais je ne serai jamais à vous d'aucune manière, car j'ai la conscience de ma désolation intérieure. Ah! vous ne savez pas à quel point je suis dure pour moi-même en vous parlant ainsi. Non vous ne verrez pas votre idole, si je suis une idole, amoindrie, elle ne tombera pas de la hauteur où vous le mettez. J'ai maintenant une passion que desavouent le monde et la religion, je ne veux plus être humiliée ni cacher mon bonheur, je le reste attachée ou je suis, je serai ce désert sablonneux et sans végétation, sans fleurs ni verdure, que voici.

— Et si vous étiez abandonnée? dit Calyste.

— Eh bien! j'irai mendier ma grâce, je m'humilierai devant l'homme que j'ai offensé, mais je ne courrai jamais le risque de me jeter dans un bonheur que je sais devoir finir.

— Finir! s'écria Calyste.

La marquise interrompit le dithyrambe auquel allait se livrer son amant en répétant : Finir! d'un ton qui lui imposa silence.

Cette contradiction émut chez le jeune homme une de ces muettes fureurs internes que connaissent seuls ceux qui ont aimé sans espoir. Béatrix et lui firent environ trois cents pas dans un profond silence, ne regardant plus ni la mer, ni les roches, ni les champs du Croisic.

— Je vous rendrais si heureuse! dit Calyste.

— Tous les hommes commencent par nous promettre le bonheur, et ils nous lèguent l'infamie, l'abandon, le dégoût. Je n'ai rien à reprocher à celui à qui je dois être fidèle, il ne m'a rien promis, je suis allée à lui, mais le seul moyen qui me reste pour amoindrir ma faute est de la rendre éternelle.

— Dites, madame, que vous ne m'aimez pas. Moi qui vous aime, je sais par moi-même que l'amour ne discute pas, il ne voit que lui-même, il n'est pas un sacrifice que je ne fasse. Ordonnez, je tenterai l'impossible. Celui qui jadis a méprisé sa maîtresse quand elle eut jeté son gant entre les lions en lui commandant d'aller le reprendre, n'aimait pas! il méconnaissait votre droit de nous éprouver pour être sûres de notre amour et ne rendre les armes qu'à des grandeurs surhumaines. Je vous sacrifierais ma famille, mon nom, mon avenir.

— Quelle insulte dans ce mot de sacrifices ! dit-elle d'un ton de reproche qui fit sentir à Calyste la sottise de son expression.

Il n'y a que les femmes qui aiment absolument ou les coquettes pour savoir prendre un point d'appui dans un mot et s'élancer à une hauteur prodigieuse : l'esprit et le sentiment procèdent là de la même manière, mais la femme aimante s'afflige, et la coquette méprise.

— Vous avez raison, dit Calyste en laissant tomber deux larmes, ce mot ne peut se dire que des efforts que vous me demandez.

— Taisez-vous, dit Béatrix saisie d'une réponse où pour la première fois Calyste peignait bien son amour, j'ai fait assez de fautes, ne me tentez pas.

Ils étaient en ce moment au pied de la roche au buis. Calyste éprouva les plus ouvrières félicités à soutenir la marquise en gravissant ce rocher où elle voulut aller jusqu'à la cime. Ce fut pour ce pauvre enfant la dernière faveur que de serrer cette taille, de sentir cette femme un peu tremblante : elle avait besoin de lui ! Ce plaisir inespéré lui tourna la tête, il ne vit plus rien, il saisit Béatrix par la ceinture.

— Eh bien ! dit-elle d'un air imposant.

— Ne serez-vous jamais à moi ? lui demanda-t-il d'une voix étouffée par un orage de sang.

— Jamais, mon ami, répondit-elle. Je ne puis être pour vous que Béatrix, un rêve. N'est-ce pas une douce chose ? nous n'aurons ni amertume, ni chagrin, ni repentir.

— Et vous retournerez à Conti ?

— Il le faut bien.

— Tu ne seras donc jamais à personne, dit Calyste en poussant la marquise avec une violence frénétique.

Il voulut écouter sa chute avant de se précipiter après elle, mais il n'entendit qu'une clameur sourde, la stridente déchirure d'une étoffe et le bruit grave d'un corps tombant sur la terre. Au lieu d'aller la tête en bas, Béatrix avait chaviré, elle était renversée sur les buis, mais elle aurait roulé néanmoins au fond de la mer si sa robe ne s'était accrochée à une pointe et n'avait en se déchirant amorti le poids du corps sur le buisson. Mademoiselle des Touches, qui vit cette scène, ne put crier, car son saisissement fut tel, qu'elle ne put que faire signe à Gasselin d'accourir. Calyste se pencha par une sorte de curiosité féroce, il vit la situation de Béatrix et trembla : elle paraissait prier, elle croyait mourir, elle sentait le buis prés de céder. Avec l'habileté soudaine que donne l'amour, avec l'agilité surnaturelle que la jeunesse trouve dans le danger, il se laissa couler de neuf pieds de hauteur, en se tenant à quelques aspérités, jusqu'à la marge du rocher, et put relever la marquise en la prenant dans ses bras, au risque de tomber tous les deux à la mer. Quand il tint Béatrix, elle était sans connaissance, mais il la pouvait croire toute à lui dans ce lit aérien où ils allaient rester longtemps seuls, et son premier mouvement fut un mouvement de plaisir.

— Ouvrez les yeux, pardonnez-moi, disait Calyste, ou nous mourrons ensemble.

— Mourir ! dit-elle en ouvrant les yeux et dénouant ses lèvres pâles. Calyste salua ce mot par un baiser, et sentit alors chez la marquise un frémissement convulsif qui le ravit. En ce moment, les souliers ferrés de Gasselin se firent entendre au-dessus. Le Breton était suivi de Camille, avec laquelle il examinait les moyens de sauver les deux amants.

— Il n'en est qu'un seul, mademoiselle, dit Gasselin : je vais m'y couler, ils remonteront sur mes épaules, et vous leur donnerez la main.

— Et toi ? dit Camille.

Le domestique parut surpris d'être compté pour quelque chose au milieu du danger que courait son jeune maître.

— Il vaut mieux aller chercher une échelle au Croisic, dit Camille.

— Elle est malicieuse tout de même, se dit Gasselin en descendant.

Béatrix demanda d'une voix faible à être couchée, elle se sentait défaillir. Calyste la coucha entre le granit et le buis sur le terreau ras.

— Je vous ai vu, Calyste, dit Camille. Que Béatrix meure ou soit sauvée, ceci ne doit être jamais qu'un accident.

— Elle me haïra, dit-il les yeux mouillés.

— Elle t'adorera, répondit Camille. Nous voilà revenus de notre promenade, il faut la transporter aux Touches. Que serais-tu donc devenu si elle était morte ? lui dit-elle.

— Je l'aurais suivie.

— Et ta mère ?... Puis, après une pause : Et moi ? dit-elle faiblement.

Calyste resta pâle, le dos appuyé au granit, immobile, silencieux. Gasselin revint promptement d'une des petites fermes éparses dans les champs en courant avec une échelle qu'il y avait trouvée. Béatrix avait repris quelques forces. Quand Gasselin eut placé l'échelle, la marquise put, aidée par Gasselin, qui pria Calyste de passer le châle roulé de Camille sous les bras de Béatrix et de lui en apporter le bout, arriver sur la plate-forme ronde, où Gasselin la prit dans ses bras comme un enfant, et la descendit sur la plage.

— Je n'aurais pas dit non à la mort, mais les souffrances ! dit-elle à mademoiselle des Touches d'une voix faible.

La faiblesse et le brisement que ressentait Béatrix forcèrent Camille à la faire porter à la ferme où Gasselin avait emprunté l'échelle. Calyste, Gasselin et Camille se dépouillèrent des vêtements qu'ils pouvaient quitter, firent un matelas sur l'échelle, y placèrent Béatrix et la portèrent comme sur une civière. Les fermiers offrirent leur lit. Gasselin courut à l'endroit où attendaient les chevaux, en prit un, et alla chercher le chirurgien du Croisic, après avoir recommandé aux bateliers de venir à l'anse la plus voisine de la ferme. Calyste, assis sur une escabelle, répondait par des mouvements de tête et par de rares monosyllabes à Camille, dont l'inquiétude était excitée par l'état de Béatrix et par celui de Calyste. Après une saignée, la malade se trouva mieux, elle put parler, consentit à s'embarquer, et vers cinq heures du soir elle fut transportée du bras de la jetée de Guérande aux Touches, où le médecin de la ville l'attendait. Le bruit de cet événement s'était répandu dans ce pays solitaire et presque sans habitants visibles avec une explicable rapidité.

Calyste passa la nuit aux Touches, au pied du lit de Béatrix, et en compagnie de Camille. Le médecin avait promis que le lendemain la marquise n'aurait plus qu'une courbature. À travers le désespoir de Calyste éclatait une joie profonde : il était au pied du lit de Béatrix, il la regardait sommeillant ou s'éveillant, il pouvait étudier son visage pâle et ses moindres mouvements. Camille souriait avec amertume en reconnaissant chez Calyste les symptômes d'une de ces passions qui teignent à jamais l'âme et les facultés d'un homme en se mêlant à sa vie, dans une époque où tout a sa pleine puissance, où ni soin, ni contrariété ne peuvent ce cruel travail intérieur. Jamais Calyste ne devait voir la femme vraie qui était en Béatrix. Avec quelle naïveté le jeune Breton ne laissait-il pas lire ses plus secrètes pensées !... Il s'imaginait que cette femme était sienne en se trouvant ainsi dans sa chambre, et l'admirant dans le désordre du lit. Il épiait avec une attention extatique les plus légers mouvements de Béatrix, sa contenance annonçait une si jolie curiosité, son bonheur se révélait si naïvement, qu'il y eut un moment où les deux femmes se regardèrent en souriant. Quand Calyste vit les beaux yeux vert de mer de la malade exprimant un mélange de confusion, d'amour et de raillerie, il rougit et détourna la tête.

— Ne vous ai-je pas dit, Calyste, que vous autres hommes vous nous promettiez le bonheur, et finissiez par nous jeter dans un précipice ?

En entendant cette plaisanterie, dite d'un ton charmant, et qui annonçait quelque changement dans le cœur de Béatrix, Calyste se mit à genoux, prit une des mains moites qu'elle laissa prendre, et la baisa d'une façon très-soumise.

— Vous avez le droit de repousser à jamais mon amour, et moi je n'ai plus le droit de vous dire un seul mot.

— Ah ! s'écria Camille en voyant l'expression peinte sur le visage de Béatrix et la comparant à celle qu'auraient obtenue les efforts de sa diplomatie, l'amour aura toujours plus d'esprit à lui seul que tout le monde ! Prenez votre potion, ma chère amie, et dormez.

Cette nuit, passée par Calyste auprès de mademoiselle des Touches, qui lut des livres de théologie mystique pendant que Calyste lisait Indiana, le premier ouvrage de la célèbre rivale de Camille, et où se trouvait la captivante image d'un jeune homme aimant avec idolâtrie et dévouement une femme placée dans la situation fausse où était Béatrix, livre qui fut d'un fatal exemple pour lui ! cette nuit laissa des traces ineffaçables dans le cœur du pauvre jeune homme, à qui l'élicité fit comprendre qu'à moins d'être un monstre, une femme ne pouvait être qu'heureuse et flattée dans toutes ses vanités d'avoir été l'objet d'un crime.

— Vous ne m'auriez pas jetée à l'eau, moi ! dit la pauvre Camille en essuyant une larme.

Vers le matin, Calyste, accablé, s'était endormi dans son fauteuil. Ce fut au tour de la marquise à contempler ce charmant enfant, pâli par ses émotions et par sa première veille d'amour, elle l'entendit murmurant tout bas son nom.

— Il aime en dormant, dit-elle à Camille.

— Il faut l'envoyer se coucher chez lui, dit Félicité, qui le réveilla.

Personne n'était inquiet à l'hôtel du Guénic, mademoiselle des Touches avait écrit un mot à la baronne. Calyste revint dîner aux Touches, il retrouva Béatrix levée, pâle, faible et lasse; mais il n'y avait plus la moindre dureté dans sa parole ni la moindre dureté dans ses regards. Depuis cette soirée, remplie de musique par Camille, qui se mit au piano pour laisser Calyste prendre et serrer les mains de Béatrix sans que ni l'un ni l'autre pussent parler, il n'y eut plus le moindre orage aux Touches. Félicité s'effaça complétement. Les femmes froides, frêles, dures et minces, comme est madame de Rochegude, ces femmes, dont le cou offre une attache osseuse qui leur donne une vague ressemblance avec la race féline, dont l'âme de la couleur pâle de leurs yeux clairs, gris ou verts; aussi, pour fondre, pour vitrifier ces cailloux, faut-il des coups de foudre. Pour Béatrix, la rage d'amour et l'attentat de Calyste avaient été ce coup de tonnerre auquel rien ne résiste, et qui change les natures les plus rebelles. Béatrix se sentait intérieurement mortifiée, l'amour pur et vrai lui baignait le cœur de ses molles et fluides ardeurs. Elle vivait dans une douce et tiède atmosphère de sentiments inconnus où elle se trouvait agrandie, élevée; elle entrait dans les cieux où la Bretagne a, de tout temps, mis la femme. Elle savourait les adorations respectueuses de cet enfant, dont le bonheur lui coûtait peu de chose, car un regard, une parole, satisfaisaient Calyste. Ce haut prix donné par le cœur à ces riens la touchait excessivement. Son gant effleuré pouvait devenir pour cet ange plus que toute sa personne n'était pour celui qui ce gant lui aurait dû être adorée. Quel contraste! Quelle femme aurait pu résister à cette constante déification? Elle était sûre d'être obéie et comprise. Elle eût dit à Calyste de donner sa vie pour le moindre de ses caprices, il n'eût même pas réfléchi. Aussi Béatrix prit-elle je ne sais quoi de noble et d'imposant, elle vit l'amour du côté de ses grandeurs, elle y chercha comme un point d'appui pour demeurer la plus magnifique de toutes les femmes aux yeux de Calyste, sur qui elle voulait avoir un empire éternel. Ses coquetteries furent alors d'autant plus tenaces, qu'elle se sentit plus faible. Elle joua la malade pendant toute une semaine avec une charmante hypocrisie. Combien de fois ne fit-elle pas le tour du tapis vert qui s'étendait devant la façade des Touches sur le jardin, appuyée sur le bras de Calyste, et rendant alors à Camille les souffrances qu'elle lui avait données pendant la première semaine de son séjour.

— Ah! ma chère, tu lui fais faire le grand tour, dit mademoiselle des Touches à la marquise.

Avant la promenade au Croisic, un soir ces deux femmes devisaient sur l'amour et riaient des différentes manieres dont s'y prenaient les hommes pour faire leurs déclarations, en s'avouant à elles-mêmes que les plus habiles et naturellement les moins aimants ne s'amusaient pas à se promener dans le labyrinthe de la sensiblerie, et avaient raison, en sorte que les gens qui aiment le mieux étaient pendant un certain temps les plus maltraités. — Ils s'y prennent comme la Fontaine pour aller à l'Académie! dit alors Camille. Son mot rappelait cette conversation à la marquise qui en l'approchant son machiavélisme. Madame de Rochegude avait une puissance absolue pour contenir Calyste dans les bornes où elle voulait qu'il se tînt, elle lui rappelait d'un geste ou d'un regard son horrible violence au bord de la mer. Les yeux de ce pauvre martyr se remplissaient alors de larmes, il se taisait et dévorait ses raisonnements, ses vœux, ses souffrances, avec un héroïsme qui certes eût touché toute autre femme. Elle l'amena par son infernale coquetterie à un si grand désespoir qu'il vint un jour se jeter dans les bras de Camille en demandant conseil. Béatrix, armée de la lettre de Calyste, en avait extrait le passage où il disait qu'aimer était le premier bonheur, qu'être aimé venait après, et se servait de cet axiome pour restreindre sa passion à cette idolâtrie respectueuse qui lui plaisait. Elle aimait tant à se laisser caresser l'âme par ces doux concerts de louanges et d'adorations que la nature suggere aux jeunes gens; il y a tant d'art sans recherche, tant de séductions innocentes dans leurs cris, dans leurs prières, dans leurs exclamations, dans leurs appels à eux-mêmes, dans les hypothèques qu'ils offrent sur l'avenir, que Béatrix se gardait bien de répondre. Elle l'avait dit, elle doutait! Il ne s'agissait pas encore du bonheur, mais de la permission d'aimer que demandait toujours cet enfant, qui s'obstinait à vouloir prendre en paroles du côté le plus fort, le côté moral. La femme la plus forte en paroles est souvent très-faible en action. Après avoir vu le progrès qu'il avait fait en poussant Béatrix à la mer, il est étrange que Calyste ne continuât pas à demander son bonheur aux violences, mais l'amour chez les jeunes gens est tellement extatique et religieux, qu'il veut tout obtenir de la conviction morale; et de là vient la sublimité.

Néanmoins un jour le Breton, poussé à bout par le désir, se plaignit vivement à Camille de la conduite de Béatrix.

— J'ai voulu te guérir en te la faisant promptement connaître, répondit mademoiselle des Touches, et tu as tout brisé dans ton impatience. Il y a dix jours tu étais son maître, aujourd'hui tu en es l'esclave, mon pauvre garçon. Ainsi tu n'auras jamais la force d'exécuter mes ordres.

— Que faut-il faire?

— Lui chercher querelle à propos de sa rigueur. Une femme est toujours emportée par le discours, fais qu'elle te maltraite, et ne reviens plus aux Touches qu'elle ne t'y rappelle.

Il est un moment, dans toutes les maladies violentes, où le patient accepte les plus cruels remèdes et se soumet aux opérations les plus horribles. Calyste en était arrivé là. Il écouta le conseil de Camille, il resta deux jours au logis; mais, le troisième, il grattait à la porte de Béatrix en l'avertissant que Camille et lui l'attendaient pour déjeuner.

— Encore un moyen de perdu, lui dit Camille en le voyant si lâchement arrivé.

Béatrix s'était souvent arrêtée pendant ces deux jours à la fenêtre d'où se voyait le chemin de Guérande. Quand Camille l'y surprenait, elle se disait occupée de l'effet produit par les ajoncs du chemin, dont les fleurs d'or étaient illuminées par le soleil de septembre. Camille eut ainsi le secret de Béatrix, et n'avait plus qu'un mot à dire pour que Calyste fût heureux, mais elle ne le disait pas: elle était encore trop femme pour le pousser à cette action dont s'effrayent les jeunes cœurs, qui semblent avoir la conscience de tout ce qui va perdre leur idéal. Béatrix fit attendre assez longtemps Camille et Calyste. Avec tout autre que lui, ce retard eût été significatif, car la toilette de la marquise accusait le désir de fasciner Calyste et d'empêcher une nouvelle absence. Après le déjeuner, elle alla se promener dans le jardin, et ravit de joie cet enfant qu'elle ravissait d'amour en lui exprimant le désir de revoir avec lui cette roche où elle avait failli périr.

— Allons-y seuls, demanda Calyste d'une voix troublée.

— En refusant, répondit-elle, je vous donnerais à penser que vous êtes dangereux. Hélas! je vous l'ai dit mille fois, je suis à un autre et ne puis être qu'à lui; je l'ai choisi sans rien connaître à l'amour. La faute est double, double est la punition.

Quand elle parlait ainsi, les yeux à demi mouillés par le peu de larmes que ces sortes de femmes répandent, Calyste éprouvait une compassion qui adoucissait son ardente fureur, il l'adorait alors comme une madone. Il ne faut pas plus demander aux différents caractères de se ressembler dans l'expression des sentiments qu'il ne faut exiger les mêmes fruits d'arbres différents. Béatrix était en ce moment violemment combattue: entre son passé et son avenir entre elle-même et Calyste, entre le monde où elle espérait rentrer un jour, et le bonheur complet, entre se perdre à jamais par une seconde passion impardonnable, et le pardon social. Elle commençait à écouter, sans aucune tacherie même jouée, les discours d'un amour aveugle; elle se laissait caresser par les douces mains de la pitié. Déjà plusieurs fois elle avait été émue aux larmes en écoutant Calyste lui promettant de l'amour pour tout ce qu'elle perdrait aux yeux du monde, et le plaignant d'être attachée à un aussi mauvais génie, à un homme aussi faux que Conti. Plus d'une fois elle n'avait pas fermé la bouche à Calyste quand elle lui contait les misères et les souffrances qu'il avait accablée en Italie en ne se voyant pas seule dans le cœur de Conti. Camille avait, à ce sujet, fait plus d'une leçon à Calyste, et Calyste en profitait.

— Moi, lui disait-il, je vous aimerai absolument; vous ne trouverez pas chez moi les triomphes de l'art, les jouissances que donne une foule émue par les merveilles du talent; mon seul talent sera de vous aimer, mes seules jouissances seront les vôtres, l'admiration d'aucune femme ne me paraîtra mériter de récompense; vous n'aurez pas à redouter d'odieuses rivalités, vous êtes méconnue, là où vous accepte, moi je voudrais me faire accepter tous les jours.

Elle écoutait ces paroles la tête baissée, en lui laissant baiser ses mains, en avouant silencieusement mais de bonne grâce qu'elle était peut-être un ange méconnu.

— Je suis trop humiliée, répondait-elle, mon passé dépouille l'avenir de toute sécurité.

Ce fut une belle matinée pour Calyste que celle où, en venant aux Touches à sept heures du matin, il aperçut entre deux ajoncs, à une fenêtre, Béatrix coiffée du même chapeau de paille qu'elle portait le jour de leur excursion. Il eut comme un éblouissement. Ces petites choses de la passion agrandissent le monde. Peut-être n'y a-t-il que les Françaises qui possèdent les secrets de ces coups de théâtre, elles les doivent aux grâces de leur esprit, elles savent en mettre dans le sentiment autant qu'il peut en accepter sans perdre de sa force. Ah! combien elle pesait peu sur le bras de Calyste. Tous deux, ils sortirent par la porte du jardin qui donne sur les dunes. Béatrix trouva les sables jolis, elle aperçut alors ces petites plantes dures à fleurs roses qui y croissent, elle en cueillit plusieurs auxquelles elles joignit l'œillet des Chartreux, qui se trouve également dans les sables arides et les partagea d'une façon significative avec Calyste, pour qui ces fleurs et ce feuillage devaient être une éternelle, une sinistre image.

— Nous y joindrons du buis, dit-elle en souriant. Elle resta quelque temps sur la jetée où Calyste, en attendant la barque, lui raconta son enfantillage le jour de son arrivée. — Votre escapade, que j'ai sue, fut la cause de ma sévérité le premier jour, dit-elle.

Pendant cette promenade, madame de Rochegude eut ce ton légèrement plaisant de la femme qui aime, comme elle en eut la tendresse et le laissez-aller. Calyste pouvait se croire aimé. Mais quand, en allant le long des rochers sur le sable, ils descendirent dans une de ces charmantes criques où les vagues ont apporté les plus extraordinaires mosaïques, composées des marbres les plus étranges, et qu'ils y eurent joué comme des enfants en cherchant les plus beaux échantillons; quand Calyste, au comble de l'ivresse, lui proposa nettement de s'enfuir en Irlande, elle reprit un air digne, mystérieux, lui demanda son bras, et ils continuèrent leur chemin vers la roche qu'elle avait surnommée la roche Tarpéienne.

— Mon ami, lui dit-elle en gravissant à pas lents ce magnifique bloc de granit dont elle devait se faire un piédestal, je n'ai pas le courage de vous cacher tout ce que vous êtes pour moi. Depuis dix ans je n'ai pas eu de bonheur comparable à celui que nous venons de goûter en faisant la chasse aux coquillages dans ces roches à fleur d'eau, en échangeant ces cailloux avec lesquels je me ferai faire un collier qui sera plus précieux pour moi que s'il était composé des plus beaux diamants. Je viens d'être petite fille, enfant, telle que j'étais à quatorze ou seize ans, et alors digne de vous. L'amour que j'ai eu le bonheur de vous inspirer m'a relevée à mes propres yeux. Entendez ce mot dans toute sa magie. Vous avez fait de moi la femme la plus orgueilleuse, dit-elle la plus heureuse de son sexe, et vous vivrez peut-être plus longtemps dans mon souvenir que moi dans le vôtre.

En ce moment, elle était arrivée au faîte du rocher, d'où se voyait l'immense Océan d'un côté, la Bretagne de l'autre avec ses îles d'or, ses tours féodales et ses bouquets d'ajoncs. Jamais une femme ne fut sur un plus beau théâtre pour faire un si grand aveu.

— Mais, dit-elle, je ne m'appartiens pas, je suis plus liée par ma volonté que je ne l'étais par la loi. Soyez donc puni de mon malheur, et contentez-vous de savoir que nous en souffrirons ensemble. Dante n'a jamais revu Béatrix, Pétrarque n'a jamais possédé sa Laure. Ces désastres n'atteignent que de grandes âmes. Ah! si je suis abandonnée, si je tombe de mille degrés de plus dans la honte et dans l'infamie, si ta Béatrix est cruellement méconnue par le monde qui lui sera horrible, si elle est la dernière des femmes!... alors, enfant adoré, dit-elle en lui prenant la main, tu sauras qu'elle est la première de toutes, qu'elle pourra s'élever jusqu'aux cieux appuyée sur toi, mais alors, ami, dit-elle en lui jetant un regard sublime, quand tu voudras la précipiter, ne manque pas ton coup : après ton amour, la mort!

Calyste tenait Béatrix par la taille, il la serra sur son cœur. Pour couronner ses douces paroles, madame de Rochegude déposa sur le front de Calyste le plus chaste et le plus timide de tous les baisers. Puis ils redescendirent et revinrent lentement, causant comme des gens qui se sont parfaitement entendus et compris, croyant avoir la paix, lui ne doutant plus de son bonheur, et se trompant l'un et l'autre. Calyste, d'après les observations de Camille, espérait que Conti serait enchanté de cette occasion de quitter Béatrix. La marquise, elle, s'abandonnait au vague de sa position, attendant un hasard. Calyste était trop jeune, trop aimant, pour inventer le hasard. Ils arrivèrent tous deux dans la situation d'âme la plus délicieuse, et rentrèrent aux Touches par la porte du jardin, Calyste en avait pris la clef. Il était environ six heures du soir. Les enivrantes senteurs, la belle atmosphère, les couleurs jaunâtres des rayons du soir, tout s'accordait avec leurs dispositions et leurs discours attendris. Leur pas était égal et harmonieux comme est la démarche des amants, leur mouvement accusait l'union de leur pensée. Il régnait aux Touches un si grand silence, que le bruit de la porte en s'ouvrant et se fermant y retentit et put se faire entendre dans tout le jardin. Comme Calyste et Béatrix s'étaient tout dit et que leur promenade pleine d'émotions les avait lassés, ils revenaient doucement et sans rien dire. Tout à coup, en tournant d'une allée, Béatrix éprouva le plus horrible saisissement, cet effroi communicatif que cause la vue d'un reptile et qui glaça Calyste avant qu'il n'en vit la cause. Sur un banc, sous un frêne à rameaux pleureurs, Conti causait avec Camille Maupin. Le tremblement intérieur et convulsif de la marquise fut plus franc qu'elle ne le voulait; Calyste apprit alors combien il était cher à cette femme qui venait d'élever une barrière entre elle et lui, sans doute pour se ménager encore quelques jours de coquetterie avant de la franchir. En un moment, un drame tragique se déroula dans toute son étendue au fond des cœurs.

— Vous ne m'attendiez peut-être pas sitôt, dit l'artiste à Béatrix en lui offrant le bras.

La marquise ne put s'empêcher de quitter le bras de Calyste et de prendre celui de Conti. Cette ignoble transition impérieusement commandée et qui déshonorait le nouvel amour, accabla Calyste, qui s'alla jeter sur le banc à côté de Camille après avoir échangé le plus froid salut avec son rival. Il éprouvait une foule de sensations contraires : en apprenant combien il était aimé de Béatrix, il avait voulu par un mouvement se jeter sur l'artiste en lui disant que Béatrix était à lui; mais la convulsion intérieure de cette pauvre femme en trahissant tout ce qu'elle souffrait, car elle avait payé là le prix de toutes ses fautes en un moment, l'avait si profondément ému, qu'il en était resté stupide, frappé comme elle par une implacable nécessité. Ces deux mouvements contraires produisirent en lui le plus violent des orages auxquels il eût été soumis depuis qu'il aimait Béatrix. Madame de Rochegude et Conti passaient devant le banc où gisait Calyste auprès de Camille, la marquise regardait sa rivale et lui jetait un de ces regards terribles par lesquels les femmes savent tout dire, elle évitait les yeux de Calyste et paraissait écouter Conti, qui semblait badiner.

— Que peuvent-ils se dire? demanda Calyste à Camille.

— Cher enfant! tu ne connais pas encore les épouvantables droits que laisse à un homme sur une femme un amour éteint. Béatrix n'a pas pu lui refuser sa main. Il la raille sans doute sur ses amours, il a dû le deviner à votre attitude et à la manière dont vous vous êtes présentés à ses regards.

— Il la raille?... dit l'impétueux jeune homme.

— Calme-toi, dit Camille, ou tu perdrais les chances favorables qui te restent. S'il froisse un peu trop l'amour-propre de Béatrix, elle le foulera comme un ver à ses pieds. Mais il est astucieux, il saura s'y prendre avec esprit. Il ne supposera pas que la fière madame de Rochegude ait pu le trahir. Il y aurait trop de dépravation à aimer un homme à cause de sa beauté! Il te peindra sans doute à elle-même comme un enfant saisi par la vanité d'avoir une marquise, et de se rendre l'arbitre des destinées de deux femmes. Enfin, il fera tonner l'artillerie piquante des suppositions les plus injurieuses. Béatrix alors sera forcée d'opposer de menteuses dénégations dont il va profiter pour rester le maître.

— Ah! dit Calyste, il ne l'aime pas. Moi, je la laisserais libre : l'amour comporte un choix fait à tout moment, confirmé de jour en jour. Le lendemain approuve la veille et grossit le trésor de nos plaisirs. Quelques jours plus tard, il ne nous trouvait plus. Qui donc l'a ramené?

— Une plaisanterie de journaliste, dit Camille. L'opéra sur le succès duquel il comptait est tombé, mais à plat. Ce mot : « Il est dur de perdre à la fois sa réputation et sa maîtresse, » dit au foyer par Claude Vignon, peut-être, l'a sans doute atteint dans toutes ses vanités. L'amour basé sur des sentiments petits est impitoyable. Je l'ai questionné, mais qui peut connaître une nature si fausse et si trompeuse! Il a paru fatigué de sa misère et de son amour, dégoûté de la vie. Il a regretté d'être lié si publiquement avec la marquise, et m'a fait, en me parlant de son ancien bonheur un poème de mélancolie un peu trop spirituel pour être vrai. Sans doute il espérait me surprendre le secret de votre amour au milieu de la joie que ses flatteries me causeraient.

— Eh bien? dit Calyste en regardant Béatrix et Conti qui venaient, et n'écoutant déjà plus.

Camille, par prudence, s'était tenue sur la défensive, elle n'avait trahi ni le secret de Calyste ni celui de Béatrix. L'artiste était homme à jouer tout le monde, et mademoiselle des Touches engagea Calyste à se défier de lui.

— Cher enfant, lui dit-elle, voici pour toi le moment le plus critique, il te faut une prudence, une habileté qui te manquent, et tu vas te laisser jouer par l'homme le plus rusé du monde, car maintenant je ne puis rien pour toi.

La cloche annonça le dîner. Conti vint offrir son bras à Camille, Béatrix prit celui de Calyste. Camille laissa passer la marquise la première, mais pour regarder Calyste et lui recommander discrétion absolue en mettant un doigt sur ses lèvres. Conti fut d'une excessive gaieté pendant le dîner. Peut-être était-ce une manière de sonder madame de Rochegude, qui joua mal son rôle. Coquette, elle eût pu tromper Conti, mais aimante, elle fut devinée. Le rusé musicien, loin de la gêner, ne parut pas s'apercevoir de son embarras. Il mit au dessert la conversation sur les femmes, et vanta la noblesse de leurs sentiments. Telle femme près de nous abandonnerait la prospérité nous sacrifie tout dans le malheur, disait-il. Les femmes ont sur les hommes l'avantage de la constance, il faut les avoir bien blessées pour les détacher d'un premier amant, elles y tiennent comme à leur honneur, un second amour est honteux, etc. Il fut d'une moralité parfaite, il encensait l'autel où saignait un cœur percé de mille coups. Camille et Béatrix comprenaient seules l'âpreté des épigrammes acérées qu'il décochait d'éloge en éloge. Par moments toutes deux rougissaient, mais elles étaient forcées de se contenir, elles se donnèrent le bras pour remonter chez Camille, et passèrent, d'un commun accord, par le grand salon où il n'y avait pas de lumière et où elles pouvaient être seules un moment.

— Il m'est impossible de me laisser marcher sur le corps par Conti, de lui donner raison sur moi, dit Béatrix à voix basse. Le forçat est toujours sous la domination de son compagnon de chaîne. Je suis perdue, il faudra retourner au bagne de l'amour. Et c'est vous qui m'y avez rejetée! Ah! vous l'avez fait venir un jour trop tard ou un jour trop tôt. Je reconnais là votre infernal talent d'auteur : la vengeance est complète, et le dénoûment parfait.

— J'ai pu vous dire que j'écrirais à Conti, mais le faire... j'en suis incapable! s'écria Camille. Tu souffres, je te pardonne.

— Que deviendra Calyste? dit la marquise avec une admirable naïveté d'amour-propre.

— Conti vous emmène donc? demanda Camille.

— Ah! vous croyez triompher! s'écria Béatrix.

Ce fut avec rage et sa belle figure décomposée que la marquise dit ces affreuses paroles à Camille, qui essaya de cacher son bonheur par une fausse expression de tristesse. mais l'éclat de ses yeux démentait la contraction de son masque, et Béatrix se connaissait en grimaces! Aussi, quand elles se virent aux lumières en s'asseyant sur le divan où, depuis trois semaines, il s'était joué tant de comédies, et où la tragédie intime de tant de passions contrariées avait commencé, ces deux femmes s'observèrent-elles pour la dernière fois : elles se virent alors séparées par une haine profonde.

— Calyste me reste, dit Béatrix en voyant les yeux de son amie, mais je suis établie dans son cœur, et nulle femme ne m'en chassera.

Camille répondit avec un inimitable accent d'ironie, et qui atteignit la marquise au cœur, par les célèbres paroles de la nièce de Mazarin à Louis XIV : — Tu règnes, tu l'aimes, et tu pars!

Ni l'une ni l'autre, durant cette scène, qui fut très-vive, ne s'apercevait de l'absence de Calyste et de Conti. L'artiste était resté à table avec son rival, en le sommant de lui tenir compagnie et d'achever une bouteille de vin de Champagne.

— Nous avons à causer, dit l'artiste pour prévenir tout refus de la part de Calyste.

Dans leur situation respective, le jeune Breton fut forcé d'obéir à cette sommation.

— Mon cher, dit le musicien d'une voix câline au moment où le pauvre enfant eut bu deux verres de vin, nous sommes deux bons garçons, nous pouvons parler à cœur ouvert. Je ne suis pas venu par défiance. Béatrix m'aime, dit-il en faisant un geste plein de fatuité. Moi, je ne l'aime plus ; je n'accours pas pour l'emmener, mais pour rompre avec elle et lui laisser les honneurs de cette rupture. Vous êtes jeune, vous ne savez pas combien il est utile de paraître victime quand on se sent le bourreau. Les jeunes gens jettent feu et flamme, ils quittent une femme avec éclat, ils la méprisent souvent et s'en font haïr, mais les hommes sages se font renvoyer et prennent un petit air humilié qui laisse aux femmes et des regrets et le doux sentiment de leur supériorité. La défaveur de la divinité n'est pas irréparable, tandis qu'une abjuration est sans remède. Vous ne savez pas encore heureusement pour vous, combien nous sommes gênés dans notre existence par les promesses insensées que les femmes ont la sottise d'accepter quand la galanterie nous oblige à la tresser les nœuds coulants pour occuper l'oisiveté du bonheur. On se jure alors d'être éternellement l'un à l'autre. Si l'on a quelque aventure avec une femme, on ne manque pas de lui dire poliment qu'on voudrait passer sa vie avec elle, on a l'air d'attendre la mort d'un mari très-impatiemment, en désirant qu'il jouisse de la plus parfaite santé. Que le mari meure, il y a des provinciales ou des cuistres assez niaises ou assez goguenards pour accourir en vous disant : Me voici, je suis libre! Personne de nous n'est libre. Ce boulet mort se réveille et tombe au milieu du plus beau de nos triomphes ou de nos bonheurs les mieux préparés. J'ai vu que vous aimiez Béatrix, je la laissais d'ailleurs dans une situation où, sans rien perdre de sa majesté sacrée, elle devait coqueter avec vous, ne fût-ce que pour taquiner cet ange de Camille Maupin. Eh bien! mon très-cher, amenez-la, vous me rendrez service, je la voudrais atroce pour moi. J'ai peur de son orgueil et de sa vertu. Peut-être, malgré ma bonne volonté, nous faudra-t-il du temps pour opérer ce chassez-croisez. Dans ces sortes d'occasions, c'est à qui ne commencera pas. Là, tout à l'heure, en tournant autour du gazon, j'ai voulu lui dire que je savais tout et la féliciter de son bonheur. Ah! bien elle s'est fâchée. Je suis en ce moment amoureux fou de la plus belle, de la plus jeune de nos cantatrices, de mademoiselle Falcon de l'Opéra, et je veux l'épouser! Oui, j'en suis là ; mais aussi, quand vous viendrez à Paris, verrez-vous que j'ai changé la marquise pour une reine!

Le bonheur répandait son auréole sur le visage du candide Calyste, qui avoua son amour, et c'était tout ce que Conti voulait savoir. Il n'est pas d'homme au monde, quelque blasé, quelque dépravé qu'il puisse être, dont l'amour ne se ranime au moment où il le voit menacé par un rival. On veut bien quitter une femme, mais on ne veut pas être quitté par elle. Quand les amants en arrivent à cette extrémité, femmes et hommes s'efforcent de conserver la priorité, tant la blessure faite à l'amour-propre est profonde. Peut-être s'agit-il de tout ce qu'a créé la société dans ce sentiment, qui tient bien moins à l'amour-propre qu'à la vie elle-même attaquée alors dans son avenir : il semble que l'on va perdre le capital et non la rente. Questionné par l'artiste, Calyste raconta tout ce qui s'était passé pendant ces trois semaines aux Touches, et fut enchanté de Conti, qui dissimulait sa rage sous une charmante bonhomie.

— Remontons, dit-il. Les femmes sont défiantes, elles ne s'expliqueraient pas comment nous restons ensemble sans nous prendre aux cheveux, elles pourraient venir nous écouter. Je vous servirai sur les deux toits, mon cher enfant. Je vais être insupportable, jaloux avec la marquise, je la soupçonnerai perpétuellement de me trahir, il n'y a rien de mieux pour déterminer une femme à la trahison ; vous serez heureux et je serai libre. Jouez ce soir le rôle d'un amoureux contrarié, moi je ferai l'homme soupçonneux et jaloux. Plaignez cet ange d'appartenir à un homme sans délicatesse, pleurez! Vous pouvez pleurer, vous êtes jeune. Hélas! moi, je ne puis plus pleurer, c'est un grand avantage de moins.

Calyste et Conti remontèrent. Le musicien, sollicité par son jeune rival de chanter un morceau, chanta le plus grand chef-d'œuvre musical qui existe pour les exécutants, le fameux Pria che spunti l'aurora, que Rubini lui-même n'entame jamais sans trembler, et qui fut souvent le triomphe de Conti. Jamais il ne fut plus extraordinaire qu'en ce moment. ou tant de sentiments bouillonnaient dans sa poitrine. Calyste était en extase. Au premier mot de cette cavatine, l'artiste lança sur la marquise un regard qui donnait aux paroles une signification cruelle, et qui fut entendue. Camille, qui accompagnait, devina ce commandement, qui fit baisser la tête à Béatrix, elle regarda Calyste, et pensa que l'enfant était tombé dans quelque piége, malgré ses avis. Elle en eut la certitude quand l'heureux Breton vint dire adieu à Béatrix en lui baisant la main et en la lui serrant avec un petit air confiant et rusé. Quand Calyste atteignit Guérande, l'homme de chambre et les gens chargeaient la voiture de voyage de Conti, qui, dès l'aurore, comme il l'avait dit, emmenait jusqu'à la poste Béatrix avec les chevaux de Camille. Les ténèbres permirent à madame de Rochegude de regarder Guérande, dont les tours blanchies par le jour, brillaient au milieu du crépuscule, et de se livrer à sa profonde tristesse : elle laissait la fleur des plus belles fleurs de la vie, l'amour comme le rêvent les plus pures jeunes filles. Le respect humain brisait le seul amour véritable que cette femme pouvait et devait concevoir dans toute sa vie. La femme du monde obéissait aux lois du monde, elle immolait l'amour aux convenances, comme certaines femmes l'immolent à la religion ou au devoir. Souvent l'orgueil s'élève jusqu'à la vertu. Vue ainsi cette horrible histoire est celle de bien des femmes. Le lendemain, Calyste vint aux Touches vers midi. Quand il arriva dans l'endroit du chemin d'où, la veille, il avait aperçu Béatrix à la fenêtre, il y distingua Camille qui accourut à sa rencontre. Elle lui dit au bas de l'escalier ce mot cruel : Partie!

— Béatrix? répondit Calyste foudroyé.

— Vous avez été la dupe de Conti, vous ne m'avez rien dit, je n'ai pu rien faire.

Elle emmena le pauvre enfant dans son petit salon, il se jeta sur le divan à la place où il avait si souvent vu la marquise, et y fondit en larmes. Félicité ne lui dit rien, elle fuma son houka sachant qu'il n'y a rien à opposer aux premiers accès de ces douleurs, toujours sourdes et muettes. Calyste, ne sachant prendre aucun parti, resta pendant toute la journée dans un engourdissement profond. Un instant avant le dîner, Camille essaya de lui dire quelques paroles après l'avoir prié de l'écouter.

— Mon ami, tu m'as causé de violentes souffrances, et je n'ai vue pas, comme toi, pour me guérir une belle vie devant moi. Pour moi, il n'y a ni de plus de printemps, l'âme n'a plus d'amour. Ainsi, pour trouver des consolations, dois-je aller plus haut. Ici, la veille du jour où vint Béatrix, je t'ai fait son portrait, je n'ai pas voulu la flétrir, tu m'aurais cru jalouse. Écoute aujourd'hui la vérité. Madame de Rochegude n'est rien moins que digne de toi. L'éclat de sa chute n'était pas nécessaire, elle n'eût rien été sans le tapage, elle l'a fait froidement pour se donner un rôle, elle est de ces femmes qui préfèrent l'éclat d'une fuite à la tranquillité du bonheur, elles insultent la société pour en obtenir la fatale aumône d'une méchanceté, elles veulent faire parler d'elles à tout prix. Elle était rongée de vanité. Si fortune, son esprit, n'avaient pu lui donner la royauté féminine, qu'elle cherchait à conquérir en trônant dans un salon, elle a cru pouvoir obtenir la célébrité de la duchesse de Langeais et de la vicomtesse de Beauséant, mais le monde est juste, il n'accorde les honneurs de son intérêt qu'aux sentiments vrais. Béatrix jouant la comédie est jugée comme une actrice de second ordre. Sa fuite n'était autorisée par aucune contrariété. L'épée de Damoclès du ridicule pas au milieu de ses fêtes, et d'ailleurs il est très-facile, à Paris, d'être heureuse à l'écart comme à bien aimer sincèrement. Enfin, aimante et tendre, elle n'eût pas cette nuit suivi Conti.

Camille parla longtemps et très-éloquemment, mais ce dernier effort fut inutile, elle se tut à un geste par lequel Calyste montrait son entière croyance en Béatrix, elle le força de descendre et d'assister à son dîner, car il lui fut impossible de manger. Il n'y a que pendant l'extrême jeunesse que ces contractions ont lieu. Plus tard, les organes ont pris leurs habitudes, et se sont comme endurcis. La réaction du moral sur le physique n'est assez forte pour déterminer une maladie mortelle que si le système a conservé sa primitive délicatesse. Un homme résiste à un chagrin violent qui tue un jeune homme, moins par la faiblesse de l'affection que par la force des organes. Aussi mademoiselle des Touches fut-elle tout d'abord effrayée de l'attitude calme et résignée que prit Calyste après sa première effusion de larmes. Avant de la quitter, il voulut revoir la chambre de Béatrix, et alla se plonger la tête sur l'oreiller où la sienne avait reposé.

— Je fais des folies, dit-il en donnant une poignée de main à Camille, et la quittant avec une profonde mélancolie.

Il revint chez lui, trouva la compagnie ordinaire occupée à faire la mouche, et resta, pendant toute la soirée, auprès de sa mère. Le curé, le chevalier du Halga, mademoiselle de Pen-Hoël, savaient le départ de madame de Rochegude, et tous ils en étaient heureux, Calyste allait leur revenir; aussi tous l'observaient-ils presque sournoisement en le voyant si peu taciturne. Personne, dans ce vieux manoir, ne pouvait imaginer la fin de ce premier amour dans un cœur aussi neuf, aussi vrai que celui de Calyste.

Pendant quelques jours Calyste alla régulièrement aux Touches, il tournait autour du gazon, où il s'était quelquefois promené donnant le bras à Béatrix. Souvent il poussait jusqu'à Croisic, et gagnant la roche, d'où il avait essayé de la précipiter dans la mer, il restait quelques heures couché sur le buis, car, en étudiant les points d'appui qui se trouvaient à cette cassure, il s'était appris à y descendre et à remonter. Ses courses solitaires, son silence et sa sobriété, finirent par inquiéter sa mère. Après une quinzaine de jours pendant lesquels dura ce manège, assez semblable à celui d'un animal dans une cage, la cage de ce animal au désespoir était, selon l'expression de la Fontaine, les lieux honorés par les pas, éclairés par les yeux de Béatrix, Calyste cessa de passer le petit bras de mer, il ne se sentit plus la force de se traîner jusqu'au chemin de Guérande, à l'endroit d'où il avait aperçu Béatrix à la croisée. La famille, heureuse du départ des Parisiens, pour employer le mot de la province, n'aperçut rien de funeste ni de maladif chez Calyste. Les deux vieilles filles et le curé, poursuivant leur plan, avaient retenu Charlotte de Kergarouët, qui, le soir, faisait ses agaceries à Calyste, et n'obtenait de lui que des conseils pour jouer à la mouche. Pendant toute la soirée, Calyste restant entre sa mère et sa fiancée bretonne, observé par le curé, par la tante de Charlotte, qui devisaient sur son plus ou moins d'abattement en retournant chez eux. Ils prenaient l'inaltérable douceur de ce malheureux enfant pour une soumission à leurs projets. Par une soirée où Calyste fatigué s'était couché de bonne heure, chacun laissa ses cartes sur la table, et tous se regardèrent au moment où le jeune homme ferma la porte de sa chambre. On avait écouté le bruit de ses pas avec anxiété.

— Calyste a quelque chose, dit la baronne en s'essuyant les yeux.

— Il n'a rien, répondit mademoiselle de Pen-Hoël, il faut le marier promptement.

— Vous croyez que cela le divertira? dit le chevalier.

Charlotte regarda sévèrement M. du Halga, qu'elle trouva le soir de très-mauvais ton, immoral, dépravé, sans religion, et ridicule avec sa chienne, malgré les observations de sa tante, qui défendait le vieux marin.

— Demain matin, je chapitrerai Calyste, dit le baron, que l'on est si endormi, je ne voudrais pas m'en aller de ce monde sans voir mon petit-fils, un du Guénic blanc et rose, coiffé d'un béguin berceau.

— Il ne dit pas un mot, dit la vieille Zéphirine, on ne sait ce qu'il a, jamais il n'a moins mangé, de quoi vit-il? s'il se nourrit aux Touches, la cuisine du diable ne lui profite guère.

— Il est amoureux, dit le chevalier en risquant cette opinion avec une excessive timidité.

— Allons! vieux roquentin, vous n'avez pas mis au panier, dit mademoiselle de Pen-Hoël. Quand vous pensez à votre jeune temps, vous oubliez tout.

— Venez déjeuner avec nous demain matin, dit la vieille Zéphirine à Charlotte et à Jacqueline, mon frère raisonnera son fils, et nous conviendrons de tout. Un clou chasse l'autre.

— Pas chez les Bretons, dit le chevalier.

Le lendemain, Calyste vit venir Charlotte, mise dès le matin avec une recherche extraordinaire, au moment où le baron achevait dans la salle à manger un discours matrimonial auquel il ne savait que répondre. Il connaissait l'ignorance entière, de son père, de sa mère et de leurs amis; il récoltait les fruits de l'arbre de science, il se trouvait dans l'isolement et ne parlait plus la langue domestique. Aussi demanda-t-il seulement quelques jours à son père, qui se frotta les mains de joie et rendit la vie à la baronne en lui disant à l'oreille la bonne nouvelle. Le déjeuner fut gai. Charlotte, à qui le baron avait fait un signe, fut sémillante. Dans toute la ville ultra par Gasselin la nouvelle d'un accord entre les du Guénic et les Kergarouët. Après le déjeuner, Calyste sortit par le perron de la grande salle, et alla dans le jardin, où le suivit Charlotte; il lui donna le bras et l'emmena sous la tonnelle au fond. Les grands parents étaient à la fenêtre et les regardaient avec une espèce d'attendrissement. Charlotte se retourna vers la jolie façade, assez inquiète du silence de son promis, et profita de cette circonstance pour entamer la conversation en disant à Calyste: — Ils nous examinent!

— Ils ne nous entendent pas, répondit-il.

— Oui, mais ils nous voient.

— Asseyons-nous, Charlotte, répliqua doucement Calyste en la prenant par la main.

— Est-il vrai qu'autrefois votre bannière flottait sur cette colonne tordue? demanda Charlotte en contemplant la maison comme sienne. Elle y ferait bien! Comme on serait heureux là? Vous changerez quelque chose à l'intérieur de votre maison, n'est-ce pas, Calyste?

— Je n'en aurai pas le temps, ma chère Charlotte, dit le jeune homme en lui prenant les mains et les lui baisant. Je vais vous confier mon secret. J'aime trop une personne que vous avez vue et qui m'aime pour pouvoir faire le bonheur d'une autre femme, mais je sais que, depuis notre enfance, on nous avait destinés l'un à l'autre.

— Mais elle est mariée, Calyste, dit Charlotte.

— J'attendrai, répondit le jeune homme.

— Et moi aussi, dit Charlotte les yeux pleins de larmes. Vous ne sauriez aimer longtemps cette femme, qui, dit-on, a suivi un chanteur...

— Mariez-vous, ma chère Charlotte, reprit Calyste. Avec la fortune que vous destine votre tante, et qui est énorme en Bretagne, vous pourrez choisir mieux que moi... Vous trouverez un homme titré. Je ne vais pas dit ceci à part pour vous apprendre ce que vous savez, mais pour vous conjurer, au nom de notre amitié d'enfance, de prendre sur vous la rupture et de me refuser. Dites que vous ne voulez point d'un homme dont le cœur n'est pas libre, et ma passion aura servi du moins à ne vous faire aucun tort. Vous ne savez pas combien la vie me pèse! Je ne puis supporter aucune lutte, je suis affaibli comme un homme quitté par son âme, par le principe même de sa vie. Sans le chagrin que ma mort causerait à ma mère et à ma tante je me serais déjà jeté à la mer et je ne suis plus retourné dans les roches du Croisic depuis le jour où la tentation devenait irrésistible. Ne parlez pas de ceci. Adieu, Charlotte.

Il prit la jeune fille par le front, l'embrassa sur les cheveux, sortit par l'allée qui aboutissait au pignon, et se sauva chez Camille, où il resta jusqu'au milieu de la nuit. En revenant, à une heure du matin, il trouva sa mère occupée à sa tapisserie et l'attendant. Il entra doucement, lui serra la main, et lui dit: — Charlotte est-elle partie?

— Elle part demain avec sa tante, au désespoir toutes deux. Viens en Irlande, mon Calyste, dit-elle.

— Combien de fois ai-je pensé à m'y enfuir! dit-il.

— Ah! s'écria la baronne.

— Avec Béatrix, ajouta-t-il.

Quelques jours après le départ de Charlotte, Calyste accompagnait le chevalier du Halga pendant sa promenade au mail, il s'y asseyait au soleil sur un banc d'où ses yeux embrassaient le paysage depuis les girouettes des Touches jusqu'aux récifs que lui indiquaient ces lames écumeuses qui se jouent au-dessus des écueils à la marée. En ce moment Calyste était maigre et pâle, ses forces diminuaient, il commençait à ressentir quelques petits frissons réguliers qui dénotaient la fièvre. Ses yeux cernés avaient cet éclat que communique une pensée fixe aux solitaires, ou l'ardeur du combat aux hardis lutteurs de notre civilisation actuelle. Le chevalier était la seule personne avec laquelle il échangeait quelques idées: il avait deviné dans ce vieillard un apôtre de sa religion, et reconnu chez lui les vestiges d'un éternel amour.

— Avez-vous aimé plusieurs femmes dans votre vie? lui demanda-t-il la seconde fois qu'ils firent, selon l'expression du marin, coîte de conserve au mail.

— Une seule, répondit le capitaine du Halga.

— Était-elle libre?

— Non, fit le chevalier. Ah! j'ai bien souffert, car elle était la femme de mon meilleur ami, de mon protecteur, de mon chef; mais nous nous aimions tant!

— Elle vous aimait? dit Calyste.

— Passionnément, répondit le chevalier avec une vivacité qui ne lui était pas ordinaire.

— Vous avez été heureux?

— Jusqu'à sa mort: elle est morte à quarante-neuf ans, en émigration à Saint-Pétersbourg: le climat l'a tuée. Elle doit avoir bien froid dans son cercueil. J'ai bien souvent pensé à l'aller chercher pour la coucher dans notre chère Bretagne, près de moi! Mais elle gît dans mon cœur.

Le chevalier s'essuya les yeux. Calyste lui prit les mains et les lui serra.

— Je tiens plus à cette chienne, dit-il en montrant Thisbé, qu'à ma vie. Cette petite est en tout point semblable à celle qu'elle caressait de ses belles mains, et qu'elle prenait sur ses genoux. Je ne regarde jamais Thisbé sans voir les mains de madame l'amirale.

— Avez-vous vu madame de Rochegude? dit Calyste au chevalier.

— Non, répondit le chevalier. Il y a maintenant cinquante-huit ans que je n'ai fait attention à aucune femme, excepté votre mère, qui a quelque chose dans le teint de madame l'amirale.

Trois jours après, le chevalier dit sur le mail à Calyste : — Mon enfant, j'ai pour tout bien cent quarante louis. Quand vous saurez où est madame de Rochegude, vous viendrez me les prendre chez moi pour aller la voir.

Calyste remercia le vieillard, dont l'existence lui faisait envie; mais, de jour en jour, il devint plus morose, il paraissait n'aimer personne, il semblait que tout le monde le blessât, il ne restait doux et bon que pour sa mère. La baronne suivait avec une inquiétude croissante les progrès de cette folie, elle seule obtenait à force de prières que Calyste prît quelque nourriture. Vers le commencement du mois d'octobre, le jeune malade cessa d'aller au mail en compagnie du chevalier, qui venait inutilement le chercher pour la promenade en lui faisant des agaceries de vieillard.

— Nous parlerons de madame de Rochegude, disait-il. Je vous raconterai ma première aventure.

— Votre fils est bien malade, dit à la baronne le chevalier du Halga le jour où ses instances furent inutiles.

Calyste répondait à toutes les questions qu'il se portait à merveille, et, comme tous les jeunes mélancoliques, il prenait plaisir à savourer la mort; mais il ne sortait plus de la maison, il demeurait dans le jardin, se chauffait au pâle et tiède soleil de l'automne, sur le banc, seul avec sa pensée, et il fuyait toute compagnie.

Depuis le jour où Calyste n'alla plus chez elle, Félicité pria le curé de Guérande de la venir voir. L'assiduité de l'abbé Grimont, qui passait aux Touches presque toutes les matinées, et qui parfois y dîna, devint une grande nouvelle : il en fut question dans tout le pays, et même à Nantes. Néanmoins il ne manqua jamais une soirée à l'hôtel du Guénic, où régnait la désolation. Maîtres et gens, tous étaient affligés de l'obstination de Calyste, sans le croire en danger; il ne venait à l'esprit d'aucune de ces personnes que ce pauvre jeune homme pût mourir d'amour. Le chevalier n'avait aucun exemple d'une pareille mort dans ses voyages ou dans ses souvenirs. Tous attribuaient la maigreur de Calyste au défaut de nourriture. Sa mère se mit à genoux en le suppliant de manger. Calyste s'efforça de vaincre sa répugnance pour plaire à sa mère. La nourriture prise à contre-cœur accéléra la petite fièvre lente qui dévorait ce beau jeune homme.

Dans les derniers jours d'octobre, l'enfant chéri ne remontait plus se coucher au second, il avait son lit dans la salle basse, et il y restait la plupart du temps au milieu de sa famille, qui eut enfin recours au médecin de Guérande. Le docteur essaya de couper la fièvre avec du quinine, et la fièvre céda pour quelques jours. Le médecin avait ordonné de faire faire de l'exercice à Calyste et de le distraire. Le baron retrouva quelque force et sortit de son apathie, il devint jeune quand son fils se faisait vieux. Il emmena Calyste, Gasselin et ses deux beaux chiens de chasse. Calyste obéit à son père, et pendant quelques jours tous trois chassèrent : ils allèrent en forêt, ils visitèrent leurs amis dans les châteaux voisins; mais Calyste n'avait aucune gaieté, personne ne pouvait lui arracher un sourire, son masque livide et contracté trahissait un être entièrement passif. Le baron, vaincu par la fatigue, tomba dans une horrible lassitude et fut obligé de revenir au logis, ramenant Calyste dans le même état.

Quelques jours après leur retour, le père et le fils furent si dangereusement malades, qu'on fut obligé d'envoyer chercher, sur la demande même du médecin de Guérande, les deux plus fameux docteurs de Nantes. Le baron avait été comme foudroyé par le changement visible de Calyste. Doué de cette effroyable lucidité que la nature donne aux moribonds, il tremblait comme un enfant de voir sa race s'éteindre; il ne disait mot, il joignait les mains, priait Dieu sur son fauteuil et clouait sa faiblesse. Il était tourné vers le lit occupé par Calyste et le regardait sans cesse. Au moindre mouvement que faisait son enfant, il éprouvait une vive commotion comme si le flambeau de sa vie en était agité. La baronne ne quittait plus cette salle, où la vieille Zéphirine tricotait au coin de la cheminée dans une inquiétude horrible : on lui demandait du bois, car le père et le fils avaient également froid; on attaquait ses provisions : aussi avait-elle pris le parti de livrer ses clefs, n'étant plus assez agile pour suivre Mariotte; mais elle voulait tout savoir, elle questionnait à voix basse Mariotte et sa belle-sœur à tout moment, elle les prenait à part afin de connaître l'état de son frère et de son neveu. Quand un soir, pendant un assoupissement de Calyste et de son père, la vieille demoiselle de Pen-Hoël lui

Tout à coup, au tournant d'une allée, Béatrix éprouva le plus horrible saisissement. — PAGE 45.

dit que sans doute il fallait se résigner à voir mourir le baron, dont la figure était devenue blanche et prenait des tons de cire, elle laissa tomber son tricot, fouilla dans sa poche, en sortit un vieux chapelet de bois noir, et se mit à le dire avec une ferveur qui rendit à sa figure antique et desséchée une splendeur si vigoureuse, que l'autre vieille fille imita son amie ; puis tous, à un signe du curé, se joignirent à l'élévation mentale de mademoiselle du Guénic.

— J'ai prié Dieu la première, dit la baronne en se souvenant de la fatale lettre écrite par Calyste, il ne m'a pas exaucée!

— Peut-être ferions-nous bien, dit le curé Grimont, de prier mademoiselle des Touches de venir voir Calyste.

— Elle! s'écria la vieille Zéphirine, l'auteur de tous nos maux, elle qui l'a diverti de sa famille, qui nous l'a enlevé, qui lui a fait lire des livres impies, qui lui a appris un langage hérétique! Qu'elle soit

BÉATRIX.

maudite, et puisse Dieu ne lui pardonner jamais! Elle a brisé les du Guénic.

— Elle les relèvera peut-être, dit le curé d'une voix douce. C'est une sainte et une vertueuse personne; je suis son garant, elle n'a que de bonnes intentions pour lui. Puisse-t-elle être à même de les réaliser!

— Avertissez-moi le jour où elle mettra les pieds ici, j'en sortirai! s'écria la vieille. Elle a tué le père et le fils. Croyez-vous que je n'entende pas la voix faible de Calyste? à peine a-t-il la force de parler.

Ce fut en ce moment que les trois médecins entrèrent; ils fatiguèrent Calyste de questions; mais, quant au père, l'examen dura peu; leur conviction fut complète en un moment, ils étaient surpris qu'il vécût encore. Le médecin de Guérande annonça tranquillement à la baronne que, relativement à Calyste, il fallait probablement aller à Paris consulter les hommes les plus expérimentés de la science, car il en coûterait plus de cent louis pour leur déplacement.

— On meurt de quelque chose, mais l'amour, ce n'est rien, dit mademoiselle de Pen-Hoël.

— Hélas! quelle que soit la cause, Calyste meurt, dit la baronne, je reconnais en lui tous les symptômes de la consomption, la plus horrible des maladies de mon pays.

— Calyste meurt? dit le baron en ouvrant les yeux d'où sortirent deux grosses larmes qui cheminèrent lentement, retardées par les plis nombreux de son visage, et restèrent au bas de ses joues, les deux seules larmes qu'il eût sans doute versées de toute sa vie. Il se dressa sur ses jambes, il fit quelques pas vers le lit de son fils, lui prit les mains, le regarda.

— Que voulez-vous, mon père? lui dit-il.

— Que tu vives! s'écria le baron.

— Je ne saurais vivre sans Béatrix, répondit Calyste au vieillard, qui tomba sur son fauteuil.

— Où trouver cent louis pour faire venir les médecins de Paris? il est encore temps, dit la baronne.

— Cent louis! s'écria Zéphirine, le sauverait-on?

Sans attendre la réponse de sa belle-sœur, la vieille fille passa ses mains par l'ouverture de ses poches et défit son jupon de dessous, qui rendit un son lourd en tombant. Elle connaissait si bien les places où elle avait cousu ses louis, qu'elle les décousit avec une promptitude qui tenait de la magie. Les pièces d'or tombaient une à une sur sa jupe en sonnant. La vieille Pen-Hoël la regardait faire en manifestant un étonnement stupide.

— Mais ils vous voient! dit-elle à l'oreille de son amie.

— Trente-sept, répondit Zéphirine en continuant son compte.

— Tout le monde saura votre compte.

— Quarante-deux.

— Des doubles louis, tous neufs, où les avez-vous eus, vous qui n'y voyez pas clair?

— Je les tâtais. Voici cent quatre louis! cria Zéphirine. Sera-ce assez?

— Que vous arrive-t-il? demanda le chevalier du Halga, qui survint

Les paysans, les paludiers et les gens de Guérande s'agenouillèrent dans la cour.

et ne put s'expliquer l'attitude de sa vieille amie tendant sa jupe pleine de louis.

En deux mots mademoiselle de Pen-Hoël expliqua l'affaire au chevalier.

— Je l'ai su, dit-il, et venais vous apporter cent quarante louis que je tenais à la disposition de Calyste, il le sait bien.

Le chevalier tira de sa poche deux rouleaux et les montra. Mariotte, en voyant ces richesses, dit à Gasselin de fermer la porte.

— L'or ne lui rendra pas la santé, dit la baronne en pleurs.

— Mais il lui servira peut-être à courir après sa marquise, répondit le chevalier. Allons, Calyste!

Calyste se dressa sur son séant et s'écria joyeusement : En route!

— Il vivra donc, dit le baron d'une voix douloureuse, je puis mourir. Allez chercher le curé.

Ce mot répandit l'épouvante. Calyste, en voyant pâlir son père atteint par les émotions cruelles de cette scène, ne put retenir ses larmes. Le curé, qui savait l'arrêt porté par les médecins, était allé chercher mademoiselle des Touches, car autant il avait eu de répugnance pour elle, autant il la manifestait en ce moment d'admiration, et il la défendait comme un pasteur doit défendre une de ses ouailles préférées. A la nouvelle de l'état désespéré dans lequel était le baron, il y eut une foule dans la ruelle : les paysans, les paludiers et les gens de Guérande s'agenouillèrent dans la cour pendant que l'abbé Grimont administrait le vieux guerrier breton. Toute la ville était émue de savoir le père mourant auprès de son fils malade. On regardait comme une calamité publique l'extinction de cette antique race bretonne. Cette cérémonie frappa Calyste. Sa douleur fit taire pendant un moment son amour; il demeura, durant l'agonie de l'héroïque défenseur de la monarchie, agenouillé, regardant les progrès de la mort et pleurant. Le vieillard expira dans son fauteuil, en présence de toute la famille assemblée.

— Je meurs fidèle au roi et à la religion. Mon Dieu, pour prix de mes efforts, faites que Calyste vive! dit-il.

— Je vivrai, mon père, et je vous obéirai, répondit le jeune homme.

— Si tu veux me rendre la mort aussi douce que Fanny m'a fait ma vie, jure-moi de te marier.

— Je vous le promets, mon père.

Ce fut un touchant spectacle que de voir Calyste, ou plutôt son apparence, appuyé sur le vieux chevalier du Halga, un spectre conduisant une ombre, suivant le cercueil du baron et menant le deuil. L'église et la petite place qui se trouve devant le portail furent pleines de gens accourus de plus de dix lieues à la ronde.

La baronne et Zéphirine furent plongées dans une vive douleur en voyant que, malgré ses efforts pour obéir à son père, Calyste restait dans une stupeur de funeste augure. Le jour où la famille prit le deuil, la baronne avait conduit son fils sur le banc au fond du jardin et le questionnait. Calyste répondait avec douceur et soumission, mais ses réponses étaient désespérantes.

— Ma mère, disait-il, il n'y a plus de vie en moi : ce que je mange ne me nourrit pas, l'air en entrant dans ma poitrine ne me rafraîchit pas le sang, le soleil me semble froid, et, quand il illumine pour toi la façade de notre maison, comme en ce moment, là où tu vois les sculptures inondées de lueurs, moi je vois des formes indistinctes enveloppées d'un brouillard. Si Béatrix était ici, tout redeviendrait brillant. Il n'est qu'une chose au monde qui ait sa couleur et sa forme, c'est cette fleur et ce feuillage, dit-il en tirant de son sein et montrant le bouquet flétri que lui avait laissé la marquise.

La baronne n'osa plus rien demander à son fils, ses réponses accusaient plus de folie que son silence n'annonçait de douleur. Cependant Calyste tressaillit en apercevant mademoiselle des Touches à travers les croisées qui se correspondaient : Félicité lui rappelait Béatrix. Ce fut donc à Camille que ces deux femmes désolées durent le seul mouvement de joie qui brilla au milieu de leur deuil.

— Eh bien ! Calyste, dit mademoiselle des Touches en l'apercevant, la voiture est prête, nous allons chercher Béatrix ensemble, venez.

La figure maigre et pâle de ce jeune homme en deuil fut aussitôt nuancée de rouge, et un sourire anima ses traits.

— Nous le sauverons, dit mademoiselle des Touches à la mère, qui lui serra la main et pleura de joie.

Mademoiselle des Touches, la baronne du Guénic et Calyste partirent pour Paris huit jours après la mort du baron, laissant le soin des affaires à la vieille Zéphirine.

La tendresse de Félicité pour Calyste avait préparé le plus bel avenir à ce pauvre enfant. Alliée à la famille de Grandlieu, où se trouvaient deux charmantes filles à marier, les deux plus ravissantes fleurs du faubourg Saint-Germain, elle avait écrit à la duchesse de Grandlieu l'histoire de Calyste, en lui annonçant qu'elle vendait sa maison de la rue du Mont-Blanc, de laquelle quelques spéculateurs offraient deux millions cinq cent mille francs. Son homme d'affaires venait de lui remplacer cette habitation par l'un des plus beaux hôtels de la rue de Grenelle, acheté sept cent mille francs. Sur le reste du prix de sa maison de la rue du Mont-Blanc, elle consacrait un million au rachat des terres de la maison du Guénic, et disposait de toute sa fortune en faveur de celle des deux demoiselles de Grandlieu qui guérirait Calyste de sa passion pour madame de Rochegude.

Pendant le voyage, l'éclat de la baronne au fait de ces arrangements. On meublait alors l'hôtel de la rue de Grenelle, qu'elle destinait à Calyste en cas où ses projets réussiraient. Tous trois descendirent alors à l'hôtel de Grandlieu, où la baronne fut reçue avec toute la distinction que lui méritait son nom de femme et de fille. Mademoiselle des Touches conseilla naturellement à Calyste de voir Paris pendant qu'elle irait chercher à savoir où se trouvait en ce moment Béatrix, et elle le livra aux séductions de toute espèce qui l'y attendaient. La duchesse, ses deux filles et leurs amis, firent à Calyste les honneurs de Paris au moment où la saison des fêtes allait commencer. Le mouvement de Paris donna de violentes distractions au jeune Breton. Il trouva chez Sabine de Grandlieu, qui certes fut alors la plus belle et la plus charmante fille de la société parisienne, une vague ressemblance avec madame de Rochegude, et il prêta dès lors à ses coquetteries une attention que nulle autre femme n'aurait obtenue de lui. Sabine de Grandlieu joua d'autant mieux son rôle, que Calyste lui plut infiniment, les choses furent si bien menées, que, pendant l'hiver de 1837, le jeune baron du Guénic, qui avait repris ses couleurs et sa fleur de jeunesse, entendit sans répugnance sa mère lui rappeler la promesse faite à son père mourant, et parler de son mariage avec Sabine de Grandlieu. Mais, tout en demeurant à sa promesse, il cachait une indifférence secrète que connaissait la baronne, et qu'elle espérait voir se dissiper par les plaisirs d'un heureux ménage.

Le jour où la famille de Grandlieu et la baronne, accompagnée en cette circonstance de ses parents venus d'Angleterre, siégeaient dans le grand salon à l'hôtel de Grandlieu, et que Léopold Hannequin, le notaire de la famille, expliquait le contrat avant de le lire Calyste, sur le front de qui chacun pouvait voir quelques nuages, voulut nettement d'accepter les avantages que lui faisait mademoiselle des Touches, il comptait encore sur le dévouement de Félicité, qu'il croyait à la recherche de Béatrix.

En ce moment, au milieu de la stupéfaction des deux familles, Sabine entra, vêtue de manière à rappeler la marquise de Rochegude, et remit la lettre suivante à Calyste.

CAMILLE A CALYSTE.

« Calyste, avant d'entrer dans ma cellule de novice, il m'est permis de jeter un regard sur le monde que je vais quitter pour m'élancer dans le monde de la prière. Ce regard est entièrement à vous, qui, dans ces derniers temps, avez été pour moi tout le monde. Ma voix arrivera, si mes calculs ne m'ont point trompée, au milieu d'une cérémonie à laquelle il m'était impossible d'assister. Le jour où vous serez devant un autel, donnant votre main à une jeune et charmante fille qui pourra vous aimer à la face du ciel et de la terre,

moi je serai dans une maison religieuse à Nantes, devant un autel aussi, mais fiancée pour toujours à celui qui ne trompe et ne trahit personne. Je ne viens pas vous attrister, mais vous prier de n'entraver par aucune fausse délicatesse le bien que j'ai voulu vous faire dès que je vous vis. Ne me contestez pas des droits si chèrement conquis. Si l'amour est une souffrance, ah ! je vous ai bien aimé, Calyste, mais n'ayez aucun remords : les seuls plaisirs que j'aie goûtés dans ma vie, je vous les dois, et les douleurs sont venues de moi-même. Récompensez-moi donc de toutes ces douleurs passées en me donnant une joie éternelle. Permettez au pauvre Camille, qui n'est plus, d'être pour un peu dans le bonheur matériel dont vous jouirez tous les jours. Laissez-moi, cher, être quelque chose comme un parfum dans les fleurs de votre vie, m'y mêler à jamais sans vous être importune. Je vous devrai sans doute le bonheur de la vie éternelle, ne voulez-vous pas que je m'acquitte envers vous par le don de quelques biens fragiles et passagers ? Manquerez-vous de générosité ? Ne voyez-vous pas en ceci le dernier mensonge d'un amour dédaigné ? Calyste, le monde sans vous n'était plus rien pour moi, vous m'en avez fait la plus affreuse des solitudes, et vous avez amené l'incrédule Camille Maupin, l'auteur de livres et de pièces que je vais solennellement désavouer, vous avez jeté cette fille audacieuse et perverse, pieds et poings liés, devant Dieu. Je suis aujourd'hui ce que j'aurais dû être, un enfant plein d'innocence. Oui, j'ai lavé ma robe dans les pleurs du repentir, et je puis arriver aux autels présentée par un ange, par mon bien-aimé Calyste ! Avec quelle douceur je vous donne ce nom que ma résolution a sanctifié ! Je vous aime sans aucun intérêt propre, comme une mère aime son fils, comme l'Église aime un enfant. Je pourrai prier pour vous et pour les vôtres sans y mêler aucun autre désir que celui de votre bonheur. Si vous connaissiez la tranquillité sublime dans laquelle je vis, après m'être élevée par la pensée au-dessus des petits intérêts mondains, et combien est douce la pensée d'avoir fait son devoir, selon votre noble devise, vous entreriez d'un pas ferme et sans regarder en arrière, ni autour de vous, dans votre belle vie ! Je vous écris donc surtout pour vous prier d'être fidèle à vous-même et aux vôtres. Cher, la société dans laquelle vous devez vivre ne saurait exister sans la religion de la famille, et vous la méconnaîtriez, comme je l'ai méconnue, en vous laissant aller à la passion, à la fantaisie, aussi que je l'ai fait. La femme n'est égale à l'homme qu'en faisant de sa vie une continuelle offrande, comme celle de l'homme est une perpétuelle action. Or, ma vie a été comme un long accès d'égoïsme. Aussi, peut-être, Dieu vous a-t-il mis, vers le soir, à la porte de ma maison comme un messager chargé de ma punition et de ma grâce. Écoutez cet aveu d'une femme pour qui la gloire a été comme un phare dont la lueur lui a montré le vrai chemin. Soyez grand, immolez votre fantaisie à vos devoirs de chef, d'époux et de père ! Relevez la bannière abattue des vieux du Guénic, montrez dans ce siècle sans religion ni principe de gentilhomme fidèle à sa gloire et dans toute sa splendeur. Cher enfant de mon âme, laissez-moi jouer un peu le rôle d'une mère : l'adorable Fanny ne sera pas jalouse d'une fille morte au monde, et de qui vous n'apercevrez plus que les mains toujours levées au ciel. Aujourd'hui la noblesse a plus que jamais besoin de la fortune, acceptez donc une partie de la mienne, Calyste, et faites-en un bel usage ; car ce n'est pas un don, mais un fidéicommis. J'ai pensé plus à vos enfants et à votre vieille maison bretonne qu'à vous-même en vous offrant les gains que le temps m'a procurés sur la valeur de ma maison à Paris. »

— Signons, dit le jeune baron.

—❈—

DEUXIÈME PARTIE.

Dans la semaine suivante, après la messe de mariage qui, selon l'usage de quelques familles du faubourg Saint-Germain, fut célébrée à sept heures à Saint-Thomas-d'Aquin, Calyste et Sabine montèrent dans une jolie voiture de voyage, au milieu des embrassements, des félicitations et des larmes de vingt personnes attroupées ou groupées sous la marquise de l'hôtel de Grandlieu. Les félicitations venaient des quatre témoins et des hommes, les larmes se voyaient dans les yeux de la duchesse de Grandlieu, de sa fille Clotilde, qui toutes deux tremblaient agitées par la même pensée.

— La voilà lancée dans la vie ! Pauvre Sabine, elle est à la merci d'un homme qui ne s'est pas tout à fait marié de son plein gré.

Le mariage ne se compose pas seulement de plaisirs aussi fugitifs dans cet état que dans tout autre, il implique des convenances d'humeur, des sympathies physiques, des concordances de caractère qui font de cette nécessité sociale un éternel problème. Les filles à marier, aussi bien que les mères, connaissent les termes et les dangers de cette loterie, voilà pourquoi les femmes pleurent à un mariage, tandis que les hommes sourient. Les hommes croient ne rien hasarder, les femmes savent tout ce qu'elles risquent.

Dans une autre voiture qui précédait celle des mariés, se trouvait la baronne du Guénic, à qui la duchesse vint dire : — Vous êtes mère quoique vous n'ayez eu qu'un fils, tâchez de me remplacer près de ma chère Sabine !

Sur le devant de cette voiture, on voyait un chasseur qui servait de courrier, et à l'arrière deux femmes de chambre à qui les cartons et les paquets mis par-dessus les vaches cachaient le paysage. Les quatre postillons, vêtus de leurs plus beaux uniformes, car chaque voiture était attelée de quatre chevaux, portaient tous des bouquets à leur boutonnière et des rubans à leurs chapeaux, que le duc de Grandlieu eut mille peines à leur faire quitter, même en les payant : le postillon français est éminemment intelligent, mais il tient à ses plaisanteries. Ceux-là prirent l'argent, et à la barrière ils remirent leurs rubans.

— Allons, adieu, Sabine, dit la duchesse, souviens-toi de ta promesse, écris-moi souvent. Calyste, je ne vous dis plus rien, mais vous me comprenez !...

Clotilde, appuyée sur sa plus jeune sœur Athénaïs, à qui souriait le vicomte Juste de Grandlieu jeta sur la mariée un regard fin à travers ses larmes, et suivit des yeux la voiture, qui disparut au milieu des batteries réitérées de quatre fouets plus bruyants que des pistolets de tir. En quelques secondes, le gai convoi atteignit à l'esplanade des Invalides, gagna par le quai le pont d'Iéna, la barrière de Passy, la route de Versailles, enfin le grand chemin de la Bretagne.

N'est-il pas au moins singulier que les artisans de la Suisse et de l'Allemagne, que les grandes familles de France et d'Angleterre, obéissent au même usage et se mettent en voyage après la cérémonie nuptiale ? Les grands se tassent dans une boîte qui roule. Les petits s'en vont gaiement par les chemins, s'arrêtant dans les bois, banquetant à toutes les auberges, tant que leur joie ou plutôt leur argent. Le moraliste serait fort embarrassé de décider où se trouve la plus belle qualité de pudeur, dans celle qui se cache au public en inaugurant le foyer et la couche domestiques comme font les bons bourgeois, ou dans celle qui se cache à la famille ou se publie au grand jour des chemins, à la face des inconnus ? Les âmes délicates doivent désirer la solitude et fuir également le monde et la famille. Le rapide amour qui commence un mariage est un diamant, une perle, un joyau ciselé par le premier des arts, un trésor à enterrer au fond du cœur.

Qui peut raconter une lune de miel, si ce n'est la mariée ? Et combien de femmes reconnaîtront ici que cette saison d'incertaine durée (il y en a d'une seule nuit !) est la préface de la vie conjugale. Les trois premières lettres de Sabine à sa mère accuseront une situation qui, malheureusement, ne sera pas neuve pour quelques jeunes mariées et pour beaucoup de vieilles femmes. Toutes celles qui se sont trouvées pour ainsi dire gardes-malades d'un cœur ne s'en sont pas, comme Sabine, aperçues aussitôt. Mais les jeunes filles du faubourg Saint-Germain, quand elles sont spirituelles, sont déjà femmes par la tête. Avant le mariage, elles ont reçu du monde et de leur mère le baptême des bonnes manières. Les duchesses, jalouses de léguer leurs traditions, ignorent souvent la portée de leurs leçons quand elles disent à leurs filles : « — Ce mouvement ne se fait pas. — Ne riez pas de ceci — On ne se jette jamais sur un divan, l'on s'y pose. — Quittez ces détestables façons ! — Mais cela ne se fait pas, ma chère ! etc. Aussi de bourgeois critiques ont-ils injustement refusé de l'innocence et des vertus à des jeunes filles qui sont uniquement, comme Sabine, des vierges perfectionnées par l'esprit, par l'habitude des grands airs, par le bon goût, et qui, dès l'âge de seize ans, savaient se servir de leurs lorgnettes jumelles. Sabine devait par les combinaisons inventées par mademoiselle des Touches pour le mariage, devait être de l'école de mademoiselle de Chaulieu. Cette finesse innée, ces dons de race, rendraient peut-être cette jeune femme aussi intéressante que l'héroïne des *Mémoires de deux jeunes mariées*, lorsqu'on verra l'inutilité de ces avantages sociaux dans les grandes crises de la vie conjugale, où souvent ils sont annulés sous le double poids du malheur et de la passion.

I

A MADAME LA DUCHESSE DE GRANDLIEU.

« Guérande, avril 1838

« Chère mère, vous saurez bien comprendre pourquoi je n'ai pu vous écrire en voyage, notre esprit est alors comme les roues. Me voici, depuis deux jours, au fond de la Bretagne, à l'hôtel du Guénic, une maison brodée comme une boîte en coco. Malgré les attentions affectueuses de la famille de Calyste, j'éprouve un vif besoin de m'envoler vers vous, de vous dire une foule de ces choses qui, je le sens, ne se confient qu'à une mère. Calyste s'est marié, chère maman, en conservant un grand chagrin dans le cœur, personne de nous ne l'ignorait, et vous ne m'avez pas caché les difficultés de ma conduite. Hélas, elles sont plus grandes que vous ne le supposez. Ah ! chère maman, quelle expérience nous acquérons en quelques jours, et pourquoi ne vous dirais-je pas en quelques heures ? Toutes vos recommandations sont devenues inutiles, et vous devinerez comment par cette seule phrase : J'aime Calyste comme s'il n'était pas mon mari. C'est-à-dire si je n'étais pas mariée à lui-même, je voyageais avec Calyste, je l'aimerais et haïrais mon mari. Observez donc un homme aimé si complètement, involontairement, absolument, avec tous les adverbes qu'il vous plaira d'ajouter. Aussi ma servitude s'est-elle établie en dépit de vos bons avis. Vous m'aviez recommandé de rester grande, noble, digne et fière, pour obtenir de Calyste des sentiments qui ne seraient sujets à aucun changement dans la vie : l'estime, la considération que doivent sanctifier une femme au milieu de la famille. Vous vous étiez élevée avec raison sans doute contre les jeunes femmes d'aujourd'hui, qui, sous prétexte de bien vivre avec leurs maris, commencent par la facilité, par la complaisance, la bonhomie, la familiarité, par un abandon un peu trop *fille*, je vous (un mot que je vous avoue n'avoir pas encore compris, mais nous verrons plus tard), et qui, s'il faut vous en croire, en font comme des relais pour arriver rapidement à l'indifférence et au mépris peut-être.
— « Souviens-toi que tu es une Grandlieu ! » m'avez-vous dit à l'oreille. Ces recommandations, pleines de la maternelle éloquence de Dédalus, ont eu le sort de toutes les choses mythologiques. Chère mère aimée, pouviez-vous supposer que je commencerais par cette catastrophe qui termine, selon vous, la lune de miel des jeunes femmes d'aujourd'hui.

« Quand nous nous sommes vus seuls dans la voiture, Calyste et moi, nous nous sommes trouvés aussi sots l'un que l'autre en comprenant toute la valeur d'un premier mot, d'un premier regard, et chacun de nous, sanctifié par le sacrement, a regardé par sa portière. C'était si ridicule, que, sur la barrière, monsieur m'a débité, d'une voix peu troublée, un discours, sans doute préparé comme toutes les improvisations, que j'écoutai le cœur palpitant, et dont je vous prends la liberté de vous abréger. « Ma chère Sabine, je vous veux heureuse, et je veux surtout que vous soyez heureuse à votre manière, a-t-il dit. Ainsi, dans la situation où nous sommes, au lieu de nous tromper mutuellement sur nos caractères et sur nos sentiments par de nobles complaisances, soyons tous deux ce que nous serions dans quelques années d'ici. Figurez-vous que vous avez un frère en moi, comme moi je veux voir une sœur en vous. » Quoique si plein de délicatesse, comme je ne trouvai rien dans ce premier *speech* de l'amour conjugal qui répondît à l'empressement de mon âme, je demeurai pensive après avoir répondu que j'étais animée des mêmes sentiments. Sur cette déclaration de nos droits à une mutuelle froideur, nous avons parlé pluie et beau temps, poussière, relais et paysage, le plus gracieusement du monde, moi riant d'un petit rire forcé, lui très-rêveur.

« Enfin, en sortant de Versailles, je demandai tout bonnement à Calyste, à qui j'appelais mon cher Calyste, comme il m'appelait ma chère Sabine, s'il pouvait me raconter les événements qui l'avaient mis à deux doigts de la mort, et auxquels je sais devoir le bonheur d'être sa femme. Il hésita pendant longtemps. Ce fut entre nous l'objet d'un petit débat qui dura pendant trois relais, moi, tâchant de me poser en fille volontaire et décidée à bouder, lui, se consultant sur la fatale question portée comme un défi par les journaux à Charles X *Le roi cédera-t-il ?* Enfin, après le relais de Verneuil et après avoir échangé des serments à contenter trois dynasties, je n'ai jamais lui reprocher cette folie, ni de ne pas le traiter froidement, etc., il m'a peint son amour pour madame de Rochegude. « Je ne veux pas, me dit-il en terminant, qu'il y ait de secrets entre nous ! » Le pauvre cher Calyste ignorait-il donc que son amie mademoiselle des Touches et vous vous aviez été obligées de me tout avouer, car on n'habille pas une jeune personne que j'étais le jour du contrat sans l'initier à son rôle. On doit tout dire à une mère aussi tendre que vous. Eh bien ! j'ai été profondément atteinte en voyant qu'il avait obéi beaucoup moins à mon désir qu'à son envie de parler de cette passion sinon puissante. Me blâmerez-vous, ma mère chérie, d'avoir voulu reconnaître l'étendue de ce chagrin, de cette vive plaie du cœur que vous m'aviez signalée ? Donc, huit heures après avoir été bénis par le curé de Saint-Thomas-d'Aquin, votre Sabine se trouvait dans la situation assez fausse d'une jeune épouse écoutant de la bouche même de son mari la confidence d'un amour vaincu, les méfaits d'une rivale ! Oui, j'étais dans le drame d'une jeune femme apprenant officiellement qu'elle devait son mariage aux dédains d'une vieille blonde. À ce récit, j'ai gagné ce que je cherchais. Quoi ?... direz-vous. Ah ! chère mère, j'ai bien vu assez d'amours s'exhalant les uns des autres sur des pendules ou sur des devants de cheminée pour mettre cet enseignement en pratique ! Calyste a terminé le poème de ses souvenirs par la plus chaleureuse protestation d'un entier oubli de ce qu'il a nommé sa folie. Toute protestation a besoin de signature. L'heureux infortuné m'a pris la main, l'a portée à ses lèvres ; puis il l'a gardée entre ses mains pendant longtemps. Une déclaration s'en est suivie ; celle-là m'a semblé plus conforme que la première à notre état civil, quoique nos bouches n'aient pas dit une seule parole. J'ai dû ce bonheur à ma verveuse indignation sur le mauvais goût d'une femme assez sotte pour ne pas avoir aimé mon beau, mon ravissant Calyste.

« On m'appelle pour jouer à un jeu de cartes que je n'ai pas encore compris. Je continuerai demain. Vous quitter dans ce moment pour faire la cinquième à la *mouche*, ceci n'est possible qu'au fond de la Bretagne!... »

« Mai.

« Je reprends le cours de mon odyssée. La troisième journée, vos enfants n'employaient plus le *vous* cérémonieux, mais le *tu* des amants. Ma belle-mère, enchantée de nous voir heureux, a tâché de se substituer à vous, chère mère, et, comme il arrive à tous ceux qui prennent un rôle avec le désir d'effacer des souvenirs, elle a été si charmante, qu'elle a été presque vous pour moi. Sans doute elle a deviné l'héroïsme de ma conduite, car, au début du voyage, elle cachait trop ses inquiétudes pour ne pas les rendre visibles par l'excès des précautions.

« Quand j'ai vu surgir les tours de Guérande, j'ai dit à l'oreille de votre gendre : « — L'as-tu bien oubliée ? » Mon mari, devenu *mon ange*, ignorait sans doute les richesses d'une affection naïve et sincère, car ce petit mot l'a rendu presque fou de joie. Malheureusement le désir de faire oublier madame de Rochegude m'a mené trop loin. Que voulez-vous ? j'aime, et je suis presque l'orgueilleuse, car je tiens plus de vous que de mon père. Calyste a tout accepté de moi, comme acceptent les enfants gâtés, il est fils unique d'abord. Entre nous, je ne donnerai pas ma fille, si jamais j'ai des filles, à un fils unique. C'est bien assez de se mettre à la tête d'un tyran, et j'en vois plusieurs dans un fils unique. Ainsi donc nous avons interverti les rôles, je me suis comportée comme une femme dévouée. Il y a des dangers dans un dévouement dont on profite, on y perd sa dignité. Je vous annonce donc le naufrage de cette demi-vertu. La dignité n'est qu'un paravent placé par l'orgueil et derrière lequel nous enrageons à notre aise. Que voulez-vous, maman ?... Vous n'étiez pas là, je me voyais devant un abîme. Si j'étais restée dans ma dignité, j'aurais eu les froides douleurs d'une sorte de fraternité qui certes serait tout simplement devenue de l'indifférence. Et quel avenir me serais-je préparé ? Mon dévouement a eu pour résultat de me rendre l'esclave de cette situation. Reviendrai-je de cette situation ?... nous verrons, quant à présent, elle me plaît. J'aime Calyste, je l'aime absolument avec la folie d'une mère qui trouve bien tout ce que fait son fils, même quand elle est un peu battue par lui. »

« 15 mai.

« Jusqu'à présent donc, chère maman, le mariage s'est présenté pour moi sous une forme charmante. Je déploie toute ma tendresse pour le plus beau des hommes qu'une sotte a dédaigné pour un croque-note, car cette femme est évidemment une sotte, et une sotte froide, la pire espèce de sottes. Moi, je suis charitable dans ma passion légitime, je guéris des blessures en m'en faisant d'éternelles. Oui, plus j'aime Calyste, plus je sens que je mourrais de chagrin si notre bonheur actuel cessait. Je suis d'ailleurs l'adoration de toute cette famille et de la société qui se réunit à l'hôtel du Guénic, tous personnages nés dans des tapisseries de haute lice, et qui s'en sont détachés pour prouver que l'impossible existe. Un jour où je serai seule je vous peindrai ma tante Zéphirine, mademoiselle de Pen-Hoel, le chevalier du Halga, les demoiselles Kergarouet, etc. Il n'y a pas jusqu'aux deux domestiques qu'on me permettra, j'espère, d'emmener à Paris, Mariotte et Gasselin, qui ne me regardent comme un ange descendu de sa place dans le ciel, et qui tressaillent encore quand je leur parle, qui ne soient des figures à mettre sous verre.

« Ma belle-mère nous a solennellement installés dans les appartements précédemment occupés par elle et par feu son mari. Cette scène a été touchante. — « J'ai vécu toute ma vie de femme, heureuse ici, nous a-t-elle dit, que ce vous soit un heureux présage, mes chers enfants. » Et elle a pris la chambre de Calyste. Cette sainte femme semblait vouloir se dépouiller de ses souvenirs et sa noble vie conjugale pour nous en investir. La province de Bretagne, cette ville, cette famille de mœurs antiques, tout, malgré des ridicules qui n'existent que pour nous autres rieuses Parisiennes, a quelque chose d'inexplicable, de grandiose jusque dans les minuties qu'on ne peut définir que par un seul mot : *sacré*. Tous les tenanciers des vastes domaines de la maison de Guénic, rachetés comme vous savez par mademoiselle des Touches que nous devons aller voir à son couvent, sont venus en corps nous saluer. Ces braves gens, en habits de fête, exprimant tous une vive joie de savoir Calyste redevenu réellement leur maître, m'ont fait comprendre la Bretagne, la féodalité, la vieille France. Ce fut une fête que je ne veux pas vous peindre, je vous la

raconterai. La base de tous les baux a été proposée par ces gars eux-mêmes, nous les signerons après l'inspection que nous allons passer de *nos* terres engagées depuis cent cinquante ans !... Mademoiselle de Pen-Hoel nous a dit que les gars avaient accusé les revenus avec une véracité peu croyable à Paris. Nous partirons dans trois jours, et nous irons à cheval. A mon retour, chère mère, je vous écrirai ; mais que pourrai-je vous dire, si déjà mon bonheur est au comble ? Je vous écrirai donc ce que vous savez déjà, c'est-à-dire combien je vous aime. »

II

DE LA MÊME A LA MÊME.

« Nantes, juin.

« Après avoir joué le rôle d'une châtelaine adorée de ses vassaux comme si la Révolution de 1830 et celle de 1789 n'avaient jamais abattu de bannières, après des cavalcades dans les bois, des haltes dans les fermes, des dîners sur de vieilles tables et sur du linge centenaire pliant sous des platées homériques servies dans de la vaisselle antédiluvienne, après avoir bu des vins exquis dans des gobelets comme en maniaient les faiseurs de tours, et des coups de fusil au dessert ! et des Vive les du Guénic, à étourdir ! et des bals dont tout l'orchestre est un *biniou* dans lequel un homme souffle pendant dix heures de suite ! et des bouquets ! et des jeunes mariées qui se sont fait bénir par nous ! et de bonnes lassitudes dont le remède se trouve au lit en des sommeils que je ne connaissais pas, et des réveils délicieux où l'amour est radieux comme le soleil qui rayonne sur vous et scintille avec mille mouches qui bourdonnent en bas-breton !... enfin, après un grotesque séjour au château du Guénic, où les fenêtres sont des portes cochères, et où les vaches pourraient paître dans les prairies de la salle, mais que nous avons juré d'arranger, de réparer, pour y venir tous les ans aux acclamations des gars du clan de Guénic dont l'un portait notre bannière, je suis à Nantes !...

« Ah ! quelle journée que celle de notre arrivée au Guénic ! Le recteur est venu, ma mère, avec son clergé, tous couronnés de fleurs, nous recevoir, nous bénir, en exprimant une joie... j'en ai les larmes aux yeux en l'écrivant. Et ce fier Calyste, qui jouait son rôle de seigneur comme un personnage de Walter Scott. Monsieur recevait les hommages comme s'il se trouvait en plein treizième siècle. J'ai entendu les filles, les femmes se disant : — Quel joli seigneur nous avons ! comme dans un chœur d'opéra-comique. Les anciens discutaient entre eux la ressemblance de Calyste avec les du Guénic qu'ils avaient connus. Ah ! la noble et sublime Bretagne, quel pays de croyance et de religion ! Mais le progrès le guette, on y fait des ponts, des routes ; les idées viendront, et adieu le sublime. Les paysans ne seront certes jamais ni si libres ni si fiers que je les y ai vus, quand on leur aura prouvé qu'ils sont les égaux de Calyste, si toutefois ils veulent le croire.

« Après le poème de cette restauration pacifique et les contrats signés, nous avons quitté ce royaume aussi joyeux fleuri, que sombre et désert tour à tour, et nous sommes venus nous agenouiller ici notre bonheur devant celle à qui nous le devons. Calyste et moi nous éprouvions le besoin de remercier la postulante de la Visitation. En mémoire d'elle, il écartèlera son écu de celui des des Touches qui est : *parti coupé, tranché, taillé d'or et de sinople*. Il prendra l'un des aigles d'argent pour un de ses supports, et lui mettra dans le bec cette jolie devise de femme : *Souviegne-vous !* Nous sommes donc allés hier au couvent des dames de la Visitation où nous a menés l'abbé Grimont, ami de la famille du Guénic, qui nous a dit que votre chère Félicité, maman, était une sainte, elle ne peut pas être autre chose pour lui, puisque cette illustre conversion l'a fait nommer vicaire général du diocèse.

« Mademoiselle des Touches n'a pas voulu recevoir Calyste, et n'a vu que moi. Je l'ai trouvée un peu changée, pâlie et maigrie, elle m'a paru bien heureuse de ma visite. — « Dis à Calyste, s'est-elle écriée tous bas, que je c'est une affaire de conscience et d'obéissance si je ne le veux pas voir, car on me l'a permis, mais je préfère ne pas acheter ce bonheur de quelques minutes par des mois de souffrance. Ah ! si tu savais combien j'ai de peine à répondre quand on me demande : — A quoi pensez-vous ? La maîtresse des novices ne peut pas comprendre l'étendue et le nombre des idées qui me passent par la tête comme des tourbillons. Par instants je revois l'Italie ou Paris avec vous leurs spectacles, tout en pensant à Calyste, qui, dit-elle avec cette façon poétique si admirable et que vous connaissez, est le soleil de ces souvenirs... J'étais trop vieille pour être acceptée aux Carmélites, et je me suis donnée à l'ordre de Saint-François de Sales uniquement parce qu'il a dit : « — Je vous déchausserai la tête au lieu de

vous déchausser les pieds! » en se refusant à ces austérités qui brisent le corps. C'est en effet la tête qui pèche. Le saint évêque a donc bien fait de rendre sa règle austère pour l'intelligence et terrible contre la volonté!... Voilà ce que je désirais, car ma tête est la vraie coupable, elle m'a trompée sur mon cœur jusqu'à cet âge fatal de quarante ans où, si l'on est pendant quelques moments quarante fois plus heureuse que les jeunes femmes, on est plus tard cinquante fois plus malheureuse qu'elles... Eh bien! mon enfant, es-tu contente? m'a-t-elle demandé en cessant avec un visible plaisir de parler d'elle.
— Vous me voyez dans l'enchantement de l'amour et du bonheur! lui ai-je répondu. — Calyste est aussi bon et naïf qu'il est noble et beau, m'a-t-elle dit gravement. Je t'ai instituée mon héritière, tu possèdes, outre ma fortune, le double idéal que j'ai rêvé... Je m'applaudis de ce que j'ai fait, a-t-elle repris après une pause. Maintenant, mon enfant, tu es heureuse. Vous avez facilement saisi le bonheur, vous n'aviez que la main à étendre, mais pense à le conserver. Quand tu ne serais venue ici que pour en remporter les conseils de mon expérience, ton voyage serait bien payé. Calyste subit en ce moment une passion communiquée, tu ne l'as pas inspirée. Pour rendre la félicité durable, tâche, ma petite, d'unir ce principe au premier. Dans votre intérêt à tous deux, essaye d'être capricieuse, sois coquette, un peu dure, il le faut. Je ne te conseille pas d'odieux calculs, ni la tyrannie, mais la science. Entre l'usure et la prodigalité, ma petite, il y a l'économie. Sache prendre honnêtement un peu d'empire sur Calyste. Voici les dernières paroles mondaines que je prononcerai, je les tenais en réserve pour toi, car j'ai tremblé dans ma sensibilité d'avoir sacrifiée pour sauver Calyste! attache-le bien à toi, qu'il ait des enfants, qu'il respecte en toi leur mère... Enfin, me dit-elle d'une voix émue, arrange-toi de manière à ce qu'il ne revoie jamais Béatrix!... » Ce nom nous a plongées toutes les deux dans une sorte de torpeur, et nous sommes restées les yeux dans les yeux, l'une de l'autre échangeant la même inquiétude vague. « — Retournez-vous à Guérande? m'a-t-elle demandé. — Oui, lui dis-je. — Eh bien! n'allez jamais aux Touches.... J'ai eu tort de vous donner ce bien. — Et pourquoi? — Enfant! les Touches sont pour toi le cabinet de Barbe-Bleue, car il n'y a rien de plus dangereux que de réveiller une passion qui dort. »

« Je vous donne en substance, chère mère, le sens de notre conversation. Si mademoiselle des Touches m'a fait beaucoup causer, elle m'a donné d'autant plus à penser, que, dans l'enivrement de ce voyage et de mes séductions avec mon Calyste, j'avais oublié la grave situation morale dont je vous parlais dans ma première lettre.

« Après avoir bien admiré Nantes, une charmante et magnifique ville, après être allés voir sur la place Bretagne l'endroit où Charette est si noblement tombé, nous avons projeté de revenir par la Loire à Saint-Nazaire, puisque nous avions déjà par terre la route de Nantes à Guérande. Décidément, un bateau à vapeur ne vaut pas une voiture. Le voyage en public est une invention du monstre moderne, le Monopole. Trois jeunes dames de Nantes assez jolies se démenaient sur le pont inférieur de ce que j'ai appelé le Kergarouëtisme, une plaisanterie que vous comprendrez quand je vous aurai peint les Kergarouët. Cela s'est très-bien comporté. En vrai gentilhomme, il ne m'a pas affichée Quoique satisfaite de son bon goût, et même qu'un enfant à qui l'on a donné son premier tambour, j'ai pensé que j'avais une magnifique occasion d'essayer du système recommandé par Camille Maupin, car ce n'est certes pas la postulante qui m'avait parlé. J'ai pris un petit air boudeur, et Calyste s'en est très-gentiment alarmé. A cette demande : — Qu'as-tu?... jetée à mon oreille, j'ai répondu la vérité: — N'ai rien! Et j'ai bien reconnu là le peu de succès qu'obtient d'abord la vérité. Le mensonge est une arme décisive dans les cas où la célérité doit sauver les femmes et les empires. Calyste est devenu très-pressant, très-inquiet. Je l'ai mené à l'avant du bateau, dans un tas de cordages; et là, d'une voix pleine d'alarmes, sinon de larmes, je lui ai dit: Mais non-seulement, les craintes d'une femme dont le mari se trouve être le plus beau des hommes!.... « — Ah! Calyste, me suis-je écriée, il y a dans notre union un affreux malheur, vous ne m'avez pas aimée, vous ne m'avez pas choisie! Vous n'êtes pas resté planté sur vos pieds comme une statue en me voyant pour la première fois! C'est mon cœur, mon attachement, ma tendresse, qui sollicitent votre affection, et vous me punirez quelque jour de vous avoir apporté moi-même les trésors de mon pur, de mon involontaire amour de jeune fille!... Je devrais être mauvaise, coquette, et je ne me sens pas de force contre vous... Si cette horrible femme, que vous a dédaigné, se trouvait à ma place ici, vous n'auriez pas aperçu ces deux affreuses bretonnes, que l'octroi de Paris classerait parmi le bétail... » Calyste, ma mère, a eu deux larmes dans les yeux, il s'est retourné pour me les cacher, il a vu la Basse-Indre, et a couru dire au capitaine de nous y débarquer.

« On ne tient pas contre de telles réponses, surtout quand elles sont accompagnées d'un séjour de trois heures dans une chétive auberge de la Basse-Indre, où nous avons déjeuné de poisson frais dans une petite chambre comme en peignent les peintres de genre, et par les fenêtres de laquelle on entendait mugir les forges d'Indret à travers la belle nappe de la Loire. En voyant comment tournaient les expériences de l'Expérience, je me suis écriée: — Ah! chère Félicité!.. Calyste, incapable de soupçonner les conseils de la religieuse et la duplicité de ma conduite, a fait un divin calembour; il m'a coupé la parole en me répondant: — Gardons-en le souvenir! nous enverrons un artiste pour copier ce paysage. Non, j'ai ri, chère maman, à déconcerter Calyste et je l'ai vu bien près de se fâcher. — Mais, lui dis-je, il y a de ce paysage, de cette scène, un tableau dans mon cœur qui ne s'effacera jamais, et d'une couleur inimitable.

« Ah! ma mère, il m'est impossible de mettre ainsi les apparences de la guerre ou de l'inimitié dans mon amour. Calyste fera de moi tout ce qu'il voudra. Cette larme est la première, je pense, qu'il m'ait donnée, ne vaut-elle pas mieux que la seconde déclaration de nos droits? . Une femme sans cœur serait devenue dame et maîtresse après la scène du bateau, moi, je me suis reperdue. D'après votre système, plus je deviens femme, plus je me fais *fille*, car je suis affreusement lâche avec le bonheur, je ne tiens pas contre un regard de mon seigneur. Non! je ne m'abandonne pas à son amour, je m'y attache comme une mère presse son enfant contre son sein en craignant quelque malheur. »

III

DE LA MÊME A LA MÊME.

« Juillet, Guérande.

« Ah! chère maman, au bout de trois mois connaître la jalousie! Voilà mon cœur bien complet, j'y sens une haine profonde et un profond amour! Je suis plus que trahie, je ne suis pas aimée!... Je suis heureuse d'avoir une mère, un cœur où je puisse crier à mon aise!... Nous autres femmes, qui sommes encore un peu jeunes filles, il suffit qu'on nous dise : « Voici une clef tachée de sang, au milieu de toutes celles de votre palais, entrez partout, jouissez de tout, mais gardez-vous d'aller aux Touches! » pour que nous entrions là, les pieds chauds, les yeux allumés de la curiosité d'Ève. Quelle irritation mademoiselle des Touches mêle dans mon amour! Mais aussi pourquoi m'interdire les Touches? Qu'est-ce qu'un bonheur comme le mien qui dépendrait d'une promenade, d'un séjour dans un bouge de Bretagne? Et qu'ai-je à craindre? Enfin, joignez aux raisons de madame Barbe-Bleue celle qui a pour mord toutes les femmes de savoir si leur pouvoir est précaire ou solide, et vous comprendrez comment un jour j'ai demandé d'un petit air indifférent: « — Qu'est-ce que les Touches? — Les Touches sont à vous, m'a dit ma divine belle-mère. — Si Calyste n'avait jamais mis le pied aux Touches!... s'écria ma tante Zéphirine en hochant la tête. — Mais il ne serait pas mon mari, dis-je à ma tante. — Vous savez donc ce qui s'y est passé? m'a répliqué finement ma belle-mère. — Vous y êtes un lieu de perdition, où mademoiselle de Pen-Hoël, mademoiselle des Touches y a fait bien des péchés dont elle demande maintenant pardon à Dieu — Cela n'a-t-il pas sauvé l'âme de cette noble fille, et fait la fortune d'un couvent? s'est écrié le chevalier du Halga, l'abbé Grimont m'a dit qu'elle avait donné cent mille francs aux dames de la Visitation. — Voulez-vous aller aux Touches? m'a demandé ma belle-mère, ça vaut la peine d'être vu. — Non! non, ai-je dit vivement. Cette petite scène ne vous semble-t-elle pas une page de quelque drame diabolique? elle est revenue sous vingt prétextes. Enfin, ma belle-mère m'a dit : — Je comprends pourquoi vous n'allez pas aux Touches, vous avez raison » Oh! vous avouerez, maman, que ce coup de poignard involontairement reçu m'a décidée à savoir si votre bonheur reposait sur des bases si frêles, qu'il dût périr sous tel ou tel lambris. Il faut rendre justice à Calyste, il ne m'a jamais proposé de visiter cette chartreuse devenue à lui bien. Nous sommes des créatures dénuées de sens, des que nous aimons, car ce silence, cette réserve m'ont piquée, et je lui ai dit un jour : « — Que crains-tu donc aux Touches, que toi seul n'en parles pas?... — Allons-y, » dit-il.

« J'ai donc été prise comme toutes les femmes qui veulent se laisser prendre, qui s'en remettent au hasard pour dénouer le nœud gordien de leur indécision. Et nous sommes allées aux Touches. C'est charmant, c'est d'un goût profondément artiste, et je me plais dans cet abîme où mademoiselle des Touches m'avait tant défendu d'aller. Toutes les fleurs vénéneuses sont charmantes, Satan les a semées, car il y a les fleurs du diable et les fleurs de Dieu! nous n'avons qu'à rentrer en nous-mêmes pour voir qu'ils ont créé le monde de moitié. Quelles âcres délices dans cette situation où je jouais mon rôle de feu, mes yeux les cendres!... J'étudiais Calyste, il s'agissait de savoir si tout était bien éteint, et je veillais aux courants d'air, croyez-moi! J'épiais son visage en allant de pièce en pièce, de meuble en meuble, absolument comme les enfants qui cherchent un objet caché. Calyste m'a paru pensif, mais j'ai cru d'abord avoir vaincu. Je me suis sentie assez forte pour parler de madame de Rochegude. Enfin nous sommes allés voir le fameux buis où s'est arrêtée Béatrix quand il l'a jetée à la mer pour qu'elle ne fût à personne. — « Elle doit être bien légère pour être restée là, ai-je dit en riant. Calyste a gardé le silence. — Respectons les morts, ai-je dit en continuant. Calyste est resté silencieux. — T'ai-je déplu ? — Non, mais cesse de galvaniser cette passion, » a-t-il répondu. Quel mot !... Calyste, qui m'a vu triste, a redoublé de soins et de tendresse pour moi.

« Août.

« J'étais, hélas ! au fond de l'abîme, et je m'amusais, comme les innocentes de tous les mélodrames, à y cueillir des fleurs. Tout à coup une pensée horrible a chevauché dans mon bonheur, comme le cheval de la ballade allemande. J'ai cru deviner que l'amour de Calyste s'agrandissait de ses réminiscences, qu'il reportait sur moi les orages que je ravivais, en me rappelant les coquetteries de cette affreuse Béatrix. Cette nature malsaine et froide, persistante et molle, qui tient du mollusque et du corail, ose s'appeler Béatrix !... Déjà, ma chère mère, me voilà forcée d'avoir l'œil à un soupçon quand mon cœur est tout à Calyste, et n'est-ce pas une grande catastrophe que l'œil l'ait emporté sur le cœur, que le soupçon enfin se soit trouvé justifié ? Voici comment : — « Ce lieu m'est cher, ai-je dit à Calyste un matin, car je te lui dois mon bonheur, aussi te pardonné-je de me prendre quelquefois pour une autre... » Ce loyal Breton a rougi, je lui ai sauté au cou, mais j'ai quitté les Touches, et je n'y reviendrai jamais.

« A la force de la haine, qui me fait souhaiter la mort de madame de Rochegude, oh ! mon Dieu ! naturellement d'une fluxion de poitrine, d'un accident quelconque, j'ai reconnu l'étendue, la puissance de mon amour pour Calyste. Cette femme est venue troubler mon sommeil, je la vois en rêve, dois-je donc la rencontrer ?... Ah ! la postulante de la Visitation avait raison !... Les Touches sont un lieu fatal, Calyste y a retrouvé ses impressions, elles sont plus fortes que les délices de notre amour. Sachez, ma chère mère, si madame de Rochegude est à Paris, car alors je resterai dans ses terres de Bretagne. Pauvre mademoiselle des Touches, qui se repent maintenant de m'avoir fait habiller pour le jour du contrat, afin de faire réussir son plan, si elle apprenait jusqu'à quel point je viens d'être prise pour notre odieuse rivale !... que dirait-elle ? Mais c'est une prostitution ! je ne suis plus moi, j'ai honte. Je suis en proie à une envie furieuse de fuir Guérande et les sables du Croisic. »

« 25 août.

« Décidément je retourne aux ruines du Guénic. Calyste, assez inquiet de mon inquiétude, m'emmène. On il connaît peu le monde s'il ne devine rien, ou, s'il sait la cause de ma fuite, il ne m'aime pas. Je tremble tant de trouver une affreuse certitude si je la cherche, que je me mets, comme les enfants, les mains devant les yeux pour ne pas entendre la détonation. Oh ! ma mère, je ne suis pas aimée du même amour que je me sens au cœur. Calyste est charmant, c'est vrai ; mais quel homme, à moins d'être un monstre, ne serait pas, comme Calyste, aimable et gracieux, en recevant toutes les fleurs écloses dans l'âme d'une jeune fille de vingt ans, élevée par vous, pure comme je le suis, aimante, et que bien des femmes vous ont dit être belle... »

« Au Guénic, 18 septembre.

« L'a-t-il oubliée ? Voilà l'unique pensée qui retentit comme un remords dans mon âme ! Ah ! chère maman, toutes les femmes ont-elles eu, comme moi, des souvenirs à combattre ?... On ne devrait marier que des jeunes gens innocents à des jeunes filles pures ! Mais c'est une décevante utopie, il vaut mieux avoir sa rivale dans le passé que dans l'avenir. Ah ! plaignez-moi, ma mère, quoiqu'en ce moment je sois heureuse, heureuse comme une femme qui a peur de perdre son bonheur et qui s'y accroche !... Une manière de tuer quelquefois, dit Clotilde.

« Je m'aperçois que depuis cinq mois je ne pense qu'à moi, c'est-à-dire à Calyste. Dites à ma sœur Clotilde que ses tristes sagesses me reviennent parfois, elle est bien heureuse d'être fidèle à un culte, elle ne craint plus de rivale. J'embrasse ma chère Athénaïs, je vois que Juste en est fou, d'après ce que vous m'en dites dans votre dernière lettre, il a peur qu'on ne la lui donne pas. Cultivez cette crainte comme une fleur précieuse. Athénaïs sera la maîtresse, et moi qui tremblais de ne pas obtenir Calyste de lui-même, je serai servante. Mille tendresses, chère maman. Ah ! si mes terreurs n'étaient pas vaines Camille Maupin m'aurait vendu sa fortune bien cher. Mes affectueux respects à mon père. »

Ces lettres expliquent parfaitement la situation secrète de la femme et du mari. Si, pour Sabine, son mariage était un mariage d'amour, Calyste y voyait un mariage de convenance, et les joies de la lune de miel n'avaient pas obéi tout à fait au système légal de la communauté. Pendant le séjour des deux mariés en Bretagne, les travaux de restauration, les dispositions et l'ameublement de l'hôtel du Guénic avaient été conduits par le célèbre architecte Grindot, sous la surveillance de Clotilde, de la duchesse et du duc de Grandlieu. Toutes les mesures avaient été prises pour qu'au mois de décembre 1838 le jeune ménage pût revenir à Paris. Sabine s'installa donc rue de Bourbon avec plaisir, moins pour jouer à la maîtresse de maison que pour savoir ce que sa famille penserait de son mariage. Calyste, en bel indifférent, se laissa guider volontiers dans le monde par la belle-sœur Clotilde, et par sa belle-mère, qui lui surent gré de cette obéissance. Il y obtint la place due à son nom, à sa fortune et à son alliance. Le succès de sa femme, comptée comme une des plus charmantes, les distractions que donne la haute société, les devoirs à remplir, les amusements de l'hiver à Paris, rendirent un peu de force au bonheur du ménage en y produisant à la fois des excitants et des intermèdes. Sabine, trouvée heureuse par sa mère et sa sœur, qui virent dans la froideur de Calyste un effet de son éducation anglaise, abandonna ses idées noires ; elle entendit envier son sort par tant de jeunes femmes mal mariées, qu'elle renvoya ses terreurs au pays des chimères. Enfin la grossesse de Sabine compléta les garanties offertes par cette union du genre neutre, une de celles dont augurent bien les femmes expérimentées. En octobre 1839, la jeune baronne du Guénic eut un fils et fit la folie de le nourrir, selon le calcul de toutes les femmes en pareil cas. Comment ne pas être entièrement mère quand on a son enfant d'un mari vraiment idolâtré ? Vers la fin de l'été suivant, en août 1840, Sabine était donc encore nourrice. Pendant un séjour de deux ans à Paris, Calyste s'était tout à fait dépouillé de cette innocence dont les prestiges avaient décoré ses débuts dans le monde de la passion. Calyste s'était lié naturellement avec le jeune duc Georges de Maufrigneuse, marié comme lui nouvellement à une héritière, Berthe de Cinq-Cygne, avec le vicomte Savinien de Portenduère, avec le duc et la duchesse de Rhétoré, le duc et la duchesse de Lenoncourt-Chaulieu, avec tous les habitués du salon de sa belle-mère. La richesse des heures funestes, des oisivetés que Paris sait, plus qu'aucune autre capitale, amuser, charmer, intéresser. Au contact de ces jeunes maris qui laissaient les plus nobles, les plus belles créatures pour les délices du cigare et du whist, pour les sublimes conversations du club, pour les préoccupations du turf, bien des vertus domestiques furent atteintes chez le jeune gentilhomme breton. Le maternel désir d'une femme qui ne veut pas ennuyer son mari, vient toujours en aide aux dissipations des jeunes mariés. Une femme est si fière de voir revenir à elle un homme à qui elle laisse toute sa liberté !

Un soir, en octobre de cette année, pour fuir les cris d'un enfant en sevrage, Calyste, à qui Sabine ne pouvait pas voir sans douleur un pli au front, alla, conseillé par elle, aux Variétés, où l'on donnait une pièce nouvelle. Le valet de chambre chargé de louer une stalle à l'orchestre, l'avait prise assez près de cette partie de la salle appelée l'avant-scène. Au premier entr'acte, en regardant autour de lui, Calyste aperçut, dans une des deux loges d'avant-scène, au rez-de-chaussée, à quatre pas de lui, madame de Rochegude.

Béatrix à Paris ! Béatrix en public ! ces deux idées traversèrent le cœur de Calyste comme deux flèches. La revoir après trois ans bientôt ! Comment expliquer le bouleversement qui se fit dans l'âme d'un amant qui, loin d'oublier, se l'était quelquefois si bien reproché Béatrix dans sa femme, que sa femme s'en était aperçu ! A qui peut-on expliquer que le poème d'un amour perdu, méconnu, mais toujours vivant dans le cœur du mari de Sabine, y rendit obscures les suavités conjugales, la tendresse ineffable de la jeune épouse. Béatrix devint la lumière, le jour, le mouvement, la vie et l'inconnu, tandis que Sabine fut le devoir, les ténèbres, le prévu. L'une fut en un moment le plaisir, et l'autre l'ennui. Ce fut un coup de foudre. Dans sa loyauté, le mari de Sabine eut la noble pensée de quitter la salle. A la sortie de l'orchestre, il vit la porte de la loge entr'ouverte, et ses pieds l'y menèrent en dépit de sa volonté. Le jeune Breton y trouva Béatrix entre deux hommes des plus distingués, Canalis et Nathan, un homme politique et un homme littéraire. Depuis bientôt trois ans que Calyste ne l'avait vue, madame de Rochegude avait étonnamment changé, mais, quoique sa métamorphose eût atteint la femme, elle devait n'en être que plus poétique et plus attrayante pour Calyste. Jusqu'à l'âge de trente ans, les jolies femmes de Paris ne demandent qu'un vêtement à la toilette ; mais en passant sous le porche fatal de la trentaine elles cherchent des armes, des séductions, des embellissements dans les chiffons ; elles se composent des grâces, elles y trouvent des moyens, elles y prennent un caractère, elles s'y rajeunissent, elles étudient les plus légers accessoires, elles passent enfin de la nature à l'art. Madame de Rochegude venait de subir les péripéties du drame qui, dans cette histoire des mœurs françaises au dix-neuvième siècle, s'appelle la Femme Abandonnée. Elle avait été quittée la première par Conti ; naturellement elle était devenue une grande artiste en toilette, en coquetterie et en fleurs artificielles.

— Comment Conti n'est-il pas ici ? demanda tout bas Calyste à Canalis après avoir fait les salutations banales par lesquelles commencent les entrevues les plus solennelles quand elles ont lieu publiquement.

L'ancien grand poëte du faubourg Saint-Germain, deux fois ministre et redevenu pour la quatrième fois un orateur aspirant à quelque nouveau ministère, se mit significativement un doigt sur les lèvres. Ce geste expliqua tout.

— Je suis bien heureuse de vous voir, dit chattement Béatrix à Calyste. Je me disais en vous reconnaissant là, sans être aperçue tout d'abord, que vous ne me renieriez pas, vous ! — Ah ! mon Calyste, pourquoi vous êtes-vous marié ! lui dit-elle à l'oreille, et avec une petite sotte encore !...

Dès qu'une femme parle à l'oreille d'un nouveau venu dans sa loge en le faisant asseoir à côté d'elle, les gens du monde ont toujours un prétexte pour la laisser seule avec lui.

— Venez-vous, Nathan ! dit Canalis. Madame la marquise me permettra d'aller dire un mot à d'Arthez, que je vois avec la princesse de Cadignan, il s'agit d'une combinaison de tribune pour la séance de demain.

Cette sortie de bon goût permit à Calyste de se remettre du choc qu'il venait de subir ; mais il acheva de perdre son esprit et sa force en aspirant la senteur, pour lui charmante et vénéneuse, de la poésie composée par Béatrix. Madame de Rochegude, devenue osseuse et filandreuse, dont le teint s'était presque décomposé, maigre, flétrie les yeux cernés, avait, ce soir-là fleuri ses ruines prématurées par les conceptions les plus ingénieuses de l'article-Paris. Elle avait imaginé, comme toutes les femmes abandonnées, de se donner l'air vierge, en rappelant, par beaucoup d'étoffes blanches, les filles en a d'Ossian, si poétiquement peintes par Girodet. Sa chevelure blonde enveloppait sa figure allongée par des flots de boucles où ruisselaient les clartés de la rampe attirées par le luisant d'une huile parfumée. Son front pâle étincelait. Elle avait mis imperceptiblement du rouge dont l'éclat trompait l'œil sur la blancheur fade de son teint refait à l'eau de son. Une écharpe, d'une finesse à faire douter que des hommes eussent ainsi travaillé la soie, était tortillée à son cou de manière à en diminuer la longueur, à le cacher, et ne laisser voir qu'imparfaitement des trésors habilement sertis par le corset. Sa taille était un chef-d'œuvre de composition. Quant à sa pose, un mot suffit, elle valait toute la peine qu'elle avait prise à la chercher. Ses bras maigris, durcis, paraissaient à peine sous les bouffants à effets calculés de ses manches larges. Elle offrait ce mélange de lueurs et de soieries brillantes, de gaze et de cheveux crêpés, de vivacité, de calme et de mouvement, qu'on a nommé le *je ne sais quoi*. Tout le monde sait en quoi consiste le *je ne sais quoi*. C'est beaucoup d'esprit, de goût et d'envie de plaire. Béatrix était donc une pièce à décor, à changement et prodigieusement machinée. La représentation de ces féeries, qui sont aussi très-habilement dialoguées, rend fous les hommes doués de franchise, car ils éprouvent par la loi des contrastes un désir effréné de jouer avec les artifices. C'est faux et entraînant, c'est cherché, mais agréable, et certains hommes adorent ces femmes qui jouent à la séduction comme on joue aux cartes. Voici pourquoi : le désir de l'homme est un syllogisme qui conclut de cette science extérieure aux secrets théorèmes de la volupté. L'esprit se dit sans parole : — Une femme qui sait se créer si belle doit avoir de bien autres ressources pour la passion. Et c'est vrai. Les femmes abandonnées sont celles qui aiment, les conservatrices sont celles qui savent aimer. La leçon d'italien avait été cruelle pour l'amour-propre de Béatrix, elle appartenait à une nature trop naturellement artificielle pour ne pas en profiter.

— Il ne s'agit pas de vous aimer, disait-elle quelques instants avant que Calyste n'entrât, il faut vous tracasser quand nous vous tenons, là est le secret de celles qui veulent vous conserver. Les dragons gardiens des trésors sont armés de griffes et d'ailes !...

— On ferait un sonnet de votre pensée, avait répondu Canalis au moment où Calyste se montra.

En un seul regard, Béatrix devina l'état de Calyste, elle retrouva fraîches et rouges les marques du collier qu'elle lui avait mis aux Touches. Calyste, blessé du mot dit sur sa femme, hésitait entre sa dignité de mari, la défense de Sabine, et une parole dure à jeter dans un cœur d'où s'exhalaient pour lui tant de souvenirs, un cœur qu'il croyait saignant encore. Cette hésitation, la marquise l'observait, elle n'avait dit ce mot que pour savoir jusqu'où s'étendait son empire sur Calyste, en le voyant si faible, elle vint à son secours pour le tirer d'embarras.

— Eh bien ! mon ami, vous me trouvez seule, dit-elle quand les deux courtisans furent partis, oui, seule au monde !...

— Vous n'avez donc pas pensé à moi ?... dit Calyste.

— Vous ! répondit-elle, n'êtes-vous pas marié ?... Ce fut une de mes douleurs au milieu de celles que j'ai subies, depuis que nous ne nous sommes vus. Non-seulement, me suis-je dit, je perds l'amour, mais encore une amitié que je croyais être bretonne. On s'accoutume à tout. Maintenant je souffre moins, mais je suis brisée. Voici depuis longtemps le premier épanchement de mon cœur. Obligée d'être fière devant les indifférents, arrogante comme si je n'avais pas failli devant les gens qui font la cour, ayant perdu ma chère Félicité, je n'avais pas une oreille où jeter ce mot : — Je souffre ! Aussi maintenant puis-je vous dire quelle a été mon angoisse en vous voyant à quatre pas de moi sans être reconnue par vous, et quelle est ma joie en vous voyant près de moi... Oui, dit-elle en répondant à un geste de Calyste, c'est presque de la fidélité. Voilà les malheureux : un rien, une visite, est tout pour eux. Ah ! vous m'avez aimée, vous, comme je méritais de l'être par celui qui s'est plu à fouler aux pieds tous les trésors que j'y versais ! Et, pour mon malheur, je ne sais pas oublier, j'aime, et je veux être fidèle à ce passé qui ne reviendra jamais.

En disant cette tirade, improvisée déjà cent fois, elle jouait de la prunelle de manière à doubler par le geste l'effet des paroles qui semblaient arrachées du fond de son âme par la violence d'un torrent longtemps contenu. Calyste, au lieu de parler, laissa couler les larmes qui lui roulaient dans les yeux ; Béatrix lui prit la main, la lui serra, le fit pâlir.

— Merci, Calyste ! merci, mon pauvre enfant, voilà comment un véritable ami répond à la douleur d'un ami !... Nous nous entendons. Tenez, n'ajoutez pas un mot !... allez-vous-en, l'on nous regarde, et vous pourriez faire du chagrin à votre femme, si, par hasard, on lui disait que nous nous sommes vus, quoique bien innocemment, à la face de mille personnes... Adieu, je suis forte, voyez-vous !...

Elle s'essuya les yeux en faisant ce que dans la rhétorique des femmes on doit appeler une antithèse en action

— Laissez-moi rire du rire des damnés avec les indifférents qui m'amusent, reprit-elle. Je vois des artistes, des écrivains, le monde que j'ai connu chez votre pauvre Camille Maupin, qui certes a peut-être eu raison ! Enrichir celui qu'on aime, et disparaître en se disant : Je suis trop vieille pour lui, c'est finir en martyre. Et c'est ce qu'il y a de mieux quand on ne peut pas finir en vierge.

Et elle se mit à rire, comme pour détruire l'impression triste qu'elle avait dû donner à son ancien adorateur.

— Mais, dit Calyste, où puis-je vous aller voir ?

— Je me suis cachée rue de Chartres, devant le parc de Monceaux, dans un petit hôtel conforme à ma fortune, et je m'y bourre la tête de littérature, mais pour moi seule, pour me distraire. Dieu me garde de la manie de ces dames !... Allez, sortez, laissez-moi, je ne veux pas occuper de moi le monde, qui dira que l'on dit-on pas on nous voyant ? D'ailleurs, tenez, Calyste, si vous restiez encore un instant, je pleurerais tous à fait.

Calyste se retira, mais après avoir tendu la main à Béatrix, et avoir éprouvé pour la seconde fois la sensation profonde, étrange, d'une double pression pleine de chatouillements séducteurs.

— Mon Dieu ! Sabine n'a jamais su me remuer le cœur ainsi, fut une pensée qui l'assaillit dans le corridor.

Pendant le reste de la soirée, la marquise de Rochegude ne jeta pas trois regards directs à Calyste, mais il y eut des regards de côté qui furent autant de déchirements d'âme pour un homme tout entier à son premier amour repoussé.

Quand le baron du Guénic se trouva chez lui, la splendeur de ses appartements le fit songer à l'espèce de médiocrité dont avait parlé Béatrix, et il prit sa fortune en haine de ce qu'elle ne pouvait appartenir à l'ange déchu. Quand il apprit que Sabine était depuis longtemps couchée, il fut tout heureux de se trouver riche de soi-même pour vivre avec ses émotions. Il maudit alors la divination que l'amour donnait à Sabine. Lorsqu'un mari, par aventure, a adoré de sa femme, elle lit sur son visage comme dans un livre, elle connaît les moindres tressaillements des muscles, elle sait d'où vient le calme, elle se demande compte de la plus légère tristesse, et recherche si c'est elle qui la cause ; elle étudie les yeux, pour elle les yeux se teignent de la pensée dominante, ils aiment ou ils n'aiment pas. Calyste se savait l'objet d'un culte si profond, si naïf, si jaloux, qu'il douta de pouvoir se composer une figure discrète sur le changement survenu dans son moral.

— Comment ferai-je, demain matin ?... se dit-il en s'endormant, et redoutant l'espèce d'inspection à laquelle se livrait Sabine.

En abordant Calyste, et même parfois dans la journée, Sabine lui demandait. — « M'aimes-tu toujours ? » Ou bien : — « Je ne t'ennuie pas ? » Interrogations gracieuses, variées selon le caractère ou l'esprit des femmes, et qui cachent leurs angoisses ou feintes ou réelles.

Il vient à la surface des cœurs les plus nobles et les plus purs des boues soulevées par les ouragans. Ainsi, le lendemain matin, Calyste, qui certes aimait son enfant, tressaillit de joie en apprenant que Sabine guettait la cause de quelques convulsions en craignant le croup et qu'elle ne voulait pas quitter le petit Calyste. Le baron prétexta d'une affaire et sortit en évitant de déjeuner à la maison. Il s'échappa comme s'échappent les prisonniers, heureux d'aller à pied, de marcher par le pont Louis XVI et les Champs-Elysées, vers un café du boulevard où se plut à déjeuner en garçon.

Qu'y a-t-il donc dans l'amour ? la nature regimbe-t-elle sous le joug social ? la nature veut-elle que l'élan de la vie donnée soit spontanée, libre, que ce soit le cours d'un torrent fougueux, brisé par les rochers de la contradiction, de la coquetterie, au lieu d'être une eau coulant tranquillement entre les deux rives de la mairie, de l'église ? A-t-elle ses desseins quand elle couve ces éruptions volcaniques auxquelles sont dus les grands hommes peut-être ? Il eût été difficile de trouver un jeune homme élevé plus saintement que Calyste, de mœurs plus pures, moins souillé d'irréligion, et il bondissait vers une femme indigne de lui, quand un clément, un radieux hasard lui avait présenté dans la baronne du Guénic une jeune fille d'une beauté vraiment aristocratique, d'un esprit fin et délicat, pieuse, aimante et attachée uniquement à lui, d'une douceur angélique encore attendrie par l'amour, par un amour passionné malgré le mariage, comme l'était le sien pour Béatrix. Peut-être les hommes les plus grands ont-ils gardé dans leur constitution un peu d'argile, la fange leur plaît encore. L'être le moins imparfait serait donc alors la femme, malgré ses fautes et ses déraisons. Néanmoins, madame de Rochegude, au milieu du cortège de prétentions poétiques qui l'entourait, et malgré sa chute, appartenait à la plus haute noblesse, elle offrait une nature plus éthérée que fangeuse, et cachait la courtisane qu'elle se proposait d'être sous les dehors les plus aristocratiques. Ainsi, cette explication ne rendrait pas compte de l'étrange passion de Calyste. Peut-être en trouverait-on la raison dans une vanité si profondément enterrée que les moralistes n'ont pas encore découvert ce côté du vice. Il est des hommes pleins de noblesse comme Calyste, beaux comme Calyste, riches et distingués, bien élevés, qui se fatiguent, à leur insu peut-être, d'un mariage avec une nature semblable à la leur, des êtres dont la noblesse ne s'étonne pas de la noblesse, que la grandeur et la délicatesse toujours consonnant à la leur, laissent dans le calme, et qui vont chercher auprès des natures inférieures ou tombées la sanction de leur supériorité, si toutefois ils ne vont pas leur mendier des éloges. Le contraste de la décadence morale et du sublime divertit leurs regards. Le pur brille tant dans le voisinage de l'impur ! Cette contradiction amuse. Calyste n'avait rien à protéger dans Sabine, elle était irréprochable, les forces perdues de son cœur allaient toutes vibrer chez Béatrix. Si des grands hommes ont joué sous nos yeux ce rôle de Jésus relevant la femme adultère, pourquoi les gens ordinaires seraient-ils plus sages ? Calyste atteignit à l'heure de deux heures en vivant sur cette phrase : Je vais la revoir ! un poème qui souvent a défrayé des voyages de sept cents lieues !... Il alla d'un pas leste jusqu'à la rue de Courcelles, il reconnut la maison quoiqu'il ne l'eût jamais vue, et il resta, lui, le gendre du duc de Grandlieu, lui riche, lui noble comme les Bourbons, au bas de l'escalier, arrêté par la question du vieux valet.

— Le nom de monsieur ?

Calyste comprit qu'il devait laisser à Béatrix son libre arbitre, et il examina le jardin, les murs ondés par les lignes noires et jaunes que produisent les pluies sur les plâtres de Paris.

Madame de Rochegude, comme presque toutes les grandes dames qui rompent leur chaîne, s'était enfuie en laissant à son mari sa fortune, elle n'avait pas voulu tendre la main à son tyran. Conti, mademoiselle des Touches, avaient évité les ennuis de la vie matérielle à Béatrix, à qui sa mère fit d'ailleurs à plusieurs reprises passer quelques sommes. En se trouvant seule, elle fut obligée à des économies assez rudes pour une femme habituée au luxe. Elle avait donc grimpé sur le sommet de la colline où s'étale le parc de Monceaux, et s'était réfugiée dans une ancienne petite maison de grand seigneur située sur la rue, mais accompagnée d'un charmant petit jardin, et dont le loyer ne dépassait pas dix-huit cents francs. Néanmoins, toujours servie par un vieux domestique, par une femme de chambre et par une cuisinière d'Alençon attachés à son infortune, sa misère aurait constitué l'opulence de bien des bourgeoises ambitieuses. Calyste monta par un escalier dont les marches en pierre avaient été poncées, et dont les paliers étaient pleins de fleurs. Au premier étage, le vieux valet ouvrit, pour introduire le baron dans l'appartement, une double porte en velours rouge, à losange de soie rouge et à clous dorés. La soie, le velours, tapissaient les pièces par lesquelles Calyste passa. Des tapis de couleurs sérieuses, des draperies entrecroisées aux fenêtres, les portières, tout à l'intérieur contrastait avec la mesquinerie de l'extérieur mal entretenu par le propriétaire. Calyste attendit Béatrix dans un salon d'un style sobre, où le luxe s'était fait simple. Cette pièce, tendue de velours couleur grenat, rehaussé par des soieries d'un jaune mat, à tapis rouge foncé, dont les fenêtres ressemblaient à des serres, tant les fleurs abondaient dans les jardinières, était éclairée par un jour si faible, qu'à peine Calyste vit-il sur la cheminée deux vases en vieux céladon rouge, entre lesquels brillait une coupe d'argent attribuée à Benvenuto Cellini, rapportée d'Italie par Béatrix. Les meubles en bois doré garnis en velours, les magnifiques consoles sur lesquelles était une pendule curieuse, la table à tapis de Perse, tout attestait une ancienne opulence dont les restes avaient été bien disposés. Sur un petit meuble, Calyste aperçut des bijoux, un livre commencé dans lequel scintillait le manche orné de pierreries d'un poignard qui servait de coupoir, symbole de la critique. Enfin, sur le mur, dix aquarelles richement encadrées, qui toutes représentaient les chambres à coucher des diverses habitations où sa vie errante avait fait séjourner Béatrix, donnaient la mesure d'une impertinence supérieure.

Le froufrou d'une robe de soie annonça l'infortunée qui se montra dans une toilette étudiée, et qui certes aurait dit à un roué qu'on l'attendait. La robe, taillée en robe de chambre pour laisser entrevoir un coin de la blanche poitrine, était en moire gris-perle, à grandes manches ouvertes d'où les bras sortaient couverts d'une double manche à bouffants divisés par des liserés, et garnie de dentelles au bout. Les beaux cheveux que le peigne avait fait foisonner, s'échappaient de dessous un bonnet de dentelle et de fleurs.

— Déjà ?... dit-elle en souriant. Un amant n'aurait pas un tel empressement. Vous avez des secrets à me dire, n'est-ce pas ?

Et elle se posa sur une causeuse, invitant par un geste Calyste à se mettre près d'elle. Par un hasard cherché peut-être (car les femmes ont deux mémoires, celle des anges et celle des démons), Béatrix exhalait le parfum dont elle se servait aux Touches lors de sa ren-

Elle quitta Calyste, alla se jeter sur un divan et s'y évanouit. — PAG. 58.

contre avec Calyste. La première aspiration de cette odeur, le contact de cette robe, le regard de ces yeux qui, dans ce demi-jour, attiraient la lumière pour la renvoyer, tout fit perdre la tête à Calyste. Le malheureux retrouva cette violence qui déjà faillit tuer Béatrix; mais, cette fois, la marquise était au bord d'une causeuse, et non de l'Océan, elle se leva pour aller sonner, en posant un doigt sur ses lèvres. A ce signe, Calyste rappelé à l'ordre se contint, il comprit que Béatrix n'avait aucune intention belliqueuse.

— Antoine, je n'y suis pour personne, dit-elle au vieux domestique. Mettez du bois dans le feu. — Vous voyez, Calyste, que je vous traite en ami, reprit-elle avec dignité quand le vieillard fut sorti, ne me traitez pas en maîtresse. J'ai deux observations à vous faire. D'abord, je ne me disputerai pas sottement à un homme aimé, puis je ne veux plus être à aucun homme au monde, car j'ai cru, Calyste, être aimée par une espèce de Rizzio qu'aucun engagement n'enchaînait, par un homme entièrement libre, et vous voyez où cet entraînement fatal m'a conduite. Vous, vous êtes sous l'empire du plus saint des devoirs, vous avez une femme jeune, aimable, délicieuse, enfin, vous êtes père. Je serais, comme vous l'êtes, sans excuse et nous serions deux fous...

— Ma chère Béatrix, toutes ces raisons tombent devant un mot : je n'ai jamais aimé que vous au monde, et l'on m'a marié malgré moi.

— Un tour que nous a joué mademoiselle des Touches, dit-elle en souriant.

Trois heures se passèrent pendant lesquelles madame de Rochegude maintint Calyste dans l'observation de la loi conjugale en lui posant l'horrible ultimatum d'une renonciation radicale à Sabine. Rien ne la rassurerait, disait-elle, dans la situation horrible où la mettrait l'amour de Calyste. Elle regardait d'ailleurs le sacrifice de Sabine comme peu de chose, elle la connaissait bien!

— C'est, mon cher enfant, une femme qui tient toutes les promesses de la fille. Elle est bien Grandlieu, brune comme sa mère la Portugaise, pour ne pas dire orange, et sèche comme son père. Pour dire la vérité, votre femme ne sera jamais perdue, c'est un grand garçon qui peut aller tout seul. Pauvre Calyste, est-ce là la femme qu'il vous fallait? Elle a de beaux yeux, mais ces yeux-là sont communs en Italie, en Espagne et en Portugal. Peut-on avoir de la tendresse avec des formes si maigres? Ève est blonde, les femmes brunes descendent d'Adam, les blondes tiennent de Dieu dont la main a laissé sur Ève sa dernière pensée, une fois la création accomplie.

Vers six heures Calyste, au désespoir, prit son chapeau pour s'en aller.

— Oui, va-t'en, mon pauvre ami, ne lui donne pas le chagrin de dîner sans toi!...

Calyste resta. Si jeune, il était si facile à prendre par ses côtés mauvais.

— Vous oseriez dîner avec moi? dit Béatrix en jouant un étonnement provocateur, ma maigre chère ne vous effrayerait pas, et vous auriez assez d'indépendance pour me combler de joie par cette petite preuve d'affection?

— Laissez-moi seulement, dit-il, écrire un petit mot à Sabine, car elle m'attendrait jusqu'à neuf heures.

— Tenez, voici la table où j'écris, dit Béatrix.

Elle alluma les bougies elle-même, et en apporta une sur la table afin de lire ce qu'écrirait Calyste.

« Ma chère Sabine...

— Ma chère! Votre femme vous est encore chère? dit-elle en le regardant d'un air froid à lui geler la moelle dans les os. Allez! allez dîner avec elle!...

— Je dîne au cabaret avec des amis...

— Un mensonge. Fi! vous êtes indigne d'être aimé par elle ou par moi!... Les hommes sont tous lâches avec nous! Allez, monsieur, allez dîner avec votre chère Sabine.

Arthur de Rochegude.

Calyste se renversa sur le fauteuil, et y devint pâle comme la mort. Les Bretons possèdent une nature de courage qui les porte à s'entêter dans les difficultés. Le jeune baron se redressa, se campa le coude sur la table, le menton dans la main, et regarda d'un œil étincelant l'implacable Béatrix. Il fut si superbe, qu'une femme du Nord ou du Midi serait tombée à ses genoux en lui disant : Prends-moi! Mais Béatrix, née sur la lisière de la Normandie et de la Bretagne, appartenait à la race des Casteran, l'abandon avait développé chez elle les férocités du Franc, la méchanceté du Normand, il lui fallait un éclat terrible pour vengeance, elle ne céda point à ce sublime mouvement.

— Dictez ce que je dois écrire, j'obéirai, dit le pauvre garçon. Mais alors...

— Eh bien! oui, dit-elle, car tu m'aimeras encore comme tu m'aimais à Guérande. Écris : Je dîne en ville, ne m'attendez pas!

— Et... dit Calyste, qui crut à quelque chose de plus.

— Rien, signez bien, dit-elle en sautant sur ce poulet avec une joie contenue, je vais faire envoyer cela par un commissionnaire.

— Maintenant... s'écria Calyste en se levant comme un homme heureux.

— Ah! j'ai gardé, je crois, mon libre arbitre?... dit-elle en se retournant et s'arrêtant à mi-chemin de la table à la cheminée, où elle alla sonner. — Tenez, Antoine, faites porter ce mot à son adresse. Monsieur dîne ici.

Calyste rentra vers deux heures du matin à son hôtel. Après avoir attendu jusqu'à minuit et demi, Sabine s'était couchée, accablée de fatigue; elle dormait, quoiqu'elle eût été vivement atteinte par le laconisme du billet de son mari; mais elle l'expliqua!... l'amour vrai commence chez la femme par expliquer tout à l'avantage de l'homme aimé.

— Calyste était pressé, se dit-elle.

Le lendemain matin, l'enfant allait bien, les inquiétudes de la mère étaient calmées, Sabine vint en riant avec le petit Calyste dans ses bras, le présenter au père quelques moments avant le déjeuner en faisant de ces jolies folies, en disant ces paroles bêtes que font et que disent les jeunes mères. Cette petite scène conjugale permit à Calyste d'avoir une contenance, il fut charmant avec sa femme, tout en pensant qu'il était un monstre. Il joua comme un enfant avec M. le chevalier, il joua trop même, il outra son rôle, mais Sabine n'en était pas arrivée à ce degré de défiance auquel une femme peut reconnaître une nuance si délicate.

Enfin, au déjeuner, Sabine lui demanda : — Qu'as-tu donc fait hier ?

— Portenduère, répondit-il, m'a gardé à dîner, et nous sommes allés au club jouer quelques parties de whist.

— C'est une sotte vie, mon Calyste, répliqua Sabine. Les jeunes gentilshommes de ce temps-ci devraient penser à reconquérir dans leur pays tout le terrain perdu par leurs pères. Ce n'est pas en fumant des cigares, faisant le whist, découvrant encore leur oisiveté, s'en tenant à dire des impertinences aux parvenus, qui les chassent de toutes leurs positions, se séparant des masses auxquelles ils devraient servir d'âme, d'intelligence, en être la providence, que vous existerez. Au lieu d'être un parti, vous ne serez plus qu'une opinion, comme a dit de Marsay. Ah ! si tu savais combien mes pensées se sont élargies depuis que j'ai bercé, nourri ton enfant. Je voudrais voir devenir historique ce vieux nom de du Guénic ! Tout à coup, plongeant son regard dans les yeux de Calyste, qui l'écoutait d'un air pensif, elle lui dit : — Avoue que le premier billet que tu m'auras écrit est un peu sec.

— Je n'ai pensé à te prévenir qu'au club...

— Tu m'as cependant écrit sur du papier de femme, il sentait une odeur que je ne connais pas.

— Ils sont si drôles, les directeurs de club !...

Le vicomte de Portenduère et sa femme, un charmant ménage, avaient fini par devenir intimes avec les du Guénic, au point de payer leur loge aux Italiens par moitié. Les deux jeunes femmes, Ursule et Sabine, avaient été conviées à cette amitié par le délicieux échange de conseils, de soins, de confidences à propos des enfants. Pendant que Calyste, assez novice en mensonge, se disait : — Je vais aller prévenir Savinien, Sabine se disait : — Il me semble que le papier porte une couronne !... Cette réflexion passa comme un éclair dans cette conscience, et Sabine se gourmanda de l'avoir faite ; mais elle se proposa de chercher le papier que, la veille, au milieu des terreurs auxquelles elle était en proie, elle avait jeté dans sa boîte aux lettres.

Après le déjeuner, Calyste sortit en disant à sa femme qu'il allait rentrer, il monta dans une de ces petites voitures basses à un cheval par lesquelles on commençait à remplacer l'incommode cabriolet de nos ancêtres. Il courut en quelques minutes rue des Saints-Pères, où demeurait le vicomte, qu'il pria de lui rendre le petit service de mentir, à charge de revanche, dans le cas où Sabine questionnerait la vicomtesse. Une fois dehors, Calyste, ayant préalablement demandé la plus grande vitesse, alla de la rue des Saints-Pères à la rue de Chartres en quelques minutes ; il voulait voir comment Béatrix avait passé le reste de la nuit. Il trouva l'heureuse infortunée sortie du bain, fraîche, embellie, et déjeunant de fort bon appétit. Il admira la grâce avec laquelle cet ange mangeait des œufs à la coque, et s'émerveilla du déjeuner en or, présent d'un lord mélomane, à qui Conti fit quelques romances pour lesquelles le lord *avait donné ses idées*, et qui les avait publiées comme de lui. Il écouta quelques traits piquants dits par son idole, dont la grande affaire était de l'amuser tout en se fâchant, et pleurant au moment où il partait. Il crut être resté qu'une demi-heure, et il ne rentra chez lui qu'à trois heures. Son beau cheval anglais, un cadeau de la vicomtesse de Grandlieu, semblait sortir de l'eau, tant il était trempé de sueur. Par un hasard que préparent toutes les femmes jalouses, Sabine stationnait à une fenêtre donnant sur la cour, impatiente de ne pas voir rentrer Calyste, inquiète sans savoir pourquoi. L'état du cheval, dont la bouche écumait, la frappa.

— D'où vient-il ? Cette interrogation lui fut soufflée dans l'oreille par cette puissance qui n'est pas la conscience, qui n'est pas le démon, qui n'est pas l'ange ; mais qui voit, qui pressent, qui nous montre l'inconnu, qui fait croire à des êtres moraux, à des créatures nées dans notre cerveau, allant et venant, vivant dans la sphère invisible des idées.

— D'où viens-tu donc, cher ange ? dit-elle à Calyste, au-devant de qui elle descendit jusqu'au premier palier de l'escalier. Abd-el-Kader est presque fourbu, tu ne devais être qu'un instant dehors, et je t'attends depuis trois heures...

— Allons, se dit Calyste, qui faisait des progrès dans la dissimulation, je m'en tirerai par un cadeau. — Chère nourrice, reprit-il tout haut à sa femme en la prenant par la taille avec plus de câlinerie qu'il n'en eût déployé s'il n'eût pas été coupable, je le vois, il est impossible d'avoir un secret, quelque innocent qu'il soit, pour une femme qui nous aime...

— On ne se dit pas de secrets dans un escalier, répondit-elle en riant. Viens.

Au milieu du salon qui précédait la chambre à coucher, elle vit dans une glace la figure de Calyste, qui, ne se sachant pas observé, laissait paraître sa fatigue et ses vrais sentiments en ne souriant plus.

— Le secret !... dit-elle en se retournant.

— Tu as été d'un héroïsme de nourrice qui me rend plus cher encore l'héritier présomptif des du Guénic ; j'ai voulu te faire une surprise, absolument comme un bourgeois de la rue Saint-Denis. On finit en ce moment pour toi une toilette à laquelle ont travaillé des artistes, ma mère et ma tante Zéphirine y ont contribué...

Sabine enveloppa Calyste de ses bras, le tint serré sur son cœur, la tête dans son cou, faiblissant sous le poids du bonheur, non pas à cause de la toilette, mais à cause du premier soupçon dissipé. Ce fut un de ces élans magnifiques qui se comptent et qui ne peuvent pas prodiguer le nez dans sa cravate, abandonnée qu'elle était à sa joie, elle avait senti l'odeur du papier de la lettre !... Une autre tête de femme avait roulé là, dont les cheveux et la figure laissaient une odeur adultère. Elle venait de baiser la place où les baisers de sa rivale étaient encore chauds !...

— Qu'as-tu ?... dit Calyste après avoir rappelé Sabine à la vie en lui passant sur le visage un linge mouillé, lui faisant respirer des sels...

— Allez chercher mon médecin et mon accoucheur, tous deux ! Oui, j'ai, je le sens, une révolution de lait... Ils ne viendront à l'instant que si vous les en priez vous-même.

Le *vous* frappa Calyste, qui, tout effrayé, sortit précipitamment. Dès que Sabine entendit la porte cochère se fermant, elle se leva comme une biche effrayée, elle tourna dans son salon comme une folle en criant : — Mon Dieu ! mon Dieu ! mon Dieu ! Ces deux mots tenaient lieu de toutes ses idées. La crise qu'elle avait annoncée comme prétexte eut lieu. Ses cheveux devinrent dans sa tête comme des aiguilles rougies au feu des névroses. Son sang bouillonnant lui parut à la fois se mêler à ses nerfs et vouloir sortir par ses pores ! Elle fut aveugle pendant un moment. Elle cria : — Je meurs !

Quand, à ce terrible cri de mère et de femme attaquée, sa femme de chambre entra ; quand, prise et portée sur un lit, elle eut recouvré la vue et l'esprit, le premier éclair de son intelligence fut pour envoyer cette fille chez son amie, madame de Portenduère. Sabine sentit ses idées tourbillonnant dans sa tête comme des fétus emportés par une trombe. — J'en vis, disait-elle plus tard, des myriades à la fois. Elle sonna le valet de chambre, et, dans le transport de la fièvre, elle eut la force d'écrire la lettre suivante, car elle était dominée par la rage, celle d'avoir une certitude !...

A MADAME LA BARONNE DU GUÉNIC.

« Chère maman, quand vous viendrez à Paris, comme vous nous
« l'avez fait espérer, je vous remercierai moi-même du beau présent
« par lequel vous avez voulu, vous, ma tante Zéphirine et Calyste,
« me remercier d'avoir accompli mes devoirs. J'étais déjà bien payée
« par mon propre bonheur !... Je renonce à vous exprimer le plaisir
« que m'a fait cette charmante toilette, c'est quand vous serez près
« de moi que je vous le dirai. Croyez qu'en me parant devant ce bi-
« jou, je penserai toujours, comme la dame romaine, que ma plus
« belle parure est notre cher petit ange, etc. »

Elle fit mettre à la poste pour Guérande cette lettre par sa femme de chambre. Quand la vicomtesse de Portenduère entra, le frisson d'une fièvre épouvantable succédait chez Sabine à ce premier paroxysme de folie.

— Ursule, il me semble que je vais mourir, lui dit-elle.

— Qu'avez-vous, ma chère ?

— Qu'est-ce que Savinien et Calyste ont donc fait hier après avoir dîné chez vous ?

— Quel dîner ? repartit Ursule, à qui son mari n'avait encore rien dit ne le croyant pas à une enquête immédiate. Nous avons dîné hier ensemble et nous sommes allés aux Italiens, sans Calyste.

— Ursule, ma chère petite, au nom de votre amour pour Savinien, garde-moi le secret sur ce que tu viens de me dire et sur ce que je te dirai de plus. Toi seule saura de quoi je meurs... Je suis trahie, au bout de la troisième année, à vingt-deux ans et demi !...

Ses dents claquaient, elle avait les yeux gelés, ternes, son visage prenait des teintes verdâtres et l'apparence d'une vieille glace de Venise.

— Vous, si belle !... Et pour qui ?..

— Je ne sais pas ! Mais Calyste m'a fait deux mensonges... Pas un mot ! Ne me plains pas, ne te courrouce pas, fais l'ignorante, tu sauras peut-être qui par Savinien. Oh ! la lettre d'hier !...

Et grelottant, et en chemise, elle s'élança vers un petit meuble et y prit la lettre...

— Une couronne de marquise ! dit-elle en se remettant au lit. Sache si madame de Rochegude est à Paris... J'aurai donc un cœur où pleurer, où gémir !... Oh ! ma petite, voir ses croyances, sa poésie, son idole, sa vertu, son bonheur, tout, tout en pièces, flétri, perdu !... Plus de Dieu dans le ciel ! plus d'amour sur terre, plus de vie au cœur, plus rien... Je ne sais s'il fait jour, je doute du soleil... Enfin, j'ai tant de douleur au cœur que je ne sens presque pas les atroces souffrances qui me labourent le sein et la figure. Heureusement le petit est sevré, mon lait l'eût empoisonné !

A cette idée, un torrent de larmes jaillit des yeux de Sabine jusque-là secs.

La jolie madame de Portenduère, tenant à la main la lettre fatale que Sabine avait une dernière fois flairée, restait comme hébétée devant cette vraie douleur, saisie par cette agonie de l'amour, sans se l'expliquer, malgré les récits incohérents par lesquels Sabine essaya de tout raconter. Tout à coup Ursule fut illuminée par une de ces idées qui ne viennent qu'aux âmes sincères.

— Il faut la sauver ! se dit-elle. — Attends-moi, Sabine, lui cria-t-elle, je vais savoir la vérité.

— Ah ! dans ma tombe, je t'aimerai, toi !... cria Sabine.

La vicomtesse alla chez la duchesse du Grandlieu, lui demanda le plus profond silence, et la mit au courant de la situation de Sabine.

— Madame, dit la vicomtesse en terminant, n'êtes-vous pas d'avis que, pour éviter une affreuse maladie, et, peut-être, que sais-je ? la folie !... nous devons tout confier au médecin et inventer au profit de cet affreux Calyste des fables qui pour le moment le rendent innocent.

— Ma chère petite, dit la duchesse, à qui cette confidence avait donné froid au cœur, l'amitié vous a prêté pour un moment l'expérience d'une femme de mon âge. Je sais comment Sabine aime son mari, vous avez raison, elle peut devenir folle.

— Mais elle peut, ce qui serait pis, perdre sa beauté ! dit la vicomtesse.

— Courons ! cria la duchesse.

La vicomtesse et la duchesse gagnèrent fort heureusement quelques instants sur le fameux accoucheur Dommanget, le seul des deux savants que Calyste eût rencontré.

— Ursule m'a tout confié, dit-elle à Calyste, et tu le trompes... D'abord Béatrix n'est pas à Paris... Quant à ce que ton mari, mon ange, a fait hier, il a perdu beaucoup d'argent, et il ne sait où en prendre pour payer sa toilette...

— Et cela ?... dit-elle à sa mère en tendant la lettre.

— Cela ! s'écria la duchesse en riant, c'est le papier du Jockey-Club, tout le monde écrit sur du papier à couronne, bientôt nos épiciers seront titrés...

La prudente mère laissa dans le feu le papier malencontreux. Quand Calyste et Dommanget arrivèrent, la duchesse, qui venait de donner des instructions aux gens, en fut avertie, elle laissa Sabine aux soins de madame de Portenduère, et arrêta dans le salon l'accoucheur et Calyste.

— Il s'agit de la vie de Sabine, monsieur, dit-elle à Calyste, vous l'avez trahie pour madame de Rochegude...

Calyste rougit comme une jeune fille encore honnête prise en faute.

— Et, dit la duchesse en continuant, comme vous ne savez pas tromper, vous avez fait tant de gaucheries, que Sabine a tout deviné ; mais j'ai tout réparé. Vous ne voulez pas la mort de ma fille, n'est-ce pas ?... Tout ceci, monsieur Dommanget, vous met sur la voie de la vraie maladie et de sa cause... Quant à vous, Calyste, une vieille femme comme moi conçoit votre erreur, mais sans la pardonner. De tels pardons s'achètent par toute une vie de bonheur. Si vous voulez que je vous estime, sauvez d'abord ma fille ; puis oubliez madame de Rochegude, elle n'est bonne à avoir qu'une fois !... sachez mentir, ayez le courage du criminel et son impudence. J'ai bien menti, moi, qui serai forcée de faire de rudes pénitences pour ce péché mortel !..

Et elle le mit au fait des mensonges qu'elle venait d'inventer. L'habile accoucheur, assis au chevet de la malade, étudiait déjà dans les symptômes les moyens de parer au mal. Pendant qu'il ordonnait des mesures dont le succès dépendait de la plus grande rapidité dans l'exécution, Calyste assis au pied du lit tint ses yeux sur Sabine en essayant de donner une vive expression de tendresse à son regard.

— C'est donc le jeu qui vous a cerné les yeux comme ça ?... dit-elle d'une voix faible.

Cette phrase fit frémir le médecin, la mère et la vicomtesse, qui s'entre-regardèrent à la dérobée. Calyste devint rouge comme une cerise.

— Voilà ce que c'est que de nourrir, dit spirituellement et brutalement Dommanget. Les maris s'ennuient d'être séparés de leurs femmes, ils vont au club, et ils y jouent... Mais ne regrettez pas les trente mille francs que M. le baron a perdus cette nuit-ci.

— Trente mille francs !... s'écria bien naïvement Ursule.

— Oui, je le sais, répliqua Dommanget. On m'a dit ce matin chez la jeune duchesse Berthe de Maufrigneuse que c'est M. de Trailles qui vous les a gagnés, dit-il à Calyste. Comment pouvez-vous jouer avec un pareil homme ? Franchement, monsieur le baron, je conçois votre honte.

En voyant sa belle-mère, une pieuse duchesse, la jeune vicomtesse, une femme heureuse, et un vieil accoucheur, un égoïste, mentant comme des marchands de curiosités, le bon et noble Calyste comprit la grandeur du péril, et il lui coula deux grosses larmes qui trompèrent Sabine.

— Monsieur, dit-elle en se dressant sur son séant et regardant Dommanget avec colère, M. du Guénic peut perdre trente, cinquante, cent mille francs s'il lui plaît, sans que personne ait à le trouver mauvais et à lui donner de leçons. Il vaut mieux que M. de Trailles lui ait gagné de l'argent que nous, nous en ayons gagné à M. de Trailles.

Calyste se leva, prit sa femme par le cou, la baisa sur les deux joues, et lui dit à l'oreille : — Sabine, tu es un ange !...

Deux jours après, on regarda la jeune femme comme sauvée. Le lendemain Calyste était chez madame de Rochegude, et s'y faisait un mérite de son infamie.

— Béatrix, lui disait-il, vous me devez le bonheur. Je vous ai livré ma pauvre petite femme, elle a tout découvert. Ce fatal papier sur lequel vous m'avez fait écrire, et qui portait votre nom, elle a voulu me couronne que je n'ai pas vue !... Je ne voyais que vous !... Le chiffre heureusement, votre B, était effacé par hasard. Mais le parfum que vous avez laissé sur moi, mais les mensonges dans lesquels je me suis entortillé comme un sot ont trahi mon bonheur. Sabine a failli mourir, le lait est monté à la tête, elle a un érésipèle, peut-être en portera-t-elle les marques pendant toute sa vie...

En écoutant cette tirade, Béatrix eut une figure plein Nord à faire prendre la Seine si elle l'avait regardée.

— Eh bien ! tant mieux, répondit-elle, ça vous la blanchira peut-être.

Et Béatrix, devenue sèche comme ses os, inégale comme son teint, aigre comme sa voix, continua sur ce ton par une kyrielle d'épigrammes atroces. Il n'y a pas de plus grande maladresse pour un mari que de parler de sa femme quand elle est vertueuse à sa maîtresse, si ce n'est de parler de sa maîtresse quand elle est belle à sa femme. Mais Calyste n'avait pas encore reçu cette espèce d'éducation parisienne qu'il faut nommer la politesse des passions. Il ne savait ni mentir à sa femme ni dire à sa maîtresse la vérité, deux apprentissages à faire pour pouvoir conduire les femmes. Aussi fut-il obligé d'employer toute la puissance de la passion pour obtenir de Béatrix un pardon sollicité pendant deux heures, refusé par un ange courroucé qui levait les yeux au plafond pour ne pas voir le coupable, et qui débitait les raisons particulières aux marquises d'une voix parsemée de petites larmes très-ressemblantes, furtivement essuyées avec la dentelle du mouchoir.

— Me parler de votre femme presque le lendemain de ma faute !... Pourquoi ne me dites-vous pas qu'elle est une perle de vertu ? Je le sais, elle vous trouve beau par admiration ! en voilà de la dépravation ! Moi, j'aime votre âme ! car, sachez-le bien, mon cher, vous êtes affreux, comparé à certains pâtres de la campagne de Rome, etc.

Cette phraséologie peut surprendre, mais elle constituait un système profondément médité par Béatrix. A sa troisième incarnation, à chaque passion on devient tout autre, à femme s'avance d'autant dans la rouerie, seul qui rende bon l'effet de l'expérience que donnent de telles aventures. Or, la marquise de Rochegude s'était jugée à son miroir. Les femmes d'esprit ne s'abusent jamais sur elles-mêmes, elles comptent leurs rides, elles assistent à la naissance de la patte d'oie, elles voient poindre leurs grains de millet, elles se savent par cœur, et le disent même trop par la grandeur de leurs efforts à se conserver. Aussi, pour lutter avec une splendide jeune femme, pour remporter sur elle six triomphes par semaine, Béatrix avait-elle demandé ses avantages à la science des courtisanes. Sans s'avouer la noirceur de ce plan, entraînée à l'emploi de ces moyens par une passion turque pour le beau Calyste, elle s'était promis de lui faire croire qu'il était disgracieux, laid, mal fait, et de se conduire comme si elle le haïssait.

Nul système n'est plus fécond avec les hommes d'une nature conquérante. Pour eux, trouver ce savant dédain à vaincre, n'est-ce pas le triomphe du premier jour recommencé tous les lendemains ? C'est mieux, c'est la flatterie cachée sous la livrée de la haine, et lui devant la grâce, la vérité dont sont revêtues toutes les métamorphoses par les sublimes poètes inconnus qui les ont inventées. Un homme ne se dit-il pas alors : — Je suis irrésistible ! Ou : — J'aime bien, car je dompte sa répugnance.

Si vous niez ce principe deviné par les coquettes et les courtisanes de toutes les zones sociales, nions les pourchasseurs de science, les chercheurs de secrets, repoussés pendant des années dans leur duel avec les causes secrètes.

Béatrix avait doublé l'emploi du mépris, comme piston moral, par la comparaison perpétuelle d'un chez soi poétique, comfortable, opposé par elle à l'hôtel du Guénic. Toute épouse délaissée qui s'abandonne abandonne aussi son intérieur, tant elle est découragée. Dans cette prévision, madame de Rochegude commençait de sourdes attaques sur le luxe du faubourg Saint-Germain, qualifié de sot par elle. La scène de la réconciliation, où Béatrix fit rejurer haine à l'épouse qui jouait, dit-elle, la comédie du lait répandu, se passa dans un vrai bocage où elle minaudait environnée de fleurs ravissantes, de jardinières d'un luxe effréné. La science des riens, des bagatelles à la mode, elle le poussa jusqu'à l'abus chez elle. Tombée en plein mépris par l'abandon de Conti, Béatrix voulait du moins la gloire que donne la perversité. Le malheur d'une jeune épouse, d'une Grandlieu riche et belle, allait être un piédestal pour elle.

Quand une femme revient de la nourriture de son premier enfant à la vie ordinaire, elle reparaît charmante, elle retourne au monde embellie. Si cette phase de la maternité rajeunit les femmes d'un certain âge, elle donne aux jeunes une splendeur pimpante, une activité gaie, un *brio* d'existence, s'il est permis d'appliquer au corps le mot que l'Italie a trouvé pour l'esprit. En essayant de reprendre les charmantes coutumes de la lune de miel, Sabine ne retrouva plus le même Calyste. Elle observa, la malheureuse, au lieu de se livrer au bonheur. Elle chercha le fatal parfum et le sentit. Enfin elle ne se confia plus ni à son amie, ni à sa mère, qui l'avaient si charitablement trompée. Elle voulut une certitude, et la certitude ne se fit pas attendre, la certitude ne manque jamais, elle est comme le soleil, elle exige bientôt des stores. C'est en amour une répétition de la fable du bûcheron appelant la mort, ou demande à la certitude de nous aveugler.

Un matin, quinze jours après la première crise, Sabine reçut cette lettre terrible :

A MADAME LA BARONNE DU GUÉNIC.

« Guérande.

« Ma chère fille, ma belle-sœur Zéphirine et moi, nous nous som-
« mes perdues en conjectures sur la toilette dont parle votre lettre,
« j'en écris à Calyste et je vous prie de me pardonner notre ignorance.
« Vous ne pouvez pas douter de nos cœurs. Nous amassons des
« trésors. Grâce aux conseils de mademoiselle de Pen-Hoël sur la ges-
« tion de vos biens, vous vous trouverez dans quelques années un
« capital considérable, sans que vos revenus en aient souffert.
« Votre lettre, chère fille aussi aimée que si je vous avais portée
« dans mon sein et nourrie de mon lait, m'a surprise par son laco-
« nisme et surtout par votre silence sur mon cher petit Calyste ; vous
« n'aviez rien à me dire du grand, je le sais heureux ; mais, etc. »

Sabine mit sur cette lettre en travers : *La noble Bretagne ne peut pas être tout entière à mentir !*... Et elle posa la lettre sur le bureau de Calyste. Calyste trouva la lettre et la lut. Après avoir reconnu l'écriture et la ligne de Sabine, il jeta la lettre au feu, bien résolu de ne l'avoir jamais reçue. Sabine passa toute une semaine en des angoisses dans le secret desquelles seront les âmes angéliques ou solitaires que l'aile du mauvais ange n'a jamais effleurées. Le silence de Calyste épouvantait Sabine.

— Moi qui devrais être tout douceur, tout plaisir pour lui, je lui ai déplu, je l'ai blessé !... Ma vertu s'est faite haineuse, j'ai sans doute humilié mon idole ! se disait-elle.

Ces pensées lui creusèrent des sillons dans le cœur. Elle voulait demander pardon de cette faute, mais la certitude lui décocha de nouvelles preuves.

Hardie et insolente, Béatrix écrivit un jour à Calyste chez lui, madame du Guénic reçut la lettre, la remit à son mari sans l'avoir ouverte; mais elle lui dit, la mort dans l'âme, et la voix altérée : — Mon ami, cette lettre vient du Jockey-Club... Je reconnais l'odeur et le papier..

Cette fois Calyste rougit et mit la lettre dans sa poche.

— Pourquoi ne la lis-tu pas ?...

— Je sais ce qu'on me veut.

La jeune femme s'assit. Elle n'eut plus la fièvre, elle ne pleura plus, mais elle eut une de ces rages qui, chez ces faibles créatures, enfantent les miracles du crime, qui leur mettent l'arsenic à la main, ou pour elles ou pour leurs rivales. On amena le petit Calyste, elle le prit pour le dodiner. L'enfant, nouvellement sevré, chercha le sein à travers la robe.

— Il se souvient, lui !... dit-elle tout bas.

Calyste alla lire sa lettre chez lui. Quand il ne fut plus là, la pauvre jeune femme fondit en larmes, mais comme les femmes pleurent quand elles sont seules.

La douleur, de même que le plaisir, a son initiation. La première crise, comme celle à laquelle Sabine avait failli succomber, ne revient pas plus que ne reviennent les prémices en toute chose. C'est le premier coin de la question du cœur, les autres sont attendus, le brisement des nerfs est connu, le capital de nos forces a fait son versement pour une énergique résistance. Aussi Sabine, sûre de la trahison, passa-t-elle trois heures avec son fils dans les bras, au coin de son feu, quand Gasselin, devenu valet de chambre, vint dire : — Madame est servie.

— Avertissez monsieur.

— Monsieur ne dîne pas ici, madame la baronne.

Sait-on tout ce qu'il y a de tortures pour une jeune femme de vingt-trois ans, dans le supplice de se trouver seule au milieu de l'immense salle à manger d'un hôtel antique, servie par de silencieux domestiques, en de pareilles circonstances ?

— Attelez, dit-elle tout à coup, je vais aux Italiens.

Elle fit une toilette splendide, elle voulut se montrer seule, et souriant comme une femme heureuse. Au milieu des remords causés par l'apostille mise sur la lettre, elle avait résolu de vaincre, de ramener Calyste par une excessive douceur, par les vertus de l'épouse, par une tendresse d'agneau pascal. Elle voulut mentir à tout Paris. Elle aimait, elle aimait comme aiment les courtisanes et les anges, avec orgueil, avec humilité. Mais où donnait *Othello !* Quand Rubini chanta : *Il mio cor si divide*, elle se sauva. La musique est souvent plus puissante que le poète et que l'acteur, les deux plus formidables natures réunies. Savinien de Portenduère accompagna Sabine jusqu'au péristyle et la mit en voiture, sans pouvoir s'expliquer cette fuite précipitée.

Madame du Guénic entra dès lors dans une période de souffrances particulière à l'aristocratie. Envieux, pauvres, souffrants, quand vous voyez aux bras des femmes ces serpents d'or à têtes de diamant, ces colliers, ces agrafes, dites-vous que ces vipères mordent, que ces colliers ont des pointes venimeuses, que ces liens si légers entrent au vif dans ces chairs délicates. Tout ce luxe se paye. Dans la situation de Sabine, les femmes maudissent les plaisirs de la richesse, elles n'aperçoivent plus les dorures de leurs salons privés, la soie des divans est de l'étoupe, les fleurs exotiques sont des orties, les parfums puent, les miracles de la cuisine grattent le gosier comme du pain d'orge, et la vie prend l'amertume de la mer Morte.

Deux ou trois exemples peindront cette réaction d'un salon ou d'une femme sur un bonheur, de manière à ce que toutes celles qui l'ont subie y retrouvent leurs impressions de ménage.

Prévenue de cette affreuse rivalité, Sabine étudia son mari quand il sortait, pour deviner l'avenir de la journée. Et avec quelle lueur contenue une femme ne se jette-t-elle pas sur les pointes rouges de ces supplices de sauvage ?... Quelle joie délirante s'il n'allait pas me de Chartres ! Calyste rentrait-il l'observation du front, de la coiffure, des yeux, de la physionomie et du maintien, prêtait un horrible intérêt à des riens, à des remarques poursuivies jusque dans les profondeurs de la toilette, et qui font alors perdre à une femme va noblesse et sa dignité. Ces funestes investigations, gardées au fond du cœur, s'y aigrissaient et y corrompaient les racines délicates d'où s'épanouissent les fleurs bleues de la sainte confiance, les étoiles d'or de l'amour unique.

Un jour, Calyste regarda tout chez lui de mauvaise humeur, il y restait ! Sabine se fit chatte et humble, gaie et spirituelle.

— Tu me boudes, Calyste, je ne suis donc pas une bonne femme !... Qu'y a-t-il ici qui te déplaise ? demanda-t-elle.

— Tous ces appartements sont froids et nus, dit-il, vous ne vous entendez pas à ces choses-là.

— Que manque-t-il ?

— Des fleurs.

— Bien, se dit en elle-même Sabine, il paraît que madame de Rochegude aime les fleurs.

Deux jours après, les appartements avaient changé de face à l'hôtel du Guénic, personne à Paris ne pouvait se flatter d'avoir de plus belles fleurs que celles qui les ornaient.

Quelque temps après, Calyste, un soir, après dîner, se plaignit du froid. Il se tordait sur sa causeuse en regardant d'où venait l'air, en cherchant quelque chose autour de lui. Sabine fut pendant un certain temps à deviner ce que signifiait cette nouvelle fantaisie, elle dont l'hôtel avait un calorifère qui chauffait les escaliers, les antichambres et les couloirs. Enfin, après trois jours de méditations, elle trouva que sa rivale devait être entourée d'un paravent pour obtenir le demi-jour si favorable à la décadence de son visage, et elle eut un paravent, mais en glaces et d'une richesse israélite.

— D'où soufflera l'orage maintenant? se disait-elle.

Elle n'était pas au bout des critiques indirectes de la maîtresse. Calyste mangea chez lui d'une façon à rendre Sabine folle, il rendait au domestique ses assiettes après y avoir *chipoté* deux ou trois bouchées.

— Ce n'est donc pas bon? demanda Sabine au désespoir de voir ainsi perdus tous les soins auxquels elle descendait en conférant avec son cuisinier.

— Je ne dis pas cela, mon ange, répondit Calyste sans se fâcher, je n'ai pas faim! voilà tout.

Une femme dévorée d'une passion légitime, et qui lutte ainsi, se livre à une sorte de rage pour l'emporter sur sa rivale, et dépasse souvent le but, jusque dans les régions secrètes du mariage. Ce combat si cruel, incessant, dans les choses apercevables et pour ainsi dire extérieures du ménage, se poursuivait tout aussi acharné dans les choses du cœur. Sabine étudiait ses poses, sa toilette, elle se surveillait dans les choses infiniment petits de l'amour.

L'affaire de la cuisine dura près d'un mois. Sabine, secourue par Mariotte et Gasselin, inventa des ruses de vaudeville pour savoir quels étaient les plats que madame de Rochegude servait à Calyste. Gasselin remplaça le cocher de Calyste, tombé malade par ordre. Gasselin put alors camarader avec la cuisinière de Béatrix, et Sabine finit par donner à Calyste la même chère, et meilleure, mais elle lui vit faire de nouvelles façons.

— Que manque-t-il donc?... demanda-t-elle.

— Rien, répondit-il en cherchant sur la table un objet qui ne s'y trouvait pas.

— Ah! s'écria Sabine le lendemain en s'éveillant, Calyste voulait de ces hannetons pilés, de ces ingrédients anglais qui se servent dans des pharmacies en forme d'huiliers, madame de Rochegude l'accoutume à toutes sortes de piments.

Elle acheta l'huilier anglais et ses flacons ardents; mais elle ne pouvait pas poursuivre de telles découvertes jusque dans toutes les préparations conjugales.

Cette période dura pendant quelques mois, l'on ne s'en étonnera pas si l'on songe aux attraits que présente une lutte. C'est la vie, est préférable aux blessures et aux douleurs aux voires ténèbres du dégoût, au poison du mépris, au néant de l'abdication, à cette mort du cœur qui s'appelle l'indifférence. Tout son courage abandonna néanmoins Sabine un soir qu'elle se montra dans une toilette comme en inspire aux femmes le désir de l'emporter sur une autre, et que Calyste lui dit en riant : — Tu auras beau faire, Sabine, tu ne seras jamais qu'une belle Andalouse!

— Hélas! répondit-elle en tombant sur sa causeuse, je ne pourrai jamais être blonde; mais je sais, si cela continue, que j'aurai bientôt trente-cinq ans.

Elle refusa d'aller aux Italiens, elle voulut rester chez elle pendant toute la soirée. Seule, elle arracha les fleurs de ses cheveux et trépigna dessus, elle se déshabilla, foula sa robe, toute sa toilette aux pieds, absolument comme une chèvre prise dans le lacet de sa corde, qui ne s'arrête en se débattant que quand elle sent la mort. Et elle se coucha. La femme de chambre entra, qu'on juge de son étonnement.

— Ce n'est rien, dit Sabine, c'est monsieur!

Les femmes malheureuses ont de ces sublimes fatuités, de ces mensonges où les deux hontes qui se combattent, la plus féminine a le dessus.

A ce jeu terrible, Sabine maigrit, le chagrin la rongea, mais elle ne sortit jamais du rôle qu'elle s'était imposé. Soutenue par une sorte de fièvre, ses lèvres refoulaient les mots amers jusque dans sa gorge, quand la douleur lui en suggérait, elle réprimait les éclairs de ses magnifiques yeux, et les rendait doux jusqu'à l'humilité. Son dépérissement fut bientôt sensible. La duchesse, excellente mère, quoique sa dévotion fût devenue de plus en plus portugaise, aperçut une cause mortelle dans l'état véritablement maladif où se complaisait Sabine. Elle savait l'intimité réglée existant entre Béatrix et Calyste. Elle eut soin d'attirer sa fille chez elle pour essayer de panser les plaies de ce cœur, et de l'arracher surtout à son martyre; mais Sabine garda pendant quelque temps le plus profond silence sur ses malheurs en craignant qu'on n'intervînt entre elle et Calyste. Elle se disait heureuse!... Au bout du malheur, elle retrouvait sa fierté, toutes ses vertus! Mais après un mois, pendant lequel Sabine fut caressée par sa sœur Clotilde et par sa mère, elle avoua ses chagrins, confia ses douleurs, maudit la vie, et déclara qu'elle voyait venir la mort avec une joie délirante. Elle pria Clotilde, qui voulait rester fille, de se faire la mère du petit Calyste, le plus bel enfant que jamais race royale eût pu désirer pour héritier présomptif.

Un soir, en famille, entre sa jeune sœur Athénaïs dont le mariage avec le vicomte de Grandlieu devait se faire à la fin du carême, entre Clotilde et la duchesse, Sabine jeta les cris suprêmes de l'agonie du cœur, excités par l'excès d'une dernière humiliation.

— Athénaïs, dit-elle en voyant partir vers les onze heures le jeune vicomte Juste de Grandlieu, tu vas te marier, que mon exemple te serve. Garde-toi comme d'un crime de déployer tes qualités, résiste au plaisir de t'en parer pour plaire à Juste. Sois calme, digne et froide, mesure le bonheur que tu donneras sur celui que tu recevras! C'est infâme, mais c'est nécessaire. Vois... je péris par mes qualités. Tout ce que je me sens de beau, de saint, de grand, toutes mes vertus ont été des écueils sur lesquels s'est brisé mon bonheur. Je cesse de plaire parce que je n'ai pas trente-six ans! Aux yeux de certains hommes, c'est une infériorité que la jeunesse! Il n'y a rien à deviner sur une figure naïve. Je ris franchement, et c'est un tort! quand, pour séduire, on doit savoir préparer ce demi-sourire mélancolique des anges tombés qui sont forcés de cacher des dents longues et jaunes. Un teint frais est monotone! l'on préfère un enduit de poupée fait avec du rouge, du blanc de baleine et du *cold cream*. J'ai de la droiture, et c'est la perversité qui plaît! Je suis loyalement passionnée comme une honnête femme, et il faudrait être ménagée, tricheuse et façonnière comme une comédienne de province. Je suis ivre du bonheur d'avoir pour mari l'un des plus charmants hommes de France, je lui dis naïvement combien il est distingué, combien ses mouvements sont gracieux, je le trouve beau, pour lui plaire il faudrait détourner la tête avec une feinte horreur, ne rien aimer de l'amour, et lui dire que sa distinction est tout bonnement un air maladif, une tournure de poitrinaire, lui vanter les épaules de l'Hercule Farnèse, le mettre en colère et le défendre, comme si j'avais besoin d'une lutte pour cacher des imperfections qui peuvent tuer l'amour. J'ai le malheur d'admirer les belles choses, sans songer à me rehausser par la critique amère et envieuse de tout ce qui reluit de poésie et de beauté. Je n'ai pas besoin de me faire écrire, en vers et en prose, par Canalis et Nathan, que je suis une intelligence supérieure! Je suis une pauvre enfant naïve, je ne connais que Calyste. Ah! si j'avais couru le monde comme *elle*, si j'avais, comme *elle*, dit : — Je t'aime! dans toutes les langues de l'Europe, on me consolerait, on me plaindrait, on m'adorerait, et je servirais le régal macédonien d'un amour cosmopolite! On ne vous sait gré de vos tendresses que quand vous les avez mises en relief par des saletés de la pensée. Enfin, moi, noble femme, il faut que je m'instruise de toutes les impuretés, de tous les calculs des *filles*!... Et Calyste qui est la dupe de ces singeries!... Oh! ma mère! oh! ma chère Clotilde, je me sens blessée à mort. Ma fierté est une trompeuse égide, je suis sans défense contre la douleur, j'aime toujours mon mari comme une folle, et, pour le ramener à moi, je devrais emprunter à l'indifférence toutes ses clartés.

— Niaise, lui dit à l'oreille Clotilde, aie l'air de vouloir te venger...

— Je veux mourir irréprochable, et sans l'apparence d'un tort, répondit Sabine. Notre vengeance doit être digne de notre amour.

— Mon enfant, dit la duchesse à sa fille, une mère doit voir la vie un peu plus froidement que toi... L'amour n'est pas le but, mais le moyen de la famille; ne va pas imiter cette pauvre petite baronne de Macumer. Le passion excessive est inféconde et mortelle. Enfin, Dieu nous envoie les afflictions en connaissance de cause... Voici le mariage d'Athénaïs arrangé, je vais pouvoir m'occuper de toi... J'ai déjà causé de la crise délicate où tu te trouves avec ton père et le duc de Chaulieu, monsieur d'Ajuda, nous trouverons bien les moyens de te ramener Calyste...

— Avec la marquise de Rochegude, il y a de la ressource! dit Clotilde en souriant à sa sœur, elle ne garde pas longtemps ses adorateurs.

— D'Ajuda, mon ange, reprit la duchesse, a été le beau-frère de M. de Rochegude... Si notre cher directeur approuve les petits manéges auxquels il faut se livrer pour faire réussir le plan que j'ai soumis à ton père, je puis te garantir le retour de Calyste. Ma conscience répugne à se servir de pareils moyens, et je veux les soumettre au jugement de l'abbé Brossette. Nous n'attendrons pas, mon enfant, que tu sois *in extremis* pour venir à ton secours. Aie bon espoir, ton chagrin est si grand ce soir que mon secret m'échappe; mais il m'est impossible de ne pas te donner un peu d'espérance.

— Cela fera-t-il du chagrin à Calyste? demanda Sabine en regardant la duchesse avec inquiétude.

— Oh! mon Dieu! serai-je donc aussi bête que cela? s'écria naïvement Athénaïs.

— Ah! petite fille, tu ne connais pas les défilés dans lesquels nous précipite la vertu, quand elle se laisse guider par l'amour, répondit Sabine en faisant une espèce de fin de couplet, tant elle était égarée par le chagrin.

Cette phrase fut dite avec une amertume si pénétrante, que la duchesse, éclairée par le ton, par l'accent, par le regard de madame du Guénic, crut à quelque malheur caché.

— Mes enfants, il est minuit, allez... dit-elle à ses deux filles, dont les yeux s'animaient.

— Malgré mes trente-six ans, je suis donc de trop? demanda railleusement Clotilde. Et, pendant qu'Athénaïs embrassait sa mère, elle se pencha sur Sabine et lui dit à l'oreille : — Tu me diras quoi?... J'irai demain dîner avec toi. Si ma mère trouve sa conscience compromise, moi, je te dégagerai Calyste des mains des infidèles.

— Eh bien! Sabine, dit la duchesse en emmenant sa fille dans sa chambre à coucher, voyons, qu'y a-t-il de nouveau, mon enfant?

— Eh! maman, je suis perdue!

— Et pourquoi?

— J'ai voulu l'emporter sur cette horrible femme, j'ai vaincu, je suis grosse, et Calyste l'aime tellement, que je prévois un abandon complet. Lorsque l'infidélité qu'il a faite sera prouvée, *elle* deviendra furieuse! Ah! je subis de trop grandes tortures pour pouvoir y résister. Je sais par qui, je sais par où, je l'apprends par sa joie; puis sa maussaderie me dit quand il en revient. Enfin il ne se gêne plus, je lui suis insupportable. Elle a sur lui une influence aussi insidieuse que le sont en elle le corps et l'âme. Tu verras, elle exigera, pour prix de quelque raccommodement, un délaissement public, une rupture dans le genre de la sienne, elle m'emmènera peut-être en Suisse, en Italie. Il commence à trouver ridicule de ne pas connaître l'Europe, je devine ce que voulent dire ces paroles jetées en avant. Si Calyste ne s'est pas guéri d'ici à trois mois, je ne sais pas ce qu'il adviendra... je le sais, je me tuerai!

— Malheureux enfant! et ton âme! Le suicide est un péché mortel.

— Comprenez-vous, elle est capable de lui donner un enfant! Et si Calyste aimait plus celui de cette femme que les miens, oh! là est le terme de ma patience et de ma résignation.

Elle tomba sur une chaise, elle avait livré les dernières pensées de son cœur, elle se trouvait sans douleur cachée, et la douleur est comme cette tige de fer que les sculpteurs mettent au sein de leur glaise, elle soutient, c'est une force!

— Allons, rentre chez toi, pauvre affligée. En présence de tant de malheurs, l'abbé me donnera sans doute l'absolution des péchés véniels que les ruses du monde nous obligent à commettre. Laisse-moi, ma fille, dit-elle en allant à son prie-Dieu, je vais implorer Notre-Seigneur et la sainte Vierge pour toi, plus spécialement. Adieu, ma chère Sabine, n'oublie aucun de tes devoirs religieux, surtout, si tu veux que nous réussissions...

— Nous aurons beau triompher, ma mère, nous ne sauverons que la famille. Calyste a tué chez moi la sainte ferveur de l'amour en me blasant sur tout, même sur la douleur. Quelle lune de miel que celle où j'ai trouvé, dès le premier jour, l'amertume d'un adultère rétrospectif!

Le lendemain matin, vers une heure après midi, l'un des curés du faubourg Saint-Germain désigné pour un des évêchés vacants en 1840, siège trois fois refusé par lui, l'abbé Brossette, un des prêtres les plus distingués du clergé de Paris, traversait la cour de l'hôtel de Grandlieu, pour le pas qu'il faudrait nommer un mas ecclésiastique, tant il peint la prudence, le mystère, le calme, la gravité, la dignité même. C'était un homme petit et maigre, d'environ cinquante ans, à visage blanc comme celui d'une vieille femme, froidi par les jeûnes du prêtre, creusé par toutes les souffrances qu'il épousait. Deux yeux noirs, ardents de foi, mais adoucis par une expression plus mystérieuse que mystique, animaient cette face d'apôtre. Il souriait presque en montant les marches du perron, tant il se voulait de l'énormité des cas qui le faisaient appeler par son ouaille; mais, comme la main de la duchesse était trouée pour les aumônes, elle valait bien le temps que volaient ses innocentes confessions aux sérieuses misères de la paroisse. En entendant annoncer le curé, la duchesse se leva, dit quelques pas vers lui dans le salon, distinction qu'elle n'accordait qu'aux cardinaux, aux évêques, aux simples prêtres, aux duchesses plus âgées qu'elle et aux personnes de sang royal.

— Mon cher abbé, dit-elle en lui désignant elle-même un fauteuil et parlant à voix basse, j'ai besoin de l'autorité de votre expérience avant de me laisser aller à une assez méchante intrigue, mais d'où doit résulter un grand bien, et je désire savoir de vous si je trouverai dans la voie du salut des épines à ce propos...

— Madame la duchesse, répondit l'abbé Brossette, ne mêlez pas les choses spirituelles et les choses mondaines, elles sont souvent inconciliables. D'abord, de quoi s'agit-il?

— Vous savez, ma fille Sabine se meurt de chagrin, M. du Guénic la laisse pour madame de Rochegude.

— C'est bien affreux, c'est grave, mais vous savez ce que dit, à ce sujet, notre cher saint François de Sales. Enfin songez à madame Guyon, qui se plaignait du défaut de mysticisme des preuves de l'amour conjugal, elle eût été très-heureuse de voir une madame de Rochegude à son mari.

— Sabine ne déploie que trop de douceur, elle n'est que trop bien l'épouse chrétienne; mais elle n'a pas le moindre goût pour le mysticisme.

— Pauvre jeune femme! dit malicieusement le curé. Qu'avez-vous trouvé pour remédier à ce malheur?

— J'ai commis le péché, mon cher directeur, de penser à lâcher à madame de Rochegude un joli petit monsieur, volontaire, plein de mauvaises qualités, et qui, certes, ferait renvoyer mon gendre.

— Ma fille, nous ne sommes pas ici, dit-il en se caressant le menton, un tribunal de la pénitence. Je n'ai pas à vous traiter en juge. Au point de vue du monde, j'avoue que ce serait décisif...

— Ce moyen m'a paru vraiment odieux!... reprit-elle...

— Et pourquoi? Sans doute le rôle d'une chrétienne est bien plutôt de retirer une femme perdue de la mauvaise voie que de l'y pousser plus avant; mais quand on s'y trouve aussi loin qu'y est madame de Rochegude, ce n'est plus le bras de l'homme, c'est celui de Dieu qui ramène ces pécheresses, il leur faut des coups de foudre particuliers.

— Mon père, reprit la duchesse, je vous remercie de votre indulgence, mais j'ai songé que mon gendre est brave et Breton, il a été héroïque lors de l'échauffourée de cette pauvre Madame. Or, si M. de la Palferine, que je crois mon brave, avait des démêlés avec Calyste, qu'il s'en suivît quelque duel...

— Vous avez eu là, madame la duchesse, une sage pensée, et qui prouve que, dans ces voies tortueuses, on trouve toujours des pierres d'achoppement.

— J'ai découvert un moyen, mon cher abbé, de faire un grand bien, de retirer madame de Rochegude de la voie fatale où elle est, de rendre Calyste à sa femme, et peut-être de sauver de l'enfer une pauvre créature égarée...

— Mais alors, à quoi bon me consulter? dit le curé souriant.

— Ah! reprit la duchesse, il faut se permettre des actions assez laides...

— Vous ne voulez voler personne?

— Au contraire, je dépenserai vraisemblablement beaucoup d'argent.

— Vous ne c(a)lomniez pas? vous ne...

— Oh!

— Vous ne nuirez pas à votre prochain?

— Eh, eh! je ne sais pas trop.

— Voyons votre nouveau plan? dit l'abbé, devenu curieux.

— Si, au lieu de faire chasser un clou par un autre, pensai-je mon prie-Dieu, après avoir imploré la sainte Vierge de m'éclairer, si faisais renvoyer Calyste par M. de Rochegude en lui persuadant de reprendre sa femme, au lieu de prêter les mains au mal pour opérer le bien chez ma fille, j'opérerais un grand bien par un autre bien non moins grand.

Le curé regarda la Portugaise et resta pensif.

— C'est évidemment une idée qui vous est venue de si loin, que...

— Aussi, reprit la bonne et humble duchesse, ai-je remercié la Vierge! Et j'ai fait vœu, sans compter une neuvaine, de donner deux cents francs à une famille pauvre, si je réussissais. Mais, quand j'ai communiqué ce plan à M. de Grandlieu, il s'est mis à rire et m'a dit : — A vos âges, ma parole d'honneur, je crois que vous avez un diable pour vous toutes seules.

— M. le duc a dit en mari la réponse que je vous faisais quand vous m'avez interrompu, reprit l'abbé, qui ne put s'empêcher de sourire.

— Ah! mon père, si vous approuvez l'idée, approuverez-vous les moyens d'exécution? Il s'agit de faire chez une certaine madame Schontz, une Béatrix du quartier Saint-Georges, ce que je voulais faire chez madame de Rochegude pour que le marquis reprît sa femme.

— Je suis certain que vous ne pouvez rien faire de mal, dit spirituellement le curé, qui ne voulut savoir rien de plus en trouvant le résultat nécessaire. Vous me consulteriez d'ailleurs dans le cas où votre conscience murmurerait, ajouta-t-il. Si, au lieu de donner cette dame de la rue Saint-Georges une nouvelle occasion de scandale, vous lui donniez un mari ?...

— Ah ! mon cher directeur, vous avez rectifié la seule chose mauvaise qui se trouvât dans mon plan. Vous êtes digne d'être archevêque, et j'espère ne pas mourir sans vous dire Votre Éminence.

— Je ne vois à tout ceci qu'un inconvénient, reprit le curé.

— Lequel ?

— Si madame de Rochegude allait garder M. le baron, tout en revenant à son mari ?

— Ceci me regarde, dit la duchesse. Quand on fait peu d'intrigues, on les fait :.

— Mal, très-mal, reprit l'abbé, l'habitude est nécessaire en tout. Tâchez de raccoler un de ces mauvais sujets qui vivent dans l'intrigue, et employez-le, sans vous montrer.

— Ah ! monsieur le curé, si nous nous servons de l'enfer, le ciel sera-t-il avec nous ?

— Vous n'êtes pas à confesse, répéta l'abbé, sauvez votre enfant !

La bonne duchesse, enchantée de son curé, le reconduisit jusqu'à la porte du salon.

Un orage grondait, comme on le voit, sur M. de Rochegude, qui jouissait en ce moment de la plus grande somme de bonheur que puisse désirer un Parisien, en se trouvant chez madame Schontz tout aussi mari que cher Béatrix ; et, comme l'avait judicieusement dit le duc à sa femme, il paraissait impossible de déranger une si charmante et si complète existence. Cette présomption oblige à de légers détails sur la vie que menait M. de Rochegude, depuis que sa femme en avait fait un *homme abandonné*. On comprendra bien alors l'énorme différence que nos lois et nos mœurs mettent, chez les deux sexes, entre la même situation. Tout ce qui tourne en malheur pour une femme abandonnée, se change en bonheur chez un homme abandonné. Ce contraste frappant inspirera peut-être à plus d'une jeune femme la résolution de rester dans son ménage, et d'y lutter, comme Sabine du Guénic, en pratiquant à son choix les vertus les plus assassines ou les plus inoffensives.

Quelques jours après l'escapade de Béatrix Arthur de Rochegude, devenu fils unique par suite de la mort de sa sœur, première femme du marquis d'Ajuda-Pinto, qui n'en eut pas d'enfants, se vit maître d'abord de l'hôtel de Rochegude, rue d'Anjou-Saint-Honoré, puis de deux cent mille francs de rente que lui laissa son père. Cette opulente succession, ajoutée à la fortune qu'Arthur possédait en se mariant, portait ses revenus, y compris la fortune de sa femme, à mille francs par jour. Pour un gentilhomme doté du caractère que mademoiselle des Touches a peint en quelques mots à Calyste, cette fortune était déjà le bonheur. Pendant que sa femme était à la charge de l'amour et de la maternité, Rochegude jouissait d'une immense fortune, mais il ne la dépensait pas plus qu'il ne dépensait son esprit. Sa bonne grosse vanité, déjà satisfaite d'une encolure de bel homme, à laquelle il avait dû quelques succès dont il s'autorisa pour mépriser les femmes, se donnait également pleine carrière dans le domaine de l'intelligence. Doué de cette sorte d'esprit qu'il faut appeler réflecteur, il s'appropriait les saillies d'autrui, celles des pièces de théâtre ou des petits journaux par la manière de les redire, il semblait s'en moquer, il les répétait *en charge*, il les appliquait comme formules de critique, enfin sa gaieté militaire (il avait servi dans la garde royale) en assaisonnait à propos la conversation, de manière à ce que les sots le proclamaient homme spirituel, et les autres n'osaient pas les contredire. Ce système, Arthur le poursuivait en tout ; il devait à la nature le commode génie de l'imitation sans être singe, il imitait gravement. Ainsi, quoique sans goût, il savait toujours adopter et toujours quitter les modes le premier. Accusé de passer un peu trop de temps à sa toilette, et de porter un corset, il offrait le modèle de ces gens qui ne déplaisent jamais à personne, en épousant sans cesse les idées et les sottises de tout le monde, et qui, toujours à cheval sur la circonstance, ne vieillissent point. C'est une de ces héros de la médiocrité. On mari fut plaint, on trouva Béatrix inexcusable d'avoir quitté le meilleur enfant de la terre, et le ridicule qui l'atteignit ouï y la femme. Membre de tous les clubs, souscripteur à toutes les misères qu'enfantent le patriotisme ou l'esprit de parti mal entendus, complaisance qui le faisait mettre en première ligne à propos de tout, ce loyal, ce brave et très-bon gentilhomme, à qui malheureusement tout de riches ressemblent, devait naturellement vouloir se distinguer par quelque manie à la mode. Il se glorifiait donc principalement d'être le sultan d'un sérail à quatre pattes, gouverné par un vieil écuyer anglais, et qui, par mois, absorbait de quatre à cinq mille francs. Sa spécialité consistait à *faire courir*, il protégeait la race chevaline, il soutenait une revue consacrée à la question hippique ; mais il ne se connaissait médiocrement en chevaux, et, depuis la bride jusqu'aux fers, il s'en rapportait à son écuyer. C'est assez vous dire que ce demi-garçon n'avait rien en propre, ni esprit, ni goût, ni sa situation, ni ses ridicules ; enfin sa fortune lui venait de ses pères ! Après avoir dégusté tous les déplaisirs du mariage, il fut si content de se retrouver garçon, qu'il disait entre amis : « — Je suis né coiffé ! » Heureux surtout de vivre sans les dépenses de représentation auxquelles les gens mariés sont astreints, son hôtel, où, depuis la mort de son père, il n'avait rien changé, ressemblait à ceux dont les maîtres sont en voyage, il y demeurait peu, il n'y mangeait pas, il y couchait rarement. Voici la raison de cette indifférence.

Après bien des aventures amoureuses, ennuyé des femmes du monde, qui sont véritablement ennuyeuses et qui plantent aussi par trop de haies d'épines sèches autour du bonheur, il s'était marié, comme on va le voir, avec la célèbre madame Schontz, célèbre dans le monde des Fanny-Beaupré, des Suzanne du Val-Noble, des Mariette, des Florentine, des Jenny Cadine, etc. Ce monde, dont l'un de nos dessinateurs a dit spirituellement en en montrant le tourbillon au bal de l'Opéra : — « Quand on pense que tout ça se loge, s'habille « et vit bien, voilà qui donne une crâne idée de l'homme ! » Ce monde si dangereux a déjà fait irruption dans cette histoire des mœurs par les figures typiques de Florine et de l'illustre Malaga d'*Une Fille d'Ève* et de *La Fausse Maîtresse* ; mais, pour le peindre avec fidélité, l'historien doit proportionner le nombre de ces personnages à la diversité des dénoûments de leurs singulières existences, qui se terminent par l'indigence sous sa plus hideuse forme, par des morts prématurées, par l'aisance, par d'heureux mariages, et quelquefois par l'opulence.

Madame Schontz, d'abord connue sous le nom de la Petite-Aurélie pour la distinguer d'une de ses rivales beaucoup moins spirituelle qu'elle, appartenait à la classe la plus élevée de ces femmes dont l'utilité sociale ne peut être révoquée en doute ni par le préfet de la Seine, ni par ceux qui s'intéressent à la prospérité de la ville de Paris. Certes, le rat, taxé de démolir les fortunes souvent hypothétiques, rivalise bien plutôt avec le castor. Sans les Aspasies du quartier Notre-Dame-de-Lorette, il ne se bâtirait pas tant de maisons à Paris. Pionniers des plâtres neufs, elles vont remorquées par la spéculation le long des collines de Montmartre, plantant les piquets de leurs tentes, soit dit sans jeu de mots, dans ces solitudes de moellons sculptés qui meublent les rues européennes d'Amsterdam, de Milan, de Stockholm, de Londres, de Moscou, steppes architecturales où le vent fait mugir d'innombrables écriteaux qui en accusent la vide par ces mots : *Appartements à louer*. La situation de ces dames se détermine par celle qu'elles prennent dans ces quartiers apocryphes ; si leur maison se rapproche de la ligne tracée par la rue de Provence, la femme a des rentes, son budget est prospère, mais cette femme s'élève-t-elle vers la ligne des boulevards extérieurs, remonte-t-elle vers la ville affreuse des Batignolles, elle est sans ressources. Or, quand M. de Rochegude rencontra madame Schontz, elle occupait le troisième étage de la seule maison qui existât rue de Berlin, elle campait donc sur la lisière du malheur et sur celle de Paris. Cette femme-là ne se nommait, vous devez le pressentir, ni Schontz ni Aurélie ! Elle cachait le nom de son père, un vieux soldat de l'Empire, l'éternel colonel qui fleurit à l'aurore de ces existences féminines soit comme père, soit comme séducteur. Madame Schontz avait joui de l'éducation gratuite de Saint-Denis, où l'on élève admirablement les jeunes personnes, mais qui n'offre aux jeunes personnes ni maris ni débouchés au sortir de cette école, *admirable création de l'empereur*, à laquelle il ne manque qu'une seule chose : l'empereur ! « Je serai là, pour pourvoir les filles de mes légionnaires, » répondit-il à l'observation d'un de ses ministres, qui prévoyait l'avenir. Napoléon avait dit aussi : « — Je serai là ! » pour les membres de l'Institut, à qui l'on devrait ne donner aucun appointement plutôt que de leur envoyer *quatre-vingt-trois francs* par mois, traitement inférieur à celui de certains garçons de bureau. Aurélie était bien réellement la fille de l'intrépide colonel Schiltz, un chef de ces audacieux partisans alsaciens qui faillirent sauver l'Empereur dans la campagne de France, et qui mourut à Metz, pillé, volé, ruiné. En 1814, Napoléon mit à Saint-Denis la petite Joséphine Schiltz, alors âgée de neuf ans. Orpheline de père et de mère, sans ressources, cette pauvre enfant ne fut pas chassée de l'établissement au second retour des Bourbons, elle y fut sous-maîtresse jusqu'en 1827, mais alors la patience lui manqua, sa beauté la séduisit. A sa majorité, Joséphine Schiltz, la filleule de l'Impératrice, aborda la vie aventureuse des courtisanes, conviée à ce douteux avenir par l'exemple fatal de quelques-unes de ses camarades, comme elle sans ressources, et qui s'applaudissaient de leur résolution. Elle substitua un *on* à l'*il* du nom paternel, et se plaça sous le patronage de sainte Aurélie. Vive, spirituelle, instruite, elle fit plus de fautes que celles de ses stupides compagnes dont les écarts eurent toujours l'intérêt pour base. Après avoir connu des écrivains pauvres mais malhonnêtes, spirituels mais endettés, après avoir essayé de quelques gens riches aussi calculateurs que niais, après avoir sacrifié le solide à l'amour vrai, s'être permis toutes les écoles où s'acquiert l'expérience, en son jour d'extrême misère où chez Valentino, cette première étape de Musard, elle dansait vêtue d'une robe, d'un chapeau, d'une mantille d'emprunt, elle attira l'attention d'Arthur, venu là pour voir le fameux galop ! Elle fanatisa par son esprit ce gentilhomme, qui ne savait plus à quelle passion se vouer, et, alors, deux ans après avoir été quitté par Béatrix, dont l'esprit l'humiliait assez souvent, le marquis ne fut blâmé par personne de se marier au treizième arrondissement de Paris avec une Béatrix d'occasion.

Esquissons ici les quatre saisons de ce bonheur. Il est nécessaire de montrer que la théorie du mariage au treizième arrondissement en enveloppe également tous les administrés. Soyez marquis et quadragénaire, ou sexagénaire et marchand retiré, six fois millionnaire ou rentier (Voir *Un Début dans la Vie*), grand seigneur ou bourgeois, la stratégie de la passion, sauf les différences inhérentes aux zones sociales, ne varie pas. Le cœur et la caisse sont toujours en rapports exacts et définis. Enfin, vous estimerez les difficultés que la duchesse devait rencontrer dans l'exécution de son plan charitable.

On ne sait pas quelle est en France la puissance des mots sur les gens ordinaires, ni quel mal font les gens d'esprit qui les inventent. Ainsi, nul teneur de livres ne pourrait supputer le chiffre des sommes qui sont restées improductives, verrouillées au fond des cœurs généreux et des caisses par cette ignoble phrase : — *Tirer une carotte!...* Ce mot est devenu si populaire, qu'il faut bien lui permettre de salir cette page. D'ailleurs, en pénétrant dans le treizième arrondissement, il faut bien en accepter le patois pittoresque. M. de Rochegude, comme tous les petits esprits, avait toujours peur d'être *carotte*. Le substantif s'est fait verbe. Dès le début de sa passion pour madame Schontz, Arthur fut sur ses gardes, et se fut alors très-*rat*, pour employer un autre mot aux ateliers de bonheur et aux ateliers de peinture. Le mot *rat*, quand il s'applique à une jeune fille, signifie le convive, mais, appliqué à l'homme, il signifie un avare amphitryon. Madame Schontz avait trop d'esprit et connaissait trop bien les hommes pour ne pas concevoir les plus grandes espérances d'après un pareil commencement. M. de Rochegude alloua cinq cents francs par mois à madame Schontz, lui meubla mesquinement un appartement de douze cents francs à un second étage rue Coquenard, et se mit à étudier le caractère d'Aurélie, qui lui fournit aussitôt un caractère à étudier en s'apercevant de cet espionnage. Aussi Rochegude fut-il heureux de rencontrer une fille douée d'un si beau caractère, mais il n'y vit rien d'étonnant : la mère était une Barnheim de Bade, une femme comme il faut! Aurélie avait été d'ailleurs si bien élevée!... Parlant l'anglais, l'allemand et l'italien, elle possédait à fond les littératures étrangères. Elle pouvait lutter sans désavantage contre les pianistes du second ordre. Et, notez ce point! elle se comportait avec ses talents comme les personnes bien nées, elle n'en disait rien. Elle prenait la brosse chez un peintre, le maniait par raillerie, et faisait une tête assez *crânement* pour produire un étonnement général. Par désœuvrement, durant le temps où elle dépérissait sous-maîtresse, elle avait poussé des pointes dans le domaine des sciences; mais sa vie de femme entretenue avait couvert ces bonnes semences d'un manteau de sel, et naturellement elle fit l'honneur à Arthur de la floraison de ces germes précieux, recultivés pour lui. Aurélie commença donc par être d'un désintéressement égal à la volupté, qui permit à cette faible corvette d'attacher sûrement ses grappins sur ce vaisseau de haut bord. Néanmoins, vers la fin de la première année, elle faisait des tapages ignobles dans l'antichambre avec ses socques en s'arrangeant pour rentrer au moment où le marquis l'attendait, et cachait, de manière à le bien montrer, un bas de sa robe outrageusement crotté. Enfin elle sut si parfaitement persuader à son *gros papa* que toute son ambition, après tant de hauts et bas, était de conquérir honnêtement une petite existence bourgeoise, que, dix mois après leur rencontre, la seconde phase se déclara.

Madame Schontz obtint alors un bel appartement, rue Neuve-Saint-Georges. Arthur, ne pouvant plus dissimuler sa fortune à madame Schontz, lui donna des meubles splendides, une argenterie complète, douze cents francs par mois, une petite voiture basse à un cheval mais à location, et il accorda à la tigre assez gracieusement. La Schontz ne sut aucun gré de cette munificence, elle découvrit les motifs de

Madame Schontz.

la conduite de son Arthur et y reconnut des calculs de rat. Excédée de la vie de restaurant où la chère est la plupart du temps exécrable, où le moindre dîner de gourmet coûte soixante francs pour un, et cent cents francs quand on invite trois amis, Rochegude offrit à madame Schontz quarante francs par jour pour son dîner et celui d'un ami tout compris. Aurélie accepta. Après avoir fait accepter toutes les lettres de change de la morale, tirées à vue sur les habitudes de M. de Rochegude, elle fut alors écoutée avec faveur quand elle réclamait cinq cents francs de plus par mois pour sa toilette, afin de ne point couvrir de honte son *gros papa* dont les amis appartenaient tous au Jockey-Club. — « Ce serait du joli, dit-elle, si Rastignac, Maxime de Trailles, d'Esgrignon, Roche-Hugon, Ronquerolles, Laginski, Ronconcourt et autres, vous trouvaient avec une madame Everard! D'ailleurs, ayez confiance en moi, mon gros père, vous y gagnerez! » En effet, Aurélie s'arrangea pour déployer de nouvelles vertus dans cette nouvelle phase. Elle se dessina dans un rôle de ménagère dont elle tira le plus grand parti. Elle nouait, disait-elle, les deux bouts du mois sans dettes avec deux mille cinq cents francs, ce qui ne s'était jamais

vu dans le faubourg Saint-Germain du treizième arrondissement, et elle servait des dîners infiniment supérieurs à ceux de Rothschild, on y buvait des vins exquis à dix et douze francs la bouteille. Aussi, Rochegude émerveillé, très-heureux de pouvoir inviter souvent ses amis chez sa maîtresse en y trouvant de l'économie, disait-il en la serrant par la taille : — « Voilà un trésor!... » Bientôt il loua pour elle un tiers de loge aux Italiens, puis il finit par la mener aux premières représentations. Il commençait à consulter son Aurélie et en connaissait l'excellence de ses conseils, elle lui laissait prendre les mots spirituels qu'elle disait à tout propos, et qui, n'étant pas connus, relevaient sa réputation d'homme amusant. Enfin il acquit la certitude d'être aimé véritablement et pour lui-même. Aurélie refusa de faire le bonheur d'un prince russe à raison de cinq mille francs par mois. — Vous êtes heureux, mon cher marquis, s'écria le vieux prince Galathionne en finissant au club une partie de whist. Hier

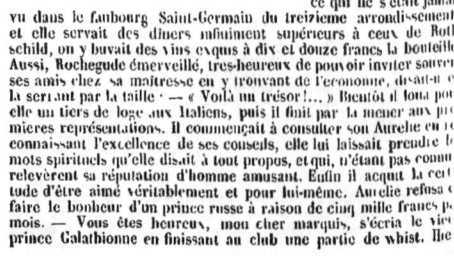

quand vous nous avez laissés seuls, madame Schontz et moi, j'ai voulu vous la souffler; mais elle m'a dit : « Mon prince, vous n'êtes pas plus beau, mais vous êtes plus âgé que Rochegude; vous me battriez, et il est comme un père pour moi, trouvez-moi là le quart d'une bonne raison pour changer?... Je n'ai pas pour Arthur la passion folle que j'ai eue pour des petits drôles à bottes vernies, et de qui je payais les dettes; mais je l'aime comme une femme aime son mari quand elle est honnête femme. » Et elle m'a mis à la porte. Ce discours, qui ne sentait pas *la charge*, eut pour effet de prodigieusement aider à l'état d'abandon et de dégradation où déshonorait l'hôtel de Rochegude. Bientôt, Arthur transporta sa vie et ses plaisirs chez madame Schontz, et il s'en trouva bien; car, au bout de trois ans, il eut quatre cent mille francs à placer.

La troisième phase commença. Madame Schontz devint la plus tendre des mères pour le fils d'Arthur, elle allait le chercher à son collége et l'y ramenait elle-même; elle accabla de cadeaux, de friandises, d'argent, cet enfant, qui l'appelait sa *petite maman*, et de qui elle fut adorée. Elle entra dans le maniement de la fortune de son Arthur, elle lui fit acheter des rentes en baisse avant le fameux traité de Londres, qui renversa le ministère du 1er mars. Arthur gagna deux cent mille francs, et Aurélie ne demanda pas une obole. En gentilhomme qu'il était, Rochegude plaça ses six cent mille francs en actions de la Banque, et en mit la moitié au nom de mademoiselle Joséphine Schiltz. Un petit hôtel, loué rue de la Bruyère, fut remis à Grindot, le célèbre architecte, avec ordre d'en faire une voluptueuse bonbonnière. Rochegude ne compta plus dès lors avec madame Schontz, qui recevait les revenus, et payait les mémoires. Devenue sa femme... de confiance, elle justifia ce titre en rendant son gros papa plus heureux que jamais; elle en avait reconnu les caprices, elle les satisfaisait comme madame de Pompadour caressait les fantaisies de Louis XV. Elle fut enfin maîtresse en titre, maîtresse absolue. Aussi se permit-elle alors de protéger des petits jeunes gens ravissants, des artistes, des gens de lettres nouveau-nés à la gloire, qui niaient les anciens et

Je suis bien heureuse de vous voir, dit chattement Béatrix à Calyste. — PAGE 55.

les modernes et tâchaient de se faire une grande réputation en faisant peu de chose. La conduite de madame Schontz, chef-d'œuvre de tactique, doit vous en révéler toute l'œuvre de supériorité. D'abord, dix à douze jeunes gens amusaient Arthur, lui fournissaient des traits d'esprit, des jugements fins sur toutes choses, et ne mettaient pas en question la fidélité de la maîtresse de la maison; puis ils la tenaient pour une femme éminemment spirituelle. Aussi ces annonces vivantes, ces articles ambulants, firent-ils passer madame Schontz pour la femme la plus agréable que l'on connût à la lisière qui sépare le treizième arrondissement des douze autres. Ses rivales, Suzanne Gaillard, qui, depuis 1838, avait sur elle l'avantage d'être devenue femme mariée en légitime mariage, pléonasme nécessaire pour expliquer un mariage solide, Fanny-Beaupré, Mariette, Antonia, répandaient des calomnies plus que drôlatiques sur la beauté de ces jeunes gens et sur la complaisance avec laquelle M. de Rochegude les accueillait. Madame Schontz, qui distançait de trois *blagues*, disait-elle, tout l'esprit de ces dames, un jour à un souper donné par Nathan chez Florine, après un bal de l'Opéra, leur dit, après avoir expliqué sa fortune et son succès, un : — « Faites-en autant!... » dont on a gardé la mémoire. Madame Schontz fit vendre les chevaux de course pendant cette période, en se livrant à des considérations qu'elle devait sans doute à l'esprit critique de Claude Vignon, un de ses habitués. — « Je concevrais, dit-elle un soir après avoir longtemps cravaché les chevaux de ses plaisanteries, que les princes ou les gens riches prissent à cœur l'hippiatrique; mais pour faire le bien du pays, et non pour les satisfactions puériles d'un amour-propre de joueur. Si vous aviez des haras dans vos terres, si vous y éleviez des mille à douze cents chevaux, si chacun faisait courir les meilleurs élèves de son haras, si tous les haras de France et de Navarre concouraient à chaque solennité, ce serait grand et beau; mais vous achetez des sujets comme des directeurs de spectacle font la traite des artistes, vous ravalez une institution jusqu'à n'être plus qu'un jeu, vous avez la Bourse des jambes comme vous avez la Bourse des rentes!..... C'est indigne. Dépenseriez-vous par hasard soixante mille francs pour lire dans les journaux :

« LÉLIA, à M. de Rochegude, a battu d'une longueur FLEUR-DE-GENÊT, à M. le duc de Rhétoré?... »

Vaudrait mieux alors donner cet argent à des poètes, ils vous feraient aller en vers et en prose à l'immortalité, comme feu Monthyon! »

A force d'être taquiné, le marquis reconnut le creux du *turf*, il réalisa cette économie de soixante mille francs, et l'année suivante madame Schontz lui dit :

— « Je ne te coûte plus rien, Arthur! »

« Beaucoup de gens riches envièrent alors madame Schontz au marquis, et tâchèrent de la lui enlever; mais, comme le prince russe, ils y perdirent leur vieillesse.

— « Ecoute, mon cher, avait-elle dit quinze jours auparavant à Finot, devenu fort riche, je suis sûr que Rochegude me pardonnerait une petite passion si je devenais folle de quelqu'un, et l'on ne quitte jamais un marquis de cette bonne enfance-là pour un parvenu comme toi. Tu ne me maintiendrais pas dans la position où m'a mise Arthur, il a fait de moi une demi-femme comme il faut, et toi tu ne pourrais jamais y parvenir, même en m'épousant. » Ceci fut le dernier clou rivé qui compléta le ferrement de cet heureux forçat. Le propos parvint aux oreilles absentes pour lesquelles il fut tenu.

La quatrième phase était donc commencée, celle de *l'accoutumance*, la dernière victoire de ses plans de campagne, et qui fait dire d'un homme par ces sortes de femmes : « Je le tiens! » Rochegude, qui venait d'acheter le petit hôtel au nom de mademoiselle Joséphine Schiltz, une bagatelle de quatre-vingt mille francs, en était arrivé, lors des projets formés par la duchesse, à tirer vanité de sa maîtresse, qu'il nommait Ninon II, en célébrant ainsi la probité rigoureuse, les excellentes manières, l'instruction et l'esprit. Il avait résumé ses défauts et ses qualités, ses goûts, ses plaisirs, par madame Schontz, et il se trouvait à ce passage de la vie où, soit lassitude, soit indifférence, soit philosophie, un homme ne change plus, et s'en tient ou à sa femme ou à sa maîtresse.

On comprendra toute la valeur acquise en cinq ans par madame Schontz, en apprenant qu'il fallait être proposé longtemps à l'avance pour être présenté chez elle. Elle avait refusé de recevoir des gens riches ennuyeux, des gens tarés, elle ne se départait de ses rigueurs qu'en faveur des grands noms de l'aristocratie. — « Ceux-là, disait-elle, ont le droit d'être bêtes, parce qu'ils le sont *comme il faut !* » Elle possédait ostensiblement les trois cent mille francs que Rochegude lui avait donnés et qu'un *bon enfant d'agent de change*, Gobenheim, le seul qui fût admis chez elle, lui faisait valoir, mais elle manœuvrait à elle seule une petite fortune secrète de deux cent mille francs composée de ses bénéfices économisés depuis trois ans et de ceux produits par le mouvement perpétuel des trois cent mille francs, car elle n'accusait jamais que les trois cent mille francs connus.

« Plus vous gagnez, moins vous vous enrichissez, lui dit un jour Gobenheim. — L'eau est si chère, répondit-elle. — Celle des diamants? » reprit Gobenheim. — Non, celle du fleuve de la vie. » Le trésor inconnu se grossissait de bijoux, de diamants, qu'Aurélie portait pendant un mois et qu'elle vendait après, de sommes données pour payer des fantaisies passées. Quand on la disait riche, madame Schontz répondait qu'au taux des rentes trois cent mille francs donnaient douze mille francs et qu'elle les avait dépensés dans les temps les plus rigoureux de sa vie, alors qu'elle aimait Lousteau.

Cette conduite annonçait un plan, et madame Schontz avait en effet un plan, croyez-le bien. Jalouse depuis deux ans de madame du Bruel, elle était mordue au cœur par l'ambition d'être mariée à la mairie et à l'église. Toutes les positions sociales ont leur fruit défendu, une petite chose grandie par le désir au point d'être aussi pesante que le monde. Cette ambition se doublait nécessairement de l'ambition d'un second Arthur qu'aucun espionnage ne pouvait découvrir. Bixiou voulait voir le préféré dans le peintre Léon de Lora, le peintre le voyait dans Bixiou, qui dépassait la quarantaine et qui devait penser à se faire un sort. Les soupçons se portaient aussi sur Victor de Vernisset, jeune poète de l'école de Canalis, dont la passion pour madame Schontz allait jusqu'au délire, et le poète accusait Stidmann, un jeune sculpteur d'être son rival heureux. Cet artiste, un très-joli garçon, travaillait pour les orfèvres, pour les marchands de bronzes, pour les bijoutiers, il espérait recommencer Benvenuto Cellini. Claude Vignon, le jeune comte de la Pallérine, Gobenheim, Vermanton, philosophe cynique, autres habitués de ce salon amusant, furent tour à tour mis en suspicion et reconnus innocents. Personne n'était à la hauteur de madame Schontz, pas même Rochegude, qui lui croyait un faible pour le jeune et spirituel la Pallérine; elle était vertueuse par calcul et ne pensait qu'à faire un bon mariage.

On ne voyait chez madame Schontz qu'un seul homme à réputation macairienne, Couture, qui plus d'une fois avait fait hurler les boursiers; mais Couture était un des premiers amis de madame Schontz, elle seule lui restait fidèle. La fausse alerte de 1840 rafla les derniers capitaux de ce spéculateur, qui crut à l'habileté du 1ᵉʳ mars; Aurélie, le voyant en mauvaise veine, lui joua, comme on l'a vu, Rochegude en sens contraire. Le fut elle qui nomma le dernier malheur de cet inventeur des primes et des commandites, une *découverte*. Heureux de trouver son couvert mis chez Aurélie, Couture, à qui Finot, l'homme habile, ou, si l'on veut, heureux entre tous les parvenus, donnait de temps en temps quelques billets de mille francs, était seul assez calculateur pour offrir son nom à madame Schontz, qui l'étudiait, pour savoir si la hardi spéculateur aurait la puissance de se frayer un chemin en politique, et assez de reconnaissance pour ne pas abandonner sa femme. Couture, homme d'environ quarante-trois ans, très-usé, ne rachetait la mauvaise sonorité de son nom par la naissance, il pouvait à peine compter huit mille francs de rentes, sa mère vivant encore et occupant comme usufruitière un très-important immeuble au milieu d'Alençon. Ce garçon avait déjà, dans plusieurs voyages à Paris, essayé sa corde comme un saltimbanque, et reconnu le grand vice du replatrage social de 1830; aussi comptait-il l'exploiter à son profit, et suivant l'exemple des finauds de la bourgeoisie. Ceci demande un rapide coup d'œil sur un des effets du nouvel ordre de choses.

L'égalité moderne, développée de nos jours outre mesure, a nécessairement développé dans la vie privée, sur une ligne parallèle à la vie politique, l'orgueil, l'amour-propre, la vanité, les trois grandes divisions du moi social. Les sots veulent passer pour gens d'esprit, les gens d'esprit veulent être des gens de talent, les gens de talent veulent être traités de gens de génie; quant aux gens de génie, ils sont plus raisonnables, ils consentent à n'être que des demi-dieux. Cette pente de l'esprit public actuel, qui rend à la Chambre le manufacturier jaloux de l'homme d'État et l'administrateur jaloux du poète, pousse les sots à dénigrer les gens d'esprit, les gens d'esprit à dénigrer les gens de talent, les gens de talent à dénigrer ceux d'entre eux qui les dépassent de quelques pouces, et les demi-dieux à menacer les institutions, le trône, enfin tout ce qui ne les adore pas sans condition. Dès qu'une nation a très-impolitiquement abattu les supériorités sociales reconnues, elle ouvre des écluses par où se précipite un torrent d'ambitions secondaires dont le moindre veut encore primer. Elle avait dans son aristocratie un mal, au dire des démocrates, mais un mal défini, circonscrit, elle l'échange contre dix aristocraties contendantes et armées, la pire des situations. En proclamant l'égalité de tous, on a promulgué la *déclaration des droits de l'Envie*. Nous jouissons aujourd'hui des saturnales de la Révolution transportées dans le domaine, paisible en apparence, de l'esprit, de l'industrie et de la politique, aussi, semble-t-il aujourd'hui que les réputations, dues au travail, aux services rendus, au talent, soient des privilèges accordés aux dépens de la masse. On étendra bientôt la loi agraire jusque dans le champ de la gloire. Donc, jamais dans aucun temps on n'a demandé le triage de son nom et le volet public à des motifs plus puérils. On se distingue à tout prix par le ridicule, par une affectation d'amour pour la cause polonaise, pour le système pénitentiaire, pour l'avenir des forçats libérés, pour les petits mauvais sujets au-dessus ou au-dessous de douze ans, pour toutes les misères sociales. Ces diverses manies créent des dignités postiches, des présidents, des vice-présidents et des secrétaires de sociétés dont le nombre dépasse à Paris celui des questions sociales qu'on cherche à résoudre. On a démoli la grande société pour en faire un millier de petites à l'image de la défunte. Ces organisations parasites ne revèlent-elles pas la décomposition? n'est-ce pas le fourmillement des vers dans le cadavre. Toutes ces sociétés sont filles de la même mère, la vanité. Ce n'est pas ainsi que procèdent la charité catholique ou la vraie bienfaisance, elles étudient les maux sur les places et en les guérissant, ne perorent pas en assemblée sur les principes morbifiques pour le plaisir de pérorer.

Fabien du Ronceret, sans être un homme supérieur, avait deviné, par l'exercice de ce sens avide particulier à la Normandie, tout le parti qu'il pouvait tirer de ce vice public. Chaque époque a son caractère que les gens habiles exploitent. Fabien ne pensait qu'à faire parler de lui. — « Mon cher, il faut faire parler de soi pour être quelque chose! disait-il en partant au roi d'Alençon, à du Bousquier, un ami de son père. Dans six mois je serai plus connu que vous! » Fabien traduisait ainsi l'esprit de son temps, il ne le dominait pas, il y obéissait. Il avait débuté dans la Bohème, un district de la topographie morale de Paris (*Voir Un Prince de la Bohème*, Scènes de la vie parisienne), où il fut connu sous le nom de *l'héritier* à cause de quelques prodigalités préméditées. Du Ronceret avait profité des folies de Couture pour la jolie madame Cadine, une des actrices nouvelles à qui l'on accordait le plus de talent dans une des scènes secondaires, et à qui, durant son opulence éphémère, il avait arrangé, rue Blanche, un délicieux rez-de-chaussée à jardin. Ce fut ainsi que du Ronceret et Couture firent connaissance. Le Normand, qui voulut du luxe tout prêt et tout fait, acheta le mobilier de Couture et les embellissements qu'il était obligé de laisser dans l'appartement, un kiosque où l'on fumait, une galerie en bois rustiqué garnie de nattes indiennes et ornée de poteries pour gagner la tendresse par les temps de pluie. Quand on complimentait l'héritier sur son appartement, il l'appelait *sa tanière*. Le provincial se gardait bien de dire que Grindot l'architecte y avait déployé tout son savoir-faire, comme Stidmann d'un les sculptures, et Léon de Lora la peinture; car il avait pour défaut capital cet amour-propre qui va jusqu'au mensonge dans le désir de se grandir. L'héritier compléta ces magnificences par une serre qui s'établit le long d'un mur à l'exposition du midi, et qu'il aimait les fleurs, mais il voulut attaquer l'opinion publique par l'horticulture. En ce moment, il atteignait presque à son but. Devenu vice-président d'une société jardinière quelconque, présidée par le duc de Vissembourg, frère du prince de Chiavari, le fils cadet du feu maréchal Vernon, il avait orné du ruban de la Légion d'honneur son habit de vice-président, après une exposition de produits dont le discours d'ouverture, acheté cinq cents francs à Lousteau, fut hardiment prononcé comme étant de son cru. Il fut remarqué pour une fleur que lui avait donnée le vieux Blondet d'Alençon, père d'Emile Blondet, et qu'il présenta comme obtenue dans sa serre. Ce succès n'était rien. L'héritier, qui voulait être accepté comme un homme d'esprit, avait formé le plan de se lier avec les gens célèbres pour en refléter la gloire, plan d'une mise à exécution difficile en ce lui demandant pour base qu'un budget de huit mille francs. Aussi, Fabien du Ronceret s'était-il adressé tour à tour et sans succès à Bixiou, à Stidmann, à Léon de Lora pour être présenté chez madame Schontz et faire partie de cette ménagerie de lions en tous genres. Il paya si souvent à dîner à Couture, que Couture prouva catégoriquement à madame Schontz qu'elle devait acquérir un pareil original, ne fût-ce que pour en faire un de ces élégants valets sans gages que les maîtresses de maison emploient aux commissions pour lesquelles on ne trouve pas de domestiques.

En trois soirées madame Schontz pénétra Fabien et se dit : — « Si Couture ne me convient pas, je suis sûre de mâter celui-là. Maintenant mon avenir va sur deux pieds ! » Ce sot de qui tout le monde se moquait devait donc le préféré, mais dans une intention qui rendait la préférence injurieuse, et ce choix échappait à toutes les suppositions par son improbabilité même. Madame Schontz enivrait Fabien de sourires accordés à la dérobée, de petites scènes jouées au seuil de la porte en le reconduisant le dernier lorsque M. de Rochegude restait le soir. Elle mettait souvent Fabien en tiers avec Arthur dans sa loge aux Italiens et aux premières représentations, elle s'en excusait en disant qu'il lui rendait tel ou tel service, et qu'elle ne savait comment le remercier. Les hommes ont entre eux une fatuité qui leur est d'ailleurs commune avec les femmes, celle d'être aimés absolument. Or, de toutes les passions flatteuses, il n'en est pas de plus prisée que celle d'une madame Schontz pour ceux qui les rendent l'objet d'un amour du de cœur par opposition à l'autre amour. Une femme comme madame Schontz, qui jouait à la grande dame, et dont la valeur réelle était supérieure, devait être et fut un sujet d'orgueil pour Fabien, qui s'éprit d'elle au point de ne jamais se présenter qu'en toilette, bottes vernies, gants paille, chemise brodée et à jabot, gilets de plus en plus variés, enfin avec tous les symptômes extérieur d'un culte profond. Un mois avant la conférence de la duchesse et de son directeur, madame Schontz avait confié le secret de sa naissance et de son vrai nom à Fabien, qui ne comprit pas le but de cette confidence. Quinze jours après, madame Schontz, étonnée du défaut d'intelligence du Normand, s'écria : — « Mon Dieu ! suis-je niaise ! il se croit aimé pour lui-même. » Et alors elle emmena l'Héritier dans sa calèche, au bois, car elle avait depuis une petite voiture basse à deux chevaux. Dans ce tête-à-tête public, elle traita la question de sa destinée et déclara vouloir se marier. — « J'ai sept cent mille francs, dit-elle, et je vous avoue que, si je rencontrais un homme plein d'ambition et qui sût comprendre mon caractère, je changerais de position, car savez-vous quel est mon rêve ? Je voudrais être une bonne bourgeoise, entrer dans une famille honnête, et rendre mon mari et mes enfants tous bien heureux ! » Le Normand voulait bien être distingué par madame Schontz, mais l'épouser, cette folie parut discutable à un garçon de trente-huit ans que la Révolution de juillet avait fait juge. En voyant cette hésitation, madame Schontz prit l'Héritier pour cible de ses traits d'esprit, de ses plaisanteries, son dédain, et se tourna vers Couture. En huit jours, le spéculateur, à qui elle fit flairer sa caisse, offrit sa main, son cœur et son avenir, trois choses de la même valeur.

Les manéges de madame Schontz en étaient là, lorsque madame de Grandlieu s'enquit de la vie et des mœurs de la Béatrix de la rue Saint-Georges.

D'après le conseil de l'abbé Brossette, la duchesse pria le marquis d'Ajuda de lui amener le roi des coupe-jarrets politiques, le célèbre comte Maxime de Trailles, l'archiduc de la Bohème, le plus jeune des jeunes gens, quoiqu'il eût quarante-huit ans. M. d'Ajuda s'arrangea pour dîner avec Maxime au club de la rue de Beaune, et lui proposa d'aller faire un mort chez le duc de Grandlieu, qui, pris par la goutte avant le dîner, se trouvait seul. Quoique le gendre du duc de Grandlieu, le cousin de la duchesse, cût bien le droit de se présenter dans un salon où jamais il n'avait mis les pieds, Maxime de Trailles ne s'abusa pas sur la portée d'une invitation ainsi faite, il pensa que le duc ou la duchesse avaient besoin de lui. Ce n'est pas un des moindres traits de ce temps-ci que cette vie de club où l'on joue avec des gens qu'on ne reçoit point chez soi.

Le duc de Grandlieu fit à Maxime l'honneur de paraître souffrant. Après quinze minutes de whist, il alla se coucher, laissant sa femme en tête-à-tête avec Maxime et d'Ajuda. La duchesse, secondée par le marquis, communiqua son projet à M. de Trailles, et lui demanda sa collaboration en paraissant ne lui demander que ses conseils. Maxime écouta jusqu'au bout sans se prononcer, et attendit pour parler que la duchesse eût réclamé directement sa coopération.

— Madame, j'ai bien tout compris, lui dit-il alors après avoir jeté sur elle et sur le marquis un de ces regards fins, profonds, astucieux, complets par lesquels ces grands roués savent compromettre leurs interlocuteurs. D'Ajuda vous dira que, si quelqu'un à Paris peut conduire cette double négociation, c'est moi, sans vous y mêler, sans qu'on sache même que je suis venu ce soir ici. Seulement, avant tout, posons les préliminaires de Léoben. Que comptez-vous sacrifier ?...

— Tout ce qu'il faudra.

— Bien, madame la duchesse. Ainsi, pour prix de mes soins, vous me ferez l'honneur de recevoir chez vous et de protéger sérieusement madame la comtesse de Trailles.

— Tu es marié ?... s'écria d'Ajuda.

— Je me marie dans quinze jours avec l'héritière d'une famille riche mais excessivement bourgeoise, un sacrifice à l'opinion, j'entre dans le principe même de mon gouvernement ! Je veux faire peau neuve, ainsi madame la duchesse comprendra de quelle importance serait pour moi l'adoption de ma femme par elle et par sa famille. J'ai la certitude d'être député par suite de la démission que donnera mon beau-père de ses fonctions, et j'ai la promesse d'un poste diplomatique qui m'harmonie avec ma nouvelle fortune. Je ne vois pas pourquoi ma femme ne serait pas aussi bien reçue que madame de Portenduère d'une cette société de jeunes femmes où brillent mesdames de la Bastie, Georges de Maufrigneuse, de l'Estorade, du Guénic, d'Ajuda, de Restaud, de Rastignac et de Vandenesse ! Ma femme est jolie, et je me charge de la désembonneldecotonner !... Ceci vous va-t-il, madame la duchesse ?... Vous êtes pieuse, et, si vous dites oui, votre promesse, que je sais être sacrée, aidera beaucoup à mon changement de vie. Encore une bonne action que vous ferez là !... Hélas ! j'ai pendant longtemps été le roi des mauvais sujets ; mais je veux bien finir. Après tout, nous portons d'azur à la chimère d'or lançant du feu, armée de gueules et écaillée de sinople, au comble de contre-hermine, depuis François Iᵉʳ, qui jugea nécessaire d'anoblir le valet de chambre de Louis XI, et nous sommes comtes depuis Catherine de Médicis.

— Je recevrai, je patronnerai votre femme, dit solennellement la duchesse, et les miens ne lui tourneront pas le dos, je vous en donne ma parole.

— Ah ! madame la duchesse, s'écria Maxime visiblement ému, si M. le duc daigne aussi me traiter avec quelque bonté, je vous promets, moi, de faire réussir votre plan sans qu'il vous en coûte grand'chose. Mais, reprit-il après une pause, il faut prendre sur vous d'obéir à mes instructions... Voici la dernière intrigue de ma vie de garçon, et elle doit être d'autant mieux menée qu'il s'agit d'une belle action, dit-il en souriant.

— Vous obéir ?... dit la duchesse. Je paraîtrai donc dans tout ceci ?

— Ah ! madame, je ne vous compromettrai point, s'écria Maxime, et je vous estime trop pour prendre des sûretés. Il s'agit uniquement de suivre mes conseils Ainsi, par exemple, il faut que du Guénic soit emmené comme un corps saint par sa femme et ses deux amis absents, qu'elle lui fasse voir la Suisse, l'Italie, l'Allemagne, enfin le plus de pays possible...

— Ah ! vous répondez à une crainte de mon directeur, s'écria naïvement la duchesse en se souvenant de la judicieuse objection de l'abbé Brossette.

Maxime et d'Ajuda ne purent s'empêcher de sourire à l'idée de cette concordance entre le ciel et l'enfer.

— Pour que madame de Rochegude ne revoie plus Calyste, reprit-elle, nous voyagerons tous, Juste et sa femme, Calyste et Sabine, et moi, Je laisserai Clotilde avec son père...

— Ne chantons pas victoire, madame, dit Maxime, j'entrevois d'énormes difficultés, je les vaincrai sans doute. Votre estime et votre protection sont le prix qui va me faire faire de grandes saletés, mais ce sera les...

— Des saletés ? dit la duchesse en interrompant ce moderne condottiere, et montrant dans sa physionomie autant de dégoût que d'étonnement.

— Et vous n'en tremperez, madame, puisque je suis votre procureur. Mais ignorez-vous donc à quel degré d'aveuglement madame de Rochegude a fait arriver votre gendre ?... Je le sais par Nathan et par Canalis, entre lesquels elle balançait lorsque Calyste s'est jeté dans cette gueule de bonne ! Béatrix a su persuader à ce brave Breton qu'elle n'avait jamais aimé que lui, qu'elle est vertueuse, que Conti fut un amour de tête auquel le cœur et le reste ont pris très-peu de part, un amour musical, enfin !... Quant à Rochegude, ce fut du devoir. Ainsi, vous comprenez, elle est vierge ! Elle le prouve bien en ne se souvenant pas de son fils, elle n'a pas, depuis un an, fait la moindre démarche pour le voir. A la vérité, le petit comte a douze ans bientôt, et il trouve dans madame Schontz une mère d'autant plus mère que la maternité, vous le savez, est la passion des filles. Du Guénic se ferait hacher et hacherait sa femme pour Béatrix ! Et vous croyez qu'un homme tiré d'un tel amour au fond du gouffre de la crédulité ?... Mais, madame, le Yago de Shakespeare y perdrait tous ses mouchoirs. L'on croit qu'Othello, que son cadet Orosmane, que Saint-Preux, René, Werther et autres amoureux en possession de la renommée, représentent l'amour ! Jamais leurs pères à cœur de verglas n'ont connu ce qu'est un amour absolu. Molière seul s'en est douté. L'amour, madame la duchesse, ce n'est pas d'aimer une noble femme, une Clarisse, le bel effort, ma foi !... L'amour, c'est de se dire : « Celle que j'aime est une infâme, elle me trompe, elle me trompera, elle est double, elle sent toutes les fritures de l'enfer... » et d'y courir, et d'y trouver le bleu de l'éther, les fleurs du paradis. Voilà comme aimait Molière, voilà comme nous aimons, nous autres mauvais sujets, car, moi, je pleure à la grande scène d'Arnolphe !... Et voilà comment votre gendre aime Béatrix !... J'aurai de la peine à séparer Rochegude de madame Schontz, mais madame Schontz s'y prêtera sans doute, je vais étudier son intérieur. Quant à Calyste et à Béatrix, il leur faut des coups de hache, des trahisons supérieures et d'une infamie si basse, que votre vertueuse imagination n'y descendrait pas, à moins que votre directeur ne vous donnât la main... Vous avez demandé l'impossible, vous serez servie. Et, malgré mon parti pris d'employer le fer et le feu, je ne vous promets pas absolument le succès. Je sais des amants qui ne reculent pas devant les plus affreux désillusionnements. Vous êtes trop vertueuse pour connaître l'empire que prennent les femmes qui ne le sont pas...

— N'entamez pas ces infamies sans que j'aie consulté l'abbé Brossette pour savoir jusqu'à quel point je vous suis votre complice, s'écria la duchesse avec une naïveté qui découvrit tout ce qu'il y a d'égoïsme dans la dévotion.

— Vous ignorerez tout, ma chère mère, dit le marquis d'Ajuda.

Sur le perron, pendant que la voiture du marquis avançait, d'Ajuda dit à Maxime : — Vous avez effrayé cette bonne duchesse.

— Mais elle ne se doute pas de la difficulté de ce qu'elle demande!... Allons-nous au Jockey-Club? Il faut que Rochegude m'invite à dîner demain chez la Schontz, car cette nuit mon plan sera fait, et j'aurai choisi sur mon échiquier les pions qui marcheront dans la partie que je vais jouer. Dans le temps de sa splendeur, Béatrix n'a pas voulu me recevoir, je solderai mon compte avec elle, et je vengerai votre belle-sœur si cruellement, qu'elle se trouvera peut-être trop vengée...

Le lendemain, Rochegude dit à madame Schontz qu'ils auraient à dîner Maxime de Trailles. C'était la prévenir de déployer son luxe et de préparer la chère la plus exquise pour ce connaisseur émérite, que redoutaient toutes les femmes du genre de madame Schontz, aussi lésigna-t-elle autant à sa toilette qu'à mettre sa maison en état de recevoir ce personnage.

A Paris, il existe presque autant de royautés qu'il s'y trouve d'arts différents, de spécialités morales, de sciences, de professions, et le plus fort de ceux qui les pratiquent a sa majesté qui lui est propre, il est apprécié, respecté par ses pairs, qui connaissent les difficultés du métier, et dont l'admiration est acquise à qui peut s'en jouer. Maxime était, aux yeux des rats et des courtisanes, un homme excessivement puissant et capable, car il avait su se faire prodigieusement aimer. Il était admiré de tous les gens qui savaient combien il est difficile de vivre à Paris en bonne intelligence avec des créanciers, enfin il n'avait pas eu d'autre rival en élégance, en tenue et en esprit, que l'illustre de Marsay, qui l'avait employé dans des missions politiques. Ceci suffit à expliquer son entrevue avec la duchesse, son prestige chez madame Schontz, et l'autorité de sa parole dans une conférence qu'il comptait avoir sur le boulevard des Italiens avec un jeune homme déjà célèbre, quoique nouvellement entré dans la Bohême.

Le lendemain, à son lever, Maxime de Trailles entendit annoncer Finot, qu'il avait mandé la veille, il le pria d'arranger le hasard d'un déjeuner au café Anglais, où Finot, Couture et Lousteau babilleraient près de lui. Finot, qui se trouvait vis-à-vis du comte de Trailles dans la position d'un colonel devant un maréchal de France, ne pouvait lui rien refuser; il était d'ailleurs trop dangereux de piquer ce lion. Aussi, quand Maxime vint déjeuner, vit-il Finot ses deux amis attablés, la conversation avait déjà mis le cap sur madame Schontz. Couture, bien manœuvré par Finot et par Lousteau, qui fut à son insu le compère de Finot, apprit au comte de Trailles tout ce qu'il voulait savoir sur madame Schontz.

Vers une heure, Maxime mâchonnait son cure-dents en causant avec du Tillet sur le perron de Tortoni, où se tient cette petite Bourse, préface de la grande. Il paraissait occupé d'affaires, mais il attendait le jeune comte de la Palférine qui, dans un temps donné, devait passer par là. Le boulevard des Italiens est aujourd'hui ce qu'était le pont Neuf en 1650, tous les gens connus le traversent au moins une fois par jour. En effet, au bout de dix minutes, Maxime quitta le bras de du Tillet en faisant un signe de tête au jeune prince de la Bohême, et lui dit en souriant : — A moi, comte, deux mots!...

Les deux rivaux, l'un astre à son déclin, l'autre un soleil qui se lève, allèrent s'asseoir sur quatre chaises devant le café de Paris. Maxime eut soin de se placer à une certaine distance de quelques vieillots, qui par habitude, se mettent en espalier, dès une heure après midi, pour sécher leurs affections rhumatiques. Il avait d'excellentes raisons pour se défier des vieillards. (Voir Une Esquisse d'après nature, Scènes de la vie parisienne.)

— Avez-vous des dettes?... dit Maxime au jeune comte.

— Si je n'en avais pas, serais-je digne de vous succéder?... répondit la Palférine.

— Quand je vous fais une semblable question, je ne mets pas la chose en doute, répliqua Maxime, je veux uniquement savoir si le total est respectable, et s'il va sur cinq ou six?

— Six, quoi?

— Six chiffres! si vous devez cinquante ou cent mille?... J'ai dû, moi, jusqu'à six cent mille.

La Palférine ôta son chapeau d'une façon aussi respectueuse que railleuse.

— Si j'avais le crédit d'emprunter cent mille francs, répondit le jeune homme, j'oublierais mes créanciers et j'irais passer ma vie à Venise, au milieu des chefs-d'œuvre de la peinture, au théâtre le soir, la nuit avec de jolies femmes, et...

— Et à mon âge, que deviendriez-vous? demanda Maxime.

— Je n'irais pas jusque-là répliqua le jeune comte.

Maxime rendit la politesse à son rival en soulevant légèrement son chapeau par un geste d'une gravité risible.

— C'est une autre manière de voir la vie, répondit-il d'un ton de connaisseur à connaisseur. Vous devez?...

— Oh! une misère indigne d'être avouée à un oncle; si j'en avais un, il me déshériterait à cause de ce pauvre chiffre, six mille!...

— On est plus gêné par six que par cent mille francs, dit sentencieusement Maxime. La Palférine! vous avez de la hardiesse dans l'esprit, vous avez encore plus d'esprit que de hardiesse, vous pouvez aller très-loin, devenir un homme politique. Tenez... de tous ceux qui se sont lancés dans la carrière au bout de laquelle je suis, et qu'on a voulu m'opposer, vous êtes le seul qui m'ayez plu.

La Palférine rougit, tant il se trouva flatté de cet aveu fait avec une gracieuse bonhomie par le chef des aventuriers parisiens. Ce mouvement de son amour-propre fut une reconnaissance d'infériorité qui le blessa, mais Maxime devina ce retour offensif, facile à prévoir chez une nature si spirituelle, et il y porta remède aussitôt en se mettant à la discrétion du jeune homme.

— Voulez-vous faire quelque chose pour moi, qui me retire du cirque olympique par un beau mariage, je ferai beaucoup pour vous, reprit-il.

— Vous allez me rendre bien fier, c'est réaliser la fable du rat et du lion, dit la Palférine.

— Je commencerai par vous prêter vingt mille francs, répondit Maxime en continuant.

— Vingt mille francs?.. Je savais bien qu'à force de me promener sur ce boulevard... dit la Palférine en façon de parenthèse.

— Mon cher, il faut vous mettre sur un certain pied dit Maxime en souriant, un rester pas sur vos deux pieds, il y en a six! faites comme moi, je ne suis jamais descendu de mon tilbury...

— Mais, alors, vous allez me demander des choses par-dessus mes forces!

— Non, il s'agit de vous faire aimer d'une femme en quinze jours.

— Est-ce une fille?

— Pourquoi?

— Ce serait impossible mais s'il s'agissait d'une femme très-comme il faut, et de beaucoup d'esprit...

— C'est une très-illustre marquise.

— Vous voulez avoir de ses lettres?... dit le jeune comte.

— Ah!... tu me vas au cœur, s'écria Maxime. Non, il ne s'agit pas de cela.

— Il faut donc l'aimer?

— Oui, dans le sens réel...

— Si je dois sortir de l'esthétique, c'est tout à fait impossible, dit la Palférine. J'ai, voyez-vous, à l'endroit des femmes, une certaine probité, nous pouvons les rouer, mais non les...

— Ah! je l'ai toujours bien dit, je ne m'a donc pas trompé, s'écria Maxime! Crois-tu donc que je sois homme à proposer de petites infamies de deux sous? Non, il faut aller, il faut éblouir, il faut vaincre. Mon compère, je te donne vingt mille francs et dix jours pour triompher. A ce soir, chez madame Schontz!...

— J'y dîne.

— Bien, reprit Maxime. Plus tard, quand vous aurez besoin de moi, monsieur le comte, vous me trouverez, ajouta-t-il d'un ton de roi qui s'engage au lieu de promettre.

— Cette pauvre femme vous a donc fait bien du mal? demanda la Palférine.

— N'essaye pas de jeter la sonde dans mes eaux, mon petit, et laisse-moi te dire qu'en cas de succès tu te trouveras de si puissantes protections, que tu pourras, comme moi, te retirer dans un beau mariage, quand t'ennuiera de la vie de Bohême.

— Il y a donc un moment où l'on s'ennuie de s'amuser? dit la Palférine, d'être rien, de vivre comme les oiseaux, de chasser dans Paris comme les sauvages, et de rire de tout?...

— Tout fatigue, même l'enfer, dit Maxime en riant. A ce soir!

Les deux loués, le jeune et le vieux, se levèrent. En regagnant son escargot à cheval, Maxime se dit : — Madame d'Espard ne peut pas souffrir Béatrix, elle m'aidera... — A l'hôtel de Grandlieu! cria-t-il à son cocher en voyant passer Rastignac.

Trouvez un grand homme sans faiblesse!... Maxime vit la duchesse, madame du Guénic et Clotilde en larmes.

— Qu'y a-t-il? demanda-t-il à la duchesse.

— Calyste n'est pas rentré, c'est la première fois, et ma pauvre Sabine est au désespoir.

— Madame la duchesse, dit Maxime en attirant la femme pieuse dans l'embrasure d'une fenêtre, au nom de Dieu qui nous jugera, gardez le plus profond secret sur mon dévouement, exigez-le de d'Ajuda, que jamais Calyste ne sache rien de nos trames, ou nous aurions ensemble un duel à mort... Quand je vous ai dit qu'il ne vous en coûterait pas grand'chose j'entendais que vous ne dépenseriez pas des sommes folles, il me faut environ vingt mille francs, mais tout le reste me regarde, et il faudra faire donner des places importantes, peut-être une recette générale.

La duchesse et Maxime sortirent. Quand madame de Grandlieu revint près de ses deux filles, elle entendit un nouveau dithyrambe de Sabine émaillé de faits domestiques encore plus cruels que ceux par lesquels la jeune épouse avait vu finir son bonheur.

— Sois tranquille, ma petite, dit la duchesse à sa fille, Béatrix payera bien cher les larmes et les souffrances, la main de Satan s'appesantit sur elle, elle recevra dix humiliations pour chacune des tiennes.

Madame Schontz fit prévenir Claude Vignon, qui plusieurs fois avait manifesté le désir de connaître personnellement Maxime de Trailles, elle invita Couture, Fabien, Bixiou, Léon de Lora, la Palférine et Nathan. Ce dernier fut demandé par Rochegude pour le compte de Maxime, Aurélie eut ainsi neuf convives, tous de première force, à l'exception de du Ronceret: mais la vanité normande et l'ambition brutale de l'Héritier se trouvaient à la hauteur de la puissance littéraire de Claude Vignon, de la poésie de Nathan, de la finesse de la Palférine, du coup d'œil financier de Couture, de l'esprit de Bixiou, du calcul de Finot, de la profondeur de Maxime et du génie de Léon de Lora.

Madame Schontz, qui tenait à paraître jeune et belle, s'arma d'une toilette comme savent en faire ces sortes de femmes. Ce fut une pèlerine en guipure d'une finesse araignéide, une robe de velours bleu dont le fin corsage était boutonné d'opales, et une coiffure à bandeaux luisants comme de l'ébène. Madame Schontz devait sa célébrité de jolie femme à l'éclat et à la fraîcheur d'un teint blanc et chaud comme celui des créoles, à cette figure pleine de détails spirituels, de traits nettement dessinés et fermes, dont le type le plus célèbre fut offert si longtemps jeune par la comtesse Merlin, et qui peut-être est particulier aux physionomies méridionales. Malheureusement la petite madame Schontz tendait à l'embonpoint depuis que sa vie était devenue heureuse et calme. Le cou, d'une rondeur séduisante, commençait à s'empâter ainsi que les épaules. On se repait, en France, si principalement de la tête des femmes, que les belles têtes font longtemps vivre les corps déformés.

— Ma chère enfant, dit Maxime en entrant et en embrassant madame Schontz au front, je viens vous faire voir votre nouvel établissement où je n'étais pas encore venu, mais, c'est presque en harmonie avec les quatre cent mille francs de rente... Il faut dire ! s'en fallait de cinquante qu'il ne les eût, quand il vous a connue, et en moins de deux ans vous lui avez fait gagner ce qu'une autre, une Antonia, une Malaga, Cadine ou Florentine lui auraient mangé.

— Je ne suis pas une fille, je suis une artiste ! dit madame Schontz avec une espèce de dignité. J'espère bien finir, comme dit la comédie, par faire souche d'honnêtes gens...

— C'est désespérant, nous nous marions tous, reprit Maxime en se jetant dans un fauteuil au coin du feu. Me voilà bientôt à la veille de faire une comtesse Maxime.

— Oh ! comme je voudrais la voir !... s'écria madame Schontz. Mais permettez-moi, dit-elle, de vous présenter M. Claude Vignon.

— Monsieur Claude Vignon, M. de Trailles ?

— Ah ! c'est vous qui avez tué Camille Maupin, l'aubergiste de la littérature, aller dans un couvent !... s'écria Maxime. Après vous, Dieu !.. Je n'ai jamais reçu pareil honneur. Mademoiselle des Touches vous a traité, comme en Louis XIV...

— Et voilà comme on écrit l'histoire !... répondit Claude Vignon, ne savez-vous pas que la fortune a été employée à dégager les terres de M. du Guénic... Si elle savait que Calyste est à son ex-amie... (Maxime poussa le pied au critique en lui montrant M. de Rochegude) elle sortirait de son couvent, à la course, pour le lui arracher.

— Ma foi, Rochegude, mon ami, dit Maxime en voyant que son avertissement n'avait pas arrêté Claude Vignon, à la place, je rendrais à ma femme sa fortune, afin qu'on ne crût pas dans le monde qu'elle s'attaque à Calyste par nécessité.

— Maxime a raison, dit madame Schontz en regardant Arthur, qui rougit excessivement. Si je vous ai gagné quelques mille francs de rentes, vous ne sauriez mieux les employer. J'aurai fait le bonheur de la femme et du mari : en voilà un chevron !...

— Je n'y avais jamais pensé, répondit le marquis, mais on doit être gentilhomme avant d'être mari.

— Laisse-moi te dire quand il sera temps d'être généreux, dit Maxime.

— Arthur !... dit Aurélie, Maxime a raison. Vois-tu, mon bon homme, de mes actions généreuses sont comme les actions de Couture, dit-elle en regardant à la glace pour voir quelle personne arrivait, il faut les placer à temps.

Couture était suivi de Finot. Quelques instants après, tous les convives furent réunis dans le beau salon bleu où le d'hôtel Schontz, tel était le nom que les artistes donnaient à leur auberge, depuis que Rochegude l'avait achetée à sa Ninon II. En voyant entrer la Palférine,

qui vint le dernier, Maxime alla vers lui, l'attira dans l'embrasure d'une croisée et lui remit les vingt billets de banque.

— Surtout, mon petit, ne les ménage pas, dit-il avec la grâce particulière aux mauvais sujets.

— Il n'y a que vous pour savoir ainsi les doubler !... répondit la Palférine.

— Es-tu décidé ?

— Puisque je prends, répondit le jeune comte avec hauteur et raillerie.

— Eh bien ! Nathan, que voici, te présentera dans deux jours chez madame la marquise de Rochegude, lui dit-il à l'oreille.

— La Palférine fit un bond en entendant le nom.

— Ne manque pas de te dire amoureux fou d'elle ; et, pour ne pas éveiller de soupçons, bois du vin, des liqueurs à mort ! Je vais dire à Aurélie de te mettre à côté de Nathan. Seulement, mon petit, il faudra maintenant nous rencontrer tous les soirs, sur le boulevard de la Madeleine, à une heure du matin, toi pour me rendre compte de tes progrès, moi pour te donner des instructions.

— On y sera, mon maître... dit le jeune comte en s'inclinant.

— Comment nous fais-tu dîner avec un drôle habillé comme un premier garçon de restaurant ? demanda Maxime à l'oreille de madame Schontz en lui désignant du Ronceret.

— Tu n'as donc jamais vu l'Héritier ? Du Ronceret d'Alençon.

— Monsieur, dit Maxime à Fabien, vous devez connaître mon ami d'Esgrignon ?

— Il y a longtemps que Victurnien ne me connaît plus, répondit Fabien mais nous avons été très-liés dans notre première jeunesse.

Le dîner fut un de ceux qui ne se donnent qu'à Paris, et chez ces grandes dissipatrices, car il offre aux surprenant les gens les plus difficiles. Ce fut un souper semblable, chez une courtisane belle et riche comme madame Schontz, que Paganini déclara n'avoir jamais fait pareille chère chez aucun souverain, ni bu de tels vins chez aucun prince, ni entendu de conversation si spirituelle, ni vu reluire de luxe si coquet.

Maxime et madame Schontz rentrèrent dans le salon les premiers, vers dix heures, en laissant les convives qui se grisaient plus les anecdotes et qui se vantaient leurs qualités en collant leurs lèvres visqueuses au bord des petits verres sans pouvoir les vider.

— Eh bien ! ma petite, dit Maxime, tu ne t'es pas trompée, oui, je viens pour tes beaux yeux, il s'agit d'une grande affaire, il faut quitter Arthur ; mais je me charge de te faire offrir deux cent mille francs par lui.

— Et pourquoi le quitterais-je, ce pauvre homme ?

— Pour te marier avec cet imbécile venu d'Alençon exprès pour cela. Il a déjà été juge, il se fera nommer président à la place du père de Blondet, qui a sur quatre-vingt-deux ans, et, si tu sais mener ta barque, ton mari deviendra député. Vous serez des personnages et tu pourras enfoncer madame la comtesse du Bruel...

— Jamais ! dit madame Schontz, elle est comtesse.

— Est-il d'étoffe à devenir comte ?...

— Tiens, il a des armes, dit Aurélie en cherchant une lettre dans un magnifique cabas pendu au coin de la cheminée et la présentant à Maxime, qu'est-ce que cela veut dire ? voilà des peignes.

— Il porte : coupé au un d'argent à trois peignes de gueules ; deux et un, entrecroisés à trois grappes de raisin de pourpre tigrés et feuillés de sinople, un et deux, d'azur à quatre plumes d'or posées en sautoir. La devise est : Toujours prêt. C'est pas grand'chose, ils ont été anoblis sous Louis XV, ils ont eu quelque grand-père mercier, la ligue maternelle a fait fortune dans le commerce des vins, et le du Ronceret anobli devait être greffier... Mais, si tu réussis à te défaire d'Arthur, les du Ronceret seront au moins barons, je te le promets, ma petite biche. Vois-tu, mon enfant, il faut te faire mariner pendant cinq ou six ans en province si tu veux entrer la Schontz dans la présidence... Ce drôle a jeté des regards dont les intentions étaient claires, tu le tiens...

— Non, répondit Aurélie, à l'offre de ma main, il est resté, comme les eaux-de-vie dans le bulletin de la Bourse, très-calme.

— Je me charge de le décider, s'il est gris. Va voir où ils en sont tous...

— Ce n'est pas la peine d'y aller, je l'entends plus que Bixiou, qui fait une de ses charges sans qu'on l'écoute ; mais je connais mon Arthur, il se croit obligé d'être poli avec Bixiou, et, les yeux fermés, il doit le regarder encore.

— Rentrons, alors !...

— Ah ça ! dans l'intérêt de qui travaillerai-je, Maxime ? demanda tout à coup madame Schontz.

— De madame de Rochegude, répondit nettement Maxime, il est impossible de la rapatrier avec Arthur tant que tu le tiendras, il s'agit pour elle d'être à la tête de sa maison et de jouir de quatre cent mille francs de rentes.

— Elle ne me propose que deux cent mille francs ?... J'en veux trois cent, puisqu'il s'agit d'elle. Comment, j'ai eu soin de son moutard et de son mari, je tiens sa place en tout, et elle lésinerait avec moi ! Tiens, mon cher, j'aurais alors un million. Avec ça si tu me

promets la présidence du tribunal d'Alençon, je pourrai faire ma tête en madame du Ronceret...
— Ça va, dit Maxime.
— M'embêtera-t-on dans cette petite ville-là ?... s'écria philosophiquement Aurélie. J'ai tant entendu parler de cette province-là par d'Esgrignon et par la Val-Noble, que c'est comme si j'y avais déjà vécu.
— Et si je t'assurais l'appui de la noblesse ?...
— Ah ! Maxime, tu m'en diras tant !... Oui, mais le pigeon refuse l'aile...
— Et il est bien laid avec sa peau de prune, il a des soies au lieu de favoris, il a l'air d'un marcassin, quoiqu'il ait des yeux d'oiseau de proie. Ça fera le plus bean président du monde. Sois tranquille, dans dix minutes il te chantera l'air d'Isabelle au quatrième acte de *Robert le Diable* : « Je suis à tes genoux !... » mais tu te chargeras de renvoyer Arthur à ceux de Béatrix...
— C'est difficile, mais à plusieurs on y parviendra. .
Vers dix heures et demie, les convives rentrèrent au salon pour prendre le café. Dans les circonstances où se trouvaient madame Schontz, Couture et du Ronceret, il est facile d'imaginer quel effet dut alors produire sur l'ambitieux Normand la conversation suivante que Maxime eut avec Couture dans un coin et à mi-voix pour n'être entendu de personne, mais que Fabien écouta.
— Mon cher, si vous voulez être sage, vous accepterez dans un département éloigné la recette générale que madame de Rochegude vous fera donner, le million d'Aurélie vous permettra de déposer votre cautionnement, et vous vous séparerez de biens en l'épousant. Vous deviendrez député si vous savez bien mener votre barque, et la prime que je veux pour vous avoir sauvé, ce sera votre vote à la Chambre.
— Je serai toujours fier d'être un de vos soldats.
— Ah ! mon cher, vous l'avez échappé belle ! Figurez-vous qu'Aurélie s'était amourachée de ce Normand d'Alençon, elle demandait qu'on le fît baron, président du tribunal de sa ville et officier de la Légion d'honneur. Mon imbécile n'a pas su deviner la valeur de madame Schontz, vous devez votre fortune à un dépit, aussi ne lui donnez pas le temps de réfléchir. Quant à moi, je vais mettre les fers au feu.
Et Maxime quitta Couture au comble du bonheur, en disant à la Palférine : — Veux-tu que je t'emmène, mon fils ?...
A onze heures, Aurélie se trouvait entre Couture, Fabien et Rochegude. Arthur dormait dans une bergère, Couture et Fabien essayaient de se renvoyer l'un à l'autre. Madame Schontz termina cette lutte en disant à Couture un : — A demain, mon cher !... qu'il prit en bonne part.
— Mademoiselle, dit Fabien tout bas, quand vous m'avez vu songer à l'offre que vous me faisiez indirectement, ne croyez pas qu'il y eût chez moi la moindre hésitation, mais vous ne connaissez pas ma mère, et jamais elle ne consentirait à mon bonheur...
— Vous avez l'âge des sommations respectueuses, mon cher, répondit insolemment Aurélie. Mais, si vous avez peur de maman, vous n'êtes pas mon fait.
— Joséphine ! dit tendrement l'Héritier en passant avec audace la main droite autour de la taille de madame Schontz, j'ai cru que vous m'aimiez ?
— Après ?
— Peut-être pourrait-on apaiser ma mère et obtenir plus que son consentement.
— Et comment ?
— Si vous vouliez employer votre crédit...
— A te faire créer baron, officier de la Légion d'honneur, président du tribunal, mon fils ? n'est-ce pas... Ecoute, j'ai tant fait de choses dans ma vie que je suis capable de la vertu ! Je puis être ma brave femme, une femme loyale, et remorquer très-haut mon mari, mais je veux être aimée par lui sans que jamais un regard, une pensée, soient détournés de mon cœur, pas même ou intention... Ça te va-t-il ? Ne te lie pas imprudemment, il s'agit de ta vie, mon petit...
— Avec une femme comme vous, je tope sans voir, dit Fabien enivré par un regard autant qu'il l'était de liqueurs des îles.
— Tu ne te repentiras jamais de cette parole, mon bichou, tu seras pair de France... Quant à ce pauvre vieux, reprit-elle en regardant Rochegude qui dormait, d'aujourd'hui, n, i, ni, c'est fini !
Ce fut si joli, si bien dit, que Fabien saisit madame Schontz et l'embrassa par un mouvement de rage et de joie où la double ivresse de l'amour et du vin cédait à celle du bonheur et de l'ambition.
— Songe, mon cher enfant, dit-elle, à bien conduire dès à présent avec ta femme, ne fais pas l'amoureux, et laisse-moi me retirer convenablement de mon bourbier. Et Couture, qui se croit riche et receveur général !
— J'ai cet homme en horreur, dit Fabien, je voudrais ne plus le voir.
— Je ne le recevrai plus, répondit la courtisane d'un petit air prude. Maintenant que nous sommes d'accord, mon Fabien, va-t-en, il est une heure.

Cette petite scène donna naissance, dans le ménage d'Aurélie et d'Arthur, jusqu'alors si complètement heureux, à la phase de la guerre domestique déterminée au sein de tous les foyers par un intérêt secret chez un des conjoints. Le lendemain même Arthur s'éveilla seul, et trouva madame Schontz froide comme ces sortes de femmes savent se faire froides.
— Que s'est-il donc passé cette nuit ? demanda-t-il en déjeunant et en regardant Aurélie.
— C'est comme ça, dit-elle, à Paris. On s'est endormi par un temps humide, le lendemain les pavés sont secs, et tout est si bien gelé qu'il y a de la poussière. voulez-vous une brosse ?...
— Mais qu'as-tu, ma chère petite ?
— Allez trouver votre grande bringue de femme...
— Ma femme ?... s'écria le pauvre marquis.
— N'ai-je pas deviné pourquoi vous m'avez amené Maxime ?... Vous voulez vous réconcilier avec madame de Rochegude qui peut-être a besoin de vous pour un moutard indiscret... Et moi, que vous dites si fine, je vous conseillais de lui rendre sa fortune !... Oh ! je conçois votre plan ! au bout de cinq ans, monsieur est las de moi. Je suis en chair, Béatrix est bien en os, ça vous change, vous n'êtes pas le premier à qui je connais le goût des squelettes. Votre Béatrix se met bien d'ailleurs, vous êtes de ces hommes qui aiment des porte-manteaux. Puis, vous voulez faire renvoyer M. du Guénic. C'est un triomphe !... Ça vous posera bien. Parlera-t-on de cela, vous allez être un héros !
Madame Schontz n'avait pas arrêté le cours de ses railleries à deux heures après midi, malgré les protestations d'Arthur. Elle s'est invitée à dîner. Elle engagea son *infidèle* à se passer d'elle aux Italiens, elle allait voir une première représentation à l'Ambigu-Comique et y faire connaissance avec une femme charmante, madame de la Baudraye, une maîtresse à Lousteau. Arthur proposa, pour preuve de son attachement éternel à sa petite Aurélie et de son aversion pour sa femme, de partir le lendemain même pour l'Italie et d'y aller vivre maritalement à Rome, à Naples, à Florence, au choix d'Aurélie, en lui offrant une donation de soixante mille francs de rentes.
— C'est des *girles* tout cela, dit-elle. Cela ne vous empêchera pas de vous raccommoder avec votre femme, et vous ferez bien.
Arthur et Aurélie se quittèrent sur ce dialogue formidable, lui pour aller jouer et dîner au club, elle pour s'habiller et passer la soirée en tête à tête avec Fabien.
M. de Rochegude trouva Maxime au club, et se plaignit, en homme qui sentait arracher de son cœur une félicité dont les racines y tenaient à toutes les fibres. Maxime écouta les doléances du marquis comme les gens polis savent écouter, en pensant à autre chose.
— Je suis homme de bon conseil en ces sortes de matières, mon cher, lui répondit-il. Eh bien ! tu fais fausse route en laissant voir à Aurélie combien elle t'est chère. Laisse-moi te présenter à madame Antonia. C'est au cœur à louer. La Schontz chez elle avait un petit garçon... Elle a trente-sept ans, ta Schontz, et madame Antonia n'a pas plus de vingt-six ans, et quelle femme ! elle n'a pas d'esprit que dans la tête, elle ! ... C'est d'ailleurs mon élève. Si madame Schontz reste sur les ergots de sa fierté, sais-tu ce que cela voudra dire ?...
— Ma foi, non.
— Qu'elle veut peut-être se marier, et alors rien ne pourra l'empêcher de te quitter. Après six ans de bail, elle en a bien le droit cette femme... Mais, si tu voulais m'écouter, tu y aurais à clore. Ta femme aujourd'hui vaut mille fois mieux que toutes les Schontz et toutes les Antonia du quartier Saint-Georges. C'est une conquête difficile, mais elle n'est pas impossible, et maintenant elle te rendrait heureux comme un Orgon ! Dans tous les cas, il faut, si tu ne veux pas avoir l'air d'un niais, venir ce soir souper chez Antonia.
— Non, j'aime trop Aurélie, je ne veux pas qu'elle ait le moindre chose à me reprocher.
— Ah ! mon cher, quelle existence tu te prépares ! s'écria Maxime.
— Il est onze heures, elle doit être revenue de l'Ambigu, dit Rochegude en sortant.
Et il cria rageusement à son cocher d'aller à fond de train rue de la Bruyère.
Madame Schontz avait donné des instructions précises, et monsieur put entrer absolument comme s'il était en bonne intelligence avec madame, mais, avertie de l'entrée au logis de monsieur, madame s'arrangea pour faire entendre à monsieur le bruit de la porte du cabinet de toilette, qui se ferma comme se ferment les portes quand les femmes sont surprises. Puis, dans l'angle du piano, le chapeau de Fabien, oublié à dessein, fut très-maladroitement repris par la femme de chambre, dans le premier moment de conversation entre monsieur et madame.
— Tu n'es pas allée à l'Ambigu, mon petit ?
— Non, mon cher, j'ai changé d'avis, j'ai fait de la musique.
— Qui donc est venu te voir ?... dit le marquis avec bonhomie en voyant emporter le chapeau par la femme de chambre.
— Mais personne.
Sur cet audacieux mensonge, Arthur baissa la tête, il passait sous

les fourches caudines de la complaisance. L'amour véritable a de ces sublimes lâchetés. Arthur se conduisait avec madame Schontz comme Sabine avec Calyste, comme Calyste avec Béatrix.

En huit jours, il se fit une métamorphose de larve en papillon chez le jeune, spirituel et beau Charles-Édouard, comte Rusticoli de la Palférine, le héros de la scène intitulée *Un Prince de la Bohême* (voir les Scènes de la vie parisienne), ce qui dispense de faire ici son portrait et de peindre son caractère. Jusqu'alors il avait misérablement vécu, comblant ses déficits par une audace à la Danton, mais il paya ses dettes, puis il eut selon le conseil de Maxime une petite voiture basse, il fut admis au Jockey-Club, au club de la rue de Grammont, il devint d'une élégance supérieure, enfin il publia, dans le *Journal des Débats*, une nouvelle, qui lui valut en quelques jours une réputation comme les auteurs de profession ne l'obtiennent pas après plusieurs années de travaux et de succès, car il n'y a rien de violent à Paris comme ce qui doit être éphémère. Nathan, bien certain que le comte ne publierait jamais autre chose, fit un tel éloge de ce gracieux et impertinent jeune homme chez madame de Rochegude, que Béatrix, aiguillonnée par la lecture de cette nouvelle, manifesta le désir de voir ce jeune roi des truands de bon ton. Lorsque

— Il sera d'autant plus en beauté de venir ici, répondit Nathan, que je le sais épris de vous à toutes les folies.

— Mais il les a toutes faites, m'a-t-on dit.

— Toutes, non, répondit Nathan, il n'a pas encore fait celle d'aimer une honnête femme.

Six jours après le complot ourdi sur le boulevard des Italiens entre Maxime et le séduisant comte Charles-Édouard, ce jeune homme à qui la nature avait donné sans doute par raillerie une figure délicieusement mélancolique, fit sa première invasion au nid de la colombe de la rue de Chartres, qui, pour cette réception, prit une soirée où Calyste était obligé d'aller dans le monde avec sa femme. Lorsque vous rencontrerez la Palférine ou quand vous arriverez au *Prince de la Bohême*, dans le troisième livre de cette longue histoire de nos mœurs, vous concevrez parfaitement le succès obtenu dans une seule soirée par cet esprit étincelant, par cette verve moelleuse, surtout si vous vous figurez le jeune comte qui consentit à le servir dans ce début. Nathan fut bon camarade, il fit briller le jeune comte, comme un bijoutier montrant une parure à vendre en fait scintiller les diamants. La Palférine se retira discrètement le premier, il laissa Nathan et la comtesse ensemble, en comptant sur la collaboration de l'auteur célèbre, qui fut admirable. En voyant la marquise abasourdie, il lui mit le feu dans le cœur par des réticences qui remuèrent en elle des fibres de curiosité qu'elle ne se connaissait pas. Nathan fit entendre ainsi que l'esprit de la Palférine n'était pas tant la cause de ses succès auprès des femmes que sa supériorité dans l'art d'aimer, et il le grandit démesurément.

C'est ici le lieu de constater un nouvel effet de cette grande loi des contraires qui détermine beaucoup de crises du cœur humain et qui rend raison de tant de bizarreries, qu'on est forcé de la rappeler quelquefois, tout aussi bien que la loi des similaires. Les courtisanes, pour embrasser tout le sexe féminin qu'on baptise, qu'on débaptise et rebaptise à chaque quart de siècle, conservent toutes au fond de leur cœur un florissant désir de recouvrer leur liberté, d'aimer purement, saintement et noblement, un être auquel elles sacrifient tout (voir *Splendeurs et Misères des Courtisanes*). Elles éprouvent ce besoin antithétique avec tant de violence, qu'il est rare de rencontrer une de ces femmes qui n'ait pas aspiré plusieurs fois à la vertu par l'amour. Elles ne se découragent pas, malgré d'affreuses tromperies. Au contraire, les femmes contenues par leur éducation, par le rang qu'elles occupent, enchaînées par la noblesse de leur famille, vivant au sein de l'opulence, portant une auréole de vertu, sont entraînées, secrètement bien entendu, vers les régions tropicales de l'amour. Ces deux natures de femmes si opposées ont toutes deux au fond du cœur, l'une un petit désir de vertu, l'autre ce petit désir de libertinage que J.-J. Rousseau le premier a eu le courage de signaler. Chez l'une, c'est le dernier reflet du rayon divin qui n'est pas encore éteint, chez l'autre, c'est le reste de notre boue primitive. Cette dernière griffe de la bête lui agaçait, le diable fut tiré par Nathan avec une excessive habileté. La marquise se demanda sérieusement si jusqu'à présent elle n'avait pas été la dupe de sa tête, si son éducation était complète. Le vice... c'est peut-être le désir de tout savoir.

Le lendemain, Calyste parut à Béatrix ce qu'il était : un loyal et parfait gentilhomme, mais sans verve ni esprit. A Paris, un homme spirituel est un homme qui a de l'esprit comme les fontaines ont de l'eau, et les gens du monde et les Parisiens en général sont spirituels, mais Calyste aimait trop, il était trop absorbé pour apercevoir le changement de Béatrix et la satisfaire en déployant de nouvelles ressources, il parut très-pâle au reflet de la soirée précédente, et ne donna pas la moindre émotion à l'affamée Béatrix. Un grand amour est un crédit ouvert à une puissance si vorace, que le moment de la faillite arrive toujours. Malgré la fatigue de cette journée, la journée où une femme s'ennuie auprès d'un amant, Béatrix frissonna de peur en pensant à une rencontre entre la Palférine, le successeur de Maxime de Trailles, et Calyste, homme de courage sans forfanterie. Elle hé-

sita donc à revoir le jeune comte ; mais ce nœud fut tranché par un fait décisif. Béatrix avait pris un tiers de loge aux Italiens, dans une loge obscure du rez-de-chaussée afin de ne pas être vue. Depuis quelques jours Calyste, enhardi, conduisait la marquise et se tenait dans cette loge derrière elle, en combinant leur arrivée assez tard pour qu'ils ne fussent aperçus par personne. Béatrix sortait une des premières de la salle avant la fin du dernier acte, et Calyste l'accompagnait de loin en veillant sur elle, quoique le vieil Antoine vint chercher sa maîtresse. Maxime et la Palférine étudièrent cette stratégie inspirée par le respect des convenances, par le besoin de cachoterie qui distingue les idolâtres de l'éternel enfant, et aussi par une peur qui oppresse toutes les femmes autrefois les constellations du monde et qui après avoir fait choix de leur rang zodiacal. L'humiliation est alors redoutée comme une agonie plus cruelle que la mort ; mais cette agonie de la fierté, cette avanie, que les femmes restées à leur rang dans l'Olympe jettent à celles qui en sont tombées, eut lieu dans les plus affreuses conditions par les soins de Maxime. A une représentation de la *Lucia*, qui finit, comme on sait, par un des plus beaux triomphes de Rubini, madame de Rochegude qu'Antoine n'était pas venu prévenir, arriva pendant son conflit au péristyle du théâtre dont les escaliers étaient encombrés de jolies femmes étagées sur les marches ou groupées en bas en attendant leur domestique annonçant leur voiture. Béatrix fut reconnue par tous les yeux à la fois, elle excita dans tous les groupes des chuchotements qui firent rumeur. En un clin d'œil la foule se dissipa, la marquise resta seule comme une pestiférée. Calyste n'osa pas, en voyant sa femme sur un des deux escaliers, aller près d'elle la réprouvée, et Béatrix lui jeta, mais en vain par un regard trempé de larmes, à deux fois, une prière de venir près d'elle. En ce moment la Palférine, élégant, superbe, charmant, quitta deux femmes, vint saluer la marquise et causer avec elle.

— Prenez mon bras et sortez fièrement, je saurai trouver votre voiture, lui dit-il.

— Voulez-vous finir la soirée avec moi ? lui répondit-elle en montant dans sa voiture et lui faisant place près d'elle.

La Palférine dit à son groom : « Suis la voiture de madame ! » et monta près de madame de Rochegude à la stupéfaction de Calyste, qui resta planté sur ses deux jambes comme si elles eussent devenues de plomb, car ce fut pour l'avoir aperçu pâle et blême que Béatrix fit signe au jeune comte de monter près d'elle. Toutes les colombes sont des Robespierre à plumes blanches. Trois voitures arrivèrent rue de Chartres avec une foudroyante rapidité, celle de Calyste, celle de la Palférine, celle de la marquise.

— Ah ! vous voilà !... dit Béatrix en entrant dans son salon appuyée sur le bras du jeune comte et trouvant Calyste, dont le cheval avait dépassé les deux autres équipages.

— Vous connaissez donc monsieur ? demanda rageusement Calyste à Béatrix.

— M. le comte de la Palférine me fut présenté par Nathan il y a dix jours, répondit Béatrix, et vous, monsieur, vous me connaissez depuis quatre ans...

— Et je suis prêt, madame, dit Charles-Édouard, à faire repentir jusque dans ses petits-enfants madame la marquise d'Espard, qui la première s'est éloignée de vous...

— Ah ! c'est *elle* !... cria Béatrix, je lui revaudrai cela.

— Pour vous venger, il faudrait reconquérir votre mari, mais je suis capable de vous le ramener, dit le jeune homme à l'oreille de la marquise.

La conversation ainsi commencée alla jusqu'à deux heures du matin sans que Calyste, dont la rage fut sans cesse refoulée par des regards de Béatrix, eût pu lui dire deux mots à part. La Palférine, qui n'aimait pas Béatrix, fut d'une supériorité de bon goût, d'esprit et de grâce égale à l'infériorité de Calyste, qui se tortillait sur les meubles comme un ver coupé en deux, et qui par trois fois se leva pour souffleter la Palférine. La troisième fois que Calyste fit un bond vers son rival, le jeune comte lui dit : — « Souffrez-vous, monsieur le baron ?... » qui fit asseoir Calyste sur une chaise, et il y resta comme un terme. La marquise conversait avec une aisance de Célimène, en feignant d'ignorer que Calyste fût là. La Palférine eut la suprême habileté de sortir sur un mot plein d'esprit en laissant les deux amants brouillés.

Ainsi, par l'adresse de Maxime, le feu de la discorde flambait dans le double ménage de M. et de madame de Rochegude. Le lendemain, en apprenant le succès de cette scène par la Palférine au Jockey-Club, on le jeune comte jouait au whist avec ses amis, il alla rue de Bruyère, à l'hôtel Schontz, savoir comment Aurélie menait sa barque.

— Mon cher, dit madame Schontz en riant à l'aspect de Maxime, je suis au bout de tous mes expédients, Rochegude est incurable. Je finis ma carrière de galanterie en m'apercevant que l'esprit y est un malheur.

— Explique-moi cette parole.

— D'abord, mon cher ami, j'ai tenu mon Arthur pendant huit jours au régime des coups de pied dans les os des jambes, des sceles plus patriotiques et de tout ce que nous connaissons de plus désagréable dans notre métier. — « Tu es malade, me disait-il avec une douceur paternelle, car je ne t'ai fait que du bien, et je t'aime à l'adoration. — Vous avez un tort, mon cher, lui ai-je dit, vous m'ennuyez. — Eh bien! n'as-tu pas pour t'amuser les gens les plus spirituels et les plus jolis jeunes gens de Paris? » m'a répondu ce pauvre homme. J'ai été collée. Là, j'ai senti que je l'aimais...

— Ah! dit Maxime.

— Que veux-tu? c'est plus fort que nous, on ne résiste pas à ces façons-là. J'ai changé la pédale. J'ai fait des agaceries à ce sanglier judiciaire, à mon futur tourné comme Arthur en mouton, je l'ai fait rester là sur la bergère de Rochegude, et je l'ai trouvé bien sot. Me suis-je ennuyée!.. il fallait bien avoir là Fabien pour me faire surprendre avec lui...

— Eh bien! s'écria Maxime, arrive donc... ! Voyons, quand Rochegude t'a eu surprise?...

— Tu n'y es pas, mon bonhomme. Selon tes instructions, les bans sont publiés, notre contrat se griffonne, ainsi Notre-Dame-de-Lorette n'a rien à redire. Quand il y a promesse de mariage, on peut bien donner des arrhes..... En nous surprenant, Fabien et moi, le pauvre Arthur s'est retiré sur la pointe des pieds jusque dans la salle à manger, et il s'est mis à faire: « Broum! broum! » en toussaillant et heurtant beaucoup de chaises. Ce grand niais de Fabien, à qui je ne peux pas tout dire, a eu peur...

Voilà, mon cher Maxime, à quel point nous en sommes.

Arthur me verrait deux, un matin en entrant dans ma chambre, il est capable de me dire: — Avez-vous bien passé la nuit, mes enfants?

Maxime hocha la tête, et joua pendant quelques instants avec sa canne.

— Je connais ces natures-là, dit-il. Voici comment il faut s'y prendre, il n'y a plus qu'à jeter Arthur par la fenêtre et à bien fermer la porte. Tu recommenceras ta dernière scène avec Fabien...

— En voilà une corvée, car enfin le sacrement ne m'a pas encore donné sa vertu...

— Tu t'arrangeras pour échanger un regard avec Arthur quand il te surprendra, dit Maxime en continuant; s'il se fâche, tout est dit. S'il fait encore broum! broum! c'est encore bien mieux fini...

— Comment?...

— Eh bien! tu te fâcheras, tu lui diras: « Je me croyais aimée, estimée; mais vous n'éprouvez plus rien pour moi; vous n'avez pas de jalousie. » Tu connais la tirade. « Dans ce cas-là, Maxime (fais-moi intervenir) tuerait son homme sur le coup (Et pleure!) Et Fabien, lui (fais-lui honte en le comparant à Fabien), Fabien que j'aime, Fabien tirerait un poignard pour me le plonger dans le cœur. Ah! voilà aimer! aussi, tenez, adieu, bonsoir, reprenez votre hôtel, j'épouse Fabien, il me donne son nom, lui! il foule aux pieds sa vieille mère. » Enfin, tu...

— Connu! connu! je serai superbe! s'écria madame Schontz. Ah! Maxime, il n'y aura jamais qu'un Maxime, comme il n'y a eu qu'un de Marsay.

— La Palférine est plus fort que moi, répondit modestement le comte de Trailles, il va bien.

— Il a de la langue, mais tu as du poignet et des reins! En as-tu supporté! en as-tu peloté! dit la Schontz.

— La Palférine a tout, il est profond et instruit; tandis que je suis ignorant, répondit Maxime. J'ai vu Rastignac, qui s'est entendu sur-le-champ avec le garde des sceaux, Fabien sera nommé président, et officier de la Légion d'honneur après un an d'exercice.

— Je me ferai dévote! répondit madame Schontz en accentuant cette phrase de manière à obtenir un signe d'approbation de Maxime.

— Les prêtres valent mieux que nous, repartit Maxime.

— Ah! vraiment? demanda madame Schontz. Je pourrai donc rencontrer des gens à qui parler en province. J'ai commencé mon rôle. Fabien a déjà dit à sa mère que la grâce m'avait éclairée, et il a fasciné la bonne femme de mon million et de la présidence, elle consent à ce que nous demeurions chez elle, elle a demandé mon portrait et m'a envoyé le sien; si l'Amour le regardait, il en tomberait..... à la renverse! Va-t'en, Maxime, ce soir je vais exécuter mon pauvre homme, ça me fend le cœur.

Deux jours après, en s'abordant sur le seuil de la maison du Jockey-club, Charles-Edouard dit à Maxime: — C'est fait! Ce mot, qui contenait tout un drame horrible, épouvantable, accompli souvent par vengeance, fit sourire le comte de Trailles.

— Nous allons entendre les doléances de Rochegude, dit Maxime, car vous avez touché lui ensemble, Aurélie et toi! Aurélie a mis Arthur à la porte, et il faut maintenant le chambrer, il doit donner trois cent mille francs à madame du Ronceret et revenir à sa femme, nous allons lui prouver que Béatrix est supérieure à Aurélie.

— Nous avons bien dix jours devant nous, dit finement Charles-Edouard, et, en conscience, ce n'est pas trop; car, maintenant que je connais la marquise, le pauvre homme sera joliment volé.

— Comment feras-tu, lorsque la bombe éclatera?

— On a toujours de l'esprit quand on a le temps d'en chercher, je suis surtout superbe en me préparant.

Maxime de Trailles et le comte de la Palférine. — PAGE 69.

Les deux joueurs entrèrent ensemble dans le salon, et trouvèrent le marquis de Rochegude vieilli de deux ans, il n'avait pas mis son corset, il était sans élégance, la barbe longue.

— Eh bien! mon cher marquis?... dit Maxime.

— Ah! mon cher, ma vie est brisée.

Arthur parla pendant dix minutes, et Maxime l'écouta gravement, il pensait à son mariage, qui se célébrait dans huit jours.

— Mon cher Arthur, je t'avais donné le seul moyen que je connusse de garder Aurélie, et tu n'as pas voulu...

— Lequel?

— Ne t'avais-je pas conseillé d'aller souper chez Antonia?

— C'est vrai... Que veux-tu? j'aime... et toi, tu fais l'amour comme Grisier fait des armes.

— Ecoute, Arthur, donne-lui trois cent mille francs de son petit hôtel, et je te promets de te trouver mieux qu'elle... Je te parlerai de cette belle inconnue plus tard, je vois d'Ajuda qui veut me dire deux mots.

Et Maxime laissa l'homme inconsolable pour aller au représentant d'une famille à consoler.

— Mon cher, dit l'autre marquis à l'oreille de Maxime, la duchesse est au désespoir, Calyste a fait faire secrètement ses malles, il a pris un passe-port. Sabine veut suivre les fugitifs, surprendre Béatrix et la griffer. Elle est grosse, et ça prend la tournure d'une envie assez meurtrière, car elle est allée acheter publiquement des pistolets.

— Dis à la duchesse que madame de Rochegude ne partira pas, et que dans quinze jours tout sera fini. Maintenant, d'Ajuda, ta main. Ni toi, ni moi, nous n'avons jamais rien dit, rien su : nous admirerons les hasards de la vie !...

— La duchesse m'a déjà fait jurer, sur les saints Évangiles et sur la croix, de me taire.

— Tu recevras ma femme dans un mois d'ici...

— Avec plaisir.

— Tout le monde sera content, répondit Maxime. Seulement, préviens la duchesse d'une circonstance qui va retarder de six semaines son voyage en Italie, je te dirai quoi plus tard.

— Qu'est-ce ?..... dit d'Ajuda, qui regardait la Palférine.

— Le mot de Socrate avant de partir : nous devons un coq à Esculape, répondit la Palférine sans sourciller.

Pendant dix jours, Calyste fut sous le poids d'une colère d'autant plus invincible, qu'elle était doublée d'une véritable passion. Béatrix éprouvait cet amour si brutalement, mais si fidèlement dépeint à la duchesse de Grandlieu par Maxime de Trailles. Peut-être n'existe-t-il pas d'êtres bien organisés qui ne ressentent cette terrible passion une fois dans le cours de leur vie. La marquise se sentait domptée par une force supérieure, par un jeune homme à qui sa qualité n'imposait pas, qui, tout aussi noble qu'elle, la regardait d'un œil puissant et calme, et à qui ses plus grands efforts de femme arrachaient à peine un sourire d'éloge. Enfin, elle était opprimée par un tyran qui ne la quittait jamais sans la laisser pleurant, blessée et se croyant des torts.

Charles-Édouard jouait à madame de Rochegude la comédie que madame de Rochegude jouait depuis six mois à Calyste. Béatrix, depuis l'humiliation publique reçue aux Italiens, n'était pas sortie avec M. du Guénic de cette proposition :

— Vous m'avez préféré le monde et votre femme, vous ne m'aimez donc pas. Si vous voulez me prouver que vous m'aimez, sacrifiez-moi votre femme et le monde. Abandonnez Sabine et allons vivre en Suisse, en Italie, en Allemagne.

S'autorisant de ce dur *ultimatum*, elle avait établi ce blocus que les femmes dévouent par de froids regards, par des gestes dédaigneux et par leur contenance de place forte. Elle se croyait délivrée de Calyste, elle pensait que jamais il n'oserait rompre avec les Grandlieu. Laisser Sabine, à qui mademoiselle des Touches avait laissé sa fortune, n'était-ce pas se vouer à la misère ? Mais Calyste, devenu fou de désespoir, avait secrètement pris un passe-port, et prié sa mère

de lui faire passer une somme considérable. En attendant cet envoi de fonds, il surveillait Béatrix, en proie à toute la fureur d'une jalousie bretonne. Enfin, neuf jours après la fatale communication faite au club par la Palférine à Maxime, le baron, à qui sa mère avait envoyé trente mille francs, accourut chez Béatrix avec l'intention de forcer le blocus, de chasser la Palférine et de quitter Paris avec son idole apaisée. Ce fut une de ces alternatives terribles où les femmes qui ont conservé quelque peu de respect d'elles-mêmes s'enfoncent à jamais dans les profondeurs du vice ; mais d'où elles peuvent revenir à la vertu. Jusque-là madame de Rochegude se regardait comme une femme vertueuse au cœur de laquelle il était tombé deux passions ; mais adorer Charles-Édouard et se laisser aimer par Calyste, elle allait perdre sa propre estime ; car, là où commence le mensonge, commence l'infamie. Elle avait donné des droits à Calyste, et nul pouvoir humain ne pouvait empêcher le Breton de se mettre à ses pieds et de les arroser des larmes d'un repentir absolu. Beaucoup de gens s'étonnent de l'insensibilité glaciale sous laquelle les femmes éteignent leurs amours ; mais, si elles n'effaçaient point ainsi le passé, la vie serait sans dignité pour elles, elles ne pourraient jamais résister à la privauté fatale à laquelle elles se sont une fois soumises. Dans la situation entièrement neuve où elle se trouvait, Béatrix eût été sauvée si la Palférine fût venu ; mais l'intelligence du vieil Antoine la perdit.

E. entendant une voiture qui arrêtait à la porte, elle dit à Calyste :

— Voilà du monde ! et elle courut afin de prévenir un éclat.

Antoine, en homme prudent, dit à Charles-Édouard, qui ne venait pas pour autre chose que pour entendre cette parole : — Madame la marquise est sortie !

Quand Béatrix apprit de ses vieux domestique que la visite du jeune comte et la réponse faite, elle dit : — « C'est bien ! » et rentra dans son salon en se disant : — « Je me ferai religieuse ! »

Calyste, qui s'était permis d'ouvrir la fenêtre, aperçut son rival.

— Qui donc est venu ? demanda-t-il.

— Je ne sais pas, Antoine est encore en bas.

— C'est la Palférine.

— Cela pourrait être.

— Tu l'aimes, et voilà pourquoi tu me trouves des torts, je l'ai vu !...

— Tu l'as vu ?...

— J'ai ouvert la fenêtre...

Béatrix tomba comme morte sur son divan. Alors elle transigea pour avoir un lendemain ; elle remit le départ à huit jours sous prétexte d'affaires, et se jura de défendre sa porte à Calyste si elle pouvait apaiser la Palférine, car tels sont les épouvantables calculs et les brûlantes angoisses que cachent ces existences sorties des rails sur lesquels roule le grand convoi social.

Lorsque Béatrix fut seule, elle se trouva si malheureuse, si profondément humiliée, qu'elle se mit au lit ; elle était malade, le combat violent qui lui déchirait le cœur lui parut avoir une réaction horrible, elle envoya chercher le médecin ; mais, en même temps, elle

Lorsque Béatrix fut seule, elle se trouva si malheureuse... — PAGE 73.

fit remettre chez la Palférine la lettre suivante, où elle se vengea de Calyste avec une sorte de rage.

« Mon ami, venez me voir, je suis au désespoir. Antoine vous a « renvoyé quand votre arrivée eût mis fin à l'un des plus horribles « cauchemars de ma vie en me délivrant d'un homme que je hais, et « que je ne reverrai plus jamais, je l'espère. Je n'aime que vous au « monde, et je n'aimerai plus que vous, quoique j'aie le malheur de « ne pas vous plaire autant que je le voudrais... »

Elle écrivit quatre pages qui, commençant ainsi, finissaient par une exaltation beaucoup trop poétique pour être typographiée, mais où Béatrix se compromettait tant, qu'elle la termina par : « Suis-je assez « à ta merci? Ah! rien ne me coûtera pour te prouver combien tu es « aimé. » Et elle signa, ce qu'elle n'avait jamais fait, ni pour Calyste, ni pour Conti.

Le lendemain, à l'heure où le jeune comte vint chez la marquise, elle était au bain, Antoine le pria d'attendre. A son tour, il fit renvoyer Calyste, qui tout affamé d'amour vint de bonne heure, et qu'il regarda par la fenêtre au moment où il remontait en voiture désespéré.

— Ah! Charles, dit la marquise en entrant dans son salon, vous m'avez perdue!...

— Je le sais bien, madame, répondit tranquillement la Palférine. Vous m'avez juré que vous n'aimiez que moi, vous m'avez offert de me donner une lettre dans laquelle vous écririez les motifs que vous auriez de vous tuer, afin qu'en cas d'infidélité je pusse vous empoisonner sans avoir rien à craindre de la justice humaine, comme si des gens supérieurs avaient besoin de recourir au poison pour se venger. Vous m'avez écrit : *Rien ne me coûtera pour te prouver combien tu es aimé!*... Eh bien! je trouve une contradiction dans ce mot: *Vous m'avez perdue!* avec cette fin de lettre... Je saurai maintenant si vous avez eu le courage de rompre avec du Guénic...

— Eh bien! tu t'es vengé de lui par avance, dit-elle en lui sautant au cou. Et, de cette affaire-là, toi et moi nous sommes liés à jamais...

— Madame, répondit froidement le prince de la Bohême, si vous me voulez pour ami, j'y consens, mais à des conditions...

— Des conditions?

— Oui, des conditions que voici. Vous vous réconcilierez avec M. de Rochegude, vous recouvrerez les honneurs de votre position, vous reviendrez dans votre bel hôtel de la rue d'Anjou, vous serez une des reines de Paris, vous le pourrez en faisant jouer à Rochegude un rôle politique et en mettant dans votre conduite l'habileté, la persistance que madame d'Espard a déployées. Voilà la situation dans laquelle doit être une femme à qui je fais l'honneur de me donner.

— Mais, vous oubliez que le consentement de M. de Rochegude est nécessaire.

— Oh! chère enfant! repondit la Palférine, nous vous l'avons préparé, je lui ai engagé ma foi de gentilhomme que vous valiez toutes les Schontz du quartier Saint-Georges, et vous me devez compte de mon honneur...

Pendant huit jours, tous les jours, Calyste alla chez Béatrix, dont la porte lui fut refusée par Antoine, qui prenait une figure de circonstance pour dire : « Madame la marquise est dangereusement malade. » De là, Calyste courait chez la Palférine dont le valet de chambre répondait : « M. le comte est à la chasse! » Chaque fois le Breton laissait une lettre pour la Palférine.

Le neuvième jour, Calyste, assigné par un mot de la Palférine pour une explication, le trouva, mais en compagnie de Maxime de Trailles, à qui le jeune roué voulait donner sans doute une preuve de son savoir-faire en le rendant témoin de cette scène.

— Monsieur le baron, dit tranquillement Charles-Edouard, voici les six lettres que vous m'avez fait l'honneur de m'écrire, elles sont saines et entières, elles n'ont pas été décachetées, je savais d'avance ce qu'elles pouvaient contenir en apprenant que vous me cherchiez partout, depuis le jour que je vous ai regardé par la fenêtre quand vous étiez à la porte d'une maison où, la veille, j'étais à la porte quand vous étiez à la fenêtre. J'ai pensé que je devais ignorer des provocations malséantes. Entre nous, vous avez trop de bon goût pour en vouloir à une femme de ce qu'elle ne vous aime plus. C'est un mauvais moyen de la reconquérir que de chercher querelle au préféré. Mais, dans la circonstance actuelle, vos lettres étaient entachées d'un vice radical, elles sont *nulles*, comme disent les avoués. Vous avez trop de bon sens pour en vouloir à un mari de reprendre sa femme. M. de Rochegude a senti que la situation de la marquise était sans dignité. Vous ne trouverez plus madame de Rochegude rue de Chartres, mais bien à l'hôtel de Rochegude, dans six mois, l'hiver prochain. Vous vous êtes jeté fort étourdiment au milieu d'un raccommodement entre époux, que vous avez provoqué vous-même en ne sauvant pas à madame de Rochegude l'humiliation qu'elle a subie aux Italiens. En sortant de là, Béatrix, à qui j'avais porté déjà quelques propositions amicales de la part de son mari, me prit dans sa voiture et son premier mot fut alors : — Allez chercher Arthur!...

— Oh! mon Dieu!... s'écria Calyste, elle avait raison, j'avais manqué de dévouement.

— Malheureusement, monsieur, ce pauvre Arthur vivait avec une de ces femmes atroces, la Schontz, qui, depuis longtemps, se voyait d'heure en heure sur le point d'être quittée. Madame Schontz, qui, sur la foi du teint de Béatrix, nourrissait le désir de se voir un jour marquise de Rochegude, est devenue enragée en trouvant ses châteaux en Espagne à terre, elle a voulu se venger d'un seul coup de la femme et du mari. Ces femmes-là, monsieur, se crèvent un œil pour en crever deux à leur ennemi : la Schontz, qui vient de quitter Paris, en a crevé six!... Et si j'avais eu l'imprudence d'aimer Béatrix, cette Schontz en aurait crevé huit. Vous devez vous être aperçu que vous avez besoin d'un oculiste...

Maxime ne put s'empêcher de sourire au changement de figure de Calyste qui devint pâle, en ouvrant alors les yeux sur sa situation.

— Croiriez-vous, monsieur le baron, que cette ignoble femme a donné sa main à l'homme qui lui a fourni les moyens de se venger?... Oh! les femmes!... Vous comprenez maintenant pourquoi Béatrix s'est renfermée avec Arthur pour quelques mois à Nogent-sur-Marne où ils ont une délicieuse petite maison, ils y recouvreront la vue. Pendant ce séjour, on va remettre à neuf leur hôtel, où la marquise veut déployer une splendeur princière. Quand on aime sincèrement une femme si noble, si grande, si gracieuse, victime de l'amour conjugal au moment où elle a le courage de revenir à ses devoirs, le rôle de ceux qui l'adorent comme vous l'adorez, qui l'admirent comme je l'admire, est de rester ses amis quand on ne peut plus être que cela... Vous voudrez bien m'excuser je n'ai devoir prendre M. le comte de Trailles pour témoin de cette explication, mais je tenais beaucoup à être net en tout ceci. Quant à moi, je veux surtout vous dire que, si j'admire madame de Rochegude comme intelligence, elle me déplaît souverainement comme femme.

— Voilà donc comme finissent nos plus beaux rêves, nos amours célestes! dit Calyste, abasourdi par tant de révélations et de désillusionnements.

— En queue de poisson! s'écria Maxime. Je ne connais pas de premier amour qui ne se termine bêtement. Ah! monsieur le baron, tout ce que l'homme a de céleste, ne se trouve d'aiment que dans le ciel!... Voilà ce qui nous donne raison à nous autres roués. Moi, j'ai beaucoup creusé cette question-là, monsieur ; et, vous le voyez, je suis marié d'hier, je serai fidèle à ma femme, et je vous engage à revenir à madame du Guénic... dans trois mois. Ne regrettez pas Béatrix, c'est le modèle de ces natures vaniteuses, sans énergie, coquettes par gloriole, c'est madame d'Espard sans sa politique profonde, la femme sans cœur et sans foi, étourdie dans le mal. Madame de Rochegude n'aime qu'elle, elle vous aurait brouillé sans retour avec madame du Guénic, et vous eût planté là sans remords ; enfin, c'est incomplet pour le vice comme pour la vertu.

— Je ne suis pas de ton avis, Maxime, dit la Palférine, elle sera la plus délicieuse maîtresse de maison de Paris.

Calyste ne sortit pas sans avoir échangé des poignées de main avec Charles-Edouard et Maxime de Trailles en les remerciant de ce qu'ils l'avaient opéré de ses illusions.

Trois jours après, la duchesse de Grandlieu, qui n'avait pas vu sa fille Sabine depuis la matinée où cette conférence avait eu lieu, survint un matin et trouva Calyste au bain, Sabine auprès de lui travaillait à des ornements nouveaux pour une layette.

— Eh bien! que vous arrive-t-il donc, mes enfants? demanda la bonne duchesse.

— Rien que de bon, ma chère maman, répondit Sabine, qui leva sur sa mère des yeux rayonnants de bonheur, nous avons joué la fable des deux pigeons! voilà tout.

Calyste tendit la main à sa femme et la lui serra si tendrement en lui jetant un regard si éloquent, qu'elle dit à l'oreille de la duchesse :

— Je suis aimée, ma mère, et pour toujours!

1838-1844.

FIN DE BÉATRIX.

LA GRENADIÈRE

A CAROLINE,

A la poésie du voyage, le voyageur reconnaissant,

DE BALZAC.

La Grenadière est une petite habitation située sur la rive droite de la Loire, en aval et à mi ni île environ du pont de Tours. En cet endroit, la rivière, large comme un lac, est parsemée d'îles vertes et bordée par une roche sur laquelle sont assises plusieurs maisons de campagne, toutes bâties en pierre blanche, entourées de clos de vigne et de jardins où les plus beaux fruits du monde mûrissent à l'exposition du midi. Patiemment terrassés par plusieurs générations, les creux du rocher réfléchissent les rayons du soleil, et permettent de cultiver en pleine terre, à la faveur d'une température factice, les productions des plus chauds climats. Dans une des moins profondes anfractuosités qui découpent cette colline s'élève la flèche aiguë de Saint-Cyr, petit village duquel dépendent toutes ces maisons éparses. Puis, un peu plus loin, la Choisille se jette dans la Loire par une grasse vallée qui interrompt ce long coteau. La Grenadière, sise à mi-côte du rocher, à une centaine de pas de l'église, est un de ces vieux logis de deux ou trois cents ans qui se rencontrent en Touraine dans chaque jolie situation. Une cassure de roc a favorisé la construction d'une rampe qui arrive en pente douce sur la *levée*, nom donné dans le pays à la digue établie au bas de la côte pour maintenir la Loire dans son lit, et sur laquelle passe la grande route de Paris à Nantes. En haut de la rampe est une porte, où commence un petit chemin pierreux, ménagé entre deux terrasses, espèces de fortifications garnies de treilles et d'espaliers, destinées à empêcher l'éboulement des terres. Ce sentier pratiqué au pied de la terrasse supérieure, et presque caché par les arbres de celle qu'il couronne, mène à la maison par une pente rapide, en laissant voir la rivière, dont l'étendue s'agrandit à chaque pas. Ce chemin creux est terminé par une seconde porte de style gothique, cintrée, chargée de quelques ornements simples mais en ruines, couverts de giroflées sauvages, de lierres, de mousses et de pariétaires. Ces plantes indestructibles décorent les murs de toutes les terrasses, d'où elles sortent par la fente des assises, en dessinant à chaque nouvelle saison de nouvelles guirlandes de fleurs.

En franchissant cette porte vermoulue, un petit jardin, conquis sur le rocher par une dernière terrasse dont la vieille balustrade noire domine toutes les autres, offre à la vue son gazon orné de quelques arbres verts et d'une multitude de rosiers et de fleurs. Puis, en face du portail, à l'autre extrémité de la terrasse, est un pavillon de bois appuyé sur le mur voisin, et dont les poteaux sont cachés par des jasmins, des chèvrefeuilles, de la vigne et des clématites. Au milieu de ce dernier jardin, s'élève la maison sur un perron voûté, couvert de pampres, et sur lequel se trouve la porte d'une vaste cave creusée dans le roc. Le logis est entouré de treilles et de grenadiers en pleine terre, de là vient le nom donné à cette closerie. La façade est composée de deux larges fenêtres séparées par une porte bâtarde très-rustique, et de trois mansardes prises sur un toit d'une élévation prodigieuse relativement au peu de hauteur du rez-de-chaussée. Ce toit à deux pignons est couvert en ardoises. Les murs du bâtiment principal sont peints en jaune, et la porte, les contrevents d'en bas, les persiennes des mansardes, sont verts.

En entrant, vous trouverez un petit palier où commence un escalier tortueux, dont le système change à chaque tournant; il est en bois presque pourri; sa rampe creusée en forme de vis a été brunie par un long usage. A droite est une vaste salle à manger boisée à l'antique, dallée en carreau blanc fabriqué à Château-Regnault; puis, à gauche, un salon de pareille dimension, sans boiseries, mais tendu d'un papier aurore à bordure verte. Aucune des deux pièces n'est plafonnée; les solives sont en bois de noyer et les interstices remplis d'un torchis blanc fait avec de la bourre. Au premier étage, il y a deux grandes chambres dont les murs sont blanchis à la chaux; les cheminées en pierre y sont moins richement sculptées que celles du rez-de-chaussée. Toutes les ouvertures sont exposées au midi. Au nord il n'y a qu'une seule porte, donnant sur les vignes et pratiquée derrière l'escalier. A gauche de la maison, est adossée une construction en colombage, dont les bois sont extérieurement garantis de la pluie et du soleil par des ardoises qui dessinent sur les murs de longues lignes bleues, droites ou transversales. La cuisine, placée dans cette espèce de chaumière, communique intérieurement avec la maison, mais elle a néanmoins une entrée particulière, élevée de quelques marches, au bas desquelles se trouve un puits profond, surmonté d'une pompe champêtre enveloppée de sabines, de plantes aquatiques et de hautes herbes. Cette bâtisse récente prouve que la Grenadière était jadis un simple *vendangeoir*. Les propriétaires y venaient de la ville, dont elle est séparée par le vaste lit de la Loire, seulement pour faire leur récolte, ou quelque partie de plaisir. Ils y envoyaient dès le matin leurs provisions et n'y couchaient guère que pendant le temps des vendanges. Mais les Anglais sont tombés comme un nuage de sauterelles sur la Touraine, et il a bien fallu compléter la Grenadière pour la leur louer. Heureusement ce moderne appendice est dissimulé sous les premiers tilleuls d'une allée plantée dans un ravin au bas des vignes. Le vignoble, qui peut avoir deux arpents, s'élève au-dessus de la maison et la domine entièrement avec une pente si roide, qu'il est très-difficile de la gravir. A peine y a-t-il entre la maison et cette colline verdie par des pampres traînants un espace de cinq pieds, toujours humide et froid, espèce de fossé plein de végétations vigoureuses où tombent, par les temps de pluie, les engrais de la vigne qui vont enrichir le sol des jardins soutenus par la terrasse à balustrade. La maison du closier chargé de faire les façons de la vigne est adossée au pignon de gauche, elle est couverte en chaume et fait en quelque sorte le pendant de la cuisine. La propriété est entourée de murs et d'espaliers, la vigne est plantée d'arbres fruitiers de toute espèce, enfin pas un pouce de ce terrain précieux n'est perdu pour la culture. Si l'homme néglige un aride quartier de roche, la nature y jette soit un figuier, soit des fleurs champêtres, ou quelques fraisiers abrités par les pierres.

En aucun lieu du monde vous ne rencontreriez une demeure tout à la fois si modeste et si grande, si riche en fructifications, en parfums, en points de vue. Elle est, au cœur de la Touraine, une petite Touraine où toutes les fleurs, tous les fruits, toutes les beautés de ce pays, sont complètement représentés. C'est les raisins de chaque contrée, les figues, les pêches, les poires de toutes les espèces, et des melons en plein champ aussi bien que la réglisse, les genêts d'Esgne, les lauriers-roses de l'Italie et les jasmins des Açores. La Loire est à vos pieds. Vous la dominez d'une terrasse élevée de trente toises au-dessus de ses eaux capricieuses ; le soir vous respirez ses brises venues fraîches de la mer et parfumées dans leur route par les fleurs des longues levées. Un nuage errant qui, à chaque pas dans l'espace, change de couleur ou de forme, sous un ciel parfaitement bleu, donne mille aspects nouveaux à chaque détail des paysages magnifiques qui s'offrent au regard, en quelque endroit que vous vous placiez. De là, les yeux embrassent d'abord la rive gauche de la Loire depuis Amboise, la fertile plaine où s'élèvent Tours, ses faubourgs, ses fabriques, le Plessis ; puis, une partie de la rive droite qui, depuis Vouvray jusqu'à Saint-Symphorien, décrit un demi-cercle de rochers pleins de joyeux vignobles. La vue n'est bornée que par les riches coteaux du Cher, horizon bleuâtre, chargé de parcs et de châteaux. Enfin, à l'ouest, l'âme se perd dans le fleuve immense sur lequel naviguent à toute heure les bateaux à voiles blanches, cintrées par les vents qui règnent presque toujours dans ce vaste bassin. Un prince peut faire sa villa de la Grenadière, mais certes un poëte en fera toujours son logis, deux amants y verront le plus doux refuge ; elle est la demeure d'un bon bourgeois de Tours; elle a des poésies pour toutes les imaginations, pour les plus humbles et les plus froides, comme pour les plus élevées et les plus passionnées : personne n'y reste sans y sentir l'atmosphère du bonheur, sans y comprendre toute une vie tranquille, dénuée d'ambition, de soins. La rêverie est dans l'air et dans le murmure des flots, les sables parlent, ils sont tristes ou gais, dorés ou ternes ; tout est mouvement autour du possesseur de cette vigne, immobile au milieu de ses fleurs vivaces et de ses fruits appétissants. Un Anglais donne mille francs pour habiter pendant six mois cette humble maison, mais il s'engage à en respecter les récoltes ; s'il veut les fruits, il en double le loyer, si le vin lui fait envie, il double encore la somme. Que vaut donc la Grenadière avec sa rampe, son chemin creux, sa triple terrasse, ses deux arpents de vigne, ses balustrades de rosiers fleuris, son vieux perron, sa pompe, ses clématites échevelées et ses arbres cosmopolites ? N'offrez pas de prix ! La Grenadière ne sera jamais à vendre. Achetée une fois en 1690, et laissée à regret pour quarante mille francs, comme un cheval favori abandonné par l'Arabe du désert, elle est restée dans la même famille, elle était, d'orgueil, le joyau patrimonial, le régent. Voir, n'est-ce pas avoir ? a dit un poëte. De là vous voyez trois vallées de la Touraine et sa cathédrale suspendue dans les airs comme un ouvrage en filigrane. Peut-on payer de tels trésors ? Pourrez-vous jamais payer la santé que vous recouvrez là sous les tilleuls ?

Au printemps d'une des plus belles années de la Restauration, une dame, accompagnée d'une femme de charge et de deux enfants, dont le plus jeune paraissait avoir huit ans et l'autre environ treize, vint à Tours y chercher une habitation. Elle vit la Grenadière et la loua. Peut-être la distance qui la séparait de la ville la décida-t-elle à s'y loger. Le salon lui servit de chambre à coucher, elle mit chaque enfant dans une des pièces du premier étage, et la femme de charge coucha dans un petit cabinet ménagé au-dessus de la cuisine. La salle à manger devint le salon commun à la petite famille et le lieu de réception. La maison fut meublée très-simplement, mais avec goût, il n'y eut rien d'inutile ni rien qui sentît le luxe. Les meubles choisis par l'inconnue étaient en noyer, sans aucun ornement. La propreté, l'accord régnant entre l'intérieur et l'extérieur du logis en firent tout le charme.

Il fut donc assez difficile de savoir si madame Willemsens (nom que prit l'étrangère) appartenait à la riche bourgeoisie, à la haute noblesse ou à certaines classes équivoques de l'espèce féminine. Sa simplicité donnait matière aux suppositions les plus contradictoires, mais ses manières pouvaient confirmer celles qui lui étaient favorables. Aussi, peu de temps après son arrivée à Saint-Cyr, sa conduite si réservée excita-t-elle l'intérêt des personnes oisives, habituées à observer en province tout ce qui semble devoir animer la sphère étroite ou elles vivent. Madame Willemsens était une femme d'une taille assez élevée, mince et maigre, mais délicatement faite. Elle avait de jolis pieds, plus remarquables par la grâce avec laquelle ils étaient attachés que par leur étroitesse, mérite vulgaire, puis des mains qui semblaient belles sous le gant. Quelques rougeurs foncées et mobiles empourpraient son teint blanc, jadis frais et coloré. Des rides précoces flétrissaient un front de forme élégante, couronné par de beaux cheveux châtains, bien plantés et toujours tressés en deux nattes circulaires, coiffure de vierge qui seyait à sa physionomie mélancolique. Ses yeux noirs, fortement cernés, creusés, pleins d'une ardeur fiévreuse, affectaient un calme menteur ; et par moments, si elle oubliait l'expression qu'elle s'était imposée, ils y peignaient de secrètes angoisses. Son visage ovale était un peu long, mais peut-être autrefois le bonheur et la santé lui donnaient-ils de justes proportions. Un faux sourire, empreint d'une tristesse douce, errait habituellement sur ses lèvres pâles ; néanmoins sa bouche s'animait et son sourire exprimait les délices du sentiment maternel quand ses deux enfants la regardaient ou lui faisaient une de ces questions intarissables et oiseuses, qui toutes ont un sens pour une mère. Sa démarche était lente et noble. Elle conserva la même mise avec une constance qui annonçait l'intention formelle de ne plus s'occuper de sa toilette et d'oublier le monde, par qui elle voulait sans doute être oubliée. Elle avait une robe noire très-longue, serrée par un ruban de moire, et par-dessus, en guise de châle, un fichu de batiste à large ourlet dont les deux bouts étaient négligemment passés dans sa ceinture. Chaussée avec un soin qui dénotait des habitudes d'élégance, elle portait des bas de soie gris qui complétaient la teinte de deuil répandue dans ce costume de convention. Son chapeau, de forme anglaise et invariable, était en étoffe grise et orné d'un voile noir. Elle paraissait être d'une extrême faiblesse et très-souffrante. Sa seule promenade consistait à aller de la Grenadière au pont de Tours, où, quand la soirée était calme, elle venait avec ses deux enfants respirer l'air frais de la Loire et admirer les effets produits par le soleil couchant dans ce paysage aussi vaste que l'est celui de la baie de Naples ou du lac de Genève. Durant le temps de son séjour à la Grenadière, elle ne se rendit que deux fois à Tours : ce fut d'abord pour prier le principal du collége de lui indiquer les meilleurs maîtres de latin, de mathématiques et de dessin ; puis pour déterminer avec les personnes qui lui furent désignées soit le prix de leurs leçons, soit les heures auxquelles ces leçons pourraient être données aux enfants. Mais il lui suffisait de se montrer une ou deux fois par semaine, le soir, sur le pont, pour exciter l'intérêt de presque tous les habitants de la ville, qui s'y promènent habituellement. Cependant, malgré l'espèce d'espionnage innocent que créent en province le désœuvrement et l'inquiète curiosité des principales sociétés, personne ne put obtenir de renseignements certains sur le rang que l'inconnue occupait dans le monde, ni sur sa fortune, ni même sur son état véritable. Seulement le propriétaire de la Grenadière apprit à quelques-uns de ses amis le nom, sans doute vrai, sous lequel l'inconnue avait contracté son bail. Elle s'appelait Augusta Willemsens, comtesse de Brandon. Ce nom devait être celui de son mari. Plus tard, les derniers événements de cette histoire confirmèrent la véracité de cette révélation, mais elle n'eut de publicité que dans le monde de commerçants fréquenté par le propriétaire. Aussi madame Willemsens demeura constamment un mystère pour les gens de la bonne compagnie, et tout ce qu'elle leur permit de deviner en elle fut une nature distinguée, des manières simples, délicieusement naturelles, et un son de voix d'une douceur angélique. Sa profonde solitude, sa mélancolie et sa beauté si passionnément obscurcie, à demi flétrie même, avaient tant de charmes, que plusieurs jeunes gens s'éprirent d'elle, mais plus leur amour fut sincère, moins il fut audacieux ; puis elle était imposante, il était difficile d'oser lui parler. Enfin, si quelques hommes hardis lui écrivirent, leurs lettres durent être brûlées sans avoir été ouvertes. Madame Willemsens jetait au feu toutes celles qu'elle recevait, comme si elle eût voulu passer sans le plus léger souci le temps de son séjour en Touraine. Elle semblait être venue dans sa ravissante retraite pour s'y livrer tout entière au bonheur de vivre. Les trois maîtres auxquels l'entrée de la Grenadière fut permise parlèrent avec une sorte d'admiration respectueuse du tableau touchant que présentait l'union intime et sans nuages de ces enfants et de cette femme.

Les deux enfants excitèrent également beaucoup d'intérêt, et les mères ne pouvaient pas les regarder sans envie. Tous deux ressemblaient à madame Willemsens, qui était en effet leur mère. Ils avaient l'un et l'autre ce teint transparent et ces vives couleurs, ces yeux purs et humides, ces longs cils, cette fraîcheur de formes, qui ornent tant d'éclat les beautés de l'enfance. L'aîné, nommé Louis-Gaston, avait les cheveux noirs et un regard plein de hardiesse. Tout en lui dénotait une santé robuste, de même que son front large et haut, heureusement bombé, semblait trahir un caractère énergique. Il était leste, adroit dans ses mouvements, bien découplé, n'avait rien de contraint, ne s'étonnait de rien, et paraissait réfléchir sur tout ce qu'il voyait. L'autre, nommé Marie-Gaston, était presque blond, quoique parmi ses cheveux quelques mèches fussent déjà cendrées et prissent la couleur des cheveux de sa mère. Marie avait les formes grêles, la délicatesse de traits, la finesse gracieuse, qui charmaient tant dans madame de Willemsens. Il paraissait maladif ; ses yeux gris lançaient un regard doux, ses couleurs étaient pâles. Il y avait de la femme en lui. Sa mère lui conservait encore la collerette brodée, les longues boucles frisées et la petite veste ornée de brandebourgs et d'olives qui revêt un jeune garçon d'une grâce indicible, et trahit le plaisir de parure tout féminin dont s'amuse la mère autant que l'enfant peut-être. Ce joli costume contrastait avec la veste simple de l'aîné, sur laquelle se rabattait le col tout uni de sa chemise. Les pantalons, les brodequins, la couleur des habits, étaient semblables et annonçaient deux frères aussi bien que leur ressemblance. Il était impossible en les voyant de n'être pas touché des soins de Louis pour Marie. L'aîné avait pour le second quelque chose de paternel dans le regard et Marie, malgré l'insouciance du jeune âge, semblait pénétré de reconnaissance pour Louis : c'étaient deux petites fleurs à peine séparées de leur tige, agitées par le même lien, éclairées par le même rayon de soleil, l'une colorée, l'autre étiolée à demi. Un mot, un regard, une inflexion de voix de leur mère, suffisaient pour les rendre attentifs, leur faire tourner la tête, écouter, entendre un ordre, une prière, une recommandation, et obéir. Madame Willemsens leur faisait toujours comprendre ses désirs, sa volonté, comme s'il y eût eu entre eux une pensée commune. Quand ils étaient, pendant la promenade, occupés à jouer en avant d'elle, cueillant une fleur, examinant un insecte, elle les contemplait avec un attendrissement si profond, que le passant le plus indifférent se sentait ému, s'arrêtait pour voir les enfants, leur sourire, et saluer la mère par un coup d'œil d'ami. Qui n'eût pas admiré l'exquise propreté de leurs vêtements, leur joli son de voix, la grâce de leurs mouvements, leur physionomie heureuse et l'instinctive noblesse qui révélait en eux une éducation soignée dès le berceau! Ces enfants semblaient n'avoir jamais ni crié ni pleuré. Leur mère avait comme une prévoyance électrique de leurs désirs, de leurs douleurs, les prévenant, les calmant sans cesse. Elle paraissait craindre une de leurs plaintes plus que sa condamnation éternelle. Tout chez ces enfants était un éloge pour leur mère, et le tableau de leur triple vie, qui semblait une même vie, faisait naître des demi-pensées vagues et caressantes, qui peut-être ont nous rêvons de goûter dans un monde meilleur. L'existence intérieure de ces trois créatures si harmonieuses s'accordait au jardin, que l'on concevait à leur aspect : c'était la vie d'ordre, régulière et simple qui convient à l'éducation des enfants. Tous deux se levaient une heure après la venue du jour, récitaient d'abord une courte prière, habitude de leur enfance, paroles vraies, dites pendant sept ans sur le lit de leur mère, commencées et finies entre deux baisers. Puis ces deux frères, accoutumés sans doute à ces soins minutieux de la personne, si nécessaires à la santé du corps, à la pureté de l'âme, et qui donnent en quelque sorte la conscience du bien-être, faisaient une toilette aussi scrupuleuse que peut l'être celle d'une jolie femme. Ils ne manquaient à rien, tant ils avaient peur l'un pour l'autre d'un reproche quelque tendrement qu'il leur fût adressé par leur mère, quand, en les embrassant, elle leur disait au figuré, suivant la circonstance : — Mes chers anges, où donc avez-vous pu déjà vous noircir les ongles? Tous deux descendaient alors au jardin, y secouaient les impressions de la nuit dans la rosée et la fraîcheur, en attendant que la femme de charge eût préparé le déjeuner commun, où ils allaient étudier leurs leçons jusqu'au lever de leur mère. Mais de moment en moment ils en épiaient le réveil, quoiqu'ils ne dussent entrer dans sa chambre qu'à une heure convenue. Cette irruption matinale, toujours faite en contravention au pacte primitif, était toujours une scène délicieuse et pour eux et pour madame Willemsens. Marie sautait sur le lit pour passer ses bras autour de son idole, tandis que Louis, agenouillé au chevet, prenait la main de sa mère. C'était alors des interrogations inquiètes, comme un amant en trouve pour sa maîtresse, puis des rires d'anges, des caresses tout à la fois passionnées et pures, des silences éloquents, des bégayements, des histoires enfantines interrompues et reprises par des baisers, rarement achevées, toujours écoutées...

— Avez-vous bien travaillé? demandait la mère, mais d'une voix douce et tendre, près de plaindre la bienfaisante comme un malheur, prête à lancer un regard mouillé de larmes à celui qui ne se trouvait content de lui-même. Elle savait que les enfants étaient animés par le désir de lui plaire, eux savaient que leur mère ne vivait que pour eux, les conduisait dans la vie avec toute l'intelligence de l'amour, et leur donnait toutes ses pensées, toutes ses heures. Un sens merveilleux, qui n'est encore ni égoïsme ni la raison, qui est peut-être le sentiment dans sa première candeur, apprend aux enfants s'ils sont ou non l'objet de soins exclusifs, et si l'on s'occupe d'eux avec bonheur. Les aimez-vous bien : ces chères créatures, tout franchise et tout justice, sont alors admirablement reconnaissantes. Elles aiment avec passion, avec jalousie, avec les délicatesses les plus gracieuses, trouvent à dire les mots les plus tendres ; elles sont confiantes, elles croient en tout à vous. Aussi peut-être n'y a-t-il pas de mauvais enfants sans mauvaises mères, car l'affection qu'ils ressentent est toujours en raison de celle qu'ils ont éprouvée, des premiers soins qu'ils ont reçus, des premiers mots entendus, des premiers regards où ils ont cherché l'amour et la vie. Tout devient alors attrait, ou tout est répulsion. Dieu a mis les enfants au sein de la mère pour lui faire comprendre qu'ils devaient y rester longtemps. Cependant il se rencontre des mères cruellement méconnues, de tendres et sublimes tendresses constamment froissées : effroyables ingratitudes, qui prouvent combien il est difficile d'établir des principes absolus en fait de sentiment. Il ne manquait dans le cœur de cette mère et dans ceux de ses fils aucun des mille liens qui devaient les attacher les uns aux autres. Seuls sur la terre, ils ne vivaient de la même vie et se comprenaient bien. Quand au matin madame Willemsens demeurait silencieuse, Louise et Marie se taisaient en respectant tout d'elle, même les pensées qu'ils ne partageaient pas. Mais l'aîné, doué d'une pensée déjà forte, ne se contentait jamais des assurances de bonne santé que lui donnait sa mère : il en étudiait le visage avec une sombre inquiétude, ignorant le danger, mais le pressentant lorsqu'il voyait autour de ses yeux encore des teintes violettes, lorsqu'il apercevait leurs orbites plus creuses et les rougeurs du visage plus enflammées. Plein d'une sensibilité vraie, il devinait quand les jeux de Marie commençaient à la fatiguer, et il savait alors dire à son frère :

— Viens, Marie, allons déjeuner, j'ai faim.

Mais, en atteignant la porte, il se retournait pour saisir l'expression du visage de sa mère, qui, pour lui, trouvait encore un sourire; et souvent même des larmes roulaient dans ses yeux, quand un geste de son enfant lui révélait un sentiment exquis, une précoce entente de la douleur.

Le temps destiné au premier déjeuner de ses enfants et à leur récréation était employé par madame Willemsens à sa toilette ; car elle avait de la coquetterie pour ses chers petits, elle voulait leur plaire, leur agréer en toute chose, être pour eux gracieuse aux yeux, être pour eux attrayante comme un doux parfum auquel on revient toujours. Elle se tenait toujours prête pour les répétitions qui avaient lieu entre dix et trois heures, mais qui étaient interrompues à midi par un second déjeuner fait en commun sous le pavillon du jardin. Après ce repas, une heure était accordée aux jeux, pendant laquelle l'heureuse mère, la pauvre femme, restait couchée sur un long divan placé dans ce pavillon d'où l'on découvrait cette douce Touraine incessamment changeante, sans cesse rajeunie par les mille accidents du jour, du ciel, de la saison. Ses deux enfants trottaient à travers le clos, grimpaient sur les terrasses, couraient après les lézards, groupés eux-mêmes et agiles comme le lézard ; ils admiraient les graines, des fleurs, étudiaient les insectes, et venaient demander raison de tout à leur mère. C'était alors des allées et venues perpétuelles au pavillon. A la campagne, les enfants n'ont pas besoin de jouets, tout leur est occupation. Madame Willemsens assistait aux leçons en faisant de la tapisserie. Elle restait silencieuse, ne regardait ni les maîtres ni les enfants, elle écoutait avec attention comme pour tâcher de saisir le sens des paroles et savoir vaguement si Louis acquérait de la force; embarrassait-il son maître par une question, et accusait-il ainsi un progrès : les yeux de la mère s'animaient alors, elle souriait, elle lui lançait un regard empreint d'espérance. Elle exigeait peu de chose de Marie. Ses vœux étaient pour l'aîné, auquel elle témoignait une sorte de respect, employant tout son tact de femme et de mère à lui élever l'âme, à lui donner une haute idée de lui-même. Cette conduite cachait une pensée secrète que l'enfant devait comprendre un jour et qu'il comprit. Après chaque leçon, elle reconduisait les maîtres jusqu'à la première porte, et leur demandait consciencieusement compte des études de Louis. Elle était si affectueuse et si engageante, que les répétiteurs lui disaient la vérité, pour l'aider à faire travailler Louis sur les points où il leur paraissait faible. Le dîner venait, puis le jeu, la promenade, enfin, le soir, les leçons s'apprenaient.

Telle était leur vie, vie uniforme, mais pleine, où le travail et les distractions heureusement mêlés ne laissaient aucune place à l'ennui. Les découragements et les querelles étaient impossibles. L'amour sans bornes de la mère rendait tout facile. Elle avait donné de la discrétion à ses deux fils en ne leur refusant jamais rien, du courage en les louant à propos, de la résignation en leur faisant apercevoir la nécessité sous toutes ses formes, elle en avait développé, fortifié l'angélique nature avec un soin de fée. Parfois, quelques larmes humectaient ses yeux ardents, quand, en les voyant jouer, elle pensait qu'ils ne lui avaient pas causé le moindre chagrin. Un bonheur étendu, complet, ne nous fait ainsi pleurer que parce qu'il est une image du ciel, duquel nous avons tous de confuses perceptions. Elle passait des heures délicieuses couchée sur un canapé champêtre, voyant un beau jour, une grande étendue d'eau, un pays pittoresque, entendant la voix de ses enfants, leurs rires renaissant dans la rire même, et leurs petites querelles où éclataient leur union, le sentiment paternel de Louis pour Marie, et l'amour de tous deux pour elle. Tous deux ayant eu, pendant leur première enfance, une bonne anglaise, parlaient également bien le français et l'anglais, aussi leur mère se servait-elle alternativement des deux langues dans la conversation. Elle dirigeait admirablement leurs jeunes âmes, ne laissait entrer dans leur entendement aucune idée fausse, dans le cœur aucun principe mauvais. Elle les gouvernait par la douceur, ne leur cachant rien, leur expliquant tout. Lorsque Louis désirait lire, elle avait soin de lui donner des livres intéressants, mais exacts. C'était la vie des marins célèbres, les biographies des grands hommes, des capitaines illustres, trouvant dans les moindres détails de ces sortes de livres mille occasions de lui expliquer prématurément le monde et la vie; insistant sur les moyens dont s'étaient servis les gens obscurs, mais réellement grands, partis sans protecteurs, pour derniers rangs de la société, pour parvenir à de nobles destinées. Ces lectures, qui n'étaient pas les moins utiles, se donnaient le soir quand le petit Marie s'endormait sur les genoux de sa mère, dans le silence d'une belle nuit, quand la Loire réfléchissait les cieux ; mais elles redoublaient toujours la mélancolie de cette adorable femme, qui finissait toujours par se taire et par rester immobile, songeuse, les yeux pleins de larmes.

— Ma mère, pourquoi pleurez-vous? lui demanda Louis par une riche soirée du mois de juin, au moment où les demi-teintes d'une nuit doucement éclairée succédaient à un jour chaud.

— Mon fils, répondit-elle en attirant par le cou l'enfant dont l'émotion cachée la toucha vivement, parce que le sort pauvre d'abord de

Jameray Duval, parvenu sans secours, est le sort que je t'ai fait à toi et à ton frère. Bientôt, mon cher enfant, vous serez seuls sur la terre, sans appui, sans protections. Je vous y laisserai petits encore, et je voudrais cependant te voir assez fort, assez instruit pour servir de guide à Marie. Et je n'en aurai pas le temps. Je vous aime trop pour ne pas être bien malheureuse par ces pensées. Chers enfants, pourvu que vous ne me maudissiez pas un jour...

— Et pourquoi vous maudirais-je un jour, ma mère?

— Un jour, pauvre petit, dit-elle en le baisant au front, tu reconnaîtras que j'ai eu des torts envers vous. Je vous abandonnerai, ici, sans fortune, sans... Elle hésita. — Sans un père, reprit-elle.

A ce mot, elle fondit en larmes, repoussa doucement son fils, qui, par une sorte d'intuition, devina que sa mère voulait être seule, et il emmena Marie à moitié endormi. Puis, une heure après, quand son frère fut couché, Louis revint à pas discrets vers le pavillon où était sa mère. Il entendit alors ces mots prononcés par une voix délicieuse à son cœur : — Viens, Louis!

L'enfant se jeta dans les bras de sa mère, et ils s'embrassèrent presque convulsivement.

— Ma chérie, dit-il enfin, car il lui donnait souvent ce nom, trouvant même les mots de l'amour trop faibles pour exprimer ses sentiments, ma chérie, pourquoi crains-tu donc de mourir?

— Je suis malade, pauvre ange aimé, chaque jour mes forces se perdent, et mon mal est sans remède : je le sais.

— Quel est donc votre mal?

— Je dois l'oublier, et toi, tu ne dois jamais savoir la cause de ma mort.

L'enfant resta silencieux pendant un moment jetant à la dérobée des regards sur sa mère, qui, les yeux levés au ciel, en contemplait les nuages. Moment de douce mélancolie! Louis ne croyait pas à la mort prochaine de sa mère, mais il en ressentait les chagrins sans les deviner. Il respecta cette longue rêverie. Moins jeune, il aurait lu sur ce visage sublime quelques pensées de repentir mêlées à des souvenirs heureux, toute une vie de femme : une enfance insouciante, un mariage froid, une passion terrible, des fleurs nées dans un orage, abîmées par la foudre, dans un gouffre d'où rien ne saurait revenir.

— Ma mère aimée, dit enfin Louis, pourquoi me cachez-vous vos souffrances?

— Mon fils, répondit-elle, nous devons ensevelir nos peines aux yeux des étrangers, leur montrer un visage riant, ne jamais leur parler de nous, nous occuper d'eux : ces maximes pratiquées en famille y sont une des causes du bonheur. Tu auras à souffrir beaucoup un jour! Eh bien! souviens-toi de ta pauvre mère qui se mourait devant toi en te souriant toujours, et te cachait ses douleurs; tu te trouveras alors du courage pour supporter les maux de la vie.

En ce moment, dévorant ses larmes, elle tâcha de révéler à son fils le mécanisme de l'existence, la valeur, l'assiette, la consistance des fortunes, les rapports sociaux, les moyens honorables d'amasser l'argent nécessaire aux besoins de la vie, et la nécessité de l'instruction. Puis elle lui apprit une des causes de sa tristesse habituelle et de ses pleurs en lui disant que, le lendemain de sa mort, lui et Marie seraient dans le plus grand dénûment, ne possédant, à eux deux, qu'une faible somme, n'ayant plus d'autre protecteur que Dieu.

— Comme il faut que je me dépêche d'apprendre! s'écria l'enfant en lançant à sa mère un regard plaintif et profond.

— Ah! que je suis heureuse, dit-elle en couvrant son fils de baisers et de larmes. Il me comprend! — Louis, ajouta-t-elle, tu seras le tuteur de ton frère, n'est-ce pas, tu me le promets? Tu n'es plus un enfant!

— Oui, répondit-il, mais vous ne mourrez pas encore, dites?

— Pauvres petits, répondit-elle, mon amour pour vous me soutient! Puis ce pays est si beau, l'air y est si bienfaisant, peut-être..

— Vous me faites encore mieux aimer la Touraine, dit l'enfant tout ému.

Depuis ce jour où madame Willemsens, prévoyant sa mort prochaine, avait parlé à son fils aîné des soins à venir, Louis, qui avait achevé sa quatorzième année, devint moins distrait, plus appliqué, moins disposé à jouer qu'auparavant. Soit qu'il sût persuader à Marie de lire au lieu de se livrer à des distractions bruyantes, les deux enfants firent moins de tapage à travers les chemins creux, les jardins, les terrasses étagées de la Grenadière. Ils conformèrent leur vie à la pensée mélancolique de leur mère, dont le teint pâlissait de jour en jour, en prenant des teintes jaunes, dont le front se creusait aux tempes, dont les rides devenaient plus profondes de nuit en nuit.

Au mois d'août, cinq mois après l'arrivée de cette famille à la Grenadière, tout y avait changé. Observant les symptômes encore légers de la lente dégradation qui minait le corps de sa maîtresse soutenue parfaitement par une âme passionnée et un excessif amour pour ses enfants, la vieille femme de charge était devenue sombre et triste : elle paraissait posséder le secret de cette mort anticipée. Souvent, lorsque sa maîtresse, belle encore, plus coquette qu'elle ne l'avait jamais été, parant son corps éteint et mettant du rouge, se promenait sur la haute terrasse, accompagnée de ses deux enfants, la vieille Annette passait la tête entre les deux sabines de la pompe, oubliant son ouvrage commencé, gardait son linge à la main, et retenait à peine ses larmes en voyant une madame Willemsens si peu semblable à la ravissante femme qu'elle avait connue.

Cette jolie maison, d'abord si gaie, si animée, semblait être devenue triste, elle était silencieuse, les habitants en sortaient rarement, madame Willemsens ne pouvait plus aller se promener au pont de Tours sans de grands efforts. Louis, dont l'imagination s'était tout à coup développée, et qui s'était identifié pour ainsi dire à sa mère, en ayant deviné la fatigue et les douleurs sous le rouge, inventait toujours des prétextes pour ne pas faire une promenade devenue trop longue pour sa mère. Aussi les couples joyeux qui allaient alors à Saint-Cyr, la petite Courtille de Tours, et les groupes de promeneurs voyaient-au-dessus de la levée, le soir, cette femme pâle et maigre, tout en deuil, à demi consumée, mais encore brillante, passant comme un fantôme le long des terrasses. Les grandes souffrances se devinent. Aussi le ménage du closier était-il devenu silencieux. Quelquefois le paysan, sa femme et ses deux enfants se trouvaient groupés à la porte de leur chaumière; Annette lavait au puits : madame et ses enfants étaient sous le pavillon, mais on n'entendait pas le moindre bruit dans ces gais jardins; et, sans que madame Willemsens s'en aperçût, tous les yeux attendris la contemplaient. Elle était si bonne, si prévoyante, si imposante, pour ceux qui l'approchaient! Quant à elle, depuis le commencement de l'automne, si beau, si brillant en Touraine, et dont les bienfaisantes influences, les raisins, les bons fruits, devaient prolonger la vie de cette mère au delà du terme fixé par les ravages d'un mal inconnu, elle ne voyait plus que ses enfants, et en jouissait à chaque heure comme si c'eût été la dernière.

Depuis le mois de juin jusqu'à la fin de septembre, Louis travailla pendant la nuit à l'insu de sa mère, et fit d'énormes progrès : il était arrivé aux équations du second degré en algèbre, avait appris la géométrie descriptive, dessinait à merveille; enfin il aurait pu soutenir avec succès l'examen imposé aux jeunes gens qui veulent entrer à l'école polytechnique. Quelquefois, le soir, il allait se promener sur le pont de Tours, où il avait rencontré un lieutenant de vaisseau mis en demi-solde : la figure mâle, la décoration, l'allure de ce marin de l'Empire avaient agi sur son imagination. De son côté, le marin s'était pris d'amitié pour un jeune homme dont les yeux pétillaient d'énergie. Louis, avide de récits militaires et curieux de renseignements, venait flâner dans les eaux du marin pour causer avec lui. Le lieutenant en demi-solde avait pour ami et pour compagnon un colonel d'infanterie, proscrit comme lui des cadres de l'armée, en sorte que Gaston pouvait donc tour à tour apprendre la vie des camps et la vie des vaisseaux. Aussi accablait-il de questions les deux militaires. Puis, après avoir, par avance, épousé leurs malheurs leur rude existence, il demandait à sa mère la permission de voyager dans le canton pour se distraire. Or, comme les maîtres étonnés disaient à madame Willemsens que son fils travaillait trop, elle accueillait cette demande avec un plaisir infini. L'enfant faisait donc des courses énormes. Voulant s'endurcir à la fatigue, il grimpait aux arbres les plus élevés avec une incroyable agilité, il apprenait à nager, il veillait. Il n'était plus le même enfant, c'était un jeune homme sur le visage duquel le soleil avait jeté son hâle brun, et où je ne sais quelle pensée profonde apparaissait déjà.

Le mois d'octobre vint, madame de Willemsens ne pouvait plus se lever qu'à midi, les rayons du soleil, réfléchis par les eaux de la Loire et concentrés dans les terrasses, produisaient à la Grenadière cette température égale à celle des chaudes et tièdes journées de la baie de Naples, qui font recommander son habitation par les médecins du pays. Elle venait alors s'asseoir sous un des arbres verts, et ses deux fils ne s'écartaient plus d'elle. Les études cessèrent, les maîtres furent congédiés. Les enfants et la mère voulurent vivre au cœur les uns des autres, sans soins, sans distractions. Il n'y avait plus ni pleurs ni cris joyeux. L'aîné, couché sur l'herbe près de sa mère, restait sous son regard comme un amant, et lui baisait les pieds. Marie, inquiet, allait lui cueillir des fleurs, les lui apportait d'un air triste, et s'élevait sur la pointe des pieds pour prendre sur ses lèvres un baiser de jeune fille. Cette femme blanche, aux grands yeux noirs, tout abattue, lente dans ses mouvements, ne se plaignant jamais, souriant à ses deux enfants bien vivants, d'une belle santé, formait un tableau sublime auquel il ne manquait ni les pompes mélancoliques de l'automne avec ses feuilles jaunies et ses arbres à demi dépouillés, ni la lueur adoucie du soleil et les nuages blancs du ciel de Touraine.

Enfin madame Willemsens fut condamnée par un médecin à ne pas sortir de sa chambre. Sa chambre fut chaque jour embellie des fleurs qu'elle aimait, et ses enfants y demeurèrent. Dans les premiers jours de novembre, elle toucha du piano pour la dernière fois. Il y avait un paysage de Suisse au-dessus du piano. Du côté de la fenêtre, ses deux enfants, groupés l'un sur l'autre, lui montrèrent leurs têtes confondues. Ses regards allèrent alors constamment de ses enfants au paysage, et du paysage à ses enfants. Son visage se colora, ses doigts coururent avec passion sur les touches d'ivoire. Ce fut sa dernière fête, fête inconnue, fête célébrée dans les profondeurs de son âme par le génie des souvenirs. Le médecin vint, et lui ordonna de garder le lit. Cette sentence effrayante fut reçue par la mère et par les deux fils dans un silence presque stupide.

Quand le médecin s'en alla : — Louis, dit-elle, conduis-moi sur la terrasse, que je voie encore mon pays.

A cette parole, proférée simplement, l'enfant donna le bras à sa mère et l'amena au milieu de la terrasse. Là ses yeux se portèrent, involontairement peut-être, plus sur le ciel que sur la terre; mais il eût été difficile de décider en ce moment où étaient les plus beaux paysages, car les nuages représentaient vaguement les plus majestueux glaciers des Alpes. Son front se plissa violemment, ses yeux prirent une expression de douleur et de remords, elle saisit les deux mains de ses enfants et les appuya sur son cœur violemment agité :

— Père et mère inconnus! s'écria-t-elle en leur jetant un regard profond. Pauvres anges! que deviendrez-vous? Puis, à vingt ans, quel compte sévère ne me demanderez-vous pas de ma vie et de la vôtre?

Elle repoussa ses enfants, se mit les deux coudes sur la balustrade, se cacha le visage dans les mains, et resta là pendant un moment seule avec elle-même, craignant de se laisser voir. Quand elle se réveilla de sa douleur, elle trouva Louis et Marie agenouillés à ses côtes comme deux anges, ils épiaient ses regards, et tous deux lui sourirent doucement.

— Que ne puis-je emporter ce sourire! dit-elle en essuyant ses larmes.

Elle rentra pour se mettre au lit, et n'en devait sortir que couchée dans le cercueil.

Huit jours se passèrent, huit jours tout semblables les uns aux autres. La vieille Annette et Louis restaient chacun à leur tour pendant la nuit auprès de madame Willemsens, les yeux attachés sur ceux de la malade. C'était à toute heure ce drame profondément tragique, et qui a lieu dans toutes les familles, lorsqu'on craint, à chaque respiration trop forte d'une malade adorée, que ce ne soit la dernière. Le cinquième jour de cette fatale semaine le médecin proscrivit les fleurs. Les illusions de la vie s'en allaient une à une.

Depuis ce jour, Marie et son frère trouvèrent du feu sous leurs lèvres quand ils venaient baiser leur mère au front. Enfin le samedi soir, madame Willemsens ne pouvant supporter aucun bruit, il fallut laisser sa chambre en désordre. Ce défaut de soin fut un commencement d'agonie pour cette femme élégante, amoureuse de grâce. Louis ne voulut plus quitter sa mère. Pendant la nuit du dimanche, à la clarté d'une lampe et au milieu du silence le plus profond, Louis, qui croyait sa mère assoupie, lui vit écarter le rideau d'une main blanche et moite.

— Mon fils! dit-elle.

L'accent de la mourante eut quelque chose de si solennel que son pouvoir venu d'une âme agitée réagit violemment sur l'enfant, il sentit une chaleur exorbitante dans la moelle de ses os.

— Que veux-tu, ma mère?

— Écoute-moi. Demain tout sera fini pour moi. Nous ne nous verrons plus. Demain, tu seras un homme, mon enfant. Je suis donc obligée de faire quelques dispositions qui soient un secret entre nous deux. Prends la clef de ma petite table. Bien. Ouvre le tiroir. Tu trouveras à gauche deux papiers cachetés. Sur l'un, il y a : — Louis. Sur l'autre : Marie.

— Les voici, ma mère.

— Mon fils chéri, c'est vos deux actes de naissance, ils vous seront nécessaires. Tu les donneras à garder à ma pauvre vieille Annette qui vous les rendra quand vous en aurez besoin.

— Maintenant, reprit-elle, n'y a-t-il pas au même endroit un papier sur lequel j'ai écrit quelques lignes?

— Oui, ma mère.

Et Louis commençant à lire : — Marie Willemsens, née à...

— Assez, dit-elle vivement. Ne continue pas. Quand je serai morte, mon fils, tu remettras encore ce papier à Annette, et tu lui diras de le donner à la mairie de Saint-Cyr, où il doit servir à faire dresser exactement mon acte de décès. Prends de quoi faut pour écrire une lettre que je vais te dicter.

Quand elle vit son fils prêt, et qu'il se tourna vers elle comme pour l'écouter, elle dit d'une voix calme : *Monsieur le comte, votre femme lady Brandon est morte à Saint-Cyr, près de Tours, département d'Indre-et-Loire. Elle vous a pardonné.* — Signe.

Elle s'arrêta, indécise, agitée.

— Souffrez-vous davantage? demanda Louis.

— Signe : *Louis-Gaston.*

Elle soupira, puis reprit : — Cachète la lettre, et écris l'adresse suivante : *A lord Brandon. Brandon-Square. Hyde-Park. Londres. Angleterre.*

— Bien, reprit-elle. Le jour de ma mort tu feras affranchir cette lettre à Tours.

— Maintenant, dit-elle après une pause, prends le petit portefeuille que tu connais, et viens près de moi, mon cher enfant.

— Il y a là, dit-elle quand Louis eut repris sa place, douze mille francs. Ils sont bien à vous, hélas! Vous eussiez été plus riches si votre père...

— Mon père, s'écria l'enfant, où est-il?

— Mort, dit-elle en mettant un doigt sur ses lèvres, mort pour me sauver l'honneur et la vie.

Elle leva les yeux au ciel. Elle eût pleuré, si elle avait encore eu des larmes pour les douleurs.

— Louis, reprit-elle, jurez-moi là, sur ce chevet, d'oublier ce que vous avez écrit et ce que je vous ai dit.

— Oui, ma mère.

— Embrasse-moi, cher ange.

Elle fit une longue pause, comme pour puiser du courage en Dieu et mesurer ses paroles aux forces qui lui restaient.

— Écoute. Ces douze mille francs sont toute votre fortune, il faut que tu les gardes sur toi, parce que quand je serai morte il viendra des gens de justice qui fermeront tout ici. Rien ne vous appartiendra, pas même votre mère! Et vous n'aurez plus, pauvres orphelins, qu'à vous en aller, Dieu sait où. J'ai assuré le sort d'Annette. Elle aura cent écus tous les ans, et restera sans doute à Tours. Mais que feras-tu de toi et de ton frère?

Elle se mit sur son séant et regarda l'enfant intrépide, qui, la sueur au front pâle d'émotions, les yeux à demi voilés par les pleurs, restait debout devant son lit.

— Mère, répondit-il d'un son de voix profond, j'y ai pensé. Je conduirai Marie au collège de Tours. Je donnerai dix mille francs à la vieille Annette en lui disant de les mettre en sûreté et de veiller sur mon frère. Puis, avec les cent louis qui resteront, j'irai à Brest, je m'embarquerai comme novice. Pendant que Marie étudiera, je deviendrai lieutenant de vaisseau. Enfin, meurs tranquille, ma mère, va : je reviendrai riche, je ferai entrer notre petit à l'école polytechnique, ou je le dirigerai suivant ses goûts.

Un éclair de joie brilla dans les yeux à demi éteints de la mère, deux larmes en sortirent, roulèrent sur ses joues enflammées; puis, un grand soupir s'échappa de ses lèvres, et elle faillit mourir victime d'un accès de joie, en trouvant l'âme du père dans celle de son fils devenu homme tout à coup.

— Ange du ciel, dit-elle en pleurant, tu as effacé par un mot toutes mes douleurs. Ah! je puis souffrir. C'est mon fils, reprit-elle, j'ai fait, j'ai élevé cet homme!

Et elle leva ses mains en l'air et les joignit comme pour exprimer une joie sans bornes : puis elle se coucha.

— Ma mère, vous pâlissez! s'écria l'enfant.

— Il faut aller chercher un prêtre, répondit-elle d'une voix mourante.

Louis réveilla la vieille Annette, qui, tout effrayée, courut au presbytère de Saint-Cyr.

Dans la matinée, madame Willemsens reçut les sacrements au milieu du plus touchant appareil. Ses enfants, Annette et la famille du closier, gens simples déjà devenus de la famille, étaient agenouillés. La croix d'argent, portée par un humble enfant de chœur, un enfant de chœur de village! s'élevait devant le lit, et un vieux prêtre administrait le viatique à la mère mourante. Le viatique! mot sublime, idée plus sublime encore que le mot, et que possède seule la religion apostolique de l'Église romaine.

— Cette femme a bien souffert! dit le curé dans son simple langage.

Marie Willemsens n'entendait plus; mais ses yeux restaient attachés sur ses deux enfants. Chacun, en proie à la terreur, écoutait dans le plus profond silence les aspirations de la mourante, qui déjà s'étaient ralenties. Puis, par intervalles, un soupir profond annonçait encore la vie en trahissant un débat intérieur. Enfin, la mère ne respira plus. Tout le monde fondit en larmes, excepté Marie. Le pauvre enfant était encore trop jeune pour comprendre la mort. Annette et la closière fermèrent les yeux à l'adorable créature, dont alors la beauté reparut dans tout son éclat. Elles renvoyèrent tout le monde, ôtèrent les meubles de la chambre, mirent la morte dans son linceul, la couchèrent, allumèrent des cierges autour du lit, disposèrent le bénitier, la branche de buis et le crucifix, suivant la coutume du pays; poussèrent les volets, étendirent les rideaux; puis le vicaire vint plus tard passer la nuit en prières avec Louis, qui ne voulut point quitter sa mère. Le mardi matin l'enterrement se fit. La vieille femme, les deux enfants, accompagnés du closier, suivirent seuls le corps d'une femme dont l'esprit, la beauté, les grâces, avaient une renommée européenne, et dont à Londres le convoi eût été une nouvelle pompeusement enregistrée dans les journaux, une sorte de solennité aristocratique, qu'il n'eût pas commis le plus doux des crimes, un crime toujours puni sur cette terre, afin que ces anges pardonnés entrent dans le ciel. Quand la terre fut jetée sur le cercueil de sa mère, Marie pleura, comprenant alors qu'il ne la verrait plus.

Une simple croix de bois, plantée sur sa tombe, porta cette inscription, due au curé de Saint-Cyr :

ci gît
UNE FEMME MALHEUREUSE,
Morte à trente-six ans.

AYANT NOM AUGUSTA DANS LES CIEUX. — *Priez pour elle!*

Lorsque tout fut fini, les deux enfants vinrent à la Grenadière, jetèrent sur l'habitation un dernier regard; puis, se tenant par la main, ils se disposèrent à la quitter avec Annette, confiant tout aux soins du closier, et le chargeant de répondre à la justice.

Ce fut alors que la vieille femme de charge appela Louis sur les marches de la pompe, le prit à part et lui dit : — Monsieur Louis, voici l'anneau de madame !

L'enfant pleura, tout ému de retrouver un vivant souvenir de sa mère morte. Dans sa force, il n'avait point songé à ce soin suprême. Il embrassa la vieille femme. Puis ils partirent tous trois par le chemin creux, descendirent la rampe, et allèrent à Tours sans détourner la tête.

— Maman venait par là, dit Marie en arrivant au pont.

Annette avait une vieille cousine, ancienne couturière retirée à Tours, rue de la Guerche. Elle mena les deux enfants dans la maison de sa parente, avec laquelle elle pensait à vivre en commun. Mais Louis lui expliqua ses projets, lui remit l'acte de naissance de Marie et les dix mille francs; puis, accompagné de la vieille femme de charge, il conduisit le lendemain son frère au collége. Il mit le principal au fait de sa situation, mais fort succinctement, et sortit en emmenant son frère jusqu'à la porte. Là, il lui fit solennellement les recommandations les plus tendres en lui annonçant sa solitude dans le monde; et, après l'avoir contemplé pendant un moment, il l'embrassa, le regarda encore, essuya une larme, et partit en se retournant à plusieurs reprises pour voir, jusqu'au dernier moment, son frère resté sur le seuil du collége.

Un mois après, Louis Gaston était, en qualité de novice, à bord d'un vaisseau de l'État, et sortait de la rade de Rochefort. Appuyé sur le bastingage de la corvette *l'Iris*, il regardait les côtes de France qui fuyaient rapidement et s'effaçaient dans la ligne bleuâtre de l'horizon. Bientôt il se trouva seul et perdu au milieu de l'Océan, comme il l'était dans le monde et dans la vie.

— Il ne faut pas pleurer, jeune homme ! il y a un Dieu pour tout le monde, lui dit un vieux matelot de sa grosse voix tout à la fois rude et bonne.

L'enfant remercia cet homme par un regard plein de fierté. Puis il baissa la tête en se résignant à la vie des marins. Il était devenu père.

Angoulême, août 1832.

FIN DE LA GRENADIÈRE.

Les deux enfants excitèrent également beaucoup d'intérêt. — PAGE 76.

ŒUVRES ILLUSTRÉES DE BALZAC

LA VENDETTA

Dess. Tony Johannot, E. Lampsonius, Bertall, H. Monnier, etc.

Gravures par les meilleurs Artistes.

DÉDIÉ A PUTTINATI,

SCULPTEUR MILANAIS.

Il resta là, debout, les bras croisés, la tête inclinée.

En 1800, vers la fin du mois d'octobre, un étranger, suivi d'une femme et d'une petite fille, arriva devant les Tuileries, à Paris, et se tint assez longtemps auprès des décombres d'une maison récemment démolie, à l'endroit où s'élève aujourd'hui l'aile commencée qui devait unir le château de Catherine de Médicis au Louvre des Valois. Il resta là, debout, les bras croisés, la tête inclinée, et il la relevait parfois pour regarder alternativement le palais consulaire, et sa femme, assise auprès de lui sur une pierre. Quoique l'inconnue parût ne s'occuper que de la petite fille âgée de neuf à dix ans, dont les longs cheveux noirs étaient comme un amusement entre ses mains, elle ne perdait aucun des regards que lui adressait son compagnon. Un même sentiment, autre que l'amour, unissait ces deux êtres, et animait d'une même inquiétude leurs mouvements et leurs pensées. La misère est peut-être le plus puissant de tous les liens. Cette petite fille semblait être le dernier fruit de leur union. L'étranger avait une de ces têtes abondantes en cheveux, larges et graves, qui se sont souvent offertes au pinceau des Carraches. Ces cheveux si noirs étaient mélangés d'une grande quantité de cheveux blancs. Quoique nobles et fiers, ses traits avaient un ton de dureté qui les gâtait. Malgré sa force et sa taille droite, il paraissait avoir plus de soixante ans. Ses vêtements délabrés annonçaient qu'il venait d'un pays étranger. Quoique la figure jadis belle et alors flétrie de la femme trahît une tristesse profonde, quand son mari la regardait elle s'efforçait de sourire en affectant une contenance calme. La petite fille restait debout, malgré la fatigue dont les marques frappaient son jeune visage hâlé par le soleil. Elle avait une tournure italienne, de grands yeux noirs sous des sourcils bien arqués, une noblesse native, une grâce vraie. Plus d'un passant se sentait ému au seul aspect de ce groupe, dont les personnages ne faisaient aucun effort pour cacher un désespoir aussi profond que l'expression en était simple; mais la source de cette fugitive obligeance qui distingue les Parisiens se tarissait promptement. Aussitôt que l'inconnu se croyait l'objet de l'attention de quelque oisif, il le regardait d'un air si farouche, que le flaneur le plus intrépide hâtait le pas comme s'il eût marché sur un serpent. Après être demeuré longtemps indécis, tout à coup le grand étranger passa la main sur son front, il en chassa, pour ainsi dire, les pensées qui l'avaient sillonné de rides, et prit sans doute un parti désespéré. Après avoir jeté un regard perçant sur sa femme et sur sa fille, il tira de sa veste un long poignard, le tendit à sa compagne, et lui dit en italien : — Je vais voir si les Bonapartes se souviennent de nous. Et il marcha d'un pas lent et assuré vers l'entrée du palais, où il fut naturellement arrêté par un soldat de la garde consulaire avec lequel il ne put longtemps discuter. En s'apercevant de l'obstination de l'inconnu, la sentinelle lui présenta sa baïonnette en manière d'*ultimatum*. Le hasard voulut que l'on vint en ce moment relever le soldat de sa faction, et le caporal indiqua fort obligeamment à l'étranger l'endroit où se tenait le commandant du poste.

— Faites savoir à Bonaparte que Bartholoméo di Piombo voudrait lui parler, dit l'Italien au capitaine de service.

Cet officier eut beau représenter à Bartholoméo qu'on ne voyait pas le premier consul sans lui avoir préalablement demandé par écrit une audience, l'étranger voulut absolument que le militaire allât prévenir Bonaparte. L'officier objecta les lois de la consigne, et refusa formellement d'obtempérer à l'ordre de ce singulier solliciteur. Bartholoméo fronça le sourcil, jeta sur le commandant un regard terrible, et sembla le rendre responsable des malheurs que ce refus pouvait occasionner ; puis il garda le silence, se croisa fortement les bras sur la poitrine, et alla se placer sous le portique qui sert de communication entre la cour et le jardin des Tuileries. Les gens qui veulent fortement une chose sont presque toujours bien servis par le hasard. Au moment où Bartholoméo di Piombo s'asseyait sur une des bornes qui sont auprès de l'entrée des Tuileries, il arriva une voiture d'où descendit Lucien Bonaparte, alors ministre de l'intérieur. — Ah ! Lucien, il est bien heureux pour moi de te rencontrer ! s'écria l'étranger.

Ces mots, prononcés en patois corse, arrêtèrent Lucien au moment où il s'élançait sous la voûte. Il regarda son compatriote et le reconnut. Aussitôt que Bartholoméo lui dit à l'oreille, il emmena le Corse avec lui chez Bonaparte. Murat, Lannes, Rapp, se trouvaient dans le cabinet du premier consul. En voyant entrer Lucien, suivi d'un homme aussi singulier que l'était Piombo, la conversation cessa. Lucien prit Napoléon par la main et le conduisit dans l'embrasure de la croisée. Après avoir échangé quelques paroles avec son frère, le premier consul fit un geste de main auquel obéirent Murat et Lannes en s'en allant. Rapp feignit de n'avoir rien vu, afin de pouvoir rester. Bonaparte l'ayant interpellé vivement, l'aide de camp sortit en rechignant. Le premier consul, qui entendit le bruit des pas de Rapp dans le salon voisin, sortit brusquement, et le vit près du mur qui séparait le cabinet du salon. — Tu ne veux donc pas me comprendre ? dit le premier consul. J'ai besoin d'être seul avec mon compatriote. — Un Corse, répondit l'aide de camp. Je me défie trop de ces gens-là pour ne pas...

Le premier consul ne put s'empêcher de sourire, et poussa légèrement son fidèle officier par les épaules. — Eh bien ! que viens-tu faire ici, mon pauvre Bartholoméo ? dit le premier consul à Piombo. — Te demander asile et protection, si tu es un vrai Corse, répondit Bartholoméo d'un ton brusque. — Quel malheur a pu te chasser du pays ? Tu en étais le plus riche et le plus... — J'ai tué tous les Porta, répliqua le Corse d'un son de voix profond et en fronçant les sourcils.

Le premier consul fit deux pas en arrière comme un homme surpris. — Vas-tu me trahir ? s'écria Bartholoméo en jetant un regard sombre à Bonaparte. Sais-tu que nous sommes encore quatre Piombo en Corse ?

Lucien prit le bras de son compatriote, et le secoua. — Viens-tu donc ici pour menacer le sauveur de la France ? lui dit-il vivement.

Bonaparte fit un signe à Lucien, qui se tut, puis il regarda Piombo et lui dit : — Pourquoi donc as-tu tué les Porta ? — Nous avions fait amitié, répondit-il, les Barbanti nous avaient réconciliés. Le lendemain du jour où nous trinquâmes pour noyer nos querelles, je les quittai parce que j'avais affaire à Bastia. Ils restèrent chez moi, et mirent le feu à ma vigne de Longone. Ils ont tué mon fils Grégorio. Ma fille Ginevra et ma femme leur ont échappé, elles avaient communié le matin : la Vierge les a protégées. Quand je revins, je ne trouvai plus ma maison : je la cherchais les pieds dans les cendres. Tout à coup je heurtai le corps de Grégorio, que je reconnus à la lueur de la lune. — Oh ! les Porta ont fait le coup ! me dis-je. J'allai sur-le-champ dans le *Maquis* ; j'y rassemblai quelques hommes auxquels j'avais rendu service, entends-tu, Bonaparte, et nous marchâmes sur la vigne des Porta. Nous sommes arrivés à cinq heures du matin ; à sept, ils étaient tous devant Dieu. Giacomo prétend qu'Elisa Vanni a sauvé un enfant, le petit Luigi, mais je l'avais attaché moi-même dans son lit avant de mettre le feu à la maison. J'ai quitté l'île avec ma femme et ma fille, sans avoir pu vérifier s'il était vrai que Luigi Porta vécût encore.

Bonaparte regardait Bartholoméo avec curiosité, mais sans étonnement. — Combien étaient-ils ? demanda Lucien. — Sept, répondit Piombo. Ils ont été vos persécuteurs dans tous les temps, lui dit-il. Ces mots ne réveillèrent aucune expression de haine chez les deux frères. — Ah ! vous n'êtes plus Corses ! s'écria Bartholoméo avec une sorte de désespoir. Adieu. Autrefois je vous ai protégés, ajouta-t-il d'un ton de reproche. Sans moi, ta mère ne serait pas arrivée à Marseille, dit-il en s'adressant à Bonaparte, qui restait pensif, le coude appuyé sur le manteau de la cheminée. — En conscience, Piombo, répondit Napoléon, je ne puis pas te prendre sous mon aile. Je suis devenu le chef d'une grande nation ; je commande la république, et dois faire exécuter les lois. — Ah ! ah ! dit Bartholoméo. — Mais je puis fermer les yeux, reprit Bonaparte. Le préjugé de la *Vendetta* empêchera longtemps le règne des lois en Corse, ajouta-t-il en se parlant à lui-même. Il faut cependant les détruire à tout prix.

Bonaparte resta un moment silencieux, et Lucien fit signe à Piombo de ne rien dire. Le Corse agitait déjà la tête de droite et de gauche d'un air improbateur. — Demeure ici, reprit le consul en s'adressant à Bartholoméo, nous n'en saurons rien. Je ferai acheter tes propriétés afin de te donner d'abord les moyens de vivre ; puis, dans quelque temps, plus tard, nous penserons à toi. Mais plus de *Vendetta* ! il n'y a pas de maquis ici. Si tu y joues du poignard, il n'y aurait pas de grâce à espérer. Ici la loi protège tous les citoyens, et l'on ne se fait pas justice soi-même. — Il s'est fait le chef d'un singulier pays ! répondit Bartholoméo en prenant la main de Lucien et la serrant. Mais vous me reconnaissez dans le malheur, ce sera maintenant entre nous à la vie à la mort, et vous pouvez disposer de tous les Piombo.

À ces mots, le front du Corse se dérida, et il regarda autour de lui avec satisfaction. — Vous n'êtes pas mal ici, dit-il en souriant, comme s'il voulait y loger, et tu es habillé tout en rouge comme un cardinal. — Il ne tiendra qu'à toi de parvenir et d'avoir un palais à Paris, dit Bonaparte, qui toisait son compatriote. Il m'arrivera plus d'une fois de regarder autour de moi pour chercher un ami dévoué auquel je puisse me confier.

Un soupir de joie sortit de la vaste poitrine de Piombo, qui tendit la main au premier consul en lui disant : — Il y a encore du Corse en toi ! Bonaparte sourit. Il regarda silencieusement cet homme, qui lui apportait en quelque sorte l'air de sa patrie, de cette île où naguère il avait été sauvé si miraculeusement de la haine du *parti anglais*, et qu'il ne devait plus revoir. Il fit un signe à son frère, qui emmena Bartholoméo de Piombo. Lucien s'enquit avec intérêt de la situation financière de l'ancien protecteur de leur famille. Piombo amena le ministre de l'intérieur auprès d'une fenêtre, et lui montra sa femme et Ginevra, assises toutes deux sur un tas de pierres. — Nous sommes venus de Fontainebleau ici à pied, et nous n'avons pas une obole, lui dit-il.

Lucien donna sa bourse à son compatriote, et lui recommanda de venir le trouver le lendemain afin d'aviser aux moyens d'assurer le sort de sa famille. La valeur de tous les biens que Piombo possédait en Corse ne pouvant guère le faire vivre honorablement à Paris. Quinze ans s'écoulèrent entre l'arrivée de la famille Piombo à Paris et l'aventure suivante, qui, sans le récit de ces événements, eût été moins intelligible.

Servin, l'un de nos artistes les plus distingués, conçut le premier l'idée d'ouvrir un atelier pour les jeunes personnes qui veulent prendre des leçons de peinture. Agé de quarantaine d'années, de mœurs pures et entièrement livré à son art, il avait épousé par inclination la fille d'un général sans fortune. Les mères conduisirent d'abord elles-mêmes leurs filles chez le professeur, puis elles finirent par les y envoyer, quand elles eurent bien connu ses principes et apprécié le soin qu'il mettait à mériter la confiance. Il était entré dans le plan du peintre de n'accepter pour écolières que des demoiselles appartenant à des familles riches ou considérées, afin de n'avoir pas de reproches à subir sur la composition de son atelier ; il se refusait même à prendre les jeunes filles qui voulaient devenir artistes, et auxquelles il aurait fallu donner certains enseignements sans lesquels il n'est pas de talent possible en peinture. Insensiblement sa prudence, la supériorité avec lesquelles il initiait ses élèves aux secrets de l'art, la certitude où les mères étaient de savoir leurs filles en compagnie de jeunes personnes bien élevées, et la sécurité qu'inspirait le caractère, les mœurs, le mariage de l'artiste, lui valurent dans les salons une excellente renommée. Quand une jeune fille manifestait le désir d'apprendre à peindre ou à dessiner, et que sa mère demandait conseil : — Envoyez-la chez Servin ! était la réponse de chacun. Servin devint donc pour la peinture féminine une spécialité, comme Herbault pour les chapeaux, Leroy pour les modes et Chevet pour les comestibles. Il était reconnu qu'une jeune femme, qui avait pris des leçons chez Servin, pouvait juger en dernier ressort les tableaux du Musée, faire supérieurement un portrait, copier une toile et peindre son tableau de genre. Cet artiste suffisait ainsi à tous les besoins de l'aristocratie. Malgré les rapports qu'il avait avec les meilleures maisons de Paris, il était indépendant, patriote, et conservait avec tout le monde ce ton léger, spirituel, parfois ironique, cette liberté de jugement qui distinguent les peintres. Il avait poussé le scrupule de ses précautions jusque dans l'ordonnance du local où étudiaient ses écolières. L'entrée du grenier qui régnait au-dessus de ses appartements avait été murée. Pour parvenir à cette retraite, aussi sacrée qu'un harem, il fallait monter par un escalier pratiqué dans l'intérieur de son logement. L'atelier, qui occupait tout le comble de la maison, offrait ces proportions énormes qui surprennent toujours les curieux quand, arrivés à soixante pieds du sol, ils s'attendent à voir les artistes logés dans une gouttière. Cette espèce de galerie était profusément éclairée par d'immenses châssis vitrés et garnis de ces grandes toiles vertes à l'aide desquelles les peintres disposent de la lumière. Une foule de caricatures, de têtes faites au trait avec de la couleur ou la pointe d'un couteau, sur les murailles peintes en gris foncé, prouvaient, sauf la différence de l'expression, que les filles les plus distinguées ont dans l'esprit autant de folie que les hommes peuvent en avoir. Un petit poêle et ses grands tuyaux, qui décrivaient un effroyable zigzag avant d'atteindre les hautes régions du toit, étaient l'infaillible ornement de cet atelier. Une planche régnait autour des murs, et soutenait des modèles en plâtre, qui gisaient confusément placés, la plupart couverts d'une blonde poussière. Au-dessous de ce rayon, çà et là, une tête de Niobé, pendue à un clou, montrait sa pose de douleur, une Vénus souriait, une main se présentait brusquement aux yeux comme celle d'un pauvre demandant l'aumône, puis quelques *écorchés*, jaunis par la fumée, avaient l'air de membres arrachés la veille à des cercueils, enfin des tableaux, des dessins, des mannequins, des cadres sans toiles et des toiles sans cadres, achevaient de donner à cette pièce irrégulière la physionomie d'un atelier que distingue un singulier mélange d'ornement et de nudité, de misère et de richesse, de soin et d'incurie. Cet immense vaisseau, où tout paraît petit, même l'homme, sent la coulisse d'opéra; il s'y trouve de vieux linges, des armures dorées, des lambeaux d'étoffes, des machines, mais il y a je ne sais quoi de grand comme la pensée : le génie et la mort sont là. la Diane ou l'Apollon auprès d'un crâne ou d'un squelette, le beau et le désordre, la poésie et la réalité, de riches couleurs dans l'ombre, et souvent tout un drame immobile et silencieux. Quel symbole d'une tête d'artiste!

Au moment où commence cette histoire, le brillant soleil du mois de juillet illuminait l'atelier, et deux rayons le traversaient dans sa profondeur en y traçant de larges bandes d'or diaphanes où brillaient des grains de poussière. Une douzaine de chevalets élevaient leurs flèches aiguës, semblables à des mâts de vaisseau dans un port. Plusieurs jeunes filles animaient cette scène par la variété de leurs physionomies, de leurs attitudes, et par la différence de leurs toilettes. Les fortes ombres que jetaient les serges vertes, placées suivant les besoins de chaque chevalet, produisaient une multitude de contrastes, de piquants effets de clair-obscur. Ce groupe formait le plus beau de tous les tableaux de l'atelier. Une jeune fille blonde et mise simplement se tenait loin de ses compagnes, travaillait avec courage en paraissant prévoir le malheur; nulle ne la regardait, ne lui adressait la parole : elle était la plus jolie, la plus modeste et la moins riche. Deux groupes principaux, séparés l'un de l'autre par une faible distance, indiquaient deux sociétés, deux esprits, jusque dans cet atelier où les rangs et la fortune auraient dû s'oublier. Assises ou debout, ces jeunes filles, entourées de leurs boites à couleurs, jouant avec leurs pinceaux ou les préparant, maniant leurs éclatantes palettes, peignant, parlant, riant, chantant, abandonnées à leur naturel, laissant voir leur caractère, composaient un spectacle inconnu aux hommes : celle-ci, fière, hautaine, capricieuse, aux cheveux noirs, aux belles mains, lançait au hasard la flamme de ses regards; celle-là, insouciante et gaie, le sourire sur les lèvres, les cheveux châtains, les mains blanches et délicates, vierge française, légère, sans arrière-pensée, vivant de sa vie actuelle; une autre, rêveuse, mélancolique, pâle, penchant la tête comme une fleur qui tombe; sa voisine, au contraire, grande, indolente, aux habitudes musulmanes, l'œil long, noir, humide, parlant peu, mais regardant à la dérobée la tête d'Antinoüs. Au milieu d'elles, comme le *jocoso* d'une pièce espagnole, pleine d'esprit et de saillies épigrammatiques, une fille les espionnait toutes d'un seul coup d'œil, les faisait rire et levait sans cesse sa figure trop vive pour n'être pas jolie; elle commandait au premier groupe des écolières, qui comprenait les filles de banquiers, de notaires et de négociants, toutes riches, mais essuyant toutes les dédains imperceptibles, quoique poignants, que leur prodiguaient les autres jeunes personnes appartenant à l'aristocratie. Celles-ci étaient gouvernées par la fille d'un huissier du cabinet du roi, petite créature aussi sotte que vaine, et fière d'avoir pour père un homme *ayant une charge* à la cour, elle voulait toujours paraître avoir compris du premier coup les observations du maître, et semblait travailler par grâce; elle se servait d'un lorgnon, ne venait que très-parée, tard, et suppliait ses compagnes de parler bas. Dans le second groupe, on eût remarqué des tailles délicieuses, des figures distinguées; mais les regards de ces jeunes filles offraient peu de naïveté. Si leurs attitudes étaient élégantes et leurs mouvements gracieux, les figures manquaient de franchise, et l'on devinait facilement

qu'elles appartenaient à un monde où la politesse façonne de bonne heure les caractères, où l'abus des jouissances sociales tue les sentiments et développe l'égoïsme. Lorsque cette réunion était complète, il se trouvait dans le nombre de ces jeunes filles des têtes enfantines, des vierges d'une pureté ravissante, des visages dont la bouche légèrement entr'ouverte laissait voir des dents vierges, et sur laquelle errait un sourire de vierge. L'atelier ne ressemblait pas alors à un sérail, mais à un groupe d'anges assis sur un nuage dans le ciel.

Il était environ midi. Servin n'avait pas encore paru; ses écolières savaient qu'il achevait un tableau pour l'exposition. Depuis quelques jours, la plupart du temps il restait à un atelier qu'il avait ailleurs. Tout à coup, mademoiselle Amélie Thirion, chef du parti aristocratique de cette petite assemblée, parla longtemps à sa voisine. Il se fit un grand silence dans le groupe des patriciennes. Le parti de la banque, étonné, se tut également, et tâcha de deviner le sujet d'une semblable conférence. Le secret des jeunes *ultra* fut bientôt connu. Amélie se leva, prit à quelques pas d'elle un chevalet qu'elle alla placer à une assez grande distance du noble groupe, près d'une cloison grossière qui séparait l'atelier d'un cabinet obscur où l'on jetait les plâtres brisés, les toiles condamnées par le professeur, et où se mettait la provision de bois en hiver. L'action d'Amélie devait être bien hardie, car elle excita un murmure de surprise. La jeune élégante n'en vint compte, et acheva de opérer le déménagement de sa compagne absente en roulant vivement près du chevalet la boîte à couleurs et le tabouret, enfin tout, jusqu'à un tableau que copiait l'élève en retard. Ce coup d'État excita une stupéfaction générale. Si le côté droit se mit à travailler silencieusement, le côté gauche pérora longuement.

— Que va dire mademoiselle Piombo? demanda une jeune fille à mademoiselle Mathilde Roguin, l'oracle malicieux du premier groupe.

— Elle n'est pas fille à parler, répondit-elle, mais dans cinquante ans elle se souviendra de cette injure comme si elle l'avait reçue la veille, et saura s'en venger cruellement. C'est une personne avec laquelle je ne voudrais pas être en guerre. — La proscription dont la frappent ces demoiselles est d'autant plus injuste, dit une autre jeune fille, qu'avant-hier mademoiselle Ginevra était fort triste; son père venait, dit-on, de donner sa démission. Ce serait donc ajouter à son malheur, tandis qu'elle a été fort bonne pour ces demoiselles pendant les Cent-Jours. Leur a-t-elle jamais dit une parole qui pût les blesser? Elle évitait, au contraire, de parler politique. Mais nos ultras paraissent agir plutôt par jalousie que par esprit de parti. — J'ai envie d'aller chercher le chevalet de mademoiselle Piombo, et de le mettre auprès du mien, dit Mathilde Roguin. Elle se leva, mais une réflexion la fit rasseoir. Avec un caractère comme celui de mademoiselle Ginevra, dit-elle, on ne peut pas savoir de quelle manière elle prendrait notre politesse. Attendons l'événement. — *Eccola*, dit languissamment la jeune fille aux yeux noirs.

En effet, le bruit des pas d'une personne qui montait l'escalier retentit dans la salle. Ce mot : — « La voici ! » passa de bouche en bouche, et le plus profond silence régna dans l'atelier.

Pour comprendre l'importance de l'ostracisme exercé par Amélie Thirion, il est nécessaire d'ajouter que cette scène avait lieu vers la fin du mois de juillet 1815. Le second retour des Bourbons venait de troubler bien des amitiés qui avaient résisté au mouvement de la première Restauration. En ce moment, les familles étaient presque toutes divisées d'opinion, et le fanatisme politique renouvelait plusieurs de ces déplorables scènes qui, aux époques de guerre civile ou religieuse, souillent l'histoire de tous les pays. Les enfants, les jeunes filles, les vieillards, partageaient la fièvre monarchique à laquelle le gouvernement devenait en proie. La discorde se glissait sous tous les toits, et la défiance teignait de ses sombres couleurs les actions et les discours les plus intimes. Ginevra Piombo aimait Napoléon avec idolâtrie, et comment aurait-elle pu le haïr? l'empereur était son compatriote et le bienfaiteur de son père. Le baron de Piombo était un des serviteurs de Napoléon qui avaient coopéré le plus efficacement au retour de l'île d'Elbe. Incapable de renier sa foi politique, jaloux même de la professer, le vieux baron de Piombo restait à Paris au milieu de ses ennemis. Ginevra Piombo pouvait donc être d'autant mieux mise au nombre des personnes suspectes, qu'elle ne faisait pas mystère du chagrin que la seconde Restauration causait à sa famille. Les seules larmes qu'elle eût peut-être versées dans sa vie lui furent arrachées par la double nouvelle de la captivité de Bonaparte sur le *Bellérophon* et de l'arrestation de Labédoyère.

Les jeunes personnes qui composaient le groupe des nobles appartenaient aux familles royalistes les plus exaltées de Paris. Il serait difficile de donner une idée des exagérations de cette époque et de l'horreur que causaient les bonapartistes. Quelque insignifiante et petite que puisse paraître aujourd'hui l'action d'Amélie Thirion, elle était alors une expression de haine fort naturelle. Ginevra Piombo, l'une des premières écolières de Servin, occupait la place dont on voulait la priver depuis le jour où elle était venue à l'atelier; le groupe aristocratique l'avait insensiblement entourée : à chasser d'une place qui lui appartenait en quelque sorte était non-seulement lui faire injure, mais lui causer une espèce de peine; car les artistes ont tous une place de prédilection pour leur travail. Mais l'animadversion politique entrait peut-être pour peu de chose dans la conduite de ce petit côté droit de l'atelier : Ginevra Piombo, la plus forte des élèves de Servin, était l'objet d'une profonde jalousie; le maître professait autant d'admiration pour les talents que pour le caractère de cette élève favorite, qui servait de base à toutes ses comparaisons, enfin, sans qu'on s'expliquât l'ascendant que cette jeune personne obtenait sur tout ce qui l'entourait, elle exerçait sur ce petit monde un prestige presque semblable à celui de Bonaparte sur ses soldats. L'aristocratie de l'atelier avait résolu depuis plusieurs jours la chute de cette reine, mais, personne n'ayant encore osé s'éloigner de la bonapartiste, mademoiselle Thirion venait de frapper un coup décisif, afin de rendre ses compagnes complices de sa haine. Quoique Ginevra fût sincèrement aimée par deux ou trois des royalistes, presque toutes chapitrées au logis paternel relativement à la politique, elles jugèrent avec ce tact particulier aux femmes qu'elles devaient rester indifférentes à la querelle. A son arrivée, Ginevra fut donc accueillie ar un profond silence. De toutes les jeunes filles venues jusqu'alors dans l'atelier de Servin, elle était la plus belle, la plus grande et la mieux faite. Sa démarche possédait un caractère de noblesse et de grâce qui commandait le respect; sa figure, empreinte d'intelligence, semblait rayonner, tant y respirait cette animation particulière aux Corses, et qui n'exclut point le calme, ses longs cheveux, ses yeux et ses cils noirs exprimaient la passion. Quoique les coins de sa bouche se dessinassent mollement et que ses lèvres fussent un peu trop fortes, il s'y peignait cette bonté que donne aux êtres forts la conscience de leur force. Par un singulier caprice de la nature, le charme de son visage se trouvait en quelque sorte démenti par un front de marbre où se peignait une fierté presque sauvage, où respiraient les mœurs de la Corse. Là était le seul lien qu'il y eût entre elle et son pays natal : dans tout le reste de sa personne, la simplicité, l'abandon des beautés lombardes séduisaient si bien, qu'il fallait ne pas la voir pour lui causer la moindre peine. Elle inspirait un si vif attrait que, par prudence, son vieux père la faisait accompagner jusqu'à l'atelier. Le seul défaut de cette créature véritablement poétique venait de la puissance même d'une beauté si largement développée : elle avait l'air d'être femme. Elle s'était refusée au mariage par amour pour son père et sa mère, en se sentant nécessaire à leurs vieux jours. Son goût pour la peinture avait remplacé les passions qui agitent ordinairement les femmes.

— Vous êtes bien silencieuses aujourd'hui, mesdemoiselles! dit-elle après avoir fait trois ou quatre pas au milieu de ses compagnes. Bonjour, ma petite Laure, ajouta-t-elle d'un ton doux et caressant en s'approchant de la jeune fille qui peignait loin des autres. Cette tête est fort bien ! Les chairs sont un peu trop roses, mais tout en est dessiné à merveille.

Laure leva la tête, regarda Ginevra d'un air attendri, et leurs figures s'épanouirent en exprimant une même affection. Un faible sourire anima les lèvres de l'Italienne, qui paraissait songeuse et se dirigea lentement vers sa place en regardant avec nonchalance les dessins ou les tableaux, en disant bonjour à chacune des jeunes filles du premier groupe, sans s'apercevoir de la curiosité insolite qu'excitait sa présence. On eût dit d'une reine dans sa cour. Elle ne donna aucune attention au profond silence qui régnait parmi les patriciennes, et passa devant leur camp sans prononcer un seul mot. Sa préoccupation fut grande, qu'elle se mit à son chevalet, ouvrit sa boîte à couleurs, prit ses brosses, revêtit ses manches brunes, ajusta son tablier, regarda son tableau, examina sa palette, sans penser, pour ainsi dire, à ce qu'elle faisait. Toutes les têtes du groupe des bourgeoises étaient tournées vers elle. Si les jeunes personnes du camp Thirion n'y mettaient pas la franchise que leurs compagnes dans leur impatience, leurs œillades n'en étaient pas moins dirigées sur Ginevra. — Elle ne s'aperçoit de rien, dit mademoiselle Roguin.

En ce moment, Ginevra quitta l'attitude méditative dans laquelle elle avait complété sa toile, et tourna la tête vers le groupe aristocratique. Elle mesura d'un seul coup d'œil la distance qui l'en séparait, et garda le silence. — Elle ne croit pas qu'on ait eu la pensée de l'insulter, dit Mathilde; elle n'a ni pâli ni rougi. Comme ces demoiselles vont être vexées si elle se trouve mieux à sa nouvelle place qu'à l'ancienne ! Vous êtes là hors ligne, mademoiselle, ajouta-t-elle alors à haute voix en s'adressant à Ginevra.

L'Italienne feignit de ne pas entendre, ou peut-être n'entendit-elle pas, elle se leva brusquement, longea avec une certaine lenteur la cloison qui séparait le cabinet noir de l'atelier, et parut examiner le châssis d'où venait le jour, en y donnant tant d'importance qu'elle monta sur une chaise pour attacher beaucoup plus haut la serge verte qui interceptait la lumière. Arrivée à cette hauteur, elle atteignit à une crevasse assez légère dans la cloison, le véritable but de ses efforts; car le regard qu'elle y jeta ne peut se comparer qu'à celui d'un avare découvrant les trésors d'Aladin. Elle descendit vivement, revint à sa place, ajusta son tableau, feignit d'être mécontente du jour, approcha de la cloison une table sur laquelle elle mit une chaise, grimpa lestement sur cet échafaudage, et regarda de nouveau par la crevasse. Elle ne jeta qu'un regard dans le cabinet, alors éclairé par un jour de souffrance qu'on avait ouvert, et ce qu'elle y aperçut produisit sur elle une sensation si vive qu'elle tressaillit. — Vous allez tomber, mademoiselle Ginevra! s'écria Laure.

Toutes les jeunes filles regardèrent l'imprudente qui chancelait. La peur de voir arriver ses compagnes auprès d'elle lui donna du courage; elle retrouva ses forces et son équilibre, se tourna vers Laure ,en se dandinant sur sa chaise, et dit d'une voix émue : — Bah ! c'est encore plus solide qu'un trône ! Elle se hâta d'arracher la serge, descendit, repoussa la table et la chaise loin de la cloison, revint à son chevalet, et fit encore quelques essais en ayant l'air de chercher une masse de lumière qui lui convînt. Son tableau ne l'occupait guère : son but était de s'approcher du cabinet noir, près duquel elle se plaça, comme elle le désirait, à côté de la porte. Puis elle se mit à préparer sa palette en gardant le plus profond silence. A cette place, elle entendit bientôt plus distinctement le léger bruit qui, la veille, avait si fortement excité sa curiosité et fait parcourir à sa jeune imagination le vaste champ des conjectures. Elle reconnut facilement la respiration forte et régulière de l'homme endormi qu'elle venait de voir. Sa curiosité était satisfaite au delà de ses souhaits, mais elle se trouvait chargée d'une immense responsabilité. A travers la crevasse, elle avait entrevu l'aigle impériale, et sur un lit de sangles faiblement éclairé la figure d'un officier de la garde. Elle devina tout . Servin cachait un proscrit. Maintenant elle tremblait qu'une de ses compagnes ne vînt examiner son tableau, et n'entendît ou la respiration de ce malheureux ou quelque aspiration trop forte, comme celle qui était arrivée à son oreille pendant la dernière leçon. Elle résolut de rester auprès de cette porte, en se fiant à son adresse pour déjouer les chances du sort.

— Il vaut mieux que je sois là, pensait-elle, pour prévenir un accident sinistre, que de laisser le pauvre prisonnier à la merci d'une étourderie. C'était le secret de l'indifférence apparente que Ginevra avait manifestée en trouvant son chevalet dérangé. Elle en fut intérieurement enchantée, puisqu'elle avait pu satisfaire assez naturellement sa curiosité , puis, en ce moment, elle était trop vivement préoccupée pour chercher la raison de son déménagement. Rien n'est plus mortifiant pour des jeunes filles, comme pour tout le monde, que de voir une méchanceté, une insulte ou un bon mot, manquant leur effet par suite du dédain qu'en témoigne la victime. Il semble que la haine envers un ennemi s'accroisse de toute la hauteur à laquelle il s'élève au-dessus de nous. La conduite de Ginevra devint une énigme pour toutes ses compagnes. Ses amies comme ses ennemies furent également surprises, car on lui accordait toutes les qualités possibles, hormis le pardon des injures. Quoique les occasions de déployer ce vice de caractère eussent été rarement offertes à Ginevra dans les événements de sa vie d'atelier, les exemples qu'elle avait pu donner de ses dispositions vindicatives et de sa fermeté n'en avaient pas moins laissé des impressions profondes dans l'esprit de ses compagnes. Après bien des conjectures, mademoiselle Roguin finit par trouver dans le silence de l'Italienne une grandeur d'âme au-dessus de tout éloge, et son cercle, inspiré par elle, forma le projet d'humilier l'aristocratie de l'atelier. Elles parvinrent à leur but par un feu de sarcasmes qui abattit l'orgueil du côté droit. L'arrivée de madame Servin mit fin à cette lutte d'amour-propre. Avec cette finesse qui accompagne toujours la méchanceté, Amélie avait remarqué, analysé, commenté la prodigieuse préoccupation qui empêchait Ginevra d'entendre la dispute aigrement polie dont elle était l'objet. La vengeance que mademoiselle Roguin et ses compagnes tiraient de mademoiselle Thirion et de son groupe eut alors le fatal effet de faire rechercher par les jeunes ultras la cause du silence que gardait Ginevra di Piombo. La belle Italienne devint donc le centre de tous les regards, et fut épiée par ses amies comme par ses ennemies. Il est bien difficile de cacher la plus petite émotion, le plus léger sentiment, à quinze jeunes filles curieuses, inoccupées, dont la malice ou l'esprit ne demandent que des secrets à deviner, des intrigues à créer, à déjouer, et qui savent trouver trop d'interprétations différentes à un geste, à une œillade, à une parole, pour ne pas en découvrir la véritable signification. Aussi le secret de Ginevra di Piombo fut-il bientôt en grand péril d'être connu. En ce moment, la présence de madame Servin produisit un entr'acte dans le drame qui se jouait sourdement au fond de ces jeunes cœurs, et dont les sentiments, les pensées, les progrès étaient exprimés par des phrases presque allégoriques, par de malicieux coups d'œil, par des gestes et par le silence même, souvent plus intelligible que la parole. Aussitôt que madame Servin entra dans l'atelier, ses yeux se portèrent sur la porte auprès de laquelle était Ginevra. Dans les circonstances présentes, ce regard ne fut pas perdu. Si d'abord aucune des écolières n'y fit attention, plus tard mademoiselle Thirion s'en souvint, et s'expliqua la défiance, la crainte et le mystère, qui donnèrent alors quelque chose de fauve aux yeux de madame Servin. — Mesdemoiselles, dit-elle, M. Servin ne pourra pas venir aujourd'hui. Puis elle complimenta chaque jeune personne, en recevant de toutes une foule de ces caresses féminines qui sont autant dans la voix et dans les regards que dans les gestes. Elle arriva promptement auprès de Ginevra, dominée par une inquiétude qu'elle déguisait en vain. L'Italienne et la femme du peintre se firent un signe de tête amical, et restèrent toutes deux silencieuses, l'une peignant, l'autre regardant peindre. La respiration du militaire s'entendait facilement; mais madame Servin ne parut pas s'en apercevoir, et sa dissimulation était si grande, que Ginevra fut tentée de l'accuser d'une surdité volontaire. Cependant l'inconnu se remua dans son lit. L'Italienne regarda fixement madame Servin, qui lui dit alors, sans que son visage éprouvât la plus légère altération : — Votre copie est aussi belle que l'original. S'il me fallait choisir, je serais fort embarrassée. — M. Servin n'a pas mis sa femme dans la confidence de ce mystère, pensa Ginevra qui après avoir répondu à la jeune femme par un doux sourire d'incrédulité fredonna une *canzonnetta* de son pays pour couvrir le bruit que pourrait faire le prisonnier.

C'était quelque chose de si insolite que d'entendre la studieuse Italienne chanter, que toutes les jeunes filles surprises la regardèrent. Plus tard cette circonstance servit de preuve aux charitables suppositions de la haine. Madame Servin s'en alla bientôt, et la séance s'acheva sans autres événements. Ginevra laissa partir ses compagnes et parut vouloir travailler longtemps encore; mais elle trahissait à son insu son désir de rester seule, car, à mesure que les écolières se préparaient à sortir, elle leur jetait des regards d'impatience mal déguisée. Mademoiselle Thirion, devenue en peu d'heures une cruelle ennemie pour celle qui la primait en tout, devina par un instinct de haine que la fausse application de sa rivale cachait un mystère. Elle avait été frappée plus d'une fois de l'air attentif avec lequel Ginevra s'était mise à écouter un bruit que personne n'entendait. L'expression qu'elle surprit en dernier lieu dans les yeux de l'Italienne fut pour elle un trait de lumière. Elle s'en alla la dernière de toutes les écolières et descendit chez madame Servin avec laquelle elle causa un instant; puis elle feignit d'avoir oublié son sac, remonta tout doucement à l'atelier, et aperçut Ginevra grimpée sur un échafaudage fait à la hâte et si absorbée dans la contemplation du militaire inconnu qu'elle n'entendit pas le léger bruit que produisirent les pas de sa compagne. Il est vrai que, suivant une expression de Walter Scott, Amélie marchait comme sur des œufs, elle regagna promptement la porte de l'atelier et toussa. Ginevra tressaillit, tourna la tête, vit son ennemie, rougit, s'empressa de détacher la serge pour donner le change sur ses intentions et descendit après avoir rangé sa boîte à couleurs. Elle quitta l'atelier en emportant gravée dans son souvenir l'image d'une tête d'homme aussi gracieuse que celle de l'Endymion, chef-d'œuvre de Girodet qu'elle avait copié quelques jours auparavant. — Proscrire un homme si jeune! Qui donc peut-il être, car ce n'est pas le maréchal Ney?

Ces deux phrases sont l'expression la plus simple de toutes les idées que Ginevra commenta pendant deux jours. Le surlendemain, malgré sa diligence pour arriver la première à l'atelier, elle y trouva mademoiselle Thirion qui s'y était fait conduire en voiture. Ginevra et son ennemie s'observèrent longtemps, mais elles se composèrent des visages impénétrables l'une pour l'autre. Amélie avait vu la tête ravissante de l'inconnu; mais, heureusement et malheureusement tout à la fois, les aigles et l'uniforme n'étaient pas placés dans l'espace que la fente lui avait permis d'apercevoir. Elle se perdit alors en conjectures. Tout à coup Servin arriva beaucoup plus tôt qu'à l'ordinaire. — Mademoiselle Ginevra, dit-il après jeté un coup d'œil sur l'atelier, pourquoi vous êtes-vous mise là? Le jour est mauvais. Approchez-vous donc de ces demoiselles, et descendez un peu votre rideau.

Puis il s'assit auprès de Laure, dont le travail méritait ses plus complaisantes corrections. — Comment donc! s'écria-t-il, voici une tête supérieurement faite. Vous serez une seconde Ginevra.

Le maître alla de chevalet en chevalet, grondant, flattant, plaisantant, et faisant, comme toujours, craindre plutôt ses plaisanteries que ses réprimandes. L'Italienne n'avait pas obéi aux observations du professeur et restait à son poste avec la ferme intention de ne pas s'en écarter. Elle prit une feuille de papier et se mit à *croquer* à la sépia la tête du pauvre reclus. Une œuvre conçue avec passion porte toujours un cachet particulier. La faculté d'imprimer aux traductions de la nature ou de la pensée des couleurs vraies constitue le génie, et souvent la passion en tient lieu. Aussi, dans la circonstance où se trouvait Ginevra, l'intuition qu'elle devait à sa mémoire vivement frappée, ou la nécessité peut-être, cette mère des grandes choses, lui prêta-t-elle un talent surnaturel. La tête de l'officier fut jetée sur le papier au milieu d'un tressaillement intérieur qu'elle attribuait à la crainte, et dans lequel un physiologiste aurait reconnu la fièvre de l'inspiration. Elle glissait de temps en temps un regard furtif sur ses compagnes, afin de pouvoir cacher le lavis en cas d'indiscrétion de leur part. Malgré son active surveillance, il y eut un moment où elle n'aperçut pas le lorgnon que son impitoyable ennemie braquait sur le mystérieux dessin en s'abritant derrière un grand portefeuille. Mademoiselle Thirion, qui reconnut la figure du proscrit, leva brusquement la tête, et Ginevra serra la feuille de papier. — Pourquoi êtes-vous donc restée là malgré mon avis, mademoiselle? demanda gravement le professeur à Ginevra.

L'écolière tourna vivement son chevalet de manière que personne ne pût voir son lavis, et dit d'une voix émue, en le montrant à son maître : — Ne trouvez-vous pas comme moi que ce jour est favorable? ne dois-je pas rester là?

Servin pâlit. Comme rien n'échappe aux yeux perçants de la haine, mademoiselle Thirion se mit, pour ainsi dire, en tiers dans les émotions qui agitèrent le maître et l'écolière. — Vous avez raison, dit Servin. Mais vous en saurez bientôt plus que moi, ajouta-t-il en riant forcément. Il y eut une pause pendant laquelle le professeur contempla la tête de l'officier. — Ceci est un chef-d'œuvre digne de Salvator Rosa! s'écria-t-il avec une énergie d'artiste.

A cette exclamation, toutes les jeunes personnes se levèrent, et mademoiselle Thirion accourut avec la vélocité du tigre qui se jette sur sa proie. En ce moment le proscrit éveillé par le bruit se remua. Ginevra fit tomber son tabouret, prononça des phrases assez incohérentes et se mit à rire; mais elle avait plié le portrait et l'avait jeté dans son portefeuille avant que la redoutable ennemie eût pu l'apercevoir. Le chevalet fut entouré, Servin détailla à haute voix les beautés de la copie que faisait en ce moment son élève favorite, et tout le monde fut dupe de ce stratagème, moins Amélie, qui, se plaçant en arrière de ses compagnes, essaya d'ouvrir le portefeuille où elle avait vu mettre le lavis. Ginevra saisit le carton et le plaça devant elle sans mot dire. Les deux jeunes filles s'examinèrent alors en silence. — Allons, mesdemoiselles, à vos places, dit Servin. Si vous voulez en savoir autant que mademoiselle de Piombo, il ne faut pas toujours parler modes ou bals et bagucnauder comme vous faites.

Quand toutes les jeunes personnes eurent regagné leurs chevalets, Servin s'assit auprès de Ginevra. — Ne valait-il pas mieux que ce mystère fût découvert par moi que par une autre? dit l'Italienne en parlant à voix basse. — Oui, répondit le peintre. Vous êtes patriote; mais, ne le fussiez-vous pas, ce serait encore vous à qui je l'aurais confié.

Le maître et l'écolière se comprirent, et Ginevra ne craignit plus de demander : — Qui est-ce? — L'ami intime de Labédoyère, celui qui, après l'infortuné colonel, a contribué le plus à la réunion du septième avec les grenadiers de l'île d'Elbe. Il était chef d'escadron dans la garde, et revient de Waterloo. — Comment n'avez-vous pas brûlé son uniforme, son shako, et ne lui avez-vous pas donné des habits bourgeois? dit vivement Ginevra. — On doit m'en apporter ce soir. — Vous auriez dû fermer votre atelier pendant quelques jours. — Il va partir. — Il veut donc mourir? dit la jeune fille. Laissez-le chez vous pendant le premier moment de la tourmente. Paris est encore le seul endroit de la France où l'on puisse cacher sûrement un homme. Il est votre ami? demanda-t-elle. — Non, il n'a pas d'autres titres à ma recommandation que son malheur. Voici comment il m'est tombé sur les bras : mon beau-père, qui avait repris du service pendant cette campagne, a rencontré ce pauvre jeune homme, et l'a très-subtilement sauvé des griffes de ceux qui ont arrêté Labédoyère. Il voulait le défendre, l'insensé! — C'est vous qui le nommez ainsi! s'écria Ginevra en lançant un regard de surprise au peintre, qui garda le silence un moment. — Mon beau-père est trop espionné pour pouvoir garder quelqu'un chez lui, reprit-il. Il me l'a donc amené la semaine dernière. J'avais espéré le dérober à tous les yeux en le mettant dans ce coin, le seul endroit de la maison où il puisse être en sûreté. — Si je puis vous être utile, employez-moi, dit Ginevra; je connais le maréchal Feltre. — Eh bien! nous verrons, répondit le peintre.

Cette conversation dura trop longtemps pour ne pas être remarquée de toutes les jeunes filles. Servin quitta Ginevra, revint encore à chaque chevalet, et donna de si longues leçons qu'il était encore sur l'escalier quand sonna l'heure à laquelle ses écolières avaient l'habitude de partir. — Vous oubliez votre sac, mademoiselle Thirion! s'écria le professeur en courant après la jeune fille qui descendait jusqu'au métier d'espion pour satisfaire sa haine.

La curieuse élève vint chercher son sac en manifestant un peu de surprise de son étourderie, mais le soin de Servin fut pour elle une nouvelle preuve de l'existence d'un mystère dont la gravité n'était pas douteuse, elle avait déjà inventé tout ce qui devait être, et pouvait dire comme l'abbé Vertot : *Mon siège est fait*. Elle descendit bruyamment l'escalier, et tira violemment la porte qui donnait dans l'appartement de Servin, afin de faire croire qu'elle sortait; mais elle remonta doucement, et se tint derrière la porte de l'atelier. Quand le peintre et Ginevra se crurent seuls, il frappa d'une certaine manière à la porte de la mansarde, qui tourna aussitôt sur ses gonds rouillés et criards. L'Italienne vit un jeune homme grand et bien fait dont l'uniforme impérial lui fit battre le cœur. L'officier avait un bras en écharpe, et la pâleur de son teint accusait de vives souffrances. En apercevant une inconnue, il tressaillit. Amélie, ne pouvait rien voir, trembla de rester plus longtemps, mais il lui suffisait d'avoir entendu le grincement de la porte : elle s'en alla sans bruit. —

Ne craignez rien, dit le peintre à l'officier, mademoiselle est la fille du plus fidèle ami de l'empereur, le baron de Piombo.

Le jeune militaire ne conserva plus de doute sur le patriotisme de Ginevra après l'avoir vue. — Vous êtes blessé? dit-elle. — Oh! ce n'est rien, mademoiselle; la plaie se referme.

En ce moment, les voix criardes et perçantes des colporteurs arrivèrent jusqu'à l'atelier : « Voici le jugement qui condamne à mort... » Tous trois tressaillirent. Le soldat entendit, le premier, un nom qui le fit pâlir. — Labédoyère! dit-il en tombant sur le tabouret.

Ils se regardèrent en silence. Des gouttes de sueur se formèrent sur le front livide du jeune homme ; il saisit d'une main et par un geste de désespoir les touffes noires de sa chevelure, et appuya son coude sur le bord du chevalet de Ginevra. — Après tout, dit-il en se levant brusquement, Labédoyère et moi nous savions ce que nous faisions. Nous connaissions le sort qui nous attendait après le triomphe comme après la chute. Il meurt pour sa cause, et moi je me cache...

Il alla précipitamment vers la porte de l'atelier; mais, plus leste que lui, Ginevra s'était élancée et lui en barrait le chemin. — Rétablirez-vous l'empereur? dit-elle. Croyez-vous pouvoir relever ce géant quand lui-même n'a pas su rester debout? — Que voulez-vous que je devienne? dit alors le proscrit en s'adressant aux deux amis que lui avait envoyés le hasard. Je n'ai pas un seul parent dans le monde, Labédoyère était mon protecteur et mon ami, je suis seul ; demain je serai peut-être proscrit ou condamné, je n'ai jamais eu que ma paye pour fortune, j'ai mangé mon dernier écu pour venir arracher Labédoyère à son sort et tâcher de l'emmener, la mort est donc une nécessité pour moi. Quand on est décidé à mourir, il faut savoir vendre sa tête au bourreau. Je pensais tout à l'heure que la vie d'un honnête homme vaut bien celle de deux traîtres, et qu'un coup de poignard bien placé peut donner l'immortalité.

Cet accès de désespoir effraya le peintre et Ginevra elle-même, qui comprit bien le jeune homme. L'Italienne admira cette belle tête et cette voix délicieuse, dont la douceur était à peine altérée par des accents de fureur ; puis elle jeta tout à coup du baume sur les plaies de l'infortuné. — Monsieur, dit-elle, quand à votre détresse pécuniaire, permettez-moi de vous offrir l'or de mes économies. Mon père est riche, je suis son seul enfant, il m'aime, et je suis bien sûre qu'il ne me blâmera pas. Ne vous faites pas scrupule d'accepter : nos biens viennent de l'empereur, nous n'avons pas un centime qui ne soit un effet de sa munificence. N'est-ce pas être reconnaissants que d'obliger un de ses fidèles soldats? Prenez donc cette somme avec aussi peu de façons que j'en mets à vous l'offrir. Ce n'est que de l'argent, ajouta-t-elle d'un ton de mépris. Maintenant, quant à des amis, vous en trouverez. Là, elle leva fièrement la tête, et ses yeux brillèrent d'un éclat inusité. — La tête qui tombera demain devant une douzaine de fusils sauve la vôtre, reprit-elle. Attendez que cet orage passe, et vous pourrez aller chercher du service à l'étranger si l'on ne vous oublie pas, ou dans l'armée française si l'on vous oublie.

Il existe dans les consolations que donne une femme une délicatesse qui a toujours quelque chose de maternel, de prévoyant, de complet. Mais quand, à ces paroles de paix et d'espérance, se joignent la grâce des gestes, cette éloquence de ton qui vient du cœur, et que surtout la bienfaitrice est belle, il est difficile à un jeune homme de résister. Le colonel aspira l'amour par tous les sens. Une légère teinte rose nuança ses joues blanches, ses yeux perdirent un peu de la mélancolie qui les ternissait, et il dit d'un son de voix particulier : — Vous êtes un ange de bonté! Mais Labédoyère, ajouta-t-il, Labédoyère!

A ce cri, ils se regardèrent tous trois en silence, et ils se comprirent. Ce n'était plus des amis de vingt minutes, mais de vingt ans. — Mon cher, reprit Servin, pouvez-vous le sauver? — Je puis le venger!

Ginevra tressaillit : quoique l'inconnu fût beau, son aspect n'avait point ému la jeune fille ; la douce pitié que les femmes trouvent dans leur cœur pour les misères qui n'ont rien d'ignoble avait étouffé chez Ginevra toute autre affection, mais entendre un cri de vengeance, rencontrer dans ce proscrit une âme italienne, du dévouement pour Napoléon, de la générosité à la corse!... c'en était trop pour elle. Elle contempla donc l'officier avec une émotion respectueuse qui lui agita fortement le cœur. Pour la première fois, un homme lui faisait éprouver un sentiment si vif. Comme toutes les femmes, elle se plut à mettre l'âme de l'inconnu en harmonie avec la beauté distinguée de ses traits, avec les heureuses proportions de sa taille, qu'elle admirait en artiste. Menée par le hasard de la curiosité à de la pitié, de la pitié à un intérêt puissant, elle arrivait à cet intérêt à des sensations si profondes, qu'elle crut dangereux de rester là plus longtemps. — A demain, dit-elle en laissant à l'officier le plus doux de ses sourires pour consolation.

En voyant ce sourire, qui jetait comme un nouveau jour sur la figure de Ginevra, l'inconnu oublia tout pendant un instant. — Demain, répondit-il avec tristesse, demain, Labédoyère...

Ginevra se retourna, mit un doigt sur ses lèvres, et le regarda comme si elle lui disait : — Calmez-vous, soyez prudent.

Alors le jeune homme s'écria : — O Dio! che non correi vivere dopo averla veduta! (O Dieu! qui ne voudrait vivre après l'avoir vue?) L'accent particulier avec lequel il prononça cette phrase fit tressaillir Ginevra. — Vous êtes Corse? s'écria-t-elle en revenant à lui le cœur palpitant d'aise. — Je suis né en Corse, répondit-il, mais j'ai été amené très-jeune à Gênes, et, aussitôt que j'eus atteint l'âge auquel on entre au service militaire, je me suis engagé.

La beauté de l'inconnu, l'attrait surnaturel que lui prêtaient ses opinions bonapartistes, sa blessure, son malheur, son danger même, tout disparut aux yeux de Ginevra, ou plutôt tout se fondit dans un seul sentiment nouveau, délicieux. Ce proscrit était un enfant de la Corse, et en parlait le langage chéri! La jeune fille resta pendant un moment immobile, retenue par une sensation magique. Elle avait en effet sous les yeux un tableau vivant auquel tous les sentiments humains réunis et le hasard donnaient de vives couleurs. Sur l'invitation de Servin, l'officier s'était assis sur un divan. Le peintre avait dénoué l'écharpe qui retenait le bras de son hôte, et s'occupait à en détacher l'appareil afin de panser la blessure. Ginevra frissonna en voyant la longue et large plaie que la lame d'un sabre avait faite sur l'avant-bras du jeune homme, et laissa échapper une plainte. L'inconnu leva la tête vers elle et se mit à sourire. Il y avait quelque chose de touchant et qui allait à l'âme dans l'attention avec laquelle Servin enlevait la charpie et tâtait les chairs meurtries, tandis que la figure du blessé, quoique pâle et maladive, exprimait, à l'aspect de la jeune fille, plus de plaisir que de souffrance. Une artiste devait admirer involontairement cette opposition de sentiments, et les contrastes que produisaient la blancheur des linges, la nudité du bras, avec l'uniforme bleu et rouge de l'officier. En ce moment, une obscurité douce enveloppait l'atelier ; mais un dernier rayon de soleil vint éclairer la place où se trouvait le proscrit, en sorte que sa noble et blanche figure, ses cheveux noirs, ses vêtements, tout fut inondé par le jour. Cet effet si simple, la superstitieuse Italienne le prit pour un heureux présage. L'inconnu ressemblait ainsi à un céleste messager qui lui faisait entendre le langage de la patrie, et la mettait sous le charme des souvenirs de son enfance, pendant que, dans son cœur, naissait un sentiment aussi frais, aussi pur que son premier âge d'innocence. Pendant un moment bien court elle demeura songeuse et comme plongée dans une pensée infinie, puis elle rougit de laisser voir sa préoccupation, échangea un doux et rapide regard avec le proscrit, et s'enfuit en le voyant toujours.

Le lendemain n'était pas un jour de leçon. Ginevra vint à l'atelier, et le prisonnier put rester auprès de sa compatriote. Servin, qui avait une esquisse à terminer, permit au reclus d'y demeurer, en servant de mentor aux deux jeunes gens, dont l'entretiennent jeu en corse. Le pauvre soldat raconta ses souffrances pendant la déroute de Moscou, où il s'était trouvé, à l'âge de dix-neuf ans, au passage de la Bérézina, seul de son régiment, après avoir perdu dans les camarades les seuls hommes qui pussent s'intéresser à un orphelin. Il peignit en traits de feu le grand désastre de Waterloo. Sa voix fut une musique pour l'Italienne. Elevée à la corse, Ginevra était en quelque sorte la fille de la nature. Elle ignorait le mensonge et se livrait sans détour à ses impressions, elle les avouait, ou plutôt les laissait deviner sans le manège de la petite et calculatrice coquetterie des jeunes filles de Paris.

Pendant cette journée, elle resta plus d'une fois sa palette d'une main, son pinceau de l'autre, sans que le pinceau s'abreuvât des couleurs de la palette ; les yeux attachés sur l'officier, et la bouche légèrement entr'ouverte, elle écoutait, en se tenant prête à donner un coup de pinceau qu'elle ne donnait jamais. Elle ne s'étonnait pas de trouver tant de douceur dans les yeux du jeune homme, car elle sentait les siens devenir doux, malgré sa volonté de les tenir sévères ou calmes. Puis elle peignait ensuite avec une attention particulière, et pendant des heures entières, sans lever la tête, parce qu'il était là, près d'elle, la regardant travailler. La première fois qu'il vint s'asseoir pour la contempler en silence, elle lui dit d'un son de voix ému et après une longue pause : — Cela vous amuse donc de voir peindre?

Ce jour-là, elle apprit qu'il se nommait Luigi. Avant de se séparer, ils convinrent que, les jours d'atelier, s'il arrivait quelque événement politique important, Ginevra l'en instruirait en chantant à voix basse certains airs italiens.

Le lendemain, mademoiselle Thirion apprit, sous le secret, à toutes ses compagnes, que Ginevra di Piombo était aimée d'un jeune homme qui venait, pendant les heures consacrées aux leçons, s'établir dans le cabinet noir de l'atelier. — Vous qui prenez son parti, dit-elle à mademoiselle Roguin, examinez-la bien, et vous verrez à quoi elle passera son temps.

Ginevra fut donc observée avec une attention diabolique. On écouta ses chansons, on épia ses regards. Au moment où elle ne croyait être vue de personne, une douzaine d'yeux étaient incessamment arrêtés sur elle. Ainsi prévenues, ces jeunes filles interprétèrent dans leur vrai sens les agitations qui passèrent sur la brillante figure de l'Italienne, et ses gestes, et l'accent particulier de ses fredonnements, et l'air attentif avec lequel elle écoutait des sons indistincts qu'elle seule entendait à travers la cloison. Au bout d'une huitaine de jours, une seule des quinze élèves de Servin s'était refusée à voir Louis par la crevasse de la cloison. Cette jeune fille était Laure, la jolie personne pauvre et assidue qui, par un instinct de faiblesse, aimait véritablement la belle Corse et la défendait encore. Mademoiselle Roguin voulut faire rester Laure sur l'escalier à l'heure du départ, afin de lui prouver l'intimité de Ginevra et du beau jeune homme et la surprenant ensemble. Laure refusa de descendre à un espionnage que la curiosité ne justifiait pas, et devint l'objet d'une réprobation universelle.

Bientôt la fille de l'huissier du cabinet du roi trouva qu'il n'était pas convenable pour elle de venir à l'atelier d'un peintre dont les opinions avaient une teinte de patriotisme ou de bonapartisme, ce qui, à cette époque, semblait une seule et même chose. Elle ne revint donc plus chez Servin, qui refusa poliment d'aller chez elle. Si Amélie oublia Ginevra, le mal qu'elle avait semé porta ses fruits. Insensiblement, par hasard, par caquetage ou par pruderie, toutes les autres jeunes personnes instruisirent leurs mères de l'étrange aventure qui se passait à l'atelier. Un jour, Mathilde Roguin ne vint pas ; la leçon suivante, ce fut une autre jeune fille ; enfin trois ou quatre demoiselles, qui étaient restées les dernières, ne revinrent plus. Ginevra et mademoiselle Laure, sa petite amie, furent pendant deux ou trois jours les seules habitantes de l'atelier désert. L'Italienne ne s'apercevait point de l'abandon dans lequel elle se trouvait, et ne recherchait même pas la cause de l'absence de ses compagnes. Ayant inventé depuis peu les moyens de correspondre mystérieusement avec Louis, elle vivait à l'atelier comme dans une délicieuse retraite, seule au milieu d'un monde, ne pensant qu'à l'officier et aux dangers qui le menaçaient. Cette jeune fille, quoique sincèrement admiratrice des nobles caractères, ne voulant pas trahir leur foi politique, pressait Louis de se soumettre promptement à l'autorité royale, afin de le garder en France. Louis ne voulait pas sortir de sa cachette. Si les passions ne naissent et ne grandissent que sous l'influence d'événements extraordinaires et romanesques, on peut dire que jamais tant de circonstances ne concoururent à lier deux êtres par un même sentiment. L'amitié de Ginevra pour Louis, et de Louis pour elle, fit plus de progrès en un mois qu'une amitié du monde n'en fait en dix ans dans un salon. L'adversité n'est-elle pas la pierre de touche des caractères ? Ginevra put donc apprécier facilement Louis, le connaître, et ils ressentirent bientôt une estime réciproque l'un pour l'autre. Plus âgée que Louis, Ginevra trouvait une douceur extrême à être courtisée par un jeune homme déjà si grand, si éprouvé par le sort, et qui joignait à l'expérience d'un homme toutes les grâces de l'adolescence. De son côté, Louis ressentait un indicible plaisir à se laisser protéger, en apparence, par une jeune fille de vingt-cinq ans. Il y avait dans ce sentiment un certain orgueil inexplicable. Peut-être était-ce une preuve d'amour. L'union de la douceur et de la fierté, de la force et de la faiblesse, avait en Ginevra d'irrésistibles attraits, et Louis était entièrement subjugué par elle. Ils s'aimaient si profondément déjà, qu'ils n'avaient eu besoin ni de se le nier ni de se le dire.

Un jour, vers le soir, Ginevra entendit le signal convenu : Louis frappait avec une épingle sur la boiserie, de manière à ne pas produire plus de bruit qu'une araignée qui attache son fil, et demandait ainsi à sortir de sa retraite. L'Italienne jeta un coup d'œil dans l'atelier, ne vit pas la petite Laure, et frappa au signal. Louis ouvrit la porte, aperçut l'écolière, et rentra précipitamment. Étonnée, Ginevra regarde autour d'elle, trouve Laure, et lui dit en allant à son chevalet : — Vous restez bien tard, ma chère ! Cette tête me paraît pourtant achevée, il n'y a plus qu'un reflet à indiquer sur le haut de cette tresse de cheveux. — Vous seriez bien bonne, dit Laure d'une voix émue, si vous vouliez me corriger cette copie, je pourrais conserver quelque chose de vous... — Je veux bien, répondit Ginevra, sûre de pouvoir ainsi la congédier. Je croyais, reprit-elle en donnant de légers coups de pinceau, que vous aviez beaucoup de chemin à faire de chez vous à l'atelier. — Oh ! Ginevra, je vais m'en aller et pour toujours, s'écria la jeune fille d'un air triste.

L'Italienne ne fut pas autant affectée de ces paroles pleines de mélancolie qu'elle l'aurait été un mois auparavant. — Vous quittez M. Servin, demanda-t-elle. — Vous ne vous apercevez donc pas, Ginevra, que depuis quelque temps il n'y a plus que vous et moi. — C'est vrai, répondit Ginevra, frappée tout à coup comme par un souvenir. Ces demoiselles seraient-elles malades, se marieraient-elles, ou leurs pères seraient-ils tous de service au château ? — Toutes ont quitté M. Servin, répondit Laure. — Et pourquoi ? — A cause de vous, Ginevra. — De moi ! répéta la fille corse en se levant, le front menaçant, l'œil fier et les yeux étincelants. — Oh ! ne vous fâchez pas, ma bonne Ginevra, s'écria douloureusement Laure. Mais ma mère aussi veut que je quitte l'atelier. Toutes ces demoiselles ont dit que vous aviez une intrigue, que M. Servin se prêtait à ce qu'un jeune homme qui vous aime demeurât dans le cabinet noir, je n'ai jamais cru ces calomnies et n'en ai rien dit à ma mère. Hier au soir, madame Roguin a rencontré ma mère dans un bal et lui a demandé si elle m'envoyait toujours ici. Sur la réponse affirmative de ma mère, elle lui a répété les mensonges de ces demoiselles. Maman m'a bien grondée, elle a prétendu que je devais savoir tout cela, que j'avais manqué à la confiance qui règne entre une mère et sa fille en ne lui en parlant pas. O ma chère Ginevra ! moi qui vous prenais pour modèle, combien je suis fâchée de ne pouvoir rester votre compagne... — Nous nous retrouverons dans la vie : les jeunes filles se marient... dit Ginevra. — Quand elles sont riches, répondit Laure. — Viens me voir, mon père a de la fortune... — Ginevra, reprit Laure attendrie, madame Roguin et ma mère doivent venir demain chez M. Servin pour lui faire des reproches, au moins qu'il en soit prévenu.

La foudre, tombée à deux pas de Ginevra, l'aurait moins étonnée que cette révélation. — Qu'est-ce que cela leur faisait, dit-elle naïvement ? — Tout le monde trouve cela fort mal. — Et vous, Laure, qu'en pensez-vous ?

La jeune fille regarda Ginevra, leurs pensées se confondirent ; Laure ne retint plus ses larmes, se jeta au cou de son amie et l'embrassa. En ce moment, Servin arriva. — Mademoiselle Ginevra, dit-il avec enthousiasme, j'ai fini mon tableau, on le vernit. Qu'avez-vous donc ? Il paraît que toutes ces demoiselles prennent des vacances ou sont à la campagne.

Laure sécha ses larmes, salua Servin et se retira. — L'atelier est désert depuis plusieurs jours, dit Ginevra, et ces demoiselles ne reviendront plus. — Bah !... — Oh ! ne riez pas, reprit Ginevra, écoutez-moi : je suis la cause involontaire de la perte de votre réputation.

L'artiste se prit à sourire, et dit en interrompant son écolière : — Ma réputation ?... mais, dans quelques jours, mon tableau sera exposé. — Il ne s'agit pas de votre talent, dit l'Italienne, mais de votre moralité. Ces demoiselles ont publié que Louis était renfermé ici, que vous prêtiez... à... notre amour... — J'y a du vrai là-dedans, mademoiselle, répondit le professeur. Les mères de ces demoiselles sont des bégueules, reprit-il. Si elles étaient venues me trouver, tout se serait expliqué. Mais que je prenne du souci de tout cela ? la vie est trop courte !

Et le peintre fit craquer ses doigts par-dessus sa tête. Louis, qui avait entendu une partie de cette conversation, accourut aussitôt. — Vous allez perdre toutes vos écolières, s'écria-t-il, et je vous aurai ruiné.

L'artiste prit la main de Louis et celle de Ginevra, les joignit. — Vous vous marierez, mes enfants ? leur demanda-t-il avec une touchante bonhomie. Ils baissèrent tous deux les yeux, et leur silence fut le premier aveu qu'ils se firent. — Eh bien ! reprit Servin, vous serez heureux, n'est-ce pas ? Y a-t-il quelque chose qui puisse payer le bonheur de deux êtres tels que vous ? — Je suis riche, dit Ginevra, et vous me permettrez de vous indemniser... — Indemniser ?... s'écria Servin. Quand on saura que j'ai été victime des calomnies de quelques sottes, et que je cachais un proscrit, mais tous les libéraux de Paris m'ouvriront leurs filles ! Je serai peut-être alors votre débiteur...

Louis serrait la main de son protecteur sans pouvoir prononcer une parole, mais enfin il dit d'une voix attendrie : — C'est donc à vous que je devrai toute ma félicité ! — Soyez heureux ! je vous unis, dit le peintre avec une onction comique et en imposant les mains sur la tête des deux amants.

Cette plaisanterie d'artiste mit fin à leur attendrissement. Ils se regardèrent tous trois en riant. L'Italienne serra la main de Louis par une violente étreinte et avec une simplicité d'action digne des mœurs de sa patrie. — Ah çà, mes chers enfants, reprit Servin, vous croyez que tout ça va maintenant à merveille ? Eh bien ! vous vous trompez.

Les deux amants l'examinèrent avec étonnement. — Rassurez-vous, je suis le seul qui soit votre espièglerie embarrassé. Madame Servin est un peu rollet-monté, et je ne sais en vérité pas comment nous nous arrangerons avec elle. — Dieu ! j'oubliais, s'écria Ginevra. Demain, madame Roguin et la mère de Laure doivent venir chez vous. — J'entends, dit le peintre en interrompant. — Mais vous pouvez justifier, reprit la jeune fille en laissant échapper un geste de tête plein d'orgueil. Monsieur Louis, dit-elle en se tournant vers lui et le regardant d'un air tendre, ne doit plus avoir d'antipathie pour le gouvernement royal. — Eh bien ! reprit-elle après avoir vu souriant, demain matin vous enverrai une pétition à l'un des personnages les plus influents du ministère de la guerre, à un homme qui ne peut rien refuser à la fille du baron de Piombo. Nous obtiendrons un pardon tacite pour le commandant Louis, car ils ne voudront pas vous reconnaître le grade de colonel. Et vous pourrez, ajouta-t-elle en s'adressant à Servin, confondre les mères de mes charitables compagnes en leur disant la vérité. — Vous êtes un ange ! s'écria Servin.

Pendant que cette scène se passait à l'atelier, le père et la mère de Ginevra s'impatientaient de ne pas la voir revenir. — Il est six heures, et Ginevra n'est pas encore de retour ! s'écria Bartholoméo. — Elle n'est jamais rentrée si tard, répondit la femme de Piombo.

Les deux vieillards se regardèrent avec toutes les marques d'une anxiété peu ordinaire. Trop agité pour rester en place, Bartholoméo se leva et fit deux fois le tour de son salon assez lestement pour un homme de soixante-dix-sept ans. Grâce à sa constitution robuste, il avait subi peu de changements depuis le jour de son arrivée à Paris, et, malgré sa haute taille, il se tenait encore droit. Ses cheveux, devenus blancs et rares, laissaient à découvert un crâne large et protubérant qui donnait une haute idée de son caractère et de sa fermeté. Sa figure, marquée de rides profondes, avait pris un très-grand développement et gardait ce teint pâle qui inspire la vénération. La fougue des passions régnait encore dans le feu surnaturel de ses yeux, dont les sourcils n'avaient pas entièrement blanchi, et qui conservaient leur terrible mobilité. L'aspect de cette tête était sévère; mais on voyait que Bartholoméo avait le droit d'être ainsi. Sa bonté, sa douceur, n'étaient guère connues que de sa femme et de sa fille. Dans ses fonctions ou devant un étranger, il ne déposait jamais la majesté que le temps imprimait à sa personne, et l'habitude de froncer ses gros sourcils, de contracter les rides de son visage, de donner à son regard une fixité napoléonienne, rendait son abord glacial. Pendant le cours de sa vie politique, il avait été si généralement craint, qu'il passait pour peu sociable; mais il n'est pas difficile d'expliquer les causes de cette réputation. La vie, les mœurs et la fidélité de Piombo faisaient la censure de la plupart des courtisans. Malgré les missions délicates confiées à sa discrétion, et qui pour tout autre eussent été lucratives, il ne possédait pas plus d'une trentaine de mille livres de rente en inscriptions sur le grand-livre. Si l'on vient à songer au bon marché des rentes sous l'Empire, à la libéralité de Napoléon envers ceux de ses fidèles serviteurs qui savaient parler, il est facile de voir que le baron de Piombo était un homme d'une probité sévère; il ne devait son plumage de baron qu'à la nécessité dans laquelle Napoléon s'était trouvé de lui donner un titre en l'envoyant dans une cour étrangère. Bartholoméo avait toujours professé une haine implacable pour les traîtres dont s'entoura Napoléon en croyant les conquérir à force de victoires. Ce fut lui qui, dit-on, fit trois pas vers la porte du cabinet de l'empereur, après lui avoir donné le conseil de se débarrasser de trois hommes en France, la veille du jour où il partit pour sa célèbre et admirable campagne de 1814. Depuis le second retour des Bourbons, Bartholoméo ne portait plus la décoration de la Légion d'honneur. Jamais homme n'offrit une plus belle image de ces vieux républicains, amis incorruptibles de l'Empire, qui restaient comme les vivants débris des deux gouvernements les plus énergiques que le monde ait connus. Si le baron de Piombo déplaisait à quelques courtisans, il avait les Daru, les Drouot, les Carnot pour amis. Aussi, quant au reste des hommes politiques, depuis Waterloo, s'en souciait-il autant que des bouffées de fumée qu'il tirait de son cigare.

Bartholoméo di Piombo avait acquis, moyennant la somme assez modique que *Madame*, mère de l'empereur, lui avait donnée de ses propriétés en Corse, l'ancien hôtel de Portenduère, dans lequel il ne fit aucun changement. Presque toujours logé aux frais du gouvernement, il n'habitait cette maison que depuis la catastrophe de Fontainebleau. Suivant l'habitude des gens simples et de haute vertu, le baron et sa femme ne donnaient rien au faste extérieur : leurs meubles provenaient de l'ancien ameublement de l'hôtel. Les grands appartements, hauts d'étages, sombres et nus de cette demeure, les larges glaces encadrées dans de vieilles bordures dorées presque noires, et ce mobilier du temps de Louis XIV, étaient en rapport avec Bartholoméo et sa femme, personnages dignes de l'antiquité. Sous l'Empire et pendant les Cent-Jours, en exerçant des fonctions largement rétribuées, le vieux Corse avait eu un grand train de maison, plutôt dans le but de faire honneur à sa place que dans le dessein de briller. Sa vie et celle de sa femme étaient si frugales, si tranquilles, que leur modeste fortune suffisait à leurs besoins. Pour eux, leur fille Ginevra valait toutes les richesses du monde. Aussi, quand, en mai 1814, le baron de Piombo quitta sa place, congédia ses gens et ferma la porte de son écurie, Ginevra, simple comme ses parents, n'eut-elle aucun regret : à l'exemple des grandes âmes, elle mettait son luxe dans la force des sentiments, comme elle plaçait sa félicité dans la solitude et le travail. Puis ces trois êtres s'aimaient trop pour que les dehors de l'existence eussent quelque prix à leurs yeux. Souvent, et surtout depuis la seconde et effroyable chute de Napoléon, Bartholoméo et sa femme passaient des soirées délicieuses à entendre Ginevra toucher du piano ou chanter. Il y avait pour eux un immense secret de plaisir dans la présence, dans la moindre parole de leur fille; ils la suivaient des yeux avec une tendre inquiétude, ils entendaient son pas dans la cour, quelque léger qu'il pût être. Semblables à des amants, ils savaient rester des heures entières silencieux tous trois, entendant mieux ainsi que par des paroles l'éloquence de leurs âmes. Ce sentiment profond, la vie même des deux vieillards, animait toutes leurs pensées. Ce n'était pas trois existences, mais une seule, qui, semblable à la flamme d'un foyer, se divisait en trois langues de feu. Si quelquefois le souvenir des bienfaits et du malheur de Napoléon, si la politique du moment triomphaient de la constante sollicitude des deux vieillards, ils pouvaient en parler sans rompre la communauté de leurs pensées : Ginevra ne partageait-elle pas leurs passions politiques? Quoi de plus naturel que l'ardeur avec laquelle ils se réfugiaient dans le cœur de leur unique enfant? Jusqu'alors, les occupations d'une vie publique avaient absorbé l'énergie du baron de Piombo; mais, en quittant ses emplois, le Corse eut besoin de rejeter son énergie dans le dernier sentiment qui lui restait; puis, à part les liens qui unissent un père et une mère à leur fille, il y avait peut-être, à l'insu de ces trois âmes despotiques, une puissante raison au fanatisme de leur passion réciproque : ils s'aimaient sans partage; le cœur tout entier de Ginevra appartenait à son père, comme à elle celui de Piombo; enfin, s'il est vrai que nous nous attachions les uns aux autres plus par nos défauts que par nos qualités, Ginevra répondait merveilleusement à toutes les passions de son père. De là procédait la seule imperfection de cette triple vie. Ginevra était entière dans ses volontés, vindicative,

Elle prit une feuille de papier et se mit à *croquer* à la sépia la tête du pauvre reclus — PAGE 5.

emportée comme Bartholoméo l'avait été pendant sa jeunesse. Le Corse se complut à développer ces sentiments sauvages dans le cœur de sa fille, absolument comme un lion apprend à ses lionceaux à fondre sur leur proie ; mais, cet apprentissage de vengeance ne pouvant en quelque sorte se faire qu'au logis paternel, Ginevra ne pardonnait rien à son père, et il fallait qu'il lui cédât. Piombo ne voyait que des enfantillages dans ces querelles factices ; mais l'enfant y contracta l'habitude de dominer ses parents. Au milieu de ces tempêtes que Bartholoméo aimait à exciter, un mot de tendresse, un regard suffisaient pour apaiser leurs âmes courroucées, et ils n'étaient jamais si près d'un baiser que quand ils se menaçaient. Cependant, depuis cinq années environ, Ginevra, devenue plus sage que son père, évitait constamment ces sortes de scènes. Sa fidélité, son dévouement, l'amour qui triomphait dans toutes ses pensées et son admirable bon sens avaient fait justice de ses colères ; mais il n'en était pas moins résulté un bien grand mal : Ginevra vivait avec son père et sa mère sur le pied d'une égalité toujours funeste. Pour achever de faire connaître tous les changements survenus chez ces trois personnages depuis leur arrivée à Paris, Piombo et sa femme, gens sans instruction, avaient laissé Ginevra étudier à sa fantaisie. Au gré de ses caprices de jeune fille, elle avait tout appris et tout quitté, reprenant et laissant chaque pensée tour à tour, jusqu'à ce que la peinture fût devenue sa passion dominante ; elle eût été parfaite si sa mère avait été capable de diriger ses études, de l'éclairer et de mettre en harmonie les dons de la nature : ses défauts provenaient de la funeste éducation que le vieux Corse avait pris plaisir à lui donner.

Après avoir, pendant longtemps, fait crier sous ses pas les feuilles du parquet, le vieillard sonna. Un domestique parut. — Allez au-devant de mademoiselle Ginevra, dit-il. — J'ai toujours regretté de ne plus avoir de voiture pour elle, observa la baronne. — Elle n'en a pas voulu, répondit Piombo en regardant sa femme, qui, accoutumée depuis trente ans à son rôle d'obéissance, baissa les yeux.

Déjà septuagénaire, grande, sèche et ridée, la baronne ressemblait parfaitement à ces vieilles femmes que Schnetz met dans les scènes italiennes de ses tableaux de genre ; elle restait si habituellement silencieuse, qu'on l'eût prise pour une nouvelle madame Shandy, mais un mot, un regard, un geste, annonçaient que ses sentiments avaient gardé la vigueur et la fraîcheur de la jeunesse. Sa toilette, dépouillée de coquetterie, manquait souvent de goût. Elle demeurait ordinairement passive, plongée dans une bergère, comme une sultane Validé, attendant ou admirant sa Ginevra, son orgueil et sa vie. La beauté, la toilette, la grâce de sa fille, semblaient être devenues siennes. Tout pour elle était bien quand Ginevra se trouvait heureuse. Ses cheveux avaient blanchi, et quelques mèches se voyaient au-dessus de son front blanc et ridé ou le long de ses joues creuses.

— Voilà quinze jours environ, dit-elle, que Ginevra rentre un peu plus tard.

— Jean n'ira pas assez vite ! s'écria l'impatient vieillard, qui croisa les basques de son habit bleu, saisit son chapeau, l'enfonça sur sa tête, prit sa canne et partit.

— Tu n'iras pas loin ! lui cria sa femme.

En effet, la porte cochère s'était ouverte et fermée, et la vieille mère entendait le pas de Ginevra dans la cour. Bartholoméo reparut tout à coup portant en triomphe sa fille, qui se débattait dans ses bras. — La voici, la Ginevra, la Ginevrettina, la Ginevrina, la Ginevrola, la Ginevretta, la Ginevra bella ! — Mon père, vous me faites mal.

Aussitôt Ginevra fut posée à terre avec une sorte de respect. Elle agita la tête par un gracieux mouvement pour rassurer sa mère, qui déjà s'effrayait, et pour lui dire que c'était une ruse. Le visage terne et pâle de la baronne reprit alors ses couleurs et une espèce de gaieté. Piombo se frotta les mains avec une force extrême, symptôme le plus certain de sa joie ; il avait pris cette habitude en voyant Napoléon se mettre en colère contre ceux de ses généraux ou de ses ministres qui le servaient mal ou qui avaient commis quelque faute. Les muscles de sa figure une fois détendus, la moindre ride de son front exprimait la bienveillance. Ces deux vieillards offraient en ce moment une image exacte de ces plantes souffrantes auxquelles un peu d'eau rend la vie après une longue sécheresse.

— A table ! à table ! s'écria le baron en présentant sa large main à Ginevra, qu'il nomma signora Piombellina, autre symptôme de gaieté auquel sa fille répondit par un sourire. — Ah ça ! dit Piombo en sortant de table, sais-tu que ta mère m'a fait observer que depuis un mois tu restes beaucoup plus longtemps que de coutume à ton atelier ? Il paraît que la peinture passe avant nous. — O mon père ! — Ginevra nous prépare sans doute quelque surprise, dit la mère. — Tu m'apporterais un tableau de toi ? s'écria le Corse en frappant dans ses mains. — Oui, je suis très-occupée à l'atelier, répondit-elle. — Qu'as-tu donc, Ginevra ? Tu pâlis ! lui dit sa mère. — Non ! s'écria la jeune fille en laissant échapper un geste de résolution, non, il ne sera pas dit que Ginevra Piombo aura menti une fois dans sa vie.

En entendant cette singulière exclamation, Piombo et sa femme regardèrent leur fille d'un air étonné. — J'aime un jeune homme, ajouta-t-elle d'une voix émue.

Puis, sans oser regarder ses parents, elle abaissa ses larges paupières, comme pour voiler le feu de ses yeux. — Est-ce un prince ? lui demanda ironiquement son père en prenant un ton de voix qui fit trembler la mère et la fille. — Non, mon père, répondit-elle avec modestie, c'est un jeune homme sans fortune... — Il est donc bien beau ? — Il est malheureux. — Que fait-il ? — Compagnon de Labédoyère, il était proscrit, sans asile, Servin l'a caché, et... — Servin est un honnête garçon, qui s'est bien comporté, s'écria Piombo ; mais vous fai tes mal, vous, ma fille, d'aimer un autre homme que votre père... — Il ne dépend pas de moi de ne pas aimer, répondit Ginevra. — Je me flattais, reprit son père, que ma Ginevra me serait fidèle jusqu'à ma mort, que mes soins et ceux de sa mère seraient les

Il sauta sur un long poignard.... et s'élança sur sa fille. — PAGE 12.

seuls qu'elle aurait reçus, que notre tendresse n'aurait pas rencontré dans son âme de tendresse rivale, et que... — Vous ai-je reproché votre fanatisme pour Napoléon? dit Ginevra. N'avez-vous aimé que moi? n'avez-vous pas été des mois entiers en ambassade? n'ai-je pas supporté courageusement vos absences? La vie a des nécessités qu'il faut savoir subir. — Ginevra! — Non, vous ne m'aimez pas pour moi, et vos reproches trahissent un insupportable égoïsme. — Tu accuses l'amour de ton père! s'écria Piombo les yeux flamboyants. — Mon père, je ne vous accuserai jamais, répondit Ginevra avec plus de douceur que sa mère tremblante n'en attendait. Vous avez raison dans votre égoïsme, comme j'ai raison dans mon amour. Le ciel m'est témoin que jamais fille n'a mieux rempli ses devoirs auprès de ses parents. Je n'ai jamais vu de bonheur et amour là où d'autres voient souvent des obligations. Voici quinze ans que je ne me suis pas écartée de dessous votre aile protectrice, et ce fut un bien doux plaisir pour moi que de charmer vos jours. Mais serais-je donc ingrate en me livrant au charme d'aimer, en désirant un époux qui me protège après vous? — Ah! tu comptes avec ton père, Ginevra! reprit le vieillard d'un ton sinistre.

Il se fit une pause effrayante pendant laquelle personne n'osa parler. Enfin, Bartholoméo rompit le silence en s'écriant d'une voix déchirante : — Oh! reste avec nous, reste auprès de ton vieux père! Je ne saurais te voir aimant un homme. Ginevra, tu n'attendras pas longtemps ta liberté... — Mais, mon père, songez donc que nous ne vous quitterons pas, que nous serons deux à vous aimer, que vous connaîtrez l'homme aux soins duquel vous me laisserez! Vous serez doublement chéri par moi et par lui : par lui, qui est encore moi, et par moi, qui suis tout lui-même. — O Ginevra, Ginevra! s'écria le Corse en serrant les poings, pourquoi ne t'es-tu pas mariée quand Napoléon m'avait accoutumé à cette idée, et qu'il te présentait des ducs et des comtes? — Ils m'aimaient par ordre, dit la jeune fille. D'ailleurs, je ne voulais pas vous quitter, et ils m'auraient emmenée avec eux. — Tu ne veux pas nous laisser seuls, dit Piombo, mais te marier, c'est nous isoler! Je te connais, ma fille, tu ne nous aimeras plus. — Elisa, ajouta-t-il en regardant sa femme, qui restait immobile et comme stupide, nous n'avons plus de fille, elle veut se marier.

Le vieillard s'assit après avoir levé les mains en l'air comme pour invoquer Dieu; puis il resta courbé comme accablé sous sa peine. Ginevra vit l'agitation de son père, et la modération de sa colère lui brisa le cœur; elle s'attendait à une crise, à des fureurs, elle n'avait pas armé son âme contre la douceur paternelle. — Mon père, dit-elle d'une voix touchante, non, vous ne serez jamais abandonné par votre Ginevra. Mais aimez-la aussi un peu pour elle. Si vous saviez comme il m'aime! Ah! ce ne serait pas lui qui me ferait de la peine. — Déjà des comparaisons! s'écria Piombo avec un accent terrible. Non, je ne puis supporter cette idée, reprit-il. S'il t'aimait comme tu mérites de l'être, il me tuerait; et s'il ne t'aimait pas, je le poignarderais.

Les mains de Piombo tremblaient, ses lèvres tremblaient, son corps tremblait et ses yeux lançaient des éclairs; Ginevra seule pouvait soutenir son regard, car alors elle allumait les yeux, et la fille était digne du père. — Oh! t'aimer! Quel est l'homme digne de cette vie! reprit-il. T'aimer comme un père, n'est-ce pas déjà vivre dans le paradis? qui donc sera jamais digne d'être ton époux? — Lui! dit Ginevra, lui, de qui je ne suis pas digne. — Lui? répéta machinalement Piombo. Qui, lui? — Celui que j'aime. — Est-ce qu'il peut te connaître encore assez pour t'adorer? — Mais, mon père, reprit Ginevra éprouvant un mouvement d'impatience, quand il ne m'aimerait pas, du moment où je l'aime... — Tu l'aimes donc? s'écria Piombo. Ginevra inclina doucement la tête. Tu l'aimes alors plus que nous? — Ces deux sentiments ne peuvent se comparer, répondit-elle. — L'un est plus fort que l'autre, répondit Piombo. — Je crois que oui, dit Ginevra. — Tu ne l'épouseras pas! cria le Corse, dont la voix fit résonner les vitres du salon. — Je l'épouserai, répliqua tranquillement Ginevra. — Mon Dieu! mon Dieu! s'écria la mère, comment finira cette querelle! *Santa Virgina!* mettez-vous entre eux.

Le baron, qui se promenait à grands pas, vint s'asseoir; une sévérité glacée rembrunissait son visage, il regarda fixement sa fille, et lui dit d'une voix douce et affaiblie : — Eh bien! Ginevra, non, tu ne l'épouseras pas. Oh! ne me dis pas oui ce soir!... laisse-moi croire le contraire. Veux-tu voir ton père à genoux, et ses cheveux blancs prosternés devant toi? je vais te supplier... — Ginevra Piombo n'a pas été habituée à promettre et à ne pas tenir, répondit-elle. Je suis votre fille. — Elle a raison, dit la baronne, nous sommes mises au monde pour nous marier. — Ainsi, vous l'encouragez dans sa désobéissance! dit le baron à sa femme, qui, frappée de ce mot, se changea en statue. — Ce n'est pas désobéir que de se refuser à un ordre injuste, répondit Ginevra. — Il ne peut pas être injuste quand il émane de la bouche de votre père, ma fille! Pourquoi me jugez-vous? La répugnance que j'éprouve n'est-elle pas un conseil d'en haut? Je vous préserve peut-être d'un malheur. — Le malheur serait qu'il ne m'aimât pas. — Toujours lui! — Oui, toujours, reprit-il. Il est ma vie, mon bien, ma pensée. Même en vous obéissant, il serait toujours

dans mon cœur. Me défendre de l'épouser, n'est-ce pas vous faire haïr? — Tu ne nous aimes plus, s'écria Piombo. — Oh! dit Ginevra en secouant la tête. — Eh bien! oublie-le, reste-nous fidèle. Après nous... tu comprends. — Mon père, voulez-vous me faire désirer votre mort? s'écria Ginevra. — Je vivrai plus longtemps que toi! Les enfants qui n'honorent pas leurs parents meurent promptement, s'écria son père, parvenu au dernier degré de l'exaspération. — Raison de plus pour me marier promptement et être heureuse! dit-elle.

Ce sang-froid, cette puissance de raisonnement achevèrent de troubler Piombo, le sang lui porta violemment à la tête, son visage devint pourpre. Ginevra frissonna, elle s'élança comme un oiseau sur les genoux de son père, lui passa ses bras autour du cou, lui caressa les cheveux, et s'écria tout attendrie : — Oh! oui, que je meure la première! Je ne te survivrai pas, mon père, mon bon père! — O ma Ginevra, ma folle, ma Ginevrina! répondit Piombo dont toute la colère se fondit à cette caresse comme une glace sous les rayons du soleil. — Il était temps que vous finissiez, dit la baronne d'une voix émue. — Pauvre mère! — Ah! Ginevretta! ma Ginevra bella!

Et le père jouait avec sa fille comme avec un enfant de six ans, il s'amusait à défaire les tresses ondoyantes de ses cheveux, à la faire sauter, il y avait de la folie dans l'expression de sa tendresse. Bientôt sa fille le gronda en l'embrassant, et tenta d'obtenir en plaisantant l'entrée de son Louis au logis. Mais, tout en plaisantant aussi, le père refusait. Elle bouda, revint, bouda encore; puis, à la fin de la soirée, elle se trouva contente d'avoir gravé dans le cœur de son père et son amour pour Louis et l'idée d'un mariage prochain. Le lendemain elle ne parla plus de son amour, elle alla plus tard à l'atelier, elle en revint de bonne heure, elle devint plus caressante pour son père qu'elle ne l'avait jamais été, et se montra pleine de reconnaissance, comme pour le remercier du consentement qu'il semblait donner à son mariage par son silence. Le soir elle faisait longtemps de la musique, et souvent elle s'écriait : — Il faudrait une voix d'homme pour ce nocturne. Elle était Italienne, c'est tout dire. Au bout de huit jours sa mère lui fit un signe, elle vint; puis à l'oreille et à voix basse : — J'ai amené ton père à le recevoir, lui dit-elle. — O ma mère! vous me faites bien heureuse!

Ce jour-là, Ginevra eut donc le bonheur de revenir à l'hôtel de son père en donnant le bras à Louis. Pour la seconde fois, le pauvre officier sortait de sa cachette. Les actives sollicitations que Ginevra faisait auprès du duc de Feltre, alors ministre de la guerre, avaient été couronnées d'un plein succès. Louis venait d'être réintégré sur le contrôle des officiers en disponibilité. C'était un bien grand pas vers un meilleur avenir. Instruit par son amie de toutes les difficultés qui l'attendaient auprès du baron, le jeune chef de bataillon n'osait avouer la crainte qu'il avait de ne pas lui plaire. Cet homme si courageux contre l'adversité, si brave sur un champ de bataille, tremblait en pensant à son entrée dans le salon du Piombo. Ginevra le sentit tressaillant, et cette émotion, dont le principe était leur bonheur, fut pour elle une nouvelle preuve d'amour. — Comme vous êtes pâle! lui dit-elle quand ils arrivèrent à la porte de l'hôtel. — O Ginevra! s'il ne s'agissait que de ma vie!

Quoique Bartholoméo fût prévenu par sa femme de la présentation officielle de celui que Ginevra aimait, il n'alla pas à sa rencontre, resta dans le fauteuil où il avait l'habitude d'être assis, et la sévérité de son front fut glaciale.

— Mon père, dit Ginevra, je vous amène une personne que vous aurez sans doute plaisir à voir : M. Louis, un soldat qui combattait à quatre pas de l'empereur à Mont-Saint-Jean.

Le baron de Piombo se leva, jeta un regard furtif sur Louis, et lui dit d'une voix sardonique : — Monsieur n'est pas décoré? — Je ne porte plus la Légion d'honneur, répondit humblement Louis, qui restait humblement debout.

Ginevra, blessée de l'impolitesse de son père, avança une chaise. La réponse de l'officier satisfit le vieux serviteur de Napoléon. Madame Piombo, s'apercevant que les sourcils de son mari reprenaient leur position naturelle, dit pour ranimer la conversation : — La ressemblance de monsieur avec Nina Porta est étonnante. Ne trouvez-vous pas que monsieur a toute la physionomie des Porta? — Rien de plus naturel, répondit le jeune homme sur qui les yeux flamboyants de Piombo s'arrêtèrent, Nina était ma sœur... — Tu es Luigi Porta? demanda le vieillard. — Oui.

Bartholoméo di Piombo se leva, chancela, fut obligé de s'appuyer sur une chaise et regarda sa femme. Elisa Piombo vint à lui, puis les deux vieillards silencieux se donnèrent le bras et sortirent du salon en abandonnant leur fille avec une sorte d'horreur. Luigi Porta stupéfait regarda Ginevra, qui devint aussi blanche qu'une statue de marbre et resta les yeux fixés sur la porte vers laquelle son père et sa mère avaient disparu : ce silence et cette retraite eurent quelque chose de si solennel que, pour la première fois peut-être, le sentiment de la crainte entra dans son cœur. Elle joignit ses mains l'une contre l'autre avec force, et dit d'une voix si émue qu'elle ne pouvait guère être entendue que par un amant : — Combien de malheur dans un mot! — Au nom de notre amour, qu'ai-je donc dit? demanda Luigi Porta. — Mon père, répondit-elle, ne m'a jamais parlé de notre déplorable histoire, et j'étais trop jeune quand j'ai quitté la Corse pour la savoir. — Nous serions en *vendetta?* demanda Luigi en tremblant. — Oui. En questionnant ma mère, j'ai appris que les Porta avaient tué mes frères et brûlé notre maison. Mon père a massacré toute votre famille. Comment avez-vous survécu, vous qu'il croyait avoir attaché aux colonnes d'un lit avant de mettre le feu à la maison? — Je ne sais, répondit Luigi. A six ans, j'ai été amené à Gênes, chez un vieillard nommé Colonna. Aucun détail sur ma famille ne m'a été donné. Je savais seulement que j'étais orphelin et sans fortune. Ce Colonna me servait de père, et j'ai porté son nom jusqu'au jour où je suis entré au service. Comme il m'a fallu des actes pour prouver qui j'étais, le vieux Colonna m'a dit alors que moi, faible et presque enfant encore, j'avais des ennemis. Il m'a engagé à ne prendre que le nom de Luigi pour leur échapper. — Partez, partez, Luigi! s'écria Ginevra, mais non, je dois vous accompagner. Tant que vous êtes dans la maison de mon père, vous n'avez rien à craindre; aussitôt que vous en sortirez, prenez bien garde à vous! vous marcherez de danger en danger. Mon père a deux Corses à son service, et ce n'est pas lui qui menacera vos jours, c'est eux. — Ginevra, dit-il, cette haine existera-t-elle donc entre nous?

La jeune fille sourit tristement et baissa la tête. Elle la releva bientôt avec une sorte de fierté, et dit : — O Luigi! il faut que nos sentiments soient bien purs et bien sincères pour que j'aie la force de marcher dans la voie où je vais entrer. Mais il s'agit d'un bonheur qui doit durer toute la vie, n'est-ce pas?

Luigi ne répondit que par un sourire, et pressa la main de Ginevra. La jeune fille comprit qu'un véritable amour pouvait seul dédaigner en ce moment les protestations vulgaires. L'expression calme et consciencieuse des sentiments de Luigi annonçait en quelque sorte leur force et leur durée. La destinée de ces deux époux fut alors accomplie. Ginevra entrevit de bien cruels combats à soutenir ; mais l'idée d'abandonner Louis, idée qui peut-être avait flotté dans son âme, s'évanouit complètement. A lui pour toujours, elle l'entraîna tout à coup avec une sorte d'énergie hors de l'hôtel, et ne le quitta qu'au moment où il atteignit la maison dans laquelle Servin lui avait loué un modeste logement. Quand elle revint chez son père, elle avait pris cette espèce de sérénité que donne une résolution forte : aucune altération dans ses manières ne peignit d'inquiétude. Elle leva sur son père et sa mère, qu'elle trouva prêts à se mettre à table, des yeux dénués de hardiesse et pleins de douceur. Elle vit que sa vieille mère avant pleuré. La rougeur de ces paupières flétries ébranla un moment son cœur, mais elle cacha son émotion. Piombo semblait être en proie à une douleur trop violente, trop concentrée pour qu'il pût la trahir par des expressions ordinaires. Les gens servirent le dîner auquel personne ne toucha. L'horreur de la nourriture est un des symptômes qui trahissent les grandes crises de l'âme. Tous trois se levèrent sans qu'aucun d'eux se fût adressé la parole. Quand Ginevra eut placée entre son père et sa mère dans leur grand salon sombre et solennel, Piombo voulut parler, mais il ne trouva pas de voix ; il essaya de marcher, et ne trouva pas de force. Il revint s'asseoir et sonna.

— Jean, dit-il enfin au domestique, allumez du feu, j'ai froid.

Ginevra tressaillit et regarda son père avec anxiété. Le combat qu'il se livrait devait être horrible, sa figure était bouleversée. Ginevra connaissait l'étendue du péril qui la menaçait, mais elle ne tremblait pas, tandis que les regards furtifs que Bartholoméo jetait sur sa fille semblaient annoncer qu'il craignait en ce moment le caractère dont la violence était si son propre ouvrage. Entre eux, tout devait être extrême. Aussi la certitude du changement qui pouvait s'opérer dans les sentiments du père la chagrinait-elle le visage de la baronne d'une expression de terreur. — Ginevra, vous aimez l'ennemi de votre famille, dit enfin Piombo sans oser regarder sa fille. — Cela est vrai, répondit-elle. — Il faut choisir entre lui et nous. Notre *vendetta* fait partie de nous-mêmes. Qui n'épouse pas ma vengeance n'est pas de ma famille. — Mon choix est fait, répondit Ginevra d'une voix calme.

La tranquillité de sa fille trompa Bartholoméo. — O ma chère fille! s'écria le vieillard, qui montra ses paupières humectées par des larmes, les premières et les seules qu'il répandit dans sa vie. — Je serai sa femme, dit brusquement Ginevra.

Bartholoméo eut comme un éblouissement ; mais il recouvra son sang-froid et répliqua : — Ce mariage ne se fera pas de mon vivant, je n'y consentirai jamais. Ginevra garda le silence. — Mais, dit le baron en continuant, songes-tu que Luigi est le fils de celui qui a tué tes frères ? — Il avait six ans au moment où le crime a été commis, il doit en être innocent, répondit-elle. — Un Porta! s'écria Bartholoméo. — Mais ai-je jamais pu partager cette haine? dit vivement la jeune fille. M'avez-vous élevée dans cette croyance qu'un Porta était un monstre? Pouvais-je penser qu'il restait un seul de ceux que vous aviez tués? N'est-il pas naturel que vous fassiez céder votre *vendetta* à mes sentiments? — Un Porta! dit Piombo. Si son père t'avait jadis trouvée dans ton lit, tu ne vivrais pas, il t'aurait donné cent fois la mort. — Cela se peut, répondit-elle : mais son fils m'a donné plus que la vie. Voir Luigi, c'est un bonheur sans lequel je ne saurais vivre. Luigi m'a révélé le monde des sentiments. J'ai peut-être aperçu des figures plus belles encore que la sienne, mais aucune ne m'a autant charmée, j'ai peut-être entendu des voix... non, non, jamais de plus mélodieuses. Luigi m'aime, il sera mon mari. — Jamais, dit Piombo. J'aimerais mieux te voir dans ton cercueil, Ginevra. Le vieux Corse se leva, se mit à parcourir à grands pas le salon et laissa échapper ces paroles après des pauses qui peignaient toute son agitation : — Vous croyez peut-être faire plier ma volonté? détrompez-vous : je ne veux pas qu'un Porta soit mon gendre. Telle est ma sentence. Qu'il ne soit plus question de ceci entre nous. Je suis Bartholoméo di Piombo, entendez-vous, Ginevra? — Attachez-vous quelque sens mystérieux à ces paroles? demanda-t-elle froidement. — Elles signifient que j'ai un poignard, et que je ne crains pas la justice des hommes. — Eh bien! dit la fille en se levant, je suis Ginevra di Piombo, et je déclare que dans six mois je serai la femme de Luigi Porta. — Vous êtes un tyran, mon père, ajouta-t-elle après une pause effrayante.

Bartholoméo serra ses poings et frappa sur le marbre de la cheminée : — Ah! nous sommes à Paris, dit-il en murmurant.

Il se tut, se croisa les bras, pencha la tête sur sa poitrine et ne prononça plus une seule parole pendant toute la soirée. Après avoir exprimé sa volonté, la jeune fille affecta un sang-froid incroyable ; elle se mit au piano, chanta, joua des morceaux ravissants avec une grâce et un sentiment qui annonçaient une parfaite liberté d'esprit, triomphant dans de son père, dont le front ne paraissait pas s'adoucir. Le vieillard ressentit cruellement cette tacite injure, et recueillit en ce moment un des fruits amers de l'éducation qu'il avait donnée à sa fille. Le respect est une barrière qui protège autant un père et une mère que les enfants, en évitant à ceux-là des chagrins, à ceux-ci des remords. Le lendemain Ginevra, qui voulut sortir à l'heure où elle avait coutume de se rendre à l'atelier, trouva la porte de l'hôtel fermée pour elle, mais elle eut bientôt inventé un moyen d'instruire Luigi Porta des sévérités paternelles. Une femme de chambre qui ne savait pas lire lui parvenir au jeune officier la lettre que lui écrivit Ginevra. Pendant cinq jours les deux amants surent correspondre, grâce à ces ruses qu'on sait toujours machiner à vingt ans. Le père et la fille se parlèrent rarement. Tous deux gardaient au fond du cœur un principe de haine, ils souffraient, mais orgueilleusement en silence. En reconnaissant combien étaient forts les liens d'amour qui les attachaient l'un à l'autre, ils essayaient de les briser sans pouvoir y parvenir. Nulle pensée douce ne venait plus comme autrefois égayer les traits sévères de Bartholoméo quand il contemplait sa Ginevra. La jeune fille avait quelque chose de farouche en regardant son père, et le reproche siégeait sur son front d'innocence ; elle se livrait bien à d'heureuses pensées, mais parfois des remords semblaient ternir ses yeux. Il n'était même pas difficile de deviner qu'elle ne pourrait jamais jouir tranquillement d'une félicité qui faisait le malheur de ses parents. Chez Bartholoméo comme chez sa fille, toutes les irrésolutions causées par la bonté native de leurs âmes devaient néanmoins échouer devant leur fierté, devant la rancune particulière aux Corses. Ils s'encourageaient l'un et l'autre dans leur colère et fermaient les yeux sur l'avenir. Peut-être aussi se flattaient-ils mutuellement que l'un céderait à l'autre.

Le jour de la naissance de Ginevra, sa mère, désespérée de cette désunion qui prenait un caractère grave, médita de rapprocher le père et la fille, grâce aux souvenirs de cet anniversaire. Ils étaient réunis tous trois dans la chambre de Bartholoméo. Ginevra devina l'intention de sa mère à l'hésitation peinte sur son visage et sourit tristement. En ce moment un domestique annonça deux notaires accompagnés de plusieurs témoins qui entrèrent. Bartholoméo regarda fixement ces hommes, dont les figures froidement compassées avaient quelque chose de blessant pour des âmes aussi passionnées que l'étaient celles des trois principaux acteurs de cette scène. Le vieillard se tourna vers sa fille d'un air inquiet. Il vit sur son visage un air de triomphe qui lui fit soupçonner quelque catastrophe : mais il affecta de garder, à la manière des sauvages, une immobilité mensongère en regardant les deux notaires, une sorte de curiosité calme. Les étrangers s'assirent après y avoir été invités par un geste du vieillard. — Monsieur est sans doute M. le baron de Piombo? demanda le plus âgé des notaires.

Bartholoméo s'inclina. Le notaire fit un léger mouvement de tête, regarda la jeune fille avec la sournoise expression d'un garde du commerce qui surprend un débiteur, et il tira sa tabatière, l'ouvrit, y prit une pincée de tabac, se mit à la humer à petits coups en cherchant les premières phrases de son discours ; puis, en les prononçant, il fit des repos continuels (manœuvre oratoire que le signe — représentera très-imparfaitement). — Monsieur, dit-il, je suis M. Roguin, notaire de mademoiselle votre fille, et nous venons, — mon collègue et moi — pour accomplir le vœu de la loi — mettre un terme aux divisions qui — paraîtraient — s'être introduites — entre vous — et mademoiselle votre fille, — au sujet — de — son — mariage avec M. Luigi Porta.

Cette phrase, assez pédantesquement débitée, parut probablement trop belle à Mᵉ Roguin pour qu'on pût la comprendre d'un seul coup ; il s'arrêta en regardant Bartholoméo avec une expression particulière aux gens d'affaires, et qui tient le milieu entre la servilité et la familiarité. Habitués à feindre beaucoup d'intérêt pour les personnes auxquelles ils parlent, les notaires finissent par faire contracter à leur figure une grimace qu'ils revêtent et quittent comme leur *pallium* officiel. Ce masque de bienveillance, dont le mécanisme est si facile à saisir, irrita tellement Bartholoméo qu'il lui fallut rappeler toute sa raison pour ne pas jeter M. Roguin par les fenêtres ; une expression de colère se glissa dans ses rides, et en la voyant le notaire se dit en lui-même : — Je produis de l'effet !

— Mais, reprit-il d'une voix mielleuse, monsieur le baron, dans ces sortes d'occasions, notre ministère commence toujours par être essentiellement conciliateur. — Daignez donc avoir la bonté de m'entendre. — Il est évident que mademoiselle Ginevra Piombo — atteint aujourd'hui même — l'âge auquel il suffit de faire des actes respectueux pour qu'il soit passé outre à la célébration d'un mariage, — malgré le défaut de consentement des parents. Or, — il est d'usage dans les familles — qui jouissent d'une certaine considération, — qui appartiennent à la société, — qui conservent quelque dignité, — auxquelles il importe enfin de ne pas donner au public le secret de leurs divisions, — et qui d'ailleurs ne veulent pas se nuire à elles-mêmes en frappant de réprobation l'avenir de deux jeunes époux (car — c'est se nuire à soi-même !) — il est d'usage, — dis-je, — parmi ces familles honorables, de ne pas laisser subsister des actes semblables, — qui restent, qui — sont des monuments d'une division qui — finit — par cesser. — Du moment, monsieur, où une jeune personne a recours aux actes respectueux, elle annonce une intention trop décidée pour qu'un père et — une mère, ajouta-t-il en se tournant vers la baronne, puissent espérer de lui voir suivre leurs avis. — La résistance paternelle étant alors nulle — par ce fait — d'abord, puis étant infirmée par la loi, il est constant que tout homme sage, après avoir fait une dernière remontrance à son enfant, lui donne la liberté de...

M. Roguin s'arrêta en s'apercevant qu'il pouvait parler deux heures ainsi sans obtenir de réponse, et il éprouva d'ailleurs une émotion particulière à l'aspect de l'homme qu'il essayait de convertir. Il s'était fait une révolution extraordinaire sur le visage de Bartholoméo : toutes ses rides contractées lui donnaient un air de cruauté indéfinissable, et il jetait sur le notaire un regard de tigre. La baronne demeurait muette et passive. Ginevra, calme et résolue, attendait ; elle savait que la voix du notaire était plus puissante que la sienne, et alors elle semblait s'être décidée à garder le silence. Au moment où Roguin se tut, cette scène devint si effrayante que les témoins étrangers tremblèrent : jamais peut-être ils n'avaient été frappés par un semblable silence. Les notaires se regardèrent comme pour se consulter, se levèrent et allèrent ensemble à la croisée. — As-tu jamais rencontré des clients fabriqués comme ceux-là ? demanda Roguin à son confrère. — Il n'y a rien à en tirer, répondit le plus jeune. A ta place, moi, je m'en tiendrais à la lecture de mon acte. Le vieux ne me paraît pas amusant, il est colère, et tu ne gagneras rien à vouloir discuter avec lui...

M. Roguin lut un papier timbré contenant un procès-verbal rédigé à l'avance, et demanda froidement à Bartholoméo quelle était sa réponse. — Il y a donc en France des lois qui détruisent le pouvoir paternel ? demanda le Corse. — Monsieur... dit Roguin de sa voix mielleuse. — Qui arrachent une fille à son père ? — Monsieur... — Qui privent un vieillard de sa dernière consolation ? — Monsieur, votre fille ne vous appartient que... — Qui la tuent ?... — Monsieur, permettez...

Rien n'est plus affreux que le sang-froid et les raisonnements exacts d'un notaire au milieu des scènes passionnées où ils ont coutume d'intervenir. Les figures que Piombo voyait lui semblèrent échappées de l'enfer ; sa rage froide et concentrée ne connut plus de bornes au moment où la voix calme et presque flûtée de son petit antagoniste prononça ce fatal : « *permettez*. » Il sauta sur un long poignard suspendu par un clou au-dessus de sa cheminée et s'élança sur sa fille. Le plus jeune des notaires et l'un des témoins se jetèrent entre lui et Ginevra ; mais Bartholoméo renversa brutalement les deux conciliateurs en leur montrant une figure en feu et des yeux flamboyants qui paraissaient plus terribles que ne l'était la clarté du poignard. Quand Ginevra se vit en présence de son père, elle le regarda fixement d'un air de triomphe, s'avança lentement vers lui et s'agenouilla. — Non ! non ! je saurais, dit-il en lançant si violemment son arme qu'elle alla s'enfoncer dans la boiserie. — Eh bien ! grâce ! grâce ! dit-elle. Vous hésitez à me donner la mort, et vous me refusez la vie. O mon père ! jamais je ne vous ai tant aimé, accordez-moi Luigi. Je vous demande votre consentement à genoux : une fille peut s'humilier devant son père, mon Luigi ou je meurs.

L'irritation violente qui la suffoquait l'empêcha de continuer, elle ne trouvait plus de voix, ses efforts convulsifs disaient assez qu'elle était entre la vie et la mort. Bartholoméo repoussa durement sa fille.

— Fuis, dit-il. La Luigi Porta ne saurait être une Piombo. Je n'ai plus de fille ! Je n'ai pas la force de te maudire, mais je t'abandonne, et tu n'as plus de père. Ma Ginevra Piombo est enterrée là, s'écria-t-il d'un son de voix profond en se pressant fortement le cœur. Sors donc, malheureuse, ajouta-t-il après un moment de silence, sors, et ne reparais plus devant moi. Puis il prit Ginevra par le bras, et la conduisit silencieusement hors de la maison. — Luigi, s'écria Ginevra en entrant dans le modeste appartement où était l'officier, mon Luigi, nous n'avons d'autre fortune que notre amour. — Nous sommes plus riches que tous les rois de la terre, répondit-il. — Mon père et ma mère m'ont abandonnée, dit-elle avec une profonde mélancolie. — Je t'aimerai pour eux. — Nous serons donc bien heureux ? s'écria-t-elle avec une gaieté qui eut quelque chose d'effrayant. — Et toujours, répondit-il en la serrant sur son cœur.

Le lendemain du jour où Ginevra quitta la maison de son père, elle alla prier madame Servin de lui accorder un asile et sa protection jusqu'à l'époque fixée par la loi pour son mariage avec Luigi Porta. Là commença pour elle l'apprentissage des chagrins que le monde sème autour de ceux qui ne suivent pas ses usages. Très-affligée du tort que l'aventure de Ginevra faisait à son mari, madame Servin reçut froidement la fugitive, et lui apprit par des paroles poliment circonspectes qu'elle ne devait pas compter sur son appui. Trop fière pour insister, mais étonnée d'un égoïsme auquel elle n'était pas habituée, la jeune Corse alla se loger dans l'hôtel garni le plus voisin de la maison où demeurait Luigi. Le fils des Porta vint passer toutes ses journées aux pieds de sa future ; son jeune amour, la pureté de ses paroles dissipaient les nuages que la réprobation paternelle amassait sur le front de la fille bannie, et il lui peignait l'avenir si beau qu'elle finissait par sourire, sans néanmoins oublier la rigueur de ses parents.

Un matin, la servante de l'hôtel remit à Ginevra plusieurs malles qui contenaient des étoffes, du linge et une foule de choses nécessaires à une jeune femme qui entre en ménage ; elle reconnut dans cet envoi la prévoyante bonté d'une mère, car, en visitant ces présents, elle trouva une bourse où la baronne avait mis la somme qui appartenait à sa fille, en y joignant le fruit de ses économies. L'argent était accompagné d'une lettre où la mère conjurait la fille d'abandonner son funeste projet de mariage, s'il en était encore temps, il lui avait fallu, disait-elle, des précautions inouïes pour faire parvenir ces faibles secours à Ginevra ; elle la suppliait de ne pas l'accuser de dureté, si par la suite elle la laissait dans l'abandon, elle craignait de ne pouvoir plus l'assister ; elle la bénissait, lui souhaitait de trouver le bonheur dans ce fatal mariage, si elle persistait, en lui assurant qu'elle ne pensait qu'à sa fille chérie. En cet endroit, des larmes avaient effacé plusieurs mots de la lettre. — O ma mère ! s'écria Ginevra tout attendrie. Elle éprouva le besoin de se jeter à ses genoux, de la voir et de respirer l'air bienfaisant de la maison paternelle ; elle s'élançait déjà, quand Luigi entra, elle le regarda, et sa tendresse filiale s'évanouit, ses larmes se séchèrent, elle ne se sentit pas la force d'abandonner cet enfant si malheureux et si aimant. Être le seul espoir d'une noble créature, l'aimer et l'abandonner !... ce sacrifice est une trahison dont sont incapables les jeunes âmes. Ginevra eut la générosité d'ensevelir sa douleur au fond de son âme.

Enfin, le jour du mariage arriva. Ginevra ne vit personne autour d'elle. Luigi avait profité du moment où elle s'habillait pour aller chercher les témoins nécessaires à la signature de leur acte de mariage. Ces témoins étaient de braves gens. L'un, ancien maréchal des logis de hussards, avait contracté à l'armée, envers Luigi, de ces obligations qui ne s'effacent jamais du cœur d'un honnête homme, il s'était mis loueur de voitures et possédait quelques fiacres. L'autre, entrepreneur de maçonnerie, était le propriétaire de la maison où les nouveaux époux allaient demeurer. Chacun d'eux se fit accompagner par un ami, puis tous quatre vinrent avec Luigi prendre la mariée. Peu accoutumés aux grimaces sociales, et ne voyant rien que de très-simple dans le service qu'ils rendaient à Luigi, ces gens s'étaient habillés proprement, mais sans luxe, et rien n'annonçait le joyeux cortège d'une noce. Ginevra, elle-même, se mit très-simplement, afin de se conformer à sa fortune ; néanmoins sa beauté avait quelque chose de si noble et de si imposant, qu'à son aspect la parole expira sur les lèvres des témoins qui se crurent obligés de lui adresser un compliment. Ils la saluèrent avec respect, elle s'inclina ; ils la regardèrent en silence et ne surent plus que l'admirer. Cette réserve jeta le froid parmi eux. La joie ne peut éclater que parmi des gens qui se sentent égaux. Le hasard voulut donc que tout fût sombre et grave autour des deux fiancés. Rien ne reflétait leur félicité. L'église et la mairie n'étaient pas très-éloignées de l'hôtel. Les deux Corses, suivis des quatre témoins que leur imposait la loi, voulurent y aller à pied, dans la simplicité qui dépouilla de tout appareil cette grande scène de la vie sociale. Ils trouvèrent dans la cour de la mairie une foule d'équipages qui annonçaient nombreuse compagnie ; ils montèrent et arrivèrent à une grande salle où les mariés, dont le bonheur était indiqué pour ce jour-là, attendaient assez impatiemment le maire du quartier. Ginevra s'assit près de Luigi au bout d'un grand banc, et leurs témoins restèrent debout, faute de sièges. Deux mariées pompeusement habillées de blanc, chargées de rubans, de dentelles, de perles, et couronnées de bouquets de fleurs d'oranger dont les boutons satinés tremblaient sous leur voile, étaient entourées de leurs familles joyeuses, et accompagnées de leurs mères qu'elles regardaient d'un air à la fois satisfait et craintif, tous les yeux réfléchissaient leur bonheur, et chaque figure semblait leur prodiguer des bénédictions. Les pères, les témoins, les frères, les sœurs allaient et venaient, comme un essaim se jouait dans un rayon de soleil qui va disparaître. Chacun semblait comprendre la valeur de ce moment fugitif où, dans la vie, le cœur se trouve entre deux espérances : les souhaits du passé, les promesses de l'avenir. A cet aspect, Ginevra sentit son cœur se gonfler, et pressa le bras de Luigi, qui lui lança un regard. Une larme roula dans les yeux du jeune Corse, il ne comprit jamais mieux qu'alors tout ce que sa Ginevra lui sacrifiait. Cette larme précieuse fit oublier à la jeune fille l'abandon dans lequel elle se trouvait. L'amour versa des trésors de lumière entre les deux amants, qui ne virent plus qu'eux au milieu de ce tumulte : ils étaient là, seuls, dans cette foule, tels qu'ils devaient être dans la vie. Leurs témoins, indifférents à la cérémonie, causaient tranquillement de leurs affaires.

— L'avoine est bien chère! disait le maréchal des logis au maçon.
— Elle n'est pas encore si renchérie que le plâtre, proportion gardée, répondit l'entrepreneur.

Et ils firent un tour dans la salle. — Comme on perd du temps ici! s'écria le maçon en remettant dans sa poche une grosse montre d'argent.

Luigi et Ginevra, serrés l'un contre l'autre, semblaient ne faire qu'une même personne. Certes, un poète aurait admiré ces deux têtes unies par un même sentiment, également colorées, mélancoliques, et silencieuses en présence de deux noces bourdonnant, devant quatre familles tumultueuses, étincelant de diamants, de fleurs et dont la gaieté avait quelque chose de passager. Tout ce que ces groupes bruyants et splendides mettaient de joie en dehors, Luigi et Ginevra l'ensevelissaient au fond de leurs cœurs. D'un côté, le grossier fracas du plaisir, de l'autre, le délicat silence des âmes joyeuses : la terre et le ciel. Mais la tremblante Ginevra ne put pas entièrement dépouiller les faiblesses de la femme. Superstitieuse comme une Italienne, elle voulut voir un présage dans ce contraste, et garda au fond de son cœur un sentiment d'effroi, invincible autant que son amour.

Tout à coup, un garçon de bureau à la livrée de la ville ouvrit une porte à deux battants, l'on fit silence, et sa voix retentit comme un glapissement en appelant M. Luigi da Porta et mademoiselle Ginevra di Piombo. Ce moment causa quelque embarras aux deux fiancés. La célébrité du nom de Piombo attira l'attention, les spectateurs cherchèrent une noce qui semblait devoir être somptueuse. Ginevra se leva, ses regards foudroyants d'orgueil imposèrent à toute la foule, elle donna le bras à Luigi, et marcha d'un pas ferme suivie de ses témoins. Un murmure d'étonnement qui alla croissant, un chuchotement général, vint rappeler à Ginevra que le monde lui demandait compte de l'absence de ses parents : la malédiction paternelle semblait la poursuivre. — Attendez les familles, dit le maire à l'employé qui lisait promptement les actes. — Le père est bien protestant, répondit flegmatiquement le secrétaire. — Des deux côtés? reprit le maire. — L'épouse est orpheline. — Où sont les témoins? — Les voici, répondit encore le secrétaire en montrant les quatre hommes immobiles et muets qui, les bras croisés, ressemblaient à des statues. — Mais, s'il y a protestation? dit le maire. — Les actes respectueux ont été légalement faits, répliqua l'employé en se levant pour transmettre au fonctionnaire les pièces annexées à l'acte de mariage.

Ce débat bureaucratique eut quelque chose de flétrissant et contenait en peu de mots toute une histoire. La haine des Porta et des Piombo, de terribles passions furent inscrites sur une page de l'état civil, comme sur la pierre d'un tombeau sont gravées en quelques lignes les annales d'un peuple, et souvent même en un mot : Robespierre ou Napoléon. Ginevra tremblait. Semblable à la colombe qui, traversant les mers, n'avait que l'arche pour poser ses pieds, elle ne pouvait réfugier son regard que dans les yeux de Luigi, car tout était triste et froid autour d'elle. Le maire avait un air improbateur et sévère, et son commis regardait les deux époux avec une curiosité malveillante. Rien n'eut jamais moins l'air d'une fête. Comme toutes les choses de la vie humaine quand elles sont dépouillées de leurs accessoires, ce fut un fait simple en lui-même, immense par la pensée. Après quelques interrogations auxquelles les époux répondirent, après quelques paroles marmottées par le maire, et après l'apposition de leurs signatures sur le registre, Luigi et Ginevra furent unis. Les deux jeunes Corses, dont l'alliance offrait toute la poésie consacrée par le génie de Shakespeare dans Roméo et Juliette, traversèrent deux haies de parents joyeux auxquels ils n'appartenaient pas, et qui s'impatientaient presque du retard que leur causait ce mariage si triste en apparence. Quand la jeune fille se trouva dans la cour de la mairie et sous le ciel, un soupir s'échappa de son sein. — Oh! toute une vie de soins et d'amour suffira-t-elle pour reconnaître le courage et la tendresse de ma Ginevra! lui dit Luigi.

A ces mots accompagnés par des larmes de bonheur, la mariée oublia toutes ses souffrances; car elle avait souffert de se présenter devant le monde, en réclamant un bonheur que sa famille refusait de sanctionner. — Pourquoi les hommes se mettent-ils donc entre nous? dit-elle avec une naïveté de sentiment qui ravit Luigi.

Le plaisir rendit les deux époux plus légers. Ils ne virent ni ciel, ni terre, ni maison, et volèrent comme avec des ailes vers l'église. Enfin, ils arrivèrent à une petite chapelle obscure et devant un autel sans pompe un vieux prêtre célébra leur union. Là, comme à la mairie, ils furent entourés par les deux noces qui les persécutaient de leur éclat. L'église, pleine d'amis et de parents, retentissait du bruit que faisaient les carrosses, les bedeaux, les suisses, les prêtres. Les autels brillaient de tout le luxe ecclésiastique, les couronnes de fleurs d'oranger qui paraient les statues de la Vierge semblaient être neuves. On ne voyait que fleurs, que parfums, que cierges étincelants, que coussins de velours brodés d'or. Dieu paraissait être complice de cette joie d'un jour. Quand il fallut tenir au-dessus des têtes de Luigi et de Ginevra ce symbole d'union éternelle, ce joug de satin blanc, doux, brillant, léger pour les uns, de plomb pour le plus grand nombre, le prêtre chercha, mais en vain, les jeunes garçons qui remplissent ce joyeux office : deux des témoins les remplacèrent. L'ecclésiastique fit à la hâte une instruction aux époux sur les périls de la vie, sur les devoirs qu'ils enseigneraient un jour à leurs enfants; et, à ce sujet, il glissa un reproche indirect sur l'absence des parents de Ginevra; puis, après les avoir unis devant Dieu, comme le maire les avait unis devant la loi, il acheva sa messe et les quitta.

— Dieu les bénisse! dit Vergniaud au maçon sous le porche de l'église. Jamais deux créatures ne furent mieux faites l'une pour l'autre. Les parents de cette fille-là sont des infirmes. Je ne connais pas de soldat plus brave que le colonel Louis! Si tout le monde s'était comporté comme lui, *l'autre* y serait encore.

La bénédiction du soldat, la seule qui, dans ce jour, leur eût été donnée, répandit comme un baume sur le cœur de Ginevra.

Ils se séparèrent en se serrant la main, et Luigi remercia cordialement son propriétaire. — Adieu, mon brave, dit Luigi au maréchal des logis, je te remercie. — Tout à votre service, mon colonel. Ame, individu, chevaux et voitures, chez moi tout est à vous. — Comme il l'aime! dit Ginevra.

Luigi entraîna vivement sa mariée à la maison qu'ils devaient habiter. Ils atteignirent bientôt leur modeste appartement; et, là, quand la porte fut refermée, Luigi prit sa femme dans ses bras en s'écriant : — O ma Ginevra! car maintenant tu es à moi, ici est la véritable fête. Ici, reprit-il, tout nous sourira.

Ils parcoururent ensemble les trois chambres qui composaient leur logement. La pièce d'entrée servait de salon et de salle à manger. A droite se trouvait une chambre à coucher, à gauche un grand cabinet que Luigi avait fait arranger pour sa chère femme et où elle trouva les chevalets, la boîte à couleurs, les plâtres, les modèles, les mannequins, les tableaux, les portefeuilles, enfin tout le mobilier de l'artiste. — Je travaillerai donc là! dit-elle avec une expression enfantine. Elle regarda longtemps la tenture, les meubles, et toujours elle se retournait vers Luigi pour le remercier, car il y avait une sorte de magnificence dans ce petit réduit : une bibliothèque contenait les livres favoris de Ginevra, au fond était un piano. Elle s'assit sur un divan, attira Luigi près d'elle, et lui serrant la main : — Tu as bon goût, dit-elle d'une voix caressante. — Tes paroles me font bien heureux, dit-il. — Mais voyons donc tout, demanda Ginevra à qui Luigi avait fait un mystère des ornements de cette retraite.

Ils allèrent alors vers une chambre nuptiale, fraîche et blanche comme une vierge. — Oh! sortons, dit Luigi en riant. — Mais je veux tout voir. Et l'impérieuse Ginevra visita l'ameublement avec le soin curieux d'un antiquaire examinant une médaille, elle toucha les soieries et passa tout en revue avec le contentement naïf d'une jeune mariée qui déploie les richesses de sa corbeille. — Nous commençons par nous ruiner, dit-elle d'un air moitié joyeux, moitié chagrin.

— C'est vrai! tout l'arriéré de ma solde est là, répondit Luigi. J'ai vendu à un brave homme nommé Gigonnet. — Pourquoi? reprit-elle d'un ton de reproche où perçait une satisfaction secrète. Crois-tu que je serais moins heureuse sous un toit? Mais, reprit-elle, tout cela est bien joli, et c'est à nous. Luigi la contemplait avec tant d'enthousiasme qu'elle baissa les yeux et lui dit : — Allons voir le reste.

Au-dessus de ces trois chambres, sous les toits, il y avait un cabinet pour Luigi, une cuisine et une chambre de domestique. Ginevra fut satisfaite de son petit domaine, quoique la vue s'y trouvât bornée par le large mur d'une maison voisine, et que la cour d'où venait le jour fût sombre. Mais les deux amants avaient le cœur si joyeux, mais l'espérance leur embellissait si bien l'avenir, qu'ils ne voulurent apercevoir que de charmantes images dans leur mystérieux asile. Ils étaient au fond de cette vaste maison et perdus dans l'immensité de Paris, comme deux perles dans leur nacre au sein des profondes mers : pour tout autre c'eût été une prison, pour eux ce fut un paradis. Les premiers jours de leur union appartinrent à l'amour. Il leur fut trop difficile de se vouer tout à coup au travail, et ils ne surent pas résister au charme de leur propre passion. Luigi restait des heures entières couché aux pieds de sa femme, admirant la couleur de ses cheveux, la coupe de son front, le ravissant encadrement de ses yeux, la pureté, la blancheur des deux arcs sous lesquels ils glissaient lentement en exprimant le bonheur d'un amour satisfait. Ginevra caressait la chevelure de son Luigi sans se lasser de contempler, suivant une de ses expressions, la *beltà folgorante* de ce jeune homme. la finesse de ses traits, toujours séduite par la noblesse de ses manières, comme elle le séduisait toujours par la grâce des siennes. Ils jouaient comme des enfants avec des riens: ces riens les ramenaient toujours à leur passion, et ils ne cessaient leurs jeux que pour tomber dans la rêverie du *far niente*. Un air chanté par Ginevra leur reproduisait encore les nuances délicieuses de leur amour. Puis, unissant leurs pas comme ils avaient uni leurs âmes, ils parcouraient les campagnes en y retrouvant leur amour partout, dans les fleurs, sur les cieux, au sein des teintes ardentes du soleil couchant ; ils le lisaient jusque sur les nuées capricieuses qui se combattaient dans les airs. Une journée ne ressemblait jamais à la précédente, leur amour allait croissant parce qu'il était vrai. Ils s'étaient éprouvés en peu de jours, et avaient instinctivement reconnu que leurs âmes étaient de celles dont les richesses inépuisables semblent toujours promettre de nouvelles jouissances pour l'avenir. C'était l'amour dans toute sa naïveté, avec ses interminables causeries, ses phrases inachevées, ses longs silences. son repos oriental et sa fougue. Luigi et Ginevra avaient tout compris de l'amour. L'amour n'est-il pas comme la mer, qui, vue superficiellement ou à la hâte, est accusée de monotonie par les âmes vulgaires, tandis que certains êtres privilégiés peuvent passer leur vie à l'admirer, en y trouvant sans cesse de changeants phénomènes qui les ravissent?

Cependant, un jour, la prévoyance vint tirer les jeunes époux de leur Eden : il était devenu nécessaire de travailler pour vivre. Ginevra, qui possédait un talent particulier pour imiter les vieux tableaux, se mit à faire des copies et se forma une clientèle parmi les brocanteurs De son côté, Luigi chercha très-activement de l'occupation, mais il était fort difficile à un jeune officier, dont tous les talents se bornaient à bien connaître la stratégie, de trouver de l'emploi à Paris. Enfin, un jour que, lassé de ses vains efforts, il avait le désespoir dans l'âme en voyant que le fardeau de leur existence tombait tout entier sur Ginevra, il songea à tirer parti de son écriture, qui était fort belle. Avec une constance dont sa femme lui donnait l'exemple, il alla solliciter les avoués, les notaires, les avocats de Paris. La franchise de ses manières. sa situation, intéressèrent vivement en sa faveur, et il obtint assez d'expéditions pour être obligé de se faire aider par des jeunes gens. Insensiblement il entreprit les écritures en grand. Le produit de bureau, le prix des tableaux de Ginevra, finirent par mettre le jeune ménage dans une aisance qui le rendit fier, car elle provenait de son industrie. Ce fut pour eux le plus beau moment de leur vie. Les journées s'écoulaient rapidement entre les occupations et les joies de l'amour. Le soir, après avoir bien travaillé, ils se retrouvaient avec bonheur dans la cellule de Ginevra. La musique les consolait de leurs fatigues. Jamais une expression de mélancolie ne vint obscurcir les traits de la jeune femme, et jamais elle ne se permit une plainte. Elle savait toujours apparaître à son Luigi le sourire sur les lèvres et les yeux rayonnants. Tous deux caressaient une pensée dominante qui leur eût fait trouver du plaisir aux travaux les plus rudes : Ginevra se disait qu'elle travaillait pour Luigi, et Luigi pour Ginevra. Parfois, en l'absence de son mari, la jeune femme songeait au bonheur parfait qu'elle aurait eu si cette vie d'amour s'était écoulée en présence de son père et de sa mère Elle tombait alors dans une mélancolie profonde en éprouvant la puissance des remords, de sombres tableaux passaient comme des ombres dans son imagination : elle voyait son vieux père seul ou sa mère pleurant le soir et dérobant ses larmes à l'inflexible Piombo, ces deux têtes blanches et graves se dressaient soudain devant elle. il lui semblait qu'elle ne devait plus les contempler qu'à la lueur fantastique du souvenir. Cette idée la poursuivait comme un pressentiment. Elle célébra l'anniversaire de son mariage en donnant à son mari un portrait qu'elle avait souvent désiré : celui de sa Ginevra. Jamais la jeune artiste n'avait rien composé de si remarquable. A part une ressemblance parfaite, l'éclat de sa beauté, la pureté de ses sentiments, le bonheur de l'amour y étaient rendus avec une sorte de magie. Le chef-d'œuvre fut inauguré. Ils passèrent encore une autre année au sein de l'aisance. L'histoire de leur vie peut se faire alors en trois mots : *Ils étaient heureux*. Il ne leur arriva donc aucun événement qui mérite d'être rapporté.

Au commencement de l'hiver de l'année 1819, les marchands de tableaux conseillèrent à Ginevra de leur donner autre chose que des copies : ils ne pouvaient plus les vendre avantageusement par suite de la concurrence. Madame Porta reconnut le tort qu'elle avait eu de ne pas s'exercer à peindre des tableaux de genre qui lui auraient acquis un nom. Elle entreprit de faire des portraits, mais elle eut à lutter contre une foule d'artistes encore moins riches qu'elle ne l'était. Cependant, comme Luigi et Ginevra avaient amassé quelque argent, ils ne désespérèrent pas de l'avenir. A la fin de l'hiver de cette même année, Luigi travailla sans relâche. Lui aussi luttait contre des concurrents : le prix des écritures avait tellement baissé, qu'il ne pouvait plus employer personne, et se trouvait dans la nécessité de consacrer plus de temps qu'autrefois à son labeur pour en retirer la même somme. Sa femme avait fini plusieurs tableaux qui n'étaient pas sans mérite, mais les marchands achetaient à peine ceux des artistes en réputation. Ginevra les offrit à vil prix sans pouvoir les vendre. La situation de ce ménage eut quelque chose d'épouvantable: les âmes de ces deux époux nageaient dans le bonheur, l'amour les accablait de ses trésors, la pauvreté se levait comme un squelette au milieu de cette moisson de plaisir, et ils se cachaient l'un à l'autre leurs inquiétudes. Au moment où Ginevra se sentait près de pleurer en voyant que Luigi souffrant, elle le comblait de caresses. De même Luigi gardait un noir chagrin au fond de son cœur en exprimant à Ginevra le plus tendre amour. Ils cherchaient une compensation à leurs maux dans l'exaltation de leurs sentiments, et leurs paroles, leurs joies, leurs jeux s'empreignaient d'une espèce de frénésie. Ils avaient peur de l'avenir. Quel est le sentiment dont la force puisse se comparer à celle d'une passion qui doit cesser le lendemain, tuée par la mort ou par la nécessité? Quand ils se parlaient de leur indigence, ils éprouvaient le besoin de se tromper l'un et l'autre, et saississaient avec une égale ardeur le plus léger espoir. Une nuit, Ginevra chercha vainement Luigi auprès d'elle, et se leva tout effrayée. Une faible lueur qui se dessinait sur le mur noir de la petite cour lui fit deviner que son mari travaillait pendant la nuit. Luigi attendait que sa femme fût endormie avant de monter à son cabinet. Quatre heures sonnèrent, le jour commençait à poindre. Ginevra se recoucha et feignit de dormir. Luigi revint accablé de fatigue et de sommeil, et Ginevra regarda douloureusement cette belle figure sur laquelle les travaux et les soucis imprimaient déjà quelques rides. Des larmes roulèrent dans les yeux de la jeune femme.

— C'est pour moi qu'il passe les nuits à écrire, dit-elle.

Une pensée sécha ses larmes : elle songeait à imiter Luigi. Le jour même, elle alla chez un riche marchand d'estampes, et, à l'aide d'une lettre de recommandation qu'elle se fit donner pour le négociant par Élie Magus, un de ses marchands de tableaux, elle obtint une entreprise de coloriages. Le jour, elle peignait et s'occupait des soins du ménage, puis, quand la nuit arrivait, elle coloriait des gravures. Ainsi, ces deux jeunes gens, épris d'amour, n'entraient au lit nuptial que pour en sortir ; ils feignaient tous deux de dormir, et, par dévouement, se quittaient aussitôt que l'un avait trompé l'autre. Une nuit, Luigi succombant à l'espèce de fièvre que lui causait un travail sous le poids duquel il commençait à plier, se leva pour ouvrir la lucarne de son cabinet, il respirait l'air pur du matin et semblait oublier ses douleurs à l'aspect du ciel, quand, en abaissant ses regards, il aperçut une forte lueur sur le mur qui faisait face aux fenêtres de l'appartement de Ginevra. Le malheureux, qui devina tout, descendit, marcha doucement et surprit sa femme au milieu de son atelier, coloriant des gravures. — O Ginevra ! s'écria-t-il.

Elle fit un saut convulsif sur sa chaise et rougit. — Pouvais-je dormir tandis que tu t'épuisais de fatigue? dit-elle. — Mais c'est à moi seul qu'appartient le droit de travailler ainsi. — Puis-je rester oisive, répondit la jeune femme, quand les yeux se mouilleront de larmes, quand je sais que chaque morceau de pain nous coûte presque une goutte de ton sang ! Je mourrais si je ne joignais pas mes efforts aux tiens. Tout ne doit-il pas être commun entre nous, plaisirs et peines?

— Elle a froid ! s'écria Luigi avec désespoir. Ferme donc mieux ton châle sur ta poitrine, ma Ginevra, la nuit est humide et fraîche.

Ils vinrent devant la fenêtre, la jeune femme appuya sa tête sur le sein de son bien-aimé, qui la tenait par la taille, et tous deux, ensevelis dans un silence profond, regardèrent le ciel, que l'aube éclairait lentement. Des nuages d'une teinte grise se succédèrent rapidement, et l'orient devint de plus en plus lumineux. — Vois-tu, ô Ginevra, c'est un présage : nous serons heureux. — Oui, au ciel, répondit Luigi avec un sourire amer. O Ginevra ! toi qui méritais tous les trésors de la terre... — J'ai ton cœur, dit-elle avec un accent de joie. — Ah ! je ne me plains pas, reprit-il en la serrant fortement contre lui. Et il couvrit de baisers ce visage délicat, qui commençait à perdre la fraîcheur de la jeunesse, mais dont l'expression était si tendre et si douce, qu'il ne pouvait jamais le voir sans être consolé. — Quel silence ! dit Ginevra. Mon ami, je trouve un grand plaisir à veiller. La majesté de la nuit est vraiment contagieuse, elle impose, elle inspire, il y a je ne sais quelle puissance dans cette idée : tout dort et je veille. — O Ginevra ! ce n'est pas d'aujourd'hui que son âme est délicatement gracieuse ! Mais voici l'aurore, viens dormir. — Oui, répondit-elle, si je ne dors pas seule. J'ai bien souffert la nuit où je me suis aperçue que mon Luigi veillait sans moi !

Le courage avec lequel ces deux jeunes gens combattaient le malheur reçut pendant quelque temps sa récompense, mais l'événement qui met presque toujours le comble à la félicité des ménages devait leur être funeste : Ginevra eut un fils qui, pour se servir d'une expression populaire, lui *beau comme le jour*. Le sentiment de la maternité doubla les forces de la jeune femme. Luigi emprunta pour subvenir aux dépenses des couches de Ginevra. Dans les premiers moments, elle ne sentit donc pas tout le malaise de sa situation, et les deux époux se livrèrent au bonheur d'élever un enfant. Ce fut leur dernière félicité. Comme deux nageurs qui unissent leurs efforts pour rompre un courant, les deux Corses luttèrent d'abord courageusement; mais parfois ils s'abandonnaient à une apathie semblable à ces sommeils qui précèdent la mort, et bientôt ils se virent obligés de vendre leurs bijoux. La pauvreté se montra tout à coup, non pas hideuse, mais vêtue simplement, et presque douce à supporter; sa voix n'avait rien d'effrayant, elle ne traînait après elle ni désespoir, ni spectres, ni haillons, mais elle faisait perdre le souvenir et les habitudes de l'aisance, elle usait les ressorts de l'orgueil. Puis vint la misère dans toute son horreur, insoucieuse de ses guenilles, et foulant aux pieds tous les sentiments humains. Sept ou huit mois après la naissance du petit Bartholoméo, l'on aurait eu de la peine à reconnaître, dans la mère qui allaitait cet enfant malingre, l'original de l'admirable le seul ornement d'une chambre nue. Sans feu par un rude hiver, Ginevra vit les gracieux contours de sa figure se détruire lentement, ses joues devinrent blanches comme de la porcelaine. On eût dit ses yeux avaient pâli. Elle regardait en pleurant son enfant amaigri, décoloré, et ne souffrait que de cette jeune misère. Luigi, debout et silencieux, n'avait plus le courage de sourire à son fils.

— J'ai couru tout Paris, disait-il d'une voix sourde, je n'y connais personne, et comment oser demander à des indifférents? Vergniaud, le nourrisseur, mon vieil Égyptien, est impliqué dans une conspiration. il a été mis en prison, et d'ailleurs, il m'a prêté tout ce dont il pouvait disposer. Quant à notre propriétaire, il ne nous a rien demandé depuis un an. — Mais nous n'avons besoin de rien, répondit doucement Ginevra en affectant un air calme. — Chaque jour qui arrive amène une difficulté de plus, reprit Luigi avec terreur.

La faim était à leur porte. Luigi prit tous les tableaux de Ginevra, le portrait, plusieurs meubles desquels le ménage pouvait encore se passer, il vendit tout à vil prix, et la somme qu'il en obtint prolongea l'agonie du ménage pendant quelques moments. Dans ces jours de malheur, Ginevra montra la sublimité de son caractère et l'étendue de sa résignation, elle supporta stoïquement les atteintes de la douleur, son âme énergique la soutenait contre tous les maux, elle travaillait d'une main défaillante auprès de son fils mourant, expédiait les soins du ménage avec une activité miraculeuse, et suffisait à tout. Elle était même heureuse encore quand elle voyait sur les lèvres de Luigi un sourire d'étonnement à l'aspect de la propreté qu'elle faisait régner dans l'unique chambre où ils s'étaient réfugiés. — Mon ami, je t'ai gardé ce morceau de pain, lui dit-elle un soir qu'il rentrait fatigué. — Et toi? — Moi, j'ai dîné, cher Luigi, je n'ai besoin de rien.

Et la douce expression de son visage le pressait encore plus que sa parole d'accepter une nourriture de laquelle elle se privait. Luigi l'embrassa par un de ces baisers de désespoir qui se donnaient, en 1793, entre amis à l'heure où ils montaient ensemble à l'échafaud. En ces moments suprêmes, deux êtres se voient tout cœur à cœur. Aussi, le malheureux Luigi, comprenant tout à coup que sa femme était à jeun, partagea-t-il la fièvre qui la dévorait, il frissonna, sortit en prétextant une affaire pressante, car il aurait mieux aimé prendre le poison le plus subtil, plutôt que d'éviter la mort en mangeant le dernier morceau de pain qui se trouvait chez lui. Il se mit à errer dans Paris au milieu des voitures les plus brillantes, au sein de ce luxe insultant qui éclate partout, il passa promptement devant les boutiques des changeurs, où l'or étincelle, enfin, il résolut de se vendre, de s'offrir comme remplaçant pour le service militaire, en espérant que ce sacrifice sauverait Ginevra, et, pendant son absence, elle pourrait rentrer en grâce auprès de Bartholoméo. Il alla donc trouver un de ces hommes qui font la traite des blancs, et il éprouva une sorte de bonheur à reconnaître en lui un ancien officier de la garde impériale.

— Il y a deux jours que je n'ai mangé, lui dit-il d'une voix lente et faible, ma femme meurt de faim et ne m'adresse aucune plainte, elle expirerait en souriant, je crois. De grâce, mon camarade, ajouta-t-il avec un sourire amer, achète-moi d'avance, je suis robuste, je ne suis plus au service, et je...

L'officier donna une somme à Luigi en à-compte sur celle qu'il s'engageait à lui procurer. L'infortuné poussa un cri convulsif quand il tint une poignée de pièces d'or, il courut de toute sa force vers sa maison, haletant, et criant parfois : — O ma Ginevra! Ginevra! Il commençait à faire nuit quand il arriva chez lui. Il entra tout doucement, craignant de donner une trop forte émotion à sa femme, qu'il avait laissée faible. Les derniers rayons du soleil, pénétrant par la lucarne, venaient mourir sur le visage de Ginevra, qui dormait assise sur une chaise, en tenant son enfant sur son sein.

— Réveille-toi, ma chère Ginevra, dit-il sans s'apercevoir de la pose de son enfant, qui, en ce moment, conservait un éclat surnaturel.

En entendant cette voix, la pauvre mère ouvrit les yeux, rencontra le regard de Luigi, et sourit; mais Luigi jeta un cri d'épouvante: Ginevra était tout à fait changée, à peine la reconnaissait-il. Il lui montra par un geste d'une sauvage énergie l'or qu'il avait à la main.

La jeune femme se mit à rire machinalement, et tout à coup elle s'écria d'une voix affreuse : — Louis! l'enfant est froid.

Elle regarda son fils et s'évanouit, car le petit Barthélemy était mort. Luigi prit sa femme dans ses bras sans lui ôter l'enfant qu'elle serrait avec une force incompréhensible; et, après l'avoir posée sur le lit, il sortit pour appeler au secours. — O mon Dieu! dit-il à son propriétaire, qu'il rencontra sur l'escalier, j'ai de l'or, et mon enfant est mort de faim, sa mère se meurt, aidez-nous?

Il revint comme un désespéré vers Ginevra, et laissa l'honnête maçon occupé, ainsi que plusieurs voisins, de rassembler tout ce qui pouvait soulager une misère inconnue jusqu'alors, tant les deux Corses l'avaient soigneusement cachée par un sentiment d'orgueil. Luigi avait jeté son or sur le plancher, et s'était agenouillé au chevet du lit où gisait sa femme. — Mon père! s'écriait Ginevra dans son délire, prenez soin de mon fils, qui porte votre nom. — O mon ange! calme-toi, lui disait Luigi en l'embrassant, de beaux jours nous attendent.

Cette voix et cette caresse lui rendirent quelque tranquillité. — O mon Louis! reprit-elle en le regardant avec une attention extraordinaire, écoute-moi bien. Je sens que je meurs. Ma mort est naturelle, je souffrais trop, et puis un bonheur aussi grand que le mien devait se payer. Oui, mon Luigi, console-toi. J'ai été si heureuse, que, si je recommençais à vivre, j'accepterais encore notre destinée. Je suis une mauvaise mère : je le regrette encore plus que je ne regrette mon enfant. Mon enfant! ajouta-t-elle d'un son de voix profond. Deux larmes se détachèrent de ses yeux mourants, et soudain elle pressa le cadavre qu'elle n'avait pu réchauffer. Donne ma chevelure à mon père, en souvenir de sa Ginevra, reprit-elle. Dis-lui bien que je ne l'ai jamais accusé... Sa tête tomba sur le bras de son époux. — Non, tu ne veux pas mourir! s'écria Luigi, le médecin va venir. Nous avons du pain. Ton père va te recevoir en grâce. La prospérité s'est levée pour nous. Reste avec nous, ange de beauté!

Mais ce cœur fidèle et plein d'amour devenait froid. Ginevra tournait instinctivement les yeux vers celui qu'elle adorait, quoiqu'elle ne fût plus sensible à rien : des images confuses s'offraient à son esprit, près de perdre tout souvenir de la terre. Elle savait que Luigi était là, car elle serrait toujours sa main glacée, et semblait vouloir se retenir au-dessus d'un précipice où elle croyait tomber. — Mon ami, dit-elle enfin, tu as froid. je vais te réchauffer.

Elle voulut mettre la main de son mari sur son cœur, mais elle expira. Deux médecins, un prêtre, des voisins, entrèrent en ce moment en apportant tout ce qui était nécessaire pour sauver les deux époux et calmer leur désespoir. Ces étrangers firent beaucoup de bruit d'abord; mais quand ils furent entrés, un affreux silence régna dans cette chambre.

Pendant que cette scène avait lieu, Bartholoméo et sa femme étaient assis dans leurs fauteuils antiques, chacun à un coin de la vaste cheminée, dont l'ardent brasier réchauffait à peine l'immense salon de leur hôtel. La pendule marquait minuit. Depuis longtemps le vieux couple avait perdu le sommeil. En ce moment, ils étaient silencieux comme deux vieillards tombés en enfance, et qui regardent tout sans rien voir. Leur salon désert, mais plein de souvenirs pour eux, était faiblement éclairé par une seule lampe près de mourir. Sans les flammes pétillantes du foyer, ils eussent été dans une obscurité complète. Un de leurs amis venait de les quitter, et la chaise sur laquelle il s'était assis pendant sa visite se trouvait entre les deux Corses. Piombo avait déjà jeté plus d'un regard sur cette chaise, et ces regards pleins d'idées se succédaient comme des remords, car la chaise vide était celle de Ginevra. Elisa Piombo épiait les expressions qui passaient sur la blanche figure de son mari. Quoiqu'elle fût habituée à deviner les sentiments du Corse d'après les changements révolutions de ses traits, ils étaient tour à tour si menaçants et si mélancoliques, qu'elle ne pouvait plus lire dans cette âme incompréhensible.

Bartholoméo succombait-il sous les puissants souvenirs que réveillait cette chaise? était-il choqué de voir qu'elle venait de servir pour la première fois à un étranger depuis le départ de sa fille? l'heure de sa clémence, cette heure si vainement attendue jusqu'alors, avait-elle sonné?

Ces réflexions agitèrent successivement le cœur d'Elisa Piombo. Pendant un instant, la physionomie de son mari devint si terrible, qu'elle trembla d'avoir su employer une ruse si simple pour faire naître l'occasion de parler de Ginevra. En ce moment, la bise chassa si violemment les flocons de neige sur les persiennes, que les vieillards purent en entendre le léger bruissement. La mère de Ginevra baissa la tête pour dérober ses larmes à son mari. Tout à coup un soupir sortit de la poitrine du vieillard, sa femme le regarda, il était abattu. elle hasarda pour la seconde fois, depuis trois ans, à lui parler de sa fille.

— Si Ginevra avait froid! s'écria-t-elle doucement. Piombo tressaillit. Elle a peut-être faim, dit-elle en continuant. Le Corse laissa échapper une larme. Elle a un enfant et ne peut pas le nourrir, son lait s'est tari, reprit vivement la mère avec l'accent du désespoir. — Qu'elle vienne! qu'elle vienne! s'écria Piombo. O mon enfant chérie! tu m'as vaincu.

La mère se leva comme pour aller chercher sa fille. En ce moment, la porte s'ouvrit avec fracas, et un homme dont le visage n'avait rien d'humain surgit tout à coup devant eux.

— *Morte!* Nos deux familles devaient s'exterminer l'une par l'autre, car voilà tout ce qui reste d'elle, dit-il en posant sur une table la longue chevelure noire de Ginevra.

Les deux vieillards frissonnèrent comme s'ils eussent reçu une commotion de la foudre, et ne virent plus Luigi.

— Il nous épargne un coup de feu, car il est mort, s'écria lentement Bartholoméo en regardant à terre.

Paris, janvier 1830.

FIN DE LA VENDETTA.

Il avait le désespoir dans l'âme. — PAGE 14.

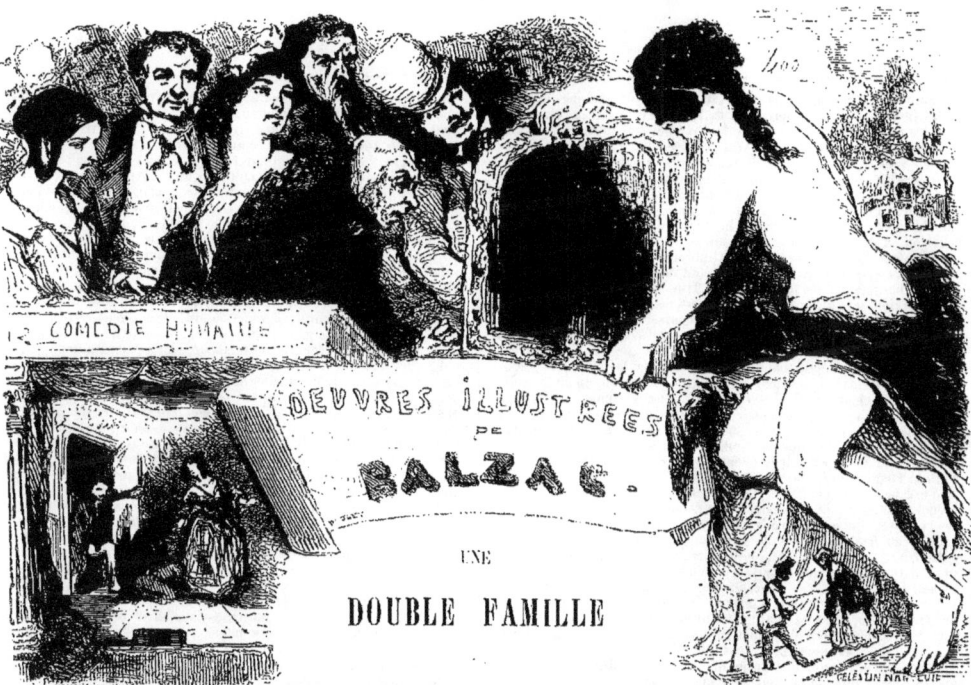

ŒUVRES ILLUSTRÉES DE BALZAC

UNE DOUBLE FAMILLE

Dess. Tony Johannot, E. Lampsonius, Bertall, H. Monnier, etc.

Gravures par les meilleurs Artistes.

A MADAME

LA COMTESSE LOUISE DE TURHEIM

Comme une marque
du souvenir et de l'affectueux respect
de son humble serviteur,

DE BALZAC.

La rue du Tourniquet-Saint-Jean, naguère une des rues les plus tortueuses et les plus obscures du vieux quartier qui entoure l'hôtel de ville, serpentait le long des petits jardins de la préfecture de Paris et venait aboutir dans la rue du Martroi, précisément à l'angle d'un vieux mur maintenant abattu. En cet endroit se voyait le tourniquet auquel cette rue a dû son nom, et qui ne fut détruit qu'en 1823, lorsque la ville de Paris fit construire, sur l'emplacement d'un jardinet dépendant de l'hôtel de ville, une salle de bal pour la fête donnée au duc d'Angoulême à son retour d'Espagne. La partie la plus large de la rue du Tourniquet était à son débouché dans la rue de la Tixeranderie, où elle n'avait que cinq pieds de largeur. Aussi, par les temps pluvieux, des eaux noirâtres baignaient-

A toute heure du jour les passants apercevaient cette jeune ouvrière.... — PAGE 2.

elles promptement le pied des vieilles maisons qui bordaient cette rue, en entraînant les ordures déposées par chaque ménage au coin des bornes. Les tombereaux ne pouvant point passer par là, les habitants comptaient sur les orages pour nettoyer leur rue toujours boueuse; et comment aurait-elle été propre? lorsqu'en été le soleil dardait en aplomb ses rayons sur Paris, une nappe d'or, aussi tranchante que la lame d'un sabre, illuminait momentanément les ténèbres de cette rue sans pouvoir sécher l'humidité permanente qui régnait depuis le rez-de-chaussée jusqu'au premier étage de ces maisons noires et silencieuses. Les habitants, qui, au mois de juin, allumaient leurs lampes à cinq heures du soir, ne les éteignaient jamais en hiver. Encore aujourd'hui, si quelque courageux piéton veut aller du Marais sur les quais, en prenant, au bout de la rue du Chaume, les rues de l'Homme-Armé, des Billettes et des Deux-Portes, qui mènent à celle du Tourniquet-Saint-Jean, il croira n'avoir marché que sous des caves. Presque toutes les rues de l'ancien Paris, dont les chroniques ont tant vanté la splendeur, ressemblaient à ce dédale humide et

sombre où les antiquaires peuvent encore admirer quelques singularités historiques. Ainsi, quand la maison qui occupait le coin formé par les rues du Tourniquet et de la Tixéranderie subsistait, les observateurs y remarquaient les vestiges de deux gros anneaux de fer scellés dans le mur, un reste de ces chaînes que le quartenier faisait jadis tendre tous les soirs pour la sûreté publique. Cette maison, remarquable par son antiquité, avait été bâtie avec des précautions qui attestaient l'insalubrité de ces anciens logis, car, pour assainir le rez-de-chaussée, on avait élevé les berceaux de la cave à deux pieds environ au-dessus du sol, ce qui obligeait à monter trois marches pour entrer dans la maison. Le chambranle de la porte bâtarde décrivait un cintre plein, dont la clef était ornée d'une tête de femme et d'arabesques rongés par le temps. Trois fenêtres, dont les appuis se trouvaient à hauteur d'homme, appartenaient à un petit appartement situé dans la partie de ce rez-de-chaussée qui donnait sur la rue du Tourniquet, d'où il tirait son jour. Ces croisées dégradées étaient défendues par de gros barreaux en fer très-espacés et finissaient par une saillie semblable à celle qui termine les grilles des boulangers. Si pendant la journée quelque passant curieux jetait les yeux sur les deux chambres dont se composait cet appartement, il lui était impossible d'y rien voir, car pour découvrir dans la seconde chambre deux lits en serge verte réunis sous la boiserie d'une vieille alcôve, il fallait le soleil du mois de juillet ; mais le soir, vers les trois heures, une fois la chandelle allumée, on pouvait apercevoir, à travers la fenêtre de la première pièce, une vieille femme assise sur une escabelle, au coin d'une cheminée où elle attisait un réchaud sur lequel mijotait un de ces ragoûts semblables à ceux que savent faire les portières. Quelques rares ustensiles de cuisine ou de ménage accrochés au fond de cette salle se dessinaient dans le clair-obscur. A cette heure, une vieille table, posée sur un X, mais dénuée de linge, était garnie de quelques couverts d'étain et du plat cuisiné par la vieille. Trois méchantes chaises meublaient cette pièce, qui servait à la fois de cuisine et de salle à manger. Au-dessus de la cheminée s'élevaient un fragment de miroir, un briquet, trois verres, des allumettes et un grand pot blanc tout ébréché. Le carreau de la chambre, les ustensiles, la cheminée, tout plaisait néanmoins par l'esprit d'ordre et d'économie que respirait cet asile sombre et froid. Le visage pâle et ridé de la vieille femme était en harmonie avec l'obscurité de la rue et la rouille de la maison. A la voir au repos, sur sa chaise, on eût dit qu'elle tenait à cette maison comme un colimaçon tient à sa coquille brune ; sa figure, où je ne sais quelle vague expression de malice perçait à travers une bonhomie affectée, était couronnée par un bonnet de tulle rond et plat qui cachait assez mal des cheveux blancs ; ses grands yeux gris étaient aussi calmes que la rue, et les rides nombreuses de son visage pouvaient se comparer aux crevasses des murs. Soit qu'elle fût née dans la misère, soit qu'elle fût déchue d'une splendeur passée, elle paraissait réconciliée depuis longtemps avec sa triste existence. Depuis le lever du soleil jusqu'au soir, excepté les moments où elle préparait les repas et ceux où, chargée d'un panier, elle s'absentait pour aller chercher les provisions, cette vieille femme demeurait dans l'autre chambre devant la dernière croisée, en face d'une jeune fille. A toute heure du jour les passants apercevaient cette jeune ouvrière, assise dans un vieux fauteuil de velours rouge, le cou penché sur un métier à broder, travaillant avec ardeur. Sa mère avait un tambour vert sur les genoux et s'occupait à faire du tulle, mais ses doigts remuaient péniblement les bobines. Sa vue était affaiblie, car son nez sexagénaire portait une paire de ces antiques lunettes qui tiennent sur le bout des narines par la force avec laquelle elles les compriment. Quand venait le soir, ces deux laborieuses créatures plaçaient entre elles une lampe dont la lumière, passant à travers deux globes de verre remplis d'eau, jetait sur leur ouvrage une forte lueur qui permettait à l'une de voir les fils les plus déliés fournis par les bobines du tambour, et à l'autre les dessins les plus délicats tracés sur l'étoffe qu'elle brodait. La courbure des barreaux lui permit à la jeune fille de mettre sur l'appui de la fenêtre une longue caisse en bois pleine de terre où végétaient des pois de senteur, des capucines, un petit chèvrefeuille malingre et des volubilis toujours mobiles grimpant autour des barreaux. Ces plantes, presque étiolées, produisaient de pâles fleurs, harmonie de plus qui mêlait je ne sais quoi de triste et de doux dans le tableau présenté par cette croisée, dont la baie encadrait les deux figures. A l'aspect singulier de cet intérieur, le passant le plus égoïste emportait une image complète de la vie que mène à Paris la classe ouvrière, car la brodeuse ne paraissait vivre que de son aiguille. Bien des gens n'atteignaient pas le tourniquet sans s'être demandé comment une jeune fille pouvait conserver des couleurs en vivant dans cette rue. Un étudiant passant-il par là ? ou regagner le pays latin, sa vive imagination lui faisait déplorer cette vie obscure et végétative, semblable à celle du lierre qui tapisse les froides murailles, ou à celle de ces paysans voués au travail, et qui naissent, labourent, meurent ignorés du monde, qu'ils ont nourri. Un rentier se disait, après avoir examiné la maison avec l'œil d'un propriétaire :
— Que deviendront ces deux femmes si la broderie vient à n'être plus de mode ? Parmi les gens qu'une place à l'hôtel de ville ou au palais

forçait à passer par cette rue à des heures fixes, soit pour se rendre à leurs affaires, soit pour retourner dans leurs quartiers respectifs, peut-être se trouvait-il quelque cœur charitable. Peut-être un homme veuf ou un Adonis de quarante ans, à force de sonder les replis de cette vie malheureuse, comptait-il sur la détresse de la mère et de la fille pour posséder à bon marché l'innocente ouvrière dont les mains agiles et potelées, le cou frais et la peau blanche, attiraient dû sans doute à l'habitation de cette rue sans soleil, excitaient son imagination. Peut-être aussi quelque honnête employé à douze cents francs d'appointements, témoin journalier de l'ardeur que cette jeune fille portait au travail, estimateur de ses mœurs pures, attendant-il de l'avancement pour unir une vie obscure à une vie obscure, un labeur obstiné à dix heures, apportant au moins et un bras d'homme pour soutenir cette existence, et un paisible amour, décoloré comme les fleurs de la croisée. De vagues espérances animaient les yeux ternes et gris de la vieille mère. Le matin, après le plus modeste de tous les déjeuners, elle reprenait son tambour, plutôt par maintien que par obligation, car elle posait ses lunettes sur une petite travailleuse de bois rouge, aussi vieille qu'elle, et passait en revue, de huit heures et demie à dix heures environ, les gens habitués à traverser la rue ; elle recueillait leurs regards, faisait des observations sur leurs démarches, sur leurs toilettes, sur leurs physionomies, et semblait leur marchander sa fille, tant ses yeux babillards essayaient d'établir entre eux de sympathiques affections, par un manège digne des coulisses. On devinait facilement que cette revue était pour elle un spectacle, et peut-être son seul plaisir. La fille levait rarement la tête ; la pudeur, ou peut-être le sentiment pénible de sa détresse, semblait retenir sa figure attachée sur le métier ; aussi, pour qu'elle montrât aux passants sa mine chiffonnée, sa mère devait-elle avoir poussé quelque exclamation de surprise. L'employé vêtu d'une redingote neuve, ou l'habitué qui se produisait vis-à-vis de la femme à son bras, pouvaient alors voir le nez légèrement retroussé de l'ouvrière, sa petite bouche rose, ses yeux gris, toujours pétillants de vie, malgré ses accablantes fatigues ; ses laborieuses insomnies ne se trahissaient guère que par un cercle plus ou moins blanc dessiné sous chacun de ses yeux, sur la peau fraîche de ses pommettes. La pauvre enfant semblait être née pour l'amour et la gaieté, pour l'amour, qui avait peint au-dessus de ses paupières bridées deux arcs parfaits, et qui lui avait donné une si ample forêt de cheveux châtains, qu'elle aurait pu se trouver sous sa chevelure comme sous un pavillon impénétrable à l'œil d'un amant ; pour la gaieté, qui agitait ses deux narines mobiles, qui formait deux fossettes dans ses joues fraîches, et lui faisait si vite oublier ses peines ; pour la gaieté, cette fleur de l'espérance, qui lui prêtait la force d'apercevoir sans frémir l'aride chemin de sa vie. La tête de la jeune fille était toujours soigneusement peignée. Suivant l'habitude des ouvrières de Paris, sa toilette lui semblait finie quand elle avait lissé ses cheveux et noué en deux arcs le petit bonnet qui se jouait de chaque côté des tempes et tranchait sur la blancheur de sa peau. La naissance de sa chevelure avait tant de grâce, la ligne de bistre nettement dessinée sur son cou donnait une si charmante idée de sa jeunesse et de ses attraits, que l'observateur, en la voyant penchée sur son ouvrage, sans que le bruit lui fît relever la tête, devait l'accuser de coquetterie. De si séduisantes promesses excitaient la curiosité de plus d'un jeune homme, qui se retournait en vain dans l'espérance de voir ce modeste visage.
— Caroline, nous avons un habitué de plus, et aucun de nos anciens ne le vaut.
Ces paroles, prononcées à voix basse par la mère dans une matinée du mois d'août 1815, avaient vaincu l'indifférence de la jeune ouvrière, qui regarda vainement dans la rue : l'inconnu était déjà loin.
— Par où s'est-il envolé ? demanda-t-elle. — Il reviendra sans doute à quatre heures, je le verrai venir, et j'avertirai en te poussant le pied. Je suis sûre qu'il repassera, voici trois jours qu'il prend par notre rue, mais il est inégal dans ses heures ; le premier jour il est arrivé à six heures, avant-hier à quatre, et hier à trois. Je me souviens de l'avoir vu autrefois de temps à autre. C'est quelque employé de la préfecture qui aura changé d'appartement dans le Marais. Tiens, ajouta-t-elle après avoir jeté un coup d'œil dans la rue, notre monsieur à l'habit marron a pris perruque. Comme cela le change !
Le monsieur à l'habit marron était celui des habitués dont la vue fermait la procession quotidienne, car la vieille mère remit ses lunettes, reprit son ouvrage et jeta sur sa fille un regard si singulier qu'il eût été difficile à Lavater lui-même de l'analyser. L'admiration, la reconnaissance, une sorte d'espérance pour un meilleur avenir, se mêlaient à l'orgueil de posséder une fille si jolie. Le soir, sur les quatre heures, la vieille poussa le pied de Caroline, qui leva les yeux assez à temps pour voir le nouvel acteur dont le passage périodique allait animer la scène. Grand, mince, pâle et vêtu de noir, cet homme paraissait avoir quarante ans environ, son œil fauve et perçant rencontra le regard terne de la vieille, il la fit trembler ; il eut la puissance de savoir lire au fond des cœurs. L'inconnu se tenait très-droit, et son abord devait être aussi glacial que l'était l'air de cette rue, le teint terreux et verdâtre de son visage était-il le résultat de

travaux excessifs, ou produit par une santé frêle et maladive ? Ce problème fut résolu par la vieille mère de vingt manières différentes matin et soir. Caroline seule devina tout d'abord sur ce visage abattu les traces d'une longue souffrance d'âme : ce front facile à se rider, ces joues légèrement creusées gardaient l'empreinte du sceau avec lequel le malheur marque ses sujets, comme pour leur laisser la consolation de se reconnaître d'un œil fraternel et de s'unir pour lui résister. Si le regard de la jeune fille s'anima d'abord d'une curiosité tout innocente, il prit une douce expression de sympathie à mesure que l'inconnu s'éloignait, semblable au dernier parent qui ferme un convoi. La chaleur était en ce moment si forte et la distraction du passant si grande, qu'il n'avait pas remis son chapeau en traversant cette rue malsaine. Caroline put alors remarquer, pendant le moment où elle l'observa, l'apparence de sévérité que ses cheveux relevés en brosse au-dessus de son front large répandaient sur sa figure. L'impression vive, mais sans charme, ressentie par Caroline à l'aspect de cet homme, ne ressemblait à aucune des sensations que les autres habitués lui avaient fait éprouver, pour la première fois, sa compassion s'exerçait sur un autre que sur elle-même et sur sa mère. Elle ne répondit rien aux conjectures bizarres qui fournirent un aliment à l'agaçante loquacité de sa vieille mère, et tira silencieusement sa longue aiguille aux et dessous le tulle tendu, elle regrettait de ne pas avoir assez vu l'étranger, et attendit au lendemain pour porter sur lui un jugement définitif. Pour la première fois aussi, l'un des habitués de la rue lui suggérait autant de réflexions. Ordinairement, elle n'opposait qu'un sourire triste aux suppositions de sa mère, qui voulait voir dans chaque passant un protecteur pour sa fille. Si de semblables idées, imprudemment présentées par cette mère à sa fille, n'éveillaient point de mauvaises pensées, il fallait attribuer à l'insouciance de Caroline à ce travail obstiné, malheureusement nécessaire, qui consumait les forces de sa précieuse jeunesse, et devait infailliblement altérer un jour la limpidité de ses yeux, ou ravir à ses joues blanches les tendres couleurs qui les nuançaient encore. Pendant deux grands mois environ, la nouvelle connaissance eut une allure très-capricieuse. L'inconnu ne passait pas toujours par la rue du Tourniquet, car la vieille le voyait souvent le soir sans l'avoir aperçu le matin ; il ne revenait pas à des heures aussi fixes que les autres employés qui servaient de pendule à madame Crochard, enfin, excepté la première rencontre où son regard avait inspiré une sorte de crainte à la vieille mère, jamais ses yeux ne parurent faire attention au tableau pittoresque que présentaient ces deux gnomes femelles. A l'exception de deux grandes portes et de la boutique obscure d'un ferrailleur, il n'existait à cette époque, dans la rue du Tourniquet, que des fenêtres grillées qui éclairaient par des jours de souffrance les escaliers de quelques maisons voisines. Le peu de curiosité du passant ne pouvait donc pas se justifier par de dangereuses rivalités, aussi madame Crochard était-elle piquée de voir son monsieur noir (tel fut le nom qu'elle lui donna) toujours gravement préoccupé, tenir les yeux baissés vers la terre ou levés en avant, comme s'il eût voulu lire l'avenir dans le brouillard du Tourniquet. Néanmoins, la fille lutine de Caroline Crochard se détachait si brillamment sur le fond obscur de sa chambre, et se montrait si fraiche au milieu des fleurs tardives et des feuillages flétris entrelacés autour des barreaux de la fenêtre, enfin la scène journalière présentait alors des oppositions d'ombre et de lumière, de blanc et de rose, si bien mariées à la mousseline que festonnait la gentille ouvrière, avec les tons bruns et rouges des fauteuils, que l'inconnu contempla fort attentivement les effets de ce vivant tableau. Fatiguée de l'indifférence de son monsieur noir, la vieille mère avait, à la vérité, pris le parti de faire et tel cliquetis avec ses bobines, que le passant morne et soucieux fût peut-être contraint par ce bruit insolite à regarder chez elle. L'étranger échangea seulement avec Caroline un regard, rapide il est vrai, mais par lequel leurs âmes eurent un léger contact, et ils conçurent tous deux le pressentiment qu'ils penseraient l'un à l'autre. Quand le soir, à quatre heures, l'inconnu revint, Caroline distingua le bruit de ses souliers sur le pavé criard, et, quand ils s'examinèrent, il y eut de part et d'autre une sorte de préméditation : les yeux du passant furent animés d'un sentiment de bienveillance qui fit le sourire, et Caroline rougit. La vieille mère les observa tous deux d'un air satisfait. A compter de cette mémorable matinée, le monsieur noir traversa deux fois par jour la rue du Tourniquet, à quelques exceptions près, que les deux femmes surent remarquer. Elles jugèrent, d'après l'irrégularité de ses heures de retour, qu'il n'était ni aussi promptement libre ni aussi strictement exact qu'un employé subalterne. Pendant les trois premiers mois de l'hiver, deux fois par jour, Caroline et le passant se virent ainsi pendant le temps qu'il mettait à franchir l'espace de chaussée occupé par la porte et les trois fenêtres de la maison. De jour cette rapide entrevue eut un caractère de intimité fraternelle qui finit par contracter quelque chose de fraternel. Caroline et l'inconnu parurent d'abord se comprendre, puis, à force d'examiner l'un et l'autre leurs visages, ils en prirent une connaissance approfondie. Ce fut bientôt une visite que le passant faisait à Caroline, si, par hasard, son monsieur noir passait sans lui apporter le sourire à demi formé par sa bouche éloquente ou le re-

gard ami de ses yeux bruns, il lui manquait quelque chose : sa journée était incomplète. Elle ressemblait à ces vieillards pour lesquels la lecture de leur journal est devenue un tel plaisir, que, le lendemain d'une fête solennelle, ils s'en vont tout déroutés demandant, autant par mégarde que par impatience, la feuille à l'aide de laquelle ils trompent un moment le vide de leur existence. Mais ces fugitives apparitions avaient, autant pour l'inconnu que pour Caroline, l'intérêt d'une causerie familière entre deux amis. La jeune fille ne pouvait pas plus dérober à l'œil intelligent de son silencieux ami une tristesse, une inquiétude, un malaise, que celui-ci ne pouvait cacher à Caroline une préoccupation. — « Il a eu du chagrin hier ! » était une pensée qui naissait souvent au cœur de l'ouvrière quand elle contemplait la figure altérée du monsieur noir. — « Oh ! il a beaucoup travaillé ! » était une exclamation due à d'autres nuances que Caroline savait distinguer. L'inconnu devinait aussi que la jeune fille avait passé son dimanche à finir la robe au dessin de laquelle il s'était intéressé, il voyait, aux approches des termes de loyer, cette jolie figure assombrie par l'inquiétude, et il devinait quand Caroline avait veillé ; mais il avait surtout remarqué comment les pensées tristes qui déflorainet les traits gais et délicats de cette jeune tête s'étaient graduellement dissipées à mesure que leur connaissance avait vieilli. Lorsque l'hiver vint sécher les fleurs et les feuillages du jardin parisien qui décorait la fenêtre, et que la fenêtre se ferma, l'inconnu ne vit pas, sans un sourire doucement malicieux, la clarté extraordinaire du carreau qui se trouvait à la hauteur de la tête de Caroline. La parcimonie du feu, quelques traces d'une rougeur qui couperosait la figure des deux femmes, lui dénonçaient l'indigence du petit ménage ; mais si quelque douloureuse compassion se peignait alors dans ses yeux, Caroline lui opposait une gaîté fière. Cependant les sentiments éclos au fond de leurs cœurs y restaient ensevelis, sans qu'aucun événement leur en apprît l'un à l'autre la force et l'étendue ; ils ne connaissaient même pas le son de leurs voix. Ces deux amis muets se gardaient, comme d'un malheur, de s'engager dans une plus intime union. Chacun d'eux semblait craindre d'apporter à l'autre une infortune plus pesante que celle qu'il voulait partager. Était-ce cette pudeur d'amitié qui les arrêtait ainsi ? Était-ce cette appréhension de l'égoïsme ou cette méfiance atroce qui séparent tous les habitants réunis dans les murs d'une nombreuse cité ? La voix secrète de leur conscience les avertissait-elle d'un péril prochain ? Il serait impossible d'expliquer le sentiment qui les rendait aussi ennemis qu'amis, aussi indifférents l'un à l'autre qu'ils en étaient attachés, aussi unis par l'instinct que séparés par le fait. Peut-être chacun d'eux voulait-il conserver ses illusions. On eût dit parfois que l'inconnu craignait d'entendre sortir quelques paroles grossières de ces lèvres aussi fraîches, aussi pures qu'une fleur, et que Caroline ne se croyait pas digne de cet être mystérieux en qui tout révélait le pouvoir et la fortune. Quant à madame Crochard, cette tendre mère, presque mécontente de l'indécision dans laquelle restait sa fille, montrait une mine boudeuse au monsieur noir, à qui elle avait jusque-là toujours souri d'un air aussi complaisant que servile. Jamais elle ne s'était plainte avec plus d'amertume à sa fille d'être encore à son âge obligée de faire la cuisine ; à aucune époque les rhumatismes et son catarrhe ne lui avaient arraché autant de gémissements, enfin, elle ne sut pas faire, pendant cet hiver, le nombre d'aunes de tulle sur lequel Caroline avait compté jusqu'alors. Dans ces circonstances et vers la fin du mois de décembre, à l'époque où le pain plaît le plus cher et où l'on ressentait déjà le commencement de cette cherté des grains qui rendit l'année 1816 si cruelle aux pauvres gens, le passant remarqua sur le visage de la jeune fille, dont le nom lui était inconnu, les traces affreuses d'une pensée secrète que ses sourires bienveillants ne dissipèrent pas. Bientôt il reconnut, dans les yeux de Caroline, les flétrissants indices de ce travail nocturne. Dans une des dernières nuits de ce mois, le passant revint, contrairement à ses habitudes, vers une heure du matin, par la rue du Tourniquet-Saint-Jean. Le silence de la nuit lui permit d'entendre de loin, avant d'arriver à la maison de Caroline, la voix pleurarde de la vieille mère et celle plus douloureuse de la jeune ouvrière, dont les éclats retentissaient mêlés aux sifflements d'une pluie de neige. Il tâcha d'arriver à pas lents, puis, au risque de se faire arrêter, il se tapit devant la croisée pour écouter la mère et la fille en les examinant par le plus grand des trous qui découpaient les rideaux de mousseline jaunie, et les rendaient semblables à ces grandes feuilles de chou mangées en rond par des chenilles. Le curieux passant vit un papier timbré sur la table qui séparait les deux métiers, et sur laquelle était posée la lampe entre les deux globes pleins d'eau. Il reconnut facilement une assignation. Madame Crochard pleurait, et la voix de Caroline avait un son guttural qui en altérait le timbre si doux et si caressant.

— Pourquoi tant de désoler, ma mère ? M. Molineux ne vendra pas nos meubles et ne nous chassera pas avant que j'aie terminé cette robe, encore deux nuits, et j'irai la porter chez madame Roguin.
— Et si elle te fait attendre comme toujours ? Mais le prix de la robe payera-t-il aussi la visite du boulanger ?

Le spectateur de cette scène possédait une telle habitude de lire sur les visages, qu'il crut entrevoir autant de fausseté dans la douleur de la mère que de vérité dans le chagrin de la fille, il disparut aussitôt, et revint quelques instants après. Quand il regarda par le trou de la mousseline, la mère était couchée; penchée sur son métier, la jeune ouvrière travaillait avec une infatigable activité. Sur la table, à côté de l'assignation, se trouvait un morceau de pain triangulairement coupé, posé sans doute là pour la nourrir pendant la nuit, tout en lui rappelant la récompense de son courage. L'inconnu frissonna d'attendrissement et de douleur, il jeta sa bourse à travers une vitre fêlée, de manière à la faire tomber aux pieds de la jeune fille; puis, sans jouir de sa surprise, il s'évada le cœur palpitant, les joues en feu. Le lendemain, le triste et sauvage étranger passa en affectant un air préoccupé, mais il ne put échapper à la reconnaissance de Caroline qui avait ouvert la fenêtre et s'amusait à bêcher avec un couteau la caisse carrée couverte de neige, prétexte dont la maladresse ingénieuse annonçait à son bienfaiteur qu'elle ne voulait pas, cette fois, le voir à travers les vitres. La brodeuse fit, les yeux pleins de larmes, un signe de tête à son protecteur comme pour lui dire : — Je ne puis vous payer qu'avec le cœur. Mais l'inconnu parut ne rien comprendre à l'expression de cette reconnaissance vraie. Le soir, quand il repassa, Caroline, qui s'occupait à recoller une feuille de papier sur la vitre brisée, put lui sourire en montrant comme une promesse l'émail de ses dents brillantes. Le monsieur noir prit dès lors un autre chemin et ne se montra plus dans la rue du Tourniquet.

Dans les premiers jours du mois de mai suivant, un samedi matin que Caroline apercevait, entre les deux lignes noires des maisons, une faible portion d'un ciel sans nuages, et pendant qu'elle arrosait avec un verre d'eau le pied de son chèvrefeuille, elle dit à sa mère : — Maman, il faut aller demain nous promener à Montmorency! A peine cette phrase était-elle prononcée d'un air joyeux, que le monsieur noir vint à passer, plus triste et plus accablé que jamais, le chaste et caressant regard que Caroline lui jeta pouvait passer pour une invitation. Aussi, le lendemain, quand madame Crochard, vêtue d'une redingote de mérinos brun rouge, d'un chapeau de soie et d'un châle à grandes raies imitant le cachemire, se présenta pour choisir un coucou à l'angle du Faubourg-Saint-Denis et de la rue d'Enghien, y trouva-t-elle son inconnu, planté sur ses pieds comme un homme qui attend sa femme. Un sourire de plaisir dérida la figure de l'étranger quand il aperçut Caroline, dont le pied était chaussé de guêtres en prunelle couleur puce, dont la robe blanche, emportée par un vent perfide pour les femmes mal faites, dessinait des formes attrayantes, et dont la figure, ombragée par un chapeau de paille de riz doublé en satin rose, était comme illuminée d'un reflet céleste; sa large ceinture de couleur puce faisait valoir une taille à tenir entre les deux mains; ses cheveux, partagés en deux bandeaux de bistre sur un front blanc comme de la neige, lui donnaient un air de candeur que rien ne démentait. Le plaisir semblait rendre Caroline aussi légère que la plume de son chapeau, mais il y eut en elle une espérance qui éclipsa tout à coup sa parure et sa beauté quand elle vit le monsieur noir. Celui-ci, qui semblait irrésolu, fut peut-être décidé à servir de compagnon de voyage à l'ouvrière par la subite révélation du bonheur que causait sa présence. Il loua, pour aller à Saint-Leu-Taverny, un cabriolet dont le cheval paraissait assez bon ; il offrit à madame Crochard et à sa fille d'y prendre place, et la mère accepta sans se faire prier. Ainsi, quand la voiture se trouva sur la route de Saint-Denis, elle s'avisa d'avoir des scrupules et de hasarder quelques civilités sur la gêne que deux femmes allaient causer à leur compagnon. — Monsieur voulait peut-être se rendre seul à Saint-Leu? dit-elle avec une fausse bonhomie. Mais elle ne tarda pas à se plaindre de la chaleur, et surtout de son catarrhe, qui, disait-elle, ne lui avait pas permis de fermer l'œil une seule fois pendant la nuit; aussi, à peine la voiture eut-elle atteint Saint-Denis, que madame Crochard parut endormie; quelques-uns de ses ronflements semblèrent suspects à l'inconnu, qui fronça ses sourcils et regardait la vieille femme d'un air singulièrement soupçonneux. — Oh! elle dort, dit naïvement Caroline, elle n'a pas cessé de tousser depuis hier soir. Elle doit être bien fatiguée.

Pour toute réponse, le compagnon de voyage jeta sur la jeune fille un rusé sourire comme pour lui dire : — Innocente créature, tu ne connais pas ta mère ! Cependant, malgré sa défiance, et quand la voiture roula sur la terre dans cette longue avenue de peupliers qui conduit à Eaubonne, le monsieur noir crut madame Crochard réellement endormie; peut-être aussi ne voulait-il plus examiner jusqu'à quel point ce sommeil était feint ou véritable. Soit que la beauté du ciel, l'air pur de la campagne et ces parfums enivrants répandus par les premières pousses des peupliers, par les fleurs du saule et par celles des épines blanches, eussent disposé son cœur à s'épanouir comme s'épanouissait la nature; ou que les yeux plus longtemps contraints lui devinssent importuns, ou que les yeux pétillants de Caroline eussent répondu à l'inquiétude des siens, l'inconnu entreprit avec sa jeune compagne une conversation aussi vague que les balancements des arbres sous les efforts de la brise, aussi vagabonde que les détours du papillon dans l'air bleu, aussi peu raisonnée que la voix doucement mélodieuse des champs, mais empreinte comme elle d'un mystérieux

amour. A cette époque, la campagne n'est-elle pas frémissante comme une fiancée qui a revêtu sa robe d'hyménée, et ne convie-t-elle pas au plaisir les âmes les plus froides? Quitter les rues ténébreuses du Marais pour la première fois depuis le dernier automne, et se trouver au sein de l'harmonieuse et pittoresque vallée de Montmorency; la traverser au matin en ayant devant les yeux l'infini de ses horizons, et pouvoir reporter, de là, son regard sur des yeux qui peignent aussi l'infini en exprimant l'amour, quels cœurs resteraient glacés, quelles lèvres garderaient un secret? L'inconnu trouva Caroline plus gaie que spirituelle, plus aimante qu'instruite; mais, si son rire accusait de la folâtrerie, ses paroles promettaient un sentiment vrai. Quand, aux interrogations sagaces de son compagnon, la jeune fille répondait par une effusion de cœur que les classes inférieures prodiguent sans y mettre de réticences comme les gens du grand monde, la figure du monsieur noir s'animait et semblait renaître; les traits, puis, de teinte en teinte, elle prit un air de jeunesse et un caractère de beauté qui rendirent Caroline heureuse et fière. La jolie brodeuse devina que son protecteur était un être sevré depuis longtemps de tendresse et d'amour, de plaisir et de caresses, ou que peut-être il ne croyait plus au dévouement d'une femme. Enfin, une saillie inattendue du léger babil de Caroline enleva le dernier voile qui ôtait à la figure de l'inconnu sa jeunesse réelle et son caractère primitif, il sembla faire un éternel divorce avec des idées importunes, et déploya la vivacité d'âme que décelait sa figure. La causerie devint insensiblement si familière, qu'au moment où la voiture s'arrêta aux premières maisons du long village de Saint-Leu, Caroline nommait l'inconnu M. Roger. Pour la première fois seulement, la vieille mère se réveilla. — Caroline, elle aura tout entendu, dit Roger d'une voix soupçonneuse à l'oreille de la jeune fille.

Caroline répondit par un ravissant sourire d'incrédulité qui dissipa le nuage sombre que la crainte d'un calcul chez la mère avait ramené sur le front de cet homme défiant. Sans s'étonner de rien, madame Crochard approuva tout, suivit sa fille et M. Roger dans le parc de Saint-Leu, où les deux jeunes gens étaient convenus d'aller pour visiter les hautes prairies et les bosquets embaumés que le goût de la reine Hortense a rendus si célèbres. — Mon Dieu, combien cela est beau ! s'écria Caroline lorsque, montée sur la croupe verte où commence la forêt de Montmorency, elle aperçut à ses pieds l'immense vallée qui déroulait ses sinuosités semées de villages, les horizons bleuâtres de ses collines, ses clochers, ses prairies, ses champs, et dont le murmure vint expirer à l'oreille de la jeune fille comme un bruissement de la mer. Les trois voyageurs côtoyèrent les bords d'une rivière factice, et arrivèrent à cette vallée suisse dont le chalet reçut plus d'une fois la reine Hortense et Napoléon. Quand Caroline se fut assise avec un saint respect sur le banc de bois moussu où s'étaient reposés des rois, des princesses et l'empereur, madame Crochard manifesta le désir de voir de plus près un pont suspendu entre deux rochers qui s'apercevait au loin, et se dirigea vers cette curiosité champêtre en laissant sa fille sous la garde de M. Roger, mais en lui disant qu'elle ne les perdrait pas de vue. — Eh quoi! pauvre petite, s'écria Roger, vous n'avez jamais désiré la fortune et les jouissances du luxe? Vous ne souhaitez pas quelquefois de porter les belles robes que vous brodez ? — Je vous mentirais, monsieur Roger, si je vous disais que je ne pense pas au bonheur dont jouissent les riches Ah! oui, je songe souvent, quand je m'endors surtout, au plaisir que j'aurais de voir ma pauvre mère ne pas être obligée d'aller par le mauvais temps chercher nos petites provisions à son âge. Je voudrais que le matin une femme de ménage lui apportât, pendant qu'elle est encore au lit, son café bien sucré avec du sucre blanc. Elle aime à lire des romans, la pauvre bonne femme, eh bien ! je préférerais lui voir user ses yeux à sa lecture favorite plutôt qu'à remuer des bobines depuis le matin jusqu'au soir. Il lui faudrait aussi un peu de bon vin. Enfin, je voudrais la savoir heureuse, elle est si bonne ! — Elle vous a donc prouvé sa bonté ? — Oh! oui, répliqua la jeune fille d'un son de voix profond. Puis, après un assez court moment de silence pendant lequel les deux jeunes gens regardèrent madame Crochard qui, parvenue au milieu du pont rustique, les menaçait du doigt, Caroline reprit : — Oh! oui, elle me l'a prouvé. Combien ne m'a-t-elle pas soignée quand j'étais petite ! Elle a vendu ses derniers couverts d'argent pour me mettre en apprentissage chez la vieille fille qui m'a appris à broder. Et mon pauvre père ! combien de mal n'a-t-elle pas eu pour lui faire passer heureusement ses derniers moments ! A cette idée la jeune fille tressaillit et se fit un voile de ses deux mains. — Ah ! bah, ne pensons jamais aux malheurs passés, dit-elle en essayant de reprendre un air enjoué. Elle rougit en s'apercevant que Roger s'était attendri, mais elle n'osa le regarder. — Que faisait donc votre père ? demanda-t-il. — Mon père était danseur à l'Opéra avant la révolution, dit-elle de l'air le plus naturel du monde, et ma mère chantait dans les chœurs. Mon père, qui commandait les évolutions sur le théâtre, se trouva par hasard à la prise de la Bastille. Il fut reconnu par quelques-uns des assaillants qui lui demandèrent s'il ne dirigerait pas bien une attaque réelle, lui qui en commandait de feintes au théâtre. Mon père était brave, il accepta, conduisit les insurgés, et fut récompensé par le grade de capitaine dans l'armée de Sambre-et-Meuse, où il se comporta de manière à monter rapidement en grade, il devint colonel ; mais il fut si grièvement blessé à Lutzen, qu'il est revenu mourir à Paris, après un an de maladie. Les Bourbons sont arrivés, ma mère n'a pu obtenir de pension, et nous sommes retombés dans une si grande misère, qu'il a fallu travailler pour vivre. Depuis quelque temps la bonne femme est devenue maladive ; aussi jamais ne l'ai-je vue si peu résignée ; elle se plaint ; et je le conçois, elle a goûté des douceurs d'une vie heureuse. Quant à moi, qui ne saurais regretter des délices que je n'ai pas connues, je ne demande qu'une seule chose au ciel... — Quoi ? dit vivement Roger, qui semblait rêveur. — Que les femmes portent toujours des tulles brodés pour que l'ouvrage ne manque jamais.

La franchise de ces aveux intéressa le jeune homme, qui regarda d'un œil moins hostile madame Crochard quand elle revint vers eux d'un pas lent. — Eh bien ! mes enfants, avez-vous bien jasé ? leur demanda-t-elle d'un air tout à la fois indulgent et railleur. Quand on pense, monsieur Roger, que le *petit caporal* s'est assis là où vous êtes, reprit-elle après un moment de silence. Pauvre homme ! ajouta-t-elle, mon mari l'aimait-il ! Ah ! Crochard a aussi bien fait de mourir, il n'aurait pas enduré de le savoir où *ils* l'ont mis.

Roger posa un doigt sur ses lèvres, et la bonne vieille, hochant la tête, dit d'un air sérieux : — Suffit, on aura la bouche close et la langue morte. Mais, ajouta-t-elle en ouvrant les bords de son corsage et montrant une croix et un ruban rouge suspendus à son cou par une faveur noire, *ils* ne m'empêcheront pas de porter ce que l'*autre* a donné à mon pauvre Crochard, et je me ferai certes enterrer avec...

En entendant des paroles qui passaient alors pour séditieuses, Roger interrompit la vieille mère en se levant brusquement, et ils retournèrent au village à travers les allées du parc. Le jeune homme s'absenta pendant quelques instants pour aller commander un repas chez le meilleur traiteur de Taverny ; puis il revint chercher les deux femmes, et les y conduisit en leur faisant passer par les sentiers de la forêt. Le dîner fut gai. Roger n'était déjà plus cette ombre sinistre qui passait naguère rue du Tourniquet, il ressemblait moins au *monsieur noir* qu'à un jeune homme confiant, prêt à s'abandonner aux douceurs de la vie, comme ces deux femmes insouciantes et laborieuses qui, le lendemain peut-être, manqueraient de pain ; il paraissait être sous l'influence des joies du premier âge : son sourire avait quelque chose de caressant et d'enfantin. Quand, sur les cinq heures, le joyeux dîner fut terminé par quelques verres de vin de Champagne, Roger proposa le premier d'aller sous les châtaigniers au bal du village, où Caroline et lui dansèrent ensemble : leurs mains se pressèrent avec intelligence, leurs cœurs battirent animés d'une même espérance, et sous le ciel bleu, aux rayons obliques et rouges du couchant, leurs regards arrivèrent à un éclat qui pour eux faisait pâlir celui du ciel. Étrange puissance d'une idée et d'un désir ! rien ne semblait impossible à ces deux êtres. Dans ces moments magiques où le plaisir jette ses reflets jusque sur l'avenir, que ne prévoit que du bonheur. Cette jolie journée avait déjà créé pour tous deux des souvenirs auxquels ils ne pouvaient rien comparer dans le passé de leur existence. La source serait-elle plus gracieuse que le fleuve, le désir serait-il plus ravissant que la jouissance, et ce qu'on espère plus attrayant que ce qu'on possède ? — Voilà donc la journée déjà finie ! Cette exclamation échappa à l'inconnu au moment où cessait la danse, et Caroline le regarda d'un air compatissant en lui voyant reprendre une légère teinte de tristesse. — Pourquoi ne seriez-vous pas aussi content à Paris qu'ici ? dit-elle. Le bonheur n'est-il qu'à Saint-Leu ? Il me semble maintenant que je ne puis être malheureuse nulle part.

L'inconnu tressaillit à ces paroles dictées par ce doux abandon qui entraîne toujours les femmes plus loin qu'elles ne veulent aller, de même que la pruderie leur donne souvent plus de cruauté qu'elles n'en ont. Pour la première fois, depuis un regard qui avait en quelque sorte commencé leur amitié, Caroline et Roger eurent une même pensée ; s'ils ne l'exprimèrent pas, ils se sentirent au même moment par une mutuelle impression, semblable à celle d'un bienfaisant foyer qui les aurait consolés des atteintes de l'hiver, puis, comme s'ils eussent craint leur silence, ils se rendirent alors à l'endroit où leur modeste voiture les attendait ; mais avant d'y monter, ils se prirent fraternellement par la main, et coururent dans une allée sombre devant madame Crochard. Quand ils ne virent plus le blanc bonnet de tulle qui leur indiquait la vieille mère comme un point à travers les feuilles : — Caroline ! dit Roger d'une voix troublée et le cœur palpitant. La jeune fille confuse recula de quelques pas en comprenant les désirs que cette interrogation révélait, néanmoins, elle tendit sa main, qui fut baisée avec ardeur et elle retira vivement, car en se levant sur la pointe des pieds, elle avait aperçu sa mère. Madame Crochard fit semblant de ne rien voir, comme par un souvenir de ses anciens rôles, elle eût dû le figurer qu'en *à parte*.

L'aventure de ces deux jeunes gens ne se continua pas longtemps dans la rue du Tourniquet. Pour retrouver Caroline et Roger, il est nécessaire de se transporter au milieu du Paris moderne, où il existe, dans les maisons nouvellement bâties, de ces appartements qui semblent faits exprès pour que de nouveaux mariés y passent leur lune de miel : les peintures et les papiers y sont jeunes comme les époux, et la décoration en est dans sa fleur comme leur amour ; tout y est en harmonie avec de jeunes idées, avec de bouillants désirs. Au milieu de la rue Taitbout, dans une maison dont la pierre de taille était encore blanche, dont les colonnes du vestibule et de la porte n'avaient encore aucune souillure, et dont les murs reluisaient de cette peinture d'un blanc de plomb que nos premières relations avec l'Angleterre mettaient à la mode, se trouvait, au second étage, un petit appartement arrangé par l'architecte comme s'il en avait deviné la destination. Une simple et fraîche antichambre, revêtue en stuc à hauteur d'appui, donnait entrée dans un salon et dans une petite salle à manger. Le salon communiquait à une jolie chambre à coucher à laquelle attenait une salle de bain. Les cheminées y étaient toutes garnies de hautes glaces encadrées avec recherche. Les portes avaient pour ornements des arabesques de bon goût, et les corniches étaient d'un style pur. Un amateur aurait reconnu là, mieux qu'ailleurs, cette science de distribution et de décor qui distingue les œuvres de nos architectes modernes. Cet appartement était habité depuis un mois environ par Caroline, pour qui l'un de ces tapissiers qui ne travaillent que guidés par les artistes, l'avait meublé soigneusement. La description succincte de la pièce la plus importante suffira pour donner une idée des merveilles que cet appartement avait présentées à celle qui vint s'y installer, amenée par Roger. Des tentures en étoffe grise, épayées par des agréments en soie verte, décoraient les murs de sa chambre à coucher. Les meubles, couverts en casimir clair, avaient les formes gracieuses et légères ordonnées par le dernier caprice de la mode : une commode en bois indigène, incrustée de filets bruns, gardait les trésors de la parure ; un secrétaire pareil servait à écrire de doux billets sur un papier parfumé ; le lit, drapé à l'antique, ne pouvait inspirer que des idées de volupté par la mollesse de ses mousselines élégamment jetées ; les rideaux, de soie grise à franges vertes, étaient toujours étendus de manière à intercepter le jour ; une pendule de bronze représentant l'Amour couronnant Psyché ; enfin, un tapis à dessins gothiques imprimés sur un fond rougeâtre faisait ressortir les accessoires de ce lieu plein de délices. En face d'une psyché se trouvait une petite toilette, devant laquelle l'ex-brodeuse s'impatientait de la science de Plaisir, un illustre coiffeur. — Espérez-vous finir ma coiffure aujourd'hui ? dit-elle. — Madame a les cheveux si longs et si épais ! répondit Plaisir.

Caroline ne put s'empêcher de sourire. La flatterie de l'artiste avait sans doute éveillé en elle le souvenir des louanges passionnées que lui adressait son ami sur la beauté d'une chevelure qu'il idolâtrait. Le coiffeur parti, la femme de chambre vint tenir conseil avec elle sur la toilette qui plairait le plus à Roger. On était alors au commencement de septembre 1816, il faisait froid : une robe de grenadine verte garnie en chinchilla fut choisie. Aussitôt sa toilette terminée, Caroline s'élança vers le salon, y ouvrit une croisée qui donnait à l'élégant balcon fleuri de la façade de la maison était décorée, et s'y croisa les bras en s'appuyant sur une rampe en fer bronzé, elle resta là dans une attitude charmante, non pour s'offrir à l'admiration des passants et leur voir tourner la tête vers elle, mais pour regarder la petite portion de boulevard qu'elle pouvait apercevoir au bout de la rue Taitbout. Cette échappée de vue, qu'on le comparerait volontiers au trou pratiqué pour les acteurs dans un rideau de théâtre, lui permettait de distinguer une multitude de voitures élégantes et une foule de monde emportées avec la rapidité des ombres chinoises. Ignorant si Roger viendrait à pied ou en voiture, l'ancienne ouvrière de la rue du Tourniquet examinait tour à tour les piétons et les tilburys, voitures légères récemment importées en France par les Anglais. Des expressions de mutinerie et d'amour passaient sur sa jeune figure quand, après un quart d'heure d'attente, son œil perçant ou son cœur ne lui avaient pas encore fait reconnaître celui qu'elle savait devoir venir. Quel mépris, quelle insouciance se peignaient sur son beau visage pour toutes les créatures qui s'agitaient comme des fournis sous ses pieds ! Ses yeux gris, pétillants de malice, étincelaient. Elle était là pour lui-même, sans se douter que tous les jeunes gens emportaient mille confus désirs à l'aspect de ces formes attrayantes. Elle évitait leurs hommages avec autant de soin que les plus fières en mettent à les recueillir pendant leurs promenades à Paris, et ne s'inquiétait certes guère si le souvenir de sa blanche figure penchée ou de son pied pied qui dépassait le balcon, et la piquante image de ses yeux animés et de son nez voluptueusement retroussé, s'effaceraient ou ne le lendemain du cœur des passants qui l'avaient admirée : elle ne voyait qu'une figure et n'avait qu'une idée. Quand la tête mouchetée d'un certain cheval bai-brun vint à dépasser la haute ligne tracée dans l'espace par les maisons, Caroline tressaillit et se haussa sur la pointe des pieds pour tâcher de reconnaître les guides blanches et la couleur du tilbury. C'était *lui* ! Roger tourne l'angle de la rue, voit le balcon, fouette son cheval, qui s'élance et arrive à cette porte bronzée à laquelle il est aussi habitué que son maître. La porte de l'appartement fut ouverte d'avance par la femme de chambre, qui avait entendu le cri de joie jeté par sa maîtresse; Roger se précipita vers le salon, pressa Caroline dans ses bras et l'embrassa avec cette effusion de sentiment que provoquent toujours les réunions peu fréquentes de deux êtres qui s'aiment. Il l'entraîna, ou plutôt ils marchèrent par une volonté unanime, quoique enlacés dans les bras l'un de l'autre, vers cette chambre discrète et embaumée. Une causeuse les reçut devant le foyer, et ils se contemplèrent un moment en silence, en n'exprimant leur bonheur que par les vives étreintes de leurs mains, en se communiquant leurs pensées par un long regard. — Oui, c'est lui, dit-elle enfin, oui, c'est toi. Sais-tu que voici trois grands jours que je ne t'ai vu, un siècle! Mais qu'as-tu? tu as du chagrin. — Ma pauvre Caroline... — Oh! voilà, ma pauvre Caroline... — Non, ne ris pas, mon ange; nous ne pouvons pas aller ce soir à Feydeau.

Caroline fit une petite mine boudeuse, mais qui se dissipa tout à coup. — Je suis une sotte! Comment puis-je penser au spectacle quand je te vois? Te voir, n'est-ce pas le seul spectacle que j'aime? s'écria-t-elle en passant ses doigts dans les cheveux de Roger. — Je suis obligé d'aller chez le procureur général, car nous avons en ce moment une affaire épineuse. Il m'a rencontré dans la grande salle, et comme c'est moi qui porte la parole, il m'a engagé à venir dîner avec lui; mais, ma chérie, tu peux aller à Feydeau avec ta mère, je vous y rejoindrai si la conférence finit de bonne heure. — Aller au spectacle sans toi, s'écria-t-elle avec une expression d'étonnement, ressentir un plaisir que tu ne partagerais pas!... Oh! mon Roger, vous mériteriez de ne pas être embrassé, ajouta-t-elle en lui sautant au cou par un mouvement aussi naïf que voluptueux. — Caroline, il faut que je rentre m'habiller. Le Marais est loin, et j'ai encore quelques affaires à terminer. — Monsieur, reprit Caroline en l'interrompant, prenez garde à ce que vous dites là! Ma mère m'a avertie que, quand les hommes commencent à nous parler de leurs affaires, ils ne nous aiment plus. — Caroline, ne suis-je pas venu? n'ai-je pas dérobé cette heure à mon impitoyable... — Chut, dit-elle en mettant un doigt sur la bouche de Roger, chut, ne vois-tu pas que je me moque!

En ce moment ils étaient revenus tous les deux dans le salon. Roger y aperçut un meuble apporté le matin même par l'ébéniste: le vieux métier en bois de rose dont le produit nourrissait Caroline et sa mère quand elles habitaient la rue du Tourniquet-Saint-Jean avait été remis à neuf, et une robe de tulle d'un riche dessin y était déjà tendue. — Eh bien! mon bon ami, ce soir je travaillerai. En brodant, je me croirai encore à ces premiers jours où je passais devant moi sans mot dire, mais non sans me regarder, à ces jours où le souvenir de tes regards me tenait éveillée pendant la nuit. O mon cher métier! le plus beau meuble de mon salon, quoiqu'il ne me vienne pas de toi! — Tu ne sais pas, dit-elle en s'asseyant sur les genoux de Roger, qui, ne pouvant résister à ses émotions, était tombé dans un fauteuil... Écoute-moi donc: je veux donner six francs tous les jours que je gagnerai avec ma broderie. Tu m'as faite si riche! Combien j'aime cette jolie terre de Bellefeuille, moins pour ce qu'elle est que parce que c'est toi qui me l'a donnée. Mais, dis-moi, mon Roger, je voudrais m'appeler Caroline de Bellefeuille, le puis-je? tu dois le savoir: est-ce légal ou toléré?

Il fit une petite moue d'affirmation, qui lui était suggérée par sa haine pour le nom de Crochard, et Caroline sauta légèrement en frappant ses mains l'une contre l'autre. — Il me semble, s'écria-t-elle, que je l'appartiendrai bien mieux ainsi. Ordinairement une fille renonce à son nom et prend celui de son mari... Une idée importune qu'elle chassa aussitôt la fit rougir; elle prit Roger par la main, et le mena devant un piano ouvert. — Écoute, dit-elle. Je sais maintenant ma sonate comme un ange. Et ses doigts couraient déjà sur les touches d'ivoire, quand elle se sentit saisie et enlevée par la taille. — Caroline, je devrais être loin. — Tu veux partir? eh bien! va-t-en, dit-elle en boudant. Mais elle sourit après avoir regardé la pendule, et s'écria joyeusement: — Je t'aurai toujours gardé un quart d'heure de plus. — Adieu, mademoiselle de Bellefeuille, dit-il avec la douce ironie de l'amour.

Après avoir pris un baiser, elle reconduisit son Roger jusque sur le seuil de la porte. Quand le bruit de ses pas ne retentit plus dans l'escalier, elle accourut sur le balcon pour le voir montant dans le tilbury, pour le voir en prendre les guides, pour recueillir un dernier regard, entendre le coup de fouet, le roulement des roues sur le pavé, et pour suivre des yeux le brillant cheval, le chapeau du maître, le galon d'or qui garnissait celui du jockey, pour regarder, même longtemps encore après que l'angle noir de la rue lui eut dérobé cette vision.

Cinq ans après l'installation de mademoiselle Caroline de Bellefeuille dans la jolie maison de la rue Taitbout, il s'y passa, pour la seconde fois, une de ces scènes domestiques qui resserrent encore les liens d'affection entre deux êtres qui s'aiment. Au milieu du salon bleu, devant la fenêtre qui s'ouvrait sur le balcon, un petit garçon de quatre ans et demi faisait un tapage infernal en fouettant le cheval de carton sur lequel il était monté, et dont les deux arcs recourbés qui en soutenaient les pieds n'allaient pas assez vite au gré du tapageur, sa jolie petite tête à cheveux blonds, qui retombaient en mille boucles sur une collerette brodée, souriait comme une figure d'ange à sa mère, quand, du fond d'une bergère, elle lui dit: — Pas tant de bruit, Charles, tu vas réveiller ta petite sœur. Le curieux enfant descendit alors brusquement du cheval, arriva sur la pointe des pieds, comme s'il eût craint le bruit de ses pas sur le tapis, mit un doigt entre ses petites dents, demeura dans une de ces attitudes enfantines qui n'ont tant de grâce que parce que tout en est naturel, et leva le voile de mousseline blanche qui cachait le frais visage d'une petite fille endormie sur les genoux de sa mère. — Elle dort donc, Eugénie? dit-il tout étonné. Pourquoi donc qu'elle dort quand nous sommes éveillés? ajouta-t-il en ouvrant de grands yeux noirs qui flottaient dans un fluide abondant. — Dieu seul sait cela, répondit Caroline en souriant.

La mère et l'enfant contemplèrent cette petite fille, baptisée le matin même. Caroline, alors âgée d'environ vingt-quatre ans, offr it tous les développements d'une beauté qu'un bonheur sans nuages et des plaisirs constants avaient fait épanouir. En elle la femme était accomplie. Charmée d'obéir aux désirs de son cher Roger, elle avait acquis les connaissances qui lui manquaient, elle touchait assez bien du piano et chantait agréablement. Ignorant les usages d'une société qui l'eût repoussée, et où elle ne serait point allée quand même on l'y aurait accueillie, car la femme heureuse ne va pas dans le monde, elle n'avait su ni prendre cette élégance de manières, ni apprendre cette conversation pleine de mots et vide de pensées qui a cours dans les salons; mais, en revanche, elle conquit laborieusement les connaissances indispensables à une mère dont toute l'ambition consiste à bien élever ses enfants. Ne pas quitter son fils, lui donner dès le berceau les leçons de tous les moments qui gravent en de jeunes âmes le goût du beau et du bon, le préserver de toute influence mauvaise, remplir à la fois les pénibles fonctions de la bonne et les douces obligations d'une mère, tels furent ses uniques plaisirs.

Dès le premier jour, cette discrète et douce créature se résigna si bien à ne point faire un pas hors de la sphère enchantée où, pour elle, se trouvaient toutes ses joies, qu'après six ans de l'union la plus tendre elle ne connaissait encore à son ami que le nom de Roger. Placée dans sa chambre à coucher, la gravure du tableau de Psyché arrivant avec sa lampe pour voir l'Amour, malgré sa défense, lui rappelait les conditions de son bonheur. Pendant ces six années, ses modestes plaisirs ne fatiguèrent jamais, par une ambition mal placée, le cœur de Roger, vrai trésor de bonté. Jamais elle ne souhaita ni diamants ni parures, et refusa le luxe d'une voiture vingt fois offerte à sa vanité. Attendre sur le balcon la voiture de Roger, aller avec lui au spectacle ou se promener ensemble pendant les beaux jours dans les environs de Paris, l'espérer, le voir et l'espérer encore, étaient l'histoire de sa vie, pauvre d'événements, mais pleine d'amour.

En berçant sur ses genoux, par une chanson, la fille venue quelques mois avant cette journée, elle se plut à évoquer les souvenirs du temps passé. Elle s'arrêta plus volontiers sur le mois de septembre, époque à laquelle, chaque année, son Roger l'emmenait à Bellefeuille y passer ces beaux jours qui semblent appartenir à toutes les saisons. La nature est alors aussi prodigue de fleurs que de fruits, les soirées sont tièdes, les matinées sont douces, et l'éclat de l'été succède souvent à la mélancolie de l'automne. Pendant les premiers temps de son amour, elle avait attribué l'égalité d'âme et la douceur de caractère, dont tant de preuves lui furent données par Roger, à la rareté de leurs entrevues, toujours désirées, et à leur manière de vivre, qui ne les mettait pas sans cesse en présence l'un de l'autre, comme le sont deux époux. Elle se souvint alors avec délices que, tourmentée de vaines craintes, elle l'avait épié en tremblant pendant leur premier séjour à cette petite terre du Gâtinais. Inutile espionnage d'amour! chacun de ces mois de bonheur passa comme un songe, au sein d'une félicité qui ne se démentit jamais. Elle avait toujours vu à ce bon jeune homme ce même sourire sur les lèvres, sourire qui semblait être l'écho du sien. À ces tableaux trop vivement évoqués, ses yeux se mouillèrent de larmes; elle crut ne pas aimer assez, et fut tentée de voir, dans le malheur de sa situation équivoque, une espèce d'impôt payé pour le sort sur son amour. Enfin, une invincible curiosité lui fit chercher, pour la millième fois, les événements qui pouvaient amener un homme aussi aimant que Roger à ne jouir que d'un bonheur clandestin, illégal. Elle forgea mille romans, précisément pour se dispenser d'admettre la véritable raison, depuis longtemps devinée, mais à laquelle elle essayait de ne pas croire. Elle se leva, tout en gardant son enfant endormi dans ses bras, pour aller présider, dans la salle à manger, à tous les préparatifs du dîner. Ce jour était le 6 mai 1822, anniversaire de la promenade au parc de Saint-Leu, pendant laquelle sa vie fut décidée, aussi, chaque année, ce jour ramenait-il une fête de cœur. Caroline désigna le linge qui devait servir au repas, et dirigea l'arrangement du dessert. Après avoir pris avec bonheur les objets qui touchaient Roger, elle déposa la petite fille dans sa jolie barcelonnette, vint se placer sur le balcon, et ne tarda pas à voir paraître le cabriolet pour lequel son ami, parvenu à la maturité de l'homme, avait remplacé l'élégant tilbury des premiers jours. Après avoir essuyé le premier feu des caresses de Caroline et du petit espiègle qui l'appelait papa, Roger alla au berceau, contempla le sommeil de sa fille, la baisa sur le front, et tira de la poche de son habit un long papier bariolé de lignes noires. — Caroline, dit-il, voici la dot de mademoiselle Eugénie de Bellefeuille.

La mère prit avec reconnaissance le titre dotal, une inscription au grand livre de la dette publique. — Pourquoi trois mille francs de rente à Eugénie, quand tu n'as donné que quinze cents francs à Charles ? — Charles mon ange, sera un homme, répondit-il. Quinze cents francs lui suffiront. Avec ce revenu, un homme courageux est au-dessus de la misère. Si, par hasard, ton fils est un homme nul, je ne veux pas qu'il puisse faire des folies. S'il a de l'ambition, cette médiocrité de fortune lui inspirera le goût du travail. Eugénie est femme, il lui faut une dot.

Le père se mit à jouer avec Charles, dont les caressantes démonstrations annonçaient l'indépendance et la liberté de son éducation. Aucune crainte établie entre le père et l'enfant ne détruisait ce charme qui récompense la paternité de ses obligations, et la gaieté de cette petite famille était aussi douce que vraie. Le soir, une lanterne magique étala sur une toile blanche ses pièges et ses mystérieux tableaux, à la grande surprise de Charles. Plus d'une fois, les joies célestes de cette innocente créature excitèrent les fous rires sur les lèvres de Caroline et Roger. Quand, plus tard, le petit garçon fut couché, la petite fille s'éveilla demandant sa limpide nourriture. A la clarté d'une lampe, au coin du foyer, dans cette chambre de paix et de plaisir, Roger s'abandonna donc au bonheur de contempler le tableau suave que lui présentait cet enfant suspendu au sein de Caroline, blanche, fraîche comme un nouvellement éclos, et dont les cheveux retombaient en milliers de boucles brunes qui laissaient à peine voir son cou. La lueur faisait ressortir toutes les grâces de cette jeune mère en multipliant sur elle, autour d'elle, sur ses vêtements et sur l'enfant des effets pittoresques produits par les combinaisons de l'ombre et de la lumière. Le visage de cette femme, calme et silencieuse, parut mille fois plus doux que jamais à Roger, qui regarda tendrement ces lèvres chiffonnées et vermeilles, d'où jamais encore aucune parole discordante n'était sortie. La même pensée brilla dans les yeux de Caroline qui examina Roger du coin de l'œil, soit pour jouir de l'effet qu'elle produisait sur lui, soit pour deviner l'avenir de la soirée.

L'inconnu comprit la coquetterie de ce regard fin, dit avec une feinte tristesse : — Il faut que je parte. J'ai une affaire très-grave à terminer, et l'on m'attend chez moi. Le devoir avant tout, n'est-ce pas, ma chérie ?

Caroline l'espionna depuis un air à la fois triste et doux, mais avec cette résignation qui ne laisse ignorer aucune des douleurs du sacrifice. — Adieu, dit-elle. Va-t'en! Si tu restais une heure de plus, je ne te donnerais pas facilement la liberté. — Mon ange, répondit-il alors en souriant, j'ai trois jours de congé, et suis censé à vingt lieues de Paris.

Quelques jours après l'anniversaire de 6 mai, mademoiselle de Bellefeuille accourut un matin dans la rue Saint-Louis, au Marais, en souhaitant de ne pas arriver trop tard dans une maison où elle se rendait ordinairement. L'exprès venait de lui apprendre que sa mère, madame Crochard, succombait à une complication de douleurs produites chez elle par ses catarrhes et par ses rhumatismes. Pendant que le cocher de fiacre fouettait ses chevaux d'après une invitation pressante que Caroline fortifia par la promesse d'un ample pourboire, les vieilles femmes émérites desquelles la veuve Crochard s'était fait une société pendant ses derniers jours introduisaient un prêtre dans l'appartement commode et propre occupé par la vieille comparse au second étage de la maison. La servante de madame Crochard ignorait la joie demoiselle chez laquelle sa maîtresse allait souvent dîner fût sa propre fille, et, l'une des premières, elle sollicita l'intervention d'un confesseur, en espérant que cet ecclésiastique lui serait au moins aussi utile qu'à la malade. Entre deux bostons, ou en se promenant au jardin Turc, les vieilles femmes avec lesquelles la veuve Crochard caquetait tous les jours avaient réussi à réveiller dans le cœur glacé de leur amie quelques scrupules sur sa vie passée, quelques idées d'avenir, quelques craintes relatives à l'enfer, et certaines espérances de pardon fondées sur un sincère retour à la religion. Dans cette solennelle matinée, trois vieilles femmes de la rue Saint-François et de la Vieille-Rue-du-Temple étaient donc venues s'établir dans le salon où madame Crochard les recevait tous les mardis. A tour de rôle, l'une d'elles quittait son fauteuil pour aller au chevet du lit tenir compagnie à la pauvre vieille, et lui donner de ces eaux rouges auxquelles on berce les mourants. Cependant, quand la crise leur parut prochaine, lorsque le médecin appelé la veille ne répondit plus de la veuve, les trois dames se consultèrent pour décider s'il fallait avertir mademoiselle de Bellefeuille. Françoise préalablement entendue, il fut arrêté qu'un commissionnaire partirait rue Taitbout prévenir la jeune parente dont l'influence paraissait si redoutable aux quatre femmes, mais elles espéraient que l'Auvergnat marcherait trop tard cette jeune douée d'une si grande part dans l'affection de madame Crochard. Cette veuve, évidemment riche d'un millier d'écus de rente, ne fut si bien choyée par le trio féminin que parce qu'aucune de ces bonnes amies,

ni même Françoise, ne lui connaissaient d'héritier. L'opulence dont jouissait mademoiselle de Bellefeuille, à qui madame Crochard s'interdisait de donner le doux nom de fille, par suite des us de l'ancien Opéra, légitimait presque le plan formé par ces quatre femmes de se partager la succession de la mourante.

Bientôt celle des trois sibylles qui tenait la malade en arrêt vint montrer une tête branlante au couple inquiet, et dit : — Il est temps d'envoyer chercher M. l'abbé Fontanon. Encore deux heures, elle n'aura ni sa tête ni la force d'écrire un mot. La vieille servante édentée partit donc, et revint avec un homme vêtu d'une redingote noire. Un front étroit annonçait un petit esprit chez ce prêtre, déjà doué d'une figure commune ; ses joues larges et pendantes, son menton doublé, témoignaient d'un bien-être égoïste ; ses cheveux poudrés lui donnaient un air doucereux tant qu'il ne levait pas des yeux bruns, petits, à fleur de tête, et qui n'eussent pas été mal placés sous les sourcils d'un Tartare. — Monsieur l'abbé, lui disait Françoise, je vous remercie bien de vos avis ; mais aussi comptez que j'ai eu un fier soin de cette chère femme-là.

La domestique au pas traînant et à la figure en deuil se tut en voyant que la porte de l'appartement était ouverte, et de la plus insinuante des trois douairières stationnait sur le palier pour être la première à parler au confesseur. Quand l'ecclésiastique eut complaisamment essuyé la triple bordée des discours mielleux et dévots des amies de la veuve, il alla s'asseoir au chevet du lit de madame Crochard. La décence et une certaine retenue forcèrent les trois dames et la vieille Françoise de demeurer toutes quatre dans le salon à se faire des mines de douleur qu'il n'appartenait qu'à ces faces ridées de jouer avec autant de perfection. — Ah ! c'est-y malheureux ! s'écria Françoise en poussant un soupir. Voilà pourtant la quatrième maîtresse que j'aurai le chagrin d'enterrer. La première m'a laissé cent francs de viager, la seconde cinquante écus, et la troisième mille écus de comptant. Après trente ans de service, voilà tout ce que je possède !

La servante usa de son droit d'aller et venir pour se rendre dans un petit cabinet d'où elle pouvait entendre le prêtre. — Je vois avec plaisir, disait Fontanon que vous avez, ma fille, des sentiments de piété, vous portez sur vous une sainte relique...

Madame Crochard fit un mouvement vague qui n'annonçait pas qu'elle eût tout son bon sens, car elle montra la croix impériale de la Légion d'honneur. L'ecclésiastique recula d'un pas en voyant la figure de l'empereur, puis il se rapprocha bientôt de sa pénitente, qui s'entretint avec lui d'un ton très-bas, pendant quelque temps. Françoise n'entendit rien. — Malédiction sur moi ! s'écria tout à coup la vieille, ne m'abandonnez pas. Comment, monsieur l'abbé, vous croyez que j'aurai à répondre de l'âme de ma fille ?

L'ecclésiastique parlait trop bas et la cloison était trop épaisse pour que Françoise pût tout entendre. — Hélas ! s'écria la veuve en mourant, le scélérat ne m'a rien laissé dont je puisse disposer. En prenant ma pauvre Caroline, il a séparé d'elle et ne m'a constitué que trois mille livres de rente dont le fonds appartient à ma fille.

— Madame a une fille et n'a que le viager ! cria Françoise en accourant au salon.

Les trois vieilles se regardèrent avec un étonnement profond. Celle d'entre elles qui avait le nez et le menton prêts à se joindre trahissaient une sorte de supériorité d'hypocrisie et de finesse, cligna des yeux, et fit signe à Françoise qu'il tournait le dos, elle fit à ses deux amies un signe qui voulait dire : — Cette fille est une fine mouche, elle a déjà couchée sur trois testaments. Les trois vieilles femmes restèrent donc, mais l'abbé reparut bientôt, et quand il eut dit un mot, les sorcières dégringolèrent de compagnie les escaliers après lui, laissant Françoise seule avec sa maîtresse. Madame Crochard, dont les souffrances redoublèrent cruellement, eut beau sonner en ce moment sa servante, celle-ci se contenta de crier : — Eh ! oui va ! Tout à l'heure ! Les portes des armoires et des commodes allaient et venaient comme si Françoise eût cherché quelque billet de loterie égaré. A l'instant où cette crise atteignait à son dernier période, mademoiselle de Bellefeuille arriva auprès de lit de sa mère pour lui prodiguer de douces paroles. — Oh ! ma pauvre mère, combien je suis criminelle ! Tu souffres, et je ne le savais pas mon cœur ne me le disait pas ! Mais me voici... — Caroline... — Quoi ? — Elles m'ont amené un prêtre. — Mais un médecin donc, reprit mademoiselle de Bellefeuille. Françoise, un médecin ! Comment ces dames n'ont-elles pas envoyé chercher le docteur ? — Elles m'ont amené un prêtre, reprit la vieille en poussant un soupir. — Comme elle souffre ! et pas une potion calmante, rien sur sa table.

La mère fit un pâle sourire indistinct, mais que l'œil pénétrant de Caroline devina, car elle se tut pour la laisser parler. — Elles m'ont amené un prêtre... soi-disant pour me confesser. — Prends garde à toi, Caroline ! lui cria péniblement la vieille comparse par un dernier effort, le prêtre m'a arraché le nom de ton séducteur... — Et qui a pu te le dire, ma pauvre mère ? Un prêtre en essayant de mourir son air malicieux. Si mademoiselle de Bellefeuille avait pu observer le visage de sa mère, elle eût vu ce que personne ne verra : rire la Mort.

Pour comprendre l'intérêt que cache l'introduction de cette scène,

Il faut en oublier un moment les personnages pour se prêter au récit d'événements antérieurs, mais dont le dernier se rattache à la mort de madame Crochard. Ces deux parties formeront alors une même histoire qui, par une loi particulière à la vie parisienne, avait produit deux actions distinctes. Vers la fin du mois de mars 1806, un jeune avocat, âgé d'environ vingt-six ans, descendait vers trois heures du matin le grand escalier de l'hôtel où demeurait l'archi-chancelier de l'Empire. Arrivé dans la cour, en costume de bal, par une fine gelée, il ne put s'empêcher de jeter une douloureuse exclamation où perçait néanmoins cette gaieté qui abandonne rarement un Français, car il n'aperçut pas de fiacre à travers les grilles de l'hôtel, et n'entendit dans le lointain aucun de ces bruits produits par les sabots ou par la voix enrouée des cochers parisiens. Quelques coups de pied frappés de temps en temps par les chevaux du grand juge, que le jeune homme venait de laisser à la bouillotte de Cambacérès, retentissaient dans la cour de l'hôtel à peine éclairée par les lanternes de la voiture. Tout à coup le jeune homme, amicalement frappé sur l'épaule, se retourna.

Un membre du comité des recherches. — page 15.

reconnut le grand juge et le salua. Au moment où le laquais dépliait le marchepied du carrosse, l'ancien législateur de la Convention devina l'embarras de l'avocat. — La nuit tous les chats sont gris, lui dit-il gaiement. Le grand juge ne se compromettra pas en mettant un avocat dans son chemin ! Surtout, ajouta-t-il, si cet avocat est le neveu d'un ancien collègue, l'une des lumières de ce grand conseil d'État qui a donné le code Napoléon à la France.

Le piéton monta dans la voiture sur un geste du chef suprême de la justice impériale. — Où demeurez-vous? demanda le ministre à l'avocat avant que la portière ne fût refermée par le valet de pied qui attendait l'ordre. — Quai des Augustins, monseigneur.

Les chevaux partirent, et le jeune homme se vit en tête-à-tête avec un ministre auquel il avait tenté vainement d'adresser la parole avant et après le somptueux dîner de Cambacérès, car le grand juge l'avait visiblement évité pendant toute la soirée. — Eh bien ! monsieur de Granville, vous êtes en assez beau chemin ? — Mais, tant que je serai à côté de Votre Excellence... — Je ne plaisante pas, dit le ministre. Votre stage est terminé depuis deux ans, et vos défenses dans le procès Ximeuse et d'Hauteserre vous ont placé bien haut. — J'ai cru jusqu'aujourd'hui que mon dévouement à ces malheureux émigrés me nuisait. — Vous êtes bien jeune, dit le ministre d'un ton grave. Mais, reprit-il après une pause, vous avez beaucoup plu ce soir à l'archi-chancelier. Entrez dans la magistrature du parquet, nous manquons de sujets. Le neveu d'un homme à qui Cambacérès et moi nous portons le plus vif intérêt ne doit pas rester avocat faute de protection. Votre oncle nous a aidés à traverser des temps bien orageux, et ces sortes de services ne s'oublient pas.

Le ministre se tut pendant un moment. — Avant peu, reprit-il, j'aurai trois places vacantes au tribunal de première instance et à la cour impériale de Paris; venez alors me voir, et choisissez celle qui vous conviendra. Jusque-là travaillez, mais ne vous présentez point à mes audiences. D'abord, je suis accablé de travail; puis vos concurrents devineraient vos intentions et pourraient vous nuire auprès du patron. Cambacérès et moi, en ne vous disant pas un mot ce soir, nous vous avons garanti des dangers de la faveur.

Au moment où le ministre acheva ces derniers mots, la voiture s'arrêtait sur le quai des Augustins. Le jeune avocat remercia son généreux protecteur avec une effusion de cœur assez vive des deux places qu'il lui avait accordées, et se mit à frapper rudement à la porte, car la bise sifflait avec rigueur sur ses mollets. Enfin un vieux portier tira le cordon, et quand l'avocat passa devant la loge : — Monsieur Granville, il y a une lettre pour vous ! cria-t-il d'une voix enrouée. Le jeune homme prit la lettre, et tâcha, malgré le froid, d'en lire l'écriture à la lueur d'un pâle réverbère dont la mèche était sur le point d'expirer. — C'est de mon père ! s'écria-t-il en prenant son bougeoir que le portier finit par allumer. Et il monta rapidement dans son appartement pour y lire la lettre suivante :

« Prends le courrier, et si tu peux arriver promptement ici, ta fortune est faite. Mademoiselle Angélique Bontems a perdu sa sœur, la voilà fille unique, et nous savons qu'elle ne te hait pas. Maintenant, madame Bontems peut lui laisser à peu près quarante mille francs de rentes, outre ce qu'elle lui donnera en dot. J'ai préparé les voies. Nos amis s'étonneront de voir d'anciens nobles s'allier à la famille Bontems. Le père Bontems a été un bonnet rouge foncé qui possédait force biens nationaux achetés à vil prix. Mais d'abord il n'a eu que des prés de moines qui ne reviendront jamais, puis, si tu as déjà dérogé en te faisant avocat, je ne vois pas pourquoi nous reculerions devant une autre concession aux idées actuelles. La petite aura trois cent mille francs, je t'en donne cent, le bien de ta mère doit valoir cinquante mille écus ou à peu près. Je te vois donc en position, mon cher fils, si tu veux te jeter dans la magistrature, de devenir sénateur tout comme un autre. Mon beau-frère le conseiller d'État ne te donnera pas un coup de main pour cela, par exemple; mais, comme il n'est pas marié, sa succession te reviendra un jour : si tu n'étais pas sénateur de ton chef, tu aurais donc sa survivance. Adieu, je t'embrasse. F... comte de Granville. »

Le jeune de Granville se coucha donc en faisant mille projets plus beaux les uns que les autres. Puissamment protégé par l'archi-chancelier, par le grand juge et par son oncle maternel, l'un des rédacteurs du code, il allait débuter dans un poste envié, devant la première cour de l'Empire, et se voyait membre de ce parquet où Napoléon choisissait les hauts fonctionnaires de son Empire. Il se présentait de plus une fortune assez brillante pour l'aider à soutenir son rang, auquel n'aurait pas suffi le chétif revenu de cinq mille francs que lui donnait une terre recueillie par lui dans la succession de sa mère. Pour compléter ses rêves d'ambition et de bonheur, il évoqua la figure naïve de mademoiselle Angélique Bontems, la compagne des jeux de son enfance. Tant qu'il n'eut pas l'âge de raison, son père et sa mère ne s'opposèrent point à son intimité avec la jeune fille de leur voisin de campagne, mais quand, pendant les courtes apparitions que les vacances lui laissaient faire à Bayeux, ses parents, entichés de noblesse, s'aperçurent de son amitié pour la jeune fille, ils lui défendirent de penser à elle. Depuis dix ans, Granville n'avait donc pu voir que par moments celle qu'il nommait sa petite femme. Dans ces moments, dérobés à l'active surveillance de leurs familles, à peine échangèrent-ils de vagues paroles en passant l'un devant l'autre dans l'église ou dans la rue. Leurs plus beaux jours furent ceux où, réunis par l'une de ces fêtes champêtres nommées en Normandie des assemblées, ils s'examinèrent furtivement et en perspective. Pendant ses dernières vacances, Granville vit deux fois Angélique, et le regard baissé, l'attitude triste de sa petite femme, lui firent juger qu'elle était courbée sous quelque despotisme inconnu.

Arrivé dès sept heures du matin au bureau des messageries de la rue Notre-Dame-des-Victoires, le jeune avocat trouva heureusement une place dans la voiture qui partait à cette heure pour la ville de Caen. L'avocat stagiaire ne revit pas sans une émotion profonde les clochers de la cathédrale de Bayeux. Aucune espérance de sa vie n'ayant encore été trompée, son cœur s'ouvrait aux beaux sentiments qui agitent de jeunes âmes. Après le trop long banquet d'allégresse pour lequel il était attendu par son père et par quelques amis, l'impatient jeune homme fut conduit vers une certaine maison située rue Teinture, et bien connue de lui. Le cœur lui battit avec force quand son père, que l'on continuait d'appeler à Bayeux le comte de Granville, frappa rudement à une porte cochère, dont la peinture verte tombait par écailles. Il était environ quatre heures du soir. Une jeune servante, coiffée d'un bonnet de coton, salua les deux messieurs par une courte révérence, et répondit que ces dames allaient bientôt revenir de vêpres.

Le comte et son fils entrèrent dans une salle basse servant de salon, et semblable au parloir d'un couvent. Des lambris en noyer poli assombrissaient cette pièce, autour de laquelle quelques chaises en tapisserie et d'antiques fauteuils étaient symétriquement rangés. La cheminée en pierre n'avait pour tout ornement qu'une glace verdâtre, de chaque côté de laquelle sortaient les branches contournées de ces anciens candélabres fabriqués à l'époque de la paix d'Utrecht. Sur la boiserie en face de cette cheminée, le jeune Granville aperçut un énorme crucifix d'ébène et d'ivoire entouré de buis bénit. Quoiqu'éclairée par trois croisées, qui tiraient leur jour d'un jardin de province, dont les carrés symétriques étaient dessinés par de longues raies de buis, la pièce en recevait si peu de jour, qu'à la muraille parallèle à ces croisées trois tableaux d'église dus à quelque savant pinceau, et achetés sans doute pendant la révolution par le vieux Bontems, qui, en sa qualité de chef de district, n'oublia jamais ses intérêts. Depuis le plancher, soigneusement ciré, jusqu'aux rideaux de toile à carreaux verts, tout brillait d'une propreté monastique. Involontairement, le cœur du jeune homme se serra dans cette silencieuse retraite où vivait Angélique. La continuelle habitation des brillants salons de Paris et le tourbillon des fêtes, avaient facilement effacé les existences sombres et paisibles de la province dans le souvenir de Granville, aussi le contraste fut-il pour lui si subit, qu'il éprouva une sorte de frémissement intérieur.

Il jeta sa bourse à travers une vitre fêlée, de manière à la faire tomber... — PAGE 4.

Sortir d'une assemblée chez Cambacérès, où la vie se montrait si ample, où les esprits avaient de l'étendue, où la gloire impériale se reflétait vivement, et tomber tout à coup dans un cercle d'idées mesquines, n'était-ce pas être transporté de l'Italie au Groenland ? — Vivre ici, ce n'est pas vivre, se dit-il en examinant ce salon de méthodiste.

Le vieux comte, qui s'aperçut de l'étonnement de son fils, alla le prendre par la main, l'entraîna devant une croisée d'où venait encore un peu de jour, et pendant que la servante allumait les vieilles bougies des flambeaux, il essaya de dissiper les nuages que cet aspect amassait sur son front. — Écoute, mon enfant, lui dit-il, la veuve du père Bontems est furieusement dévote. Quand le diable devient vieux... tu sais ! un tour du bureau te fait faire la grimace. Eh bien ! voici la vérité. La vieille femme est assiégée par les prêtres, ils lui ont persuadé qu'il était toujours temps de gagner le ciel, et pour être plus sûre d'avoir saint Pierre et ses clefs, elle les achète. Elle va à la messe tous les jours, entend tous les offices, communie tous les dimanches que Dieu fait, et s'amuse à restaurer les chapelles. Elle a donné à la cathédrale tant d'ornements, d'aubes, de chapes ; elle a chamarré le dais de tant de plumes, qu'à la procession de la dernière Fête-Dieu il y avait une foule comme à une pendaison, pour voir les prêtres magnifiquement habillés et leurs ustensiles dorés à neuf. Aussi, cette maison est-elle une vraie terre-sainte. C'est moi qui ai empêché la vieille folle de donner ces trois tableaux à l'église, un Dominiquin, un Corrège et un André del Sarto, qui valent beaucoup d'argent. — Mais Angélique ? demanda vivement le jeune homme. — Si tu ne l'épouses pas, Angélique est perdue, dit le comte. Nos bons apôtres lui ont conseillé de vivre vierge et martyre. J'ai eu toutes les peines du monde à réveiller son petit cœur en lui parlant de toi, quand je l'ai vue fille unique ; mais tu comprendras aisément qu'une fois mariée tu l'emmèneras à Paris. Là, les fêtes, le mariage, la comédie et l'entraînement de la vie parisienne lui feront facilement oublier les confessionnaux, les jeûnes, les cilices et les messes, dont se nourrissent exclusivement ces créatures.

— Mais les cinquante mille livres de rente provenues des biens ecclésiastiques ne retourneront-elles pas...

— Nous y voilà, reprit le comte d'un air fin. En considération du mariage, car la vanité de madame Bontems n'a pas été peu chatouillée par l'idée d'enter les Bontems sur l'arbre généalogique des Granville, la susdite mère donne sa fortune en toute propriété à la petite, en ne s'en réservant que l'usufruit. Aussi le sacerdoce s'oppose-t-il à ton mariage ; mais j'ai fait publier les bans, tout est prêt, et en huit jours tu seras hors des griffes de la mère ou de ses abbés. Tu posséderas la plus jolie fille de Bayeux, une petite commère qui ne te donnera pas de chagrin, parce que ça aura des principes. Elle a été mortifiée, comme ils disent dans leur jargon, par les jeûnes, par les prières, et, ajouta-t-il à voix basse, par sa mère.

Un coup frappé discrètement à la porte imposa silence au comte, qui crut voir entrer les deux dames. Un petit domestique à l'air affairé se montra ; mais, intimidé par l'aspect des deux personnages, il fit un signe à la bonne, qui vint près de lui. Vêtu d'un gilet de drap bleu à petites basques qui flottaient sur ses hanches, et d'un pantalon rayé bleu et blanc, ce garçon avait les cheveux coupés en rond : sa figure ressemblait à celle d'un enfant de chœur, tant elle peignait cette composition forcée que contractent tous les habitants d'une maison dévote. — Mademoiselle Gatienne, savez-vous où sont les livres pour l'office de la Vierge ? Les dames de la congrégation du Sacré-Cœur font ce soir une procession dans l'église. Gatienne alla chercher les livres. — Y en a-t-il encore pour longtemps, mon petit milicien ? demanda le comte. — Oh ! pour une demi-heure ou plus. — Allons voir ça, il y a de jolies femmes, dit le père à son fils. D'ailleurs, une visite à la cathédrale ne peut pas nous nuire.

Le jeune avocat suivit son père d'un air irrésolu. — Qu'as-tu donc ? lui demanda le comte. — J'ai, mon père, j'ai... que j'ai raison. — Tu n'as encore rien dit. — Oui, mais j'ai pensé que vous avez conservé dix mille livres de rente de votre ancienne fortune, vous me les laisserez le plus tard possible, je le désire; mais si vous me donnez cent mille francs pour faire un sot mariage, vous me permettrez de ne vous en demander que cinquante mille pour éviter un malheur et jouir, tout en restant garçon, d'une fortune égale à celle que pourrait m'apporter votre demoiselle Bontems. — Es-tu fou? — Non, mon père. Voici le fait : le grand juge m'a promis avant-hier une place au parquet de Paris. Cinquante mille francs, joints à ce que je possède et aux appointements de ma place, me feront un revenu de douze mille francs. J'aurai, certes alors, des chances de fortune mille fois préférables à celles d'une alliance aussi pauvre qu'elle est riche en biens. — On voit bien, répondit le père en souriant, que tu n'as pas vécu dans l'ancien régime. Est-ce que nous sommes jamais embarrassés d'une femme, nous autres?... — Mais, mon père, aujourd'hui le mariage est devenu... — Ah çà! dit le comte en interrompant son fils, tout ce que mes vieux camarades d'émigration me chantent est donc bien vrai? La révolution nous a donc légué des mœurs sans gaieté, elle a donc empesté les jeunes gens de principes équivoques! Tout comme ton beau-frère le jacobin, tu vas me parler de nation, de morale publique, de désintéressement. O mon Dieu! sans les sœurs de l'empereur, que deviendrions-nous?

Ce vieillard encore vert, que les paysans de ses terres appelaient toujours le seigneur de Granville, acheva ces paroles en entrant sous les voûtes de la cathédrale. Nonobstant la sainteté des lieux, il fredonna, tout en prenant de l'eau bénite, un air de l'opéra de *Rose et Colas*, et guida son fils le long des galeries latérales de la nef, en s'arrêtant à chaque pilier pour examiner dans l'église les rangées de têtes qui s'y trouvaient alignées comme le sont les soldats à la parade. L'office particulier du Sacré-Cœur allait commencer. Les dames affiliées à cette congrégation étant placées près du chœur, le comte et son fils se dirigèrent vers cette portion de la nef, et s'adossèrent à l'un des piliers les plus obscurs, d'où ils purent apercevoir la masse entière de ces têtes qui ressemblaient à une prairie émaillée de fleurs. Tout à coup, à deux pas de Granville, une voix plus douce qu'il ne semblait possible à créature humaine de la posséder, détonna comme le premier rossignol qui chante après l'hiver. Quoiqu'accompagnée de mille voix de femmes et par les sons de l'orgue, cette voix remua ses nerfs comme s'ils eussent été attaqués par les notes trop riches et trop vives de l'harmonica. Le Parisien se retourna, vit une jeune personne dont la figure était, par suite de l'inclination de sa tête, entièrement ensevelie sous un large chapeau d'étoffe blanche, et pensa que d'elle seule venait cette claire mélodie, il crut reconnaître Angélique, malgré la pelisse de mérinos brun qui l'enveloppait, et poussa le bras de son père. — Oui, c'est elle, dit le comte après avoir regardé dans la direction que lui indiquait son fils.

Le vieux seigneur montra par un geste le visage pâle d'une vieille femme, dont les yeux fortement bordés de cercle noir avaient déjà vu les étrangers, sans que son regard faux eût paru quitter le livre de prières qu'elle tenait.

Angélique leva la tête vers l'autel, comme pour aspirer les parfums pénétrants de l'encens dont les nuages arrivaient jusqu'aux deux femmes. A la lueur mystérieuse répandue dans ce sombre vaisseau par les cierges, la lampe de la nef et quelques bougies allumées aux piliers, le jeune homme aperçut alors une figure qui ébranla ses résolutions. Un chapeau de moire blanche encadrait exactement un visage d'une admirable régularité par l'ovale que décrivait le ruban de satin noué sous un petit menton à fossette. Sur un front étroit, mais très mignon, des cheveux couleur d'or pâle se séparaient en deux bandeaux et retombaient autour des yeux comme deux feuillages sur une touffe de fleurs. Les deux arcs des sourcils étaient dessinés avec la correction que l'on admire dans les belles figures chinoises. Le nez, presque aquilin, possédait une fermeté rare dans ses contours, et les deux lèvres ressemblaient à deux lignes roses tracées avec amour par un pinceau délicat. Les yeux, d'un bleu pâle, exprimaient la candeur. Si Granville remarqua dans ce visage une sorte de rigidité silencieuse, il put l'attribuer aux sentiments de dévotion qui animaient alors Angélique. Les saintes paroles de la prière passaient entre les rangées de perles, d'où le froid permettait de voir sortir comme un nuage de parfums. Involontairement le jeune homme essaya de se pencher pour respirer cette haleine divine. Ce mouvement attira l'attention de la jeune fille, et son regard fixe élevé vers l'autel se tourna sur Granville, que l'obscurité ne lui laissa voir qu'indistinctement, mais en qui elle reconnut le compagnon de son enfance. Un souvenir plus puissant que la prière vint donner un éclat surnaturel à son visage : elle rougit. L'avocat tressaillit de joie en voyant les espérances de l'autre vie vaincues par les espérances de l'amour, et la gloire du ciel même éclipsée par des souvenirs terrestres, mais son triomphe dura peu : Angélique abaissa son voile, prit une contenance calme, et se remit à chanter sans que le timbre de sa voix accusât la plus légère émotion. Granville se trouva sous la tyrannie d'un seul désir, et toutes ses idées de prudence s'évanouirent. Quand l'office fut terminé, son impatience était déjà devenue si grande, que, sans laisser les deux dames retourner seules chez elles, il vint aussitôt saluer

sa petite femme. Une reconnaissance timide de part et d'autre se fit sous le porche de la cathédrale, en présence des fidèles. Madame Bontems trembla d'orgueil en prenant le bras du comte de Granville, qui, forcé de le lui offrir devant tout le monde, sut fort mauvais gré à son fils d'une impatience si peu décente.

Pendant environ quinze jours qui s'écoulèrent entre la présentation officielle du jeune vicomte de Granville comme prétendu de mademoiselle Bontems et le jour solennel de son mariage, il vint assidument trouver son amie dans le sombre parloir, auquel il s'accoutuma. Ses longues visites eurent pour but d'épier le caractère d'Angélique, car sa prudence s'était heureusement réveillée le lendemain de son entrevue. Il surprit presque toujours sa future assise devant une petite table en bois de Sainte-Lucie, et occupée à marquer elle-même le linge qui devait composer son trousseau. Angélique ne parlait jamais la première de religion. Si le jeune avocat se plaisait à jouer avec le riche chapelet contenu dans un petit sac en velours vert, s'il contemplait en riant la relique qui accompagnait toujours cet instrument de dévotion, Angélique lui prenait doucement le chapelet des mains en lui jetant un regard suppliant, et, sans mot dire, le remettait dans le sac qu'elle serrait aussitôt. Si parfois Granville se hasardait malicieusement à déclamer contre certaines pratiques de la religion, la jolie Normande l'écoutait en lui opposant le sourire de la conviction. — Il ne faut rien croire, ou croire tout ce que l'Église enseigne, répondait-elle. Voudriez-vous pour la mère de vos enfants d'une fille sans religion? non. Quel homme oserait être juge entre les incrédules et Dieu? Eh bien! comment puis-je blâmer ce que l'Église admet?

Angélique semblait animée par une si onctueuse charité, le jeune avocat lui voyait tourner sur lui des regards si pénétrés, qu'il fut parfois tenté d'embrasser la religion de sa prétendue, la conviction profonde où elle était de marcher dans le vrai sentier réveilla dans le cœur du futur magistrat des doutes qu'elle essayait d'exploiter. Granville commit alors l'énorme faute de prendre les prestiges du désir pour ceux de l'amour. Angélique fut si heureuse de concilier la voix de son cœur et celle du devoir en s'abandonnant à une inclination conçue dès son enfance, que l'avocat trompé ne put savoir laquelle de ces deux voix était la plus forte. Les jeunes gens ne sont-ils pas tous disposés à se fier aux promesses d'un joli visage, à conclure de la beauté de l'âme par celle des traits? Un sentiment indéfinissable les porte à croire que la perfection morale concorde toujours avec la perfection physique. Si la religion n'eût pas permis à Angélique de se livrer à ses sentiments, ils se seraient bientôt séchés dans son cœur comme une plante arrosée d'un acide mortel. Un amoureux aimé pouvait-il reconnaître un fanatisme si bien caché? Telle fut l'histoire des sentiments du jeune Granville pendant cette quinzaine dévorée comme un livre dont le dénoûment intéresse. Angélique, attentivement épiée, lui parut être la plus douce de toutes les femmes, et il se surprit même à rendre grâce à madame Bontems, qui, en lui inculquant si fortement des principes religieux, l'avait, en quelque sorte façonnée aux peines de l'Église.

Au jour choisi pour la signature du fatal contrat, madame Bontems fit solennellement jurer à son gendre de respecter les pratiques religieuses de sa fille, de lui donner une entière liberté de conscience, de la laisser communier, aller à l'église, à confesse, autant qu'elle le voudrait, et de ne jamais la contrarier dans le choix de ses directeurs. En ce moment solennel, Angélique contempla son futur d'un air si pur et si candide, que Granville n'hésita pas à prêter le serment demandé. Un sourire effleura les lèvres de l'abbé Fontanon, homme pâle qui dirigeait les consciences de la maison. Par un léger mouvement de tête, mademoiselle Bontems promit à son ami de ne jamais abuser de cette liberté de conscience. Quant au vieux comte, il siffla tout bas l'air de *Va-t'en voir s'ils viennent!* Après quelques jours accordés aux retours de noce si fameux en province, Granville et sa femme revinrent à Paris, où le jeune avocat fut appelé par sa nomination aux fonctions d'avocat général près la cour impériale de la Seine. Quand les deux époux y cherchèrent un appartement, Angélique employa l'influence que la lune de miel prête à toutes les femmes pour déterminer Granville à prendre un grand appartement situé au rez-de-chaussée d'un hôtel qui faisait le coin de la Vieille-Rue-du-Temple et de la Neuve-Saint-François. La principale raison de son choix fut que cette maison se trouvait à deux pas de la rue d'Orléans, où il y avait une église, et voisine d'une petite chapelle sise rue Saint-Louis. — Il est d'une bonne ménagère de faire des provisions, lui répondit son mari en riant.

Angélique lui fit observer avec justesse que le quartier du Marais avoisinait le palais de justice, et que les magistrats qu'ils venaient de visiter y demeuraient. Un jardin assez vaste donnait, pour un jeune ménage, du prix à l'appartement. Les enfants, si le ciel leur en envoyait, pourraient y prendre l'air, la cour était spacieuse, les écuries étaient belles. L'avocat général désirait habiter un hôtel de la Chaussée-d'Antin, où tout est jeune et vivant, où les modes apparaissent dans leur nouveauté, où la population des boulevards est élégante, d'où il y a moins de chemin à faire pour gagner les spectacles et rencontrer des distractions; mais il fut obligé de céder aux pateloineries d'une jeune femme qui réclamait une première grâce, et pour lui complaire il s'enterra dans le Marais. Les fonctions de Granville nécessitèrent un travail d'autant plus assidu qu'il fut nouveau pour lui. Il s'occupa donc avant tout de l'ameublement de son cabinet et de l'emménagement de sa bibliothèque, il s'installa promptement dans une pièce bientôt encombrée de dossiers, et laissa sa jeune femme diriger la décoration de la maison. Il jeta d'autant plus volontiers Angélique dans l'embarras des premières acquisitions de ménage, source de tant de plaisirs et de souvenirs pour les jeunes femmes, qu'il fut honteux de la priver de sa présence plus souvent que ne le voulaient les lois de la lune de miel.

Une fois au fait de son travail, l'avocat général permit à sa femme de le prendre par le bras, de le tirer hors de son cabinet, et de l'emmener pour lui montrer l'effet des ameublements et des décorations qu'il n'avait encore vus qu'en détail ou par parties. S'il est vrai, d'après un adage, qu'on puisse juger une femme en voyant la porte de sa maison, les appartements doivent traduire son esprit avec encore plus de fidélité. Soit que madame de Granville eût accordé sa confiance à des tapissiers sans goût, soit qu'elle eût inscrit son propre caractère dans un monde de choses ordonné par elle, le jeune magistrat fut surpris de la sécheresse et de la froide solennité qui régnaient dans ses appartements : il n'y aperçut rien de gracieux, tout y était discord, rien ne recréait ses yeux. L'esprit de rectitude et de petitesse empreint dans le caractère de Bayeux revivait dans son hôtel, sous de larges lambris circulairement creusés et ornés de ces arabesques dont les longs filets contournés sont de si mauvais goût. Dans le désir d'excuser sa femme, le jeune homme revint sur ses pas, examina de nouveau la longue antichambre haute d'étage par laquelle on entrait dans l'appartement : la couleur des boiseries demandée au peintre par sa femme était trop sombre, et le velours d'un vert très-foncé qui couvrait les banquettes ajoutait au sérieux de cette pièce, peu importante, il est vrai, mais qui donne toujours l'idée d'une maison, de même qu'on juge l'esprit d'un homme sur sa première phrase. Une antichambre est une espèce de préface qui doit tout annoncer, mais ne rien promettre. Le jeune substitut se demanda si sa femme avait pu choisir la lampe à lanterne antique qui se trouvait au milieu de cette salle nue, pavée d'un marbre blanc et noir, décorée d'un papier où étaient simulées des assises de pierres sillonnées çà et là de mousse verte. Un riche mais vieux baromètre était accroché au milieu d'une des parois, comme pour en mieux faire sentir le vide. A cet aspect, le jeune homme regarda sa femme. Il la vit si contente des galons rouges qui bordaient les rideaux de percale, si contente du baromètre et de la statue décente, ornement du grand poêle gothique, qu'il n'eut pas le barbare courage de détruire de si fortes illusions. Au lieu de condamner sa femme, Granville se condamna lui-même, il s'accusa d'avoir manqué à son premier devoir, qui lui commandait de guider à Paris les premiers pas d'une jeune fille élevée à Bayeux.

Sur cet échantillon, qui ne devinerait pas la décoration des autres pièces? Que pouvait-on attendre d'une jeune femme qui prenait la flamme en voyant les jambes nues d'une cariatide, qui repoussait avec vivacité un candélabre, un flambeau, un meuble, des qu'elle y apercevait la nudité d'un torse égyptien? A cette époque, l'école de David arrivait à l'apogée de sa gloire, tout se ressentait en France de la correction de son dessin et de son amour inné pour les antiques, qui fit en quelque sorte de sa peinture une sculpture coloriée. Aucune de toutes les inventions du luxe impérial n'obtint droit de bourgeoisie chez madame de Granville. L'immense salon carré de son hôtel conservait le blanc et l'or fanés qui l'ornaient au temps de Louis XV, et où l'architecte avait prodigué les grilles en losanges et les insupportables festons dus à la stérile fécondité des crayons de cette époque. Si l'harmonie eût régné dans ses meubles, si les meubles eussent fait affecter à l'ameublement moderne les formes contournées mises à la mode par le goût corrompu de Boucher, la maison d'Angélique n'aurait offert que le plaisant contraste de jeunes gens vivant au dix-neuvième siècle comme s'ils eussent appartenu au dix-huitième, mais une foule de choses y produisaient des antithèses ridicules pour les yeux. Les consoles, les pendules, les flambeaux, représentaient des attributs guerriers que les triomphes de l'Empire rendirent si chers à Paris, ces casques grecs, ces épées romaines croisées, les boucliers dus à l'enthousiasme militaire, et qui décoraient les meubles les plus pacifiques, ne s'accordaient guère avec les délicates et prolixes arabesques, délices de madame de Pompadour. La dévotion porte à je ne sais quelle humilité fatigante qui s'exclut pas l'orgueil. Soit modestie, soit penchant, madame de Granville semblait avoir horreur des couleurs douces et claires. Peut-être aussi pensait-elle que la pourpre et le brun convenaient à la dignité du magistrat. Mais comment une jeune fille, accoutumée à une vie austère, aurait-elle pu concevoir ces voluptueux divans qui inspirent de mauvaises pensées, ces boudoirs élégants et perfides où s'ébauchent les péchés? Le pauvre magistrat fut désolé. Au ton d'approbation par lequel il souscrivait aux éloges que sa femme se donnait elle-même, elle s'aperçut que rien ne plaisait à son mari. Elle manifesta tant de chagrin de n'avoir pas réussi, que l'amoureux Granville vit une preuve d'amour dans cette peine profonde, au lieu d'y voir une blessure faite à l'amour-propre. Une jeune fille subitement arrachée à la médiocrité des idées de province, inhabile aux coquetteries, à l'élégance de la vie parisienne, pouvait-elle donc mieux faire? Le magistrat préféra croire que les choix de sa femme avaient été dominés par les fournisseurs, plutôt que de s'avouer la vérité. Moins amoureux, il eût senti que les marchands, prompts à deviner l'esprit de leurs chalands, avaient béni le ciel de leur avoir envoyé une jeune dévote sans goût, pour les aider à se débarrasser des choses passées de mode. Il consola donc la jolie Normande — Le bonheur, ma chère Angélique, ne nous vient pas d'un meuble plus ou moins élégant, il dépend de la douceur, de la complaisance et de l'amour d'une femme. — Mais c'est mon devoir de vous aimer, et jamais devoir ne me plaira tant à accomplir, reprit doucement Angélique.

La nature a mis dans le cœur de la femme un tel désir de plaire, un tel besoin d'amour que, même chez une jeune dévote, les idées d'avenir et de salut doivent succomber sous les premières joies de l'hyménée. Aussi, depuis le mois d'avril, époque à laquelle ils s'étaient mariés, jusqu'au commencement de l'hiver, les deux époux vécurent-ils dans une parfaite union. L'amour et le travail ont la vertu de rendre un homme assez indifférent aux choses extérieures. Obligé de passer au Palais la moitié de la journée, appelé à débattre les graves intérêts de la vie ou de la fortune des hommes, Granville put moins qu'un autre apercevoir certaines choses dans l'intérieur de son ménage. Si, le vendredi, sa table se trouvait servie en maigre, si par hasard il demandait sans l'obtenir un plat de viande, sa femme, à qui l'Évangile interdisait tout mensonge, sut néanmoins, par de petites ruses permises dans l'intérêt de la religion, rejeter son dessein prémédité sur l'étourderie ou sur le dénûment des marchés; elle se justifia souvent aux dépens du cuisinier, et alla quelquefois jusqu'à le gronder. A cette époque, les jeunes magistrats n'observaient pas comme aujourd'hui les jeûnes, les quatre-temps et les veilles de fêtes, ainsi Granville ne remarqua point d'abord la périodicité de ces repas maigres, que sa femme eut d'ailleurs le soin perfide de rendre très-délicats au moyen de sarcelles, de poules d'eau, de pâtés au poisson dont les chairs amphibies ont un assaisonnement incroyable. Le magistrat vécut donc très-orthodoxement sans le savoir, et fit son salut incognito. Les jours ordinaires, il ignorait si sa femme allait ou non à la messe; les dimanches, par une condescendance assez naturelle, il l'accompagnait à l'église, comme pour lui tenir compte de ce qu'elle lui sacrifiait quelquefois les vêpres. Les spectacles étant insupportables en été à cause des chaleurs, Granville n'eut pas même l'occasion d'une pièce à succès pour proposer à sa femme de la mener à la comédie. Ainsi la grave question du théâtre ne fut pas agitée. Enfin, dans les premiers moments d'un mariage auquel un homme a été déterminé par la beauté d'une jeune fille, il est difficile de se montrer exigeant dans ses plaisirs. La jeunesse est plus gourmande que friande, et d'ailleurs la possession seule est un charme. Comment reconnaîtrait-on la froideur, la dignité ou la réserve d'une femme quand on lui prête l'exaltation que l'on sent, quand elle se colore du feu dont on est animé? Il faut arriver à une certaine tranquillité conjugale pour voir que l'amour attend l'amour les bras croisés. Granville se crut donc assez heureux jusqu'au moment où un événement funeste vint influer sur les destinées de son mariage.

Au mois de novembre 1807, le chanoine de la cathédrale de Bayeux, qui jadis dirigeait les consciences de madame Bontems et de sa fille, vint à Paris, amené par l'ambition de parvenir à l'une des cures de la capitale, poste qu'il envisageait peut-être comme le marchepied d'un évêché. En ressaisissant son ancien empire sur son ouaille, il frémit de la trouver déjà si changée par l'air de Paris, et voulut la ramener dans son froid bercail. Effrayée par les remontrances de l'ex-chanoine, homme de trente-huit ans environ, qui apportait au milieu du clergé de Paris, si tolérant et si éclairé, cette âpreté du catholicisme provincial, cette inflexible bigoterie dont les exigences multipliées sont autant de liens pour les âmes timorées, madame de Granville fit pénitence et revint à son jansénisme.

Il serait fatigant de peindre avec exactitude les incidents qui amenèrent insensiblement le malheur au sein de ce ménage, il suffira peut-être de raconter les principaux faits sans les ranger scrupuleusement par ordre de date. Cependant, la première mésintelligence de ces jeunes époux fut assez frappante. Quand Granville conduisit sa femme dans le monde, elle ne fit aucune difficulté d'aller aux réunions graves, aux dîners, aux concerts, aux assemblées des magistrats placés au-dessus de son mari dans la hiérarchie judiciaire; mais elle sut, pendant quelque temps, prétexter des migraines toutes les fois qu'il s'agissait d'un bal. Un jour, Granville, impatienté de ces indispositions de commande, supprima la lettre qui annonçait un bal chez un conseiller d'État, et trompa sa femme par une invitation verbale, et, dans une soirée où sa santé n'avait rien d'équivoque, il la produisit au milieu d'une fête magnifique. — Ma chère, lui dit-il au retour en la voyant un air triste qui l'offensa, votre condition de femme, le rang que vous occupez dans le monde et la fortune dont vous jouissez vous imposent des obligations qu'aucune loi divine ne saurait abroger. N'êtes-vous pas la gloire de votre mari? Vous devez donc venir au bal quand j'y vais, et y paraître convenablement. —

Mais, mon ami, qu'avait donc ma toilette de si malheureux ? — Il s'agit de votre air, ma chère. Quand un jeune homme vous parle et vous aborde, vous devenez si sérieuse, qu'un plaisant pourrait croire à la fragilité de votre vertu. Vous semblez craindre qu'un sourire ne vous compromette. Vous aviez vraiment l'air de demander à Dieu le pardon des péchés qui pouvaient se commettre autour de vous. Le monde, mon cher ange, n'est pas un couvent. Mais, puisque tu parles de toilette, je t'avouerai que c'est aussi un devoir pour toi de suivre les modes et les usages du monde. — Voudriez-vous que je montrasse mes formes comme ces femmes effrontées qui se décolletent de manière à laisser plonger des regards impudiques sur leurs épaules nues, sur... — Il y a de la différence, ma chère, dit le substitut en l'interrompant, entre découvrir tout le buste et donner de la grace à son corsage. Vous avez un triple rang de ruches de tulle qui vous enveloppent le cou jusqu'au menton. Il semble que vous ayez sollicité votre couturière d'ôter toute forme gracieuse à vos épaules et aux contours de votre sein, avec autant de soin qu'une coquette en met à obtenir de la sienne des robes qui dessinent les formes les plus secrètes. Votre buste est enseveli sous des plis si nombreux, que tout le monde se moquait de votre réserve affectée. Vous souffririez si je vous répétais les discours saugrenus que l'on a tenus ce matin. — Ceux à qui ces obscénités plaisent ne seront pas chargés du poids de nos fautes, répondit sèchement la jeune femme. — Vous n'avez pas dansé ? demanda Granville. — Je ne danserai jamais, répliqua-t-elle.
— Si je vous disais que vous devez danser, reprit vivement le magistrat. Oui, vous devez suivre les modes, porter des fleurs dans vos cheveux, mettre des diamants. Songez donc, ma belle, que les gens riches, et nous le sommes, sont obligés d'entretenir le luxe dans un Etat ! Ne vaut-il pas mieux faire prospérer les manufactures que de répandre son argent en aumônes par les mains du clergé ? — Vous parlez en homme d'Etat, dit Angélique. — Et vous en homme d'église, répondit-il vivement.

La discussion devint très-aigre. Madame Granville mit dans ses réponses, toujours douces et prononcées d'un son de voix aussi clair que celui d'une sonnette d'église, un entêtement qui trahissait une influence sacerdotale. Quand, en réclamant les droits que lui constituait la promesse de Granville, elle dit que son confesseur lui défendait spécialement d'aller au bal, le magistrat essaya de lui prouver que ce prêtre outrepassait les règlements de l'Eglise. Cette dispute odieuse, théologique, fut renouvelée avec beaucoup plus de violence et d'aigreur de part et d'autre quand Granville voulut mener sa femme au spectacle. Enfin, le magistrat, dans le seul but de battre en brèche la pernicieuse influence exercée sur sa femme par l'ecclésiastique, engagea la querelle de manière à ce que madame de Granville, mise au défi, écrivit en cour de Rome sur la question de savoir si une femme pouvait, sans compromettre son salut, se décolleter, aller au bal ou au spectacle pour complaire à son mari. La réponse du vénérable Pie VII ne tarda pas, elle condamnait hautement la résistance de la femme, et blâmait le confesseur. Cette lettre, véritable catéchisme conjugal, semblait avoir été dictée par la voix tendre de Fénelon, dont la grâce et la douceur y régnaient. « Une femme est bien partout où la conduit son époux. Si elle commet des péchés par son ordre, ce ne sera pas à elle à en répondre un jour. »

Ces deux passages de l'homélie du pape firent accuser d'irréligion par madame de Granville et par son confesseur. Mais avant que le bref n'arrivât, le substitut s'aperçut de la stricte observance des lois ecclésiastiques que sa femme lui imposait les jours maigres, et il ordonna à ses gens de lui servir du gras pendant toute l'année. Quelque déplaisir que cet ordre causât à sa femme, Granville, qui du gras et du maigre ne faisait fort peu, le maintint avec une fermeté virile. La plus faible créature vivante et pensante n'est-elle pas blessée dans ce qu'elle a de plus cher quand elle accomplit, par l'instigation d'une autre volonté que la sienne, une chose qu'elle eût naturellement faite. De toutes les tyrannies, la plus odieuse est celle qui ôte perpétuellement à l'âme le mérite de ses actions et de ses pensées : on abdique sans avoir régné. La parole la plus douce à prononcer, le sentiment le plus doux à exprimer, expirent quand nous les croyons commandés. Bientôt le jeune magistrat en arriva à renoncer à recevoir ses amis, à donner une fête ou un dîner : sa maison semblait s'être couverte d'un crêpe. Une maison dont la maîtresse est dévote prend un aspect tout particulier. Les domestiques, toujours placés sous la surveillance de la femme, ne sont choisis que parmi ces personnes soi-disant pieuses qui ont des figures à elles. De même que le garçon le plus jovial entré à la gendarmerie aura le visage gendarme, de même les gens qui s'adonnent aux pratiques de la dévotion contractent un caractère de physionomie uniforme. L'habitude de baisser les yeux, de garder une attitude de componction, les revêt d'une sorte de livrée si hypocrite que les fourbes savent prendre à merveille. Puis, les dévotes forment une sorte de république, elles se connaissent toutes; les domestiques, qu'elles se recommandent les unes aux autres, sont comme une race à part conservée par elles à l'instar de ces amateurs de chevaux qui n'en admettent pas un dans leurs écuries dont l'extrait de naissance ne soit en règle. Plus les prétendus impies viennent à examiner une maison dévote, plus ils

reconnaissent alors que tout y est empreint de je ne sais quelle disgrâce ; ils y trouvent tout à la fois une apparence d'avarice ou de mystère comme chez les usuriers, et cette humidité parfumée d'encens qui refroidit l'atmosphère des chapelles. Cette régularité mesquine, cette pauvreté d'idées que tout trahit, ne s'exprime que par un seul mot, et ce mot est *bigoterie*. Dans ces sinistres et implacables maisons, la bigoterie se peint dans les meubles, dans les gravures, dans les tableaux : le parler y est bigot, le silence est bigot, et les figures sont bigotes. La transformation des choses et des hommes en bigoterie est un mystère inexplicable, mais le fait est là. Chacun peut avoir observé que les bigots ne marchent pas, ne s'asseyent pas, ne parlent pas comme marchent, s'asseyent et parlent les gens du monde : chez eux l'on est gêné, chez eux l'on ne rit pas, chez eux la roideur, la symétrie, régnent en tout, jusqu'au bonnet de la maîtresse de la maison jusqu'à sa pelote aux épingles, les regards n'y sont pas francs, les gens y semblent des ombres, et la dame du logis parait assise sur un trône de glace. Un matin, le pauvre Granville remarqua avec douleur et tristesse tous les symptômes de la bigoterie dans sa maison. Il se rencontre de par le monde certaines sociétés où les mêmes effets existent sans être produits par les mêmes causes. L'ennui trace autour de ces maisons malheureuses un cercle d'airain qui renferme l'horreur du désert et l'infini du vide. Un ménage n'est pas alors un tombeau, mais quelque chose de pire, un couvent. Au sein de cette sphère glaciale, le magistrat considéra sa femme sans passion. Il remarqua, non sans une vive peine, l'étroitesse d'idées que trahissait la manière dont les cheveux étaient implantés sur le front bas et légèrement creusé, il aperçut dans la régularité si parfaite des traits du visage je ne sais quoi d'arrêté, de rigide, qui lui rendit bientôt haïssable la feinte douceur par laquelle il fut séduit. Il devina qu'un jour ces lèvres minces pourraient lui dire, un malheur arrivant : « C'est pour ton bien, mon ami. » La figure de madame de Granville prit une teinte blafarde, une expression sérieuse qui tuait la joie chez ceux qui l'approchaient. Ce changement fut-il opéré par les habitudes ascétiques d'une dévotion qui n'est pas plus la piété que l'avarice n'est l'économie, était-il produit par la sécheresse naturelle aux âmes bigotes ? il serait difficile de prononcer ; la beauté sans expression est peut-être une imposture. L'imperturbable sourire que la jeune femme fit contracter à son visage en regardant Granville, paraissait être chez elle une formule jésuitique de bonheur par laquelle elle croyait satisfaire à toutes les exigences du mariage ; sa charité blessait, sa beauté sans passion semblait une monstruosité à ceux qui la connaissaient, et la plus douce de ses paroles impatientait, elle n'obéissait pas à des sentiments, mais à des devoirs. Il est des défauts qui, chez une femme, peuvent céder aux leçons fortes données par l'expérience ou par un mari, mais rien ne peut combattre la tyrannie des fausses idées religieuses. Une éternité bienheureuse à conquérir, mise en balance avec un plaisir mondain, triomphe de tout et fait tout supporter. N'est-ce pas l'égoïsme divinisé, le *moi* par delà le tombeau ? Aussi, le pape fut-il condamné au tribunal de l'infaillible chanoine et de la jeune dévote. Ne pas avoir tort est le sentiment qui remplace tous les autres chez ces âmes despotiques. Depuis quelque temps, il s'était établi un secret combat entre les idées de ces deux époux, et le jeune magistrat se fatigua bientôt d'une lutte qui ne devait jamais cesser. Quel homme, quel caractère, résiste à la vue d'un visage amoureusement hypocrite, et à une remontrance catégorique opposée aux moindres volontés ? Quel parti prendre contre une femme qui se sert de votre passion pour protéger son insensibilité, qui semble résolue à rester doucement inexorable, se prépare à jouer le rôle de victime avec délices, et regarde son mari comme un instrument de Dieu, comme un mal dont les flagellations lui évitent celles du purgatoire ? Quelles sont les peintures par lesquelles on pourrait donner l'idée de ces femmes qui font haïr la vertu en outrant les plus doux préceptes de notre religion que saint Jean résumait par : Aimez-vous les uns les autres. Existait-il dans le magasin de modes un seul chapeau condamné à rester en étalage ou à partir pour les îles, Granville était sûr de voir sa femme s'en parer ; s'il se fabriquait une étoffe d'une couleur ou d'un dessin malheureux, elle s'en affublait. Ces pauvres dévotes sont désespérantes dans leur toilette. Le manque de goût est un des défauts qui sont inséparables de la fausse dévotion. Ainsi, dans cette intime existence qui veut le plus d'expansion, Granville fut sans compagne : il alla seul dans le monde, dans les fêtes, au spectacle. Rien chez lui ne sympathisait avec lui. Un grand crucifix placé entre le lit de sa femme et le sien était là comme le symbole de sa destinée. Ne représente-t-il pas une divinité mise à mort, un homme-dieu tué dans toute la beauté de la vie et de la jeunesse ? L'ivoire de cette croix avait moins de froideur qu'Angélique crucifiant son mari au nom de la vertu. Ce fut entre leurs deux lits que naquit le malheur : cette jeune femme ne voyait là que des devoirs dans les plaisirs de l'hyménée. Là, une mercredi des cendres se leva l'observance des jeûnes, pâle et livide figure qui d'une voix brève ordonna un carême complet, sans que Granville jugeât convenable d'écrire cette fois au pape, afin d'avoir l'avis du consistoire sur la manière d'observer le carême, les quatre-temps et les veilles de grandes fêtes. Le malheur du jeune magistrat fut immense, il ne pouvait même pas se plaindre, qu'avait-il à dire ? Il possédait une femme jeune, jolie, attachée à ses devoirs, vertueuse, le modèle de toutes les vertus ! elle accouchait chaque année d'un enfant, les nourrissait tous elle-même et les élevait dans les meilleurs principes. La charitable Angélique fut promue ange. Les vieilles femmes qui composaient la société au sein de laquelle elle vivait (car à cette époque les jeunes femmes ne s'étaient pas encore avisées de se lancer par ton dans la haute dévotion) admirèrent toutes le dévouement de madame de Granville, et la regardèrent, sinon comme une vierge, au moins comme une femme, mais la barbarie procréatrice du mari. Insensiblement, Granville, accablé de travail, sevré de plaisirs et fatigué du monde où il errait solitaire, tomba vers trente-deux ans dans le plus affreux marasme. La vie lui fut odieuse. Ayant une trop haute idée des obligations que lui imposait sa place pour donner l'exemple d'une vie irrégulière, il essaya de s'étourdir par le travail, et entreprit alors un grand ouvrage sur le droit. Mais il ne jouit pas longtemps de cette tranquillité monastique sur laquelle il comptait.

Lorsque la divine Angélique le vit désertant les fêtes du monde et travaillant chez lui avec une sorte de régularité, elle essaya de le convertir. Un véritable chagrin pour elle était de savoir à son mari des opinions peu chrétiennes, elle pleurait quelquefois en pensant que, si son époux venait à périr, il mourrait dans l'impénitence finale, sans que jamais elle eût pu espérer de l'arracher aux flammes éternelles de l'enfer. Granville fut donc en butte aux petites idées, aux raisonnements vides, aux étroites pensées par lesquelles sa femme, qui croyait avoir remporté une première victoire, voulut essayer d'en obtenir une seconde en le ramenant dans le giron de l'Eglise. Ce fut là le dernier coup. Quoi de plus affligeant que les luttes sourdes où l'entêtement des dévotes voulait l'emporter sur la dialectique d'un magistrat ? Quoi de plus effrayant à peindre que ces aigres pointilleries auxquelles les gens passionnés préfèrent des coups de poignard ? Granville déserta sa maison, où tout lui devenait insupportable. Ses enfants, courbés sous le despotisme froid de leur mère, n'osaient suivre leur père au spectacle, et Granville ne pouvait leur procurer aucun plaisir sans leur attirer des punitions de leur terrible mère. Cet homme si aimant fut amené à une indifférence, à un égoïsme pires que la mort. Il sauva du moins ses fils de cet enfer en les mettant de bonne heure au collége, et se réservant le droit de les diriger. Il intervenait rarement entre la mère et les filles ; mais il résolut de les marier aussitôt qu'elles atteindraient l'âge de nubilité. S'il eût voulu prendre un parti violent, rien ne l'aurait justifié, sa femme, appuyée par un formidable cortége de douairières, l'aurait fait condamner par la terre entière. Granville n'eut donc d'autre ressource que de vivre dans un isolement complet, mais courbé sous la tyrannie du malheur, ses traits flétris par le chagrin et par les travaux lui déplaisaient à lui-même. Enfin, ses liaisons, en commençant avec les femmes du monde auprès desquelles il désespéra de trouver des consolations, il les redoutait.

L'histoire didactique de ce triste ménage n'offrit, pendant les treize années qui s'écoulèrent de 1807 à 1821, aucune scène digne d'être rapportée. Madame de Granville resta exactement la même du moment où elle perdit le cœur de son mari que pendant les jours où elle se disait heureuse. Elle fit des neuvaines pour prier Dieu et les saints de l'éclairer sur les défauts qui déplaisaient à son époux et de lui enseigner les moyens de ramener la brebis égarée, mais, plus ses prières avaient de ferveur, moins Granville paraissait au logis. Depuis cinq ans environ, l'avocat général, à qui la Restauration donna de hautes fonctions dans la magistrature, s'était logé à l'entresol de son hôtel, pour éviter de vivre avec la comtesse de Granville. Chaque matin il se passait une scène qui, s'il faut en croire les médisances du monde, se répète au sein de plus d'un ménage, où elle est produite par certaines incompatibilités d'humeur, par des maladies morales ou physiques, ou par des travers qui conduisent bien des mariages aux résultats retracés dans cette histoire. Sur les huit heures du matin, une femme de chambre, assez semblable à une religieuse, venait sonner à l'appartement du comte de Granville. Introduite dans le salon qui précédait le cabinet du magistrat, elle redisait au valet de chambre, et toujours du même ton, le message de la veille. — Madame fait demander à M. le comte s'il a bien passé la nuit, et si elle aura le plaisir de déjeuner avec lui. — Monsieur, répondit le valet de chambre après être allé parler à son maître, présente ses hommages à madame la comtesse, et la prie d'agréer ses excuses ; une affaire importante l'oblige à se rendre au Palais.

Un instant après, la femme de chambre se présentait de nouveau, et demandait de la part de madame si elle aurait le bonheur de voir M. le comte avant son départ. — Il est parti, répondait le valet, tandis que souvent le cabriolet était encore dans la cour.

Ce dialogue par ambassadeur devint un cérémonial quotidien. Le valet de chambre de Granville, qui savait de son maître, causa plus d'une querelle dans le ménage par son irréligion et par le relâchement ses mœurs, se rendait même quelquefois par forme dans le cabinet où son maître n'était pas, et revenait faire les réponses d'usage.

L'épouse affligée guettait toujours le retour de son mari, se mettait sur le perron afin de se trouver sur son passage et arriver devant lui comme un remords. La taquinerie vétilleuse qui anime les caractères monastiques faisait le fond de celui de madame de Granville, qui, alors âgée de trente-cinq ans, paraissait en avoir quarante. Quand, obligé par le décorum, Granville adressait la parole à sa femme ou restait à diner au logis, heureuse de le lui imposer sa présence, ses discours aigres-doux et l'insupportable ennui de sa société bigote, elle essayait alors de le mettre en faute devant ses gens et ses charitables amies. La présidence d'une cour royale fut offerte au comte de Granville, alors très-bien en cour, il pria le ministre de le laisser à Paris. Ce refus, dont les raisons ne furent connues que du garde des sceaux, suggéra les plus bizarres conjectures aux intimes amies et au confesseur de la comtesse. Granville, riche de cent mille livres de rente, appartenait à l'une des meilleures maisons de la Normandie, sa nomination à la pairie était un échelon pour arriver à la pairie : d'où venait ce peu d'ambition ? d'où venait l'abandon de son grand ouvrage sur le droit ? d'où venait cette dissipation qui, depuis près de six années, l'avait rendu étranger à sa maison, à sa famille, à ses travaux, à tout ce qui devait lui être cher ? Le confesseur de la comtesse, qui, pour parvenir à un évêché, comptait autant sur l'appui des maisons où il régnait que sur les services rendus à une congrégation de laquelle il fut l'un des plus ardents propagateurs, se trouva désappointé par le refus de Granville et tâcha de le calomnier par des suppositions : si M. le comte avait tant de répugnance pour la province, peut-être s'effrayait-il de la nécessité où il serait de donner l'exemple régulière ; forcé de donner l'exemple des bonnes mœurs, il vivrait avec la comtesse, de laquelle une passion illicite pouvait seule l'éloigner, une femme aussi pure que madame de Granville reconnaîtrait-elle jamais les dérangements survenus dans la conduite de son mari ?... Les bonnes amies transformèrent en vérités ces paroles, qui malheureusement n'étaient pas des hypothèses, et madame de Granville fut frappée comme d'un coup de foudre. Sans idées sur les mœurs du grand monde, ignorant l'amour et ses folies, Angélique était si loin de penser que le mariage pût comporter des incidents différents de ceux qui lui aliénèrent le cœur de Granville, qu'elle le crut incapable de fautes qui, pour toutes les femmes, sont des crimes. Quand le comte ne réclama plus rien d'elle, elle avait imaginé que le calme dont il paraissait jouir était dans la nature ; enfin, comme elle lui avait donné tout ce que son cœur pouvait renfermer d'affection pour un homme, et que les conjectures de son confesseur ruinaient complètement les illusions dont elle s'était nourrie jusqu'en ce moment, elle prit la défense de son mari, mais sans pouvoir détruire un soupçon si habilement glissé dans son âme. Ces appréhensions causèrent de tels ravages dans sa faible tête, qu'elle en tomba malade, et devint la proie d'une fièvre lente. Ces événements se passaient pendant le carême de l'année 1822, elle ne voulut pas consentir à cesser ses austérités, et arriva lentement à un état de consomption qui fit trembler pour ses jours. Les regards indifférents de Granville la tuaient. Les soins et les attentions du magistrat ressemblaient à ceux qu'un neveu s'efforce de prodiguer à un vieil oncle. Quoique la comtesse eût renoncé à son système de taquinerie et de remontrances et qu'elle essayât d'accueillir son mari par de douces paroles, l'aigreur de la dévote perçait et détruisait souvent par un mot l'ouvrage de la semaine.

Vers la fin du mois de mai, les chaudes haleines du printemps, un régime plus nourrissant que celui du carême, rendirent quelques forces à madame de Granville. Un matin, au retour de la messe, elle vint s'asseoir dans son petit jardin sur un banc de pierre où les caresses du soleil lui rappelaient les premiers jours de son mariage, elle embrassa sa vie d'un coup d'œil afin de voir en quoi elle avait pu manquer à ses devoirs de mère et d'épouse. L'abbé Fontanon apparut alors dans une agitation difficile à décrire. — Vous serait-il arrivé quelque malheur, mon père ? lui demanda-t-elle avec une pieuse sollicitude. — Ah ! je voudrais, répondit le prêtre normand, que toutes les infortunes dont vous afflige la main de Dieu ne fussent départies ; mais, ma respectable amie, c'est des épreuves auxquelles il faut savoir vous soumettre. — Eh ! peut-il m'arriver des châtiments plus grands que ceux pour lesquels la providence m'accable en se servant de mon mari comme d'un instrument de colère ? — Préparez-vous, ma fille, à plus de mal encore que vous n'en avez eu dans vos suppositions aidées par vos pieuses amies. — Je dois alors remercier Dieu, répondit la comtesse, de ce qu'il daigne se servir de vous pour me transmettre ses volontés, plaçant ainsi, comme toujours, les trésors de sa miséricorde auprès des fléaux de sa colère, comme jadis en bannissant Agar il lui découvrait une source dans le désert. — Il a mesuré vos peines à la force de votre résignation et au poids de vos fautes. — Parlez, je suis prête à tout entendre. A ces mots, la comtesse leva les yeux au ciel, et ajouta : — Parlez, monsieur Fontanon. — Depuis sept ans, M. Granville commet le péché d'adultère avec une concubine de laquelle il a deux enfants, et il a dissipé pour ce ménage adultérin plus de cinq cent mille francs qui devraient appartenir à sa famille légitime.

— Il faudrait que je le visse de mes propres yeux, dit la comtesse.

— Gardez-vous-en bien ! s'écria l'abbé. Vous devez pardonner, ma fille, et attendre, dans la prière, que Dieu éclaire votre époux, à moins d'employer contre lui les moyens que vous offrent les lois humaines.

La longue conversation que l'abbé Fontanon eut alors avec sa pénitente produisit un changement violent dans la comtesse ; elle le congédia, montra sa figure presque colorée à ses gens, qui furent effrayés de son activité de folle : elle commanda d'atteler ses chevaux, ordre qu'elle donnait rarement ; elle les décommanda, changea d'avis vingt fois dans la même heure, mais enfin, comme si elle prenait une grande résolution, elle partit sur les trois heures, laissant sa maison étonnée d'une si subite révolution. — Monsieur doit-il revenir dîner, avait-elle demandé au valet de chambre, à qui elle ne parlait jamais. — Non, madame. — L'avez-vous conduit au Palais ce matin ? — Oui, madame. — N'est-ce pas aujourd'hui lundi ? — Oui, madame. — On va donc maintenant au Palais le lundi ? — Que le diable l'emporte ! s'écria le valet en voyant partir sa maîtresse, qui dit au cocher : — Rue Taitbout !

Mademoiselle de Bellefeuille était en deuil et pleurait. Auprès d'elle, Roger tenait une des mains de son amie entre les siennes, gardait le silence, et regardait tour à tour le petit Charles, qui, ne comprenait rien au deuil de sa mère, restait muet en la voyant pleurer, et le berceau où dormait Eugénie, et le visage de Caroline, sur lequel la tristesse ressemblait à une pluie tombant à travers les rayons d'un joyeux soleil. — Eh bien ! oui, mon ange, dit Roger après un long silence, voilà le grand secret, je suis marié. Mais un jour, je l'espère, nous ne ferons qu'une même famille. Ma femme est dans le mois de mars dans un état désespéré : je ne souhaite pas sa mort ; mais, s'il plaît à Dieu de l'appeler à lui, je crois qu'elle sera plus heureuse dans le paradis qu'au milieu d'un monde dont ni les peines ni les plaisirs ne l'affectent. — Combien je hais cette femme ! Comment a-t-elle pu te rendre malheureux ? Cependant c'est à ce malheur que je dois ma félicité.

Ses larmes se séchèrent tout à coup. — Caroline, espérons ! s'écria Roger en prenant un baiser. Ne t'effraye pas de ce qu'a pu dire cet abbé. Le seul confesseur de ma femme soit un homme redoutable par son influence dans la congrégation, s'il essayait de troubler notre bonheur, je saurais prendre un parti... — Que ferais-tu ? — Nous irions en Italie, je fuirais...

Un cri, jeté dans le salon voisin, fit à la fois frissonner le comte de Granville et trembler mademoiselle de Bellefeuille, qui se précipitèrent dans le salon et y trouvèrent la comtesse évanouie. Quand madame de Granville reprit ses sens, elle soupira profondément en se voyant entre le comte et sa rivale, qu'elle repoussa par un geste involontaire plein de mépris. Mademoiselle de Bellefeuille se leva pour se retirer. — Vous êtes chez vous, madame, restez, dit Granville en arrêtant Caroline par le bras.

Le magistrat saisit sa femme mourante, la porta jusqu'à sa voiture, et y monta près d'elle. — Qui donc a pu vous amener à désirer ma mort, à me fuir ? demanda la comtesse d'une voix faible en contemplant son mari avec autant d'indignation que de douleur. N'étais-je pas jeune, vous m'avez trouvée belle, qu'avez-vous à me reprocher ? Vous ai-je trompé, n'ai-je pas été une épouse vertueuse et sage ? Mon cœur a conservé votre image, mes oreilles n'ont entendu que votre voix. A quel devoir ai-je manqué ? que vous ai-je refusé ? — Le bonheur, répondit le comte d'une voix ferme. Vous le savez, madame, il est deux manières de servir Dieu. Certains chrétiens s'imaginent qu'en entrant dans les heures fixes dans une église pour y dire des Pater noster, en y retournant régulièrement la messe et s'abstenant de tout péché, ils gagneront le ciel ; ceux-là, madame, vont en enfer, ils n'ont point aimé Dieu pour lui-même, ils ne l'ont point adoré comme il veut l'être, il ne lui ont fait aucun sacrifice. Quoique doux en apparence, ils sont durs à leur prochain ; ils violent la règle, la lettre, et non l'esprit. Voilà comme vous en avez agi avec votre époux terrestre. Vous avez sacrifié mon bonheur à votre salut, vous étiez en prières quand j'arrivais à vous le cœur joyeux, vous pleuriez quand vous deviez égayer mes travaux, vous n'avez su satisfaire à aucune exigence de mes plaisirs. — Et s'ils étaient criminels, s'écria la comtesse avec feu, fallait-il donc perdre mon âme pour vous plaire ? — C'est elle qu'un autre aura plus aimante et ayant eu le courage de me faire, dit froidement Granville. — O mon Dieu ! s'écria-t-elle en pleurant, tu l'entends ! Était-il digne des prières et des austérités au milieu desquelles je me suis consumée pour racheter ses fautes et les miennes ? A quoi sert la vertu ? — A gagner le ciel, ma chère. On ne peut être à la fois l'épouse d'un homme et celle de Jésus-Christ, il y aurait bigamie : il faut savoir opter entre un mari et un couvent. Vous avez dépouillé votre âme, au profit de l'avenir, de tout l'amour, de tout le dévouement que Dieu vous ordonnait d'avoir pour moi, et vous n'avez gardé au monde que des sentiments de haine.... — Ne vous ai-je donc point aimé ? demanda-t-elle. — Non, madame. — Qu'est-ce donc que l'amour ? demanda involontairement la comtesse. — L'amour, ma chère, répondit Granville avec une sorte de surprise ironique, vous n'êtes pas en état de le comprendre. Le ciel froid de la Normandie ne peut pas être celui de l'Espagne. Sans doute la question des climats est le secret de notre malheur. Se plier à nos caprices, les deviner, trouver des plaisirs dans une douleur, nous sacrifier l'opinion du monde, l'amour-propre, la religion même, et ne regarder ces offrandes que comme des grains d'encens brûlés en l'honneur de l'idole, voilà l'amour.... — L'amour des filles de l'Opéra, dit la comtesse avec horreur. De tels feux doivent être peu durables, et ne vous laisser bientôt que des cendres ou des charbons, des regrets ou du désespoir. Une épouse, monsieur, doit vous offrir, à mon sens, une amitié vraie, une chaleur égale, et... — Vous parlez de chaleur comme les nègres parlent de la glace, répondit le comte avec un sourire sardonique. Songez que la plus humble de toutes les pâquerettes est plus séduisante que la plus orgueilleuse et la plus brillante des épines-roses qui nous attirent au printemps par leurs pénétrants parfums et leurs vives couleurs. D'ailleurs, ajouta-t-il, je vous rends justice. Vous êtes bien tenue dans la ligne du devoir apparent prescrit par la loi, que, pour vous démontrer en quoi vous avez failli à mon égard, il faudrait entrer dans certains détails que votre dignité ne saurait supporter, et vous instruire de choses qui vous sembleraient le renversement de toute morale. — Vous osez parler de morale en sortant de la maison où vous avez dissipé la fortune de vos enfants, dans un lieu de débauche ! s'écria la comtesse, que les réticences de son mari rendirent furieuse. — Madame, je vous arrête là, dit le comte avec sang-froid en interrompant sa femme. Si mademoiselle de Bellefeuille est riche, elle ne l'est qu'aux dépens de personne. Mon oncle était maître de sa fortune, il avait plusieurs héritiers, de son vivant et par pure amitié pour celle qu'il considérait comme une nièce, il lui a donné sa terre de Bellefeuille. Quant au reste, je le tiens de ses libéralités... — Cette conduite est digne d'un jacobin, s'écria la pieuse Angélique. — Madame, vous oubliez que votre père fut un de ces jacobins que vous, femme, condamnez avec si peu de charité, dit sévèrement le comte. Le citoyen Bontems a signé des arrêts de mort dans le temps où mon oncle a rendu que des services à la France.

Madame de Granville se tut. Mais, après un moment de silence, le souvenir de ce qu'elle venait de voir réveillant dans son âme une jalousie que rien ne saurait éteindre dans le cœur d'une femme, elle dit à voix basse et comme si elle se parlait à elle-même : — Peut-on perdre ainsi son âme et celle des autres ! — Eh ! madame, reprit le comte fatigué de cette conversation, peut-être est-ce vous qui répondrez un jour de tout ceci. Cette parole fit trembler la comtesse. Vous serez sans doute excusée aux yeux du juge indulgent qui appréciera nos fautes, dit-il, par la bonne foi avec laquelle vous avez accompli mon malheur. Je ne vous hais point, je hais les gens qui ont faussé votre cœur et votre raison. Vous avez prié pour moi, comme mademoiselle de Bellefeuille m'a donné son cœur et m'a comblé d'amour. Vous deviez être tour à tour et ma maîtresse et la sainte priant au pied des autels. Rendez-moi cette justice d'avouer que je ne suis ni pervers ni débauché. Mes mœurs sont pures. Hélas ! au bout de sept années de douleur, le besoin d'être heureux m'a, par une pente insensible, conduit à aimer une autre femme que vous, à me créer une autre famille que la mienne. Ne croyez pas d'ailleurs que je sois le seul : il existe dans cette ville des milliers de maris amenés tous par des causes diverses à cette double existence. — Grand Dieu ! s'écria la comtesse, combien ma croix est devenue lourde à porter. Si l'époux que tu m'as imposé dans ta colère ne peut trouver de félicité que par ma mort, rappelle-moi dans ton sein. — Si vous aviez eu toujours de si admirables sentiments et ce dévouement, nous serions encore heureux, dit froidement le comte. — Eh bien ! reprit Angélique en versant un torrent de larmes, pardonnez-moi si j'ai pu commettre des fautes ! Oui, monsieur, je suis prête à vous obéir en tout, certaine que vous ne me désirerez rien que de juste et de naturel ; je serai désormais tout ce que vous voudrez que soit une épouse. — Madame, si votre intention est de me faire dire que je ne vous aime plus, j'aurai l'affreux courage de vous éclairer. Puis-je commander à mon cœur ? puis-je effacer en un instant les souvenirs de quinze années de douleur ? Je n'aime plus. Ces paroles enferment un mystère tout aussi profond que celui contenu dans le mot j'aime. L'estime, la considération, les égards, s'obtiennent, disparaissent, reviennent, mais, quant à l'amour, je me prêcherais en vain de ne le faire pas renaître, surtout pour une femme qui s'est vieillie à plaisir. — Ah ! monsieur le comte, désire bien sincèrement que ces paroles ne vous soient pas prononcées un jour par celle que vous aimez, avec le ton et l'accent que vous y mettez... — Voulez-vous porter ce soir une robe à la grecque et venir à l'Opéra ?

Le frisson que cette demande causa soudain à la comtesse fut une muette réponse.

———

Dans les premiers jours du mois de décembre 1829, un homme dont les cheveux entièrement blanchis et la physionomie semblaient annoncer qu'il était plutôt vieilli par les chagrins que par les années, car il paraissait avoir environ soixante ans, passait à minuit par la rue de Gaillon. Arrivé devant une maison de peu d'apparence et haute de deux étages, il s'arrêta pour y examiner une des fenêtres élevées en mansarde à des distances égales au milieu de la toiture. Une faible lueur colorait à peine cette humble croisée dont quelques-uns des carreaux avaient été remplacés par du papier. Le passant regardait cette clarté vacillante avec l'indéfinissable curiosité des flâneurs parisiens, lorsqu'un jeune homme sortit tout à coup de la maison. Comme les pâles rayons du réverbère frappaient la figure du curieux, il ne paraîtra pas étonnant que, malgré la nuit, le jeune homme s'avançât vers le passant avec ces précautions dont on use à Paris quand on craint de se tromper en rencontrant une personne de connaissance.

— Eh quoi ! s'écria-t-il, c'est vous, monsieur le président, seul, à pied, à cette heure, et si loin de la rue Saint-Lazare ! Permettez-moi d'avoir l'honneur de vous offrir le bras. Le pavé, ce matin, est si glissant, que, si nous ne nous soutenions pas l'un l'autre, dit-il afin de ménager l'amour-propre du vieillard, il nous serait bien difficile d'éviter une chute. — Mais, mon cher monsieur, je n'ai encore que cinquante ans, malheureusement pour moi, répondit le comte de Granville. Un médecin, jeune comme vous à une haute célébrité, doit savoir qu'à cet âge un homme est dans toute sa force. — Vous êtes donc alors en bonne fortune, reprit Horace Bianchon. Vous n'avez pas, je pense, l'habitude d'aller à pied dans Paris. Quand on a d'aussi beaux chevaux que les vôtres... — Mais la plupart du temps, répondit le président Granville, quand je ne vais pas dans le monde, je reviens du Palais-Royal ou de chez M. de Livry à pied. — Et en portant sans doute sur vous de fortes sommes, s'écria le jeune docteur. N'est-ce pas appeler le poignard des assassins ? — Je ne crains pas ceux-là, répliqua le comte de Granville d'un air triste et insouciant. — Mais du moins l'on ne s'arrête pas, reprit le médecin en entraînant le magistrat vers le boulevard. Encore un peu, continua-t-il, et vous voulez me voler votre dernière malade et mourir d'une autre main que de la mienne. — Ah ! vous m'avez surpris faisant de l'espionnage, répondit le comte. Soit que je passe à pied ou en voiture et à telle heure que ce puisse être de la nuit, j'aperçois depuis quelque temps à une fenêtre du troisième étage de la maison d'où vous sortez l'ombre d'une personne qui paraît travailler avec un courage héroïque. À ces mots le comte fit une pause, comme s'il eût senti quelque douleur soudaine. J'ai pris pour le grenier, dit-il en continuant, autant d'intérêt qu'un bourgeois de Paris peut en porter à l'achèvement du Palais-Royal. — Eh bien ! s'écria vivement Horace en interrompant le comte, je puis vous... — Ne me dites rien, répliqua Granville en coupant la parole à son médecin. Je ne donnerais pas un centime pour apprendre si l'ombre qui s'agite sur ces rideaux troués est celle d'un homme ou d'une femme, et si l'habitant de ce grenier est heureux ou malheureux ! Si j'ai été surpris de ne plus voir personne travaillant ce soir, si je me suis arrêté, c'était uniquement pour avoir le plaisir de former des conjectures aussi nombreuses et aussi niaises que le sont celles que les flâneurs forment à l'aspect d'une construction subitement abandonnée. Depuis deux ans, mon jeune... Le comte parut hésiter à employer une expression, mais il fit un geste et s'écria : — Non, je ne vous appellerai pas mon ami, je déteste tout ce qui peut ressembler à un sentiment. Depuis deux ans donc, je m'étonne plus que les événements se plaisent tant à cultiver des fleurs, à planter des arbres, les événements ne leur ont appris à ne plus croire aux affections humaines. Je ne veux m'attacher qu'à des animaux qui ne raisonnent pas, à des plantes, à tout ce qui est extérieur. Je fais plus de cas des mouvements de la Taglioni et de tous les sentiments humains, j'abhorre la vie et un monde où je suis seul. Rien, rien, ajouta le comte avec une expression qui fit tressaillir le jeune homme, non, rien ne m'émeut et rien ne m'intéresse. — Vous avez des enfants ? — Mes enfants ! reprit-il avec un singulier accent d'amertume. Eh bien ! l'aînée de mes deux filles n'est-elle pas comtesse de Vandenesse ? Quant à l'autre, le mariage de sa aînée lui prépare une belle alliance. Quant à mes deux fils, n'ont-ils pas très-bien réussi ? le vicomte est avocat-général à Limoges, et le cadet est substitut à Versailles. Mes enfants ont leurs soins, leurs inquiétudes, leurs affaires. Si, parmi ces cœurs, un seul se fût entièrement consacré à moi, s'il eût essayé par son affection de combler le vide que je sens là, s'il m'eût en me frappant son sein, eh bien ! celui-là aurait manqué sa vie, il me l'aurait sacrifiée. Et pourquoi, après tout ? reprit-il avec un geste d'épaule. Quelques amitiés qui me restent, y serait-je parvenu ? n'aurais-je pas peut-être regardé ses soins généreux comme une dette ! Mais... Ici le vieillard se prit à sourire avec une profonde ironie. Mais, docteur, ce n'est pas en vain que nous leur apprenons l'arithmétique, ils savent calculer. En ce moment, ils attendent peut-être ma succession. — Oh ! monsieur le comte, comment cette idée peut-elle vous venir, à vous si bon, si obligeant, si humain ! En vérité, si je n'étais pas moi-même une preuve vivante de cette bienfaisance que vous concevez si belle et si large... — Pour mon plaisir, reprit vivement le comte. Je paye une sensation comme je payerais demain d'un morceau d'or la plus puérile des illusions qui me remuerait le cœur. Je secours mes semblables pour moi, par la même raison que je vais au jeu : aussi ne compte-je sur la reconnaissance de personne. Vous-même, je vous verrais mourir sans sourciller, et je vous demande le même sentiment pour moi. Ah ! jeune homme, les événements de la vie ont passé sur mon cœur comme les laves du Vésuve sur Herculanum : la ville existe, morte. — Ceux qui ont amené à ce point d'insensibilité une âme aussi chaleureuse et aussi vivante que l'était la vôtre, sont bien coupables. — N'ajoutez pas un mot, reprit le comte avec un sentiment d'horreur. — Vous avez une maladie que vous devriez me permettre de guérir, dit Bianchon d'un son de voix plein d'émotion. — Mais connaissez-vous donc un remède à la mort ? s'écria le comte impatienté. — Eh bien ! monsieur le comte, je gage ranimer ce cœur que vous croyez si froid. — Valez-vous Talma ? demanda ironiquement le président. — Non, monsieur le comte. Mais la nature est aussi supérieure à Talma, que Talma pouvait m'être supérieur. Écoutez, le grenier qui vous intéresse est habité par une femme d'une trentaine d'années, et, chez elle, l'amour va jusqu'au fanatisme : l'objet de son culte est un jeune homme d'une jolie figure, mais qu'une mauvaise fée a doué de tous les vices possibles. Ce garçon est un joueur, et je ne sais ce qu'il aime le mieux des femmes ou du vin. Il a, fait, à ma connaissance, des bassesses dignes de la police correctionnelle. Eh bien ! cette malheureuse femme lui a sacrifié une très-belle existence. Mais qu'avez-vous, monsieur le comte ? de quoi vive ses enfants. Mais qu'avez-vous, monsieur le comte ? — Rien, continuez. — Elle lui a laissé dévorer une fortune entière, elle lui donnerait, je crois, le monde, si elle le tenait ; elle travaille nuit et jour, et souvent elle a vu, sans murmurer, le monstre qu'elle adore lui ravir jusqu'à l'argent destiné à payer les vêtements qui manquent à ses enfants, jusqu'à leur nourriture du lendemain. Il y a trois jours, elle a vendu ses cheveux, les plus beaux que j'aie jamais vus ; il est venu, elle n'avait pas eu le temps assez promptement la pièce d'or, il l'a demandée, pour un cure, pour une caresse, elle a livré le prix de quinze jours de vie et de tranquillité. C'est à la fois horrible et sublime ! Mais le travail commence à lui creuser les joues. Les cris de ses enfants lui ont déchiré l'âme, elle est tombée malade, elle gémit en ce moment sur son grabat. Ce soir, elle n'avait rien à manger, et ses enfants n'avaient plus la force de crier, ils se taisaient quand je suis arrivé.

Horace Bianchon s'arrêta. En ce moment le comte de Granville avait, machinalement lui, plongé la main dans la poche de son gilet. — Je devine, mon jeune ami, dit le vieillard, comment elle peut vivre encore, si vous la soignez. — Ah ! la pauvre créature, s'écria le médecin, qui ne la secourrait pas ? Je voudrais être plus riche, car j'espère la guérir de son amour. — Mais, reprit le comte en retirant sa main de sa poche qu'il y avait mise, sans que le médecin vît la pleine des billets que son protecteur semblait y avoir cherchés, comment voulez-vous que je m'apitoie sur une misère dont les plaisirs ne me sembleraient pas payés trop cher par toute ma fortune ! Elle sent, elle vit, cette femme ! Louis XV n'aurait-il pas donné tout son royaume pour pouvoir se relever de son cercueil et avoir trois jours de jeunesse et de vie ? N'est-ce pas là l'histoire d'un milliard de morts, d'un milliard de malades, d'un milliard de vieillards ? — Pauvre Caroline ! s'écria le médecin.

En entendant ce nom, le comte de Granville tressaillit, et saisit le bras du médecin, qui crut se sentir serré par les deux lèvres en fer d'un étau. — Elle se nomme Caroline Crochard ? demanda le président d'un son de voix visiblement altérée. — Vous la connaissez donc ? répondit le docteur avec étonnement. — Le misérable se nomme Solvet... Ah ! vous m'avez tenu parole ! s'écria l'ancien magistrat, vous avez agité mon cœur par la plus terrible sensation qu'il éprouvera jusqu'à ce qu'il devienne poussière. Cette émotion est encore au présent de l'enfer, je me suis toujours comment m'acquitter avec lui.

En ce moment, le comte et le médecin étaient arrivés au coin de la rue de la Chaussée-d'Antin. Un de ces enfants de la nuit, qui, le dos chargé d'une hotte en osier, et marchant un crochet à la main, ont été plaisamment nommés, pendant la Révolution, membres du comité des recherches, se trouvait auprès de la borne devant laquelle le président venait de s'arrêter. Ce chiffonnier avait une vieille figure digne de celles que Charlet a immortalisées dans ses caricatures de l'école du balayeur. — Rencontres-tu souvent des billets de mille francs ? lui demanda le comte. — Quelquefois, notre bourgeois. — Et les rends-tu ? — C'est selon la récompense promise... — Voilà mon homme ! s'écria le comte en présentant au chiffonnier un billet de mille francs. Prends ceci, lui dit-il, mais à la condition de le dépenser au cabaret, de t'y enivrer, de t'y disputer, de battre ta femme, de crever les yeux à tes amis. Cela fera marcher la garde, les chirurgiens, les pharmaciens, peut-être les gendarmes, les procureurs du roi, les juges et les geôliers. Ne change rien à ce programme, car le diable saurait tôt ou tard se venger de toi.

Il faudrait qu'un même homme possédât à la fois les crayons de Charlet et ceux de Callot, les pinceaux de Téniers et de Rembrandt, pour donner une idée vraie de cette scène nocturne. — Voilà mon compte soldé avec l'enfer, et j'ai eu du plaisir pour mon argent, dit le comte d'un son de voix profond en montrant au médecin stupéfait la figure endiablée du chiffonnier béant. Quant à Caroline Crochard, reprit-il, elle peut mourir dans les horreurs de la faim et de la soif, en entendant les cris déchirants de ses fils mourants, en reconnaissant la bassesse de celui qu'elle aime ; je ne donnerais pas un denier pour l'empêcher de souffrir, et je ne veux pas vous voir, par cela seul que vous l'avez secourue...

Le comte laissa Bianchon plus immobile qu'une statue, et disparut en se dirigeant avec la précipitation d'un jeune homme vers la rue Saint-Lazare, où il atteignit promptement le petit hôtel qu'il habitait, et à la porte duquel il vit, non sans surprise, une voiture arrêtée. — Monsieur le baron, dit le valet de chambre à son maître, est arrivé, il y a une heure, pour parler à monsieur, et l'attend dans sa chambre à coucher. Granville fit signe à son domestique de se retirer. — Quel motif assez important vous oblige d'enfreindre l'ordre que j'ai donné à mes enfants de ne pas venir chez moi sans y être appelés? dit le vieillard à son fils en entrant. — Mon père, répondit le jeune homme d'un son de voix tremblant et d'un air respectueux, j'ose espérer que vous me pardonnerez quand vous m'aurez entendu. — Votre réponse est celle d'un magistrat, dit le comte. Asseyez-vous. Il montra un siège au jeune homme. — Mais, reprit-il, que je marche ou que je reste assis, ne vous occupez pas de moi. — Mon père, reprit le baron, ce soir à quatre heures, un très-jeune homme, arrêté chez un de mes amis, au préjudice duquel il a commis un vol assez considérable, s'est réclamé de vous, il se prétend votre fils. — Il se nomme? demanda le comte en tremblant. — Charles Crochard. — Assez! dit le père en faisant un geste impératif. Granville se promena dans la chambre, au milieu d'un profond silence que son fils se garda bien d'interrompre. — Mon fils... Ces paroles furent prononcées d'un ton si doux et si paternel, que le jeune magistrat en tressaillit. Char-

les Crochard vous a dit la vérité. Je suis content que tu sois venu ce soir, mon bon Eugène, ajouta le vieillard. Voici une somme d'argent assez forte, dit-il en lui présentant une masse de billets de banque, tu en feras l'usage que tu jugeras convenable dans cette affaire. Je me fie à toi, et j'approuve d'avance toutes tes dispositions, soit pour le présent, soit pour l'avenir. Eugène, mon cher enfant, viens m'embrasser, nous nous voyons peut-être pour la dernière fois. Demain je demande un congé, je pars pour l'Italie. Si un père ne doit pas compte de sa vie à ses enfants, il doit leur léguer l'expérience que lui a vendue le sort, n'est-ce pas une partie de leur héritage? Quand tu te marieras, reprit le comte en laissant échapper un frissonnement involontaire, n'accomplis pas légèrement cet acte, le plus important de tous ceux auxquels nous oblige la société. Souviens-toi d'étudier longtemps le caractère de la femme avec laquelle tu dois t'associer; mais consulte-moi, je veux la juger moi-même. Le défaut d'union entre deux époux, par quelque cause qu'il soit produit, amène d'effroyables malheurs : nous sommes, tôt ou tard, punis de n'avoir pas obéi aux lois sociales. Je t'écrirai de Florence à ce sujet : un père, surtout quand il est magistrat, ne doit pas rougir devant son fils. Adieu.

Paris, février, mars 1830.

FIN D'UNE DOUBLE FAMILLE.

Mon père était brave, il accepta, conduisit les insurgés... — PAGE 5.

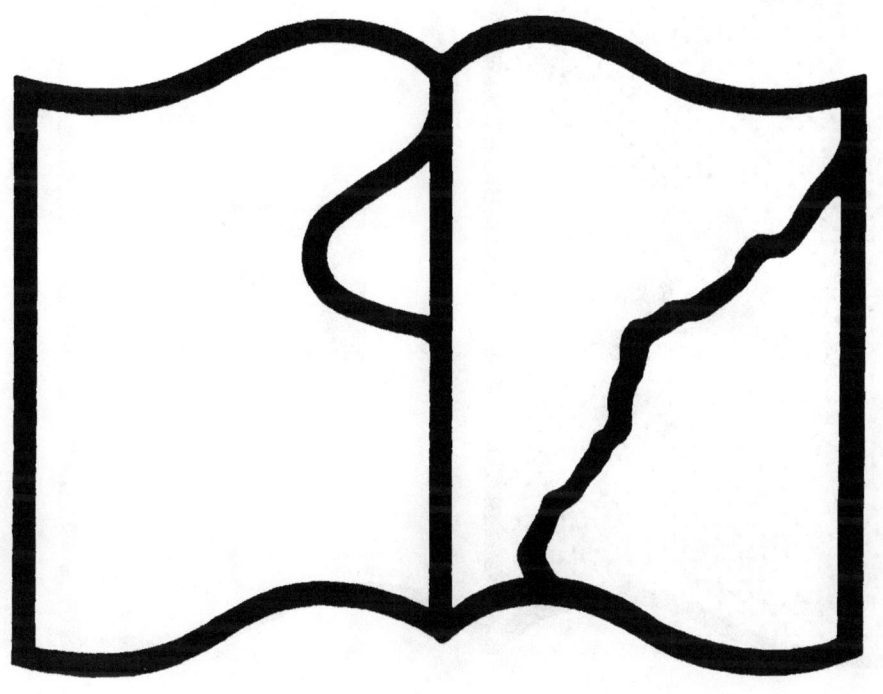

Texte détérioré — reliure défectueuse

NF Z 43-120-11

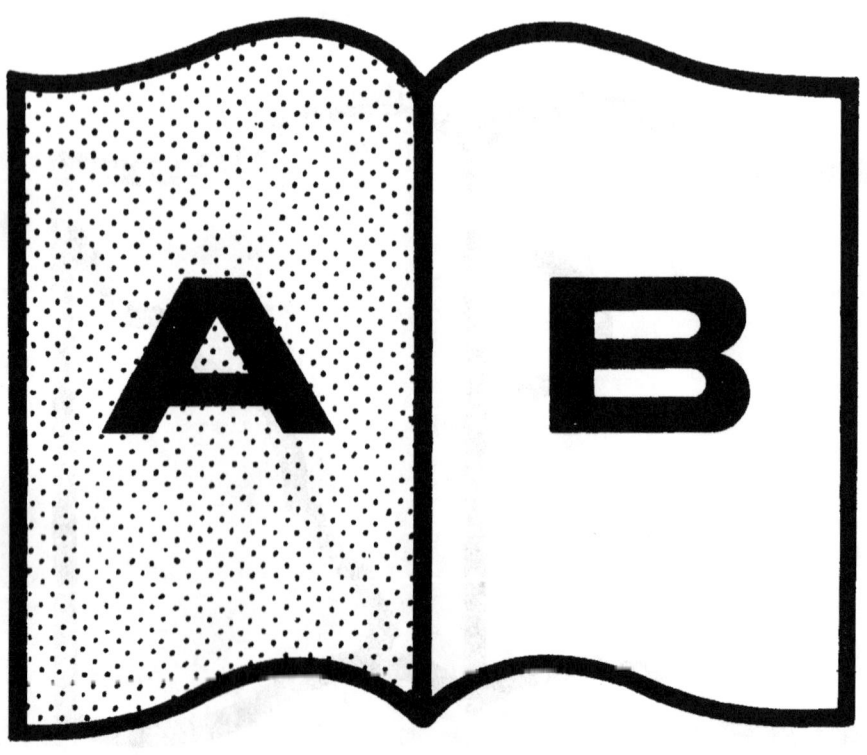

Contraste insuffisant

NF Z 43-120-14

Reliure serrée

www.ingramcontent.com/pod-product-compliance
Lightning Source LLC
Chambersburg PA
CBHW060404170426
43199CB00013B/1998